William H. Kitter

450

THE GREEK
NEW TESTAMENT

THE GREEK
NEW TESTAMENT

BEING THE

TEXT TRANSLATED IN

THE NEW ENGLISH BIBLE

1961

EDITED WITH INTRODUCTION,

TEXTUAL NOTES, AND APPENDIX

BY

R. V. G. TASKER, D.D.

PROFESSOR EMERITUS OF

NEW TESTAMENT EXEGESIS IN THE

UNIVERSITY OF LONDON

OXFORD UNIVERSITY PRESS
CAMBRIDGE UNIVERSITY PRESS
1964

PRINTED IN GREAT BRITAIN
AT THE UNIVERSITY PRESS, OXFORD
BY VIVIAN RIDLER
PRINTER TO THE UNIVERSITY

CONTENTS

INTRODUCTION

'THE translation shall be based on the best ascertainable text
(in the judgement of competent authorities) and, where doubt
exists, alternative renderings shall be appended.' This general
principle, laid down by the Joint Committee responsible for
The New English Bible, was elaborated by the New Testament
Panel as follows: 'The text to be translated will of necessity be
eclectic, since no existing text can be taken as sole basis. The
translator shall start with a standard text (e.g. Westcott and
Hort, Souter, or Nestle); he shall be free to depart from it where
he considers it desirable, but every such departure shall be open to
challenge by any member of the Panel, and the reading finally
adopted shall be determined by the Panel as a whole. In deter-
mining the text, ancient versions shall be taken into account
equally with Greek MSS. . . . pure conjectures should not be
admitted to the text; and this should apply to conjectural re-
arrangements as well as to verbal changes.'

'Eclecticism', in the context of New Testament textual
criticism, means (in the words of Leo Vaganay) that there must
be 'no shutting up of the different branches of the science into
watertight compartments', and it implies that 'verbal criticism,
external and internal criticism, all have their part to play and
must give each other mutual support'. The fluid state of textual
criticism today makes the adoption of the eclectic method not
only desirable but all but inevitable. The task of the present
translators would have been considerably expedited had they
been able either to use an 'established' Greek text, as did the
makers of King James's Version in 1611, or to base their work
on the consensus of a few ancient manuscripts, as did the Re-
visers in 1881, when the ascendancy of the fourth-century codices
Sinaiticus and *Vaticanus* over all other witnesses to the text was
becoming almost an axiom of British scholarship. But, as is
pointed out in the Introduction to *The New English Bible*, 'there
is not at the present time any critical text which would command
the same degree of general acceptance as the Revisers' text in
their day,'—or, we may add, as the *Textus Receptus* in 1611.
Perhaps the most significant feature of the major manuscripts
discovered during the last seventy years, such as the *Sinaitic*

Syriac manuscript in 1892, the *Freer* manuscript in 1906, the *Koridethi* manuscript in 1913, and the *Chester Beatty* papyri in 1931, has been the 'mixed' character of their texts. Study of this phenomenon has made it increasingly clear that older groupings of the evidence are not so clearly defined as they were once thought to be, and fresh and more numerous groupings have become necessary. Furthermore, evidence now in our possession which can be dated before the fourth century, or represents texts of that earlier period, has shown that some readings hitherto assumed to be late because of their late attestation are in reality ancient. It is in consequence generally accepted today that there is no single witness, or group of witnesses, which can be regarded as always reliable—much less, infallible; that all 'rule-of-thumb' methods of dealing with the evidence must be eschewed; that ancient readings cannot always be followed solely because of their antiquity; and that the possibility must be left open that in some cases the true reading may have been preserved in only a few witnesses—or even in a single, relatively late, witness. A corollary of the fluctuating nature of the external evidence as we know it today is that much greater emphasis is now placed upon internal evidence than earlier critics were prepared to allow. Internal evidence consists of the answers given by individual scholars to the questions: 'Which variant (or variants) is most likely to be due to the intentional or unintentional alteration of a scribe?' and 'Which variant would seem to be what the original author is most likely to have written?' The answers to these questions must inevitably be in the nature of subjective judgements, but such judgements need not be unintelligent.

The present translators regarded it, therefore, as their duty, in the search for 'the best ascertainable text', not only to consider the antiquity and the geographical nature of the manuscript evidence (Greek, Latin, Coptic, and Syriac), but also to bring into play in the discussion of various readings of individual passages all the exegetical and philological scholarship of which they were capable. Every member of the Panel was conscious that some of its decisions were in no sense final or certain, but at best tentative conclusions, which could, however, be supported by rational arguments. The questions that were constantly being asked were 'Which reading best accounts for the rise of the variants? Which is most likely to have suffered change at the hands of early copyists? And which seems most in keeping with the author's style and thought, and makes best sense in the context?'

The draft translators (starting usually with Nestle's text) drew the attention of their colleagues to such variants as they considered merited attention in the effort to determine the meaning of individual passages. Discussion of these, or of any other variants that might be brought forward, was sometimes aided by memoranda submitted by one or more members of the Panel, and in a few cases was prolonged. If, as a result, unanimity was reached, the only question remaining was whether the variant or variants should be recorded; and here the guiding principle was to keep the footnotes as few as possible. If, on the other hand, a common mind was not attainable, the variant favoured by the minority was placed in the footnote if those who advocated it so desired. It may be said in general, that the recorded variants either have some claim because of their attestation to be regarded as original, or have occupied a conspicuous place in earlier editions of the New Testament, both Greek and English, or are of intrinsic interest.

As the translators had the general reader rather than the textual scholar *primarily* in mind, no indication is given in the footnotes either of the quality or of the quantity of the manuscript support for any particular variant, except when such support is limited to a single witness. It is very natural, therefore, that students should wish to have before them the actual Greek text, of which *The New English Bible* is a translation, and also to learn the reasons which led the translators, in some instances at least, to make the particular textual decisions they did. The present volume has been prepared with the object of supplying this information. It is hoped that it may be found a useful companion to *The New English Bible*.

In this edition, not only the text, but the paragraphing, the punctuation, and the use of initial capitals represent, where possible, the translators' choices. The orthography is, for the most part, that found in Nestle's edition. The footnotes contain the Greek original not only of all variants recorded in the Library edition of *The New English Bible*, but also of alternative translations where these are based on different punctuation. References in the text drawing attention to various readings, or difference of punctuation, are placed *before* the words or passages to which they refer. Old Testament quotations or phraseology are indicated by special markings (ᴸ ᴶ) in the text, and their references are given in the footnotes. References drawing attention to these are placed in the text *after* passages so marked. The notes in the Appendix have been compiled with the twofold object of citing the most important witnesses for all the variants quoted, without attempting a complete *apparatus criticus*, and of informing the reader about some of the translators' reasons for evaluating them as they did.

The page numbers of *The New English Bible* mentioned in cross-references in the Appendix are those of the Library edition.

The editor is grateful to Dr. C. H. Dodd, Director of *The New English Bible* and Chairman of the New Testament Panel, for surveying his work during its progress and for making suggestions for its improvement, most of which have been embodied. The memory of many happy meetings of the Panel under Dr. Dodd's enthusiastic leadership has been an inspiration to him in the performance of the present somewhat exacting but enjoyable task.

SIGLA

of manuscripts cited in the Appendix

(i) Contents of manuscripts, unless specified in greater detail, are indicated as follows: e (Gospels) a (Acts—in most cases including the Catholic Epistles) p (Pauline Epistles) r (Revelation). Contents are approximate.

(ii) A siglum followed by an asterisk (e.g. ℵ*) is an indication that the reading of the original scribe of the manuscript is being quoted in passages where a later correction has been made either by the first or by a later hand. Such corrections are indicated by the substitution of corr for the asterisk (e.g. ℵ^{corr}).

(iii) The large roman numerals at the end of each reference denote the century in which the manuscript is usually dated.

GREEK MANUSCRIPTS

(a) Papyrus Fragments

p¹ (Mt. 1) III–IV.

p⁴ (Lk. 1–6) IV.

p⁵ (Jn. 1, 16, 20) IV.

p¹⁵ (1 Cor. 7, 8) IV.

p¹⁶ (Phil. 3, 4) IV.

p²² (Jn. 15, 16) III.

p⁴¹ (Acts 17–22) VIII or IX.

p⁴⁵ *Chester Beatty I* (Mt. 20–26; Mk. 4–12; Lk. 6–14; Jn. 10, 11; Acts 4–17 with gaps) III.

p⁴⁶ *Chester Beatty II* (parts of Rom., Heb., 1 and 2 Cor., Gal., Eph., Phil., Col., and 1 Thess.) III.

p⁴⁷ *Chester Beatty III* (Rev. 9–17) III.

p⁵¹ (Gal. 1) IV.

The evidence of p⁶⁶ *Bodmer, c.* A.D. 200, is not cited as it was not available to the translators when the text of the Gospel of John was under discussion.

(b) Uncials

ℵ *Sinaiticus* (e a p r) IV.

A *Alexandrinus* (e a p r) V.

B *Vaticanus* (e a p, but lacks Heb. 9. 14–13. 25; 1, 2 Tim.; Tit.; Philemon) IV.

C *Ephraemi rescriptus* (e a p r with many gaps) V.
D *Bezae* Graeco-Latin (e a) V–VI.
D *Claromontanus* Graeco-Latin (p) VI.
E *Laudianus* Graeco-Latin (a) VI–VII.
G *Boernerianus* Graeco-Latin (p) IX.
H *Wolfi B* (e) IX–X.
K *Mosquensis* (a p) IX.
L *Regius* (e) VIII.
L *Angelicus* (a p) IX.
M (1, 2 Cor., Heb.) IX.
N *Purpureus Petropolitanus* (e) VI.
P *Porphyrianus* (a p r) X.
U *Nanianus* (e) IX–X.
W *Freer* or *Washingtonianus* (e) IV–V.
X *Monacensis* (e) IX–X.
Δ *Sangallensis* (e) IX.
Θ *Koridethianus* (e) IX.
Ψ *Laurensis* (e a p but lacks Mt. 1–Mk. 9. 5) VIII–IX.
  046 (r) VIII.
  051 (r) IX–X.
  099 (Mk. 16) VII.
  0112 (Mk. 14–16) VII.
  0124 (parts of Lk. and Jn.) IX.
  0171 (Lk. 22) IV.

(c) Minuscules

1 (e a p) XII.
fam. 1 = agreement of 1, 118,
  131, 209.
2 (e) XII.
4 (e) XIII.
5 (e a p) XIV.
6 (e a p) XIII.
13 (e) XIII.
fam. 13 = agreement of 13, 69,
  124, 346, 543.
22 (e) XII.
28 (e) XI.
33 (e a p) IX–X.
38 (e a p) XIII.
69 (e a p r) XV.
81 (a) XI.
82 (r) XI.
103 (a p) XI.
104 (a p r) XI.
157 (e) XII.

205 (e a p r) XV.
224 (Mt.) XII.
225 (e) XII.
241 (e a p r) XI.
322 (a p) XV.
327 (a p) XIII.
424 (a p r) XI.
429 (a p r) XIV–XV.
436 (a p) XI.
476 (e) XI.
544 (e) XIII.
565 (e) IX–X.
579 (e) XIII.
614 (a p) XIII.
700 (e) XI.
892 (e) IX–X.
954 (e) XIV.
1006 (e r) XI.
1175 (a p) X.
1582 (e) X.

1611 (a p r) XI–XII.	1912 (p) X–XI.
1739 (a p) X.	2020 (r) XV.
1854 (a p r) XI.	2059 (r) XI.
1908 (p) XI.	

THE LATIN VERSIONS

'The old Latin' indicates the general consensus of manuscripts giving a pre-Vulgate text.

'The Latin Vulgate' indicates the general consensus of manuscripts giving the recension of Jerome (384).

a *Vercellensis* (e) IV.
b *Veronensis* (e) V–VI.
c *Colbertinus* (e) XII.
d Latin side of *Bezae* (e a) V–VI.
d Latin side of *Claromontanus* (p) VI.
e *Palatinus* (e) V.
f *Brixianus* (e) VI.
ff *Corbeiensis* (James) IX–X.
ff¹ *Corbeiensis I* (Mt.) X.
ff² *Corbeiensis II* (e) V–VI.
gig *Gigas* (a r) XIII.
h *Floriacensis* (a r) VI.
i *Vindobonensis* (Lk., Mk.) V–VI.
j *Saretianus* (e) V–VI.
k *Bobiensis* (Mk. and Mt. with gaps) IV–V.
l *Rehdigeranus* (e) VII.
p *Perpinianus* (a) XIII.
q *Monacensis* (e) VII.
r¹ *Usserianus* (e) VI–VII.
z *Aureus* (e) VIII.

THE SYRIAC VERSIONS

Syr. cur. *Curetonian* (e with gaps) V.
Syr. sin. *Sinaitic* (e with gaps) IV–V.
Syr. pesh. *Vulgate* ('*Peshitta*') (e, a, 1 Pet., 1 Jn., James, p) V.
Syr. phil. *Philoxenian* (a, all Catholic Epp., r) VI.
Syr. pal. *Palestinian* (e a p r fragments) VI.
Syr. hkl. *Harkleian* (e a p r) VII.

THE COPTIC VERSIONS

Cop. boh. *Bohairic* (e a p r) VI–VII.
Cop. sah. *Sahidic* (e a p r) III–IV.

Names of early Christian writers are quoted in full.

ΕΥΑΓΓΕΛΙΟΝ

ΚΑΤΑ ΜΑΘΘΑΙΟΝ

ΒΙΒΛΟΣ ΓΕΝΕΣΕΩΣ Ἰησοῦ Χριστοῦ υἱοῦ Δαυὶδ υἱοῦ Ἀβραάμ. 1
Ἀβραὰμ ἐγέννησεν τὸν Ἰσαάκ, Ἰσαὰκ δὲ ἐγέννησεν τὸν Ἰακώβ, 2
Ἰακὼβ δὲ ἐγέννησεν τὸν Ἰούδαν καὶ τοὺς ἀδελφοὺς αὐτοῦ, Ἰούδας 3
δὲ ἐγέννησεν τὸν Φάρες καὶ τὸν Ζάρα (ἐκ τῆς Θαμάρ), Φάρες δὲ ἐγέν-
νησεν τὸν Ἐσρών, Ἐσρὼν δὲ ἐγέννησεν τὸν Ῥάμ, Ῥὰμ δὲ ἐγέννησεν τὸν 4
Ἀμμιναδάβ, Ἀμμιναδὰβ δὲ ἐγέννησεν τὸν Ναασσών, Ναασσὼν δὲ
ἐγέννησεν τὸν Σαλμά, Σαλμὰ δὲ ἐγέννησεν τὸν Βόαζ (ἐκ τῆς Ῥαχάβ), 5
Βόαζ δὲ ἐγέννησεν τὸν Ἰωβήδ (ἐκ τῆς Ῥούθ), Ἰωβὴδ δὲ ἐγέννησεν τὸν
Ἰεσσαί· Ἰεσσαὶ δὲ ἐγέννησεν τὸν Δαυὶδ τὸν βασιλέα. 6
Δαυὶδ δὲ ἐγέννησεν τὸν Σολομῶνα (ἐκ τῆς τοῦ Οὐρίου), Σολομὼν 7
δὲ ἐγέννησεν τὸν Ῥοβοάμ, Ῥοβοὰμ δὲ ἐγέννησεν τὸν Ἀβειά, Ἀβειὰ
δὲ ἐγέννησεν τὸν Ἀσά, Ἀσὰ δὲ ἐγέννησεν τὸν Ἰωσαφάτ, Ἰωσαφὰτ δὲ 8
ἐγέννησεν τὸν Ἰωράμ, Ἰωρὰμ δὲ ἐγέννησεν τὸν Ὀζείαν, Ὀζείας δὲ 9
ἐγέννησεν τὸν Ἰωθάμ, Ἰωθὰμ δὲ ἐγέννησεν τὸν Ἀχάζ, Ἀχὰζ δὲ ἐγέννησεν
τὸν Ἐζεκίαν, Ἐζεκίας δὲ ἐγέννησεν τὸν Μανασσῆ, Μανασσῆς δὲ ἐγέν- 10
νησεν τὸν Ἀμών, Ἀμὼν δὲ ἐγέννησεν τὸν Ἰωσίαν· Ἰωσίας δὲ ἐγέννησεν 11
τὸν Ἰεχονίαν καὶ τοὺς ἀδελφοὺς αὐτοῦ ἐπὶ τῆς μετοικεσίας Βαβυλῶνος.
Μετὰ δὲ τὴν μετοικεσίαν Βαβυλῶνος Ἰεχονίας ἐγέννησεν τὸν Σαλαθιήλ, 12
Σαλαθιὴλ δὲ ἐγέννησεν τὸν Ζοροβαβέλ, Ζοροβαβὲλ δὲ ἐγέννησεν τὸν 13
Ἀβιούδ, Ἀβιοὺδ δὲ ἐγέννησεν τὸν Ἐλιακίμ, Ἐλιακὶμ δὲ ἐγέννησεν τὸν
Ἀζώρ, Ἀζὼρ δὲ ἐγέννησεν τὸν Σαδώκ, Σαδὼκ δὲ ἐγέννησεν τὸν Ἀχίμ, 14
Ἀχὶμ δὲ ἐγέννησεν τὸν Ἐλιούδ, Ἐλιοὺδ δὲ ἐγέννησεν τὸν Ἐλεαζάρ, 15
Ἐλεαζὰρ δὲ ἐγέννησεν τὸν Ματθάν, Ματθὰν δὲ ἐγέννησεν τὸν Ἰακώβ,
Ἰακὼβ δὲ ἐγέννησεν τὸν Ἰωσὴφ ᵃτὸν ἄνδρα Μαρίας, ἐξ ἧς ἐγεννήθη 16
Ἰησοῦς ὁ λεγόμενος Χριστός.
Πᾶσαι οὖν αἱ γενεαὶ ἀπὸ Ἀβραὰμ ἕως Δαυὶδ γενεαὶ δεκατέσσαρες, 17
καὶ ἀπὸ Δαυὶδ ἕως τῆς μετοικεσίας Βαβυλῶνος γενεαὶ δεκατέσσαρες, καὶ
ἀπὸ τῆς μετοικεσίας Βαβυλῶνος ἕως τοῦ Χριστοῦ γενεαὶ δεκατέσσαρες.

℃ Τοῦ δὲ Χριστοῦ ἡ γένεσις οὕτως ἦν. μνηστευθείσης τῆς μητρὸς αὐτοῦ 18

[a] ᾧ μνηστευθεῖσα παρθένος Μαριὰμ ἐγέννησεν Ἰησοῦν τὸν λεγόμενον Χριστόν or καὶ
Ἰωσήφ, ᾧ ἐμνηστεύθη παρθένος Μαρία, ἐγέννησεν Ἰησοῦν τὸν λεγόμενον Χριστόν.

Μαρίας τῷ Ἰωσήφ, πρὶν ἢ συνελθεῖν αὐτοὺς εὑρέθη ἐν γαστρὶ ἔχουσα ἐκ
19 Πνεύματος Ἁγίου. Ἰωσὴφ δὲ δίκαιος ἀνὴρ ὤν, καὶ μὴ θέλων αὐτὴν
20 δειγματίσαι, ἐβουλήθη λάθρα ἀπολῦσαι αὐτήν. ταῦτα δὲ αὐτοῦ ἐν
θυμηθέντος, ἰδοὺ ἄγγελος Κυρίου κατ᾽ ὄναρ ἐφάνη αὐτῷ λέγων· Ἰωσὴφ
υἱὸς Δαυίδ, μὴ φοβηθῇς παραλαβεῖν Μαρίαν τὴν γυναῖκά σου· τὸ γὰρ
21 ἐν αὐτῇ γεννηθὲν ἐκ Πνεύματός ἐστιν Ἁγίου. τέξεται δὲ υἱόν, καὶ
καλέσεις τὸ ὄνομα αὐτοῦ Ἰησοῦν· αὐτὸς γὰρ σώσει τὸν λαὸν αὐτοῦ
22 ἀπὸ τῶν ἁμαρτιῶν αὐτῶν. τοῦτο δὲ ὅλον γέγονεν ἵνα πληρωθῇ τὸ
23 ῥηθὲν ὑπὸ Κυρίου διὰ τοῦ προφήτου λέγοντος· ⌊Ἰδοὺ παρθένος ἐν
γαστρὶ ἕξει καὶ τέξεται υἱόν, καὶ καλέσουσιν τὸ ὄνομα αὐτοῦ Ἐμ
24 μανουήλ,⌋ ὅ ἐστιν μεθερμηνευόμενον ⌊Μεθ᾽ ἡμῶν ὁ Θεός.⌋ᵃ ἐγερθεὶς δὲ ὁ
Ἰωσὴφ ἀπὸ τοῦ ὕπνου ἐποίησεν ὡς προσέταξεν αὐτῷ ὁ ἄγγελος
25 Κυρίου, καὶ παρέλαβεν τὴν γυναῖκα αὐτοῦ· καὶ οὐκ ἐγίνωσκεν αὐτὴν
ἕως οὗ ἔτεκεν υἱόν· καὶ ἐκάλεσεν τὸ ὄνομα αὐτοῦ Ἰησοῦν.

2 ⓒ Τοῦ δὲ Ἰησοῦ γεννηθέντος ἐν Βηθλέεμ τῆς Ἰουδαίας ἐν ἡμέραις
Ἡρῴδου τοῦ βασιλέως, ἰδοὺ μάγοι ἀπὸ ἀνατολῶν παρεγένοντο εἰς
2 Ἱεροσόλυμα λέγοντες· Ποῦ ἐστιν ὁ τεχθεὶς βασιλεὺς τῶν Ἰουδαίων;
εἴδομεν γὰρ αὐτοῦ τὸν ἀστέρα ἐν τῇ ἀνατολῇ, καὶ ἤλθομεν προσκυνῆσαι
3 αὐτῷ. ἀκούσας δὲ ὁ βασιλεὺς Ἡρῴδης ἐταράχθη, καὶ πᾶσα Ἱεροσόλυμα
4 μετ᾽ αὐτοῦ· καὶ συναγαγὼν πάντας τοὺς ἀρχιερεῖς καὶ γραμματεῖς τοῦ
5 λαοῦ ἐπυνθάνετο παρ᾽ αὐτῶν· Ποῦ ὁ Χριστὸς γεννᾶται; οἱ δὲ εἶπαν
αὐτῷ· Ἐν Βηθλέεμ τῆς Ἰουδαίας· οὕτως γὰρ γέγραπται διὰ τοῦ
6 προφήτου· ⌊Καὶ σύ, Βηθλέεμ⌋ γῆ Ἰούδα, οὐδαμῶς ⌊ἐλαχίστη εἶ ἐν τοῖς
ἡγεμόσιν Ἰούδα, ἐκ σοῦ γὰρ ἐξελεύσεται ἡγούμενος, ὅστις ποιμανεῖ τὸν
λαόν μου τὸν Ἰσραήλ.⌋ᵇ
7 Τότε Ἡρῴδης λάθρα καλέσας τοὺς μάγους ἠκρίβωσεν παρ᾽ αὐτῶν
8 τὸν χρόνον τοῦ φαινομένου ἀστέρος, καὶ πέμψας αὐτοὺς εἰς Βηθλέεμ
εἶπεν· Πορευθέντες ἐξετάσατε ἀκριβῶς περὶ τοῦ παιδίου· ἐπὰν δὲ
εὕρητε, ἀπαγγείλατέ μοι, ὅπως κἀγὼ ἐλθὼν προσκυνήσω αὐτῷ.
9 Οἱ δὲ ἀκούσαντες τοῦ βασιλέως ἐπορεύθησαν· καὶ ἰδοὺ ὁ ἀστήρ, ὃν
εἶδον ἐν τῇ ἀνατολῇ, προῆγεν αὐτοὺς ἕως ἐλθὼν ἐστάθη ἐπάνω οὗ
10 ἦν τὸ παιδίον. ἰδόντες δὲ τὸν ἀστέρα ἐχάρησαν χαρὰν μεγάλην
11 σφόδρα. καὶ ἐλθόντες εἰς τὴν οἰκίαν εἶδον τὸ παιδίον μετὰ Μαρίας τῆς
μητρὸς αὐτοῦ, καὶ πεσόντες προσεκύνησαν αὐτῷ, καὶ ἀνοίξαντες τοὺς
θησαυροὺς αὐτῶν προσήνεγκαν αὐτῷ ⌊δῶρα, χρυσὸν καὶ λίβανον⌋ᶜ
12 καὶ σμύρναν. καὶ χρηματισθέντες κατ᾽ ὄναρ μὴ ἀνακάμψαι πρὸς Ἡρῴ
δην, δι᾽ ἄλλης ὁδοῦ ἀνεχώρησαν εἰς τὴν χώραν αὐτῶν.

[a] Is. 7. 14   [b] Mic. 5. 2   [c] Ps. 72. 10, 15; Is. 60. 6

Ἀναχωρησάντων δὲ αὐτῶν, ἰδοὺ ἄγγελος Κυρίου φαίνεται κατ' 13
ὄναρ τῷ Ἰωσὴφ λέγων· Ἐγερθεὶς παράλαβε τὸ παιδίον καὶ τὴν
μητέρα αὐτοῦ, καὶ φεῦγε εἰς Αἴγυπτον, καὶ ἴσθι ἐκεῖ ἕως ἂν εἴπω σοι·
μέλλει γὰρ Ἡρώδης ζητεῖν τὸ παιδίον τοῦ ἀπολέσαι αὐτό. ὁ δὲ 14
ἐγερθεὶς παρέλαβεν τὸ παιδίον καὶ τὴν μητέρα αὐτοῦ νυκτὸς καὶ
ἀνεχώρησεν εἰς Αἴγυπτον, καὶ ἦν ἐκεῖ ἕως τῆς τελευτῆς Ἡρώδου· ἵνα 15
πληρωθῇ τὸ ῥηθὲν ὑπὸ Κυρίου διὰ τοῦ προφήτου λέγοντος· ⌊Ἐξ
Αἰγύπτου ἐκάλεσα τὸν υἱόν μου.⌋ᵃ

Τότε Ἡρώδης ἰδὼν ὅτι ἐνεπαίχθη ὑπὸ τῶν μάγων ἐθυμώθη λίαν, καὶ 16
ἀποστείλας ἀνεῖλεν πάντας τοὺς παῖδας τοὺς ἐν Βηθλέεμ καὶ ἐν πᾶσι
τοῖς ὁρίοις αὐτῆς ἀπὸ διετοῦς καὶ κατωτέρω, κατὰ τὸν χρόνον ὃν
ἠκρίβωσεν παρὰ τῶν μάγων. τότε ἐπληρώθη τὸ ῥηθὲν διὰ Ἰερεμίου 17
τοῦ προφήτου λέγοντος· ⌊Φωνὴ ἐν Ῥαμὰ ἠκούσθη, κλαυθμὸς καὶ 18
ὀδυρμὸς πολύς· Ῥαχὴλ κλαίουσα τὰ τέκνα αὐτῆς, καὶ οὐκ ἤθελεν παρα-
κληθῆναι, ὅτι οὐκ εἰσίν.⌋ᵇ

Τελευτήσαντος δὲ τοῦ Ἡρώδου, ἰδοὺ ἄγγελος Κυρίου φαίνεται κατ' 19
ὄναρ τῷ Ἰωσὴφ ἐν Αἰγύπτῳ λέγων· Ἐγερθεὶς παράλαβε τὸ παιδίον 20
καὶ τὴν μητέρα αὐτοῦ, καὶ πορεύου εἰς γῆν Ἰσραήλ· τεθνήκασιν γὰρ
οἱ ζητοῦντες τὴν ψυχὴν τοῦ παιδίου. ὁ δὲ ἐγερθεὶς παρέλαβεν τὸ 21
παιδίον καὶ τὴν μητέρα αὐτοῦ καὶ εἰσῆλθεν εἰς γῆν Ἰσραήλ. ἀκούσας δὲ 22
ὅτι Ἀρχέλαος βασιλεύει τῆς Ἰουδαίας ἀντὶ τοῦ πατρὸς αὐτοῦ Ἡρώδου
ἐφοβήθη ἐκεῖ ἀπελθεῖν· χρηματισθεὶς δὲ κατ' ὄναρ ἀνεχώρησεν εἰς τὰ μέ-
ρη τῆς Γαλιλαίας, καὶ ἐλθὼν κατῴκησεν εἰς πόλιν λεγομένην Ναζαρέθ· 23
ὅπως πληρωθῇ τὸ ῥηθὲν διὰ τῶν προφητῶν ὅτι Ναζωραῖος κληθήσεται.

❰ Ἐν δὲ ταῖς ἡμέραις ἐκείναις παραγίνεται Ἰωάννης ὁ Βαπτιστὴς κηρύσ- 3
σων ἐν τῇ ἐρήμῳ τῆς Ἰουδαίας, λέγων· Μετανοεῖτε· ἤγγικεν γὰρ ἡ 2
βασιλεία τῶν οὐρανῶν. οὗτος γάρ ἐστιν ὁ ῥηθεὶς διὰ Ἡσαΐου τοῦ 3
προφήτου λέγοντος· ⌊Φωνὴ βοῶντος ἐν τῇ ἐρήμῳ, Ἑτοιμάσατε τὴν
ὁδὸν Κυρίου, εὐθείας ποιεῖτε τὰς τρίβους⌋ᶜ αὐτοῦ.

Αὐτὸς δὲ ὁ Ἰωάννης εἶχεν τὸ ἔνδυμα αὐτοῦ ἀπὸ τριχῶν καμήλου καὶ 4
ζώνην δερματίνην περὶ τὴν ὀσφὺν αὐτοῦ· ἡ δὲ τροφὴ ἦν αὐτοῦ ἀκρίδες
καὶ μέλι ἄγριον. τότε ἐξεπορεύετο πρὸς αὐτὸν Ἱεροσόλυμα καὶ πᾶσα ἡ 5
Ἰουδαία καὶ πᾶσα ἡ περίχωρος τοῦ Ἰορδάνου, καὶ ἐβαπτίζοντο ἐν 6
τῷ Ἰορδάνῃ ποταμῷ ὑπ' αὐτοῦ ἐξομολογούμενοι τὰς ἁμαρτίας αὐτῶν.

Ἰδὼν δὲ πολλοὺς τῶν Φαρισαίων καὶ Σαδδουκαίων ἐρχομένους ἐπὶ 7
τὸ βάπτισμα εἶπεν αὐτοῖς· Γεννήματα ἐχιδνῶν, τίς ὑπέδειξεν ὑμῖν φυγεῖν
ἀπὸ τῆς μελλούσης ὀργῆς; ποιήσατε οὖν καρπὸν ἄξιον τῆς μετανοίας· 8

[a] Hos. 11. 1   [b] Jer. 31. 15   [c] Is. 40. 3

5

9 καὶ μὴ δόξητε λέγειν ἐν ἑαυτοῖς· Πατέρα ἔχομεν τὸν Ἀβραάμ· λέγω
γὰρ ὑμῖν ὅτι δύναται ὁ Θεὸς ἐκ τῶν λίθων τούτων ἐγεῖραι τέκνα τῷ
10 Ἀβραάμ. ἤδη δὲ ἡ ἀξίνη πρὸς τὴν ῥίζαν τῶν δένδρων κεῖται· πᾶν οὖν
δένδρον μὴ ποιοῦν καρπὸν καλὸν ἐκκόπτεται καὶ εἰς πῦρ βάλλεται.
11 ἐγὼ μὲν ὑμᾶς βαπτίζω ἐν ὕδατι εἰς μετάνοιαν· ὁ δὲ ὀπίσω μου ἐρχόμενος
ἰσχυρότερός μού ἐστιν, οὗ οὐκ εἰμὶ ἱκανὸς τὰ ὑποδήματα βαστάσαι·
12 αὐτὸς ὑμᾶς βαπτίσει ἐν Πνεύματι Ἁγίῳ καὶ πυρί· οὗ τὸ πτύον ἐν τῇ
χειρὶ αὐτοῦ, καὶ διακαθαριεῖ τὴν ἅλωνα αὐτοῦ, καὶ συνάξει τὸν σῖτον
αὐτοῦ εἰς τὴν ἀποθήκην, τὸ δὲ ἄχυρον κατακαύσει πυρὶ ἀσβέστῳ.
13 Τότε παραγίνεται ὁ Ἰησοῦς ἀπὸ τῆς Γαλιλαίας ἐπὶ τὸν Ἰορδάνην
14 πρὸς τὸν Ἰωάννην τοῦ βαπτισθῆναι ὑπ᾽ αὐτοῦ. ὁ δὲ Ἰωάννης διεκώ-
λυεν αὐτὸν λέγων· Ἐγὼ χρείαν ἔχω ὑπὸ σοῦ βαπτισθῆναι, καὶ σὺ
15 ἔρχῃ πρός με; ἀποκριθεὶς δὲ ὁ Ἰησοῦς εἶπεν αὐτῷ· Ἄφες ἄρτι· οὕτως γὰρ
πρέπον ἐστὶν ἡμῖν πληρῶσαι πᾶσαν δικαιοσύνην. τότε ἀφίησιν αὐτόν.
16 βαπτισθεὶς δὲ ὁ Ἰησοῦς εὐθὺς ἀνέβη ἀπὸ τοῦ ὕδατος· καὶ ἰδοὺ ἠνεῴ-
χθησαν οἱ οὐρανοί, καὶ εἶδεν Πνεῦμα Θεοῦ καταβαῖνον ὡσεὶ περιστεράν,
17 ἐρχόμενον ἐπ᾽ αὐτόν· καὶ ἰδοὺ φωνὴ ἐκ τῶν οὐρανῶν λέγουσα· Οὗτός
ἐστιν ᵃ⌊ὁ Υἱός⌋ μου, ⌊ὁ Ἀγαπητός, ἐν ᾧ εὐδόκησα⌋.ᵇ

4 ❡ Τότε ὁ Ἰησοῦς ἀνήχθη εἰς τὴν ἔρημον ὑπὸ τοῦ Πνεύματος πειρα-
σθῆναι ὑπὸ τοῦ διαβόλου.
2 Καὶ νηστεύσας ἡμέρας τεσσεράκοντα καὶ τεσσεράκοντα νύκτας
3 ὕστερον ἐπείνασεν. καὶ προσελθὼν ὁ πειράζων εἶπεν αὐτῷ· Εἰ Υἱὸς εἶ
4 τοῦ Θεοῦ, εἰπὲ ἵνα οἱ λίθοι οὗτοι ἄρτοι γένωνται. ὁ δὲ ἀποκριθεὶς
εἶπεν· Γέγραπται· ⌊Οὐκ ἐπ᾽ ἄρτῳ μόνῳ ζήσεται ὁ ἄνθρωπος, ἀλλ᾽ ἐπὶ
παντὶ ῥήματι ἐκπορευομένῳ διὰ στόματος Θεοῦ.⌋ᶜ
5 Τότε παραλαμβάνει αὐτὸν ὁ διάβολος εἰς τὴν ἁγίαν πόλιν, καὶ
6 ἔστησεν αὐτὸν ἐπὶ τὸ πτερύγιον τοῦ ἱεροῦ, καὶ λέγει αὐτῷ· Εἰ Υἱὸς εἶ
τοῦ Θεοῦ, βάλε σεαυτὸν κάτω· γέγραπται γὰρ ὅτι ⌊Τοῖς ἀγγέλοις
αὐτοῦ ἐντελεῖται περὶ σοῦ⌋ καὶ ⌊ἐπὶ χειρῶν ἀροῦσίν σε, μήποτε προσ-
7 κόψῃς πρὸς λίθον τὸν πόδα σου.⌋ᵈ ἔφη αὐτῷ ὁ Ἰησοῦς· Πάλιν γέγρα-
πται· ⌊Οὐκ ἐκπειράσεις Κύριον τὸν Θεόν σου.⌋ᵉ
8 Πάλιν παραλαμβάνει αὐτὸν ὁ διάβολος εἰς ὄρος ὑψηλὸν λίαν, καὶ
δείκνυσιν αὐτῷ πάσας τὰς βασιλείας τοῦ κόσμου καὶ τὴν δόξαν αὐτῶν.
9 καὶ εἶπεν αὐτῷ· Ταῦτά σοι πάντα δώσω, ἐὰν πεσὼν προσκυνήσῃς
10 μοι. τότε λέγει αὐτῷ ὁ Ἰησοῦς· Ὕπαγε, Σατανᾶ· γέγραπται γάρ·
⌊Κύριον τὸν Θεόν σου προσκυνήσεις καὶ αὐτῷ⌋ μόνῳ ⌊λατρεύσεις.⌋ᶠ

[a] ὁ Υἱός μου ὁ ἀγαπητός,   [b] Gn. 22. 2 ; Ps. 2. 7 ; Is. 42. 1   [c] Dt. 8. 3
[d] Ps. 91. 11, 12   [e] Dt. 6. 16   [f] Dt. 6. 13

Τότε ἀφίησιν αὐτὸν ὁ διάβολος, καὶ ἰδοὺ ἄγγελοι προσῆλθον καὶ 11 διηκόνουν αὐτῷ.

Ἀκούσας δὲ ὅτι Ἰωάννης παρεδόθη ἀνεχώρησεν εἰς τὴν Γαλιλαίαν· 12 καὶ καταλιπὼν τὴν Ναζαρὲθ ἐλθὼν κατῴκησεν εἰς Καφαρναοὺμ τὴν 13 παραθαλασσίαν ἐν ὁρίοις Ζαβουλὼν καὶ Νεφθαλίμ· ἵνα πληρωθῇ τὸ 14 ῥηθὲν διὰ Ἡσαΐου τοῦ προφήτου λέγοντος· ⌊Γῆ Ζαβουλὼν καὶ γῆ 15 Νεφθαλίμ, ὁδὸν θαλάσσης, πέραν τοῦ Ἰορδάνου, Γαλιλαία τῶν ἐθνῶν, ὁ λαὸς ὁ καθήμενος ἐν σκοτίᾳ φῶς εἶδεν μέγα, καὶ τοῖς καθημένοις ἐν 16 χώρᾳ καὶ σκιᾷ θανάτου φῶς ἀνέτειλεν αὐτοῖς.⌋ᵃ ἀπὸ τότε ἤρξατο ὁ 17 Ἰησοῦς κηρύσσειν καὶ λέγειν· ᵇΜετανοεῖτε· ἤγγικεν γὰρ ἡ βασιλεία τῶν οὐρανῶν.

ℭ Περιπατῶν δὲ παρὰ τὴν θάλασσαν τῆς Γαλιλαίας εἶδεν δύο ἀδελ- 18 φούς, Σίμωνα τὸν λεγόμενον Πέτρον καὶ Ἀνδρέαν τὸν ἀδελφὸν αὐτοῦ, βάλλοντας ἀμφίβληστρον εἰς τὴν θάλασσαν· ἦσαν γὰρ ἁλεεῖς. καὶ 19 λέγει αὐτοῖς· Δεῦτε ὀπίσω μου, καὶ ποιήσω ὑμᾶς ἁλεεῖς ἀνθρώπων. οἱ 20 δὲ εὐθέως ἀφέντες τὰ δίκτυα ἠκολούθησαν αὐτῷ.

Καὶ προβὰς ἐκεῖθεν εἶδεν ἄλλους δύο ἀδελφούς, Ἰάκωβον τὸν τοῦ 21 Ζεβεδαίου καὶ Ἰωάννην τὸν ἀδελφὸν αὐτοῦ, ἐν τῷ πλοίῳ μετὰ Ζεβε- δαίου τοῦ πατρὸς αὐτῶν καταρτίζοντας τὰ δίκτυα αὐτῶν· καὶ ἐκάλεσεν αὐτούς· οἱ δὲ εὐθέως ἀφέντες τὸ πλοῖον καὶ τὸν πατέρα αὐτῶν ἠκολού- 22 θησαν αὐτῷ.

Καὶ περιῆγεν ἐν ὅλῃ τῇ Γαλιλαίᾳ, διδάσκων ἐν ταῖς συναγωγαῖς 23 αὐτῶν καὶ κηρύσσων τὸ εὐαγγέλιον τῆς βασιλείας· καὶ θεραπεύων πᾶσαν νόσον καὶ πᾶσαν μαλακίαν ἐν τῷ λαῷ. καὶ ἀπῆλθεν ἡ ἀκοὴ 24 αὐτοῦ εἰς ὅλην τὴν Συρίαν· καὶ προσήνεγκαν αὐτῷ πάντας τοὺς κακῶς ἔχοντας ποικίλαις νόσοις καὶ βασάνοις συνεχομένους, δαιμονιζομένους καὶ σεληνιαζομένους καὶ παραλυτικούς, καὶ ἐθεράπευσεν αὐτούς. καὶ 25 ἠκολούθησαν αὐτῷ ὄχλοι πολλοὶ ἀπὸ τῆς Γαλιλαίας καὶ Δεκαπόλεως καὶ Ἱεροσολύμων καὶ Ἰουδαίας καὶ πέραν τοῦ Ἰορδάνου.

Ἰδὼν δὲ τοὺς ὄχλους ἀνέβη εἰς τὸ ὄρος· καὶ καθίσαντος αὐτοῦ προσῆλ- 5 θαν αὐτῷ οἱ μαθηταὶ αὐτοῦ· καὶ ἀνοίξας τὸ στόμα αὐτοῦ ἐδίδασκεν 2 αὐτοὺς λέγων·

Μακάριοι ⌊οἱ πτωχοὶ⌋ᶜ τῷ πνεύματι, 3
ὅτι αὐτῶν ἐστιν ἡ βασιλεία τῶν οὐρανῶν.

[a] Is. 8. 23; 9. 1   [b] Ἤγγικεν ἡ βασιλεία τῶν οὐρανῶν.   [c] Is. 57. 15

7

4 μακάριοι οἱ ⌊πενθοῦντες⌋,
  ὅτι αὐτοὶ ⌊παρακληθήσονται⌋.ᵃ
5 μακάριοι ⌊οἱ πραεῖς⌋,
  ὅτι αὐτοὶ ⌊κληρονομήσουσιν τὴν γῆν⌋.ᵇ
6 μακάριοι οἱ πεινῶντες καὶ διψῶντες τὴν δικαιοσύνην,
  ὅτι αὐτοὶ χορτασθήσονται.
7 μακάριοι οἱ ἐλεήμονες,
  ὅτι αὐτοὶ ἐλεηθήσονται.
8 μακάριοι ⌊οἱ καθαροὶ τῇ καρδίᾳ⌋,ᶜ
  ὅτι αὐτοὶ τὸν Θεὸν ὄψονται.
9 μακάριοι οἱ εἰρηνοποιοί,
  ὅτι αὐτοὶ υἱοὶ Θεοῦ κληθήσονται.
10 μακάριοι οἱ δεδιωγμένοι ἕνεκεν δικαιοσύνης,
  ὅτι αὐτῶν ἐστιν ἡ βασιλεία τῶν οὐρανῶν.

11 Μακάριοί ἐστε ὅταν ὀνειδίσωσιν ὑμᾶς καὶ διώξωσιν καὶ εἴπωσιν πᾶν
12 πονηρὸν καθ᾽ ὑμῶν ἕνεκεν ἐμοῦ. χαίρετε καὶ ἀγαλλιᾶσθε, ὅτι ὁ μισθὸς
ὑμῶν πολὺς ἐν τοῖς οὐρανοῖς· οὕτως γὰρ ἐδίωξαν τοὺς προφήτας τοὺς
πρὸ ὑμῶν.
13 Ὑμεῖς ἐστε τὸ ἅλας τῆς γῆς· ἐὰν δὲ τὸ ἅλας μωρανθῇ, ἐν τίνι ἁλισθή-
σεται; εἰς οὐδὲν ἰσχύει ἔτι εἰ μὴ βληθὲν ἔξω καταπατεῖσθαι ὑπὸ
τῶν ἀνθρώπων.
14 Ὑμεῖς ἐστε τὸ φῶς τοῦ κόσμου. οὐ δύναται πόλις κρυβῆναι ἐπάνω
15 ὄρους κειμένη· οὐδὲ καίουσιν λύχνον καὶ τιθέασιν αὐτὸν ὑπὸ τὸν
16 μόδιον, ἀλλ᾽ ἐπὶ τὴν λυχνίαν, καὶ λάμπει πᾶσιν τοῖς ἐν τῇ οἰκίᾳ. οὕτως
λαμψάτω τὸ φῶς ὑμῶν ἔμπροσθεν τῶν ἀνθρώπων, ὅπως ἴδωσιν ὑμῶν
τὰ καλὰ ἔργα καὶ δοξάσωσιν τὸν Πατέρα ὑμῶν τὸν ἐν τοῖς οὐρανοῖς.

17 ❰Μὴ νομίσητε ὅτι ἦλθον καταλῦσαι τὸν νόμον ἢ τοὺς προφήτας· οὐκ
18 ἦλθον καταλῦσαι ἀλλὰ πληρῶσαι. ἀμὴν γὰρ λέγω ὑμῖν, ἕως ἂν
παρέλθῃ ὁ οὐρανὸς καὶ ἡ γῆ, ἰῶτα ἓν ἢ μία κεραία οὐ μὴ παρέλθῃ ἀπὸ
19 τοῦ νόμου, ἕως ἂν πάντα γένηται. ὃς ἐὰν οὖν λύσῃ μίαν τῶν ἐντολῶν
τούτων τῶν ἐλαχίστων καὶ διδάξῃ οὕτως τοὺς ἀνθρώπους, ἐλάχιστος
κληθήσεται ἐν τῇ βασιλείᾳ τῶν οὐρανῶν· ὃς δ᾽ ἂν ποιήσῃ καὶ διδάξῃ,
20 οὗτος μέγας κληθήσεται ἐν τῇ βασιλείᾳ τῶν οὐρανῶν. λέγω γὰρ ὑμῖν
ὅτι ἐὰν μὴ περισσεύσῃ ὑμῶν ἡ δικαιοσύνη πλεῖον τῶν γραμματέων καὶ
Φαρισαίων, οὐ μὴ εἰσέλθητε εἰς τὴν βασιλείαν τῶν οὐρανῶν.
21 Ἠκούσατε ὅτι ἐρρέθη τοῖς ἀρχαίοις· ⌊Οὐ φονεύσεις·⌋ᵈ ὃς δ᾽ ἂν φονεύσῃ,

[a] Ps. 126. 5; Is. 61. 3   [b] Ps. 37. 11   [c] Ps. 24. 4; 51. 12; 73. 1   [d] Ex. 20. 13

ἔνοχος ἔσται τῇ κρίσει. ἐγὼ δὲ λέγω ὑμῖν ὅτι πᾶς ὁ ὀργιζόμενος τῷ 22
ἀδελφῷ αὐτοῦᵃ ἔνοχος ἔσται τῇ κρίσει· ὃς δ᾽ ἂν εἴπῃ τῷ ἀδελφῷ
αὐτοῦ ʽΡακά, ἔνοχος ἔσται τῷ συνεδρίῳ· ὃς δ᾽ ἂν εἴπῃ Μωρέ, ἔνοχος
ἔσται εἰς τὴν γέενναν τοῦ πυρός.

Ἐὰν οὖν προσφέρῃς τὸ δῶρόν σου ἐπὶ τὸ θυσιαστήριον κἀκεῖ 23
μνησθῇς ὅτι ὁ ἀδελφός σου ἔχει τι κατὰ σοῦ, ἄφες ἐκεῖ τὸ δῶρόν σου 24
ἔμπροσθεν τοῦ θυσιαστηρίου, καὶ ὕπαγε πρῶτον διαλλάγηθι τῷ
ἀδελφῷ σου, καὶ τότε ἐλθὼν πρόσφερε τὸ δῶρόν σου.

Ἴσθι εὐνοῶν τῷ ἀντιδίκῳ σου ταχὺ ἕως ὅτου εἶ μετ᾽ αὐτοῦ ἐν τῇ 25
ὁδῷ· μήποτέ σε παραδῷ ὁ ἀντίδικος τῷ κριτῇ καὶ ὁ κριτὴς τῷ ὑπηρέτῃ,
καὶ εἰς φυλακὴν βληθήσῃ· ἀμὴν λέγω σοι, οὐ μὴ ἐξέλθῃς ἐκεῖθεν ἕως ἂν 26
ἀποδῷς τὸν ἔσχατον κοδράντην.

Ἠκούσατε ὅτι ἐρρέθη· ⌊Οὐ μοιχεύσεις.⌋ᵇ ἐγὼ δὲ λέγω ὑμῖν ὅτι πᾶς ὁ 27 28
βλέπων γυναῖκα πρὸς τὸ ἐπιθυμῆσαι αὐτὴν ἤδη ἐμοίχευσεν αὐτὴν ἐν
τῇ καρδίᾳ αὐτοῦ.

Εἰ δὲ ὁ ὀφθαλμός σου ὁ δεξιὸς σκανδαλίζει σε, ἔξελε αὐτὸν καὶ βάλε 29
ἀπὸ σοῦ· συμφέρει γάρ σοι ἵνα ἀπόληται ἓν τῶν μελῶν σου, καὶ μὴ
ὅλον τὸ σῶμά σου βληθῇ εἰς γέενναν. καὶ εἰ ἡ δεξιά σου χεὶρ σκανδαλί- 30
ζει σε, ἔκκοψον αὐτὴν καὶ βάλε ἀπὸ σοῦ· συμφέρει γάρ σοι ἵνα ἀπόληται
ἓν τῶν μελῶν σου καὶ μὴ ὅλον τὸ σῶμά σου εἰς γέενναν ἀπέλθῃ.

Ἐρρέθη δέ· Ὃς ἂν ἀπολύσῃ τὴν γυναῖκα αὐτοῦ, δότω αὐτῇ ἀπο- 31
στάσιον.⌋ᶜ ἐγὼ δὲ λέγω ὑμῖν ὅτι πᾶς ὁ ἀπολύων τὴν γυναῖκα αὐτοῦ 32
παρεκτὸς λόγου πορνείας ποιεῖ αὐτὴν μοιχευθῆναι, καὶ ὃς ἐὰν ἀπο-
λελυμένην γαμήσῃ, μοιχᾶται.

Πάλιν ἠκούσατε ὅτι ἐρρέθη τοῖς ἀρχαίοις· ⌊Οὐκ ἐπιορκήσεις, ἀποδώ- 33
σεις⌋ δὲ ⌊τῷ Κυρίῳ τοὺς ὅρκους σου.⌋ᵈ ἐγὼ δὲ λέγω ὑμῖν μὴ ὀμόσαι 34
ὅλως· μήτε ἐν ⌊τῷ οὐρανῷ,⌋ ὅτι ⌊θρόνος ἐστὶν τοῦ Θεοῦ⌋·ᵉ μήτε ἐν ⌊τῇ 35
γῇ,⌋ ὅτι ⌊ὑποπόδιόν ἐστιν τῶν ποδῶν αὐτοῦ⌋· μήτε εἰς Ἱεροσόλυμα,
ὅτι ⌊πόλις⌋ ἐστὶν ⌊τοῦ μεγάλου βασιλέως⌋·ᶠ μήτε ἐν τῇ κεφαλῇ σου ὀμό- 36
σῃς, ὅτι οὐ δύνασαι μίαν τρίχα λευκὴν ποιῆσαι ἢ μέλαιναν. ἔστω δὲ ὁ 37
λόγος ὑμῶν ναὶ ναί, οὒ οὔ· τὸ δὲ περισσὸν τούτων ἐκ τοῦ πονηροῦ ἐστιν.

Ἠκούσατε ὅτι ἐρρέθη· ⌊Ὀφθαλμὸν ἀντὶ ὀφθαλμοῦ⌋ καὶ ⌊ὀδόντα ἀντὶ 38
ὀδόντος⌋.ᵍ ἐγὼ δὲ λέγω ὑμῖν μὴ ἀντιστῆναι τῷ πονηρῷ· ἀλλ᾽ ὅστις σε 39
ῥαπίζει εἰς τὴν δεξιὰν σιαγόνα, στρέψον αὐτῷ καὶ τὴν ἄλλην· καὶ τῷ 40
θέλοντί σοι κριθῆναι καὶ τὸν χιτῶνά σου λαβεῖν, ἄφες αὐτῷ καὶ τὸ
ἱμάτιον· καὶ ὅστις σε ἀγγαρεύσει μίλιον ἕν, ὕπαγε μετ᾽ αὐτοῦ δύο. τῷ 41 42
αἰτοῦντί σε δός, καὶ τὸν θέλοντα ἀπὸ σοῦ δανείσασθαι μὴ ἀποστραφῇς.

[a] add εἰκῆ   [b] Ex. 20. 14   [c] Dt. 24. 1   [d] Lv. 19. 12; Ex. 20. 7;
Num. 30. 2; Dt. 33. 21   [e] Is. 66. 1   [f] Ps. 48. 2; 99. 5   [g] Lv. 24. 19, 20

43 Ἠκούσατε ὅτι ἐρρέθη· ⌊Ἀγαπήσεις τὸν πλησίον σου⌋ᵃ καὶ μισήσεις
44 τὸν ἐχθρόν σου. ἐγὼ δὲ λέγω ὑμῖν· ἀγαπᾶτε τοὺς ἐχθροὺς ὑμῶν ᵇ καὶ
45 προσεύχεσθε ὑπὲρ τῶν ᶜ διωκόντων ὑμᾶς· ὅπως γένησθε υἱοὶ τοῦ
Πατρὸς ὑμῶν τοῦ ἐν οὐρανοῖς, ὃς τὸν ἥλιον αὐτοῦ ἀνατέλλει ἐπὶ
46 πονηροὺς καὶ ἀγαθοὺς καὶ βρέχει ἐπὶ δικαίους καὶ ἀδίκους. ἐὰν γὰρ
ἀγαπήσητε τοὺς ἀγαπῶντας ὑμᾶς, τίνα μισθὸν ἔχετε; οὐχὶ καὶ οἱ
47 τελῶναι τὸ αὐτὸ ποιοῦσιν; καὶ ἐὰν ἀσπάσησθε τοὺς ἀδελφοὺς ὑμῶν
μόνον, τί περισσὸν ποιεῖτε; οὐχὶ καὶ οἱ ἐθνικοὶ τὸ αὐτὸ ποιοῦσιν;
48 ⌊ἔσεσθε⌋ οὖν ὑμεῖς ⌊τέλειοι⌋ᵈ ὡς ὁ Πατὴρ ὑμῶν ὁ οὐράνιος τέλειός ἐστιν.

6 ℭ Προσέχετε δὲ τὴν δικαιοσύνην ὑμῶν μὴ ποιεῖν ἔμπροσθεν τῶν
ἀνθρώπων πρὸς τὸ θεαθῆναι αὐτοῖς· εἰ δὲ μή γε, μισθὸν οὐκ ἔχετε παρὰ
τῷ Πατρὶ ὑμῶν τῷ ἐν τοῖς οὐρανοῖς.
2 Ὅταν οὖν ποιῇς ἐλεημοσύνην, μὴ σαλπίσῃς ἔμπροσθέν σου, ὥσπερ
οἱ ὑποκριταὶ ποιοῦσιν ἐν ταῖς συναγωγαῖς καὶ ἐν ταῖς ῥύμαις, ὅπως
δοξασθῶσιν ὑπὸ τῶν ἀνθρώπων· ἀμὴν λέγω ὑμῖν· ἀπέχουσιν τὸν
3 μισθὸν αὐτῶν. σοῦ δὲ ποιοῦντος ἐλεημοσύνην μὴ γνώτω ἡ ἀριστερά
4 σου τί ποιεῖ ἡ δεξιά σου, ὅπως ᾖ σου ἡ ἐλεημοσύνη ἐν τῷ κρυπτῷ· καὶ
ὁ Πατήρ σου ὁ βλέπων ἐν τῷ κρυπτῷ ἀποδώσει σοι.ᵉ
5 Καὶ ὅταν προσεύχησθε, οὐκ ἔσεσθε ὡς οἱ ὑποκριταί· ὅτι φιλοῦσιν ἐν
ταῖς συναγωγαῖς καὶ ἐν ταῖς γωνίαις τῶν πλατειῶν ἑστῶτες προσεύχε-
σθαι, ὅπως φανῶσιν τοῖς ἀνθρώποις· ἀμὴν λέγω ὑμῖν· ἀπέχουσιν τὸν
6 μισθὸν αὐτῶν. σὺ δὲ ὅταν προσεύχῃ, ⌊εἴσελθε εἰς τὸ ταμιεῖόν σου καὶ
κλείσας τὴν θύραν σου πρόσευξαι⌋ᶠ τῷ Πατρί σου τῷ ἐν κρυπτῷ· καὶ
ὁ Πατήρ σου ὁ βλέπων ἐν τῷ κρυπτῷ ἀποδώσει σοι.ᵍ
7 Προσευχόμενοι δὲ μὴ βατταλογήσητε ὥσπερ οἱ ἐθνικοί· δοκοῦσιν
8 γὰρ ὅτι ἐν τῇ πολυλογίᾳ αὐτῶν εἰσακουσθήσονται. μὴ οὖν ὁμοιωθῆτε
αὐτοῖς· οἶδεν γὰρ ὁ Πατὴρ ὑμῶν ὧν χρείαν ἔχετε πρὸ τοῦ ὑμᾶς αἰτῆσαι
αὐτόν.
9 Οὕτως οὖν προσεύχεσθε ὑμεῖς·

Πάτερ ἡμῶν ὁ ἐν τοῖς οὐρανοῖς,
ἁγιασθήτω τὸ ὄνομά σου·
10   ἐλθάτω ἡ βασιλεία σου,
γενηθήτω τὸ θέλημά σου,
ὡς ἐν οὐρανῷ καὶ ἐπὶ γῆς.
11   τὸν ἄρτον ἡμῶν τὸν ἐπιούσιον δὸς ἡμῖν σήμερον.

[a] Lv. 19. 18   [b] add εὐλογεῖτε τοὺς καταρωμένους ὑμᾶς, καλῶς ποιεῖτε τοῖς μι-
σοῦσιν ὑμᾶς   [c] add ἐπηρεαζόντων ὑμᾶς καὶ   [d] Lv. 19. 2; Dt. 18. 13
[e] add ἐν τῷ φανερῷ   [f] 2 Kgs. 4. 33; Is. 26. 20 LXX   [g] add ἐν τῷ
φανερῷ

καὶ ἄφες ἡμῖν τὰ ὀφειλήματα ἡμῶν, 12
ὡς καὶ ἡμεῖς ἀφήκαμεν τοῖς ὀφειλέταις ἡμῶν.
καὶ μὴ εἰσενέγκῃς ἡμᾶς εἰς πειρασμόν, 13
ἀλλὰ ῥῦσαι ἡμᾶς ἀπὸ τοῦ πονηροῦ.[a]

ἐὰν γὰρ ἀφῆτε τοῖς ἀνθρώποις τὰ παραπτώματα αὐτῶν, ἀφήσει καὶ 14
ὑμῖν ὁ Πατὴρ ὑμῶν ὁ οὐράνιος· ἐὰν δὲ μὴ ἀφῆτε τοῖς ἀνθρώποις, οὐδὲ 15
ὁ Πατὴρ ὑμῶν ἀφήσει τὰ παραπτώματα ὑμῶν.

Ὅταν δὲ νηστεύητε, μὴ γίνεσθε ὡς οἱ ὑποκριταὶ σκυθρωποί· ἀφανί- 16
ζουσιν γὰρ τὰ πρόσωπα αὐτῶν ὅπως φανῶσιν τοῖς ἀνθρώποις
νηστεύοντες· ἀμὴν λέγω ὑμῖν· ἀπέχουσιν τὸν μισθὸν αὐτῶν. σὺ δὲ 17
νηστεύων ἄλειψαί σου τὴν κεφαλὴν καὶ τὸ πρόσωπόν σου νίψαι,
ὅπως μὴ φανῇς τοῖς ἀνθρώποις νηστεύων ἀλλὰ τῷ Πατρί σου τῷ ἐν 18
τῷ κρυφαίῳ· καὶ ὁ Πατήρ σου ὁ βλέπων ἐν τῷ κρυφαίῳ ἀποδώσει σοι.

❡ Μὴ θησαυρίζετε ὑμῖν θησαυροὺς ἐπὶ τῆς γῆς, ὅπου σὴς καὶ βρῶσις 19
ἀφανίζει, καὶ ὅπου κλέπται διορύσσουσιν καὶ κλέπτουσιν· θησαυρίζετε 20
δὲ ὑμῖν θησαυροὺς ἐν οὐρανῷ, ὅπου οὔτε σὴς οὔτε βρῶσις ἀφανίζει,
καὶ ὅπου κλέπται οὐ διορύσσουσιν οὐδὲ κλέπτουσιν· ὅπου γάρ ἐστιν 21
ὁ θησαυρός σου, ἐκεῖ ἔσται καὶ ἡ καρδία σου.

Ὁ λύχνος τοῦ σώματός ἐστιν ὁ ὀφθαλμός. ἐὰν οὖν ᾖ ὁ ὀφθαλμός σου 22
ἁπλοῦς, ὅλον τὸ σῶμά σου φωτεινὸν ἔσται· ἐὰν δὲ ὁ ὀφθαλμός σου 23
πονηρὸς ᾖ, ὅλον τὸ σῶμά σου σκοτεινὸν ἔσται. εἰ οὖν τὸ φῶς τὸ ἐν
σοὶ σκότος ἐστίν, τὸ σκότος πόσον.

Οὐδεὶς δύναται δυσὶ κυρίοις δουλεύειν· ἢ γὰρ τὸν ἕνα μισήσει καὶ τὸν 24
ἕτερον ἀγαπήσει, ἢ ἑνὸς ἀνθέξεται καὶ τοῦ ἑτέρου καταφρονήσει. οὐ
δύνασθε Θεῷ δουλεύειν καὶ μαμωνᾷ.

Διὰ τοῦτο λέγω ὑμῖν· μὴ μεριμνᾶτε τῇ ψυχῇ ὑμῶν τί φάγητε ἢ τί 25
πίητε, μηδὲ τῷ σώματι ὑμῶν τί ἐνδύσησθε. οὐχὶ ἡ ψυχὴ πλεῖόν ἐστιν
τῆς τροφῆς καὶ τὸ σῶμα τοῦ ἐνδύματος; ἐμβλέψατε εἰς τὰ πετεινὰ τοῦ 26
οὐρανοῦ, ὅτι οὐ σπείρουσιν οὐδὲ θερίζουσιν οὐδὲ συνάγουσιν εἰς
ἀποθήκας, καὶ ὁ Πατὴρ ὑμῶν ὁ οὐράνιος τρέφει αὐτά· οὐχ ὑμεῖς μᾶλλον 27
διαφέρετε αὐτῶν; τίς δὲ ἐξ ὑμῶν μεριμνῶν δύναται προσθεῖναι ἐπὶ τὴν 28
ἡλικίαν αὐτοῦ πῆχυν ἕνα; καὶ περὶ ἐνδύματος τί μεριμνᾶτε; κατα-
μάθετε τὰ κρίνα τοῦ ἀγροῦ πῶς [b] αὐξάνουσιν· οὐ κοπιῶσιν οὐδὲ
νήθουσιν· λέγω δὲ ὑμῖν ὅτι οὐδὲ Σολομὼν ἐν πάσῃ τῇ δόξῃ αὐτοῦ 29
περιεβάλετο ὡς ἓν τούτων. εἰ δὲ τὸν χόρτον τοῦ ἀγροῦ σήμερον ὄντα 30

[a] add ὅτι σοῦ ἐστιν ἡ βασιλεία καὶ ἡ δύναμις καὶ ἡ δόξα εἰς τοὺς αἰῶνας. ἀμήν.
[b] οὐ ξαίνουσιν οὐδὲ νήθουσιν οὐδὲ κοπιῶσιν·

καὶ αὔριον εἰς κλίβανον βαλλόμενον ὁ Θεὸς οὕτως ἀμφιέννυσιν, οὐ
31 πολλῷ μᾶλλον ὑμᾶς, ὀλιγόπιστοι; μὴ οὖν μεριμνήσητε λέγοντες· Τί
32 φάγωμεν; ἤ· Τί πίωμεν; ἤ· Τί περιβαλώμεθα; πάντα γὰρ ταῦτα τὰ
ἔθνη ἐπιζητοῦσιν· οἶδεν γὰρ ὁ Πατὴρ ὑμῶν ὁ οὐράνιος ὅτι χρῄζετε
33 τούτων ἁπάντων. ζητεῖτε δὲ πρῶτον τὴν βασιλείαν τοῦ Θεοῦ καὶ τὴν
34 δικαιοσύνην αὐτοῦ, καὶ ταῦτα πάντα προστεθήσεται ὑμῖν. μὴ οὖν
μεριμνήσητε εἰς τὴν αὔριον, ἡ γὰρ αὔριον μεριμνήσει ἑαυτῆς· ἀρκετὸν
τῇ ἡμέρᾳ ἡ κακία αὐτῆς.

7 2 ❡ Μὴ κρίνετε, ἵνα μὴ κριθῆτε· ἐν ᾧ γὰρ κρίματι κρίνετε κριθήσεσθε, καὶ
3 ἐν ᾧ μέτρῳ μετρεῖτε μετρηθήσεται ὑμῖν. τί δὲ βλέπεις τὸ κάρφος τὸ ἐν
τῷ ὀφθαλμῷ τοῦ ἀδελφοῦ σου, τὴν δὲ ἐν τῷ σῷ ὀφθαλμῷ δοκὸν οὐ
4 κατανοεῖς; ἢ πῶς ἐρεῖς τῷ ἀδελφῷ σου· Ἄφες ἐκβάλω τὸ κάρφος ἐκ τοῦ
5 ὀφθαλμοῦ σου, καὶ ἰδοὺ ἡ δοκὸς ἐν τῷ ὀφθαλμῷ σου; ὑποκριτά,
ἔκβαλε πρῶτον ἐκ τοῦ ὀφθαλμοῦ σου τὴν δοκόν, καὶ τότε διαβλέψεις
ἐκβαλεῖν τὸ κάρφος ἐκ τοῦ ὀφθαλμοῦ τοῦ ἀδελφοῦ σου.
6 Μὴ δῶτε τὸ ἅγιον τοῖς κυσίν, μηδὲ βάλητε τοὺς μαργαρίτας ὑμῶν
ἔμπροσθεν τῶν χοίρων, μήποτε καταπατήσουσιν αὐτοὺς ἐν τοῖς ποσὶν
αὐτῶν καὶ στραφέντες ῥήξωσιν ὑμᾶς.
7 Αἰτεῖτε, καὶ δοθήσεται ὑμῖν· ζητεῖτε, καὶ εὑρήσετε· κρούετε, καὶ
8 ἀνοιγήσεται ὑμῖν. πᾶς γὰρ ὁ αἰτῶν λαμβάνει, καὶ ὁ ζητῶν εὑρίσκει,
καὶ τῷ κρούοντι ἀνοιγήσεται.
9 Ἤ τίς ἐστιν ἐξ ὑμῶν ἄνθρωπος, ὃν αἰτήσει ὁ υἱὸς αὐτοῦ ἄρτον, μὴ
10 λίθον ἐπιδώσει αὐτῷ; ἢ καὶ ἰχθὺν αἰτήσει, μὴ ὄφιν ἐπιδώσει αὐτῷ;
11 εἰ οὖν ὑμεῖς πονηροὶ ὄντες οἴδατε δόματα ἀγαθὰ διδόναι τοῖς τέκνοις
ὑμῶν, πόσῳ μᾶλλον ὁ Πατὴρ ὑμῶν ὁ ἐν τοῖς οὐρανοῖς δώσει ἀγαθὰ τοῖς
αἰτοῦσιν αὐτόν.
12 Πάντα οὖν ὅσα ἐὰν θέλητε ἵνα ποιῶσιν ὑμῖν οἱ ἄνθρωποι, οὕτως καὶ
ὑμεῖς ποιεῖτε αὐτοῖς· οὗτος γάρ ἐστιν ὁ νόμος καὶ οἱ προφῆται.
13 Εἰσέλθατε διὰ τῆς στενῆς πύλης· ὅτι πλατεῖα ᵃ ἡ πύλη καὶ εὐρύχωρος
ἡ ὁδὸς ἡ ἀπάγουσα εἰς τὴν ἀπώλειαν, καὶ πολλοί εἰσιν οἱ εἰσερχόμενοι
14 δι᾽ αὐτῆς· ὅτι στενὴ ᵇ ἡ πύλη καὶ τεθλιμμένη ἡ ὁδὸς ἡ ἀπάγουσα εἰς
τὴν ζωήν, καὶ ὀλίγοι εἰσὶν οἱ εὑρίσκοντες αὐτήν.
15 Προσέχετε ἀπὸ τῶν ψευδοπροφητῶν, οἵτινες ἔρχονται πρὸς ὑμᾶς ἐν
16 ἐνδύμασι προβάτων, ἔσωθεν δέ εἰσιν λύκοι ἅρπαγες. ἀπὸ τῶν καρπῶν
αὐτῶν ἐπιγνώσεσθε αὐτούς. μήτι συλλέγουσιν ἀπὸ ἀκανθῶν σταφυλὰς
17 ἢ ἀπὸ τριβόλων σῦκα; οὕτως πᾶν δένδρον ἀγαθὸν καρποὺς καλοὺς
18 ποιεῖ, τὸ δὲ σαπρὸν δένδρον καρποὺς πονηροὺς ποιεῖ. οὐ δύναται

[a] om. ἡ πύλη   [b] om. ἡ πύλη

δένδρον ἀγαθὸν καρποὺς πονηροὺς ἐνεγκεῖν, οὐδὲ δένδρον σαπρὸν
καρποὺς καλοὺς ἐνεγκεῖν. πᾶν δένδρον μὴ ποιοῦν καρπὸν καλὸν ἐκ- 19
κόπτεται καὶ εἰς πῦρ βάλλεται. ἄρα γε ἀπὸ τῶν καρπῶν αὐτῶν 20
ἐπιγνώσεσθε αὐτούς.

Οὐ πᾶς ὁ λέγων μοι Κύριε, Κύριε, εἰσελεύσεται εἰς τὴν βασιλείαν τῶν 21
οὐρανῶν, ἀλλ' ὁ ποιῶν τὸ θέλημα τοῦ Πατρός μου τοῦ ἐν τοῖς οὐρανοῖς.
πολλοὶ ἐροῦσίν μοι ἐν ἐκείνη τῇ ἡμέρᾳ· Κύριε, Κύριε, οὐ ⌊τῷ σῷ ὀνόματι 22
ἐπροφητεύσαμεν⌋,[a] καὶ τῷ σῷ ὀνόματι δαιμόνια ἐξεβάλομεν, καὶ τῷ
σῷ ὀνόματι δυνάμεις πολλὰς ἐποιήσαμεν; καὶ τότε ὁμολογήσω αὐτοῖς 23
ὅτι Οὐδέποτε ἔγνων ὑμᾶς· ⌊ἀποχωρεῖτε ἀπ' ἐμοῦ οἱ ἐργαζόμενοι τὴν
ἀνομίαν.⌋[b]

Πᾶς οὖν ὅστις ἀκούει μου τοὺς λόγους τούτους καὶ ποιεῖ αὐτούς, 24
ὁμοιωθήσεται ἀνδρὶ φρονίμῳ, ὅστις ᾠκοδόμησεν αὐτοῦ τὴν οἰκίαν ἐπὶ
τὴν πέτραν. καὶ κατέβη ἡ βροχὴ καὶ ἦλθον οἱ ποταμοὶ καὶ ἔπνευσαν 25
οἱ ἄνεμοι καὶ προσέπεσαν τῇ οἰκίᾳ ἐκείνη· καὶ οὐκ ἔπεσεν, τεθεμελίωτο
γὰρ ἐπὶ τὴν πέτραν. καὶ πᾶς ὁ ἀκούων μου τοὺς λόγους τούτους καὶ 26
μὴ ποιῶν αὐτοὺς ὁμοιωθήσεται ἀνδρὶ μωρῷ, ὅστις ᾠκοδόμησεν αὐτοῦ
τὴν οἰκίαν ἐπὶ τὴν ἄμμον. καὶ κατέβη ἡ βροχὴ καὶ ἦλθον οἱ ποταμοὶ 27
καὶ ἔπνευσαν οἱ ἄνεμοι καὶ προσέκοψαν τῇ οἰκίᾳ ἐκείνη· καὶ ἔπεσεν, καὶ
ἦν ἡ πτῶσις αὐτῆς μεγάλη.

Καὶ ἐγένετο ὅτε ἐτέλεσεν ὁ Ἰησοῦς τοὺς λόγους τούτους, ἐξεπλήσ- 28
σοντο οἱ ὄχλοι ἐπὶ τῇ διδαχῇ αὐτοῦ· ἦν γὰρ διδάσκων αὐτοὺς ὡς 29
ἐξουσίαν ἔχων, καὶ οὐχ ὡς οἱ γραμματεῖς αὐτῶν.

Καταβάντος δὲ αὐτοῦ ἀπὸ τοῦ ὄρους ἠκολούθησαν αὐτῷ ὄχλοι 8
πολλοί. καὶ ἰδοὺ λεπρὸς προσελθὼν προσεκύνει αὐτῷ λέγων· 2
Κύριε, ἐὰν θέλῃς, δύνασαί με καθαρίσαι. καὶ ἐκτείνας τὴν χεῖρα ἥψατο 3
αὐτοῦ λέγων· Θέλω, καθαρίσθητι. καὶ εὐθέως ἐκαθαρίσθη αὐτοῦ ἡ
λέπρα. καὶ λέγει αὐτῷ ὁ Ἰησοῦς· Ὅρα μηδενὶ εἴπης, ἀλλὰ ὕπαγε 4
σεαυτὸν ⌊δεῖξον τῷ ἱερεῖ⌋[c] καὶ προσένεγκον τὸ δῶρον ὃ προσέταξεν
Μωϋσῆς, εἰς μαρτύριον αὐτοῖς.

Εἰσελθόντος δὲ αὐτοῦ εἰς Καφαρναοὺμ προσῆλθεν αὐτῷ ἑκατόνταρχος 5
παρακαλῶν αὐτὸν καὶ λέγων· Κύριε, ὁ παῖς μου βέβληται ἐν τῇ οἰκίᾳ 6
παραλυτικός, δεινῶς βασανιζόμενος. λέγει αὐτῷ· Ἐγὼ ἐλθὼν θερα- 7
πεύσω [d] αὐτόν. ἀποκριθεὶς δὲ ὁ ἑκατόνταρχος ἔφη· Κύριε, οὐκ εἰμὶ 8
ἱκανὸς ἵνα μου ὑπὸ τὴν στέγην εἰσέλθης· ἀλλὰ μόνον εἰπὲ λόγῳ, καὶ

[a] Jer. 14. 14; 27. 15   [b] Ps. 6. 8   [c] Lv. 13. 49; 14. 2–32
[d] αὐτόν;

9 ἰαθήσεται ὁ παῖς μου. καὶ γὰρ ἐγὼ ἄνθρωπός εἰμι ὑπὸ ἐξουσίαν, ἔχων ὑπ᾽ ἐμαυτὸν στρατιώτας, καὶ λέγω τούτῳ· Πορεύθητι, καὶ πορεύεται, καὶ ἄλλῳ· Ἔρχου, καὶ ἔρχεται, καὶ τῷ δούλῳ μου· Ποίησον τοῦτο, καὶ 10 ποιεῖ. ἀκούσας δὲ ὁ Ἰησοῦς ἐθαύμασεν καὶ εἶπεν τοῖς ἀκολουθοῦσιν· Ἀμὴν λέγω ὑμῖν, οὐδὲ ἐν τῷ Ἰσραὴλ τοσαύτην πίστιν εὗρον.

11 Λέγω δὲ ὑμῖν ὅτι πολλοὶ ⌊ἀπὸ ἀνατολῶν καὶ δυσμῶν⌋[a] ἥξουσιν καὶ ἀνακλιθήσονται μετὰ Ἀβραὰμ καὶ Ἰσαὰκ καὶ Ἰακὼβ ἐν τῇ βασιλείᾳ τῶν 12 οὐρανῶν· οἱ δὲ υἱοὶ τῆς βασιλείας ἐκβληθήσονται εἰς τὸ σκότος τὸ ἐξώτερον· ἐκεῖ ἔσται ὁ κλαυθμὸς καὶ ὁ βρυγμὸς τῶν ὀδόντων. 13 Καὶ εἶπεν ὁ Ἰησοῦς τῷ ἑκατοντάρχῃ· Ὕπαγε, ὡς ἐπίστευσας γενηθήτω σοι. καὶ ἰάθη ὁ παῖς ἐν τῇ ὥρᾳ ἐκείνῃ.

14 Καὶ ἐλθὼν ὁ Ἰησοῦς εἰς τὴν οἰκίαν Πέτρου εἶδεν τὴν πενθερὰν αὐτοῦ 15 βεβλημένην καὶ πυρέσσουσαν· καὶ ἥψατο τῆς χειρὸς αὐτῆς, καὶ ἀφῆκεν αὐτὴν ὁ πυρετός· καὶ ἠγέρθη, καὶ διηκόνει αὐτῷ. 16 Ὀψίας δὲ γενομένης προσήνεγκαν αὐτῷ δαιμονιζομένους πολλούς· καὶ ἐξέβαλεν τὰ πνεύματα λόγῳ, καὶ πάντας τοὺς κακῶς ἔχοντας 17 ἐθεράπευσεν· ὅπως πληρωθῇ τὸ ῥηθὲν διὰ Ἠσαΐου τοῦ προφήτου λέγοντος· ⌊Αὐτὸς τὰς ἀσθενείας ἡμῶν ἔλαβεν καὶ τὰς νόσους ἐβάστασεν.⌋[b]

18 ❡ Ἰδὼν δὲ ὁ Ἰησοῦς ὄχλον περὶ αὐτὸν ἐκέλευσεν ἀπελθεῖν εἰς τὸ πέραν. 19 καὶ προσελθὼν εἷς γραμματεὺς εἶπεν αὐτῷ· Διδάσκαλε, ἀκολουθήσω 20 σοι ὅπου ἐὰν ἀπέρχῃ. καὶ λέγει αὐτῷ ὁ Ἰησοῦς· Αἱ ἀλώπεκες φωλεοὺς ἔχουσιν καὶ τὰ πετεινὰ τοῦ οὐρανοῦ κατασκηνώσεις, ὁ δὲ Υἱὸς τοῦ 21 ἀνθρώπου οὐκ ἔχει ποῦ τὴν κεφαλὴν κλίνῃ. ἕτερος δὲ τῶν μαθητῶν εἶπεν αὐτῷ· Κύριε, ἐπίτρεψόν μοι πρῶτον ἀπελθεῖν καὶ θάψαι τὸν 22 πατέρα μου. ὁ δὲ Ἰησοῦς λέγει αὐτῷ· Ἀκολούθει μοι, καὶ ἄφες τοὺς νεκροὺς θάψαι τοὺς ἑαυτῶν νεκρούς.

23 Καὶ ἐμβάντι αὐτῷ εἰς τὸ πλοῖον, ἠκολούθησαν αὐτῷ οἱ μαθηταὶ 24 αὐτοῦ. καὶ ἰδοὺ σεισμὸς μέγας ἐγένετο ἐν τῇ θαλάσσῃ, ὥστε τὸ πλοῖον 25 καλύπτεσθαι ὑπὸ τῶν κυμάτων· αὐτὸς δὲ ἐκάθευδεν. καὶ προσελθόντες 26 ἤγειραν αὐτὸν λέγοντες· Κύριε, σῶσον ἡμᾶς, ἀπολλύμεθα. καὶ λέγει αὐτοῖς· Τί δειλοί ἐστε, ὀλιγόπιστοι; τότε ἐγερθεὶς ἐπετίμησεν τοῖς 27 ἀνέμοις καὶ τῇ θαλάσσῃ, καὶ ἐγένετο γαλήνη μεγάλη. οἱ δὲ ἄνθρωποι ἐθαύμασαν λέγοντες· Ποταπός ἐστιν οὗτος, ὅτι καὶ οἱ ἄνεμοι καὶ ἡ θάλασσα αὐτῷ ὑπακούουσιν;

28 Καὶ ἐλθόντος αὐτοῦ εἰς τὸ πέραν εἰς τὴν χώραν τῶν Γαδαρηνῶν ὑπήντησαν αὐτῷ δύο δαιμονιζόμενοι ἐκ τῶν μνημείων ἐξερχόμενοι,

[a] Is. 49. 12; 59. 19; Mal. 1. 11; Ps. 107. 3   [b] Is. 53. 4

χαλεποὶ λίαν, ὥστε μὴ ἰσχύειν τινὰ παρελθεῖν διὰ τῆς ὁδοῦ ἐκείνης. καὶ ἰδοὺ ἔκραξαν λέγοντες· Τί ἡμῖν καὶ σοί, υἱὲ τοῦ Θεοῦ; ἦλθες ὧδε 29 πρὸ καιροῦ βασανίσαι ἡμᾶς; ἦν δὲ μακρὰν ἀπ' αὐτῶν ἀγέλη χοίρων 30 πολλῶν βοσκομένη. οἱ δὲ δαίμονες παρεκάλουν αὐτὸν λέγοντες· Εἰ 31 ἐκβάλλεις ἡμᾶς, ἀπόστειλον ἡμᾶς εἰς τὴν ἀγέλην τῶν χοίρων. καὶ 32 εἶπεν αὐτοῖς· Ὑπάγετε. οἱ δὲ ἐξελθόντες ἀπῆλθον εἰς τοὺς χοίρους· καὶ ἰδοὺ ὥρμησεν πᾶσα ἡ ἀγέλη κατὰ τοῦ κρημνοῦ εἰς τὴν θάλασσαν, καὶ ἀπέθανον ἐν τοῖς ὕδασιν. Οἱ δὲ βόσκοντες ἔφυγον, καὶ ἀπελθόντες εἰς τὴν πόλιν ἀπήγγειλαν 33 πάντα καὶ τὰ τῶν δαιμονιζομένων. καὶ ἰδοὺ πᾶσα ἡ πόλις ἐξῆλθεν εἰς 34 ὑπάντησιν τῷ Ἰησοῦ, καὶ ἰδόντες αὐτὸν παρεκάλεσαν ὅπως μεταβῇ ἀπὸ τῶν ὁρίων αὐτῶν. καὶ ἐμβὰς εἰς τὸ πλοῖον διεπέρασεν, καὶ ἦλθεν 9 εἰς τὴν ἰδίαν πόλιν.

Καὶ ἰδοὺ προσέφερον αὐτῷ παραλυτικὸν ἐπὶ κλίνης βεβλημένον. 2 καὶ ἰδὼν ὁ Ἰησοῦς τὴν πίστιν αὐτῶν εἶπεν τῷ παραλυτικῷ· Θάρσει, τέκνον, ἀφίενταί σου αἱ ἁμαρτίαι. καὶ ἰδού τινες τῶν γραμματέων 3 εἶπαν ἐν ἑαυτοῖς· Οὗτος βλασφημεῖ. καὶ εἰδὼς ὁ Ἰησοῦς τὰς ἐνθυμήσεις 4 αὐτῶν εἶπεν· Ἱνατί ἐνθυμεῖσθε πονηρὰ ἐν ταῖς καρδίαις ὑμῶν; τί γάρ 5 ἐστιν εὐκοπώτερον εἰπεῖν· Ἀφίενταί σου αἱ ἁμαρτίαι, ἢ εἰπεῖν· Ἔγειρε καὶ περιπάτει; ἵνα δὲ εἰδῆτε ὅτι ἐξουσίαν ἔχει ὁ Υἱὸς τοῦ ἀνθρώπου 6 ἐπὶ τῆς γῆς ἀφιέναι ἁμαρτίας—τότε λέγει τῷ παραλυτικῷ—ἔγειρε ἆρόν σου τὴν κλίνην καὶ ὕπαγε εἰς τὸν οἶκόν σου. καὶ ἐγερθεὶς ἀπῆλθεν εἰς 7 τὸν οἶκον αὐτοῦ. ἰδόντες δὲ οἱ ὄχλοι ἐφοβήθησαν καὶ ἐδόξασαν τὸν 8 Θεὸν τὸν δόντα ἐξουσίαν τοιαύτην τοῖς ἀνθρώποις.

❡ Καὶ παράγων ὁ Ἰησοῦς ἐκεῖθεν εἶδεν ἄνθρωπον καθήμενον ἐπὶ τὸ 9 τελώνιον, Μαθθαῖον λεγόμενον, καὶ λέγει αὐτῷ· Ἀκολούθει μοι. καὶ ἀναστὰς ἠκολούθησεν αὐτῷ.

Καὶ ἐγένετο αὐτοῦ ἀνακειμένου ἐν τῇ οἰκίᾳ, καὶ ἰδοὺ πολλοὶ τελῶναι 10 καὶ ἁμαρτωλοὶ ἐλθόντες συνανέκειντο τῷ Ἰησοῦ καὶ τοῖς μαθηταῖς αὐτοῦ. καὶ ἰδόντες οἱ Φαρισαῖοι ἔλεγον τοῖς μαθηταῖς αὐτοῦ· Διὰ τί 11 μετὰ τῶν τελωνῶν καὶ ἁμαρτωλῶν ἐσθίει ὁ διδάσκαλος ὑμῶν; ὁ δὲ 12 ἀκούσας εἶπεν· Οὐ χρείαν ἔχουσιν οἱ ἰσχύοντες ἰατροῦ ἀλλ' οἱ κακῶς ἔχοντες. πορευθέντες δὲ μάθετε τί ἐστιν· ⌊Ἔλεος θέλω καὶ οὐ θυσίαν·⌋ᵃ 13 οὐ γὰρ ἦλθον καλέσαι δικαίους ἀλλὰ ἁμαρτωλούς.

Τότε προσέρχονται αὐτῷ οἱ μαθηταὶ Ἰωάννου λέγοντες· Διὰ τί 14 ἡμεῖς καὶ οἱ Φαρισαῖοι νηστεύομεν, οἱ δὲ μαθηταί σου οὐ νηστεύουσιν; καὶ εἶπεν αὐτοῖς ὁ Ἰησοῦς· Μὴ δύνανται οἱ υἱοὶ τοῦ νυμφῶνος πενθεῖν, 15

[a] Hos. 6. 6

ἐφ' ὅσον μετ' αὐτῶν ἐστιν ὁ νυμφίος; ἐλεύσονται δὲ ἡμέραι ὅταν ἀπαρθῇ ἀπ' αὐτῶν ὁ νυμφίος, καὶ τότε νηστεύσουσιν.

16 Οὐδεὶς δὲ ἐπιβάλλει ἐπίβλημα ῥάκους ἀγνάφου ἐπὶ ἱματίῳ παλαιῷ· αἴρει γὰρ τὸ πλήρωμα αὐτοῦ ἀπὸ τοῦ ἱματίου, καὶ χεῖρον σχίσμα 17 γίνεται. οὐδὲ βάλλουσιν οἶνον νέον εἰς ἀσκοὺς παλαιούς· εἰ δὲ μή γε, ῥήγνυνται οἱ ἀσκοί, καὶ ὁ οἶνος ἐκχεῖται καὶ οἱ ἀσκοὶ ἀπόλλυνται. ἀλλὰ βάλλουσιν οἶνον νέον εἰς ἀσκοὺς καινούς, καὶ ἀμφότεροι συντηροῦνται.

18 ❈ Ταῦτα αὐτοῦ λαλοῦντος αὐτοῖς, ἰδοὺ ἄρχων εἷς προσελθὼν προσεκύνει αὐτῷ λέγων ὅτι Ἡ θυγάτηρ μου ἄρτι ἐτελεύτησεν· ἀλλὰ ἐλθὼν 19 ἐπίθες τὴν χεῖρά σου ἐπ' αὐτήν, καὶ ζήσεται. καὶ ἐγερθεὶς ὁ Ἰησοῦς ἠκολούθει αὐτῷ καὶ οἱ μαθηταὶ αὐτοῦ.

20 Καὶ ἰδοὺ γυνὴ αἱμορροῦσα δώδεκα ἔτη προσελθοῦσα ὄπισθεν ἥψατο 21 τοῦ κρασπέδου τοῦ ἱματίου αὐτοῦ· ἔλεγεν γὰρ ἐν ἑαυτῇ· Ἐὰν μόνον 22 ἅψωμαι τοῦ ἱματίου αὐτοῦ, σωθήσομαι. ὁ δὲ Ἰησοῦς στραφεὶς καὶ ἰδὼν αὐτὴν εἶπεν· Θάρσει, θύγατερ· ἡ πίστις σου σέσωκέν σε. καὶ ἐσώθη ἡ γυνὴ ἀπὸ τῆς ὥρας ἐκείνης.

23 Καὶ ἐλθὼν ὁ Ἰησοῦς εἰς τὴν οἰκίαν τοῦ ἄρχοντος καὶ ἰδὼν τοὺς 24 αὐλητὰς καὶ τὸν ὄχλον θορυβούμενον ἔλεγεν· Ἀναχωρεῖτε· οὐ γὰρ 25 ἀπέθανεν τὸ κοράσιον ἀλλὰ καθεύδει. καὶ κατεγέλων αὐτοῦ. ὅτε δὲ ἐξεβλήθη ὁ ὄχλος, εἰσελθὼν ἐκράτησεν τῆς χειρὸς αὐτῆς, καὶ ἠγέρθη τὸ 26 κοράσιον. καὶ ἐξῆλθεν ἡ φήμη αὕτη εἰς ὅλην τὴν γῆν ἐκείνην.

27 Καὶ παράγοντι ἐκεῖθεν τῷ Ἰησοῦ ἠκολούθησαν δύο τυφλοὶ κράζοντες 28 καὶ λέγοντες· Ἐλέησον ἡμᾶς, υἱὸς Δαυίδ. ἐλθόντι δὲ εἰς τὴν οἰκίαν προσῆλθον αὐτῷ οἱ τυφλοί, καὶ λέγει αὐτοῖς ὁ Ἰησοῦς· Πιστεύετε ὅτι 29 δύναμαι τοῦτο ποιῆσαι; λέγουσιν αὐτῷ· Ναί, κύριε. τότε ἥψατο τῶν 30 ὀφθαλμῶν αὐτῶν λέγων· Κατὰ τὴν πίστιν ὑμῶν γενηθήτω ὑμῖν. καὶ ἠνεῴχθησαν αὐτῶν οἱ ὀφθαλμοί. καὶ ἐνεβριμήθη αὐτοῖς ὁ Ἰησοῦς 31 λέγων· Ὁρᾶτε μηδεὶς γινωσκέτω. οἱ δὲ ἐξελθόντες διεφήμισαν αὐτὸν ἐν ὅλῃ τῇ γῇ ἐκείνῃ.

32 Αὐτῶν δὲ ἐξερχομένων, ἰδοὺ προσήνεγκαν αὐτῷ κωφὸν δαιμονιζό-33 μενον. καὶ ἐκβληθέντος τοῦ δαιμονίου ἐλάλησεν ὁ κωφός. καὶ ἐθαύμασαν οἱ ὄχλοι λέγοντες· Οὐδέποτε ἐφάνη οὕτως ἐν τῷ Ἰσραήλ.[a]

35 ❈ Καὶ περιῆγεν ὁ Ἰησοῦς τὰς πόλεις πάσας καὶ τὰς κώμας, διδάσκων ἐν ταῖς συναγωγαῖς αὐτῶν καὶ κηρύσσων τὸ εὐαγγέλιον τῆς βασιλείας 36 καὶ θεραπεύων πᾶσαν νόσον καὶ πᾶσαν μαλακίαν. ἰδὼν δὲ τοὺς ὄχλους

[a] add (34) οἱ δὲ Φαρισαῖοι ἔλεγον· Ἐν τῷ ἄρχοντι τῶν δαιμονίων ἐκβάλλει τὰ δαιμόνια.

ἐσπλαγχνίσθη περὶ αὐτῶν, ὅτι ἦσαν ἐσκυλμένοι καὶ ἐρριμμένοι ⌊ὡσεὶ πρόβατα μὴ ἔχοντα ποιμένα⌋.ᵃ τότε λέγει τοῖς μαθηταῖς αὐτοῦ· Ὁ μὲν 37 θερισμὸς πολύς, οἱ δὲ ἐργάται ὀλίγοι· δεήθητε οὖν τοῦ κυρίου τοῦ 38 θερισμοῦ ὅπως ἐκβάλῃ ἐργάτας εἰς τὸν θερισμὸν αὐτοῦ.

Καὶ προσκαλεσάμενος τοὺς δώδεκα μαθητὰς αὐτοῦ ἔδωκεν αὐτοῖς 10 ἐξουσίαν πνευμάτων ἀκαθάρτων ὥστε ἐκβάλλειν αὐτά, καὶ θεραπεύειν πᾶσαν νόσον καὶ πᾶσαν μαλακίαν.

Τῶν δὲ δώδεκα ἀποστόλων τὰ ὀνόματά ἐστιν ταῦτα· πρῶτος 2 Σίμων ὁ λεγόμενος Πέτρος καὶ Ἀνδρέας ὁ ἀδελφὸς αὐτοῦ, καὶ Ἰάκωβος ὁ τοῦ Ζεβεδαίου καὶ Ἰωάννης ὁ ἀδελφὸς αὐτοῦ, Φίλιππος καὶ Βαρθολο- 3 μαῖος, Θωμᾶς καὶ Μαθθαῖος ὁ τελώνης, Ἰάκωβος ὁ τοῦ Ἀλφαίου καὶ ᵇΛεββαῖος, Σίμων ὁ Καναναῖος καὶ Ἰούδας ὁ Ἰσκαριώτης ὁ καὶ παραδοὺς 4 αὐτόν.

Τούτους τοὺς δώδεκα ἀπέστειλεν ὁ Ἰησοῦς παραγγείλας αὐτοῖς 5 λέγων· Εἰς ὁδὸν ἐθνῶν μὴ ἀπέλθητε, καὶ εἰς πόλιν Σαμαριτῶν μὴ εἰσέλθητε· πορεύεσθε δὲ μᾶλλον πρὸς τὰ πρόβατα τὰ ἀπολωλότα οἴκου 6 Ἰσραήλ. πορευόμενοι δὲ κηρύσσετε λέγοντες ὅτι Ἤγγικεν ἡ βασιλεία 7 τῶν οὐρανῶν. ἀσθενοῦντας θεραπεύετε, νεκροὺς ἐγείρετε, λεπροὺς 8 καθαρίζετε, δαιμόνια ἐκβάλλετε· δωρεὰν ἐλάβετε, δωρεὰν δότε.

Μὴ κτήσησθε χρυσὸν μηδὲ ἄργυρον μηδὲ χαλκὸν εἰς τὰς ζώνας 9 ὑμῶν, μὴ πήραν εἰς ὁδὸν μηδὲ δύο χιτῶνας μηδὲ ὑποδήματα μηδὲ 10 ῥάβδον· ἄξιος γὰρ ὁ ἐργάτης τῆς τροφῆς αὐτοῦ. Εἰς ἣν δ' ἂν πόλιν ἢ κώμην εἰσέλθητε, ἐξετάσατε τίς ἐν αὐτῇ ἄξιός 11 ἐστιν· κἀκεῖ μείνατε ἕως ἂν ἐξέλθητε. εἰσερχόμενοι δὲ εἰς τὴν οἰκίαν 12 ἀσπάσασθε αὐτήν. καὶ ἐὰν μὲν ᾖ ἡ οἰκία ἀξία, ἐλθάτω ἡ εἰρήνη ὑμῶν 13 ἐπ' αὐτήν· ἐὰν δὲ μὴ ᾖ ἀξία, ἡ εἰρήνη ὑμῶν πρὸς ὑμᾶς ἐπιστραφήτω. καὶ ὃς ἂν μὴ δέξηται ὑμᾶς μηδὲ ἀκούσῃ τοὺς λόγους ὑμῶν, ἐξερχόμενοι 14 ἔξω τῆς οἰκίας ἢ τῆς πόλεως ἐκείνης ἐκτινάξετε τὸν κονιορτὸν τῶν ποδῶν ὑμῶν. ἀμὴν λέγω ὑμῖν, ἀνεκτότερον ἔσται γῇ Σοδόμων καὶ Γομόρρων 15 ἐν ἡμέρᾳ κρίσεως ἢ τῇ πόλει ἐκείνῃ.

Ἰδοὺ ἐγὼ ἀποστέλλω ὑμᾶς ὡς πρόβατα ἐν μέσῳ λύκων· γίνεσθε οὖν 16 φρόνιμοι ὡς οἱ ὄφεις καὶ ἀκέραιοι ὡς αἱ περιστεραί.

Προσέχετε δὲ ἀπὸ τῶν ἀνθρώπων· παραδώσουσιν γὰρ ὑμᾶς εἰς 17 συνέδρια, καὶ ἐν ταῖς συναγωγαῖς αὐτῶν μαστιγώσουσιν ὑμᾶς· καὶ ἐπὶ 18 ἡγεμόνας δὲ καὶ βασιλεῖς ἀχθήσεσθε ἕνεκεν ἐμοῦ, εἰς μαρτύριον αὐτοῖς καὶ τοῖς ἔθνεσιν. ὅταν δὲ παραδῶσιν ὑμᾶς, μὴ μεριμνήσητε τί λαλήσητε· 19 δοθήσεται γὰρ ὑμῖν ἐν ἐκείνῃ τῇ ὥρᾳ τί λαλήσητε· οὐ γὰρ ὑμεῖς ἐστε οἱ 20 λαλοῦντες, ἀλλὰ τὸ Πνεῦμα τοῦ Πατρὸς ὑμῶν τὸ λαλοῦν ἐν ὑμῖν.

[a] Num. 27. 17; Ezk. 34. 5   [b] Θαδδαῖος

21 Παραδώσει δὲ ἀδελφὸς ἀδελφὸν εἰς θάνατον καὶ πατὴρ τέκνον, καὶ
22 ⌊ἐπαναστήσονται τέκνα ἐπὶ γονεῖς⌋ᵃ καὶ θανατώσουσιν αὐτούς. καὶ
ἔσεσθε μισούμενοι ὑπὸ πάντων διὰ τὸ ὄνομά μου· ὁ δὲ ὑπομείνας εἰς
23 τέλος, οὗτος σωθήσεται. ὅταν δὲ διώκωσιν ὑμᾶς ἐν τῇ πόλει ταύτῃ,
φεύγετε εἰς τὴν ἑτέραν· ἀμὴν γὰρ λέγω ὑμῖν, οὐ μὴ τελέσητε τὰς πόλεις
τοῦ Ἰσραὴλ ἕως ἔλθῃ ὁ Υἱὸς τοῦ ἀνθρώπου.
24 Οὐκ ἔστιν μαθητὴς ὑπὲρ τὸν διδάσκαλον οὐδὲ δοῦλος ὑπὲρ τὸν
25 κύριον αὐτοῦ. ἀρκετὸν τῷ μαθητῇ ἵνα γένηται ὡς ὁ διδάσκαλος αὐτοῦ,
καὶ ὁ δοῦλος ὡς ὁ κύριος αὐτοῦ. εἰ τὸν οἰκοδεσπότην Βεελζεβοὺβ
ἐπεκάλεσαν, πόσῳ μᾶλλον τοὺς οἰκιακοὺς αὐτοῦ.
26 Μὴ οὖν φοβηθῆτε αὐτούς· οὐδὲν γάρ ἐστιν κεκαλυμμένον ὃ οὐκ ἀπο-
27 καλυφθήσεται, καὶ κρυπτὸν ὃ οὐ γνωσθήσεται. ὃ λέγω ὑμῖν ἐν τῇ
σκοτίᾳ, εἴπατε ἐν τῷ φωτί· καὶ ὃ εἰς τὸ οὖς ἀκούετε, κηρύξατε ἐπὶ τῶν
28 δωμάτων. καὶ μὴ φοβεῖσθε ἀπὸ τῶν ἀποκτεννόντων τὸ σῶμα, τὴν δὲ
ψυχὴν μὴ δυναμένων ἀποκτεῖναι· φοβεῖσθε δὲ μᾶλλον τὸν δυνάμενον
καὶ ψυχὴν καὶ σῶμα ἀπολέσαι ἐν γεέννῃ.
29 Οὐχὶ δύο στρουθία ἀσσαρίου πωλεῖται; καὶ ἓν ἐξ αὐτῶν οὐ πεσεῖται
30 ἐπὶ τὴν γῆν ἄνευ τοῦ Πατρὸς ὑμῶν. ὑμῶν δὲ καὶ αἱ τρίχες τῆς κεφαλῆς
31 πᾶσαι ἠριθμημέναι εἰσίν. μὴ οὖν φοβεῖσθε· πολλῶν στρουθίων δια-
φέρετε ὑμεῖς.
32 Πᾶς οὖν ὅστις ὁμολογήσει ἐν ἐμοὶ ἔμπροσθεν τῶν ἀνθρώπων, ὁμο-
λογήσω κἀγὼ ἐν αὐτῷ ἔμπροσθεν τοῦ Πατρός μου τοῦ ἐν τοῖς οὐρανοῖς·
33 ὅστις δ' ἂν ἀρνήσηταί με ἔμπροσθεν τῶν ἀνθρώπων, ἀρνήσομαι κἀγὼ
αὐτὸν ἔμπροσθεν τοῦ Πατρός μου τοῦ ἐν τοῖς οὐρανοῖς.
34 Μὴ νομίσητε ὅτι ἦλθον βαλεῖν εἰρήνην ἐπὶ τὴν γῆν· οὐκ ἦλθον βαλεῖν
35 εἰρήνην ἀλλὰ μάχαιραν. ἦλθον γὰρ διχάσαι ἄνθρωπον ⌊κατὰ τοῦ
πατρὸς αὐτοῦ καὶ θυγατέρα κατὰ τῆς μητρὸς αὐτῆς καὶ νύμφην κατὰ
36 τῆς πενθερᾶς αὐτῆς⌋, καὶ ⌊ἐχθροὶ τοῦ ἀνθρώπου οἱ οἰκιακοὶ αὐτοῦ⌋.ᵇ
37 Ὁ φιλῶν πατέρα ἢ μητέρα ὑπὲρ ἐμὲ οὐκ ἔστιν μου ἄξιος· καὶ ὁ φιλῶν
38 υἱὸν ἢ θυγατέρα ὑπὲρ ἐμὲ οὐκ ἔστιν μου ἄξιος· καὶ ὃς οὐ λαμβάνει τὸν
39 σταυρὸν αὐτοῦ καὶ ἀκολουθεῖ ὀπίσω μου, οὐκ ἔστιν μου ἄξιος. ὁ
εὑρὼν τὴν ψυχὴν αὐτοῦ ἀπολέσει αὐτήν, καὶ ὁ ἀπολέσας τὴν ψυχὴν
αὐτοῦ ἕνεκεν ἐμοῦ εὑρήσει αὐτήν.
40 Ὁ δεχόμενος ὑμᾶς ἐμὲ δέχεται, καὶ ὁ ἐμὲ δεχόμενος δέχεται τὸν ἀποστεί-
41 λαντά με. ὁ δεχόμενος προφήτην εἰς ὄνομα προφήτου μισθὸν προφήτου
λήμψεται, καὶ ὁ δεχόμενος δίκαιον εἰς ὄνομα δικαίου μισθὸν δικαίου λήμψε-
42 ται. καὶ ὃς ἐὰν ποτίσῃ ἕνα τῶν μικρῶν τούτων ποτήριον ψυχροῦ μόνον
εἰς ὄνομα μαθητοῦ, ἀμὴν λέγω ὑμῖν, οὐ μὴ ἀπολέσῃ τὸν μισθὸν αὐτοῦ.

[a] Mic. 7. 6   [b] Mic. 7. 6

Καὶ ἐγένετο ὅτε ἐτέλεσεν ὁ 'Ιησοῦς διατάσσων τοῖς δώδεκα μαθηταῖς 11 αὐτοῦ, μετέβη ἐκεῖθεν τοῦ διδάσκειν καὶ κηρύσσειν ἐν ταῖς πόλεσιν αὐτῶν.

❡ Ὁ δὲ 'Ιωάννης ἀκούσας ἐν τῷ δεσμωτηρίῳ τὰ ἔργα τοῦ Χριστοῦ, 2 πέμψας διὰ τῶν μαθητῶν αὐτοῦ εἶπεν αὐτῷ· Σὺ εἶ ὁ ἐρχόμενος, ἢ 3 ἕτερον προσδοκῶμεν; καὶ ἀποκριθεὶς ὁ 'Ιησοῦς εἶπεν αὐτοῖς· Πορευ- 4 θέντες ἀπαγγείλατε 'Ιωάννῃ ἃ ἀκούετε καὶ βλέπετε· ⌊τυφλοὶ ἀναβλέ- 5 πουσιν⌋ᵃ καὶ χωλοὶ περιπατοῦσιν, λεπροὶ καθαρίζονται καὶ κωφοὶ ἀκούουσιν, καὶ νεκροὶ ἐγείρονται καὶ ⌊πτωχοὶ εὐαγγελίζονται⌋·ᵇ καὶ 6 μακάριός ἐστιν ὃς ἐὰν μὴ σκανδαλισθῇ ἐν ἐμοί.

Τούτων δὲ πορευομένων ἤρξατο ὁ 'Ιησοῦς λέγειν τοῖς ὄχλοις περὶ 7 'Ιωάννου· Τί ἐξήλθατε εἰς τὴν ἔρημον θεάσασθαι; κάλαμον ὑπὸ ἀνέμου σαλευόμενον; ἀλλὰ τί ἐξήλθατε ἰδεῖν; ἄνθρωπον ἐν μαλακοῖς ἠμφιε- 8 σμένον; ἰδοὺ οἱ τὰ μαλακὰ φοροῦντες ἐν τοῖς οἴκοις τῶν βασιλέων. ἀλλὰ 9 τί ἐξήλθατε; προφήτην ἰδεῖν; ναὶ λέγω ὑμῖν, καὶ περισσότερον προφή- του. οὗτός ἐστιν περὶ οὗ γέγραπται· 10

⌊Ἰδοὺ ἐγὼ ἀποστέλλω τὸν ἄγγελόν μου πρὸ προσώπου σου, ὃς κατασκευάσει τὴν ὁδόν⌋ σου ⌊ἔμπροσθέν⌋ᶜ σου.

ἀμὴν λέγω ὑμῖν, οὐκ ἐγήγερται ἐν γεννητοῖς γυναικῶν μείζων 'Ιωάννου 11 τοῦ Βαπτιστοῦ· ὁ δὲ μικρότερος ἐν τῇ βασιλείᾳ τῶν οὐρανῶν μείζων αὐτοῦ ἐστιν.

Ἀπὸ δὲ τῶν ἡμερῶν 'Ιωάννου τοῦ Βαπτιστοῦ ἕως ἄρτι ἡ βασιλεία 12 τῶν οὐρανῶν βιάζεται, καὶ βιασταὶ ἁρπάζουσιν αὐτήν. πάντες γὰρ οἱ 13 προφῆται καὶ ὁ νόμος ἕως 'Ιωάννου ἐπροφήτευσαν· καὶ εἰ θέλετε δέξα- 14 σθαι, αὐτός ἐστιν Ἡλίας ὁ μέλλων ἔρχεσθαι. ὁ ἔχων ὦτα ἀκουέτω. 15 Τίνι δὲ ὁμοιώσω τὴν γενεὰν ταύτην; ὁμοία ἐστὶν παιδίοις καθημένοις 16 ἐν ταῖς ἀγοραῖς ἃ προσφωνοῦντα τοῖς ἑτέροις λέγουσιν· 17

Ηὐλήσαμεν ὑμῖν καὶ οὐκ ὠρχήσασθε.
Ἐθρηνήσαμεν καὶ οὐκ ἐκόψασθε.

ἦλθεν γὰρ 'Ιωάννης μήτε ἐσθίων μήτε πίνων, καὶ λέγουσιν· Δαιμόνιον 18 ἔχει. ἦλθεν ὁ Υἱὸς τοῦ ἀνθρώπου ἐσθίων καὶ πίνων, καὶ λέγουσιν· 'Ιδοὺ 19 ἄνθρωπος φάγος καὶ οἰνοπότης, τελωνῶν φίλος καὶ ἁμαρτωλῶν. καὶ ἐδικαιώθη ἡ σοφία ἀπὸ τῶν ἔργων αὐτῆς.

❡ Τότε ἤρξατο ὀνειδίζειν τὰς πόλεις ἐν αἷς ἐγένοντο αἱ πλεῖσται δυνά- 20 μεις αὐτοῦ ὅτι οὐ μετενόησαν· Οὐαί σοι, Χοραζίν· οὐαί σοι, Βηθσαϊδά· 21

[a] Is. 35. 5, 6   [b] Is. 61. 1   [c] Mal. 3. 1

ὅτι εἰ ἐν Τύρῳ καὶ Σιδῶνι ἐγένοντο αἱ δυνάμεις αἱ γενόμεναι ἐν ὑμῖν,
22 πάλαι ἂν ἐν σάκκῳ καὶ σποδῷ μετενόησαν. πλὴν λέγω ὑμῖν, Τύρῳ
23 καὶ Σιδῶνι ἀνεκτότερον ἔσται ἐν ἡμέρᾳ κρίσεως ἢ ὑμῖν. καὶ σύ, Καφαρ-
ναούμ, μὴ ⌊ἕως οὐρανοῦ ὑψωθήσῃ;⌋ ⌊ἕως ᾅδου καταβιβασθήσῃ·⌋ᵃ ὅτι
εἰ ἐν Σοδόμοις ἐγενήθησαν αἱ δυνάμεις αἱ γενόμεναι ἐν σοί, ἔμεινεν ἂν
24 μέχρι τῆς σήμερον. πλὴν λέγω ὑμῖν ὅτι γῇ Σοδόμων ἀνεκτότερον
ἔσται ἐν ἡμέρᾳ κρίσεως ἢ σοί.

25 Ἐν ἐκείνῳ τῷ καιρῷ ἀποκριθεὶς ὁ Ἰησοῦς εἶπεν· Ἐξομολογοῦμαί σοι,
Πάτερ, Κύριε τοῦ οὐρανοῦ καὶ τῆς γῆς, ὅτι ἔκρυψας ταῦτα ἀπὸ σοφῶν
26 καὶ συνετῶν, καὶ ἀπεκάλυψας αὐτὰ νηπίοις· ναί, ὁ Πατήρ, ὅτι οὕτως
27 εὐδοκία ἐγένετο ἔμπροσθέν σου. πάντα μοι παρεδόθη ὑπὸ τοῦ Πατρός
μου, καὶ οὐδεὶς ἐπιγινώσκει τὸν Υἱὸν εἰ μὴ ὁ Πατήρ, οὐδὲ τὸν Πατέρα
τις ἐπιγινώσκει εἰ μὴ ὁ Υἱὸς καὶ ᾧ ἐὰν βούληται ὁ Υἱὸς ἀποκαλύψαι.
28 Δεῦτε πρός με πάντες οἱ κοπιῶντες καὶ πεφορτισμένοι, κἀγὼ ἀνα-
29 παύσω ὑμᾶς. ἄρατε τὸν ζυγόν μου ἐφ᾽ ὑμᾶς καὶ μάθετε ἀπ᾽ ἐμοῦ, ὅτι
πραΰς εἰμι καὶ ταπεινὸς τῇ καρδίᾳ, καὶ ⌊εὑρήσετε ἀνάπαυσιν ταῖς ψυχαῖς
30 ὑμῶν·⌋ᵇ ὁ γὰρ ζυγός μου χρηστὸς καὶ τὸ φορτίον μου ἐλαφρόν ἐστιν.

12 Ἐν ἐκείνῳ τῷ καιρῷ ἐπορεύθη ὁ Ἰησοῦς τοῖς σάββασιν διὰ τῶν
σπορίμων· οἱ δὲ μαθηταὶ αὐτοῦ ἐπείνασαν, καὶ ἤρξαντο τίλλειν
2 στάχυας καὶ ἐσθίειν. οἱ δὲ Φαρισαῖοι ἰδόντες εἶπαν αὐτῷ· Ἰδοὺ οἱ
3 μαθηταί σου ποιοῦσιν ὃ οὐκ ἔξεστιν ποιεῖν ἐν σαββάτῳ. ὁ δὲ εἶπεν
αὐτοῖς· Οὐκ ἀνέγνωτε τί ἐποίησεν Δαυίδ, ὅτε ἐπείνασεν καὶ οἱ μετ᾽
4 αὐτοῦ· πῶς εἰσῆλθεν εἰς τὸν οἶκον τοῦ Θεοῦ καὶ ⌊τοὺς ἄρτους τῆς
προθέσεως⌋ᶜ ἔφαγον, ὃ οὐκ ἐξὸν ἦν αὐτῷ φαγεῖν οὐδὲ τοῖς μετ᾽ αὐτοῦ,
5 εἰ μὴ τοῖς ἱερεῦσιν μόνοις; ἢ οὐκ ἀνέγνωτε ἐν τῷ νόμῳ ὅτι τοῖς σάββασιν
6 οἱ ἱερεῖς ἐν τῷ ἱερῷ τὸ σάββατον βεβηλοῦσιν καὶ ἀναίτιοί εἰσιν; λέγω
7 δὲ ὑμῖν ὅτι τοῦ ἱεροῦ μεῖζόν ἐστιν ὧδε. εἰ δὲ ἐγνώκειτε τί ἐστιν· ⌊Ἔλεος
8 θέλω καὶ οὐ θυσίαν,⌋ᵈ οὐκ ἂν κατεδικάσατε τοὺς ἀναιτίους. κύριος γάρ
ἐστιν τοῦ σαββάτου ὁ Υἱὸς τοῦ ἀνθρώπου.

9 10 Καὶ μεταβὰς ἐκεῖθεν ἦλθεν εἰς τὴν συναγωγὴν αὐτῶν. καὶ ἰδοὺ
ἄνθρωπος χεῖρα ἔχων ξηράν· καὶ ἐπηρώτησαν αὐτὸν λέγοντες· Εἰ
11 ἔξεστιν τοῖς σάββασιν θεραπεῦσαι; ἵνα κατηγορήσωσιν αὐτοῦ. ὁ δὲ
εἶπεν αὐτοῖς· Τίς ἔσται ἐξ ὑμῶν ἄνθρωπος ὃς ἕξει πρόβατον ἕν, καὶ ἐὰν
ἐμπέσῃ τοῦτο τοῖς σάββασιν εἰς βόθυνον, οὐχὶ κρατήσει αὐτὸ καὶ
12 ἐγερεῖ; πόσῳ οὖν διαφέρει ἄνθρωπος προβάτου. ὥστε ἔξεστιν τοῖς

[a] Is. 14. 13, 15   [b] Is. 28. 12; Jer. 6. 16   [c] 1 Sam. 21. 6; Lev. 24. 9
[d] Hos. 6. 6

σάββασιν καλῶς ποιεῖν. τότε λέγει τῷ ἀνθρώπῳ· Ἔκτεινόν σου τὴν 13 χεῖρα. καὶ ἐξέτεινεν, καὶ ἀπεκατεστάθη ὑγιὴς ὡς ἡ ἄλλη. ἐξελθόντες δὲ 14 οἱ Φαρισαῖοι συμβούλιον ἔλαβον κατ' αὐτοῦ, ὅπως αὐτὸν ἀπολέσωσιν. Ὁ δὲ Ἰησοῦς γνοὺς ἀνεχώρησεν ἐκεῖθεν. καὶ ἠκολούθησαν αὐτῷ 15 πολλοί, καὶ ἐθεράπευσεν αὐτοὺς πάντας, καὶ ἐπετίμησεν αὐτοῖς ἵνα μὴ 16 φανερὸν αὐτὸν ποιήσωσιν· ἵνα πληρωθῇ τὸ ῥηθὲν διὰ Ἡσαΐου τοῦ 17 προφήτου λέγοντος·

⌜Ἰδοὺ ὁ παῖς μου ὃν ᾑρέτισα, 18
ὁ ἀγαπητός μου ἐν ᾧ εὐδόκησεν ἡ ψυχή μου·
θήσω τὸ Πνεῦμά μου ἐπ' αὐτόν,
καὶ κρίσιν τοῖς ἔθνεσιν ἀπαγγελεῖ.
οὐκ ἐρίσει οὐδὲ κραυγάσει, 19
οὐδὲ ἀκούσει τις ἐν ταῖς πλατείαις τὴν φωνὴν αὐτοῦ.
κάλαμον συντετριμμένον οὐ κατεάξει, 20
καὶ λίνον τυφόμενον οὐ σβέσει,
ἕως ἂν ἐκβάλῃ εἰς νῖκος τὴν κρίσιν.
καὶ τῷ ὀνόματι αὐτοῦ ἔθνη ἐλπιοῦσιν.⌟ᵃ 21

❰ Τότε προσηνέχθη αὐτῷ δαιμονιζόμενος τυφλὸς καὶ κωφός· καὶ 22 ἐθεράπευσεν αὐτόν, ὥστε τὸν κωφὸν λαλεῖν καὶ βλέπειν. καὶ ἐξίσταντο 23 πάντες οἱ ὄχλοι καὶ ἔλεγον· Μήτι οὗτός ἐστιν ὁ υἱὸς Δαυίδ; οἱ δὲ 24 Φαρισαῖοι ἀκούσαντες εἶπον· Οὗτος οὐκ ἐκβάλλει τὰ δαιμόνια εἰ μὴ ἐν τῷ Βεελζεβοὺβ ἄρχοντι τῶν δαιμονίων.

Εἰδὼς δὲ τὰς ἐνθυμήσεις αὐτῶν εἶπεν αὐτοῖς· Πᾶσα βασιλεία μερι- 25 σθεῖσα καθ' ἑαυτῆς ἐρημοῦται, καὶ πᾶσα πόλις ἢ οἰκία μερισθεῖσα καθ' ἑαυτῆς οὐ σταθήσεται. καὶ εἰ ὁ Σατανᾶς τὸν Σατανᾶν ἐκβάλλει, ἐφ' 26 ἑαυτὸν ἐμερίσθη· πῶς οὖν σταθήσεται ἡ βασιλεία αὐτοῦ; καὶ εἰ ἐγὼ 27 ἐν Βεελζεβοὺβ ἐκβάλλω τὰ δαιμόνια, οἱ υἱοὶ ὑμῶν ἐν τίνι ἐκβάλλουσιν; διὰ τοῦτο αὐτοὶ κριταὶ ἔσονται ὑμῶν. εἰ δὲ ἐν Πνεύματι Θεοῦ ἐγὼ 28 ἐκβάλλω τὰ δαιμόνια, ἄρα ἔφθασεν ἐφ' ὑμᾶς ἡ βασιλεία τοῦ Θεοῦ. Ἢ πῶς δύναταί τις εἰσελθεῖν εἰς τὴν οἰκίαν τοῦ ἰσχυροῦ καὶ τὰ σκεύη 29 αὐτοῦ ἁρπάσαι, ἐὰν μὴ πρῶτον δήσῃ τὸν ἰσχυρόν, καὶ τότε τὴν οἰκίαν αὐτοῦ διαρπάσει; Ὁ μὴ ὢν μετ' ἐμοῦ κατ' ἐμοῦ ἐστιν, καὶ ὁ μὴ συνάγων μετ' ἐμοῦ 30 σκορπίζει.

Διὰ τοῦτο λέγω ὑμῖν, πᾶσα ἁμαρτία καὶ βλασφημία ἀφεθήσεται τοῖς 31 ἀνθρώποις, ἡ δὲ τοῦ Πνεύματος βλασφημία οὐκ ἀφεθήσεται. καὶ ὃς 32 ἐὰν εἴπῃ λόγον κατὰ τοῦ Υἱοῦ τοῦ ἀνθρώπου, ἀφεθήσεται αὐτῷ· ὃς δ'

[a] Is. 42. 1–4

21

ἂν εἴπῃ κατὰ τοῦ Πνεύματος τοῦ Ἁγίου, οὐκ ἀφεθήσεται αὐτῷ οὔτε ἐν τούτῳ τῷ αἰῶνι οὔτε ἐν τῷ μέλλοντι.

33 ͑Η ποιήσατε τὸ δένδρον καλὸν καὶ τὸν καρπὸν αὐτοῦ καλόν, ἢ ποιήσατε τὸ δένδρον σαπρὸν καὶ τὸν καρπὸν αὐτοῦ σαπρόν· ἐκ γὰρ τοῦ καρ-
34 ποῦ τὸ δένδρον γινώσκεται. γεννήματα ἐχιδνῶν, πῶς δύνασθε ἀγαθὰ λαλεῖν πονηροὶ ὄντες; ἐκ γὰρ τοῦ περισσεύματος τῆς καρδίας τὸ στόμα
35 λαλεῖ. ὁ ἀγαθὸς ἄνθρωπος ἐκ τοῦ ἀγαθοῦ θησαυροῦ ἐκβάλλει ἀγαθά, καὶ ὁ πονηρὸς ἄνθρωπος ἐκ τοῦ πονηροῦ θησαυροῦ ἐκβάλλει πονηρά.
36 Λέγω δὲ ὑμῖν ὅτι πᾶν ῥῆμα ἀργὸν ὃ λαλήσουσιν οἱ ἄνθρωποι, ἀπο-
37 δώσουσιν περὶ αὐτοῦ λόγον ἐν ἡμέρᾳ κρίσεως· ἐκ γὰρ τῶν λόγων σου δικαιωθήσῃ, καὶ ἐκ τῶν λόγων σου καταδικασθήσῃ.
38 Τότε ἀπεκρίθησαν αὐτῷ τινες τῶν γραμματέων καὶ Φαρισαίων
39 λέγοντες· Διδάσκαλε, θέλομεν ἀπὸ σοῦ σημεῖον ἰδεῖν. ὁ δὲ ἀποκριθεὶς εἶπεν αὐτοῖς· Γενεὰ πονηρὰ καὶ μοιχαλὶς σημεῖον ἐπιζητεῖ, καὶ σημεῖον
40 οὐ δοθήσεται αὐτῇ εἰ μὴ τὸ σημεῖον Ἰωνᾶ τοῦ προφήτου. ὥσπερ γὰρ ⌊ἦν Ἰωνᾶς ἐν τῇ κοιλίᾳ τοῦ κήτους τρεῖς ἡμέρας καὶ τρεῖς νύκτας⌋,[a] οὕτως ἔσται ὁ Υἱὸς τοῦ ἀνθρώπου ἐν τῇ καρδίᾳ τῆς γῆς τρεῖς ἡμέρας
41 καὶ τρεῖς νύκτας. ἄνδρες Νινευῖται ἀναστήσονται ἐν τῇ κρίσει μετὰ τῆς γενεᾶς ταύτης καὶ κατακρινοῦσιν αὐτήν· ὅτι μετενόησαν εἰς τὸ κήρυγμα
42 Ἰωνᾶ, καὶ ἰδοὺ πλεῖον Ἰωνᾶ ὧδε. βασίλισσα νότου ἐγερθήσεται ἐν τῇ κρίσει μετὰ τῆς γενεᾶς ταύτης καὶ κατακρινεῖ αὐτήν· ὅτι ἦλθεν ἐκ τῶν περάτων τῆς γῆς ἀκοῦσαι τὴν σοφίαν Σολομῶνος, καὶ ἰδοὺ πλεῖον Σολομῶνος ὧδε.
43 ͽΟταν δὲ τὸ ἀκάθαρτον πνεῦμα ἐξέλθῃ ἀπὸ τοῦ ἀνθρώπου, διέρχεται
44 δι᾽ ἀνύδρων τόπων ζητοῦν ἀνάπαυσιν, καὶ οὐχ εὑρίσκει. τότε λέγει· Εἰς τὸν οἶκόν μου ἐπιστρέψω ὅθεν ἐξῆλθον· καὶ ἐλθὸν εὑρίσκει σχολά-
45 ζοντα, σεσαρωμένον καὶ κεκοσμημένον. τότε πορεύεται καὶ παραλαμβάνει μεθ᾽ ἑαυτοῦ ἑπτὰ ἕτερα πνεύματα πονηρότερα ἑαυτοῦ, καὶ εἰσελθόντα κατοικεῖ ἐκεῖ· καὶ γίνεται τὰ ἔσχατα τοῦ ἀνθρώπου ἐκείνου χείρονα τῶν πρώτων. οὕτως ἔσται καὶ τῇ γενεᾷ ταύτῃ τῇ πονηρᾷ.
46 ͽΕτι αὐτοῦ λαλοῦντος τοῖς ὄχλοις, ἰδοὺ ἡ μήτηρ καὶ οἱ ἀδελφοὶ αὐτοῦ
47 εἱστήκεισαν ἔξω ζητοῦντες αὐτῷ λαλῆσαι. εἶπεν δέ τις αὐτῷ· Ἰδοὺ ἡ
48 μήτηρ σου καὶ οἱ ἀδελφοί σου ἔξω ἑστήκασιν ζητοῦντές σοι λαλῆσαι. ὁ δὲ ἀποκριθεὶς εἶπεν τῷ λέγοντι αὐτῷ· Τίς ἐστιν ἡ μήτηρ μου, καὶ τίνες
49 εἰσὶν οἱ ἀδελφοί μου; καὶ ἐκτείνας τὴν χεῖρα αὐτοῦ ἐπὶ τοὺς μαθητὰς
50 αὐτοῦ εἶπεν· Ἰδοὺ ἡ μήτηρ μου καὶ οἱ ἀδελφοί μου. ὅστις γὰρ ἂν ποιήσῃ τὸ θέλημα τοῦ Πατρός μου τοῦ ἐν οὐρανοῖς, αὐτός μου ἀδελφὸς καὶ ἀδελφὴ καὶ μήτηρ ἐστίν.

[a] Jon. 2. 1, 2

❡ Ἐν τῇ ἡμέρᾳ ἐκείνῃ ἐξελθὼν ὁ Ἰησοῦς ἐκάθητο παρὰ τὴν θάλασσαν· 13 καὶ συνήχθησαν πρὸς αὐτὸν ὄχλοι πολλοί, ὥστε αὐτὸν εἰς πλοῖον 2 ἐμβάντα καθῆσθαι, καὶ πᾶς ὁ ὄχλος ἐπὶ τὸν αἰγιαλὸν εἱστήκει. καὶ 3 ἐλάλησεν αὐτοῖς πολλὰ ἐν παραβολαῖς λέγων· Ἰδοὺ ἐξῆλθεν ὁ σπείρων τοῦ σπείρειν. καὶ ἐν τῷ σπείρειν αὐτὸν ἃ 4 μὲν ἔπεσεν παρὰ τὴν ὁδόν, καὶ ἐλθόντα τὰ πετεινὰ κατέφαγεν αὐτά. ἄλλα δὲ ἔπεσεν ἐπὶ τὰ πετρώδη ὅπου οὐκ εἶχεν γῆν πολλήν, καὶ 5 εὐθέως ἐξανέτειλεν διὰ τὸ μὴ ἔχειν βάθος γῆς· ἡλίου δὲ ἀνατείλαντος 6 ἐκαυματίσθη, καὶ διὰ τὸ μὴ ἔχειν ῥίζαν ἐξηράνθη. ἄλλα δὲ ἔπεσεν ἐπὶ 7 τὰς ἀκάνθας, καὶ ἀνέβησαν αἱ ἄκανθαι καὶ ἀπέπνιξαν αὐτά. ἄλλα δὲ 8 ἔπεσεν ἐπὶ τὴν γῆν τὴν καλὴν καὶ ἐδίδου καρπόν, ὃ μὲν ἑκατόν, ὃ δὲ ἑξήκοντα, ὃ δὲ τριάκοντα. ὁ ἔχων ὦτα ἀκουέτω. 9

Καὶ προσελθόντες οἱ μαθηταὶ εἶπαν αὐτῷ· Διὰ τί ἐν παραβολαῖς 10 λαλεῖς αὐτοῖς; ὁ δὲ ἀποκριθεὶς εἶπεν ὅτι Ὑμῖν δέδοται γνῶναι τὰ 11 μυστήρια τῆς βασιλείας τῶν οὐρανῶν, ἐκείνοις δὲ οὐ δέδοται. ὅστις γὰρ 12 ἔχει, δοθήσεται αὐτῷ καὶ περισσευθήσεται· ὅστις δὲ οὐκ ἔχει, καὶ ὃ ἔχει ἀρθήσεται ἀπ᾽ αὐτοῦ. διὰ τοῦτο ἐν παραβολαῖς αὐτοῖς λαλῶ, ὅτι 13 βλέποντες οὐ βλέπουσιν καὶ ἀκούοντες οὐκ ἀκούουσιν οὐδὲ συνιοῦσιν. καὶ ἀναπληροῦται αὐτοῖς ἡ προφητεία Ἠσαΐου ἡ λέγουσα· ⌊Ἀκοῇ 14 ἀκούσετε καὶ οὐ μὴ συνῆτε, καὶ βλέποντες βλέψετε καὶ οὐ μὴ ἴδητε. ἐπαχύνθη γὰρ ἡ καρδία τοῦ λαοῦ τούτου, καὶ τοῖς ὠσὶν βαρέως 15 ἤκουσαν, καὶ τοὺς ὀφθαλμοὺς αὐτῶν ἐκάμμυσαν· μήποτε ἴδωσιν τοῖς ὀφθαλμοῖς καὶ τοῖς ὠσὶν ἀκούσωσιν καὶ τῇ καρδίᾳ συνῶσιν καὶ ἐπιστρέψωσιν, καὶ ἰάσομαι αὐτούς.⌋[a] Ὑμῶν δὲ μακάριοι οἱ ὀφθαλμοὶ ὅτι βλέπουσιν, καὶ τὰ ὦτα ὑμῶν ὅτι 16 ἀκούουσιν. ἀμὴν γὰρ λέγω ὑμῖν ὅτι πολλοὶ προφῆται καὶ δίκαιοι ἐπε- 17 θύμησαν ἰδεῖν ἃ βλέπετε καὶ οὐκ εἶδαν, καὶ ἀκοῦσαι ἃ ἀκούετε καὶ οὐκ ἤκουσαν.

Ὑμεῖς οὖν ἀκούσατε τὴν παραβολὴν τοῦ σπείραντος. παντὸς 18 19 ἀκούοντος τὸν λόγον τῆς βασιλείας καὶ μὴ συνιέντος ἔρχεται ὁ πονηρὸς καὶ ἁρπάζει τὸ ἐσπαρμένον ἐν τῇ καρδίᾳ αὐτοῦ· οὗτός ἐστιν ὁ παρὰ τὴν ὁδὸν σπαρείς. ὁ δὲ ἐπὶ τὰ πετρώδη σπαρείς, οὗτός ἐστιν ὁ τὸν λόγον 20 ἀκούων καὶ εὐθὺς μετὰ χαρᾶς λαμβάνων αὐτόν· οὐκ ἔχει δὲ ῥίζαν ἐν 21 ἑαυτῷ ἀλλὰ πρόσκαιρός ἐστιν, γενομένης δὲ θλίψεως ἢ διωγμοῦ διὰ τὸν λόγον εὐθὺς σκανδαλίζεται. ὁ δὲ εἰς τὰς ἀκάνθας σπαρείς, οὗτός 22 ἐστιν ὁ τὸν λόγον ἀκούων, καὶ ἡ μέριμνα τοῦ αἰῶνος καὶ ἡ ἀπάτη τοῦ πλούτου συμπνίγει τὸν λόγον, καὶ ἄκαρπος γίνεται. ὁ δὲ ἐπὶ 23 τὴν καλὴν γῆν σπαρείς, οὗτός ἐστιν ὁ τὸν λόγον ἀκούων καὶ συν-

[a] Is. 6. 9, 10

ιείς, ὃς δὴ καρποφορεῖ καὶ ποιεῖ ὃ μὲν ἑκατόν, ὃ δὲ ἑξήκοντα, ὃ δὲ τριάκοντα.

24 Ἄλλην παραβολὴν παρέθηκεν αὐτοῖς λέγων· Ὡμοιώθη ἡ βασιλεία τῶν οὐρανῶν ἀνθρώπῳ σπείραντι καλὸν σπέρμα ἐν τῷ ἀγρῷ αὐτοῦ.
25 ἐν δὲ τῷ καθεύδειν τοὺς ἀνθρώπους ἦλθεν αὐτοῦ ὁ ἐχθρὸς καὶ ἐπέσπειρεν
26 ζιζάνια ἀνὰ μέσον τοῦ σίτου καὶ ἀπῆλθεν. ὅτε δὲ ἐβλάστησεν ὁ χόρτος
27 καὶ καρπὸν ἐποίησεν, τότε ἐφάνη καὶ τὰ ζιζάνια. προσελθόντες δὲ οἱ δοῦλοι τοῦ οἰκοδεσπότου εἶπον αὐτῷ· Κύριε, οὐχὶ καλὸν σπέρμα
28 ἔσπειρας ἐν τῷ σῷ ἀγρῷ; πόθεν οὖν ἔχει ζιζάνια; ὁ δὲ ἔφη αὐτοῖς· Ἐχθρὸς ἄνθρωπος τοῦτο ἐποίησεν. οἱ δὲ δοῦλοι αὐτῷ λέγουσιν·
29 Θέλεις οὖν ἀπελθόντες συλλέξωμεν αὐτά; ὁ δέ φησιν· Οὔ, μήποτε συλ-
30 λέγοντες τὰ ζιζάνια ἐκριζώσητε ἅμα αὐτοῖς τὸν σῖτον. ἄφετε συναυξάνεσθαι ἀμφότερα ἕως τοῦ θερισμοῦ· καὶ ἐν καιρῷ τοῦ θερισμοῦ ἐρῶ τοῖς θερισταῖς· Συλλέξατε πρῶτον τὰ ζιζάνια καὶ δήσατε αὐτὰ εἰς δέσμας πρὸς τὸ κατακαῦσαι αὐτά, τὸν δὲ σῖτον συναγάγετε εἰς τὴν ἀποθήκην μου.

31 Ἄλλην παραβολὴν παρέθηκεν αὐτοῖς λέγων· Ὁμοία ἐστὶν ἡ βασιλεία τῶν οὐρανῶν κόκκῳ σινάπεως, ὃν λαβὼν ἄνθρωπος ἔσπειρεν ἐν τῷ
32 ἀγρῷ αὐτοῦ· ὃ μικρότερον μέν ἐστιν πάντων τῶν σπερμάτων, ὅταν δὲ αὐξηθῇ, μεῖζον τῶν λαχάνων ἐστὶν καὶ γίνεται δένδρον, ὥστε ἐλθεῖν ⌊τὰ πετεινὰ τοῦ οὐρανοῦ⌋ καὶ ⌊κατασκηνοῦν ἐν τοῖς κλάδοις αὐτοῦ⌋.[a]
33 Ἄλλην παραβολὴν ἐλάλησεν αὐτοῖς· Ὁμοία ἐστὶν ἡ βασιλεία τῶν οὐρανῶν ζύμῃ, ἣν λαβοῦσα γυνὴ ἐνέκρυψεν εἰς ἀλεύρου σάτα τρία, ἕως οὗ ἐζυμώθη ὅλον.

34 Ταῦτα πάντα ἐλάλησεν ὁ Ἰησοῦς ἐν παραβολαῖς τοῖς ὄχλοις, καὶ
35 χωρὶς παραβολῆς οὐδὲν ἐλάλει αὐτοῖς· ὅπως πληρωθῇ τὸ ῥηθὲν διὰ
[b] Ἠσαΐου τοῦ προφήτου λέγοντος·

⌊Ἀνοίξω ἐν παραβολαῖς τὸ στόμα μου·
ἐρεύξομαι κεκρυμμένα ἀπὸ καταβολῆς κόσμου.⌋[c]

36 Τότε ἀφεὶς τοὺς ὄχλους ἦλθεν εἰς τὴν οἰκίαν. καὶ προσῆλθον αὐτῷ οἱ μαθηταὶ αὐτοῦ λέγοντες· Διασάφησον ἡμῖν τὴν παραβολὴν τῶν
37 ζιζανίων τοῦ ἀγροῦ. ὁ δὲ ἀποκριθεὶς εἶπεν· Ὁ σπείρων τὸ καλὸν
38 σπέρμα ἐστὶν ὁ Υἱὸς τοῦ ἀνθρώπου· ὁ δὲ ἀγρός ἐστιν ὁ κόσμος· τὸ δὲ καλὸν σπέρμα, οὗτοί εἰσιν οἱ υἱοὶ τῆς βασιλείας· τὰ δὲ ζιζάνιά εἰσιν οἱ
39 υἱοὶ τοῦ πονηροῦ, ὁ δὲ ἐχθρὸς ὁ σπείρας αὐτά ἐστιν ὁ διάβολος· ὁ δὲ
40 θερισμὸς συντέλεια αἰῶνός ἐστιν, οἱ δὲ θερισταὶ ἄγγελοί εἰσιν. ὥσπερ

[a] Dn. 4. 12, 21; Ezk. 17. 23; 31. 6   [b] om. Ἠσαΐου   [c] Ps. 78. 2

οὖν συλλέγεται τὰ ζιζάνια καὶ πυρὶ κατακαίεται, οὕτως ἔσται ἐν τῇ
συντελείᾳ τοῦ αἰῶνος· ἀποστελεῖ ὁ Υἱὸς τοῦ ἀνθρώπου τοὺς ἀγγέλους 41
αὐτοῦ, καὶ συλλέξουσιν ἐκ τῆς βασιλείας αὐτοῦ πάντα ₁τὰ σκάνδαλα
καὶ τοὺς ποιοῦντας τὴν ἀνομίαν₎,ᵃ καὶ βαλοῦσιν αὐτοὺς εἰς τὴν κάμινον 42
τοῦ πυρός· ἐκεῖ ἔσται ὁ κλαυθμὸς καὶ ὁ βρυγμὸς τῶν ὀδόντων. τότε 43
₍οἱ δίκαιοι ἐκλάμψουσιν₎ᵇ ὡς ὁ ἥλιος ἐν τῇ βασιλείᾳ τοῦ Πατρὸς αὐτῶν.
ὁ ἔχων ὦτα ἀκουέτω.

Ὁμοία ἐστὶν ἡ βασιλεία τῶν οὐρανῶν θησαυρῷ κεκρυμμένῳ ἐν 44
ἀγρῷ, ὃν εὑρὼν ἄνθρωπος ἔκρυψεν, καὶ ἀπὸ τῆς χαρᾶς αὐτοῦ ὑπάγει
καὶ πωλεῖ ὅσα ἔχει καὶ ἀγοράζει τὸν ἀγρὸν ἐκεῖνον.

Πάλιν ὁμοία ἐστὶν ἡ βασιλεία τῶν οὐρανῶν ἐμπόρῳ ζητοῦντι καλοὺς 45
μαργαρίτας· εὑρὼν δὲ ἕνα πολύτιμον μαργαρίτην ἀπελθὼν πέπρακεν 46
πάντα ὅσα εἶχεν καὶ ἠγόρασεν αὐτόν.

Πάλιν ὁμοία ἐστὶν ἡ βασιλεία τῶν οὐρανῶν σαγήνῃ βληθείσῃ εἰς τὴν 47
θάλασσαν καὶ ἐκ παντὸς γένους συναγαγούσῃ· ἣν ὅτε ἐπληρώθη 48
ἀναβιβάσαντες ἐπὶ τὸν αἰγιαλὸν καὶ καθίσαντες συνέλεξαν τὰ καλὰ εἰς
ἄγγη, τὰ δὲ σαπρὰ ἔξω ἔβαλον. οὕτως ἔσται ἐν τῇ συντελείᾳ τοῦ 49
αἰῶνος· ἐξελεύσονται οἱ ἄγγελοι καὶ ἀφοριοῦσιν τοὺς πονηροὺς ἐκ
μέσου τῶν δικαίων, καὶ βαλοῦσιν αὐτοὺς εἰς τὴν κάμινον τοῦ πυρός· 50
ἐκεῖ ἔσται ὁ κλαυθμὸς καὶ ὁ βρυγμὸς τῶν ὀδόντων.

Συνήκατε ταῦτα πάντα; λέγουσιν αὐτῷ· Ναί. ὁ δὲ εἶπεν αὐτοῖς· 51 52
Διὰ τοῦτο πᾶς γραμματεὺς μαθητευθεὶς τῇ βασιλείᾳ τῶν οὐρανῶν
ὅμοιός ἐστιν ἀνθρώπῳ οἰκοδεσπότῃ, ὅστις ἐκβάλλει ἐκ τοῦ θησαυροῦ
αὐτοῦ καινὰ καὶ παλαιά.

❡ Καὶ ἐγένετο ὅτε ἐτέλεσεν ὁ Ἰησοῦς τὰς παραβολὰς ταύτας, μετῆρεν 53
ἐκεῖθεν. καὶ ἐλθὼν εἰς τὴν πατρίδα αὐτοῦ ἐδίδασκεν αὐτοὺς ἐν τῇ 54
συναγωγῇ αὐτῶν, ὥστε ἐκπλήσσεσθαι αὐτοὺς καὶ λέγειν· Πόθεν τούτῳ
ἡ σοφία αὕτη καὶ αἱ δυνάμεις; οὐχ οὗτός ἐστιν ὁ τοῦ τέκτονος υἱός; 55
οὐχ ἡ μήτηρ αὐτοῦ λέγεται Μαριὰμ καὶ οἱ ἀδελφοὶ αὐτοῦ Ἰάκωβος
καὶ Ἰωσὴφ καὶ Σίμων καὶ Ἰούδας; καὶ αἱ ἀδελφαὶ αὐτοῦ οὐχὶ πᾶσαι 56
πρὸς ἡμᾶς εἰσιν; πόθεν οὖν τούτῳ ταῦτα πάντα; καὶ ἐσκανδαλίζοντο 57
ἐν αὐτῷ. ὁ δὲ Ἰησοῦς εἶπεν αὐτοῖς· Οὐκ ἔστιν προφήτης ἄτιμος εἰ μὴ
ἐν τῇ πατρίδι καὶ ἐν τῇ οἰκίᾳ αὐτοῦ. καὶ οὐκ ἐποίησεν ἐκεῖ δυνάμεις 58
πολλὰς διὰ τὴν ἀπιστίαν αὐτῶν.

Ἐν ἐκείνῳ τῷ καιρῷ ἤκουσεν Ἡρῴδης ὁ τετραάρχης τὴν ἀκοὴν Ἰησοῦ, 14
καὶ εἶπεν τοῖς παισὶν αὐτοῦ· Οὗτός ἐστιν Ἰωάννης ὁ Βαπτιστής· αὐτὸς 2
ἠγέρθη ἀπὸ τῶν νεκρῶν, καὶ διὰ τοῦτο αἱ δυνάμεις ἐνεργοῦσιν ἐν αὐτῷ.

[a] Zeph. 1. 3   [b] Dn. 12. 3

3 ⟨ Ὁ γὰρ Ἡρῴδης κρατήσας τὸν Ἰωάννην ἔδησεν καὶ ἐν φυλακῇ
ἀπέθετο διὰ Ἡρῳδιάδα τὴν γυναῖκα Φιλίππου τοῦ ἀδελφοῦ αὐτοῦ·
4 5 ἔλεγεν γὰρ ὁ Ἰωάννης αὐτῷ· Οὐκ ἔξεστίν σοι ἔχειν αὐτήν. καὶ θέλων
αὐτὸν ἀποκτεῖναι ἐφοβήθη τὸν ὄχλον, ὅτι ὡς προφήτην αὐτὸν εἶχον.
6 γενεσίοις δὲ γενομένοις τοῦ Ἡρῴδου ὠρχήσατο ἡ θυγάτηρ τῆς Ἡρῳ-
7 διάδος ἐν τῷ μέσῳ καὶ ἤρεσεν τῷ Ἡρῴδῃ, ὅθεν μεθ᾽ ὅρκου ὡμολόγησεν
8 αὐτῇ δοῦναι ὃ ἐὰν αἰτήσηται. ἡ δὲ προβιβασθεῖσα ὑπὸ τῆς μητρὸς
αὐτῆς, Δός μοι, φησίν, ὧδε ἐπὶ πίνακι τὴν κεφαλὴν Ἰωάννου τοῦ
9 Βαπτιστοῦ. καὶ λυπηθεὶς ὁ βασιλεὺς διὰ τοὺς ὅρκους καὶ τοὺς συνανα-
10 κειμένους ἐκέλευσεν δοθῆναι, καὶ πέμψας ἀπεκεφάλισεν Ἰωάννην ἐν τῇ
11 φυλακῇ. καὶ ἠνέχθη ἡ κεφαλὴ αὐτοῦ ἐπὶ πίνακι καὶ ἐδόθη τῷ κορασίῳ,
12 καὶ ἤνεγκεν τῇ μητρὶ αὐτῆς. καὶ προσελθόντες οἱ μαθηταὶ αὐτοῦ ἦραν
τὸ πτῶμα καὶ ἔθαψαν αὐτόν, καὶ ἐλθόντες ἀπήγγειλαν τῷ Ἰησοῦ.

13 ⟨ Ἀκούσας δὲ ὁ Ἰησοῦς ἀνεχώρησεν ἐκεῖθεν ἐν πλοίῳ εἰς ἔρημον τόπον
κατ᾽ ἰδίαν· καὶ ἀκούσαντες οἱ ὄχλοι ἠκολούθησαν αὐτῷ πεζῇ ἀπὸ τῶν
14 πόλεων. καὶ ἐξελθὼν εἶδεν πολὺν ὄχλον, καὶ ἐσπλαγχνίσθη ἐπ᾽ αὐτοῖς
15 καὶ ἐθεράπευσεν τοὺς ἀρρώστους αὐτῶν. ὀψίας δὲ γενομένης προσῆλθον
αὐτῷ οἱ μαθηταὶ λέγοντες· Ἔρημός ἐστιν ὁ τόπος καὶ ἡ ὥρα ἤδη παρῆλ-
θεν· ἀπόλυσον τοὺς ὄχλους, ἵνα ἀπελθόντες εἰς τὰς κώμας ἀγοράσωσιν
16 ἑαυτοῖς βρώματα. ὁ δὲ εἶπεν αὐτοῖς· Οὐ χρείαν ἔχουσιν ἀπελθεῖν·
17 δότε αὐτοῖς ὑμεῖς φαγεῖν. οἱ δὲ λέγουσιν αὐτῷ· Οὐκ ἔχομεν ὧδε εἰ μὴ
18 19 πέντε ἄρτους καὶ δύο ἰχθύας. ὁ δὲ εἶπεν· Φέρετέ μοι ὧδε αὐτούς. καὶ
κελεύσας τοὺς ὄχλους ἀνακλιθῆναι ἐπὶ τοῦ χόρτου, λαβὼν τοὺς πέντε
ἄρτους καὶ τοὺς δύο ἰχθύας, ἀναβλέψας εἰς τὸν οὐρανὸν εὐλόγησεν, καὶ
κλάσας ἔδωκεν τοῖς μαθηταῖς τοὺς ἄρτους, οἱ δὲ μαθηταὶ τοῖς ὄχλοις.
20 καὶ ἔφαγον πάντες καὶ ἐχορτάσθησαν· καὶ ἦραν τὸ περισσεῦον τῶν
21 κλασμάτων, δώδεκα κοφίνους πλήρεις. οἱ δὲ ἐσθίοντες ἦσαν ἄνδρες
ὡσεὶ πεντακισχίλιοι χωρὶς γυναικῶν καὶ παιδίων.

22 Καὶ ἠνάγκασεν τοὺς μαθητὰς ἐμβῆναι εἰς τὸ πλοῖον καὶ προάγειν
23 αὐτὸν εἰς τὸ πέραν, ἕως οὗ ἀπολύσῃ τοὺς ὄχλους. καὶ ἀπολύσας τοὺς
ὄχλους ἀνέβη εἰς τὸ ὄρος κατ᾽ ἰδίαν προσεύξασθαι. ὀψίας δὲ γενομένης
24 μόνος ἦν ἐκεῖ. τὸ δὲ πλοῖον ἤδη ᵃ σταδίους πολλοὺς ἀπὸ τῆς γῆς
ἀπεῖχεν, βασανιζόμενον ὑπὸ τῶν κυμάτων, ἦν γὰρ ἐναντίος ὁ ἄνεμος.
25 τετάρτῃ δὲ φυλακῇ τῆς νυκτὸς ἦλθεν πρὸς αὐτοὺς περιπατῶν ἐπὶ τὴν
26 θάλασσαν. οἱ δὲ μαθηταὶ ἰδόντες αὐτὸν ἐπὶ τῆς θαλάσσης περιπατοῦντα
ἐταράχθησαν λέγοντες ὅτι Φάντασμά ἐστιν, καὶ ἀπὸ τοῦ φόβου ἔκραξαν.
27 εὐθὺς δὲ ἐλάλησεν αὐτοῖς λέγων· Θαρσεῖτε, ἐγώ εἰμι· μὴ φοβεῖσθε.

[a] μέσον τῆς θαλάσσης ἦν,

26

Ἀποκριθεὶς δὲ αὐτῷ ὁ Πέτρος εἶπεν· Κύριε, εἰ σὺ εἶ, κέλευσόν με ἐλθεῖν 28
πρὸς σὲ ἐπὶ τὰ ὕδατα. ὁ δὲ εἶπεν· Ἐλθέ. καὶ καταβὰς ἀπὸ τοῦ πλοίου 29
Πέτρος περιεπάτησεν ἐπὶ τὰ ὕδατα καὶ ἦλθεν πρὸς τὸν Ἰησοῦν. βλέπων 30
δὲ τὸν ἄνεμον ἰσχυρὸν ἐφοβήθη, καὶ ἀρξάμενος καταποντίζεσθαι ἔκρα-
ξεν λέγων· Κύριε, σῶσόν με. εὐθέως δὲ ὁ Ἰησοῦς ἐκτείνας τὴν χεῖρα 31
ἐπελάβετο αὐτοῦ, καὶ λέγει αὐτῷ· Ὀλιγόπιστε, εἰς τί ἐδίστασας; καὶ 32
ἀναβάντων αὐτῶν εἰς τὸ πλοῖον ἐκόπασεν ὁ ἄνεμος. οἱ δὲ ἐν τῷ πλοίῳ 33
προσεκύνησαν αὐτῷ λέγοντες· Ἀληθῶς Θεοῦ Υἱὸς εἶ.

Καὶ διαπεράσαντες ἦλθον ἐπὶ τὴν γῆν εἰς Γεννησαρέτ. καὶ ἐπιγνόντες 34 35
αὐτὸν οἱ ἄνδρες τοῦ τόπου ἐκείνου ἀπέστειλαν εἰς ὅλην τὴν περίχωρον
ἐκείνην, καὶ προσήνεγκαν αὐτῷ πάντας τοὺς κακῶς ἔχοντας, καὶ 36
παρεκάλουν αὐτὸν ἵνα μόνον ἅψωνται τοῦ κρασπέδου τοῦ ἱματίου
αὐτοῦ· καὶ ὅσοι ἥψαντο διεσώθησαν.

❡ Τότε προσέρχονται τῷ Ἰησοῦ ἀπὸ Ἱεροσολύμων Φαρισαῖοι καὶ 15
γραμματεῖς λέγοντες· Διὰ τί οἱ μαθηταί σου παραβαίνουσιν τὴν παρά- 2
δοσιν τῶν πρεσβυτέρων; οὐ γὰρ νίπτονται τὰς χεῖρας ὅταν ἄρτον
ἐσθίωσιν. ὁ δὲ ἀποκριθεὶς εἶπεν αὐτοῖς· Διὰ τί καὶ ὑμεῖς παραβαίνετε 3
τὴν ἐντολὴν τοῦ Θεοῦ διὰ τὴν παράδοσιν ὑμῶν; ὁ γὰρ Θεὸς εἶπεν· 4
⌊Τίμα τὸν πατέρα καὶ τὴν μητέρα⌋,ᵃ καὶ ⌊Ὁ κακολογῶν πατέρα ἢ
μητέρα θανάτῳ τελευτάτω.⌋ᵇ ὑμεῖς δὲ λέγετε· Ὃς ἂν εἴπῃ τῷ πατρὶ 5
ἢ τῇ μητρί· Δῶρον ὃ ἐὰν ἐξ ἐμοῦ ὠφεληθῇς, οὐ μὴ τιμήσει τὸν πατέρα 6
αὐτοῦ ἢ τὴν μητέρα αὐτοῦ· καὶ ἠκυρώσατε τὸν λόγον τοῦ Θεοῦ διὰ
τὴν παράδοσιν ὑμῶν. ὑποκριταί, καλῶς ἐπροφήτευσεν περὶ ὑμῶν 7
Ἡσαΐας λέγων· ⌊Ὁ λαὸς οὗτος τοῖς χείλεσίν με τιμᾷ, ἡ δὲ καρδία αὐτῶν 8
πόρρω ἀπέχει ἀπ' ἐμοῦ· μάτην δὲ σέβονταί με, διδάσκοντες διδασκαλίας 9
ἐντάλματα ἀνθρώπων.⌋ᶜ

Καὶ προσκαλεσάμενος τὸν ὄχλον εἶπεν αὐτοῖς· Ἀκούετε καὶ συνίετε· 10
οὐ τὸ εἰσερχόμενον εἰς τὸ στόμα κοινοῖ τὸν ἄνθρωπον, ἀλλὰ τὸ 11
ἐκπορευόμενον ἐκ τοῦ στόματος, τοῦτο κοινοῖ τὸν ἄνθρωπον.

Τότε προσελθόντες οἱ μαθηταὶ λέγουσιν αὐτῷ· Οἶδας ὅτι οἱ Φαρισαῖοι 12
ἀκούσαντες τὸν λόγον ἐσκανδαλίσθησαν; ὁ δὲ ἀποκριθεὶς εἶπεν· Πᾶσα 13
φυτεία ἣν οὐκ ἐφύτευσεν ὁ Πατήρ μου ὁ οὐράνιος ἐκριζωθήσεται.
ἄφετε αὐτούς· τυφλοί εἰσιν ὁδηγοί·ᵈ τυφλὸς δὲ τυφλὸν ἐὰν ὁδηγῇ, 14
ἀμφότεροι εἰς βόθυνον πεσοῦνται.

Ἀποκριθεὶς δὲ ὁ Πέτρος εἶπεν αὐτῷ· Φράσον ἡμῖν τὴν παραβολήν. 15
ὁ δὲ εἶπεν· Ἀκμὴν καὶ ὑμεῖς ἀσύνετοί ἐστε; οὐ νοεῖτε ὅτι πᾶν τὸ εἰσ- 16 17
πορευόμενον εἰς τὸ στόμα εἰς τὴν κοιλίαν χωρεῖ καὶ εἰς ἀφεδρῶνα

[a] Ex. 20. 12   [b] Ex. 21. 17   [c] Is. 29. 13   [d] add τυφλῶν

18 ἐκβάλλεται; τὰ δὲ ἐκπορευόμενα ἐκ τοῦ στόματος ἐκ τῆς καρδίας
19 ἐξέρχεται, κἀκεῖνα κοινοῖ τὸν ἄνθρωπον. ἐκ γὰρ τῆς καρδίας ἐξέρχονται
διαλογισμοὶ πονηροί, φόνοι, μοιχεῖαι, πορνεῖαι, κλοπαί, ψευδομαρ-
20 τυρίαι, βλασφημίαι. ταῦτά ἐστιν τὰ κοινοῦντα τὸν ἄνθρωπον· τὸ δὲ
ἀνίπτοις χερσὶν φαγεῖν οὐ κοινοῖ τὸν ἄνθρωπον.

21 Καὶ ἐξελθὼν ἐκεῖθεν ὁ Ἰησοῦς ἀνεχώρησεν εἰς τὰ μέρη Τύρου καὶ
22 Σιδῶνος. καὶ ἰδοὺ γυνὴ Χαναναία ἀπὸ τῶν ὁρίων ἐκείνων
ἐξελθοῦσα ἔκραζεν λέγουσα· Ἐλέησόν με, κύριε, Υἱὸς Δαυίδ· ἡ θυγάτηρ
23 μου κακῶς δαιμονίζεται. ὁ δὲ οὐκ ἀπεκρίθη αὐτῇ λόγον. καὶ προσελ-
θόντες οἱ μαθηταὶ αὐτοῦ ἠρώτων αὐτὸν λέγοντες· Ἀπόλυσον αὐτήν,
24 ὅτι κράζει ὄπισθεν ἡμῶν. ὁ δὲ ἀποκριθεὶς εἶπεν· Οὐκ ἀπεστάλην εἰ μὴ
25 εἰς τὰ πρόβατα τὰ ἀπολωλότα οἴκου Ἰσραήλ. ἡ δὲ ἐλθοῦσα προσε-
26 κύνει αὐτῷ λέγουσα· Κύριε, βοήθει μοι. ὁ δὲ ἀποκριθεὶς εἶπεν· Οὐκ
ἔστιν καλὸν λαβεῖν τὸν ἄρτον τῶν τέκνων καὶ βαλεῖν τοῖς κυναρίοις.
27 ἡ δὲ εἶπεν· Ναί, κύριε· καὶ τὰ κυνάρια ἐσθίει ἀπὸ τῶν ψιχίων τῶν
28 πιπτόντων ἀπὸ τῆς τραπέζης τῶν κυρίων αὐτῶν. τότε ἀποκριθεὶς ὁ
Ἰησοῦς εἶπεν αὐτῇ· Ὦ γύναι, μεγάλη σου ἡ πίστις· γενηθήτω σοι ὡς
θέλεις. καὶ ἰάθη ἡ θυγάτηρ αὐτῆς ἀπὸ τῆς ὥρας ἐκείνης.

29 Καὶ μεταβὰς ἐκεῖθεν ὁ Ἰησοῦς ἦλθεν παρὰ τὴν θάλασσαν τῆς Γαλι-
30 λαίας, καὶ ἀναβὰς εἰς τὸ ὄρος ἐκάθητο ἐκεῖ. καὶ προσῆλθον αὐτῷ ὄχλοι
πολλοὶ ἔχοντες μεθ᾽ ἑαυτῶν χωλούς, τυφλούς, κωφούς, κυλλούς, καὶ
ἑτέρους πολλούς, καὶ ἔρριψαν αὐτοὺς παρὰ τοὺς πόδας αὐτοῦ· καὶ
31 ἐθεράπευσεν αὐτούς· ὥστε τὸν ὄχλον θαυμάσαι βλέποντας κωφοὺς
λαλοῦντας, κυλλοὺς ὑγιεῖς, καὶ χωλοὺς περιπατοῦντας καὶ τυφλοὺς
βλέποντας· καὶ ἐδόξασαν τὸν Θεὸν Ἰσραήλ.

32 Ὁ δὲ Ἰησοῦς προσκαλεσάμενος τοὺς μαθητὰς αὐτοῦ εἶπεν· Σπλαγ-
χνίζομαι ἐπὶ τὸν ὄχλον, ὅτι ἤδη ἡμέραι τρεῖς προσμένουσίν μοι καὶ οὐκ
ἔχουσιν τί φάγωσιν· καὶ ἀπολῦσαι αὐτοὺς νήστεις οὐ θέλω, μήποτε
33 ἐκλυθῶσιν ἐν τῇ ὁδῷ. καὶ λέγουσιν αὐτῷ οἱ μαθηταί· Πόθεν ἡμῖν ἐν
34 ἐρημίᾳ ἄρτοι τοσοῦτοι ὥστε χορτάσαι ὄχλον τοσοῦτον; καὶ λέγει αὐτοῖς
ὁ Ἰησοῦς· Πόσους ἄρτους ἔχετε; οἱ δὲ εἶπαν· Ἑπτά, καὶ ὀλίγα ἰχθύδια.
35 36 καὶ παραγγείλας τῷ ὄχλῳ ἀναπεσεῖν ἐπὶ τὴν γῆν ἔλαβεν τοὺς ἑπτὰ
ἄρτους καὶ τοὺς ἰχθύας καὶ εὐχαριστήσας ἔκλασεν καὶ ἐδίδου τοῖς μαθηταῖς,
37 οἱ δὲ μαθηταὶ τοῖς ὄχλοις. καὶ ἔφαγον πάντες καὶ ἐχορτάσθησαν, καὶ τὸ
38 περισσεῦον τῶν κλασμάτων ἦραν, ἑπτὰ σπυρίδας πλήρεις. οἱ δὲ ἐσθίον-
39 τες ἦσαν τετρακισχίλιοι ἄνδρες χωρὶς γυναικῶν καὶ παιδίων. καὶ ἀπο-
λύσας τοὺς ὄχλους ἐνέβη εἰς τὸ πλοῖον, καὶ ἦλθεν εἰς τὰ ὅρια Μαγαδάν.

Καὶ προσελθόντες οἱ Φαρισαῖοι καὶ Σαδδουκαῖοι πειράζοντες ἐπηρώ- **16**
τησαν αὐτὸν σημεῖον ἐκ τοῦ οὐρανοῦ ἐπιδεῖξαι αὐτοῖς. ὁ δὲ ἀποκριθεὶς 2a
εἶπεν αὐτοῖς· ^a Γενεὰ πονηρὰ σημεῖον ἐπιζητεῖ, καὶ σημεῖον οὐ δοθήσεται 4
αὐτῇ εἰ μὴ τὸ σημεῖον Ἰωνᾶ. καὶ καταλιπὼν αὐτοὺς ἀπῆλθεν.
Καὶ ἐλθόντες οἱ μαθηταὶ εἰς τὸ πέραν ἐπελάθοντο ἄρτους λαβεῖν. ὁ δὲ 5 6
Ἰησοῦς εἶπεν αὐτοῖς· Ὁρᾶτε καὶ προσέχετε ἀπὸ τῆς ζύμης τῶν Φαρι-
σαίων καὶ Σαδδουκαίων. οἱ δὲ διελογίζοντο ἐν ἑαυτοῖς λέγοντες ὅτι 7
Ἄρτους οὐκ ἐλάβομεν. γνοὺς δὲ ὁ Ἰησοῦς εἶπεν· Τί διαλογίζεσθε ἐν 8
ἑαυτοῖς, ὀλιγόπιστοι, ὅτι ἄρτους οὐκ ἔχετε; οὔπω νοεῖτε, οὐδὲ μνη- 9
μονεύετε τοὺς πέντε ἄρτους τῶν πεντακισχιλίων καὶ πόσους κοφίνους
ἐλάβετε; οὐδὲ τοὺς ἑπτὰ ἄρτους τῶν τετρακισχιλίων καὶ πόσας σπυρί- 10
δας ἐλάβετε; πῶς οὐ νοεῖτε ὅτι οὐ περὶ ἄρτων εἶπον ὑμῖν; προσέχετε 11
δὲ ἀπὸ τῆς ζύμης τῶν Φαρισαίων καὶ Σαδδουκαίων. τότε συνῆκαν ὅτι 12
οὐκ εἶπεν προσέχειν ἀπὸ τῆς ζύμης τῶν ἄρτων, ἀλλὰ ἀπὸ τῆς διδαχῆς
τῶν Φαρισαίων καὶ Σαδδουκαίων.

❧ Ἐλθὼν δὲ ὁ Ἰησοῦς εἰς τὰ μέρη Καισαρείας τῆς Φιλίππου ἠρώτα τοὺς 13
μαθητὰς αὐτοῦ λέγων· Τίνα^b λέγουσιν οἱ ἄνθρωποι εἶναι τὸν Υἱὸν τοῦ
ἀνθρώπου; οἱ δὲ εἶπαν· Οἱ μὲν Ἰωάννην τὸν Βαπτιστήν, ἄλλοι δὲ 14
Ἠλίαν, ἕτεροι δὲ Ἰερεμίαν ἢ ἕνα τῶν προφητῶν. λέγει αὐτοῖς· Ὑμεῖς 15
δὲ τίνα με λέγετε εἶναι; ἀποκριθεὶς δὲ Σίμων Πέτρος εἶπεν· Σὺ εἶ ὁ 16
Χριστὸς ὁ Υἱὸς τοῦ Θεοῦ τοῦ ζῶντος. ἀποκριθεὶς δὲ ὁ Ἰησοῦς εἶπεν 17
αὐτῷ· Μακάριος εἶ, Σίμων Βαριωνᾶ, ὅτι σὰρξ καὶ αἷμα οὐκ ἀπεκάλυψέν
σοι ἀλλ' ὁ Πατήρ μου ὁ ἐν τοῖς οὐρανοῖς. κἀγὼ δέ σοι λέγω ὅτι σὺ εἶ 18
Πέτρος, καὶ ἐπὶ ταύτῃ τῇ πέτρᾳ οἰκοδομήσω μου τὴν ἐκκλησίαν, καὶ πύλαι
ᾅδου οὐ κατισχύσουσιν αὐτῆς. δώσω σοι τὰς κλεῖδας τῆς βασιλείας 19
τῶν οὐρανῶν, καὶ ὃ ἐὰν δήσῃς ἐπὶ τῆς γῆς ἔσται δεδεμένον ἐν τοῖς οὐρα-
νοῖς, καὶ ὃ ἐὰν λύσῃς ἐπὶ τῆς γῆς ἔσται λελυμένον ἐν τοῖς οὐρανοῖς. τότε 20
ἐπετίμησεν τοῖς μαθηταῖς ἵνα μηδενὶ εἴπωσιν ὅτι αὐτός ἐστιν ὁ Χριστός.
Ἀπὸ τότε ἤρξατο ὁ Ἰησοῦς δεικνύειν τοῖς μαθηταῖς αὐτοῦ ὅτι δεῖ 21
αὐτὸν εἰς Ἱεροσόλυμα ἀπελθεῖν καὶ πολλὰ παθεῖν ἀπὸ τῶν πρεσβυτέρων
καὶ ἀρχιερέων καὶ γραμματέων καὶ ἀποκτανθῆναι καὶ τῇ τρίτῃ ἡμέρᾳ
ἐγερθῆναι. καὶ προσλαβόμενος αὐτὸν ὁ Πέτρος ἤρξατο ἐπιτιμᾶν αὐτῷ 22
λέγων· Ἵλεώς σοι, Κύριε· οὐ μὴ ἔσται σοι τοῦτο. ὁ δὲ στραφεὶς εἶπεν 23
τῷ Πέτρῳ· Ὕπαγε ὀπίσω μου, Σατανᾶ· σκάνδαλον εἶ ἐμοῦ, ὅτι οὐ
φρονεῖς τὰ τοῦ Θεοῦ ἀλλὰ τὰ τῶν ἀνθρώπων.

[a] add (2b 3) Ὀψίας γενομένης λέγετε· Εὐδία, πυρράζει γὰρ ὁ οὐρανός· καὶ πρωΐ·
Σήμερον χειμών, πυρράζει γὰρ στυγνάζων ὁ οὐρανός. τὸ μὲν πρόσωπον τοῦ οὐρανοῦ
γινώσκετε διακρίνειν, τὰ δὲ σημεῖα τῶν καιρῶν οὐ δύνασθε;   [b] add με

24 Τότε ὁ Ἰησοῦς εἶπεν τοῖς μαθηταῖς αὐτοῦ· Εἴ τις θέλει ὀπίσω μου
ἐλθεῖν, ἀπαρνησάσθω ἑαυτὸν καὶ ἀράτω τὸν σταυρὸν αὐτοῦ, καὶ
25 ἀκολουθείτω μοι. ὃς γὰρ ἐὰν θέλῃ τὴν ψυχὴν αὐτοῦ σῶσαι, ἀπολέσει
αὐτήν· ὃς δ' ἂν ἀπολέσῃ τὴν ψυχὴν αὐτοῦ ἕνεκεν ἐμοῦ, εὑρήσει αὐτήν.
26 τί γὰρ ὠφεληθήσεται ἄνθρωπος, ἐὰν τὸν κόσμον ὅλον κερδήσῃ, τὴν δὲ
ψυχὴν αὐτοῦ ζημιωθῇ; ἢ τί δώσει ἄνθρωπος ἀντάλλαγμα τῆς ψυχῆς
27 αὐτοῦ; μέλλει γὰρ ὁ Υἱὸς τοῦ ἀνθρώπου ἔρχεσθαι ἐν τῇ δόξῃ τοῦ
Πατρὸς αὐτοῦ μετὰ τῶν ἀγγέλων αὐτοῦ, καὶ τότε ⌊ἀποδώσει ἑκάστῳ
28 κατὰ τὴν πρᾶξιν αὐτοῦ.⌋ᵃ ἀμὴν λέγω ὑμῖν ὅτι εἰσίν τινες τῶν ὧδε
ἑστώτων οἵτινες οὐ μὴ γεύσωνται θανάτου ἕως ἂν ἴδωσιν τὸν Υἱὸν τοῦ
ἀνθρώπου ἐρχόμενον ἐν τῇ βασιλείᾳ αὐτοῦ.

17 ⟪ Καὶ μεθ' ἡμέρας ἓξ παραλαμβάνει ὁ Ἰησοῦς τὸν Πέτρον καὶ Ἰάκωβον
καὶ Ἰωάννην τὸν ἀδελφὸν αὐτοῦ, καὶ ἀναφέρει αὐτοὺς εἰς ὄρος ὑψηλὸν
2 κατ' ἰδίαν. καὶ μετεμορφώθη ἔμπροσθεν αὐτῶν, καὶ ἔλαμψεν τὸ πρόσω-
πον αὐτοῦ ὡς ὁ ἥλιος, τὰ δὲ ἱμάτια αὐτοῦ ἐγένετο λευκὰ ὡς τὸ φῶς.
3 καὶ ἰδοὺ ὤφθη αὐτοῖς Μωϋσῆς καὶ Ἠλίας συλλαλοῦντες μετ' αὐτοῦ.
4 ἀποκριθεὶς δὲ ὁ Πέτρος εἶπεν τῷ Ἰησοῦ· Κύριε, καλόν ἐστιν ἡμᾶς ὧδε
εἶναι· εἰ θέλεις, ποιήσω ὧδε τρεῖς σκηνάς, σοὶ μίαν καὶ Μωϋσεῖ μίαν καὶ
5 Ἠλίᾳ μίαν. ἔτι αὐτοῦ λαλοῦντος, ἰδοὺ νεφέλη φωτεινὴ ἐπεσκίασεν
αὐτούς, καὶ ἰδοὺ φωνὴ ἐκ τῆς νεφέλης λέγουσα· Οὗτός ἐστιν ᵇ⌊ὁ Υἱός⌋
6 μου, ⌊ὁ Ἀγαπητός, ἐν ᾧ εὐδόκησα· ἀκούετε αὐτοῦ.⌋ᶜ καὶ ἀκούσαντες οἱ
7 μαθηταὶ ἔπεσαν ἐπὶ πρόσωπον αὐτῶν καὶ ἐφοβήθησαν σφόδρα· καὶ
προσῆλθεν ὁ Ἰησοῦς καὶ ἁψάμενος αὐτῶν εἶπεν· Ἐγέρθητε καὶ μὴ
8 φοβεῖσθε. ἐπάραντες δὲ τοὺς ὀφθαλμοὺς αὐτῶν οὐδένα εἶδον εἰ μὴ
αὐτὸν Ἰησοῦν μόνον.
9 Καὶ καταβαινόντων αὐτῶν ἐκ τοῦ ὄρους ἐνετείλατο αὐτοῖς ὁ Ἰησοῦς
λέγων· Μηδενὶ εἴπητε τὸ ὅραμα ἕως οὗ ὁ Υἱὸς τοῦ ἀνθρώπου ἐκ νεκρῶν
10 ἐγερθῇ. καὶ ἐπηρώτησαν αὐτὸν οἱ μαθηταὶ λέγοντες· Τί οὖν οἱ γραμ-
11 ματεῖς λέγουσιν ὅτι Ἠλίαν δεῖ ἐλθεῖν πρῶτον; ὁ δὲ ἀποκριθεὶς εἶπεν·
12 ⌊Ἠλίας⌋ μὲν ἔρχεται καὶ ⌊ἀποκαταστήσει⌋ᵈ πάντα· λέγω δὲ ὑμῖν ὅτι
Ἠλίας ἤδη ἦλθεν, καὶ οὐκ ἐπέγνωσαν αὐτόν, ἀλλ' ἐποίησαν ἐν αὐτῷ
ὅσα ἠθέλησαν· οὕτως καὶ ὁ Υἱὸς τοῦ ἀνθρώπου μέλλει πάσχειν ὑπ'
13 αὐτῶν. τότε συνῆκαν οἱ μαθηταὶ ὅτι περὶ Ἰωάννου τοῦ Βαπτιστοῦ
εἶπεν αὐτοῖς.
14 Καὶ ἐλθόντων πρὸς τὸν ὄχλον προσῆλθεν αὐτῷ ἄνθρωπος γονυ-
15 πετῶν αὐτὸν καὶ λέγων· Κύριε, ἐλέησόν μου τὸν υἱόν, ὅτι σεληνιάζεται

[a] Ps. 62. 12; Prv. 24. 12   [b] ὁ Υἱός μου ὁ ἀγαπητός,   [c] Gn. 22. 2;
Ps. 2. 7; Is. 42. 1; Dt. 18. 15   [d] Mal. 4. 5, 6

καὶ κακῶς ἔχει· πολλάκις γὰρ πίπτει εἰς τὸ πῦρ καὶ πολλάκις εἰς τὸ ὕδωρ. καὶ προσήνεγκα αὐτὸν τοῖς μαθηταῖς σου, καὶ οὐκ ἠδυνήθησαν 16 αὐτὸν θεραπεῦσαι. ἀποκριθεὶς δὲ ὁ Ἰησοῦς εἶπεν· Ὦ γενεὰ ἄπιστος καὶ 17 διεστραμμένη, ἕως πότε μεθ᾽ ὑμῶν ἔσομαι; ἕως πότε ἀνέξομαι ὑμῶν; φέρετέ μοι αὐτὸν ὧδε. καὶ ἐπετίμησεν αὐτῷ ὁ Ἰησοῦς, καὶ ἐξῆλθεν ἀπ᾽ 18 αὐτοῦ τὸ δαιμόνιον, καὶ ἐθεραπεύθη ὁ παῖς ἀπὸ τῆς ὥρας ἐκείνης.

Τότε προσελθόντες οἱ μαθηταὶ τῷ Ἰησοῦ κατ᾽ ἰδίαν εἶπον· Διὰ τί 19 ἡμεῖς οὐκ ἠδυνήθημεν ἐκβαλεῖν αὐτό; ὁ δὲ λέγει αὐτοῖς· Διὰ τὴν 20 ὀλιγοπιστίαν ὑμῶν· ἀμὴν γὰρ λέγω ὑμῖν, ἐὰν ἔχητε πίστιν ὡς κόκκον σινάπεως, ἐρεῖτε τῷ ὄρει τούτῳ· Μετάβα ἔνθεν ἐκεῖ, καὶ μεταβήσεται, καὶ οὐδὲν ἀδυνατήσει ὑμῖν.ᵃ

❦ Συστρεφομένων δὲ αὐτῶν ἐν τῇ Γαλιλαίᾳ εἶπεν αὐτοῖς ὁ Ἰησοῦς· 22 Μέλλει ὁ Υἱὸς τοῦ ἀνθρώπου παραδίδοσθαι εἰς χεῖρας ἀνθρώπων, καὶ 23 ἀποκτενοῦσιν αὐτόν, καὶ τῇ τρίτῃ ἡμέρᾳ ἐγερθήσεται. καὶ ἐλυπήθησαν σφόδρα.

Ἐλθόντων δὲ αὐτῶν εἰς Καφαρναοὺμ προσῆλθον οἱ τὰ δίδραχμα 24 λαμβάνοντες τῷ Πέτρῳ καὶ εἶπαν· Ὁ διδάσκαλος ὑμῶν οὐ τελεῖ δίδραχμα; λέγει· Ναί. καὶ ἐλθόντα εἰς τὴν οἰκίαν προέφθασεν αὐτὸν ὁ 25 Ἰησοῦς λέγων· Τί σοι δοκεῖ, Σίμων; οἱ βασιλεῖς τῆς γῆς ἀπὸ τίνων λαμβάνουσιν τέλη ἢ κῆνσον; ἀπὸ τῶν υἱῶν αὐτῶν ἢ ἀπὸ τῶν ἀλλοτρίων; εἰπόντος δέ· Ἀπὸ τῶν ἀλλοτρίων, ἔφη αὐτῷ ὁ Ἰησοῦς· 26 Ἄρα γε ἐλεύθεροί εἰσιν οἱ υἱοί. ἵνα δὲ μὴ σκανδαλίσωμεν αὐτούς, 27 πορευθεὶς εἰς θάλασσαν βάλε ἄγκιστρον καὶ τὸν ἀναβάντα πρῶτον ἰχθὺν ἆρον, καὶ ἀνοίξας τὸ στόμα αὐτοῦ εὑρήσεις στατῆρα· ἐκεῖνον λαβὼν δὸς αὐτοῖς ἀντὶ ἐμοῦ καὶ σοῦ.

Ἐν ἐκείνῃ τῇ ὥρᾳ προσῆλθον οἱ μαθηταὶ τῷ Ἰησοῦ λέγοντες· Τίς **18** ἄρα μείζων ἐστὶν ἐν τῇ βασιλείᾳ τῶν οὐρανῶν; καὶ προσκαλεσάμενος 2 παιδίον ἔστησεν αὐτὸ ἐν μέσῳ αὐτῶν καὶ εἶπεν· Ἀμὴν λέγω ὑμῖν, ἐὰν 3 μὴ στραφῆτε καὶ γένησθε ὡς τὰ παιδία, οὐ μὴ εἰσέλθητε εἰς τὴν βασιλείαν τῶν οὐρανῶν. ὅστις οὖν ταπεινώσει ἑαυτὸν ὡς τὸ παιδίον τοῦτο, 4 οὗτός ἐστιν ὁ μείζων ἐν τῇ βασιλείᾳ τῶν οὐρανῶν. καὶ ὃς ἐὰν δέξηται 5 ἓν παιδίον τοιοῦτο ἐπὶ τῷ ὀνόματί μου, ἐμὲ δέχεται· ὃς δ᾽ ἂν σκανδαλίσῃ 6 ἕνα τῶν μικρῶν τούτων τῶν πιστευόντων εἰς ἐμέ, συμφέρει αὐτῷ ἵνα κρεμασθῇ μύλος ὀνικὸς περὶ τὸν τράχηλον αὐτοῦ καὶ καταποντισθῇ ἐν τῷ πελάγει τῆς θαλάσσης. οὐαὶ τῷ κόσμῳ ἀπὸ τῶν σκανδάλων· 7 ἀνάγκη γὰρ ἐλθεῖν τὰ σκάνδαλα, πλὴν οὐαὶ τῷ ἀνθρώπῳ δι᾽ οὗ τὸ σκάνδαλον ἔρχεται.

[a] add (21) τοῦτο δὲ τὸ γένος οὐκ ἐκπορεύεται εἰ μὴ ἐν προσευχῇ καὶ νηστείᾳ.

8 Εἰ δὲ ἡ χείρ σου ἢ ὁ πούς σου σκανδαλίζει σε, ἔκκοψον αὐτὸν καὶ βάλε ἀπὸ σοῦ· καλόν σοί ἐστιν εἰσελθεῖν εἰς τὴν ζωὴν κυλλὸν ἢ χωλόν, 9 ἢ δύο χεῖρας ἢ δύο πόδας ἔχοντα βληθῆναι εἰς τὸ πῦρ τὸ αἰώνιον. καὶ εἰ ὁ ὀφθαλμός σου σκανδαλίζει σε, ἔξελε αὐτὸν καὶ βάλε ἀπὸ σοῦ· καλόν σοί ἐστιν μονόφθαλμον εἰς τὴν ζωὴν εἰσελθεῖν, ἢ δύο ὀφθαλμοὺς ἔχοντα βληθῆναι εἰς τὴν γέενναν τοῦ πυρός.

10 Ὁρᾶτε μὴ καταφρονήσητε ἑνὸς τῶν μικρῶν τούτων· λέγω γὰρ ὑμῖν ὅτι οἱ ἄγγελοι αὐτῶν ἐν οὐρανοῖς διὰ παντὸς βλέπουσι τὸ πρόσωπον τοῦ Πατρός μου τοῦ ἐν οὐρανοῖς.[a]

12 Τί ὑμῖν δοκεῖ; ἐὰν γένηταί τινι ἀνθρώπῳ ἑκατὸν πρόβατα καὶ πλανηθῇ ἓν ἐξ αὐτῶν, οὐχὶ ἀφήσει τὰ ἐνενήκοντα ἐννέα ἐπὶ τὰ ὄρη καὶ 13 πορευθεὶς ζητεῖ τὸ πλανώμενον; καὶ ἐὰν γένηται εὑρεῖν αὐτό, ἀμὴν λέγω ὑμῖν ὅτι χαίρει ἐπ' αὐτῷ μᾶλλον ἢ ἐπὶ τοῖς ἐνενήκοντα ἐννέα τοῖς 14 μὴ πεπλανημένοις. οὕτως οὐκ ἔστιν θέλημα ἔμπροσθεν τοῦ Πατρὸς ὑμῶν τοῦ ἐν οὐρανοῖς ἵνα ἀπόληται ἓν τῶν μικρῶν τούτων.

15 Ἐὰν δὲ ἁμαρτήσῃ[b] ὁ ἀδελφός σου, ὕπαγε ἔλεγξον αὐτὸν μεταξὺ σοῦ καὶ αὐτοῦ μόνου. ἐάν σου ἀκούσῃ, ἐκέρδησας τὸν ἀδελφόν σου· 16 ἐὰν δὲ μὴ ἀκούσῃ, παράλαβε μετὰ σου ἔτι ἕνα ἢ δύο, ἵνα ⌊ἐπὶ στόματος 17 δύο μαρτύρων ἢ τριῶν σταθῇ πᾶν ῥῆμα⌋·[c] ἐὰν δὲ παρακούσῃ αὐτῶν, εἰπὸν τῇ ἐκκλησίᾳ· ἐὰν δὲ καὶ τῆς ἐκκλησίας παρακούσῃ, ἔστω σοι ὥσπερ ὁ ἐθνικὸς καὶ ὁ τελώνης.

18 Ἀμὴν λέγω ὑμῖν, ὅσα ἐὰν δήσητε ἐπὶ τῆς γῆς ἔσται δεδεμένα ἐν οὐρανῷ, καὶ ὅσα ἐὰν λύσητε ἐπὶ τῆς γῆς ἔσται λελυμένα ἐν οὐρανῷ.

19 Πάλιν λέγω ὑμῖν ὅτι ἐὰν δύο συμφωνήσωσιν ἐξ ὑμῶν ἐπὶ τῆς γῆς περὶ παντὸς πράγματος οὗ ἐὰν αἰτήσωνται, γενήσεται αὐτοῖς παρὰ τοῦ 20 Πατρός μου τοῦ ἐν οὐρανοῖς. οὗ γάρ εἰσιν δύο ἢ τρεῖς συνηγμένοι εἰς τὸ ἐμὸν ὄνομα, ἐκεῖ εἰμι ἐν μέσῳ αὐτῶν.

21 Τότε προσελθὼν ὁ Πέτρος εἶπεν αὐτῷ· Κύριε, ποσάκις ἁμαρτήσει 22 εἰς ἐμὲ ὁ ἀδελφός μου καὶ ἀφήσω αὐτῷ; ἕως ἑπτάκις; λέγει αὐτῷ ὁ Ἰησοῦς· Οὐ λέγω σοι ἕως ἑπτάκις, ἀλλὰ ἕως ἑβδομηκοντάκις ἑπτά.

23 Διὰ τοῦτο ὡμοιώθη ἡ βασιλεία τῶν οὐρανῶν ἀνθρώπῳ βασιλεῖ, 24 ὃς ἠθέλησεν συνᾶραι λόγον μετὰ τῶν δούλων αὐτοῦ. ἀρξαμένου δὲ 25 αὐτοῦ συναίρειν, προσήχθη εἰς αὐτῷ ὀφειλέτης μυρίων ταλάντων. μὴ ἔχοντος δὲ αὐτοῦ ἀποδοῦναι, ἐκέλευσεν αὐτὸν ὁ κύριος πραθῆναι καὶ τὴν 26 γυναῖκα καὶ τὰ τέκνα καὶ πάντα ὅσα ἔχει, καὶ ἀποδοθῆναι. πεσὼν οὖν ὁ δοῦλος προσεκύνει αὐτῷ λέγων· Μακροθύμησον ἐπ' ἐμοί, καὶ πάντα 27 ἀποδώσω σοι. σπλαγχνισθεὶς δὲ ὁ κύριος τοῦ δούλου ἐκείνου ἀπέλυσεν

[a] add (11) ἦλθεν γὰρ ὁ Υἱὸς τοῦ ἀνθρώπου σῶσαι τὸ ἀπολωλός.   [b] add εἰς σὲ
[c] Dt. 19. 15

αὐτόν, καὶ τὸ δάνειον ἀφῆκεν αὐτῷ. ἐξελθὼν δὲ ὁ δοῦλος ἐκεῖνος εὗρεν 28 ἕνα τῶν συνδούλων αὐτοῦ, ὃς ὤφειλεν αὐτῷ ἑκατὸν δηνάρια, καὶ κρατήσας αὐτὸν ἔπνιγεν λέγων· Ἀπόδος εἴ τι ὀφείλεις. πεσὼν οὖν ὁ 29 σύνδουλος αὐτοῦ παρεκάλει αὐτὸν λέγων· Μακροθύμησον ἐπ᾽ ἐμοί, καὶ ἀποδώσω σοι. ὁ δὲ οὐκ ἤθελεν, ἀλλὰ ἀπελθὼν ἔβαλεν αὐτὸν εἰς 30 φυλακὴν ἕως ἀποδῷ τὸ ὀφειλόμενον. ἰδόντες οὖν οἱ σύνδουλοι αὐτοῦ 31 τὰ γενόμενα ἐλυπήθησαν σφόδρα, καὶ ἐλθόντες διεσάφησαν τῷ κυρίῳ ἑαυτῶν πάντα τὰ γενόμενα. τότε προσκαλεσάμενος αὐτὸν ὁ κύριος 32 αὐτοῦ λέγει αὐτῷ· Δοῦλε πονηρέ, πᾶσαν τὴν ὀφειλὴν ἐκείνην ἀφῆκά σοι, ἐπεὶ παρεκάλεσάς με· οὐκ ἔδει καὶ σὲ ἐλεῆσαι τὸν σύνδουλόν σου, 33 ὡς κἀγὼ σὲ ἠλέησα; καὶ ὀργισθεὶς ὁ κύριος αὐτοῦ παρέδωκεν αὐτὸν 34 τοῖς βασανισταῖς ἕως οὗ ἀποδῷ πᾶν τὸ ὀφειλόμενον. οὕτως καὶ ὁ 35 Πατήρ μου ὁ οὐράνιος ποιήσει ὑμῖν, ἐὰν μὴ ἀφῆτε ἕκαστος τῷ ἀδελφῷ αὐτοῦ ἀπὸ τῶν καρδιῶν ὑμῶν.

❰ Καὶ ἐγένετο ὅτε ἐτέλεσεν ὁ Ἰησοῦς τοὺς λόγους τούτους, μετῆρεν ἀπὸ **19** τῆς Γαλιλαίας καὶ ἦλθεν εἰς τὰ ὅρια τῆς Ἰουδαίας πέραν τοῦ Ἰορδάνου. καὶ ἠκολούθησαν αὐτῷ ὄχλοι πολλοί, καὶ ἐθεράπευσεν αὐτοὺς ἐκεῖ. 2
Καὶ προσῆλθον αὐτῷ Φαρισαῖοι πειράζοντες αὐτὸν καὶ λέγοντες· 3 Εἰ ἔξεστιν ἀνθρώπῳ ἀπολῦσαι τὴν γυναῖκα αὐτοῦ κατὰ πᾶσαν αἰτίαν; ὁ δὲ ἀποκριθεὶς εἶπεν· Οὐκ ἀνέγνωτε ὅτι ὁ κτίσας ἀπ᾽ ἀρχῆς ⌊ἄρσεν καὶ 4 θῆλυ ἐποίησεν αὐτούς;⌋ᵃ καὶ εἶπεν· ⌊Ἕνεκα τούτου καταλείψει ἄνθρω- 5 πος τὸν πατέρα καὶ τὴν μητέρα καὶ κολληθήσεται τῇ γυναικὶ αὐτοῦ, καὶ ἔσονται οἱ δύο εἰς σάρκα μίαν.⌋ᵇ ὥστε οὐκέτι εἰσὶν δύο ἀλλὰ σὰρξ 6 μία. ὃ οὖν ὁ Θεὸς συνέζευξεν, ἄνθρωπος μὴ χωριζέτω. λέγουσιν αὐτῷ· 7 Τί οὖν Μωϋσῆς ἐνετείλατο ⌊δοῦναι βιβλίον ἀποστασίου καὶ ἀπο- λῦσαι⌋ᶜ αὐτήν; λέγει αὐτοῖς ὅτι Μωϋσῆς πρὸς τὴν σκληροκαρδίαν 8 ὑμῶν ἐπέτρεψεν ὑμῖν ἀπολῦσαι τὰς γυναῖκας ὑμῶν· ἀπ᾽ ἀρχῆς δὲ οὐ γέγονεν οὕτως. λέγω δὲ ὑμῖν ὅτι ὃς ἂν ἀπολύσῃ τὴν γυναῖκα αὐτοῦ 9 μὴ ἐπὶ πορνείᾳ καὶ γαμήσῃ ἄλλην μοιχᾶται.ᵈ
Λέγουσιν αὐτῷ οἱ μαθηταί· Εἰ οὕτως ἐστὶν ἡ αἰτία τοῦ ἀνθρώπου 10 μετὰ τῆς γυναικός, οὐ συμφέρει γαμῆσαι. ὁ δὲ εἶπεν αὐτοῖς· Οὐ πάντες 11 χωροῦσιν τὸν λόγον τοῦτον, ἀλλ᾽ οἷς δέδοται. εἰσὶν γὰρ εὐνοῦχοι 12 οἵτινες ἐκ κοιλίας μητρὸς ἐγεννήθησαν οὕτως, καὶ εἰσὶν εὐνοῦχοι οἵτινες εὐνουχίσθησαν ὑπὸ τῶν ἀνθρώπων, καὶ εἰσὶν εὐνοῦχοι οἵτινες εὐνού- χισαν ἑαυτοὺς διὰ τὴν βασιλείαν τῶν οὐρανῶν. ὁ δυνάμενος χωρεῖν χωρείτω.

[a] Gn. 1. 27   [b] Gn. 2. 24   [c] Dt. 24. 1   [d] add καὶ ὁ ἀπολελυμένην γαμήσας μοιχᾶται

13 Τότε προσηνέχθησαν αὐτῷ παιδία, ἵνα τὰς χεῖρας ἐπιθῇ αὐτοῖς καὶ
14 προσεύξηται· οἱ δὲ μαθηταὶ ἐπετίμησαν αὐτοῖς. ὁ δὲ Ἰησοῦς εἶπεν
αὐτοῖς· Ἄφετε τὰ παιδία καὶ μὴ κωλύετε αὐτὰ ἐλθεῖν πρός με· τῶν γὰρ
15 τοιούτων ἐστὶν ἡ βασιλεία τῶν οὐρανῶν. καὶ ἐπιθεὶς τὰς χεῖρας αὐτοῖς
ἐπορεύθη ἐκεῖθεν.

16 Καὶ ἰδοὺ εἷς προσελθὼν αὐτῷ εἶπεν· Διδάσκαλε, τί ἀγαθὸν ποιήσω
17 ἵνα σχῶ ζωὴν αἰώνιον; ὁ δὲ εἶπεν αὐτῷ· Τί με ἐρωτᾷς περὶ τοῦ ἀγαθοῦ;
εἷς ἐστιν ὁ ἀγαθός· εἰ δὲ θέλεις εἰς τὴν ζωὴν εἰσελθεῖν, τήρει τὰς ἐντολάς.
18 λέγει αὐτῷ· Ποίας; ὁ δὲ Ἰησοῦς ἔφη· Τὸ ⌊Οὐ φονεύσεις, Οὐ μοιχεύσεις,
19 Οὐ κλέψεις, Οὐ ψευδομαρτυρήσεις, Τίμα τὸν πατέρα καὶ τὴν μητέρα⌋,ᵃ
20 καὶ ⌊Ἀγαπήσεις τὸν πλησίον σου ὡς σεαυτόν.⌋ᵇ λέγει αὐτῷ ὁ νεανί-
21 σκος· Ταῦτα πάντα ἐφύλαξα· τί ἔτι ὑστερῶ; ἔφη αὐτῷ ὁ Ἰησοῦς· Εἰ
θέλεις τέλειος εἶναι, ὕπαγε πώλησόν σου τὰ ὑπάρχοντα καὶ δὸς
πτωχοῖς, καὶ ἕξεις θησαυρὸν ἐν οὐρανοῖς, καὶ δεῦρο ἀκολούθει μοι.
22 ἀκούσας δὲ ὁ νεανίσκος τὸν λόγον τοῦτον ἀπῆλθεν λυπούμενος· ἦν γὰρ
ἔχων κτήματα πολλά.

23 Ὁ δὲ Ἰησοῦς εἶπεν τοῖς μαθηταῖς αὐτοῦ· Ἀμὴν λέγω ὑμῖν ὅτι πλού-
24 σιος δυσκόλως εἰσελεύσεται εἰς τὴν βασιλείαν τῶν οὐρανῶν. πάλιν δὲ
λέγω ὑμῖν, εὐκοπώτερόν ἐστιν κάμηλον διὰ τρήματος ῥαφίδος διελθεῖν
25 ἢ πλούσιον εἰσελθεῖν εἰς τὴν βασιλείαν τοῦ Θεοῦ. ἀκούσαντες δὲ οἱ
μαθηταὶ ἐξεπλήσσοντο σφόδρα λέγοντες· Τίς ἄρα δύναται σωθῆναι;
26 ἐμβλέψας δὲ ὁ Ἰησοῦς εἶπεν αὐτοῖς· Παρὰ ἀνθρώποις τοῦτο ἀδύνατόν
ἐστιν, ⌊παρὰ⌋ δὲ ⌊Θεῷ πάντα δυνατά.⌋ᶜ

27 Τότε ἀποκριθεὶς ὁ Πέτρος εἶπεν αὐτῷ· Ἰδοὺ ἡμεῖς ἀφήκαμεν πάντα
28 καὶ ἠκολουθήσαμέν σοι· τί ἄρα ἔσται ἡμῖν; ὁ δὲ Ἰησοῦς εἶπεν αὐτοῖς·
Ἀμὴν λέγω ὑμῖν ὅτι ὑμεῖς οἱ ἀκολουθήσαντές μοι, ἐν τῇ παλιγγενεσίᾳ,
ὅταν καθίσῃ ὁ Υἱὸς τοῦ ἀνθρώπου ἐπὶ θρόνου δόξης αὐτοῦ, καθήσεσθε
καὶ αὐτοὶ ἐπὶ δώδεκα θρόνους κρίνοντες τὰς δώδεκα φυλὰς τοῦ Ἰσραήλ.
29 καὶ πᾶς ὅστις ἀφῆκεν ἀδελφοὺς ἢ ἀδελφὰς ἢ πατέρα ἢ μητέρα ἢ τέκνα
ἢ ἀγροὺς ἢ οἰκίας ἕνεκεν τοῦ ἐμοῦ ὀνόματος, πολλαπλασίονα λήμψεται
30 καὶ ζωὴν αἰώνιον κληρονομήσει. πολλοὶ δὲ ἔσονται πρῶτοι ἔσχατοι
καὶ ἔσχατοι πρῶτοι.

20 Ὁμοία γάρ ἐστιν ἡ βασιλεία τῶν οὐρανῶν ἀνθρώπῳ οἰκοδεσπότῃ,
ὅστις ἐξῆλθεν ἅμα πρωῒ μισθώσασθαι ἐργάτας εἰς τὸν ἀμπελῶνα αὐτοῦ.
2 συμφωνήσας δὲ μετὰ τῶν ἐργατῶν ἐκ δηναρίου τὴν ἡμέραν ἀπέστειλεν
3 αὐτοὺς εἰς τὸν ἀμπελῶνα αὐτοῦ. καὶ ἐξελθὼν περὶ τρίτην ὥραν εἶδεν
4 ἄλλους ἑστῶτας ἐν τῇ ἀγορᾷ ἀργούς, καὶ ἐκείνοις εἶπεν· Ὑπάγετε καὶ
ὑμεῖς εἰς τὸν ἀμπελῶνα, καὶ ὃ ἐὰν ᾖ δίκαιον δώσω ὑμῖν. οἱ δὲ ἀπῆλθον.

[a] Ex. 20. 13–16   [b] Lv. 19. 18   [c] Gn. 18. 14; Job 42. 2

πάλιν ἐξελθὼν περὶ ἕκτην καὶ ἐνάτην ὥραν ἐποίησεν ὡσαύτως. περὶ δὲ 5 6
τὴν ἑνδεκάτην ἐξελθὼν εὗρεν ἄλλους ἑστῶτας, καὶ λέγει αὐτοῖς· Τί ὧδε
ἑστήκατε ὅλην τὴν ἡμέραν ἀργοί; λέγουσιν αὐτῷ· Ὅτι οὐδεὶς ἡμᾶς 7
ἐμισθώσατο. λέγει αὐτοῖς· Ὑπάγετε καὶ ὑμεῖς εἰς τὸν ἀμπελῶνα.
ὀψίας δὲ γενομένης λέγει ὁ κύριος τοῦ ἀμπελῶνος τῷ ἐπιτρόπῳ αὐτοῦ· 8
Κάλεσον τοὺς ἐργάτας καὶ ἀπόδος τὸν μισθόν, ἀρξάμενος ἀπὸ τῶν
ἐσχάτων ἕως τῶν πρώτων. ἐλθόντες δὲ οἱ περὶ τὴν ἑνδεκάτην ὥραν 9
ἔλαβον ἀνὰ δηνάριον. καὶ ἐλθόντες οἱ πρῶτοι ἐνόμισαν ὅτι πλεῖον 10
λήμψονται· καὶ ἔλαβον τὸ ἀνὰ δηνάριον καὶ αὐτοί. λαβόντες δὲ 11
ἐγόγγυζον κατὰ τοῦ οἰκοδεσπότου λέγοντες· Οὗτοι οἱ ἔσχατοι μίαν 12
ὥραν ἐποίησαν, καὶ ἴσους αὐτοὺς ἡμῖν ἐποίησας τοῖς βαστάσασι τὸ
βάρος τῆς ἡμέρας καὶ τὸν καύσωνα. ὁ δὲ ἀποκριθεὶς ἑνὶ αὐτῶν εἶπεν· 13
Ἑταῖρε, οὐκ ἀδικῶ σε· οὐχὶ δηναρίου συνεφώνησάς μοι; ἆρον τὸ σὸν 14
καὶ ὕπαγε· θέλω δὲ τούτῳ τῷ ἐσχάτῳ δοῦναι ὡς καὶ σοί. οὐκ ἔξεστίν 15
μοι ὃ θέλω ποιῆσαι ἐν τοῖς ἐμοῖς; ἢ ὁ ὀφθαλμός σου πονηρός ἐστιν ὅτι ἐγὼ
ἀγαθός εἰμι; οὕτως ἔσονται οἱ ἔσχατοι πρῶτοι καὶ οἱ πρῶτοι ἔσχατοι. 16

Μέλλων δὲ ἀναβαίνειν Ἰησοῦς εἰς Ἱεροσόλυμα παρέλαβεν τοὺς 17
δώδεκα κατ' ἰδίαν, καὶ ἐν τῇ ὁδῷ εἶπεν αὐτοῖς· Ἰδοὺ ἀναβαίνο- 18
μεν εἰς Ἱεροσόλυμα, καὶ ὁ Υἱὸς τοῦ ἀνθρώπου παραδοθήσεται τοῖς
ἀρχιερεῦσιν καὶ γραμματεῦσιν, καὶ κατακρινοῦσιν αὐτὸν εἰς θάνατον,
καὶ παραδώσουσιν αὐτὸν τοῖς ἔθνεσιν εἰς τὸ ἐμπαῖξαι καὶ μαστιγῶσαι 19
καὶ σταυρῶσαι, καὶ τῇ τρίτῃ ἡμέρᾳ ἐγερθήσεται.
Τότε προσῆλθεν αὐτῷ ἡ μήτηρ τῶν υἱῶν Ζεβεδαίου μετὰ τῶν υἱῶν 20
αὐτῆς προσκυνοῦσα καὶ αἰτοῦσά τι ἀπ' αὐτοῦ. ὁ δὲ εἶπεν αὐτῇ· Τί 21
θέλεις; λέγει αὐτῷ· Εἰπὲ ἵνα καθίσωσιν οὗτοι οἱ δύο υἱοί μου εἷς ἐκ
δεξιῶν καὶ εἷς ἐξ εὐωνύμων σου ἐν τῇ βασιλείᾳ σου. ἀποκριθεὶς δὲ ὁ 22
Ἰησοῦς εἶπεν· Οὐκ οἴδατε τί αἰτεῖσθε. δύνασθε πιεῖν τὸ ποτήριον ὃ
ἐγὼ μέλλω πίνειν; λέγουσιν αὐτῷ· Δυνάμεθα. λέγει αὐτοῖς· Τὸ μὲν 23
ποτήριόν μου πίεσθε, τὸ δὲ καθίσαι ἐκ δεξιῶν μου καὶ ἐξ εὐωνύμων οὐκ
ἔστιν ἐμὸν δοῦναι, ἀλλ' οἷς ἡτοίμασται ὑπὸ τοῦ Πατρός μου.
Καὶ ἀκούσαντες οἱ δέκα ἠγανάκτησαν περὶ τῶν δύο ἀδελφῶν. ὁ δὲ 24 25
Ἰησοῦς προσκαλεσάμενος αὐτοὺς εἶπεν· Οἴδατε ὅτι οἱ ἄρχοντες τῶν
ἐθνῶν κατακυριεύουσιν αὐτῶν καὶ οἱ μεγάλοι κατεξουσιάζουσιν αὐτῶν.
οὐχ οὕτως ἔσται ἐν ὑμῖν· ἀλλ' ὃς ἐὰν θέλῃ ἐν ὑμῖν μέγας γενέσθαι, ἔσται 26
ὑμῶν διάκονος, καὶ ὃς ἂν θέλῃ ἐν ὑμῖν εἶναι πρῶτος, ἔσται ὑμῶν δοῦλος· 27
ὥσπερ ὁ Υἱὸς τοῦ ἀνθρώπου οὐκ ἦλθεν διακονηθῆναι, ἀλλὰ διακονῆσαι 28
καὶ δοῦναι τὴν ψυχὴν αὐτοῦ λύτρον ἀντὶ πολλῶν.

29 Καὶ ἐκπορευομένων αὐτῶν ἀπὸ Ἰεριχὼ ἠκολούθησεν αὐτῷ ὄχλος
30 πολύς. καὶ ἰδοὺ δύο τυφλοὶ καθήμενοι παρὰ τὴν ὁδόν, ἀκούσαντες ὅτι
31 Ἰησοῦς παράγει, ἔκραξαν λέγοντες· Ἐλέησον ἡμᾶς, Υἱὸς Δαυίδ.
ὁ δὲ ὄχλος ἐπετίμησεν αὐτοῖς ἵνα σιωπήσωσιν· οἱ δὲ μεῖζον ἔκραξαν λέγοντες·
32 Κύριε, ἐλέησον ἡμᾶς, Υἱὸς Δαυίδ. καὶ στὰς ὁ Ἰησοῦς ἐφώνησεν αὐτοὺς
33 καὶ εἶπεν· Τί θέλετε ποιήσω ὑμῖν; λέγουσιν αὐτῷ· Κύριε, ἵνα ἀνοιγῶσιν
34 οἱ ὀφθαλμοὶ ἡμῶν. σπλαγχνισθεὶς δὲ ὁ Ἰησοῦς ἥψατο τῶν ὀμμάτων
αὐτῶν, καὶ εὐθέως ἀνέβλεψαν καὶ ἠκολούθησαν αὐτῷ.

21 ❡ Καὶ ὅτε ἤγγισαν εἰς Ἰεροσόλυμα καὶ ἦλθον εἰς Βηθφαγὴ εἰς τὸ ὄρος
τῶν Ἐλαιῶν, τότε ὁ Ἰησοῦς ἀπέστειλεν δύο μαθητὰς λέγων αὐτοῖς·
2 Πορεύεσθε εἰς τὴν κώμην τὴν κατέναντι ὑμῶν, καὶ εὐθὺς εὑρήσετε ὄνον
3 δεδεμένην καὶ πῶλον μετ' αὐτῆς· λύσαντες ἀγάγετέ μοι. καὶ ἐάν τις
ὑμῖν εἴπῃ τι, ἐρεῖτε ὅτι ᵃ Ὁ Κύριος αὐτῶν χρείαν ἔχει· εὐθὺς δὲ ἀποστελεῖ
4 αὐτούς. τοῦτο δὲ γέγονεν ἵνα πληρωθῇ τὸ ῥηθὲν διὰ τοῦ προφήτου
5 λέγοντος· ⌊Εἴπατε τῇ θυγατρὶ Σιών· Ἰδοὺ ὁ βασιλεύς σου ἔρχεταί σοι
πραῢς καὶ ἐπιβεβηκὼς ἐπ' ὄνον καὶ ἐπὶ πῶλον ὑποζυγίου.⌋ᵇ
6 Πορευθέντες δὲ οἱ μαθηταὶ καὶ ποιήσαντες καθὼς συνέταξεν αὐτοῖς
7 ὁ Ἰησοῦς ἤγαγον τὴν ὄνον καὶ τὸν πῶλον, καὶ ἐπέθηκαν ἐπ' αὐτῶν
8 τὰ ἱμάτια, καὶ ἐπεκάθισεν ἐπάνω αὐτῶν. ὁ δὲ πλεῖστος ὄχλος ἔστρωσαν
ἑαυτῶν τὰ ἱμάτια ἐν τῇ ὁδῷ, ἄλλοι δὲ ἔκοπτον κλάδους ἀπὸ τῶν
9 δένδρων καὶ ἐστρώννυον ἐν τῇ ὁδῷ. οἱ δὲ ὄχλοι οἱ προάγοντες καὶ οἱ
ἀκολουθοῦντες ἔκραζον λέγοντες· ⌊Ὡσαννὰ⌋ τῷ Υἱῷ Δαυίδ· ⌊Εὐλογη-
μένος ὁ ἐρχόμενος ἐν ὀνόματι Κυρίου· Ὡσαννὰ⌋ᶜ ἐν τοῖς ὑψίστοις.
10 Καὶ εἰσελθόντος αὐτοῦ εἰς Ἰεροσόλυμα ἐσείσθη πᾶσα ἡ πόλις λέγουσα·
11 Τίς ἐστιν οὗτος; οἱ δὲ ὄχλοι ἔλεγον· Οὗτός ἐστιν ὁ προφήτης Ἰησοῦς ὁ
ἀπὸ Ναζαρὲθ τῆς Γαλιλαίας.
12 Καὶ εἰσῆλθεν ὁ Ἰησοῦς εἰς τὸ ἱερὸν καὶ ἐξέβαλεν πάντας τοὺς πωλοῦν-
τας καὶ ἀγοράζοντας ἐν τῷ ἱερῷ, καὶ τὰς τραπέζας τῶν κολλυβιστῶν
13 κατέστρεψεν καὶ τὰς καθέδρας τῶν πωλούντων τὰς περιστεράς, καὶ
λέγει αὐτοῖς· Γέγραπται· ⌊Ὁ οἶκός μου οἶκος προσευχῆς κληθήσεται⌋,
ὑμεῖς δὲ αὐτὸν ποιεῖτε ⌊σπήλαιον λῃστῶν⌋.ᵈ
14 Καὶ προσῆλθον αὐτῷ τυφλοὶ καὶ χωλοὶ ἐν τῷ ἱερῷ. καὶ ἐθεράπευσεν
15 αὐτούς. ἰδόντες δὲ οἱ ἀρχιερεῖς καὶ οἱ γραμματεῖς τὰ θαυμάσια ἃ
ἐποίησεν καὶ τοὺς παῖδας τοὺς κράζοντας ἐν τῷ ἱερῷ καὶ λέγοντας·
16 ⌊Ὡσαννὰ⌋ᵉ τῷ Υἱῷ Δαυίδ, ἠγανάκτησαν, καὶ εἶπαν αὐτῷ· Ἀκούεις τί
οὗτοι λέγουσιν; ὁ δὲ Ἰησοῦς λέγει αὐτοῖς· Ναί· οὐδέποτε ἀνέγνωτε

[a] Ὁ Κύριος αὐτῶν χρείαν ἔχει εὐθὺς δὲ ἀποστελεῖ αὐτούς.   [b] Is. 62. 11;
Zech. 9. 9   [c] Ps. 118. 25, 26   [d] Is. 56. 7; Jer. 7. 11   [e] Ps. 118. 25

ὅτι ⌊Ἐκ στόματος νηπίων καὶ θηλαζόντων κατηρτίσω αἶνον⌋;[a] καὶ 17
καταλιπὼν αὐτοὺς ἐξῆλθεν ἔξω τῆς πόλεως εἰς Βηθανίαν, καὶ ηὐλίσθη
ἐκεῖ.

Πρωῒ δὲ ἐπαναγαγὼν εἰς τὴν πόλιν ἐπείνασεν. καὶ ἰδὼν συκῆν μίαν 18 19
ἐπὶ τῆς ὁδοῦ ἦλθεν ἐπ' αὐτήν, καὶ οὐδὲν εὗρεν ἐν αὐτῇ εἰ μὴ φύλλα μόνον,
καὶ λέγει αὐτῇ· Οὐ μηκέτι ἐκ σοῦ καρπὸς γένηται εἰς τὸν αἰῶνα. καὶ
ἐξηράνθη παραχρῆμα ἡ συκῆ. καὶ ἰδόντες οἱ μαθηταὶ ἐθαύμασαν 20
λέγοντες· Πῶς παραχρῆμα ἐξηράνθη ἡ συκῆ; ἀποκριθεὶς δὲ ὁ Ἰησοῦς 21
εἶπεν αὐτοῖς· Ἀμὴν λέγω ὑμῖν, ἐὰν ἔχητε πίστιν καὶ μὴ διακριθῆτε, οὐ
μόνον τὸ τῆς συκῆς ποιήσετε, ἀλλὰ κἂν τῷ ὄρει τούτῳ εἴπητε· Ἄρθητι
καὶ βλήθητι εἰς τὴν θάλασσαν, γενήσεται· καὶ πάντα ὅσα ἂν αἰτήσητε 22
ἐν τῇ προσευχῇ πιστεύοντες λήμψεσθε.

Καὶ ἐλθόντος αὐτοῦ εἰς τὸ ἱερὸν προσῆλθον αὐτῷ οἱ ἀρχιερεῖς καὶ 23
οἱ πρεσβύτεροι τοῦ λαοῦ λέγοντες· Ἐν ποίᾳ ἐξουσίᾳ ταῦτα ποιεῖς;
καὶ τίς σοι ἔδωκεν τὴν ἐξουσίαν ταύτην; ἀποκριθεὶς δὲ ὁ Ἰησοῦς εἶπεν 24
αὐτοῖς· Ἐρωτήσω ὑμᾶς κἀγὼ λόγον ἕνα, ὃν ἐὰν εἴπητέ μοι, κἀγὼ ὑμῖν
ἐρῶ ἐν ποίᾳ ἐξουσίᾳ ταῦτα ποιῶ· τὸ βάπτισμα τὸ Ἰωάννου πόθεν ἦν; 25
ἐξ οὐρανοῦ ἢ ἐξ ἀνθρώπων; οἱ δὲ διελογίζοντο ἐν ἑαυτοῖς λέγοντες·
Ἐὰν εἴπωμεν· Ἐξ οὐρανοῦ, ἐρεῖ ἡμῖν· Διὰ τί οὖν οὐκ ἐπιστεύσατε αὐτῷ;
ἐὰν δὲ εἴπωμεν· Ἐξ ἀνθρώπων, φοβούμεθα τὸν ὄχλον· πάντες γὰρ ὡς 26
προφήτην ἔχουσιν τὸν Ἰωάννην. καὶ ἀποκριθέντες τῷ Ἰησοῦ εἶπαν· 27
Οὐκ οἴδαμεν. ἔφη αὐτοῖς καὶ αὐτός· Οὐδὲ ἐγὼ λέγω ὑμῖν ἐν ποίᾳ
ἐξουσίᾳ ταῦτα ποιῶ.

Τί δὲ ὑμῖν δοκεῖ; ἄνθρωπος εἶχεν τέκνα δύο· προσελθὼν τῷ πρώτῳ 28
εἶπεν· Τέκνον, ὕπαγε σήμερον ἐργάζου ἐν τῷ ἀμπελῶνι. ὁ δὲ ἀπο- 29
κριθεὶς εἶπεν· Ἐγὼ κύριε, καὶ οὐκ ἀπῆλθεν. προσελθὼν δὲ τῷ δευτέρῳ 30
εἶπεν ὡσαύτως. ὁ δὲ ἀποκριθεὶς εἶπεν· Οὐ θέλω, ὕστερον δὲ μετα-
μεληθεὶς ἀπῆλθεν. τίς ἐκ τῶν δύο ἐποίησεν τὸ θέλημα τοῦ πατρός; 31
λέγουσιν· Ὁ ὕστερος. λέγει αὐτοῖς ὁ Ἰησοῦς· Ἀμὴν λέγω ὑμῖν ὅτι οἱ
τελῶναι καὶ αἱ πόρναι προάγουσιν ὑμᾶς εἰς τὴν βασιλείαν τοῦ Θεοῦ.
ἦλθεν γὰρ Ἰωάννης πρὸς ὑμᾶς ἐν ὁδῷ δικαιοσύνης, καὶ οὐκ ἐπιστεύσατε 32
αὐτῷ· οἱ δὲ τελῶναι καὶ αἱ πόρναι ἐπίστευσαν αὐτῷ· ὑμεῖς δὲ ἰδόντες
οὐδὲ μετεμελήθητε ὕστερον τοῦ πιστεῦσαι αὐτῷ.

Ἄλλην παραβολὴν ἀκούσατε. Ἄνθρωπος ἦν οἰκοδεσπότης ὅστις 33
⌊ἐφύτευσεν ἀμπελῶνα, καὶ φραγμὸν αὐτῷ περιέθηκεν καὶ ὤρυξεν ἐν
αὐτῷ ληνὸν καὶ ᾠκοδόμησεν πύργον⌋,[b] καὶ ἐξέδοτο αὐτὸν γεωργοῖς,
καὶ ἀπεδήμησεν. ὅτε δὲ ἤγγισεν ὁ καιρὸς τῶν καρπῶν, ἀπέστειλεν 34
τοὺς δούλους αὐτοῦ πρὸς τοὺς γεωργοὺς λαβεῖν τοὺς καρποὺς αὐτοῦ.

[a] Ps. 8. 3   [b] Is. 5. 1, 2

35 καὶ λαβόντες οἱ γεωργοὶ τοὺς δούλους αὐτοῦ ὃν μὲν ἔδειραν, ὃν δὲ
36 ἀπέκτειναν, ὃν δὲ ἐλιθοβόλησαν. πάλιν ἀπέστειλεν ἄλλους δούλους
37 πλείονας τῶν πρώτων, καὶ ἐποίησαν αὐτοῖς ὡσαύτως. ὕστερον δὲ
ἀπέστειλεν πρὸς αὐτοὺς τὸν υἱὸν αὐτοῦ λέγων· Ἐντραπήσονται τὸν
38 υἱόν μου. οἱ δὲ γεωργοὶ ἰδόντες τὸν υἱὸν εἶπον ἐν ἑαυτοῖς· Οὗτός ἐστιν
ὁ κληρονόμος· δεῦτε ἀποκτείνωμεν αὐτὸν καὶ σχῶμεν τὴν κληρονομίαν
39 αὐτοῦ· καὶ λαβόντες αὐτὸν ἐξέβαλον ἔξω τοῦ ἀμπελῶνος καὶ ἀπέκτει-
40 ναν. ὅταν οὖν ἔλθῃ ὁ κύριος τοῦ ἀμπελῶνος, τί ποιήσει τοῖς γεωρ-
41 γοῖς ἐκείνοις; λέγουσιν αὐτῷ· Κακοὺς κακῶς ἀπολέσει αὐτούς, καὶ τὸν
ἀμπελῶνα ἐκδώσεται ἄλλοις γεωργοῖς, οἵτινες ἀποδώσουσιν αὐτῷ
42 τοὺς καρποὺς ἐν τοῖς καιροῖς αὐτῶν. λέγει αὐτοῖς ὁ Ἰησοῦς· Οὐδέποτε
ἀνέγνωτε ἐν ταῖς γραφαῖς ͺΛίθον ὃν ἀπεδοκίμασαν οἱ οἰκοδομοῦντες,
οὗτος ἐγενήθη εἰς κεφαλὴν γωνίας· παρὰ Κυρίου ἐγένετο αὕτη, καὶ
43 ἔστιν θαυμαστὴ ἐν ὀφθαλμοῖς ἡμῶνͺ; [a] διὰ τοῦτο λέγω ὑμῖν ὅτι ἀρθή-
σεται ἀφ᾽ ὑμῶν ἡ βασιλεία τοῦ Θεοῦ καὶ δοθήσεται ἔθνει ποιοῦντι τοὺς
καρποὺς αὐτῆς. [b]
45 Καὶ ἀκούσαντες οἱ ἀρχιερεῖς καὶ οἱ Φαρισαῖοι τὰς παραβολὰς αὐτοῦ
46 ἔγνωσαν ὅτι περὶ αὐτῶν λέγει· καὶ ζητοῦντες αὐτὸν κρατῆσαι ἐφοβή-
θησαν τοὺς ὄχλους, ἐπεὶ εἰς προφήτην αὐτὸν εἶχον.

22 ❈ Καὶ ἀποκριθεὶς ὁ Ἰησοῦς πάλιν εἶπεν ἐν παραβολαῖς αὐτοῖς λέγων·
2 Ὡμοιώθη ἡ βασιλεία τῶν οὐρανῶν ἀνθρώπῳ βασιλεῖ, ὅστις ἐποίησεν
3 γάμους τῷ υἱῷ αὐτοῦ. καὶ ἀπέστειλεν τοὺς δούλους αὐτοῦ καλέσαι
4 τοὺς κεκλημένους εἰς τοὺς γάμους, καὶ οὐκ ἤθελον ἐλθεῖν. πάλιν ἀπέ-
στειλεν ἄλλους δούλους λέγων· Εἴπατε τοῖς κεκλημένοις· Ἰδοὺ τὸ
ἄριστόν μου ἡτοίμακα, οἱ ταῦροί μου καὶ τὰ σιτιστὰ τεθυμένα, καὶ
5 πάντα ἕτοιμα· δεῦτε εἰς τοὺς γάμους. οἱ δὲ ἀμελήσαντες ἀπῆλθον, ὃς
6 μὲν εἰς τὸν ἴδιον ἀγρόν, ὃς δὲ ἐπὶ τὴν ἐμπορίαν αὐτοῦ· οἱ δὲ λοιποὶ
7 κρατήσαντες τοὺς δούλους αὐτοῦ ὕβρισαν καὶ ἀπέκτειναν. ὁ δὲ βασι-
λεὺς ὠργίσθη, καὶ πέμψας τὰ στρατεύματα αὐτοῦ ἀπώλεσεν τοὺς
8 φονεῖς ἐκείνους καὶ τὴν πόλιν αὐτῶν ἐνέπρησεν. τότε λέγει τοῖς δούλοις
αὐτοῦ· Ὁ μὲν γάμος ἕτοιμός ἐστιν, οἱ δὲ κεκλημένοι οὐκ ἦσαν ἄξιοι·
9 πορεύεσθε οὖν ἐπὶ τὰς διεξόδους τῶν ὁδῶν, καὶ ὅσους ἐὰν εὕρητε
10 καλέσατε εἰς τοὺς γάμους. καὶ ἐξελθόντες οἱ δοῦλοι ἐκεῖνοι εἰς τὰς ὁδοὺς
συνήγαγον πάντας οὓς εὗρον, πονηρούς τε καὶ ἀγαθούς· καὶ ἐπλήσθη
ὁ νυμφὼν ἀνακειμένων.
11 Εἰσελθὼν δὲ ὁ βασιλεὺς θεάσασθαι τοὺς ἀνακειμένους εἶδεν ἐκεῖ

[a] Ps. 118. 22, 23   [b] add (44) καὶ ὁ πεσὼν ἐπὶ τὸν λίθον τοῦτον συνθλασθήσεται·
ἐφ᾽ ὃν δ᾽ ἂν πέσῃ, λικμήσει αὐτόν.

ἄνθρωπον οὐκ ἐνδεδυμένον ἔνδυμα γάμου· καὶ λέγει αὐτῷ· Ἑταῖρε, 12
πῶς εἰσῆλθες ὧδε μὴ ἔχων ἔνδυμα γάμου; ὁ δὲ ἐφιμώθη. τότε ὁ βασιλεὺς 13
εἶπεν τοῖς διακόνοις· Δήσαντες αὐτοῦ πόδας καὶ χεῖρας ἐκβάλετε αὐτὸν
εἰς τὸ σκότος τὸ ἐξώτερον· ἐκεῖ ἔσται ὁ κλαυθμὸς καὶ ὁ βρυγμὸς τῶν
ὀδόντων. πολλοὶ γάρ εἰσιν κλητοί, ὀλίγοι δὲ ἐκλεκτοί. 14

❨ Τότε πορευθέντες οἱ Φαρισαῖοι συμβούλιον ἔλαβον ὅπως αὐτὸν 15
παγιδεύσωσιν ἐν λόγῳ. καὶ ἀποστέλλουσιν αὐτῷ τοὺς μαθητὰς αὐτῶν 16
μετὰ τῶν Ἡρῳδιανῶν λέγοντας· Διδάσκαλε, οἴδαμεν ὅτι ἀληθὴς εἶ καὶ
τὴν ὁδὸν τοῦ Θεοῦ ἐν ἀληθείᾳ διδάσκεις, καὶ οὐ μέλει σοι περὶ οὐδενός,
οὐ γὰρ βλέπεις εἰς πρόσωπον ἀνθρώπων· εἰπὸν οὖν ἡμῖν τί σοι δοκεῖ· 17
ἔξεστιν δοῦναι κῆνσον Καίσαρι ἢ οὔ; γνοὺς δὲ ὁ Ἰησοῦς τὴν πονηρίαν 18
αὐτῶν εἶπεν· Τί με πειράζετε, ὑποκριταί; ἐπιδείξατέ μοι τὸ νόμισμα τοῦ 19
κήνσου. οἱ δὲ προσήνεγκαν αὐτῷ δηνάριον. καὶ λέγει αὐτοῖς ὁ Ἰησοῦς· 20
Τίνος ἡ εἰκὼν αὕτη καὶ ἡ ἐπιγραφή; λέγουσιν· Καίσαρος. τότε λέγει 21
αὐτοῖς· Ἀπόδοτε οὖν τὰ Καίσαρος Καίσαρι καὶ τὰ τοῦ Θεοῦ τῷ Θεῷ.
καὶ ἀκούσαντες ἐθαύμασαν, καὶ ἀφέντες αὐτὸν ἀπῆλθαν. 22

Ἐν ἐκείνῃ τῇ ἡμέρᾳ προσῆλθον αὐτῷ Σαδδουκαῖοι, λέγοντες μὴ εἶναι 23
ἀνάστασιν, καὶ ἐπηρώτησαν αὐτὸν λέγοντες· Διδάσκαλε, Μωϋσῆς 24
εἶπεν· ⌊Ἐάν τις ἀποθάνῃ μὴ ἔχων τέκνα, ἐπιγαμβρεύσει ὁ ἀδελφὸς αὐτοῦ
τὴν γυναῖκα αὐτοῦ καὶ ἀναστήσει σπέρμα τῷ ἀδελφῷ αὐτοῦ.⌋[a] ἦσαν 25
δὲ παρ' ἡμῖν ἑπτὰ ἀδελφοί· καὶ ὁ πρῶτος γήμας ἐτελεύτησεν, καὶ μὴ
ἔχων σπέρμα ἀφῆκεν τὴν γυναῖκα αὐτοῦ τῷ ἀδελφῷ αὐτοῦ· ὁμοίως 26
καὶ ὁ δεύτερος καὶ ὁ τρίτος, ἕως τῶν ἑπτά. ὕστερον δὲ πάντων ἀπέ- 27
θανεν ἡ γυνή. ἐν τῇ ἀναστάσει οὖν τίνος τῶν ἑπτὰ ἔσται γυνή; 28
πάντες γὰρ ἔσχον αὐτήν. ἀποκριθεὶς δὲ ὁ Ἰησοῦς εἶπεν αὐτοῖς· 29
Πλανᾶσθε μὴ εἰδότες τὰς γραφὰς μηδὲ τὴν δύναμιν τοῦ Θεοῦ. ἐν γὰρ 30
τῇ ἀναστάσει οὔτε γαμοῦσιν οὔτε γαμίζονται, ἀλλ' ὡς ἄγγελοι ἐν τῷ
οὐρανῷ εἰσιν.
Περὶ δὲ τῆς ἀναστάσεως τῶν νεκρῶν οὐκ ἀνέγνωτε τὸ ῥηθὲν ὑμῖν 31
ὑπὸ τοῦ Θεοῦ λέγοντος· ⌊Ἐγώ εἰμι ὁ Θεὸς Ἀβραὰμ καὶ ὁ Θεὸς Ἰσαὰκ 32
καὶ ὁ Θεὸς Ἰακώβ⌋;[b] οὐκ ἔστιν ὁ Θεὸς νεκρῶν ἀλλὰ ζώντων. καὶ 33
ἀκούσαντες οἱ ὄχλοι ἐξεπλήσσοντο ἐπὶ τῇ διδαχῇ αὐτοῦ.
Οἱ δὲ Φαρισαῖοι ἀκούσαντες ὅτι ἐφίμωσεν τοὺς Σαδδουκαίους, συν- 34
ήχθησαν ἐπὶ τὸ αὐτό· καὶ ἐπηρώτησεν εἷς ἐξ αὐτῶν[c] πειράζων αὐτόν· 35
Διδάσκαλε, ποία ἐντολὴ μεγάλη ἐν τῷ νόμῳ; ὁ δὲ ἔφη αὐτῷ· ⌊Ἀγαπή- 36 37
σεις Κύριον τὸν Θεόν σου ἐν ὅλῃ τῇ καρδίᾳ σου καὶ ἐν ὅλῃ τῇ ψυχῇ σου
καὶ ἐν ὅλῃ τῇ⌋ διανοίᾳ ⌊σου.⌋[d] αὕτη ἐστὶν ἡ μεγάλη καὶ πρώτη 38

[a] Gn. 38. 8; Dt. 25. 5   [b] Ex. 3. 6   [c] add νομικὸς   [d] Dt. 6. 5

39 ἐντολή. δευτέρα ὁμοία αὐτῇ· ₍Ἀγαπήσεις τὸν πλησίον σου ὡς σεαυ-
40 τόν.₎ᵃ ἐν ταύταις ταῖς δυσὶν ἐντολαῖς ὅλος ὁ νόμος κρέμαται καὶ οἱ
προφῆται.

41 Συνηγμένων δὲ τῶν Φαρισαίων ἐπερώτησεν αὐτοὺς ὁ Ἰησοῦς λέγων·
42 Τί ὑμῖν δοκεῖ περὶ τοῦ Χριστοῦ; τίνος υἱός ἐστιν; λέγουσιν αὐτῷ· Τοῦ
43 Δαυίδ. λέγει αὐτοῖς· Πῶς οὖν Δαυὶδ ἐν Πνεύματι καλεῖ αὐτὸν Κύριον
44 λέγων· ₍Εἶπεν Κύριος τῷ Κυρίῳ μου· Κάθου ἐκ δεξιῶν μου ἕως ἂν θῶ
45 τοὺς ἐχθρούς σου ὑποκάτω τῶν ποδῶν σου₎;ᵇ εἰ οὖν Δαυὶδ καλεῖ
46 αὐτὸν Κύριον, πῶς υἱὸς αὐτοῦ ἐστιν; καὶ οὐδεὶς ἐδύνατο ἀποκριθῆναι
αὐτῷ λόγον οὐδὲ ἐτόλμησέν τις ἀπ᾽ ἐκείνης τῆς ἡμέρας ἐπερωτῆσαι
αὐτὸν οὐκέτι.

23 2 ❡ Τότε ὁ Ἰησοῦς ἐλάλησεν τοῖς ὄχλοις καὶ τοῖς μαθηταῖς αὐτοῦ λέγων·
Ἐπὶ τῆς Μωϋσέως καθέδρας ἐκάθισαν οἱ γραμματεῖς καὶ οἱ Φαρισαῖοι.
3 πάντα οὖν ὅσα ἐὰν εἴπωσιν ὑμῖν ποιήσατε καὶ τηρεῖτε, κατὰ δὲ τὰ
4 ἔργα αὐτῶν μὴ ποιεῖτε· λέγουσιν γὰρ καὶ οὐ ποιοῦσιν. δεσμεύουσιν δὲ
φορτία βαρέα καὶ ἐπιτιθέασιν ἐπὶ τοὺς ὤμους τῶν ἀνθρώπων, αὐτοὶ
5 δὲ τῷ δακτύλῳ αὐτῶν οὐ θέλουσιν κινῆσαι αὐτά. πάντα δὲ τὰ ἔργα
αὐτῶν ποιοῦσιν πρὸς τὸ θεαθῆναι τοῖς ἀνθρώποις· πλατύνουσιν γὰρ
τὰ φυλακτήρια αὐτῶν καὶ μεγαλύνουσιν τὰ κράσπεδα τῶν ἱματίων
6 αὐτῶν, φιλοῦσιν δὲ τὴν πρωτοκλισίαν ἐν τοῖς δείπνοις καὶ τὰς πρωτο-
7 καθεδρίας ἐν ταῖς συναγωγαῖς καὶ τοὺς ἀσπασμοὺς ἐν ταῖς ἀγοραῖς καὶ
8 καλεῖσθαι ὑπὸ τῶν ἀνθρώπων Ῥαββί.
8 Ὑμεῖς δὲ μὴ κληθῆτε Ῥαββί· εἷς γάρ ἐστιν ὑμῶν ὁ διδάσκαλος,
9 πάντες δὲ ὑμεῖς ἀδελφοί ἐστε. καὶ πατέρα μὴ καλέσητε ὑμῶν ἐπὶ τῆς
10 γῆς· εἷς γάρ ἐστιν ὑμῶν ὁ Πατὴρ ὁ οὐράνιος. μηδὲ κληθῆτε καθηγηταί,
11 ὅτι καθηγητὴς ὑμῶν ἐστιν εἷς ὁ Χριστός. ὁ δὲ μείζων ὑμῶν ἔσται ὑμῶν
12 διάκονος. ὅστις δὲ ὑψώσει ἑαυτὸν ταπεινωθήσεται, καὶ ὅστις ταπεινώ-
σει ἑαυτὸν ὑψωθήσεται.

13 Οὐαὶ δὲ ὑμῖν, γραμματεῖς καὶ Φαρισαῖοι, ὑποκριταί, ὅτι κλείετε τὴν
βασιλείαν τῶν οὐρανῶν ἔμπροσθεν τῶν ἀνθρώπων· ὑμεῖς γὰρ οὐκ
εἰσέρχεσθε, οὐδὲ τοὺς εἰσερχομένους ἀφίετε εἰσελθεῖν.ᶜ

15 Οὐαὶ ὑμῖν, γραμματεῖς καὶ Φαρισαῖοι, ὑποκριταί, ὅτι περιάγετε τὴν
θάλασσαν καὶ τὴν ξηρὰν ποιῆσαι ἕνα προσήλυτον, καὶ ὅταν γένηται,
ποιεῖτε αὐτὸν υἱὸν γεέννης διπλότερον ὑμῶν.

16 Οὐαὶ ὑμῖν, ὁδηγοὶ τυφλοὶ οἱ λέγοντες· Ὃς ἂν ὀμόσῃ ἐν τῷ ναῷ,

[a] Lv. 19. 18   [b] Ps. 110. 1   [c] add (14) Οὐαὶ ὑμῖν, γραμματεῖς καὶ
Φαρισαῖοι, ὑποκριταί, ὅτι κατεσθίετε τὰς οἰκίας τῶν χηρῶν, καὶ προφάσει μακρὰ
προσευχόμενοι· διὰ τοῦτο λήμψεσθε περισσότερον κρίμα.

οὐδέν ἐστιν· ὃς δ' ἂν ὀμόσῃ ἐν τῷ χρυσῷ τοῦ ναοῦ, ὀφείλει. μωροὶ καὶ 17
τυφλοί, τίς γὰρ μείζων ἐστίν, ὁ χρυσὸς ἢ ὁ ναὸς ὁ ἁγιάζων τὸν χρυσόν;
καί· Ὃς ἂν ὀμόσῃ ἐν τῷ θυσιαστηρίῳ, οὐδέν ἐστιν· ὃς δ' ἂν ὀμόσῃ 18
ἐν τῷ δώρῳ τῷ ἐπάνω αὐτοῦ, ὀφείλει. τυφλοί, τί γὰρ μεῖζον, τὸ δῶρον 19
ἢ τὸ θυσιαστήριον τὸ ἁγιάζον τὸ δῶρον; ὁ οὖν ὀμόσας ἐν τῷ θυσια- 20
στηρίῳ ὀμνύει ἐν αὐτῷ καὶ ἐν πᾶσι τοῖς ἐπάνω αὐτοῦ· καὶ ὁ ὀμόσας 21
ἐν τῷ ναῷ ὀμνύει ἐν αὐτῷ καὶ ἐν τῷ κατοικοῦντι αὐτόν· καὶ ὁ ὀμόσας 22
ἐν τῷ οὐρανῷ ὀμνύει ἐν τῷ θρόνῳ τοῦ Θεοῦ καὶ ἐν τῷ καθημένῳ ἐπάνω
αὐτοῦ.

Οὐαὶ ὑμῖν, γραμματεῖς καὶ Φαρισαῖοι, ὑποκριταί, ὅτι ἀποδεκατοῦτε 23
τὸ ἡδύοσμον καὶ τὸ ἄνηθον καὶ τὸ κύμινον, καὶ ἀφήκατε τὰ βαρύτερα
τοῦ νόμου, τὴν κρίσιν καὶ τὸ ἔλεος καὶ τὴν πίστιν· ταῦτα ἔδει ποιῆσαι
κἀκεῖνα μὴ ἀφεῖναι. ὁδηγοὶ τυφλοί, οἱ διϋλίζοντες τὸν κώνωπα, τὴν δὲ 24
κάμηλον καταπίνοντες.

Οὐαὶ ὑμῖν, γραμματεῖς καὶ Φαρισαῖοι, ὑποκριταί, ὅτι καθαρίζετε τὸ 25
ἔξωθεν τοῦ ποτηρίου καὶ τῆς παροψίδος, ἔσωθεν δὲ γέμουσιν ἐξ
ἁρπαγῆς καὶ ἀκρασίας. Φαρισαῖε τυφλέ, καθάρισον πρῶτον τὸ ἐντὸς 26
τοῦ ποτηρίου ἵνα γένηται καὶ τὸ ἐκτὸς αὐτοῦ καθαρόν.

Οὐαὶ ὑμῖν, γραμματεῖς καὶ Φαρισαῖοι, ὑποκριταί, ὅτι παρομοιάζετε 27
τάφοις κεκονιαμένοις, οἵτινες ἔξωθεν μὲν φαίνονται ὡραῖοι, ἔσωθεν δὲ
γέμουσιν ὀστέων νεκρῶν καὶ πάσης ἀκαθαρσίας. οὕτως καὶ ὑμεῖς 28
ἔξωθεν μὲν φαίνεσθε τοῖς ἀνθρώποις δίκαιοι, ἔσωθεν δέ ἐστε μεστοὶ
ὑποκρίσεως καὶ ἀνομίας.

Οὐαὶ ὑμῖν, γραμματεῖς καὶ Φαρισαῖοι, ὑποκριταί, ὅτι οἰκοδομεῖτε 29
τοὺς τάφους τῶν προφητῶν καὶ κοσμεῖτε τὰ μνημεῖα τῶν δικαίων,
καὶ λέγετε· Εἰ ἤμεθα ἐν ταῖς ἡμέραις τῶν πατέρων ἡμῶν, οὐκ ἂν ἤμεθα 30
αὐτῶν κοινωνοὶ ἐν τῷ αἵματι τῶν προφητῶν. ὥστε μαρτυρεῖτε ἑαυτοῖς 31
ὅτι υἱοί ἐστε τῶν φονευσάντων τοὺς προφήτας. καὶ ὑμεῖς πληρώσατε 32
τὸ μέτρον τῶν πατέρων ὑμῶν.

Ὄφεις, γεννήματα ἐχιδνῶν, πῶς φύγητε ἀπὸ τῆς κρίσεως τῆς γεέν- 33
νης; διὰ τοῦτο ἰδοὺ ἐγὼ ἀποστέλλω πρὸς ὑμᾶς προφήτας καὶ σοφοὺς 34
καὶ γραμματεῖς· ἐξ αὐτῶν ἀποκτενεῖτε καὶ σταυρώσετε, καὶ ἐξ αὐτῶν
μαστιγώσετε ἐν ταῖς συναγωγαῖς ὑμῶν καὶ διώξετε ἀπὸ πόλεως εἰς
πόλιν· ὅπως ἔλθῃ ἐφ' ὑμᾶς πᾶν αἷμα δίκαιον ἐκχυννόμενον ἐπὶ τῆς γῆς 35
ἀπὸ τοῦ αἵματος Ἄβελ τοῦ δικαίου ἕως τοῦ αἵματος Ζαχαρίου υἱοῦ
Βαραχίου, ὃν ἐφονεύσατε μεταξὺ τοῦ ναοῦ καὶ τοῦ θυσιαστηρίου.
ἀμὴν λέγω ὑμῖν, ἥξει ταῦτα πάντα ἐπὶ τὴν γενεὰν ταύτην. 36

Ἰερουσαλὴμ Ἰερουσαλήμ, ἡ ἀποκτείνουσα τοὺς προφήτας καὶ 37
λιθοβολοῦσα τοὺς ἀπεσταλμένους πρὸς αὐτήν, ποσάκις ἠθέλησα

ἐπισυναγαγεῖν τὰ τέκνα σου, ὃν τρόπον ὄρνις ἐπισυνάγει τὰ νοσσία
38 αὐτῆς ὑπὸ τὰς πτέρυγας, καὶ οὐκ ἠθελήσατε. ἰδοὺ ⌊ἀφίεται ὑμῖν ὁ οἶκος
39 ὑμῶν.⌋ᵃᵇ λέγω γὰρ ὑμῖν, οὐ μή με ἴδητε ἀπ᾽ ἄρτι ἕως ἂν εἴπητε·
⌊Εὐλογημένος ὁ ἐρχόμενος ἐν ὀνόματι Κυρίου.⌋ᶜ

24 Καὶ ἐξελθὼν ὁ Ἰησοῦς ἀπὸ τοῦ ἱεροῦ ἐπορεύετο, καὶ προσῆλθον οἱ
2 μαθηταὶ αὐτοῦ ἐπιδεῖξαι αὐτῷ τὰς οἰκοδομὰς τοῦ ἱεροῦ. ὁ δὲ
ἀποκριθεὶς εἶπεν αὐτοῖς· Οὐ βλέπετε ταῦτα πάντα; ἀμὴν λέγω ὑμῖν,
οὐ μὴ ἀφεθῇ ὧδε λίθος ἐπὶ λίθον ὃς οὐ καταλυθήσεται.
3 Καθημένου δὲ αὐτοῦ ἐπὶ τοῦ ὄρους τῶν Ἐλαιῶν προσῆλθον αὐτῷ οἱ
μαθηταὶ κατ᾽ ἰδίαν λέγοντες· Εἰπὲ ἡμῖν, πότε ταῦτα ἔσται, καὶ τί τὸ
σημεῖον τῆς σῆς παρουσίας καὶ συντελείας τοῦ αἰῶνος;
4 Καὶ ἀποκριθεὶς ὁ Ἰησοῦς εἶπεν αὐτοῖς· Βλέπετε μή τις ὑμᾶς πλανήσῃ.
5 πολλοὶ γὰρ ἐλεύσονται ἐπὶ τῷ ὀνόματί μου λέγοντες· Ἐγώ εἰμι ὁ
6 Χριστός, καὶ πολλοὺς πλανήσουσιν. μελλήσετε δὲ ἀκούειν πολέμους
καὶ ἀκοὰς πολέμων· ὁρᾶτε μὴ θροεῖσθε· ⌊δεῖ⌋ γὰρ ⌊γενέσθαι⌋,ᵈ ἀλλ᾽ οὔπω
7 ἐστὶν τὸ τέλος. ⌊ἐγερθήσεται⌋ γὰρ ⌊ἔθνος ἐπὶ ἔθνος καὶ βασιλεία ἐπὶ
8 βασιλείαν⌋,ᵉ καὶ ἔσονται λιμοὶ καὶ σεισμοὶ κατὰ τόπους· πάντα δὲ
ταῦτα ἀρχὴ ὠδίνων.
9 Τότε παραδώσουσιν ὑμᾶς εἰς θλῖψιν καὶ ἀποκτενοῦσιν ὑμᾶς, καὶ
10 ἔσεσθε μισούμενοι ὑπὸ πάντων τῶν ἐθνῶν διὰ τὸ ὄνομά μου. καὶ τότε
⌊σκανδαλισθήσονται πολλοὶ⌋ᶠ καὶ ἀλλήλους παραδώσουσιν καὶ μισή-
11 σουσιν ἀλλήλους· καὶ πολλοὶ ψευδοπροφῆται ἐγερθήσονται καὶ πλανή-
12 σουσιν πολλούς· καὶ διὰ τὸ πληθυνθῆναι τὴν ἀνομίαν ψυγήσεται ἡ
13 14 ἀγάπη τῶν πολλῶν. ὁ δὲ ὑπομείνας εἰς τέλος, οὗτος σωθήσεται. καὶ
κηρυχθήσεται τοῦτο τὸ εὐαγγέλιον τῆς βασιλείας ἐν ὅλῃ τῇ οἰκουμένῃ
εἰς μαρτύριον πᾶσιν τοῖς ἔθνεσιν, καὶ τότε ἥξει τὸ τέλος.
15 Ὅταν οὖν ἴδητε ⌊τὸ βδέλυγμα τῆς ἐρημώσεως⌋ τὸ ῥηθὲν διὰ Δανιὴλ
16 τοῦ προφήτου ἑστὸς ⌊ἐν τόπῳ ἁγίῳ⌋ᵍ (ὁ ἀναγινώσκων νοείτω), τότε
17 οἱ ἐν τῇ Ἰουδαίᾳ φευγέτωσαν εἰς τὰ ὄρη, ὁ ἐπὶ τοῦ δώματος μὴ κατα-
18 βάτω ἆραι τὰ ἐκ τῆς οἰκίας αὐτοῦ, καὶ ὁ ἐν τῷ ἀγρῷ μὴ ἐπιστρεψάτω
19 ὀπίσω ἆραι τὸ ἱμάτιον αὐτοῦ. οὐαὶ δὲ ταῖς ἐν γαστρὶ ἐχούσαις καὶ
20 ταῖς θηλαζούσαις ἐν ἐκείναις ταῖς ἡμέραις. προσεύχεσθε δὲ ἵνα μὴ γέ-
21 νηται ἡ φυγὴ ὑμῶν χειμῶνος μηδὲ σαββάτῳ· ἔσται γὰρ τότε ⌊θλῖψις⌋
μεγάλη, ⌊οἵα οὐ γέγονεν ἀπ᾽ ἀρχῆς κόσμου ἕως τοῦ νῦν⌋ʰ οὐδ᾽ οὐ μὴ

[a] add ἔρημος   [b] Jer. 22. 5; 12. 7; 1 Kgs. 9. 7, 8   [c] Ps. 118. 26
[d] Dn. 2. 28   [e] Is. 19. 2; 2 Chr. 15. 6   [f] Dn. 11. 41 LXX
[g] Dn. 9. 27; 12. 11   [h] Dn. 12. 1; Joel 2. 2

γένηται. καὶ εἰ μὴ ἐκολοβώθησαν αἱ ἡμέραι ἐκεῖναι, οὐκ ἂν ἐσώθη πᾶσα 22
σάρξ· διὰ δὲ τοὺς ἐκλεκτοὺς κολοβωθήσονται αἱ ἡμέραι ἐκεῖναι.

Τότε ἐάν τις ὑμῖν εἴπῃ· ᾿Ιδοὺ ὧδε ὁ Χριστός, ἤ· ʳ ὧδε, μὴ πιστεύσητε· 23
ἐγερθήσονται γὰρ ψευδόχριστοι καὶ ⌊ψευδοπροφῆται⌋, καὶ ⌊δώσουσιν 24
σημεῖα⌋ μεγάλα ⌊καὶ τέρατα⌋,ᵃ ὥστε πλανῆσαι, εἰ δυνατόν, καὶ τοὺς
ἐκλεκτούς. ἰδοὺ προείρηκα ὑμῖν. ἐὰν οὖν εἴπωσιν ὑμῖν· ᾿Ιδοὺ ἐν τῇ 25 26
ἐρήμῳ ἐστίν, μὴ ἐξέλθητε· ᾿Ιδοὺ ἐν τοῖς ταμείοις, μὴ πιστεύσητε·
ὥσπερ γὰρ ἡ ἀστραπὴ ἐξέρχεται ἀπὸ ἀνατολῶν καὶ φαίνεται ἕως 27
δυσμῶν, οὕτως ἔσται ἡ παρουσία τοῦ Υἱοῦ τοῦ ἀνθρώπου.

῞Οπου ἐὰν ᾖ τὸ πτῶμα, ἐκεῖ συναχθήσονται οἱ ἀετοί. 28

Εὐθέως δὲ μετὰ τὴν θλῖψιν τῶν ἡμερῶν ἐκείνων ⌊ὁ ἥλιος σκοτισθή- 29
σεται, καὶ ἡ σελήνη οὐ δώσει τὸ φέγγος αὐτῆς, καὶ οἱ ἀστέρες πεσοῦνται⌋
ἀπὸ τοῦ οὐρανοῦ, ⌊καὶ αἱ δυνάμεις τῶν οὐρανῶν⌋ σαλευθ⌊ήσονται.⌋ᵇ
καὶ τότε φανήσεται τὸ σημεῖον τοῦ Υἱοῦ τοῦ ἀνθρώπου ἐν οὐρανῷ, καὶ 30
τότε ⌊κόψονται πᾶσαι αἱ φυλαὶ τῆς γῆς⌋ᶜ καὶ ὄψονται ⌊τὸν Υἱὸν τοῦ
ἀνθρώπου ἐρχόμενον ἐπὶ τῶν νεφελῶν τοῦ οὐρανοῦ⌋ᵈ μετὰ δυνάμεως
καὶ δόξης πολλῆς· καὶ ἀποστελεῖ τοὺς ἀγγέλους αὐτοῦ ⌊μετὰ σάλπιγ- 31
γος μεγάλης⌋,ᵉ καὶ ⌊ἐπισυνάξουσιν⌋ τοὺς ἐκλεκτοὺς αὐτοῦ ⌊ἐκ τῶν
τεσσάρων ἀνέμων ἀπ᾿ ἄκρων οὐρανῶν ἕως ἄκρων αὐτῶν⌋.ᶠ

᾿Απὸ τῆς συκῆς μάθετε τὴν παραβολήν· ὅταν ἤδη ὁ κλάδος αὐτῆς 32
γένηται ἀπαλὸς καὶ τὰ φύλλα ἐκφύῃ, γινώσκετε ὅτι ἐγγὺς τὸ θέρος·
οὕτως καὶ ὑμεῖς ὅταν ἴδητε πάντα ταῦτα, γινώσκετε ὅτι ἐγγύς ἐστιν 33
ἐπὶ θύραις. ἀμὴν λέγω ὑμῖν ὅτι οὐ μὴ παρέλθῃ ἡ γενεὰ αὕτη ἕως ἂν 34
πάντα ταῦτα γένηται. ὁ οὐρανὸς καὶ ἡ γῆ παρελεύσεται, οἱ δὲ λόγοι 35
μου οὐ μὴ παρέλθωσιν.

Περὶ δὲ τῆς ἡμέρας ἐκείνης καὶ ὥρας οὐδεὶς οἶδεν, οὐδὲ οἱ ἄγγελοι τῶν 36
οὐρανῶν οὐδὲ ὁ Υἱός, εἰ μὴ ὁ Πατὴρ μόνος.

῞Ωσπερ γὰρ αἱ ἡμέραι τοῦ Νῶε, οὕτως ἔσται ἡ παρουσία τοῦ Υἱοῦ 37
τοῦ ἀνθρώπου. ὡς γὰρ ἦσαν ἐν ταῖς ἡμέραις ταῖς πρὸ τοῦ κατακλυσμοῦ 38
τρώγοντες καὶ πίνοντες, γαμοῦντες καὶ γαμίζοντες, ἄχρι ἧς ἡμέρας
⌊εἰσῆλθεν Νῶε εἰς τὴν κιβωτόν⌋,ᵍ καὶ οὐκ ἔγνωσαν ἕως ἦλθεν ὁ κατα- 39
κλυσμὸς καὶ ἦρεν ἅπαντας, οὕτως ἔσται ἡ παρουσία τοῦ Υἱοῦ τοῦ
ἀνθρώπου. τότε ἔσονται δύο ἐν τῷ ἀγρῷ, εἷς παραλαμβάνεται καὶ εἷς 40
ἀφίεται· δύο ἀλήθουσαι ἐν τῷ μύλῳ, μία παραλαμβάνεται καὶ μία 41
ἀφίεται.

Γρηγορεῖτε οὖν, ὅτι οὐκ οἴδατε ποίᾳ ἡμέρᾳ ὁ Κύριος ὑμῶν ἔρχεται. 42
ἐκεῖνο δὲ γινώσκετε ὅτι εἰ ᾔδει ὁ οἰκοδεσπότης ποίᾳ φυλακῇ ὁ κλέπτης 43

[a] Dt. 13. 2   [b] Is. 13. 10; 34. 4   [c] Zech. 12. 10–12   [d] Dn. 7. 13,
14   [e] Is. 27. 13; Joel 2. 1   [f] Zech. 2. 6; Dt. 30. 4   [g] Gn. 7. 7

ἔρχεται, ἐγρηγόρησεν ἂν καὶ οὐκ ἂν εἴασεν διορυχθῆναι τὴν οἰκίαν
44 αὐτοῦ. διὰ τοῦτο καὶ ὑμεῖς γίνεσθε ἕτοιμοι, ὅτι ᾗ οὐ δοκεῖτε ὥρᾳ ὁ
Υἱὸς τοῦ ἀνθρώπου ἔρχεται.

45 Τίς ἄρα ἐστὶν ὁ πιστὸς δοῦλος καὶ φρόνιμος ὃν κατέστησεν ὁ κύριος
ἐπὶ τῆς οἰκετείας αὐτοῦ τοῦ δοῦναι αὐτοῖς τὴν τροφὴν ἐν καιρῷ;
46 μακάριος ὁ δοῦλος ἐκεῖνος ὃν ἐλθὼν ὁ κύριος αὐτοῦ εὑρήσει οὕτως
47 ποιοῦντα· ἀμὴν λέγω ὑμῖν ὅτι ἐπὶ πᾶσιν τοῖς ὑπάρχουσιν αὐτοῦ κατα-
48 στήσει αὐτόν. ἐὰν δὲ εἴπῃ ὁ κακὸς δοῦλος ἐν τῇ καρδίᾳ αὐτοῦ· Χρονίζει
49 μου ὁ κύριος, καὶ ἄρξηται τύπτειν τοὺς συνδούλους αὐτοῦ, ἐσθίῃ δὲ
50 καὶ πίνῃ μετὰ τῶν μεθυόντων, ἥξει ὁ κύριος τοῦ δούλου ἐκείνου ἐν
51 ἡμέρᾳ ᾗ οὐ προσδοκᾷ καὶ ἐν ὥρᾳ ᾗ οὐ γινώσκει, καὶ διχοτομήσει
αὐτόν, καὶ τὸ μέρος αὐτοῦ μετὰ τῶν ὑποκριτῶν θήσει· ἐκεῖ ἔσται ὁ
κλαυθμὸς καὶ ὁ βρυγμὸς τῶν ὀδόντων.

25 Τότε ὁμοιωθήσεται ἡ βασιλεία τῶν οὐρανῶν δέκα παρθένοις, αἵτινες
λαβοῦσαι τὰς λαμπάδας ἑαυτῶν ἐξῆλθον εἰς ὑπάντησιν τοῦ νυμφίου.
2 3 πέντε δὲ ἐξ αὐτῶν ἦσαν μωραὶ καὶ πέντε φρόνιμοι. αἱ γὰρ μωραὶ
4 λαβοῦσαι τὰς λαμπάδας οὐκ ἔλαβον μεθ' ἑαυτῶν ἔλαιον. αἱ δὲ φρόνιμοι
5 ἔλαβον ἔλαιον ἐν τοῖς ἀγγείοις μετὰ τῶν λαμπάδων ἑαυτῶν. χρονί-
6 ζοντος δὲ τοῦ νυμφίου ἐνύσταξαν πᾶσαι καὶ ἐκάθευδον. μέσης δὲ νυκτὸς
7 κραυγὴ γέγονεν· Ἰδοὺ ὁ νυμφίος, ἐξέρχεσθε εἰς ἀπάντησιν αὐτοῦ. τότε
8 ἠγέρθησαν πᾶσαι αἱ παρθένοι ἐκεῖναι καὶ ἐκόσμησαν τὰς λαμπάδας
ἑαυτῶν. αἱ δὲ μωραὶ ταῖς φρονίμοις εἶπαν· Δότε ἡμῖν ἐκ τοῦ ἐλαίου
9 ὑμῶν, ὅτι αἱ λαμπάδες ἡμῶν σβέννυνται. ἀπεκρίθησαν δὲ αἱ φρόνιμοι
λέγουσαι· Μήποτε· οὐ μὴ ἀρκέσῃ ἡμῖν καὶ ὑμῖν. πορεύεσθε μᾶλλον
10 πρὸς τοὺς πωλοῦντας καὶ ἀγοράσατε ἑαυταῖς. ἀπερχομένων δὲ αὐτῶν
ἀγοράσαι ἦλθεν ὁ νυμφίος, καὶ αἱ ἕτοιμοι εἰσῆλθον μετ' αὐτοῦ εἰς τοὺς
11 γάμους, καὶ ἐκλείσθη ἡ θύρα. ὕστερον δὲ ἔρχονται καὶ αἱ λοιπαὶ
12 παρθένοι λέγουσαι· Κύριε Κύριε, ἄνοιξον ἡμῖν. ὁ δὲ ἀποκριθεὶς εἶπεν·
13 Ἀμὴν λέγω ὑμῖν, οὐκ οἶδα ὑμᾶς. γρηγορεῖτε οὖν, ὅτι οὐκ οἴδατε τὴν
ἡμέραν οὐδὲ τὴν ὥραν.

14 Ὥσπερ γὰρ ἄνθρωπος ἀποδημῶν ἐκάλεσεν τοὺς ἰδίους δούλους καὶ
15 παρέδωκεν αὐτοῖς τὰ ὑπάρχοντα αὐτοῦ, καὶ ᾧ μὲν ἔδωκεν πέντε
τάλαντα, ᾧ δὲ δύο, ᾧ δὲ ἕν, ἑκάστῳ κατὰ τὴν ἰδίαν δύναμιν, καὶ
16 ἀπεδήμησεν. εὐθέως πορευθεὶς ὁ τὰ πέντε τάλαντα λαβὼν ἠργάσατο
17 ἐν αὐτοῖς καὶ ἐκέρδησεν ἄλλα πέντε· ὡσαύτως ὁ τὰ δύο ἐκέρδησεν ἄλλα
18 δύο. ὁ δὲ τὸ ἓν λαβὼν ἀπελθὼν ὤρυξεν γῆν καὶ ἔκρυψεν τὸ ἀργύριον
19 τοῦ κυρίου αὐτοῦ. μετὰ δὲ πολὺν χρόνον ἔρχεται ὁ κύριος τῶν
20 δούλων ἐκείνων καὶ συναίρει λόγον μετ' αὐτῶν. καὶ προσελθὼν ὁ τὰ
πέντε τάλαντα λαβὼν προσήνεγκεν ἄλλα πέντε τάλαντα λέγων· Κύριε,

πέντε τάλαντά μοι παρέδωκας· ἴδε ἄλλα πέντε τάλαντα ἐκέρδησα. ἔφη 21
αὐτῷ ὁ κύριος αὐτοῦ· Εὖ, δοῦλε ἀγαθὲ καὶ πιστέ, ἐπὶ ὀλίγα ἦς πιστός,
ἐπὶ πολλῶν σε καταστήσω· εἴσελθε εἰς τὴν χαρὰν τοῦ κυρίου σου.
προσελθὼν καὶ ὁ τὰ δύο τάλαντα εἶπεν· Κύριε, δύο τάλαντά μοι 22
παρέδωκας· ἴδε ἄλλα δύο τάλαντα ἐκέρδησα. ἔφη αὐτῷ ὁ κύριος αὐτοῦ· 23
Εὖ, δοῦλε ἀγαθὲ καὶ πιστέ, ἐπὶ ὀλίγα ἦς πιστός, ἐπὶ πολλῶν σε κατα-
στήσω· εἴσελθε εἰς τὴν χαρὰν τοῦ κυρίου σου. προσελθὼν δὲ καὶ ὁ τὸ 24
ἓν τάλαντον εἰληφὼς εἶπεν· Κύριε, ἔγνων σε ὅτι σκληρὸς εἶ ἄνθρωπος,
θερίζων ὅπου οὐκ ἔσπειρας, καὶ συνάγων ὅθεν οὐ διεσκόρπισας· καὶ 25
φοβηθεὶς ἀπελθὼν ἔκρυψα τὸ τάλαντόν σου ἐν τῇ γῇ· ἴδε ἔχεις τὸ σόν.
ἀποκριθεὶς δὲ ὁ κύριος αὐτοῦ εἶπεν αὐτῷ· Πονηρὲ δοῦλε καὶ ὀκνηρέ, 26
ᾔδεις ὅτι θερίζω ὅπου οὐκ ἔσπειρα, καὶ συνάγω ὅθεν οὐ διεσκόρπισα;
ἔδει σε οὖν βαλεῖν τὰ ἀργύριά μου τοῖς τραπεζίταις, καὶ ἐλθὼν ἐγὼ 27
ἐκομισάμην ἂν τὸ ἐμὸν σὺν τόκῳ. ἄρατε οὖν ἀπ᾽ αὐτοῦ τὸ τάλαντον 28
καὶ δότε τῷ ἔχοντι τὰ δέκα τάλαντα· τῷ γὰρ ἔχοντι παντὶ δοθήσεται 29
καὶ περισσευθήσεται· τοῦ δὲ μὴ ἔχοντος καὶ ὃ ἔχει ἀρθήσεται ἀπ᾽
αὐτοῦ. καὶ τὸν ἀχρεῖον δοῦλον ἐκβάλετε εἰς τὸ σκότος τὸ ἐξώτερον· ἐκεῖ 30
ἔσται ὁ κλαυθμὸς καὶ ὁ βρυγμὸς τῶν ὀδόντων.

Ὅταν δὲ ⌊ἔλθῃ⌋ ὁ Υἱὸς τοῦ ἀνθρώπου ἐν τῇ δόξῃ αὐτοῦ καὶ ⌊πάντες 31
οἱ ἄγγελοι μετ᾽ αὐτοῦ⌋,ᵃ τότε καθίσει ἐπὶ θρόνου δόξης αὐτοῦ· καὶ 32
συναχθήσονται ἔμπροσθεν αὐτοῦ πάντα τὰ ἔθνη, καὶ ἀφορίσει αὐτοὺς
ἀπ᾽ ἀλλήλων, ὥσπερ ὁ ποιμὴν ἀφορίζει τὰ πρόβατα ἀπὸ τῶν ἐρίφων,
καὶ στήσει τὰ μὲν πρόβατα ἐκ δεξιῶν αὐτοῦ, τὰ δὲ ἐρίφια ἐξ εὐωνύμων. 33
τότε ἐρεῖ ὁ βασιλεὺς τοῖς ἐκ δεξιῶν αὐτοῦ· Δεῦτε οἱ εὐλογημένοι τοῦ 34
Πατρός μου, κληρονομήσατε τὴν ἡτοιμασμένην ὑμῖν βασιλείαν ἀπὸ
καταβολῆς κόσμου. ἐπείνασα γὰρ καὶ ἐδώκατέ μοι φαγεῖν, ἐδίψησα 35
καὶ ἐποτίσατέ με, ξένος ἤμην καὶ συνηγάγετέ με, γυμνὸς καὶ περιε- 36
βάλετέ με, ἠσθένησα καὶ ἐπεσκέψασθέ με, ἐν φυλακῇ ἤμην καὶ ἤλθατε
πρός με. τότε ἀποκριθήσονται αὐτῷ οἱ δίκαιοι λέγοντες· Κύριε, πότε 37
σε εἴδομεν πεινῶντα καὶ ἐθρέψαμεν, ἢ διψῶντα καὶ ἐποτίσαμεν; πότε δέ 38
σε εἴδομεν ξένον καὶ συνηγάγομεν, ἢ γυμνὸν καὶ περιεβάλομεν; πότε 39
δέ σε εἴδομεν ἀσθενοῦντα ἢ ἐν φυλακῇ καὶ ἤλθομεν πρὸς σέ; καὶ ἀπο- 40
κριθεὶς ὁ βασιλεὺς ἐρεῖ αὐτοῖς· Ἀμὴν λέγω ὑμῖν, ἐφ᾽ ὅσον ἐποιήσατε ἑνὶ
τούτων τῶν ἀδελφῶν μου τῶν ἐλαχίστων, ἐμοὶ ἐποιήσατε. τότε ἐρεῖ 41
καὶ τοῖς ἐξ εὐωνύμων· Πορεύεσθε ἀπ᾽ ἐμοῦ κατηραμένοι εἰς τὸ πῦρ τὸ
αἰώνιον τὸ ἡτοιμασμένον τῷ διαβόλῳ καὶ τοῖς ἀγγέλοις αὐτοῦ. ἐπεί- 42
νασα γὰρ καὶ οὐκ ἐδώκατέ μοι φαγεῖν, ἐδίψησα καὶ οὐκ ἐποτίσατέ με,
ξένος ἤμην καὶ οὐ συνηγάγετέ με, γυμνὸς καὶ οὐ περιεβάλετέ με, 43

[a] Zech. 14. 5

44 ἀσθενὴς καὶ ἐν φυλακῇ καὶ οὐκ ἐπεσκέψασθέ με. τότε ἀποκριθήσονται
καὶ αὐτοὶ λέγοντες· Κύριε, πότε σε εἴδομεν πεινῶντα ἢ διψῶντα ἢ
45 ξένον ἢ γυμνὸν ἢ ἀσθενῆ ἢ ἐν φυλακῇ καὶ οὐ διηκονήσαμέν σοι; τότε
ἀποκριθήσεται αὐτοῖς λέγων· Ἀμὴν λέγω ὑμῖν, ἐφ' ὅσον οὐκ ἐποιήσατε
46 ἑνὶ τούτων τῶν ἐλαχίστων, οὐδὲ ἐμοὶ ἐποιήσατε. καὶ ἀπελεύσονται
⌊οὗτοι εἰς⌋ κόλασιν ⌊αἰώνιον, οἱ δὲ⌋ δίκαιοι ⌊εἰς ζωὴν αἰώνιον⌋.ᵃ

26 Καὶ ἐγένετο ὅτε ἐτέλεσεν ὁ Ἰησοῦς πάντας τοὺς λόγους τούτους,
2 εἶπεν τοῖς μαθηταῖς αὐτοῦ· Οἴδατε ὅτι μετὰ δύο ἡμέρας τὸ πάσχα
γίνεται, καὶ ὁ Υἱὸς τοῦ ἀνθρώπου παραδίδοται εἰς τὸ σταυρωθῆναι.
3 Τότε συνήχθησαν οἱ ἀρχιερεῖς καὶ οἱ πρεσβύτεροι τοῦ λαοῦ εἰς τὴν
4 αὐλὴν τοῦ ἀρχιερέως τοῦ λεγομένου Καϊάφα, καὶ συνεβουλεύσαντο ἵνα
5 τὸν Ἰησοῦν δόλῳ κρατήσωσιν καὶ ἀποκτείνωσιν· ἔλεγον δέ· Μὴ ἐν
τῇ ἑορτῇ, ἵνα μὴ θόρυβος γένηται ἐν τῷ λαῷ.

6 ☙ Τοῦ δὲ Ἰησοῦ γενομένου ἐν Βηθανίᾳ ἐν οἰκίᾳ Σίμωνος τοῦ λεπροῦ,
7 προσῆλθεν αὐτῷ γυνὴ ἔχουσα ἀλάβαστρον μύρου βαρυτίμου καὶ
8 κατέχεεν ἐπὶ τῆς κεφαλῆς αὐτοῦ ἀνακειμένου. ἰδόντες δὲ οἱ μαθηταὶ
9 ἠγανάκτησαν λέγοντες· Εἰς τί ἡ ἀπώλεια αὕτη; ἐδύνατο γὰρ τοῦτο
10 πραθῆναι πολλοῦ καὶ δοθῆναι πτωχοῖς. γνοὺς δὲ ὁ Ἰησοῦς εἶπεν
11 αὐτοῖς· Τί κόπους παρέχετε τῇ γυναικί; ἔργον γὰρ καλὸν ἠργάσατο
εἰς ἐμέ· πάντοτε γὰρ τοὺς πτωχοὺς ἔχετε μεθ' ἑαυτῶν, ἐμὲ δὲ οὐ πάντοτε
12 ἔχετε· βαλοῦσα γὰρ αὕτη τὸ μύρον τοῦτο ἐπὶ τοῦ σώματός μου πρὸς
13 τὸ ἐνταφιάσαι με ἐποίησεν. ἀμὴν λέγω ὑμῖν, ὅπου ἐὰν κηρυχθῇ τὸ
εὐαγγέλιον τοῦτο ἐν ὅλῳ τῷ κόσμῳ, λαληθήσεται καὶ ὃ ἐποίησεν αὕτη
εἰς μνημόσυνον αὐτῆς.

14 ☙ Τότε πορευθεὶς εἷς τῶν δώδεκα, ὁ λεγόμενος Ἰούδας Ἰσκαριώτης,
15 πρὸς τοὺς ἀρχιερεῖς εἶπεν· Τί θέλετέ μοι δοῦναι, κἀγὼ ὑμῖν παραδώσω
16 αὐτόν; ⌊οἱ δὲ ἔστησαν⌋ αὐτῷ ⌊τριάκοντα ἀργύρια.⌋ᵇ καὶ ἀπὸ τότε
ἐζήτει εὐκαιρίαν ἵνα αὐτὸν παραδῷ.
17 Τῇ δὲ πρώτῃ τῶν ἀζύμων προσῆλθον οἱ μαθηταὶ τῷ Ἰησοῦ λέγοντες·
18 Ποῦ θέλεις ἑτοιμάσωμέν σοι φαγεῖν τὸ πάσχα; ὁ δὲ εἶπεν· Ὑπάγετε εἰς
τὴν πόλιν πρὸς τὸν δεῖνα καὶ εἴπατε αὐτῷ· Ὁ Διδάσκαλος λέγει· Ὁ
καιρός μου ἐγγύς ἐστιν· πρὸς σὲ ποιῶ τὸ πάσχα μετὰ τῶν μαθητῶν
19 μου. καὶ ἐποίησαν οἱ μαθηταὶ ὡς συνέταξεν αὐτοῖς ὁ Ἰησοῦς, καὶ
ἡτοίμασαν τὸ πάσχα.

[a] Dn. 12. 2   [b] Zech. 11. 12

Ὀψίας δὲ γενομένης ἀνέκειτο μετὰ τῶν δώδεκα μαθητῶν. καὶ 20 21
ἐσθιόντων αὐτῶν εἶπεν· Ἀμὴν λέγω ὑμῖν ὅτι εἷς ἐξ ὑμῶν παραδώσει με.
καὶ λυπούμενοι σφόδρα ἤρξαντο λέγειν εἷς ἕκαστος· Μήτι ἐγώ εἰμι, 22 23
Κύριε; ὁ δὲ ἀποκριθεὶς εἶπεν· Ὁ ἐμβάψας μετ᾽ ἐμοῦ τὴν χεῖρα ἐν τῷ
τρυβλίῳ, οὗτός με παραδώσει. ὁ μὲν Υἱὸς τοῦ ἀνθρώπου ὑπάγει 24
καθὼς γέγραπται περὶ αὐτοῦ, οὐαὶ δὲ τῷ ἀνθρώπῳ ἐκείνῳ δι᾽ οὗ ὁ
Υἱὸς τοῦ ἀνθρώπου παραδίδοται· καλὸν ἦν αὐτῷ εἰ οὐκ ἐγεννήθη ὁ
ἄνθρωπος ἐκεῖνος. ἀποκριθεὶς δὲ Ἰούδας ὁ παραδιδοὺς αὐτὸν εἶπεν· 25
Μήτι ἐγώ εἰμι, Ῥαββί; λέγει αὐτῷ ὁ Ἰησοῦς· Σὺ εἶπας.

Ἐσθιόντων δὲ αὐτῶν λαβὼν ὁ Ἰησοῦς ἄρτον καὶ εὐλογήσας ἔκλασεν 26
καὶ δοὺς τοῖς μαθηταῖς εἶπεν· Λάβετε φάγετε· τοῦτό ἐστιν τὸ σῶμά
μου. καὶ λαβὼν ποτήριον καὶ εὐχαριστήσας ἔδωκεν αὐτοῖς λέγων· 27
Πίετε ἐξ αὐτοῦ πάντες· τοῦτο γάρ ἐστιν ⌊τὸ αἷμά⌋ μου τὸ ⌊τῆς διαθή- 28
κης⌋^a τὸ περὶ πολλῶν ἐκχυννόμενον εἰς ἄφεσιν ἁμαρτιῶν. λέγω δὲ 29
ὑμῖν, οὐ μὴ πίω ἀπ᾽ ἄρτι ἐκ τούτου τοῦ γενήματος τῆς ἀμπέλου ἕως
τῆς ἡμέρας ἐκείνης ὅταν αὐτὸ πίνω μεθ᾽ ὑμῶν καινὸν ἐν τῇ βασιλείᾳ
τοῦ Πατρός μου.

Καὶ ὑμνήσαντες ἐξῆλθον εἰς τὸ ὄρος τῶν ἐλαιῶν. τότε λέγει αὐτοῖς 30 31
ὁ Ἰησοῦς· Πάντες ὑμεῖς σκανδαλισθήσεσθε ἐν ἐμοὶ ἐν τῇ νυκτὶ ταύτῃ·
γέγραπται γάρ· ⌊Πατάξω τὸν ποιμένα, καὶ διασκορπισθήσονται τὰ
πρόβατα τῆς ποίμνης⌋^b μετὰ δὲ τὸ ἐγερθῆναί με προάξω ὑμᾶς εἰς τὴν 32
Γαλιλαίαν. ἀποκριθεὶς δὲ ὁ Πέτρος εἶπεν· Εἰ πάντες σκανδαλισθήσονται 33
ἐν σοί, ἐγὼ οὐδέποτε σκανδαλισθήσομαι. ἔφη αὐτῷ ὁ Ἰησοῦς· Ἀμὴν 34
λέγω σοι ὅτι ἐν ταύτῃ τῇ νυκτὶ πρὶν ἀλέκτορα φωνῆσαι τρὶς ἀπαρνήσῃ
με. λέγει αὐτῷ ὁ Πέτρος· Κἂν δέῃ με σὺν σοὶ ἀποθανεῖν, οὐ μή σε 35
ἀπαρνήσομαι. ὁμοίως καὶ πάντες οἱ μαθηταὶ εἶπαν.

❰ Τότε ἔρχεται μετ᾽ αὐτῶν ὁ Ἰησοῦς εἰς χωρίον λεγόμενον Γεθσημανί, 36
καὶ λέγει τοῖς μαθηταῖς· Καθίσατε αὐτοῦ ἕως οὗ ἀπελθὼν ἐκεῖ προσ-
εύξωμαι. καὶ παραλαβὼν τὸν Πέτρον καὶ τοὺς δύο υἱοὺς Ζεβεδαίου 37
ἤρξατο λυπεῖσθαι καὶ ἀδημονεῖν. τότε λέγει αὐτοῖς· ⌊Περίλυπός ἐστιν 38
ἡ ψυχή μου⌋^c ἕως θανάτου· μείνατε ὧδε καὶ γρηγορεῖτε μετ᾽ ἐμοῦ. καὶ 39
προελθὼν μικρὸν ἔπεσεν ἐπὶ πρόσωπον αὐτοῦ προσευχόμενος καὶ
λέγων· Πάτερ μου, εἰ δυνατόν ἐστιν, παρελθάτω ἀπ᾽ ἐμοῦ τὸ ποτήριον
τοῦτο· πλὴν οὐχ ὡς ἐγὼ θέλω ἀλλ᾽ ὡς σύ.

Καὶ ἔρχεται πρὸς τοὺς μαθητὰς καὶ εὑρίσκει αὐτοὺς καθεύδοντας, καὶ 40
λέγει τῷ Πέτρῳ· Οὕτως οὐκ ἰσχύσατε μίαν ὥραν γρηγορῆσαι μετ᾽

[a] Ex. 24. 8; Zech. 9. 11   [b] Zech. 13. 7   [c] Ps. 42. 5

41 ἐμοῦ; γρηγορεῖτε, καὶ προσεύχεσθε ἵνα μὴ εἰσέλθητε εἰς πειρασμόν· τὸ μὲν πνεῦμα πρόθυμον, ἡ δὲ σὰρξ ἀσθενής.

42 Πάλιν ἐκ δευτέρου ἀπελθὼν προσηύξατο λέγων· Πάτερ μου, εἰ οὐ δύναται τοῦτο παρελθεῖν ἐὰν μὴ αὐτὸ πίω, γενηθήτω τὸ θέλημά σου.

43 καὶ ἐλθὼν πάλιν εὗρεν αὐτοὺς καθεύδοντας, ἦσαν γὰρ αὐτῶν οἱ
44 ὀφθαλμοὶ βεβαρημένοι. καὶ ἀφεὶς αὐτοὺς πάλιν ἀπελθὼν προσηύξατο ἐκ τρίτου, τὸν αὐτὸν λόγον εἰπὼν πάλιν.

45 Τότε ἔρχεται πρὸς τοὺς μαθητὰς καὶ λέγει αὐτοῖς· Καθεύδετε λοιπὸν καὶ ἀναπαύεσθε; ἰδοὺ ἤγγικεν ἡ ὥρα καὶ ὁ Υἱὸς τοῦ ἀνθρώπου παρα-
46 δίδοται εἰς χεῖρας ἁμαρτωλῶν. ἐγείρεσθε, ἄγωμεν· ἰδοὺ ἤγγικεν ὁ παραδιδούς με.

47 Καὶ ἔτι αὐτοῦ λαλοῦντος, ἰδοὺ Ἰούδας εἷς τῶν δώδεκα ἦλθεν, καὶ μετ᾽ αὐτοῦ ὄχλος πολὺς μετὰ μαχαιρῶν καὶ ξύλων ἀπὸ τῶν ἀρχιερέων
48 καὶ πρεσβυτέρων τοῦ λαοῦ. ὁ δὲ παραδιδοὺς αὐτὸν ἔδωκεν αὐτοῖς
49 σημεῖον λέγων· Ὃν ἂν φιλήσω αὐτός ἐστιν· κρατήσατε αὐτόν. καὶ εὐθέως προσελθὼν τῷ Ἰησοῦ εἶπεν· Χαῖρε, ῥαββί, καὶ κατεφίλησεν
50 αὐτόν. ὁ δὲ Ἰησοῦς εἶπεν αὐτῷ· Ἑταῖρε, [a] ἐφ᾽ ὃ πάρει. τότε προσελ- θόντες ἐπέβαλον τὰς χεῖρας ἐπὶ τὸν Ἰησοῦν καὶ ἐκράτησαν αὐτόν.

51 Καὶ ἰδοὺ εἷς τῶν μετὰ Ἰησοῦ ἐκτείνας τὴν χεῖρα ἀπέσπασεν τὴν μάχαιραν αὐτοῦ, καὶ πατάξας τὸν δοῦλον τοῦ ἀρχιερέως ἀφεῖλεν αὐτοῦ
52 τὸ ὠτίον. τότε λέγει αὐτῷ ὁ Ἰησοῦς· Ἀπόστρεψον τὴν μάχαιράν σου εἰς τὸν τόπον αὐτῆς· πάντες γὰρ οἱ λαβόντες μάχαιραν ἐν μαχαίρῃ
53 ἀπολοῦνται. ἢ δοκεῖς ὅτι οὐ δύναμαι παρακαλέσαι τὸν Πατέρα μου,
54 καὶ παραστήσει μοι ἄρτι πλείους ἢ δώδεκα λεγιῶνας ἀγγέλων; πῶς οὖν πληρωθῶσιν αἱ γραφαὶ ὅτι οὕτως δεῖ γενέσθαι;

55 Ἐν ἐκείνῃ τῇ ὥρᾳ εἶπεν ὁ Ἰησοῦς τοῖς ὄχλοις· Ὡς ἐπὶ λῃστὴν ἐξήλθατε μετὰ μαχαιρῶν καὶ ξύλων συλλαβεῖν με; καθ᾽ ἡμέραν ἐν τῷ
56 ἱερῷ ἐκαθεζόμην διδάσκων, καὶ οὐκ ἐκρατήσατέ με. τοῦτο δὲ ὅλον γέγονεν ἵνα πληρωθῶσιν αἱ γραφαὶ τῶν προφητῶν. Τότε οἱ μαθηταὶ πάντες ἀφέντες αὐτὸν ἔφυγον.

57 ⓒ Οἱ δὲ κρατήσαντες τὸν Ἰησοῦν ἀπήγαγον πρὸς Καϊάφαν τὸν
58 ἀρχιερέα, ὅπου οἱ γραμματεῖς καὶ οἱ πρεσβύτεροι συνήχθησαν. ὁ δὲ Πέτρος ἠκολούθει αὐτῷ ἀπὸ μακρόθεν ἕως τῆς αὐλῆς τοῦ ἀρχιερέως, καὶ εἰσελθὼν ἔσω ἐκάθητο μετὰ τῶν ὑπηρετῶν ἰδεῖν τὸ τέλος.

59 Οἱ δὲ ἀρχιερεῖς καὶ τὸ συνέδριον ὅλον ἐζήτουν ψευδομαρτυρίαν κατὰ
60 τοῦ Ἰησοῦ ὅπως αὐτὸν θανατώσωσιν, καὶ οὐχ εὗρον πολλῶν προσελ-
61 θόντων ψευδομαρτύρων. ὕστερον δὲ προσελθόντες δύο εἶπαν· Οὗτος

[a] ἐφ᾽ ὃ πάρει;

ἔφη· Δύναμαι καταλῦσαι τὸν ναὸν τοῦ Θεοῦ καὶ διὰ τριῶν ἡμερῶν οἰκοδομῆσαι. καὶ ἀναστὰς ὁ ἀρχιερεὺς εἶπεν αὐτῷ· Οὐδὲν ἀποκρίνῃ, 62 τί οὗτοί σου καταμαρτυροῦσιν; ὁ δὲ Ἰησοῦς ἐσιώπα. καὶ ὁ ἀρχιερεὺς 63 εἶπεν αὐτῷ· Ἐξορκίζω σε κατὰ τοῦ Θεοῦ τοῦ ζῶντος ἵνα ἡμῖν εἴπῃς εἰ σὺ εἶ ὁ Χριστὸς ὁ Υἱὸς τοῦ Θεοῦ. λέγει αὐτῷ ὁ Ἰησοῦς· Σὺ εἶπας· πλὴν 64 λέγω ὑμῖν, ἀπ᾽ ἄρτι ὄψεσθε ⌊τὸν Υἱὸν τοῦ ἀνθρώπου καθήμενον ἐκ δεξιῶν τῆς δυνάμεως⌋ καὶ ⌊ἐρχόμενον ἐπὶ τῶν νεφελῶν τοῦ οὐρανοῦ⌋.[a] τότε ὁ ἀρχιερεὺς διέρρηξεν τὰ ἱμάτια αὐτοῦ λέγων· Ἐβλασφήμησεν· τί 65 ἔτι χρείαν ἔχομεν μαρτύρων; ἴδε νῦν ἠκούσατε τὴν βλασφημίαν· τί 66 ὑμῖν δοκεῖ; οἱ δὲ ἀποκριθέντες εἶπαν· Ἔνοχος θανάτου ἐστίν. Τότε ἐνέπτυσαν εἰς τὸ πρόσωπον αὐτοῦ καὶ ἐκολάφισαν αὐτόν· οἱ 67 68 δὲ ἐρράπισαν λέγοντες· Προφήτευσον ἡμῖν, Χριστέ, τίς ἐστιν ὁ παίσας σε;

Ὁ δὲ Πέτρος ἐκάθητο ἔξω ἐν τῇ αὐλῇ· καὶ προσῆλθεν αὐτῷ μία 69 παιδίσκη λέγουσα· Καὶ σὺ ἦσθα μετὰ Ἰησοῦ τοῦ Γαλιλαίου. ὁ δὲ 70 ἠρνήσατο ἔμπροσθεν αὐτῶν πάντων λέγων· Οὐκ οἶδα τί λέγεις. ἐξελ- 71 θόντα δὲ εἰς τὸν πυλῶνα εἶδεν αὐτὸν ἄλλη καὶ λέγει τοῖς ἐκεῖ· Οὗτος ἦν μετὰ Ἰησοῦ τοῦ Ναζωραίου. καὶ πάλιν ἠρνήσατο μετὰ ὅρκου ὅτι 72 Οὐκ οἶδα τὸν ἄνθρωπον. μετὰ μικρὸν δὲ προσελθόντες οἱ ἑστῶτες 73 εἶπον τῷ Πέτρῳ· Ἀληθῶς καὶ σὺ ἐξ αὐτῶν εἶ, καὶ γὰρ ἡ λαλιά σου δῆλόν σε ποιεῖ. τότε ἤρξατο καταθεματίζειν καὶ ὀμνύειν ὅτι Οὐκ οἶδα 74 τὸν ἄνθρωπον. καὶ εὐθὺς ἀλέκτωρ ἐφώνησεν. καὶ ἐμνήσθη ὁ Πέτρος 75 τοῦ ῥήματος Ἰησοῦ εἰρηκότος ὅτι Πρὶν ἀλέκτορα φωνῆσαι τρὶς ἀπαρ- νήσῃ με· καὶ ἐξελθὼν ἔξω ἔκλαυσεν πικρῶς.

❡ Πρωΐας δὲ γενομένης συμβούλιον ἔλαβον πάντες οἱ ἀρχιερεῖς καὶ οἱ 27 πρεσβύτεροι τοῦ λαοῦ κατὰ τοῦ Ἰησοῦ ὥστε θανατῶσαι αὐτόν· καὶ 2 δήσαντες αὐτὸν ἀπήγαγον καὶ παρέδωκαν Πιλάτῳ τῷ ἡγεμόνι.

Τότε ἰδὼν Ἰούδας ὁ παραδοὺς αὐτὸν ὅτι κατεκρίθη, μεταμεληθεὶς 3 ἔστρεψεν τὰ τριάκοντα ἀργύρια τοῖς ἀρχιερεῦσιν καὶ πρεσβυτέροις λέγων· Ἥμαρτον παραδοὺς αἷμα ἀθῷον. οἱ δὲ εἶπαν· Τί πρὸς ἡμᾶς; 4 5 σὺ ὄψῃ. καὶ ῥίψας τὰ ἀργύρια εἰς τὸν ναὸν ἀνεχώρησεν, καὶ ἀπελθὼν ἀπήγξατο.

Οἱ δὲ ἀρχιερεῖς λαβόντες τὰ ἀργύρια εἶπαν· Οὐκ ἔξεστιν βαλεῖν αὐτὰ 6 εἰς τὸν κορβανᾶν, ἐπεὶ τιμὴ αἵματός ἐστιν. συμβούλιον δὲ λαβόντες, 7 ἠγόρασαν ἐξ αὐτῶν τὸν ἀγρὸν τοῦ κεραμέως εἰς ταφὴν τοῖς ξένοις. διὸ ἐκλήθη ὁ ἀγρὸς ἐκεῖνος Ἀγρὸς αἵματος ἕως τῆς σήμερον. τότε 8 9 ἐπληρώθη τὸ ῥηθὲν διὰ Ἰερεμίου τοῦ προφήτου λέγοντος· ⌊Καὶ ἔλαβον

[a] Ps. 110. 1; Dn. 7. 13

τὰ τριάκοντα ἀργύρια, τὴν τιμὴν τοῦ τετιμημένου ὃν ἐτιμήσαντο ἀπὸ
10 υἱῶν Ἰσραήλ, καὶ ἔδωκαν αὐτὰ εἰς τὸν ἀγρὸν τοῦ κεραμέως, καθὰ
συνέταξέν⌋ μοι ⌊Κύριος.⌋ᵃ
11 Ὁ δὲ Ἰησοῦς ἐστάθη ἔμπροσθεν τοῦ ἡγεμόνος· καὶ ἐπηρώτησεν
12 αὐτὸν ὁ ἡγεμὼν λέγων· Σὺ εἶ ὁ βασιλεὺς τῶν Ἰουδαίων; ὁ δὲ Ἰησοῦς
ἔφη· Σὺ λέγεις. καὶ ἐν τῷ κατηγορεῖσθαι αὐτὸν ὑπὸ τῶν ἀρχιερέων καὶ
13 πρεσβυτέρων οὐδὲν ἀπεκρίνατο. τότε λέγει αὐτῷ ὁ Πιλᾶτος· Οὐκ
14 ἀκούεις πόσα σου καταμαρτυροῦσιν; καὶ οὐκ ἀπεκρίθη αὐτῷ πρὸς οὐδὲ
ἓν ῥῆμα, ὥστε θαυμάζειν τὸν ἡγεμόνα λίαν.
15 Κατὰ δὲ ἑορτὴν εἰώθει ὁ ἡγεμὼν ἀπολύειν ἕνα τῷ ὄχλῳ δέσμιον ὃν
16 ἤθελον. εἶχον δὲ τότε δέσμιον ἐπίσημον λεγόμενον ᵇ Ἰησοῦν Βαραββᾶν.
17 συνηγμένων οὖν αὐτῶν εἶπεν αὐτοῖς ὁ Πιλᾶτος· Τίνα θέλετε ἀπολύσω
18 ὑμῖν, ᶜ Ἰησοῦν τὸν Βαραββᾶν ἢ Ἰησοῦν τὸν λεγόμενον Χριστόν; ᾔδει
γὰρ ὅτι διὰ φθόνον παρέδωκαν αὐτόν.
19 Καθημένου δὲ αὐτοῦ ἐπὶ τοῦ βήματος ἀπέστειλεν πρὸς αὐτὸν ἡ
γυνὴ αὐτοῦ λέγουσα· Μηδὲν σοὶ καὶ τῷ δικαίῳ ἐκείνῳ· πολλὰ γὰρ
ἔπαθον σήμερον κατ᾽ ὄναρ δι᾽ αὐτόν.
20 Οἱ δὲ ἀρχιερεῖς καὶ οἱ πρεσβύτεροι ἔπεισαν τοὺς ὄχλους ἵνα αἰτήσων-
21 ται τὸν Βαραββᾶν, τὸν δὲ Ἰησοῦν ἀπολέσωσιν. ἀποκριθεὶς δὲ ὁ
ἡγεμὼν εἶπεν αὐτοῖς· Τίνα θέλετε ἀπὸ τῶν δύο ἀπολύσω ὑμῖν; οἱ δὲ
22 εἶπαν· Τὸν Βαραββᾶν. λέγει αὐτοῖς ὁ Πιλᾶτος· Τί οὖν ποιήσω Ἰησοῦν
23 τὸν λεγόμενον Χριστόν; λέγουσιν πάντες· Σταυρωθήτω. ὁ δὲ ἔφη·
Τί γὰρ κακὸν ἐποίησεν; οἱ δὲ περισσῶς ἔκραζον λέγοντες· Σταυρωθήτω.
24 Ἰδὼν δὲ ὁ Πιλᾶτος ὅτι οὐδὲν ὠφελεῖ ἀλλὰ μᾶλλον θόρυβος γίνεται,
λαβὼν ὕδωρ ἀπενίψατο τὰς χεῖρας κατέναντι τοῦ ὄχλου λέγων·
25 Ἀθῷός εἰμι ἀπὸ τοῦ αἵματος τούτου· ὑμεῖς ὄψεσθε. καὶ ἀποκριθεὶς πᾶς
26 ὁ λαὸς εἶπεν· Τὸ αἷμα αὐτοῦ ἐφ᾽ ἡμᾶς καὶ ἐπὶ τὰ τέκνα ἡμῶν. τότε
ἀπέλυσεν αὐτοῖς τὸν Βαραββᾶν, τὸν δὲ Ἰησοῦν φραγελλώσας παρέδω-
κεν ἵνα σταυρωθῇ.

27 ❰ Τότε οἱ στρατιῶται τοῦ ἡγεμόνος παραλαβόντες τὸν Ἰησοῦν εἰς τὸ
28 πραιτώριον συνήγαγον ἐπ᾽ αὐτὸν ὅλην τὴν σπεῖραν. καὶ ἐκδύσαντες
29 αὐτὸν χλαμύδα κοκκίνην περιέθηκαν αὐτῷ. καὶ πλέξαντες στέφανον ἐξ
ἀκανθῶν ἐπέθηκαν ἐπὶ τῆς κεφαλῆς αὐτοῦ καὶ κάλαμον ἐν τῇ δεξιᾷ
αὐτοῦ, καὶ γονυπετήσαντες ἔμπροσθεν αὐτοῦ ἐνέπαιξαν αὐτῷ λέγοντες·
30 Χαῖρε, Βασιλεῦ τῶν Ἰουδαίων, καὶ ἐμπτύσαντες εἰς αὐτὸν ἔλαβον τὸν
31 κάλαμον καὶ ἔτυπτον εἰς τὴν κεφαλὴν αὐτοῦ. καὶ ὅτε ἐνέπαιξαν αὐτῷ,
ἐξέδυσαν αὐτὸν τὴν χλαμύδα καὶ ἐνέδυσαν αὐτὸν τὰ ἱμάτια αὐτοῦ.

[a] Jer. 32. 6–9; Zech. 11. 12, 13   [b] om. Ἰησοῦν   [c] om. Ἰησοῦν τὸν

Καὶ ἀπήγαγον αὐτὸν εἰς τὸ σταυρῶσαι. ἐξερχόμενοι δὲ εὗρον 32
ἄνθρωπον Κυρηναῖον, ὀνόματι Σίμωνα· τοῦτον ἠγγάρευσαν ἵνα ἄρῃ
τὸν σταυρὸν αὐτοῦ.

Καὶ ἐλθόντες εἰς τόπον λεγόμενον Γολγοθά, ὅ ἐστιν Κρανίου τόπος 33
λεγόμενος, ⌊ἔδωκαν⌋ αὐτῷ ⌊πιεῖν⌋ οἶνον μετὰ ⌊χολῆς⌋ᵃ μεμιγμένον· καὶ 34
γευσάμενος οὐκ ἠθέλησεν πιεῖν.

Σταυρώσαντες δὲ αὐτὸν ⌊διεμερίσαντο τὰ ἱμάτια⌋ αὐτοῦ ⌊βάλλοντες 35
κλῆρον⌋,ᵇ καὶ καθήμενοι ἐτήρουν αὐτὸν ἐκεῖ. καὶ ἐπέθηκαν ἐπάνω τῆς 36 37
κεφαλῆς αὐτοῦ τὴν αἰτίαν αὐτοῦ γεγραμμένην· Οὗτός ἐστιν Ἰησοῦς ὁ
βασιλεὺς τῶν Ἰουδαίων.

Τότε σταυροῦνται σὺν αὐτῷ δύο λῃσταί, εἷς ἐκ δεξιῶν καὶ εἷς ἐξ 38
εὐωνύμων.

Οἱ δὲ παραπορευόμενοι ἐβλασφήμουν αὐτὸν ⌊κινοῦντες τὰς κεφαλὰς 39
αὐτῶν⌋ᶜ καὶ λέγοντες· Ὁ καταλύων τὸν ναὸν καὶ ἐν τρισὶν ἡμέραις 40
οἰκοδομῶν, σῶσον σεαυτόν, εἰ Υἱὸς εἶ τοῦ Θεοῦ, καὶ κατάβηθι ἀπὸ τοῦ
σταυροῦ. ὁμοίως καὶ οἱ ἀρχιερεῖς ἐμπαίζοντες μετὰ τῶν γραμματέων 41
καὶ πρεσβυτέρων ἔλεγον· Ἄλλους ἔσωσεν, ἑαυτὸν οὐ δύναται σῶσαι. 42
Βασιλεὺς Ἰσραήλ ἐστιν. καταβάτω νῦν ἀπὸ τοῦ σταυροῦ καὶ πιστεύ-
σομεν ἐπ᾽ αὐτόν. ⌊πέποιθεν ἐπὶ τὸν Θεόν; ῥυσάσθω⌋ νῦν ⌊εἰ θέλει 43
αὐτόν·⌋ᵈ εἶπεν γὰρ ὅτι Θεοῦ εἰμι Υἱός. τὸ δ᾽ αὐτὸ καὶ οἱ λῃσταὶ οἱ 44
συσταυρωθέντες σὺν αὐτῷ ὠνείδιζον αὐτόν.

Ἀπὸ δὲ ἕκτης ὥρας σκότος ἐγένετο ἐπὶ πᾶσαν τὴν γῆν ἕως ὥρας 45
ἐνάτης. περὶ δὲ τὴν ἐνάτην ὥραν ἀνεβόησεν ὁ Ἰησοῦς φωνῇ μεγάλῃ 46
λέγων· ⌊Ἠλί, Ἠλί, λέμα σαβαχθάνι;⌋ τοῦτ᾽ ἔστιν· ⌊Θεέ μου, Θεέ
μου, ἱνατί με ἐγκατέλιπες;⌋ᵉ τινὲς δὲ τῶν ἐκεῖ ἑστηκότων ἀκούσαντες 47
ἔλεγον ὅτι Ἠλίαν φωνεῖ οὗτος. καὶ εὐθέως δραμὼν εἷς ἐξ αὐτῶν 48
καὶ λαβὼν σπόγγον πλήσας τε ⌊ὄξους⌋ καὶ περιθεὶς καλάμῳ ⌊ἐπότι-
ζεν⌋ᶠ αὐτόν. οἱ δὲ λοιποὶ εἶπαν· Ἄφες ἴδωμεν εἰ ἔρχεται Ἠλίας σώσων 49
αὐτόν.

Ὁ δὲ Ἰησοῦς πάλιν κράξας φωνῇ μεγάλῃ ἀφῆκεν τὸ πνεῦμα. καὶ 50 51
ἰδοὺ τὸ καταπέτασμα τοῦ ναοῦ ἐσχίσθη ἀπ᾽ ἄνωθεν ἕως κάτω εἰς δύο,
καὶ ἡ γῆ ἐσείσθη, καὶ αἱ πέτραι ἐσχίσθησαν, καὶ τὰ μνημεῖα ἀνεῴ- 52
χθησαν καὶ πολλὰ σώματα τῶν κεκοιμημένων ἁγίων ἠγέρθησαν· καὶ 53
ἐξελθόντες ἐκ τῶν μνημείων μετὰ τὴν ἔγερσιν αὐτοῦ εἰσῆλθον εἰς τὴν
ἁγίαν πόλιν καὶ ἐνεφανίσθησαν πολλοῖς. ὁ δὲ ἑκατόνταρχος καὶ οἱ 54
μετ᾽ αὐτοῦ τηροῦντες τὸν Ἰησοῦν ἰδόντες τὸν σεισμὸν καὶ τὰ γινόμενα
ἐφοβήθησαν σφόδρα, λέγοντες· Ἀληθῶς Θεοῦ υἱὸς ἦν οὗτος.

[a] Ps. 69. 21   [b] Ps. 22. 18   [c] Ps. 22. 7; 109. 25   [d] Ps. 22. 8
[e] Ps. 22. 1   [f] Ps. 69. 21

55 ❡ Ἦσαν δὲ ἐκεῖ γυναῖκες πολλαὶ ἀπὸ μακρόθεν θεωροῦσαι, αἵτινες
56 ἠκολούθησαν τῷ Ἰησοῦ ἀπὸ τῆς Γαλιλαίας διακονοῦσαι αὐτῷ· ἐν
αἷς ἦν Μαρία ἡ Μαγδαληνή, καὶ Μαρία ἡ τοῦ Ἰακώβου καὶ Ἰωσὴφ
μήτηρ, καὶ ἡ μήτηρ τῶν υἱῶν Ζεβεδαίου.
57 Ὀψίας δὲ γενομένης ἦλθεν ἄνθρωπος πλούσιος ἀπὸ Ἀριμαθαίας,
58 τοὔνομα Ἰωσήφ, ὃς καὶ αὐτὸς ἐμαθητεύθη τῷ Ἰησοῦ· οὗτος προσελθὼν
τῷ Πιλάτῳ ᾐτήσατο τὸ σῶμα τοῦ Ἰησοῦ. τότε ὁ Πιλᾶτος ἐκέλευσεν
59 ἀποδοθῆναι. καὶ λαβὼν τὸ σῶμα ὁ Ἰωσὴφ ἐνετύλιξεν αὐτὸ ἐν σινδόνι
60 καθαρᾷ, καὶ ἔθηκεν αὐτὸ ἐν τῷ καινῷ αὐτοῦ μνημείῳ ὃ ἐλατόμησεν ἐν τῇ
πέτρᾳ, καὶ προσκυλίσας λίθον μέγαν τῇ θύρᾳ τοῦ μνημείου ἀπῆλθεν.
61 ἦν δὲ ἐκεῖ Μαριὰμ ἡ Μαγδαληνὴ καὶ ἡ ἄλλη Μαρία, καθήμεναι
ἀπέναντι τοῦ τάφου.
62 Τῇ δὲ ἐπαύριον, ἥτις ἐστὶν μετὰ τὴν παρασκευήν, συνήχθησαν οἱ
63 ἀρχιερεῖς καὶ οἱ Φαρισαῖοι πρὸς Πιλᾶτον λέγοντες· Κύριε, ἐμνήσθημεν
ὅτι ἐκεῖνος ὁ πλάνος εἶπεν ἔτι ζῶν· Μετὰ τρεῖς ἡμέρας ἐγείρομαι.
64 κέλευσον οὖν ἀσφαλισθῆναι τὸν τάφον ἕως τῆς τρίτης ἡμέρας, μήποτε
ἐλθόντες οἱ μαθηταὶ αὐτοῦ κλέψωσιν αὐτὸν καὶ εἴπωσιν τῷ λαῷ·
Ἠγέρθη ἀπὸ τῶν νεκρῶν· καὶ ἔσται ἡ ἐσχάτη πλάνη χείρων τῆς
65 πρώτης. ἔφη αὐτοῖς ὁ Πιλᾶτος· Ἔχετε κουστωδίαν· ὑπάγετε ἀσφαλίσα-
66 σθε ὡς οἴδατε. οἱ δὲ πορευθέντες ἠσφαλίσαντο τὸν τάφον σφραγί-
σαντες τὸν λίθον μετὰ τῆς κουστωδίας.

28 ❡ Ὀψὲ δὲ σαββάτων, τῇ ἐπιφωσκούσῃ εἰς μίαν σαββάτων, ἦλθεν
2 Μαριὰμ ἡ Μαγδαληνὴ καὶ ἡ ἄλλη Μαρία θεωρῆσαι τὸν τάφον. καὶ
ἰδοὺ σεισμὸς ἐγένετο μέγας· ἄγγελος γὰρ Κυρίου καταβὰς ἐξ οὐρανοῦ
3 καὶ προσελθὼν ἀπεκύλισεν τὸν λίθον καὶ ἐκάθητο ἐπάνω αὐτοῦ. ἦν δὲ
4 ἡ εἰδέα αὐτοῦ ὡς ἀστραπή, καὶ τὸ ἔνδυμα αὐτοῦ λευκὸν ὡς χιών. ἀπὸ
δὲ τοῦ φόβου αὐτοῦ ἐσείσθησαν οἱ τηροῦντες καὶ ἐγενήθησαν ὡς
νεκροί.
5 Ἀποκριθεὶς δὲ ὁ ἄγγελος εἶπεν ταῖς γυναιξίν· Μὴ φοβεῖσθε ὑμεῖς·
6 οἶδα γὰρ ὅτι Ἰησοῦν τὸν ἐσταυρωμένον ζητεῖτε· οὐκ ἔστιν ὧδε·
7 ἠγέρθη γὰρ καθὼς εἶπεν· δεῦτε ἴδετε τὸν τόπον ὅπου ἔκειτο. καὶ ταχὺ
πορευθεῖσαι εἴπατε τοῖς μαθηταῖς αὐτοῦ ὅτι Ἠγέρθη ἀπὸ τῶν νεκρῶν,
καὶ ἰδοὺ προάγει ὑμᾶς εἰς τὴν Γαλιλαίαν, ἐκεῖ αὐτὸν ὄψεσθε. ἰδοὺ
εἶπον ὑμῖν.
8 Καὶ ἀπελθοῦσαι ταχὺ ἀπὸ τοῦ μνημείου μετὰ φόβου καὶ χαρᾶς
9 μεγάλης ἔδραμον ἀπαγγεῖλαι τοῖς μαθηταῖς αὐτοῦ. καὶ ἰδοὺ Ἰησοῦς
ὑπήντησεν αὐταῖς λέγων· Χαίρετε. αἱ δὲ προσελθοῦσαι ἐκράτησαν
10 αὐτοῦ τοὺς πόδας καὶ προσεκύνησαν αὐτῷ. τότε λέγει αὐταῖς ὁ

Ἰησοῦς· Μὴ φοβεῖσθε· ὑπάγετε ἀπαγγείλατε τοῖς ἀδελφοῖς μου ἵνα ἀπέλθωσιν εἰς τὴν Γαλιλαίαν, κἀκεῖ με ὄψονται.

Πορευομένων δὲ αὐτῶν ἰδού τινες τῆς κουστωδίας ἐλθόντες εἰς τὴν 11 πόλιν ἀπήγγειλαν τοῖς ἀρχιερεῦσιν ἅπαντα τὰ γενόμενα. καὶ συν- 12 αχθέντες μετὰ τῶν πρεσβυτέρων συμβούλιόν τε λαβόντες ἀργύρια ἱκανὰ ἔδωκαν τοῖς στρατιώταις, λέγοντες· Εἴπατε ὅτι Οἱ μαθηταὶ αὐτοῦ 13 νυκτὸς ἐλθόντες ἔκλεψαν αὐτὸν ἡμῶν κοιμωμένων. καὶ ἐὰν ἀκουσθῇ 14 τοῦτο ἐπὶ τοῦ ἡγεμόνος, ἡμεῖς πείσομεν αὐτὸν καὶ ὑμᾶς ἀμερίμνους ποιήσομεν. οἱ δὲ λαβόντες τὰ ἀργύρια ἐποίησαν ὡς ἐδιδάχθησαν. καὶ 15 διεφημίσθη ὁ λόγος οὗτος παρὰ Ἰουδαίοις μέχρι τῆς σήμερον ἡμέρας.

Οἱ δὲ ἕνδεκα μαθηταὶ ἐπορεύθησαν εἰς τὴν Γαλιλαίαν, εἰς τὸ ὄρος οὗ 16 ἐτάξατο αὐτοῖς ὁ Ἰησοῦς, καὶ ἰδόντες αὐτὸν προσεκύνησαν, οἱ δὲ 17 ἐδίστασαν. καὶ προσελθὼν ὁ Ἰησοῦς ἐλάλησεν αὐτοῖς λέγων· Ἐδόθη 18 μοι πᾶσα ἐξουσία ἐν οὐρανῷ καὶ ἐπὶ γῆς. πορευθέντες οὖν μαθητεύσατε 19 πάντα τὰ ἔθνη, βαπτίζοντες αὐτοὺς εἰς τὸ ὄνομα τοῦ Πατρὸς καὶ τοῦ Υἱοῦ καὶ τοῦ Ἁγίου Πνεύματος, διδάσκοντες αὐτοὺς τηρεῖν πάντα ὅσα 20 ἐνετειλάμην ὑμῖν· καὶ ἰδοὺ ἐγὼ μεθ᾽ ὑμῶν εἰμι πάσας τὰς ἡμέρας ἕως τῆς συντελείας τοῦ αἰῶνος.

ΚΑΤΑ ΜΑΡΚΟΝ

1 ΑΡΧΗ ΤΟΥ ΕΥΑΓΓΕΛΙΟΥ Ἰησοῦ Χριστοῦ ᵃΥἱοῦ Θεοῦ.
2 Καθὼς γέγραπται ἐν τῷ Ἠσαΐᾳ τῷ προφήτῃ· ⌊Ἰδοὺ ἀπο-
στέλλω τὸν ἄγγελόν μου πρὸ προσώπου σου, ὃς κατασκευάσει
3 τὴν ὁδόν⌋ σου· ⌊φωνὴ βοῶντος ἐν τῇ ἐρήμῳ· Ἑτοιμάσατε τὴν ὁδὸν
4 Κυρίου, εὐθείας ποιεῖτε τὰς τρίβους⌋ᵇ αὐτοῦ. ἐγένετο Ἰωάννης ὁ βαπτί-
ζων ἐν τῇ ἐρήμῳ κηρύσσων βάπτισμα μετανοίας εἰς ἄφεσιν ἁμαρτιῶν·
5 καὶ ἐξεπορεύετο πρὸς αὐτὸν πᾶσα ἡ Ἰουδαία χώρα καὶ οἱ Ἱεροσολυ-
μῖται πάντες, καὶ ἐβαπτίζοντο ὑπ᾽ αὐτοῦ ἐν τῷ Ἰορδάνῃ ποταμῷ
ἐξομολογούμενοι τὰς ἁμαρτίας αὐτῶν.
6 Καὶ ἦν ὁ Ἰωάννης ἐνδεδυμένος τρίχας καμήλου καὶ ζώνην δερματίνην
7 περὶ τὴν ὀσφὺν αὐτοῦ, καὶ ἔσθων ἀκρίδας καὶ μέλι ἄγριον. καὶ ἐκήρυσ-
σεν λέγων· Ἔρχεται ὁ ἰσχυρότερός μου ὀπίσω μου, οὗ οὐκ εἰμὶ ἱκανὸς
8 λῦσαι τὸν ἱμάντα τῶν ὑποδημάτων αὐτοῦ. ἐγὼ ἐβάπτισα ὑμᾶς ὕδατι,
αὐτὸς δὲ βαπτίσει ὑμᾶς Πνεύματι Ἁγίῳ.
9 Καὶ ἐγένετο ἐν ἐκείναις ταῖς ἡμέραις ἦλθεν Ἰησοῦς ἀπὸ Ναζαρὲθ τῆς
10 Γαλιλαίας καὶ ἐβαπτίσθη εἰς τὸν Ἰορδάνην ὑπὸ Ἰωάννου. καὶ εὐθὺς
ἀναβαίνων ἐκ τοῦ ὕδατος εἶδεν σχιζομένους τοὺς οὐρανοὺς καὶ τὸ
11 Πνεῦμα ὡς περιστερὰν καταβαῖνον εἰς αὐτόν· καὶ φωνὴ ἐγένετο ἐκ τῶν
οὐρανῶν· Σὺ εἶ ⌊ᶜὁ Υἱός⌋ μου, ⌊ὁ Ἀγαπητός⌋, ἐν σοὶ ⌊εὐδόκησα⌋.ᵈ
12 13 Καὶ εὐθὺς τὸ Πνεῦμα αὐτὸν ἐκβάλλει εἰς τὴν ἔρημον, καὶ ἦν ἐκεῖ
τεσσεράκοντα ἡμέρας πειραζόμενος ὑπὸ τοῦ Σατανᾶ. καὶ ἦν μετὰ τῶν
θηρίων· καὶ οἱ ἄγγελοι διηκόνουν αὐτῷ.

14 Καὶ μετὰ τὸ παραδοθῆναι τὸν Ἰωάννην ἦλθεν ὁ Ἰησοῦς εἰς τὴν
15 Γαλιλαίαν κηρύσσων τὸ εὐαγγέλιον τοῦ Θεοῦ ὅτι Πεπλήρωται ὁ
καιρὸς καὶ ἤγγικεν ἡ βασιλεία τοῦ Θεοῦ· μετανοεῖτε καὶ πιστεύετε ἐν
τῷ εὐαγγελίῳ.
16 Καὶ παράγων παρὰ τὴν θάλασσαν τῆς Γαλιλαίας εἶδεν Σίμωνα καὶ
Ἀνδρέαν τὸν ἀδελφὸν Σίμωνος ἀμφιβάλλοντας ἐν τῇ θαλάσσῃ· ἦσαν γὰρ

[a] om. Υἱοῦ Θεοῦ   [b] Mal. 3. 1; Is. 40. 3   [c] ὁ Υἱός μου ὁ ἀγαπητός,
[d] Ps. 2. 7; Is. 42. 1

ἁλεεῖς. καὶ εἶπεν αὐτοῖς ὁ Ἰησοῦς· Δεῦτε ὀπίσω μου, καὶ ποιήσω ὑμᾶς γενέ- 17
σθαι ἁλεεῖς ἀνθρώπων. καὶ εὐθὺς ἀφέντες τὰ δίκτυα ἠκολούθησαν αὐτῷ. 18
Καὶ προβὰς ὀλίγον εἶδεν Ἰάκωβον τὸν τοῦ Ζεβεδαίου καὶ Ἰωάννην 19
τὸν ἀδελφὸν αὐτοῦ καὶ αὐτοὺς ἐν τῷ πλοίῳ καταρτίζοντας τὰ δίκτυα.
καὶ εὐθὺς ἐκάλεσεν αὐτούς· καὶ ἀφέντες τὸν πατέρα αὐτῶν Ζεβεδαῖον ἐν 20
τῷ πλοίῳ μετὰ τῶν μισθωτῶν ἀπῆλθον ὀπίσω αὐτοῦ.
Καὶ εἰσπορεύονται εἰς Καφαρναούμ· καὶ εὐθὺς τοῖς σάββασιν εἰσελθὼν 21
εἰς τὴν συναγωγὴν ἐδίδασκεν. καὶ ἐξεπλήσσοντο ἐπὶ τῇ διδαχῇ αὐτοῦ· 22
ἦν γὰρ διδάσκων αὐτοὺς ὡς ἐξουσίαν ἔχων, καὶ οὐχ ὡς οἱ γραμματεῖς.
καὶ εὐθὺς ἦν ἐν τῇ συναγωγῇ αὐτῶν ἄνθρωπος ἐν πνεύματι ἀκαθάρτῳ, 23
καὶ ἀνέκραξεν λέγων· ⌊Τί ἡμῖν καὶ σοί⌋,ᵃ Ἰησοῦ Ναζαρηνέ; ᵇ ἦλθες 24
ἀπολέσαι ἡμᾶς; οἶδά σε τίς εἶ—ὁ Ἅγιος τοῦ Θεοῦ. καὶ ἐπετίμησεν αὐτῷ 25
ὁ Ἰησοῦς λέγων· Φιμώθητι καὶ ἔξελθε ἐξ αὐτοῦ. καὶ σπαράξαν αὐτὸν 26
τὸ πνεῦμα τὸ ἀκάθαρτον καὶ φωνῆσαν φωνῇ μεγάλῃ ἐξῆλθεν ἐξ αὐτοῦ.
καὶ ἐθαμβήθησαν ἅπαντες, ὥστε συζητεῖν αὐτοὺς λέγοντας· Τί ἐστιν 27
τοῦτο; διδαχὴ καινὴ κατ᾽ ἐξουσίαν· καὶ τοῖς πνεύμασι τοῖς ἀκαθάρτοις
ἐπιτάσσει, καὶ ὑπακούουσιν αὐτῷ. καὶ ἐξῆλθεν ἡ ἀκοὴ αὐτοῦ εὐθὺς 28
πανταχοῦ εἰς ὅλην τὴν περίχωρον τῆς Γαλιλαίας.
Καὶ εὐθὺς ἐκ τῆς συναγωγῆς ἐξελθόντες ἦλθον εἰς τὴν οἰκίαν Σίμωνος 29
καὶ Ἀνδρέου μετὰ Ἰακώβου καὶ Ἰωάννου. ἡ δὲ πενθερὰ Σίμωνος 30
κατέκειτο πυρέσσουσα, καὶ εὐθὺς λέγουσιν αὐτῷ περὶ αὐτῆς. καὶ 31
προσελθὼν ἤγειρεν αὐτὴν κρατήσας τῆς χειρός· καὶ ἀφῆκεν αὐτὴν ὁ
πυρετός, καὶ διηκόνει αὐτοῖς.
Ὀψίας δὲ γενομένης, ὅτε ἔδυσεν ὁ ἥλιος, ἔφερον πρὸς αὐτὸν πάντας 32
τοὺς κακῶς ἔχοντας καὶ τοὺς δαιμονιζομένους· καὶ ἦν ὅλη ἡ πόλις 33
ἐπισυνηγμένη πρὸς τὴν θύραν. καὶ ἐθεράπευσεν πολλοὺς κακῶς ἔχοντας 34
ποικίλαις νόσοις, καὶ δαιμόνια πολλὰ ἐξέβαλεν, καὶ οὐκ ἤφιεν λαλεῖν τὰ
δαιμόνια, ὅτι ᾔδεισαν αὐτόν.
Καὶ πρωῒ ἔννυχα λίαν ἀναστὰς ἐξῆλθεν· καὶ ἀπῆλθεν εἰς ἔρημον 35
τόπον, κἀκεῖ προσηύχετο. καὶ κατεδίωξεν αὐτὸν Σίμων καὶ οἱ μετ᾽ 36
αὐτοῦ, καὶ εὗρον αὐτὸν καὶ λέγουσιν αὐτῷ ὅτι Πάντες ζητοῦσίν σε. 37
καὶ λέγει αὐτοῖς· Ἄγωμεν εἰς τὰς ἐχομένας κωμοπόλεις, ἵνα καὶ ἐκεῖ 38
κηρύξω· εἰς τοῦτο γὰρ ἐξῆλθον. καὶ ἦλθεν κηρύσσων εἰς τὰς συναγωγὰς 39
αὐτῶν εἰς ὅλην τὴν Γαλιλαίαν καὶ τὰ δαιμόνια ἐκβάλλων.
Καὶ ἔρχεται πρὸς αὐτὸν λεπρὸς παρακαλῶν αὐτὸν καὶ γονυπετῶν 40
καὶ λέγων αὐτῷ ὅτι Ἐὰν θέλῃς δύνασαί με καθαρίσαι. καὶ ᶜ ὀργισθεὶς 41
ἐκτείνας τὴν χεῖρα αὐτοῦ ἥψατο καὶ λέγει αὐτῷ· Θέλω, καθαρίσθητι.
καὶ εὐθὺς ἀπῆλθεν ἀπ᾽ αὐτοῦ ἡ λέπρα, καὶ ἐκαθαρίσθη. καὶ ἐμβριμησά- 42 43

[a] Jdg. 11. 12 [b] ἦλθες ἀπολέσαι ἡμᾶς. [c] σπλαγχνισθεὶς ἐκτείνας or ἐκτείνας

44 μενος αὐτῷ εὐθὺς ἐξέβαλεν αὐτόν, καὶ λέγει αὐτῷ· Ὅρα μηδενὶ μηδὲν
εἴπῃς, ἀλλὰ ὕπαγε σεαυτὸν ⌊δεῖξον τῷ ἱερεῖ⌋ᵃ καὶ προσένεγκε περὶ τοῦ
45 καθαρισμοῦ σου ἃ προσέταξεν Μωϋσῆς, εἰς μαρτύριον αὐτοῖς. ὁ δὲ
ἐξελθὼν ἤρξατο κηρύσσειν πολλὰ καὶ διαφημίζειν τὸν λόγον, ὥστε
μηκέτι αὐτὸν δύνασθαι φανερῶς εἰς πόλιν εἰσελθεῖν, ἀλλ᾽ ἔξω ἐπ᾽
ἐρήμοις τόποις ἦν· καὶ ἤρχοντο πρὸς αὐτὸν πάντοθεν.

2 Καὶ εἰσελθὼν πάλιν εἰς Καφαρναοὺμ δι᾽ ἡμερῶν ἠκούσθη ὅτι ἐν οἴκῳ
2 ἐστίν. καὶ συνήχθησαν πολλοί, ὥστε μηκέτι χωρεῖν μηδὲ τὰ πρὸς τὴν
3 θύραν, καὶ ἐλάλει αὐτοῖς τὸν λόγον. καὶ ἔρχονται φέροντες πρὸς αὐτὸν
4 παραλυτικὸν αἰρόμενον ὑπὸ τεσσάρων. καὶ μὴ δυνάμενοι προσενέγκαι
αὐτῷ διὰ τὸν ὄχλον ἀπεστέγασαν τὴν στέγην ὅπου ἦν, καὶ ἐξορύ-
5 ξαντες χαλῶσι τὸν κράβατον ὅπου ὁ παραλυτικὸς κατέκειτο. καὶ
ἰδὼν ὁ Ἰησοῦς τὴν πίστιν αὐτῶν λέγει τῷ παραλυτικῷ· Τέκνον,
ἀφίενταί σου αἱ ἁμαρτίαι.

6 Ἦσαν δέ τινες τῶν γραμματέων ἐκεῖ καθήμενοι καὶ διαλογιζόμενοι ἐν
7 ταῖς καρδίαις αὐτῶν· Τί οὗτος οὕτως λαλεῖ; βλασφημεῖ· τίς δύναται
8 ἀφιέναι ἁμαρτίας εἰ μὴ εἷς ὁ Θεός; καὶ εὐθὺς ἐπιγνοὺς ὁ Ἰησοῦς τῷ
πνεύματι αὐτοῦ ὅτι οὕτως διαλογίζονται ἐν ἑαυτοῖς, λέγει αὐτοῖς· Τί
9 ταῦτα διαλογίζεσθε ἐν ταῖς καρδίαις ὑμῶν; τί ἐστιν εὐκοπώτερον,
εἰπεῖν τῷ παραλυτικῷ· Ἀφίενταί σου αἱ ἁμαρτίαι, ἢ εἰπεῖν· Ἔγειρε καὶ
10 ἆρον τὸν κράβατόν σου καὶ περιπάτει; ἵνα δὲ εἰδῆτε ὅτι ἐξουσίαν ἔχει
ὁ Υἱὸς τοῦ ἀνθρώπου ἀφιέναι ἁμαρτίας ἐπὶ τῆς γῆς—λέγει τῷ παρα-
11 λυτικῷ—σοὶ λέγω, ἔγειρε ἆρον τὸν κράβατόν σου καὶ ὕπαγε εἰς τὸν
12 οἶκόν σου. καὶ ἠγέρθη καὶ εὐθὺς ἄρας τὸν κράβατον ἐξῆλθεν ἔμπροσθεν
πάντων, ὥστε ἐξίστασθαι πάντας καὶ δοξάζειν τὸν Θεὸν λέγοντας ὅτι
Οὕτως οὐδέποτε εἴδαμεν.

13 Καὶ ἐξῆλθεν πάλιν παρὰ τὴν θάλασσαν· καὶ πᾶς ὁ ὄχλος ἤρχετο πρὸς
14 αὐτόν, καὶ ἐδίδασκεν αὐτούς. καὶ παράγων εἶδεν Λευὶν τὸν τοῦ
Ἀλφαίου καθήμενον ἐπὶ τὸ τελώνιον, καὶ λέγει αὐτῷ· Ἀκολούθει μοι.
καὶ ἀναστὰς ἠκολούθησεν αὐτῷ.

15 Καὶ γίνεται κατακεῖσθαι αὐτὸν ἐν τῇ οἰκίᾳ αὐτοῦ, καὶ πολλοὶ
τελῶναι καὶ ἁμαρτωλοὶ συνανέκειντο τῷ Ἰησοῦ καὶ τοῖς μαθηταῖς
16 αὐτοῦ· ἦσαν γὰρ πολλοὶ οἳ ἠκολούθουν αὐτῷ. καὶ οἱ γραμματεῖς
τῶν Φαρισαίων ἰδόντες ὅτι ἐσθίει μετὰ τῶν ἁμαρτωλῶν καὶ τελωνῶν
ἔλεγον τοῖς μαθηταῖς αὐτοῦ ὅτι Μετὰ τῶν τελωνῶν καὶ ἁμαρτωλῶν
17 ἐσθίει. καὶ ἀκούσας ὁ Ἰησοῦς λέγει αὐτοῖς ὅτι Οὐ χρείαν ἔχουσιν οἱ
ἰσχύοντες ἰατροῦ ἀλλ᾽ οἱ κακῶς ἔχοντες· οὐκ ἦλθον καλέσαι δικαίους
ἀλλὰ ἁμαρτωλούς.

[a] Lv. 13. 49

Καὶ ἦσαν οἱ μαθηταὶ Ἰωάννου καὶ οἱ Φαρισαῖοι νηστεύοντες. καὶ 18
ἔρχονται καὶ λέγουσιν αὐτῷ· Διὰ τί οἱ μαθηταὶ Ἰωάννου καὶ οἱ μαθηταὶ
τῶν Φαρισαίων νηστεύουσιν, οἱ δὲ σοὶ μαθηταὶ οὐ νηστεύουσιν; καὶ 19
εἶπεν αὐτοῖς ὁ Ἰησοῦς· Μὴ δύνανται οἱ υἱοὶ τοῦ νυμφῶνος, ἐν ᾧ ὁ
νυμφίος μετ᾽ αὐτῶν ἐστιν, νηστεύειν; ὅσον χρόνον ἔχουσιν τὸν νυμ-
φίον μετ᾽ αὐτῶν, οὐ δύνανται νηστεύειν. ἐλεύσονται δὲ ἡμέραι ὅταν 20
ἀπαρθῇ ἀπ᾽ αὐτῶν ὁ νυμφίος, καὶ τότε νηστεύσουσιν ἐν ἐκείνῃ τῇ
ἡμέρᾳ.

Οὐδεὶς ἐπίβλημα ῥάκους ἀγνάφου ἐπιράπτει ἐπὶ ἱμάτιον παλαιόν· εἰ 21
δὲ μή, αἴρει τὸ πλήρωμα ἀπ᾽ αὐτοῦ τὸ καινὸν τοῦ παλαιοῦ καὶ χεῖρον
σχίσμα γίνεται. καὶ οὐδεὶς βάλλει οἶνον νέον εἰς ἀσκοὺς παλαιούς· εἰ δὲ 22
μή, ῥήξει ὁ οἶνος τοὺς ἀσκούς, καὶ ὁ οἶνος ἀπόλλυται καὶ οἱ ἀσκοί.
ἀλλὰ οἶνον νέον εἰς ἀσκοὺς καινούς.

Καὶ ἐγένετο αὐτὸν ἐν τοῖς σάββασιν παραπορεύεσθαι διὰ τῶν σπορί- 23
μων, καὶ οἱ μαθηταὶ αὐτοῦ ἤρξαντο ὁδὸν ποιεῖν τίλλοντες τοὺς στάχυας.
καὶ οἱ Φαρισαῖοι ἔλεγον αὐτῷ· Ἴδε, τί ποιοῦσιν τοῖς σάββασιν ὃ οὐκ 24
ἔξεστιν; καὶ λέγει αὐτοῖς· Οὐδέποτε ἀνέγνωτε τί ἐποίησεν Δαυίδ, ὅτε 25
χρείαν ἔσχεν καὶ ἐπείνασεν αὐτὸς καὶ οἱ μετ᾽ αὐτοῦ; εἰσῆλθεν εἰς τὸν 26
οἶκον τοῦ Θεοῦ ἐπὶ Ἀβιαθὰρ ἀρχιερέως καὶ ⌊τοὺς ἄρτους τῆς προθέσεως⌋ᵃ
ἔφαγεν, οὓς οὐκ ἔξεστιν φαγεῖν εἰ μὴ τοὺς ἱερεῖς, καὶ ἔδωκεν καὶ τοῖς σὺν
αὐτῷ οὖσιν.

Καὶ ἔλεγεν αὐτοῖς· Τὸ σάββατον διὰ τὸν ἄνθρωπον ἐγένετο, καὶ οὐχ 27
ὁ ἄνθρωπος διὰ τὸ σάββατον· ὥστε κύριός ἐστιν ὁ Υἱὸς τοῦ ἀνθρώπου
καὶ τοῦ σαββάτου.

Καὶ εἰσῆλθεν πάλιν εἰς συναγωγήν. καὶ ἦν ἐκεῖ ἄνθρωπος ἐξηραμ- 3
μένην ἔχων τὴν χεῖρα· καὶ παρετήρουν αὐτὸν εἰ τοῖς σάββασιν θερα- 2
πεύσει αὐτόν, ἵνα κατηγορήσωσιν αὐτοῦ. καὶ λέγει τῷ ἀνθρώπῳ τῷ 3
τὴν χεῖρα ἔχοντι ξηράν· Ἔγειρε εἰς τὸ μέσον. καὶ λέγει αὐτοῖς· Ἔξεστιν 4
τοῖς σάββασιν ἀγαθὸν ποιῆσαι ἢ κακοποιῆσαι, ψυχὴν σῶσαι ἢ ἀπο-
κτεῖναι; οἱ δὲ ἐσιώπων. καὶ περιβλεψάμενος αὐτοὺς μετ᾽ ὀργῆς, συλ- 5
λυπούμενος ἐπὶ τῇ πωρώσει τῆς καρδίας αὐτῶν, λέγει τῷ ἀνθρώπῳ·
Ἔκτεινον τὴν χεῖρα. καὶ ἐξέτεινεν, καὶ ἀπεκατεστάθη ἡ χεὶρ αὐτοῦ. καὶ 6
ἐξελθόντες οἱ Φαρισαῖοι εὐθὺς μετὰ τῶν Ἡρῳδιανῶν συμβούλιον ἐδί-
δουν κατ᾽ αὐτοῦ, ὅπως αὐτὸν ἀπολέσωσιν.

❰ Καὶ ὁ Ἰησοῦς μετὰ τῶν μαθητῶν αὐτοῦ ἀνεχώρησεν πρὸς τὴν 7
θάλασσαν· καὶ πολὺ πλῆθος ἀπὸ τῆς Γαλιλαίας ἠκολούθησεν, καὶ
ἀπὸ τῆς Ἰουδαίας καὶ ἀπὸ Ἱεροσολύμων καὶ ἀπὸ τῆς Ἰδουμαίας καὶ 8

[a] 1 Sam. 21. 6; Lv. 24. 9

57

πέραν τοῦ Ἰορδάνου καὶ περὶ Τύρον καὶ Σιδῶνα, πλῆθος πολύ,
9 ἀκούοντες ὅσα ποιεῖ, ἦλθον πρὸς αὐτόν. καὶ εἶπεν τοῖς μαθηταῖς αὐτοῦ
ἵνα πλοιάριον προσκαρτερῇ αὐτῷ διὰ τὸν ὄχλον, ἵνα μὴ θλίβωσιν
10 αὐτόν· πολλοὺς γὰρ ἐθεράπευσεν, ὥστε ἐπιπίπτειν αὐτῷ ἵνα αὐτοῦ
11 ἅψωνται ὅσοι εἶχον μάστιγας. καὶ τὰ πνεύματα τὰ ἀκάθαρτα, ὅταν
αὐτὸν ἐθεώρουν, προσέπιπτον αὐτῷ καὶ ἔκραζον λέγοντα ὅτι Σὺ εἶ ὁ
12 Υἱὸς τοῦ Θεοῦ. καὶ πολλὰ ἐπετίμα αὐτοῖς ἵνα μὴ αὐτὸν φανερὸν
ποιήσωσιν.
13 Καὶ ἀναβαίνει εἰς τὸ ὄρος, καὶ προσκαλεῖται οὓς ἤθελεν αὐτός, καὶ
14 ἀπῆλθον πρὸς αὐτόν. καὶ ἐποίησεν δώδεκα ἵνα ὦσιν μετ᾽ αὐτοῦ, καὶ
15 ἵνα ἀποστέλλῃ αὐτοὺς κηρύσσειν καὶ ἔχειν ἐξουσίαν ἐκβάλλειν τὰ
16 δαιμόνια· καὶ ἐποίησεν τοὺς δώδεκα· καὶ ἐπέθηκεν ὄνομα τῷ Σίμωνι
17 Πέτρον· καὶ Ἰάκωβον τὸν τοῦ Ζεβεδαίου καὶ Ἰωάννην τὸν ἀδελφὸν τοῦ
Ἰακώβου, καὶ ἐπέθηκεν αὐτοῖς ὄνομα Βοανηργές, ὅ ἐστιν Υἱοὶ βροντῆς·
18 καὶ Ἀνδρέαν καὶ Φίλιππον καὶ Βαρθολομαῖον καὶ Μαθθαῖον καὶ Θωμᾶν
καὶ Ἰάκωβον τὸν τοῦ Ἁλφαίου καὶ Θαδδαῖον καὶ Σίμωνα, τὸν Κανα-
19 ναῖον, καὶ Ἰούδαν Ἰσκαριώθ, ὃς καὶ παρέδωκεν αὐτόν.
20 Καὶ ἔρχεται εἰς οἶκον· καὶ συνέρχεται πάλιν ὁ ὄχλος, ὥστε μὴ δύνα-
21 σθαι αὐτοὺς μηδὲ ἄρτον φαγεῖν. καὶ ἀκούσαντες οἱ παρ᾽ αὐτοῦ ἐξῆλθον
κρατῆσαι ᵃ αὐτόν· ἔλεγον γὰρ ὅτι ἐξέστη.
22 Καὶ οἱ γραμματεῖς οἱ ἀπὸ Ἱεροσολύμων καταβάντες ἔλεγον ὅτι
Βεελζέβουβ ἔχει, καὶ ὅτι Ἐν τῷ ἄρχοντι τῶν δαιμονίων ἐκβάλλει τὰ
23 δαιμόνια. καὶ προσκαλεσάμενος αὐτοὺς ἐν παραβολαῖς ἔλεγεν αὐτοῖς·
24 Πῶς δύναται Σατανᾶς Σατανᾶν ἐκβάλλειν; καὶ ἐὰν βασιλεία ἐφ᾽ ἑαυτὴν
25 μερισθῇ, οὐ δύναται σταθῆναι ἡ βασιλεία ἐκείνη· καὶ ἐὰν οἰκία ἐφ᾽
26 ἑαυτὴν μερισθῇ, οὐ δυνήσεται ἡ οἰκία ἐκείνη στῆναι. καὶ εἰ ὁ Σατανᾶς
ἀνέστη ἐφ᾽ ἑαυτόν, ἐμερίσθη καὶ οὐ δύναται στῆναι ἀλλὰ τέλος ἔχει.
27 Ἀλλ᾽ οὐ δύναται οὐδεὶς εἰς τὴν οἰκίαν τοῦ ἰσχυροῦ εἰσελθὼν τὰ σκεύη
αὐτοῦ διαρπάσαι, ἐὰν μὴ πρῶτον τὸν ἰσχυρὸν δήσῃ, καὶ τότε τὴν
οἰκίαν αὐτοῦ διαρπάσει.
28 Ἀμὴν λέγω ὑμῖν ὅτι πάντα ἀφεθήσεται τοῖς υἱοῖς τῶν ἀνθρώπων τὰ
29 ἁμαρτήματα καὶ αἱ βλασφημίαι ὅσα ἐὰν βλασφημήσωσιν· ὃς δ᾽ ἂν
βλασφημήσῃ εἰς τὸ Πνεῦμα τὸ Ἅγιον, οὐκ ἔχει ἄφεσιν εἰς τὸν αἰῶνα,
30 ἀλλὰ ἔνοχός ἐστιν αἰωνίου ἁμαρτήματος. ὅτι ἔλεγον, Πνεῦμα ἀκάθαρ-
τον ἔχει.
31 Καὶ ἔρχονται ἡ μήτηρ αὐτοῦ καὶ οἱ ἀδελφοὶ αὐτοῦ, καὶ ἔξω στήκοντες
32 ἀπέστειλαν πρὸς αὐτὸν καλοῦντες αὐτόν. καὶ ἐκάθητο περὶ αὐτὸν
ὄχλος, καὶ λέγουσιν αὐτῷ· Ἰδοὺ ἡ μήτηρ σου καὶ οἱ ἀδελφοί σου ἔξω

[a] αὐτόν, ἔλεγον γὰρ ὅτι Ἐξέστη.

ζητοῦσίν σε. καὶ ἀποκριθεὶς αὐτοῖς λέγει· Τίς ἐστιν ἡ μήτηρ μου καὶ οἱ 33
ἀδελφοί μου; καὶ περιβλεψάμενος τοὺς περὶ αὐτὸν κύκλῳ καθημένους 34
λέγει· Ἴδε ἡ μήτηρ μου καὶ οἱ ἀδελφοί μου. ὃς ἂν ποιήσῃ τὸ θέλημα τοῦ 35
Θεοῦ, οὗτος ἀδελφός μου καὶ ἀδελφὴ καὶ μήτηρ ἐστίν.

₵ Καὶ πάλιν ἤρξατο διδάσκειν παρὰ τὴν θάλασσαν· καὶ συνάγεται 4
πρὸς αὐτὸν ὄχλος πλεῖστος, ὥστε αὐτὸν εἰς πλοῖον ἐμβάντα καθῆσθαι
ἐν τῇ θαλάσσῃ, καὶ πᾶς ὁ ὄχλος πρὸς τὴν θάλασσαν ἐπὶ τῆς γῆς ἦσαν.
καὶ ἐδίδασκεν αὐτοὺς ἐν παραβολαῖς πολλά. 2
Καὶ ἔλεγεν αὐτοῖς ἐν τῇ διδαχῇ αὐτοῦ·
Ἀκούετε. ἰδοὺ ἐξῆλθεν ὁ σπείρων σπεῖραι. καὶ ἐγένετο ἐν τῷ 3 4
σπείρειν ὃ μὲν ἔπεσεν παρὰ τὴν ὁδόν, καὶ ἦλθεν τὰ πετεινὰ καὶ κατέ-
φαγεν αὐτό. καὶ ἄλλο ἔπεσεν ἐπὶ τὸ πετρῶδες ὅπου οὐκ εἶχεν γῆν 5
πολλήν, καὶ εὐθὺς ἐξανέτειλεν διὰ τὸ μὴ ἔχειν βάθος γῆς· καὶ ὅτε 6
ἀνέτειλεν ὁ ἥλιος ἐκαυματίσθη, καὶ διὰ τὸ μὴ ἔχειν ῥίζαν ἐξηράνθη. καὶ 7
ἄλλο ἔπεσεν εἰς τὰς ἀκάνθας, καὶ ἀνέβησαν αἱ ἄκανθαι καὶ συνέπνιξαν
αὐτό, καὶ καρπὸν οὐκ ἔδωκεν. καὶ ἄλλα ἔπεσεν εἰς τὴν γῆν τὴν καλὴν 8
καὶ ἐδίδου καρπὸν ἀναβαίνοντα καὶ αὐξανόμενα καὶ ἔφερεν εἰς τριάκοντα
καὶ ἐν ἑξήκοντα καὶ ἐν ἑκατόν. καὶ ἔλεγεν· Ὃς ἔχει ὦτα ἀκούειν ἀκουέτω. 9
Καὶ ὅτε ἐγένετο κατὰ μόνας, ἠρώτων αὐτὸν οἱ περὶ αὐτὸν σὺν τοῖς 10
δώδεκα τὰς παραβολάς. καὶ ἔλεγεν αὐτοῖς· Ὑμῖν τὸ μυστήριον δέδοται 11
τῆς βασιλείας τοῦ Θεοῦ· ἐκείνοις δὲ τοῖς ἔξω ἐν παραβολαῖς τὰ πάντα
γίνεται ἵνα ⌊βλέποντες βλέπωσιν καὶ μὴ ἴδωσιν, καὶ ἀκούοντες ἀκούωσιν 12
καὶ μὴ συνιῶσιν, μήποτε ἐπιστρέψωσιν καὶ ἀφεθῇ αὐτοῖς⌋.[a]
Καὶ λέγει αὐτοῖς· Οὐκ οἴδατε τὴν παραβολὴν ταύτην, καὶ πῶς 13
πάσας τὰς παραβολὰς γνώσεσθε; ὁ σπείρων τὸν λόγον σπείρει. οὗτοι 14 15
δέ εἰσιν οἱ παρὰ τὴν ὁδόν, ὅπου σπείρεται ὁ λόγος, καὶ ὅταν ἀκούσωσιν,
εὐθὺς ἔρχεται ὁ Σατανᾶς καὶ αἴρει τὸν λόγον τὸν ἐσπαρμένον εἰς
αὐτούς. καὶ οὗτοί εἰσιν ὁμοίως οἱ ἐπὶ τὰ πετρώδη σπειρόμενοι, οἳ 16
ὅταν ἀκούσωσιν τὸν λόγον εὐθὺς μετὰ χαρᾶς λαμβάνουσιν αὐτόν, καὶ 17
οὐκ ἔχουσιν ῥίζαν ἐν ἑαυτοῖς ἀλλὰ πρόσκαιροί εἰσιν, εἶτα γενομένης
θλίψεως ἢ διωγμοῦ διὰ τὸν λόγον εὐθὺς σκανδαλίζονται. καὶ ἄλλοι 18
εἰσὶν οἱ εἰς τὰς ἀκάνθας σπειρόμενοι· οὗτοί εἰσιν οἱ τὸν λόγον ἀκούσαντες,
καὶ αἱ μέριμναι τοῦ αἰῶνος καὶ ἡ ἀπάτη τοῦ πλούτου καὶ αἱ περὶ τὰ 19
λοιπὰ ἐπιθυμίαι εἰσπορευόμεναι συμπνίγουσιν τὸν λόγον, καὶ ἄκαρπος
γίνεται. καὶ ἐκεῖνοί εἰσιν οἱ ἐπὶ τὴν γῆν τὴν καλὴν σπαρέντες, οἵτινες 20
ἀκούουσιν τὸν λόγον καὶ παραδέχονται καὶ καρποφοροῦσιν ἐν τριά-
κοντα καὶ ἐν ἑξήκοντα καὶ ἐν ἑκατόν.

[a] Is. 6. 9, 10

21 Καὶ ἔλεγεν αὐτοῖς ὅτι Μήτι ἔρχεται ὁ λύχνος ἵνα ὑπὸ τὸν μόδιον
22 τεθῇ ἢ ὑπὸ τὴν κλίνην; οὐχ ἵνα ἐπὶ τὴν λυχνίαν τεθῇ; οὐ γάρ ἐστίν τι
κρυπτόν, ἐὰν μὴ ἵνα φανερωθῇ· οὐδὲ ἐγένετο ἀπόκρυφον, ἀλλ' ἵνα
23 ἔλθῃ εἰς φανερόν. εἴ τις ἔχει ὦτα ἀκούειν ἀκουέτω.
24 Καὶ ἔλεγεν αὐτοῖς· Βλέπετε τί ἀκούετε. ἐν ᾧ μέτρῳ μετρεῖτε μετρηθή-
25 σεται ὑμῖν, καὶ προστεθήσεται ὑμῖν. ὃς γὰρ ἔχει δοθήσεται αὐτῷ· καὶ
ὃς οὐκ ἔχει, καὶ ὃ ἔχει ἀρθήσεται ἀπ' αὐτοῦ.
26 Καὶ ἔλεγεν· Οὕτως ἐστὶν ἡ βασιλεία τοῦ Θεοῦ, ὡς ἄνθρωπος βάλῃ τὸν
27 σπόρον ἐπὶ τῆς γῆς, καὶ καθεύδῃ καὶ ἐγείρηται νύκτα καὶ ἡμέραν, καὶ ὁ
28 σπόρος βλαστᾷ καὶ μηκύνηται ὡς οὐκ οἶδεν αὐτός. αὐτομάτη ἡ γῆ
καρποφορεῖ, πρῶτον χόρτον, εἶτεν στάχυν, εἶτεν πλήρης σῖτος ἐν τῷ
29 στάχυϊ. ὅταν δὲ παραδοῖ ὁ καρπός, εὐθὺς ⌊ἀποστέλλει τὸ δρέπανον,
ὅτι παρέστηκεν ὁ θερισμός.⌋ᵃ
30 Καὶ ἔλεγεν· Πῶς ὁμοιώσωμεν τὴν βασιλείαν τοῦ Θεοῦ, ἢ ἐν τίνι
31 αὐτὴν παραβολῇ θῶμεν; ὡς κόκκῳ σινάπεως, ὃς ὅταν σπαρῇ ἐπὶ τῆς
32 γῆς, μικρότερον ὂν πάντων τῶν σπερμάτων τῶν ἐπὶ τῆς γῆς, καὶ ὅταν
σπαρῇ, ἀναβαίνει καὶ γίνεται μεῖζον πάντων τῶν λαχάνων, καὶ ποιεῖ
κλάδους μεγάλους, ὥστε δύνασθαι ⌊ὑπὸ τὴν σκιὰν αὐτοῦ τὰ πετεινὰ
τοῦ οὐρανοῦ κατασκηνοῦν⌋.ᵇ
33 Καὶ τοιαύταις παραβολαῖς πολλαῖς ἐλάλει αὐτοῖς τὸν λόγον, καθὼς
34 ἠδύναντο ἀκούειν· χωρὶς δὲ παραβολῆς οὐκ ἐλάλει αὐτοῖς, κατ' ἰδίαν
δὲ τοῖς ἰδίοις μαθηταῖς ἐπέλυεν πάντα.

35 Καὶ λέγει αὐτοῖς ἐν ἐκείνῃ τῇ ἡμέρᾳ ὀψίας γενομένης· Διέλθωμεν
36 εἰς τὸ πέραν. καὶ ἀφέντες τὸν ὄχλον παραλαμβάνουσιν αὐτὸν ὡς
37 ἦν ἐν τῷ πλοίῳ, καὶ ἄλλα πλοῖα ἦν μετ' αὐτοῦ. καὶ γίνεται λαῖλαψ
μεγάλη ἀνέμου, καὶ τὰ κύματα ἐπέβαλλεν εἰς τὸ πλοῖον, ὥστε ἤδη
38 γεμίζεσθαι τὸ πλοῖον. καὶ αὐτὸς ἦν ἐν τῇ πρύμνῃ ἐπὶ τὸ προσκεφάλαιον
καθεύδων. καὶ ἐγείρουσιν αὐτὸν καὶ λέγουσιν αὐτῷ· Διδάσκαλε, οὐ
39 μέλει σοι ὅτι ἀπολλύμεθα; καὶ διεγερθεὶς ἐπετίμησεν τῷ ἀνέμῳ καὶ εἶπεν
τῇ θαλάσσῃ· Σιώπα, πεφίμωσο. καὶ ἐκόπασεν ὁ ἄνεμος, καὶ ἐγένετο
40 γαλήνη μεγάλη. καὶ εἶπεν αὐτοῖς· Τί δειλοί ἐστε οὕτως; οὔπω ἔχετε
41 πίστιν; καὶ ἐφοβήθησαν φόβον μέγαν, καὶ ἔλεγον πρὸς ἀλλήλους· Τίς
ἄρα οὗτός ἐστιν, ὅτι καὶ ὁ ἄνεμος καὶ ἡ θάλασσα ὑπακούει αὐτῷ;
5 Καὶ ἦλθον εἰς τὸ πέραν τῆς θαλάσσης εἰς τὴν χώραν τῶν Γερασηνῶν.
2 καὶ ἐξελθόντος αὐτοῦ ἐκ τοῦ πλοίου, ὑπήντησεν αὐτῷ ἐκ τῶν μνημείων
3 ἄνθρωπος ἐν πνεύματι ἀκαθάρτῳ, ὃς τὴν κατοίκησιν εἶχεν ἐν τοῖς

[a] Joel 3. 13   [b] Dn. 4. 12, 21; Ezk. 17. 23; 31. 6

μνήμασιν, καὶ οὐδὲ ἁλύσει οὐκέτι οὐδεὶς ἐδύνατο αὐτὸν δῆσαι, διὰ τὸ 4
αὐτὸν πολλάκις πέδαις καὶ ἁλύσεσιν δεδέσθαι, καὶ διεσπάσθαι ὑπ'
αὐτοῦ τὰς ἁλύσεις καὶ τὰς πέδας συντετρῖφθαι, καὶ οὐδεὶς ἴσχυεν αὐτὸν
δαμάσαι· καὶ διὰ παντὸς νυκτὸς καὶ ἡμέρας ἐν τοῖς μνήμασιν καὶ ἐν τοῖς 5
ὄρεσιν ἦν κράζων καὶ κατακόπτων ἑαυτὸν λίθοις. καὶ ἰδὼν τὸν Ἰησοῦν 6
ἀπὸ μακρόθεν ἔδραμεν καὶ προσεκύνησεν αὐτῷ, καὶ κράξας φωνῇ
μεγάλῃ λέγει· Τί ἐμοὶ καὶ σοί, Ἰησοῦ υἱὲ τοῦ Θεοῦ τοῦ ὑψίστου; 7
ὁρκίζω σε τὸν Θεόν, μή με βασανίσῃς. (ἔλεγεν γὰρ αὐτῷ· Ἔξελθε, τὸ 8
πνεῦμα τὸ ἀκάθαρτον, ἐκ τοῦ ἀνθρώπου.) καὶ ἐπηρώτα αὐτόν· Τί 9
ὄνομά σοι; καὶ λέγει αὐτῷ· Λεγιὼν ὄνομά μοι, ὅτι πολλοί ἐσμεν. καὶ 10
παρεκάλει αὐτὸν πολλὰ ἵνα μὴ αὐτὰ ἀποστείλῃ ἔξω τῆς χώρας.
Ἦν δὲ ἐκεῖ πρὸς τῷ ὄρει ἀγέλη χοίρων μεγάλη βοσκομένη· καὶ 11 12
παρεκάλεσαν αὐτὸν λέγοντες· Πέμψον ἡμᾶς εἰς τοὺς χοίρους, ἵνα εἰς
αὐτοὺς εἰσέλθωμεν. καὶ ἐπέτρεψεν αὐτοῖς. καὶ ἐξελθόντα τὰ πνεύματα 13
τὰ ἀκάθαρτα εἰσῆλθον εἰς τοὺς χοίρους, καὶ ὥρμησεν ἡ ἀγέλη κατὰ
τοῦ κρημνοῦ εἰς τὴν θάλασσαν, ὡς δισχίλιοι, καὶ ἐπνίγοντο ἐν τῇ
θαλάσσῃ.
Καὶ οἱ βόσκοντες αὐτοὺς ἔφυγον καὶ ἀπήγγειλαν εἰς τὴν πόλιν καὶ 14
εἰς τοὺς ἀγρούς· καὶ ἦλθον ἰδεῖν τί ἐστιν τὸ γεγονός. καὶ ἔρχονται πρὸς 15
τὸν Ἰησοῦν, καὶ θεωροῦσιν τὸν δαιμονιζόμενον καθήμενον ἱματισμένον
καὶ σωφρονοῦντα, τὸν ἐσχηκότα τὸν λεγιῶνα, καὶ ἐφοβήθησαν. καὶ 16
διηγήσαντο αὐτοῖς οἱ ἰδόντες πῶς ἐγένετο τῷ δαιμονιζομένῳ καὶ περὶ
τῶν χοίρων. καὶ ἤρξαντο παρακαλεῖν αὐτὸν ἀπελθεῖν ἀπὸ τῶν ὁρίων 17
αὐτῶν.
Καὶ ἐμβαίνοντος αὐτοῦ εἰς τὸ πλοῖον παρεκάλει αὐτὸν ὁ δαιμονισθεὶς 18
ἵνα μετ' αὐτοῦ ᾖ. καὶ οὐκ ἀφῆκεν αὐτόν, ἀλλὰ λέγει αὐτῷ· Ὕπαγε εἰς 19
τὸν οἶκόν σου πρὸς τοὺς σούς, καὶ ἀπάγγειλον αὐτοῖς ὅσα ὁ Κύριός σοι
πεποίηκεν καὶ ἠλέησέν σε. καὶ ἀπῆλθεν καὶ ἤρξατο κηρύσσειν ἐν τῇ 20
Δεκαπόλει ὅσα ἐποίησεν αὐτῷ ὁ Ἰησοῦς, καὶ πάντες ἐθαύμαζον.
Καὶ διαπεράσαντος τοῦ Ἰησοῦ ἐν τῷ πλοίῳ πάλιν εἰς τὸ πέραν 21
συνήχθη ὄχλος πολὺς ἐπ' αὐτόν, καὶ ἦν παρὰ τὴν θάλασσαν. καὶ 22
ἔρχεται εἷς τῶν ἀρχισυναγώγων, ὀνόματι Ἰάϊρος, καὶ ἰδὼν αὐτὸν
πίπτει πρὸς τοὺς πόδας αὐτοῦ, καὶ παρακαλεῖ αὐτὸν πολλὰ λέγων ὅτι 23
Τὸ θυγάτριόν μου ἐσχάτως ἔχει· ἵνα ἐλθὼν ἐπιθῇς τὰς χεῖρας αὐτῇ, ἵνα
σωθῇ καὶ ζήσῃ. καὶ ἀπῆλθεν μετ' αὐτοῦ, καὶ ἠκολούθει αὐτῷ ὄχλος 24
πολύς, καὶ συνέθλιβον αὐτόν.
Καὶ γυνὴ οὖσα ἐν ῥύσει αἵματος δώδεκα ἔτη, καὶ πολλὰ παθοῦσα ὑπὸ 25 26
πολλῶν ἰατρῶν καὶ δαπανήσασα τὰ παρ' αὐτῆς πάντα, καὶ μηδὲν
ὠφεληθεῖσα ἀλλὰ μᾶλλον εἰς τὸ χεῖρον ἐλθοῦσα, ἀκούσασα τὰ περὶ τοῦ 27

Ἰησοῦ, ἐλθοῦσα ἐν τῷ ὄχλῳ ὄπισθεν ἥψατο τοῦ ἱματίου αὐτοῦ·
28 29 ἔλεγεν γὰρ ὅτι Ἐὰν ἅψωμαι κἂν τῶν ἱματίων αὐτοῦ, σωθήσομαι. καὶ
εὐθὺς ἐξηράνθη ἡ πηγὴ τοῦ αἵματος αὐτῆς, καὶ ἔγνω τῷ σώματι ὅτι
30 ἴαται ἀπὸ τῆς μάστιγος. καὶ εὐθὺς ὁ Ἰησοῦς ἐπιγνοὺς ἐν ἑαυτῷ τὴν ἐξ
31 αὐτοῦ δύναμιν ἐξελθοῦσαν, ἐπιστραφεὶς ἐν τῷ ὄχλῳ ἔλεγεν· Τίς μου
ἥψατο τῶν ἱματίων; καὶ ἔλεγον αὐτῷ οἱ μαθηταὶ αὐτοῦ· Βλέπεις τὸν
32 ὄχλον συνθλίβοντά σε, καὶ λέγεις· Τίς μου ἥψατο; καὶ περιεβλέπετο
33 ἰδεῖν τὴν τοῦτο ποιήσασαν. ἡ δὲ γυνὴ φοβηθεῖσα καὶ τρεμοῦσα,
εἰδυῖα ὃ γέγονεν αὐτῇ, ἦλθεν καὶ προσέπεσεν αὐτῷ καὶ εἶπεν αὐτῷ
34 πᾶσαν τὴν ἀλήθειαν. ὁ δὲ εἶπεν αὐτῇ· Θυγάτηρ, ἡ πίστις σου σέσωκέν
σε· ὕπαγε εἰς εἰρήνην. καὶ ἴσθι ὑγιὴς ἀπὸ τῆς μάστιγός σου.

35 Ἔτι αὐτοῦ λαλοῦντος ἔρχονται ἀπὸ τοῦ ἀρχισυναγώγου λέγοντες ὅτι
36 Ἡ θυγάτηρ σου ἀπέθανεν· τί ἔτι σκύλλεις τὸν διδάσκαλον; ὁ δὲ Ἰησοῦς
παρακούσας τὸν λόγον λαλούμενον λέγει τῷ ἀρχισυναγώγῳ· Μὴ φο-
37 βοῦ, μόνον πίστευε. καὶ οὐκ ἀφῆκεν οὐδένα μετ᾽ αὐτοῦ συνακολουθῆσαι
38 εἰ μὴ τὸν Πέτρον καὶ Ἰάκωβον καὶ Ἰωάννην τὸν ἀδελφὸν Ἰακώβου. καὶ
ἔρχονται εἰς τὸν οἶκον τοῦ ἀρχισυναγώγου, καὶ θεωρεῖ θόρυβον, καὶ
39 κλαίοντας καὶ ἀλαλάζοντας πολλά. καὶ εἰσελθὼν λέγει αὐτοῖς· Τί
40 θορυβεῖσθε καὶ κλαίετε; τὸ παιδίον οὐκ ἀπέθανεν ἀλλὰ καθεύδει. καὶ
κατεγέλων αὐτοῦ. αὐτὸς δὲ ἐκβαλὼν πάντας παραλαμβάνει τὸν πατέρα
τοῦ παιδίου καὶ τὴν μητέρα καὶ τοὺς μετ᾽ αὐτοῦ, καὶ εἰσπορεύεται ὅπου
41 ἦν τὸ παιδίον. καὶ κρατήσας τῆς χειρὸς τοῦ παιδίου λέγει αὐτῇ·
Ταλιθὰ κοῦμ, ὅ ἐστιν μεθερμηνευόμενον· Τὸ κοράσιον, σοὶ λέγω, ἔγειρε.
42 καὶ εὐθὺς ἀνέστη τὸ κοράσιον καὶ περιεπάτει· ἦν γὰρ ἐτῶν δώδεκα. καὶ
43 ἐξέστησαν εὐθὺς ἐκστάσει μεγάλῃ. καὶ διεστείλατο αὐτοῖς πολλὰ ἵνα
μηδεὶς γνοῖ τοῦτο, καὶ εἶπεν δοθῆναι αὐτῇ φαγεῖν.

6 Καὶ ἐξῆλθεν ἐκεῖθεν, καὶ ἔρχεται εἰς τὴν πατρίδα αὐτοῦ, καὶ ἀκολου-
2 θοῦσιν αὐτῷ οἱ μαθηταὶ αὐτοῦ. καὶ γενομένου σαββάτου ἤρξατο
διδάσκειν ἐν τῇ συναγωγῇ· καὶ οἱ πολλοὶ ἀκούοντες ἐξεπλήσσοντο
λέγοντες· Πόθεν τούτῳ ταῦτα; καί· Τίς ἡ σοφία ἡ δοθεῖσα αὐτῷ; ἵνα
3 καὶ δυνάμεις τοιαῦται διὰ τῶν χειρῶν αὐτοῦ γίνονται; οὐχ οὗτός ἐστιν
ᵃ ὁ τέκτων, ὁ υἱὸς τῆς Μαρίας καὶ ἀδελφὸς Ἰακώβου καὶ Ἰωσῆφ καὶ
Ἰούδα καὶ Σίμωνος; καὶ οὐκ εἰσὶν αἱ ἀδελφαὶ αὐτοῦ ὧδε πρὸς ἡμᾶς;
4 καὶ ἐσκανδαλίζοντο ἐν αὐτῷ. καὶ ἔλεγεν αὐτοῖς ὁ Ἰησοῦς ὅτι Οὐκ ἔστιν
προφήτης ἄτιμος εἰ μὴ ἐν τῇ πατρίδι αὐτοῦ καὶ ἐν τοῖς συγγενεῦσιν
5 αὐτοῦ καὶ ἐν τῇ οἰκίᾳ αὐτοῦ. καὶ οὐκ ἐδύνατο ἐκεῖ ποιῆσαι οὐδεμίαν
6 δύναμιν, εἰ μὴ ὀλίγοις ἀρρώστοις ἐπιθεὶς τὰς χεῖρας ἐθεράπευσεν. καὶ
ἐθαύμασεν διὰ τὴν ἀπιστίαν αὐτῶν.

[a] ὁ τοῦ τέκτονος υἱὸς καὶ τῆς Μαρίας

❡ Καὶ περιῆγεν τὰς κώμας κύκλῳ διδάσκων. καὶ προσκαλεῖται τοὺς 7
δώδεκα, καὶ ἤρξατο αὐτοὺς ἀποστέλλειν δύο δύο· καὶ ἐδίδου αὐτοῖς
ἐξουσίαν τῶν πνευμάτων τῶν ἀκαθάρτων, καὶ παρήγγειλεν αὐτοῖς 8
ἵνα μηδὲν αἴρωσιν εἰς ὁδὸν εἰ μὴ ῥάβδον μόνον, μὴ ἄρτον, μὴ πήραν, μὴ
εἰς τὴν ζώνην χαλκόν, ἀλλὰ ὑποδεδεμένους σανδάλια, καὶ μὴ ἐνδύσησθε 9
δύο χιτῶνας. καὶ ἔλεγεν αὐτοῖς· Ὅπου ἐὰν εἰσέλθητε εἰς οἰκίαν, ἐκεῖ 10
μένετε ἕως ἂν ἐξέλθητε ἐκεῖθεν. καὶ ὃς ἂν τόπος μὴ δέξηται ὑμᾶς μηδὲ 11
ἀκούσωσιν ὑμῶν, ἐκπορευόμενοι ἐκεῖθεν ἐκτινάξατε τὸν χοῦν τῶν ποδῶν
ὑμῶν εἰς μαρτύριον αὐτοῖς. καὶ ἐξελθόντες ἐκήρυξαν ἵνα μετανοῶσιν, 12
καὶ δαιμόνια πολλὰ ἐξέβαλλον, καὶ ἤλειφον ἐλαίῳ πολλοὺς ἀρρώστους 13
καὶ ἐθεράπευον.

Καὶ ἤκουσεν ὁ βασιλεὺς Ἡρῴδης, φανερὸν γὰρ ἐγένετο τὸ ὄνομα 14
αὐτοῦ, καὶ ᵃ ἔλεγον ὅτι Ἰωάννης ὁ βαπτίζων ἐγήγερται ἐκ νεκρῶν, καὶ
διὰ τοῦτο ἐνεργοῦσιν αἱ δυνάμεις ἐν αὐτῷ. ἄλλοι δὲ ἔλεγον ὅτι Ἠλίας 15
ἐστίν· ἄλλοι δὲ ἔλεγον ὅτι Προφήτης ὡς εἷς τῶν προφητῶν. ἀκούσας 16
δὲ ὁ Ἡρῴδης ἔλεγεν· Ὃν ἐγὼ ἀπεκεφάλισα Ἰωάννην, οὗτος ἠγέρθη.

Αὐτὸς γὰρ ὁ Ἡρῴδης ἀποστείλας ἐκράτησεν τὸν Ἰωάννην καὶ 17
ἔδησεν αὐτὸν ἐν φυλακῇ διὰ Ἡρῳδιάδα τὴν γυναῖκα Φιλίππου τοῦ
ἀδελφοῦ αὐτοῦ, ὅτι αὐτὴν ἐγάμησεν· ἔλεγεν γὰρ ὁ Ἰωάννης τῷ Ἡρῴδῃ 18
ὅτι Οὐκ ἔξεστίν σοι ἔχειν τὴν γυναῖκα τοῦ ἀδελφοῦ σου. ἡ δὲ Ἡρῳδιὰς 19
ἐνεῖχεν αὐτῷ καὶ ἤθελεν αὐτὸν ἀποκτεῖναι, καὶ οὐκ ἠδύνατο· ὁ γὰρ 20
Ἡρῴδης ἐφοβεῖτο τὸν Ἰωάννην, εἰδὼς αὐτὸν ἄνδρα δίκαιον καὶ ἅγιον,
καὶ συνετήρει αὐτόν, καὶ ἀκούσας αὐτοῦ πολλὰ ἠπόρει, καὶ ἡδέως
αὐτοῦ ἤκουεν.

Καὶ γενομένης ἡμέρας εὐκαίρου ὅτε Ἡρῴδης τοῖς γενεσίοις αὐτοῦ 21
δεῖπνον ἐποίησεν τοῖς μεγιστᾶσιν αὐτοῦ καὶ τοῖς χιλιάρχοις καὶ τοῖς
πρώτοις τῆς Γαλιλαίας, καὶ εἰσελθούσης τῆς θυγατρὸς τῆς Ἡρῳδιάδος 22
καὶ ὀρχησαμένης, ἤρεσεν τῷ Ἡρῴδῃ καὶ τοῖς συνανακειμένοις. ὁ δὲ
βασιλεὺς εἶπεν τῷ κορασίῳ· Αἴτησόν με ὃ ἐὰν θέλῃς, καὶ δώσω σοι· καὶ 23
ὤμοσεν αὐτῇ ὅτι Ὃ ἐὰν αἰτήσῃς δώσω σοι ἕως ἡμίσους τῆς βασιλείας
μου. καὶ ἐξελθοῦσα εἶπεν τῇ μητρὶ αὐτῆς· Τί αἰτήσωμαι; ἡ δὲ εἶπεν· 24
Τὴν κεφαλὴν Ἰωάννου τοῦ βαπτίζοντος. καὶ εἰσελθοῦσα εὐθὺς μετὰ 25
σπουδῆς πρὸς τὸν βασιλέα ᾐτήσατο λέγουσα· Θέλω ἵνα ἐξαυτῆς δῷς
μοι ἐπὶ πίνακι τὴν κεφαλὴν Ἰωάννου τοῦ Βαπτιστοῦ. καὶ περίλυπος 26
γενόμενος ὁ βασιλεὺς διὰ τοὺς ὅρκους καὶ τοὺς ἀνακειμένους οὐκ
ἠθέλησεν ἀθετῆσαι αὐτήν. καὶ εὐθὺς ἀποστείλας ὁ βασιλεὺς σπεκουλά- 27
τορα ἐπέταξεν ἐνέγκαι τὴν κεφαλὴν αὐτοῦ. καὶ ἀπελθὼν ἀπεκεφάλισεν
αὐτὸν ἐν τῇ φυλακῇ, καὶ ἤνεγκεν τὴν κεφαλὴν αὐτοῦ ἐπὶ πίνακι καὶ 28

[a] ἔλεγεν

ἔδωκεν αὐτὴν τῷ κορασίῳ, καὶ τὸ κοράσιον ἔδωκεν αὐτὴν τῇ μητρὶ αὐτῆς.

29 Καὶ ἀκούσαντες οἱ μαθηταὶ αὐτοῦ ἦλθαν καὶ ἦραν τὸ πτῶμα αὐτοῦ καὶ ἔθηκαν αὐτὸ ἐν μνημείῳ.

30 Καὶ συνάγονται οἱ ἀπόστολοι πρὸς τὸν Ἰησοῦν, καὶ ἀπήγγειλαν 31 αὐτῷ πάντα ὅσα ἐποίησαν καὶ ὅσα ἐδίδαξαν. καὶ λέγει αὐτοῖς· Δεῦτε ὑμεῖς αὐτοὶ κατ᾽ ἰδίαν εἰς ἔρημον τόπον καὶ ἀναπαύσασθε ὀλίγον. (ἦσαν γὰρ οἱ ἐρχόμενοι καὶ ὑπάγοντες πολλοί, καὶ οὐδὲ φαγεῖν εὔ- 32 33 καίρουν.) καὶ ἀπῆλθον ἐν τῷ πλοίῳ εἰς ἔρημον τόπον κατ᾽ ἰδίαν. καὶ εἶδον αὐτοὺς ὑπάγοντας καὶ ἐπέγνωσαν πολλοί, καὶ πεζῇ ἀπὸ πασῶν 34 τῶν πόλεων συνέδραμον ἐκεῖ καὶ προῆλθον αὐτούς. καὶ ἐξελθὼν εἶδεν πολὺν ὄχλον, καὶ ἐσπλαγχνίσθη ἐπ᾽ αὐτοὺς ὅτι ἦσαν ⌊ὡς πρόβατα μὴ 35 ἔχοντα ποιμένα⌋,[a] καὶ ἤρξατο διδάσκειν αὐτοὺς πολλά. καὶ ἤδη ὥρας πολλῆς γινομένης προσελθόντες αὐτῷ οἱ μαθηταὶ αὐτοῦ ἔλεγον ὅτι 36 Ἔρημός ἐστιν ὁ τόπος καὶ ἤδη ὥρα πολλή· ἀπόλυσον αὐτούς, ἵνα ἀπελθόντες εἰς τοὺς κύκλῳ ἀγροὺς καὶ κώμας ἀγοράσωσιν ἑαυτοῖς τί 37 φάγωσιν. ὁ δὲ ἀποκριθεὶς εἶπεν αὐτοῖς· Δότε αὐτοῖς ὑμεῖς φαγεῖν. καὶ λέγουσιν αὐτῷ· Ἀπελθόντες ἀγοράσωμεν δηναρίων διακοσίων ἄρτους, 38 καὶ δώσομεν αὐτοῖς φαγεῖν; ὁ δὲ λέγει αὐτοῖς· Πόσους ἔχετε ἄρτους; 39 ὑπάγετε ἴδετε. καὶ γνόντες λέγουσιν· Πέντε, καὶ δύο ἰχθύας. καὶ ἐπέταξεν αὐτοῖς ἀνακλιθῆναι πάντας συμπόσια συμπόσια ἐπὶ τῷ 40 χλωρῷ χόρτῳ. καὶ ἀνέπεσαν πρασιαὶ πρασιαὶ κατὰ ἑκατὸν καὶ κατὰ 41 πεντήκοντα. καὶ λαβὼν τοὺς πέντε ἄρτους καὶ τοὺς δύο ἰχθύας, ἀναβλέψας εἰς τὸν οὐρανὸν εὐλόγησεν καὶ κατέκλασεν τοὺς ἄρτους καὶ ἐδίδου τοῖς μαθηταῖς ἵνα παρατιθῶσιν αὐτοῖς· καὶ τοὺς δύο ἰχθύας 42 43 ἐμέρισεν πᾶσιν. καὶ ἔφαγον πάντες καὶ ἐχορτάσθησαν, καὶ ἦραν κλά- 44 σματα δώδεκα κοφίνων πληρώματα καὶ ἀπὸ τῶν ἰχθύων. καὶ ἦσαν οἱ φαγόντες τοὺς ἄρτους πεντακισχίλιοι ἄνδρες.

45 Καὶ εὐθὺς ἠνάγκασεν τοὺς μαθητὰς αὐτοῦ ἐμβῆναι εἰς τὸ πλοῖον καὶ προάγειν εἰς τὸ πέραν πρὸς Βηθσαϊδάν, ἕως αὐτὸς ἀπολύει τὸν ὄχλον. 46 47 καὶ ἀποταξάμενος αὐτοῖς ἀπῆλθεν εἰς τὸ ὄρος προσεύξασθαι. καὶ ὀψίας γενομένης ἦν τὸ πλοῖον ἐν μέσῳ τῆς θαλάσσης, καὶ αὐτὸς μόνος ἐπὶ τῆς 48 γῆς. καὶ ἰδὼν αὐτοὺς βασανιζομένους ἐν τῷ ἐλαύνειν, ἦν γὰρ ὁ ἄνεμος ἐναντίος αὐτοῖς, περὶ τετάρτην φυλακὴν τῆς νυκτὸς ἔρχεται πρὸς αὐτοὺς 49 περιπατῶν ἐπὶ τῆς θαλάσσης· καὶ ἤθελεν παρελθεῖν αὐτούς. οἱ δὲ ἰδόντες αὐτὸν ἐπὶ τῆς θαλάσσης περιπατοῦντα ἔδοξαν ὅτι φάντασμά 50 ἐστιν, καὶ ἀνέκραξαν· πάντες γὰρ αὐτὸν εἶδαν καὶ ἐταράχθησαν. ὁ δὲ εὐθὺς ἐλάλησεν μετ᾽ αὐτῶν, καὶ λέγει αὐτοῖς· Θαρσεῖτε, ἐγώ εἰμι· μὴ

[a] Num. 27. 17; Ezk. 34. 5

φοβεῖσθε. καὶ ἀνέβη πρὸς αὐτοὺς εἰς τὸ πλοῖον, καὶ ἐκόπασεν ὁ 51
ἄνεμος· καὶ λίαν ἐκ περισσοῦ ἐν ἑαυτοῖς ἐξίσταντο· οὐ γὰρ συνῆκαν ἐπὶ 52
τοῖς ἄρτοις, ἀλλ᾽ ἦν αὐτῶν ἡ καρδία πεπωρωμένη.
Καὶ διαπεράσαντες ἐπὶ τὴν γῆν ἦλθον εἰς Γεννησαρὲτ καὶ προσωρμί- 53
σθησαν. καὶ ἐξελθόντων αὐτῶν ἐκ τοῦ πλοίου εὐθὺς ἐπιγνόντες αὐτὸν 54
περιέδραμον ὅλην τὴν χώραν ἐκείνην καὶ ἤρξαντο ἐπὶ τοῖς κραβάτοις 55
τοὺς κακῶς ἔχοντας περιφέρειν, ὅπου ἤκουον ὅτι ἐστίν. καὶ ὅπου ἂν 56
εἰσεπορεύετο εἰς κώμας ἢ εἰς πόλεις ἢ εἰς ἀγρούς, ἐν ταῖς ἀγοραῖς
ἐτίθεσαν τοὺς ἀσθενοῦντας, καὶ παρεκάλουν αὐτὸν ἵνα κἂν τοῦ κρασπέ-
δου τοῦ ἱματίου αὐτοῦ ἅψωνται· καὶ ὅσοι ἂν ἥψαντο αὐτοῦ ἐσώζοντο.

Καὶ συνάγονται πρὸς αὐτὸν οἱ Φαρισαῖοι καί τινες τῶν γραμ- 7
ματέων ἐλθόντες ἀπὸ Ἱεροσολύμων, καὶ ἰδόντες τινὰς τῶν μαθη- 2
τῶν αὐτοῦ ὅτι κοιναῖς χερσίν, τοῦτ᾽ ἔστιν ἀνίπτοις, ἐσθίουσιν τοὺς
ἄρτους. (οἱ γὰρ Φαρισαῖοι καὶ πάντες οἱ Ἰουδαῖοι ἐὰν μὴᵃ νίψωνται 3
τὰς χεῖρας οὐκ ἐσθίουσιν, κρατοῦντες τὴν παράδοσιν τῶν πρεσβυτέρων,
καὶ ἀπ᾽ ἀγορᾶς ἐὰν μὴ βαπτίσωνται οὐκ ἐσθίουσιν· καὶ ἄλλα πολλά 4
ἐστιν ἃ παρέλαβον κρατεῖν, βαπτισμοὺς ποτηρίων καὶ ξεστῶν καὶ
χαλκίων.) καὶ ἐπερωτῶσιν αὐτὸν οἱ Φαρισαῖοι καὶ οἱ γραμματεῖς· Διὰ 5
τί οὐ περιπατοῦσιν οἱ μαθηταί σου κατὰ τὴν παράδοσιν τῶν πρεσβυ-
τέρων, ἀλλὰ κοιναῖς χερσὶν ἐσθίουσιν τὸν ἄρτον; ὁ δὲ εἶπεν αὐτοῖς· 6
Καλῶς ἐπροφήτευσεν Ἡσαΐας περὶ ὑμῶν τῶν ὑποκριτῶν, ὡς γέγρα-
πται ὅτι ⌊Οὗτος ὁ λαὸς τοῖς χείλεσίν με τιμᾷ, ἡ δὲ καρδία αὐτῶν πόρρω
ἀπέχει ἀπ᾽ ἐμοῦ· μάτην δὲ σέβονταί με, διδάσκοντες διδασκαλίας 7
ἐντάλματα ἀνθρώπων.⌋ᵇ ἀφέντες τὴν ἐντολὴν τοῦ Θεοῦ κρατεῖτε τὴν 8
παράδοσιν τῶν ἀνθρώπων.
Καὶ ἔλεγεν αὐτοῖς· Καλῶς ἀθετεῖτε τὴν ἐντολὴν τοῦ Θεοῦ, ἵνα τὴν 9
παράδοσιν ὑμῶν ᶜ τηρήσητε. Μωϋσῆς γὰρ εἶπεν· ⌊Τίμα τὸν πατέρα 10
σου καὶ τὴν μητέρα σου⌋,ᵈ καί, ⌊Ὁ κακολογῶν πατέρα ἢ μητέρα
θανάτῳ τελευτάτω.⌋ᵉ ὑμεῖς δὲ λέγετε· Ἐὰν εἴπῃ ἄνθρωπος τῷ πατρὶ ἢ 11
τῇ μητρί· Κορβᾶν (ὅ ἐστιν δῶρον) ὃ ἐὰν ἐξ ἐμοῦ ὠφεληθῇς, οὐκέτι 12
ἀφίετε αὐτὸν οὐδὲν ποιῆσαι τῷ πατρὶ ἢ τῇ μητρί, ἀκυροῦντες τὸν λόγον 13
τοῦ Θεοῦ τῇ παραδόσει ὑμῶν ᾗ παρεδώκατε· καὶ παρόμοια τοιαῦτα
πολλὰ ποιεῖτε.
Καὶ προσκαλεσάμενος πάλιν τὸν ὄχλον ἔλεγεν αὐτοῖς· Ἀκούσατέ μου 14 15
πάντες καὶ σύνετε. οὐδέν ἐστιν ἔξωθεν τοῦ ἀνθρώπου εἰσπορευόμενον

[a] add πυγμῇ or πυκνὰ   [b] Is. 29. 13 LXX   [c] στήσητε   [d] Ex. 20. 12
[e] Ex. 21. 17

εἰς αὐτὸν ὃ δύναται κοινῶσαι αὐτόν· ἀλλὰ τὰ ἐκ τοῦ ἀνθρώπου ἐκ-
πορευόμενά ἐστιν τὰ κοινοῦντα τὸν ἄνθρωπον.[a]

17 Καὶ ὅτε εἰσῆλθεν εἰς οἶκον ἀπὸ τοῦ ὄχλου, ἐπηρώτων αὐτὸν οἱ
18 μαθηταὶ αὐτοῦ τὴν παραβολήν. καὶ λέγει αὐτοῖς· Οὕτως καὶ ὑμεῖς
ἀσύνετοί ἐστε; οὐ νοεῖτε ὅτι πᾶν τὸ ἔξωθεν εἰσπορευόμενον εἰς τὸν
19 ἄνθρωπον οὐ δύναται αὐτὸν κοινῶσαι, ὅτι οὐκ εἰσπορεύεται αὐτοῦ εἰς
τὴν καρδίαν ἀλλ᾽ εἰς τὴν κοιλίαν, καὶ εἰς τὸν ἀφεδρῶνα ἐκπορεύεται;
20 καθαρίζων πάντα τὰ βρώματα. ἔλεγεν δὲ ὅτι Τὸ ἐκ τοῦ ἀνθρώπου
21 ἐκπορευόμενον, ἐκεῖνο κοινοῖ τὸν ἄνθρωπον. ἔσωθεν γὰρ ἐκ τῆς καρδίας
τῶν ἀνθρώπων οἱ διαλογισμοὶ οἱ κακοὶ ἐκπορεύονται, πορνεῖαι, κλοπαί,
22 φόνοι, μοιχεῖαι, πλεονεξίαι, πονηρίαι, δόλος, ἀσέλγεια, ὀφθαλμὸς πονη-
23 ρός, βλασφημία, ὑπερηφανία, ἀφροσύνη· πάντα ταῦτα τὰ πονηρὰ
ἔσωθεν ἐκπορεύεται καὶ κοινοῖ τὸν ἄνθρωπον.

24 Ἐκεῖθεν δὲ ἀναστὰς ἀπῆλθεν εἰς τὰ ὅρια Τύρου. καὶ εἰσελθὼν εἰς
25 οἰκίαν οὐδένα ἤθελεν γνῶναι, καὶ οὐκ ἠδυνάσθη λαθεῖν· ἀλλ᾽ εὐθὺς
ἀκούσασα γυνὴ περὶ αὐτοῦ, ἧς εἶχεν τὸ θυγάτριον αὐτῆς πνεῦμα
26 ἀκάθαρτον, ἐλθοῦσα προσέπεσεν πρὸς τοὺς πόδας αὐτοῦ· (ἡ δὲ γυνὴ
ἦν Ἑλληνίς, Συροφοινίκισσα τῷ γένει·) καὶ ἠρώτα αὐτὸν ἵνα τὸ
27 δαιμόνιον ἐκβάλῃ ἐκ τῆς θυγατρὸς αὐτῆς. καὶ ἔλεγεν αὐτῇ· Ἄφες πρῶ-
τον χορτασθῆναι τὰ τέκνα· οὐ γάρ ἐστιν καλὸν λαβεῖν τὸν ἄρτον τῶν
28 τέκνων καὶ τοῖς κυναρίοις βαλεῖν. ἡ δὲ ἀπεκρίθη καὶ λέγει αὐτῷ· Κύριε,
καὶ τὰ κυνάρια ὑποκάτω τῆς τραπέζης ἐσθίουσιν ἀπὸ τῶν ψιχίων τῶν
29 παιδίων. καὶ εἶπεν αὐτῇ· Διὰ τοῦτον τὸν λόγον ὕπαγε, ἐξελήλυθεν ἐκ
30 τῆς θυγατρός σου τὸ δαιμόνιον. καὶ ἀπελθοῦσα εἰς τὸν οἶκον αὐτῆς
εὗρεν τὸ παιδίον βεβλημένον ἐπὶ τὴν κλίνην καὶ τὸ δαιμόνιον ἐξελη-
λυθός.

31 Καὶ πάλιν ἐξελθὼν ἐκ τῶν ὁρίων Τύρου ἦλθεν διὰ Σιδῶνος εἰς τὴν
32 θάλασσαν τῆς Γαλιλαίας ἀνὰ μέσον τῶν ὁρίων Δεκαπόλεως. καὶ
φέρουσιν αὐτῷ κωφὸν καὶ μογιλάλον, καὶ παρακαλοῦσιν αὐτὸν ἵνα
33 ἐπιθῇ αὐτῷ τὴν χεῖρα. καὶ ἀπολαβόμενος αὐτὸν ἀπὸ τοῦ ὄχλου κατ᾽
ἰδίαν ἔβαλεν τοὺς δακτύλους αὐτοῦ εἰς τὰ ὦτα αὐτοῦ καὶ πτύσας
34 ἥψατο τῆς γλώσσης αὐτοῦ· καὶ ἀναβλέψας εἰς τὸν οὐρανὸν ἐστέναξεν,
35 καὶ λέγει αὐτῷ· Ἐφφαθά, ὅ ἐστιν Διανοίχθητι. καὶ ἠνοίγησαν αὐτοῦ αἱ
ἀκοαί, καὶ εὐθὺς ἐλύθη ὁ δεσμὸς τῆς γλώσσης αὐτοῦ, καὶ ἐλάλει ὀρθῶς.
36 καὶ διεστείλατο αὐτοῖς ἵνα μηδενὶ λέγωσιν· ὅσον δὲ αὐτοῖς διεστέλλετο,
37 αὐτοὶ μᾶλλον περισσότερον ἐκήρυσσον. καὶ ὑπερπερισσῶς ἐξεπλήσ-
σοντο λέγοντες· Καλῶς πάντα πεποίηκεν, καὶ τοὺς κωφοὺς ποιεῖ
ἀκούειν καὶ ἀλάλους λαλεῖν.

[a] add (16) εἴ τις ἔχει ὦτα ἀκούειν, ἀκουέτω.

⟪ Ἐν ἐκείναις ταῖς ἡμέραις πάλιν πολλοῦ ὄχλου ὄντος καὶ μὴ ἐχόντων 8
τί φάγωσιν, προσκαλεσάμενος τοὺς μαθητὰς λέγει αὐτοῖς· Σπλαγχνί- 2
ζομαι ἐπὶ τὸν ὄχλον, ὅτι ἤδη ἡμέραι τρεῖς προσμένουσίν μοι καὶ οὐκ
ἔχουσιν τί φάγωσιν· καὶ ἐὰν ἀπολύσω αὐτοὺς νήστεις εἰς οἶκον αὐτῶν, 3
ἐκλυθήσονται ἐν τῇ ὁδῷ, καί τινες αὐτῶν ἀπὸ μακρόθεν ἥκασιν. καὶ ἀπ- 4
εκρίθησαν αὐτῷ οἱ μαθηταὶ αὐτοῦ ὅτι Πόθεν τούτους δυνήσεταί τις ὧδε
χορτάσαι ἄρτων ἐπ᾽ ἐρημίας; καὶ ἠρώτα αὐτούς· Πόσους ἔχετε ἄρτους; 5
οἱ δὲ εἶπαν· Ἑπτά. καὶ παραγγέλλει τῷ ὄχλῳ ἀναπεσεῖν ἐπὶ τῆς γῆς· 6
καὶ λαβὼν τοὺς ἑπτὰ ἄρτους εὐχαριστήσας ἔκλασεν καὶ ἐδίδου τοῖς μαθη-
ταῖς αὐτοῦ ἵνα παρατιθῶσιν, καὶ παρέθηκαν τῷ ὄχλῳ. καὶ εἶχον ἰχθύδια 7
ὀλίγα· καὶ εὐλογήσας αὐτὰ εἶπεν καὶ ταῦτα παρατιθέναι. καὶ ἔφαγον 8
καὶ ἐχορτάσθησαν, καὶ ἦραν περισσεύματα κλασμάτων, ἑπτὰ σπυρίδας.
ἦσαν δὲ ὡς τετρακισχίλιοι. καὶ ἀπέλυσεν αὐτούς. καὶ εὐθὺς ἐμβὰς εἰς 9 10
τὸ πλοῖον μετὰ τῶν μαθητῶν αὐτοῦ ἦλθεν εἰς τὰ μέρη ᵃΔαλμανουθά.

Καὶ ἐξῆλθον οἱ Φαρισαῖοι καὶ ἤρξαντο συζητεῖν αὐτῷ, ζητοῦντες 11
παρ᾽ αὐτοῦ σημεῖον ἀπὸ τοῦ οὐρανοῦ, πειράζοντες αὐτόν. καὶ ἀνα- 12
στενάξας τῷ πνεύματι αὐτοῦ λέγει· Τί ἡ γενεὰ αὕτη ζητεῖ σημεῖον;
ἀμὴν λέγω ὑμῖν, εἰ δοθήσεται τῇ γενεᾷ ταύτῃ σημεῖον. καὶ ἀφεὶς 13
αὐτοὺς πάλιν ἐμβὰς ἀπῆλθεν εἰς τὸ πέραν.

Καὶ ἐπελάθοντο λαβεῖν ἄρτους, καὶ εἰ μὴ ἕνα ἄρτον οὐκ εἶχον μεθ᾽ 14
ἑαυτῶν ἐν τῷ πλοίῳ. καὶ διεστέλλετο αὐτοῖς λέγων· Ὁρᾶτε, βλέπετε 15
ἀπὸ τῆς ζύμης τῶν Φαρισαίων καὶ τῆς ζύμης Ἡρῴδου. καὶ διελογί- 16
ζοντο πρὸς ἀλλήλους Ὅτι ἄρτους οὐκ ἔχομεν. καὶ γνοὺς λέγει αὐτοῖς· 17
Τί διαλογίζεσθε ὅτι ἄρτους οὐκ ἔχετε; οὔπω νοεῖτε οὐδὲ συνίετε;
πεπωρωμένην ἔχετε τὴν καρδίαν ὑμῶν; ⌊ὀφθαλμοὺς ἔχοντες οὐ βλέπετε, 18
καὶ ὦτα ἔχοντες οὐκ ἀκούετε;⌋ᵇ καὶ οὐ μνημονεύετε; ὅτε τοὺς πέντε 19
ἄρτους ἔκλασα εἰς τοὺς πεντακισχιλίους, πόσους κοφίνους κλασμάτων
πλήρεις ἤρατε; λέγουσιν αὐτῷ· Δώδεκα. Ὅτε δὲ τοὺς ἑπτὰ εἰς τοὺς 20
τετρακισχιλίους, πόσων σπυρίδων πληρώματα κλασμάτων ἤρατε; καὶ
λέγουσιν· Ἑπτά. καὶ ἔλεγεν αὐτοῖς· Οὔπω συνίετε; 21

Καὶ ἔρχονται εἰς Βηθσαϊδάν. καὶ φέρουσιν αὐτῷ τυφλόν, καὶ παρα- 22
καλοῦσιν αὐτὸν ἵνα αὐτοῦ ἅψηται. καὶ ἐπιλαβόμενος τῆς χειρὸς τοῦ 23
τυφλοῦ ἐξήνεγκεν αὐτὸν ἔξω τῆς κώμης. καὶ πτύσας εἰς τὰ ὄμματα
αὐτοῦ, ἐπιθεὶς τὰς χεῖρας αὐτῷ, ἐπηρώτα αὐτὸν εἴ τι βλέπει· καὶ 24
ἀναβλέψας ἔλεγεν· Βλέπω τοὺς ἀνθρώπους, ὅτι ὡς δένδρα ὁρῶ περιπα-
τοῦντας. εἶτα πάλιν ἐπέθηκεν τὰς χεῖρας ἐπὶ τοὺς ὀφθαλμοὺς αὐτοῦ, 25
καὶ διέβλεψεν καὶ ἀπεκατέστη, καὶ ἐνέβλεπεν τηλαυγῶς ἅπαντα. καὶ 26
ἀπέστειλεν αὐτὸν εἰς οἶκον αὐτοῦ λέγων· ᶜ Μηδενὶ εἴπῃς εἰς τὴν κώμην.

[a] *Μαγεδὰν or Μάγδαλα.*   [b] Jer. 5. 21   [c] *Μηδὲ εἰς τὴν κώμην εἰσέλθῃς.*

27 ☾ Καὶ ἐξῆλθεν ὁ Ἰησοῦς καὶ οἱ μαθηταὶ αὐτοῦ εἰς τὰς κώμας Καισαρείας τῆς Φιλίππου· καὶ ἐν τῇ ὁδῷ ἐπηρώτα τοὺς μαθητὰς αὐτοῦ λέγων 28 αὐτοῖς· Τίνα με λέγουσιν οἱ ἄνθρωποι εἶναι; οἱ δὲ εἶπαν αὐτῷ λέγοντες ὅτι Ἰωάννην τὸν Βαπτιστήν, καὶ ἄλλοι Ἠλίαν, ἄλλοι δὲ ὅτι Εἷς τῶν 29 προφητῶν. καὶ αὐτὸς ἐπηρώτα αὐτούς· Ὑμεῖς δὲ τίνα με λέγετε εἶναι; 30 ἀποκριθεὶς ὁ Πέτρος λέγει αὐτῷ· Σὺ εἶ ὁ Χριστός. καὶ ἐπετίμησεν αὐτοῖς 31 ἵνα μηδενὶ λέγωσιν περὶ αὐτοῦ· καὶ ἤρξατο διδάσκειν αὐτοὺς ὅτι δεῖ τὸν Υἱὸν τοῦ ἀνθρώπου πολλὰ παθεῖν, καὶ ἀποδοκιμασθῆναι ὑπὸ τῶν πρεσβυτέρων καὶ τῶν ἀρχιερέων καὶ τῶν γραμματέων καὶ ἀποκταν- 32 θῆναι καὶ μετὰ τρεῖς ἡμέρας ἀναστῆναι· καὶ παρρησίᾳ τὸν λόγον ἐλάλει. καὶ προσλαβόμενος ὁ Πέτρος αὐτὸν ἤρξατο ἐπιτιμᾶν αὐτῷ. 33 ὁ δὲ ἐπιστραφεὶς καὶ ἰδὼν τοὺς μαθητὰς αὐτοῦ ἐπετίμησεν Πέτρῳ καὶ λέγει· Ὕπαγε ὀπίσω μου, Σατανᾶ, ὅτι οὐ φρονεῖς τὰ τοῦ Θεοῦ ἀλλὰ τὰ τῶν ἀνθρώπων.

34 Καὶ προσκαλεσάμενος τὸν ὄχλον σὺν τοῖς μαθηταῖς αὐτοῦ εἶπεν αὐτοῖς· Εἴ τις θέλει ὀπίσω μου ἐλθεῖν, ἀπαρνησάσθω ἑαυτὸν καὶ 35 ἀράτω τὸν σταυρὸν αὐτοῦ, καὶ ἀκολουθείτω μοι. ὃς γὰρ ἐὰν θέλῃ τὴν ψυχὴν αὐτοῦ σῶσαι, ἀπολέσει αὐτήν· ὃς δ' ἂν ἀπολέσει τὴν ψυχὴν 36 αὐτοῦ ἕνεκεν ἐμοῦ καὶ τοῦ εὐαγγελίου, σώσει αὐτήν. τί γὰρ ὠφελεῖ ἄνθρωπον κερδῆσαι τὸν κόσμον ὅλον καὶ ζημιωθῆναι τὴν ψυχὴν αὐτοῦ; 37 38 τί γὰρ δοῖ ἄνθρωπος ἀντάλλαγμα τῆς ψυχῆς αὐτοῦ; ὃς γὰρ ἐὰν ἐπαισχυνθῇ με καὶ τοὺς ἐμοὺς[a] ἐν τῇ γενεᾷ ταύτῃ τῇ μοιχαλίδι καὶ ἁμαρτωλῷ, καὶ ὁ Υἱὸς τοῦ ἀνθρώπου ἐπαισχυνθήσεται αὐτόν, ὅταν ἔλθῃ ἐν τῇ δόξῃ τοῦ Πατρὸς αὐτοῦ [b] καὶ τῶν ἀγγέλων τῶν ἁγίων.

9 Καὶ ἔλεγεν αὐτοῖς· Ἀμὴν λέγω ὑμῖν ὅτι εἰσίν τινες ὧδε τῶν ἑστηκότων οἵτινες οὐ μὴ γεύσωνται θανάτου ἕως ἂν ἴδωσιν τὴν βασιλείαν τοῦ Θεοῦ ἐληλυθυῖαν ἐν δυνάμει.

2 Καὶ μετὰ ἡμέρας ἓξ παραλαμβάνει ὁ Ἰησοῦς τὸν Πέτρον καὶ τὸν Ἰάκωβον καὶ τὸν Ἰωάννην, καὶ ἀναφέρει αὐτοὺς εἰς ὄρος ὑψηλὸν κατ' 3 ἰδίαν μόνους. καὶ μετεμορφώθη ἔμπροσθεν αὐτῶν, καὶ τὰ ἱμάτια αὐτοῦ ἐγένετο στίλβοντα λευκὰ λίαν, οἷα γναφεὺς ἐπὶ τῆς γῆς οὐ δύναται 4 οὕτως λευκᾶναι. καὶ ὤφθη αὐτοῖς Ἠλίας σὺν Μωϋσεῖ, καὶ ἦσαν συλ- 5 λαλοῦντες τῷ Ἰησοῦ. καὶ ἀποκριθεὶς ὁ Πέτρος λέγει τῷ Ἰησοῦ· Ῥαββί, καλόν ἐστιν ἡμᾶς ὧδε εἶναι· καὶ ποιήσωμεν τρεῖς σκηνάς, σοὶ μίαν καὶ 6 Μωϋσεῖ μίαν καὶ Ἠλίᾳ μίαν; (οὐ γὰρ ᾔδει τί ἀποκριθῇ· ἔκφοβοι γὰρ 7 ἐγένοντο.) καὶ ἐγένετο νεφέλη ἐπισκιάζουσα αὐτοῖς, καὶ ἐγένετο φωνὴ ἐκ τῆς νεφέλης· Οὗτός ἐστιν [c] ⌊ὁ Υἱός⌋ μου, ⌊ὁ Ἀγαπητός⌋, ἀκούετε αὐτοῦ.⌋[d]

[a] add λόγους [b] μετὰ τῶν ἀγγέλων . . . [c] ὁ Υἱός μου ὁ ἀγαπητός, [d] Ps. 2. 7; Gn. 22. 2

καὶ ἐξάπινα περιβλεψάμενοι οὐκέτι οὐδένα εἶδον εἰ μὴ τὸν Ἰησοῦν μόνον 8 μεθ' ἑαυτῶν.

Καὶ καταβαινόντων αὐτῶν ἐκ τοῦ ὄρους διεστείλατο αὐτοῖς ἵνα 9 μηδενὶ ἃ εἶδον διηγήσωνται, εἰ μὴ ὅταν ὁ Υἱὸς τοῦ ἀνθρώπου ἐκ νεκρῶν ἀναστῇ. καὶ τὸν λόγον ἐκράτησαν, πρὸς ἑαυτοὺς συζητοῦντες τί 10 ἐστιν τὸ ἐκ νεκρῶν ἀναστῆναι. καὶ ἐπηρώτων αὐτὸν λέγοντες· Ὅτι 11 λέγουσιν οἱ γραμματεῖς ὅτι Ἠλίαν δεῖ ἐλθεῖν πρῶτον; ὁ δὲ ἔφη αὐτοῖς· 12 ⌊Ἠλίας⌋ μὲν ἐλθὼν πρῶτον ⌊ἀποκαθιστάνει⌋ᵃ πάντα· καὶ πῶς γέγραπται ἐπὶ τὸν Υἱὸν τοῦ ἀνθρώπου ἵνα πολλὰ πάθῃ καὶ ἐξουδενηθῇ; ἀλλὰ 13 λέγω ὑμῖν ὅτι καὶ Ἠλίας ἐλήλυθεν, καὶ ἐποίησαν αὐτῷ ὅσα ἤθελον, καθὼς γέγραπται ἐπ' αὐτόν.

Καὶ ἐλθόντες πρὸς τοὺς μαθητὰς εἶδον ὄχλον πολὺν περὶ αὐτοὺς καὶ 14 γραμματεῖς συζητοῦντας πρὸς αὐτούς. καὶ εὐθὺς πᾶς ὁ ὄχλος ἰδόντες 15 αὐτὸν ἐξεθαμβήθησαν, καὶ προστρέχοντες ἠσπάζοντο αὐτόν. καὶ 16 ἐπηρώτησεν αὐτούς· Τί συζητεῖτε πρὸς αὐτούς; καὶ ἀπεκρίθη αὐτῷ εἷς 17 ἐκ τοῦ ὄχλου· Διδάσκαλε, ἤνεγκα τὸν υἱόν μου πρός σέ, ἔχοντα πνεῦμα ἄλαλον· καὶ ὅπου ἐὰν αὐτὸν καταλάβῃ, ῥήσσει αὐτόν, καὶ ἀφρίζει καὶ 18 τρίζει τοὺς ὀδόντας καὶ ξηραίνεται· καὶ εἶπα τοῖς μαθηταῖς σου ἵνα αὐτὸ ἐκβάλωσιν, καὶ οὐκ ἴσχυσαν. ὁ δὲ ἀποκριθεὶς αὐτοῖς λέγει· Ὦ 19 γενεὰ ἄπιστος καὶ διεστραμμένη, ἕως πότε πρὸς ὑμᾶς ἔσομαι; ἕως πότε ἀνέξομαι ὑμῶν; φέρετε αὐτὸν πρός με. καὶ ἤνεγκαν αὐτὸν πρὸς αὐτόν. 20 καὶ ἰδὼν αὐτὸν τὸ πνεῦμα εὐθὺς συνεσπάραξεν αὐτόν, καὶ πεσὼν ἐπὶ τῆς γῆς ἐκυλίετο ἀφρίζων. καὶ ἐπηρώτησεν τὸν πατέρα αὐτοῦ· Πόσος 21 χρόνος ἐστὶν ὡς τοῦτο γέγονεν αὐτῷ; ὁ δὲ εἶπεν· Ἐκ παιδιόθεν· καὶ 22 πολλάκις καὶ εἰς πῦρ αὐτὸν ἔβαλεν καὶ εἰς ὕδατα ἵνα ἀπολέσῃ αὐτόν· ἀλλ' εἴ τι δύνῃ, βοήθησον ἡμῖν σπλαγχνισθεὶς ἐφ' ἡμᾶς. ὁ δὲ Ἰησοῦς 23 εἶπεν αὐτῷ· Τὸ εἰ δύνῃ· πάντα δυνατὰ τῷ πιστεύοντι. εὐθὺς κράξας 24 ὁ πατὴρ τοῦ παιδίου ἔλεγεν· Πιστεύω· βοήθει μου τῇ ἀπιστίᾳ. ἰδὼν 25 δὲ ὁ Ἰησοῦς ὅτι ἐπισυντρέχει ὄχλος, ἐπετίμησεν τῷ πνεύματι τῷ ἀκαθάρτῳ λέγων αὐτῷ· Τὸ ἄλαλον καὶ κωφὸν πνεῦμα, ἐγὼ ἐπιτάσσω σοι, ἔξελθε ἐξ αὐτοῦ καὶ μηκέτι εἰσέλθῃς εἰς αὐτόν. καὶ κράξας καὶ πολλὰ 26 σπαράξας ἐξῆλθεν· καὶ ἐγένετο ὡσεὶ νεκρός, ὥστε πολλοὺς λέγειν ὅτι Ἀπέθανεν. ὁ δὲ Ἰησοῦς κρατήσας τῆς χειρὸς αὐτοῦ ἤγειρεν αὐτόν, καὶ 27 ἀνέστη.

Καὶ εἰσελθόντος αὐτοῦ εἰς οἶκον οἱ μαθηταὶ αὐτοῦ κατ' ἰδίαν 28 ἐπηρώτων αὐτόν· Ὅτι ἡμεῖς οὐκ ἠδυνήθημεν ἐκβαλεῖν αὐτό; καὶ 29 εἶπεν αὐτοῖς· Τοῦτο τὸ γένος ἐν οὐδενὶ δύναται ἐξελθεῖν εἰ μὴ ἐν προσευχῇ.ᵇ

[a] Mal. 4. 5   [b] add καὶ νηστείᾳ

30 **℃** Κἀκεῖθεν ἐξελθόντες παρεπορεύοντο διὰ τῆς Γαλιλαίας, καὶ οὐκ
31 ἤθελεν ἵνα τις γνοῖ· ἐδίδασκεν γὰρ τοὺς μαθητὰς αὐτοῦ, καὶ ἔλεγεν
αὐτοῖς ὅτι Ὁ Υἱὸς τοῦ ἀνθρώπου παραδίδοται εἰς χεῖρας ἀνθρώπων,
καὶ ἀποκτενοῦσιν αὐτόν, καὶ ἀποκτανθεὶς μετὰ τρεῖς ἡμέρας ἀναστή-
32 σεται. οἱ δὲ ἠγνόουν τὸ ῥῆμα, καὶ ἐφοβοῦντο αὐτὸν ἐπερωτῆσαι.
33   Καὶ ἦλθον εἰς Καφαρναούμ. καὶ ἐν τῇ οἰκίᾳ γενόμενος ἐπηρώτα
34 αὐτούς· Τί ἐν τῇ ὁδῷ διελογίζεσθε; οἱ δὲ ἐσιώπων· πρὸς ἀλλήλους γὰρ
35 διελέχθησαν ἐν τῇ ὁδῷ τίς μείζων. καὶ καθίσας ἐφώνησεν τοὺς δώδεκα
καὶ λέγει αὐτοῖς· Εἴ τις θέλει πρῶτος εἶναι, ἔσται πάντων ἔσχατος καὶ
36 πάντων διάκονος. καὶ λαβὼν παιδίον ἔστησεν αὐτὸ ἐν μέσῳ αὐτῶν,
37 καὶ ἐναγκαλισάμενος αὐτὸ εἶπεν αὐτοῖς· Ὃς ἂν ἓν τῶν παιδίων τούτων
δέξηται ἐπὶ τῷ ὀνόματί μου, ἐμὲ δέχεται· καὶ ὃς ἂν ἐμὲ δέχηται, οὐκ ἐμὲ
δέχεται ἀλλὰ τὸν ἀποστείλαντά με.
38   Ἔφη αὐτῷ ὁ Ἰωάννης· Διδάσκαλε, εἴδομέν τινα ἐν τῷ ὀνόματί σου
39 ἐκβάλλοντα δαιμόνια, καὶ ἐκωλύομεν αὐτόν, ὅτι οὐκ ἠκολούθει ἡμῖν. ὁ
δὲ Ἰησοῦς εἶπεν· Μὴ κωλύετε αὐτόν· οὐδεὶς γάρ ἐστιν ὃς ποιήσει
40 δύναμιν ἐπὶ τῷ ὀνόματί μου καὶ δυνήσεται ταχὺ κακολογῆσαί με· ὃς
41 γὰρ οὐκ ἔστιν καθ᾽ ἡμῶν, ὑπὲρ ἡμῶν ἐστιν. ὃς γὰρ ἂν ποτίσῃ ὑμᾶς
ποτήριον ὕδατος ἐν ὀνόματι ὅτι Χριστοῦ ἐστε, ἀμὴν λέγω ὑμῖν ὅτι
οὐ μὴ ἀπολέσῃ τὸν μισθὸν αὐτοῦ.
42   Καὶ ὃς ἂν σκανδαλίσῃ ἕνα τῶν μικρῶν τούτων τῶν πιστευόντων,
καλόν ἐστιν αὐτῷ μᾶλλον εἰ περίκειται μύλος ὀνικὸς περὶ τὸν τράχηλον
43 αὐτοῦ καὶ βέβληται εἰς τὴν θάλασσαν. καὶ ἐὰν σκανδαλίσῃ σε ἡ χείρ
σου, ἀπόκοψον αὐτήν· καλόν ἐστίν σε κυλλὸν εἰσελθεῖν εἰς τὴν ζωήν, ἢ
τὰς δύο χεῖρας ἔχοντα ἀπελθεῖν εἰς τὴν γέενναν, εἰς τὸ πῦρ τὸ ἄσβεστον·ᵃ
45 καὶ ἐὰν ὁ πούς σου σκανδαλίζῃ σε, ἀπόκοψον αὐτόν· καλόν ἐστίν σε
εἰσελθεῖν εἰς τὴν ζωὴν χωλόν, ἢ τοὺς δύο πόδας ἔχοντα βληθῆναι εἰς τὴν
47 γέενναν.ᵇ καὶ ἐὰν ὁ ὀφθαλμός σου σκανδαλίζῃ σε, ἔκβαλε αὐτόν· καλόν
σέ ἐστιν μονόφθαλμον εἰσελθεῖν εἰς τὴν βασιλείαν τοῦ Θεοῦ, ἢ δύο
48 ὀφθαλμοὺς ἔχοντα βληθῆναι εἰς τὴν γέενναν, ὅπου ⌊ὁ σκώληξ αὐτῶν οὐ
τελευτᾷ καὶ τὸ πῦρ οὐ σβέννυται⌋.ᶜ
49   Πᾶς γὰρ πυρὶ ἁλισθήσεται.
50   Καλὸν τὸ ἅλας· ἐὰν δὲ τὸ ἅλας ἄναλον γένηται, ἐν τίνι αὐτὸ ἀρτύσετε;
51 Ἔχετε ἐν ἑαυτοῖς ἅλα καὶ εἰρηνεύετε ἐν ἀλλήλοις.

℃ Καὶ ἐκεῖθεν ἀναστὰς ἔρχεται εἰς τὰ ὅρια τῆς Ἰουδαίας καὶ πέραν τοῦ
Ἰορδάνου· καὶ συμπορεύονται πάλιν ὄχλοι πρὸς αὐτόν, καὶ ὡς εἰώθει

---

[a] add (44) ὅπου ὁ σκώληξ αὐτῶν οὐ τελευτᾷ καὶ τὸ πῦρ οὐ σβέννυται.   [b] add (46)
ὅπου ὁ σκώληξ αὐτῶν οὐ τελευτᾷ καὶ τὸ πῦρ οὐ σβέννυται.   [c] Is. 66. 24

πάλιν ἐδίδασκεν αὐτούς. καὶ^a ἐπηρώτων αὐτόν· Εἴ ἔξεστιν ἀνδρὶ ₂ γυναῖκα ἀπολῦσαι; πειράζοντες αὐτόν. ὁ δὲ ἀποκριθεὶς εἶπεν αὐτοῖς· ₃ Τί ὑμῖν ἐνετείλατο Μωϋσῆς; οἱ δὲ εἶπαν· Ἐπέτρεψεν Μωϋσῆς ⌊βιβλίον ₄ ἀποστασίου γράψαι καὶ ἀπολῦσαι⌋.^b ὁ δὲ Ἰησοῦς εἶπεν αὐτοῖς· Πρὸς ₅ τὴν σκληροκαρδίαν ὑμῶν ἔγραψεν ὑμῖν τὴν ἐντολὴν ταύτην· ἀπὸ δὲ ₆ ἀρχῆς κτίσεως ⌊ἄρσεν καὶ θῆλυ ἐποίησεν αὐτούς.

ἕνεκεν τούτου κατα- ₇ λείψει ἄνθρωπος τὸν πατέρα αὐτοῦ καὶ τὴν μητέρα, ^cκαὶ προσκολληθήσεται πρὸς τὴν γυναῖκα αὐτοῦ, καὶ ἔσονται οἱ δύο εἰς σάρκα ₈ μίαν·⌋^d ὥστε οὐκέτι εἰσὶν δύο ἀλλὰ μία σάρξ. ὃ ὁ Θεὸς συνέζευξεν, ₉ ἄνθρωπος μὴ χωριζέτω. Καὶ εἰς τὴν οἰκίαν πάλιν οἱ μαθηταὶ περὶ τούτου ἐπηρώτων αὐτόν. ₁₀ καὶ λέγει αὐτοῖς· Ὃς ἂν ἀπολύσῃ τὴν γυναῖκα αὐτοῦ καὶ γαμήσῃ ₁₁ ἄλλην, μοιχᾶται ἐπ᾽ αὐτήν· καὶ ἐὰν αὐτὴ ἀπολύσασα τὸν ἄνδρα αὐτῆς ₁₂ γαμήσῃ ἄλλον, μοιχᾶται. Καὶ προσέφερον αὐτῷ παιδία ἵνα αὐτῶν ἅψηται. οἱ δὲ μαθηταὶ ₁₃ ἐπετίμησαν αὐτοῖς. ἰδὼν δὲ ὁ Ἰησοῦς ἠγανάκτησεν καὶ εἶπεν αὐτοῖς· ₁₄ Ἄφετε τὰ παιδία ἔρχεσθαι πρός με· μὴ κωλύετε αὐτά, τῶν γὰρ τοιούτων ἐστὶν ἡ βασιλεία τοῦ Θεοῦ. ἀμὴν λέγω ὑμῖν, ὃς ἂν μὴ δέξηται τὴν ₁₅ βασιλείαν τοῦ Θεοῦ ὡς παιδίον, οὐ μὴ εἰσέλθῃ εἰς αὐτήν. καὶ ἐναγκα- ₁₆ λισάμενος αὐτὰ κατευλόγει τιθεὶς τὰς χεῖρας ἐπ᾽ αὐτά. Καὶ ἐκπορευομένου αὐτοῦ εἰς ὁδὸν προσδραμὼν εἷς καὶ γονυπετήσας ₁₇ αὐτὸν ἐπηρώτα αὐτόν· Διδάσκαλε ἀγαθέ, τί ποιήσω ἵνα ζωὴν αἰώνιον κληρονομήσω; ὁ δὲ Ἰησοῦς εἶπεν αὐτῷ· Τί με λέγεις ἀγαθόν; οὐδεὶς ₁₈ ἀγαθὸς εἰ μὴ εἷς ὁ Θεός. τὰς ἐντολὰς οἶδας· ⌊Μὴ φονεύσῃς, μὴ μοιχεύσῃς, ₁₉ μὴ κλέψῃς, μὴ ψευδομαρτυρήσῃς⌋, μὴ ἀποστερήσῃς, ⌊τίμα τὸν πατέρα σου καὶ τὴν μητέρα.⌋^e ὁ δὲ ἔφη αὐτῷ· Διδάσκαλε, ταῦτα πάντα ₂₀ ἐφυλαξάμην ἐκ νεότητός μου. ὁ δὲ Ἰησοῦς ἐμβλέψας αὐτῷ ἠγάπησεν ₂₁ αὐτὸν καὶ εἶπεν αὐτῷ· Ἕν σε ὑστερεῖ· ὕπαγε, ὅσα ἔχεις πώλησον καὶ δὸς τοῖς πτωχοῖς, καὶ ἕξεις θησαυρὸν ἐν οὐρανῷ· καὶ δεῦρο ἀκολούθει μοι. ὁ δὲ στυγνάσας ἐπὶ τῷ λόγῳ ἀπῆλθεν λυπούμενος, ἦν γὰρ ἔχων ₂₂ κτήματα πολλά. Καὶ περιβλεψάμενος ὁ Ἰησοῦς λέγει τοῖς μαθηταῖς αὐτοῦ· Πῶς δυσ- ₂₃ κόλως οἱ τὰ χρήματα ἔχοντες εἰς τὴν βασιλείαν τοῦ Θεοῦ εἰσελεύσονται. οἱ δὲ μαθηταὶ ἐθαμβοῦντο ἐπὶ τοῖς λόγοις αὐτοῦ. ὁ δὲ Ἰησοῦς πάλιν ₂₄ ἀποκριθεὶς λέγει αὐτοῖς· Τέκνα, πῶς δύσκολόν ἐστιν^f εἰς τὴν βασιλείαν τοῦ Θεοῦ εἰσελθεῖν· εὐκοπώτερόν ἐστιν κάμηλον διὰ τῆς τρυμαλιᾶς τῆς ₂₅

[a] add προσελθόντες Φαρισαῖοι   [b] Dt. 24. 1   [c] om. καὶ προσκολληθήσεται πρὸς τὴν γυναῖκα αὐτοῦ   [d] Gn. 1. 27; 2. 24   [e] Ex. 20. 12–16; Dt. 5. 16–20 [f] add τοὺς πεποιθότας ἐπὶ χρήμασιν

26 ῥαφίδος διελθεῖν ἢ πλούσιον εἰς τὴν βασιλείαν τοῦ Θεοῦ εἰσελθεῖν. οἱ δὲ
περισσῶς ἐξεπλήσσοντο λέγοντες πρὸς ἑαυτούς· Καὶ τίς δύναται σωθῆ-
27 ναι; ἐμβλέψας αὐτοῖς ὁ Ἰησοῦς λέγει· Παρὰ ἀνθρώποις ἀδύνατον, ἀλλ᾽
οὐ παρὰ Θεῷ· ⌊πάντα⌋ γὰρ ⌊δυνατὰ παρὰ τῷ Θεῷ.⌋ᵃ
28 Ἤρξατο λέγειν ὁ Πέτρος αὐτῷ· Ἰδοὺ ἡμεῖς ἀφήκαμεν πάντα καὶ
29 ἠκολουθήκαμέν σοι. ἔφη ὁ Ἰησοῦς· Ἀμὴν λέγω ὑμῖν, οὐδείς ἐστιν ὃς
ἀφῆκεν οἰκίαν ἢ ἀδελφοὺς ἢ ἀδελφὰς ἢ μητέρα ἢ πατέρα ἢ τέκνα ἢ
30 ἀγροὺς ἕνεκεν ἐμοῦ καὶ ἕνεκεν τοῦ εὐαγγελίου, ἐὰν μὴ λάβῃ ἑκατοντα-
πλασίονα ἐν τῷ καιρῷ τούτῳ οἰκίας καὶ ἀδελφοὺς καὶ ἀδελφὰς καὶ
μητέρας καὶ τέκνα καὶ ἀγροὺς μετὰ διωγμῶν, καὶ ἐν τῷ αἰῶνι τῷ
31 ἐρχομένῳ ζωὴν αἰώνιον. πολλοὶ δὲ ἔσονται πρῶτοι ἔσχατοι καὶ οἱ
ἔσχατοι πρῶτοι.

32 Ησαν δὲ ἐν τῇ ὁδῷ ἀναβαίνοντες εἰς Ἱεροσόλυμα, καὶ ἦν προάγων
αὐτοὺς ὁ Ἰησοῦς, καὶ ἐθαμβοῦντο, οἱ δὲ ἀκολουθοῦντες ἐφοβοῦντο.
καὶ παραλαβὼν πάλιν τοὺς δώδεκα ἤρξατο αὐτοῖς λέγειν τὰ μέλλοντα
33 αὐτῷ συμβαίνειν, ὅτι Ἰδοὺ ἀναβαίνομεν εἰς Ἱεροσόλυμα, καὶ ὁ Υἱὸς τοῦ
ἀνθρώπου παραδοθήσεται τοῖς ἀρχιερεῦσιν καὶ τοῖς γραμματεῦσιν,
καὶ κατακρινοῦσιν αὐτὸν θανάτῳ καὶ παραδώσουσιν αὐτὸν τοῖς ἔθνεσιν·
34 καὶ ἐμπαίξουσιν αὐτῷ καὶ ἐμπτύσουσιν αὐτῷ καὶ μαστιγώσουσιν
αὐτὸν καὶ ἀποκτενοῦσιν, καὶ μετὰ τρεῖς ἡμέρας ἀναστήσεται.
35 Καὶ προσπορεύονται αὐτῷ Ἰάκωβος καὶ Ἰωάννης οἱ υἱοὶ Ζεβεδαίου
λέγοντες αὐτῷ· Διδάσκαλε, θέλομεν ἵνα ὃ ἐὰν αἰτήσωμέν σε ποιήσῃς
36 37 ἡμῖν. ὁ δὲ εἶπεν αὐτοῖς· Τί θέλετε με ποιήσω ὑμῖν; οἱ δὲ εἶπαν αὐτῷ·
Δὸς ἡμῖν ἵνα εἷς σου ἐκ δεξιῶν καὶ εἷς ἐξ ἀριστερῶν καθίσωμεν ἐν τῇ
38 δόξῃ σου. ὁ δὲ Ἰησοῦς εἶπεν αὐτοῖς· Οὐκ οἴδατε τί αἰτεῖσθε. δύνασθε
πιεῖν τὸ ποτήριον ὃ ἐγὼ πίνω, ἢ τὸ βάπτισμα ὃ ἐγὼ βαπτίζομαι
39 βαπτισθῆναι; οἱ δὲ εἶπαν αὐτῷ· Δυνάμεθα. ὁ δὲ Ἰησοῦς εἶπεν αὐτοῖς·
Τὸ ποτήριον ὃ ἐγὼ πίνω πίεσθε, καὶ τὸ βάπτισμα ὃ ἐγὼ βαπτίζομαι
40 βαπτισθήσεσθε· τὸ δὲ καθίσαι ἐκ δεξιῶν μου ἢ ἐξ εὐωνύμων οὐκ ἔστιν
ἐμὸν δοῦναι, ἀλλ᾽ οἷς ἡτοίμασται.ᵇ
41 Καὶ ἀκούσαντες οἱ δέκα ἤρξαντο ἀγανακτεῖν περὶ Ἰακώβου καὶ
42 Ἰωάννου. καὶ προσκαλεσάμενος αὐτοὺς ὁ Ἰησοῦς λέγει αὐτοῖς· Οἴδατε
ὅτι οἱ δοκοῦντες ἄρχειν τῶν ἐθνῶν κατακυριεύουσιν αὐτῶν, καὶ οἱ
43 μεγάλοι αὐτῶν κατεξουσιάζουσιν αὐτῶν. οὐχ οὕτως δέ ἐστιν ἐν ὑμῖν·
44 ἀλλ᾽ ὃς ἂν θέλῃ μέγας γενέσθαι ἐν ὑμῖν, ἔσται ὑμῶν διάκονος, καὶ ὃς ἂν
45 θέλῃ ἐν ὑμῖν εἶναι πρῶτος, ἔσται πάντων δοῦλος· καὶ γὰρ ὁ Υἱὸς τοῦ

[a] Gn. 18. 14; Job 42. 2; Zech. 8. 6 LXX   [b] add ὑπὸ τοῦ πατρός μου

ἀνθρώπου οὐκ ἦλθεν διακονηθῆναι ἀλλὰ διακονῆσαι καὶ δοῦναι τὴν ψυχὴν αὐτοῦ λύτρον ἀντὶ πολλῶν.

Καὶ ἔρχονται εἰς Ἰεριχώ. καὶ ἐκπορευομένου αὐτοῦ ἀπὸ Ἰεριχὼ καὶ 46 τῶν μαθητῶν αὐτοῦ καὶ ὄχλου ἱκανοῦ ὁ υἱὸς Τιμαίου Βαρτιμαῖος, τυφλὸς προσαίτης, ἐκάθητο παρὰ τὴν ὁδόν. καὶ ἀκούσας ὅτι Ἰησοῦς 47 ὁ Ναζαρηνός ἐστιν ἤρξατο κράζειν καὶ λέγειν· Υἱὲ Δαυίδ, Ἰησοῦ, 48 ἐλέησόν με. καὶ ἐπετίμων αὐτῷ πολλοὶ ἵνα σιωπήσῃ· ὁ δὲ πολλῷ μᾶλλον ἔκραζεν· Υἱὲ Δαυίδ, ἐλέησόν με. καὶ στὰς ὁ Ἰησοῦς εἶπεν· Φωνήσατε 49 αὐτόν. καὶ φωνοῦσιν τὸν τυφλὸν λέγοντες αὐτῷ· Θάρσει, ἔγειρε, φωνεῖ σε. ὁ δὲ ἀποβαλὼν τὸ ἱμάτιον αὐτοῦ ἀναπηδήσας ἦλθεν πρὸς τὸν 50 Ἰησοῦν. καὶ ἀποκριθεὶς αὐτῷ ὁ Ἰησοῦς εἶπεν· Τί σοι θέλεις ποιήσω; 51 ὁ δὲ τυφλὸς εἶπεν αὐτῷ· Ῥαββουνί, ἵνα ἀναβλέψω. καὶ ὁ Ἰησοῦς εἶπεν 52 αὐτῷ· Ὕπαγε, ἡ πίστις σου σέσωκέν σε. καὶ εὐθὺς ἀνέβλεψεν, καὶ ἠκολούθει αὐτῷ ἐν τῇ ὁδῷ.

❡ Καὶ ὅτε ἐγγίζουσιν εἰς Ἰεροσόλυμα εἰς Βηθφαγὴ καὶ Βηθανίαν πρὸς 11 τὸ ὄρος τῶν Ἐλαιῶν, ἀποστέλλει δύο τῶν μαθητῶν αὐτοῦ καὶ λέγει αὐτοῖς· Ὑπάγετε εἰς τὴν κώμην τὴν κατέναντι ὑμῶν, καὶ εὐθὺς εἰσ- 2 πορευόμενοι εἰς αὐτὴν εὑρήσετε πῶλον δεδεμένον ἐφ᾽ ὃν οὐδεὶς οὔπω ἀνθρώπων ἐκάθισεν· λύσατε αὐτὸν καὶ φέρετε. καὶ ἐάν τις ὑμῖν εἴπῃ· 3 Τί ποιεῖτε τοῦτο; εἴπατε· Ὁ [a] Κύριος αὐτοῦ χρείαν ἔχει καὶ εὐθὺς αὐτὸν ἀποστέλλει πάλιν ὧδε. καὶ ἀπῆλθον καὶ εὗρον τὸν πῶλον δεδεμένον 4 πρὸς θύραν ἔξω ἐπὶ τοῦ ἀμφόδου, καὶ λύουσιν αὐτόν. καί τινες τῶν 5 ἐκεῖ ἑστηκότων ἔλεγον αὐτοῖς· Τί ποιεῖτε λύοντες τὸν πῶλον; οἱ δὲ 6 εἶπαν αὐτοῖς καθὼς εἶπεν ὁ Ἰησοῦς· καὶ ἀφῆκαν αὐτούς. καὶ φέρουσιν 7 τὸν πῶλον πρὸς τὸν Ἰησοῦν, καὶ ἐπιβάλλουσιν αὐτῷ τὰ ἱμάτια αὐτῶν, καὶ ἐκάθισεν ἐπ᾽ αὐτόν. καὶ πολλοὶ τὰ ἱμάτια αὐτῶν ἔστρωσαν εἰς τὴν 8 ὁδόν, ἄλλοι δὲ στιβάδας, κόψαντες ἐκ τῶν ἀγρῶν. καὶ οἱ προάγοντες 9 καὶ οἱ ἀκολουθοῦντες ἔκραζον· ⌊Ὡσαννά· εὐλογημένος ὁ ἐρχόμενος ἐν 10 ὀνόματι Κυρίου·⌋[b] εὐλογημένη ἡ ἐρχομένη βασιλεία τοῦ πατρὸς ἡμῶν Δαυίδ. ⌊Ὡσαννὰ⌋ ἐν τοῖς ὑψίστοις.

Καὶ εἰσῆλθεν εἰς Ἰεροσόλυμα εἰς τὸ ἱερόν· καὶ περιβλεψάμενος πάντα, 11 ὀψὲ ἤδη οὔσης τῆς ὥρας, ἐξῆλθεν εἰς Βηθανίαν μετὰ τῶν δώδεκα.

Καὶ τῇ ἐπαύριον ἐξελθόντων αὐτῶν ἀπὸ Βηθανίας ἐπείνασεν. καὶ 12 13 ἰδὼν συκῆν ἀπὸ μακρόθεν ἔχουσαν φύλλα ἦλθεν εἰ ἄρα τι εὑρήσει ἐν αὐτῇ. καὶ ἐλθὼν ἐπ᾽ αὐτὴν οὐδὲν εὗρεν εἰ μὴ φύλλα, ὁ γὰρ καιρὸς οὐκ ἦν σύκων. καὶ ἀποκριθεὶς εἶπεν αὐτῇ· Μηκέτι εἰς τὸν αἰῶνα ἐκ σοῦ 14 μηδεὶς καρπὸν φάγοι. καὶ ἤκουον οἱ μαθηταὶ αὐτοῦ.

[a] κύριος   [b] Ps. 118. 25, 26

15 Καὶ ἔρχονται εἰς Ἱεροσόλυμα· καὶ εἰσελθὼν εἰς τὸ ἱερὸν ἤρξατο ἐκβάλ-
λειν τοὺς πωλοῦντας καὶ τοὺς ἀγοράζοντας ἐν τῷ ἱερῷ· καὶ τὰς τραπέ-
ζας τῶν κολλυβιστῶν καὶ τὰς καθέδρας τῶν πωλούντων τὰς περιστερὰς
16 17 κατέστρεψεν, καὶ οὐκ ἤφιεν ἵνα τις διενέγκη σκεῦος διὰ τοῦ ἱεροῦ. καὶ
ἐδίδασκεν καὶ ἔλεγεν αὐτοῖς· Οὐ γέγραπται ὅτι ⌊Ὁ οἶκός μου οἶκος
προσευχῆς κληθήσεται πᾶσιν τοῖς ἔθνεσιν⌋;ᵃ ὑμεῖς δὲ πεποιήκατε αὐτὸν
18 ⌊σπήλαιον λῃστῶν⌋.ᵇ καὶ ἤκουσαν οἱ ἀρχιερεῖς καὶ οἱ γραμματεῖς, καὶ
ἐζήτουν πῶς αὐτὸν ἀπολέσωσιν· ἐφοβοῦντο γὰρ αὐτόν, πᾶς γὰρ ὁ
19 ὄχλος ἐξεπλήσσετο ἐπὶ τῇ διδαχῇ αὐτοῦ. καὶ ὅταν ὀψὲ ἐγένετο,
ἐξεπορεύοντο ἔξω τῆς πόλεως.
20 Καὶ παραπορευόμενοι πρωῒ εἶδον τὴν συκῆν ἐξηραμμένην ἐκ ῥιζῶν.
21 καὶ ἀναμνησθεὶς ὁ Πέτρος λέγει αὐτῷ· Ῥαββί, ἴδε ἡ συκῆ ἣν κατηράσω
22 ἐξήρανται. καὶ ἀποκριθεὶς ὁ Ἰησοῦς λέγει αὐτοῖς· Ἔχετε πίστιν Θεοῦ.
23 ἀμὴν λέγω ὑμῖν ὅτι ὃς ἂν εἴπη τῷ ὄρει τούτῳ· Ἄρθητι καὶ βλήθητι εἰς
τὴν θάλασσαν, καὶ μὴ διακριθῇ ἐν τῇ καρδίᾳ αὐτοῦ ἀλλὰ πιστεύῃ ὅτι
24 ὃ λαλεῖ γίνεται, ἔσται αὐτῷ. διὰ τοῦτο λέγω ὑμῖν, πάντα ὅσα προσεύ-
χεσθε καὶ αἰτεῖσθε, πιστεύετε ὅτι ἐλάβετε, καὶ ἔσται ὑμῖν.
25 Καὶ ὅταν στήκετε προσευχόμενοι, ἀφίετε εἴ τι ἔχετε κατά τινος, ἵνα
καὶ ὁ Πατὴρ ὑμῶν ὁ ἐν τοῖς οὐρανοῖς ἀφῇ ὑμῖν τὰ παραπτώματα
ὑμῶν.ᶜ

27 ❰ Καὶ ἔρχονται πάλιν εἰς Ἱεροσόλυμα. καὶ ἐν τῷ ἱερῷ περιπατοῦντος
αὐτοῦ ἔρχονται πρὸς αὐτὸν οἱ ἀρχιερεῖς καὶ οἱ γραμματεῖς καὶ οἱ
28 πρεσβύτεροι, καὶ ἔλεγον αὐτῷ· Ἐν ποίᾳ ἐξουσίᾳ ταῦτα ποιεῖς; ἢ τίς
29 σοι ἔδωκεν τὴν ἐξουσίαν ταύτην ἵνα ταῦτα ποιῆς; ὁ δὲ Ἰησοῦς εἶπεν
αὐτοῖς· Ἐπερωτήσω ὑμᾶς ἕνα λόγον, καὶ ἀποκρίθητέ μοι, καὶ ἐρῶ
30 ὑμῖν ἐν ποίᾳ ἐξουσίᾳ ταῦτα ποιῶ. τὸ βάπτισμα τὸ Ἰωάννου ἐξ οὐρανοῦ
31 ἦν ἢ ἐξ ἀνθρώπων; ἀποκρίθητέ μοι. καὶ διελογίζοντο πρὸς ἑαυτοὺς
λέγοντες· Τί εἴπωμεν; ἐὰν εἴπωμεν· Ἐξ οὐρανοῦ, ἐρεῖ· Διὰ τί οὖν οὐκ
32 ἐπιστεύσατε αὐτῷ; ἀλλὰ εἴπωμεν· Ἐξ ἀνθρώπων;—ἐφοβοῦντο τὸν
33 ὄχλον, ἅπαντες γὰρ εἶχον τὸν Ἰωάννην ὄντως ὅτι προφήτης ἦν. καὶ
ἀποκριθέντες τῷ Ἰησοῦ λέγουσιν· Οὐκ οἴδαμεν. καὶ ὁ Ἰησοῦς λέγει
αὐτοῖς· Οὐδὲ ἐγὼ λέγω ὑμῖν ἐν ποίᾳ ἐξουσίᾳ ταῦτα ποιῶ.
12 Καὶ ἤρξατο αὐτοῖς ἐν παραβολαῖς λαλεῖν. ⌊Ἀμπελῶνα⌋ ἄνθρωπος
⌊ἐφύτευσεν, καὶ περιέθηκεν φραγμὸν καὶ ὤρυξεν ὑπολήνιον καὶ ᾠκοδό-
2 μησεν πύργον⌋·ᵈ καὶ ἐξέδοτο αὐτὸν γεωργοῖς καὶ ἀπεδήμησεν. καὶ
ἀπέστειλεν πρὸς τοὺς γεωργοὺς τῷ καιρῷ δοῦλον ἵνα παρὰ τῶν

[a] Is. 56. 7   [b] Jer. 7. 11   (c) add (26) εἰ δὲ ὑμεῖς οὐκ ἀφίετε, οὐδὲ ὁ Πατὴρ
ὑμῶν ὁ ἐν τοῖς οὐρανοῖς ἀφήσει τὰ παραπτώματα ὑμῶν.   [d] Is. 5. 1, 2

γεωργῶν λάβῃ ἀπὸ τῶν καρπῶν τοῦ ἀμπελῶνος· καὶ λαβόντες αὐτὸν 3
ἔδειραν, καὶ ἀπέστειλαν κενόν. καὶ πάλιν ἀπέστειλεν πρὸς αὐτοὺς ἄλλον 4
δοῦλον, κἀκεῖνον ἐκεφαλαίωσαν καὶ ἠτίμασαν. καὶ ἄλλον ἀπέστειλεν, 5
κἀκεῖνον ἀπέκτειναν, καὶ πολλοὺς ἄλλους, οὓς μὲν δέροντες, οὓς δὲ
ἀποκτέννοντες. ἔτι ἕνα εἶχεν, υἱὸν ἀγαπητόν. ἀπέστειλεν αὐτὸν ἔσχα- 6
τον λέγων ὅτι Ἐντραπήσονται τὸν υἱόν μου. ἐκεῖνοι δὲ οἱ γεωργοὶ 7
πρὸς ἑαυτοὺς εἶπαν ὅτι Οὗτός ἐστιν ὁ κληρονόμος· δεῦτε, ἀποκτείνωμεν
αὐτόν, καὶ ἡμῶν ἔσται ἡ κληρονομία. καὶ λαβόντες ἀπέκτειναν αὐτόν, 8
καὶ ἐξέβαλον αὐτὸν ἔξω τοῦ ἀμπελῶνος. τί ποιήσει ὁ κύριος τοῦ 9
ἀμπελῶνος; ἐλεύσεται καὶ ἀπολέσει τοὺς γεωργοὺς καὶ δώσει τὸν
ἀμπελῶνα ἄλλοις.

Οὐδὲ τὴν γραφὴν ταύτην ἀνέγνωτε· ⌊Λίθον ὃν ἀπεδοκίμασαν οἱ 10
οἰκοδομοῦντες, οὗτος ἐγενήθη εἰς κεφαλὴν γωνίας· παρὰ Κυρίου ἐγένετο 11
αὕτη, καὶ ἔστιν θαυμαστὴ ἐν ὀφθαλμοῖς ἡμῶν⌋;[a]

Καὶ ἐζήτουν αὐτὸν κρατῆσαι, καὶ ἐφοβήθησαν τὸν ὄχλον· ἔγνωσαν 12
γὰρ ὅτι πρὸς αὐτοὺς τὴν παραβολὴν εἶπεν. καὶ ἀφέντες αὐτὸν ἀπῆλθον.

❰ Καὶ ἀποστέλλουσιν πρὸς αὐτόν τινας τῶν Φαρισαίων καὶ τῶν 13
Ἡρῳδιανῶν ἵνα αὐτὸν ἀγρεύσωσιν λόγῳ. καὶ ἐλθόντες λέγουσιν αὐτῷ· 14
Διδάσκαλε, οἴδαμεν ὅτι ἀληθὴς εἶ καὶ οὐ μέλει σοι περὶ οὐδενός· οὐ γὰρ
βλέπεις εἰς πρόσωπον ἀνθρώπων, ἀλλ' ἐπ' ἀληθείας τὴν ὁδὸν τοῦ Θεοῦ
διδάσκεις· ἔξεστιν δοῦναι κῆνσον Καίσαρι ἢ οὔ; δῶμεν ἢ μὴ δῶμεν; ὁ δὲ 15
εἰδὼς αὐτῶν τὴν ὑπόκρισιν εἶπεν αὐτοῖς· Τί με πειράζετε; φέρετέ μοι
δηνάριον ἵνα ἴδω. οἱ δὲ ἤνεγκαν, καὶ λέγει αὐτοῖς· Τίνος ἡ εἰκὼν αὕτη 16
καὶ ἡ ἐπιγραφή; οἱ δὲ εἶπαν αὐτῷ· Καίσαρος. ὁ δὲ Ἰησοῦς εἶπεν· Τὰ 17
Καίσαρος ἀπόδοτε Καίσαρι, καὶ τὰ τοῦ Θεοῦ τῷ Θεῷ. καὶ ἐξεθαύμαζον
ἐπ' αὐτῷ.

Καὶ ἔρχονται Σαδδουκαῖοι πρὸς αὐτόν (οἵτινες λέγουσιν ἀνάστασιν 18
μὴ εἶναι), καὶ ἐπηρώτων αὐτὸν λέγοντες· Διδάσκαλε, Μωϋσῆς ἔγραψεν 19
ἡμῖν ὅτι ⌊ἐάν τινος ἀδελφὸς ἀποθάνῃ⌋ καὶ καταλίπῃ γυναῖκα ⌊καὶ μὴ
ἀφῇ τέκνον⌋, ἵνα ⌊λάβῃ ὁ ἀδελφὸς αὐτοῦ τὴν γυναῖκα καὶ ἐξαναστήσῃ
σπέρμα τῷ ἀδελφῷ αὐτοῦ⌋.[b] ἑπτὰ ἀδελφοὶ ἦσαν· καὶ ὁ πρῶτος ἔλαβεν 20
γυναῖκα, καὶ ἀποθνήσκων οὐκ ἀφῆκεν σπέρμα. καὶ ὁ δεύτερος ἔλαβεν 21
αὐτήν, καὶ ἀπέθανεν μὴ καταλιπὼν σπέρμα. καὶ ὁ τρίτος ὡσαύτως· 22
καὶ οἱ ἑπτὰ οὐκ ἀφῆκαν σπέρμα. ἔσχατον πάντων καὶ ἡ γυνὴ ἀπέθανεν.
ἐν τῇ ἀναστάσει, ὅταν ἀναστῶσιν, τίνος αὐτῶν ἔσται γυνή, οἱ γὰρ 23
ἑπτὰ ἔσχον αὐτὴν γυναῖκα; ἔφη αὐτοῖς ὁ Ἰησοῦς· Οὐ διὰ τοῦτο 24
πλανᾶσθε μὴ εἰδότες τὰς γραφὰς μηδὲ τὴν δύναμιν τοῦ Θεοῦ; ὅταν γὰρ 25

[a] Ps. 118. 22, 23   [b] Dt. 25. 5, 6

ἐκ νεκρῶν ἀναστῶσιν, οὔτε γαμοῦσιν οὔτε γαμίζονται, ἀλλ᾽ εἰσὶν ὡς
ἄγγελοι ἐν τοῖς οὐρανοῖς.

26 Περὶ δὲ τῶν νεκρῶν ὅτι ἐγείρονται, οὐκ ἀνέγνωτε ἐν τῇ βίβλῳ
Μωϋσέως ἐπὶ τοῦ βάτου πῶς εἶπεν αὐτῷ ὁ Θεὸς λέγων· ⌊Ἐγὼ ὁ Θεὸς
27 Ἀβραὰμ καὶ ὁ Θεὸς Ἰσαὰκ καὶ ὁ Θεὸς Ἰακώβ⌋; [a] οὐκ ἔστιν Θεὸς νεκρῶν
ἀλλὰ ζώντων. πολὺ πλανᾶσθε.

28 Καὶ προσελθὼν εἷς τῶν γραμματέων, ἀκούσας αὐτῶν συζητούντων,
εἰδὼς ὅτι καλῶς ἀπεκρίθη αὐτοῖς, ἐπερώτησεν αὐτόν· Ποία ἐστὶν ἐντολὴ
29 πρώτη πάντων; ἀπεκρίθη ὁ Ἰησοῦς ὅτι Πρώτη ἐστίν· ⌊Ἄκουε, Ἰσραήλ,
30 Κύριος ὁ Θεὸς ἡμῶν Κύριος εἷς ἐστιν, καὶ ἀγαπήσεις Κύριον τὸν Θεόν σου
ἐξ ὅλης τῆς καρδίας σου καὶ ἐξ ὅλης τῆς ψυχῆς σου⌋ καὶ ἐξ ὅλης τῆς
31 διανοίας σου ⌊καὶ ἐξ ὅλης τῆς ἰσχύος σου.⌋ [b] δευτέρα αὕτη· ⌊Ἀγαπήσεις
τὸν πλησίον σου ὡς σεαυτόν.⌋ [c] μείζων τούτων ἄλλη ἐντολὴ οὐκ ἔστιν.
32 καὶ εἶπεν αὐτῷ ὁ γραμματεύς· Καλῶς, διδάσκαλε. ἐπ᾽ ἀληθείας εἶπες
33 ὅτι ⌊Εἷς ἐστιν ὁ Θεὸς καὶ οὐκ ἔστιν ἄλλος πλὴν αὐτοῦ·⌋ καὶ τὸ ⌊ἀγαπᾶν
αὐτὸν ἐξ ὅλης τῆς καρδίας⌋ καὶ ⌊ἐξ ὅλης τῆς συνέσεως καὶ ἐξ ὅλης τῆς
ἰσχύος⌋, καὶ τὸ ⌊ἀγαπᾶν τὸν πλησίον ὡς ἑαυτὸν⌋ περισσότερόν ἐστιν
34 πάντων ⌊τῶν ὁλοκαυτωμάτων καὶ θυσιῶν⌋. [d] καὶ ὁ Ἰησοῦς, ἰδὼν ὅτι
νουνεχῶς ἀπεκρίθη, εἶπεν αὐτῷ· Οὐ μακρὰν εἶ ἀπὸ τῆς βασιλείας
τοῦ Θεοῦ.

35 Καὶ οὐδεὶς οὐκέτι ἐτόλμα αὐτὸν ἐπερωτῆσαι· καὶ ἀποκριθεὶς ὁ Ἰησοῦς
ἔλεγεν διδάσκων ἐν τῷ ἱερῷ· Πῶς λέγουσιν οἱ γραμματεῖς ὅτι ὁ Χριστὸς
36 Υἱὸς Δαυὶδ ἐστιν; αὐτὸς Δαυὶδ εἶπεν ἐν τῷ Πνεύματι τῷ Ἁγίῳ· ⌊Εἶπεν
ὁ Κύριος τῷ Κυρίῳ μου· Κάθου ἐκ δεξιῶν μου ἕως ἂν θῶ τοὺς ἐχθρούς
37 σου ὑποκάτω τῶν ποδῶν σου.⌋ [e] αὐτὸς Δαυὶδ λέγει αὐτὸν Κύριον, καὶ
πόθεν αὐτοῦ ἐστιν υἱός;

38 Καὶ ὁ πολὺς ὄχλος ἤκουεν αὐτοῦ ἡδέως. καὶ ἐν τῇ διδαχῇ αὐτοῦ
ἔλεγεν· Βλέπετε ἀπὸ τῶν γραμματέων τῶν θελόντων ἐν στολαῖς περι-
39 πατεῖν καὶ ἀσπασμοὺς ἐν ταῖς ἀγοραῖς καὶ πρωτοκαθεδρίας ἐν ταῖς
40 συναγωγαῖς καὶ πρωτοκλισίας ἐν τοῖς δείπνοις· οἱ κατέσθοντες τὰς
οἰκίας τῶν χηρῶν καὶ προφάσει μακρὰ προσευχόμενοι, οὗτοι λήμψονται
περισσότερον κρίμα.

41 Καὶ ἑστὼς κατέναντι τοῦ γαζοφυλακείου ἐθεώρει πῶς ὁ ὄχλος βάλλει
42 χαλκὸν εἰς τὸ γαζοφυλακεῖον· καὶ πολλοὶ πλούσιοι ἔβαλλον πολλά· καὶ
43 ἐλθοῦσα μία χήρα πτωχὴ ἔβαλεν λεπτὰ δύο, ὅ ἐστιν κοδράντης. καὶ
προσκαλεσάμενος τοὺς μαθητὰς αὐτοῦ εἶπεν αὐτοῖς· Ἀμὴν λέγω ὑμῖν
44 ὅτι ἡ χήρα αὕτη ἡ πτωχὴ πλεῖον πάντων ἔβαλεν· πάντες γὰρ ἐκ τοῦ

[a] Ex. 3. 2, 6   [b] Dt. 6. 4, 5   [c] Lv. 19. 18   [d] 1 Sam. 15. 22
[e] Ps. 110. 1

περισσεύοντος αὐτοῖς ἔβαλον, αὕτη δὲ ἐκ τῆς ὑστερήσεως αὐτῆς πάντα ὅσα εἶχεν ἔβαλεν, ὅλον τὸν βίον αὐτῆς.

❡ Καὶ ἐκπορευομένου αὐτοῦ ἐκ τοῦ ἱεροῦ λέγει αὐτῷ εἷς τῶν μαθητῶν 13 αὐτοῦ· Διδάσκαλε, ἴδε ποταποὶ λίθοι καὶ ποταπαὶ οἰκοδομαί. καὶ ὁ 2 Ἰησοῦς εἶπεν αὐτῷ· Βλέπεις ταύτας τὰς μεγάλας οἰκοδομάς; οὐ μὴ ἀφεθῇ λίθος ἐπὶ λίθον ὃς οὐ μὴ καταλυθῇ.

Καὶ καθημένου αὐτοῦ εἰς τὸ ὄρος τῶν Ἐλαιῶν κατέναντι τοῦ ἱεροῦ, 3 ἐπηρώτα αὐτὸν κατ' ἰδίαν Πέτρος καὶ Ἰάκωβος καὶ Ἰωάννης καὶ Ἀνδρέας· Εἰπὸν ἡμῖν, πότε ταῦτα ἔσται; καὶ τί τὸ σημεῖον ὅταν μέλλῃ 4 ταῦτα συντελεῖσθαι πάντα; Ὁ δὲ Ἰησοῦς ἤρξατο λέγειν αὐτοῖς· Βλέπετε μή τις ὑμᾶς πλανήσῃ. 5 πολλοὶ ἐλεύσονται ἐπὶ τῷ ὀνόματί μου λέγοντες ὅτι Ἐγώ εἰμι, καὶ 6 πολλοὺς πλανήσουσιν. Ὅταν δὲ ἀκούσητε πολέμους καὶ ἀκοὰς πολέμων, μὴ θροεῖσθε· ⌊δεῖ 7 γενέσθαι⌋, ἀλλ' οὔπω τὸ τέλος. ⌊ἐγερθήσεται⌋ γὰρ ⌊ἔθνος ἐπ' ἔθνος καὶ 8 βασιλεία ἐπὶ βασιλείαν·⌋ᵃ ἔσονται σεισμοὶ κατὰ τόπους, ἔσονται λιμοί. ἀρχὴ ὠδίνων ταῦτα.

Βλέπετε δὲ ὑμεῖς ἑαυτούς· παραδώσουσιν ὑμᾶς εἰς συνέδρια, καὶ εἰς 9 συναγωγὰς δαρήσεσθε, καὶ ἐπὶ ἡγεμόνων καὶ βασιλέων σταθήσεσθε ἕνεκεν ἐμοῦ εἰς μαρτύριον αὐτοῖς. καὶ εἰς πάντα τὰ ἔθνη πρῶτον δεῖ 10 κηρυχθῆναι τὸ εὐαγγέλιον. καὶ ὅταν ἄγωσιν ὑμᾶς παραδιδόντες, μὴ 11 προμεριμνᾶτε τί λαλήσητε, ἀλλ' ὃ ἐὰν δοθῇ ὑμῖν ἐν ἐκείνῃ τῇ ὥρᾳ, τοῦτο λαλεῖτε· οὐ γάρ ἐστε ὑμεῖς οἱ λαλοῦντες ἀλλὰ τὸ Πνεῦμα τὸ Ἅγιον. καὶ παραδώσει ἀδελφὸς ἀδελφὸν εἰς θάνατον, καὶ πατὴρ τέκνον· 12 καὶ ⌊ἐπαναστήσονται τέκνα ἐπὶ γονεῖς⌋ᵇ καὶ θανατώσουσιν αὐτούς. καὶ 13 ἔσεσθε μισούμενοι ὑπὸ πάντων διὰ τὸ ὄνομά μου· ὁ δὲ ὑπομείνας εἰς τέλος, οὗτος σωθήσεται.

Ὅταν δὲ ἴδητε ⌊τὸ βδέλυγμα τῆς ἐρημώσεως⌋ᶜ ἑστηκότα ὅπου οὐ δεῖ 14 (ὁ ἀναγινώσκων νοείτω), τότε οἱ ἐν τῇ Ἰουδαίᾳ φευγέτωσαν εἰς τὰ ὄρη. ὁ ἐπὶ τοῦ δώματος μὴ καταβάτω μηδὲ εἰσελθάτω τι ἆραι ἐκ τῆς 15 οἰκίας αὐτοῦ, καὶ ὁ εἰς τὸν ἀγρὸν μὴ ἐπιστρεψάτω εἰς τὰ ὀπίσω ἆραι τὸ 16 ἱμάτιον αὐτοῦ. οὐαὶ δὲ ταῖς ἐν γαστρὶ ἐχούσαις καὶ ταῖς θηλαζούσαις ἐν 17 ἐκείναις ταῖς ἡμέραις. προσεύχεσθε δὲ ἵνα μὴ γένηται χειμῶνος. ἔσονται 18 19 γὰρ αἱ ἡμέραι ἐκεῖναι ⌊θλῖψις, οἵα οὐ γέγονεν τοιαύτη ἀπ' ἀρχῆς κτίσεως⌋ ἣν ἔκτισεν ὁ Θεὸς ⌊ἕως τοῦ νῦν⌋,ᵈ καὶ οὐ μὴ γένηται. καὶ εἰ μὴ 20 ἐκολόβωσεν Κύριος τὰς ἡμέρας, οὐκ ἂν ἐσώθη πᾶσα σάρξ· ἀλλὰ διὰ τοὺς ἐκλεκτοὺς οὓς ἐξελέξατο ἐκολόβωσεν τὰς ἡμέρας.

[a] Is. 19. 2   [b] Mic. 7. 6   [c] Dn. 9. 27   [d] Dn. 12. 1

21 Καὶ τότε ἐάν τις ὑμῖν εἴπῃ· Ἴδε ὧδε ὁ Χριστός, ἢ Ἴδε ἐκεῖ, μὴ πιστεύετε.
22 ἐγερθήσονται γὰρ ψευδόχριστοι καὶ ⌊ψευδοπροφῆται⌋, καὶ ⌊ποιήσουσιν
σημεῖα καὶ τέρατα⌋ᵃ πρὸς τὸ ἀποπλανᾶν, εἰ δυνατόν, τοὺς ἐκλεκτούς.
23 ὑμεῖς δὲ βλέπετε· προείρηκα ὑμῖν πάντα.
24 Ἀλλὰ ἐν ἐκείναις ταῖς ἡμέραις μετὰ τὴν θλῖψιν ἐκείνην ⌊ὁ ἥλιος
25 σκοτισθήσεται, καὶ ἡ σελήνη οὐ δώσει τὸ φέγγος αὐτῆς·ᵇ καὶ οἱ ἀστέρες
ἔσονται⌋ ἐκ τοῦ οὐρανοῦ ⌊πίπτοντες⌋, καὶ ⌊αἱ δυνάμεις αἱ ἐν τοῖς
26 οὐρανοῖς⌋ᶜ σαλευ⌊θήσονται⌋. καὶ τότε ὄψονται ⌊τὸν Υἱὸν τοῦ ἀνθρώπου
27 ἐρχόμενον ἐν νεφέλαις⌋ᵈ μετὰ δυνάμεως πολλῆς καὶ δόξης. καὶ τότε
ἀποστελεῖ τοὺς ἀγγέλους καὶ ⌊ἐπισυνάξει⌋ τοὺς ἐκλεκτοὺς αὐτοῦ ⌊ἐκ
τῶν τεσσάρων ἀνέμων ἀπ' ἄκρου⌋ γῆς ⌊ἕως ἄκρου οὐρανοῦ⌋.ᵉ
28 Ἀπὸ δὲ τῆς συκῆς μάθετε τὴν παραβολήν. ὅταν ἤδη ὁ κλάδος αὐτῆς
ἁπαλὸς γένηται καὶ ἐκφύῃ τὰ φύλλα, γινώσκετε ὅτι ἐγγὺς τὸ θέρος
29 ἐστίν· οὕτως καὶ ὑμεῖς, ὅταν ἴδητε ταῦτα γινόμενα, γινώσκετε ὅτι
30 ἐγγύς ἐστιν ἐπὶ θύραις. ἀμὴν λέγω ὑμῖν ὅτι οὐ μὴ παρέλθῃ ἡ γενεὰ αὕτη
31 μέχρις οὗ ταῦτα πάντα γένηται· ὁ οὐρανὸς καὶ ἡ γῆ παρελεύσονται, οἱ
δὲ λόγοι μου οὐ παρελεύσονται.
32 Περὶ δὲ τῆς ἡμέρας ἐκείνης ἢ τῆς ὥρας οὐδεὶς οἶδεν, οὐδὲ οἱ ἄγγελοι
ἐν οὐρανῷ οὐδὲ ὁ Υἱός, εἰ μὴ ὁ Πατήρ.
33 34 Βλέπετε, ἀγρυπνεῖτε.ᶠ οὐκ οἴδατε γὰρ πότε ὁ καιρός ἐστιν. ὡς
ἄνθρωπος ἀπόδημος ἀφεὶς τὴν οἰκίαν αὐτοῦ καὶ δοὺς τοῖς δούλοις
αὐτοῦ τὴν ἐξουσίαν, ἑκάστῳ τὸ ἔργον αὐτοῦ, καὶ τῷ θυρωρῷ ἐνετείλατο
35 ἵνα γρηγορῇ. γρηγορεῖτε οὖν, οὐκ οἴδατε γὰρ πότε ὁ κύριος τῆς οἰκίας
36 ἔρχεται, ἢ ὀψὲ ἢ μεσονύκτιον ἢ ἀλεκτοροφωνίας ἢ πρωΐ, μὴ ἐλθὼν
37 ἐξαίφνης εὕρῃ ὑμᾶς καθεύδοντας. ὃ δὲ ὑμῖν λέγω, πᾶσιν λέγω· Γρηγο-
ρεῖτε.

14 Ἦν δὲ τὸ πάσχα καὶ τὰ ἄζυμα μετὰ δύο ἡμέρας· καὶ ἐζήτουν οἱ
ἀρχιερεῖς καὶ οἱ γραμματεῖς πῶς αὐτὸν ἐν δόλῳ κρατήσαντες
2 ἀποκτείνωσιν. ἔλεγον γάρ· Μὴ ἐν τῇ ἑορτῇ, μήποτε ἔσται θόρυβος τοῦ
λαοῦ.
3 Καὶ ὄντος αὐτοῦ ἐν Βηθανίᾳ ἐν τῇ οἰκίᾳ Σίμωνος τοῦ λεπροῦ, κατα-
κειμένου αὐτοῦ ἦλθεν γυνὴ ἔχουσα ἀλάβαστρον μύρου νάρδου πιστικῆς
πολυτελοῦς· συντρίψασα τὴν ἀλάβαστρον κατέχεεν αὐτοῦ τῆς κεφαλῆς.
4 ἦσαν δέ τινες ἀγανακτοῦντες πρὸς ἑαυτούς· Εἰς τί ἡ ἀπώλεια αὕτη γέγο-
5 νεν; ἠδύνατο γὰρ τοῦτο τὸ μύρον ᵍ πραθῆναι δηναρίων τριακοσίων

[a] Dt. 13. 2   [b] Is. 13. 10   [c] Is. 34. 4   [d] Dn. 7. 13   [e] Zech. 2. 6;
Dt. 30. 4   [f] add καὶ προσεύχεσθε   [g] πραθῆναι ἐπάνω δηναρίων τριακοσίων

καὶ δοθῆναι τοῖς πτωχοῖς· καὶ ἐνεβριμῶντο αὐτῇ. ὁ δὲ Ἰησοῦς εἶπεν· 6
Ἄφετε αὐτήν· τί αὐτῇ κόπους παρέχετε; καλὸν ἔργον ἠργάσατο
ἐν ἐμοί. πάντοτε γὰρ τοὺς πτωχοὺς ἔχετε μεθ᾽ ἑαυτῶν, καὶ ὅταν θέλητε 7
δύνασθε αὐτοῖς εὖ ποιῆσαι, ἐμὲ δὲ οὐ πάντοτε ἔχετε. ὃ ἔσχεν ἐποίησεν· 8
προέλαβεν μυρίσαι τὸ σῶμά μου εἰς τὸν ἐνταφιασμόν. ἀμὴν δὲ λέγω 9
ὑμῖν, ὅπου ἐὰν κηρυχθῇ τὸ εὐαγγέλιον εἰς ὅλον τὸν κόσμον, καὶ ὃ
ἐποίησεν αὕτη λαληθήσεται εἰς μνημόσυνον αὐτῆς.
Καὶ Ἰούδας Ἰσκαριώθ, ὁ εἷς τῶν δώδεκα, ἀπῆλθεν πρὸς τοὺς ἀρχιερεῖς 10
ἵνα αὐτὸν παραδοῖ αὐτοῖς. οἱ δὲ ἀκούσαντες ἐχάρησαν καὶ ἐπηγ- 11
γείλαντο αὐτῷ ἀργύριον δοῦναι. καὶ ἐζήτει πῶς αὐτὸν εὐκαίρως
παραδοῖ.

❡ Καὶ τῇ πρώτῃ ἡμέρᾳ τῶν ἀζύμων, ὅτε τὸ πάσχα ἔθυον, λέγουσιν 12
αὐτῷ οἱ μαθηταὶ αὐτοῦ· Ποῦ θέλεις ἀπελθόντες ἑτοιμάσωμεν ἵνα φάγῃς
τὸ πάσχα; καὶ ἀποστέλλει δύο τῶν μαθητῶν αὐτοῦ καὶ λέγει αὐτοῖς· 13
Ὑπάγετε εἰς τὴν πόλιν, καὶ ἀπαντήσει ὑμῖν ἄνθρωπος κεράμιον ὕδατος
βαστάζων· ἀκολουθήσατε αὐτῷ, καὶ ὅπου ἐὰν εἰσέλθῃ εἴπατε τῷ 14
οἰκοδεσπότῃ ὅτι Ὁ Διδάσκαλος λέγει· Ποῦ ἐστιν τὸ κατάλυμά μου, ὅπου
τὸ πάσχα μετὰ τῶν μαθητῶν μου φάγω; καὶ αὐτὸς ὑμῖν δείξει ἀνάγαιον 15
μέγα ἐστρωμένον ἕτοιμον· καὶ ἐκεῖ ἑτοιμάσατε ἡμῖν. καὶ ἐξῆλθον οἱ 16
μαθηταὶ καὶ ἦλθον εἰς τὴν πόλιν καὶ εὗρον καθὼς εἶπεν αὐτοῖς, καὶ
ἡτοίμασαν τὸ πάσχα.
Καὶ ὀψίας γενομένης ἔρχεται μετὰ τῶν δώδεκα. καὶ ἀνακειμένων 17 18
αὐτῶν καὶ ἐσθιόντων ὁ Ἰησοῦς εἶπεν· Ἀμὴν λέγω ὑμῖν ὅτι εἷς ἐξ ὑμῶν
παραδώσει με, ⌊ὁ ἐσθίων μετ᾽ ἐμοῦ⌋.[a] ἤρξαντο λυπεῖσθαι καὶ λέγειν 19
αὐτῷ εἷς κατὰ εἷς· Μήτι ἐγώ; ὁ δὲ εἶπεν αὐτοῖς· Εἷς τῶν δώδεκα, ὁ 20
ἐμβαπτόμενος μετ᾽ ἐμοῦ εἰς τὸ ἓν τρύβλιον. ὅτι ὁ μὲν Υἱὸς τοῦ ἀνθρώπου 21
ὑπάγει καθὼς γέγραπται περὶ αὐτοῦ· οὐαὶ δὲ τῷ ἀνθρώπῳ ἐκείνῳ δι᾽
οὗ ὁ Υἱὸς τοῦ ἀνθρώπου παραδίδοται· καλὸν αὐτῷ εἰ οὐκ ἐγεννήθη ὁ
ἄνθρωπος ἐκεῖνος.
Καὶ ἐσθιόντων αὐτῶν λαβὼν ἄρτον εὐλογήσας ἔκλασεν καὶ ἔδωκεν 22
αὐτοῖς καὶ εἶπεν· Λάβετε· τοῦτό ἐστιν τὸ σῶμά μου. καὶ λαβὼν ποτή- 23
ριον εὐχαριστήσας ἔδωκεν αὐτοῖς, καὶ ἔπιον ἐξ αὐτοῦ πάντες. καὶ εἶπεν 24
αὐτοῖς· Τοῦτό ἐστιν ⌊τὸ αἷμά μου τῆς διαθήκης⌋[b] τὸ ἐκχυννόμενον ὑπὲρ
πολλῶν. ἀμὴν λέγω ὑμῖν ὅτι οὐκέτι οὐ μὴ πίω ἐκ τοῦ γενήματος τῆς 25
ἀμπέλου ἕως τῆς ἡμέρας ἐκείνης ὅταν αὐτὸ πίνω καινὸν ἐν τῇ βασιλείᾳ
τοῦ Θεοῦ.
Καὶ ὑμνήσαντες ἐξῆλθον εἰς τὸ ὄρος τῶν Ἐλαιῶν. καὶ λέγει αὐτοῖς ὁ 26 27

[a] Ps. 41. 10   [b] Ex. 24. 8; Zech. 9. 11

Ἰησοῦς ὅτι Πάντες σκανδαλισθήσεσθε, ὅτι γέγραπται· ⌊Πατάξω τὸν
28 ποιμένα, καὶ τὰ πρόβατα διασκορπισθήσονται.⌋ᵃ ἀλλὰ μετὰ τὸ ἐγερ-
29 θῆναί με προάξω ὑμᾶς εἰς τὴν Γαλιλαίαν. ὁ δὲ Πέτρος ἔφη αὐτῷ· Εἰ καὶ
30 πάντες σκανδαλισθήσονται, ἀλλ' οὐκ ἐγώ. καὶ λέγει αὐτῷ ὁ Ἰησοῦς·
Ἀμὴν λέγω σοι ὅτι σὺ σήμερον ταύτῃ τῇ νυκτὶ πρὶν ἢ δὶς ἀλέκτορα
31 φωνῆσαι τρίς με ἀπαρνήσῃ. ὁ δὲ ἐκπερισσῶς ἐλάλει· Ἐὰν δέῃ με
συναποθανεῖν σοι, οὐ μή σε ἀπαρνήσομαι. ὡσαύτως δὲ καὶ πάντες
ἔλεγον.

32 ⓒ Καὶ ἔρχονται εἰς χωρίον οὗ τὸ ὄνομα Γεθσημανί, καὶ λέγει τοῖς
33 μαθηταῖς αὐτοῦ· Καθίσατε ὧδε ἕως προσεύξωμαι. καὶ παραλαμβάνει
τὸν Πέτρον καὶ τὸν Ἰάκωβον καὶ τὸν Ἰωάννην μετ' αὐτοῦ, καὶ ἤρξατο
34 ἐκθαμβεῖσθαι καὶ ἀδημονεῖν, καὶ λέγει αὐτοῖς· ⌊Περίλυπός ἐστιν ἡ ψυχή
35 μου⌋ᵇ ἕως θανάτου· μείνατε ὧδε καὶ γρηγορεῖτε. καὶ προελθὼν μικρὸν
ἔπιπτεν ἐπὶ τῆς γῆς, καὶ προσηύχετο ἵνα εἰ δυνατόν ἐστιν παρέλθῃ ἀπ'
36 αὐτοῦ ἡ ὥρα· καὶ ἔλεγεν· Ἀββά, ὁ Πατήρ, πάντα δυνατά σοι· παρένεγκε
τὸ ποτήριον τοῦτο ἀπ' ἐμοῦ· ἀλλ' οὐ τί ἐγὼ θέλω ἀλλὰ τί σύ.
37 Καὶ ἔρχεται καὶ εὑρίσκει αὐτοὺς καθεύδοντας, καὶ λέγει τῷ Πέτρῳ·
38 Σίμων, καθεύδεις; οὐκ ἴσχυσας μίαν ὥραν γρηγορῆσαι; γρηγορεῖτε, καὶ
προσεύχεσθε ἵνα μὴ ἔλθητε εἰς πειρασμόν· τὸ μὲν πνεῦμα πρόθυμον, ἡ
39 40 δὲ σὰρξ ἀσθενής. καὶ πάλιν ἀπελθὼν προσηύξατο.ᶜ καὶ πάλιν ἐλθὼν
εὗρεν αὐτοὺς καθεύδοντας, ἦσαν γὰρ αὐτῶν οἱ ὀφθαλμοὶ καταβαρυνό-
μενοι, καὶ οὐκ ᾔδεισαν τί ἀποκριθῶσιν αὐτῷ.
41 Καὶ ἔρχεται τὸ τρίτον καὶ λέγει αὐτοῖς· Καθεύδετε τὸ λοιπὸν καὶ
ἀναπαύεσθε; ἀπέχει· ἦλθεν ἡ ὥρα. ἰδοὺ παραδίδοται ὁ Υἱὸς τοῦ
42 ἀνθρώπου εἰς τὰς χεῖρας τῶν ἁμαρτωλῶν. ἐγείρεσθε, ἄγωμεν· ἰδοὺ ὁ
παραδιδούς με ἤγγικεν.
43 Καὶ εὐθὺς ἔτι αὐτοῦ λαλοῦντος παραγίνεται Ἰούδας εἷς τῶν δώδεκα,
καὶ μετ' αὐτοῦ ὄχλος μετὰ μαχαιρῶν καὶ ξύλων παρὰ τῶν ἀρχιερέων
44 καὶ τῶν γραμματέων καὶ τῶν πρεσβυτέρων. δεδώκει δὲ ὁ παραδιδοὺς
αὐτὸν σύσσημον αὐτοῖς λέγων· Ὃν ἂν φιλήσω αὐτός ἐστιν· κρατήσατε
45 αὐτὸν καὶ ἀπάγετε ἀσφαλῶς. καὶ ἐλθὼν εὐθὺς προσελθὼν αὐτῷ
46 λέγει· Ῥαββί, καὶ κατεφίλησεν αὐτόν. οἱ δὲ ἐπέβαλαν τὰς χεῖρας αὐτῷ
καὶ ἐκράτησαν αὐτόν.
47 Εἷς δέ τις τῶν παρεστηκότων σπασάμενος τὴν μάχαιραν ἔπαισεν τὸν
48 δοῦλον τοῦ ἀρχιερέως καὶ ἀφεῖλεν αὐτοῦ τὸ ὠτάριον. καὶ ἀποκριθεὶς ὁ
Ἰησοῦς εἶπεν αὐτοῖς· Ὡς ἐπὶ λῃστὴν ἐξήλθατε μετὰ μαχαιρῶν καὶ
49 ξύλων συλλαβεῖν με; καθ' ἡμέραν ἤμην πρὸς ὑμᾶς ἐν τῷ ἱερῷ διδάσκων,

[a] Zech. 13. 7   [b] Ps. 43. 5   [c] add τὸν αὐτὸν λόγον εἰπών

καὶ οὐκ ἐκρατήσατέ με· ἀλλ' ἵνα πληρωθῶσιν αἱ γραφαί. καὶ ἀφέντες 50
αὐτὸν ἔφυγον πάντες. Καὶ νεανίσκος τις συνηκολούθει αὐτῷ περιβεβλημένος σινδόνα ἐπὶ 51
γυμνοῦ. καὶ κρατοῦσιν αὐτόν, ὁ δὲ καταλιπὼν τὴν σινδόνα γυμνὸς 52
ἔφυγεν.

⟪ Καὶ ἀπήγαγον τὸν Ἰησοῦν πρὸς τὸν ἀρχιερέα, καὶ συνέρχονται 53
πάντες οἱ ἀρχιερεῖς καὶ οἱ πρεσβύτεροι καὶ οἱ γραμματεῖς. καὶ ὁ Πέτρος 54
ἀπὸ μακρόθεν ἠκολούθησεν αὐτῷ ἕως ἔσω εἰς τὴν αὐλὴν τοῦ ἀρχιερέως,
καὶ ἦν συγκαθήμενος μετὰ τῶν ὑπηρετῶν καὶ θερμαινόμενος πρὸς τὸ φῶς.

Οἱ δὲ ἀρχιερεῖς καὶ ὅλον τὸ συνέδριον ἐζήτουν κατὰ τοῦ Ἰησοῦ 55
μαρτυρίαν εἰς τὸ θανατῶσαι αὐτόν, καὶ οὐχ ηὕρισκον· πολλοὶ γὰρ 56
ἐψευδομαρτύρουν κατ' αὐτοῦ, καὶ ἴσαι αἱ μαρτυρίαι οὐκ ἦσαν. καί τινες 57
ἀναστάντες ἐψευδομαρτύρουν κατ' αὐτοῦ λέγοντες ὅτι Ἡμεῖς ἠκούσα- 58
μεν αὐτοῦ λέγοντος ὅτι Ἐγὼ ἀπολύσω τὸν ναὸν τοῦτον τὸν χειρο-
ποίητον καὶ διὰ τριῶν ἡμερῶν ἄλλον ἀχειροποίητον οἰκοδομήσω. καὶ 59
οὐδὲ οὕτως ἴση ἦν ἡ μαρτυρία αὐτῶν.

Καὶ ἀναστὰς ὁ ἀρχιερεὺς εἰς μέσον ἐπηρώτησεν τὸν Ἰησοῦν λέγων· 60
Οὐκ ἀποκρίνῃ οὐδὲν τί οὗτοί σου καταμαρτυροῦσιν; ὁ δὲ ἐσιώπα καὶ 61
οὐκ ἀπεκρίνατο οὐδέν.

Πάλιν ὁ ἀρχιερεὺς ἐπηρώτα αὐτὸν καὶ λέγει αὐτῷ· Σὺ εἶ ὁ Χριστὸς ὁ
Υἱὸς τοῦ Εὐλογητοῦ; ὁ δὲ Ἰησοῦς εἶπεν· Ἐγώ εἰμι, καὶ ὄψεσθε ⌊τὸν 62
Υἱὸν τοῦ ἀνθρώπου ἐκ δεξιῶν καθήμενον τῆς δυνάμεως⌋ καὶ ⌊ἐρχόμενον
μετὰ τῶν νεφελῶν τοῦ οὐρανοῦ⌋.[a] ὁ δὲ ἀρχιερεὺς διαρρήξας τοὺς 63
χιτῶνας αὐτοῦ λέγει· Τί ἔτι χρείαν ἔχομεν μαρτυρῶν; ἠκούσατε τῆς 64
βλασφημίας· τί ὑμῖν φαίνεται; οἱ δὲ πάντες κατέκριναν αὐτὸν ἔνοχον
εἶναι θανάτου.

Καὶ ἤρξαντό τινες ἐμπτύειν αὐτῷ καὶ περικαλύπτειν αὐτοῦ τὸ 65
πρόσωπον καὶ κολαφίζειν αὐτὸν καὶ λέγειν αὐτῷ· Προφήτευσον·[b] καὶ
οἱ ὑπηρέται ῥαπίσμασιν αὐτὸν ἔλαβον.

Καὶ ὄντος τοῦ Πέτρου κάτω ἐν τῇ αὐλῇ ἔρχεται μία τῶν παιδισκῶν 66
τοῦ ἀρχιερέως, καὶ ἰδοῦσα τὸν Πέτρον θερμαινόμενον ἐμβλέψασα αὐτῷ 67
λέγει· Καὶ σὺ μετὰ τοῦ Ναζαρηνοῦ ἦσθα τοῦ Ἰησοῦ. ὁ δὲ ἠρνήσατο 68
λέγων· Οὔτε οἶδα, οὔτε ἐπίσταμαι σὺ τί λέγεις. καὶ ἐξῆλθεν ἔξω εἰς τὸ
προαύλιον·[c] καὶ ἡ παιδίσκη ἰδοῦσα αὐτὸν πάλιν ἤρξατο λέγειν τοῖς 69
παρεστῶσιν ὅτι Οὗτος ἐξ αὐτῶν ἐστιν. ὁ δὲ πάλιν ἠρνεῖτο. 70
Καὶ μετὰ μικρὸν πάλιν οἱ παρεστῶτες ἔλεγον τῷ Πέτρῳ· Ἀληθῶς ἐξ

[a] Ps. 110. 1; Dn. 7. 13   [b] add τίς ὁ παίσας σε;   [c] add καὶ ἀλέκτωρ
ἐφώνησεν.

71 αὐτῶν εἶ· καὶ γὰρ Γαλιλαῖος εἶ. ὁ δὲ ἤρξατο ἀναθεματίζειν καὶ ὀμνύναι
72 ὅτι Οὐκ οἶδα τὸν ἄνθρωπον τοῦτον ὃν λέγετε. καὶ ἐκ δευτέρου ἀλέ-
κτωρ ἐφώνησεν. καὶ ἀνεμνήσθη ὁ Πέτρος τὸ ῥῆμα ὡς εἶπεν αὐτῷ ὁ
Ἰησοῦς ὅτι Πρὶν ἀλέκτορα δὶς φωνῆσαι τρίς με ἀπαρνήσῃ. καὶ ἐπι-
βαλὼν ἔκλαιεν.

15 ⓒ Καὶ εὐθὺς πρωῒ συμβούλιον ἑτοιμάσαντες οἱ ἀρχιερεῖς μετὰ τῶν
πρεσβυτέρων καὶ γραμματέων καὶ ὅλον τὸ συνέδριον, δήσαντες τὸν
2 Ἰησοῦν ἀπήνεγκαν καὶ παρέδωκαν Πιλάτῳ. καὶ ἐπηρώτησεν αὐτὸν ὁ
Πιλᾶτος· Σὺ εἶ ὁ βασιλεὺς τῶν Ἰουδαίων; ὁ δὲ ἀποκριθεὶς αὐτῷ λέγει·
3 4 Σὺ λέγεις. καὶ κατηγόρουν αὐτοῦ οἱ ἀρχιερεῖς πολλά. ὁ δὲ Πιλᾶτος
πάλιν ἐπηρώτα αὐτόν λέγων· Οὐκ ἀποκρίνῃ οὐδέν; ἴδε πόσα σου
5 κατηγοροῦσιν. ὁ δὲ Ἰησοῦς οὐκέτι οὐδὲν ἀπεκρίθη, ὥστε θαυμάζειν τὸν
Πιλᾶτον.
6 7 Κατὰ δὲ ἑορτὴν ἀπέλυεν αὐτοῖς ἕνα δέσμιον ὃν παρῃτοῦντο. ἦν δὲ
ὁ λεγόμενος Βαραββᾶς μετὰ τῶν στασιαστῶν δεδεμένος, οἵτινες ἐν τῇ
8 στάσει φόνον πεποιήκεισαν. καὶ ᵃ ἀναβὰς ὁ ὄχλος ἤρξατο αἰτεῖσθαι
9 καθὼς ἐποίει αὐτοῖς. ὁ δὲ Πιλᾶτος ἀπεκρίθη αὐτοῖς λέγων· Θέλετε
10 ἀπολύσω ὑμῖν τὸν βασιλέα τῶν Ἰουδαίων; ἐγίνωσκεν γὰρ ὅτι διὰ
11 φθόνον παραδεδώκεισαν αὐτόν. οἱ δὲ ἀρχιερεῖς ἀνέσεισαν τὸν ὄχλον
12 ἵνα μᾶλλον τὸν Βαραββᾶν ἀπολύσῃ αὐτοῖς. ὁ δὲ Πιλᾶτος πάλιν
ἀποκριθεὶς ἔλεγεν αὐτοῖς· Τί οὖν ποιήσω ὃν λέγετε τὸν βασιλέα τῶν
13 14 Ἰουδαίων; οἱ δὲ πάλιν ἔκραξαν· Σταύρωσον αὐτόν. ὁ δὲ Πιλᾶτος
15 ἔλεγεν αὐτοῖς· Τί γὰρ ἐποίησεν κακόν; οἱ δὲ περισσῶς ἔκραξαν· Σταύρω-
σον αὐτόν. ὁ δὲ Πιλᾶτος βουλόμενος τῷ ὄχλῳ τὸ ἱκανὸν ποιῆσαι
ἀπέλυσεν αὐτοῖς τὸν Βαραββᾶν, καὶ παρέδωκεν τὸν Ἰησοῦν φραγελ-
λώσας ἵνα σταυρωθῇ.
16 Οἱ δὲ στρατιῶται ἀπήγαγον αὐτὸν ἔσω τῆς αὐλῆς (ὅ ἐστιν πραι-
17 τώριον) καὶ συγκαλοῦσιν ὅλην τὴν σπεῖραν. καὶ ἐνδιδύσκουσιν αὐτὸν
18 πορφύραν καὶ περιτιθέασιν αὐτῷ πλέξαντες ἀκάνθινον στέφανον. καὶ
19 ἤρξαντο ἀσπάζεσθαι αὐτόν· Χαῖρε, Βασιλεῦ τῶν Ἰουδαίων· καὶ ἔτυ-
πτον αὐτοῦ τὴν κεφαλὴν καλάμῳ καὶ ἐνέπτυον αὐτῷ, καὶ τιθέντες τὰ
20 γόνατα προσεκύνουν αὐτῷ. καὶ ὅτε ἐνέπαιξαν αὐτῷ, ἐξέδυσαν αὐτὸν
τὴν πορφύραν καὶ ἐνέδυσαν αὐτὸν τὰ ἱμάτια αὐτοῦ.

21 ⓒ Καὶ ἐξάγουσιν αὐτὸν ἵνα σταυρώσωσιν αὐτόν. καὶ ἀγγαρεύουσιν
παράγοντά τινα Σίμωνα Κυρηναῖον ἐρχόμενον ἀπ' ἀγροῦ, τὸν πατέρα
Ἀλεξάνδρου καὶ Ῥούφου, ἵνα ἄρῃ τὸν σταυρὸν αὐτοῦ.

[a] ἀναβοήσας

Καὶ φέρουσιν αὐτὸν ἐπὶ τὸν Γολγοθᾶν τόπον, ὅ ἐστιν μεθερμηνευό- 22
μενον Κρανίου τόπος· καὶ ἐδίδουν αὐτῷ ἐσμυρνισμένον οἶνον, ὁ δὲ οὐκ 23
ἔλαβεν. καὶ σταυροῦσιν αὐτόν, καὶ ⌞διαμερίζονται τὰ ἱμάτια⌟ αὐτοῦ, 24
⌞βάλλοντες κλῆρον ἐπ᾽ αὐτὰ⌟ᵃ τίς τί ἄρῃ. ⁷Ην δὲ ὥρα τρίτη καὶ ἐσταύρωσαν αὐτόν. καὶ ἦν ἡ ἐπιγραφὴ τῆς 25 26
αἰτίας αὐτοῦ ἐπιγεγραμμένη· Ὁ βασιλεῦς τῶν Ἰουδαίων. καὶ σὺν αὐτῷ 27
σταυροῦσιν δύο λῃστάς, ἕνα ἐκ δεξιῶν καὶ ἕνα ἐξ εὐωνύμων αὐτοῦ.ᵇ
Καὶ οἱ παραπορευόμενοι ἐβλασφήμουν αὐτὸν ⌞κινοῦντες τὰς κεφαλὰς⌟ᶜ 29
αὐτῶν καὶ λέγοντες· Οὐὰ ὁ καταλύων τὸν ναὸν καὶ οἰκοδομῶν ἐν τρισὶν
ἡμέραις, σῶσον σεαυτὸν καταβὰς ἀπὸ τοῦ σταυροῦ. ὁμοίως καὶ οἱ 30 31
ἀρχιερεῖς ἐμπαίζοντες πρὸς ἀλλήλους μετὰ τῶν γραμματέων ἔλεγον·
Ἄλλους ἔσωσεν, ἑαυτὸν οὐ δύναται σῶσαι· ὁ Χριστὸς ὁ βασιλεῦς 32
Ἰσραὴλ καταβάτω νῦν ἀπὸ τοῦ σταυροῦ, ἵνα ἴδωμεν καὶ πιστεύσωμεν.
καὶ οἱ συνεσταυρωμένοι σὺν αὐτῷ ὠνείδιζον αὐτόν.
Καὶ γενομένης ὥρας ἕκτης σκότος ἐγένετο ἐφ᾽ ὅλην τὴν γῆν ἕως ὥρας 33
ἐνάτης. καὶ τῇ ἐνάτῃ ὥρᾳ ἐβόησεν ὁ Ἰησοῦς φωνῇ μεγάλῃ· ⌞Ἠλί, 34
Ἠλί, λεμὰ σαβαχθάνι;⌟ ὅ ἐστιν μεθερμηνευόμενον· ⌞Ὁ Θεός μου, ὁ
Θεός μου, εἰς τί ᵈἐγκατέλιπές με;⌟ᵉ καί τινες τῶν παρεστηκότων ἀκού- 35
σαντες ἔλεγον· Ἴδε Ἠλίαν φωνεῖ. δραμὼν δέ τις γεμίσας σπόγγον 36
⌞ὄξους⌟ περιθεὶς καλάμῳ ⌞ἐπότιζεν⌟ᶠ αὐτόν, λέγων· Ἄφετε ἴδωμεν εἰ
ἔρχεται Ἠλίας καθελεῖν αὐτόν. ὁ δὲ Ἰησοῦς ἀφεὶς φωνὴν μεγάλην 37
ἐξέπνευσεν. καὶ τὸ καταπέτασμα τοῦ ναοῦ ἐσχίσθη εἰς δύο ἀπ᾽ ἄνωθεν 38
ἕως κάτω. ἰδὼν δὲ ὁ κεντυρίων ὁ παρεστηκὼς ἐξ ἐναντίας αὐτοῦ ὅτι 39
ᵍ οὕτως ἐξέπνευσεν, εἶπεν· Ἀληθῶς οὗτος ὁ ἄνθρωπος υἱὸς Θεοῦ ἦν.

❡ Ησαν δὲ καὶ γυναῖκες ἀπὸ μακρόθεν θεωροῦσαι, ἐν αἷς καὶ Μαρία 40
ἡ Μαγδαληνή, καὶ Μαρία ἡ Ἰακώβου τοῦ μικροῦ καὶ Ἰωσῆτος μήτηρ
καὶ Σαλώμη, αἳ ὅτε ἦν ἐν τῇ Γαλιλαίᾳ ἠκολούθουν αὐτῷ καὶ διηκόνουν 41
αὐτῷ, καὶ ἄλλαι πολλαὶ αἱ συναναβᾶσαι αὐτῷ εἰς Ἱεροσόλυμα.
Καὶ ἤδη ὀψίας γενομένης, ἐπεὶ ἦν παρασκευή (ὅ ἐστιν προσάββατον), 42
ἐλθὼν Ἰωσὴφ ὁ ἀπὸ Ἀριμαθαίας, εὐσχήμων βουλευτής, ὃς καὶ αὐτὸς 43
ἦν προσδεχόμενος τὴν βασιλείαν τοῦ Θεοῦ, τολμήσας εἰσῆλθεν πρὸς τὸν
Πιλᾶτον καὶ ᾐτήσατο τὸ σῶμα τοῦ Ἰησοῦ. ὁ δὲ Πιλᾶτος ἐθαύμασεν εἰ 44
ἤδη τέθνηκεν, καὶ προσκαλεσάμενος τὸν κεντυρίωνα ἐπηρώτησεν αὐτὸν
εἰ πάλαι ἀπέθανεν. καὶ γνοὺς ἀπὸ τοῦ κεντυρίωνος ἐδωρήσατο τὸ 45
πτῶμα τῷ Ἰωσήφ. καὶ ἀγοράσας σινδόνα καθελὼν αὐτὸν ἐνείλησεν τῇ 46

[a] Ps. 22. 18   [b] add (28) καὶ ἐπληρώθη ἡ γραφὴ ἡ λέγουσα· Καὶ μετὰ ἀνόμων
ἐλογίσθη. (Is. 53. 12)   [c] Ps. 22. 7; 109. 25   [d] ὠνείδισας   [e] Ps. 22. 1
[f] Ps. 69. 21   [g] κράξας ἐξέπνευσεν

σινδόνι· καὶ κατέθηκεν αὐτὸν ἐν μνήματι ὃ ἦν λελατομημένον ἐκ πέτρας,
47 καὶ προσεκύλισεν λίθον ἐπὶ τὴν θύραν τοῦ μνημείου. ἡ δὲ Μαρία ἡ
Μαγδαληνὴ καὶ Μαρία ἡ Ἰωσῆτος ἐθεώρουν ποῦ τέθειται.

16   ᵃ Καὶ διαγενομένου τοῦ σαββάτου Μαρία ἡ Μαγδαληνή, καὶ Μαρία
ἡ Ἰακώβου, καὶ Σαλώμη ἠγόρασαν ἀρώματα ἵνα ἐλθοῦσαι ἀλείψωσιν
2 αὐτόν· καὶ λίαν πρωῒ τῇ μιᾷ τῶν σαββάτων ἔρχονται ἐπὶ τὸ μνῆμα,
3 ἀνατειλάντος τοῦ ἡλίου. καὶ ἔλεγον πρὸς ἑαυτάς· Τίς ἀποκυλίσει ἡμῖν
4 τὸν λίθον ἐκ τῆς θύρας τοῦ μνημείου; καὶ ἀναβλέψασαι θεωροῦσιν ὅτι
5 ἀνακεκύλισται ὁ λίθος, ἦν γὰρ μέγας σφόδρα. καὶ εἰσελθοῦσαι εἰς τὸ
μνημεῖον εἶδον νεανίσκον καθήμενον ἐν τοῖς δεξιοῖς περιβεβλημένον
6 στολὴν λευκήν, καὶ ἐξεθαμβήθησαν. ὁ δὲ λέγει αὐταῖς· Μὴ ἐκθαμβεῖσθε·
Ἰησοῦν ζητεῖτε τὸν Ναζαρηνὸν τὸν ἐσταυρωμένον· ἠγέρθη, οὐκ ἔστιν
7 ὧδε· ἴδε ὁ τόπος ὅπου ἔθηκαν αὐτόν. ἀλλὰ ὑπάγετε εἴπατε τοῖς
μαθηταῖς αὐτοῦ καὶ τῷ Πέτρῳ ὅτι Προάγει ὑμᾶς εἰς τὴν Γαλιλαίαν·
8 ἐκεῖ αὐτὸν ὄψεσθε, καθὼς εἶπεν ὑμῖν. καὶ ἐξελθοῦσαι ἔφυγον ἀπὸ τοῦ
μνημείου, εἶχεν γὰρ αὐτὰς τρόμος καὶ ἔκστασις. καὶ οὐδενὶ οὐδὲν
εἶπαν, ἐφοβοῦντο γάρ.ᵇ

Πάντα δὲ τὰ παρηγγελμένα τοῖς περὶ τὸν Πέτρον συντόμως ἐξήγ-
γειλαν. μετὰ δὲ ταῦτα καὶ αὐτὸς ὁ Ἰησοῦς ἀπὸ ἀνατολῆς καὶ ἄχρι
δύσεως ἐξαπέστειλεν δι' αὐτῶν τὸ ἱερὸν καὶ ἄφθαρτον κήρυγμα τῆς
αἰωνίου σωτηρίας.

9   Ἀναστὰς δὲ πρωῒ πρώτῃ σαββάτου ἐφάνη πρῶτον Μαρίᾳ τῇ
10 Μαγδαληνῇ, παρ' ἧς ἐκβεβλήκει ἑπτὰ δαιμόνια. ἐκείνη πορευθεῖσα
11 ἀπήγγειλεν τοῖς μετ' αὐτοῦ γενομένοις πενθοῦσι καὶ κλαίουσιν· κἀκεῖνοι
ἀκούσαντες ὅτι ζῇ καὶ ἐθεάθη ὑπ' αὐτῆς ἠπίστησαν.
12 Μετὰ δὲ ταῦτα δυσὶν ἐξ αὐτῶν περιπατοῦσιν ἐφανερώθη ἐν ἑτέρᾳ
13 μορφῇ πορευομένοις εἰς ἀγρόν· κἀκεῖνοι ἀπελθόντες ἀπήγγειλαν τοῖς
λοιποῖς· οὐδὲ ἐκείνοις ἐπίστευσαν.
14 Ὕστερον ἀνακειμένοις αὐτοῖς τοῖς ἕνδεκα ἐφανερώθη, καὶ ὠνείδισεν
τὴν ἀπιστίαν καὶ σκληροκαρδίαν ὅτι τοῖς θεασαμένοις αὐτὸν ἐγηγερ-
15 μένον οὐκ ἐπίστευσαν. καὶ εἶπεν αὐτοῖς· Πορευθέντες εἰς τὸν κόσμον
16 ἅπαντα κηρύξατε τὸ εὐαγγέλιον πάσῃ τῇ κτίσει. ὁ πιστεύσας καὶ
17 βαπτισθεὶς σωθήσεται, ὁ δὲ ἀπιστήσας κατακριθήσεται. σημεῖα δὲ
τοῖς πιστεύσασιν ταῦτα παρακολουθήσει· ἐν τῷ ὀνόματί μου δαι-
18 μόνια ἐκβαλοῦσιν, γλώσσαις λαλήσουσιν καιναῖς· ὄφεις ἀροῦσιν κἂν

[a] Καὶ πορευθεῖσαι ἠγόρασαν, om. διαγενομένου . . . Σαλώμη   [b] for the textual
problem relating to the two following sections see the note in the Appendix

θανάσιμόν τι πίωσιν οὐ μὴ αὐτοὺς βλάψῃ· ἐπὶ ἀρρώστους χεῖρας ἐπιθήσουσιν καὶ καλῶς ἕξουσιν.

Ὁ μὲν οὖν Κύριος Ἰησοῦς μετὰ τὸ λαλῆσαι αὐτοῖς ⌊ἀνελήμφθη εἰς τὸν 19 οὐρανόν⌋, καὶ ⌊ἐκάθισεν ἐκ δεξιῶν τοῦ Θεοῦ⌋.ᵃ ἐκεῖνοι δὲ ἐξελθόντες 20 ἐκήρυξαν πανταχοῦ, τοῦ Κυρίου συνεργοῦντος καὶ τὸν λόγον βεβαιοῦντος διὰ τῶν ἐπακολουθούντων σημείων.

[a] Ps. 110. 1 ; 2 Kgs. 2. 11

ΚΑΤΑ ΛΟΥΚΑΝ

1 ΕΠΕΙΔΗΠΕΡ ΠΟΛΛΟΙ ἐπεχείρησαν ἀνατάξασθαι διήγησιν
2 περὶ τῶν πεπληροφορημένων ἐν ἡμῖν, καθὼς παρέδοσαν ἡμῖν
3 οἱ ἀπ' ἀρχῆς αὐτόπται καὶ ὑπηρέται τοῦ λόγου, ἔδοξε κἀμοὶ
παρηκολουθηκότι ἄνωθεν πᾶσιν ἀκριβῶς καθεξῆς σοι γράψαι, κράτιστε
4 Θεόφιλε, ἵνα ἐπιγνῷς περὶ ὧν κατηχήθης λόγων τὴν ἀσφάλειαν.

5 Ἐγένετο ἐν ταῖς ἡμέραις Ἡρῴδου βασιλέως τῆς Ἰουδαίας ἱερεύς τις
ὀνόματι Ζαχαρίας ἐξ ἐφημερίας Ἀβιά, καὶ γυνὴ αὐτῷ ἐκ τῶν
6 θυγατέρων Ἀαρών, καὶ τὸ ὄνομα αὐτῆς Ἐλισάβετ. ἦσαν δὲ δίκαιοι
ἀμφότεροι ἐναντίον τοῦ Θεοῦ, πορευόμενοι ἐν πάσαις ταῖς ἐντολαῖς καὶ
7 δικαιώμασιν τοῦ Κυρίου ἄμεμπτοι. καὶ οὐκ ἦν αὐτοῖς τέκνον, καθότι
ἦν ἡ Ἐλισάβετ στεῖρα, καὶ ἀμφότεροι προβεβηκότες ἐν ταῖς ἡμέραις
αὐτῶν ἦσαν.
8 Ἐγένετο δὲ ἐν τῷ ἱερατεύειν αὐτὸν ἐν τῇ τάξει τῆς ἐφημερίας αὐτοῦ
9 ἔναντι τοῦ Θεοῦ, κατὰ τὸ ἔθος τῆς ἱερατείας ἔλαχε τοῦ θυμιᾶσαι εἰσελθὼν
10 εἰς τὸν ναὸν τοῦ Κυρίου, καὶ πᾶν τὸ πλῆθος ἦν τοῦ λαοῦ προσευχόμενον
11 ἔξω τῇ ὥρᾳ τοῦ θυμιάματος. ὤφθη δὲ αὐτῷ ἄγγελος Κυρίου ἑστὼς ἐκ
12 δεξιῶν τοῦ θυσιαστηρίου τοῦ θυμιάματος. καὶ ἐταράχθη Ζαχαρίας
13 ἰδών, καὶ φόβος ἐπέπεσεν ἐπ' αὐτόν. εἶπεν δὲ πρὸς αὐτὸν ὁ ἄγγελος·
⌊Μὴ φοβοῦ⌋, Ζαχαρία, διότι ⌊εἰσηκούσθη⌋ ἡ δέησίς ⌊σου⌋,ᵃ καὶ ἡ γυνή
σου Ἐλισάβετ γεννήσει υἱόν σοι, καὶ καλέσεις τὸ ὄνομα αὐτοῦ Ἰωάννην.
14 καὶ ἔσται χαρά σοι καὶ ἀγαλλίασις· καὶ πολλοὶ ἐπὶ τῇ γενέσει αὐτοῦ
15 χαρήσονται, ἔσται γὰρ μέγας ἐνώπιον Κυρίου. καὶ ⌊οἶνον καὶ σίκερα
οὐ μὴ πίῃ,⌋ᵇ καὶ Πνεύματος Ἁγίου πλησθήσεται ἔτι ἐκ κοιλίας μητρὸς
16 αὐτοῦ, καὶ πολλοὺς τῶν υἱῶν Ἰσραὴλ ἐπιστρέψει ἐπὶ Κύριον τὸν
17 Θεὸν αὐτῶν. καὶ αὐτὸς προελεύσεται ἐνώπιον αὐτοῦ ἐν πνεύματι καὶ
δυνάμει ⌊Ἠλίου, ἐπιστρέψαι καρδίας πατέρων ἐπὶ τέκνα⌋ᶜ καὶ ἀπειθεῖς
ἐν φρονήσει δικαίων, ἑτοιμάσαι Κυρίῳ λαὸν κατεσκευασμένον.
18 Καὶ εἶπεν Ζαχαρίας πρὸς τὸν ἄγγελον· ⌊Κατὰ τί γνώσομαι⌋ᵈ τοῦτο;

[a] Dn. 10. 12   [b] Num. 6. 3; Jdg. 13. 4, 5   [c] Mal. 3. 1; 4. 5, 6
[d] Gn. 15. 8

ἐγὼ γάρ εἰμι πρεσβύτης καὶ ἡ γυνή μου προβεβηκυῖα ἐν ταῖς ἡμέραις
αὐτῆς.

Καὶ ἀποκριθεὶς ὁ ἄγγελος εἶπεν αὐτῷ· Ἐγώ εἰμι Γαβριὴλ ὁ παρεστη- 19
κὼς ἐνώπιον τοῦ Θεοῦ, καὶ ἀπεστάλην λαλῆσαι πρός σε καὶ εὐαγ-
γελίσασθαί σοι ταῦτα. καὶ ἰδοὺ ἔσῃ σιωπῶν καὶ μὴ δυνάμενος λαλῆσαι 20
ἄχρι ἧς ἡμέρας γένηται ταῦτα, ἀνθ᾽ ὧν οὐκ ἐπίστευσας τοῖς λόγοις μου,
οἵτινες πληρωθήσονται εἰς τὸν καιρὸν αὐτῶν.
Καὶ ἦν ὁ λαὸς προσδοκῶν τὸν Ζαχαρίαν, καὶ ἐθαύμαζον ἐν τῷ χρονί- 21
ζειν ἐν τῷ ναῷ αὐτόν. ἐξελθὼν δὲ οὐκ ἐδύνατο λαλῆσαι αὐτοῖς, καὶ 22
ἐπέγνωσαν ὅτι ὀπτασίαν ἑώρακεν ἐν τῷ ναῷ· καὶ αὐτὸς ἦν διανεύων
αὐτοῖς, καὶ διέμενεν κωφός.
Καὶ ἐγένετο ὡς ἐπλήσθησαν αἱ ἡμέραι τῆς λειτουργίας αὐτοῦ, ἀπῆλ- 23
θεν εἰς τὸν οἶκον αὐτοῦ. μετὰ δὲ ταύτας τὰς ἡμέρας συνέλαβεν Ἐλισά- 24
βετ ἡ γυνὴ αὐτοῦ, καὶ περιέκρυβεν ἑαυτὴν μῆνας πέντε, λέγουσα ὅτι 25
Οὕτως μοι πεποίηκεν Κύριος ἐν ἡμέραις αἷς ἐπεῖδεν ἀφελεῖν ὄνειδός μου
ἐν ἀνθρώποις.
Ἐν δὲ τῷ μηνὶ τῷ ἕκτῳ ἀπεστάλη ὁ ἄγγελος Γαβριὴλ ἀπὸ τοῦ Θεοῦ 26
εἰς πόλιν τῆς Γαλιλαίας ᾗ ὄνομα Ναζαρέθ, πρὸς παρθένον ἐμνηστευμένην 27
ἀνδρὶ ᾧ ὄνομα Ἰωσήφ, ἐξ οἴκου Δαυίδ, καὶ τὸ ὄνομα τῆς παρθένου
Μαριάμ. καὶ εἰσελθὼν πρὸς αὐτὴν εἶπεν· Χαῖρε, κεχαριτωμένη, ὁ 28
Κύριος μετὰ σοῦ. ἡ δὲ ἐπὶ τῷ λόγῳ διεταράχθη, καὶ διελογίζετο ποτα- 29
πὸς εἴη ὁ ἀσπασμὸς οὗτος. καὶ εἶπεν ὁ ἄγγελος αὐτῇ· Μὴ φόβου, 30
Μαριάμ, εὗρες γὰρ χάριν παρὰ τῷ Θεῷ. καὶ ἰδοὺ συλλήμψῃ ἐν γαστρὶ 31
καὶ τέξῃ υἱόν, καὶ καλέσεις τὸ ὄνομα αὐτοῦ Ἰησοῦν. οὗτος ἔσται μέγας 32
καὶ Υἱὸς Ὑψίστου κληθήσεται· καὶ δώσει αὐτῷ Κύριος ὁ Θεὸς ⌊τὸν
θρόνον Δαυὶδ⌋ᵃ τοῦ πατρὸς αὐτοῦ, ⌊καὶ βασιλεύσει⌋ ἐπὶ τὸν οἶκον 33
Ἰακὼβ ⌊εἰς τοὺς αἰῶνας⌋,ᵇ καὶ τῆς βασιλείας αὐτοῦ οὐκ ἔσται τέλος.
εἶπεν δὲ Μαριὰμ πρὸς τὸν ἄγγελον· Πῶς ἔσται τοῦτο, ἐπεὶ ἄνδρα οὐ 34
γινώσκω; καὶ ἀποκριθεὶς ὁ ἄγγελος εἶπεν αὐτῇ· Πνεῦμα Ἅγιον ἐπελεύ- 35
σεται ἐπὶ σέ, καὶ δύναμις Ὑψίστου ἐπισκιάσει σοι· διὸ καὶ τὸ γεννώ-
μενον ⌊ἅγιον κληθήσεται⌋ᶜ Υἱὸς Θεοῦ. καὶ ἰδοὺ Ἐλισάβετ ἡ συγγενίς 36
σου καὶ αὐτὴ συνείληφεν υἱὸν ἐν γήρει αὐτῆς, καὶ οὗτος μὴν ἕκτος ἐστὶν
αὐτῇ τῇ καλουμένῃ στείρᾳ· ὅτι ⌊οὐκ ἀδυνατήσει ᵈ παρὰ τοῦ Θεοῦ πᾶν 37
ῥῆμα.⌋ᵉ εἶπεν δὲ Μαριάμ· Ἰδοὺ ἡ δούλη Κυρίου· γένοιτό μοι κατὰ τὸ 38
ῥῆμά σου. καὶ ἀπῆλθεν ἀπ᾽ αὐτῆς ὁ ἄγγελος.
Ἀναστᾶσα δὲ Μαριὰμ ἐν ταῖς ἡμέραις ταύταις ἐπορεύθη εἰς τὴν 39
ὀρεινὴν μετὰ σπουδῆς εἰς πόλιν Ἰούδα. καὶ εἰσῆλθεν εἰς τὸν οἶκον 40
Ζαχαρίου καὶ ἠσπάσατο τὴν Ἐλισάβετ. καὶ ἐγένετο ὡς ἤκουσεν τὸν 41

[a] Is. 9. 7   [b] Mic. 4. 7   [c] Ex. 13. 12   [d] παρὰ τῷ Θεῷ   [e] Gn. 18. 14

ἀσπασμὸν τῆς Μαρίας ἡ Ἐλισάβετ, ἐσκίρτησεν τὸ βρέφος ἐν τῇ κοιλίᾳ

42 αὐτῆς. καὶ ἐπλήσθη Πνεύματος Ἁγίου ἡ Ἐλισάβετ, καὶ ἀνεφώνησεν κραυγῇ μεγάλῃ καὶ εἶπεν· Εὐλογημένη σὺ ἐν γυναιξίν, καὶ εὐλογημένος

43 ὁ καρπὸς τῆς κοιλίας σου. καὶ πόθεν μοι τοῦτο ἵνα ἔλθῃ ἡ μήτηρ τοῦ

44 Κυρίου μου πρὸς ἐμέ; ἰδοὺ γὰρ ὡς ἐγένετο ἡ φωνὴ τοῦ ἀσπασμοῦ σου εἰς τὰ ὦτά μου, ἐσκίρτησεν ἐν ἀγαλλιάσει τὸ βρέφος ἐν τῇ κοιλίᾳ μου.

45 καὶ μακαρία ἡ πιστεύσασα ὅτι ἔσται τελείωσις τοῖς λελαλημένοις αὐτῇ παρὰ Κυρίου.

46 Καὶ εἶπεν ᵃ Μαριάμ·

Μεγαλύνει ⌊ἡ ψυχή μου τὸν Κύριον⌋,

47 καὶ ⌊ἠγαλλίασεν⌋ τὸ πνεῦμα μου ⌊ἐπὶ τῷ Θεῷ τῷ σωτῆρί μου⌋· ᵇ

48 ὅτι ⌊ἐπέβλεψεν ἐπὶ τὴν ταπείνωσιν τῆς δούλης⌋ᶜ αὐτοῦ.

ἰδοὺ γὰρ ἀπὸ τοῦ νῦν μακαριοῦσίν με πᾶσαι αἱ γενεαί,

49 ὅτι ἐποίησέν μοι μεγάλα ὁ Δυνατός.

καὶ ⌊ἅγιον τὸ ὄνομα αὐτοῦ⌋, ᵈ

50 καὶ ⌊τὸ ἔλεος αὐτοῦ εἰς γενεὰς καὶ γενεὰς τοῖς φοβουμένοις αὐτόν.⌋ᵉ

51 ἐποίησεν κράτος ⌊ἐν βραχίονι⌋ᶠ αὐτοῦ,

⌊διεσκόρπισεν ὑπερηφάνους⌋ᵍ διανοίᾳ καρδίας αὐτῶν.

52 ⌊καθεῖλεν δυνάστας⌋ ἀπὸ θρόνων

καὶ ⌊ὕψωσεν ταπεινούς.⌋ʰ

53 ⌊πεινῶντας ἐνέπλησεν ἀγαθῶν⌋,

καὶ ⌊πλουτοῦντας ἐξαπέστειλεν κενούς.⌋ⁱ

54 ⌊ἀντελάβετο Ἰσραὴλ παιδὸς αὐτοῦ,

μνησθῆναι ἐλέους⌋, ʲ

55 ⌊καθὼς⌋ ἐλάλησεν ⌊πρὸς τοὺς πατέρας ἡμῶν,

τῷ Ἀβραὰμ⌋ καὶ τῷ ⌊σπέρματι⌋ᵏ αὐτοῦ εἰς τὸν αἰῶνα.

56 Ἔμεινεν δὲ Μαριὰμ σὺν αὐτῇ ὡς μῆνας τρεῖς, καὶ ὑπέστρεψεν εἰς τὸν οἶκον αὐτῆς.

57 ❅ Τῇ δὲ Ἐλισάβετ ἐπλήσθη ὁ χρόνος τοῦ τεκεῖν αὐτήν, καὶ ἐγέννησεν

58 υἱόν. καὶ ἤκουσαν οἱ περίοικοι καὶ οἱ συγγενεῖς αὐτῆς ὅτι ἐμεγάλυνεν

59 Κύριος τὸ ἔλεος αὐτοῦ μετ' αὐτῆς, καὶ συνέχαιρον αὐτῇ. καὶ ἐγένετο ἐν τῇ ἡμέρᾳ τῇ ὀγδόῃ ἦλθον περιτεμεῖν τὸ παιδίον, καὶ ἐκάλουν αὐτὸ

60 ἐπὶ τῷ ὀνόματι τοῦ πατρὸς αὐτοῦ Ζαχαρίαν. καὶ ἀποκριθεῖσα ἡ μήτηρ

61 αὐτοῦ εἶπεν· Οὐχί, ἀλλὰ κληθήσεται Ἰωάννης. καὶ εἶπαν πρὸς αὐτὴν

[a] Ἐλισάβετ   [b] 1 Sam. 2. 1   [c] 1 Sam. 1. 11   [d] Ps. 111. 9   [e] Ps. 103. 13, 17   [f] Ps. 89. 10   [g] 2 Sam. 22. 28   [h] Ps. 147. 6; Job 12. 19; 5. 11; 1 Sam. 2. 7   [i] 1 Sam. 2. 5; Ps. 34. 10 LXX; 107. 9   [j] Is. 41. 8; Ps. 98. 3   [k] Mic. 7. 20; Gn. 17. 7; 18. 18; 22. 17

ὅτι Οὐδείς ἐστιν ἐκ τῆς συγγενείας σου ὃς καλεῖται τῷ ὀνόματι τούτῳ. ἐνένευον δὲ τῷ πατρὶ αὐτοῦ τὸ τί ἂν θέλοι καλεῖσθαι αὐτό. καὶ αἰτήσας 62 63 πινακίδιον ἔγραψεν λέγων· Ἰωάννης ἐστὶν ὄνομα αὐτοῦ· καὶ ἐθαύμασαν πάντες. ἀνεῴχθη δὲ τὸ στόμα αὐτοῦ παραχρῆμα καὶ ἡ γλῶσσα αὐτοῦ, 64 καὶ ἐλάλει εὐλογῶν τὸν Θεόν. καὶ ἐγένετο ἐπὶ πάντας φόβος τοὺς 65 περιοικοῦντας αὐτούς, καὶ ἐν ὅλῃ τῇ ὀρεινῇ τῆς Ἰουδαίας διελαλεῖτο πάντα τὰ ῥήματα ταῦτα. καὶ ἔθεντο πάντες οἱ ἀκούσαντες ἐν τῇ 66 καρδίᾳ αὐτῶν, λέγοντες· ᵃ Τί ἄρα τὸ παιδίον τοῦτο ἔσται; καὶ γὰρ χεὶρ Κυρίου ἦν μετ᾽ αὐτοῦ.

Καὶ Ζαχαρίας ὁ πατὴρ αὐτοῦ ἐπλήσθη Πνεύματος Ἁγίου καὶ ἐπροφή- 67 τευσεν λέγων·

⌊Εὐλογητὸς ὁ Θεὸς τοῦ Ἰσραήλ⌋,ᵇ 68
ὅτι ἐπεσκέψατο καὶ ἐποίησεν ⌊λύτρωσιν τῷ λαῷ αὐτοῦ⌋,ᶜ
καὶ ⌊ἤγειρεν κέρας⌋ σωτηρίας ἡμῖν 69
ἐν οἴκῳ ⌊Δαυὶδ⌋ᵈ παιδὸς αὐτοῦ,
καθὼς ἐλάλησεν διὰ στόματος τῶν ἁγίων ἀπ᾽ 70
αἰῶνος προφητῶν αὐτοῦ,
σωτηρίαν ⌊ἐξ ἐχθρῶν⌋ ἡμῶν 71
⌊καὶ ἐκ χειρὸς⌋ πάντων ⌊τῶν μισούντων⌋ᵉ ἡμᾶς,
ποιῆσαι ⌊ἔλεος μετὰ τῶν πατέρων ἡμῶν⌋ 72
καὶ ⌊μνησθῆναι διαθήκης⌋ ἁγίας ⌊αὐτοῦ⌋,ᶠ
ὅρκον ὃν ⌊ὤμοσεν πρὸς Ἀβραὰμ⌋ᵍ τὸν πατέρα ἡμῶν, 73
τοῦ δοῦναι ἡμῖν ἀφόβως ἐκ χειρὸς ἐχθρῶν ῥυσθέντας 74
λατρεύειν αὐτῷ ἐν ὁσιότητι καὶ δικαιοσύνῃ 75
ἐνώπιον αὐτοῦ πάσαις ταῖς ἡμέραις ἡμῶν.
Καὶ σὺ δέ, παιδίον, προφήτης Ὑψίστου κληθήσῃ, 76
προπορεύσῃ γὰρ ⌊ἐνώπιον Κυρίου ἑτοιμάσαι ὁδοὺς αὐτοῦ⌋,ʰ
τοῦ δοῦναι γνῶσιν σωτηρίας τῷ λαῷ αὐτοῦ ἐν 77
ἀφέσει ἁμαρτιῶν αὐτῶν,
διὰ σπλάγχνα ἐλέους Θεοῦ ἡμῶν, 78
ἐν οἷς ⁱ ἐπισκέψεται ἡμᾶς ἀνατολὴ ἐξ ὕψους,
⌊ἐπιφᾶναι τοῖς ἐν σκότει καὶ σκιᾷ θανάτου καθημένοις⌋,ʲ 79
τοῦ κατευθῦναι τοὺς πόδας ἡμῶν εἰς ὁδὸν εἰρήνης.

Τὸ δὲ παιδίον ηὔξανεν καὶ ἐκραταιοῦτο πνεύματι, καὶ ἦν ἐν ταῖς ἐρήμοις 80 ἕως ἡμέρας ἀναδείξεως αὐτοῦ πρὸς τὸν Ἰσραήλ.

[a] Τί ἄρα τὸ παιδίον τοῦτο ἔσται, καὶ γὰρ χεὶρ Κυρίου μετ᾽ αὐτοῦ;   [b] Ps. 41. 13; 72. 18; 106. 48   [c] Ps. 111. 9   [d] 1 Sam. 2. 10; Ps. 132. 17; 18. 2   [e] Ps. 106. 10   [f] Ps. 105. 8; 106. 45; Gn. 17. 7; Lv. 26. 42   [g] Gn. 22. 16, 17; Mic. 7. 20   [h] Mal. 3. 1   [i] ἐπεσκέψατο   [j] Is. 9. 2

2 ⟪ Ἐγένετο δὲ ἐν ταῖς ἡμέραις ἐκείναις ἐξῆλθεν δόγμα παρὰ Καίσαρος
2 Αὐγούστου ἀπογράφεσθαι πᾶσαν τὴν οἰκουμένην. αὕτη ἀπογραφὴ
3 πρώτη ἐγένετο ἡγεμονεύοντος τῆς Συρίας Κυρηνίου. καὶ ἐπορεύοντο
4 πάντες ἀπογράφεσθαι, ἕκαστος εἰς τὴν ἑαυτοῦ πόλιν. ἀνέβη δὲ καὶ
Ἰωσὴφ ἀπὸ τῆς Γαλιλαίας ἐκ πόλεως Ναζαρὲθ εἰς τὴν Ἰουδαίαν εἰς
πόλιν Δαυὶδ ἥτις καλεῖται Βηθλέεμ, διὰ τὸ εἶναι αὐτὸν ἐξ οἴκου καὶ
5 πατριᾶς Δαυίδ, ἀπογράψασθαι σὺν Μαριὰμ τῇ ἐμνηστευμένῃ αὐτῷ,
6 οὔσῃ ἐγκύῳ. ἐγένετο δὲ ἐν τῷ εἶναι αὐτοὺς ἐκεῖ ἐπλήσθησαν αἱ ἡμέραι
7 τοῦ τεκεῖν αὐτήν, καὶ ἔτεκεν τὸν υἱὸν αὐτῆς τὸν πρωτότοκον· καὶ
ἐσπαργάνωσεν αὐτὸν καὶ ἀνέκλινεν αὐτὸν ἐν φάτνῃ, διότι οὐκ ἦν
αὐτοῖς τόπος ἐν τῷ καταλύματι.
8 Καὶ ποιμένες ἦσαν ἐν τῇ χώρᾳ τῇ αὐτῇ ἀγραυλοῦντες καὶ φυλάσ-
9 σοντες φυλακὰς τῆς νυκτὸς ἐπὶ τὴν ποίμνην αὐτῶν. καὶ ἄγγελος
Κυρίου ἐπέστη αὐτοῖς καὶ δόξα Κυρίου περιέλαμψεν αὐτούς, καὶ ἐφοβή-
10 θησαν φόβον μέγαν. καὶ εἶπεν αὐτοῖς ὁ ἄγγελος· Μὴ φοβεῖσθε· ἰδοὺ γὰρ
11 εὐαγγελίζομαι ὑμῖν χαρὰν μεγάλην, ἥτις ἔσται παντὶ τῷ λαῷ, ὅτι
ἐτέχθη ὑμῖν σήμερον σωτήρ, ὅς ἐστιν ᵃ Χριστὸς Κύριος, ἐν πόλει Δαυίδ.
12 καὶ τοῦτο ὑμῖν σημεῖον, εὑρήσετε βρέφος ἐσπαργανωμένον καὶ κείμενον
13 ἐν φάτνῃ. καὶ ἐξαίφνης ἐγένετο σὺν τῷ ἀγγέλῳ πλῆθος στρατιᾶς
οὐρανίου αἰνούντων τὸν Θεὸν καὶ λεγόντων·

14   Δόξα ἐν ὑψίστοις Θεῷ,
        καὶ ἐπὶ γῆς εἰρήνη ἐν ἀνθρώποις ᵇ εὐδοκίας.

15 Καὶ ἐγένετο ὡς ἀπῆλθον ἀπ' αὐτῶν εἰς τὸν οὐρανὸν οἱ ἄγγελοι, οἱ
ποιμένες ἐλάλουν πρὸς ἀλλήλους· Διέλθωμεν δὴ ἕως Βηθλέεμ καὶ ἴδωμεν
16 τὸ ῥῆμα τοῦτο τὸ γεγονὸς ὃ ὁ Κύριος ἐγνώρισεν ἡμῖν. καὶ ἦλθαν
σπεύσαντες, καὶ ἀνεῦραν τήν τε Μαριὰμ καὶ τὸν Ἰωσὴφ καὶ τὸ βρέφος
17 κείμενον ἐν τῇ φάτνῃ. ἰδόντες δὲ ἐγνώρισαν περὶ τοῦ ῥήματος τοῦ
18 λαληθέντος αὐτοῖς περὶ τοῦ παιδίου τούτου· καὶ πάντες οἱ ἀκούσαντες
19 ἐθαύμασαν περὶ τῶν λαληθέντων ὑπὸ τῶν ποιμένων πρὸς αὐτούς. ἡ δὲ
Μαρία πάντα συνετήρει τὰ ῥήματα ταῦτα συμβάλλουσα ἐν τῇ καρδίᾳ
20 αὐτῆς. καὶ ὑπέστρεψαν οἱ ποιμένες δοξάζοντες καὶ αἰνοῦντες τὸν Θεὸν
ἐπὶ πᾶσιν οἷς ἤκουσαν καὶ εἶδον καθὼς ἐλαλήθη πρὸς αὐτούς.
21 Καὶ ὅτε ἐπλήσθησαν ἡμέραι ὀκτὼ τοῦ περιτεμεῖν αὐτόν, καὶ ἐκλήθη
τὸ ὄνομα αὐτοῦ Ἰησοῦς, τὸ κληθὲν ὑπὸ τοῦ ἀγγέλου πρὸ τοῦ συλ-
λημφθῆναι αὐτὸν ἐν τῇ κοιλίᾳ.
22 Καὶ ὅτε ἐπλήσθησαν αἱ ἡμέραι τοῦ καθαρισμοῦ ᶜ αὐτῶν κατὰ τὸν
νόμον Μωϋσέως, ἀνήγαγον αὐτὸν εἰς Ἱεροσόλυμα παραστῆσαι τῷ

[a] Χριστὸς Κυρίου   [b] εὐδοκία.   [c] Lv. 12. 6

Κυρίῳ (καθὼς γέγραπται ἐν νόμῳ Κυρίου ὅτι ⌊Πᾶν ἄρσεν διανοῖγον 23 μήτραν ἅγιον τῷ Κυρίῳ κληθήσεται⌋),ᵃ καὶ τοῦ δοῦναι θυσίαν κατὰ τὸ 24 εἰρημένον ἐν τῷ νόμῳ Κυρίου, ⌊ζεῦγος τρυγόνων ἢ δύο νοσσοὺς περιστερῶν⌋.ᵇ

Καὶ ἰδοὺ ἄνθρωπος ἦν ἐν Ἰερουσαλὴμ ᾧ ὄνομα Συμεών, καὶ ὁ ἄνθρω- 25 πος οὗτος δίκαιος καὶ εὐλαβής, προσδεχόμενος παράκλησιν τοῦ Ἰσραήλ, καὶ Πνεῦμα ἦν Ἅγιον ἐπ' αὐτόν. καὶ ἦν αὐτῷ κεχρηματισμένον ὑπὸ 26 τοῦ Πνεύματος τοῦ Ἁγίου μὴ ἰδεῖν θάνατον πρὶν ἢ ἂν ἴδῃ τὸν Χριστὸν Κυρίου. καὶ ἦλθεν ἐν τῷ Πνεύματι εἰς τὸ ἱερόν· καὶ ἐν τῷ εἰσαγαγεῖν 27 τοὺς γονεῖς τὸ παιδίον Ἰησοῦν τοῦ ποιῆσαι αὐτοὺς κατὰ τὸ εἰθισμένον τοῦ νόμου περὶ αὐτοῦ, καὶ αὐτὸς ἐδέξατο αὐτὸ εἰς τὰς ἀγκάλας καὶ 28 εὐλόγησεν τὸν Θεὸν καὶ εἶπεν·

Νῦν ἀπολύεις τὸν δοῦλόν σου, Δέσποτα, 29
κατὰ τὸ ῥῆμά σου ἐν εἰρήνῃ·
ὅτι ⌊εἶδον⌋ οἱ ὀφθαλμοί μου ⌊τὸ σωτήριόν σου⌋, 30
ὃ ἡτοίμασας ⌊κατὰ πρόσωπον πάντων τῶν λαῶν⌋,ᶜ 31
⌊φῶς εἰς ἀποκάλυψιν ἐθνῶν⌋ 32
καὶ ⌊δόξαν⌋ λαοῦ σου ⌊Ἰσραήλ⌋.ᵈ

Καὶ ἦν ὁ πατὴρ αὐτοῦ καὶ ἡ μήτηρ θαυμάζοντες ἐπὶ τοῖς λαλουμένοις 33 περὶ αὐτοῦ. καὶ εὐλόγησεν αὐτοὺς Συμεὼν καὶ εἶπεν πρὸς Μαριὰμ τὴν 34 μητέρα αὐτοῦ· Ἰδοὺ οὗτος κεῖται εἰς πτῶσιν καὶ ἀνάστασιν πολλῶν ἐν τῷ Ἰσραὴλ καὶ εἰς σημεῖον ἀντιλεγόμενον—καὶ σοῦ δὲ αὐτῆς τὴν 35 ψυχὴν διελεύσεται ῥομφαία—, ὅπως ἂν ἀποκαλυφθῶσιν ἐκ πολλῶν καρδιῶν διαλογισμοί.

Καὶ ἦν Ἅννα προφῆτις, θυγάτηρ Φανουήλ, ἐκ φυλῆς Ἀσήρ. αὕτη 36 προβεβηκυῖα ἐν ἡμέραις πολλαῖς, ζήσασα μετὰ ἀνδρὸς ἔτη ἑπτὰ ἀπὸ τῆς παρθενίας αὐτῆς, καὶ αὐτὴ χήρα ἕως ἐτῶν ὀγδοήκοντα τεσσάρων, ἣ 37 οὐκ ἀφίστατο τοῦ ἱεροῦ νηστείαις καὶ δεήσεσιν λατρεύουσα νύκτα καὶ ἡμέραν. καὶ αὐτῇ τῇ ὥρᾳ ἐπιστᾶσα ἀνθωμολογεῖτο τῷ Θεῷ καὶ 38 ἐλάλει περὶ αὐτοῦ πᾶσιν τοῖς προσδεχομένοις λύτρωσιν Ἰερουσαλήμ.

Καὶ ὡς ἐτέλεσαν πάντα τὰ κατὰ τὸν νόμον Κυρίου, ἐπέστρεψαν εἰς τὴν 39 Γαλιλαίαν εἰς πόλιν ἑαυτῶν Ναζαρέθ. τὸ δὲ παιδίον ηὔξανεν καὶ 40 ἐκρατιοῦτο πληρούμενον σοφίᾳ, καὶ χάρις Θεοῦ ἦν ἐπ' αὐτό.

Καὶ ἐπορεύοντο οἱ γονεῖς αὐτοῦ κατ' ἔτος εἰς Ἰερουσαλὴμ τῇ ἑορτῇ 41 τοῦ πάσχα. καὶ ὅτε ἐγένετο ἐτῶν δώδεκα, ἀναβαινόντων αὐτῶν κατὰ 42 τὸ ἔθος τῆς ἑορτῆς, καὶ τελειωσάντων τὰς ἡμέρας, ἐν τῷ ὑποστρέφειν 43

[a] Ex. 13. 2, 12, 15   [b] Lv. 12. 8; 5. 11   [c] Is. 40. 5; 52. 10   [d] Is. 42. 6;
49. 6; 25. 7; 46. 13

αὐτοὺς ὑπέμεινεν Ἰησοῦς ὁ παῖς ἐν Ἰερουσαλήμ, καὶ οὐκ ἔγνωσαν οἱ
44 γονεῖς αὐτοῦ. νομίσαντες δὲ αὐτὸν εἶναι ἐν τῇ συνοδίᾳ ἦλθον ἡμέρας
45 ὁδὸν καὶ ἀνεζήτουν αὐτὸν ἐν τοῖς συγγενεῦσιν καὶ τοῖς γνωστοῖς, καὶ
46 μὴ εὑρόντες ὑπέστρεψαν εἰς Ἰερουσαλὴμ ἀναζητοῦντες αὐτόν. καὶ ἐγέ-
νετο μετὰ ἡμέρας τρεῖς εὗρον αὐτὸν ἐν τῷ ἱερῷ καθεζόμενον ἐν μέσῳ τῶν
47 διδασκάλων καὶ ἀκούοντα αὐτῶν καὶ ἐπερωτῶντα αὐτούς· ἐξίσταντο
δὲ πάντες οἱ ἀκούοντες αὐτοῦ ἐπὶ τῇ συνέσει καὶ ταῖς ἀποκρίσεσιν
48 αὐτοῦ. καὶ ἰδόντες αὐτὸν ἐξεπλάγησαν, καὶ εἶπεν πρὸς αὐτὸν ἡ μήτηρ
αὐτοῦ· Τέκνον, τί ἐποίησας ἡμῖν οὕτως; ἰδοὺ ὁ πατήρ σου κἀγὼ
49 ὀδυνώμενοι ζητοῦμέν σε. καὶ εἶπεν πρὸς αὐτούς· Τί ὅτι ἐζητεῖτέ με; οὐκ
50 ᾔδειτε ὅτι ἐν τοῖς τοῦ Πατρός μου δεῖ εἶναί με; καὶ αὐτοὶ οὐ συνῆκαν τὸ
51 ῥῆμα ὃ ἐλάλησεν αὐτοῖς. καὶ κατέβη μετ' αὐτῶν καὶ ἦλθεν εἰς Ναζαρέθ,
καὶ ἦν ὑποτασσόμενος αὐτοῖς. καὶ ἡ μήτηρ αὐτοῦ διετήρει πάντα τὰ
52 ῥήματα ἐν τῇ καρδίᾳ αὐτῆς. καὶ Ἰησοῦς ⌊προέκοπτεν⌋ ἐν τῇ σοφίᾳ καὶ
ἡλικίᾳ ⌊καὶ χάριτι παρὰ Θεῷ καὶ ἀνθρώποις⌋.ᵃ

3 ❡ Ἐν ἔτει δὲ πεντεκαιδεκάτῳ τῆς ἡγεμονίας Τιβερίου Καίσαρος, ἡγε-
μονεύοντος Ποντίου Πιλάτου τῆς Ἰουδαίας, καὶ τετρααρχοῦντος τῆς
Γαλιλαίας Ἡρῴδου, Φιλίππου δὲ τοῦ ἀδελφοῦ αὐτοῦ τετρααρχοῦντος
τῆς Ἰτουραίας καὶ Τραχωνίτιδος χώρας, καὶ Λυσανίου τῆς Ἀβιληνῆς
2 τετρααρχοῦντος, ἐπὶ ἀρχιερέως Ἄννα καὶ Καϊάφα, ἐγένετο ῥῆμα Θεοῦ
3 ἐπὶ Ἰωάννην τὸν Ζαχαρίου υἱὸν ἐν τῇ ἐρήμῳ. καὶ ἦλθεν εἰς πᾶσαν τὴν
περίχωρον τοῦ Ἰορδάνου κηρύσσων βάπτισμα μετανοίας εἰς ἄφεσιν
4 ἁμαρτιῶν, ὡς γέγραπται ἐν βίβλῳ λόγων Ἡσαΐου τοῦ προφήτου·

⌊Φωνὴ βοῶντος ἐν τῇ ἐρήμῳ·
Ἑτοιμάσατε τὴν ὁδὸν Κυρίου,
εὐθείας ποιεῖτε τὰς τρίβους⌋ αὐτοῦ.
5 ⌊πᾶσα φάραγξ πληρωθήσεται,
καὶ πᾶν ὄρος καὶ βουνὸς ταπεινωθήσεται·
καὶ ἔσται τὰ σκολιὰ εἰς εὐθείας,
καὶ αἱ τραχεῖαι εἰς ὁδοὺς λείας·
6 καὶ ὄψεται πᾶσα σὰρξ τὸ σωτήριον τοῦ Θεοῦ.⌋ᵇ

7 Ἔλεγεν οὖν τοῖς ἐκπορευομένοις ὄχλοις βαπτισθῆναι ὑπ' αὐτοῦ·
Γεννήματα ἐχιδνῶν, τίς ὑπέδειξεν ὑμῖν φυγεῖν ἀπὸ τῆς μελλούσης ὀργῆς;
8 ποιήσατε οὖν καρποὺς ἀξίους τῆς μετανοίας· καὶ μὴ ἄρξησθε λέγειν ἐν
ἑαυτοῖς· Πατέρα ἔχομεν τὸν Ἀβραάμ· λέγω γὰρ ὑμῖν ὅτι δύναται ὁ
9 Θεὸς ἐκ τῶν λίθων τούτων ἐγεῖραι τέκνα τῷ Ἀβραάμ. ἤδη δὲ καὶ ἡ

[a] 1 Sam. 2. 26; Prv. 3. 4   [b] Is. 40. 3–5

ἀξίνη πρὸς τὴν ῥίζαν τῶν δένδρων κεῖται· πᾶν οὖν δένδρον μὴ ποιοῦν καρπὸν καλὸν ἐκκόπτεται καὶ εἰς πῦρ βάλλεται.

Καὶ ἐπηρώτων αὐτὸν οἱ ὄχλοι λέγοντες· Τί οὖν ποιήσωμεν; ἀπο- 10 11 κριθεὶς δὲ ἔλεγεν αὐτοῖς· Ὁ ἔχων δύο χιτῶνας μεταδότω τῷ μὴ ἔχοντι, καὶ ὁ ἔχων βρώματα ὁμοίως ποιείτω. ἦλθον δὲ καὶ τελῶναι βαπτι- 12 σθῆναι καὶ εἶπαν πρὸς αὐτόν· Διδάσκαλε, τί ποιήσωμεν; ὁ δὲ εἶπεν 13 πρὸς αὐτούς· Μηδὲν πλέον παρὰ τὸ διατεταγμένον ὑμῖν πράσσετε. ἐπηρώτων δὲ αὐτὸν καὶ στρατευόμενοι λέγοντες· Τί ποιήσωμεν καὶ 14 ἡμεῖς; καὶ εἶπεν αὐτοῖς· Μηδένα διασείσητε, μηδὲ συκοφαντήσητε, καὶ ἀρκεῖσθε τοῖς ὀψωνίοις ὑμῶν.

Προσδοκῶντος δὲ τοῦ λαοῦ καὶ διαλογιζομένων πάντων ἐν ταῖς 15 καρδίαις αὐτῶν περὶ τοῦ Ἰωάννου, μήποτε αὐτὸς εἴη ὁ Χριστός, ἀπεκρίνατο λέγων πᾶσιν ὁ Ἰωάννης· Ἐγὼ μὲν ὕδατι βαπτίζω ὑμᾶς· 16 ἔρχεται δὲ ὁ ἰσχυρότερός μου, οὗ οὐκ εἰμὶ ἱκανὸς λῦσαι τὸν ἱμάντα τῶν ὑποδημάτων αὐτοῦ· αὐτὸς ὑμᾶς βαπτίσει ἐν Πνεύματι Ἁγίῳ καὶ πυρί· 17 οὗ τὸ πτύον ἐν τῇ χειρὶ αὐτοῦ διακαθᾶραι τὴν ἅλωνα αὐτοῦ καὶ συναγαγεῖν τὸν σῖτον εἰς τὴν ἀποθήκην αὐτοῦ, τὸ δὲ ἄχυρον κατακαύσει πυρὶ ἀσβέστῳ.

Πολλὰ μὲν οὖν καὶ ἕτερα παρακαλῶν εὐηγγελίζετο τὸν λαόν· ὁ δὲ 18 19 Ἡρῴδης ὁ τετραάρχης, ἐλεγχόμενος ὑπ' αὐτοῦ περὶ Ἡρῳδιάδος τῆς γυναικὸς τοῦ ἀδελφοῦ αὐτοῦ καὶ περὶ πάντων ὧν ἐποίησεν πονηρῶν ὁ Ἡρῴδης, προσέθηκεν καὶ τοῦτο ἐπὶ πᾶσιν, κατέκλεισεν τὸν Ἰωάννην 20 ἐν φυλακῇ.

❦ Ἐγένετο δὲ ἐν τῷ βαπτισθῆναι ἅπαντα τὸν λαὸν καὶ Ἰησοῦ βαπτι- 21 σθέντος καὶ προσευχομένου ἀνεῳχθῆναι τὸν οὐρανὸν καὶ καταβῆναι τὸ 22 Πνεῦμα τὸ Ἅγιον σωματικῷ εἴδει ὡς περιστερὰν ἐπ' αὐτόν, καὶ φωνὴν ἐξ οὐρανοῦ γενέσθαι· ^{ab} Σὺ εἶ ὁ Υἱός μου, ὁ Ἀγαπητός, ἐν σοὶ εὐδόκησα.

Καὶ αὐτὸς ἦν Ἰησοῦς ἀρχόμενος ὡσεὶ ἐτῶν τριάκοντα, ὢν υἱός, ὡς 23 ἐνομίζετο, Ἰωσήφ, τοῦ Ἡλί, τοῦ Ματθάτ, τοῦ Λευΐ, τοῦ Μελχί, τοῦ 24 Ἰανναί, τοῦ Ἰωσήφ, τοῦ Ματταθίου, τοῦ Ἀμώς, τοῦ Ναούμ, τοῦ Ἐσλί, 25 τοῦ Ναγγαί, τοῦ Μαάθ, τοῦ Ματταθίου, τοῦ Σεμεΐν, τοῦ Ἰωσήχ, 26 τοῦ Ἰωδά, τοῦ Ἰωανάν, τοῦ Ῥησά, τοῦ Ζοροβαβέλ, τοῦ Σαλαθιήλ, τοῦ 27 Νηρί, τοῦ Μελχί, τοῦ Ἀδδί, τοῦ Κωσάμ, τοῦ Ἐλμαδάμ, τοῦ Ἤρ, τοῦ 28 29 Ἰησοῦ, τοῦ Ἐλιέζερ, τοῦ Ἰωρίμ, τοῦ Ματθάτ, τοῦ Λευΐ, τοῦ Συμεών, 30 τοῦ Ἰούδα, τοῦ Ἰωσήφ, τοῦ Ἰωνάμ, τοῦ Ἐλιακίμ, τοῦ Μελεᾶ, τοῦ 31 Μεννά, τοῦ Ματταθά, τοῦ Ναθάν, τοῦ Δαυίδ, τοῦ Ἰεσσαί, τοῦ Ὠβήδ, 32

[a] Σὺ εἶ ὁ Υἱός μου ὁ ἀγαπητός,   [b] Υἱός μου εἶ σύ, ἐγὼ σήμερον γεγέννηκά σε.

33 τοῦ Βοόζ, τοῦ Σαλμών, τοῦ Ναασσών, τοῦ Ἀμμιναδάβ, *ᵃ* τοῦ *ᵇ* Ἀρνί,
34 τοῦ Ἑσρών, τοῦ Φάρες, τοῦ Ἰούδα, τοῦ Ἰακώβ, τοῦ Ἰσαάκ, τοῦ
35 Ἀβραάμ, τοῦ Θάρα, τοῦ Ναχώρ, τοῦ Σερούχ, τοῦ Ῥαγαῦ, τοῦ Φάλεγ,
36 τοῦ Ἔβερ, τοῦ Σάλα, τοῦ Καϊνάν, τοῦ Ἀρφαξάδ, τοῦ Σήμ, τοῦ Νῶε, τοῦ
37 Λάμεχ, τοῦ Μαθουσάλα, τοῦ Ἑνώχ, τοῦ Ἰαρέδ, τοῦ Μαλελεήλ, τοῦ
38 Καϊνάν, τοῦ Ἑνώς, τοῦ Σήθ, τοῦ Ἀδάμ, τοῦ Θεοῦ.

4 Ἰησοῦς δὲ πλήρης Πνεύματος Ἁγίου ὑπέστρεψεν ἀπὸ τοῦ Ἰορδάνου,
2 καὶ ἤγετο ἐν τῷ Πνεύματι ἐν τῇ ἐρήμῳ ἡμέρας τεσσεράκοντα πειραζό-
μενος ὑπὸ τοῦ διαβόλου.

Καὶ οὐκ ἔφαγεν οὐδὲν ἐν ταῖς ἡμέραις ἐκείναις, καὶ συντελεσθεισῶν
3 αὐτῶν ἐπείνασεν. εἶπεν δὲ αὐτῷ ὁ διάβολος· Εἰ Υἱὸς εἶ τοῦ Θεοῦ, εἰπὲ
4 τῷ λίθῳ τούτῳ ἵνα γένηται ἄρτος. καὶ ἀπεκρίθη πρὸς αὐτὸν ὁ Ἰησοῦς·
Γέγραπται ὅτι ⌊Οὐκ ἐπ᾽ ἄρτῳ μόνῳ ζήσεται ὁ ἄνθρωπος.⌋*ᶜ*
5 Καὶ ἀναγαγὼν αὐτὸν ἔδειξεν αὐτῷ πάσας τὰς βασιλείας τῆς οἰκου-
6 μένης ἐν στιγμῇ χρόνου. καὶ εἶπεν αὐτῷ ὁ διάβολος· Σοὶ δώσω τὴν
ἐξουσίαν ταύτην ἅπασαν καὶ τὴν δόξαν αὐτῶν, ὅτι ἐμοὶ παραδέδοται
7 καὶ ᾧ ἐὰν θέλω δίδωμι αὐτήν· σὺ οὖν ἐὰν προσκυνήσῃς ἐνώπιον ἐμοῦ,
8 ἔσται σοῦ πᾶσα. καὶ ἀποκριθεὶς ὁ Ἰησοῦς εἶπεν αὐτῷ· Γέγραπται·
⌊Προσκυνήσεις Κύριον τὸν Θεόν σου καὶ αὐτῷ μόνῳ λατρεύσεις.⌋*ᵈ*
9 Ἤγαγεν δὲ αὐτὸν εἰς Ἰερουσαλὴμ καὶ ἔστησεν ἐπὶ τὸ πτερύγιον τοῦ
ἱεροῦ, καὶ εἶπεν αὐτῷ· Εἰ Υἱὸς εἶ τοῦ Θεοῦ, βάλε σεαυτὸν ἐντεῦθεν κάτω·
10 γέγραπται γὰρ ὅτι ⌊Τοῖς ἀγγέλοις αὐτοῦ ἐντελεῖται περὶ σοῦ τοῦ
11 διαφυλάξαι σε⌋, καὶ ὅτι ⌊Ἐπὶ χειρῶν ἀροῦσίν σε, μήποτε προσκόψῃς
12 πρὸς λίθον τὸν πόδα σου.⌋*ᵉ* καὶ ἀποκριθεὶς εἶπεν αὐτῷ ὁ Ἰησοῦς ὅτι
Εἴρηται· ⌊Οὐκ ἐκπειράσεις Κύριον τὸν Θεόν σου.⌋*ᶠ*
13 Καὶ συντελέσας πάντα πειρασμὸν ὁ διάβολος ἀπέστη ἀπ᾽ αὐτοῦ
ἄχρι καιροῦ.

14 Καὶ ὑπέστρεψεν ὁ Ἰησοῦς ἐν τῇ δυνάμει τοῦ Πνεύματος εἰς τὴν
Γαλιλαίαν· καὶ φήμη ἐξῆλθεν καθ᾽ ὅλης τῆς περιχώρου περὶ αὐτοῦ.
15 καὶ αὐτὸς ἐδίδασκεν ἐν ταῖς συναγωγαῖς αὐτῶν, δοξαζόμενος ὑπὸ
πάντων.
16 Καὶ ἦλθεν εἰς Ναζαρά, οὗ ἦν τεθραμμένος, καὶ εἰσῆλθεν κατὰ
τὸ εἰωθὸς αὐτῷ ἐν τῇ ἡμέρᾳ τῶν σαββάτων εἰς τὴν συναγωγήν.
17 καὶ ἀνέστη ἀναγνῶναι, καὶ ἐπεδόθη αὐτῷ βιβλίον τοῦ προφήτου
Ἠσαΐου· καὶ ἀνοίξας τὸ βιβλίον εὗρεν τὸν τόπον οὗ ἦν γεγραμμένον·

[*a*] add τοῦ Ἀδμίν,   [*b*] Ἀράμ   [*c*] Dt. 8. 3   [*d*] Dt. 6. 13   [*e*] Ps. 91.
11, 12   [*f*] Dt. 6. 16

ₗΠνεῦμα Κυρίου ἐπ' ἐμέ, οὗ εἵνεκεν ἔχρισέν με·   18
εὐαγγελίσασθαι πτωχοῖς ἀπέσταλκέν με,
κηρῦξαι αἰχμαλώτοις ἄφεσιν καὶ τυφλοῖς ἀνάβλεψιν,
ἀποστεῖλαι τεθραυσμένους ἐν ἀφέσει,
κηρῦξαι ἐνιαυτὸν Κυρίου δεκτόν·ⱼᵃ   19

καὶ πτύξας τὸ βιβλίον ἀποδοὺς τῷ ὑπηρέτῃ ἐκάθισεν· καὶ πάντων οἱ 20
ὀφθαλμοὶ ἐν τῇ συναγωγῇ ἦσαν ἀτενίζοντες αὐτῷ.

Ἤρξατο δὲ λέγειν πρὸς αὐτοὺς ὅτι Σήμερον πεπλήρωται ἡ γραφὴ 21
αὕτη ἐν τοῖς ὠσὶν ὑμῶν. καὶ πάντες ἐμαρτύρουν αὐτῷ καὶ ἐθαύμαζον 22
ἐπὶ τοῖς λόγοις τῆς χάριτος τοῖς ἐκπορευομένοις ἐκ τοῦ στόματος αὐτοῦ,
καὶ ἔλεγον· Οὐχὶ υἱός ἐστιν Ἰωσὴφ οὗτος; καὶ εἶπεν πρὸς αὐτούς· 23
Πάντως ἐρεῖτέ μοι τὴν παραβολὴν ταύτην· Ἰατρέ, θεράπευσον σεαυτόν·
ὅσα ἠκούσαμεν γενόμενα εἰς τὴν Καφαρναούμ, ποίησον καὶ ὧδε ἐν τῇ
πατρίδι σου. εἶπεν δέ· Ἀμὴν λέγω ὑμῖν ὅτι οὐδεὶς προφήτης δεκτός 24
ἐστιν ἐν τῇ πατρίδι αὐτοῦ. ἐπ' ἀληθείας δὲ λέγω ὑμῖν, πολλαὶ χῆραι 25
ἦσαν ἐν ταῖς ἡμέραις Ἠλίου ἐν τῷ Ἰσραήλ, ὅτε ἐκλείσθη ὁ οὐρανὸς ἐπὶ
ἔτη τρία καὶ μῆνας ἕξ, ὡς ἐγένετο λιμὸς μέγας ἐπὶ πᾶσαν τὴν γῆν, καὶ 26
πρὸς οὐδεμίαν αὐτῶν ἐπέμφθη Ἠλίας εἰ μὴ ₗεἰς Σάρεπτα τῆς Σιδωνίας
πρὸς γυναῖκα χήρανⱼ.ᵇ καὶ πολλοὶ λεπροὶ ἦσαν ἐν τῷ Ἰσραὴλ ἐπὶ 27
Ἐλισαίου τοῦ προφήτου, καὶ οὐδεὶς αὐτῶν ἐκαθαρίσθη εἰ μὴ Ναιμὰν ὁ
Σύρος. καὶ ἐπλήσθησαν πάντες θυμοῦ ἐν τῇ συναγωγῇ ἀκούοντες 28
ταῦτα. καὶ ἀναστάντες ἐξέβαλον αὐτὸν ἔξω τῆς πόλεως, καὶ ἤγαγον 29
αὐτὸν ἕως ὀφρύος τοῦ ὄρους ἐφ' οὗ ἡ πόλις ᾠκοδόμητο αὐτῶν, ὥστε
κατακρημνίσαι αὐτόν· αὐτὸς δὲ διελθὼν διὰ μέσου αὐτῶν ἐπορεύετο. 30

Καὶ κατῆλθεν εἰς Καφαρναοὺμ πόλιν τῆς Γαλιλαίας· καὶ ἦν διδάσκων 31 32
αὐτοὺς ἐν τοῖς σάββασιν, καὶ ἐξεπλήσσοντο ἐπὶ τῇ διδαχῇ αὐτοῦ, ὅτι
ἐν ἐξουσίᾳ ἦν ὁ λόγος αὐτοῦ. καὶ ἐν τῇ συναγωγῇ ἦν ἄνθρωπος ἔχων 33
πνεῦμα δαιμονίου ἀκαθάρτου, καὶ ἀνέκραξεν φωνῇ μεγάλῃ· Τί ἡμῖν καὶ 34
σοί, Ἰησοῦ Ναζαρηνέ; ᶜ ἦλθες ἀπολέσαι ἡμᾶς; οἶδά σε τίς εἶ, ὁ Ἅγιος
τοῦ Θεοῦ. καὶ ἐπετίμησεν αὐτῷ ὁ Ἰησοῦς λέγων· Φιμώθητι καὶ 35
ἔξελθε ἀπ' αὐτοῦ. καὶ ῥῖψαν αὐτὸν τὸ δαιμόνιον εἰς τὸ μέσον ἐξῆλθεν
ἀπ' αὐτοῦ μηδὲν βλάψαν αὐτόν. καὶ ἐγένετο θάμβος ἐπὶ πάντας, καὶ 36
συνελάλουν πρὸς ἀλλήλους λέγοντες· Τίς ὁ λόγος οὗτος, ὅτι ἐν ἐξουσίᾳ
καὶ δυνάμει ἐπιτάσσει τοῖς ἀκαθάρτοις πνεύμασιν καὶ ἐξέρχονται; καὶ 37
ἐξεπορεύετο ἦχος περὶ αὐτοῦ εἰς πάντα τόπον τῆς περιχώρου.

Ἀναστὰς δὲ ἀπὸ τῆς συναγωγῆς εἰσῆλθεν εἰς τὴν οἰκίαν Σίμωνος. 38
πενθερὰ δὲ τοῦ Σίμωνος ἦν συνεχομένη πυρετῷ μεγάλῳ, καὶ ἠρώτησαν

[a] Is. 61. 1, 2; 58. 6   [b] 1 Kgs. 17. 9   [c] ἦλθες ἀπολέσαι ἡμᾶς.

39 αὐτὸν περὶ αὐτῆς. καὶ ἐπιστὰς ἐπάνω αὐτῆς ἐπετίμησεν τῷ πυρετῷ, καὶ ἀφῆκεν αὐτήν· παραχρῆμα δὲ ἀναστᾶσα διηκόνει αὐτοῖς.

40 Δύνοντος δὲ τοῦ ἡλίου ἅπαντες ὅσοι εἶχον ἀσθενοῦντας νόσοις ποικίλαις ἤγαγον αὐτοὺς πρὸς αὐτόν· ὁ δὲ ἑνὶ ἑκάστῳ αὐτῶν τὰς
41 χεῖρας ἐπιτιθεὶς ἐθεράπευεν αὐτούς. ἐξήρχετο δὲ καὶ δαιμόνια ἀπὸ πολλῶν, κραυγάζοντα καὶ λέγοντα ὅτι Σὺ εἶ ὁ Υἱὸς τοῦ Θεοῦ. καὶ ἐπιτιμῶν οὐκ εἴα αὐτὰ λαλεῖν, ὅτι ᾔδεισαν τὸν Χριστὸν αὐτὸν εἶναι.

42 Γενομένης δὲ ἡμέρας ἐξελθὼν ἐπορεύθη εἰς ἔρημον τόπον· καὶ οἱ ὄχλοι ἐπεζήτουν αὐτόν, καὶ ἦλθον ἕως αὐτοῦ, καὶ κατεῖχον αὐτὸν τοῦ μὴ
43 πορεύεσθαι ἀπ᾽ αὐτῶν. ὁ δὲ εἶπεν πρὸς αὐτοὺς ὅτι Καὶ ταῖς ἑτέραις πόλεσιν εὐαγγελίσασθαί με δεῖ τὴν βασιλείαν τοῦ Θεοῦ, ὅτι ἐπὶ τοῦτο
44 ἀπεστάλην. καὶ ἦν κηρύσσων εἰς τὰς συναγωγὰς τῆς ^a Ἰουδαίας.

5 Ἐγένετο δὲ ἐν τῷ τὸν ὄχλον ἐπικεῖσθαι αὐτῷ καὶ ἀκούειν τὸν λόγον
2 τοῦ Θεοῦ, καὶ αὐτὸς ἦν ἑστὼς παρὰ τὴν λίμνην Γεννησαρέτ, καὶ εἶδεν δύο πλοιάρια ἑστῶτα παρὰ τὴν λίμνην· οἱ δὲ ἁλεεῖς ἀπ᾽ αὐτῶν ἀπο-
3 βάντες ἔπλυνον τὰ δίκτυα. ἐμβὰς δὲ εἰς ἓν τῶν πλοίων, ὃ ἦν Σίμωνος, ἠρώτησεν αὐτὸν ἀπὸ τῆς γῆς ἐπαναγαγεῖν ὀλίγον· καθίσας δὲ ἐκ τοῦ
4 πλοίου ἐδίδασκεν τοὺς ὄχλους. ὡς δὲ ἐπαύσατο λαλῶν, εἶπεν πρὸς τὸν Σίμωνα· Ἐπανάγαγε εἰς τὸ βάθος, καὶ χαλάσατε τὰ δίκτυα ὑμῶν εἰς
5 ἄγραν. καὶ ἀποκριθεὶς Σίμων εἶπεν· Ἐπιστάτα, δι᾽ ὅλης νυκτὸς κοπιά-
6 σαντες οὐδὲν ἐλάβομεν· ἐπὶ δὲ τῷ ῥήματί σου χαλάσω τὰ δίκτυα. καὶ τοῦτο ποιήσαντες συνέκλεισαν πλῆθος ἰχθύων πολύ· διερρήσσετο δὲ τὰ
7 δίκτυα αὐτῶν. καὶ κατένευσαν τοῖς μετόχοις ἐν τῷ ἑτέρῳ πλοίῳ τοῦ ἐλθόντας συλλαβέσθαι αὐτοῖς· καὶ ἦλθαν, καὶ ἔπλησαν ἀμφότερα
8 τὰ πλοῖα ὥστε βυθίζεσθαι αὐτά. ἰδὼν δὲ Σίμων προσέπεσεν τοῖς γόνασιν Ἰησοῦ λέγων· Ἔξελθε ἀπ᾽ ἐμοῦ, ὅτι ἀνὴρ ἁμαρτωλός εἰμι,
9 Κύριε. θάμβος γὰρ περιέσχεν αὐτὸν καὶ πάντας τοὺς σὺν αὐτῷ ἐπὶ τῇ
10 ἄγρᾳ τῶν ἰχθύων ᾗ συνέλαβον, ὁμοίως δὲ καὶ Ἰάκωβον καὶ Ἰωάννην υἱοὺς Ζεβεδαίου, οἳ ἦσαν κοινωνοὶ τῷ Σίμωνι. καὶ εἶπεν πρὸς τὸν Σίμωνα ὁ Ἰησοῦς· Μὴ φοβοῦ· ἀπὸ τοῦ νῦν ἀνθρώπους ἔσῃ ζωγρῶν.
11 καὶ καταγαγόντες τὰ πλοῖα ἐπὶ τὴν γῆν, ἀφέντες πάντα ἠκολούθησαν αὐτῷ.

12 Καὶ ἐγένετο ἐν τῷ εἶναι αὐτὸν ἐν μιᾷ τῶν πόλεων καὶ ἰδοὺ ἀνὴρ πλήρης λέπρας· ἰδὼν δὲ τὸν Ἰησοῦν, πεσὼν ἐπὶ πρόσωπον ἐδεήθη
13 αὐτοῦ λέγων· Κύριε, ἐὰν θέλῃς, δύνασαί με καθαρίσαι. καὶ ἐκτείνας τὴν χεῖρα ἥψατο αὐτοῦ λέγων· Θέλω, καθαρίσθητι· καὶ εὐθέως ἡ λέπρα ἀπῆλ-
14 θεν ἀπ᾽ αὐτοῦ. καὶ αὐτὸς παρήγγειλεν αὐτῷ μηδενὶ εἰπεῖν, ἀλλὰ Ἀπελθὼν ⌊δεῖξον⌋ σεαυτὸν ⌊τῷ ἱερεῖ⌋,^b καὶ προσένεγκε περὶ τοῦ καθαρισμοῦ

[a] Γαλιλαίας.   [b] Lv. 13. 49; 14. 2–32

σου καθὼς προσέταξεν Μωϋσῆς, εἰς μαρτύριον αὐτοῖς. διήρχετο δὲ 15
μᾶλλον ὁ λόγος περὶ αὐτοῦ, καὶ συνήρχοντο ὄχλοι πολλοὶ ἀκούειν καὶ
θεραπεύεσθαι ἀπὸ τῶν ἀσθενειῶν αὐτῶν. αὐτὸς δὲ ἦν ὑποχωρῶν ἐν 16
ταῖς ἐρήμοις καὶ προσευχόμενος.

Καὶ ἐγένετο ἐν μιᾷ τῶν ἡμερῶν καὶ αὐτὸς ἦν διδάσκων, καὶ ᵃ ἦσαν 17
καθήμενοι Φαρισαῖοι καὶ νομοδιδάσκαλοι. ἦσαν δὲ συνεληλυθότες ἐκ
πάσης κώμης τῆς Γαλιλαίας καὶ Ἰουδαίας καὶ Ἰερουσαλήμ· καὶ δύναμις
Κυρίου ἦν εἰς τὸ ἰᾶσθαι αὐτόν. καὶ ἰδοὺ ἄνδρες φέροντες ἐπὶ κλίνης 18
ἄνθρωπον ὃς ἦν παραλελυμένος, καὶ ἐζήτουν αὐτὸν εἰσενεγκεῖν καὶ
θεῖναι αὐτὸν ἐνώπιον αὐτοῦ. καὶ μὴ εὑρόντες ποίας εἰσενέγκωσιν αὐτὸν 19
διὰ τὸν ὄχλον, ἀναβάντες ἐπὶ τὸ δῶμα διὰ τῶν κεράμων καθῆκαν αὐτὸν
σὺν τῷ κλινιδίῳ εἰς τὸ μέσον ἔμπροσθεν τοῦ Ἰησοῦ. καὶ ἰδὼν τὴν 20
πίστιν αὐτῶν εἶπεν· Ἄνθρωπε, ἀφέωνταί σοι αἱ ἁμαρτίαι σου.

Καὶ ἤρξαντο διαλογίζεσθαι οἱ γραμματεῖς καὶ οἱ Φαρισαῖοι λέγοντες· 21
Τίς ἐστιν οὗτος ὃς λαλεῖ βλασφημίας; τίς δύναται ἁμαρτίας ἀφεῖναι εἰ μὴ 22
μόνος ὁ Θεός; ἐπιγνοὺς δὲ ὁ Ἰησοῦς τοὺς διαλογισμοὺς αὐτῶν, ἀπο-
κριθεὶς εἶπεν πρὸς αὐτούς· Τί διαλογίζεσθε ἐν ταῖς καρδίαις ὑμῶν; τί 23
ἐστιν εὐκοπώτερον, εἰπεῖν· Ἀφέωνταί σοι αἱ ἁμαρτίαι σου, ἢ εἰπεῖν·
Ἔγειρε καὶ περιπάτει; ἵνα δὲ εἰδῆτε ὅτι ὁ Υἱὸς τοῦ ἀνθρώπου ἐξουσίαν 24
ἔχει ἐπὶ τῆς γῆς ἀφιέναι ἁμαρτίας—εἶπεν τῷ παραλελυμένῳ—Σοὶ λέγω,
ἔγειρε καὶ ἄρας τὸ κλινίδιόν σου πορεύου εἰς τὸν οἶκόν σου. καὶ 25
παραχρῆμα ἀναστὰς ἐνώπιον αὐτῶν, ἄρας ἐφ' ὃ κατέκειτο, ἀπῆλθεν εἰς
τὸν οἶκον αὐτοῦ δοξάζων τὸν Θεόν. καὶ ἔκστασις ἔλαβεν ἅπαντας, καὶ 26
ἐδόξαζον τὸν Θεόν, καὶ ἐπλήσθησαν φόβου λέγοντες ὅτι Εἴδομεν παρά-
δοξα σήμερον.

Καὶ μετὰ ταῦτα ἐξῆλθεν, καὶ ἐθεάσατο τελώνην ὀνόματι Λευὶν καθή- 27
μενον ἐπὶ τὸ τελώνιον, καὶ εἶπεν αὐτῷ· Ἀκολούθει μοι. καὶ καταλιπὼν 28
πάντα ἀναστὰς ἠκολούθει αὐτῷ.

Καὶ ἐποίησεν δοχὴν μεγάλην Λευὶς αὐτῷ ἐν τῇ οἰκίᾳ αὐτοῦ· καὶ ἦν 29
ὄχλος πολὺς τελωνῶν καὶ ἄλλων οἳ ἦσαν μετ' αὐτῶν κατακείμενοι. καὶ 30
ἐγόγγυζον οἱ Φαρισαῖοι καὶ οἱ γραμματεῖς αὐτῶν πρὸς τοὺς μαθητὰς
αὐτοῦ λέγοντες· Διὰ τί μετὰ τῶν τελωνῶν καὶ ἁμαρτωλῶν ἐσθίετε
καὶ πίνετε; καὶ ἀποκριθεὶς ὁ Ἰησοῦς εἶπεν πρὸς αὐτούς· Οὐ χρείαν 31
ἔχουσιν οἱ ὑγιαίνοντες ἰατροῦ ἀλλὰ οἱ κακῶς ἔχοντες· οὐκ ἐλήλυθα 32
καλέσαι δικαίους ἀλλὰ ἁμαρτωλοὺς εἰς μετάνοιαν.

Οἱ δὲ εἶπαν πρὸς αὐτόν· Οἱ μαθηταὶ Ἰωάννου νηστεύουσιν πυκνὰ 33
καὶ δεήσεις ποιοῦνται, ὁμοίως καὶ οἱ τῶν Φαρισαίων, οἱ δὲ σοὶ ἐσθίουσιν
καὶ πίνουσιν. ὁ δὲ Ἰησοῦς εἶπεν πρὸς αὐτούς· Μὴ δύνασθε τοὺς υἱοὺς 34

[a] ἦσαν καθήμενοι Φαρισαῖοι καὶ νομοδιδάσκαλοι οἳ ἦσαν ἐληλυθότες

του νυμφῶνος, ἐν ᾧ ὁ νυμφίος μετ' αὐτῶν ἐστιν, ποιῆσαι νηστεῦσαι;
35 ἐλεύσονται δὲ ἡμέραι, καὶ ὅταν ἀπαρθῇ ἀπ' αὐτῶν ὁ νυμφίος, τότε
νηστεύσουσιν ἐν ἐκείναις ταῖς ἡμέραις.

36 Ἔλεγεν δὲ καὶ παραβολὴν πρὸς αὐτοὺς ὅτι Οὐδεὶς ἐπίβλημα ἀπὸ
ἱματίου καινοῦ σχίσας ἐπιβάλλει ἐπὶ ἱμάτιον παλαιόν· εἰ δὲ μή γε, καὶ τὸ
καινὸν σχίσει καὶ τῷ παλαιῷ οὐ συμφωνήσει τὸ ἐπίβλημα τὸ ἀπὸ τοῦ
37 καινοῦ. καὶ οὐδεὶς βάλλει οἶνον νέον εἰς ἀσκοὺς παλαιούς· εἰ δὲ μή γε,
ῥήξει ὁ οἶνος ὁ νέος τοὺς ἀσκούς, καὶ αὐτὸς ἐκχυθήσεται καὶ οἱ ἀσκοὶ
38 39 ἀπολοῦνται. ἀλλὰ οἶνον νέον εἰς ἀσκοὺς καινοὺς βλητέον. καὶ οὐδεὶς
πιὼν παλαιὸν θέλει νέον· λέγει γάρ· Ὁ παλαιὸς χρηστός ἐστιν.

6 Ἐγένετο δὲ ἐν σαββάτῳ διαπορεύεσθαι αὐτὸν διὰ σπορίμων, καὶ
ἔτιλλον οἱ μαθηταὶ αὐτοῦ καὶ ἤσθιον τοὺς στάχυας ψώχοντες ταῖς
2 χερσίν. τινὲς δὲ τῶν Φαρισαίων εἶπαν· Τί ποιεῖτε ὃ οὐκ ἔξεστιν τοῖς
3 σάββασιν; καὶ ἀποκριθεὶς πρὸς αὐτοὺς εἶπεν ὁ Ἰησοῦς· Οὐδὲ τοῦτο
ἀνέγνωτε ὃ ἐποίησεν Δαυίδ, ὅποτε ἐπείνασεν αὐτὸς καὶ οἱ μετ' αὐτοῦ
4 ὄντες; εἰσῆλθεν εἰς τὸν οἶκον τοῦ Θεοῦ καὶ ⌜τοὺς ἄρτους τῆς προθέσεως⌝ᵃ
λαβὼν ἔφαγεν καὶ ἔδωκεν τοῖς μετ' αὐτοῦ, οὓς οὐκ ἔξεστιν φαγεῖν εἰ μὴ
5 μόνους τοὺς ἱερεῖς. καὶ ἔλεγεν αὐτοῖς· Κύριός ἐστιν τοῦ σαββάτου ὁ
Υἱὸς τοῦ ἀνθρώπου.

6 Ἐγένετο δὲ ἐν ἑτέρῳ σαββάτῳ εἰσελθεῖν αὐτὸν εἰς τὴν συναγωγὴν
καὶ διδάσκειν. καὶ ἦν ἄνθρωπος ἐκεῖ καὶ ἡ χεὶρ αὐτοῦ ἡ δεξιὰ ἦν
7 ξηρά· παρετηροῦντο δὲ οἱ γραμματεῖς καὶ οἱ Φαρισαῖοι εἰ ἐν τῷ σαβ-
8 βάτῳ θεραπεύσει, ἵνα εὕρωσιν κατηγορεῖν αὐτοῦ. αὐτὸς δὲ ᾔδει τοὺς
διαλογισμοὺς αὐτῶν, εἶπεν δὲ τῷ ἀνδρὶ τῷ ξηρὰν ἔχοντι τὴν χεῖρα·
9 Ἔγειρε καὶ στῆθι εἰς τὸ μέσον· καὶ ἀναστὰς ἔστη. εἶπεν δὲ ὁ Ἰησοῦς
πρὸς αὐτούς· Ἐπερωτῶ ὑμᾶς, εἰ ἔξεστιν τῷ σαββάτῳ ἀγαθοποιῆσαι ἢ
10 κακοποιῆσαι, ψυχὴν σῶσαι ἢ ἀπολέσαι; καὶ περιβλεψάμενος πάντας
αὐτοὺς εἶπεν αὐτῷ· Ἔκτεινον τὴν χεῖρά σου. ὁ δὲ ἐποίησεν, καὶ
11 ἀπεκατεστάθη ἡ χεὶρ αὐτοῦ. αὐτοὶ δὲ ἐπλήσθησαν ἀνοίας, καὶ διελά-
λουν πρὸς ἀλλήλους τί ἂν ποιήσαιεν τῷ Ἰησοῦ.

12 Ἐγένετο δὲ ἐν ταῖς ἡμέραις ταύταις ἐξελθεῖν αὐτὸν εἰς τὸ ὄρος προσεύ-
13 ξασθαι, καὶ ἦν διανυκτερεύων ἐν τῇ προσευχῇ τοῦ Θεοῦ. καὶ ὅτε
ἐγένετο ἡμέρα, προσεφώνησεν τοὺς μαθητὰς αὐτοῦ, καὶ ἐκλεξάμενος
14 ἀπ' αὐτῶν δώδεκα, οὓς καὶ ἀποστόλους ὠνόμασεν· Σίμωνα, ὃν καὶ
ὠνόμασεν Πέτρον, καὶ Ἀνδρέαν τὸν ἀδελφὸν αὐτοῦ, καὶ Ἰάκωβον καὶ
15 Ἰωάννην, καὶ Φίλιππον καὶ Βαρθολομαῖον, καὶ Μαθθαῖον καὶ Θωμᾶν,
16 καὶ Ἰάκωβον Ἀλφαίου, καὶ Σίμωνα τὸν καλούμενον Ζηλωτήν, καὶ
Ἰούδαν Ἰακώβου, καὶ Ἰούδαν Ἰσκαριώθ, ὃς ἐγένετο προδότης.

[a] Lv. 24. 5-9; Ex. 40. 23; 1 Sam. 21. 6

Καὶ καταβὰς μετ᾽ αὐτῶν ἔστη ἐπὶ τόπου πεδινοῦ, καὶ ὄχλος πολὺς 17
μαθητῶν αὐτοῦ, καὶ πλῆθος πολὺ τοῦ λαοῦ ἀπὸ πάσης τῆς Ἰουδαίας
καὶ Ἰερουσαλὴμ καὶ τῆς παραλίου Τύρου καὶ Σιδῶνος, οἳ ἦλθον ἀκοῦσαι 18
αὐτοῦ καὶ ἰαθῆναι ἀπὸ τῶν νόσων αὐτῶν. καὶ οἱ ἐνοχλούμενοι ἀπὸ
πνευμάτων ἀκαθάρτων ἐθεραπεύοντο· καὶ πᾶς ὁ ὄχλος ἐζήτουν ἅπτεσθαι 19
αὐτοῦ, ὅτι δύναμις παρ᾽ αὐτοῦ ἐξήρχετο καὶ ἰᾶτο πάντας.

℮ Καὶ αὐτὸς ἐπάρας τοὺς ὀφθαλμοὺς αὐτοῦ εἰς τοὺς μαθητὰς αὐτοῦ 20
ἔλεγεν·
Μακάριοι ⌊οἱ πτωχοί⌋,ᵃ ὅτι ὑμετέρα ἐστὶν ἡ βασιλεία τοῦ Θεοῦ.
μακάριοι οἱ πεινῶντες νῦν, ὅτι χορτασθήσεσθε. 21
μακάριοι οἱ κλαίοντες νῦν, ὅτι γελάσετε.

μακάριοί ἐστε ὅταν μισήσωσιν ὑμᾶς οἱ ἄνθρωποι, καὶ ὅταν ἀφορίσω- 22
σιν ὑμᾶς καὶ ὀνειδίσωσιν, καὶ ἐκβάλωσιν τὸ ὄνομα ὑμῶν ὡς πονηρόν,
ἕνεκα τοῦ Υἱοῦ τοῦ ἀνθρώπου. χάρητε ἐν ἐκείνῃ τῇ ἡμέρᾳ καὶ σκιρτή- 23
σατε, ἰδοὺ γὰρ ὁ μισθὸς ὑμῶν πολὺς ἐν τῷ οὐρανῷ· κατὰ τὰ αὐτὰ γὰρ
ἐποίουν τοῖς προφήταις οἱ πατέρες αὐτῶν.
Πλὴν οὐαὶ ὑμῖν τοῖς πλουσίοις, ὅτι ἀπέχετε τὴν παράκλησιν ὑμῶν. 24
οὐαὶ ὑμῖν, οἱ ἐμπεπλησμένοι νῦν, ὅτι πεινάσετε. 25
οὐαί, οἱ γελῶντες νῦν, ὅτι πενθήσετε καὶ κλαύσετε.
οὐαὶ ὅταν καλῶς ὑμᾶς εἴπωσιν πάντες οἱ ἄνθρωποι· κατὰ τὰ αὐτὰ 26
γὰρ ἐποίουν τοῖς ψευδοπροφήταις οἱ πατέρες αὐτῶν.
Ἀλλὰ ὑμῖν λέγω τοῖς ἀκούουσιν· 27
Ἀγαπᾶτε τοὺς ἐχθροὺς ὑμῶν, καλῶς ποιεῖτε τοῖς μισοῦσιν ὑμᾶς,
εὐλογεῖτε τοὺς καταρωμένους ὑμᾶς, προσεύχεσθε περὶ τῶν ἐπηρεαζόν- 28
των ὑμᾶς. τῷ τύπτοντί σε ἐπὶ τὴν σιαγόνα πάρεχε καὶ τὴν ἄλλην, καὶ 29
ἀπὸ τοῦ αἴροντός σου τὸ ἱμάτιον καὶ τὸν χιτῶνα μὴ κωλύσῃς. παντὶ 30
αἰτοῦντί σε δίδου, καὶ ἀπὸ τοῦ αἴροντος τὰ σὰ μὴ ἀπαίτει. καὶ καθὼς 31
θέλετε ἵνα ποιῶσιν ὑμῖν οἱ ἄνθρωποι, ποιεῖτε αὐτοῖς ὁμοίως.
Καὶ εἰ ἀγαπᾶτε τοὺς ἀγαπῶντας ὑμᾶς, ποία ὑμῖν χάρις ἐστίν; καὶ 32
γὰρ οἱ ἁμαρτωλοὶ τοὺς ἀγαπῶντας αὐτοὺς ἀγαπῶσιν. καὶ ἐὰν 33
ἀγαθοποιῆτε τοὺς ἀγαθοποιοῦντας ὑμᾶς, ποία ὑμῖν χάρις ἐστίν; καὶ οἱ
ἁμαρτωλοὶ τὸ αὐτὸ ποιοῦσιν. καὶ ἐὰν δανείσητε παρ᾽ ὧν ἐλπίζετε 34
λαβεῖν, ποία ὑμῖν χάρις ἐστίν; καὶ ἁμαρτωλοὶ ἁμαρτωλοῖς δανείζουσιν
ἵνα ἀπολάβωσιν τὰ ἴσα. πλὴν ἀγαπᾶτε τοὺς ἐχθροὺς ὑμῶν καὶ 35
ἀγαθοποιεῖτε, καὶ δανείζετε ᵇ μηδὲν ἀπελπίζοντες· καὶ ἔσται ὁ μισθὸς
ὑμῶν πολύς, καὶ ἔσεσθε υἱοὶ Ὑψίστου, ὅτι αὐτὸς χρηστός ἐστιν ἐπὶ

[a] Is. 57. 15; 61. 1   [b] μηδένα

36 τοὺς ἀχαρίστους καὶ πονηρούς. γίνεσθε οἰκτίρμονες, καθὼς ὁ Πατὴρ
ὑμῶν οἰκτίρμων ἐστίν.
37 Καὶ μὴ κρίνετε, καὶ οὐ μὴ κριθῆτε· καὶ μὴ καταδικάζετε, καὶ οὐ μὴ
38 καταδικασθῆτε. ἀπολύετε, καὶ ἀπολυθήσεσθε· δίδοτε, καὶ δοθήσεται
ὑμῖν· μέτρον καλὸν πεπιεσμένον σεσαλευμένον ὑπερεκχυννόμενον δώσου-
σιν εἰς τὸν κόλπον ὑμῶν· ᾧ γὰρ μέτρῳ μετρεῖτε ἀντιμετρηθήσεται ὑμῖν.
39 Εἶπεν δὲ καὶ παραβολὴν αὐτοῖς· Μήτι δύναται τυφλὸς τυφλὸν
40 ὁδηγεῖν; οὐχὶ ἀμφότεροι εἰς βόθυνον ἐμπεσοῦνται; οὐκ ἔστιν μαθητὴς
ὑπὲρ τὸν διδάσκαλον· κατηρτισμένος δὲ πᾶς ἔσται ὡς ὁ διδάσκαλος
αὐτοῦ.
41 Τί δὲ βλέπεις τὸ κάρφος τὸ ἐν τῷ ὀφθαλμῷ τοῦ ἀδελφοῦ σου, τὴν δὲ
42 δοκὸν τὴν ἐν τῷ ἰδίῳ ὀφθαλμῷ οὐ κατανοεῖς; πῶς δύνασαι λέγειν τῷ
ἀδελφῷ σου· Ἀδελφέ, ἄφες ἐκβάλω τὸ κάρφος τὸ ἐν τῷ ὀφθαλμῷ σου,
αὐτὸς τὴν ἐν τῷ ὀφθαλμῷ σου δοκὸν οὐ βλέπων; ὑποκριτά, ἔκβαλε
πρῶτον τὴν δοκὸν ἐκ τοῦ ὀφθαλμοῦ σου, καὶ τότε διαβλέψεις τὸ κάρφος
τὸ ἐν τῷ ὀφθαλμῷ τοῦ ἀδελφοῦ σου ἐκβαλεῖν.
43 Οὐ γάρ ἐστιν δένδρον καλὸν ποιοῦν καρπὸν σαπρόν, οὐδὲ πάλιν
44 δένδρον σαπρὸν ποιοῦν καρπὸν καλόν. ἕκαστον γὰρ δένδρον ἐκ τοῦ
ἰδίου καρποῦ γινώσκεται· οὐ γὰρ ἐξ ἀκανθῶν συλλέγουσιν σῦκα, οὐδὲ
45 ἐκ βάτου σταφυλὴν τρυγῶσιν. ὁ ἀγαθὸς ἄνθρωπος ἐκ τοῦ ἀγαθοῦ
θησαυροῦ τῆς καρδίας προφέρει τὸ ἀγαθόν, καὶ ὁ πονηρὸς ἐκ τοῦ
πονηροῦ προφέρει τὸ πονηρόν· ἐκ γὰρ περισσεύματος καρδίας λαλεῖ τὸ
στόμα αὐτοῦ.
46 47 Τί δέ με καλεῖτε· Κύριε, Κύριε,—καὶ οὐ ποιεῖτε ἃ λέγω; πᾶς ὁ ἐρχό-
μενος πρός με καὶ ἀκούων μου τῶν λόγων καὶ ποιῶν αὐτούς—ὑποδείξω
48 ὑμῖν τίνι ἐστὶν ὅμοιος. ὅμοιός ἐστιν ἀνθρώπῳ οἰκοδομοῦντι οἰκίαν, ὃς
ἔσκαψεν καὶ ἐβάθυνεν καὶ ἔθηκεν θεμέλιον ἐπὶ τὴν πέτραν· πλημμύρης δὲ
γενομένης προσέρρηξεν ὁ ποταμὸς τῇ οἰκίᾳ ἐκείνῃ, καὶ οὐκ ἴσχυσεν
49 σαλεῦσαι αὐτὴν διὰ τὸ καλῶς οἰκοδομῆσθαι αὐτήν. ὁ δὲ ἀκούσας καὶ
μὴ ποιήσας ὅμοιός ἐστιν ἀνθρώπῳ οἰκοδομήσαντι οἰκίαν ἐπὶ τὴν γῆν
χωρὶς θεμελίου, ᾗ προσέρρηξεν ὁ ποταμός, καὶ εὐθὺς συνέπεσεν, καὶ
ἐγένετο τὸ ῥῆγμα τῆς οἰκίας ἐκείνης μέγα.

7 ❡ Ἐπειδὴ ἐπλήρωσεν πάντα τὰ ῥήματα αὐτοῦ εἰς τὰς ἀκοὰς τοῦ λαοῦ,
2 εἰσῆλθεν εἰς Καφαρναούμ. ἑκατοντάρχου δέ τινος δοῦλος κακῶς ἔχων
3 ἤμελλεν τελευτᾶν, ὃς ἦν αὐτῷ ἔντιμος. ἀκούσας δὲ περὶ τοῦ Ἰησοῦ
ἀπέστειλεν πρὸς αὐτὸν πρεσβυτέρους τῶν Ἰουδαίων, ἐρωτῶν αὐτὸν
4 ὅπως ἐλθὼν διασώσῃ τὸν δοῦλον αὐτοῦ. οἱ δὲ παραγενόμενοι πρὸς τὸν
Ἰησοῦν παρεκάλουν αὐτὸν σπουδαίως, λέγοντες ὅτι Ἄξιός ἐστιν ᾧ

παρέξη τοῦτο, ἀγαπᾷ γὰρ τὸ ἔθνος ἡμῶν καὶ τὴν συναγωγὴν αὐτὸς 5
ᾠκοδόμησεν ἡμῖν. ὁ δὲ Ἰησοῦς ἐπορεύετο σὺν αὐτοῖς. ἤδη δὲ αὐτοῦ οὐ 6
μακρὰν ἀπέχοντος ἀπὸ τῆς οἰκίας, ἔπεμψεν φίλους ὁ ἑκατοντάρχης
λέγων αὐτῷ· Κύριε, μὴ σκύλλου· οὐ γὰρ ἱκανός εἰμι ἵνα ὑπὸ τὴν
στέγην μου εἰσέλθῃς· διὸ οὐδὲ ἐμαυτὸν ἠξίωσα πρὸς σὲ ἐλθεῖν· ἀλλὰ 7
εἰπὲ λόγῳ, καὶ ἰαθήσεται ὁ παῖς μου. καὶ γὰρ ἐγὼ ἄνθρωπός εἰμι ὑπὸ 8
ἐξουσίαν τασσόμενος, ἔχων ὑπ' ἐμαυτὸν στρατιώτας, καὶ λέγω τούτῳ·
Πορεύθητι, καὶ πορεύεται, καὶ ἄλλῳ· Ἔρχου, καὶ ἔρχεται, καὶ τῷ
δούλῳ μου· Ποίησον τοῦτο, καὶ ποιεῖ. ἀκούσας δὲ ταῦτα ὁ Ἰησοῦς 9
ἐθαύμασεν αὐτόν, καὶ στραφεὶς τῷ ἀκολουθοῦντι αὐτῷ ὄχλῳ εἶπεν·
Λέγω ὑμῖν, οὐδὲ ἐν τῷ Ἰσραὴλ τοσαύτην πίστιν εὗρον. καὶ ὑποστρέ- 10
ψαντες εἰς τὸν οἶκον οἱ πεμφθέντες εὗρον τὸν δοῦλον ὑγιαίνοντα.

Καὶ ἐγένετο ἐν ᵃ τῷ ἑξῆς ἐπορεύθη εἰς πόλιν καλουμένην Ναΐν, καὶ 11
συνεπορεύοντο αὐτῷ οἱ μαθηταὶ αὐτοῦ καὶ ὄχλος πολύς. ὡς δὲ ἤγγισεν 12
τῇ πύλῃ τῆς πόλεως, καὶ ἰδοὺ ἐξεκομίζετο τεθνηκὼς μονογενὴς υἱὸς
τῇ μητρὶ αὐτοῦ, καὶ αὕτη ἦν χήρα, καὶ ὄχλος τῆς πόλεως ἱκανὸς ἦν σὺν
αὐτῇ. καὶ ἰδὼν αὐτὴν ὁ Κύριος ἐσπλαγχνίσθη ἐπ' αὐτῇ καὶ εἶπεν 13
αὐτῇ· Μὴ κλαῖε. καὶ προσελθὼν ἥψατο τῆς σοροῦ, οἱ δὲ βαστάζοντες 14
ἔστησαν, καὶ εἶπεν· Νεανίσκε, σοὶ λέγω, ἐγέρθητι. καὶ ἀνεκάθισεν ὁ 15
νεκρὸς καὶ ἤρξατο λαλεῖν, ⌊καὶ ἔδωκεν αὐτὸν τῇ μητρὶ αὐτοῦ.⌋ᵇ ἔλαβεν 16
δὲ φόβος πάντας, καὶ ἐδόξαζον τὸν Θεὸν λέγοντες ὅτι Προφήτης μέγας
ἠγέρθη ἐν ἡμῖν, καὶ ὅτι Ἐπεσκέψατο ὁ Θεὸς τὸν λαὸν αὐτοῦ. καὶ 17
ἐξῆλθεν ὁ λόγος οὗτος ἐν ὅλῃ τῇ Ἰουδαίᾳ περὶ αὐτοῦ καὶ πάσῃ τῇ
περιχώρῳ.

Καὶ ἀπήγγειλαν Ἰωάννῃ οἱ μαθηταὶ αὐτοῦ περὶ πάντων τούτων. 18
καὶ προσκαλεσάμενος δύο τινὰς τῶν μαθητῶν αὐτοῦ ὁ Ἰωάννης ἔπεμ- 19
ψεν πρὸς τὸν Κύριον λέγων· Σὺ εἶ ὁ ἐρχόμενος, ἢ ἄλλον προσδοκῶμεν;
παραγενόμενοι δὲ πρὸς αὐτὸν οἱ ἄνδρες εἶπαν· Ἰωάννης ὁ Βαπτιστὴς 20
ἀπέστειλεν ἡμᾶς πρὸς σὲ λέγων· Σὺ εἶ ὁ ἐρχόμενος, ἢ ἄλλον προσδοκῶ-
μεν; ἐν ἐκείνῃ τῇ ὥρᾳ ἐθεράπευσεν πολλοὺς ἀπὸ νόσων καὶ μαστίγων 21
καὶ πνευμάτων πονηρῶν, καὶ τυφλοῖς πολλοῖς ἐχαρίσατο βλέπειν. καὶ 22
ἀποκριθεὶς εἶπεν αὐτοῖς· Πορευθέντες ἀπαγγείλατε Ἰωάννῃ ἃ εἴδετε καὶ
ἠκούσατε· ὅτι ⌊τυφλοὶ ἀναβλέπουσιν,⌋ᶜ χωλοὶ περιπατοῦσιν, λεπροὶ
καθαρίζονται, κωφοὶ ἀκούουσιν, νεκροὶ ἐγείρονται, ⌊πτωχοὶ εὐαγγελί-
ζονται·⌋ᵈ καὶ μακάριός ἐστιν ὃς ἐὰν μὴ σκανδαλισθῇ ἐν ἐμοί. 23

Ἀπελθόντων δὲ τῶν ἀγγέλων Ἰωάννου ἤρξατο λέγειν πρὸς τοὺς 24
ὄχλους περὶ Ἰωάννου· Τί ἐξήλθατε εἰς τὴν ἔρημον θεάσασθαι; κάλα-
μον ὑπὸ ἀνέμου σαλευόμενον; ἀλλὰ τί ἐξήλθατε ἰδεῖν; ἄνθρωπον ἐν 25

[a] τῇ ἑξῆς   [b] 1 Kgs. 17. 23   [c] Is. 35. 5   [d] Is. 61. 1

μαλακοῖς ἱματίοις ἠμφιεσμένον; ἰδοὺ οἱ ἐν ἱματισμῷ ἐνδόξῳ καὶ τρυφῇ
26 ὑπάρχοντες ἐν τοῖς βασιλείοις εἰσίν. ἀλλὰ τί ἐξήλθατε ἰδεῖν; προφήτην;
27 ναὶ λέγω ὑμῖν, καὶ περισσότερον προφήτου. οὗτός ἐστιν περὶ οὗ
γέγραπται·

⌐Ἰδοὺ ἀποστέλλω τὸν ἄγγελόν μου πρὸ προσώπου σου,
ὃς κατασκευάσει τὴν ὁδόν⌐ σου ⌐ἔμπροσθέν⌐ σου.ᵃ

28 λέγω ὑμῖν, μείζων ἐν γεννητοῖς γυναικῶν Ἰωάννου οὐδείς ἐστιν· ὁ δὲ
μικρότερος ἐν τῇ βασιλείᾳ τοῦ Θεοῦ μείζων αὐτοῦ ἐστιν.
29 Καὶ πᾶς ὁ λαὸς ἀκούσας καὶ οἱ τελῶναι ἐδικαίωσαν τὸν Θεόν,
30 βαπτισθέντες τὸ βάπτισμα Ἰωάννου· οἱ δὲ Φαρισαῖοι καὶ οἱ νομικοὶ
τὴν βουλὴν τοῦ Θεοῦ ἠθέτησαν εἰς ἑαυτούς, μὴ βαπτισθέντες ὑπ'
αὐτοῦ.
31 Τίνι οὖν ὁμοιώσω τοὺς ἀνθρώπους τῆς γενεᾶς ταύτης, καὶ τίνι εἰσὶν
32 ὅμοιοι; ὅμοιοί εἰσιν παιδίοις τοῖς ἐν ἀγορᾷ καθημένοις καὶ προσφωνοῦ-
σιν ἀλλήλοις ἃ λέγει·

Ηὐλήσαμεν ὑμῖν καὶ οὐκ ὠρχήσασθε·
ἐθρηνήσαμεν καὶ οὐκ ἐκλαύσατε.

33 ἐλήλυθεν γὰρ Ἰωάννης ὁ Βαπτιστὴς μὴ ἐσθίων ἄρτον μήτε πίνων οἶνον,
34 καὶ λέγετε· Δαιμόνιον ἔχει. ἐλήλυθεν ὁ Υἱὸς τοῦ ἀνθρώπου ἐσθίων καὶ
πίνων, καὶ λέγετε· Ἰδοὺ ἄνθρωπος φάγος καὶ οἰνοπότης, φίλος τελωνῶν
35 καὶ ἁμαρτωλῶν. καὶ ἐδικαιώθη ἡ σοφία ἀπὸ πάντων τῶν τέκνων
αὐτῆς.
36 Ἠρώτα δέ τις αὐτὸν τῶν Φαρισαίων ἵνα φάγῃ μετ' αὐτοῦ· καὶ
37 εἰσελθὼν εἰς τὸν οἶκον τοῦ Φαρισαίου κατεκλίθη. καὶ ἰδοὺ γυνὴ ἥτις ἦν
ἐν τῇ πόλει ἁμαρτωλός, καὶ ἐπιγνοῦσα ὅτι κατάκειται ἐν τῇ οἰκίᾳ τοῦ
38 Φαρισαίου, κομίσασα ἀλάβαστρον μύρου καὶ στᾶσα ὀπίσω παρὰ τοὺς
πόδας αὐτοῦ κλαίουσα, τοῖς δάκρυσιν ἤρξατο βρέχειν τοὺς πόδας
αὐτοῦ, καὶ ταῖς θριξὶν τῆς κεφαλῆς αὐτῆς ἐξέμασσεν, καὶ κατεφίλει τοὺς
39 πόδας αὐτοῦ καὶ ἤλειφεν τῷ μύρῳ. ἰδὼν δὲ ὁ Φαρισαῖος ὁ καλέσας
αὐτὸν εἶπεν ἐν ἑαυτῷ λέγων· Οὗτος εἰ ἦν προφήτης, ἐγίνωσκεν ἂν τίς
40 καὶ ποταπὴ ἡ γυνὴ ἥτις ἅπτεται αὐτοῦ, ὅτι ἁμαρτωλός ἐστιν. καὶ
ἀποκριθεὶς ὁ Ἰησοῦς εἶπεν πρὸς αὐτόν· Σίμων, ἔχω σοί τι εἰπεῖν. ὁ
41 δέ· Διδάσκαλε, εἰπέ, φησίν. Δύο χρεοφειλέται ἦσαν δανειστῇ τινι· ὁ εἷς
42 ὤφειλεν δηνάρια πεντακόσια, ὁ δὲ ἕτερος πεντήκοντα. μὴ ἐχόντων
αὐτῶν ἀποδοῦναι ἀμφοτέροις ἐχαρίσατο. τίς οὖν αὐτῶν πλεῖον ἀγαπή-
43 σει αὐτόν; ἀποκριθεὶς Σίμων εἶπεν· Ὑπολαμβάνω ὅτι ᾧ τὸ πλεῖον

[a] Mal. 3. 1

ἐχαρίσατο. ὁ δὲ εἶπεν αὐτῷ· Ὀρθῶς ἔκρινας. καὶ στραφεὶς πρὸς τὴν 44
γυναῖκα τῷ Σίμωνι ἔφη· Βλέπεις ταύτην τὴν γυναῖκα; εἰσῆλθόν σου εἰς
τὴν οἰκίαν, ὕδωρ μοι ἐπὶ πόδας οὐκ ἔδωκας· αὕτη δὲ τοῖς δάκρυσιν
ἔβρεξέν μου τοὺς πόδας καὶ ταῖς θριξὶν αὐτῆς ἐξέμαξεν. φίλημά μοι οὐκ 45
ἔδωκας· αὕτη δὲ ἀφ' ἧς εἰσῆλθον οὐ διέλιπεν καταφιλοῦσά μου τοὺς
πόδας. ἐλαίῳ τὴν κεφαλήν μου οὐκ ἤλειψας· αὕτη δὲ μύρῳ ἤλειψεν 46
τοὺς πόδας μου. οὗ χάριν, λέγω σοι, ἀφέωνται αἱ ἁμαρτίαι αὐτῆς αἱ 47
πολλαί, ὅτι ἠγάπησεν πολύ· ᾧ δὲ ὀλίγον ἀφίεται, ὀλίγον ἀγαπᾷ.
εἶπεν δὲ αὐτῇ· Ἀφέωνταί σου αἱ ἁμαρτίαι. καὶ ἤρξαντο οἱ συνανακεί- 48 49
μενοι λέγειν ἐν ἑαυτοῖς· Τίς οὗτός ἐστιν, ὃς καὶ ἁμαρτίας ἀφίησιν; εἶπεν 50
δὲ πρὸς τὴν γυναῖκα· Ἡ πίστις σου σέσωκέν σε· ⌊πορεύου εἰς εἰρήνην.⌋[a]

❡ Καὶ ἐγένετο ἐν τῷ καθεξῆς καὶ αὐτὸς διώδευεν κατὰ πόλιν καὶ κώμην 8
κηρύσσων καὶ εὐαγγελιζόμενος τὴν βασιλείαν τοῦ Θεοῦ, καὶ οἱ δώδεκα
σὺν αὐτῷ, καὶ γυναῖκές τινες αἳ ἦσαν τεθεραπευμέναι ἀπὸ πνευμάτων 2
πονηρῶν καὶ ἀσθενειῶν, Μαρία ἡ καλουμένη Μαγδαληνή, ἀφ' ἧς
δαιμόνια ἑπτὰ ἐξεληλύθει, καὶ Ἰωάννα γυνὴ Χουζᾶ ἐπιτρόπου Ἡρῴδου 3
καὶ Σουσάννα καὶ ἕτεραι πολλαί, αἵτινες διηκόνουν αὐτοῖς ἐκ τῶν
ὑπαρχόντων αὐταῖς.

Συνιόντος δὲ ὄχλου πολλοῦ καὶ τῶν κατὰ πόλιν ἐπιπορευομένων 4
πρὸς αὐτὸν εἶπεν διὰ παραβολῆς· Ἐξῆλθεν ὁ σπείρων τοῦ σπεῖραι τὸν 5
σπόρον αὐτοῦ. καὶ ἐν τῷ σπείρειν αὐτὸν ὃ μὲν ἔπεσεν παρὰ τὴν ὁδὸν
καὶ κατεπατήθη, καὶ τὰ πετεινὰ κατέφαγεν αὐτό. καὶ ἕτερον κατέ- 6
πεσεν ἐπὶ τὴν πέτραν, καὶ φυὲν ἐξηράνθη διὰ τὸ μὴ ἔχειν ἰκμάδα. καὶ 7
ἕτερον ἔπεσεν ἐν μέσῳ τῶν ἀκανθῶν, καὶ συμφυεῖσαι αἱ ἄκανθαι
ἀπέπνιξαν αὐτό. καὶ ἕτερον ἔπεσεν εἰς τὴν γῆν τὴν ἀγαθὴν καὶ φυὲν 8
ἐποίησεν καρπὸν ἑκατονταπλασίονα. ταῦτα λέγων ἐφώνει· Ὁ ἔχων
ὦτα ἀκούειν ἀκουέτω.

Ἐπηρώτων δὲ αὐτὸν οἱ μαθηταὶ αὐτοῦ τίς αὕτη εἴη ἡ παραβολή. ὁ 9 10
δὲ εἶπεν· Ὑμῖν δέδοται γνῶναι τὰ μυστήρια τῆς βασιλείας τοῦ Θεοῦ,
τοῖς δὲ λοιποῖς ἐν παραβολαῖς, ἵνα ⌊βλέποντες μὴ βλέπωσιν καὶ ἀκούον-
τες μὴ συνιῶσιν⌋.[b]

Ἔστιν δὲ αὕτη ἡ παραβολή. ὁ σπόρος ἐστὶν ὁ λόγος τοῦ Θεοῦ. οἱ 11 12
δὲ παρὰ τὴν ὁδὸν εἰσιν οἱ ἀκούσαντες, εἶτα ἔρχεται ὁ διάβολος καὶ
αἴρει τὸν λόγον ἀπὸ τῆς καρδίας αὐτῶν, ἵνα μὴ πιστεύσαντες σωθῶσιν.
οἱ δὲ ἐπὶ τῆς πέτρας οἳ ὅταν ἀκούσωσιν μετὰ χαρᾶς δέχονται τὸν λόγον· 13
καὶ οὗτοι ῥίζαν οὐκ ἔχουσιν, οἳ πρὸς καιρὸν πιστεύουσιν καὶ ἐν καιρῷ
πειρασμοῦ ἀφίστανται. τὸ δὲ εἰς τὰς ἀκάνθας πεσόν, οὗτοί εἰσιν οἱ 14

[a] 1 Sam. 1. 17   [b] Is. 6. 9, 10

ἀκούσαντες, καὶ ὑπὸ μεριμνῶν καὶ πλούτου καὶ ἡδονῶν τοῦ βίου
15 πορευόμενοι συμπνίγονται καὶ οὐ τελεσφοροῦσιν. τὸ δὲ ἐν τῇ καλῇ
γῇ, οὗτοί εἰσιν οἵτινες ἐν καρδίᾳ καλῇ καὶ ἀγαθῇ ἀκούσαντες τὸν λόγον
κατέχουσιν καὶ καρποφοροῦσιν ἐν ὑπομονῇ.

16 Οὐδεὶς δὲ λύχνον ἅψας καλύπτει αὐτὸν σκεύει ἢ ὑποκάτω κλίνης
τίθησιν, ἀλλ᾽ ἐπὶ λυχνίας τίθησιν, ἵνα οἱ εἰσπορευόμενοι βλέπωσιν τὸ
17 φῶς. οὐ γάρ ἐστιν κρυπτὸν ὃ οὐ φανερὸν γενήσεται, οὐδὲ ἀπόκρυφον
ὃ οὐ μὴ γνωσθῇ καὶ εἰς φανερὸν ἔλθῃ.

18 Βλέπετε οὖν πῶς ἀκούετε· ὃς ἂν γὰρ ἔχῃ, δοθήσεται αὐτῷ· καὶ ὃς
ἂν μὴ ἔχῃ, καὶ ὃ δοκεῖ ἔχειν ἀρθήσεται ἀπ᾽ αὐτοῦ.

19 Παρεγένετο δὲ πρὸς αὐτὸν ἡ μήτηρ αὐτοῦ καὶ οἱ ἀδελφοὶ αὐτοῦ, καὶ
20 οὐκ ἠδύναντο συντυχεῖν αὐτῷ διὰ τὸν ὄχλον. ἀπηγγέλη δὲ αὐτῷ· Ἡ
21 μήτηρ σου καὶ οἱ ἀδελφοί σου ἑστήκασιν ἔξω ἰδεῖν θέλοντές σε. ὁ δὲ
ἀποκριθεὶς εἶπεν πρὸς αὐτούς· Μήτηρ μου καὶ ἀδελφοί μου οὗτοί εἰσιν
οἱ τὸν λόγον τοῦ Θεοῦ ἀκούοντες καὶ ποιοῦντες.

22 Ἐγένετο δὲ ἐν μιᾷ τῶν ἡμερῶν καὶ αὐτὸς ἐνέβη εἰς πλοῖον καὶ οἱ
μαθηταὶ αὐτοῦ, καὶ εἶπεν πρὸς αὐτούς· Διέλθωμεν εἰς τὸ πέραν τῆς
23 λίμνης· καὶ ἀνήχθησαν. πλεόντων δὲ αὐτῶν ἀφύπνωσεν. καὶ κατέβη
λαῖλαψ ἀνέμου εἰς τὴν λίμνην, καὶ συνεπληροῦντο καὶ ἐκινδύνευον.
24 προσελθόντες δὲ διήγειραν αὐτὸν λέγοντες· Ἐπιστάτα, ἐπιστάτα,
ἀπολλύμεθα. ὁ δὲ διεγερθεὶς ἐπετίμησεν τῷ ἀνέμῳ καὶ τῷ κλύδωνι τοῦ
25 ὕδατος· καὶ ἐπαύσαντο, καὶ ἐγένετο γαλήνη. εἶπεν δὲ αὐτοῖς· Ποῦ ἡ
πίστις ὑμῶν; φοβηθέντες δὲ ἐθαύμασαν, λέγοντες πρὸς ἀλλήλους· Τίς
ἄρα οὗτός ἐστιν, ὅτι καὶ τοῖς ἀνέμοις ἐπιτάσσει καὶ τῷ ὕδατι, καὶ
ὑπακούουσιν αὐτῷ;

26 Καὶ κατέπλευσαν εἰς τὴν χώραν τῶν ᵃ Γεργεσηνῶν, ἥτις ἐστὶν
27 ἀντιπέρα τῆς Γαλιλαίας. ἐξελθόντι δὲ αὐτῷ ἐπὶ τὴν γῆν ὑπήντησεν
ἀνήρ τις ἐκ τῆς πόλεως ἔχων δαιμόνια, καὶ χρόνῳ ἱκανῷ οὐκ ἐνεδύσατο
28 ἱμάτιον, καὶ ἐν οἰκίᾳ οὐκ ἔμενεν ἀλλ᾽ ἐν τοῖς μνήμασιν. ἰδὼν δὲ τὸν
Ἰησοῦν ἀνακράξας προσέπεσεν αὐτῷ καὶ φωνῇ μεγάλῃ εἶπεν· Τί ἐμοὶ
καὶ σοί, Ἰησοῦ Υἱὲ τοῦ Θεοῦ τοῦ Ὑψίστου; δέομαί σου, μή με βασανίσῃς.
29 Παρήγγελλεν γὰρ τῷ πνεύματι τῷ ἀκαθάρτῳ ἐξελθεῖν ἀπὸ τοῦ
ἀνθρώπου. πολλοῖς γὰρ χρόνοις συνηρπάκει αὐτόν, καὶ ἐδεσμεύετο
ἁλύσεσιν καὶ πέδαις φυλασσόμενος, καὶ διαρρήσσων τὰ δεσμὰ ἠλαύνετο
ἀπὸ τοῦ δαιμονίου εἰς τὰς ἐρήμους.

30 Ἐπηρώτησεν δὲ αὐτὸν ὁ Ἰησοῦς· Τί σοι ὄνομά ἐστιν; ὁ δὲ εἶπεν·
31 Λεγιών, ὅτι εἰσῆλθεν δαιμόνια πολλὰ εἰς αὐτόν. καὶ παρεκάλουν αὐτὸν
ἵνα μὴ ἐπιτάξῃ αὐτοῖς εἰς τὴν ἄβυσσον ἀπελθεῖν.

[a] Γερασηνῶν or Γαδαρηνῶν

Ἦν δὲ ἐκεῖ ἀγέλη χοίρων ἱκανῶν βοσκομένη ἐν τῷ ὄρει· καὶ παρε- 32
κάλεσαν αὐτὸν ἵνα ἐπιτρέψῃ αὐτοῖς εἰς ἐκείνους εἰσελθεῖν· καὶ ἐπέτρεψεν
αὐτοῖς. ἐξελθόντα δὲ τὰ δαιμόνια ἀπὸ τοῦ ἀνθρώπου εἰσῆλθον εἰς τοὺς 33
χοίρους, καὶ ὥρμησεν ἡ ἀγέλη κατὰ τοῦ κρημνοῦ εἰς τὴν λίμνην καὶ
ἀπεπνίγη.

Ἰδόντες δὲ οἱ βόσκοντες τὸ γεγονὸς ἔφυγον καὶ ἀπήγγειλαν εἰς τὴν 34
πόλιν καὶ εἰς τοὺς ἀγρούς. ἐξῆλθον δὲ ἰδεῖν τὸ γεγονός, καὶ ἦλθον πρὸς 35
τὸν Ἰησοῦν, καὶ εὗρον καθήμενον τὸν ἄνθρωπον ἀφ' οὗ τὰ δαιμόνια
ἐξῆλθεν ἱματισμένον καὶ σωφρονοῦντα παρὰ τοὺς πόδας τοῦ Ἰησοῦ,
καὶ ἐφοβήθησαν. ἀπήγγειλαν δὲ αὐτοῖς οἱ ἰδόντες πῶς ἐσώθη ὁ 36
δαιμονισθείς. καὶ ἠρώτησεν αὐτὸν ἅπαν τὸ πλῆθος τῆς περιχώρου τῶν 37
a Γεργεσηνῶν ἀπελθεῖν ἀπ' αὐτῶν, ὅτι φόβῳ μεγάλῳ συνείχοντο·
αὐτὸς δὲ ἐμβὰς εἰς πλοῖον ὑπέστρεψεν. ἐδεῖτο δὲ αὐτοῦ ὁ ἀνὴρ ἀφ' οὗ 38
ἐξεληλύθει τὰ δαιμόνια εἶναι σὺν αὐτῷ· ἀπέλυσεν δὲ αὐτὸν λέγων·
Ὑπόστρεφε εἰς τὸν οἶκόν σου, καὶ διηγοῦ ὅσα σοι ἐποίησεν ὁ Θεός. καὶ 39
ἀπῆλθεν καθ' ὅλην τὴν πόλιν κηρύσσων ὅσα ἐποίησεν αὐτῷ ὁ Ἰησοῦς.

Ἐν δὲ τῷ ὑποστρέφειν τὸν Ἰησοῦν ἀπεδέξατο αὐτὸν ὁ ὄχλος· ἦσαν 40
γὰρ πάντες προσδοκῶντες αὐτόν. καὶ ἰδοὺ ἦλθεν ἀνὴρ ᾧ ὄνομα Ἰάϊρος, 41
καὶ οὗτος ἄρχων τῆς συναγωγῆς ὑπῆρχεν· καὶ πεσὼν παρὰ τοὺς
πόδας Ἰησοῦ παρεκάλει αὐτὸν εἰσελθεῖν εἰς τὸν οἶκον αὐτοῦ, ὅτι 42
θυγάτηρ μονογενὴς ἦν αὐτῷ ὡς ἐτῶν δώδεκα καὶ αὕτη ἀπέθνησκεν. ἐν
δὲ τῷ ὑπάγειν αὐτὸν οἱ ὄχλοι συνέπνιγον αὐτόν.

Καὶ γυνὴ οὖσα ἐν ῥύσει αἵματος ἀπὸ ἐτῶν δώδεκα, ἥτις b οὐκ ἴσχυσεν 43
ἀπ' οὐδενὸς θεραπευθῆναι, προσελθοῦσα ὄπισθεν ἥψατο c τοῦ κρασπέ- 44
δου τοῦ ἱματίου αὐτοῦ, καὶ παραχρῆμα ἔστη ἡ ῥύσις τοῦ αἵματος
αὐτῆς. καὶ εἶπεν ὁ Ἰησοῦς· Τίς ὁ ἁψάμενός μου; ἀρνουμένων δὲ πάντων 45
εἶπεν ὁ Πέτρος καὶ οἱ σὺν αὐτῷ· Ἐπιστάτα, οἱ ὄχλοι συνέχουσίν σε καὶ
ἀποθλίβουσιν. ὁ δὲ Ἰησοῦς εἶπεν· Ἥψατό μού τις, ἐγὼ γὰρ ἔγνων 46
δύναμιν ἐξεληλυθυῖαν ἀπ' ἐμοῦ. ἰδοῦσα δὲ ἡ γυνὴ ὅτι οὐκ ἔλαθεν, 47
τρέμουσα ἦλθεν καὶ προσπεσοῦσα αὐτῷ δι' ἣν αἰτίαν ἥψατο αὐτοῦ
ἀπήγγειλεν ἐνώπιον παντὸς τοῦ λαοῦ, καὶ ὡς ἰάθη παραχρῆμα. ὁ δὲ 48
εἶπεν αὐτῇ· Θυγάτηρ, ἡ πίστις σου σέσωκέν σε· ⌊πορεύου εἰς εἰρήνην.⌋ d

Ἔτι αὐτοῦ λαλοῦντος ἔρχεταί τις παρὰ τοῦ ἀρχισυναγώγου λέγων 49
ὅτι Τέθνηκεν ἡ θυγάτηρ σου· μηκέτι σκύλλε τὸν διδάσκαλον. ὁ δὲ 50
Ἰησοῦς ἀκούσας ἀπεκρίθη αὐτῷ· Μὴ φοβοῦ· μόνον πίστευσον, καὶ
σωθήσεται. ἐλθὼν δὲ εἰς τὴν οἰκίαν οὐκ ἀφῆκεν εἰσελθεῖν τινα σὺν αὐτῷ 51
εἰ μὴ Πέτρον καὶ Ἰωάννην καὶ Ἰάκωβον καὶ τὸν πατέρα τῆς παιδὸς καὶ

[a] *Γερασηνῶν* or *Γαδαρηνῶν*   [b] add *ἰατροῖς προσαναλώσασα ὅλον τὸν βίον*
[c] *om. τοῦ κρασπέδου*   [d] I Sam. I. 17

52 τὴν μητέρα. ἔκλαιον δὲ πάντες καὶ ἐκόπτοντο αὐτήν. ὁ δὲ εἶπεν· Μὴ
53 κλαίετε· οὐκ ἀπέθανεν ἀλλὰ καθεύδει. καὶ κατεγέλων αὐτοῦ, εἰδότες ὅτι
54 ἀπέθανεν. αὐτὸς δὲ κρατήσας τῆς χειρὸς αὐτῆς ἐφώνησεν λέγων· Ἡ
55 παῖς, ἔγειρε. καὶ ἐπέστρεψεν τὸ πνεῦμα αὐτῆς, καὶ ἀνέστη παραχρῆμα,
56 καὶ διέταξεν αὐτῇ δοθῆναι φαγεῖν. καὶ ἐξέστησαν οἱ γονεῖς αὐτῆς·
ὁ δὲ παρήγγειλεν αὐτοῖς μηδενὶ εἰπεῖν τὸ γεγονός.

9 ⓒ Συγκαλεσάμενος δὲ τοὺς δώδεκα ἔδωκεν αὐτοῖς δύναμιν καὶ ἐξουσίαν
2 ἐπὶ πάντα τὰ δαιμόνια καὶ νόσους θεραπεύειν, καὶ ἀπέστειλεν αὐτοὺς
3 κηρύσσειν τὴν βασιλείαν τοῦ Θεοῦ καὶ ἰᾶσθαι. καὶ εἶπεν πρὸς αὐτούς·
Μηδὲν αἴρετε εἰς τὴν ὁδόν, μήτε ῥάβδον μήτε πήραν, μήτε ἄρτον μήτε
4 ἀργύριον, μήτε ἀνὰ δύο χιτῶνας ἔχειν. καὶ εἰς ἣν ἂν οἰκίαν εἰσέλθητε,
5 ἐκεῖ μένετε, καὶ ἐκεῖθεν ἐξέρχεσθε. καὶ ὅσοι ἂν μὴ δέχωνται ὑμᾶς,
ἐξερχόμενοι ἀπὸ τῆς πόλεως ἐκείνης τὸν κονιορτὸν ἀπὸ τῶν ποδῶν
6 ὑμῶν ἀποτινάσσετε εἰς μαρτύριον ἐπ' αὐτούς. ἐξερχόμενοι δὲ διήρχοντο
κατὰ τὰς κώμας εὐαγγελιζόμενοι καὶ θεραπεύοντες πανταχοῦ.

7 Ἤκουσεν δὲ Ἡρῴδης ὁ τετραάρχης τὰ γινόμενα πάντα, καὶ διηπόρει
8 διὰ τὸ λέγεσθαι ὑπό τινων ὅτι Ἰωάννης ἠγέρθη ἐκ νεκρῶν, ὑπό τινων
δὲ ὅτι Ἡλίας ἐφάνη, ἄλλων δὲ ὅτι προφήτης τις τῶν ἀρχαίων ἀνέστη.
9 εἶπεν δὲ Ἡρῴδης· Ἰωάννην ἐγὼ ἀπεκεφάλισα· τίς δέ ἐστιν οὗτος περὶ οὗ
ἀκούω τοιαῦτα; καὶ ἐζήτει ἰδεῖν αὐτόν.

10 Καὶ ὑποστρέψαντες οἱ ἀπόστολοι διηγήσαντο αὐτῷ ὅσα ἐποίησαν.
καὶ παραλαβὼν αὐτοὺς ὑπεχώρησεν κατ' ἰδίαν εἰς πόλιν καλουμένην
11 Βηθσαϊδά. οἱ δὲ ὄχλοι γνόντες ἠκολούθησαν αὐτῷ· καὶ ἀποδεξάμενος
αὐτοὺς ἐλάλει αὐτοῖς περὶ τῆς βασιλείας τοῦ Θεοῦ, καὶ τοὺς χρείαν
12 ἔχοντας θεραπείας ἰᾶτο. ἡ δὲ ἡμέρα ἤρξατο κλίνειν· προσελθόντες δὲ
οἱ δώδεκα εἶπαν αὐτῷ· Ἀπόλυσον τὸν ὄχλον, ἵνα πορευθέντες εἰς τὰς
κύκλῳ κώμας καὶ ἀγροὺς καταλύσωσιν καὶ εὕρωσιν ἐπισιτισμόν, ὅτι
13 ὧδε ἐν ἐρήμῳ τόπῳ ἐσμέν. εἶπεν δὲ πρὸς αὐτούς· Δότε αὐτοῖς φαγεῖν
ὑμεῖς. οἱ δὲ εἶπαν· Οὐκ εἰσὶν ἡμῖν πλεῖον ἢ ἄρτοι πέντε καὶ ἰχθύες δύο,
εἰ μήτι πορευθέντες ἡμεῖς ἀγοράσωμεν εἰς πάντα τὸν λαὸν τοῦτον
14 βρώματα. (ἦσαν γὰρ ὡσεὶ ἄνδρες πεντακισχίλιοι.) εἶπεν δὲ πρὸς τοὺς
μαθητὰς αὐτοῦ· Κατακλίνατε αὐτοὺς κλισίας ὡσεὶ ἀνὰ πεντήκοντα.
15 16 καὶ ἐποίησαν οὕτως καὶ κατέκλιναν ἅπαντας. λαβὼν δὲ τοὺς πέντε
ἄρτους καὶ τοὺς δύο ἰχθύας, ἀναβλέψας εἰς τὸν οὐρανὸν εὐλόγησεν ἐπ'
αὐτοὺς καὶ κατέκλασεν, καὶ ἐδίδου τοῖς μαθηταῖς παραθεῖναι τῷ ὄχλῳ.
17 καὶ ἔφαγον καὶ ἐχορτάσθησαν πάντες· καὶ ἤρθη τὸ περισσεῦσαν αὐτοῖς
κλασμάτων κόφινοι δώδεκα.

18 Καὶ ἐγένετο ἐν τῷ εἶναι αὐτὸν προσευχόμενον κατὰ μόνας συνῆσαν

αὐτῷ οἱ μαθηταί, καὶ ἐπηρώτησεν αὐτοὺς λέγων· Τίνα με οἱ ὄχλοι
λέγουσιν εἶναι; οἱ δὲ ἀποκριθέντες εἶπαν· Ἰωάννην τὸν Βαπτιστήν, 19
ἄλλοι δὲ Ἠλίαν, ἄλλοι δὲ ὅτι προφήτης τις τῶν ἀρχαίων ἀνέστη.
εἶπεν δὲ αὐτοῖς· Ὑμεῖς δὲ τίνα με λέγετε εἶναι; Πέτρος δὲ ἀποκριθεὶς 20
εἶπεν· Τὸν Χριστὸν τοῦ Θεοῦ. ὁ δὲ ἐπιτιμήσας αὐτοῖς παρήγγειλεν 21
μηδενὶ λέγειν τοῦτο, εἰπὼν ὅτι Δεῖ τὸν Υἱὸν τοῦ ἀνθρώπου πολλὰ 22
παθεῖν καὶ ἀποδοκιμασθῆναι ἀπὸ τῶν πρεσβυτέρων καὶ ἀρχιερέων καὶ
γραμματέων καὶ ἀποκτανθῆναι καὶ τῇ τρίτῃ ἡμέρᾳ ἐγερθῆναι.
Ἔλεγεν δὲ πρὸς πάντας· Εἴ τις θέλει ὀπίσω μου ἔρχεσθαι, ἀρνησάσθω 23
ἑαυτὸν καὶ ἀράτω τὸν σταυρὸν αὐτοῦ καθ' ἡμέραν, καὶ ἀκολουθείτω
μοι. ὃς γὰρ ἐὰν θέλῃ τὴν ψυχὴν αὐτοῦ σῶσαι, ἀπολέσει αὐτήν· ὃς δ' 24
ἂν ἀπολέσῃ τὴν ψυχὴν αὐτοῦ ἕνεκεν ἐμοῦ, οὗτος σώσει αὐτήν. τί 25
γὰρ ὠφελεῖται ἄνθρωπος κερδήσας τὸν κόσμον ὅλον ἑαυτὸν δὲ ἀπολέσας
ἢ ζημιωθείς; ὃς γὰρ ἂν ἐπαισχυνθῇ με καὶ τοὺς ἐμούς,ᵃ τοῦτον ὁ Υἱὸς 26
τοῦ ἀνθρώπου ἐπαισχυνθήσεται, ὅταν ἔλθῃ ἐν τῇ δόξῃ αὐτοῦ καὶ τοῦ
Πατρὸς καὶ τῶν ἁγίων ἀγγέλων. λέγω δὲ ὑμῖν ἀληθῶς, εἰσίν τινες τῶν 27
αὐτοῦ ἑστηκότων οἳ οὐ μὴ γεύσωνται θανάτου ἕως ἂν ἴδωσιν τὴν
βασιλείαν τοῦ Θεοῦ.

Ἐγένετο δὲ μετὰ τοὺς λόγους τούτους ὡσεὶ ἡμέραι ὀκτώ, καὶ παρα- 28
λαβὼν Πέτρον καὶ Ἰωάννην καὶ Ἰάκωβον ἀνέβη εἰς τὸ ὄρος προσεύξα-
σθαι. καὶ ἐγένετο ἐν τῷ προσεύχεσθαι αὐτὸν τὸ εἶδος τοῦ προσώπου 29
αὐτοῦ ἕτερον καὶ ὁ ἱματισμὸς αὐτοῦ λευκὸς ἐξαστράπτων. καὶ ἰδοὺ 30
ἄνδρες δύο συνελάλουν αὐτῷ, οἵτινες ἦσαν Μωϋσῆς καὶ Ἠλίας, οἳ 31
ὀφθέντες ἐν δόξῃ ἔλεγον τὴν ἔξοδον αὐτοῦ, ἣν ἤμελλεν πληροῦν ἐν
Ἰερουσαλήμ. ὁ δὲ Πέτρος καὶ οἱ σὺν αὐτῷ ἦσαν βεβαρημένοι ὕπνῳ· 32
διαγρηγορήσαντες δὲ εἶδαν τὴν δόξαν αὐτοῦ καὶ τοὺς δύο ἄνδρας τοὺς
συνεστῶτας αὐτῷ. καὶ ἐγένετο ἐν τῷ διαχωρίζεσθαι αὐτοὺς ἀπ' αὐτοῦ 33
εἶπεν ὁ Πέτρος πρὸς τὸν Ἰησοῦν· Ἐπιστάτα, καλόν ἐστιν ἡμᾶς ὧδε
εἶναι, καὶ ποιήσωμεν σκηνὰς τρεῖς, μίαν σοὶ καὶ μίαν Μωϋσεῖ καὶ μίαν
Ἠλίᾳ, μὴ εἰδὼς ὃ λέγει. ταῦτα δὲ αὐτοῦ λέγοντος ἐγένετο νεφέλη καὶ 34
ἐπεσκίαζεν αὐτούς· ἐφοβήθησαν δὲ ἐν τῷ εἰσελθεῖν αὐτοὺς εἰς τὴν
νεφέλην. καὶ φωνὴ ἐγένετο ἐκ τῆς νεφέλης λέγουσα· Οὗτός ἐστιν ⌊ὁ 35
Υἱός⌋ μου ⌊ὁ ἐκλελεγμένος· αὐτοῦ ἀκούετε⌋.ᵇ καὶ ἐν τῷ γενέσθαι τὴν 36
φωνὴν εὑρέθη Ἰησοῦς μόνος. καὶ αὐτοὶ ἐσίγησαν καὶ οὐδενὶ ἀπήγγειλαν
ἐν ἐκείναις ταῖς ἡμέραις οὐδὲν ὧν ἑώρακαν.

Ἐγένετο δὲ τῇ ἑξῆς ἡμέρᾳ κατελθόντων αὐτῶν ἀπὸ τοῦ ὄρους συνήν- 37
τησεν αὐτῷ ὄχλος πολύς. καὶ ἰδοὺ ἀνὴρ ἀπὸ τοῦ ὄχλου ἐβόησεν λέγων· 38
Διδάσκαλε, δέομαί σου ἐπιβλέψαι ἐπὶ τὸν υἱόν μου, ὅτι μονογενής μοί

[a] add λόγους   [b] Ps. 2. 7; Is. 42. 1; Dt. 18. 15, 19

39 ἔστιν, καὶ ἰδοὺ πνεῦμα λαμβάνει αὐτόν, καὶ ἐξαίφνης κράζει καὶ σπαράσ-
σει αὐτὸν μετὰ ἀφροῦ, καὶ μόλις ἀποχωρεῖ ἀπ᾽ αὐτοῦ συντρῖβον αὐτόν·
40 καὶ ἐδεήθην τῶν μαθητῶν σου ἵνα ἐκβάλωσιν αὐτό, καὶ οὐκ ἠδυνήθησαν.
41 ἀποκριθεὶς δὲ ὁ Ἰησοῦς εἶπεν· ῏Ω γενεὰ ἄπιστος καὶ διεστραμμένη, ἕως
πότε ἔσομαι πρὸς ὑμᾶς καὶ ἀνέξομαι ὑμῶν; προσάγαγε ὧδε τὸν υἱόν
42 σου. ἔτι δὲ προσερχομένου αὐτοῦ ἔρρηξεν αὐτὸν τὸ δαιμόνιον καὶ
συνεσπάραξεν· ἐπετίμησεν δὲ ὁ Ἰησοῦς τῷ πνεύματι τῷ ἀκαθάρτῳ, καὶ
43 ἰάσατο τὸν παῖδα καὶ ἀπέδωκεν αὐτὸν τῷ πατρὶ αὐτοῦ. ἐξεπλήσσοντο
δὲ πάντες ἐπὶ τῇ μεγαλειότητι τοῦ Θεοῦ.

Πάντων δὲ θαυμαζόντων ἐπὶ πᾶσιν οἷς ἐποίει εἶπεν πρὸς τοὺς
44 μαθητὰς αὐτοῦ· Θέσθε ὑμεῖς εἰς τὰ ὦτα ὑμῶν τοὺς λόγους τούτους· ὁ
45 γὰρ Υἱὸς τοῦ ἀνθρώπου μέλλει παραδίδοσθαι εἰς χεῖρας ἀνθρώπων. οἱ
δὲ ἠγνόουν τὸ ῥῆμα τοῦτο, καὶ ἦν παρακεκαλυμμένον ἀπ᾽ αὐτῶν ἵνα
μὴ αἴσθωνται αὐτό, καὶ ἐφοβοῦντο ἐρωτῆσαι αὐτὸν περὶ τοῦ ῥήματος
τούτου.

46 47 Εἰσῆλθεν δὲ διαλογισμὸς ἐν αὐτοῖς, τὸ τίς ἂν εἴη μείζων αὐτῶν. ὁ δὲ
Ἰησοῦς εἰδὼς τὸν διαλογισμὸν τῆς καρδίας αὐτῶν, ἐπιλαβόμενος παιδίον
48 ἔστησεν αὐτὸ παρ᾽ ἑαυτῷ, καὶ εἶπεν αὐτοῖς· Ὃς ἐὰν δέξηται τοῦτο τὸ
παιδίον ἐπὶ τῷ ὀνόματί μου, ἐμὲ δέχεται· καὶ ὃς ἂν ἐμὲ δέξηται, δέχεται
τὸν ἀποστείλαντά με· ὁ γὰρ μικρότερος ἐν πᾶσιν ὑμῖν ὑπάρχων—
οὗτός ἐστιν μέγας.

49 Ἀποκριθεὶς δὲ ὁ Ἰωάννης εἶπεν· Ἐπιστάτα, εἴδομέν τινα ἐν τῷ
ὀνόματί σου ἐκβάλλοντα δαιμόνια, καὶ ἐκωλύομεν αὐτόν, ὅτι οὐκ
50 ἀκολουθεῖ μεθ᾽ ἡμῶν. εἶπεν δὲ πρὸς αὐτὸν Ἰησοῦς· Μὴ κωλύετε· ὃς γὰρ
οὐκ ἔστιν καθ᾽ ὑμῶν ὑπὲρ ὑμῶν ἐστιν.

51 Ἐγένετο δὲ ἐν τῷ συμπληροῦσθαι τὰς ἡμέρας τῆς ἀναλήμψεως
αὐτοῦ καὶ αὐτὸς τὸ πρόσωπον ἐστήρισεν τοῦ πορεύεσθαι εἰς
52 Ἰερουσαλήμ, καὶ ἀπέστειλεν ἀγγέλους πρὸ προσώπου αὐτοῦ. καὶ
53 πορευθέντες εἰσῆλθον εἰς κώμην Σαμαριτῶν, ὥστε ἑτοιμάσαι αὐτῷ· καὶ
οὐκ ἐδέξαντο αὐτόν, ὅτι τὸ πρόσωπον αὐτοῦ ἦν πορευόμενον εἰς
54 Ἰερουσαλήμ. ἰδόντες δὲ οἱ μαθηταὶ Ἰάκωβος καὶ Ἰωάννης εἶπαν·
Κύριε, θέλεις εἴπωμεν ⌊πῦρ καταβῆναι ἀπὸ τοῦ οὐρανοῦ καὶ ἀναλῶσαι⌋ᵃ
55 56 αὐτούς; ᵇ στραφεὶς δὲ ἐπετίμησεν αὐτοῖς.ᶜ καὶ ἐπορεύθησαν εἰς ἑτέραν
κώμην.

[a] 2 Kgs. I. 10, 12   [b] add ὡς καὶ Ἠλίας ἐποίησε   [c] add καὶ εἶπεν· Οὐκ
οἴδατε οἵου πνεύματός ἐστε ὑμεῖς· (56) ὁ γὰρ Υἱὸς τοῦ ἀνθρώπου οὐκ ἦλθε ψυχὰς
ἀνθρώπων ἀπολέσαι, ἀλλὰ σῶσαι.

Καὶ πορευομένων αὐτῶν ἐν τῇ ὁδῷ εἶπέν τις πρὸς αὐτόν· Ἀκολου- 57
θήσω σοι ὅπου ἐὰν ἀπέρχῃ. καὶ εἶπεν αὐτῷ ὁ Ἰησοῦς· Αἱ ἀλώπεκες 58
φωλεοὺς ἔχουσιν καὶ τὰ πετεινὰ τοῦ οὐρανοῦ κατασκηνώσεις, ὁ δὲ
Υἱὸς τοῦ ἀνθρώπου οὐκ ἔχει ποῦ τὴν κεφαλὴν κλίνῃ. εἶπεν δὲ πρὸς 59
ἕτερον· Ἀκολούθει μοι. ὁ δὲ εἶπεν· Ἐπίτρεψόν μοι πρῶτον ἀπελθόντι
θάψαι τὸν πατέρα μου. εἶπεν δὲ αὐτῷ· Ἄφες τοὺς νεκροὺς θάψαι τοὺς 60
ἑαυτῶν νεκρούς, σὺ δὲ ἀπελθὼν διάγγελλε τὴν βασιλείαν τοῦ Θεοῦ.

Εἶπεν δὲ καὶ ἕτερος· Ἀκολουθήσω σοι, κύριε· πρῶτον δὲ ἐπίτρεψόν μοι 61
ἀποτάξασθαι τοῖς εἰς τὸν οἶκόν μου. εἶπεν δὲ πρὸς αὐτὸν ὁ Ἰησοῦς· 62
[a] Οὐδεὶς ἐπιβαλὼν τὴν χεῖρα ἐπ' ἄροτρον καὶ βλέπων εἰς τὰ ὀπίσω
εὔθετός ἐστιν τῇ βασιλείᾳ τοῦ Θεοῦ.

Μετὰ δὲ ταῦτα ἀνέδειξεν ὁ Κύριος ἑτέρους ἑβδομήκοντα [b] δύο καὶ **10**
ἀπέστειλεν αὐτοὺς ἀνὰ δύο πρὸ προσώπου αὐτοῦ εἰς πᾶσαν πόλιν καὶ
τόπον οὗ ἤμελλεν αὐτὸς ἔρχεσθαι. ἔλεγεν δὲ πρὸς αὐτούς· Ὁ μὲν 2
θερισμὸς πολύς, οἱ δὲ ἐργάται ὀλίγοι· δεήθητε οὖν τοῦ κυρίου τοῦ
θερισμοῦ ὅπως ἐργάτας ἐκβάλῃ εἰς τὸν θερισμὸν αὐτοῦ. ὑπάγετε· 3
ἰδοὺ ἀποστέλλω ὑμᾶς ὡς ἄρνας ἐν μέσῳ λύκων. μὴ βαστάζετε βαλ- 4
λάντιον, μὴ πήραν, μὴ ὑποδήματα· καὶ μηδένα κατὰ τὴν ὁδὸν ἀσπά-
σησθε. εἰς ἣν δ' ἂν εἰσέλθητε οἰκίαν, πρῶτον λέγετε· Εἰρήνη τῷ οἴκῳ 5
τούτῳ. καὶ ἐὰν ἐκεῖ ᾖ υἱὸς εἰρήνης, ἐπαναπαήσεται ἐπ' αὐτὸν ἡ εἰρήνη 6
ὑμῶν· εἰ δὲ μή γε, ἐφ' ὑμᾶς ἀνακάμψει. ἐν αὐτῇ δὲ τῇ οἰκίᾳ μένετε, 7
ἔσθοντες καὶ πίνοντες τὰ παρ' αὐτῶν· ἄξιος γὰρ ὁ ἐργάτης τοῦ μισθοῦ
αὐτοῦ. μὴ μεταβαίνετε ἐξ οἰκίας εἰς οἰκίαν. καὶ εἰς ἣν ἂν πόλιν εἰσέρ- 8
χησθε καὶ δέχωνται ὑμᾶς, ἐσθίετε τὰ παρατιθέμενα ὑμῖν, καὶ θεραπεύετε 9
τοὺς ἐν αὐτῇ ἀσθενεῖς, καὶ λέγετε αὐτοῖς· Ἤγγικεν ἐφ' ὑμᾶς ἡ βασιλεία
τοῦ Θεοῦ. εἰς ἣν δ' ἂν πόλιν εἰσέλθητε καὶ μὴ δέχωνται ὑμᾶς, ἐξελθόντες 10
εἰς τὰς πλατείας αὐτῆς εἴπατε· Καὶ τὸν κονιορτὸν τὸν κολληθέντα ἡμῖν 11
ἐκ τῆς πόλεως ὑμῶν εἰς τοὺς πόδας ἀπομασσόμεθα ὑμῖν· πλὴν τοῦτο
γινώσκετε, ὅτι ἤγγικεν ἡ βασιλεία τοῦ Θεοῦ. λέγω ὑμῖν ὅτι Σοδόμοις 12
ἐν τῇ ἡμέρᾳ ἐκείνῃ ἀνεκτότερον ἔσται ἢ τῇ πόλει ἐκείνῃ.

Οὐαί σοι Χοραζίν, οὐαί σοι Βηθσαϊδά· ὅτι εἰ ἐν Τύρῳ καὶ Σιδῶνι 13
ἐγενήθησαν αἱ δυνάμεις αἱ γενόμεναι ἐν ὑμῖν, πάλαι ἂν ἐν σάκκῳ καὶ
σποδῷ καθήμενοι μετενόησαν. πλὴν Τύρῳ καὶ Σιδῶνι ἀνεκτότερον 14
ἔσται ἐν τῇ κρίσει ἢ ὑμῖν. καὶ σύ, Καφαρναούμ, μὴ ⌊ἕως οὐρανοῦ 15
ὑψωθήσῃ; ἕως τοῦ ᾅδου⌋[c] καταβιβασθήσῃ.

Ὁ ἀκούων ὑμῶν ἐμοῦ ἀκούει, καὶ ὁ ἀθετῶν ὑμᾶς ἐμὲ ἀθετεῖ· ὁ δὲ ἐμὲ 16
ἀθετῶν ἀθετεῖ τὸν ἀποστείλαντά με.

[a] Οὐδεὶς εἰς τὰ ὀπίσω βλέπων καὶ ἐπιβάλλων τὴν χεῖρα ἐπ' ἄροτρον [b] om. δύο
[c] Is. 14. 13, 15

17 Ὑπέστρεψαν δὲ οἱ ἑβδομήκοντα *ᵃ* δύο μετὰ χαρᾶς λέγοντες· Κύριε,
18 καὶ τὰ δαιμόνια ὑποτάσσεται ἡμῖν ἐν τῷ ὀνόματί σου. εἶπεν δὲ αὐτοῖς·
19 Ἐθεώρουν τὸν Σατανᾶν ὡς ἀστραπὴν ἐκ τοῦ οὐρανοῦ πεσόντα. ἰδοὺ
δέδωκα ὑμῖν τὴν ἐξουσίαν τοῦ ⌐πατεῖν ἐπάνω ὄφεων⌐ᵇ καὶ σκορπίων,
καὶ ἐπὶ πᾶσαν τὴν δύναμιν τοῦ ἐχθροῦ, καὶ οὐδὲν ὑμᾶς οὐ μὴ ἀδικήσει.
20 πλὴν ἐν τούτῳ μὴ χαίρετε ὅτι τὰ πνεύματα ὑμῖν ὑποτάσσεται, χαίρετε
δὲ ὅτι τὰ ὀνόματα ὑμῶν ἐγγέγραπται ἐν τοῖς οὐρανοῖς.
21 Ἐν αὐτῇ τῇ ὥρᾳ ἠγαλλιάσατο τῷ Πνεύματι *ᶜ* τῷ Ἁγίῳ καὶ εἶπεν·
Ἐξομολογοῦμαί σοι, Πάτερ, Κύριε τοῦ οὐρανοῦ καὶ τῆς γῆς, ὅτι
ἀπέκρυψας ταῦτα ἀπὸ σοφῶν καὶ συνετῶν, καὶ ἀπεκάλυψας αὐτὰ
22 νηπίοις· ναί, ὁ Πατήρ, ὅτι οὕτως εὐδοκία ἐγένετο ἔμπροσθέν σου. *ᵈ* καὶ
στραφεὶς πρὸς τοὺς μαθητὰς εἶπεν· πάντα μοι παρεδόθη ὑπὸ τοῦ
Πατρός μου, καὶ οὐδεὶς γινώσκει τίς ἐστιν ὁ Υἱὸς εἰ μὴ ὁ Πατήρ, καὶ τίς
ἐστιν ὁ Πατὴρ εἰ μὴ ὁ Υἱὸς καὶ ᾧ ἐὰν βούληται ὁ Υἱὸς ἀποκαλύψαι.
23 Καὶ στραφεὶς πρὸς τοὺς μαθητὰς κατ' ἰδίαν εἶπεν· Μακάριοι οἱ
24 ὀφθαλμοὶ οἱ βλέποντες ἃ βλέπετε. λέγω γὰρ ὑμῖν ὅτι πολλοὶ προφῆται
καὶ βασιλεῖς ἠθέλησαν ἰδεῖν ἃ ὑμεῖς βλέπετε καὶ οὐκ εἶδαν, καὶ ἀκοῦσαι
ἃ ἀκούετε καὶ οὐκ ἤκουσαν.

25 ❦ Καὶ ἰδοὺ νομικός τις ἀνέστη ἐκπειράζων αὐτὸν λέγων· Διδάσκαλε, τί
26 ποιήσας ζωὴν αἰώνιον κληρονομήσω; ὁ δὲ εἶπεν πρὸς αὐτόν· Ἐν τῷ
27 νόμῳ τί γέγραπται; πῶς ἀναγινώσκεις; ὁ δὲ ἀποκριθεὶς εἶπεν· ⌐Ἀγα-
πήσεις Κύριον τὸν Θεόν σου ἐξ ὅλης τῆς καρδίας σου καὶ ἐν ὅλῃ τῇ
ψυχῇ σου καὶ ἐν ὅλῃ τῇ ἰσχύϊ σου⌐ᵉ καὶ ἐν ὅλῃ τῇ διανοίᾳ σου, καὶ ⌐τὸν
28 πλησίον σου ὡς σεαυτόν⌐.ᶠ εἶπεν δὲ αὐτῷ· Ὀρθῶς ἀπεκρίθης· ⌐τοῦτο
ποίει καὶ ζήσῃ.⌐ᵍ
29 Ὁ δὲ θέλων δικαιῶσαι ἑαυτὸν εἶπεν πρὸς τὸν Ἰησοῦν· Καὶ τίς ἐστίν
30 μου πλησίον; ὑπολαβὼν ὁ Ἰησοῦς εἶπεν· Ἄνθρωπός τις κατέβαινεν ἀπὸ
Ἰερουσαλὴμ εἰς Ἰεριχώ, καὶ λῃσταῖς περιέπεσεν, οἳ καὶ ἐκδύσαντες
31 αὐτὸν καὶ πληγὰς ἐπιθέντες ἀπῆλθον ἀφέντες ἡμιθανῆ. κατὰ συγκυρίαν
δὲ ἱερεύς τις κατέβαινεν ἐν τῇ ὁδῷ ἐκείνῃ, καὶ ἰδὼν αὐτὸν ἀντιπαρῆλθεν.
32 ὁμοίως δὲ καὶ Λευίτης κατὰ τὸν τόπον ἐλθὼν καὶ ἰδὼν ἀντιπαρῆλθεν.
33 34 Σαμαρίτης δέ τις ὁδεύων ἦλθεν κατ' αὐτὸν καὶ ἰδὼν ἐσπλαγχνίσθη, καὶ
προσελθὼν κατέδησεν τὰ τραύματα αὐτοῦ ἐπιχέων ἔλαιον καὶ οἶνον,
ἐπιβιβάσας δὲ αὐτὸν ἐπὶ τὸ ἴδιον κτῆνος ἤγαγεν αὐτὸν εἰς πανδοχεῖον
35 καὶ ἐπεμελήθη αὐτοῦ. καὶ ἐπὶ τὴν αὔριον ἐκβαλὼν δύο δηνάρια ἔδωκεν
τῷ πανδοχεῖ καὶ εἶπεν· Ἐπιμελήθητι αὐτοῦ, καὶ ὅ τι ἂν προσδαπανήσῃς

[*a*] om. δύο   [*b*] Ps. 91. 13   [*c*] om. τῷ Ἁγίῳ   [*d*] om. καὶ στραφεὶς
πρὸς τοὺς μαθητὰς εἶπεν   [*e*] Dt. 6. 5   [*f*] Lv. 19. 18   [*g*] Lv. 18. 5

ἐγὼ ἐν τῷ ἐπανέρχεσθαί με ἀποδώσω σοι. τίς τούτων τῶν τριῶν 36
πλησίον δοκεῖ σοι γεγονέναι τοῦ ἐμπεσόντος εἰς τοὺς λῃστάς; ὁ δὲ 37
εἶπεν· Ὁ ποιήσας τὸ ἔλεος μετ᾿ αὐτοῦ. εἶπεν δὲ αὐτῷ ὁ Ἰησοῦς·
Πορεύου καὶ σὺ ποίει ὁμοίως.

Ἐν δὲ τῷ πορεύεσθαι αὐτοὺς αὐτὸς εἰσῆλθεν εἰς κώμην τινά· γυνὴ δέ 38
τις ὀνόματι Μάρθα ὑπεδέξατο αὐτὸν εἰς τὴν οἰκίαν. καὶ τῇδε ἦν 39
ἀδελφὴ καλουμένη Μαριάμ, ἣ καὶ παρακαθεσθεῖσα πρὸς τοὺς πόδας τοῦ
Κυρίου ἤκουεν τὸν λόγον αὐτοῦ. ἡ δὲ Μάρθα περιεσπᾶτο περὶ πολλὴν 40
διακονίαν· ἐπιστᾶσα δὲ εἶπεν· Κύριε, οὐ μέλει σοι ὅτι ἡ ἀδελφή μου
μόνην με κατέλειπεν διακονεῖν; εἰπὸν οὖν αὐτῇ ἵνα μοι συναντιλάβηται.
ἀποκριθεὶς δὲ εἶπεν αὐτῇ ὁ Κύριος· Μάρθα Μάρθα, μεριμνᾷς καὶ θορυ- 41
βάζῃ περὶ πολλά, ᵃ ἑνὸς δέ ἐστιν χρεία· Μαριὰμ γὰρ τὴν ἀγαθὴν 42
μερίδα ἐξελέξατο, ἥτις οὐκ ἀφαιρεθήσεται αὐτῆς.

Καὶ ἐγένετο ἐν τῷ εἶναι αὐτὸν ἐν τόπῳ τινὶ προσευχόμενον, ὡς 11
ἐπαύσατο, εἶπέν τις τῶν μαθητῶν αὐτοῦ πρὸς αὐτόν· Κύριε, δίδαξον
ἡμᾶς προσεύχεσθαι, καθὼς καὶ Ἰωάννης ἐδίδαξεν τοὺς μαθητὰς αὐτοῦ.
εἶπεν δὲ αὐτοῖς· Ὅταν προσεύχησθε λέγετε· 2

ᵇ Πάτερ, ἁγιασθήτω τὸ ὄνομά σου·
ᶜ ἐλθάτω ἡ βασιλεία σου.ᵈ
τὸν ἄρτον ἡμῶν τὸν ἐπιούσιον δίδου ἡμῖν τὸ καθ᾿ ἡμέραν. 3
καὶ ἄφες ἡμῖν τὰς ἁμαρτίας ἡμῶν, 4
καὶ γὰρ αὐτοὶ ἀφίομεν παντὶ ὀφείλοντι ἡμῖν.
καὶ μὴ εἰσενέγκῃς ἡμᾶς εἰς πειρασμόν.ᵉ

Καὶ εἶπεν πρὸς αὐτούς· Τίς ἐξ ὑμῶν ἕξει φίλον, καὶ πορεύσεται πρὸς 5
αὐτὸν μεσονυκτίου καὶ εἴπῃ αὐτῷ· Φίλε, χρῆσόν μοι τρεῖς ἄρτους, 6
ἐπειδὴ φίλος μου παρεγένετο ἐξ ὁδοῦ πρός με καὶ οὐκ ἔχω ὃ παραθήσω
αὐτῷ· κἀκεῖνος ἔσωθεν ἀποκριθεὶς εἴπῃ· Μή μοι κόπους πάρεχε· ἤδη ἡ 7
θύρα κέκλεισται, καὶ τὰ παιδία μου μετ᾿ ἐμοῦ εἰς τὴν κοίτην εἰσίν· οὐ
δύναμαι ἀναστὰς δοῦναί σοι. λέγω ὑμῖν, εἰ καὶ οὐ δώσει αὐτῷ ἀναστὰς 8
διὰ τὸ εἶναι φίλον αὐτοῦ, διά γε τὴν ἀναίδειαν αὐτοῦ ἐγερθεὶς δώσει
αὐτῷ ὅσων χρῄζει. κἀγὼ ὑμῖν λέγω, αἰτεῖτε, καὶ δοθήσεται ὑμῖν· 9
ζητεῖτε, καὶ εὑρήσετε· κρούετε, καὶ ἀνοιγήσεται ὑμῖν. πᾶς γὰρ ὁ αἰτῶν 10
λαμβάνει, καὶ ὁ ζητῶν εὑρίσκει, καὶ τῷ κρούοντι ἀνοιγήσεται.
Τίνα δὲ ἐξ ὑμῶν τὸν πατέρα αἰτήσει ὁ υἱόςᶠ ἰχθύν, μὴ ἀντὶ ἰχθύος 11

[a] ὀλίγων δέ ἐστιν χρεία ἢ ἑνός or om. μεριμνᾷς . . . ἐστιν χρεία and γὰρ (42)
[b] Πάτερ ἡμῶν ὁ ἐν τοῖς οὐρανοῖς   [c] ἐφ᾿ ἡμᾶς ἐλθάτω ἡ βασιλεία σου or ἐλθάτω
τὸ Ἅγιον Πνεῦμά σου ἐφ᾿ ἡμᾶς καὶ καθαρισάτω ἡμᾶς   [d] add γενηθήτω τὸ θέλημά
σου, ὡς ἐν οὐρανῷ καὶ ἐπὶ γῆς.   [e] add ἀλλὰ ῥῦσαι ἡμᾶς ἀπὸ τοῦ πονηροῦ.
[f] add ἄρτον, μὴ λίθον ἐπιδώσει αὐτῷ; ἢ καὶ

12 13 ὄφιν αὐτῷ ἐπιδώσει; ἢ καὶ ᾠόν, ἐπιδώσει αὐτῷ σκορπίον; εἰ οὖν
ὑμεῖς πονηροὶ ὑπάρχοντες οἴδατε δόματα ἀγαθὰ διδόναι τοῖς τέκνοις
ὑμῶν, πόσῳ μᾶλλον ὁ Πατὴρ ὁ ἐξ οὐρανοῦ δώσει *a* Πνεῦμα Ἅγιον τοῖς
αἰτοῦσιν αὐτόν.

14 ❰ Καὶ ἦν ἐκβάλλων δαιμόνιον, καὶ αὐτὸ ἦν κωφόν· ἐγένετο δὲ τοῦ
15 δαιμονίου ἐξελθόντος ἐλάλησεν ὁ κωφός. καὶ ἐθαύμασαν οἱ ὄχλοι· τινὲς
δὲ ἐξ αὐτῶν εἶπαν· Ἐν Βεελζεβοὺβ τῷ ἄρχοντι τῶν δαιμονίων ἐκβάλλει
16 τὰ δαιμόνια· ἕτεροι δὲ πειράζοντες σημεῖον ἐξ οὐρανοῦ ἐζήτουν παρ᾽
17 αὐτοῦ. αὐτὸς δὲ εἰδὼς αὐτῶν τὰ διανοήματα εἶπεν αὐτοῖς· Πᾶσα
βασιλεία ἐφ᾽ ἑαυτὴν διαμερισθεῖσα ἐρημοῦται, καὶ οἶκος ἐπὶ οἶκον πίπτει.
18 εἰ δὲ καὶ ὁ Σατανᾶς ἐφ᾽ ἑαυτὸν διεμερίσθη, πῶς σταθήσεται ἡ βασιλεία
19 αὐτοῦ; —ὅτι λέγετε ἐν Βεελζεβοὺβ ἐκβάλλειν με τὰ δαιμόνια. εἰ δὲ ἐγὼ
ἐν Βεελζεβοὺβ ἐκβάλλω τὰ δαιμόνια, οἱ υἱοὶ ὑμῶν ἐν τίνι ἐκβάλλουσιν;
20 διὰ τοῦτο αὐτοὶ ὑμῶν κριταὶ ἔσονται. εἰ δὲ ἐν δακτύλῳ Θεοῦ ἐκβάλλω
τὰ δαιμόνια, ἄρα ἔφθασεν ἐφ᾽ ὑμᾶς ἡ βασιλεία τοῦ Θεοῦ.

21 Ὅταν ὁ ἰσχυρὸς καθωπλισμένος φυλάσσῃ τὴν ἑαυτοῦ αὐλήν, ἐν
22 εἰρήνῃ ἐστὶν τὰ ὑπάρχοντα αὐτοῦ· ἐπὰν δὲ ἰσχυρότερος αὐτοῦ ἐπελθὼν
νικήσῃ αὐτόν, τὴν πανοπλίαν αὐτοῦ αἴρει, ἐφ᾽ ᾗ ἐπεποίθει, καὶ τὰ
σκῦλα αὐτοῦ διαδίδωσιν.

23 Ὁ μὴ ὢν μετ᾽ ἐμοῦ κατ᾽ ἐμοῦ ἐστιν, καὶ ὁ μὴ συνάγων μετ᾽ ἐμοῦ
σκορπίζει. *b*

24 Ὅταν τὸ ἀκάθαρτον πνεῦμα ἐξέλθῃ ἀπὸ τοῦ ἀνθρώπου, διέρχεται δι᾽
ἀνύδρων τόπων ζητοῦν ἀνάπαυσιν, καὶ μὴ εὑρίσκον λέγει· Ὑποστρέψω
25 εἰς τὸν οἶκόν μου ὅθεν ἐξῆλθον· καὶ ἐλθὸν εὑρίσκει*c* σεσαρωμένον καὶ
26 κεκοσμημένον. τότε πορεύεται καὶ παραλαμβάνει ἕτερα πνεύματα
πονηρότερα ἑαυτοῦ ἑπτά, καὶ εἰσελθόντα κατοικεῖ ἐκεῖ· καὶ γίνεται τὰ
ἔσχατα τοῦ ἀνθρώπου ἐκείνου χείρονα τῶν πρώτων.

27 Ἐγένετο δὲ ἐν τῷ λέγειν αὐτὸν ταῦτα ἐπάρασά τις φωνὴν γυνὴ ἐκ
τοῦ ὄχλου εἶπεν αὐτῷ· Μακαρία ἡ κοιλία ἡ βαστάσασά σε καὶ μαστοὶ
28 οὓς ἐθήλασας. αὐτὸς δὲ εἶπεν· Μενοῦν μακάριοι οἱ ἀκούοντες τὸν λόγον
τοῦ Θεοῦ καὶ φυλάσσοντες.

29 Τῶν δὲ ὄχλων ἐπαθροιζομένων ἤρξατο λέγειν· Ἡ γενεὰ αὕτη γενεὰ
πονηρά ἐστιν· σημεῖον ζητεῖ, καὶ σημεῖον οὐ δοθήσεται αὐτῇ εἰ μὴ τὸ
30 σημεῖον Ἰωνᾶ. καθὼς γὰρ ἐγένετο Ἰωνᾶς τοῖς Νινευίταις σημεῖον,
31 οὕτως ἔσται καὶ ὁ Υἱὸς τοῦ ἀνθρώπου τῇ γενεᾷ ταύτῃ. βασίλισσα
νότου ἐγερθήσεται ἐν τῇ κρίσει μετὰ τῶν ἀνδρῶν τῆς γενεᾶς ταύτης καὶ
κατακρινεῖ αὐτούς· ὅτι ἦλθεν ἐκ τῶν περάτων τῆς γῆς ἀκοῦσαι τὴν

[a] ἀγαθὸν δόμα or ἀγαθὰ   [b] add με   [c] add σχολάζοντα

σοφίαν Σολομῶνος, καὶ ἰδοὺ πλεῖον Σολομῶνος ὧδε. ἄνδρες Νινευῖται 32
ἀναστήσονται ἐν τῇ κρίσει μετὰ τῆς γενεᾶς ταύτης καὶ κατακρινοῦσιν
αὐτήν· ὅτι μετενόησαν εἰς τὸ κήρυγμα Ἰωνᾶ, καὶ ἰδοὺ πλεῖον Ἰωνᾶ
ὧδε.

Οὐδεὶς λύχνον ἅψας εἰς κρύπτην τίθησι^a ἀλλ᾽ ἐπὶ τὴν λυχνίαν, ἵνα οἱ 33
εἰσπορευόμενοι τὸ φέγγος βλέπωσιν. ὁ λύχνος τοῦ σώματός ἐστιν ὁ 34
ὀφθαλμός σου. ὅταν ὁ ὀφθαλμός σου ἁπλοῦς ᾖ, καὶ ὅλον τὸ σῶμά σου
φωτεινόν ἐστιν· ἐπὰν δὲ πονηρὸς ᾖ, καὶ τὸ σῶμά σου σκοτεινόν.
σκόπει οὖν μὴ τὸ φῶς τὸ ἐν σοὶ σκότος ἐστίν. εἰ οὖν τὸ σῶμά σου ὅλον 35 36
φωτεινόν, μὴ ἔχον μέρος τι σκοτεινόν, ἔσται φωτεινὸν ὅλον ὡς ὅταν ὁ
λύχνος τῇ ἀστραπῇ φωτίζῃ σε.

❡ Ἐν δὲ τῷ λαλῆσαι ἐρωτᾷ αὐτὸν Φαρισαῖος ὅπως ἀριστήσῃ παρ᾽ 37
αὐτῷ· εἰσελθὼν δὲ ἀνέπεσεν. ὁ δὲ Φαρισαῖος ἰδὼν ἐθαύμασεν ὅτι οὐ 38
πρῶτον ἐβαπτίσθη πρὸ τοῦ ἀρίστου. εἶπεν δὲ ὁ Κύριος πρὸς αὐτόν· 39
Νῦν ὑμεῖς οἱ Φαρισαῖοι τὸ ἔξωθεν τοῦ ποτηρίου καὶ τοῦ πίνακος
καθαρίζετε, τὸ δὲ ἔσωθεν ὑμῶν γέμει ἁρπαγῆς καὶ πονηρίας. ἄφρονες, 40
οὐχ ὁ ποιήσας τὸ ἔξωθεν καὶ τὸ ἔσωθεν ἐποίησεν; πλὴν τὰ ἐνόντα δότε 41
ἐλεημοσύνην, καὶ ἰδοὺ πάντα καθαρὰ ὑμῖν ἐστιν.

Ἀλλὰ οὐαὶ ὑμῖν τοῖς Φαρισαίοις, ὅτι ἀποδεκατοῦτε τὸ ἡδύοσμον καὶ 42
τὸ πήγανον καὶ πᾶν λάχανον, καὶ παρέρχεσθε τὴν κρίσιν καὶ τὴν
ἀγάπην τοῦ Θεοῦ· ^b ταῦτα δὲ ἔδει ποιῆσαι κἀκεῖνα μὴ παρεῖναι.

Οὐαὶ ὑμῖν τοῖς Φαρισαίοις, ὅτι ἀγαπᾶτε τὴν πρωτοκαθεδρίαν ἐν ταῖς 43
συναγωγαῖς καὶ τοὺς ἀσπασμοὺς ἐν ταῖς ἀγοραῖς.

Οὐαὶ ὑμῖν, ὅτι ἐστὲ ὡς τὰ μνημεῖα τὰ ἄδηλα, καὶ οἱ ἄνθρωποι οἱ 44
περιπατοῦντες ἐπάνω οὐκ οἴδασιν.

Ἀποκριθεὶς δέ τις τῶν νομικῶν λέγει αὐτῷ· Διδάσκαλε, ταῦτα λέγων 45
καὶ ἡμᾶς ὑβρίζεις. ὁ δὲ εἶπεν· Καὶ ὑμῖν τοῖς νομικοῖς οὐαί, ὅτι φορτίζετε 46
τοὺς ἀνθρώπους φορτία δυσβάστακτα, καὶ αὐτοὶ ἑνὶ τῶν δακτύλων
ὑμῶν οὐ προσψαύετε τοῖς φορτίοις.

Οὐαὶ ὑμῖν, ὅτι οἰκοδομεῖτε τὰ μνημεῖα τῶν προφητῶν, οἱ δὲ πατέρες 47
ὑμῶν ἀπέκτειναν αὐτούς. ἄρα μάρτυρές ἐστε καὶ συνευδοκεῖτε τοῖς 48
ἔργοις τῶν πατέρων ὑμῶν, ὅτι αὐτοὶ μὲν ἀπέκτειναν αὐτούς, ὑμεῖς δὲ
οἰκοδομεῖτε.

Διὰ τοῦτο καὶ ἡ Σοφία τοῦ Θεοῦ εἶπεν· Ἀποστελῶ εἰς αὐτοὺς προφή- 49
τας καὶ ἀποστόλους, καὶ ἐξ αὐτῶν ἀποκτενοῦσιν καὶ διώξουσιν, ἵνα 50
ἐκζητηθῇ τὸ αἷμα πάντων τῶν προφητῶν τὸ ἐκκεχυμένον ἀπὸ κατα-
βολῆς κόσμου ἀπὸ τῆς γενεᾶς ταύτης, ἀπὸ αἵματος Ἄβελ ἕως αἵματος 51

[a] add οὐδὲ ὑπὸ τὸν μόδιον   [b] om. ταῦτα ... παρεῖναι.

Ζαχαρίου τοῦ ἀπολομένου μεταξὺ τοῦ θυσιαστηρίου καὶ τοῦ οἴκου· ναὶ λέγω ὑμῖν, ἐκζητηθήσεται ἀπὸ τῆς γενεᾶς ταύτης.

52 Οὐαὶ ὑμῖν τοῖς νομικοῖς, ὅτι ἤρατε τὴν κλεῖδα τῆς γνώσεως· αὐτοὶ οὐκ εἰσήλθατε καὶ τοὺς εἰσερχομένους ἐκωλύσατε.

53 Κἀκεῖθεν ἐξελθόντος αὐτοῦ ἤρξαντο οἱ γραμματεῖς καὶ οἱ Φαρισαῖοι δεινῶς ἐνέχειν καὶ ἀποστοματίζειν αὐτὸν περὶ πλειόνων, ἐνεδρεύοντες αὐτὸν θηρεῦσαί τι ἐκ τοῦ στόματος αὐτοῦ.

12 ⁌ Ἐν οἷς ἐπισυναχθεισῶν τῶν μυριάδων τοῦ ὄχλου, ὥστε καταπατεῖν ἀλλήλους, ἤρξατο λέγειν πρὸς τοὺς μαθητὰς αὐτοῦ πρῶτον· Προσέχετε 2 ἑαυτοῖς ἀπὸ τῆς ζύμης τῶν Φαρισαίων, ἥτις ἐστὶν ὑπόκρισις. οὐδὲν συγκεκαλυμμένον ἐστὶν ὃ οὐκ ἀποκαλυφθήσεται, καὶ κρυπτὸν ὃ οὐ 3 γνωσθήσεται. ἀνθ᾽ ὧν ὅσα ἐν τῇ σκοτίᾳ εἴπατε ἐν τῷ φωτὶ ἀκουσθήσεται, καὶ ὃ πρὸς τὸ οὖς ἐλαλήσατε ἐν τοῖς ταμείοις κηρυχθήσεται ἐπὶ τῶν δωμάτων.

4 Λέγω δὲ ὑμῖν τοῖς φίλοις μου, μὴ φοβηθῆτε ἀπὸ τῶν ἀποκτεννόντων 5 τὸ σῶμα καὶ μετὰ ταῦτα μὴ ἐχόντων περισσότερόν τι ποιῆσαι. ὑποδείξω δὲ ὑμῖν τίνα φοβηθῆτε· φοβήθητε τὸν μετὰ τὸ ἀποκτεῖναι ἔχοντα ἐξουσίαν ἐμβαλεῖν εἰς τὴν γέενναν. ναὶ λέγω ὑμῖν, τοῦτον φοβήθητε.

6 Οὐχὶ πέντε στρουθία πωλοῦνται ἀσσαρίων δύο; καὶ ἓν ἐξ αὐτῶν 7 οὐκ ἔστιν ἐπιλελησμένον ἐνώπιον τοῦ Θεοῦ. ἀλλὰ καὶ αἱ τρίχες τῆς κεφαλῆς ὑμῶν πᾶσαι ἠρίθμηνται. μὴ φοβεῖσθε· πολλῶν στρουθίων διαφέρετε.

8 Λέγω δὲ ὑμῖν, πᾶς ὃς ἂν ὁμολογήσῃ ἐν ἐμοὶ ἔμπροσθεν τῶν ἀνθρώπων, καὶ ὁ Υἱὸς τοῦ ἀνθρώπου ὁμολογήσει ἐν αὐτῷ ἔμπροσθεν τῶν 9 ἀγγέλων τοῦ Θεοῦ. ὁ δὲ ἀρνησάμενός με ἐνώπιον τῶν ἀνθρώπων ἀπαρνηθήσεται ἐνώπιον τῶν ἀγγέλων τοῦ Θεοῦ.

10 Καὶ πᾶς ὃς ἐρεῖ λόγον εἰς τὸν Υἱὸν τοῦ ἀνθρώπου, ἀφεθήσεται αὐτῷ· τῷ δὲ εἰς τὸ Ἅγιον Πνεῦμα βλασφημήσαντι οὐκ ἀφεθήσεται.

11 Ὅταν δὲ εἰσφέρωσιν ὑμᾶς ἐπὶ τὰς συναγωγὰς καὶ τὰς ἀρχὰς καὶ τὰς 12 ἐξουσίας, μὴ μεριμνήσητε πῶς ἢ τί ἀπολογήσησθε ἢ τί εἴπητε· τὸ γὰρ Ἅγιον Πνεῦμα διδάξει ὑμᾶς ἐν αὐτῇ τῇ ὥρᾳ ἃ δεῖ εἰπεῖν.

13 Εἶπεν δέ τις ἐκ τοῦ ὄχλου αὐτῷ· Διδάσκαλε, εἰπὲ τῷ ἀδελφῷ μου 14 μερίσασθαι μετ᾽ ἐμοῦ τὴν κληρονομίαν. ὁ δὲ εἶπεν αὐτῷ· Ἄνθρωπε, τίς 15 με κατέστησεν κριτὴν ᵃ ἢ μεριστὴν ἐφ᾽ ὑμᾶς; εἶπεν δὲ πρὸς αὐτούς· Ὁρᾶτε καὶ φυλάσσεσθε ἀπὸ πάσης πλεονεξίας, ὅτι οὐκ ἐν τῷ περισ- 16 σεύειν τινὶ ἡ ζωὴ αὐτοῦ ἐστιν ἐκ τῶν ὑπαρχόντων αὐτῷ. εἶπεν δὲ παραβολὴν πρὸς αὐτοὺς λέγων· Ἀνθρώπου τινὸς πλουσίου εὐφόρησεν

[a] om. ἢ μεριστὴν

ἡ χώρα. καὶ διελογίζετο ἐν ἑαυτῷ λέγων· Τί ποιήσω, ὅτι οὐκ ἔχω ποῦ 17
συνάξω τοὺς καρπούς μου; καὶ εἶπεν· Τοῦτο ποιήσω· καθελῶ μου τὰς 18
ἀποθήκας καὶ μείζονας οἰκοδομήσω, καὶ συνάξω ἐκεῖ πάντα τὸν σῖτον
καὶ τὰ ἀγαθά μου, καὶ ἐρῶ τῇ ψυχῇ μου· Ψυχή, ἔχεις πολλὰ ἀγαθὰ 19
κείμενα εἰς ἔτη πολλά· ἀναπαύου, φάγε, πίε, εὐφραίνου. εἶπεν δὲ αὐτῷ 20
ὁ Θεός· Ἄφρων, ταύτῃ τῇ νυκτὶ τὴν ψυχήν σου ἀπαιτοῦσιν ἀπὸ σοῦ·
ἃ δὲ ἡτοίμασας, τίνι ἔσται; ᵃ οὕτως ὁ θησαυρίζων αὐτῷ καὶ μὴ εἰς 21
Θεὸν πλουτῶν.ᵇ
Εἶπεν δὲ πρὸς τοὺς μαθητὰς αὐτοῦ· Διὰ τοῦτο λέγω ὑμῖν· μὴ μερι- 22
μνᾶτε τῇ ψυχῇ τί φάγητε, μηδὲ τῷ σώματι ὑμῶν τί ἐνδύσησθε. ἡ ψυχὴ 23
πλεῖόν ἐστιν τῆς τροφῆς καὶ τὸ σῶμα τοῦ ἐνδύματος. κατανοήσατε 24
τοὺς κόρακας, ὅτι οὔτε σπείρουσιν οὔτε θερίζουσιν, οἷς οὐκ ἔστιν
ταμιεῖον οὐδὲ ἀποθήκη, καὶ ὁ Θεὸς τρέφει αὐτούς· πόσῳ μᾶλλον ὑμεῖς
διαφέρετε τῶν πετεινῶν. τίς δὲ ἐξ ὑμῶν μεριμνῶν δύναται ἐπὶ τὴν 25
ἡλικίαν αὐτοῦ προσθεῖναι πῆχυν; εἰ οὖν οὐδὲ ἐλάχιστον δύνασθε, τί 26
περὶ τῶν λοιπῶν μεριμνᾶτε;
Κατανοήσατε τὰ κρίνα, πῶς ᶜ οὔτε νήθει οὔτε ὑφαίνει· λέγω δὲ 27
ὑμῖν, οὐδὲ Σολομὼν ἐν πάσῃ τῇ δόξῃ αὐτοῦ περιεβάλετο ὡς ἓν τούτων.
εἰ δὲ ἐν ἀγρῷ τὸν χόρτον ὄντα σήμερον καὶ αὔριον εἰς κλίβανον βαλ- 28
λόμενον ὁ Θεὸς οὕτως ἀμφιάζει, πόσῳ μᾶλλον ὑμᾶς, ὀλιγόπιστοι. καὶ 29
ὑμεῖς μὴ ζητεῖτε τί φάγητε καὶ τί πίητε, καὶ μὴ μετεωρίζεσθε· ταῦτα γὰρ 30
πάντα τὰ ἔθνη τοῦ κόσμου ἐπιζητοῦσιν· ὑμῶν δὲ ὁ Πατὴρ οἶδεν ὅτι
χρήζετε τούτων· πλὴν ζητεῖτε τὴν βασιλείαν αὐτοῦ, καὶ ταῦτα πάντα 31
προστεθήσεται ὑμῖν.
Μὴ φοβοῦ, τὸ μικρὸν ποίμνιον· ὅτι εὐδόκησεν ὁ Πατὴρ ὑμῶν δοῦναι 32
ὑμῖν τὴν βασιλείαν. πωλήσατε τὰ ὑπάρχοντα ὑμῶν καὶ δότε ἐλεη- 33
μοσύνην· ποιήσατε ἑαυτοῖς βαλλάντια μὴ παλαιούμενα, θησαυρὸν
ἀνέκλειπτον ἐν τοῖς οὐρανοῖς, ὅπου κλέπτης οὐκ ἐγγίζει οὐδὲ σὴς δια-
φθείρει· ὅπου γάρ ἐστιν ὁ θησαυρὸς ὑμῶν, ἐκεῖ καὶ ἡ καρδία ὑμῶν ἔσται. 34
Ἔστωσαν ὑμῶν αἱ ὀσφύες περιεζωσμέναι καὶ οἱ λύχνοι καιόμενοι· 35
καὶ ὑμεῖς ὅμοιοι ἀνθρώποις προσδεχομένοις τὸν κύριον ἑαυτῶν, πότε 36
ἀναλύσῃ ἐκ τῶν γάμων, ἵνα ἐλθόντος καὶ κρούσαντος εὐθέως ἀνοίξωσιν
αὐτῷ. μακάριοι οἱ δοῦλοι ἐκεῖνοι, οὓς ἐλθὼν ὁ κύριος εὑρήσει γρηγο- 37
ροῦντας· ἀμὴν λέγω ὑμῖν ὅτι περιζώσεται καὶ ἀνακλινεῖ αὐτοὺς καὶ
παρελθὼν διακονήσει αὐτοῖς. κἂν ἐν τῇ δευτέρᾳ κἂν ἐν τῇ τρίτῃ 38
φυλακῇ ἔλθῃ καὶ εὕρῃ οὕτως, μακάριοί εἰσιν ἐκεῖνοι. τοῦτο δὲ γινώσκετε, 39
ὅτι εἰ ᾔδει ὁ οἰκοδεσπότης ποίᾳ ὥρᾳ ὁ κλέπτης ἔρχεται, οὐκ ἂν ἀφῆκεν

[a] om. οὕτως ... πλουτῶν.　　[b] add ταῦτα λέγων ἐφώνει· Ὁ ἔχων ὦτα ἀκούειν
ἀκουέτω.　　[c] αὐξάνει· οὐ κοπιᾷ οὐδὲ νήθει·

40 διορυχθῆναι τὸν οἶκον αὐτοῦ. καὶ ὑμεῖς γίνεσθε ἕτοιμοι, ὅτι ᾗ ὥρᾳ οὐ δοκεῖτε ὁ Υἱὸς τοῦ ἀνθρώπου ἔρχεται.

41 Εἶπεν δὲ ὁ Πέτρος· Κύριε, πρὸς ἡμᾶς τὴν παραβολὴν ταύτην λέγεις 42 ἢ καὶ πρὸς πάντας; καὶ εἶπεν ὁ Κύριος· Τίς ἄρα ὁ πιστὸς οἰκονόμος ὁ φρόνιμος, ὃν καταστήσει ὁ κύριος ἐπὶ τῆς θεραπείας αὐτοῦ τοῦ διδόναι 43 ἐν καιρῷ τὸ σιτομέτριον; μακάριος ὁ δοῦλος ἐκεῖνος, ὃν ἐλθὼν ὁ κύριος 44 αὐτοῦ εὑρήσει ποιοῦντα οὕτως. ἀληθῶς λέγω ὑμῖν ὅτι ἐπὶ πᾶσιν τοῖς 45 ὑπάρχουσιν αὐτοῦ καταστήσει αὐτόν. ἐὰν δὲ εἴπῃ ὁ δοῦλος ἐκεῖνος ἐν τῇ καρδίᾳ αὐτοῦ· Χρονίζει ὁ κύριός μου ἔρχεσθαι, καὶ ἄρξηται τύπτειν τοὺς 46 παῖδας καὶ τὰς παιδίσκας, ἐσθίειν τε καὶ πίνειν καὶ μεθύσκεσθαι, ἥξει ὁ κύριος τοῦ δούλου ἐκείνου ἐν ἡμέρᾳ ᾗ οὐ προσδοκᾷ καὶ ἐν ὥρᾳ ᾗ οὐ γινώσκει, καὶ διχοτομήσει αὐτόν, καὶ τὸ μέρος αὐτοῦ μετὰ τῶν ἀπίστων θήσει. 47 Ἐκεῖνος δὲ ὁ δοῦλος ὁ γνοὺς τὸ θέλημα τοῦ κυρίου αὐτοῦ καὶ μὴ 48 ἑτοιμάσας πρὸς τὸ θέλημα αὐτοῦ δαρήσεται πολλάς· ὁ δὲ μὴ γνούς, ποιήσας δὲ ἄξια πληγῶν, δαρήσεται ὀλίγας. παντὶ δὲ ᾧ ἐδόθη πολύ, πολὺ ζητηθήσεται παρ' αὐτοῦ, καὶ ᾧ παρέθεντο πολύ, περισσότερον αἰτήσουσιν αὐτόν.

49 50 Πῦρ ἦλθον βαλεῖν ἐπὶ τὴν γῆν, καὶ τί θέλω εἰ ἤδη ἀνήφθη. βάπτισμα 51 δὲ ἔχω βαπτισθῆναι, καὶ πῶς συνέχομαι ἕως ὅτου τελεσθῇ. δοκεῖτε ὅτι εἰρήνην παρεγενόμην δοῦναι ἐν τῇ γῇ; οὐχί, λέγω ὑμῖν, ἀλλ' ἢ 52 διαμερισμόν. ἔσονται γὰρ ἀπὸ τοῦ νῦν πέντε ἐν ἑνὶ οἴκῳ διαμεμερι-53 σμένοι, τρεῖς ἐπὶ δυσὶν καὶ δύο ἐπὶ τρισίν· διαμερισθήσονται πατὴρ ἐπὶ υἱῷ καὶ ⌊υἱὸς ἐπὶ πατρί⌋, μήτηρ ἐπὶ θυγατέρα καὶ ⌊θυγάτηρ ἐπὶ τὴν μητέρα⌋, πενθερὰ ἐπὶ τὴν νύμφην αὐτῆς καὶ ⌊νύμφη ἐπὶ τὴν πενθεράν⌋.[a]

54 Ἔλεγεν δὲ καὶ τοῖς ὄχλοις· Ὅταν ἴδητε νεφέλην ἀνατέλλουσαν ἐπὶ 55 δυσμῶν, εὐθέως λέγετε ὅτι Ὄμβρος ἔρχεται, καὶ γίνεται οὕτως· καὶ 56 ὅταν νότον πνέοντα, λέγετε ὅτι Καύσων ἔσται, καὶ γίνεται. ὑποκριταί, τὸ πρόσωπον τῆς γῆς καὶ τοῦ οὐρανοῦ οἴδατε δοκιμάζειν· τὸν καιρὸν δὲ τοῦτον πῶς οὐ δοκιμάζετε;

57 58 Τί δὲ καὶ ἀφ' ἑαυτῶν οὐ κρίνετε τὸ δίκαιον; ὡς γὰρ ὑπάγεις μετὰ τοῦ ἀντιδίκου σου ἐπ' ἄρχοντα, ἐν τῇ ὁδῷ δὸς ἐργασίαν ἀπηλλάχθαι ἀπ' αὐτοῦ, μήποτε κατασύρῃ σε πρὸς τὸν κριτήν, καὶ ὁ κριτής σε παραδώ-59 σει τῷ πράκτορι, καὶ ὁ πράκτωρ σε βαλεῖ εἰς φυλακήν. λέγω σοι, οὐ μὴ ἐξέλθῃς ἐκεῖθεν ἕως καὶ τὸ ἔσχατον λεπτὸν ἀποδῷς.

13 ❡ Παρῆσαν δέ τινες ἐν αὐτῷ τῷ καιρῷ ἀπαγγέλλοντες αὐτῷ περὶ τῶν 2 Γαλιλαίων ὧν τὸ αἷμα Πιλᾶτος ἔμιξεν μετὰ τῶν θυσιῶν αὐτῶν. καὶ ἀποκριθεὶς εἶπεν αὐτοῖς· Δοκεῖτε ὅτι οἱ Γαλιλαῖοι οὗτοι ἁμαρτωλοὶ παρὰ

[a] Mic. 7. 6

πάντας τοὺς Γαλιλαίους ἐγένοντο, ὅτι ταῦτα πεπόνθασιν; οὐχί, λέγω 3
ὑμῖν, ἀλλ᾽ ἐὰν μὴ μετανοῆτε, πάντες ὁμοίως ἀπολεῖσθε. ἢ ἐκεῖνοι οἱ 4
δεκαοκτὼ ἐφ᾽ οὓς ἔπεσεν ὁ πύργος ἐν τῷ Σιλωὰμ καὶ ἀπέκτεινεν αὐτούς,
δοκεῖτε ὅτι αὐτοὶ ὀφειλέται ἐγένοντο παρὰ πάντας τοὺς ἀνθρώπους
τοὺς κατοικοῦντας ἐν Ἰερουσαλήμ; οὐχί, λέγω ὑμῖν, ἀλλ᾽ ἐὰν μὴ 5
μετανοήσητε, πάντες ὡσαύτως ἀπολεῖσθε.

Ἔλεγεν δὲ ταύτην τὴν παραβολήν. Συκῆν εἶχέν τις πεφυτευμένην 6
ἐν τῷ ἀμπελῶνι αὐτοῦ, καὶ ἦλθεν ζητῶν καρπὸν ἐν αὐτῇ καὶ οὐχ
εὗρεν. εἶπεν δὲ πρὸς τὸν ἀμπελουργόν· Ἰδοὺ τρία ἔτη ἀφ᾽ οὗ ἔρχομαι 7
ζητῶν καρπὸν ἐν τῇ συκῇ ταύτῃ καὶ οὐχ εὑρίσκω· ἔκκοψον αὐτήν·
ἱνατί καὶ τὴν γῆν καταργεῖ; ὁ δὲ ἀποκριθεὶς λέγει αὐτῷ· Κύριε, ἄφες 8
αὐτὴν καὶ τοῦτο τὸ ἔτος, ἕως ὅτου σκάψω περὶ αὐτὴν καὶ βάλω κόπρια·
κἂν μὲν ποιήσῃ καρπὸν εἰς τὸ μέλλον—εἰ δὲ μή γε, ἐκκόψεις αὐτήν. 9

Ἦν δὲ διδάσκων ἐν μιᾷ τῶν συναγωγῶν ἐν τοῖς σάββασιν. καὶ ἰδοὺ 10 11
γυνὴ πνεῦμα ἔχουσα ἀσθενείας ἔτη δεκαοκτώ, καὶ ἦν συγκύπτουσα καὶ
μὴ δυναμένη ἀνακύψαι εἰς τὸ παντελές. ἰδὼν δὲ αὐτὴν ὁ Ἰησοῦς 12
προσεφώνησεν καὶ εἶπεν αὐτῇ· Γύναι, ἀπολέλυσαι τῆς ἀσθενείας σου,
καὶ ἐπέθηκεν αὐτῇ τὰς χεῖρας· καὶ παραχρῆμα ἀνωρθώθη, καὶ ἐδόξαζεν 13
τὸν Θεόν. ἀποκριθεὶς δὲ ὁ ἀρχισυνάγωγος, ἀγανακτῶν ὅτι τῷ σαβ- 14
βάτῳ ἐθεράπευσεν ὁ Ἰησοῦς, ἔλεγεν τῷ ὄχλῳ ὅτι Ἓξ ἡμέραι εἰσὶν ἐν
αἷς δεῖ ἐργάζεσθαι· ἐν αὐταῖς οὖν ἐρχόμενοι θεραπεύεσθε καὶ μὴ τῇ
ἡμέρᾳ τοῦ σαββάτου. ἀπεκρίθη δὲ αὐτῷ ὁ Κύριος καὶ εἶπεν· Ὑποκρι- 15
ταί, ἕκαστος ὑμῶν τῷ σαββάτῳ οὐ λύει τὸν βοῦν αὐτοῦ ἢ τὸν ὄνον
ἀπὸ τῆς φάτνης καὶ ἀπαγαγὼν ποτίζει; ταύτην δὲ θυγατέρα Ἀβραὰμ 16
οὖσαν, ἣν ἔδησεν ὁ Σατανᾶς ἰδοὺ δέκα καὶ ὀκτὼ ἔτη, οὐκ ἔδει λυθῆναι
ἀπὸ τοῦ δεσμοῦ τούτου τῇ ἡμέρᾳ τοῦ σαββάτου; καὶ ταῦτα λέγοντος 17
αὐτοῦ κατῃσχύνοντο πάντες οἱ ἀντικείμενοι αὐτῷ, καὶ πᾶς ὁ ὄχλος
ἔχαιρεν ἐπὶ πᾶσιν τοῖς ἐνδόξοις τοῖς γινομένοις ὑπ᾽ αὐτοῦ.

Ἔλεγεν οὖν· Τίνι ὁμοία ἐστὶν ἡ βασιλεία τοῦ Θεοῦ, καὶ τίνι ὁμοιώσω 18
αὐτήν; ὁμοία ἐστὶν κόκκῳ σινάπεως, ὃν λαβὼν ἄνθρωπος ἔβαλεν εἰς 19
κῆπον ἑαυτοῦ, καὶ ηὔξησεν καὶ ἐγένετο εἰς δένδρον, καὶ ⌜τὰ πετεινὰ τοῦ
οὐρανοῦ κατεσκήνωσεν ἐν τοῖς κλάδοις αὐτοῦ.⌝ᵃ

Καὶ πάλιν εἶπεν· Τίνι ὁμοιώσω τὴν βασιλείαν τοῦ Θεοῦ; ὁμοία ἐστὶν 20 21
ζύμῃ, ἣν λαβοῦσα γυνὴ ἔκρυψεν εἰς ἀλεύρου σάτα τρία, ἕως οὗ
ἐζυμώθη ὅλον.

❰ Καὶ διεπορεύετο κατὰ πόλεις καὶ κώμας διδάσκων καὶ πορείαν 22
ποιούμενος εἰς Ἱεροσόλυμα. εἶπεν δέ τις αὐτῷ· Κύριε, εἰ ὀλίγοι οἱ 23

[a] Dn. 4. 12, 21; Ezk. 17. 23; 31. 6

24 σωζόμενοι; ὁ δὲ εἶπεν πρὸς αὐτούς· Ἀγωνίζεσθε εἰσελθεῖν διὰ τῆς στενῆς θύρας, ὅτι πολλοί, λέγω ὑμῖν, ζητήσουσιν εἰσελθεῖν καὶ οὐκ ἰσχύσουσιν.

25 Ἀφ' οὗ ἂν ἐγερθῇ ὁ οἰκοδεσπότης καὶ ἀποκλείσῃ τὴν θύραν, καὶ ἄρξησθε ἔξω ἑστάναι καὶ κρούειν τὴν θύραν λέγοντες· Κύριε, ἄνοιξον 26 ἡμῖν, καὶ ἀποκριθεὶς ἐρεῖ ὑμῖν· Οὐκ οἶδα ὑμᾶς πόθεν ἐστέ. τότε ἄρξεσθε λέγειν· Ἐφάγομεν ἐνώπιόν σου καὶ ἐπίομεν, καὶ ἐν ταῖς πλατείαις ἡμῶν 27 ἐδίδαξας. καὶ ἐρεῖ· Λέγω ὑμῖν, οὐκ οἶδα πόθεν ἐστέ· ⌊ἀπόστητε ἀπ' 28 ἐμοῦ πάντες ἐργάται ἀδικίας.⌋ᵃ ἐκεῖ ἔσται ὁ κλαυθμὸς καὶ ὁ βρυγμὸς τῶν ὀδόντων, ὅταν ὄψησθε Ἀβραὰμ καὶ Ἰσαὰκ καὶ Ἰακὼβ καὶ πάντας τοὺς 29 προφήτας ἐν τῇ βασιλείᾳ τοῦ Θεοῦ, ὑμᾶς δὲ ἐκβαλλομένους ἔξω. καὶ ἥξουσιν ⌊ἀπὸ ἀνατολῶν καὶ δυσμῶν⌋ᵇ καὶ ἀπὸ βορρᾶ καὶ νότου, καὶ 30 ἀνακλιθήσονται ἐν τῇ βασιλείᾳ τοῦ Θεοῦ. καὶ ἰδοὺ εἰσὶν ἔσχατοι οἳ ἔσονται πρῶτοι, καὶ εἰσὶν πρῶτοι οἳ ἔσονται ἔσχατοι.

31 Ἐν αὐτῇ τῇ ὥρᾳ προσῆλθάν τινες Φαρισαῖοι λέγοντες αὐτῷ· Ἔξελθε 32 καὶ πορεύου ἐντεῦθεν, ὅτι Ἡρῴδης θέλει σε ἀποκτεῖναι. καὶ εἶπεν αὐτοῖς· Πορευθέντες εἴπατε τῇ ἀλώπεκι ταύτῃ· Ἰδοὺ ἐκβάλλω δαιμόνια καὶ 33 ἰάσεις ἀποτελῶ σήμερον καὶ αὔριον, καὶ τῇ τρίτῃ τελειοῦμαι. πλὴν δεῖ με σήμερον καὶ αὔριον καὶ τῇ ἐχομένῃ πορεύεσθαι, ὅτι οὐκ ἐνδέχεται προφήτην ἀπολέσθαι ἔξω Ἰερουσαλήμ.

34 Ἰερουσαλὴμ Ἰερουσαλήμ, ἡ ἀποκτείνουσα τοὺς προφήτας καὶ λιθο-βολοῦσα τοὺς ἀπεσταλμένους πρὸς αὐτήν, ποσάκις ἠθέλησα ἐπισυνάξαι τὰ τέκνα σου ὃν τρόπον ὄρνις τὴν ἑαυτῆς νοσσιὰν ὑπὸ τὰς πτέρυγας, 35 καὶ οὐκ ἠθελήσατε. ἰδοὺ ⌊ἀφίεται ὑμῖν ὁ οἶκος ὑμῶν.⌋ᶜ λέγω δὲ ὑμῖν, οὐ μὴ ἴδητέ με ἕως ἥξει ὅτε εἴπητε· ⌊Εὐλογημένος ὁ ἐρχόμενος ἐν ὀνόματι Κυρίου.⌋ᵈ

14 ℂ Καὶ ἐγένετο ἐν τῷ ἐλθεῖν αὐτὸν εἰς οἶκόν τινος τῶν ἀρχόντων τῶν Φαρισαίων σαββάτῳ φαγεῖν ἄρτον, καὶ αὐτοὶ ἦσαν παρατηρούμενοι 2 3 αὐτόν. καὶ ἰδοὺ ἄνθρωπός τις ἦν ὑδρωπικὸς ἔμπροσθεν αὐτοῦ. καὶ ἀποκριθεὶς ὁ Ἰησοῦς εἶπεν πρὸς τοὺς νομικοὺς καὶ Φαρισαίους λέγων· 4 Ἔξεστιν τῷ σαββάτῳ θεραπεῦσαι ἢ οὔ; οἱ δὲ ἡσύχασαν. καὶ ἐπιλαβό-5 μενος ἰάσατο αὐτὸν καὶ ἀπέλυσεν. καὶ πρὸς αὐτοὺς εἶπεν· Τίνος ὑμῶν ᵉ ὄνος ἢ βοῦς εἰς φρέαρ πεσεῖται, καὶ οὐκ εὐθέως ἀνασπάσει αὐτὸν ἐν 6 ἡμέρᾳ τοῦ σαββάτου; καὶ οὐκ ἴσχυσαν ἀνταποκριθῆναι πρὸς ταῦτα.

7 Ἔλεγεν δὲ πρὸς τοὺς κεκλημένους παραβολήν, ἐπέχων πῶς τὰς 8 πρωτοκλισίας ἐξελέγοντο, λέγων πρὸς αὐτούς· Ὅταν κληθῇς ὑπό τινος

[a] Ps. 6. 8   [b] Mal. 1. 11; Is. 59. 19; Ps. 107. 3   [c] Jer. 22. 5; 12. 7
[d] Ps. 118. 26   [e] υἱὸς ἢ βοῦς

εἰς γάμους, μὴ κατακλιθῇς εἰς τὴν πρωτοκλισίαν, μήποτε ἐντιμότερός σου ᾖ κεκλημένος ὑπ' αὐτοῦ, καὶ ἐλθὼν ὁ σὲ καὶ αὐτὸν καλέσας ἐρεῖ σοι· 9 Δὸς τούτῳ τόπον, καὶ τότε ἄρξῃ μετὰ αἰσχύνης τὸν ἔσχατον τόπον κατέχειν. ἀλλ' ὅταν κληθῇς, πορευθεὶς ἀνάπεσε εἰς τὸν ἔσχατον τόπον, 10 ἵνα ὅταν ἔλθῃ ὁ κεκληκώς σε ἐρεῖ σοι· Φίλε, προσανάβηθι ἀνώτερον· τότε ἔσται σοι δόξα ἐνώπιον πάντων τῶν συνανακειμένων σοι. ὅτι 11 πᾶς ὁ ὑψῶν ἑαυτὸν ταπεινωθήσεται, καὶ ὁ ταπεινῶν ἑαυτὸν ὑψωθήσεται.

Ἔλεγεν δὲ καὶ τῷ κεκληκότι αὐτόν· Ὅταν ποιῇς ἄριστον ἢ δεῖπνον, 12 μὴ φώνει τοὺς φίλους σου μηδὲ τοὺς ἀδελφούς σου μηδὲ τοὺς συγγενεῖς σου μηδὲ γείτονας πλουσίους, μήποτε καὶ αὐτοὶ ἀντικαλέσωσίν σε καὶ γένηται ἀνταπόδομά σοι. ἀλλ' ὅταν δοχὴν ποιῇς κάλει πτωχούς, 13 ἀναπήρους, χωλούς, τυφλούς· καὶ μακάριος ἔσῃ, ὅτι οὐκ ἔχουσιν 14 ἀνταποδοῦναί σοι· ἀνταποδοθήσεται δέ σοι ἐν τῇ ἀναστάσει τῶν δικαίων.

Ἀκούσας δέ τις τῶν συνανακειμένων ταῦτα εἶπεν αὐτῷ· Μακάριος 15 ὅστις φάγεται ἄρτον ἐν τῇ βασιλείᾳ τοῦ Θεοῦ. ὁ δὲ εἶπεν αὐτῷ· 16 Ἄνθρωπός τις ἐποίει δεῖπνον μέγα, καὶ ἐκάλεσεν πολλούς, καὶ ἀπέστειλεν 17 τὸν δοῦλον αὐτοῦ τῇ ὥρᾳ τοῦ δείπνου εἰπεῖν τοῖς κεκλημένοις· Ἔρχεσθε, ὅτι ἤδη ἕτοιμά ἐστιν πάντα. καὶ ἤρξαντο ἀπὸ μιᾶς πάντες παραιτεῖ- 18 σθαι. ὁ πρῶτος εἶπεν αὐτῷ· Ἀγρὸν ἠγόρασα, καὶ ἔχω ἀνάγκην ἐξελθὼν ἰδεῖν αὐτόν· ἐρωτῶ σε, ἔχε με παρῃτημένον. καὶ ἕτερος εἶπεν· 19 Ζεύγη βοῶν ἠγόρασα πέντε, καὶ πορεύομαι δοκιμάσαι αὐτά· ἐρωτῶ σε, ἔχε με παρῃτημένον. καὶ ἕτερος εἶπεν· Γυναῖκα ἔγημα, καὶ διὰ τοῦτο οὐ 20 δύναμαι ἐλθεῖν. καὶ παραγενόμενος ὁ δοῦλος ἀπήγγειλεν τῷ κυρίῳ 21 αὐτοῦ ταῦτα. τότε ὀργισθεὶς ὁ οἰκοδεσπότης εἶπεν τῷ δούλῳ αὐτοῦ· Ἔξελθε ταχέως εἰς τὰς πλατείας καὶ ῥύμας τῆς πόλεως, καὶ τοὺς πτω- χοὺς καὶ ἀναπήρους καὶ τυφλοὺς καὶ χωλοὺς εἰσάγαγε ὧδε. καὶ εἶπεν 22 ὁ δοῦλος· Κύριε, γέγονεν ὃ ἐπέταξας, καὶ ἔτι τόπος ἐστίν. καὶ εἶπεν 23 ὁ κύριος πρὸς τὸν δοῦλον· Ἔξελθε εἰς τὰς ὁδοὺς καὶ φραγμοὺς καὶ ἀνάγκασον εἰσελθεῖν, ἵνα γεμισθῇ μου ὁ οἶκος· λέγω γὰρ ὑμῖν ὅτι 24 οὐδεὶς τῶν ἀνδρῶν ἐκείνων τῶν κεκλημένων γεύσεταί μου τοῦ δείπνου.

Συνεπορεύοντο δὲ αὐτῷ ὄχλοι πολλοί, καὶ στραφεὶς εἶπεν πρὸς 25 αὐτούς· Εἴ τις ἔρχεται πρός με καὶ οὐ μισεῖ τὸν πατέρα αὐτοῦ καὶ τὴν 26 μητέρα καὶ τὴν γυναῖκα καὶ τὰ τέκνα καὶ τοὺς ἀδελφοὺς καὶ τὰς ἀδελφάς, ἔτι τε καὶ τὴν ψυχὴν ἑαυτοῦ, οὐ δύναται εἶναί μου μαθητής. ὅστις οὐ βαστάζει τὸν σταυρὸν ἑαυτοῦ καὶ ἔρχεται ὀπίσω μου, οὐ δύνα- 27 ται εἶναί μου μαθητής. τίς γὰρ ἐξ ὑμῶν θέλων πύργον οἰκοδομῆσαι 28 οὐχὶ πρῶτον καθίσας ψηφίζει τὴν δαπάνην, εἰ ἔχει εἰς ἀπαρτισμόν;

29 ἵνα μή ποτε θέντος αὐτοῦ θεμέλιον καὶ μὴ ἰσχύοντος ἐκτελέσαι πάν-
30 τες οἱ θεωροῦντες ἄρξωνται αὐτῷ ἐμπαίζειν λέγοντες ὅτι Οὗτος ὁ
31 ἄνθρωπος ἤρξατο οἰκοδομεῖν καὶ οὐκ ἴσχυσεν ἐκτελέσαι. ἢ τίς βασιλεὺς
πορευόμενος ἑτέρῳ βασιλεῖ συμβαλεῖν εἰς πόλεμον οὐχὶ καθίσας πρῶτον
βουλεύσεται εἰ δυνατός ἐστιν ἐν δέκα χιλιάσιν ὑπαντῆσαι τῷ μετὰ
32 εἴκοσι χιλιάδων ἐρχομένῳ ἐπ᾽ αὐτόν; εἰ δὲ μή γε, ἔτι αὐτοῦ πόρρω
33 ὄντος πρεσβείαν ἀποστείλας ἐρωτᾷ τὰ πρὸς εἰρήνην. οὕτως οὖν πᾶς
ἐξ ὑμῶν ὃς οὐκ ἀποτάσσεται πᾶσιν τοῖς ἑαυτοῦ ὑπάρχουσιν οὐ δύνα-
ται εἶναί μου μαθητής.
34 Καλὸν οὖν τὸ ἅλας· ἐὰν δὲ καὶ τὸ ἅλας μωρανθῇ, ἐν τίνι ἀρτυθήσεται;
οὔτε εἰς γῆν οὔτε εἰς κοπρίαν εὔθετόν ἐστιν· ἔξω βάλλουσιν αὐτό. ὁ
ἔχων ὦτα ἀκούειν ἀκουέτω.

15 ❨ Ἦσαν δὲ αὐτῷ ἐγγίζοντες πάντες οἱ τελῶναι καὶ οἱ ἁμαρτωλοὶ
2 ἀκούειν αὐτοῦ. καὶ διεγόγγυζον οἵ τε Φαρισαῖοι καὶ οἱ γραμματεῖς
λέγοντες ὅτι Οὗτος ἁμαρτωλοὺς προσδέχεται καὶ συνεσθίει αὐτοῖς.
3 4 εἶπεν δὲ πρὸς αὐτοὺς τὴν παραβολὴν ταύτην λέγων· Τίς ἄνθρωπος ἐξ
ὑμῶν ἔχων ἑκατὸν πρόβατα καὶ ἀπολέσας ἐξ αὐτῶν ἓν οὐ καταλείπει
τὰ ἐνενήκοντα ἐννέα ἐν τῇ ἐρήμῳ καὶ πορεύεται ἐπὶ τὸ ἀπολωλὸς ἕως
5 6 εὕρῃ αὐτό; καὶ εὑρὼν ἐπιτίθησιν ἐπὶ τοὺς ὤμους αὐτοῦ χαίρων, καὶ
ἐλθὼν εἰς τὸν οἶκον συγκαλεῖ τοὺς φίλους καὶ τοὺς γείτονας, λέγων
αὐτοῖς· Συγχάρητέ μοι, ὅτι εὗρον τὸ πρόβατόν μου τὸ ἀπολωλός.
7 λέγω ὑμῖν ὅτι οὕτως χαρὰ ἐν τῷ οὐρανῷ ἔσται ἐπὶ ἑνὶ ἁμαρτωλῷ
μετανοοῦντι ἢ ἐπὶ ἐνενήκοντα ἐννέα δικαίοις οἵτινες οὐ χρείαν ἔχουσιν
μετανοίας.
8 Ἢ τίς γυνὴ δραχμὰς ἔχουσα δέκα, ἐὰν ἀπολέσῃ δραχμὴν μίαν, οὐχὶ
9 ἅπτει λύχνον καὶ σαροῖ τὴν οἰκίαν καὶ ζητεῖ ἐπιμελῶς ἕως οὗ εὕρῃ; καὶ
εὑροῦσα συγκαλεῖ τὰς φίλας καὶ γείτονας λέγουσα· Συγχάρητέ μοι, ὅτι
10 εὗρον τὴν δραχμὴν ἣν ἀπώλεσα. οὕτως, λέγω ὑμῖν, γίνεται χαρὰ
ἐνώπιον τῶν ἀγγέλων τοῦ Θεοῦ ἐπὶ ἑνὶ ἁμαρτωλῷ μετανοοῦντι.
11 12 Εἶπεν δέ· Ἄνθρωπός τις εἶχεν δύο υἱούς. καὶ εἶπεν ὁ νεώτερος αὐτῶν
13 τῷ πατρί· Πάτερ, δός μοι τὸ ἐπιβάλλον μέρος τῆς οὐσίας. ὁ δὲ διεῖλεν
αὐτοῖς τὸν βίον. καὶ μετ᾽ οὐ πολλὰς ἡμέρας συναγαγὼν πάντα ὁ
νεώτερος υἱὸς ἀπεδήμησεν εἰς χώραν μακράν, καὶ ἐκεῖ διεσκόρπισεν τὴν
14 οὐσίαν αὐτοῦ ζῶν ἀσώτως. δαπανήσαντος δὲ αὐτοῦ πάντα ἐγένετο
λιμὸς ἰσχυρὰ κατὰ τὴν χώραν ἐκείνην, καὶ αὐτὸς ἤρξατο ὑστερεῖσθαι.
15 καὶ πορευθεὶς ἐκολλήθη ἑνὶ τῶν πολιτῶν τῆς χώρας ἐκείνης, καὶ ἔπεμ-
16 ψεν αὐτὸν εἰς τοὺς ἀγροὺς αὐτοῦ βόσκειν χοίρους· καὶ ἐπεθύμει [a] γεμίσαι

[a] χορτασθῆναι ἐκ τῶν κερατίων

τὴν κοιλίαν αὐτοῦ ἐκ τῶν κερατίων ὧν ἤσθιον οἱ χοῖροι, καὶ οὐδεὶς ἐδίδου αὐτῷ. εἰς ἑαυτὸν δὲ ἐλθὼν ἔφη· Πόσοι μίσθιοι τοῦ πατρός μου 17 περισσεύονται ἄρτων, ἐγὼ δὲ λιμῷ ὧδε ἀπόλλυμαι. ἀναστὰς πορεύσο- 18 μαι πρὸς τὸν πατέρα μου καὶ ἐρῶ αὐτῷ· Πάτερ, ἥμαρτον εἰς τὸν οὐρανὸν καὶ ἐνώπιόν σου, οὐκέτι εἰμὶ ἄξιος κληθῆναι υἱός σου· ποίησόν 19 με ὡς ἕνα τῶν μισθίων σου. καὶ ἀναστὰς ἦλθεν πρὸς τὸν πατέρα 20 ἑαυτοῦ. ἔτι δὲ αὐτοῦ μακρὰν ἀπέχοντος εἶδεν αὐτὸν ὁ πατὴρ αὐτοῦ καὶ ἐσπλαγχνίσθη, καὶ δραμὼν ἐπέπεσεν ἐπὶ τὸν τράχηλον αὐτοῦ καὶ κατεφίλησεν αὐτόν. εἶπεν δὲ ὁ υἱὸς αὐτῷ· Πάτερ, ἥμαρτον εἰς τὸν 21 οὐρανὸν καὶ ἐνώπιόν σου, οὐκέτι εἰμὶ ἄξιος κληθῆναι υἱός σου.ᵃ εἶπεν 22 δὲ ὁ πατὴρ πρὸς τοὺς δούλους αὐτοῦ· Ταχὺ ἐξενέγκατε στολὴν τὴν πρώτην καὶ ἐνδύσατε αὐτόν, καὶ δότε δακτύλιον εἰς τὴν χεῖρα αὐτοῦ καὶ ὑποδήματα εἰς τοὺς πόδας· καὶ φέρετε τὸν μόσχον τὸν σιτευτόν, 23 θύσατε, καὶ φαγόντες εὐφρανθῶμεν, ὅτι οὗτος ὁ υἱός μου νεκρὸς ἦν καὶ 24 ἀνέζησεν, ἦν ἀπολωλὼς καὶ εὑρέθη. καὶ ἤρξαντο εὐφραίνεσθαι.

Ἦν δὲ ὁ υἱὸς αὐτοῦ ὁ πρεσβύτερος ἐν ἀγρῷ· καὶ ὡς ἐρχόμενος 25 ἤγγισεν τῇ οἰκίᾳ, ἤκουσεν συμφωνίας καὶ χορῶν, καὶ προσκαλεσάμενος 26 ἕνα τῶν παίδων ἐπυνθάνετο τί ἂν εἴη ταῦτα. ὁ δὲ εἶπεν αὐτῷ ὅτι Ὁ 27 ἀδελφός σου ἥκει, καὶ ἔθυσεν ὁ πατήρ σου τὸν μόσχον τὸν σιτευτόν, ὅτι ὑγιαίνοντα αὐτὸν ἀπέλαβεν. ὠργίσθη δὲ καὶ οὐκ ἤθελεν εἰσελθεῖν· ὁ δὲ 28 πατὴρ αὐτοῦ ἐξελθὼν παρεκάλει αὐτόν. ὁ δὲ ἀποκριθεὶς εἶπεν τῷ 29 πατρί· Ἰδοὺ τοσαῦτα ἔτη δουλεύω σοι καὶ οὐδέποτε ἐντολήν σου παρῆλθον, καὶ ἐμοὶ οὐδέποτε ἔδωκας ἔριφον ἵνα μετὰ τῶν φίλων μου εὐφρανθῶ· ὅτε δὲ ὁ υἱός σου οὗτος ὁ καταφαγών σου τὸν βίον μετὰ 30 πορνῶν ἦλθεν, ἔθυσας αὐτῷ τὸν σιτευτὸν μόσχον. ὁ δὲ εἶπεν αὐτῷ· 31 Τέκνον, σὺ πάντοτε μετ᾽ ἐμοῦ εἶ, καὶ πάντα τὰ ἐμὰ σά ἐστιν· εὐφρανθῆναι 32 δὲ καὶ χαρῆναι ἔδει, ὅτι ὁ ἀδελφός σου οὗτος νεκρὸς ἦν καὶ ἔζησεν, καὶ ἀπολωλὼς καὶ εὑρέθη.

Ἔλεγεν δὲ καὶ πρὸς τοὺς μαθητάς· Ἄνθρωπός τις ἦν πλούσιος ὃς **16** εἶχεν οἰκονόμον, καὶ οὗτος διεβλήθη αὐτῷ ὡς διασκορπίζων τὰ ὑπάρχοντα αὐτοῦ. καὶ φωνήσας αὐτὸν εἶπεν αὐτῷ· Τί τοῦτο ἀκούω περὶ 2 σοῦ; ἀπόδος τὸν λόγον τῆς οἰκονομίας σου, οὐ γὰρ δύνῃ ἔτι οἰκονομεῖν. εἶπεν δὲ ἐν ἑαυτῷ ὁ οἰκονόμος· Τί ποιήσω, ὅτι ὁ κύριός μου 3 ἀφαιρεῖται τὴν οἰκονομίαν ἀπ᾽ ἐμοῦ; σκάπτειν οὐκ ἰσχύω, ἐπαιτεῖν αἰσχύνομαι. ἔγνων τί ποιήσω, ἵνα ὅταν μετασταθῶ ἐκ τῆς οἰκονομίας 4 δέξωνταί με εἰς τοὺς οἴκους ἑαυτῶν. καὶ προσκαλεσάμενος ἕνα ἕκαστον 5 τῶν χρεοφειλετῶν τοῦ κυρίου ἑαυτοῦ ἔλεγεν τῷ πρώτῳ· Πόσον ὀφείλεις τῷ κυρίῳ μου; ὁ δὲ εἶπεν· Ἑκατὸν βάτους ἐλαίου. ὁ δὲ εἶπεν αὐτῷ· 6

[a] add ποίησόν με ὡς ἕνα τῶν μισθίων σου.

Δέξαι σου τὰ γράμματα καὶ καθίσας ταχέως γράψον πεντήκοντα.
7 ἔπειτα ἑτέρῳ εἶπεν· Σὺ δὲ πόσον ὀφείλεις; ὁ δὲ εἶπεν· Ἑκατὸν κόρους
σίτου. λέγει αὐτῷ· Δέξαι σου τὰ γράμματα καὶ γράψον ὀγδοήκοντα.
8 καὶ ἐπῄνεσεν ὁ κύριος τὸν οἰκονόμον τῆς ἀδικίας ὅτι φρονίμως ἐποίησεν·
ὅτι οἱ υἱοὶ τοῦ αἰῶνος τούτου φρονιμώτεροι ὑπὲρ τοὺς υἱοὺς τοῦ φωτὸς
εἰς τὴν γενεὰν τὴν ἑαυτῶν εἰσιν.
9 Καὶ ἐγὼ ὑμῖν λέγω, ἑαυτοῖς ποιήσατε φίλους ἐκ τοῦ μαμωνᾶ τῆς
ἀδικίας, ἵνα ὅταν ἐκλίπῃ δέξωνται ὑμᾶς εἰς τὰς αἰωνίους σκηνάς.
10 Ὁ πιστὸς ἐν ἐλαχίστῳ καὶ ἐν πολλῷ πιστός ἐστιν, καὶ ὁ ἐν ἐλαχίστῳ
11 ἄδικος καὶ ἐν πολλῷ ἄδικός ἐστιν. εἰ οὖν ἐν τῷ ἀδίκῳ μαμωνᾷ πιστοὶ
12 οὐκ ἐγένεσθε, τὸ ἀληθινὸν τίς ὑμῖν πιστεύσει; καὶ εἰ ἐν τῷ ἀλλοτρίῳ
πιστοὶ οὐκ ἐγένεσθε, τὸ ὑμέτερον τίς δώσει ὑμῖν;
13 Οὐδεὶς οἰκέτης δύναται δυσὶ κυρίοις δουλεύειν· ἢ γὰρ τὸν ἕνα μισήσει
καὶ τὸν ἕτερον ἀγαπήσει, ἢ ἑνὸς ἀνθέξεται καὶ τοῦ ἑτέρου καταφρονήσει.
οὐ δύνασθε Θεῷ δουλεύειν καὶ μαμωνᾷ.
14 Ἤκουον δὲ ταῦτα πάντα οἱ Φαρισαῖοι φιλάργυροι ὑπάρχοντες, καὶ
15 ἐξεμυκτήριζον αὐτόν. καὶ εἶπεν αὐτοῖς· Ὑμεῖς ἐστε οἱ δικαιοῦντες
ἑαυτοὺς ἐνώπιον τῶν ἀνθρώπων, ὁ δὲ Θεὸς γινώσκει τὰς καρδίας
ὑμῶν· ὅτι τὸ ἐν ἀνθρώποις ὑψηλὸν βδέλυγμα ἐνώπιον τοῦ Θεοῦ.
16 Ὁ νόμος καὶ οἱ προφῆται μέχρι Ἰωάννου· ἀπὸ τότε ἡ βασιλεία τοῦ
Θεοῦ εὐαγγελίζεται, καὶ πᾶς εἰς αὐτὴν βιάζεται.
17 Εὐκοπώτερον δέ ἐστιν τὸν οὐρανὸν καὶ τὴν γῆν παρελθεῖν ἢ τοῦ
νόμου μίαν κεραίαν πεσεῖν.
18 Πᾶς ὁ ἀπολύων τὴν γυναῖκα αὐτοῦ καὶ γαμῶν ἑτέραν μοιχεύει, καὶ ὁ
ἀπολελυμένην ἀπὸ ἀνδρὸς γαμῶν μοιχεύει.
19 Ἄνθρωπος δέ τις ἦν πλούσιος, καὶ ἐνεδιδύσκετο πορφύραν καὶ βύσσον
20 εὐφραινόμενος καθ' ἡμέραν λαμπρῶς. πτωχὸς δέ τις ὀνόματι Λάζαρος
21 ἐβέβλητο πρὸς τὸν πυλῶνα αὐτοῦ εἱλκωμένος καὶ ἐπιθυμῶν χορτα-
σθῆναι ἀπὸ τῶν πιπτόντων ἀπὸ τῆς τραπέζης τοῦ πλουσίου· ἀλλὰ καὶ
22 οἱ κύνες ἐρχόμενοι ἐπέλειχον τὰ ἕλκη αὐτοῦ. ἐγένετο δὲ ἀποθανεῖν τὸν
πτωχὸν καὶ ἀπενεχθῆναι αὐτὸν ὑπὸ τῶν ἀγγέλων εἰς τὸν κόλπον
23 Ἀβραάμ· ἀπέθανεν δὲ καὶ ὁ πλούσιος καὶ ἐτάφη. καὶ ἐν τῷ ᾅδῃ ἐπάρας
τοὺς ὀφθαλμοὺς αὐτοῦ, ὑπάρχων ἐν βασάνοις, ὁρᾷ Ἀβραὰμ ἀπὸ
24 μακρόθεν καὶ Λάζαρον ἐν τοῖς κόλποις αὐτοῦ. καὶ αὐτὸς φωνήσας εἶπεν·
Πάτερ Ἀβραάμ, ἐλέησόν με καὶ πέμψον Λάζαρον ἵνα βάψῃ τὸ ἄκρον τοῦ
δακτύλου αὐτοῦ ὕδατος καὶ καταψύξῃ τὴν γλῶσσάν μου, ὅτι ὀδυνῶμαι
25 ἐν τῇ φλογὶ ταύτῃ. εἶπεν δὲ Ἀβραάμ· Τέκνον, μνήσθητι ὅτι ἀπέλαβες
τὰ ἀγαθά σου ἐν τῇ ζωῇ σου, καὶ Λάζαρος ὁμοίως τὰ κακά· νῦν δὲ ὧδε
26 παρακαλεῖται, σὺ δὲ ὀδυνᾶσαι. καὶ ἐπὶ πᾶσι τούτοις μεταξὺ ἡμῶν καὶ

ὑμῶν χάσμα μέγα ἐστήρικται, ὅπως οἱ θέλοντες διαβῆναι ἔνθεν πρὸς
ὑμᾶς μὴ δύνωνται, μηδὲ ἐκεῖθεν πρὸς ἡμᾶς διαπερῶσιν. εἶπεν δέ· Ἐρωτῶ 27
σε οὖν, πάτερ, ἵνα πέμψῃς αὐτὸν εἰς τὸν οἶκον τοῦ πατρός μου· ἔχω γὰρ 28
πέντε ἀδελφούς· ὅπως διαμαρτύρηται αὐτοῖς, ἵνα μὴ καὶ αὐτοὶ ἔλθωσιν
εἰς τὸν τόπον τοῦτον τῆς βασάνου. λέγει δὲ Ἀβραάμ· Ἔχουσι Μωϋσέα 29
καὶ τοὺς προφήτας· ἀκουσάτωσαν αὐτῶν. ὁ δὲ εἶπεν· Οὐχί, πάτερ 30
Ἀβραάμ, ἀλλ᾽ ἐάν τις ἀπὸ νεκρῶν πορευθῇ πρὸς αὐτούς, μετανοήσου-
σιν. εἶπεν δὲ αὐτῷ· Εἰ Μωϋσέως καὶ τῶν προφητῶν οὐκ ἀκούουσιν, 31
οὐδὲ ἐάν τις ἐκ νεκρῶν ἀναστῇ πεισθήσονται.

❡ Εἶπεν δὲ πρὸς τοὺς μαθητὰς αὐτοῦ· Ἀνένδεκτόν ἐστιν τοῦ τὰ σκάν- 17
δαλα μὴ ἐλθεῖν, οὐαὶ δὲ δι᾽ οὗ ἔρχεται· λυσιτελεῖ αὐτῷ εἰ λίθος μυλικὸς 2
περίκειται περὶ τὸν τράχηλον αὐτοῦ καὶ ἔρριπται εἰς τὴν θάλασσαν, ἢ
ἵνα σκανδαλίσῃ τῶν μικρῶν τούτων ἕνα. προσέχετε ἑαυτοῖς. 3
Ἐὰν ἁμάρτῃ ὁ ἀδελφός σου, ἐπιτίμησον αὐτῷ, καὶ ἐὰν μετανοήσῃ,
ἄφες αὐτῷ. καὶ ἐὰν ἑπτάκις τῆς ἡμέρας ἁμαρτήσῃ εἰς σὲ καὶ ἑπτάκις 4
ἐπιστρέψῃ πρὸς σὲ λέγων· Μετανοῶ, ἀφήσεις αὐτῷ.
Καὶ εἶπαν οἱ ἀπόστολοι τῷ Κυρίῳ· Πρόσθες ἡμῖν πίστιν. εἶπεν δὲ ὁ 5 6
Κύριος· Εἰ ἔχετε πίστιν ὡς κόκκον σινάπεως ἐλέγετε ἂν τῇ συκαμίνῳ
ταύτῃ· Ἐκριζώθητι καὶ φυτεύθητι ἐν τῇ θαλάσσῃ· καὶ ὑπήκουσεν ἂν
ὑμῖν.
Τίς δὲ ἐξ ὑμῶν δοῦλον ἔχων ἀροτριῶντα ἢ ποιμαίνοντα, ὃς εἰσελ- 7
θόντι ἐκ τοῦ ἀγροῦ ἐρεῖ αὐτῷ· Εὐθέως παρελθὼν ἀνάπεσε, ἀλλ᾽ οὐχὶ 8
ἐρεῖ αὐτῷ· Ἑτοίμασον τί δειπνήσω, καὶ περιζωσάμενος διακόνει μοι
ἕως φάγω καὶ πίω, καὶ μετὰ ταῦτα φάγεσαι καὶ πίεσαι σύ; μὴ ἔχει 9
χάριν τῷ δούλῳ ὅτι ἐποίησεν τὰ διαταχθέντα; οὕτως καὶ ὑμεῖς, ὅταν 10
ποιήσητε πάντα τὰ διαταχθέντα ὑμῖν, λέγετε ὅτι Δοῦλοι ἀχρεῖοί
ἐσμεν, ὃ ὠφείλομεν ποιῆσαι πεποιήκαμεν.
Καὶ ἐγένετο ἐν τῷ πορεύεσθαι εἰς Ἰερουσαλήμ, καὶ αὐτὸς διήρχετο 11
διὰ μέσον Σαμαρείας καὶ Γαλιλαίας. καὶ εἰσερχομένου αὐτοῦ εἴς τινα 12
κώμην ἀπήντησαν δέκα λεπροὶ ἄνδρες, οἳ ἔστησαν πόρρωθεν, καὶ 13
αὐτοὶ ἦραν φωνὴν λέγοντες· Ἰησοῦ ἐπιστάτα, ἐλέησον ἡμᾶς. καὶ ἰδὼν 14
εἶπεν αὐτοῖς· Πορευθέντες ⌊ἐπιδείξατε⌋ ἑαυτοὺς ⌊τοῖς ἱερεῦσιν⌋.[a] καὶ
ἐγένετο ἐν τῷ ὑπάγειν αὐτοὺς ἐκαθαρίσθησαν. εἷς δὲ ἐξ αὐτῶν, ἰδὼν 15
ὅτι ἰάθη, ὑπέστρεψεν μετὰ φωνῆς μεγάλης δοξάζων τὸν Θεόν, καὶ 16
ἔπεσεν ἐπὶ πρόσωπον παρὰ τοὺς πόδας αὐτοῦ εὐχαριστῶν αὐτῷ· καὶ
αὐτὸς ἦν Σαμαρίτης. ἀποκριθεὶς δὲ ὁ Ἰησοῦς εἶπεν· Οὐχ οἱ δέκα ἐκαθαρί- 17
σθησαν; οἱ δὲ ἐννέα ποῦ; οὐχ εὑρέθησαν ὑποστρέψαντες δοῦναι δόξαν 18

[a] Lv. 13. 49; 14. 2, 3

19 τῷ Θεῷ εἰ μὴ ἀλλογενὴς οὗτος; καὶ εἶπεν αὐτῷ· Ἀναστὰς πορεύου·
ἡ πίστις σου σέσωκέν σε.

20 ⟪ Ἐπερωτηθεὶς δὲ ὑπὸ τῶν Φαρισαίων πότε ἔρχεται ἡ βασιλεία τοῦ
Θεοῦ, ἀπεκρίθη αὐτοῖς καὶ εἶπεν· Οὐκ ἔρχεται ἡ βασιλεία τοῦ Θεοῦ μετὰ
21 παρατηρήσεως, οὐδὲ ἐροῦσιν· Ἰδοὺ ὧδε ἤ· Ἐκεῖ· ἰδοὺ γὰρ ἡ βασιλεία
τοῦ Θεοῦ ἐντὸς ὑμῶν ἐστιν.
22 Εἶπεν δὲ πρὸς τοὺς μαθητάς· Ἐλεύσονται ἡμέραι ὅτε ἐπιθυμήσετε
23 μίαν τῶν ἡμερῶν τοῦ Υἱοῦ τοῦ ἀνθρώπου ἰδεῖν καὶ οὐκ ὄψεσθε. καὶ
24 ἐροῦσιν ὑμῖν· Ἰδοὺ ἐκεῖ, Ἰδοὺ ὧδε· μὴ ἀπέλθητε μηδὲ διώξητε. ὥσπερ
γὰρ ἡ ἀστραπὴ ἀστράπτουσα ἐκ τῆς ὑπὸ τὸν οὐρανὸν εἰς τὴν ὑπ'
οὐρανὸν λάμπει, οὕτως ἔσται ὁ Υἱὸς τοῦ ἀνθρώπου ἐν τῇ ἡμέρᾳ αὐτοῦ.
25 πρῶτον δὲ δεῖ αὐτὸν πολλὰ παθεῖν καὶ ἀποδοκιμασθῆναι ἀπὸ τῆς
γενεᾶς ταύτης.
26 Καὶ καθὼς ἐγένετο ἐν ταῖς ἡμέραις Νῶε, οὕτως ἔσται καὶ ἐν ταῖς
27 ἡμέραις τοῦ Υἱοῦ τοῦ ἀνθρώπου· ἤσθιον, ἔπινον, ἐγάμουν, ἐγαμίζοντο,
ἄχρι ἧς ἡμέρας ⌊εἰσῆλθεν Νῶε εἰς τὴν κιβωτόν⌋,ᵃ καὶ ἦλθεν ὁ κατακλυσμὸς
28 καὶ ἀπώλεσεν πάντας. ὁμοίως καθὼς ἐγένετο ἐν ταῖς ἡμέραις Λώτ·
29 ἤσθιον, ἔπινον, ἠγόραζον, ἐπώλουν, ἐφύτευον, ᾠκοδόμουν· ᾗ δὲ ἡμέρᾳ
ἐξῆλθεν Λὼτ ἀπὸ Σοδόμων, ⌊ἔβρεξεν πῦρ καὶ θεῖον ἀπ' οὐρανοῦ⌋ᵇ καὶ
30 ἀπώλεσεν πάντας. κατὰ τὰ αὐτὰ ἔσται ᾗ ἡμέρᾳ ὁ Υἱὸς τοῦ ἀνθρώπου
ἀποκαλύπτεται.
31 Ἐν ἐκείνῃ τῇ ἡμέρᾳ ὃς ἔσται ἐπὶ τοῦ δώματος καὶ τὰ σκεύη αὐτοῦ
ἐν τῇ οἰκίᾳ, μὴ καταβάτω ἆραι αὐτά, καὶ ὁ ἐν ἀγρῷ ὁμοίως μὴ ⌊ἐπι-
32 33 στρεψάτω εἰς τὰ ὀπίσω⌋.ᶜ μνημονεύετε τῆς γυναικὸς Λώτ. ὃς ἐὰν
ζητήσῃ τὴν ψυχὴν αὐτοῦ περιποιήσασθαι, ἀπολέσει αὐτήν, καὶ ὃς ἂν
34 ἀπολέσῃ, ζῳογονήσει αὐτήν. λέγω ὑμῖν, ταύτῃ τῇ νυκτὶ ἔσονται δύο
ἐπὶ κλίνης μιᾶς, ὁ εἷς παραλημφθήσεται καὶ ὁ ἕτερος ἀφεθήσεται·
35 ἔσονται δύο ἀλήθουσαι ἐπὶ τὸ αὐτό, ἡ μία παραλημφθήσεται ἡ δὲ
37 ἑτέρα ἀφεθήσεται.ᵈ καὶ ἀποκριθέντες λέγουσιν αὐτῷ· Ποῦ, Κύριε; ὁ δὲ
εἶπεν αὐτοῖς· Ὅπου τὸ σῶμα, ἐκεῖ καὶ οἱ ἀετοὶ ἐπισυναχθήσονται.

18 ⟪ Ἔλεγεν δὲ παραβολὴν αὐτοῖς πρὸς τὸ δεῖν πάντοτε προσεύχεσθαι
2 αὐτοὺς καὶ μὴ ἐγκακεῖν, λέγων· Κριτής τις ἦν ἔν τινι πόλει τὸν Θεὸν μὴ
3 φοβούμενος καὶ ἄνθρωπον μὴ ἐντρεπόμενος. χήρα δὲ ἦν ἐν τῇ πόλει
ἐκείνῃ, καὶ ἤρχετο πρὸς αὐτὸν λέγουσα· Ἐκδίκησόν με ἀπὸ τοῦ ἀντι-
4 δίκου μου. καὶ οὐκ ἤθελεν ἐπὶ χρόνον· μετὰ ταῦτα δὲ εἶπεν ἐν ἑαυτῷ·

[a] Gn. 7. 7–23   [b] Gn. 19. 24   [c] Gn. 19. 26   [d] add (36) δύο ἔσονται
ἐν τῷ ἀγρῷ· ὁ εἷς παραλημφθήσεται, καὶ ὁ ἕτερος ἀφεθήσεται.

Εἰ καὶ τὸν Θεὸν οὐ φοβοῦμαι οὐδὲ ἄνθρωπον ἐντρέπομαι, διά γε τὸ 5
παρέχειν μοι κόπον τὴν χήραν ταύτην ἐκδικήσω αὐτήν, ἵνα μὴ εἰς
τέλος ἐρχομένη ὑπωπιάζῃ με. εἶπεν δὲ ὁ Κύριος· Ἀκούσατε τί ὁ κριτὴς 6
τῆς ἀδικίας λέγει· ὁ δὲ Θεὸς οὐ μὴ ποιήσῃ τὴν ἐκδίκησιν τῶν ἐκλεκτῶν 7
αὐτοῦ τῶν βοώντων αὐτῷ ἡμέρας καὶ νυκτός, καὶ μακροθυμεῖ ἐπ'
αὐτοῖς; λέγω ὑμῖν ὅτι ποιήσει τὴν ἐκδίκησιν αὐτῶν ἐν τάχει. πλὴν ὁ 8
Υἱὸς τοῦ ἀνθρώπου ἐλθὼν ἆρα εὑρήσει τὴν πίστιν ἐπὶ τῆς γῆς;

Εἶπεν δὲ καὶ πρός τινας τοὺς πεποιθότας ἐφ' ἑαυτοῖς ὅτι εἰσὶν δίκαιοι 9
καὶ ἐξουθενοῦντας τοὺς λοιποὺς τὴν παραβολὴν ταύτην. Ἄνθρωποι 10
δύο ἀνέβησαν εἰς τὸ ἱερὸν προσεύξασθαι, ὁ εἷς Φαρισαῖος καὶ ὁ ἕτερος
τελώνης. ὁ Φαρισαῖος σταθεὶς ᵃ ταῦτα προσηύχετο· Ὁ Θεός, εὐχαριστῶ 11
σοι ὅτι οὐκ εἰμὶ ὥσπερ οἱ λοιποὶ τῶν ἀνθρώπων, ἅρπαγες, ἄδικοι,
μοιχοί, ἢ καὶ ὡς οὗτος ὁ τελώνης· νηστεύω δὶς τοῦ σαββάτου, ἀπο- 12
δεκατεύω πάντα ὅσα κτῶμαι. ὁ δὲ τελώνης μακρόθεν ἑστὼς οὐκ 13
ἤθελεν οὐδὲ τοὺς ὀφθαλμοὺς ἐπᾶραι εἰς τὸν οὐρανόν, ἀλλ' ἔτυπτεν τὸ
στῆθος αὐτοῦ λέγων· Ὁ Θεός, ἱλάσθητί μοι τῷ ἁμαρτωλῷ. λέγω ὑμῖν, 14
κατέβη οὗτος δεδικαιωμένος εἰς τὸν οἶκον αὐτοῦ παρ' ἐκεῖνον· ὅτι πᾶς
ὁ ὑψῶν ἑαυτὸν ταπεινωθήσεται, ὁ δὲ ταπεινῶν ἑαυτὸν ὑψωθήσεται.

Προσέφερον δὲ αὐτῷ καὶ τὰ βρέφη ἵνα αὐτῶν ἅπτηται· ἰδόντες δὲ οἱ 15
μαθηταὶ ἐπετίμων αὐτοῖς. ὁ δὲ Ἰησοῦς προσεκαλέσατο αὐτὰ λέγων· 16
Ἄφετε τὰ παιδία ἔρχεσθαι πρός με καὶ μὴ κωλύετε αὐτά· τῶν γὰρ τοιού-
των ἐστὶν ἡ βασιλεία τοῦ Θεοῦ. ἀμὴν λέγω ὑμῖν, ὃς ἂν μὴ δέξηται τὴν 17
βασιλείαν τοῦ Θεοῦ ὡς παιδίον, οὐ μὴ εἰσέλθῃ εἰς αὐτήν.

Καὶ ἐπηρώτησέν τις αὐτὸν ἄρχων λέγων· Διδάσκαλε ἀγαθέ, τί 18
ποιήσας ζωὴν αἰώνιον κληρονομήσω; εἶπεν δὲ αὐτῷ ὁ Ἰησοῦς· Τί με 19
λέγεις ἀγαθόν; οὐδεὶς ἀγαθὸς εἰ μὴ εἷς ὁ Θεός. τὰς ἐντολὰς οἶδας ⌊Μὴ 20
μοιχεύσῃς, μὴ φονεύσῃς, μὴ κλέψῃς, μὴ ψευδομαρτυρήσῃς, τίμα τὸν
πατέρα σου καὶ τὴν μητέρα.⌋ᵇ ὁ δὲ εἶπεν· Ταῦτα πάντα ἐφύλαξα ἐκ 21
νεότητός μου. ἀκούσας δὲ ὁ Ἰησοῦς εἶπεν αὐτῷ· Ἔτι ἕν σοι λείπει· 22
πάντα ὅσα ἔχεις πώλησον καὶ διάδος πτωχοῖς, καὶ ἕξεις θησαυρὸν ἐν
τοῖς οὐρανοῖς, καὶ δεῦρο ἀκολούθει μοι. ὁ δὲ ἀκούσας ταῦτα περίλυπος 23
ἐγενήθη, ἦν γὰρ πλούσιος σφόδρα. ἰδὼν δὲ αὐτὸν ὁ Ἰησοῦς εἶπεν· 24
Πῶς δυσκόλως οἱ τὰ χρήματα ἔχοντες εἰς τὴν βασιλείαν τοῦ Θεοῦ
εἰσπορεύονται· εὐκοπώτερον γάρ ἐστιν κάμηλον διὰ τρήματος βελόνης 25
εἰσελθεῖν ἢ πλούσιον εἰς τὴν βασιλείαν τοῦ Θεοῦ εἰσελθεῖν. εἶπαν δὲ οἱ 26
ἀκούσαντες· Καὶ τίς δύναται σωθῆναι; ὁ δὲ εἶπεν· Τὰ ἀδύνατα παρὰ 27
ἀνθρώποις δυνατὰ παρὰ τῷ Θεῷ ἐστιν.

Εἶπεν δὲ ὁ Πέτρος· Ἰδοὺ ἡμεῖς ἀφέντες τὰ ἴδια ἠκολουθήσαμέν σοι. ὁ 28 29

[a] πρὸς ἑαυτὸν ταῦτα or ταῦτα πρὸς ἑαυτὸν   [b] Dt. 5. 16–20; Ex. 20. 12–16

δὲ εἶπεν αὐτοῖς· Ἀμὴν λέγω ὑμῖν ὅτι οὐδείς ἐστιν ὃς ἀφῆκεν οἰκίαν ἢ
γυναῖκα ἢ ἀδελφοὺς ἢ γονεῖς ἢ τέκνα εἵνεκεν τῆς βασιλείας τοῦ Θεοῦ,
30 ὃς οὐχὶ μὴ λάβῃ πολλαπλασίονα ἐν τῷ καιρῷ τούτῳ καὶ ἐν τῷ αἰῶνι
τῷ ἐρχομένῳ ζωὴν αἰώνιον.

31 Παραλαβὼν δὲ τοὺς δώδεκα εἶπεν πρὸς αὐτούς· Ἰδοὺ ἀναβαίνομεν
εἰς Ἱερουσαλήμ, καὶ τελεσθήσεται πάντα τὰ γεγραμμένα διὰ τῶν
32 προφητῶν τῷ Υἱῷ τοῦ ἀνθρώπου· παραδοθήσεται γὰρ τοῖς ἔθνεσιν
33 καὶ ἐμπαιχθήσεται καὶ ὑβρισθήσεται καὶ ἐμπτυσθήσεται, καὶ μαστιγώ-
σαντες ἀποκτενοῦσιν αὐτόν, καὶ τῇ ἡμέρᾳ τῇ τρίτῃ ἀναστήσεται.
34 καὶ αὐτοὶ οὐδὲν τούτων συνῆκαν, καὶ ἦν τὸ ῥῆμα τοῦτο κεκρυμμένον
ἀπ' αὐτῶν, καὶ οὐκ ἐγίνωσκον τὰ λεγόμενα.

35 Ἐγένετο δὲ ἐν τῷ ἐγγίζειν αὐτὸν εἰς Ἱεριχὼ τυφλός τις ἐκάθητο παρὰ
36 τὴν ὁδὸν ἐπαιτῶν. ἀκούσας δὲ ὄχλου διαπορευομένου ἐπυνθάνετο τί
37 εἴη τοῦτο. ἀπήγγειλαν δὲ αὐτῷ ὅτι Ἰησοῦς ὁ Ναζωραῖος παρέρχεται.
38 39 καὶ ἐβόησεν λέγων· Ἰησοῦ, Υἱὲ Δαυίδ, ἐλέησόν με. καὶ οἱ προάγοντες
ἐπετίμων αὐτῷ ἵνα σιγήσῃ· αὐτὸς δὲ πολλῷ μᾶλλον ἔκραζεν· Υἱὲ
40 Δαυίδ, ἐλέησόν με. σταθεὶς δὲ ὁ Ἰησοῦς ἐκέλευσεν αὐτὸν ἀχθῆναι πρὸς
41 αὐτόν. ἐγγίσαντος δὲ αὐτοῦ ἐπηρώτησεν αὐτόν· Τί σοι θέλεις ποιήσω;
42 ὁ δὲ εἶπεν· Κύριε, ἵνα ἀναβλέψω. καὶ ὁ Ἰησοῦς εἶπεν αὐτῷ· Ἀνάβλεψον·
43 ἡ πίστις σου σέσωκέν σε. καὶ παραχρῆμα ἀνέβλεψεν, καὶ ἠκολούθει
αὐτῷ δοξάζων τὸν Θεόν. καὶ πᾶς ὁ λαὸς ἰδὼν ἔδωκεν αἶνον τῷ Θεῷ.
19 2 Καὶ εἰσελθὼν διήρχετο τὴν Ἱεριχώ. καὶ ἰδοὺ ἀνὴρ ὀνόματι Ζακχαῖος,
3 καὶ αὐτὸς ἦν ἀρχιτελώνης, καὶ αὐτὸς πλούσιος· καὶ ἐζήτει ἰδεῖν τὸν
Ἰησοῦν τίς ἐστιν, καὶ οὐκ ἠδύνατο ἀπὸ τοῦ ὄχλου, ὅτι τῇ ἡλικίᾳ
4 μικρὸς ἦν. καὶ προδραμὼν εἰς τὸ ἔμπροσθεν ἀνέβη ἐπὶ συκομορέαν, ἵνα
5 ἴδῃ αὐτόν, ὅτι ἐκείνης ἤμελλεν διέρχεσθαι. καὶ ὡς ἦλθεν ἐπὶ τὸν τόπον,
ἀναβλέψας ὁ Ἰησοῦς εἶπεν πρὸς αὐτόν· Ζακχαῖε, σπεύσας κατάβηθι·
6 σήμερον γὰρ ἐν τῷ οἴκῳ σου δεῖ με μεῖναι. καὶ σπεύσας κατέβη, καὶ
7 ὑπεδέξατο αὐτὸν χαίρων. καὶ ἰδόντες πάντες διεγόγγυζον λέγοντες ὅτι
8 Παρὰ ἁμαρτωλῷ ἀνδρὶ εἰσῆλθεν καταλῦσαι. σταθεὶς δὲ Ζακχαῖος εἶπεν
πρὸς τὸν Κύριον· Ἰδοὺ τὰ ἡμίση μου τῶν ὑπαρχόντων, κύριε, τοῖς
πτωχοῖς δίδωμι, καὶ εἴ τινός τι ἐσυκοφάντησα, ἀποδίδωμι τετραπλοῦν.
9 εἶπεν δὲ πρὸς αὐτὸν ὁ Ἰησοῦς ὅτι Σήμερον σωτηρία τῷ οἴκῳ τούτῳ
10 ἐγένετο, καθότι καὶ αὐτὸς υἱὸς Ἀβραάμ ἐστιν· ἦλθεν γὰρ ὁ Υἱὸς τοῦ
ἀνθρώπου ⌊ζητῆσαι⌋ καὶ σῶσαι ⌊τὸ ἀπολωλός⌋.ᵃ
11 Ἀκουόντων δὲ αὐτῶν ταῦτα προσθεὶς εἶπεν παραβολήν, διὰ τὸ

[a] Ezk. 34. 16

ἐγγὺς εἶναι Ἰερουσαλήμ αὐτὸν καὶ δοκεῖν αὐτοὺς ὅτι παραχρῆμα μέλλει ἡ βασιλεία τοῦ Θεοῦ ἀναφαίνεσθαι· εἶπεν οὖν· Ἄνθρωπός τις εὐγενὴς 12 ἐπορεύθη εἰς χώραν μακρὰν λαβεῖν ἑαυτῷ βασιλείαν καὶ ὑποστρέψαι. καλέσας δὲ δέκα δούλους ἑαυτοῦ ἔδωκεν αὐτοῖς δέκα μνᾶς, καὶ εἶπεν πρὸς 13 αὐτούς· Πραγματεύσασθε ἐν ᾧ ἔρχομαι. οἱ δὲ πολῖται αὐτοῦ ἐμίσουν 14 αὐτόν, καὶ ἀπέστειλαν πρεσβείαν ὀπίσω αὐτοῦ λέγοντες· Οὐ θέλομεν τοῦτον βασιλεῦσαι ἐφ᾽ ἡμᾶς. καὶ ἐγένετο ἐν τῷ ἐπανελθεῖν αὐτὸν 15 λαβόντα τὴν βασιλείαν καὶ εἶπεν φωνηθῆναι αὐτῷ τοὺς δούλους τούτους οἷς δεδώκει τὸ ἀργύριον, ἵνα γνοῖ τίς τί διεπραγματεύσατο. παρεγένετο δὲ ὁ πρῶτος λέγων· Κύριε, ἡ μνᾶ σου δέκα προσηργάσατο 16 μνᾶς. καὶ εἶπεν αὐτῷ· Εὖ γε, ἀγαθὲ δοῦλε, ὅτι ἐν ἐλαχίστῳ πιστὸς 17 ἐγένου, ἴσθι ἐξουσίαν ἔχων ἐπάνω δέκα πόλεων. καὶ ἦλθεν ὁ δεύτερος 18 λέγων· Ἡ μνᾶ σου, κύριε, ἐποίησεν πέντε μνᾶς. εἶπεν δὲ καὶ τούτῳ· Καὶ 19 σὺ ἐπάνω γίνου πέντε πόλεων. καὶ ὁ ἕτερος ἦλθεν λέγων· Κύριε, ἰδοὺ 20 ἡ μνᾶ σου, ἣν εἶχον ἀποκειμένην ἐν σουδαρίῳ· ἐφοβούμην γάρ σε, ὅτι 21 ἄνθρωπος αὐστηρὸς εἶ, αἴρεις ὃ οὐκ ἔθηκας, καὶ θερίζεις ὃ οὐκ ἔσπειρας. λέγει αὐτῷ· Ἐκ τοῦ στόματός σου κρινῶ σε, πονηρὲ δοῦλε. ᾔδεις ὅτι 22 ἐγὼ ἄνθρωπος αὐστηρός εἰμι, αἴρων ὃ οὐκ ἔθηκα, καὶ θερίζων ὃ οὐκ ἔσπειρα; καὶ διὰ τί οὐκ ἔδωκάς μου τὸ ἀργύριον ἐπὶ τράπεζαν; κἀγὼ 23 ἐλθὼν σὺν τόκῳ ἂν αὐτὸ ἔπραξα. καὶ τοῖς παρεστῶσιν εἶπεν· Ἄρατε 24 ἀπ᾽ αὐτοῦ τὴν μνᾶν καὶ δότε τῷ τὰς δέκα μνᾶς ἔχοντι. καὶ εἶπαν αὐτῷ· 25 Κύριε, ἔχει δέκα μνᾶς. Λέγω ὑμῖν ὅτι παντὶ τῷ ἔχοντι δοθήσεται, ἀπὸ 26 δὲ τοῦ μὴ ἔχοντος καὶ ὃ ἔχει ἀρθήσεται. πλὴν τοὺς ἐχθρούς μου τούτους 27 τοὺς μὴ θελήσαντάς με βασιλεῦσαι ἐπ᾽ αὐτοὺς ἀγάγετε ὧδε καὶ κατασφάξατε αὐτοὺς ἔμπροσθέν μου.

℃ Καὶ εἰπὼν ταῦτα ἐπορεύετο ἔμπροσθεν ἀναβαίνων εἰς Ἱεροσόλυμα. 28 καὶ ἐγένετο ὡς ἤγγισεν εἰς Βηθφαγὴ καὶ Βηθανίαν πρὸς τὸ ὄρος τὸ 29 καλούμενον Ἐλαιῶν, ἀπέστειλεν δύο τῶν μαθητῶν λέγων· Ὑπάγετε εἰς 30 τὴν κατέναντι κώμην, ἐν ᾗ εἰσπορευόμενοι εὑρήσετε πῶλον δεδεμένον, ἐφ᾽ ὃν οὐδεὶς πώποτε ἀνθρώπων ἐκάθισεν, καὶ λύσαντες αὐτὸν ἀγάγετε. καὶ ἐάν τις ὑμᾶς ἐρωτᾷ· Διὰ τί λύετε; οὕτως ἐρεῖτε ὅτι Ὁ Κύριος αὐτοῦ 31 χρείαν ἔχει. ἀπελθόντες δὲ οἱ ἀπεσταλμένοι εὗρον καθὼς εἶπεν αὐτοῖς. 32 λυόντων δὲ αὐτῶν τὸν πῶλον εἶπαν οἱ κύριοι αὐτοῦ πρὸς αὐτούς· Τί 33 λύετε τὸν πῶλον; οἱ δὲ εἶπαν ὅτι Ὁ Κύριος αὐτοῦ χρείαν ἔχει. καὶ 34 35 ἤγαγον αὐτὸν πρὸς τὸν Ἰησοῦν.

Καὶ ἐπιρίψαντες αὐτῶν τὰ ἱμάτια ἐπὶ τὸν πῶλον ἐπεβίβασαν τὸν Ἰησοῦν. πορευομένου δὲ αὐτοῦ ὑπεστρώννυον τὰ ἱμάτια ἑαυτῶν ἐν τῇ 36 ὁδῷ. ἐγγίζοντος δὲ αὐτοῦ ἤδη πρὸς τῇ καταβάσει τοῦ ὄρους τῶν 37

Ἐλαιῶν ἤρξαντο ἅπαν τὸ πλῆθος τῶν μαθητῶν χαίροντες αἰνεῖν τὸν
38 Θεὸν φωνῇ μεγάλῃ περὶ πάντων ὧν εἶδον, λέγοντες·

⌊Εὐλογημένος ὁ ἐρχόμενος⌋ βασιλεὺς ⌊ἐν ὀνόματι Κυρίου.⌋ᵃ
Ἐν οὐρανῷ εἰρήνη, καὶ δόξα ἐν ὑψίστοις.

39   Καί τινες τῶν Φαρισαίων ἀπὸ τοῦ ὄχλου εἶπαν πρὸς αὐτόν· Διδά-
40 σκαλε, ἐπιτίμησον τοῖς μαθηταῖς σου. καὶ ἀποκριθεὶς εἶπεν· Λέγω ὑμῖν,
ἐὰν οὗτοι σιωπήσουσιν, οἱ λίθοι κράξουσιν.

41 42   Καὶ ὡς ἤγγισεν ἰδὼν τὴν πόλιν ἔκλαυσεν ἐπ᾽ αὐτήν, λέγων ὅτι Εἰ
ἔγνως ἐν τῇ ἡμέρᾳ ταύτῃ καὶ σὺ τὰ πρὸς εἰρήνην· νῦν δὲ ἐκρύβη ἀπὸ
43 ὀφθαλμῶν σου. ὅτι ἥξουσιν ἡμέραι ἐπὶ σὲ καὶ παρεμβαλοῦσιν οἱ
ἐχθροί σου χάρακά σοι καὶ περικυκλώσουσίν σε καὶ συνέξουσίν σε
44 πάντοθεν· καὶ ⌊ἐδαφιοῦσίν⌋ σε καὶ ⌊τὰ τέκνα σου⌋ᵇ ἐν σοί, καὶ οὐκ
ἀφήσουσιν λίθον ἐπὶ λίθον ἐν σοί, ἀνθ᾽ ὧν οὐκ ἔγνως τὸν καιρὸν τῆς
ἐπισκοπῆς σου.

45 46   Καὶ εἰσελθὼν εἰς τὸ ἱερὸν ἤρξατο ἐκβάλλειν τοὺς πωλοῦντας, λέγων
αὐτοῖς· Γέγραπται· ⌊Καὶ ἔσται ὁ οἶκός μου οἶκος προσευχῆς·⌋ ὑμεῖς δὲ
αὐτὸν ἐποιήσατε ⌊σπήλαιον λῃστῶν.⌋ᶜ

47   Καὶ ἦν διδάσκων τὸ καθ᾽ ἡμέραν ἐν τῷ ἱερῷ· οἱ δὲ ἀρχιερεῖς καὶ οἱ
48 γραμματεῖς ἐζήτουν αὐτὸν ἀπολέσαι καὶ οἱ πρῶτοι τοῦ λαοῦ, καὶ οὐχ
εὕρισκον τὸ τί ποιήσωσιν· ὁ λαὸς γὰρ ἅπας ἐξεκρέματο αὐτοῦ ἀκούων.

20 ⓒ Καὶ ἐγένετο ἐν μιᾷ τῶν ἡμερῶν διδάσκοντος αὐτοῦ τὸν λαὸν ἐν τῷ
ἱερῷ καὶ εὐαγγελιζομένου ἐπέστησαν οἱ ἀρχιερεῖς καὶ οἱ γραμματεῖς σὺν
2 τοῖς πρεσβυτέροις, καὶ εἶπαν λέγοντες πρὸς αὐτόν· Εἰπὸν ἡμῖν ἐν ποίᾳ
ἐξουσίᾳ ταῦτα ποιεῖς, ἢ τίς ἐστιν ὁ δούς σοι τὴν ἐξουσίαν ταύτην;
3 ἀποκριθεὶς δὲ εἶπεν πρὸς αὐτούς· Ἐρωτήσω ὑμᾶς κἀγὼ λόγον, καὶ
4 5 εἴπατέ μοι· τὸ βάπτισμα Ἰωάννου ἐξ οὐρανοῦ ἦν ἢ ἐξ ἀνθρώπων; οἱ δὲ
συνελογίσαντο πρὸς ἑαυτοὺς λέγοντες ὅτι Ἐὰν εἴπωμεν· Ἐξ οὐρανοῦ,
6 ἐρεῖ· Διὰ τί οὐκ ἐπιστεύσατε αὐτῷ; ἐὰν δὲ εἴπωμεν· Ἐξ ἀνθρώπων, ὁ
λαὸς ἅπας καταλιθάσει ἡμᾶς, πεπεισμένος γάρ ἐστιν Ἰωάννην προφή-
7 8 την εἶναι. καὶ ἀπεκρίθησαν μὴ εἰδέναι πόθεν. καὶ ὁ Ἰησοῦς εἶπεν
αὐτοῖς· Οὐδὲ ἐγὼ λέγω ὑμῖν ἐν ποίᾳ ἐξουσίᾳ ταῦτα ποιῶ.

9   Ἤρξατο δὲ πρὸς τὸν λαὸν λέγειν τὴν παραβολὴν ταύτην. Ἄνθρωπος
⌊ἐφύτευσεν ἀμπελῶνα⌋,ᵈ καὶ ἐξέδοτο αὐτὸν γεωργοῖς, καὶ ἀπεδήμησεν
10 χρόνους ἱκανούς. καὶ καιρῷ ἀπέστειλεν πρὸς τοὺς γεωργοὺς δοῦλον,
ἵνα ἀπὸ τοῦ καρποῦ τοῦ ἀμπελῶνος δώσουσιν αὐτῷ· οἱ δὲ γεωργοὶ
11 ἐξαπέστειλαν αὐτὸν δείραντες κενόν. καὶ προσέθετο ἕτερον πέμψαι

[a] Ps. 118. 26   [b] Ps. 137. 9   [c] Is. 56. 7; Jer. 7. 11   [d] Is. 5. 1

δοῦλον· οἱ δὲ κἀκεῖνον δείραντες καὶ ἀτιμάσαντες ἐξαπέστειλαν κενόν.
καὶ προσέθετο τρίτον πέμψαι· οἱ δὲ καὶ τοῦτον τραυματίσαντες ἐξέ- 12
βαλον. εἶπεν δὲ ὁ κύριος τοῦ ἀμπελῶνος· Τί ποιήσω; πέμψω τὸν υἱόν 13
μου τὸν ἀγαπητόν· ἴσως τοῦτον ἐντραπήσονται. ἰδόντες δὲ αὐτὸν οἱ 14
γεωργοὶ διελογίζοντο πρὸς ἀλλήλους λέγοντες· Οὗτός ἐστιν ὁ κληρονό-
μος· ἀποκτείνωμεν αὐτόν, ἵνα ἡμῶν γένηται ἡ κληρονομία. καὶ ἐκ- 15
βαλόντες αὐτὸν ἔξω τοῦ ἀμπελῶνος ἀπέκτειναν. τί οὖν ποιήσει αὐτοῖς
ὁ κύριος τοῦ ἀμπελῶνος; ἐλεύσεται καὶ ἀπολέσει τοὺς γεωργοὺς τού- 16
τους, καὶ δώσει τὸν ἀμπελῶνα ἄλλοις.

Ἀκούσαντες δὲ εἶπαν· Μὴ γένοιτο. ὁ δὲ ἐμβλέψας αὐτοῖς εἶπεν· Τί 17
οὖν ἐστιν τὸ γεγραμμένον τοῦτο· ⌊Λίθον ὃν ἀπεδοκίμασαν οἱ οἰκοδο-
μοῦντες, οὗτος ἐγενήθη εἰς κεφαλὴν γωνίας⌋;ᵃ πᾶς ὁ πεσὼν ἐπ᾽ ἐκεῖνον 18
τὸν λίθον συνθλασθήσεται· ἐφ᾽ ὃν δ᾽ ἂν πέσῃ, λικμήσει αὐτόν.

Καὶ ἐζήτησαν οἱ γραμματεῖς καὶ οἱ ἀρχιερεῖς ἐπιβαλεῖν ἐπ᾽ αὐτὸν τὰς 19
χεῖρας ἐν αὐτῇ τῇ ὥρᾳ, καὶ ἐφοβήθησαν τὸν λαόν· ἔγνωσαν γὰρ ὅτι
πρὸς αὐτοὺς εἶπεν τὴν παραβολὴν ταύτην. καὶ παρατηρήσαντες 20
ἀπέστειλαν ἐγκαθέτους ὑποκρινομένους ἑαυτοὺς δικαίους εἶναι, ἵνα
ἐπιλάβωνται αὐτοῦ, ὥστε παραδοῦναι αὐτὸν τῇ ἀρχῇ καὶ τῇ ἐξουσίᾳ
τοῦ ἡγεμόνος. καὶ ἐπηρώτησαν αὐτὸν λέγοντες· Διδάσκαλε, οἴδαμεν 21
ὅτι ὀρθῶς λέγεις καὶ διδάσκεις καὶ οὐ λαμβάνεις πρόσωπον, ἀλλ᾽ ἐπ᾽
ἀληθείας τὴν ὁδὸν τοῦ Θεοῦ διδάσκεις· ἔξεστιν ἡμᾶς Καίσαρι φόρον 22
δοῦναι ἢ οὔ; κατανοήσας δὲ αὐτῶν τὴν πανουργίαν εἶπεν πρὸς αὐτούς· 23
Δείξατέ μοι δηνάριον· τίνος ἔχει εἰκόνα καὶ ἐπιγραφήν; οἱ δὲ εἶπαν· 24
Καίσαρος. ὁ δὲ εἶπεν πρὸς αὐτούς· Τοίνυν ἀπόδοτε τὰ Καίσαρος 25
Καίσαρι καὶ τὰ τοῦ Θεοῦ τῷ Θεῷ. καὶ οὐκ ἴσχυσαν ἐπιλαβέσθαι αὐτοῦ 26
ῥήματος ἐναντίον τοῦ λαοῦ, καὶ θαυμάσαντες ἐπὶ τῇ ἀποκρίσει αὐτοῦ
ἐσίγησαν.

Προσελθόντες δέ τινες τῶν Σαδδουκαίων, οἱ ἀντιλέγοντες ἀνάστασιν 27
μὴ εἶναι, ἐπηρώτησαν αὐτὸν λέγοντες· Διδάσκαλε, Μωϋσῆς ἔγραψεν 28
ἡμῖν, ⌊ἐάν τινος ἀδελφὸς ἀποθάνῃ⌋ ἔχων γυναῖκα, ⌊καὶ οὗτος ἄτεκνος
ᾖ,⌋ ἵνα ⌊λάβῃ ὁ ἀδελφὸς αὐτοῦ τὴν γυναῖκα καὶ ἐξαναστήσῃ σπέρμα
τῷ ἀδελφῷ αὐτοῦ⌋.ᵇ ἑπτὰ οὖν ἀδελφοὶ ἦσαν· καὶ ὁ πρῶτος λαβὼν 29
γυναῖκα ἀπέθανεν ἄτεκνος· καὶ ὁ δεύτερος καὶ ὁ τρίτος ἔλαβεν αὐτήν· 30
ὡσαύτως δὲ καὶ οἱ ἑπτὰ οὐ κατέλιπον τέκνα καὶ ἀπέθανον. ὕστερον καὶ 31 32
ἡ γυνὴ ἀπέθανεν. ἡ γυνὴ οὖν ἐν τῇ ἀναστάσει τίνος αὐτῶν γίνεται 33
γυνή; οἱ γὰρ ἑπτὰ ἔσχον αὐτὴν γυναῖκα. καὶ εἶπεν αὐτοῖς ὁ Ἰησοῦς· 34
Οἱ υἱοὶ τοῦ αἰῶνος τούτου γαμοῦσιν καὶ γαμίσκονται, οἱ δὲ καταξιω- 35
θέντες τοῦ αἰῶνος ἐκείνου τυχεῖν καὶ τῆς ἀναστάσεως τῆς ἐκ νεκρῶν

[a] Ps. 118. 22   [b] Gn. 38. 8; Dt. 25. 5, 6

36 οὔτε γαμοῦσιν οὔτε γαμίζονται· οὐδὲ γὰρ ἀποθανεῖν ἔτι δύνανται,
ἰσάγγελοι γάρ εἰσιν, καὶ υἱοί εἰσιν Θεοῦ τῆς ἀναστάσεως υἱοὶ ὄντες.

37 ὅτι δὲ ἐγείρονται οἱ νεκροί, καὶ Μωϋσῆς ἐμήνυσεν ἐπὶ τῆς βάτου, ὡς
λέγει Κύριον ⌈τὸν Θεὸν Ἀβραὰμ καὶ Θεὸν Ἰσαὰκ καὶ Θεὸν Ἰακώβ⌉·[a]

38 Θεὸς δὲ οὐκ ἔστιν νεκρῶν ἀλλὰ ζώντων· πάντες γὰρ αὐτῷ ζῶσιν.

39 Ἀποκριθέντες δέ τινες τῶν γραμματέων εἶπαν· Διδάσκαλε, καλῶς

40 εἶπας. οὐκέτι γὰρ ἐτόλμων ἐπερωτᾶν αὐτὸν οὐδέν.

41 Εἶπεν δὲ πρὸς αὐτούς· Πῶς λέγουσιν τὸν Χριστὸν εἶναι Δαυὶδ υἱόν;

42 αὐτὸς γὰρ Δαυὶδ λέγει ἐν βίβλῳ Ψαλμῶν ⌈Εἶπεν ὁ Κύριος τῷ Κυρίῳ

43 μου· Κάθου ἐκ δεξιῶν μου ἕως ἂν θῶ τοὺς ἐχθρούς σου ὑποπόδιον τῶν

44 ποδῶν σου.⌋[b] Δαυὶδ οὖν αὐτὸν Κύριον καλεῖ, καὶ πῶς αὐτοῦ υἱός
ἐστιν;

45 46 Ἀκούοντος δὲ παντὸς τοῦ λαοῦ εἶπεν τοῖς μαθηταῖς· Προσέχετε ἀπὸ
τῶν γραμματέων τῶν θελόντων περιπατεῖν ἐν στολαῖς καὶ φιλούντων
ἀσπασμοὺς ἐν ταῖς ἀγοραῖς καὶ πρωτοκαθεδρίας ἐν ταῖς συναγωγαῖς

47 καὶ πρωτοκλισίας ἐν τοῖς δείπνοις, οἳ κατεσθίουσιν τὰς οἰκίας τῶν
χηρῶν καὶ προφάσει μακρὰ προσεύχονται· οὗτοι λήμψονται περισσό-
τερον κρίμα.

21 Ἀναβλέψας δὲ εἶδεν τοὺς βάλλοντας εἰς τὸ γαζοφυλακεῖον τὰ δῶρα

2 αὐτῶν πλουσίους. εἶδεν δέ τινα χήραν πενιχρὰν βάλλουσαν ἐκεῖ

3 λεπτὰ δύο, καὶ εἶπεν· Ἀληθῶς λέγω ὑμῖν ὅτι ἡ χήρα αὕτη ἡ πτωχὴ

4 πλεῖον πάντων ἔβαλεν· πάντες γὰρ οὗτοι ἐκ τοῦ περισσεύοντος αὐτοῖς
ἔβαλον εἰς τὰ δῶρα, αὕτη δὲ ἐκ τοῦ ὑστερήματος αὐτῆς πάντα τὸν βίον
ὃν εἶχεν ἔβαλεν.

5 ❡ Καί τινων λεγόντων περὶ τοῦ ἱεροῦ, ὅτι λίθοις καλοῖς καὶ ἀναθήμασιν

6 κεκόσμηται, εἶπεν· Ταῦτα ἃ θεωρεῖτε, ἐλεύσονται ἡμέραι ἐν αἷς οὐκ

7 ἀφεθήσεται λίθος ἐπὶ λίθῳ ὃς οὐ καταλυθήσεται. ἐπηρώτησαν δὲ
αὐτὸν λέγοντες· Διδάσκαλε, πότε οὖν ταῦτα ἔσται; καὶ τί τὸ σημεῖον
ὅταν μέλλῃ ταῦτα γίνεσθαι;

8 Ὁ δὲ εἶπεν· Βλέπετε μὴ πλανηθῆτε· πολλοὶ γὰρ ἐλεύσονται ἐπὶ τῷ
ὀνόματί μου λέγοντες· Ἐγώ εἰμι, καί, Ὁ καιρὸς ἤγγικεν· μὴ πορευθῆτε

9 ὀπίσω αὐτῶν. ὅταν δὲ ἀκούσητε πολέμους καὶ ἀκαταστασίας, μὴ
πτοηθῆτε· ⌈δεῖ⌉ γὰρ ταῦτα ⌈γενέσθαι⌉[c] πρῶτον, ἀλλ᾽ οὐκ εὐθέως τὸ

10 τέλος. τότε ἔλεγεν αὐτοῖς· ⌊Ἐγερθήσεται ἔθνος ἐπ᾽ ἔθνος καὶ βασιλεία

11 ἐπὶ βασιλείαν,⌋[d] σεισμοί τε μεγάλοι καὶ κατὰ τόπους λιμοὶ καὶ λοιμοὶ
ἔσονται, φόβητρά τε καὶ σημεῖα μεγάλα ἀπ᾽ οὐρανοῦ ἔσται.

12 Πρὸ δὲ τούτων πάντων ἐπιβαλοῦσιν ἐφ᾽ ὑμᾶς τὰς χεῖρας αὐτῶν καὶ

[a] Ex. 3. 2, 6   [b] Ps. 110. 1   [c] Dn. 2. 28   [d] Is. 19. 2; 2 Chr. 15. 6

διώξουσιν, παραδιδόντες εἰς τὰς συναγωγὰς καὶ φυλακάς, ἀπαγο-
μένους ἐπὶ βασιλεῖς καὶ ἡγεμόνας ἕνεκεν τοῦ ὀνόματός μου· ἀποβήσεται 13
ὑμῖν εἰς μαρτύριον. θέτε οὖν ἐν ταῖς καρδίαις ὑμῶν μὴ προμελετᾶν 14
ἀπολογηθῆναι· ἐγὼ γὰρ δώσω ὑμῖν στόμα καὶ σοφίαν, ᾗ οὐ δυνήσον- 15
ται ἀντιστῆναι ἢ ἀντειπεῖν ἅπαντες οἱ ἀντικείμενοι ὑμῖν. παραδοθή- 16
σεσθε δὲ καὶ ὑπὸ γονέων καὶ ἀδελφῶν καὶ συγγενῶν καὶ φίλων, καὶ
θανατώσουσιν ἐξ ὑμῶν, καὶ ἔσεσθε μισούμενοι ὑπὸ πάντων διὰ τὸ 17
ὄνομά μου. καὶ θρὶξ ἐκ τῆς κεφαλῆς ὑμῶν οὐ μὴ ἀπόληται· ἐν τῇ 18 19
ὑπομονῇ ὑμῶν κτήσεσθε τὰς ψυχὰς ὑμῶν.

Ὅταν δὲ ἴδητε κυκλουμένην ὑπὸ στρατοπέδων Ἰερουσαλήμ, τότε 20
γνῶτε ὅτι ἤγγικεν ἡ ἐρήμωσις αὐτῆς. τότε οἱ ἐν τῇ Ἰουδαίᾳ φευγέτω- 21
σαν εἰς τὰ ὄρη, καὶ οἱ ἐν μέσῳ αὐτῆς ἐκχωρείτωσαν, καὶ οἱ ἐν ταῖς
χώραις μὴ εἰσερχέσθωσαν εἰς αὐτήν, ὅτι ⌊ἡμέραι ἐκδικήσεως⌋ᵃ αὗταί 22
εἰσιν τοῦ πλησθῆναι πάντα τὰ γεγραμμένα. οὐαὶ ταῖς ἐν γαστρὶ 23
ἐχούσαις καὶ ταῖς θηλαζούσαις ἐν ἐκείναις ταῖς ἡμέραις· ἔσται γὰρ
ἀνάγκη μεγάλη ἐπὶ τῆς γῆς καὶ ὀργὴ τῷ λαῷ τούτῳ, καὶ πεσοῦνται 24
στόματι μαχαίρης καὶ αἰχμαλωτισθήσονται εἰς τὰ ἔθνη πάντα, καὶ
⌊Ἰερουσαλὴμ⌋ ἔσται ⌊πατουμένη ὑπὸ ἐθνῶν⌋,ᵇ ἄχρι οὗ πληρωθῶσιν
καιροὶ ἐθνῶν.

Καὶ ἔσονται σημεῖα ἐν ἡλίῳ καὶ σελήνῃ καὶ ἄστροις, καὶ ἐπὶ τῆς γῆς 25
συνοχὴ ⌊ἐθνῶν⌋ ἐν ἀπορίᾳ ⌊ἤχους θαλάσσης⌋ καὶ ⌊σάλου⌋,ᶜ ἀποψυχόν- 26
των ἀνθρώπων ἀπὸ φόβου καὶ προσδοκίας τῶν ἐπερχομένων τῇ
οἰκουμένῃ· ⌊αἱ γὰρ δυνάμεις τῶν οὐρανῶν⌋ σαλευθ⌊ήσονται⌋.ᵈ καὶ τότε 27
ὄψονται ⌊τὸν Υἱὸν τοῦ ἀνθρώπου ἐρχόμενον ἐν νεφέλῃ⌋ᵉ μετὰ δυνάμεως
καὶ δόξης πολλῆς. ἀρχομένων δὲ τούτων γίνεσθαι ἀνακύψατε καὶ 28
ἐπάρατε τὰς κεφαλὰς ὑμῶν, διότι ἐγγίζει ἡ ἀπολύτρωσις ὑμῶν.

Καὶ εἶπεν παραβολὴν αὐτοῖς· Ἴδετε τὴν συκῆν καὶ πάντα τὰ δένδρα· 29
ὅταν προβάλωσιν ἤδη, βλέποντες ἀφ᾽ ἑαυτῶν γινώσκετε ὅτι ἤδη 30
ἐγγὺς τὸ θέρος ἐστίν· οὕτως καὶ ὑμεῖς, ὅταν ἴδητε ταῦτα γινόμενα, 31
γινώσκετε ὅτι ἐγγύς ἐστιν ἡ βασιλεία τοῦ Θεοῦ.

Ἀμὴν λέγω ὑμῖν ὅτι οὐ μὴ παρέλθῃ ἡ γενεὰ αὕτη ἕως ἂν πάντα 32
γένηται. ὁ οὐρανὸς καὶ ἡ γῆ παρελεύσονται, οἱ δὲ λόγοι μου οὐ μὴ 33
παρελεύσονται.

Προσέχετε δὲ ἑαυτοῖς μήποτε βαρηθῶσιν ὑμῶν αἱ καρδίαι ἐν κραι- 34
πάλῃ καὶ μέθῃ καὶ μερίμναις βιωτικαῖς, καὶ ἐπιστῇ ἐφ᾽ ὑμᾶς αἰφνίδιος ἡ
ἡμέρα ἐκείνη ὡς ⌊παγίς⌋· ἐπεισελεύσεται γὰρ ⌊ἐπὶ⌋ πάντας ⌊τοὺς καθη- 35
μένους ἐπὶ⌋ πρόσωπον πάσης ⌊τῆς γῆς⌋.ᶠ ἀγρυπνεῖτε δὲ ἐν παντὶ 36

[a] Dt. 32. 35; Hos. 9. 7; Jer. 5. 29   [b] Zech. 12. 3 LXX; Is. 63. 18   [c] Ps.
65. 7   [d] Is. 34. 4   [e] Dn. 7. 13   [f] Is. 24. 17

καιρῷ δεόμενοι ἵνα κατισχύσητε ἐκφυγεῖν ταῦτα πάντα τὰ μέλλοντα γίνεσθαι, καὶ σταθῆναι ἔμπροσθεν τοῦ Υἱοῦ τοῦ ἀνθρώπου.

37 Ἦν δὲ τὰς ἡμέρας ἐν τῷ ἱερῷ διδάσκων, τὰς δὲ νύκτας ἐξερχόμενος
38 ηὐλίζετο εἰς τὸ ὄρος τὸ καλούμενον Ἐλαιών. καὶ πᾶς ὁ λαὸς ὤρθριζεν πρὸς αὐτὸν ἐν τῷ ἱερῷ ἀκούειν αὐτοῦ.[a]

22 2 Ἤγγιζεν δὲ ἡ ἑορτὴ τῶν ἀζύμων ἡ λεγομένη πάσχα. καὶ ἐζήτουν οἱ ἀρχιερεῖς καὶ οἱ γραμματεῖς τὸ πῶς ἀνέλωσιν αὐτόν· ἐφοβοῦντο γὰρ τὸν λαόν.

3 Εἰσῆλθεν δὲ Σατανᾶς εἰς Ἰούδαν τὸν καλούμενον Ἰσκαριώτην, ὄντα
4 ἐκ τοῦ ἀριθμοῦ τῶν δώδεκα· καὶ ἀπελθὼν συνελάλησεν τοῖς ἀρχιερεῦσιν
5 καὶ στρατηγοῖς τὸ πῶς αὐτοῖς παραδῷ αὐτόν. καὶ ἐχάρησαν, καὶ
6 συνέθεντο αὐτῷ ἀργύριον δοῦναι. καὶ ἐξωμολόγησεν, καὶ ἐζήτει εὐκαιρίαν τοῦ παραδοῦναι αὐτὸν ἄτερ ὄχλου αὐτοῖς.

7 8 Ἦλθεν δὲ ἡ ἡμέρα τῶν ἀζύμων, ᾗ ἔδει θύεσθαι τὸ πάσχα· καὶ ἀπέστειλεν Πέτρον καὶ Ἰωάννην εἰπών· Πορευθέντες ἑτοιμάσατε ἡμῖν
9 τὸ πάσχα ἵνα φάγωμεν. οἱ δὲ εἶπαν αὐτῷ· Ποῦ θέλεις ἑτοιμάσωμεν;
10 ὁ δὲ εἶπεν αὐτοῖς· Ἰδοὺ εἰσελθόντων ὑμῶν εἰς τὴν πόλιν συναντήσει ὑμῖν ἄνθρωπος κεράμιον ὕδατος βαστάζων· ἀκολουθήσατε αὐτῷ εἰς
11 τὴν οἰκίαν εἰς ἣν εἰσπορεύεται· καὶ ἐρεῖτε τῷ οἰκοδεσπότῃ τῆς οἰκίας· Λέγει σοι ὁ διδάσκαλος· Ποῦ ἐστιν τὸ κατάλυμα ὅπου τὸ πάσχα μετὰ
12 τῶν μαθητῶν μου φάγω; κἀκεῖνος ὑμῖν δείξει ἀνάγαιον μέγα ἐστρω-
13 μένον· ἐκεῖ ἑτοιμάσατε. ἀπελθόντες δὲ εὗρον καθὼς εἰρήκει αὐτοῖς, καὶ ἡτοίμασαν τὸ πάσχα.

14 15 Καὶ ὅτε ἐγένετο ἡ ὥρα, ἀνέπεσεν, καὶ οἱ ἀπόστολοι σὺν αὐτῷ. καὶ εἶπεν πρὸς αὐτούς· Ἐπιθυμίᾳ ἐπεθύμησα τοῦτο τὸ πάσχα φαγεῖν μεθ᾽
16 ὑμῶν πρὸ τοῦ με παθεῖν· λέγω γὰρ ὑμῖν ὅτι[b] οὐκέτι οὐ μὴ φάγω αὐτὸ ἕως ὅτου πληρωθῇ ἐν τῇ βασιλείᾳ τοῦ Θεοῦ.

17 Καὶ δεξάμενος ποτήριον εὐχαριστήσας εἶπεν· Λάβετε τοῦτο καὶ δια-
18 μερίσατε εἰς ἑαυτούς· λέγω γὰρ ὑμῖν, οὐ μὴ πίω ἀπὸ τοῦ νῦν ἀπὸ τοῦ
19 γενήματος τῆς ἀμπέλου ἕως οὗ ἡ βασιλεία τοῦ Θεοῦ ἔλθῃ. καὶ λαβὼν ἄρτον εὐχαριστήσας ἔκλασεν, καὶ ἔδωκεν αὐτοῖς λέγων· Τοῦτό ἐστιν τὸ σῶμά μου.[c]

21 Πλὴν ἰδοὺ ἡ χεὶρ τοῦ παραδιδόντος με μετ᾽ ἐμοῦ ἐπὶ τῆς τραπέζης.
22 ὅτι ὁ Υἱὸς μὲν τοῦ ἀνθρώπου κατὰ τὸ ὡρισμένον πορεύεται, πλὴν οὐαὶ

[a] see note in Appendix   [b] om. οὐκέτι   [c] add (19b) τὸ ὑπὲρ ὑμῶν διδόμενον· τοῦτο ποιεῖτε εἰς τὴν ἐμὴν ἀνάμνησιν. (20) καὶ τὸ ποτήριον ὡσαύτως μετὰ τὸ δειπνῆσαι, λέγων· Τοῦτο τὸ ποτήριον ἡ καινὴ διαθήκη ἐν τῷ αἵματί μου, τὸ ὑπὲρ ὑμῶν ἐκχυννόμενον.

τῷ ἀνθρώπῳ ἐκείνῳ δι' οὗ παραδίδοται. καὶ αὐτοὶ ἤρξαντο συζητεῖν 23
πρὸς ἑαυτοὺς τὸ τίς ἄρα εἴη ἐξ αὐτῶν ὁ τοῦτο μέλλων πράσσειν.

Ἐγένετο δὲ καὶ φιλονεικία ἐν αὐτοῖς, τὸ τίς αὐτῶν δοκεῖ εἶναι μείζων. 24
ὁ δὲ εἶπεν αὐτοῖς· Οἱ βασιλεῖς τῶν ἐθνῶν κυριεύουσιν αὐτῶν, καὶ οἱ 25
ἐξουσιάζοντες αὐτῶν εὐεργέται καλοῦνται. ὑμεῖς δὲ οὐχ οὕτως, ἀλλ' 26
ὁ μείζων ἐν ὑμῖν γινέσθω ὡς ὁ νεώτερος, καὶ ὁ ἡγούμενος ὡς ὁ διακονῶν.
τίς γὰρ μείζων, ὁ ἀνακείμενος ἢ ὁ διακονῶν; οὐχὶ ὁ ἀνακείμενος; ἐγὼ 27
δὲ ἐν μέσῳ ὑμῶν εἰμι ὡς ὁ διακονῶν.

Ὑμεῖς δέ ἐστε οἱ διαμεμενηκότες μετ' ἐμοῦ ἐν τοῖς πειρασμοῖς μου· 28
ᵃ κἀγὼ διατίθεμαι ὑμῖν καθὼς διέθετό μοι ὁ Πατήρ μου βασιλείαν, ἵνα 29 30
ἔσθητε καὶ πίνητε ἐπὶ τῆς τραπέζης μου, καὶ καθήσεσθε ἐπὶ θρόνων τὰς
δώδεκα φυλὰς κρίνοντες τοῦ Ἰσραήλ.

Σίμων Σίμων, ἰδοὺ ὁ Σατανᾶς ἐξῃτήσατο ὑμᾶς τοῦ σινιάσαι ὡς τὸν 31
σῖτον· ἐγὼ δὲ ἐδεήθην περὶ σοῦ ἵνα μὴ ἐκλίπῃ ἡ πίστις σου· καὶ σύ ποτε 32
ἐπιστρέψας στήρισον τοὺς ἀδελφούς σου. ὁ δὲ εἶπεν αὐτῷ· Κύριε, μετὰ 33
σοῦ ἕτοιμός εἰμι καὶ εἰς φυλακὴν καὶ εἰς θάνατον πορεύεσθαι. ὁ δὲ εἶπεν· 34
Λέγω σοι, Πέτρε, οὐ φωνήσει σήμερον ἀλέκτωρ ἕως τρίς με ἀπαρνήσῃ
μὴ εἰδέναι.

Καὶ εἶπεν αὐτοῖς· Ὅτε ἀπέστειλα ὑμᾶς ἄτερ βαλλαντίου καὶ πήρας 35
καὶ ὑποδημάτων, μή τινος ὑστερήσατε; οἱ δὲ εἶπαν· Οὐθενός. εἶπεν δὲ 36
αὐτοῖς· Ἀλλὰ νῦν ὁ ἔχων βαλλάντιον ἀράτω, ὁμοίως καὶ πήραν, καὶ ὁ
μὴ ἔχων πωλησάτω τὸ ἱμάτιον αὐτοῦ καὶ ἀγορασάτω μάχαιραν.
λέγω γὰρ ὑμῖν ὅτι τοῦτο τὸ γεγραμμένον δεῖ τελεσθῆναι ἐν ἐμοί, τό· 37
⌊Καὶ μετὰ ἀνόμων ἐλογίσθη·⌋ᵇ καὶ γὰρ τὸ περὶ ἐμοῦ τέλος ἔχει. οἱ δὲ 38
εἶπαν· Κύριε, ἰδοὺ μάχαιραι ὧδε δύο. ὁ δὲ εἶπεν αὐτοῖς· Ἱκανόν ἐστιν.

❡ Καὶ ἐξελθὼν ἐπορεύθη κατὰ τὸ ἔθος εἰς τὸ ὄρος τῶν Ἐλαιῶν· ἠκολού- 39
θησαν δὲ αὐτῷ καὶ οἱ μαθηταί. γενόμενος δὲ ἐπὶ τοῦ τόπου εἶπεν 40
αὐτοῖς· Προσεύχεσθε μὴ εἰσελθεῖν εἰς πειρασμόν. καὶ αὐτὸς ἀπεσπάσθη 41
ἀπ' αὐτῶν ὡσεὶ λίθου βολήν, καὶ θεὶς τὰ γόνατα προσηύχετο λέγων·
Πάτερ, εἰ βούλει, παρένεγκε τοῦτο τὸ ποτήριον ἀπ' ἐμοῦ· πλὴν μὴ τὸ 42
θέλημά μου ἀλλὰ τὸ σὸν γινέσθω.

ᶜ Ὤφθη δὲ αὐτῷ ἄγγελος ἀπ' οὐρανοῦ ἐνισχύων αὐτόν. καὶ γενό- 43 44
μενος ἐν ἀγωνίᾳ ἐκτενέστερον προσηύχετο· καὶ ἐγένετο ὁ ἱδρὼς αὐτοῦ
ὡσεὶ θρόμβοι αἵματος καταβαίνοντες ἐπὶ τὴν γῆν.

Καὶ ἀναστὰς ἀπὸ τῆς προσευχῆς, ἐλθὼν πρὸς τοὺς μαθητὰς εὗρεν 45

---

[a] κἀγὼ διατίθεμαι ὑμῖν, καθὼς διέθετό μοι ὁ Πατήρ μου βασιλείαν, ἵνα ἔσθητε . . .
[b] Is. 53. 12   [c] om. (43, 44) ὤφθη δὲ . . . ἐπὶ τὴν γῆν.

46 κοιμωμένους αὐτοὺς ἀπὸ τῆς λύπης, καὶ εἶπεν αὐτοῖς· Τί καθεύδετε; ἀναστάντες προσεύχεσθε, ἵνα μὴ εἰσέλθητε εἰς πειρασμόν.

47 ❡ Ἔτι αὐτοῦ λαλοῦντος ἰδοὺ ὄχλος, καὶ ὁ λεγόμενος Ἰούδας εἷς τῶν δώδεκα προήρχετο αὐτούς, καὶ ἤγγισεν τῷ Ἰησοῦ φιλῆσαι αὐτόν.
48 Ἰησοῦς δὲ εἶπεν αὐτῷ· Ἰούδα, φιλήματι τὸν Υἱὸν τοῦ ἀνθρώπου παραδίδως;
49 Ἰδόντες δὲ οἱ περὶ αὐτὸν τὸ ἐσόμενον εἶπαν· Κύριε, εἰ πατάξομεν ἐν
50 μαχαίρῃ; καὶ ἐπάταξεν εἷς τις ἐξ αὐτῶν τοῦ ἀρχιερέως τὸν δοῦλον καὶ
51 ἀφεῖλεν τὸ οὖς αὐτοῦ τὸ δεξιόν. ἀποκριθεὶς δὲ ὁ Ἰησοῦς εἶπεν· Ἐᾶτε ἕως τούτου· καὶ ἁψάμενος τοῦ ὠτίου ἰάσατο αὐτόν.
52 Εἶπεν δὲ Ἰησοῦς πρὸς τοὺς παραγενομένους ἐπ' αὐτὸν ἀρχιερεῖς καὶ στρατηγοὺς τοῦ ἱεροῦ καὶ πρεσβυτέρους· Ὡς ἐπὶ λῃστὴν ἐξήλθατε μετὰ
53 μαχαιρῶν καὶ ξύλων; καθ' ἡμέραν ὄντος μου μεθ' ὑμῶν ἐν τῷ ἱερῷ οὐκ ἐξετείνατε τὰς χεῖρας ἐπ' ἐμέ· ἀλλ' αὕτη ἐστὶν ὑμῶν ἡ ὥρα καὶ ἡ ἐξουσία τοῦ σκότους.
54 Συλλαβόντες δὲ αὐτὸν ἤγαγον, καὶ εἰσήγαγον εἰς τὴν οἰκίαν τοῦ
55 ἀρχιερέως· ὁ δὲ Πέτρος ἠκολούθει μακρόθεν. περιαψάντων δὲ πῦρ ἐν μέσῳ τῆς αὐλῆς καὶ συγκαθισάντων ἐκάθητο ὁ Πέτρος μέσος αὐτῶν.
56 ἰδοῦσα δὲ αὐτὸν παιδίσκη τις καθήμενον πρὸς τὸ φῶς καὶ ἀτενίσασα
57 αὐτῷ εἶπεν· Καὶ οὗτος σὺν αὐτῷ ἦν. ὁ δὲ ἠρνήσατο λέγων· Οὐκ οἶδα
58 αὐτόν, γύναι. καὶ μετὰ βραχὺ ἕτερος ἰδὼν αὐτὸν ἔφη· Καὶ σὺ ἐξ αὐτῶν
59 εἶ. ὁ δὲ Πέτρος ἔφη· Ἄνθρωπε, οὐκ εἰμί. καὶ διαστάσης ὡσεὶ ὥρας μιᾶς ἄλλος τις διϊσχυρίζετο λέγων· Ἐπ' ἀληθείας καὶ οὗτος μετ' αὐτοῦ ἦν,
60 καὶ γὰρ Γαλιλαῖός ἐστιν. εἶπεν δὲ ὁ Πέτρος· Ἄνθρωπε, οὐκ οἶδα ὃ
61 λέγεις. καὶ παραχρῆμα ἔτι λαλοῦντος αὐτοῦ ἐφώνησεν ἀλέκτωρ. καὶ στραφεὶς ὁ Κύριος ἐνέβλεψεν τῷ Πέτρῳ· καὶ ὑπεμνήσθη ὁ Πέτρος τοῦ λόγου τοῦ Κυρίου, ὡς εἶπεν αὐτῷ ὅτι Πρὶν ἀλέκτορα φωνῆσαι σήμερον ἀπαρνήσῃ με τρίς.[a]
63 64 Καὶ οἱ ἄνδρες οἱ συνέχοντες αὐτὸν ἐνέπαιζον αὐτῷ δέροντες, καὶ περικαλύψαντες αὐτὸν ἐπηρώτων λέγοντες· Προφήτευσον, τίς ἐστιν ὁ
65 παίσας σε; καὶ ἕτερα πολλὰ βλασφημοῦντες ἔλεγον εἰς αὐτόν.

66 ❡ Καὶ ὡς ἐγένετο ἡμέρα, συνήχθη τὸ πρεσβυτέριον τοῦ λαοῦ, ἀρχιερεῖς τε καὶ γραμματεῖς, καὶ ἀπήγαγον αὐτὸν εἰς τὸ συνέδριον αὐτῶν,
67 68 λέγοντες· Εἰ σὺ εἶ ὁ Χριστός, εἰπὸν ἡμῖν. εἶπεν δὲ αὐτοῖς· Ἐὰν ὑμῖν
69 εἴπω, οὐ μὴ πιστεύσητε· ἐὰν δὲ ἐρωτήσω, οὐ μὴ ἀποκριθῆτε. ἀπὸ τοῦ νῦν δὲ ἔσται ⌜ὁ Υἱὸς τοῦ ἀνθρώπου καθήμενος ἐκ δεξιῶν⌝ τῆς δυνάμεως

[a] add (62) καὶ ἐξελθὼν ἔξω ἔκλαυσεν πικρῶς.

ₗτοῦ Θεοῦ].ᵃ εἶπαν δὲ πάντες· Σὺ οὖν εἶ ὁ Υἱὸς τοῦ Θεοῦ; ὁ δὲ πρὸς 70
αὐτοὺς ἔφη· ᵇ Ὑμεῖς λέγετε ὅτι ἐγώ εἰμι. οἱ δὲ εἶπαν· Τί ἔτι ἔχομεν 71
μαρτυρίας χρείαν; αὐτοὶ γὰρ ἠκούσαμεν ἀπὸ τοῦ στόματος αὐτοῦ.

Καὶ ἀναστὰν ἅπαν τὸ πλῆθος αὐτῶν ἤγαγον αὐτὸν ἐπὶ τὸν Πιλᾶτον. 23
ἤρξαντο δὲ κατηγορεῖν αὐτοῦ λέγοντες· Τοῦτον εὕραμεν διαστρέφοντα 2
τὸ ἔθνος ἡμῶν καὶ κωλύοντα φόρους Καίσαρι διδόναι, καὶ λέγοντα
ἑαυτὸν ᶜΧριστόν, βασιλέα, εἶναι. ὁ δὲ Πιλᾶτος ἠρώτησεν αὐτὸν λέγων· 3
Σὺ εἶ ὁ βασιλεὺς τῶν Ἰουδαίων; ὁ δὲ ἀποκριθεὶς αὐτῷ ἔφη· Σὺ λέγεις.
ὁ δὲ Πιλᾶτος εἶπεν πρὸς τοὺς ἀρχιερεῖς καὶ τοὺς ὄχλους· Οὐδὲν εὑρίσκω 4
αἴτιον ἐν τῷ ἀνθρώπῳ τούτῳ. οἱ δὲ ἐπίσχυον λέγοντες ὅτι Ἀνασείει 5
τὸν λαόν, διδάσκων καθ᾽ ὅλης τῆς Ἰουδαίας, ἀρξάμενος ἀπὸ τῆς
Γαλιλαίας ἕως ὧδε.

Πιλᾶτος δὲ ἀκούσας ἐπηρώτησεν εἰ ὁ ἄνθρωπος Γαλιλαῖός ἐστιν, καὶ 6 7
ἐπιγνοὺς ὅτι ἐκ τῆς ἐξουσίας Ἡρῴδου ἐστίν, ἀνέπεμψεν αὐτὸν πρὸς
Ἡρῴδην, ὄντα καὶ αὐτὸν ἐν Ἱεροσολύμοις ἐν ταύταις ταῖς ἡμέραις. ὁ δὲ 8
Ἡρῴδης ἰδὼν τὸν Ἰησοῦν ἐχάρη λίαν· ἦν γὰρ ἐξ ἱκανῶν χρόνων θέλων
ἰδεῖν αὐτὸν διὰ τὸ ἀκούειν περὶ αὐτοῦ, καὶ ἤλπιζέν τι σημεῖον ἰδεῖν
ὑπ᾽ αὐτοῦ γινόμενον. ἐπηρώτα δὲ αὐτὸν ἐν λόγοις ἱκανοῖς· αὐτὸς δὲ 9
οὐδὲν ἀπεκρίνατο αὐτῷ. εἱστήκεισαν δὲ οἱ ἀρχιερεῖς καὶ οἱ γραμματεῖς 10
εὐτόνως κατηγοροῦντες αὐτοῦ. ἐξουθενήσας δὲ αὐτὸν ὁ Ἡρῴδης σὺν 11
τοῖς στρατεύμασιν αὐτοῦ καὶ ἐμπαίξας, περιβαλὼν ἐσθῆτα λαμπρὰν
ἀνέπεμψεν αὐτὸν τῷ Πιλάτῳ. ἐγένοντο δὲ φίλοι ὅ τε Ἡρῴδης καὶ ὁ 12
Πιλᾶτος ἐν αὐτῇ τῇ ἡμέρᾳ μετ᾽ ἀλλήλων· προϋπῆρχον γὰρ ἐν ἔχθρᾳ
ὄντες πρὸς αὐτούς.

Πιλᾶτος δὲ συγκαλεσάμενος τοὺς ἀρχιερεῖς καὶ τοὺς ἄρχοντας καὶ τὸν 13
λαὸν εἶπεν πρὸς αὐτούς· Προσηνέγκατέ μοι τὸν ἄνθρωπον τοῦτον ὡς 14
ἀποστρέφοντα τὸν λαόν, καὶ ἰδοὺ ἐγὼ ἐνώπιον ὑμῶν ἀνακρίνας οὐθὲν
εὗρον ἐν τῷ ἀνθρώπῳ τούτῳ αἴτιον ὧν κατηγορεῖτε κατ᾽ αὐτοῦ. ἀλλ᾽ 15
οὐδὲ Ἡρῴδης· ἀνέπεμψεν γὰρ αὐτὸν πρὸς ἡμᾶς· καὶ ἰδοὺ οὐδὲν ἄξιον
θανάτου ἐστὶν πεπραγμένον αὐτῷ· παιδεύσας οὖν αὐτὸν ἀπολύσω.ᵈ 16
ἀνέκραγον δὲ παμπληθεὶ λέγοντες· Αἶρε τοῦτον, ἀπόλυσον δὲ ἡμῖν τὸν 18
Βαραββᾶν (ὅστις ἦν διὰ στάσιν τινὰ γενομένην ἐν τῇ πόλει καὶ φόνον 19
βληθεὶς ἐν τῇ φυλακῇ). πάλιν δὲ ὁ Πιλᾶτος προσεφώνησεν αὐτοῖς, 20
θέλων ἀπολῦσαι τὸν Ἰησοῦν. οἱ δὲ ἐπεφώνουν λέγοντες· Σταύρου 21
σταύρου αὐτόν. ὁ δὲ τρίτον εἶπεν πρὸς αὐτούς· Τί γὰρ κακὸν ἐποίησεν 22
οὗτος; οὐδὲν αἴτιον θανάτου εὗρον ἐν αὐτῷ· παιδεύσας οὖν αὐτὸν ἀπο-
λύσω. οἱ δὲ ἐπέκειντο φωναῖς μεγάλαις αἰτούμενοι αὐτὸν σταυρωθῆναι, 23

[a] Dn. 7. 13; Ps. 110. 1   [b] Ὑμεῖς λέγετε, ὅτι ἐγώ εἰμι.   [c] χριστὸν βασιλέα
εἶναι.   [d] add (17) ἀνάγκην δὲ εἶχεν ἀπολῦσαι αὐτοῖς κατὰ ἑορτὴν ἕνα.

24 καὶ κατίσχυον αἱ φωναὶ αὐτῶν. καὶ Πιλᾶτος ἐπέκρινεν γενέσθαι τὸ
25 αἴτημα αὐτῶν· ἀπέλυσεν δὲ τὸν διὰ στάσιν καὶ φόνον βεβλημένον εἰς
φυλακήν, ὃν ἠτοῦντο, τὸν δὲ Ἰησοῦν παρέδωκεν τῷ θελήματι αὐτῶν.

26 ❡ Καὶ ὡς ἀπήγαγον αὐτόν, ἐπιλαβόμενοι Σίμωνά τινα Κυρηναῖον
ἐρχόμενον ἀπ' ἀγροῦ ἐπέθηκαν αὐτῷ τὸν σταυρὸν φέρειν ὄπισθεν τοῦ
Ἰησοῦ.

27 Ἠκολούθει δὲ αὐτῷ πολὺ πλῆθος τοῦ λαοῦ καὶ γυναικῶν αἳ ἐκό-
28 πτοντο καὶ ἐθρήνουν αὐτόν. στραφεὶς δὲ πρὸς αὐτὰς Ἰησοῦς εἶπεν·
Θυγατέρες Ἰερουσαλήμ, μὴ κλαίετε ἐπ' ἐμέ· πλὴν ἐφ' ἑαυτὰς κλαίετε καὶ
29 ἐπὶ τὰ τέκνα ὑμῶν, ὅτι ἰδοὺ ἔρχονται ἡμέραι ἐν αἷς ἐροῦσιν· Μακάριαι αἱ
στεῖραι, καὶ αἱ κοιλίαι αἳ οὐκ ἐγέννησαν, καὶ μαστοὶ οἳ οὐκ ἔθρεψαν.
30 τότε ἄρξονται ⌊λέγειν τοῖς ὄρεσιν· Πέσατε ἐφ' ἡμᾶς, καὶ τοῖς βουνοῖς·
31 Καλύψατε ἡμᾶς·⌋ᵃ ὅτι εἰ ἐν τῷ ὑγρῷ ξύλῳ ταῦτα ποιοῦσιν, ἐν τῷ ξηρῷ
τί γένηται;

32 33 Ἤγοντο δὲ καὶ ἕτεροι δύο, κακοῦργοι, σὺν αὐτῷ ἀναιρεθῆναι. καὶ
ὅτε ἦλθον ἐπὶ τὸν τόπον τὸν καλούμενον Κρανίον, ἐκεῖ ἐσταύρωσαν
34 αὐτὸν καὶ τοὺς κακούργους, ὃν μὲν ἐκ δεξιῶν ὃν δὲ ἐξ ἀριστερῶν. ᵇ ὁ δὲ
Ἰησοῦς ἔλεγεν· Πάτερ, ἄφες αὐτοῖς· οὐ γὰρ οἴδασιν τί ποιοῦσιν.
35 ⌊διαμεριζόμενοι⌋ δὲ ⌊τὰ ἱμάτια⌋ αὐτοῦ ⌊ἔβαλον κλήρους⌋·ᶜ καὶ εἱστήκει ὁ
λαὸς ⌊θεωρῶν⌋. ⌊ἐξεμυκτήριζον⌋ᵈ δὲ καὶ οἱ ἄρχοντες λέγοντες· Ἄλλους
ἔσωσεν, σωσάτω ἑαυτόν, εἰ οὗτός ἐστιν ὁ Χριστὸς τοῦ Θεοῦ, ὁ Ἐκ-
36 λεκτός. ἐνέπαιξαν δὲ αὐτῷ καὶ οἱ στρατιῶται προσερχόμενοι, ⌊ὄξος⌋ᵉ
37 προσφέροντες αὐτῷ καὶ λέγοντες· Εἰ σὺ εἶ ὁ βασιλεὺς τῶν Ἰουδαίων,
38 σῶσον σεαυτόν. ἦν δὲ καὶ ἐπιγραφὴ ἐπ' αὐτῷ· Ὁ βασιλεὺς τῶν
Ἰουδαίων οὗτος.

39 Εἷς δὲ τῶν κρεμασθέντων κακούργων ἐβλασφήμει αὐτόν· Οὐχὶ σὺ εἶ ὁ
40 Χριστός; σῶσον σεαυτὸν καὶ ἡμᾶς. ἀποκριθεὶς δὲ ὁ ἕτερος ἐπιτιμῶν
41 αὐτῷ ἔφη· Οὐδὲ φοβῇ σὺ τὸν Θεόν, ὅτι ἐν τῷ αὐτῷ κρίματι εἶ; καὶ ἡμεῖς
μὲν δικαίως, ἄξια γὰρ ὧν ἐπράξαμεν ἀπολαμβάνομεν· οὗτος δὲ οὐδὲν
42 ἄτοπον ἔπραξεν. καὶ ἔλεγεν· Ἰησοῦ, μνήσθητί μου ὅταν ἔλθῃς ᶠ εἰς τὴν
43 βασιλείαν σου. καὶ εἶπεν αὐτῷ· Ἀμήν σοι λέγω, σήμερον μετ' ἐμοῦ ἔσῃ
ἐν τῷ Παραδείσῳ.

44 Καὶ ἦν ἤδη ὡσεὶ ὥρα ἕκτη καὶ σκότος ἐγένετο ἐφ' ὅλην τὴν γῆν ἕως
45 ὥρας ἐνάτης τοῦ ἡλίου ἐκλιπόντος· ἐσχίσθη δὲ τὸ καταπέτασμα τοῦ
46 ναοῦ μέσον. καὶ φωνήσας φωνῇ μεγάλῃ ὁ Ἰησοῦς εἶπεν· Πάτερ, ⌊εἰς
χεῖράς σου παρατίθεμαι τὸ πνεῦμά μου.⌋ᵍ τοῦτο δὲ εἰπὼν ἐξέπνευσεν.

[a] Hos. 10. 8   [b] om. ὁ δὲ Ἰησοῦς ἔλεγεν . . . ποιοῦσιν.   [c] Ps. 22. 18
[d] Ps. 22. 7   [e] Ps. 69. 21   [f] ἐν τῇ βασιλείᾳ σου.   [g] Ps. 31. 5

ἰδὼν δὲ ὁ ἑκατοντάρχης τὸ γενόμενον ἐδόξαζεν τὸν Θεὸν λέγων· 47
Ὄντως ὁ ἄνθρωπος οὗτος δίκαιος ἦν.

Καὶ πάντες οἱ συμπαραγενόμενοι ὄχλοι ἐπὶ τὴν θεωρίαν ταύτην, 48
θεωρήσαντες τὰ γενόμενα, τύπτοντες τὰ στήθη ὑπέστρεφον.

❡ ⌊Εἱστήκεισαν⌋ δὲ πάντες οἱ ⌊γνωστοὶ⌋ αὐτῷ ⌊ἀπὸ μακρόθεν⌋,ᵃ καὶ 49
γυναῖκες αἱ συνακολουθοῦσαι αὐτῷ ἀπὸ τῆς Γαλιλαίας, ὁρῶσαι ταῦτα.

Καὶ ἰδοὺ ἀνὴρ ὀνόματι Ἰωσὴφ βουλευτὴς ὑπάρχων, ἀνὴρ ἀγαθὸς 50
καὶ δίκαιος (οὗτος οὐκ ἦν συγκατατεθειμένος τῇ βουλῇ καὶ τῇ πράξει 51
αὐτῶν), ἀπὸ Ἀριμαθαίας πόλεως τῶν Ἰουδαίων, ὃς προσεδέχετο τὴν
βασιλείαν τοῦ Θεοῦ, οὗτος προσελθὼν τῷ Πιλάτῳ ᾐτήσατο τὸ σῶμα 52
τοῦ Ἰησοῦ· καὶ καθελὼν ἐνετύλιξεν αὐτὸ σινδόνι, καὶ ἔθηκεν αὐτὸν ἐν 53
μνήματι λαξευτῷ, οὗ οὐκ ἦν οὐδεὶς οὔπω κείμενος. καὶ ἡμέρα ἦν 54
παρασκευῆς, καὶ σάββατον ἐπέφωσκεν.

Κατακολουθήσασαι δὲ αἱ γυναῖκες, αἵτινες ἦσαν συνεληλυθυῖαι ἐκ 55
τῆς Γαλιλαίας αὐτῷ, ἐθεάσαντο τὸ μνημεῖον καὶ ὡς ἐτέθη τὸ σῶμα
αὐτοῦ. ὑποστρέψασαι δὲ ἡτοίμασαν ἀρώματα καὶ μύρα· καὶ τὸ μὲν 56
σάββατον ἡσύχασαν κατὰ τὴν ἐντολήν. τῇ δὲ μιᾷ τῶν σαββάτων 24
ὄρθρου βαθέως ἐπὶ τὸ μνῆμα ἦλθον φέρουσαι ἃ ἡτοίμασαν ἀρώματα.
εὗρον δὲ τὸν λίθον ἀποκεκυλισμένον ἀπὸ τοῦ μνημείου, εἰσελθοῦσαι δὲ 2 3
οὐχ εὗρον τὸ σῶμα. καὶ ἐγένετο ἐν τῷ ἀπορεῖσθαι αὐτὰς περὶ τούτου 4
καὶ ἰδοὺ ἄνδρες δύο ἐπέστησαν αὐταῖς ἐν ἐσθῆτι ἀστραπτούσῃ· ἐμφό- 5
βων δὲ γενομένων αὐτῶν καὶ κλινουσῶν τὰ πρόσωπα εἰς τὴν γῆν,
εἶπαν πρὸς αὐτάς· Τί ζητεῖτε τὸν ζῶντα μετὰ τῶν νεκρῶν; ᵇ μνήσθητε 6
ὡς ἐλάλησεν ὑμῖν ἔτι ὢν ἐν τῇ Γαλιλαίᾳ, λέγων τὸν Υἱὸν τοῦ ἀνθρώπου 7
ὅτι δεῖ παραδοθῆναι εἰς χεῖρας ἀνθρώπων ἁμαρτωλῶν καὶ σταυρωθῆναι
καὶ τῇ τρίτῃ ἡμέρᾳ ἀναστῆναι. καὶ ἐμνήσθησαν τῶν ῥημάτων αὐτοῦ, 8
καὶ ὑποστρέψασαι ἀπὸ τοῦ μνημείου ἀπήγγειλαν ταῦτα πάντα τοῖς 9
ἕνδεκα καὶ πᾶσιν τοῖς λοιποῖς.

Ἦσαν δὲ ἡ Μαγδαληνὴ Μαρία καὶ Ἰωάννα καὶ Μαρία ἡ Ἰακώβου· 10
καὶ αἱ λοιπαὶ σὺν αὐταῖς ἔλεγον πρὸς τοὺς ἀποστόλους ταῦτα. καὶ 11
ἐφάνησαν ἐνώπιον αὐτῶν ὡσεὶ λῆρος τὰ ῥήματα ταῦτα, καὶ ἠπίστουν
αὐταῖς.ᶜ

❡ Καὶ ἰδοὺ δύο ἐξ αὐτῶν ἐν αὐτῇ τῇ ἡμέρᾳ ἦσαν πορευόμενοι εἰς κώμην 13
ἀπέχουσαν σταδίους ἑξήκοντα ἀπὸ Ἰερουσαλήμ, ᾗ ὄνομα Ἐμμαοῦς,

---

[a] Ps. 88. 8; 38. 11   [b] add οὐκ ἔστιν ὧδε, ἀλλὰ ἠγέρθη.   [c] add (12) ὁ δὲ
Πέτρος ἀναστὰς ἔδραμεν ἐπὶ τὸ μνημεῖον· καὶ παρακύψας βλέπει τὰ ὀθόνια μόνα· καὶ
ἀπῆλθεν πρὸς αὑτὸν θαυμάζων τὸ γεγονός.

14 καὶ αὐτοὶ ὡμίλουν πρὸς ἀλλήλους περὶ πάντων τῶν συμβεβηκότων
15 τούτων. καὶ ἐγένετο ἐν τῷ ὁμιλεῖν αὐτοὺς καὶ συζητεῖν, καὶ αὐτὸς
16 Ἰησοῦς ἐγγίσας συνεπορεύετο αὐτοῖς· οἱ δὲ ὀφθαλμοὶ αὐτῶν ἐκρατοῦντο
17 τοῦ μὴ ἐπιγνῶναι αὐτόν. εἶπεν δὲ πρὸς αὐτούς· Τίνες οἱ λόγοι οὗτοι
οὓς ἀντιβάλλετε πρὸς ἀλλήλους περιπατοῦντες; καὶ ἐστάθησαν σκυθρω-
18 ποί. ἀποκριθεὶς δὲ εἷς ὀνόματι Κλεοπᾶς εἶπεν πρὸς αὐτόν· Σὺ μόνος
παροικεῖς Ἰερουσαλὴμ καὶ οὐκ ἔγνως τὰ γενόμενα ἐν αὐτῇ ἐν ταῖς
19 ἡμέραις ταύταις; καὶ εἶπεν αὐτοῖς· Ποῖα; οἱ δὲ εἶπαν αὐτῷ· Τὰ περὶ
Ἰησοῦ τοῦ Ναζαρηνοῦ, ὃς ἐγένετο ἀνὴρ προφήτης δυνατὸς ἐν ἔργῳ καὶ
20 λόγῳ ἐναντίον τοῦ Θεοῦ καὶ παντὸς τοῦ λαοῦ, ὅπως τε παρέδωκαν
αὐτὸν οἱ ἀρχιερεῖς καὶ οἱ ἄρχοντες ἡμῶν εἰς κρίμα θανάτου καὶ ἐσταύρω-
21 σαν αὐτόν. ἡμεῖς δὲ ἠλπίζομεν ὅτι αὐτός ἐστιν ὁ μέλλων λυτροῦσθαι
τὸν Ἰσραήλ· ἀλλά γε καὶ σὺν πᾶσιν τούτοις τρίτην ταύτην ἡμέραν ἄγει
22 ἀφ' οὗ ταῦτα ἐγένετο. ἀλλὰ καὶ γυναῖκές τινες ἐξ ἡμῶν ἐξέστησαν
23 ἡμᾶς, γενόμεναι ὀρθριναὶ ἐπὶ τὸ μνημεῖον, καὶ μὴ εὑροῦσαι τὸ σῶμα
αὐτοῦ ἦλθον λέγουσαι καὶ ὀπτασίαν ἀγγέλων ἑωρακέναι, οἳ λέγουσιν
24 αὐτὸν ζῆν. καὶ ἀπῆλθόν τινες τῶν σὺν ἡμῖν ἐπὶ τὸ μνημεῖον, καὶ εὗρον
οὕτως καθὼς αἱ γυναῖκες εἶπον, αὐτὸν δὲ οὐκ εἶδον.

25 Καὶ αὐτὸς εἶπεν πρὸς αὐτούς· Ὦ ἀνόητοι καὶ βραδεῖς τῇ καρδίᾳ τοῦ
26 πιστεύειν ἐπὶ πᾶσιν οἷς ἐλάλησαν οἱ προφῆται· οὐχὶ ταῦτα ἔδει παθεῖν
27 τὸν Χριστὸν καὶ εἰσελθεῖν εἰς τὴν δόξαν αὐτοῦ; καὶ ἀρξάμενος ἀπὸ
Μωϋσέως καὶ ἀπὸ πάντων τῶν προφητῶν διηρμήνευσεν αὐτοῖς ἐν
πάσαις ταῖς γραφαῖς τὰ περὶ ἑαυτοῦ.

28 Καὶ ἤγγισαν εἰς τὴν κώμην οὗ ἐπορεύοντο, καὶ αὐτὸς προσεποιήσατο
29 πορρώτερον πορεύεσθαι. καὶ παρεβιάσαντο αὐτὸν λέγοντες· Μεῖνον
μεθ' ἡμῶν, ὅτι πρὸς ἑσπέραν ἐστὶν καὶ κέκλικεν ἤδη ἡ ἡμέρα. καὶ
30 εἰσῆλθεν τοῦ μεῖναι σὺν αὐτοῖς. καὶ ἐγένετο ἐν τῷ κατακλιθῆναι αὐτὸν
μετ' αὐτῶν λαβὼν τὸν ἄρτον εὐλόγησεν καὶ κλάσας ἐπεδίδου αὐτοῖς·
31 αὐτῶν δὲ διηνοίχθησαν οἱ ὀφθαλμοί, καὶ ἐπέγνωσαν αὐτόν· καὶ αὐτὸς
32 ἄφαντος ἐγένετο ἀπ' αὐτῶν. καὶ εἶπαν πρὸς ἀλλήλους· Οὐχὶ ἡ καρδία
ἡμῶν καιομένη ἦν ἐν ἡμῖν, ὡς ἐλάλει ἡμῖν ἐν τῇ ὁδῷ, ὡς διήνοιγεν ἡμῖν
τὰς γραφάς;

33 Καὶ ἀναστάντες αὐτῇ τῇ ὥρᾳ ὑπέστρεψαν εἰς Ἰερουσαλήμ, καὶ εὗρον
34 ἠθροισμένους τοὺς ἕνδεκα καὶ τοὺς σὺν αὐτοῖς, λέγοντας ὅτι Ὄντως
35 ἠγέρθη ὁ Κύριος καὶ ὤφθη Σίμωνι. καὶ αὐτοὶ ἐξηγοῦντο τὰ ἐν τῇ ὁδῷ
καὶ ὡς ἐγνώσθη αὐτοῖς ἐν τῇ κλάσει τοῦ ἄρτου.

36 37 Ταῦτα δὲ αὐτῶν λαλούντων αὐτὸς ἔστη ἐν μέσῳ αὐτῶν.[a] πτοηθέντες
38 δὲ καὶ ἔμφοβοι γενόμενοι ἐδόκουν πνεῦμα θεωρεῖν. καὶ εἶπεν αὐτοῖς· Τί

[a] add καὶ λέγει αὐτοῖς· Εἰρήνη ὑμῖν.

τεταραγμένοι ἐστέ; καὶ διὰ τί διαλογισμοὶ ἀναβαίνουσιν ἐν τῇ καρδίᾳ
ὑμῶν; ἴδετε τὰς χεῖράς μου καὶ τοὺς πόδας μου, ὅτι ἐγώ εἰμι αὐτός· 39
ψηλαφήσατέ με καὶ ἴδετε, ὅτι πνεῦμα σάρκα καὶ ὀστέα οὐκ ἔχει καθὼς
ἐμὲ θεωρεῖτε ἔχοντα.ᵃ ἔτι δὲ ἀπιστούντων αὐτῶν ἀπὸ τῆς χαρᾶς καὶ 41
θαυμαζόντων, εἶπεν αὐτοῖς· Ἔχετέ τι βρώσιμον ἐνθάδε; οἱ δὲ ἐπέδωκαν 42
αὐτῷ ἰχθύος ὀπτοῦ μέρος· καὶ λαβὼν ἐνώπιον αὐτῶν ἔφαγεν. 43

Εἶπεν δὲ πρὸς αὐτούς· Οὗτοι οἱ λόγοι μου οὓς ἐλάλησα πρὸς ὑμᾶς 44
ἔτι ὢν σὺν ὑμῖν, ὅτι δεῖ πληρωθῆναι πάντα τὰ γεγραμμένα ἐν τῷ νόμῳ
Μωϋσέως καὶ τοῖς προφήταις καὶ ψαλμοῖς περὶ ἐμοῦ. τότε διήνοιξεν 45
αὐτῶν τὸν νοῦν τοῦ συνιέναι τὰς γραφάς· καὶ εἶπεν αὐτοῖς ὅτι Οὕτως 46
γέγραπται παθεῖν τὸν Χριστὸν καὶ ἀναστῆναι ἐκ νεκρῶν τῇ τρίτῃ
ἡμέρᾳ, καὶ κηρυχθῆναι ἐπὶ τῷ ὀνόματι αὐτοῦ μετάνοιαν εἰς ἄφεσιν 47
ἁμαρτιῶν εἰς πάντα τὰ ἔθνη· ἀρξάμενοι ἀπὸ Ἰερουσαλήμ, ὑμεῖς ἐστε 48
μάρτυρες τούτων. καὶ ἰδοὺ ἐγὼ ἐξαποστέλλω τὴν ἐπαγγελίαν τοῦ 49
Πατρός μου ἐφ' ὑμᾶς· ὑμεῖς δὲ καθίσατε ἐν τῇ πόλει ἕως οὗ ἐνδύσησθε
ἐξ ὕψους δύναμιν.

Ἐξήγαγεν δὲ αὐτοὺς ἕως πρὸς Βηθανίαν, καὶ ἐπάρας τὰς χεῖρας 50
αὐτοῦ εὐλόγησεν αὐτούς. καὶ ἐγένετο ἐν τῷ εὐλογεῖν αὐτὸν αὐτοὺς 51
διέστη ἀπ' αὐτῶν.ᵇ καὶ αὐτοὶᶜ ὑπέστρεψαν εἰς Ἰερουσαλὴμ μετὰ χαρᾶς 52
μεγάλης, καὶ ἦσαν διὰ παντὸς ἐν τῷ ἱερῷ εὐλογοῦντες τὸν Θεόν. 53

[a] add (40) καὶ τοῦτο εἰπὼν ἔδειξεν αὐτοῖς τὰς χεῖρας καὶ τοὺς πόδας.   [b] add καὶ
ἀνεφέρετο εἰς τὸν οὐρανόν   [c] add προσκυνήσαντες αὐτὸν

ΚΑΤΑ ΙΩΑΝΝΗΝ

1
2 3 ΕΝ ΑΡΧΗΙ ἦν ὁ Λόγος, καὶ ὁ Λόγος ἦν πρὸς τὸν Θεόν, καὶ Θεὸς ἦν ὁ Λόγος. οὗτος ἦν ἐν ἀρχῇ πρὸς τὸν Θεόν. πάντα δι᾿ αὐτοῦ ἐγένετο, καὶ χωρὶς αὐτοῦ ἐγένετο οὐδὲ *ᵃ* ἕν. ὃ γέγονεν
4 5 ἐν αὐτῷ ζωὴ ἦν, καὶ ἡ ζωὴ ἦν τὸ φῶς τῶν ἀνθρώπων. καὶ τὸ φῶς ἐν τῇ σκοτίᾳ φαίνει, καὶ ἡ σκοτία αὐτὸ οὐ κατέλαβεν.

6 Ἐγένετο ἄνθρωπος, ἀπεσταλμένος παρὰ Θεοῦ, ὄνομα αὐτῷ Ἰωάννης·
7 οὗτος ἦλθεν εἰς μαρτυρίαν, ἵνα μαρτυρήσῃ περὶ τοῦ φωτός, ἵνα πάντες
8 πιστεύσωσιν δι᾿ αὐτοῦ. οὐκ ἦν ἐκεῖνος τὸ φῶς, ἀλλ᾿ ἵνα μαρτυρήσῃ
9 περὶ τοῦ φωτός. ἦν τὸ φῶς τὸ ἀληθινόν, ὃ φωτίζει πάντα *ᵇ* ἄνθρωπον, ἐρχόμενον εἰς τὸν κόσμον.

10 Ἐν τῷ κόσμῳ ἦν, καὶ ὁ κόσμος δι᾿ αὐτοῦ ἐγένετο, καὶ ὁ κόσμος
11 αὐτὸν οὐκ ἔγνω. εἰς τὰ ἴδια ἦλθεν, καὶ οἱ ἴδιοι αὐτὸν οὐ παρέλαβον.
12 ὅσοι δὲ ἔλαβον αὐτόν, ἔδωκεν αὐτοῖς ἐξουσίαν τέκνα Θεοῦ γενέσθαι,
13 τοῖς πιστεύουσιν εἰς τὸ ὄνομα αὐτοῦ, οἳ οὐκ ἐξ αἱμάτων οὐδὲ ἐκ θελή-
14 ματος σαρκὸς οὐδὲ ἐκ θελήματος ἀνδρὸς ἀλλ᾿ ἐκ Θεοῦ ἐγεννήθησαν. καὶ ὁ Λόγος σὰρξ ἐγένετο καὶ ἐσκήνωσεν ἐν ἡμῖν, καὶ ἐθεασάμεθα τὴν δόξαν αὐτοῦ, δόξαν ὡς μονογενοῦς παρὰ Πατρός, πλήρης χάριτος καὶ ἀληθείας.

15 Ἰωάννης μαρτυρεῖ περὶ αὐτοῦ καὶ κέκραγεν λέγων, Οὗτος ἦν ὃν εἶπον, Ὁ ὀπίσω μου ἐρχόμενος ἔμπροσθέν μου γέγονεν, ὅτι πρῶτός μου ἦν.

16 Καὶ ἐκ τοῦ πληρώματος αὐτοῦ ἡμεῖς πάντες ἐλάβομεν, καὶ χάριν ἀντὶ
17 χάριτος· ὅτι ὁ νόμος διὰ Μωϋσέως ἐδόθη, ἡ χάρις καὶ ἡ ἀλήθεια διὰ
18 Ἰησοῦ Χριστοῦ ἐγένετο. Θεὸν οὐδεὶς ἑώρακεν πώποτε· *ᶜ* ὁ μονογενὴς Υἱός, ὁ ὢν εἰς τὸν κόλπον τοῦ Πατρός, ἐκεῖνος ἐξηγήσατο.

19 ℭ Καὶ αὕτη ἐστὶν ἡ μαρτυρία τοῦ Ἰωάννου, ὅτε ἀπέστειλαν πρὸς αὐτὸν οἱ Ἰουδαῖοι ἐξ Ἱεροσολύμων ἱερεῖς καὶ Λευίτας ἵνα ἐρωτήσωσιν αὐτόν·
20 Σὺ τίς εἶ; καὶ ὡμολόγησεν καὶ οὐκ ἠρνήσατο, καὶ ὡμολόγησεν ὅτι Ἐγὼ
21 οὐκ εἰμὶ ὁ Χριστός. καὶ ἠρώτησαν αὐτόν· Τί οὖν; Ἠλίας εἶ σύ; καὶ
22 λέγει· Οὐκ εἰμί. Ὁ προφήτης εἶ σύ; καὶ ἀπεκρίθη· Οὔ. εἶπαν οὖν

[*a*] ἐν ὃ γέγονεν. ἐν   [*b*] ἄνθρωπον ἐρχόμενον   [*c*] ὁ μονογενής *or* μονογενὴς Θεός

αὐτῷ· Τίς εἶ; ἵνα ἀπόκρισιν δῶμεν τοῖς πέμψασιν ἡμᾶς· τί λέγεις περὶ σεαυτοῦ; ἔφη· ⌊Ἐγὼ φωνὴ βοῶντος ἐν τῇ ἐρήμῳ· Εὐθύνατε τὴν ὁδὸν 23 Κυρίου⌋,ᵃ καθὼς εἶπεν Ἠσαΐας ὁ προφήτης.

Καὶ ἀπεσταλμένοι ἦσαν ἐκ τῶν Φαρισαίων. καὶ ἠρώτησαν αὐτὸν καὶ 24 25 εἶπαν αὐτῷ· Τί οὖν βαπτίζεις εἰ σὺ οὐκ εἶ ὁ Χριστὸς οὐδὲ Ἠλίας οὐδὲ ὁ προφήτης; ἀπεκρίθη αὐτοῖς ὁ Ἰωάννης λέγων· Ἐγὼ βαπτίζω ἐν 26 ὕδατι· μέσος ὑμῶν στήκει ὃν ὑμεῖς οὐκ οἴδατε, ὁ ὀπίσω μου ἐρχόμενος, 27 οὗ οὐκ εἰμὶ ἐγὼ ἄξιος ἵνα λύσω αὐτοῦ τὸν ἱμάντα τοῦ ὑποδήματος. ταῦτα ἐν Βηθανίᾳ ἐγένετο πέραν τοῦ Ἰορδάνου, ὅπου ἦν ὁ Ἰωάννης 28 βαπτίζων.

Τῇ ἐπαύριον βλέπει τὸν Ἰησοῦν ἐρχόμενον πρὸς αὐτόν, καὶ λέγει· 29 Ἴδε ὁ Ἀμνὸς τοῦ Θεοῦ ὁ αἴρων τὴν ἁμαρτίαν τοῦ κόσμου. οὗτός ἐστιν 30 ὑπὲρ οὗ ἐγὼ εἶπον· Ὀπίσω μου ἔρχεται ἀνὴρ ὃς ἔμπροσθέν μου γέγονεν, ὅτι πρῶτός μου ἦν. κἀγὼ οὐκ ᾔδειν αὐτόν, ἀλλ' ἵνα φανερωθῇ τῷ 31 Ἰσραήλ, διὰ τοῦτο ἦλθον ἐγὼ ἐν ὕδατι βαπτίζων.

Καὶ ἐμαρτύρησεν Ἰωάννης λέγων ὅτι Τεθέαμαι τὸ Πνεῦμα κατα- 32 βαῖνον ὡς περιστερὰν ἐξ οὐρανοῦ, καὶ ἔμεινεν ἐπ' αὐτόν. κἀγὼ οὐκ 33 ᾔδειν αὐτόν, ἀλλ' ὁ πέμψας με βαπτίζειν ἐν ὕδατι, ἐκεῖνός μοι εἶπεν· Ἐφ' ὃν ἂν ἴδῃς τὸ Πνεῦμα καταβαῖνον καὶ μένον ἐπ' αὐτόν, οὗτός ἐστιν ὁ βαπτίζων ἐν Πνεύματι Ἁγίῳ. κἀγὼ ἑώρακα, καὶ μεμαρτύρηκα ὅτι 34 οὗτός ἐστιν ὁ ᵇ Ἐκλεκτὸς τοῦ Θεοῦ.

Τῇ ἐπαύριον πάλιν εἱστήκει ὁ Ἰωάννης καὶ ἐκ τῶν μαθητῶν αὐτοῦ 35 δύο, καὶ ἐμβλέψας τῷ Ἰησοῦ περιπατοῦντι λέγει· Ἴδε ὁ Ἀμνὸς τοῦ Θεοῦ. 36 καὶ ἤκουσαν οἱ δύο μαθηταὶ αὐτοῦ λαλοῦντος καὶ ἠκολούθησαν τῷ 37 Ἰησοῦ. στραφεὶς δὲ ὁ Ἰησοῦς καὶ θεασάμενος αὐτοὺς ἀκολουθοῦντας 38 λέγει αὐτοῖς· Τί ζητεῖτε; οἱ δὲ εἶπαν αὐτῷ· Ῥαββί (ὃ λέγεται μεθερμηνευό- μενον Διδάσκαλε), ποῦ μένεις; λέγει αὐτοῖς· Ἔρχεσθε καὶ ὄψεσθε. ἦλθαν 39 οὖν καὶ εἶδαν ποῦ μένει, καὶ παρ' αὐτῷ ἔμειναν τὴν ἡμέραν ἐκείνην· ὥρα ἦν ὡς δεκάτη.

Ἦν Ἀνδρέας ὁ ἀδελφὸς Σίμωνος Πέτρου εἷς ἐκ τῶν δύο τῶν ἀκουσάν- 40 των παρὰ Ἰωάννου καὶ ἀκολουθησάντων αὐτῷ· εὑρίσκει οὗτος ᶜ πρῶ- 41 τον τὸν ἀδελφὸν τὸν ἴδιον Σίμωνα καὶ λέγει αὐτῷ· Εὑρήκαμεν τὸν Μεσσίαν (ὅ ἐστιν μεθερμηνευόμενον Χριστός). ἤγαγεν αὐτὸν πρὸς τὸν 42 Ἰησοῦν. ἐμβλέψας αὐτῷ ὁ Ἰησοῦς εἶπεν· Σὺ εἶ Σίμων ὁ υἱὸς Ἰωάννου, σὺ κληθήσῃ Κηφᾶς (ὃ ἑρμηνεύεται Πέτρος).

Τῇ ἐπαύριον ἠθέλησεν ἐξελθεῖν εἰς τὴν Γαλιλαίαν, καὶ εὑρίσκει Φίλιπ- 43 πον. καὶ λέγει αὐτῷ ὁ Ἰησοῦς· Ἀκολούθει μοι. ἦν δὲ ὁ Φίλιππος ἀπὸ 44 Βηθσαϊδά, ἐκ τῆς πόλεως Ἀνδρέου καὶ Πέτρου. εὑρίσκει Φίλιππος τὸν 45

[a] Is. 40. 3   [b] Υἱός   [c] πρωΐ

Ναθαναήλ καὶ λέγει αὐτῷ· Ὃν ἔγραψεν Μωϋσῆς ἐν τῷ νόμῳ καὶ οἱ
46 προφῆται εὑρήκαμεν, Ἰησοῦν υἱὸν τοῦ Ἰωσὴφ τὸν ἀπὸ Ναζαρέθ. καὶ
εἶπεν αὐτῷ Ναθαναήλ· Ἐκ Ναζαρὲθ δύναταί τι ἀγαθὸν εἶναι; λέγει
47 αὐτῷ ὁ Φίλιππος· Ἔρχου καὶ ἴδε. εἶδεν Ἰησοῦς τὸν Ναθαναὴλ ἐρχό-
μενον πρὸς αὐτὸν καὶ λέγει περὶ αὐτοῦ· Ἴδε ἀληθῶς Ἰσραηλίτης, ἐν ᾧ
48 δόλος οὐκ ἔστιν. λέγει αὐτῷ Ναθαναήλ· Πόθεν με γινώσκεις; ἀπεκρίθη
Ἰησοῦς καὶ εἶπεν αὐτῷ· Πρὸ τοῦ σε Φίλιππον φωνῆσαι ὄντα ὑπὸ τὴν
49 συκῆν εἶδόν σε. ἀπεκρίθη αὐτῷ Ναθαναήλ· Ῥαββί, σὺ εἶ ὁ Υἱὸς τοῦ
50 Θεοῦ, σὺ βασιλεὺς εἶ τοῦ Ἰσραήλ. ἀπεκρίθη Ἰησοῦς καὶ εἶπεν αὐτῷ·
Ὅτι εἶπόν σοι ὅτι εἶδόν σε ὑποκάτω τῆς συκῆς, πιστεύεις; μείζω τού-
51 των ὄψῃ. καὶ λέγει αὐτῷ· Ἀμὴν ἀμὴν λέγω ὑμῖν, ὄψεσθε τὸν οὐρανὸν
ἀνεῳγότα καὶ ⌜τοὺς ἀγγέλους τοῦ Θεοῦ ἀναβαίνοντας καὶ καταβαίνον-
τας⌝[a] ἐπὶ τὸν Υἱὸν τοῦ ἀνθρώπου.

2 Καὶ τῇ ἡμέρᾳ τῇ τρίτῃ γάμος ἐγένετο ἐν Κανὰ τῆς Γαλιλαίας,
2 καὶ ἦν ἡ μήτηρ τοῦ Ἰησοῦ ἐκεῖ· ἐκλήθη δὲ καὶ ὁ Ἰησοῦς καὶ οἱ
3 μαθηταὶ αὐτοῦ εἰς τὸν γάμον. καὶ ὑστερήσαντος οἴνου λέγει ἡ μήτηρ
4 τοῦ Ἰησοῦ πρὸς αὐτόν· Οἶνον οὐκ ἔχουσιν. καὶ λέγει αὐτῇ ὁ Ἰησοῦς·
5 ⌜Τί ἐμοὶ καὶ σοί⌝,[b] γύναι; οὔπω ἥκει ἡ ὥρα μου. λέγει ἡ μήτηρ αὐτοῦ
6 τοῖς διακόνοις· ⌜Ὅ τι ἂν λέγῃ ὑμῖν, ποιήσατε.⌝[c] ἦσαν δὲ ἐκεῖ λίθιναι
ὑδρίαι ἓξ κατὰ τὸν καθαρισμὸν τῶν Ἰουδαίων κείμεναι, χωροῦσαι ἀνὰ
7 μετρητὰς δύο ἢ τρεῖς. λέγει αὐτοῖς ὁ Ἰησοῦς· Γεμίσατε τὰς ὑδρίας
8 ὕδατος. καὶ ἐγέμισαν αὐτὰς ἕως ἄνω. καὶ λέγει αὐτοῖς· Ἀντλήσατε νῦν
9 καὶ φέρετε τῷ ἀρχιτρικλίνῳ. οἱ δὲ ἤνεγκαν. ὡς δὲ ἐγεύσατο ὁ ἀρχι-
τρίκλινος τὸ ὕδωρ οἶνον γεγενημένον, καὶ οὐκ ᾔδει πόθεν ἐστίν, οἱ δὲ
διάκονοι ᾔδεισαν οἱ ἠντληκότες τὸ ὕδωρ, φωνεῖ τὸν νυμφίον ὁ ἀρχι-
10 τρίκλινος καὶ λέγει αὐτῷ· Πᾶς ἄνθρωπος πρῶτον τὸν καλὸν οἶνον
τίθησιν, καὶ ὅταν μεθυσθῶσιν τὸν ἐλάσσω· σὺ τετήρηκας τὸν καλὸν
οἶνον ἕως ἄρτι.
11 Ταύτην ἐποίησεν ἀρχὴν τῶν σημείων ὁ Ἰησοῦς ἐν Κανὰ τῆς Γαλι-
λαίας καὶ ἐφανέρωσεν τὴν δόξαν αὐτοῦ, καὶ ἐπίστευσαν εἰς αὐτὸν οἱ
μαθηταὶ αὐτοῦ.

12 ❡ Μετὰ τοῦτο κατέβη εἰς Καφαρναοὺμ αὐτὸς καὶ ἡ μήτηρ αὐτοῦ καὶ οἱ
ἀδελφοὶ αὐτοῦ καὶ οἱ μαθηταὶ αὐτοῦ, καὶ ἐκεῖ ἔμειναν οὐ πολλὰς ἡμέρας.
13 καὶ ἐγγὺς ἦν τὸ πάσχα τῶν Ἰουδαίων, καὶ ἀνέβη εἰς Ἱεροσόλυμα ὁ
14 Ἰησοῦς. καὶ εὗρεν ἐν τῷ ἱερῷ τοὺς πωλοῦντας βόας καὶ πρόβατα καὶ

[a] Gn. 28. 12   [b] 1 Kgs. 17. 18   [c] Gn. 41. 55

περιστεράς καὶ τοὺς κερματιστὰς καθημένους. καὶ ποιήσας φραγέλλιον 15
ἐκ σχοινίων πάντας ἐξέβαλεν ἐκ τοῦ ἱεροῦ, τά τε πρόβατα καὶ τοὺς
βόας, καὶ τῶν κολλυβιστῶν ἐξέχεεν τὰ κέρματα καὶ τὰς τραπέζας
ἀνέτρεψεν, καὶ τοῖς τὰς περιστερὰς πωλοῦσιν εἶπεν· Ἄρατε ταῦτα 16
ἐντεῦθεν, μὴ ποιεῖτε τὸν οἶκον τοῦ Πατρός μου οἶκον ἐμπορίου. ἐμνή- 17
σθησαν οἱ μαθηταὶ αὐτοῦ ὅτι γεγραμμένον ἐστίν· ᷍Ο ζῆλος τοῦ οἴκου
σου καταφάγεταί με.[a] ἀπεκρίθησαν οὖν οἱ Ἰουδαῖοι καὶ εἶπαν αὐτῷ· 18
Τί σημεῖον δεικνύεις ἡμῖν, ὅτι ταῦτα ποιεῖς; ἀπεκρίθη Ἰησοῦς καὶ 19
εἶπεν αὐτοῖς· Λύσατε τὸν ναὸν τοῦτον, καὶ ἐν τρισὶν ἡμέραις ἐγερῶ
αὐτόν. εἶπαν οὖν οἱ Ἰουδαῖοι· Τεσσεράκοντα καὶ ἓξ ἔτεσιν οἰκοδομήθη 20
ὁ ναὸς οὗτος, καὶ σὺ ἐν τρισὶν ἡμέραις ἐγερεῖς αὐτόν; ἐκεῖνος δὲ ἔλεγεν 21
περὶ τοῦ ναοῦ τοῦ σώματος αὐτοῦ. ὅτε οὖν ἠγέρθη ἐκ νεκρῶν, ἐμνή- 22
σθησαν οἱ μαθηταὶ αὐτοῦ ὅτι τοῦτο ἔλεγεν, καὶ ἐπίστευσαν τῇ γραφῇ
καὶ τῷ λόγῳ ὃν εἶπεν ὁ Ἰησοῦς.

❡ Ὡς δὲ ἦν ἐν τοῖς Ἱεροσολύμοις ἐν τῷ πάσχα ἐν τῇ ἑορτῇ, πολλοὶ 23
ἐπίστευσαν εἰς τὸ ὄνομα αὐτοῦ, θεωροῦντες αὐτοῦ τὰ σημεῖα ἃ ἐποίει·
αὐτὸς δὲ Ἰησοῦς οὐκ ἐπίστευεν αὐτὸν αὐτοῖς διὰ τὸ αὐτὸν γινώσκειν 24
πάντας, καὶ ὅτι οὐ χρείαν εἶχεν ἵνα τις μαρτυρήσῃ περὶ τοῦ ἀνθρώπου· 25
αὐτὸς γὰρ ἐγίνωσκεν τί ἦν ἐν τῷ ἀνθρώπῳ.

❡ Ἦν δὲ ἄνθρωπος ἐκ τῶν Φαρισαίων, Νικόδημος ὄνομα αὐτῷ, ἄρχων 3
τῶν Ἰουδαίων· οὗτος ἦλθεν πρὸς αὐτὸν νυκτὸς καὶ εἶπεν αὐτῷ· Ῥαββί, 2
οἴδαμεν ὅτι ἀπὸ Θεοῦ ἐλήλυθας διδάσκαλος· οὐδεὶς γὰρ δύναται ταῦτα
τὰ σημεῖα ποιεῖν ἃ σὺ ποιεῖς, ἐὰν μὴ ᾖ ὁ Θεὸς μετ' αὐτοῦ. ἀπεκρίθη 3
Ἰησοῦς καὶ εἶπεν αὐτῷ· Ἀμὴν ἀμὴν λέγω σοι, ἐὰν μή τις γεννηθῇ ἄνωθεν,
οὐ δύναται ἰδεῖν τὴν βασιλείαν τοῦ Θεοῦ. λέγει πρὸς αὐτὸν ὁ Νικόδη- 4
μος· Πῶς δύναται ἄνθρωπος γεννηθῆναι γέρων ὤν; μὴ δύναται εἰς τὴν
κοιλίαν τῆς μητρὸς αὐτοῦ δεύτερον εἰσελθεῖν καὶ γεννηθῆναι; ἀπεκρίθη 5
Ἰησοῦς· Ἀμὴν ἀμὴν λέγω σοι, ἐὰν μή τις γεννηθῇ ἐξ ὕδατος καὶ πνεύ-
ματος, οὐ δύναται εἰσελθεῖν εἰς τὴν βασιλείαν τοῦ Θεοῦ. τὸ γεγεννη- 6
μένον ἐκ τῆς σαρκὸς σάρξ ἐστιν, καὶ τὸ γεγεννημένον ἐκ τοῦ πνεύματος
πνεῦμά ἐστιν. μὴ θαυμάσῃς ὅτι εἶπόν σοι· Δεῖ ὑμᾶς γεννηθῆναι ἄνωθεν· 7
τὸ πνεῦμα ὅπου θέλει πνεῖ, καὶ τὴν φωνὴν αὐτοῦ ἀκούεις, ἀλλ' οὐκ οἶδας 8
πόθεν ἔρχεται καὶ ποῦ ὑπάγει· οὕτως ἐστὶν πᾶς ὁ γεγεννημένος ἐκ τοῦ
πνεύματος.

Ἀπεκρίθη Νικόδημος καὶ εἶπεν αὐτῷ· Πῶς δύναται ταῦτα γενέσθαι; 9
ἀπεκρίθη Ἰησοῦς καὶ εἶπεν αὐτῷ· Σὺ εἶ ὁ διδάσκαλος τοῦ Ἰσραὴλ καὶ 10

[a] Ps. 69. 9

143

11 ταῦτα οὐ γινώσκεις; ἀμὴν ἀμὴν λέγω σοι ὅτι ὃ οἴδαμεν λαλοῦμεν καὶ ὃ
12 ἑωράκαμεν μαρτυροῦμεν, καὶ τὴν μαρτυρίαν ἡμῶν οὐ λαμβάνετε. εἰ τὰ
ἐπίγεια εἶπον ὑμῖν καὶ οὐ πιστεύετε, πῶς ἐὰν εἴπω ὑμῖν τὰ ἐπουράνια
πιστεύσετε;

13 Καὶ οὐδεὶς ἀναβέβηκεν εἰς τὸν οὐρανὸν εἰ μὴ ὁ ἐκ τοῦ οὐρανοῦ κατα-
14 βάς, ὁ Υἱὸς τοῦ ἀνθρώπου ᵃ ὁ ὢν ἐν τῷ οὐρανῷ. καὶ καθὼς Μωϋσῆς
ὕψωσεν τὸν ὄφιν ἐν τῇ ἐρήμῳ, οὕτως ὑψωθῆναι δεῖ τὸν Υἱὸν τοῦ
15 ἀνθρώπου, ἵνα πᾶς ὁ πιστεύων ἐν αὐτῷ ἔχῃ ζωὴν αἰώνιον.

16 Οὕτως γὰρ ἠγάπησεν ὁ Θεὸς τὸν κόσμον, ὥστε τὸν Υἱὸν τὸν μονο-
γενῆ ἔδωκεν, ἵνα πᾶς ὁ πιστεύων εἰς αὐτὸν μὴ ἀπόληται ἀλλ᾽ ἔχῃ ζωὴν
17 αἰώνιον. οὐ γὰρ ἀπέστειλεν ὁ Θεὸς τὸν Υἱὸν εἰς τὸν κόσμον ἵνα κρίνῃ
τὸν κόσμον, ἀλλ᾽ ἵνα σωθῇ ὁ κόσμος δι᾽ αὐτοῦ.

18 Ὁ πιστεύων εἰς αὐτὸν οὐ κρίνεται· ὁ μὴ πιστεύων ἤδη κέκριται, ὅτι
19 μὴ πεπίστευκεν εἰς τὸ ὄνομα τοῦ μονογενοῦς Υἱοῦ τοῦ Θεοῦ. αὕτη δέ
ἐστιν ἡ κρίσις, ὅτι τὸ φῶς ἐλήλυθεν εἰς τὸν κόσμον καὶ ἠγάπησαν οἱ
ἄνθρωποι μᾶλλον τὸ σκότος ἢ τὸ φῶς, ἦν γὰρ αὐτῶν πονηρὰ τὰ ἔργα.
20 πᾶς γὰρ ὁ φαῦλα πράσσων μισεῖ τὸ φῶς καὶ οὐκ ἔρχεται πρὸς τὸ φῶς,
21 ἵνα μὴ ἐλεγχθῇ τὰ ἔργα αὐτοῦ· ὁ δὲ ποιῶν τὴν ἀλήθειαν ἔρχεται πρὸς
τὸ φῶς, ἵνα φανερωθῇ αὐτοῦ τὰ ἔργα ὅτι ἐν Θεῷ ἐστιν εἰργασμένα.

22 ❈ Μετὰ ταῦτα ἦλθεν ὁ Ἰησοῦς καὶ οἱ μαθηταὶ αὐτοῦ εἰς τὴν Ἰουδαίαν
23 γῆν, καὶ ἐκεῖ διέτριβεν μετ᾽ αὐτῶν καὶ ἐβάπτιζεν. ἦν δὲ καὶ Ἰωάννης
βαπτίζων ἐν Αἰνὼν ἐγγὺς τοῦ Σαλίμ, ὅτι ὕδατα πολλὰ ἦν ἐκεῖ, καὶ
24 παρεγίνοντο καὶ ἐβαπτίζοντο· οὔπω γὰρ ἦν βεβλημένος εἰς τὴν φυλα-
κὴν Ἰωάννης.

25 Ἐγένετο οὖν ζήτησις ἐκ τῶν μαθητῶν Ἰωάννου μετὰ Ἰουδαίων περὶ
26 καθαρισμοῦ. καὶ ἦλθον πρὸς τὸν Ἰωάννην καὶ εἶπαν αὐτῷ· Ῥαββί, ὃς
ἦν μετὰ σοῦ πέραν τοῦ Ἰορδάνου, ᾧ σὺ μεμαρτύρηκας, ἴδε οὗτος
27 βαπτίζει καὶ πάντες ἔρχονται πρὸς αὐτόν. ἀπεκρίθη Ἰωάννης καὶ
εἶπεν· Οὐ δύναται ἄνθρωπος λαμβάνειν οὐδὲν ἐὰν μὴ ᾖ δεδομένον αὐτῷ
28 ἐκ τοῦ οὐρανοῦ. αὐτοὶ ὑμεῖς μοι μαρτυρεῖτε ὅτι εἶπον· Οὐκ εἰμὶ ἐγὼ ὁ
29 Χριστός, ἀλλ᾽ ὅτι ἀπεσταλμένος εἰμὶ ἔμπροσθεν ἐκείνου. ὁ ἔχων τὴν
νύμφην νυμφίος ἐστίν· ὁ δὲ φίλος τοῦ νυμφίου, ὁ ἑστηκὼς καὶ ἀκούων
αὐτοῦ, χαρᾷ χαίρει διὰ τὴν φωνὴν τοῦ νυμφίου. αὕτη οὖν ἡ χαρὰ ἡ
30 ἐμὴ πεπλήρωται. ἐκεῖνον δεῖ αὐξάνειν, ἐμὲ δὲ ἐλαττοῦσθαι.

31 Ὁ ἄνωθεν ἐρχόμενος ἐπάνω πάντων ἐστίν· ὁ ὢν ἐκ τῆς γῆς ἐκ τῆς γῆς
32 ἐστιν καὶ ἐκ τῆς γῆς λαλεῖ. ὁ ἐκ τοῦ οὐρανοῦ ἐρχόμενος ᵇ ὃ ἑώρακεν καὶ

[a] om. ὁ ὢν ἐν τῷ οὐρανῷ   [b] ἐπάνω πάντων ἐστίν. ὃ ἑώρακεν καὶ ἤκουσεν, τοῦτο
μαρτυρεῖ

ἤκουσεν μαρτυρεῖ, καὶ τὴν μαρτυρίαν αὐτοῦ οὐδεὶς λαμβάνει. ὁ λαβὼν 33
αὐτοῦ τὴν μαρτυρίαν ἐσφράγισεν ὅτι ὁ Θεὸς ἀληθής ἐστιν. ὃν γὰρ 34
ἀπέστειλεν ὁ Θεὸς τὰ ῥήματα τοῦ Θεοῦ λαλεῖ· οὐ γὰρ ἐκ μέτρου δίδωσιν
τὸ Πνεῦμα. ὁ Πατὴρ ἀγαπᾷ τὸν Υἱόν, καὶ πάντα δέδωκεν ἐν τῇ χειρὶ 35
αὐτοῦ. ὁ πιστεύων εἰς τὸν Υἱὸν ἔχει ζωὴν αἰώνιον· ὁ δὲ ἀπειθῶν τῷ 36
Υἱῷ οὐκ ὄψεται ζωήν, ἀλλ᾽ ἡ ὀργὴ τοῦ Θεοῦ μένει ἐπ᾽ αὐτόν.

❆ Ὡς οὖν ἔγνω ὁ Ἰησοῦς ὅτι ἤκουσαν οἱ Φαρισαῖοι ὅτι Ἰησοῦς 4
πλείονας μαθητὰς ποιεῖ καὶ βαπτίζει ἢ Ἰωάννης—καίτοι γε Ἰησοῦς 2
αὐτὸς οὐκ ἐβάπτιζεν ἀλλ᾽ οἱ μαθηταὶ αὐτοῦ,—ἀφῆκεν τὴν Ἰουδαίαν καὶ 3
ἀπῆλθεν πάλιν εἰς τὴν Γαλιλαίαν. ἔδει δὲ αὐτὸν διέρχεσθαι διὰ τῆς 4
Σαμαρείας. ἔρχεται οὖν εἰς πόλιν τῆς Σαμαρείας λεγομένην Σύχαρ, 5
πλησίον τοῦ χωρίου ὃ ἔδωκεν Ἰακὼβ τῷ Ἰωσὴφ τῷ υἱῷ αὐτοῦ· ἦν δὲ 6
ἐκεῖ πηγὴ τοῦ Ἰακώβ. ὁ οὖν Ἰησοῦς κεκοπιακὼς ἐκ τῆς ὁδοιπορίας
ἐκαθέζετο οὕτως ἐπὶ τῇ πηγῇ· ὥρα ἦν ὡς ἕκτη.

Ἔρχεται γυνὴ ἐκ τῆς Σαμαρείας ἀντλῆσαι ὕδωρ. λέγει αὐτῇ ὁ 7
Ἰησοῦς· Δός μοι πεῖν. οἱ γὰρ μαθηταὶ αὐτοῦ ἀπεληλύθεισαν εἰς τὴν 8
πόλιν, ἵνα τροφὰς ἀγοράσωσιν. λέγει οὖν αὐτῷ ἡ γυνὴ ἡ Σαμαρῖτις· 9
Πῶς σὺ Ἰουδαῖος ὢν παρ᾽ ἐμοῦ πεῖν αἰτεῖς γυναικὸς Σαμαρίτιδος οὔσης;
ᵃ (οὐ γὰρ συγχρῶνται Ἰουδαῖοι Σαμαρίταις.) ἀπεκρίθη Ἰησοῦς καὶ 10
εἶπεν αὐτῇ· Εἰ ᾔδεις τὴν δωρεὰν τοῦ Θεοῦ, καὶ τίς ἐστιν ὁ λέγων σοι·
Δός μοι πεῖν, σὺ ἂν ᾔτησας αὐτὸν καὶ ἔδωκεν ἄν σοι ὕδωρ ζῶν. λέγει 11
αὐτῷ ἡ γυνή· Κύριε, οὔτε ἄντλημα ἔχεις καὶ τὸ φρέαρ ἐστὶν βαθύ·
πόθεν ἔχεις τὸ ὕδωρ τὸ ζῶν; μὴ σὺ μείζων εἶ τοῦ πατρὸς ἡμῶν Ἰακώβ, 12
ὃς ἔδωκεν ἡμῖν τὸ φρέαρ, καὶ αὐτὸς ἐξ αὐτοῦ ἔπιεν καὶ οἱ υἱοὶ αὐτοῦ καὶ
τὰ θρέμματα αὐτοῦ; ἀπεκρίθη Ἰησοῦς καὶ εἶπεν αὐτῇ· Πᾶς ὁ πίνων ἐκ 13
τοῦ ὕδατος τούτου διψήσει πάλιν· ὃς δ᾽ ἂν πίῃ ἐκ τοῦ ὕδατος οὗ ἐγὼ 14
δώσω αὐτῷ, οὐ μὴ διψήσει εἰς τὸν αἰῶνα, ἀλλὰ τὸ ὕδωρ ὃ δώσω αὐτῷ
γενήσεται ἐν αὐτῷ πηγὴ ὕδατος ἁλλομένου εἰς ζωὴν αἰώνιον. λέγει 15
πρὸς αὐτὸν ἡ γυνή· Κύριε, δός μοι τοῦτο τὸ ὕδωρ, ἵνα μὴ διψῶ μηδὲ
διέρχωμαι ἐνθάδε ἀντλεῖν.

Λέγει αὐτῇ ὁ Ἰησοῦς· Ὕπαγε, φώνησον τὸν ἄνδρα σου καὶ ἐλθὲ 16
ἐνθάδε. ἀπεκρίθη ἡ γυνὴ καὶ εἶπεν· Οὐκ ἔχω ἄνδρα. λέγει αὐτῇ ὁ 17
Ἰησοῦς· Καλῶς εἶπες ὅτι Ἄνδρα οὐκ ἔχω· πέντε γὰρ ἄνδρας ἔσχες, καὶ 18
νῦν ὃν ἔχεις οὐκ ἔστιν σου ἀνήρ· τοῦτο ἀληθὲς εἴρηκας. λέγει αὐτῷ ἡ 19
γυνή· Κύριε, θεωρῶ ὅτι προφήτης εἶ σύ. οἱ πατέρες ἡμῶν ἐν τῷ ὄρει 20
τούτῳ προσεκύνησαν· καὶ ὑμεῖς λέγετε ὅτι ἐν Ἱεροσολύμοις ἐστὶν ὁ
τόπος ὅπου προσκυνεῖν δεῖ. λέγει αὐτῇ ὁ Ἰησοῦς· Πίστευέ μοι, γύναι, 21

[a] om. οὐ γὰρ συγχρῶνται Ἰουδαῖοι Σαμαρίταις.

ὅτι ἔρχεται ὥρα ὅτε οὔτε ἐν τῷ ὄρει τούτῳ οὔτε ἐν Ἱεροσολύμοις
22 προσκυνήσετε τῷ Πατρί. ὑμεῖς προσκυνεῖτε ὃ οὐκ οἴδατε, ἡμεῖς προσ-
23 κυνοῦμεν ὃ οἴδαμεν, ὅτι ἡ σωτηρία ἐκ τῶν Ἰουδαίων ἐστίν· ἀλλὰ
ἔρχεται ὥρα, καὶ νῦν ἐστιν, ὅτε οἱ ἀληθινοὶ προσκυνηταὶ προσκυνή-
24 σουσιν τῷ Πατρὶ ἐν πνεύματι καὶ ἀληθείᾳ· καὶ γὰρ ὁ Πατὴρ τοιούτους
ζητεῖ τοὺς προσκυνοῦντας αὐτόν· πνεῦμα ὁ Θεός, καὶ τοὺς προσκυνοῦν-
25 τας αὐτὸν ἐν πνεύματι καὶ ἀληθείᾳ δεῖ προσκυνεῖν. λέγει αὐτῷ ἡ γυνή·
Οἶδα ὅτι Μεσσίας ἔρχεται (ὁ λεγόμενος Χριστός)· ὅταν ἔλθῃ ἐκεῖνος,
26 ἀναγγελεῖ ἡμῖν ἅπαντα. λέγει αὐτῇ ὁ Ἰησοῦς· Ἐγώ εἰμι, ὁ λαλῶν σοι.

27   Καὶ ἐπὶ τούτῳ ἦλθαν οἱ μαθηταὶ αὐτοῦ, καὶ ἐθαύμαζον ὅτι μετὰ
γυναικὸς ἐλάλει· οὐδεὶς μέντοι εἶπεν· Τί ζητεῖς; ἤ, Τί λαλεῖς μετ' αὐτῆς;
28 ἀφῆκεν οὖν τὴν ὑδρίαν αὐτῆς ἡ γυνὴ καὶ ἀπῆλθεν εἰς τὴν πόλιν, καὶ
29 λέγει τοῖς ἀνθρώποις· Δεῦτε ἴδετε ἄνθρωπον ὃς εἶπέν μοι πάντα ἃ
30 ἐποίησα· μήτι οὗτός ἐστιν ὁ Χριστός; ἐξῆλθον ἐκ τῆς πόλεως καὶ
ἤρχοντο πρὸς αὐτόν.

31 32   Ἐν τῷ μεταξὺ ἠρώτων αὐτὸν οἱ μαθηταὶ λέγοντες· Ῥαββί, φάγε. ὁ
33 δὲ εἶπεν αὐτοῖς· Ἐγὼ βρῶσιν ἔχω φαγεῖν ἣν ὑμεῖς οὐκ οἴδατε. ἔλεγον
34 οὖν οἱ μαθηταὶ πρὸς ἀλλήλους· Μή τις ἤνεγκεν αὐτῷ φαγεῖν; λέγει
αὐτοῖς ὁ Ἰησοῦς· Ἐμὸν βρῶμά ἐστιν ἵνα ποιῶ τὸ θέλημα τοῦ πέμψαντός
με καὶ τελειώσω αὐτοῦ τὸ ἔργον.

35   Οὐχ ὑμεῖς λέγετε ὅτι Ἔτι τετράμηνός ἐστιν καὶ ὁ θερισμὸς ἔρχεται;
ἰδοὺ λέγω ὑμῖν, ἐπάρατε τοὺς ὀφθαλμοὺς ὑμῶν καὶ θεάσασθε τὰς χώρας,
36 ὅτι λευκαί εἰσιν πρὸς θερισμὸν ἤδη. ὁ θερίζων μισθὸν λαμβάνει καὶ
συνάγει καρπὸν εἰς ζωὴν αἰώνιον, ἵνα ὁ σπείρων ὁμοῦ χαίρῃ καὶ ὁ
37 θερίζων. ἐν γὰρ τούτῳ ὁ λόγος ἐστὶν ἀληθινὸς ὅτι Ἄλλος ἐστὶν ὁ
38 σπείρων καὶ ἄλλος ὁ θερίζων. ἐγὼ ἀπέστειλα ὑμᾶς θερίζειν ὃ οὐχ
ὑμεῖς κεκοπιάκατε· ἄλλοι κεκοπιάκασιν, καὶ ὑμεῖς εἰς τὸν κόπον αὐτῶν
εἰσεληλύθατε.

39   Ἐκ δὲ τῆς πόλεως ἐκείνης πολλοὶ ἐπίστευσαν εἰς αὐτὸν τῶν Σαμαρι-
τῶν διὰ τὸν λόγον τῆς γυναικὸς μαρτυρούσης ὅτι Εἶπέν μοι πάντα ἃ
40 ἐποίησα. ὡς οὖν ἦλθον πρὸς αὐτὸν οἱ Σαμαρῖται, ἠρώτων αὐτὸν μεῖναι
41 παρ' αὐτοῖς· καὶ ἔμεινεν ἐκεῖ δύο ἡμέρας. καὶ πολλῷ πλείους ἐπίστευσαν
42 διὰ τὸν λόγον αὐτοῦ, τῇ τε γυναικὶ ἔλεγον ὅτι Οὐκέτι διὰ τὴν σὴν
λαλιὰν πιστεύομεν· αὐτοὶ γὰρ ἀκηκόαμεν, καὶ οἴδαμεν ὅτι οὗτός ἐστιν
ἀληθῶς ὁ Σωτὴρ τοῦ κόσμου.

43 44   ❆ Μετὰ δὲ τὰς δύο ἡμέρας ἐξῆλθεν ἐκεῖθεν εἰς τὴν Γαλιλαίαν. αὐτὸς
γὰρ Ἰησοῦς ἐμαρτύρησεν ὅτι προφήτης ἐν τῇ ἰδίᾳ πατρίδι τιμὴν οὐκ
45 ἔχει. ὅτε οὖν ἦλθεν εἰς τὴν Γαλιλαίαν, ἐδέξαντο αὐτὸν οἱ Γαλιλαῖοι,

πάντα ἑωρακότες ὅσα ἐποίησεν ἐν Ἱεροσολύμοις ἐν τῇ ἑορτῇ· καὶ αὐτοὶ γὰρ ἦλθον εἰς τὴν ἑορτήν.

Ἦλθεν οὖν πάλιν εἰς τὴν Κανὰ τῆς Γαλιλαίας, ὅπου ἐποίησεν τὸ 46 ὕδωρ οἶνον. καὶ ἦν τις βασιλικὸς οὗ ὁ υἱὸς ἠσθένει ἐν Καφαρναούμ· οὗτος ἀκούσας ὅτι Ἰησοῦς ἥκει ἐκ τῆς Ἰουδαίας εἰς τὴν Γαλιλαίαν, 47 ἀπῆλθεν πρὸς αὐτὸν καὶ ἠρώτα ἵνα καταβῇ καὶ ἰάσηται αὐτοῦ τὸν υἱόν, ἤμελλεν γὰρ ἀποθνήσκειν. εἶπεν οὖν ὁ Ἰησοῦς πρὸς αὐτόν· Ἐὰν 48 μὴ σημεῖα καὶ τέρατα ἴδητε, οὐ μὴ πιστεύσητε; λέγει πρὸς αὐτὸν ὁ 49 βασιλικός· Κύριε, κατάβηθι πρὶν ἀποθανεῖν τὸ παιδίον μου. λέγει 50 αὐτῷ ὁ Ἰησοῦς· Πορεύου, ὁ υἱός σου ζῇ. ἐπίστευσεν ὁ ἄνθρωπος τῷ λόγῳ ὃν εἶπεν αὐτῷ ὁ Ἰησοῦς, καὶ ἐπορεύετο. ἤδη δὲ αὐτοῦ κατα- 51 βαίνοντος οἱ δοῦλοι ὑπήντησαν αὐτῷ λέγοντες ὅτι Ὁ παῖς σου ζῇ. ἐπύθετο οὖν τὴν ὥραν παρ' αὐτῶν ἐν ᾗ κομψότερον ἔσχεν· εἶπαν οὖν 52 αὐτῷ ὅτι Ἐχθὲς ὥραν ἑβδόμην ἀφῆκεν αὐτὸν ὁ πυρετός. ἔγνω οὖν ὁ 53 πατὴρ ὅτι ἐκείνῃ τῇ ὥρᾳ ἐν ᾗ εἶπεν αὐτῷ ὁ Ἰησοῦς· Ὁ υἱός σου ζῇ· καὶ ἐπίστευσεν αὐτὸς καὶ ἡ οἰκία αὐτοῦ ὅλη.

Τοῦτο πάλιν δεύτερον σημεῖον ἐποίησεν ὁ Ἰησοῦς ἐλθὼν ἐκ τῆς 54 Ἰουδαίας εἰς τὴν Γαλιλαίαν.

℃ Μετὰ ταῦτα ἦν ᵃ ἑορτὴ τῶν Ἰουδαίων, καὶ ἀνέβη Ἰησοῦς εἰς 5 Ἱεροσόλυμα. ἔστιν δὲ ἐν τοῖς Ἱεροσολύμοις ἐπὶ τῇ προβατικῇ κολυμ- 2 βήθρα ἡ ἐπιλεγομένη Ἑβραϊστὶ Βηθεσδά, πέντε στοὰς ἔχουσα. ἐν ταύ- 3 ταις κατέκειτο πλῆθος τῶν ἀσθενούντων, τυφλῶν, χωλῶν, ξηρῶν.ᵇ ἦν δέ τις ἄνθρωπος ἐκεῖ τριάκοντα καὶ ὀκτὼ ἔτη ἔχων ἐν τῇ ἀσθενείᾳ 5 αὐτοῦ· τοῦτον ἰδὼν ὁ Ἰησοῦς κατακείμενον, καὶ γνοὺς ὅτι πολὺν ἤδη 6 χρόνον ἔχει, λέγει αὐτῷ· Θέλεις ὑγιὴς γενέσθαι; ἀπεκρίθη αὐτῷ ὁ 7 ἀσθενῶν· Κύριε, ἄνθρωπον οὐκ ἔχω, ἵνα ὅταν ταραχθῇ τὸ ὕδωρ βάλῃ με εἰς τὴν κολυμβήθραν· ἐν ᾧ δὲ ἔρχομαι ἐγώ, ἄλλος πρὸ ἐμοῦ κατα- βαίνει. λέγει αὐτῷ ὁ Ἰησοῦς· Ἔγειρε ἆρον τὸν κράβατόν σου καὶ 8 περιπάτει. καὶ εὐθέως ἐγένετο ὑγιὴς ὁ ἄνθρωπος, καὶ ἦρεν τὸν κράβατον 9 αὐτοῦ καὶ περιεπάτει.

Ἦν δὲ σάββατον ἐν ἐκείνῃ τῇ ἡμέρᾳ. ἔλεγον οὖν οἱ Ἰουδαῖοι τῷ 10 τεθεραπευμένῳ· Σάββατόν ἐστιν, καὶ οὐκ ἔξεστίν σοι ἆραι τὸν κράβατον. ὁ δὲ ἀπεκρίθη αὐτοῖς· Ὁ ποιήσας με ὑγιῆ, ἐκεῖνός μοι εἶπεν· Ἆρον τὸν 11 κράβατόν σου καὶ περιπάτει. ἠρώτησαν αὐτόν· Τίς ἐστιν ὁ ἄνθρωπος 12 ὁ εἰπών σοι· Ἆρον καὶ περιπάτει; ὁ δὲ ἰαθεὶς οὐκ ᾔδει τίς ἐστιν· ὁ γὰρ 13

[a] ἡ ἑορτὴ   [b] add ἐκδεχομένων τὴν τοῦ ὕδατος κίνησιν· or ἐκδεχομένων τὴν τοῦ ὕδατος κίνησιν· (4) ἄγγελος γὰρ Κυρίου κατὰ καιρὸν κατέβαινεν ἐν τῇ κολυμβήθρᾳ, καὶ ἐτάρασσε τὸ ὕδωρ· ὁ οὖν πρῶτος ἐμβὰς μετὰ τὴν ταραχὴν τοῦ ὕδατος ὑγιὴς ἐγίνετο, ᾧ δήποτε κατείχετο νοσήματι.

14 Ἰησοῦς ἐξένευσεν ὄχλου ὄντος ἐν τῷ τόπῳ. μετὰ ταῦτα εὑρίσκει αὐτὸν ὁ Ἰησοῦς ἐν τῷ ἱερῷ καὶ εἶπεν αὐτῷ· Ἴδε ὑγιὴς γέγονας· μηκέτι ἁμάρ-

15 τανε, ἵνα μὴ χεῖρόν σοί τι γένηται. ἀπῆλθεν ὁ ἄνθρωπος καὶ εἶπεν τοῖς Ἰουδαίοις ὅτι Ἰησοῦς ἐστιν ὁ ποιήσας αὐτὸν ὑγιῆ.

16 Καὶ διὰ τοῦτο ἐδίωκον οἱ Ἰουδαῖοι τὸν Ἰησοῦν, ὅτι ταῦτα ἐποίει ἐν

17 σαββάτῳ. ὁ δὲ ἀπεκρίνατο αὐτοῖς· Ὁ Πατήρ μου ἕως ἄρτι ἐργάζεται,

18 κἀγὼ ἐργάζομαι. διὰ τοῦτο οὖν μᾶλλον ἐζήτουν αὐτὸν οἱ Ἰουδαῖοι ἀποκτεῖναι, ὅτι οὐ μόνον ἔλυεν τὸ σάββατον, ἀλλὰ καὶ Πατέρα ἴδιον ἔλεγεν τὸν Θεόν, ἴσον ἑαυτὸν ποιῶν τῷ Θεῷ.

19 Ἀπεκρίνατο οὖν ὁ Ἰησοῦς καὶ ἔλεγεν αὐτοῖς· Ἀμὴν ἀμὴν λέγω ὑμῖν, οὐ δύναται ὁ Υἱὸς ποιεῖν ἀφ' ἑαυτοῦ οὐδέν, ἂν μή τι βλέπῃ τὸν Πατέρα

20 ποιοῦντα· ἃ γὰρ ἂν ἐκεῖνος ποιῇ, ταῦτα καὶ ὁ Υἱὸς ὁμοίως ποιεῖ. ὁ γὰρ Πατὴρ φιλεῖ τὸν Υἱὸν καὶ πάντα δείκνυσιν αὐτῷ ἃ αὐτὸς ποιεῖ, καὶ

21 μείζονα τούτων δείξει αὐτῷ ἔργα, ἵνα ὑμεῖς θαυμάζητε. ὥσπερ γὰρ ὁ Πατὴρ ἐγείρει τοὺς νεκροὺς καὶ ζωοποιεῖ, οὕτως καὶ ὁ Υἱὸς οὓς θέλει

22 ζωοποιεῖ. οὐδὲ γὰρ ὁ Πατὴρ κρίνει οὐδένα, ἀλλὰ τὴν κρίσιν πᾶσαν

23 δέδωκεν τῷ Υἱῷ, ἵνα πάντες τιμῶσι τὸν Υἱὸν καθὼς τιμῶσι τὸν Πατέρα. ὁ μὴ τιμῶν τὸν Υἱὸν οὐ τιμᾷ τὸν Πατέρα τὸν πέμψαντα αὐτόν.

24 Ἀμὴν ἀμὴν λέγω ὑμῖν ὅτι ὁ τὸν λόγον μου ἀκούων καὶ πιστεύων τῷ πέμψαντί με ἔχει ζωὴν αἰώνιον, καὶ εἰς κρίσιν οὐκ ἔρχεται ἀλλὰ μετα-

25 βέβηκεν ἐκ τοῦ θανάτου εἰς τὴν ζωήν. ἀμὴν ἀμὴν λέγω ὑμῖν ὅτι ἔρχεται ὥρα, καὶ νῦν ἐστιν, ὅτε οἱ νεκροὶ ἀκούσουσιν τῆς φωνῆς τοῦ Υἱοῦ τοῦ

26 Θεοῦ καὶ οἱ ἀκούσαντες ζήσουσιν. ὥσπερ γὰρ ὁ Πατὴρ ἔχει ζωὴν ἐν ἑαυτῷ, οὕτως καὶ τῷ Υἱῷ ἔδωκεν ζωὴν ἔχειν ἐν ἑαυτῷ.

27 Καὶ ἐξουσίαν ἔδωκεν αὐτῷ κρίσιν ποιεῖν, ὅτι Υἱὸς ἀνθρώπου ἐστίν.

28 μὴ θαυμάζετε τοῦτο, ὅτι ἔρχεται ὥρα ἐν ᾗ πάντες οἱ ἐν τοῖς μνημείοις

29 ἀκούσουσιν τῆς φωνῆς αὐτοῦ καὶ ἐκπορεύσονται οἱ τὰ ἀγαθὰ ποιή-σαντες εἰς ἀνάστασιν ζωῆς, οἱ τὰ φαῦλα πράξαντες εἰς ἀνάστασιν

30 κρίσεως. οὐ δύναμαι ἐγὼ ποιεῖν ἀπ' ἐμαυτοῦ οὐδέν· καθὼς ἀκούω κρίνω, καὶ ἡ κρίσις ἡ ἐμὴ δικαία ἐστίν, ὅτι οὐ ζητῶ τὸ θέλημα τὸ ἐμὸν ἀλλὰ τὸ θέλημα τοῦ πέμψαντός με.

31 Ἐὰν ἐγὼ μαρτυρῶ περὶ ἐμαυτοῦ, ἡ μαρτυρία μου οὐκ ἔστιν ἀληθής·

32 ἄλλος ἐστὶν ὁ μαρτυρῶν περὶ ἐμοῦ, καὶ οἶδα ὅτι ἀληθής ἐστιν ἡ μαρ-

33 τυρία ἣν μαρτυρεῖ περὶ ἐμοῦ. ὑμεῖς ἀπεστάλκατε πρὸς Ἰωάννην, καὶ

34 μεμαρτύρηκεν τῇ ἀληθείᾳ· ἐγὼ δὲ οὐ παρὰ ἀνθρώπου τὴν μαρτυρίαν

35 λαμβάνω, ἀλλὰ ταῦτα λέγω ἵνα ὑμεῖς σωθῆτε. ἐκεῖνος ἦν ὁ λύχνος ὁ καιόμενος καὶ φαίνων, ὑμεῖς δὲ ἠθελήσατε ἀγαλλιαθῆναι πρὸς ὥραν ἐν

36 τῷ φωτὶ αὐτοῦ. ἐγὼ δὲ ἔχω τὴν μαρτυρίαν μείζω τοῦ Ἰωάννου· τὰ γὰρ ἔργα ἃ δέδωκέν μοι ὁ Πατὴρ ἵνα τελειώσω αὐτά, αὐτὰ τὰ ἔργα ἃ ποιῶ,

μαρτυρεῖ περὶ ἐμοῦ ὅτι ὁ Πατήρ με ἀπέσταλκεν. καὶ ὁ πέμψας με 37 Πατήρ, ἐκεῖνος μεμαρτύρηκεν περὶ ἐμοῦ. οὔτε φωνὴν αὐτοῦ πώποτε ἀκηκόατε οὔτε εἶδος αὐτοῦ ἑωράκατε, καὶ τὸν λόγον αὐτοῦ οὐκ ἔχετε ἐν 38 ὑμῖν μένοντα, ὅτι ὃν ἀπέστειλεν ἐκεῖνος, τούτῳ ὑμεῖς οὐ πιστεύετε. ἐρευνᾶτε τὰς γραφάς, ὅτι ὑμεῖς δοκεῖτε ἐν αὐταῖς ζωὴν αἰώνιον ἔχειν· 39 καὶ ἐκεῖναί εἰσιν αἱ μαρτυροῦσαι περὶ ἐμοῦ· καὶ οὐ θέλετε ἐλθεῖν πρός με 40 ἵνα ζωὴν ἔχητε.

Δόξαν παρὰ ἀνθρώπων οὐ λαμβάνω, ἀλλὰ ἔγνωκα ὑμᾶς ὅτι τὴν 41 42 ἀγάπην τοῦ Θεοῦ οὐκ ἔχετε ἐν ἑαυτοῖς. ἐγὼ ἐλήλυθα ἐν τῷ ὀνόματι τοῦ 43 Πατρός μου, καὶ οὐ λαμβάνετέ με· ἐὰν ἄλλος ἔλθῃ ἐν τῷ ὀνόματι τῷ ἰδίῳ, ἐκεῖνον λήμψεσθε. πῶς δύνασθε ὑμεῖς πιστεῦσαι, δόξαν παρὰ 44 ἀλλήλων λαμβάνοντες, καὶ τὴν δόξαν τὴν παρὰ τοῦ μόνου Θεοῦ οὐ ζητεῖτε; μὴ δοκεῖτε ὅτι ἐγὼ κατηγορήσω ὑμῶν πρὸς τὸν Πατέρα· ἔστιν 45 ὁ κατηγορῶν ὑμῶν Μωϋσῆς, εἰς ὃν ὑμεῖς ἠλπίκατε. εἰ γὰρ ἐπιστεύετε 46 Μωϋσει, ἐπιστεύετε ἂν ἐμοί· περὶ γὰρ ἐμοῦ ἐκεῖνος ἔγραψεν. εἰ δὲ τοῖς 47 ἐκείνου γράμμασιν οὐ πιστεύετε, πῶς τοῖς ἐμοῖς ῥήμασιν πιστεύσετε;

℘ Μετὰ ταῦτα ἀπῆλθεν ὁ Ἰησοῦς πέραν τῆς θαλάσσης τῆς Γαλιλαίας 6 (τῆς Τιβεριάδος). ἠκολούθει δὲ αὐτῷ ὄχλος πολύς, ὅτι ἑώρων τὰ 2 σημεῖα ἃ ἐποίει ἐπὶ τῶν ἀσθενούντων. ἀνῆλθεν δὲ εἰς τὸ ὄρος Ἰησοῦς, 3 καὶ ἐκεῖ ἐκάθητο μετὰ τῶν μαθητῶν αὐτοῦ. ἦν δὲ ἐγγὺς τὸ πάσχα, ἡ 4 ἑορτὴ τῶν Ἰουδαίων. ἐπάρας οὖν τοὺς ὀφθαλμοὺς ὁ Ἰησοῦς καὶ 5 θεασάμενος ὅτι πολὺς ὄχλος ἔρχεται πρὸς αὐτόν, λέγει πρὸς Φίλιππον· Πόθεν ἀγοράσωμεν ἄρτους ἵνα φάγωσιν οὗτοι; τοῦτο δὲ ἔλεγεν πειρά- 6 ζων αὐτόν· αὐτὸς γὰρ ᾔδει τί ἔμελλεν ποιεῖν. ἀπεκρίθη αὐτῷ ὁ Φίλιπ- 7 πος· Διακοσίων δηναρίων ἄρτοι οὐκ ἀρκοῦσιν αὐτοῖς, ἵνα ἕκαστος βραχύ τι λάβῃ. λέγει αὐτῷ εἷς ἐκ τῶν μαθητῶν αὐτοῦ, Ἀνδρέας ὁ 8 ἀδελφὸς Σίμωνος Πέτρου· Ἔστιν παιδάριον ὧδε ὃς ἔχει πέντε ἄρτους 9 κριθίνους καὶ δύο ὀψάρια· ἀλλὰ ταῦτα τί ἐστιν εἰς τοσούτους; εἶπεν ὁ 10 Ἰησοῦς· Ποιήσατε τοὺς ἀνθρώπους ἀναπεσεῖν. ἦν δὲ χόρτος πολὺς ἐν τῷ τόπῳ. ἀνέπεσαν οὖν οἱ ἄνδρες τὸν ἀριθμὸν ὡς πεντακισχίλιοι. ἔλαβεν οὖν τοὺς ἄρτους ὁ Ἰησοῦς καὶ εὐχαριστήσας διέδωκεν τοῖς 11 ἀνακειμένοις, ὁμοίως καὶ ἐκ τῶν ὀψαρίων ὅσον ἤθελον. ὡς δὲ ἐνεπλή- 12 σθησαν, λέγει τοῖς μαθηταῖς αὐτοῦ· Συναγάγετε τὰ περισσεύσαντα κλάσματα, ἵνα μή τι ἀπόληται. συνήγαγον οὖν, καὶ ἐγέμισαν δώδεκα 13 κοφίνους κλασμάτων ἐκ τῶν πέντε ἄρτων τῶν κριθίνων ἃ ἐπερίσσευσαν τοῖς βεβρωκόσιν.

Οἱ οὖν ἄνθρωποι ἰδόντες ὃ ἐποίησεν σημεῖον ἔλεγον ὅτι Οὗτός ἐστιν 14 ἀληθῶς ὁ προφήτης ὁ ἐρχόμενος εἰς τὸν κόσμον. Ἰησοῦς οὖν γνοὺς ὅτι 15 μέλλουσιν ἔρχεσθαι καὶ ἁρπάζειν αὐτὸν ἵνα ποιήσωσιν βασιλέα, ἀνεχώρησεν πάλιν εἰς τὸ ὄρος αὐτὸς μόνος.

16 Ὡς δὲ ὀψία ἐγένετο, κατέβησαν οἱ μαθηταὶ αὐτοῦ ἐπὶ τὴν θάλασσαν,
17 καὶ ἐμβάντες εἰς τὸ πλοῖον ἤρχοντο πέραν τῆς θαλάσσης εἰς Καφαρναούμ. καὶ σκοτία ἤδη ἐγεγόνει καὶ οὔπω ἐληλύθει πρὸς αὐτοὺς ὁ
18 19 Ἰησοῦς, ἥ τε θάλασσα ἀνέμου μεγάλου πνέοντος διηγείρετο. ἐληλακότες οὖν ὡς σταδίους εἴκοσι πέντε ἢ τριάκοντα θεωροῦσιν τὸν Ἰησοῦν περιπατοῦντα ἐπὶ τῆς θαλάσσης καὶ ἐγγὺς τοῦ πλοίου γινόμενον, καὶ
20 21 ἐφοβήθησαν. ὁ δὲ λέγει αὐτοῖς· Ἐγώ εἰμι· μὴ φοβεῖσθε. ἤθελον οὖν λαβεῖν αὐτὸν εἰς τὸ πλοῖον, καὶ εὐθέως ἐγένετο τὸ πλοῖον ἐπὶ τῆς γῆς εἰς ἣν ὑπῆγον.

22 ❡ Τῇ ἐπαύριον ὁ ὄχλος ὁ ἑστηκὼς πέραν τῆς θαλάσσης εἶδον ὅτι πλοιάριον ἄλλο οὐκ ἦν ἐκεῖ εἰ μὴ ἕν, καὶ ὅτι οὐ συνεισῆλθεν τοῖς μαθηταῖς αὐτοῦ ὁ Ἰησοῦς εἰς τὸ πλοῖον ἀλλὰ μόνοι οἱ μαθηταὶ αὐτοῦ
23 ἀπῆλθον· ᵃ ἀλλὰ ἦλθεν πλοιάρια ἐκ Τιβεριάδος ἐγγὺς τοῦ τόπου ὅπου
24 ἔφαγον τὸν ἄρτον ᵇ εὐχαριστήσαντος τοῦ Κυρίου. ὅτε οὖν εἶδεν ὁ ὄχλος ὅτι Ἰησοῦς οὐκ ἔστιν ἐκεῖ οὐδὲ οἱ μαθηταὶ αὐτοῦ, ἐνέβησαν αὐτοὶ
25 εἰς τὰ πλοιάρια καὶ ἦλθον εἰς Καφαρναοὺμ ζητοῦντες τὸν Ἰησοῦν. καὶ εὑρόντες αὐτὸν πέραν τῆς θαλάσσης εἶπον αὐτῷ· Ῥαββί, πότε ὧδε
26 γέγονας; ἀπεκρίθη αὐτοῖς ὁ Ἰησοῦς καὶ εἶπεν· Ἀμὴν ἀμὴν λέγω ὑμῖν, ζητεῖτέ με οὐχ ὅτι εἴδετε σημεῖα, ἀλλ᾽ ὅτι ἐφάγετε ἐκ τῶν ἄρτων καὶ
27 ἐχορτάσθητε. ἐργάζεσθε μὴ τὴν βρῶσιν τὴν ἀπολλυμένην, ἀλλὰ τὴν βρῶσιν τὴν μένουσαν εἰς ζωὴν αἰώνιον, ἣν ὁ Υἱὸς τοῦ ἀνθρώπου ὑμῖν
28 δώσει· τοῦτον γὰρ ὁ Πατὴρ ἐσφράγισεν ὁ Θεός. εἶπον οὖν πρὸς
29 αὐτόν· Τί ποιῶμεν ἵνα ἐργαζώμεθα τὰ ἔργα τοῦ Θεοῦ; ἀπεκρίθη Ἰησοῦς καὶ εἶπεν αὐτοῖς· Τοῦτό ἐστιν τὸ ἔργον τοῦ Θεοῦ, ἵνα πιστεύητε εἰς ὃν ἀπέστειλεν ἐκεῖνος.

30 Εἶπον οὖν αὐτῷ· Τί οὖν ποιεῖς σὺ σημεῖον, ἵνα ἴδωμεν καὶ πιστεύσω
31 μέν σοι; τί ἐργάζῃ; οἱ πατέρες ἡμῶν τὸ μάννα ἔφαγον ἐν τῇ ἐρήμῳ, καθώς ἐστιν γεγραμμένον· ⌊Ἄρτον ἐκ τοῦ οὐρανοῦ ἔδωκεν αὐτοῖς φα
32 γεῖν.⌋ᶜ εἶπεν οὖν αὐτοῖς ὁ Ἰησοῦς· Ἀμὴν ἀμὴν λέγω ὑμῖν οὐ Μωϋσῆς δέδωκεν ὑμῖν τὸν ἄρτον ἐκ τοῦ οὐρανοῦ, ἀλλ᾽ ὁ Πατήρ μου δίδωσιν ὑμῖν
33 τὸν ἄρτον ἐκ τοῦ οὐρανοῦ τὸν ἀληθινόν· ὁ γὰρ ἄρτος τοῦ Θεοῦ ἐστιν
34 ὁ καταβαίνων ἐκ τοῦ οὐρανοῦ καὶ ζωὴν διδοὺς τῷ κόσμῳ. εἶπον οὖν
35 πρὸς αὐτόν· Κύριε, πάντοτε δὸς ἡμῖν τὸν ἄρτον τοῦτον. εἶπεν αὐτοῖς ὁ Ἰησοῦς· Ἐγώ εἰμι ὁ ἄρτος τῆς ζωῆς· ὁ ἐρχόμενος πρὸς ἐμὲ οὐ μὴ πεινάσῃ,
36 καὶ ὁ πιστεύων εἰς ἐμὲ οὐ μὴ διψήσει πώποτε. ἀλλ᾽ εἶπον ὑμῖν ὅτι καὶ

[a] ἄλλα   [b] om. εὐχαριστήσαντος τοῦ Κυρίου   [c] Ps. 78. 24; Ex. 16. 4, 15

ᵃ ἑωράκατε καὶ οὐ πιστεύετε. πᾶν ὃ δίδωσίν μοι ὁ Πατὴρ πρὸς ἐμὲ 37
ἥξει, καὶ τὸν ἐρχόμενον πρός με οὐ μὴ ἐκβάλω ἔξω, ὅτι καταβέβηκα ἀπὸ 38
τοῦ οὐρανοῦ οὐχ ἵνα ποιῶ τὸ θέλημα τὸ ἐμὸν ἀλλὰ τὸ θέλημα τοῦ
πέμψαντός με. τοῦτο δέ ἐστιν τὸ θέλημα τοῦ πέμψαντός με, ἵνα πᾶν ὃ 39
δέδωκέν μοι μὴ ἀπολέσω ἐξ αὐτοῦ, ἀλλὰ ἀναστήσω αὐτὸ ἐν τῇ ἐσχάτῃ
ἡμέρα. τοῦτο γάρ ἐστιν τὸ θέλημα τοῦ Πατρός μου, ἵνα πᾶς ὁ θεωρῶν 40
τὸν Υἱὸν καὶ πιστεύων εἰς αὐτὸν ἔχῃ ζωὴν αἰώνιον, καὶ ἀναστήσω
αὐτὸν ἐγὼ ἐν τῇ ἐσχάτῃ ἡμέρα.

Ἐγόγγυζον οὖν οἱ Ἰουδαῖοι περὶ αὐτοῦ ὅτι εἶπεν· Ἐγώ εἰμι ὁ ἄρτος 41
ὁ καταβὰς ἐκ τοῦ οὐρανοῦ, καὶ ἔλεγον· Οὐχ οὗτός ἐστιν Ἰησοῦς ὁ υἱὸς 42
Ἰωσήφ, οὗ ἡμεῖς οἴδαμεν τὸν πατέρα καὶ τὴν μητέρα; πῶς νῦν λέγει ὅτι
Ἐκ τοῦ οὐρανοῦ καταβέβηκα; ἀπεκρίθη Ἰησοῦς καὶ εἶπεν αὐτοῖς· Μὴ γογ- 43
γύζετε μετ' ἀλλήλων. οὐδεὶς δύναται ἐλθεῖν πρός με ἐὰν μὴ ὁ Πατὴρ ὁ 44
πέμψας με ἑλκύσῃ αὐτόν, κἀγὼ ἀναστήσω αὐτὸν ἐν τῇ ἐσχάτῃ ἡμέρα.
ἔστιν γεγραμμένον ἐν τοῖς προφήταις· ⌊Καὶ ἔσονται πάντες διδακτοὶ 45
Θεοῦ·⌋ᵇ πᾶς ὁ ἀκούσας παρὰ τοῦ Πατρὸς καὶ μαθὼν ἔρχεται πρὸς ἐμέ.

Οὐχ ὅτι τὸν Πατέρα ἑώρακέν τις, εἰ μὴ ὁ ὢν παρὰ τοῦ Θεοῦ, οὗτος 46
ἑώρακεν τὸν Πατέρα. ἀμὴν ἀμὴν λέγω ὑμῖν, ὁ πιστεύων ἔχει ζωὴν 47
αἰώνιον. ἐγώ εἰμι ὁ ἄρτος τῆς ζωῆς. οἱ πατέρες ὑμῶν ἔφαγον ἐν τῇ 48 49
ἐρήμῳ τὸ μάννα καὶ ἀπέθανον· οὗτός ἐστιν ὁ ἄρτος ὁ ἐκ τοῦ οὐρανοῦ 50
καταβαίνων, ἵνα τις ἐξ αὐτοῦ φάγῃ καὶ μὴ ἀποθάνῃ. ἐγώ εἰμι ὁ ἄρτος ὁ 51
ζῶν ὁ ἐκ τοῦ οὐρανοῦ καταβάς· ἐάν τις φάγῃ ἐκ τούτου τοῦ ἄρτου,
ζήσει εἰς τὸν αἰῶνα. καὶ ὁ ἄρτος δὲ ὃν ἐγὼ δώσω ἡ σάρξ μού ἐστιν
ὑπὲρ τῆς τοῦ κόσμου ζωῆς.

Ἐμάχοντο οὖν πρὸς ἀλλήλους οἱ Ἰουδαῖοι λέγοντες· Πῶς δύναται 52
οὗτος ἡμῖν δοῦναι τὴν σάρκα φαγεῖν; εἶπεν οὖν αὐτοῖς ὁ Ἰησοῦς· Ἀμὴν 53
ἀμὴν λέγω ὑμῖν, ἐὰν μὴ φάγητε τὴν σάρκα τοῦ Υἱοῦ τοῦ ἀνθρώπου καὶ
πίητε αὐτοῦ τὸ αἷμα, οὐκ ἔχετε ζωὴν ἐν ἑαυτοῖς. ὁ τρώγων μου τὴν 54
σάρκα καὶ πίνων μου τὸ αἷμα ἔχει ζωὴν αἰώνιον, κἀγὼ ἀναστήσω
αὐτὸν τῇ ἐσχάτῃ ἡμέρα. ἡ γὰρ σάρξ μου ἀληθής ἐστιν βρῶσις, καὶ τὸ 55
αἷμά μου ἀληθής ἐστιν πόσις. ὁ τρώγων μου τὴν σάρκα καὶ πίνων μου 56
τὸ αἷμα ἐν ἐμοὶ μένει κἀγὼ ἐν αὐτῷ. καθὼς ἀπέστειλέν με ὁ ζῶν Πατὴρ 57
κἀγὼ ζῶ διὰ τὸν Πατέρα, καὶ ὁ τρώγων με κἀκεῖνος ζήσει δι' ἐμέ.
οὗτός ἐστιν ὁ ἄρτος ὁ ἐξ οὐρανοῦ καταβάς, οὐ καθὼς ἔφαγον οἱ πατέρες 58
καὶ ἀπέθανον· ὁ τρώγων τοῦτον τὸν ἄρτον ζήσει εἰς τὸν αἰῶνα.

❡ Ταῦτα εἶπεν ἐν συναγωγῇ διδάσκων ἐν Καφαρναούμ. πολλοὶ οὖν 59 60
ἀκούσαντες ἐκ τῶν μαθητῶν αὐτοῦ εἶπαν· Σκληρός ἐστιν ὁ λόγος

[a] ἑωράκατέ με   [b] Is. 54. 13; Jer. 31. 33

61 οὗτος· τίς δύναται αὐτοῦ ἀκούειν; εἰδὼς δὲ ὁ Ἰησοῦς ἐν ἑαυτῷ ὅτι
γογγύζουσιν περὶ τούτου οἱ μαθηταὶ αὐτοῦ, εἶπεν αὐτοῖς· Τοῦτο ὑμᾶς
62 σκανδαλίζει; ἐὰν οὖν θεωρῆτε τὸν Υἱὸν τοῦ ἀνθρώπου ἀναβαίνοντα
63 ὅπου ἦν τὸ πρότερον; τὸ πνεῦμά ἐστιν τὸ ζωοποιοῦν, ἡ σὰρξ οὐκ
ὠφελεῖ οὐδέν· τὰ ῥήματα ἃ ἐγὼ λελάληκα ὑμῖν πνεῦμά ἐστιν καὶ ζωή
64 ἐστιν. ἀλλ᾽ εἰσὶν ἐξ ὑμῶν τινες οἳ οὐ πιστεύουσιν. ᾔδει γὰρ ἐξ ἀρχῆς ὁ
Ἰησοῦς τίνες εἰσὶν οἱ μὴ πιστεύοντες καὶ τίς ἐστιν ὁ παραδώσων αὐτόν.
65 καὶ ἔλεγεν· Διὰ τοῦτο εἴρηκα ὑμῖν ὅτι οὐδεὶς δύναται ἐλθεῖν πρός με ἐὰν
μὴ ᾖ δεδομένον αὐτῷ ἐκ τοῦ Πατρός.
66 Ἐκ τούτου πολλοὶ τῶν μαθητῶν αὐτοῦ ἀπῆλθον εἰς τὰ ὀπίσω καὶ
67 οὐκέτι μετ᾽ αὐτοῦ περιεπάτουν. εἶπεν οὖν ὁ Ἰησοῦς τοῖς δώδεκα· Μὴ
68 καὶ ὑμεῖς θέλετε ὑπάγειν; ἀπεκρίθη αὐτῷ Σίμων Πέτρος· Κύριε, πρὸς
69 τίνα ἀπελευσόμεθα; ῥήματα ζωῆς αἰωνίου ἔχεις· καὶ ἡμεῖς πεπιστεύ-
70 καμεν καὶ ἐγνώκαμεν ὅτι σὺ εἶ ὁ Ἅγιος τοῦ Θεοῦ. ἀπεκρίθη αὐτοῖς ὁ
Ἰησοῦς· Οὐκ ἐγὼ ὑμᾶς τοὺς δώδεκα ἐξελεξάμην; καὶ ἐξ ὑμῶν εἷς διά-
71 βολός ἐστιν. ἔλεγεν δὲ τὸν Ἰούδαν Σίμωνος Ἰσκαριώτου· οὗτος γὰρ
ἔμελλεν παραδιδόναι αὐτόν, εἷς ἐκ τῶν δώδεκα.

7 Μετὰ ταῦτα περιεπάτει ὁ Ἰησοῦς ἐν τῇ Γαλιλαίᾳ· οὐ γὰρ ἤθελεν
ἐν τῇ Ἰουδαίᾳ περιπατεῖν, ὅτι ἐζήτουν αὐτὸν οἱ Ἰουδαῖοι ἀπο-
2 3 κτεῖναι. ἦν δὲ ἐγγὺς ἡ ἑορτὴ τῶν Ἰουδαίων ἡ σκηνοπηγία. εἶπον οὖν
πρὸς αὐτὸν οἱ ἀδελφοὶ αὐτοῦ· Μετάβηθι ἐντεῦθεν καὶ ὕπαγε εἰς τὴν
Ἰουδαίαν, ἵνα καὶ οἱ μαθηταί σου θεωρήσουσιν τὰ ἔργα σου ἃ ποιεῖς·
4 οὐδεὶς γάρ τι ἐν κρυπτῷ ποιεῖ καὶ ζητεῖ αὐτὸς ἐν παρρησίᾳ εἶναι. εἰ
5 ταῦτα ποιεῖς, φανέρωσον σεαυτὸν τῷ κόσμῳ. οὐδὲ γὰρ οἱ ἀδελφοὶ
6 αὐτοῦ ἐπίστευον εἰς αὐτόν. λέγει αὐτοῖς ὁ Ἰησοῦς· Ὁ καιρὸς ὁ ἐμὸς
7 οὔπω πάρεστιν, ὁ δὲ καιρὸς ὁ ὑμέτερος πάντοτέ ἐστιν ἕτοιμος. οὐ
δύναται ὁ κόσμος μισεῖν ὑμᾶς, ἐμὲ δὲ μισεῖ, ὅτι ἐγὼ μαρτυρῶ περὶ αὐτοῦ
8 ὅτι τὰ ἔργα αὐτοῦ πονηρά ἐστιν. ὑμεῖς ἀνάβητε εἰς τὴν ἑορτήν· ἐγὼ
[a] οὐκ ἀναβαίνω εἰς τὴν ἑορτὴν ταύτην, ὅτι ὁ ἐμὸς καιρὸς οὔπω
9 πεπλήρωται. ταῦτα εἰπὼν αὐτοῖς ἔμεινεν ἐν Γαλιλαίᾳ.
10 Ὡς δὲ ἀνέβησαν οἱ ἀδελφοὶ αὐτοῦ εἰς τὴν ἑορτήν, τότε καὶ αὐτὸς
11 ἀνέβη, οὐ φανερῶς ἀλλὰ ὡς ἐν κρυπτῷ. οἱ οὖν Ἰουδαῖοι ἐζήτουν αὐτὸν
12 ἐν τῇ ἑορτῇ καὶ ἔλεγον· Ποῦ ἐστιν ἐκεῖνος; καὶ γογγυσμὸς περὶ αὐτοῦ
ἦν πολὺς ἐν τοῖς ὄχλοις· οἱ μὲν ἔλεγον ὅτι Ἀγαθός ἐστιν· ἄλλοι δὲ
13 ἔλεγον· Οὔ, ἀλλὰ πλανᾷ τὸν ὄχλον. οὐδεὶς μέντοι παρρησίᾳ ἐλάλει
περὶ αὐτοῦ διὰ τὸν φόβον τῶν Ἰουδαίων.

[a] οὔπω

❡ Ἤδη δὲ τῆς ἑορτῆς μεσούσης ἀνέβη Ἰησοῦς εἰς τὸ ἱερὸν καὶ ἐδίδασκεν. 14
ἐθαύμαζον οὖν οἱ Ἰουδαῖοι λέγοντες· Πῶς οὗτος γράμματα οἶδεν μὴ 15
μεμαθηκώς; ἀπεκρίθη οὖν αὐτοῖς Ἰησοῦς καὶ εἶπεν· Ἡ ἐμὴ διδαχὴ οὐκ 16
ἔστιν ἐμὴ ἀλλὰ τοῦ πέμψαντός με· ἐάν τις θέλῃ τὸ θέλημα αὐτοῦ ποιεῖν, 17
γνώσεται περὶ τῆς διδαχῆς, πότερον ἐκ τοῦ Θεοῦ ἐστιν ἢ ἐγὼ ἀπ᾽
ἐμαυτοῦ λαλῶ. ὁ ἀφ᾽ ἑαυτοῦ λαλῶν τὴν δόξαν τὴν ἰδίαν ζητεῖ· ὁ δὲ 18
ζητῶν τὴν δόξαν τοῦ πέμψαντος αὐτόν, οὗτος ἀληθής ἐστιν καὶ
ἀδικία ἐν αὐτῷ οὐκ ἔστιν.
Οὐ Μωϋσῆς ἔδωκεν ὑμῖν τὸν νόμον; καὶ οὐδεὶς ἐξ ὑμῶν ποιεῖ τὸν 19
νόμον. τί με ζητεῖτε ἀποκτεῖναι; ἀπεκρίθη ὁ ὄχλος· Δαιμόνιον ἔχεις· 20
τίς σε ζητεῖ ἀποκτεῖναι; ἀπεκρίθη Ἰησοῦς καὶ εἶπεν αὐτοῖς· Ἓν ἔργον 21
ἐποίησα καὶ πάντες θαυμάζετε. διὰ τοῦτο Μωϋσῆς δέδωκεν ὑμῖν τὴν 22
περιτομήν (οὐχ ὅτι ἐκ τοῦ Μωϋσέως ἐστὶν ἀλλ᾽ ἐκ τῶν πατέρων)
καὶ ἐν σαββάτῳ περιτέμνετε ἄνθρωπον. εἰ περιτομὴν λαμβάνει ἄνθρω- 23
πος ἐν σαββάτῳ, ἵνα μὴ λυθῇ ὁ νόμος Μωϋσέως, ἐμοὶ χολᾶτε ὅτι ὅλον
ἄνθρωπον ὑγιῆ ἐποίησα ἐν σαββάτῳ; μὴ κρίνετε κατ᾽ ὄψιν, ἀλλὰ τὴν 24
δικαίαν κρίσιν κρίνατε.
Ἔλεγον οὖν τινες ἐκ τῶν Ἱεροσολυμιτῶν· Οὐχ οὗτός ἐστιν ὃν ζητοῦ- 25
σιν ἀποκτεῖναι; καὶ ἴδε παρρησίᾳ λαλεῖ, καὶ οὐδὲν αὐτῷ λέγουσιν. 26
μήποτε ἀληθῶς ἔγνωσαν οἱ ἄρχοντες ὅτι οὗτός ἐστιν ὁ Χριστός; ἀλλὰ 27
τοῦτον οἴδαμεν πόθεν ἐστίν· ὁ δὲ Χριστὸς ὅταν ἔρχηται, οὐδεὶς γινώ-
σκει πόθεν ἐστίν. ἔκραξεν οὖν ἐν τῷ ἱερῷ διδάσκων ὁ Ἰησοῦς καὶ λέγων· 28
Κἀμὲ ᵃ οἴδατε, καὶ οἴδατε πόθεν εἰμί· καὶ ἀπ᾽ ἐμαυτοῦ οὐκ ἐλήλυθα,
ἀλλ᾽ ἔστιν ἀληθινὸς ὁ πέμψας με, ὃν ὑμεῖς οὐκ οἴδατε· ἐγὼ οἶδα 29
αὐτόν, ὅτι παρ᾽ αὐτοῦ εἰμι κἀκεῖνός με ἀπέστειλεν. ἐζήτουν οὖν αὐτὸν 30
πιάσαι, καὶ οὐδεὶς ἐπέβαλεν ἐπ᾽ αὐτὸν τὴν χεῖρα, ὅτι οὔπω ἐληλύθει
ἡ ὥρα αὐτοῦ. ἐκ τοῦ ὄχλου δὲ πολλοὶ ἐπίστευσαν εἰς αὐτόν, καὶ 31
ἔλεγον· Ὁ Χριστὸς ὅταν ἔλθῃ, μὴ πλείονα σημεῖα ποιήσει ὧν οὗτος
ἐποίησεν;
Ἤκουσαν οἱ Φαρισαῖοι τοῦ ὄχλου γογγύζοντος περὶ αὐτοῦ ταῦτα, 32
καὶ ἀπέστειλαν οἱ ἀρχιερεῖς καὶ οἱ Φαρισαῖοι ὑπηρέτας ἵνα πιάσωσιν
αὐτόν. εἶπεν οὖν ὁ Ἰησοῦς· Ἔτι χρόνον μικρὸν μεθ᾽ ὑμῶν εἰμι καὶ 33
ὑπάγω πρὸς τὸν πέμψαντά με. ζητήσετέ με καὶ οὐχ εὑρήσετε, καὶ 34
ὅπου εἰμὶ ἐγὼ ὑμεῖς οὐ δύνασθε ἐλθεῖν. εἶπον οὖν οἱ Ἰουδαῖοι πρὸς 35
ἑαυτούς· Ποῦ οὗτος μέλλει πορεύεσθαι, ὅτι ἡμεῖς οὐχ εὑρήσομεν αὐτόν;
μὴ εἰς τὴν διασπορὰν τῶν Ἑλλήνων μέλλει πορεύεσθαι καὶ διδάσκειν
τοὺς Ἕλληνας; τίς ἐστιν ὁ λόγος οὗτος ὃν εἶπεν· Ζητήσετέ με καὶ οὐχ 36
εὑρήσετε, καὶ ὅπου εἰμὶ ἐγὼ ὑμεῖς οὐ δύνασθε ἐλθεῖν;

[a] *Κἀμὲ οἴδατε; καὶ οἴδατε πόθεν εἰμί;*

37 ❡ Ἐν δὲ τῇ ἐσχάτῃ ἡμέρᾳ τῇ μεγάλῃ τῆς ἑορτῆς εἰστήκει ὁ Ἰησοῦς καὶ ἔκραξεν λέγων· ᵃ Ἐάν τις διψᾷ ἐρχέσθω πρός με, καὶ πινέτω ὁ πιστεύων 38 εἰς ἐμέ· καθὼς εἶπεν ἡ γραφή, Ποταμοὶ ἐκ τῆς κοιλίας αὐτοῦ ῥεύσουσιν 39 ὕδατος ζῶντος. τοῦτο δὲ εἶπεν περὶ τοῦ Πνεύματος οὗ ἔμελλον λαμβάνειν οἱ πιστεύσαντες εἰς αὐτόν· οὔπω γὰρ ἦν Πνεῦμα, ὅτι Ἰησοῦς οὐδέπω ἐδοξάσθη.

40 Ἐκ τοῦ ὄχλου οὖν ἀκούσαντες τῶν λόγων τούτων ἔλεγον· Οὗτός 41 ἐστιν ἀληθῶς ὁ προφήτης· ἄλλοι ἔλεγον· Οὗτός ἐστιν ὁ Χριστός· οἱ δὲ 42 ἔλεγον· Μὴ γὰρ ἐκ τῆς Γαλιλαίας ὁ Χριστὸς ἔρχεται; οὐχ ἡ γραφὴ εἶπεν ὅτι ἐκ ⌊τοῦ σπέρματος Δαυίδ⌋, καὶ ⌊ἀπὸ Βηθλέεμ⌋ τῆς κώμης ὅπου 43 ἦν Δαυίδ, ⌊ἔρχεται⌋ᵇ ὁ Χριστός; σχίσμα οὖν ἐγένετο ἐν τῷ ὄχλῳ δι' 44 αὐτόν· τινὲς δὲ ἤθελον ἐξ αὐτῶν πιάσαι αὐτόν, ἀλλ' οὐδεὶς ἐπέβαλεν ἐπ' αὐτὸν τὰς χεῖρας.

45 Ἦλθον οὖν οἱ ὑπηρέται πρὸς τοὺς ἀρχιερεῖς καὶ Φαρισαίους, καὶ 46 εἶπον αὐτοῖς ἐκεῖνοι· Διὰ τί οὐκ ἠγάγετε αὐτόν; ἀπεκρίθησαν οἱ ὑπηρέται· Οὐδέποτε ἐλάλησεν οὕτως ἄνθρωπος, ὡς οὗτος λαλεῖ ὁ 47 ἄνθρωπος. ἀπεκρίθησαν αὐτοῖς οἱ Φαρισαῖοι· Μὴ καὶ ὑμεῖς πεπλά-48 νησθε; μή τις ἐκ τῶν ἀρχόντων ἐπίστευσεν εἰς αὐτὸν ἢ ἐκ τῶν Φαρι-49 σαίων; ἀλλὰ ὁ ὄχλος οὗτος ὁ μὴ γινώσκων τὸν νόμον ἐπάρατοί εἰσιν. 50 λέγει Νικόδημος πρὸς αὐτούς (ὁ ἐλθὼν πρὸς αὐτὸν πρότερον) εἷς ὢν 51 ἐξ αὐτῶν· Μὴ ὁ νόμος ἡμῶν κρίνει τὸν ἄνθρωπον ἐὰν μὴ ἀκούσῃ 52 πρῶτον παρ' αὐτοῦ καὶ γνῷ τί ποιεῖ; ἀπεκρίθησαν καὶ εἶπαν αὐτῷ· Μὴ καὶ σὺ ἐκ τῆς Γαλιλαίας εἶ; ἐρεύνησον καὶ ἴδε ὅτι ἐκ τῆς Γαλιλαίας προφήτης οὐκ ἐγείρεται.ᶜ

8 12 ❡ Πάλιν οὖν αὐτοῖς ἐλάλησεν ὁ Ἰησοῦς λέγων· Ἐγώ εἰμι τὸ φῶς τοῦ κόσμου· ὁ ἀκολουθῶν μοι οὐ μὴ περιπατήσῃ ἐν τῇ σκοτίᾳ, ἀλλ' ἕξει τὸ 13 φῶς τῆς ζωῆς. εἶπον οὖν αὐτῷ οἱ Φαρισαῖοι· Σὺ περὶ σεαυτοῦ μαρ-14 τυρεῖς· ἡ μαρτυρία σου οὐκ ἔστιν ἀληθής. ἀπεκρίθη Ἰησοῦς καὶ εἶπεν αὐτοῖς· Κἂν ἐγὼ μαρτυρῶ περὶ ἐμαυτοῦ, ἀληθής ἐστιν ἡ μαρτυρία μου, ὅτι οἶδα πόθεν ἦλθον καὶ ποῦ ὑπάγω· ὑμεῖς δὲ οὐκ οἴδατε πόθεν 15 ἔρχομαι ἢ ποῦ ὑπάγω. ὑμεῖς κατὰ τὴν σάρκα κρίνετε, ἐγὼ οὐ κρίνω 16 οὐδένα. καὶ ἐὰν κρίνω δὲ ἐγώ, ἡ κρίσις ἡ ἐμὴ ἀληθινή ἐστιν, ὅτι μόνος 17 οὐκ εἰμί, ἀλλ' ἐγὼ καὶ ὁ πέμψας με. καὶ ἐν τῷ νόμῳ δὲ τῷ ὑμετέρῳ 18 γέγραπται ὅτι δύο ἀνθρώπων ἡ μαρτυρία ἀληθής ἐστιν. ἐγώ εἰμι ὁ μαρτυρῶν περὶ ἐμαυτοῦ, καὶ μαρτυρεῖ περὶ ἐμοῦ ὁ πέμψας με Πατήρ.

[a] Ἐάν τις διψᾷ ἐρχέσθω πρός με καὶ πινέτω· ὁ πιστεύων εἰς ἐμέ, καθὼς εἶπεν ἡ γραφή, ποταμοὶ ἐκ τῆς κοιλίας αὐτοῦ ῥεύσουσιν ὕδατος ζῶντος.   [b] 2 Sam. 7. 12; Mic. 5. 2; Ps. 89. 3, 4   [c] 7. 53–8. 11 is printed as a separate section at the close of the Gospel (see note in Appendix)

ἔλεγον οὖν αὐτῷ· Ποῦ ἐστιν ὁ πατήρ σου; ἀπεκρίθη Ἰησοῦς· Οὔτε ἐμὲ 19
οἴδατε οὔτε τὸν Πατέρα μου· εἰ ἐμὲ ᾔδειτε, καὶ τὸν Πατέρα μου ἂν ᾔδειτε.

Ταῦτα τὰ ῥήματα ἐλάλησεν ἐν τῷ γαζοφυλακείῳ διδάσκων ἐν τῷ 20
ἱερῷ· καὶ οὐδεὶς ἐπίασεν αὐτόν, ὅτι οὔπω ἐληλύθει ἡ ὥρα αὐτοῦ.

Εἶπεν οὖν πάλιν αὐτοῖς· Ἐγὼ ὑπάγω καὶ ζητήσετέ με, καὶ ἐν τῇ 21
ἁμαρτίᾳ ὑμῶν ἀποθανεῖσθε· ὅπου ἐγὼ ὑπάγω ὑμεῖς οὐ δύνασθε ἐλθεῖν.
ἔλεγον οὖν οἱ Ἰουδαῖοι· Μήτι ἀποκτενεῖ ἑαυτόν, ὅτι λέγει· Ὅπου ἐγὼ 22
ὑπάγω ὑμεῖς οὐ δύνασθε ἐλθεῖν; καὶ ἔλεγεν αὐτοῖς· Ὑμεῖς ἐκ τῶν κάτω 23
ἐστέ, ἐγὼ ἐκ τῶν ἄνω εἰμί· ὑμεῖς ἐκ τούτου τοῦ κόσμου ἐστέ, ἐγὼ οὐκ
εἰμὶ ἐκ τοῦ κόσμου τούτου. εἶπον οὖν ὑμῖν ὅτι ἀποθανεῖσθε ἐν ταῖς 24
ἁμαρτίαις ὑμῶν· ἐὰν γὰρ μὴ πιστεύσητε ὅτι ἐγώ εἰμι, ἀποθανεῖσθε ἐν
ταῖς ἁμαρτίαις ὑμῶν. ἔλεγον οὖν αὐτῷ· Σὺ τίς εἶ; εἶπεν αὐτοῖς ὁ 25
Ἰησοῦς· ᵃ Τὴν ἀρχὴν ὅ τι καὶ λαλῶ ὑμῖν; πολλὰ ἔχω περὶ ὑμῶν λαλεῖν 26
καὶ κρίνειν· ἀλλ᾽ ὁ πέμψας με ἀληθής ἐστιν, κἀγὼ ἃ ἤκουσα παρ᾽
αὐτοῦ, ταῦτα λαλῶ εἰς τὸν κόσμον.

Οὐκ ἔγνωσαν ὅτι τὸν Πατέρα αὐτοῖς ἔλεγεν. εἶπεν οὖν ὁ Ἰησοῦς· 27 28
Ὅταν ὑψώσητε τὸν Υἱὸν τοῦ ἀνθρώπου, τότε γνώσεσθε ὅτι ἐγώ εἰμι,
καὶ ἀπ᾽ ἐμαυτοῦ ποιῶ οὐδέν, ἀλλὰ καθὼς ἐδίδαξέν με ὁ Πατήρ, ταῦτα
λαλῶ. καὶ ὁ πέμψας με μετ᾽ ἐμοῦ ἐστιν· οὐκ ἀφῆκέν με μόνον, ὅτι ἐγὼ τὰ 29
ἀρεστὰ αὐτῷ ποιῶ πάντοτε. ταῦτα αὐτοῦ λαλοῦντος πολλοὶ ἐπί- 30
στευσαν εἰς αὐτόν.

Ἔλεγεν οὖν ὁ Ἰησοῦς πρὸς τοὺς πεπιστευκότας αὐτῷ Ἰουδαίους· 31
Ἐὰν ὑμεῖς μείνητε ἐν τῷ λόγῳ τῷ ἐμῷ, ἀληθῶς μαθηταί μού ἐστε, καὶ 32
γνώσεσθε τὴν ἀλήθειαν, καὶ ἡ ἀλήθεια ἐλευθερώσει ὑμᾶς. ἀπεκρίθησαν 33
πρὸς αὐτόν· Σπέρμα Ἀβραάμ ἐσμεν, καὶ οὐδενὶ δεδουλεύκαμεν πώποτε·
πῶς σὺ λέγεις ὅτι Ἐλεύθεροι γενήσεσθε; ἀπεκρίθη αὐτοῖς ὁ Ἰησοῦς· 34
Ἀμὴν ἀμὴν λέγω ὑμῖν ὅτι πᾶς ὁ ποιῶν τὴν ἁμαρτίαν δοῦλός ἐστιν. ὁ δὲ 35
δοῦλος οὐ μένει ἐν τῇ οἰκίᾳ εἰς τὸν αἰῶνα· ὁ υἱὸς μένει εἰς τὸν αἰῶνα.
ἐὰν οὖν ὁ Υἱὸς ὑμᾶς ἐλευθερώσῃ, ὄντως ἐλεύθεροι ἔσεσθε. 36

Οἶδα ὅτι σπέρμα Ἀβραάμ ἐστε· ἀλλὰ ζητεῖτέ με ἀποκτεῖναι, ὅτι 37
ὁ λόγος ὁ ἐμὸς οὐ χωρεῖ ἐν ὑμῖν. ἃ ἐγὼ ἑώρακα παρὰ τῷ Πατρί 38
μου λαλῶ· καὶ ὑμεῖς ἃ ἠκούσατε παρὰ τοῦ πατρὸς ὑμῶν ποιεῖτε.
ἀπεκρίθησαν καὶ εἶπαν αὐτῷ· Ὁ πατὴρ ἡμῶν Ἀβραάμ ἐστιν. λέγει 39
αὐτοῖς ὁ Ἰησοῦς· ᵇ Εἰ τέκνα τοῦ Ἀβραὰμ ἦτε, τὰ ἔργα τοῦ Ἀβραὰμ
ἐποιεῖτε· νῦν δὲ ζητεῖτέ με ἀποκτεῖναι, ἄνθρωπον ὃς τὴν ἀλήθειαν ὑμῖν 40
λελάληκα, ἣν ἤκουσα παρὰ τοῦ Θεοῦ· τοῦτο Ἀβραὰμ οὐκ ἐποίησεν.
ὑμεῖς ποιεῖτε τὰ ἔργα τοῦ πατρὸς ὑμῶν. 41

[a] *Τὴν ἀρχὴν ὅ τι καὶ λαλῶ ὑμῖν.*   [b] *Εἰ τέκνα τοῦ Ἀβραάμ ἐστε, τὰ ἔργα τοῦ*
Ἀβραὰμ ποιεῖτε·

Εἶπαν αὐτῷ· Ἡμεῖς ἐκ πορνείας οὐκ ἐγεννήθημεν. ἕνα πατέρα ἔχομεν
42 τὸν Θεόν. εἶπεν αὐτοῖς ὁ Ἰησοῦς· Εἰ ὁ Θεὸς πατὴρ ὑμῶν ἦν, ἠγαπᾶτε
ἂν ἐμέ· ἐγὼ γὰρ ἐκ τοῦ Θεοῦ ἐξῆλθον καὶ ἥκω· οὐδὲ γὰρ ἀπ' ἐμαυτοῦ
43 ἐλήλυθα, ἀλλ' ἐκεῖνός με ἀπέστειλεν. διὰ τί τὴν λαλιὰν τὴν ἐμὴν οὐ
γινώσκετε; ὅτι οὐ δύνασθε ἀκούειν τὸν λόγον τὸν ἐμόν.
44 Ὑμεῖς ἐκ τοῦ πατρὸς τοῦ διαβόλου ἐστὲ καὶ τὰς ἐπιθυμίας τοῦ πατρὸς
ὑμῶν θέλετε ποιεῖν. ἐκεῖνος ἀνθρωποκτόνος ἦν ἀπ' ἀρχῆς, καὶ ἐν τῇ
ἀληθείᾳ οὐχ ἔστηκεν, ὅτι οὐκ ἔστιν ἀλήθεια ἐν αὐτῷ. ὅταν λαλῇ τὸ
45 ψεῦδος, ἐκ τῶν ἰδίων λαλεῖ, ὅτι ψεύστης ἐστὶν καὶ ὁ πατὴρ αὐτοῦ. ἐγὼ
46 δὲ ὅτι τὴν ἀλήθειαν λέγω, οὐ πιστεύετέ μοι. τίς ἐξ ὑμῶν ἐλέγχει με
47 περὶ ἁμαρτίας; εἰ ἀλήθειαν λέγω, διὰ τί ὑμεῖς οὐ πιστεύετέ μοι; ὁ ὢν
ἐκ τοῦ Θεοῦ τὰ ῥήματα τοῦ Θεοῦ ἀκούει· διὰ τοῦτο ὑμεῖς οὐκ ἀκούετε,
ὅτι ἐκ τοῦ Θεοῦ οὐκ ἐστέ.
48 Ἀπεκρίθησαν οἱ Ἰουδαῖοι καὶ εἶπαν αὐτῷ· Οὐ καλῶς λέγομεν ἡμεῖς ὅτι
49 Σαμαρίτης εἶ σὺ καὶ δαιμόνιον ἔχεις; ἀπεκρίθη Ἰησοῦς· Ἐγὼ δαιμόνιον
50 οὐκ ἔχω, ἀλλὰ τιμῶ τὸν Πατέρα μου, καὶ ὑμεῖς ἀτιμάζετέ με. ἐγὼ δὲ οὐ
51 ζητῶ τὴν δόξαν μου· ἔστιν ὁ ζητῶν καὶ κρίνων. ἀμὴν ἀμὴν λέγω ὑμῖν,
ἐάν τις τὸν ἐμὸν λόγον τηρήσῃ, θάνατον οὐ μὴ θεωρήσῃ εἰς τὸν αἰῶνα.
52 Εἶπαν αὐτῷ οἱ Ἰουδαῖοι· Νῦν ἐγνώκαμεν ὅτι δαιμόνιον ἔχεις. Ἀβραὰμ
ἀπέθανεν καὶ οἱ προφῆται, καὶ σὺ λέγεις· Ἐάν τις τὸν λόγον μου
53 τηρήσῃ, οὐ μὴ γεύσηται θανάτου εἰς τὸν αἰῶνα. μὴ σὺ μείζων εἶ τοῦ
πατρὸς ἡμῶν Ἀβραάμ, ὅστις ἀπέθανεν; καὶ οἱ προφῆται ἀπέθανον·
τίνα σεαυτὸν ποιεῖς;
54 Ἀπεκρίθη Ἰησοῦς· Ἐὰν ἐγὼ δοξάσω ἐμαυτόν, ἡ δόξα μου οὐδέν
ἐστιν· ἔστιν ὁ Πατήρ μου ὁ δοξάζων με, ὃν ὑμεῖς λέγετε ὅτι Θεὸς ἡμῶν
55 ἐστιν, καὶ οὐκ ἐγνώκατε αὐτόν· ἐγὼ δὲ οἶδα αὐτόν· κἂν εἴπω ὅτι οὐκ
οἶδα αὐτόν, ἔσομαι ὅμοιος ὑμῖν ψεύστης· ἀλλὰ οἶδα αὐτὸν καὶ τὸν
λόγον αὐτοῦ τηρῶ.
56 Ἀβραὰμ ὁ πατὴρ ὑμῶν ἠγαλλιάσατο ἵνα ἴδῃ τὴν ἡμέραν τὴν ἐμήν,
57 καὶ εἶδεν καὶ ἐχάρη. εἶπαν οὖν οἱ Ἰουδαῖοι πρὸς αὐτόν· Πεντήκοντα
58 ἔτη οὔπω ἔχεις καὶ Ἀβραὰμ [a] ἑώρακας; εἶπεν αὐτοῖς Ἰησοῦς· Ἀμὴν
ἀμὴν λέγω ὑμῖν, πρὶν Ἀβραὰμ γενέσθαι ἐγὼ εἰμί.
59 Ἦραν οὖν λίθους ἵνα βάλωσιν ἐπ' αὐτόν, [b] Ἰησοῦς δὲ ἐκρύβη· καὶ
ἐξῆλθεν ἐκ τοῦ ἱεροῦ.

9 2 ❰ Καὶ παράγων εἶδεν ἄνθρωπον τυφλὸν ἐκ γενετῆς. καὶ ἠρώτησαν
αὐτὸν οἱ μαθηταὶ αὐτοῦ λέγοντες· Ῥαββί, τίς ἥμαρτεν, οὗτος ἢ οἱ
3 γονεῖς αὐτοῦ, ἵνα τυφλὸς γεννηθῇ; ἀπεκρίθη Ἰησοῦς· Οὔτε οὗτος

[a] ἑώρακέν σε;   [b] Ἰησοῦς δὲ ἐκρύβη. (9) Καὶ ἐξῆλθεν ἐκ τοῦ ἱεροῦ, καὶ παράγων

ἥμαρτεν οὔτε οἱ γονεῖς αὐτοῦ, ἀλλ᾽ ἵνα φανερωθῇ τὰ ἔργα τοῦ Θεοῦ ἐν αὐτῷ. ᵃ ἡμᾶς δεῖ ἐργάζεσθαι τὰ ἔργα τοῦ πέμψαντός με ἕως ἡμέρα 4 ἐστίν· ἔρχεται νὺξ ὅτε οὐδεὶς δύναται ἐργάζεσθαι. ὅταν ἐν τῷ κόσμῳ 5 ὦ, φῶς εἰμι τοῦ κόσμου.

Ταῦτα εἰπὼν ἔπτυσεν χαμαὶ καὶ ἐποίησεν πηλὸν ἐκ τοῦ πτύσματος, 6 καὶ ἐπέθηκεν αὐτοῦ τὸν πηλὸν ἐπὶ τοὺς ὀφθαλμούς, καὶ εἶπεν αὐτῷ· Ὕπαγε νίψαι εἰς τὴν κολυμβήθραν τοῦ Σιλωάμ (ὃ ἑρμηνεύεται ἀπεσταλ- 7 μένος). ἀπῆλθεν οὖν καὶ ἐνίψατο, καὶ ἦλθεν βλέπων.

Οἱ οὖν γείτονες καὶ οἱ θεωροῦντες αὐτὸν τὸ πρότερον, ὅτι προσαίτης 8 ἦν, ἔλεγον· Οὐχ οὗτός ἐστιν ὁ καθήμενος καὶ προσαιτῶν; ἄλλοι ἔλεγον 9 ὅτι Οὗτός ἐστιν· ἄλλοι ἔλεγον· Οὐχί, ἀλλὰ ὅμοιος αὐτῷ ἐστιν. ἐκεῖνος ἔλεγεν ὅτι Ἐγώ εἰμι. ἔλεγον οὖν αὐτῷ· Πῶς ἠνεῴχθησάν σου οἱ 10 ὀφθαλμοί; ἀπεκρίθη ἐκεῖνος· Ὁ ἄνθρωπος ὁ λεγόμενος Ἰησοῦς πηλὸν 11 ἐποίησεν καὶ ἐπέχρισέν μου τοὺς ὀφθαλμοὺς καὶ εἶπέν μοι ὅτι Ὕπαγε εἰς τὸν Σιλωὰμ καὶ νίψαι· ἀπελθὼν οὖν καὶ νιψάμενος ἀνέβλεψα. καὶ 12 εἶπαν αὐτῷ· Ποῦ ἐστιν ἐκεῖνος; λέγει· Οὐκ οἶδα.

❰ Ἄγουσιν αὐτὸν πρὸς τοὺς Φαρισαίους, τόν ποτε τυφλόν. ἦν δὲ 13 14 σάββατον ἐν ᾗ ἡμέρᾳ τὸν πηλὸν ἐποίησεν ὁ Ἰησοῦς καὶ ἀνέῳξεν αὐτοῦ τοὺς ὀφθαλμούς. πάλιν οὖν ἠρώτων αὐτὸν καὶ οἱ Φαρισαῖοι πῶς 15 ἀνέβλεψεν. ὁ δὲ εἶπεν αὐτοῖς· Πηλὸν ἐπέθηκέν μου ἐπὶ τοὺς ὀφθαλμούς, καὶ ἐνιψάμην, καὶ βλέπω. ἔλεγον οὖν ἐκ τῶν Φαρισαίων τινές· Οὐκ 16 ἔστιν οὗτος παρὰ Θεοῦ ὁ ἄνθρωπος, ὅτι τὸ σάββατον οὐ τηρεῖ. ἄλλοι ἔλεγον· Πῶς δύναται ἄνθρωπος ἁμαρτωλὸς τοιαῦτα σημεῖα ποιεῖν; καὶ σχίσμα ἦν ἐν αὐτοῖς.

Λέγουσιν οὖν τῷ τυφλῷ πάλιν· Τί σὺ λέγεις περὶ αὐτοῦ, ὅτι ἠνέῳξέν 17 σου τοὺς ὀφθαλμούς; ὁ δὲ εἶπεν ὅτι Προφήτης ἐστίν. οὐκ ἐπίστευσαν 18 οὖν οἱ Ἰουδαῖοι περὶ αὐτοῦ ὅτι ἦν τυφλὸς καὶ ἀνέβλεψεν, ἕως ὅτου ἐφώνησαν τοὺς γονεῖς αὐτοῦ τοῦ ἀναβλέψαντος καὶ ἠρώτησαν αὐτοὺς 19 λέγοντες· Οὗτός ἐστιν ὁ υἱὸς ὑμῶν, ὃν ὑμεῖς λέγετε ὅτι τυφλὸς ἐγεννήθη; πῶς οὖν βλέπει ἄρτι; ἀπεκρίθησαν οὖν οἱ γονεῖς αὐτοῦ καὶ εἶπαν· 20 Οἴδαμεν ὅτι οὗτός ἐστιν ὁ υἱὸς ἡμῶν καὶ ὅτι τυφλὸς ἐγεννήθη· πῶς δὲ 21 νῦν βλέπει οὐκ οἴδαμεν, ἢ τίς ἤνοιξεν αὐτοῦ τοὺς ὀφθαλμοὺς ἡμεῖς οὐκ οἴδαμεν· αὐτὸν ἐρωτήσατε, ἡλικίαν ἔχει, αὐτὸς περὶ ἑαυτοῦ λαλήσει. ταῦτα εἶπαν οἱ γονεῖς αὐτοῦ ὅτι ἐφοβοῦντο τοὺς Ἰουδαίους· ἤδη γὰρ 22 συνετέθειντο οἱ Ἰουδαῖοι ἵνα ἐάν τις αὐτὸν ὁμολογήσῃ Χριστόν, ἀπο- συνάγωγος γένηται. διὰ τοῦτο οἱ γονεῖς αὐτοῦ εἶπαν ὅτι Ἡλικίαν 23 ἔχει, αὐτὸν ἐπερωτήσατε.

[a] ἐμὲ

24 Ἐφώνησαν οὖν τὸν ἄνθρωπον ἐκ δευτέρου ὃς ἦν τυφλός, καὶ εἶπαν
αὐτῷ· Δὸς δόξαν τῷ θεῷ· ἡμεῖς οἴδαμεν ὅτι οὗτος ὁ ἄνθρωπος ἁμαρτω-
25 λός ἐστιν. ἀπεκρίθη οὖν ἐκεῖνος· Εἰ ἁμαρτωλός ἐστιν οὐκ οἶδα· ἓν οἶδα,
26 ὅτι τυφλὸς ὢν ἄρτι βλέπω. εἶπαν οὖν αὐτῷ· Τί ἐποίησέν σοι; πῶς
27 ἤνοιξέν σου τοὺς ὀφθαλμούς; ἀπεκρίθη αὐτοῖς· Εἶπον ὑμῖν ἤδη καὶ οὐκ
ἠκούσατε· τί πάλιν θέλετε ἀκούειν; μὴ καὶ ὑμεῖς θέλετε αὐτοῦ μαθηταὶ
28 γενέσθαι; καὶ ἐλοιδόρησαν αὐτὸν καὶ εἶπαν· Σὺ μαθητὴς εἶ ἐκείνου,
29 ἡμεῖς δὲ τοῦ Μωϋσέως ἐσμὲν μαθηταί· ἡμεῖς οἴδαμεν ὅτι Μωϋσεῖ
λελάληκεν ὁ Θεός, τοῦτον δὲ οὐκ οἴδαμεν πόθεν ἐστίν.
30 Ἀπεκρίθη ὁ ἄνθρωπος καὶ εἶπεν αὐτοῖς· Ἐν τούτῳ γὰρ τὸ θαυμαστόν
ἐστιν, ὅτι ὑμεῖς οὐκ οἴδατε πόθεν ἐστίν, καὶ ἤνοιξέν μου τοὺς ὀφθαλ-
31 μούς. οἴδαμεν ὅτι ὁ Θεὸς ἁμαρτωλῶν οὐκ ἀκούει, ἀλλ᾽ ἐάν τις θεοσεβὴς
32 ᾖ καὶ τὸ θέλημα αὐτοῦ ποιῇ, τούτου ἀκούει. ἐκ τοῦ αἰῶνος οὐκ ἠκούσθη
33 ὅτι ἠνέῳξέν τις ὀφθαλμοὺς τυφλοῦ γεγεννημένου· εἰ μὴ ἦν οὗτος παρὰ
34 Θεοῦ, οὐκ ἠδύνατο ποιεῖν οὐδέν. ἀπεκρίθησαν καὶ εἶπαν αὐτῷ· Ἐν
ἁμαρτίαις σὺ ἐγεννήθης ὅλος, καὶ σὺ διδάσκεις ἡμᾶς; καὶ ἐξέβαλον
αὐτὸν ἔξω.
35 Ἤκουσεν Ἰησοῦς ὅτι ἐξέβαλον αὐτὸν ἔξω, καὶ εὑρὼν αὐτὸν εἶπεν·
36 Σὺ πιστεύεις εἰς [a] τὸν Υἱὸν τοῦ ἀνθρώπου; ἀπεκρίθη ἐκεῖνος καὶ εἶπεν·
37 Καὶ τίς ἐστιν, κύριε, ἵνα πιστεύσω εἰς αὐτόν; εἶπεν αὐτῷ ὁ Ἰησοῦς· Καὶ
38 ἑώρακας αὐτὸν καὶ ὁ λαλῶν μετὰ σοῦ ἐκεῖνός ἐστιν. ὁ δὲ ἔφη· Πιστεύω,
Κύριε· καὶ προσεκύνησεν αὐτῷ.
39 Καὶ εἶπεν ὁ Ἰησοῦς· Εἰς κρίμα ἐγὼ εἰς τὸν κόσμον τοῦτον ἦλθον, ἵνα
40 οἱ μὴ βλέποντες βλέπωσιν καὶ οἱ βλέποντες τυφλοὶ γένωνται. ἤκουσαν
ἐκ τῶν Φαρισαίων ταῦτα οἱ μετ᾽ αὐτοῦ ὄντες καὶ εἶπαν αὐτῷ· Μὴ
41 καὶ ἡμεῖς τυφλοί ἐσμεν; εἶπεν αὐτοῖς ὁ Ἰησοῦς· Εἰ τυφλοὶ ἦτε, οὐκ
ἂν εἴχετε ἁμαρτίαν· νῦν δὲ λέγετε ὅτι Βλέπομεν, ἡ ἁμαρτία ὑμῶν
μένει.

10 ❡ Ἀμὴν ἀμὴν λέγω ὑμῖν, Ὁ μὴ εἰσερχόμενος διὰ τῆς θύρας εἰς τὴν
αὐλὴν τῶν προβάτων ἀλλὰ ἀναβαίνων ἀλλαχόθεν, ἐκεῖνος κλέπτης
2 ἐστὶν καὶ λῃστής· ὁ δὲ εἰσερχόμενος διὰ τῆς θύρας ποιμήν ἐστιν τῶν
3 προβάτων. τούτῳ ὁ θυρωρὸς ἀνοίγει, καὶ τὰ πρόβατα τῆς φωνῆς
αὐτοῦ ἀκούει, καὶ τὰ ἴδια πρόβατα φωνεῖ κατ᾽ ὄνομα καὶ ἐξάγει αὐτά.
4 ὅταν τὰ ἴδια πάντα ἐκβάλῃ, ἔμπροσθεν αὐτῶν πορεύεται, καὶ τὰ
5 πρόβατα αὐτῷ ἀκολουθεῖ, ὅτι οἴδασιν τὴν φωνὴν αὐτοῦ. ἀλλοτρίῳ δὲ
οὐ μὴ ἀκολουθήσουσιν, ἀλλὰ φεύξονται ἀπ᾽ αὐτοῦ, ὅτι οὐκ οἴδασιν τῶν
ἀλλοτρίων τὴν φωνήν.

[a] τὸν Υἱὸν τοῦ Θεοῦ;

Ταύτην τὴν παροιμίαν εἶπεν αὐτοῖς ὁ Ἰησοῦς· ἐκεῖνοι δὲ οὐκ ἔγνωσαν 6 τίνα ἦν ἃ ἐλάλει αὐτοῖς.

Εἶπεν οὖν πάλιν ὁ Ἰησοῦς· Ἀμὴν ἀμὴν λέγω ὑμῖν ὅτι ἐγώ εἰμι ἡ 7 θύρα τῶν προβάτων. πάντες ὅσοι ἦλθον πρὸ ἐμοῦ κλέπται εἰσὶν καὶ 8 λησταί· ἀλλ᾽ οὐκ ἤκουσαν αὐτῶν τὰ πρόβατα. ἐγώ εἰμι ἡ θύρα· δι᾽ 9 ἐμοῦ ἐάν τις εἰσέλθῃ σωθήσεται, καὶ εἰσελεύσεται καὶ ἐξελεύσεται καὶ νομὴν εὑρήσει.

Ὁ κλέπτης οὐκ ἔρχεται εἰ μὴ ἵνα κλέψῃ καὶ θύσῃ καὶ ἀπολέσῃ· ἐγὼ 10 ἦλθον ἵνα ζωὴν ἔχωσιν καὶ περισσὸν ἔχωσιν. ἐγώ εἰμι ὁ ποιμὴν ὁ 11 καλός. ὁ ποιμὴν ὁ καλὸς τὴν ψυχὴν αὐτοῦ τίθησιν ὑπὲρ τῶν προβάτων· ὁ μισθωτὸς καὶ οὐκ ὢν ποιμήν, οὗ οὐκ ἔστιν τὰ πρόβατα ἴδια, θεωρεῖ 12 τὸν λύκον ἐρχόμενον καὶ ἀφίησιν τὰ πρόβατα καὶ φεύγει (καὶ ὁ λύκος ἁρπάζει καὶ σκορπίζει) ὅτι μισθωτός ἐστιν καὶ οὐ μέλει αὐτῷ περὶ τῶν 13 προβάτων.

Ἐγώ εἰμι ὁ ποιμὴν ὁ καλός, καὶ γινώσκω τὰ ἐμὰ καὶ γινώσκουσί με 14 τὰ ἐμά (καθὼς γινώσκει με ὁ Πατὴρ κἀγὼ γινώσκω τὸν Πατέρα), καὶ 15 τὴν ψυχήν μου τίθημι ὑπὲρ τῶν προβάτων. καὶ ἄλλα πρόβατα ἔχω ἃ 16 οὐκ ἔστιν ἐκ τῆς αὐλῆς ταύτης· κἀκεῖνα δεῖ με ἀγαγεῖν, καὶ τῆς φωνῆς μου ἀκούσουσιν, καὶ γενήσεται μία ποίμνη, ⌊εἷς ποιμήν⌋.[a] διὰ τοῦτό με 17 ὁ Πατὴρ ἀγαπᾷ ὅτι ἐγὼ τίθημι τὴν ψυχήν μου, ἵνα πάλιν λάβω αὐτήν. οὐδεὶς ἦρεν αὐτὴν ἀπ᾽ ἐμοῦ, ἀλλ᾽ ἐγὼ τίθημι αὐτὴν ἀπ᾽ 18 ἐμαυτοῦ. ἐξουσίαν ἔχω θεῖναι αὐτήν, καὶ ἐξουσίαν ἔχω πάλιν λαβεῖν αὐτήν· ταύτην τὴν ἐντολὴν ἔλαβον παρὰ τοῦ Πατρός μου.

Σχίσμα πάλιν ἐγένετο ἐν τοῖς Ἰουδαίοις διὰ τοὺς λόγους τούτους. 19 ἔλεγον δὲ πολλοὶ ἐξ αὐτῶν· Δαιμόνιον ἔχει καὶ μαίνεται· τί αὐτοῦ 20 ἀκούετε; ἄλλοι ἔλεγον· Ταῦτα τὰ ῥήματα οὐκ ἔστιν δαιμονιζομένου· 21 μὴ δαιμόνιον δύναται τυφλῶν ὀφθαλμοὺς ἀνοῖξαι;

℃ Ἐγένετο τότε τὰ ἐγκαίνια ἐν τοῖς Ἱεροσολύμοις· χειμὼν ἦν· καὶ 22 23 περιεπάτει ὁ Ἰησοῦς ἐν τῷ ἱερῷ ἐν τῇ στοᾷ τοῦ Σολομῶνος. ἐκύκλωσαν 24 οὖν αὐτὸν οἱ Ἰουδαῖοι καὶ ἔλεγον αὐτῷ· Ἕως πότε τὴν ψυχὴν ἡμῶν αἴρεις; εἰ σὺ εἶ ὁ Χριστός, εἰπὸν ἡμῖν παρρησίᾳ. ἀπεκρίθη αὐτοῖς ὁ 25 Ἰησοῦς· Εἶπον ὑμῖν, καὶ οὐ πιστεύετε· τὰ ἔργα ἃ ἐγὼ ποιῶ ἐν τῷ ὀνόματι τοῦ Πατρός μου, ταῦτα μαρτυρεῖ περὶ ἐμοῦ· ἀλλὰ ὑμεῖς οὐ 26 πιστεύετε, ὅτι οὐκ ἐστὲ ἐκ τῶν προβάτων τῶν ἐμῶν. τὰ πρόβατα τὰ 27 ἐμὰ τῆς φωνῆς μου ἀκούουσιν, κἀγὼ γινώσκω αὐτά, καὶ ἀκολουθοῦσίν μοι, κἀγὼ δίδωμι αὐτοῖς ζωὴν αἰώνιον, καὶ οὐ μὴ ἀπόλωνται εἰς τὸν 28

[a] Ezk. 37. 24; 34. 23

29 αἰῶνα, καὶ οὐχ ἁρπάσει τις αὐτὰ ἐκ τῆς χειρός μου· [a] ὁ Πατήρ μου ὃς
δέδωκέν μοι μείζων πάντων ἐστίν, καὶ οὐδεὶς δύναται ἁρπάζειν ἐκ τῆς
30 χειρὸς τοῦ Πατρός. ἐγὼ καὶ ὁ Πατὴρ ἕν ἐσμεν.

31 32 Ἐβάστασαν πάλιν λίθους οἱ Ἰουδαῖοι ἵνα λιθάσωσιν αὐτόν. ἀπεκρίθη
αὐτοῖς ὁ Ἰησοῦς· Πολλὰ ἔργα ἔδειξα ὑμῖν καλὰ ἐκ τοῦ Πατρός· διὰ
33 ποῖον αὐτῶν ἔργον ἐμὲ λιθάζετε; ἀπεκρίθησαν αὐτῷ οἱ Ἰουδαῖοι·
Περὶ καλοῦ ἔργου οὐ λιθάζομέν σε ἀλλὰ περὶ βλασφημίας, καὶ ὅτι σὺ
34 ἄνθρωπος ὢν ποιεῖς σεαυτὸν Θεόν. ἀπεκρίθη αὐτοῖς ὁ Ἰησοῦς· Οὐκ
35 ἔστιν γεγραμμένον ἐν τῷ νόμῳ ὑμῶν ὅτι ⌊Ἐγὼ εἶπα· θεοί ἐστε⌋; [b] εἰ
ἐκείνους εἶπεν θεοὺς πρὸς οὓς ὁ λόγος τοῦ Θεοῦ ἐγένετο, καὶ οὐ δύναται
36 λυθῆναι ἡ γραφή, ὃν ὁ Πατὴρ ἡγίασεν καὶ ἀπέστειλεν εἰς τὸν κόσμον
ὑμεῖς λέγετε ὅτι Βλασφημεῖς, ὅτι εἶπον Υἱὸς τοῦ Θεοῦ εἰμι;
37 38 Εἰ οὐ ποιῶ τὰ ἔργα τοῦ Πατρός μου, μὴ πιστεύετέ μοι· εἰ δὲ ποιῶ,
κἂν ἐμοὶ μὴ πιστεύητε, τοῖς ἔργοις πιστεύετε, ἵνα γνῶτε καὶ γινώσκητε
ὅτι ἐν ἐμοὶ ὁ Πατὴρ κἀγὼ ἐν τῷ Πατρί.
39 Ἐζήτουν οὖν αὐτὸν πάλιν πιάσαι· καὶ ἐξῆλθεν ἐκ τῆς χειρὸς αὐτῶν.

40 Καὶ ἀπῆλθεν πάλιν πέραν τοῦ Ἰορδάνου εἰς τὸν τόπον ὅπου ἦν
41 Ἰωάννης τὸ πρῶτον βαπτίζων, καὶ ἔμενεν ἐκεῖ. καὶ πολλοὶ
ἦλθον πρὸς αὐτὸν καὶ ἔλεγον ὅτι Ἰωάννης μὲν σημεῖον ἐποίησεν οὐδέν,
42 πάντα δὲ ὅσα εἶπεν Ἰωάννης περὶ τούτου ἀληθῆ ἦν. καὶ πολλοὶ
ἐπίστευσαν εἰς αὐτὸν ἐκεῖ.

11 Ἦν δέ τις ἀσθενῶν, Λάζαρος ἀπὸ Βηθανίας, ἐκ τῆς κώμης Μαρίας
2 καὶ Μάρθας τῆς ἀδελφῆς αὐτῆς. (ἦν δὲ Μαριὰμ ἡ ἀλείψασα τὸν Κύριον
μύρῳ καὶ ἐκμάξασα τοὺς πόδας αὐτοῦ ταῖς θριξὶν αὐτῆς, ἧς ὁ ἀδελφὸς
3 Λάζαρος ἠσθένει.) ἀπέστειλαν οὖν αἱ ἀδελφαὶ πρὸς αὐτὸν λέγουσαι·
4 Κύριε, ἴδε ὃν φιλεῖς ἀσθενεῖ. ἀκούσας δὲ ὁ Ἰησοῦς εἶπεν· Αὕτη ἡ
ἀσθένεια οὐκ ἔστιν πρὸς θάνατον ἀλλ' ὑπὲρ τῆς δόξης τοῦ Θεοῦ, ἵνα
5 δοξασθῇ ὁ Υἱὸς τοῦ Θεοῦ δι' αὐτῆς. ἠγάπα δὲ ὁ Ἰησοῦς τὴν Μάρθαν
6 καὶ τὴν ἀδελφὴν αὐτῆς καὶ τὸν Λάζαρον. ὡς οὖν ἤκουσεν ὅτι ἀσθενεῖ,
τότε μὲν ἔμεινεν ἐν ᾧ ἦν τόπῳ δύο ἡμέρας.

7 Ἔπειτα μετὰ τοῦτο λέγει τοῖς μαθηταῖς· Ἄγωμεν εἰς τὴν Ἰουδαίαν
8 πάλιν. λέγουσιν αὐτῷ οἱ μαθηταί· Ῥαββί, νῦν ἐζήτουν σε λιθάσαι οἱ
9 Ἰουδαῖοι, καὶ πάλιν ὑπάγεις ἐκεῖ; ἀπεκρίθη Ἰησοῦς· Οὐχὶ δώδεκα
ὧραί εἰσιν τῆς ἡμέρας; ἐάν τις περιπατῇ ἐν τῇ ἡμέρᾳ, οὐ προσκόπτει,

[a] ὁ Πατήρ μου ὃ δέδωκέν μοι πάντων μείζων ἐστίν or ὁ Πατήρ μου ὃ δέδωκέν μοι πάντων
μεῖζόν ἐστιν   [b] Ps. 82. 6

ὅτι τὸ φῶς τοῦ κόσμου τούτου βλέπει· ἐὰν δέ τις περιπατῇ ἐν τῇ 10
νυκτί, προσκόπτει, ὅτι τὸ φῶς οὐκ ἔστιν ἐν αὐτῷ.

Ταῦτα εἶπεν, καὶ μετὰ τοῦτο λέγει αὐτοῖς· Λάζαρος ὁ φίλος ἡμῶν 11
κεκοίμηται· ἀλλὰ πορεύομαι ἵνα ἐξυπνίσω αὐτόν. εἶπαν οὖν οἱ μα- 12
θηταί· Κύριε, εἰ κεκοίμηται, σωθήσεται. εἰρήκει δὲ ὁ Ἰησοῦς περὶ τοῦ 13
θανάτου αὐτοῦ· ἐκεῖνοι δὲ ἔδοξαν ὅτι περὶ τῆς κοιμήσεως τοῦ ὕπνου
λέγει. τότε οὖν εἶπεν αὐτοῖς ὁ Ἰησοῦς παρρησίᾳ· Λάζαρος ἀπέθανεν, 14
καὶ χαίρω δι' ὑμᾶς, ἵνα πιστεύσητε, ὅτι οὐκ ἤμην ἐκεῖ· ἀλλὰ ἄγωμεν 15
πρὸς αὐτόν. εἶπεν οὖν Θωμᾶς ὁ λεγόμενος Δίδυμος τοῖς συμμαθηταῖς· 16
Ἄγωμεν καὶ ἡμεῖς ἵνα ἀποθάνωμεν μετ' αὐτοῦ.

℄ Ἐλθὼν οὖν ὁ Ἰησοῦς εὗρεν αὐτὸν τέσσαρας ἤδη ἡμέρας ἔχοντα ἐν τῷ 17
μνημείῳ. ἦν δὲ Βηθανία ἐγγὺς τῶν Ἰεροσολύμων ὡς ἀπὸ σταδίων 18
δεκαπέντε. πολλοὶ δὲ ἐκ τῶν Ἰουδαίων ἐληλύθεισαν πρὸς τὴν Μάρθαν 19
καὶ Μαριάμ, ἵνα παραμυθήσωνται αὐτὰς περὶ τοῦ ἀδελφοῦ. ἡ οὖν 20
Μάρθα ὡς ἤκουσεν ὅτι Ἰησοῦς ἔρχεται, ὑπήντησεν αὐτῷ· Μαριὰμ δὲ ἐν
τῷ οἴκῳ ἐκαθέζετο.

Εἶπεν οὖν ἡ Μάρθα πρὸς Ἰησοῦν· Κύριε, εἰ ἦς ὧδε, οὐκ ἂν ἀπέθανεν ὁ 21
ἀδελφός μου. καὶ νῦν οἶδα ὅτι ὅσα ἂν αἰτήσῃ τὸν Θεὸν δώσει σοι ὁ 22
Θεός. λέγει αὐτῇ ὁ Ἰησοῦς· Ἀναστήσεται ὁ ἀδελφός σου. λέγει αὐτῷ ἡ 23 24
Μάρθα· Οἶδα ὅτι ἀναστήσεται ἐν τῇ ἀναστάσει ἐν τῇ ἐσχάτῃ ἡμέρᾳ.
εἶπεν αὐτῇ ὁ Ἰησοῦς· Ἐγώ εἰμι ἡ ἀνάστασις [a] καὶ ἡ ζωή· ὁ πιστεύων 25
εἰς ἐμὲ κἂν ἀποθάνῃ ζήσεται, καὶ πᾶς ὁ ζῶν καὶ πιστεύων εἰς ἐμὲ οὐ μὴ 26
ἀποθάνῃ εἰς τὸν αἰῶνα· πιστεύεις τοῦτο; λέγει αὐτῷ· Ναί, Κύριε· ἐγὼ 27
πεπίστευκα ὅτι σὺ εἶ ὁ Χριστὸς ὁ Υἱὸς τοῦ Θεοῦ ὁ εἰς τὸν κόσμον
ἐρχόμενος.

Καὶ τοῦτο εἰποῦσα ἀπῆλθεν καὶ ἐφώνησεν Μαριὰμ τὴν ἀδελφὴν 28
αὐτῆς λάθρα εἰποῦσα· Ὁ διδάσκαλος πάρεστιν καὶ φωνεῖ σε. ἐκείνη δὲ 29
ὡς ἤκουσεν, ἐγείρεται ταχὺ καὶ ἤρχετο πρὸς αὐτόν· οὔπω δὲ ἐληλύθει ὁ 30
Ἰησοῦς εἰς τὴν κώμην, ἀλλ' ἦν ἔτι ἐν τῷ τόπῳ ὅπου ὑπήντησεν αὐτῷ ἡ
Μάρθα. οἱ οὖν Ἰουδαῖοι οἱ ὄντες μετ' αὐτῆς ἐν τῇ οἰκίᾳ καὶ παραμυθού- 31
μενοι αὐτήν, ἰδόντες τὴν Μαριὰμ ὅτι ταχέως ἀνέστη καὶ ἐξῆλθεν,
ἠκολούθησαν αὐτῇ, δόξαντες ὅτι ὑπάγει εἰς τὸ μνημεῖον ἵνα κλαύσῃ
ἐκεῖ.

Ἡ οὖν Μαριὰμ ὡς ἦλθεν ὅπου ἦν Ἰησοῦς, ἰδοῦσα αὐτὸν ἔπεσεν 32
αὐτοῦ πρὸς τοὺς πόδας, λέγουσα αὐτῷ· Κύριε, εἰ ἦς ὧδε, οὐκ ἄν μου
ἀπέθανεν ὁ ἀδελφός. Ἰησοῦς οὖν ὡς εἶδεν αὐτὴν κλαίουσαν καὶ τοὺς 33
συνελθόντας αὐτῇ Ἰουδαίους κλαίοντας, ἐνεβριμήσατο τῷ πνεύματι

[a] om. καὶ ἡ ζωή

34 καὶ ἐτάραξεν ἑαυτόν, καὶ εἶπεν· Ποῦ τεθείκατε αὐτόν; λέγουσιν αὐτῷ·
35 36 Κύριε, ἔρχου καὶ ἴδε. ἐδάκρυσεν ὁ Ἰησοῦς. ἔλεγον οὖν οἱ Ἰουδαῖοι·
37 Ἴδε πῶς ἐφίλει αὐτόν. τινὲς δὲ ἐξ αὐτῶν εἶπαν· Οὐκ ἐδύνατο οὗτος ὁ
ἀνοίξας τοὺς ὀφθαλμοὺς τοῦ τυφλοῦ ποιῆσαι ἵνα καὶ οὗτος μὴ ἀποθάνῃ;
38 Ἰησοῦς οὖν πάλιν ἐμβριμώμενος ἐν ἑαυτῷ ἔρχεται εἰς τὸ μνημεῖον· ἦν
39 δὲ σπήλαιον, καὶ λίθος ἐπέκειτο ἐπ᾽ αὐτῷ. λέγει ὁ Ἰησοῦς· Ἄρατε τὸν
λίθον. λέγει αὐτῷ ἡ ἀδελφὴ τοῦ τετελευτηκότος Μάρθα· Κύριε, ἤδη
40 ὄζει· τεταρταῖος γάρ ἐστιν. λέγει αὐτῇ ὁ Ἰησοῦς· Οὐκ εἶπόν σοι ὅτι
ἐὰν πιστεύσῃς ὄψῃ τὴν δόξαν τοῦ Θεοῦ; ἦραν οὖν τὸν λίθον.
41 Ὁ δὲ Ἰησοῦς ἦρεν τοὺς ὀφθαλμοὺς ἄνω καὶ εἶπεν· Πάτερ, εὐχαριστῶ
42 σοι ὅτι ἤκουσάς μου. ἐγὼ δὲ ᾔδειν ὅτι πάντοτέ μου ἀκούεις· ἀλλὰ διὰ
τὸν ὄχλον τὸν περιεστῶτα εἶπον, ἵνα πιστεύσωσιν ὅτι σύ με ἀπέστειλας.
43 Καὶ ταῦτα εἰπὼν φωνῇ μεγάλῃ ἐκραύγασεν· Λάζαρε, δεῦρο ἔξω.
44 ἐξῆλθεν ὁ τεθνηκὼς δεδεμένος τοὺς πόδας καὶ τὰς χεῖρας κειρίαις, καὶ ἡ
ὄψις αὐτοῦ σουδαρίῳ περιεδέδετο. λέγει αὐτοῖς ὁ Ἰησοῦς· Λύσατε
αὐτὸν καὶ ἄφετε αὐτὸν ὑπάγειν.

45 ⬥ Πολλοὶ οὖν ἐκ τῶν Ἰουδαίων, οἱ ἐλθόντες πρὸς τὴν Μαριὰμ καὶ
46 θεασάμενοι ὃ ἐποίησεν, ἐπίστευσαν εἰς αὐτόν· τινὲς δὲ ἐξ αὐτῶν ἀπῆλ-
θον πρὸς τοὺς Φαρισαίους καὶ εἶπαν αὐτοῖς ἃ ἐποίησεν Ἰησοῦς.
47 Συνήγαγον οὖν οἱ ἀρχιερεῖς καὶ οἱ Φαρισαῖοι συνέδριον, καὶ ἔλεγον· Τί
48 ποιοῦμεν, ὅτι οὗτος ὁ ἄνθρωπος πολλὰ ποιεῖ σημεῖα; ἐὰν ἀφῶμεν αὐτὸν
οὕτως, πάντες πιστεύσουσιν εἰς αὐτόν, καὶ ἐλεύσονται οἱ Ῥωμαῖοι καὶ
49 ἀροῦσιν ἡμῶν καὶ τὸν τόπον καὶ τὸ ἔθνος. εἷς δέ τις ἐξ αὐτῶν Καϊαφᾶς,
ἀρχιερεὺς ὢν τοῦ ἐνιαυτοῦ ἐκείνου, εἶπεν αὐτοῖς· Ὑμεῖς οὐκ οἴδατε
50 οὐδέν, οὐδὲ λογίζεσθε ὅτι συμφέρει ὑμῖν ἵνα εἷς ἄνθρωπος ἀποθάνῃ
51 ὑπὲρ τοῦ λαοῦ καὶ μὴ ὅλον τὸ ἔθνος ἀπόληται. τοῦτο δὲ ἀφ᾽ ἑαυτοῦ
οὐκ εἶπεν, ἀλλὰ ἀρχιερεὺς ὢν τοῦ ἐνιαυτοῦ ἐκείνου ἐπροφήτευσεν ὅτι
52 ἔμελλεν Ἰησοῦς ἀποθνῄσκειν ὑπὲρ τοῦ ἔθνους, καὶ οὐχ ὑπὲρ τοῦ ἔθνους
μόνον, ἀλλ᾽ ἵνα καὶ τὰ τέκνα τοῦ Θεοῦ τὰ διεσκορπισμένα συναγάγῃ
53 εἰς ἕν. ἀπ᾽ ἐκείνης οὖν τῆς ἡμέρας ἐβουλεύσαντο ἵνα ἀποκτείνωσιν
αὐτόν.
54 Ὁ οὖν Ἰησοῦς οὐκέτι παρρησίᾳ περιεπάτει ἐν τοῖς Ἰουδαίοις, ἀλλὰ
ἀπῆλθεν ἐκεῖθεν εἰς τὴν χώραν ἐγγὺς τῆς ἐρήμου, εἰς Ἐφραῒμ λεγομένην
πόλιν, κἀκεῖ ἔμεινεν μετὰ τῶν μαθητῶν.

55 ⬥ Ἦν δὲ ἐγγὺς τὸ πάσχα τῶν Ἰουδαίων, καὶ ἀνέβησαν πολλοὶ εἰς
Ἱεροσόλυμα ἐκ τῆς χώρας πρὸ τοῦ πάσχα ἵνα ἁγνίσωσιν ἑαυτούς.
56 ἐζήτουν οὖν τὸν Ἰησοῦν καὶ ἔλεγον μετ᾽ ἀλλήλων ἐν τῷ ἱερῷ ἑστηκότες·

Τί δοκεῖ ὑμῖν; ὅτι οὐ μὴ ἔλθῃ εἰς τὴν ἑορτήν; δεδώκεισαν δὲ οἱ ἀρχιερεῖς 57
καὶ οἱ Φαρισαῖοι ἐντολὰς ἵνα ἐάν τις γνῷ ποῦ ἐστιν μηνύσῃ, ὅπως
πιάσωσιν αὐτόν.

❡ Ὁ οὖν Ἰησοῦς πρὸ ἓξ ἡμερῶν τοῦ πάσχα ἦλθεν εἰς Βηθανίαν, ὅπου 12
ἦν Λάζαρος, ὃν ἤγειρεν ἐκ νεκρῶν Ἰησοῦς. ἐποίησαν οὖν αὐτῷ δεῖπνον 2
ἐκεῖ, καὶ ἡ Μάρθα διηκόνει, ὁ δὲ Λάζαρος εἷς ἦν ἐκ τῶν ἀνακειμένων
σὺν αὐτῷ· ἡ οὖν Μαριὰμ λαβοῦσα λίτραν μύρου νάρδου πιστικῆς 3
πολυτίμου ἤλειψεν τοὺς πόδας τοῦ Ἰησοῦ καὶ ἐξέμαξεν ταῖς θριξὶν
αὐτῆς τοὺς πόδας αὐτοῦ· ἡ δὲ οἰκία ἐπληρώθη ἐκ τῆς ὀσμῆς τοῦ μύρου.
λέγει δὲ Ἰούδας ὁ Ἰσκαριώτης εἷς τῶν μαθητῶν αὐτοῦ, ὁ μέλλων αὐτὸν 4
παραδιδόναι· Διὰ τί τοῦτο τὸ μύρον οὐκ ἐπράθη τριακοσίων δηναρίων 5
καὶ ἐδόθη πτωχοῖς; εἶπεν δὲ τοῦτο οὐχ ὅτι περὶ τῶν πτωχῶν ἔμελεν 6
αὐτῷ, ἀλλ' ὅτι κλέπτης ἦν καὶ τὸ γλωσσόκομον ἔχων τὰ βαλλόμενα
ἐβάσταζεν. εἶπεν οὖν ὁ Ἰησοῦς· Ἄφες αὐτήν· ἵνα εἰς τὴν ἡμέραν τοῦ 7
ἐνταφιασμοῦ μου τηρήσῃ αὐτό· ᵃ τοὺς πτωχοὺς γὰρ πάντοτε ἔχετε μεθ' 8
ἑαυτῶν, ἐμὲ δὲ οὐ πάντοτε ἔχετε.

Ἔγνω οὖν ὄχλος πολὺς ἐκ τῶν Ἰουδαίων ὅτι ἐκεῖ ἐστιν, καὶ ἦλθον 9
οὐ διὰ τὸν Ἰησοῦν μόνον, ἀλλ' ἵνα καὶ τὸν Λάζαρον ἴδωσιν ὃν ἤγειρεν
ἐκ νεκρῶν. ἐβουλεύσαντο δὲ οἱ ἀρχιερεῖς ἵνα καὶ τὸν Λάζαρον ἀποκτεί- 10
νωσιν, ὅτι πολλοὶ δι' αὐτὸν ὑπῆγον τῶν Ἰουδαίων καὶ ἐπίστευον εἰς 11
τὸν Ἰησοῦν.

❡ Τῇ ἐπαύριον ὁ ὄχλος πολὺς ὁ ἐλθὼν εἰς τὴν ἑορτήν, ἀκούσαντες ὅτι 12
ἔρχεται Ἰησοῦς εἰς Ἱεροσόλυμα, ἔλαβον τὰ βάϊα τῶν φοινίκων καὶ 13
ἐξῆλθον εἰς ὑπάντησιν αὐτῷ καὶ ἐκραύγαζον· ⌊Ὡσαννά, εὐλογημένος
ὁ ἐρχόμενος ἐν ὀνόματι Κυρίου⌋, ᵇ καὶ ὁ βασιλεὺς τοῦ Ἰσραήλ. εὑρὼν δὲ 14
ὁ Ἰησοῦς ὀνάριον ἐκάθισεν ἐπ' αὐτό, καθώς ἐστιν γεγραμμένον· ⌊Μὴ 15
φοβοῦ, θυγάτηρ Σιών·⌋ᶜ ⌊ἰδοὺ ὁ βασιλεύς σου ἔρχεται, καθήμενος ἐπὶ
πῶλον ὄνου.⌋ᵈ

Ταῦτα οὐκ ἔγνωσαν αὐτοῦ οἱ μαθηταὶ τὸ πρῶτον, ἀλλ' ὅτε ἐδοξάσθη 16
Ἰησοῦς, τότε ἐμνήσθησαν ὅτι ταῦτα ἦν ἐπ' αὐτῷ γεγραμμένα καὶ
ταῦτα ἐποίησαν αὐτῷ. ἐμαρτύρει οὖν ὁ ὄχλος ὁ ὢν μετ' αὐτοῦ ὅτε τὸν 17
Λάζαρον ἐφώνησεν ἐκ τοῦ μνημείου καὶ ἤγειρεν αὐτὸν ἐκ νεκρῶν. διὰ 18
τοῦτο καὶ ὑπήντησεν αὐτῷ ὁ ὄχλος, ὅτι ἤκουσαν τοῦτο αὐτὸν πεποιη-
κέναι τὸ σημεῖον. οἱ οὖν Φαρισαῖοι εἶπαν πρὸς ἑαυτούς· Θεωρεῖτε ὅτι 19
οὐκ ὠφελεῖτε οὐδέν· ἴδε ὁ κόσμος ὀπίσω αὐτοῦ ἀπῆλθεν.

[a] om. τοὺς πτωχοὺς . . . οὐ πάντοτε ἔχετε.   [b] Ps. 118. 25, 26   [c] Is. 40. 9
[d] Zech. 9. 9

20 ❧ Ἦσαν δὲ Ἕλληνές τινες ἐκ τῶν ἀναβαινόντων ἵνα προσκυνήσωσιν
21 ἐν τῇ ἑορτῇ· οὗτοι οὖν προσῆλθον Φιλίππῳ τῷ ἀπὸ Βηθσαϊδὰ τῆς
Γαλιλαίας, καὶ ἠρώτων αὐτὸν λέγοντες· Κύριε, θέλομεν τὸν Ἰησοῦν
22 ἰδεῖν. ἔρχεται ὁ Φίλιππος καὶ λέγει τῷ Ἀνδρέᾳ· ἔρχεται Ἀνδρέας καὶ
23 Φίλιππος καὶ λέγουσιν τῷ Ἰησοῦ. ὁ δὲ Ἰησοῦς ἀποκρίνεται αὐτοῖς
24 λέγων· Ἐλήλυθεν ἡ ὥρα ἵνα δοξασθῇ ὁ Υἱὸς τοῦ ἀνθρώπου. ἀμὴν
ἀμὴν λέγω ὑμῖν, ἐὰν μὴ ὁ κόκκος τοῦ σίτου πεσὼν εἰς τὴν γῆν ἀποθάνῃ,
25 αὐτὸς μόνος μένει· ἐὰν δὲ ἀποθάνῃ, πολὺν καρπὸν φέρει. ὁ φιλῶν τὴν
ψυχὴν αὐτοῦ ἀπολλύει αὐτήν, καὶ ὁ μισῶν τὴν ψυχὴν αὐτοῦ ἐν τῷ
26 κόσμῳ τούτῳ εἰς ζωὴν αἰώνιον φυλάξει αὐτήν. ἐὰν ἐμοί τις διακονῇ,
ἐμοὶ ἀκολουθείτω, καὶ ὅπου εἰμὶ ἐγώ, ἐκεῖ καὶ ὁ διάκονος ὁ ἐμὸς ἔσται·
ἐάν τις ἐμοὶ διακονῇ, τιμήσει αὐτὸν ὁ Πατήρ.
27   Νῦν ⌊ἡ ψυχή μου τετάρακται⌋,ᵃ καὶ τί εἴπω; ᵇ Πάτερ, σῶσόν με ἐκ
28 τῆς ὥρας ταύτης. ἀλλὰ διὰ τοῦτο ἦλθον εἰς τὴν ὥραν ταύτην. Πάτερ,
δόξασόν σου τὸ ὄνομα. ἦλθεν οὖν φωνὴ ἐκ τοῦ οὐρανοῦ· Καὶ ἐδόξασα
29 καὶ πάλιν δοξάσω. ὁ οὖν ὄχλος ὁ ἑστὼς καὶ ἀκούσας ἔλεγεν βροντὴν
30 γεγονέναι· ἄλλοι ἔλεγον· Ἄγγελος αὐτῷ λελάληκεν. ἀπεκρίθη Ἰησοῦς
31 καὶ εἶπεν· Οὐ δι' ἐμὲ ἡ φωνὴ αὕτη γέγονεν ἀλλὰ δι' ὑμᾶς. νῦν κρίσις
ἐστὶν τοῦ κόσμου τούτου· νῦν ὁ ἄρχων τοῦ κόσμου τούτου ἐκβληθή-
32 σεται ἔξω· κἀγὼ ἐὰν ὑψωθῶ ἐκ τῆς γῆς, πάντας ἑλκύσω πρὸς ἐμαυτόν.
33 τοῦτο δὲ ἔλεγεν σημαίνων ποίῳ θανάτῳ ἤμελλεν ἀποθνήσκειν.
34   Ἀπεκρίθη οὖν αὐτῷ ὁ ὄχλος· Ἡμεῖς ἠκούσαμεν ἐκ τοῦ νόμου ὅτι ὁ Χρι-
στὸς μένει εἰς τὸν αἰῶνα, καὶ πῶς λέγεις σὺ ὅτι δεῖ ὑψωθῆναι τὸν Υἱὸν τοῦ
35 ἀνθρώπου; τίς ἐστιν οὗτος ὁ Υἱὸς τοῦ ἀνθρώπου; εἶπεν οὖν αὐτοῖς ὁ
Ἰησοῦς· Ἔτι μικρὸν χρόνον τὸ φῶς ἐν ὑμῖν ἐστιν. περιπατεῖτε ὡς τὸ φῶς
ἔχετε, ἵνα μὴ σκοτία ὑμᾶς καταλάβῃ· καὶ ὁ περιπατῶν ἐν τῇ σκοτίᾳ οὐκ
36 οἶδεν ποῦ ὑπάγει. ὡς τὸ φῶς ἔχετε, πιστεύετε εἰς τὸ φῶς, ἵνα υἱοὶ φωτὸς
γένησθε. ταῦτα ἐλάλησεν Ἰησοῦς, καὶ ἀπελθὼν ἐκρύβη ἀπ' αὐτῶν.

37 ❧ Τοσαῦτα δὲ αὐτοῦ σημεῖα πεποιηκότος ἔμπροσθεν αὐτῶν οὐκ
38 ἐπίστευον εἰς αὐτόν, ἵνα ὁ λόγος Ἡσαΐου τοῦ προφήτου πληρωθῇ ὃν
εἶπεν· ⌊Κύριε, τίς ἐπίστευσεν τῇ ἀκοῇ ἡμῶν; καὶ ὁ βραχίων Κυρίου
39 τίνι ἀπεκαλύφθη; ⌋ᶜ διὰ τοῦτο οὐκ ἠδύναντο πιστεύειν, ὅτι πάλιν
40 εἶπεν Ἡσαΐας· ⌊Τετύφλωκεν αὐτῶν τοὺς ὀφθαλμοὺς καὶ ἐπώρωσεν
αὐτῶν τὴν καρδίαν, ἵνα μὴ ἴδωσιν τοῖς ὀφθαλμοῖς καὶ νοήσωσιν τῇ
41 καρδίᾳ καὶ στραφῶσιν, καὶ ἰάσομαι αὐτούς.⌋ᵈ ταῦτα εἶπεν Ἡσαΐας
ᵉ ὅτι εἶδεν τὴν δόξαν αὐτοῦ, καὶ ἐλάλησεν περὶ αὐτοῦ.

[a] Ps. 6. 3; 42. 6   [b] *Πάτερ, σῶσόν με ἐκ τῆς ὥρας ταύτης;*   [c] Is. 53. 1
[d] Is. 6. 9, 10   [e] *ὅτε*

Ὅμως μέντοι καὶ ἐκ τῶν ἀρχόντων πολλοὶ ἐπίστευσαν εἰς αὐτόν, 42 ἀλλὰ διὰ τοὺς Φαρισαίους οὐχ ὡμολόγουν, ἵνα μὴ ἀποσυνάγωγοι γένωνται· ἠγάπησαν γὰρ τὴν δόξαν τῶν ἀνθρώπων μᾶλλον ἤπερ τὴν 43 δόξαν τοῦ Θεοῦ.

❡ Ἰησοῦς δὲ ἔκραξεν καὶ εἶπεν· Ὁ πιστεύων εἰς ἐμὲ οὐ πιστεύει εἰς ἐμὲ 44 ἀλλὰ εἰς τὸν πέμψαντά με, καὶ ὁ θεωρῶν ἐμὲ θεωρεῖ τὸν πέμψαντά με. 45 ἐγὼ φῶς εἰς τὸν κόσμον ἐλήλυθα, ἵνα πᾶς ὁ πιστεύων εἰς ἐμὲ ἐν τῇ 46 σκοτίᾳ μὴ μείνῃ. καὶ ἐάν τίς μου ἀκούσῃ τῶν ῥημάτων καὶ μὴ φυλάξῃ, 47 ἐγὼ οὐ κρίνω αὐτόν· οὐ γὰρ ἦλθον ἵνα κρίνω τὸν κόσμον, ἀλλ᾽ ἵνα σώσω τὸν κόσμον. ὁ ἀθετῶν ἐμὲ καὶ μὴ λαμβάνων τὰ ῥήματά μου ἔχει 48 τὸν κρίνοντα αὐτόν· ὁ λόγος ὃν ἐλάλησα, ἐκεῖνος κρινεῖ αὐτὸν ἐν τῇ ἐσχάτῃ ἡμέρᾳ. ὅτι ἐγὼ ἐξ ἐμαυτοῦ οὐκ ἐλάλησα, ἀλλ᾽ ὁ πέμψας με 49 Πατὴρ αὐτός μοι ἐντολὴν δέδωκεν τί εἴπω καὶ τί λαλήσω. καὶ οἶδα 50 ὅτι ἡ ἐντολὴ αὐτοῦ ζωὴ αἰώνιός ἐστιν. ἃ οὖν ἐγὼ λαλῶ, καθὼς εἴρηκέν μοι ὁ Πατήρ, οὕτως λαλῶ.

Πρὸ δὲ τῆς ἑορτῆς τοῦ πάσχα εἰδὼς ὁ Ἰησοῦς ὅτι ἦλθεν αὐτοῦ ἡ 13 ὥρα ἵνα μεταβῇ ἐκ τοῦ κόσμου τούτου πρὸς τὸν Πατέρα, ἀγαπήσας τοὺς ἰδίους τοὺς ἐν τῷ κόσμῳ, εἰς τέλος ἠγάπησεν αὐτούς. Καὶ δείπνου γινομένου, τοῦ διαβόλου ἤδη βεβληκότος εἰς τὴν καρδίαν 2 ἵνα παραδοῖ αὐτὸν Ἰούδας Σίμωνος Ἰσκαριώτου, εἰδὼς ὅτι πάντα 3 ἔδωκεν αὐτῷ ὁ Πατὴρ εἰς τὰς χεῖρας, καὶ ὅτι ἀπὸ Θεοῦ ἐξῆλθεν καὶ πρὸς τὸν Θεὸν ὑπάγει, ἐγείρεται ἐκ τοῦ δείπνου καὶ τίθησιν τὰ ἱμάτια, καὶ 4 λαβὼν λέντιον διέζωσεν ἑαυτόν· εἶτα βάλλει ὕδωρ εἰς τὸν νιπτῆρα, καὶ 5 ἤρξατο νίπτειν τοὺς πόδας τῶν μαθητῶν καὶ ἐκμάσσειν τῷ λεντίῳ ᾧ ἦν διεζωσμένος.

Ἔρχεται οὖν πρὸς Σίμωνα Πέτρον· λέγει αὐτῷ· Κύριε, σύ μου νίπτεις 6 τοὺς πόδας; ἀπεκρίθη Ἰησοῦς καὶ εἶπεν αὐτῷ· Ὁ ἐγὼ ποιῶ σὺ οὐκ 7 οἶδας ἄρτι, γνώσῃ δὲ μετὰ ταῦτα. λέγει αὐτῷ Πέτρος· Οὐ μὴ νίψῃς 8 μου τοὺς πόδας εἰς τὸν αἰῶνα. ἀπεκρίθη Ἰησοῦς αὐτῷ· Ἐὰν μὴ νίψω σε, οὐκ ἔχεις μέρος μετ᾽ ἐμοῦ. λέγει αὐτῷ Σίμων Πέτρος· Κύριε, μὴ τοὺς 9 πόδας μου μόνον ἀλλὰ καὶ τὰς χεῖρας καὶ τὴν κεφαλήν.

Λέγει αὐτῷ Ἰησοῦς· Ὁ λελουμένος [a] οὐκ ἔχει χρείαν νίψασθαι, ἀλλ᾽ 10 ἔστιν καθαρὸς ὅλος· καὶ ὑμεῖς καθαροί ἐστε, ἀλλ᾽ οὐχὶ πάντες. ᾔδει γὰρ 11 τὸν παραδιδόντα αὐτόν· διὰ τοῦτο εἶπεν ὅτι Οὐχὶ πάντες καθαροί ἐστε.

[a] οὐκ ἔχει χρείαν εἰ μὴ τοὺς πόδας νίψασθαι,

12 Ὅτε οὖν ἔνιψεν τοὺς πόδας αὐτῶν καὶ ἔλαβεν τὰ ἱμάτια αὐτοῦ καὶ
13 ἀνέπεσεν πάλιν, εἶπεν αὐτοῖς· Γινώσκετε τί πεποίηκα ὑμῖν; ὑμεῖς
14 φωνεῖτέ με· Ὁ Διδάσκαλος καὶ Ὁ Κύριος, καὶ καλῶς λέγετε· εἰμὶ γάρ. εἰ
οὖν ἐγὼ ἔνιψα ὑμῶν τοὺς πόδας ὁ Κύριος καὶ ὁ Διδάσκαλος, καὶ ὑμεῖς
15 ὀφείλετε ἀλλήλων νίπτειν τοὺς πόδας· ὑπόδειγμα γὰρ ἔδωκα ὑμῖν ἵνα
16 καθὼς ἐγὼ ἐποίησα ὑμῖν καὶ ὑμεῖς ποιῆτε. ἀμὴν ἀμὴν λέγω ὑμῖν, οὐκ
ἔστιν δοῦλος μείζων τοῦ κυρίου αὐτοῦ, οὐδὲ ἀπόστολος μείζων τοῦ
17 πέμψαντος αὐτόν. εἰ ταῦτα οἴδατε, μακάριοί ἐστε ἐὰν ποιῆτε αὐτά.
18   Οὐ περὶ πάντων ὑμῶν λέγω· ἐγὼ οἶδα τίνας ἐξελεξάμην· ἀλλ᾽ ἵνα ἡ
γραφὴ πληρωθῇ· ⌊Ὁ τρώγων μου τὸν ἄρτον ἐπῆρεν ἐπ᾽ ἐμὲ τὴν
19 πτέρναν αὐτοῦ.⌋ᵃ ἀπ᾽ ἄρτι λέγω ὑμῖν πρὸ τοῦ γενέσθαι, ἵνα πιστεύητε
20 ὅταν γένηται ὅτι ἐγώ εἰμι. ἀμὴν ἀμὴν λέγω ὑμῖν, ὁ λαμβάνων ἄν τινα
πέμψω ἐμὲ λαμβάνει, ὁ δὲ ἐμὲ λαμβάνων λαμβάνει τὸν πέμψαντά με.
21   Ταῦτα εἰπὼν Ἰησοῦς ἐταράχθη τῷ πνεύματι καὶ ἐμαρτύρησεν καὶ
22 εἶπεν· Ἀμὴν ἀμὴν λέγω ὑμῖν ὅτι εἷς ἐξ ὑμῶν παραδώσει με. ἔβλεπον εἰς
23 ἀλλήλους οἱ μαθηταὶ ἀπορούμενοι περὶ τίνος λέγει. ἦν ἀνακείμενος εἷς
ἐκ τῶν μαθητῶν αὐτοῦ ἐν τῷ κόλπῳ τοῦ Ἰησοῦ, ὃν ἠγάπα ὁ Ἰησοῦς·
24 νεύει οὖν τούτῳ Σίμων Πέτρος καὶ λέγει αὐτῷ· Εἰπὲ τίς ἐστιν περὶ οὗ
25 λέγει. ἀναπεσὼν ἐκεῖνος οὕτως ἐπὶ τὸ στῆθος τοῦ Ἰησοῦ λέγει αὐτῷ·
26 Κύριε, τίς ἐστιν; ἀποκρίνεται οὖν ὁ Ἰησοῦς· Ἐκεῖνός ἐστιν ᾧ ἐγὼ
βάψω τὸ ψωμίον καὶ δώσω αὐτῷ. βάψας οὖν τὸ ψωμίον λαμβάνει καὶ
27 δίδωσιν Ἰούδᾳ Σίμωνος Ἰσκαριώτου. καὶ μετὰ τὸ ψωμίον τότε εἰσῆλ-
θεν εἰς ἐκεῖνον ὁ Σατανᾶς. λέγει οὖν αὐτῷ Ἰησοῦς· Ὁ ποιεῖς ποίησον
28 τάχιον. τοῦτο δὲ οὐδεὶς ἔγνω τῶν ἀνακειμένων πρὸς τί εἶπεν αὐτῷ·
29 τινὲς γὰρ ἐδόκουν, ἐπεὶ τὸ γλωσσόκομον εἶχεν Ἰούδας, ὅτι λέγει αὐτῷ
Ἰησοῦς· Ἀγόρασον ὧν χρείαν ἔχομεν εἰς τὴν ἑορτήν, ἢ τοῖς πτωχοῖς ἵνα
30 τι δῷ. λαβὼν οὖν τὸ ψωμίον ἐκεῖνος ἐξῆλθεν εὐθύς· ἦν δὲ νύξ.

31 ❡ Ὅτε οὖν ἐξῆλθεν, λέγει Ἰησοῦς· Νῦν ἐδοξάσθη ὁ Υἱὸς τοῦ ἀνθρώπου,
32 καὶ ὁ Θεὸς ἐδοξάσθη ἐν αὐτῷ· ᵇ εἰ ὁ Θεὸς ἐδοξάσθη ἐν αὐτῷ, καὶ ὁ
33 Θεὸς δοξάσει αὐτὸν ἐν ἑαυτῷ, καὶ εὐθὺς δοξάσει αὐτόν. τεκνία, ἔτι
μικρὸν μεθ᾽ ὑμῶν εἰμι· ζητήσετέ με, καὶ καθὼς εἶπον τοῖς Ἰουδαίοις ὅτι
Ὅπου ἐγὼ ὑπάγω ὑμεῖς οὐ δύνασθε ἐλθεῖν, καὶ ὑμῖν λέγω ἄρτι.
34 ἐντολὴν καινὴν δίδωμι ὑμῖν, ἵνα ἀγαπᾶτε ἀλλήλους· καθὼς ἠγάπησα
35 ὑμᾶς ἵνα καὶ ὑμεῖς ἀγαπᾶτε ἀλλήλους. ἐν τούτῳ γνώσονται πάντες
ὅτι ἐμοὶ μαθηταί ἐστε, ἐὰν ἀγάπην ἔχητε ἐν ἀλλήλοις.
36   Λέγει αὐτῷ Σίμων Πέτρος· Κύριε, ποῦ ὑπάγεις; ἀπεκρίθη Ἰησοῦς·
Ὅπου ὑπάγω οὐ δύνασαί μοι νῦν ἀκολουθῆσαι, ἀκολουθήσεις δὲ

[a] Ps. 41. 9   [b] om. εἰ ὁ Θεὸς ἐδοξάσθη ἐν αὐτῷ

ὕστερον. λέγει αὐτῷ ὁ Πέτρος· Κύριε, διὰ τί οὐ δύναμαί σοι ἀκολουθῆ- 37
σαι ἄρτι; τὴν ψυχήν μου ὑπὲρ σοῦ θήσω. ἀποκρίνεται Ἰησοῦς· Τὴν 38
ψυχήν σου ὑπὲρ ἐμοῦ θήσεις; ἀμὴν ἀμὴν λέγω σοι, οὐ μὴ ἀλέκτωρ
φωνήσῃ ἕως οὗ ἀρνήσῃ με τρίς.

Μὴ ταρασσέσθω ὑμῶν ἡ καρδία· πιστεύετε εἰς τὸν Θεόν, καὶ εἰς ἐμὲ 14
πιστεύετε. ἐν τῇ οἰκίᾳ τοῦ Πατρός μου μοναὶ πολλαί εἰσιν· εἰ δὲ μή, 2
ᵃ εἶπον ἂν ὑμῖν· ὅτι πορεύομαι ἑτοιμάσαι τόπον ὑμῖν· καὶ ἐὰν πορευθῶ 3
καὶ ἑτοιμάσω τόπον ὑμῖν, πάλιν ἔρχομαι καὶ παραλήμψομαι ὑμᾶς πρὸς
ἐμαυτόν, ἵνα ὅπου εἰμὶ ἐγὼ καὶ ὑμεῖς ἦτε. καὶ ὅπου ἐγὼ ὑπάγω 4
ᵇ οἴδατε τὴν ὁδόν. λέγει αὐτῷ Θωμᾶς· Κύριε, οὐκ οἴδαμεν ποῦ ὑπάγεις· 5
καὶ πῶς οἴδαμεν τὴν ὁδόν; λέγει αὐτῷ Ἰησοῦς· Ἐγώ εἰμι ἡ ὁδὸς καὶ ἡ 6
ἀλήθεια καὶ ἡ ζωή· οὐδεὶς ἔρχεται πρὸς τὸν Πατέρα εἰ μὴ δι' ἐμοῦ.
ᶜ Εἰ ἐγνώκειτέ με, καὶ τὸν Πατέρα μου ἂν ᾔδειτε. ἀπ' ἄρτι γινώσκετε 7
αὐτόν· καὶ ἑωράκατε αὐτόν. λέγει αὐτῷ Φίλιππος· Κύριε, δεῖξον ἡμῖν 8
τὸν Πατέρα, καὶ ἀρκεῖ ἡμῖν. λέγει αὐτῷ ὁ Ἰησοῦς· Τοσοῦτον χρόνον 9
μεθ' ὑμῶν εἰμι καὶ οὐκ ἔγνωκάς με, Φίλιππε; ὁ ἑωρακὼς ἐμὲ ἑώρακεν τὸν
Πατέρα· πῶς σὺ λέγεις· Δεῖξον ἡμῖν τὸν Πατέρα; οὐ πιστεύεις ὅτι ἐγὼ 10
ἐν τῷ Πατρὶ καὶ ὁ Πατὴρ ἐν ἐμοί ἐστιν; τὰ ῥήματα ἃ ἐγὼ λέγω ὑμῖν
ἀπ' ἐμαυτοῦ οὐ λαλῶ· ὁ δὲ Πατὴρ ὁ ἐν ἐμοὶ μένων ποιεῖ τὰ ἔργα αὐτοῦ.
πιστεύετέ μοι ὅτι ἐγὼ ἐν τῷ Πατρὶ καὶ ὁ Πατὴρ ἐν ἐμοί· εἰ δὲ μή, διὰ 11
τὰ ἔργα αὐτὰ πιστεύετε. ἀμὴν ἀμὴν λέγω ὑμῖν, ὁ πιστεύων εἰς ἐμὲ τὰ 12
ἔργα ἃ ἐγὼ ποιῶ κἀκεῖνος ποιήσει, καὶ μείζονα τούτων ποιήσει, ὅτι
ἐγὼ πρὸς τὸν Πατέρα πορεύομαι· καὶ ὅ τι ἂν αἰτήσητε ἐν τῷ ὀνόματί 13
μου, τοῦτο ποιήσω, ἵνα δοξασθῇ ὁ Πατὴρ ἐν τῷ Υἱῷ. ἐάν τι αἰτήσητεᵈ 14
ἐν τῷ ὀνόματί μου, ἐγὼ ποιήσω.

Ἐὰν ἀγαπᾶτέ με, τὰς ἐντολὰς τὰς ἐμὰς τηρήσετε· κἀγὼ ἐρωτήσω τὸν 15 16
Πατέρα καὶ ἄλλον Παράκλητον δώσει ὑμῖν, ἵνα ᾖ μεθ' ὑμῶν εἰς τὸν
αἰῶνα, τὸ Πνεῦμα τῆς ἀληθείας, ὃ ὁ κόσμος οὐ δύναται λαβεῖν, ὅτι οὐ 17
θεωρεῖ αὐτὸ οὐδὲ γινώσκει· ὑμεῖς γινώσκετε αὐτό, ὅτι παρ' ὑμῖν μένει
καὶ ἐν ὑμῖν ᵉ ἐστιν. οὐκ ἀφήσω ὑμᾶς ὀρφανούς, ἔρχομαι πρὸς ὑμᾶς. 18
ἔτι μικρὸν καὶ ὁ κόσμος με οὐκέτι θεωρεῖ, ὑμεῖς δὲ θεωρεῖτέ με, ὅτι ἐγὼ 19
ζῶ καὶ ὑμεῖς ζήσετε. ἐν ἐκείνῃ τῇ ἡμέρᾳ γνώσεσθε ὑμεῖς ὅτι ἐγὼ ἐν τῷ 20
Πατρί μου καὶ ὑμεῖς ἐν ἐμοὶ κἀγὼ ἐν ὑμῖν. ὁ ἔχων τὰς ἐντολάς μου καὶ 21
τηρῶν αὐτάς, ἐκεῖνός ἐστιν ὁ ἀγαπῶν με· ὁ δὲ ἀγαπῶν με ἀγαπηθήσεται
ὑπὸ τοῦ Πατρός μου, κἀγὼ ἀγαπήσω αὐτὸν καὶ ἐμφανίσω αὐτῷ
ἐμαυτόν.

[a] εἶπον ἂν ὑμῖν ὅτι πορεύομαι ἑτοιμάσαι τόπον ὑμῖν; [b] οἴδατε, καὶ τὴν ὁδὸν
οἴδατε. [c] Εἰ ἐγνώκατέ με, καὶ τὸν Πατέρα μου γνώσεσθε. [d] add με
[e] ἔσται.

22 Λέγει αὐτῷ Ἰούδας (οὐχ ὁ Ἰσκαριώτης)· Κύριε, καὶ τί γέγονεν ὅτι
23 ἡμῖν μέλλεις ἐμφανίζειν σεαυτὸν καὶ οὐχὶ τῷ κόσμῳ; ἀπεκρίθη Ἰησοῦς
καὶ εἶπεν αὐτῷ· Ἐάν τις ἀγαπᾷ με, τὸν λόγον μου τηρήσει, καὶ ὁ
Πατήρ μου ἀγαπήσει αὐτόν, καὶ πρὸς αὐτὸν ἐλευσόμεθα καὶ μονὴν παρ'
24 αὐτῷ ποιησόμεθα. ὁ μὴ ἀγαπῶν με τοὺς λόγους μου οὐ τηρεῖ· καὶ ὁ
λόγος ὃν ἀκούετε οὐκ ἔστιν ἐμὸς ἀλλὰ τοῦ πέμψαντός με Πατρός.
25 26 ταῦτα λελάληκα ὑμῖν παρ' ὑμῖν μένων· ὁ δὲ Παράκλητος, τὸ Πνεῦμα τὸ
Ἅγιον ὃ πέμψει ὁ Πατὴρ ἐν τῷ ὀνόματί μου, ἐκεῖνος ὑμᾶς διδάξει πάντα
καὶ ὑπομνήσει ὑμᾶς πάντα ἃ εἶπον ὑμῖν ἐγώ.
27 Εἰρήνην ἀφίημι ὑμῖν, εἰρήνην τὴν ἐμὴν δίδωμι ὑμῖν· οὐ καθὼς ὁ
κόσμος δίδωσιν ἐγὼ δίδωμι ὑμῖν. μὴ ταρασσέσθω ὑμῶν ἡ καρδία μηδὲ
28 δειλιάτω. ἠκούσατε ὅτι ἐγὼ εἶπον ὑμῖν· Ὑπάγω καὶ ἔρχομαι πρὸς
ὑμᾶς. εἰ ἠγαπᾶτέ με, ἐχάρητε ἂν ὅτι πορεύομαι πρὸς τὸν Πατέρα, ὅτι ὁ
29 Πατὴρ μείζων μού ἐστιν. καὶ νῦν εἴρηκα ὑμῖν πρὶν γενέσθαι, ἵνα ὅταν
γένηται πιστεύσητε.
30 Οὐκέτι πολλὰ λαλήσω μεθ' ὑμῶν, ᵃ ἔρχεται γὰρ ὁ τοῦ κόσμου
31 ἄρχων· καὶ ἐν ἐμοὶ οὐκ ἔχει οὐδέν· ἀλλ' ἵνα γνῷ ὁ κόσμος ὅτι ἀγαπῶ
τὸν Πατέρα, καὶ καθὼς ἐνετείλατό μοι ὁ Πατὴρ οὕτως ποιῶ, ἐγείρεσθε
ἄγωμεν ἐντεῦθεν.

15 ❛ Ἐγώ εἰμι ἡ ἄμπελος ἡ ἀληθινή, καὶ ὁ Πατήρ μου ὁ γεωργός ἐστιν.
2 πᾶν κλῆμα ἐν ἐμοὶ μὴ φέρον καρπόν, αἴρει αὐτό, καὶ πᾶν τὸ καρπὸν
3 φέρον, καθαίρει αὐτὸ ἵνα καρπὸν πλείονα φέρῃ. ἤδη ὑμεῖς καθαροί
4 ἐστε διὰ τὸν λόγον ὃν λελάληκα ὑμῖν· μείνατε ἐν ἐμοί, κἀγὼ ἐν ὑμῖν.
καθὼς τὸ κλῆμα οὐ δύναται καρπὸν φέρειν ἀφ' ἑαυτοῦ ἐὰν μὴ μένῃ ἐν
τῇ ἀμπέλῳ, οὕτως οὐδὲ ὑμεῖς ἐὰν μὴ ἐν ἐμοὶ μένητε.
5 Ἐγώ εἰμι ἡ ἄμπελος, ὑμεῖς τὰ κλήματα. ὁ μένων ἐν ἐμοὶ κἀγὼ ἐν
αὐτῷ, οὗτος φέρει καρπὸν πολύν, ὅτι χωρὶς ἐμοῦ οὐ δύνασθε ποιεῖν
6 οὐδέν. ἐὰν μή τις μένῃ ἐν ἐμοί, ἐβλήθη ἔξω ὡς τὸ κλῆμα καὶ ἐξηράνθη,
καὶ συνάγουσιν αὐτὰ καὶ εἰς τὸ πῦρ βάλλουσιν, καὶ καίεται.
7 Ἐὰν μείνητε ἐν ἐμοὶ καὶ τὰ ῥήματά μου ἐν ὑμῖν μείνῃ, ὃ ἐὰν θέλητε
8 αἰτήσασθε, καὶ γενήσεται ὑμῖν. ἐν τούτῳ ἐδοξάσθη ὁ Πατήρ μου, ᵇ ἵνα
9 καρπὸν πολὺν φέρητε καὶ γένησθε ἐμοὶ μαθηταί. καθὼς ἠγάπησέν με ὁ
10 Πατήρ, κἀγὼ ὑμᾶς ἠγάπησα· μείνατε ἐν τῇ ἀγάπῃ τῇ ἐμῇ. ἐὰν τὰς
ἐντολάς μου τηρήσητε, μενεῖτε ἐν τῇ ἀγάπῃ μου, καθὼς ἐγὼ τοῦ
Πατρός μου τὰς ἐντολὰς τετήρηκα καὶ μένω αὐτοῦ ἐν τῇ ἀγάπῃ.

[a] *ἔρχεται γὰρ ὁ τοῦ κόσμου ἄρχων, καὶ ἐν ἐμοὶ οὐκ ἔχει οὐδέν· ἀλλ' ἵνα γνῷ ὁ κόσμος ὅτι ἀγαπῶ τὸν Πατέρα, καὶ καθὼς ἐνετείλατό μοι ὁ Πατὴρ οὕτως ποιῶ. ἐγείρεσθε, ἄγωμεν ἐντεῦθεν.*   [b] *ἵνα καρπὸν πολὺν φέρητε· καὶ γενήσεσθε ἐμοὶ μαθηταί.*

Ταῦτα λελάληκα ὑμῖν ἵνα ἡ χαρὰ ἡ ἐμὴ ἐν ὑμῖν ᾖ καὶ ἡ χαρὰ ὑμῶν 11
πληρωθῇ. αὕτη ἐστὶν ἡ ἐντολὴ ἡ ἐμή, ἵνα ἀγαπᾶτε ἀλλήλους καθὼς 12
ἠγάπησα ὑμᾶς. μείζονα ταύτης ἀγάπην οὐδεὶς ἔχει, ἵνα τις τὴν ψυχὴν 13
αὐτοῦ θῇ ὑπὲρ τῶν φίλων αὐτοῦ. ὑμεῖς φίλοι μού ἐστε, ἐὰν ποιῆτε ὃ 14
ἐγὼ ἐντέλλομαι ὑμῖν. οὐκέτι λέγω ὑμᾶς δούλους, ὅτι ὁ δοῦλος οὐκ οἶδεν 15
τί ποιεῖ αὐτοῦ ὁ κύριος· ὑμᾶς δὲ εἴρηκα φίλους, ὅτι πάντα ἃ ἤκουσα
παρὰ τοῦ Πατρός μου ἐγνώρισα ὑμῖν. οὐχ ὑμεῖς με ἐξελέξασθε, ἀλλ᾽ 16
ἐγὼ ἐξελεξάμην ὑμᾶς, καὶ ἔθηκα ὑμᾶς ἵνα ὑμεῖς ὑπάγητε καὶ καρπὸν
φέρητε καὶ ὁ καρπὸς ὑμῶν μένῃ, ἵνα ὅ τι ἂν αἰτήσητε τὸν Πατέρα ἐν τῷ
ὀνόματί μου δῷ ὑμῖν. ταῦτα ἐντέλλομαι ὑμῖν, ἵνα ἀγαπᾶτε ἀλλήλους. 17

Εἰ ὁ κόσμος ὑμᾶς μισεῖ, γινώσκετε ὅτι ἐμὲ πρῶτον μεμίσηκεν. εἰ 18 19
ἐκ τοῦ κόσμου ἦτε, ὁ κόσμος ἂν τὸ ἴδιον ἐφίλει· ὅτι δὲ ἐκ τοῦ κόσμου
οὐκ ἐστέ, ἀλλ᾽ ἐγὼ ἐξελεξάμην ὑμᾶς ἐκ τοῦ κόσμου, διὰ τοῦτο μισεῖ
ὑμᾶς ὁ κόσμος. μνημονεύετε τοῦ λόγου οὗ ἐγὼ εἶπον ὑμῖν· Οὐκ ἔστιν 20
δοῦλος μείζων τοῦ κυρίου αὐτοῦ. εἰ ἐμὲ ἐδίωξαν, καὶ ὑμᾶς διώξουσιν·
εἰ τὸν λόγον μου ἐτήρησαν, καὶ τὸν ὑμέτερον τηρήσουσιν. ἀλλὰ ταῦτα 21
πάντα ποιήσουσιν εἰς ὑμᾶς διὰ τὸ ὄνομά μου, ὅτι οὐκ οἴδασιν τὸν
πέμψαντά με.

Εἰ μὴ ἦλθον καὶ ἐλάλησα αὐτοῖς, ἁμαρτίαν οὐκ εἴχοσαν· νῦν δὲ 22
πρόφασιν οὐκ ἔχουσιν περὶ τῆς ἁμαρτίας αὐτῶν. ὁ ἐμὲ μισῶν καὶ τὸν 23
Πατέρα μου μισεῖ. εἰ τὰ ἔργα μὴ ἐποίησα ἐν αὐτοῖς ἃ οὐδεὶς ἄλλος 24
ἐποίησεν, ἁμαρτίαν οὐκ εἴχοσαν· νῦν δὲ ᵃ καὶ ἑωράκασιν καὶ μεμισή-
κασιν καὶ ἐμὲ καὶ τὸν Πατέρα μου. ἀλλ᾽ ἵνα πληρωθῇ ὁ λόγος ὁ ἐν τῷ 25
νόμῳ αὐτῶν γεγραμμένος ὅτι ⌊ἐμίσησάν με δωρεάν.⌋ᵇ

Ὅταν ἔλθῃ ὁ Παράκλητος ὃν ἐγὼ πέμψω ὑμῖν παρὰ τοῦ Πατρός, τὸ 26
Πνεῦμα τῆς ἀληθείας ὃ παρὰ τοῦ Πατρὸς ἐκπορεύεται, ἐκεῖνος μαρτυρή-
σει περὶ ἐμοῦ· καὶ ὑμεῖς δὲ μαρτυρεῖτε, ὅτι ἀπ᾽ ἀρχῆς μετ᾽ ἐμοῦ ἐστε. 27

Ταῦτα λελάληκα ὑμῖν ἵνα μὴ σκανδαλισθῆτε. ἀποσυναγώγους ποιή- **16** 2
σουσιν ὑμᾶς· ἀλλ᾽ ἔρχεται ὥρα ἵνα πᾶς ὁ ἀποκτείνας ὑμᾶς δόξῃ λατρείαν
προφέρειν τῷ Θεῷ. καὶ ταῦτα ποιήσουσιν ὅτι οὐκ ἔγνωσαν τὸν 3
Πατέρα οὐδὲ ἐμέ. ἀλλὰ ταῦτα λελάληκα ὑμῖν ἵνα ὅταν ἔλθῃ ἡ ὥρα 4
αὐτῶν μνημονεύητε αὐτῶν, ὅτι ἐγὼ εἶπον ὑμῖν. ταῦτα δὲ ὑμῖν ἐξ
ἀρχῆς οὐκ εἶπον, ὅτι μεθ᾽ ὑμῶν ἤμην. νῦν δὲ ὑπάγω πρὸς τὸν πέμ- 5
ψαντά με, καὶ οὐδεὶς ἐξ ὑμῶν ἐρωτᾷ με· Ποῦ ὑπάγεις; ἀλλ᾽ ὅτι ταῦτα 6
λελάληκα ὑμῖν, ἡ λύπη πεπλήρωκεν ὑμῶν τὴν καρδίαν. ἀλλ᾽ ἐγὼ τὴν 7
ἀλήθειαν λέγω ὑμῖν, συμφέρει ὑμῖν ἵνα ἐγὼ ἀπέλθω. ἐὰν γὰρ μὴ ἀπέλθω,
ὁ Παράκλητος οὐ μὴ ἔλθῃ πρὸς ὑμᾶς· ἐὰν δὲ πορευθῶ, πέμψω αὐτὸν
πρὸς ὑμᾶς. καὶ ἐλθὼν ἐκεῖνος ἐλέγξει τὸν κόσμον περὶ ἁμαρτίας καὶ περὶ 8

[a] καὶ ἑωράκασιν καὶ   [b] Ps. 35. 19; 69. 4

9 δικαιοσύνης καὶ περὶ κρίσεως· περὶ ἁμαρτίας μέν, ὅτι οὐ πιστεύουσιν
10 εἰς ἐμέ· περὶ δικαιοσύνης δέ, ὅτι πρὸς τὸν Πατέρα ὑπάγω καὶ οὐκέτι
11 θεωρεῖτέ με· περὶ δὲ κρίσεως, ὅτι ὁ ἄρχων τοῦ κόσμου τούτου κέκριται.
12 13 ῎Ετι πολλὰ ἔχω ὑμῖν λέγειν, ἀλλ' οὐ δύνασθε βαστάζειν ἄρτι· ὅταν δὲ
ἔλθῃ ἐκεῖνος, τὸ Πνεῦμα τῆς ἀληθείας, ὁδηγήσει ὑμᾶς εἰς τὴν ἀλήθειαν
πᾶσαν· οὐ γὰρ λαλήσει ἀφ' ἑαυτοῦ, ἀλλ' ὅσα ἀκούει λαλήσει, καὶ τὰ
14 ἐρχόμενα ἀναγγελεῖ ὑμῖν. ἐκεῖνος ἐμὲ δοξάσει, ὅτι ἐκ τοῦ ἐμοῦ λήμψεται
15 καὶ ἀναγγελεῖ ὑμῖν. πάντα ὅσα ἔχει ὁ Πατὴρ ἐμά ἐστιν· διὰ τοῦτο
εἶπον ὅτι ᾿Εκ τοῦ ἐμοῦ λαμβάνει καὶ ἀναγγελεῖ ὑμῖν.

16 17 ❈ Μικρὸν καὶ οὐκέτι θεωρεῖτέ με, καὶ πάλιν μικρὸν καὶ ὄψεσθέ με. εἶπαν
οὖν ἐκ τῶν μαθητῶν αὐτοῦ πρὸς ἀλλήλους· Τί ἐστιν τοῦτο ὃ λέγει
ἡμῖν· Μικρὸν καὶ οὐ θεωρεῖτέ με, καὶ πάλιν μικρὸν καὶ ὄψεσθέ με; καί·
18 ῞Οτι ὑπάγω πρὸς τὸν Πατέρα; ἔλεγον οὖν· Τοῦτο τί ἐστιν ὃ λέγει τό
Μικρόν; οὐκ οἴδαμεν τί λαλεῖ.
19 ῎Εγνω ᾿Ιησοῦς ὅτι ἤθελον αὐτὸν ἐρωτᾶν, καὶ εἶπεν αὐτοῖς· Περὶ
τούτου ζητεῖτε μετ' ἀλλήλων ὅτι εἶπον· Μικρὸν καὶ οὐ θεωρεῖτέ με,
20 καὶ πάλιν μικρὸν καὶ ὄψεσθέ με; ἀμὴν ἀμὴν λέγω ὑμῖν ὅτι κλαύσετε καὶ
θρηνήσετε ὑμεῖς, ὁ δὲ κόσμος χαρήσεται· ὑμεῖς λυπηθήσεσθε, ἀλλ' ἡ
21 λύπη ὑμῶν εἰς χαρὰν γενήσεται. ἡ γυνὴ ὅταν τίκτῃ λύπην ἔχει, ὅτι
ἦλθεν ἡ ὥρα αὐτῆς· ὅταν δὲ γεννήσῃ τὸ παιδίον, οὐκέτι μνημονεύει
22 τῆς θλίψεως διὰ τὴν χαρὰν ὅτι ἐγεννήθη ἄνθρωπος εἰς τὸν κόσμον. καὶ
ὑμεῖς οὖν νῦν μὲν λύπην ἔχετε· πάλιν δὲ ὄψομαι ὑμᾶς, ⌊καὶ χαρήσεται
23 ὑμῶν ἡ καρδία⌋,ᵃ καὶ τὴν χαρὰν ὑμῶν οὐδεὶς αἴρει ἀφ' ὑμῶν. καὶ ἐν
ἐκείνῃ τῇ ἡμέρᾳ ἐμὲ οὐκ ἐρωτήσετε οὐδέν. ἀμὴν ἀμὴν λέγω ὑμῖν, ᵇ ἄν
24 τι αἰτήσητε τὸν Πατέρα ἐν τῷ ὀνόματί μου, δώσει ὑμῖν. ἕως ἄρτι οὐκ
ᾐτήσατε οὐδὲν ἐν τῷ ὀνόματί μου· αἰτεῖτε, καὶ λήμψεσθε, ἵνα ἡ χαρὰ
ὑμῶν ᾖ πεπληρωμένη.
25 Ταῦτα ἐν παροιμίαις λελάληκα ὑμῖν· ἔρχεται ὥρα ὅτε οὐκέτι ἐν
παροιμίαις λαλήσω ὑμῖν, ἀλλὰ παρρησίᾳ περὶ τοῦ Πατρὸς ἀπαγγελῶ
26 ὑμῖν. ἐν ἐκείνῃ τῇ ἡμέρᾳ ἐν τῷ ὀνόματί μου αἰτήσεσθε, καὶ οὐ λέγω
27 ὑμῖν ὅτι ἐγὼ ἐρωτήσω τὸν Πατέρα περὶ ὑμῶν· αὐτὸς γὰρ ὁ Πατὴρ
φιλεῖ ὑμᾶς, ὅτι ὑμεῖς ἐμὲ πεφιλήκατε καὶ πεπιστεύκατε ὅτι ἐγὼ παρὰ
28 τοῦ Θεοῦ ἐξῆλθον. ἐξῆλθον ἐκ τοῦ Πατρὸς καὶ ἐλήλυθα εἰς τὸν κόσμον·
29 πάλιν ἀφίημι τὸν κόσμον καὶ πορεύομαι πρὸς τὸν Πατέρα. λέγουσιν οἱ
μαθηταὶ αὐτοῦ· ῎Ιδε νῦν ἐν παρρησίᾳ λαλεῖς, καὶ παροιμίαν οὐδεμίαν
30 λέγεις. νῦν οἴδαμεν ὅτι οἶδας πάντα καὶ οὐ χρείαν ἔχεις ἵνα τίς σε
ἐρωτᾷ· ἐν τούτῳ πιστεύομεν ὅτι ἀπὸ Θεοῦ ἐξῆλθες.

[a] Is. 66. 14   [b] ἄν τι αἰτήσητε τὸν Πατέρα, δώσει ὑμῖν ἐν τῷ ὀνόματί μου.

Ἀπεκρίθη αὐτοῖς Ἰησοῦς· ᵃ Ἄρτι πιστεύετε; ἰδοὺ ἔρχεται ὥρα καὶ ₃₁ ₃₂
ἐλήλυθεν ἵνα σκορπισθῆτε ἕκαστος εἰς τὰ ἴδια κἀμὲ μόνον ἀφῆτε· καὶ οὐκ
εἰμὶ μόνος, ὅτι ὁ Πατὴρ μετ' ἐμοῦ ἐστιν. ταῦτα λελάληκα ὑμῖν ἵνα ἐν ₃₃
ἐμοὶ εἰρήνην ἔχητε. ἐν τῷ κόσμῳ θλῖψιν ἕξετε· ἀλλὰ θαρσεῖτε, ἐγὼ
νενίκηκα τὸν κόσμον.

❡ Ταῦτα ἐλάλησεν Ἰησοῦς, καὶ ἐπάρας τοὺς ὀφθαλμοὺς εἰς τὸν οὐρανὸν **17**
εἶπεν·

Πάτερ, ἐλήλυθεν ἡ ὥρα· δόξασόν σου τὸν Υἱόν, ἵνα ὁ Υἱὸς δοξάσῃ
σε, καθὼς ἔδωκας αὐτῷ ἐξουσίαν πάσης σαρκός, ἵνα πᾶν ὃ δέδωκας ₂
αὐτῷ δώσῃ αὐτοῖς ζωὴν αἰώνιον. αὕτη δέ ἐστιν ἡ αἰώνιος ζωή, ἵνα ₃
γινώσκωσίν σε τὸν μόνον ἀληθινὸν Θεὸν καὶ ὃν ἀπέστειλας Ἰησοῦν
Χριστόν. ἐγώ σε ἐδόξασα ἐπὶ τῆς γῆς, τὸ ἔργον τελειώσας ὃ δέδωκάς ₄
μοι ἵνα ποιήσω· καὶ νῦν δόξασόν με σύ, Πάτερ, παρὰ σεαυτῷ τῇ δόξῃ ₅
ᾗ εἶχον πρὸ τοῦ τὸν κόσμον εἶναι παρὰ σοί.

Ἐφανέρωσά σου τὸ ὄνομα τοῖς ἀνθρώποις οὓς ἔδωκάς μοι ἐκ τοῦ ₆
κόσμου. σοὶ ἦσαν κἀμοὶ αὐτοὺς ἔδωκας, καὶ τὸν λόγον σου τετήρηκαν.
νῦν ἔγνωκαν ὅτι πάντα ὅσα δέδωκάς μοι παρὰ σοῦ εἰσιν· ὅτι τὰ ῥήματα ₇ ₈
ἃ ἔδωκάς μοι δέδωκα αὐτοῖς, καὶ αὐτοὶ ἔλαβον, καὶ ἔγνωσαν ἀληθῶς
ὅτι παρὰ σοῦ ἐξῆλθον, καὶ ἐπίστευσαν ὅτι σύ με ἀπέστειλας.

Ἐγὼ περὶ αὐτῶν ἐρωτῶ· οὐ περὶ τοῦ κόσμου ἐρωτῶ, ἀλλὰ περὶ ὧν ₉
δέδωκάς μοι, ὅτι σοί εἰσιν, καὶ τὰ ἐμὰ πάντα σά ἐστιν καὶ τὰ σὰ ἐμά, ₁₀
καὶ δεδόξασμαι ἐν αὐτοῖς.

Καὶ οὐκέτι εἰμὶ ἐν τῷ κόσμῳ, καὶ αὐτοὶ ἐν τῷ κόσμῳ εἰσίν, κἀγὼ πρὸς ₁₁
σὲ ἔρχομαι. Πάτερ ἅγιε, ᵇ τήρησον αὐτοὺς ἐν τῷ ὀνόματί σου οὓς δέδω-
κάς μοι, ἵνα ὦσιν ἓν καθὼς ἡμεῖς. ὅτε ἤμην μετ' αὐτῶν, ᶜ ἐγὼ ἐτήρουν ₁₂
αὐτοὺς ἐν τῷ ὀνόματί σου οὓς δέδωκάς μοι, καὶ ἐφύλαξα· καὶ οὐδεὶς ἐξ
αὐτῶν ἀπώλετο εἰ μὴ ὁ υἱὸς τῆς ἀπωλείας, ἵνα ἡ γραφὴ πληρωθῇ.

Νῦν δὲ πρὸς σὲ ἔρχομαι, καὶ ταῦτα λαλῶ ἐν τῷ κόσμῳ ἵνα ἔχωσιν τὴν ₁₃
χαρὰν τὴν ἐμὴν πεπληρωμένην ἐν ἑαυτοῖς. ἐγὼ δέδωκα αὐτοῖς τὸν ₁₄
λόγον σου, καὶ ὁ κόσμος ἐμίσησεν αὐτούς, ὅτι οὐκ εἰσὶν ἐκ τοῦ κόσμου
καθὼς ἐγὼ οὐκ εἰμὶ ἐκ τοῦ κόσμου. οὐκ ἐρωτῶ ἵνα ἄρῃς αὐτοὺς ἐκ τοῦ ₁₅
κόσμου, ἀλλ' ἵνα τηρήσῃς αὐτοὺς ἐκ τοῦ πονηροῦ. ἐκ τοῦ κόσμου οὐκ ₁₆
εἰσὶν καθὼς ἐγὼ οὐκ εἰμὶ ἐκ τοῦ κόσμου. ἁγίασον αὐτοὺς ἐν τῇ ἀληθείᾳ· ₁₇
ὁ λόγος ὁ σὸς ἀλήθειά ἐστιν. καθὼς ἐμὲ ἀπέστειλας εἰς τὸν κόσμον, ₁₈
κἀγὼ ἀπέστειλα αὐτοὺς εἰς τὸν κόσμον· καὶ ὑπὲρ αὐτῶν ἐγὼ ἁγιάζω ₁₉
ἐμαυτόν, ἵνα ὦσιν καὶ αὐτοὶ ἡγιασμένοι ἐν ἀληθείᾳ.

[a] Ἄρτι πιστεύετε·   [b] τήρησον αὐτοὺς ἐν τῷ ὀνόματί σου ᾧ δέδωκάς μοι,
[c] ἐγὼ ἐτήρουν αὐτοὺς ἐν τῷ ὀνόματί σου ᾧ δέδωκάς μοι,

20 Οὐ περὶ τούτων δὲ ἐρωτῶ μόνον, ἀλλὰ καὶ περὶ τῶν πιστευόντων
21 διὰ τοῦ λόγου αὐτῶν εἰς ἐμέ· ἵνα πάντες ἓν ὦσιν· καθὼς σύ, Πάτερ, ἐν
ἐμοὶ κἀγὼ ἐν σοί, ἵνα καὶ αὐτοὶ ἐν ἡμῖν ὦσιν, ἵνα ὁ κόσμος πιστεύῃ ὅτι
22 σύ με ἀπέστειλας. κἀγὼ τὴν δόξαν ἣν δέδωκάς μοι δέδωκα αὐτοῖς, ἵνα
23 ὦσιν ἓν καθὼς ἡμεῖς ἕν· ἐγὼ ἐν αὐτοῖς καὶ σὺ ἐν ἐμοί, ἵνα ὦσιν τετελειω-
μένοι εἰς ἕν, ἵνα γινώσκῃ ὁ κόσμος ὅτι σύ με ἀπέστειλας καὶ ἠγάπησας
αὐτοὺς καθὼς ἐμὲ ἠγάπησας.
24 Πάτερ, ὃ δέδωκάς μοι, θέλω ἵνα ὅπου εἰμὶ ἐγὼ κἀκεῖνοι ὦσιν μετ᾽
ἐμοῦ, ἵνα θεωρῶσιν τὴν δόξαν τὴν ἐμήν, ἣν δέδωκάς μοι ὅτι ἠγάπησάς
25 με πρὸ καταβολῆς κόσμου. Πάτερ δίκαιε, καὶ ὁ κόσμος σε οὐκ ἔγνω,
26 ἐγὼ δέ σε ἔγνων, καὶ οὗτοι ἔγνωσαν ὅτι σύ με ἀπέστειλας· καὶ ἐγνώρισα
αὐτοῖς τὸ ὄνομά σου καὶ γνωρίσω, ἵνα ἡ ἀγάπη ἣν ἠγάπησάς με ἐν
αὐτοῖς ᾖ κἀγὼ ἐν αὐτοῖς.

18 Ταῦτα εἰπὼν Ἰησοῦς ἐξῆλθεν σὺν τοῖς μαθηταῖς αὐτοῦ πέραν τοῦ
χειμάρρου τοῦ Κεδρών, ὅπου ἦν κῆπος, εἰς ὃν εἰσῆλθεν αὐτὸς
2 καὶ οἱ μαθηταὶ αὐτοῦ. ᾔδει δὲ καὶ Ἰούδας ὁ παραδιδοὺς αὐτὸν τὸν
τόπον, ὅτι πολλάκις συνήχθη Ἰησοῦς ἐκεῖ μετὰ τῶν μαθητῶν αὐτοῦ.
3 ὁ οὖν Ἰούδας λαβὼν τὴν σπεῖραν καὶ ἐκ τῶν ἀρχιερέων καὶ ἐκ τῶν
Φαρισαίων ὑπηρέτας ἔρχεται ἐκεῖ μετὰ φανῶν καὶ λαμπάδων καὶ
4 ὅπλων. Ἰησοῦς οὖν εἰδὼς πάντα τὰ ἐρχόμενα ἐπ᾽ αὐτὸν ἐξῆλθεν καὶ
5 λέγει αὐτοῖς· Τίνα ζητεῖτε; ἀπεκρίθησαν αὐτῷ· Ἰησοῦν τὸν Ναζωραῖον.
λέγει αὐτοῖς· Ἐγώ εἰμι. εἱστήκει δὲ καὶ Ἰούδας ὁ παραδιδοὺς αὐτὸν
6 μετ᾽ αὐτῶν. ὡς οὖν εἶπεν αὐτοῖς· Ἐγώ εἰμι, ἀπῆλθαν εἰς τὰ ὀπίσω καὶ
7 ἔπεσαν χαμαί. πάλιν οὖν ἐπηρώτησεν αὐτούς· Τίνα ζητεῖτε; οἱ δὲ
8 εἶπαν· Ἰησοῦν τὸν Ναζωραῖον. ἀπεκρίθη Ἰησοῦς· Εἶπον ὑμῖν ὅτι ἐγώ
9 εἰμι· εἰ οὖν ἐμὲ ζητεῖτε, ἄφετε τούτους ὑπάγειν· (ἵνα πληρωθῇ ὁ λόγος
10 ὃν εἶπεν, ὅτι Οὓς δέδωκάς μοι, οὐκ ἀπώλεσα ἐξ αὐτῶν οὐδένα.) Σίμων
οὖν Πέτρος ἔχων μάχαιραν εἵλκυσεν αὐτὴν καὶ ἔπαισεν τὸν τοῦ
ἀρχιερέως δοῦλον καὶ ἀπέκοψεν αὐτοῦ τὸ ὠτάριον τὸ δεξιόν· (ἦν δὲ
11 ὄνομα τῷ δούλῳ Μάλχος.) εἶπεν οὖν ὁ Ἰησοῦς τῷ Πέτρῳ· Βάλε τὴν
μάχαιραν εἰς τὴν θήκην· τὸ ποτήριον ὃ δέδωκέν μοι ὁ Πατήρ, οὐ μὴ
πίω αὐτό;

12 ❡ Ἡ οὖν σπεῖρα καὶ ὁ χιλίαρχος καὶ οἱ ὑπηρέται τῶν Ἰουδαίων
13 συνέλαβον τὸν Ἰησοῦν καὶ ἔδησαν αὐτόν, καὶ ἤγαγον πρὸς Ἄνναν
πρῶτον· ἦν γὰρ πενθερὸς τοῦ Καϊάφα, ὃς ἦν ἀρχιερεὺς τοῦ ἐνιαυτοῦ
14 ἐκείνου· ἦν δὲ Καϊάφας ὁ συμβουλεύσας τοῖς Ἰουδαίοις ὅτι συμφέρει ἕνα

ἄνθρωπον ἀποθανεῖν ὑπὲρ τοῦ λαοῦ. ἠκολούθει δὲ τῷ Ἰησοῦ Σίμων 15
Πέτρος καὶ ἄλλος μαθητής. ὁ δὲ μαθητὴς ἐκεῖνος ἦν γνωστὸς τῷ
ἀρχιερεῖ, καὶ συνεισῆλθεν τῷ Ἰησοῦ εἰς τὴν αὐλὴν τοῦ ἀρχιερέως, ὁ δὲ 16
Πέτρος εἱστήκει πρὸς τῇ θύρᾳ ἔξω. ἐξῆλθεν οὖν ὁ μαθητὴς ὁ ἄλλος ὁ
γνωστὸς τοῦ ἀρχιερέως καὶ εἶπεν τῇ θυρωρῷ, καὶ εἰσήγαγεν τὸν
Πέτρον. λέγει οὖν τῷ Πέτρῳ ἡ παιδίσκη ἡ θυρωρός· Μὴ καὶ σὺ ἐκ τῶν 17
μαθητῶν εἶ τοῦ ἀνθρώπου τούτου; λέγει ἐκεῖνος· Οὐκ εἰμί. εἱστήκεισαν 18
δὲ οἱ δοῦλοι καὶ οἱ ὑπηρέται ἀνθρακιὰν πεποιηκότες, ὅτι ψῦχος ἦν, καὶ
ἐθερμαίνοντο· ἦν δὲ καὶ ὁ Πέτρος μετ' αὐτῶν ἑστὼς καὶ θερμαινόμενος.

Ὁ οὖν ἀρχιερεὺς ἠρώτησεν τὸν Ἰησοῦν περὶ τῶν μαθητῶν αὐτοῦ 19
καὶ περὶ τῆς διδαχῆς αὐτοῦ. ἀπεκρίθη αὐτῷ Ἰησοῦς· Ἐγὼ παρρησίᾳ 20
λελάληκα τῷ κόσμῳ· ἐγὼ πάντοτε ἐδίδαξα ἐν συναγωγῇ καὶ ἐν τῷ
ἱερῷ, ὅπου πάντες οἱ Ἰουδαῖοι συνέρχονται, καὶ ἐν κρυπτῷ ἐλάλησα
οὐδέν. τί με ἐρωτᾷς; ἐρώτησον τοὺς ἀκηκοότας τί ἐλάλησα αὐτοῖς· 21
ἴδε οὗτοι οἴδασιν ἃ εἶπον ἐγώ. ταῦτα δὲ αὐτοῦ εἰπόντος εἷς παρεστη- 22
κὼς τῶν ὑπηρετῶν ἔδωκεν ῥάπισμα τῷ Ἰησοῦ εἰπών· Οὕτως ἀποκρίνῃ
τῷ ἀρχιερεῖ; ἀπεκρίθη αὐτῷ Ἰησοῦς· Εἰ κακῶς ἐλάλησα, μαρτύρησον 23
περὶ τοῦ κακοῦ· εἰ δὲ καλῶς, τί με δέρεις;

[a] Ἀπέστειλεν οὖν αὐτὸν ὁ Ἄννας δεδεμένον πρὸς Καϊάφαν τὸν ἀρχιερέα. 24
Ἦν δὲ Σίμων Πέτρος ἑστὼς καὶ θερμαινόμενος. εἶπον οὖν αὐτῷ· 25
Μὴ καὶ σὺ ἐκ τῶν μαθητῶν αὐτοῦ εἶ; ἠρνήσατο ἐκεῖνος καὶ εἶπεν· Οὐκ
εἰμί. λέγει εἷς τῶν δούλων τοῦ ἀρχιερέως, συγγενὴς ὢν οὗ ἀπέκοψεν 26
Πέτρος τὸ ὠτίον· Οὐκ ἐγώ σε εἶδον ἐν τῷ κήπῳ μετ' αὐτοῦ; πάλιν οὖν 27
ἠρνήσατο Πέτρος, καὶ εὐθέως ἀλέκτωρ ἐφώνησεν.

❦ Ἄγουσιν οὖν τὸν Ἰησοῦν ἀπὸ τοῦ Καϊάφα εἰς τὸ πραιτώριον· ἦν δὲ 28
πρωΐ· καὶ αὐτοὶ οὐκ εἰσῆλθον εἰς τὸ πραιτώριον, ἵνα μὴ μιανθῶσιν
ἀλλὰ φάγωσιν τὸ πάσχα. ἐξῆλθεν οὖν ὁ Πιλᾶτος ἔξω πρὸς αὐτοὺς καὶ 29
φησίν· Τίνα κατηγορίαν φέρετε τοῦ ἀνθρώπου τούτου; ἀπεκρίθησαν 30
καὶ εἶπαν αὐτῷ· Εἰ μὴ ἦν οὗτος κακὸν ποιῶν, οὐκ ἄν σοι παρεδώκαμεν
αὐτόν. εἶπεν οὖν αὐτοῖς ὁ Πιλᾶτος· Λάβετε αὐτὸν ὑμεῖς, καὶ κατὰ τὸν 31
νόμον ὑμῶν κρίνατε αὐτόν. εἶπον αὐτῷ οἱ Ἰουδαῖοι· Ἡμῖν οὐκ ἔξεστιν
ἀποκτεῖναι οὐδένα· ἵνα ὁ λόγος τοῦ Ἰησοῦ πληρωθῇ ὃν εἶπεν σημαίνων 32
ποίῳ θανάτῳ ἤμελλεν ἀποθνῄσκειν.

Εἰσῆλθεν οὖν πάλιν εἰς τὸ πραιτώριον ὁ Πιλᾶτος καὶ ἐφώνησεν τὸν 33
Ἰησοῦν καὶ εἶπεν αὐτῷ· Σὺ εἶ ὁ βασιλεὺς τῶν Ἰουδαίων; ἀπεκρίθη 34
Ἰησοῦς· Ἀφ' ἑαυτοῦ σὺ τοῦτο λέγεις, ἢ ἄλλοι εἶπόν σοι περὶ ἐμοῦ;
ἀπεκρίθη ὁ Πιλᾶτος· Μήτι ἐγὼ Ἰουδαῖός εἰμι; τὸ ἔθνος τὸ σὸν καὶ οἱ 35

[a] see note in Appendix

36 ἀρχιερεῖς παρέδωκάν σε ἐμοί· τί ἐποίησας; ἀπεκρίθη Ἰησοῦς· Ἡ
βασιλεία ἡ ἐμὴ οὐκ ἔστιν ἐκ τοῦ κόσμου τούτου· εἰ ἐκ τοῦ κόσμου τού-
του ἦν ἡ βασιλεία ἡ ἐμή, οἱ ὑπηρέται ἂν οἱ ἐμοὶ ἠγωνίζοντο, ἵνα μὴ
παραδοθῶ τοῖς Ἰουδαίοις· νῦν δὲ ἡ βασιλεία ἡ ἐμὴ οὐκ ἔστιν ἐντεῦθεν.
37 εἶπεν οὖν αὐτῷ ὁ Πιλᾶτος· Οὐκοῦν βασιλεὺς εἶ σύ; ἀπεκρίθη ὁ Ἰησοῦς·
Σὺ λέγεις ὅτι βασιλεύς εἰμι. ἐγὼ εἰς τοῦτο γεγέννημαι καὶ εἰς τοῦτο
ἐλήλυθα εἰς τὸν κόσμον, ἵνα μαρτυρήσω τῇ ἀληθείᾳ· πᾶς ὁ ὢν ἐκ τῆς
38 ἀληθείας ἀκούει μου τῆς φωνῆς. λέγει αὐτῷ ὁ Πιλᾶτος· Τί ἐστιν ἀλήθεια;
καὶ τοῦτο εἰπὼν πάλιν ἐξῆλθεν πρὸς τοὺς Ἰουδαίους, καὶ λέγει αὐτοῖς·
39 Ἐγὼ οὐδεμίαν εὑρίσκω ἐν αὐτῷ αἰτίαν. ἔστιν δὲ συνήθεια ὑμῖν ἵνα ἕνα
ἀπολύσω ὑμῖν ἐν τῷ πάσχα· βούλεσθε οὖν ἀπολύσω ὑμῖν τὸν βασιλέα
40 τῶν Ἰουδαίων; ἐκραύγασαν οὖν πάλιν λέγοντες· Μὴ τοῦτον, ἀλλὰ τὸν
Βαραββᾶν. ἦν δὲ ὁ Βαραββᾶς λῃστής.

19 2 Τότε οὖν ἔλαβεν ὁ Πιλᾶτος τὸν Ἰησοῦν καὶ ἐμαστίγωσεν. καὶ οἱ
στρατιῶται πλέξαντες στέφανον ἐξ ἀκανθῶν ἐπέθηκαν αὐτοῦ τῇ κεφαλῇ,
3 καὶ ἱμάτιον πορφυροῦν περιέβαλον αὐτόν, καὶ ἤρχοντο πρὸς αὐτὸν
καὶ ἔλεγον· Χαῖρε ὁ Βασιλεὺς τῶν Ἰουδαίων· καὶ ἐδίδοσαν αὐτῷ
ῥαπίσματα.
4 Καὶ ἐξῆλθεν πάλιν ἔξω ὁ Πιλᾶτος καὶ λέγει αὐτοῖς· Ἴδε ἄγω ὑμῖν
5 αὐτὸν ἔξω, ἵνα γνῶτε ὅτι οὐδεμίαν αἰτίαν εὑρίσκω ἐν αὐτῷ. ἐξῆλθεν
οὖν ὁ Ἰησοῦς ἔξω, φορῶν τὸν ἀκάνθινον στέφανον καὶ τὸ πορφυροῦν
6 ἱμάτιον. καὶ λέγει αὐτοῖς· Ἰδοὺ ὁ ἄνθρωπος. ὅτε οὖν εἶδον αὐτὸν οἱ
ἀρχιερεῖς καὶ οἱ ὑπηρέται, ἐκραύγασαν λέγοντες· Σταύρωσον σταύρω-
σον. λέγει αὐτοῖς ὁ Πιλᾶτος· Λάβετε αὐτὸν ὑμεῖς καὶ σταυρώσατε· ἐγὼ
7 γὰρ οὐχ εὑρίσκω ἐν αὐτῷ αἰτίαν. ἀπεκρίθησαν αὐτῷ οἱ Ἰουδαῖοι·
Ἡμεῖς νόμον ἔχομεν, καὶ κατὰ τὸν νόμον ὀφείλει ἀποθανεῖν, ὅτι Υἱὸν
Θεοῦ ἑαυτὸν ἐποίησεν.
8 9 Ὅτε οὖν ἤκουσεν ὁ Πιλᾶτος τοῦτον τὸν λόγον, μᾶλλον ἐφοβήθη, καὶ
εἰσῆλθεν εἰς τὸ πραιτώριον πάλιν καὶ λέγει τῷ Ἰησοῦ· Πόθεν εἶ σύ; ὁ
10 δὲ Ἰησοῦς ἀπόκρισιν οὐκ ἔδωκεν αὐτῷ. λέγει οὖν αὐτῷ ὁ Πιλᾶτος·
Ἐμοὶ οὐ λαλεῖς; οὐκ οἶδας ὅτι ἐξουσίαν ἔχω ἀπολῦσαί σε καὶ ἐξουσίαν
11 ἔχω σταυρῶσαί σε; ἀπεκρίθη Ἰησοῦς· Οὐκ εἶχες ἐξουσίαν κατ᾽ ἐμοῦ
οὐδεμίαν εἰ μὴ ἦν δεδομένον σοι ἄνωθεν· διὰ τοῦτο ὁ παραδούς μέ σοι
μείζονα ἁμαρτίαν ἔχει.
12 Ἐκ τούτου ὁ Πιλᾶτος ἐζήτει ἀπολῦσαι αὐτόν· οἱ δὲ Ἰουδαῖοι
ἐκραύγασαν λέγοντες· Ἐὰν τοῦτον ἀπολύσῃς, οὐκ εἶ φίλος τοῦ Καίσα-
13 ρος· πᾶς ὁ βασιλέα ἑαυτὸν ποιῶν ἀντιλέγει τῷ Καίσαρι. ὁ οὖν Πιλᾶτος
ἀκούσας τῶν λόγων τούτων ἤγαγεν ἔξω τὸν Ἰησοῦν, καὶ ἐκάθισεν ἐπὶ
βήματος εἰς τόπον λεγόμενον Λιθόστρωτον (Ἑβραϊστὶ δὲ Γαββαθά).

ἦν δὲ παρασκευὴ τοῦ πάσχα, ὥρα ἦν ὡς ἕκτη· καὶ λέγει τοῖς Ἰουδαίοις· 14
Ἴδε ὁ βασιλεὺς ὑμῶν. ἐκραύγασαν οὖν ἐκεῖνοι· Ἆρον ἆρον, σταύρωσον 15
αὐτόν. λέγει αὐτοῖς ὁ Πιλᾶτος· Τὸν βασιλέα ὑμῶν σταυρώσω; ἀπεκρί-
θησαν οἱ ἀρχιερεῖς· Οὐκ ἔχομεν βασιλέα εἰ μὴ Καίσαρα. τότε οὖν 16
παρέδωκεν αὐτὸν αὐτοῖς ἵνα σταυρωθῇ.

❡ Παρέλαβον οὖν τὸν Ἰησοῦν· καὶ βαστάζων ἑαυτῷ τὸν σταυρὸν 17
ἐξῆλθεν εἰς τὸν λεγόμενον Κρανίου τόπον (ὃ λέγεται Ἑβραϊστὶ Γολ-
γοθᾶ), ὅπου αὐτὸν ἐσταύρωσαν, καὶ μετ' αὐτοῦ ἄλλους δύο ἐντεῦθεν 18
καὶ ἐντεῦθεν, μέσον δὲ τὸν Ἰησοῦν.
   Ἔγραψεν δὲ καὶ τίτλον ὁ Πιλᾶτος καὶ ἔθηκεν ἐπὶ τοῦ σταυροῦ· ἦν δὲ 19
γεγραμμένον· Ἰησοῦς ὁ Ναζωραῖος ὁ Βασιλεὺς τῶν Ἰουδαίων. τοῦτον 20
οὖν τὸν τίτλον πολλοὶ ἀνέγνωσαν τῶν Ἰουδαίων, ὅτι ἐγγὺς ἦν ὁ
τόπος τῆς πόλεως ὅπου ἐσταυρώθη ὁ Ἰησοῦς· καὶ ἦν γεγραμμένον
Ἑβραϊστί, Ῥωμαϊστί, Ἑλληνιστί. ἔλεγον οὖν τῷ Πιλάτῳ οἱ ἀρχιερεῖς 21
τῶν Ἰουδαίων· Μὴ γράφε· Ὁ Βασιλεὺς τῶν Ἰουδαίων, ἀλλ' ὅτι
ἐκεῖνος εἶπεν· Βασιλεύς εἰμι τῶν Ἰουδαίων. ἀπεκρίθη ὁ Πιλᾶτος· Ὃ 22
γέγραφα γέγραφα.
   Οἱ οὖν στρατιῶται, ὅτε ἐσταύρωσαν τὸν Ἰησοῦν, ἔλαβον τὰ ἱμάτια 23
αὐτοῦ καὶ ἐποίησαν τέσσαρα μέρη, ἑκάστῳ στρατιώτῃ μέρος, καὶ τὸν
χιτῶνα. ἦν δὲ ὁ χιτὼν ἄρραφος, ἐκ τῶν ἄνωθεν ὑφαντὸς δι' ὅλου.
εἶπαν οὖν πρὸς ἀλλήλους· Μὴ σχίσωμεν αὐτόν, ἀλλὰ λάχωμεν περὶ 24
αὐτοῦ τίνος ἔσται· ἵνα ἡ γραφὴ πληρωθῇ· ⌊Διεμερίσαντο τὰ ἱμάτιά
μου ἑαυτοῖς καὶ ἐπὶ τὸν ἱματισμόν μου ἔβαλον κλῆρον.⌋ᵃ
   Οἱ μὲν οὖν στρατιῶται ταῦτα ἐποίησαν. εἱστήκεισαν δὲ παρὰ τῷ 25
σταυρῷ τοῦ Ἰησοῦ ἡ μήτηρ αὐτοῦ καὶ ἡ ἀδελφὴ τῆς μητρὸς αὐτοῦ,
Μαρία ἡ τοῦ Κλωπᾶ, καὶ Μαρία ἡ Μαγδαληνή. Ἰησοῦς οὖν ἰδὼν τὴν 26
μητέρα καὶ τὸν μαθητὴν παρεστῶτα ὃν ἠγάπα, λέγει τῇ μητρί· Γύναι,
ἴδε ὁ υἱός σου. εἶτα λέγει τῷ μαθητῇ· Ἴδε ἡ μήτηρ σου· καὶ ἀπ' 27
ἐκείνης τῆς ὥρας ἔλαβεν ὁ μαθητὴς αὐτὴν εἰς τὰ ἴδια.
   Μετὰ τοῦτο εἰδὼς ὁ Ἰησοῦς ὅτι ἤδη πάντα τετέλεσται, ἵνα τελειωθῇ 28
ἡ γραφή, λέγει· ⌊Διψῶ.⌋ᵇ σκεῦος ἔκειτο ὄξους μεστόν· σπόγγον οὖν 29
μεστὸν τοῦ ⌊ὄξους⌋ᶜ ᵈ ὑσσῷ περιθέντες προσήνεγκαν αὐτοῦ τῷ στόματι.
ὅτε οὖν ἔλαβεν τὸ ὄξος ὁ Ἰησοῦς εἶπεν· Τετέλεσται, καὶ κλίνας τὴν 30
κεφαλὴν παρέδωκεν τὸ πνεῦμα.
   Οἱ οὖν Ἰουδαῖοι, ἐπεὶ παρασκευὴ ἦν, ἵνα μὴ μείνῃ ἐπὶ τοῦ σταυροῦ 31
τὰ σώματα ἐν τῷ σαββάτῳ, ἦν γὰρ μεγάλη ἡ ἡμέρα ἐκείνου τοῦ σαβ-
βάτου, ἠρώτησαν τὸν Πιλᾶτον ἵνα κατεαγῶσιν αὐτῶν τὰ σκέλη καὶ

[a] Ps. 22. 18   [b] Ps. 22. 15   [c] Ps. 69. 21   [d] ὑσσώπῳ

32 ἀρθῶσιν. ἦλθον οὖν οἱ στρατιῶται, καὶ τοῦ μὲν πρώτου κατέαξαν τὰ
33 σκέλη καὶ τοῦ ἄλλου τοῦ συσταυρωθέντος αὐτῷ· ἐπὶ δὲ τὸν Ἰησοῦν
ἐλθόντες, ὡς εἶδον αὐτὸν ἤδη τεθνηκότα, οὐ κατέαξαν αὐτοῦ τὰ σκέλη,
34 ἀλλ᾿ εἷς τῶν στρατιωτῶν λόγχῃ αὐτοῦ τὴν πλευρὰν ἔνυξεν, καὶ
35 ἐξῆλθεν εὐθὺς αἷμα καὶ ὕδωρ. καὶ ὁ ἑωρακὼς μεμαρτύρηκεν, καὶ ἀληθινὴ
αὐτοῦ ἐστιν ἡ μαρτυρία, καὶ ἐκεῖνος οἶδεν ὅτι ἀληθῆ λέγει, ἵνα καὶ
36 37 ὑμεῖς πιστεύητε. ἐγένετο γὰρ ταῦτα ἵνα ἡ γραφὴ πληρωθῇ· ⌊Ὀστοῦν
οὐ συντριβήσεται αὐτοῦ.⌋ᵃ καὶ πάλιν ἑτέρα γραφὴ λέγει· ⌊Ὄψονται εἰς
ὃν ἐξεκέντησαν.⌋ᵇ

38 ❡ Μετὰ δὲ ταῦτα ἠρώτησεν τὸν Πιλᾶτον Ἰωσὴφ ἀπὸ Ἀριμαθαίας, ὢν
μαθητὴς τοῦ Ἰησοῦ κεκρυμμένος δὲ διὰ τὸν φόβον τῶν Ἰουδαίων, ἵνα
ἄρῃ τὸ σῶμα τοῦ Ἰησοῦ· καὶ ἐπέτρεψεν ὁ Πιλᾶτος. ἦλθεν οὖν καὶ
39 ἦρεν τὸ σῶμα αὐτοῦ. ἦλθεν δὲ καὶ Νικόδημος (ὁ ἐλθὼν πρὸς αὐτὸν
νυκτὸς τὸ πρῶτον) φέρων μίγμα σμύρνης καὶ ἀλόης ὡς λίτρας ἑκατόν.
40 ἔλαβον οὖν τὸ σῶμα τοῦ Ἰησοῦ καὶ ἔδησαν αὐτὸ ὀθονίοις μετὰ τῶν
41 ἀρωμάτων, καθὼς ἔθος ἐστὶν τοῖς Ἰουδαίοις ἐνταφιάζειν. ἦν δὲ ἐν τῷ
τόπῳ ὅπου ἐσταυρώθη κῆπος, καὶ ἐν τῷ κήπῳ μνημεῖον καινόν, ἐν ᾧ
42 οὐδέπω οὐδεὶς ἦν τεθειμένος· ἐκεῖ οὖν διὰ τὴν παρασκευὴν τῶν Ἰουδαίων,
ὅτι ἐγγὺς ἦν τὸ μνημεῖον, ἔθηκαν τὸν Ἰησοῦν.

20 ❡ Τῇ δὲ μιᾷ τῶν σαββάτων Μαρία ἡ Μαγδαληνὴ ἔρχεται πρωῒ
σκοτίας ἔτι οὔσης εἰς τὸ μνημεῖον, καὶ βλέπει τὸν λίθον ἠρμένον ἐκ τοῦ
2 μνημείου. τρέχει οὖν καὶ ἔρχεται πρὸς Σίμωνα Πέτρον καὶ πρὸς τὸν
ἄλλον μαθητὴν ὃν ἐφίλει ὁ Ἰησοῦς, καὶ λέγει αὐτοῖς· Ἦραν τὸν Κύριον
3 ἐκ τοῦ μνημείου, καὶ οὐκ οἴδαμεν ποῦ ἔθηκαν αὐτόν. ἐξῆλθεν οὖν ὁ
4 Πέτρος καὶ ὁ ἄλλος μαθητής, καὶ ἤρχοντο εἰς τὸ μνημεῖον. ἔτρεχον δὲ οἱ
δύο ὁμοῦ· καὶ ὁ ἄλλος μαθητὴς προέδραμεν τάχιον τοῦ Πέτρου καὶ
5 ἦλθεν πρῶτος εἰς τὸ μνημεῖον, καὶ παρακύψας βλέπει κείμενα τὰ ὀθόνια,
6 οὐ μέντοι εἰσῆλθεν. ἔρχεται οὖν Σίμων Πέτρος ἀκολουθῶν αὐτῷ, καὶ
7 εἰσῆλθεν εἰς τὸ μνημεῖον· καὶ θεωρεῖ τὰ ὀθόνια κείμενα, καὶ τὸ σουδάριον,
ὃ ἦν ἐπὶ τῆς κεφαλῆς αὐτοῦ, οὐ μετὰ τῶν ὀθονίων κείμενον ἀλλὰ χωρὶς
8 ἐντετυλιγμένον εἰς ἕνα τόπον. τότε οὖν εἰσῆλθεν καὶ ὁ ἄλλος μαθητὴς ὁ
9 ἐλθὼν πρῶτος εἰς τὸ μνημεῖον, καὶ εἶδεν καὶ ἐπίστευσεν· οὐδέπω γὰρ
ᾔδεισαν τὴν γραφήν, ὅτι δεῖ αὐτὸν ἐκ νεκρῶν ἀναστῆναι.
10 11   Ἀπῆλθον οὖν πάλιν πρὸς αὐτοὺς οἱ μαθηταί. Μαρία δὲ εἱστήκει
πρὸς τῷ μνημείῳ ἔξω κλαίουσα. ὡς οὖν ἔκλαιεν, παρέκυψεν εἰς τὸ
12 μνημεῖον, καὶ θεωρεῖ δύο ἀγγέλους ἐν λευκοῖς καθεζομένους, ἕνα πρὸς τῇ

[a] Ex. 12. 46; Num. 9. 12; Ps. 34. 20   [b] Zech. 12. 10

κεφαλῇ καὶ ἕνα πρὸς τοῖς ποσίν, ὅπου ἔκειτο τὸ σῶμα τοῦ Ἰησοῦ. λέγουσιν αὐτῇ ἐκεῖνοι· Γύναι, τί κλαίεις; λέγει αὐτοῖς ὅτι Ἦραν τὸν 13 Κύριόν μου, καὶ οὐκ οἶδα ποῦ ἔθηκαν αὐτόν. ταῦτα εἰποῦσα ἐστράφη 14 εἰς τὰ ὀπίσω, καὶ θεωρεῖ τὸν Ἰησοῦν ἑστῶτα, καὶ οὐκ ᾔδει ὅτι Ἰησοῦς ἐστιν. λέγει αὐτῇ Ἰησοῦς· Γύναι, τί κλαίεις; τίνα ζητεῖς; ἐκείνη δοκοῦσα 15 ὅτι ὁ κηπουρός ἐστιν, λέγει αὐτῷ· Κύριε, εἰ σὺ ἐβάστασας αὐτόν, εἰπέ μοι ποῦ ἔθηκας αὐτόν, κἀγὼ αὐτὸν ἀρῶ. λέγει αὐτῇ Ἰησοῦς· Μαριάμ. 16 στραφεῖσα ἐκείνη λέγει αὐτῷ Ἑβραϊστί· Ῥαββουνί (ὃ λέγεται Διδά- σκαλε). λέγει αὐτῇ Ἰησοῦς· Μή μου ἅπτου, οὔπω γὰρ ἀναβέβηκα πρὸς 17 τὸν Πατέρα· πορεύου δὲ πρὸς τοὺς ἀδελφούς μου καὶ εἰπὲ αὐτοῖς· Ἀναβαίνω πρὸς τὸν Πατέρα μου καὶ Πατέρα ὑμῶν καὶ Θεόν μου καὶ Θεὸν ὑμῶν. ἔρχεται Μαριὰμ ἡ Μαγδαληνὴ ἀγγέλλουσα τοῖς μαθηταῖς 18 ὅτι Ἑώρακα τὸν Κύριον, καὶ ἃ εἶπεν αὐτῇ ἐμήνυσεν αὐτοῖς.

Οὔσης οὖν ὀψίας τῇ ἡμέρᾳ ἐκείνῃ τῇ μιᾷ σαββάτων, καὶ τῶν θυρῶν 19 κεκλεισμένων ὅπου ἦσαν οἱ μαθηταὶ διὰ τὸν φόβον τῶν Ἰουδαίων, ἦλθεν ὁ Ἰησοῦς καὶ ἔστη εἰς τὸ μέσον, καὶ λέγει αὐτοῖς· Εἰρήνη ὑμῖν. καὶ τοῦτο εἰπὼν ἔδειξεν τὰς χεῖρας καὶ τὴν πλευρὰν αὐτοῖς. ἐχάρησαν 20 οὖν οἱ μαθηταὶ ἰδόντες τὸν Κύριον. εἶπεν οὖν αὐτοῖς ὁ Ἰησοῦς πάλιν· 21 Εἰρήνη ὑμῖν· καθὼς ἀπέσταλκέν με ὁ Πατήρ, κἀγὼ πέμπω ὑμᾶς. καὶ τοῦτο εἰπὼν ἐνεφύσησεν καὶ λέγει αὐτοῖς· Λάβετε Πνεῦμα Ἅγιον. 22 ἄν τινων ἀφῆτε τὰς ἁμαρτίας, ἀφέωνται αὐτοῖς· ἄν τινων κρατῆτε, 23 κεκράτηνται.

Θωμᾶς δὲ εἷς ἐκ τῶν δώδεκα, ὁ λεγόμενος Δίδυμος, οὐκ ἦν μετ' 24 αὐτῶν ὅτε ἦλθεν Ἰησοῦς. ἔλεγον οὖν αὐτῷ οἱ ἄλλοι μαθηταί· Ἑωρά- 25 καμεν τὸν Κύριον. ὁ δὲ εἶπεν αὐτοῖς· Ἐὰν μὴ ἴδω ἐν ταῖς χερσὶν αὐτοῦ τὸν τύπον τῶν ἥλων καὶ βάλω τὸν δάκτυλόν μου εἰς τὸν τόπον τῶν ἥλων καὶ βάλω μου τὴν χεῖρα εἰς τὴν πλευρὰν αὐτοῦ, οὐ μὴ πιστεύσω.

Καὶ μεθ' ἡμέρας ὀκτὼ πάλιν ἦσαν ἔσω οἱ μαθηταὶ αὐτοῦ, καὶ Θωμᾶς 26 μετ' αὐτῶν. ἔρχεται ὁ Ἰησοῦς τῶν θυρῶν κεκλεισμένων, καὶ ἔστη εἰς τὸ μέσον καὶ εἶπεν· Εἰρήνη ὑμῖν. εἶτα λέγει τῷ Θωμᾷ· Φέρε τὸν δάκτυλόν 27 σου ὧδε καὶ ἴδε τὰς χεῖράς μου, καὶ φέρε τὴν χεῖρά σου καὶ βάλε εἰς τὴν πλευράν μου, καὶ μὴ γίνου ἄπιστος ἀλλὰ πιστός. ἀπεκρίθη Θωμᾶς καὶ 28 εἶπεν αὐτῷ· Ὁ Κύριός μου καὶ ὁ Θεός μου. λέγει αὐτῷ ὁ Ἰησοῦς· Ὅτι 29 ἑώρακάς με, πεπίστευκας· μακάριοι οἱ μὴ ἰδόντες καὶ πιστεύσαντες.

Πολλὰ μὲν οὖν καὶ ἄλλα σημεῖα ἐποίησεν ὁ Ἰησοῦς ἐνώπιον τῶν 30 μαθητῶν αὐτοῦ ,ἃ οὐκ ἔστιν γεγραμμένα ἐν τῷ βιβλίῳ τούτῳ· ταῦτα 31 δὲ γέγραπται ἵνα [a] πιστεύητε ὅτι Ἰησοῦς ἐστιν ὁ Χριστὸς ὁ Υἱὸς τοῦ Θεοῦ, καὶ ἵνα πιστεύοντες ζωὴν ἔχητε ἐν τῷ ὀνόματι αὐτοῦ.

[a] πιστεύσητε

21 ☾ Μετὰ ταῦτα ἐφανέρωσεν ἑαυτὸν πάλιν Ἰησοῦς τοῖς μαθηταῖς ἐπὶ
2 τῆς θαλάσσης τῆς Τιβεριάδος· ἐφανέρωσεν δὲ οὕτως. ἦσαν ὁμοῦ Σίμων
Πέτρος καὶ Θωμᾶς ὁ λεγόμενος Δίδυμος καὶ Ναθαναὴλ ὁ ἀπὸ Κανὰ τῆς
Γαλιλαίας καὶ οἱ τοῦ Ζεβεδαίου καὶ ἄλλοι ἐκ τῶν μαθητῶν αὐτοῦ δύο.
3 λέγει αὐτοῖς Σίμων Πέτρος· Ὑπάγω ἁλιεύειν. λέγουσιν αὐτῷ· Ἐρχό-
μεθα καὶ ἡμεῖς σὺν σοί. ἐξῆλθον οὖν καὶ ἐνέβησαν εἰς τὸ πλοῖον, καὶ ἐν
ἐκείνῃ τῇ νυκτὶ ἐπίασαν οὐδέν.
4 Πρωΐας δὲ ἤδη γενομένης ἔστη Ἰησοῦς εἰς τὸν αἰγιαλόν· οὐ μέντοι
5 ᾔδεισαν οἱ μαθηταὶ ὅτι Ἰησοῦς ἐστιν. λέγει οὖν αὐτοῖς Ἰησοῦς·
6 Παιδία, μή τι προσφάγιον ἔχετε; ἀπεκρίθησαν αὐτῷ· Οὔ. ὁ δὲ εἶπεν
αὐτοῖς· Βάλετε εἰς τὰ δεξιὰ μέρη τοῦ πλοίου τὸ δίκτυον, καὶ εὑρήσετε.
ἔβαλον οὖν, καὶ οὐκέτι αὐτὸ ἑλκύσαι ἴσχυον ἀπὸ τοῦ πλήθους τῶν
7 ἰχθύων. λέγει οὖν ὁ μαθητὴς ἐκεῖνος ὃν ἠγάπα ὁ Ἰησοῦς τῷ Πέτρῳ·
Ὁ Κύριός ἐστιν. Σίμων οὖν Πέτρος, ἀκούσας ὅτι ὁ Κύριός ἐστιν, τὸν
ἐπενδύτην διεζώσατο (ἦν γὰρ γυμνός), καὶ ἔβαλεν ἑαυτὸν εἰς τὴν
8 θάλασσαν· οἱ δὲ ἄλλοι μαθηταὶ τῷ πλοιαρίῳ ἦλθον, οὐ γὰρ ἦσαν
μακρὰν ἀπὸ τῆς γῆς ἀλλὰ ὡς ἀπὸ πηχῶν διακοσίων, σύροντες τὸ
δίκτυον τῶν ἰχθύων.
9 Ὡς οὖν ἀπέβησαν εἰς τὴν γῆν, βλέπουσιν ἀνθρακιὰν κειμένην καὶ
10 ὀψάριον ἐπικείμενον καὶ ἄρτον. λέγει αὐτοῖς ὁ Ἰησοῦς· Ἐνέγκατε ἀπὸ
11 τῶν ὀψαρίων ὧν ἐπιάσατε νῦν. ἀνέβη Σίμων Πέτρος καὶ εἵλκυσεν τὸ
δίκτυον εἰς τὴν γῆν μεστὸν ἰχθύων μεγάλων ἑκατὸν πεντήκοντα τριῶν·
12 καὶ τοσούτων ὄντων οὐκ ἐσχίσθη τὸ δίκτυον. λέγει αὐτοῖς ὁ Ἰησοῦς·
Δεῦτε ἀριστήσατε. οὐδεὶς ἐτόλμα τῶν μαθητῶν ἐξετάσαι αὐτόν· Σὺ
13 τίς εἶ; εἰδότες ὅτι ὁ Κύριός ἐστιν. ἔρχεται Ἰησοῦς καὶ λαμβάνει τὸν
ἄρτον καὶ δίδωσιν αὐτοῖς, καὶ τὸ ὀψάριον ὁμοίως.
14 Τοῦτο ἤδη τρίτον ἐφανερώθη Ἰησοῦς τοῖς μαθηταῖς ἐγερθεὶς ἐκ
νεκρῶν.
15 Ὅτε οὖν ἠρίστησαν, λέγει τῷ Σίμωνι Πέτρῳ ὁ Ἰησοῦς· Σίμων
Ἰωάννου, ἀγαπᾷς με πλέον τούτων; λέγει αὐτῷ· Ναί, Κύριε, σὺ οἶδας
16 ὅτι φιλῶ σε. λέγει αὐτῷ· Βόσκε τὰ ἀρνία μου. λέγει αὐτῷ πάλιν
δεύτερον· Σίμων Ἰωάννου, ἀγαπᾷς με; λέγει αὐτῷ· Ναί, Κύριε, σὺ
17 οἶδας ὅτι φιλῶ σε. λέγει αὐτῷ· Ποίμαινε τὰ προβάτιά μου. λέγει αὐτῷ
τὸ τρίτον· Σίμων Ἰωάννου, φιλεῖς με; ἐλυπήθη ὁ Πέτρος ὅτι εἶπεν αὐτῷ
τὸ τρίτον· Φιλεῖς με; καὶ εἶπεν αὐτῷ· Κύριε, πάντα σὺ οἶδας, σὺ
γινώσκεις ὅτι φιλῶ σε· λέγει αὐτῷ Ἰησοῦς· Βόσκε τὰ προβάτιά μου.
18 Ἀμὴν ἀμὴν λέγω σοι, ὅτε ἦς νεώτερος, ἐζώννυες σεαυτὸν καὶ περιεπά-
τεις ὅπου ἤθελες· ὅταν δὲ γηράσῃς, ἐκτενεῖς τὰς χεῖράς σου, καὶ ἄλλος
19 ζώσει σε καὶ οἴσει ὅπου οὐ θέλεις. τοῦτο δὲ εἶπεν σημαίνων ποίῳ

θανάτῳ δοξάσει τὸν Θεόν. καὶ τοῦτο εἰπὼν λέγει αὐτῷ· Ἀκολούθει μοι.

Ἐπιστραφεὶς ὁ Πέτρος βλέπει τὸν μαθητὴν ὃν ἠγάπα ὁ Ἰησοῦς 20 ἀκολουθοῦντα, ὃς καὶ ἀνέπεσεν ἐν τῷ δείπνῳ ἐπὶ τὸ στῆθος αὐτοῦ καὶ εἶπεν· Κύριε, τίς ἐστιν ὁ παραδιδούς σε; τοῦτον οὖν ἰδὼν ὁ Πέτρος 21 λέγει τῷ Ἰησοῦ· Κύριε, οὗτος δὲ τί; λέγει αὐτῷ ὁ Ἰησοῦς· Ἐὰν αὐτὸν 22 θέλω μένειν ἕως ἔρχομαι, τί πρὸς σέ; σύ μοι ἀκολούθει.

Ἐξῆλθεν οὖν οὗτος ὁ λόγος εἰς τοὺς ἀδελφοὺς καὶ ἔδοξαν ὅτι ὁ 23 μαθητὴς ἐκεῖνος οὐκ ἀποθνήσκει· οὐκ εἶπεν δὲ αὐτῷ ὁ Ἰησοῦς ὅτι οὐκ ἀποθνήσκει, ἀλλ'· Ἐὰν αὐτὸν θέλω μένειν ἕως ἔρχομαι, τί πρὸς σέ;

Οὗτός ἐστιν ὁ μαθητὴς ὁ μαρτυρῶν περὶ τούτων καὶ ὁ γράψας 24 ταῦτα, καὶ οἴδαμεν ὅτι ἀληθὴς αὐτοῦ ἡ μαρτυρία ἐστίν.

Ἔστιν δὲ καὶ ἄλλα πολλὰ ἃ ἐποίησεν ὁ Ἰησοῦς, ἅτινα ἐὰν γράφηται 25 καθ' ἕν, οὐδ' αὐτὸν οἶμαι τὸν κόσμον χωρήσειν τὰ γραφόμενα βιβλία.

a 7. 53–8. 11

Καὶ ἐπορεύθησαν ἕκαστος εἰς τὸν οἶκον αὐτοῦ, Ἰησοῦς δὲ ἐπορεύθη 53 1 εἰς τὸ ὄρος τῶν Ἐλαιῶν. ὄρθρου δὲ πάλιν παρεγένετο εἰς τὸ 2 ἱερόν, καὶ πᾶς ὁ λαὸς ἤρχετο πρὸς αὐτόν, καὶ καθίσας ἐδίδασκεν αὐτούς. ἄγουσιν δὲ οἱ γραμματεῖς καὶ οἱ Φαρισαῖοι γυναῖκα ἐπὶ μοιχείᾳ κατει- 3 λημμένην, καὶ στήσαντες αὐτὴν ἐν μέσῳ λέγουσιν αὐτῷ· Διδάσκαλε, 4 αὕτη ἡ γυνὴ κατείληπται ἐπ' αὐτοφώρῳ μοιχευομένη. ἐν δὲ τῷ νόμῳ 5 Μωϋσῆς ἐνετείλατο τὰς τοιαύτας λιθάζειν· σὺ οὖν τί λέγεις; τοῦτο δὲ 6 ἔλεγον πειράζοντες αὐτόν, ἵνα ἔχωσιν κατηγορεῖν αὐτοῦ. ὁ δὲ Ἰησοῦς κάτω κύψας τῷ δακτύλῳ κατέγραφεν εἰς τὴν γῆν. ὡς δὲ ἐπέμενον 7 ἐρωτῶντες, ἀνέκυψεν καὶ εἶπεν· Ὁ ἀναμάρτητος ὑμῶν πρῶτος ἐπ' αὐτὴν βαλέτω λίθον. καὶ πάλιν κατακύψας ἔγραφεν εἰς τὴν γῆν. οἱ 8 9 δὲ ἀκούσαντες b ἐξήρχοντο εἷς καθ' εἷς ἀρξάμενοι ἀπὸ τῶν πρεσβυτέρων, καὶ κατελείφθη μόνος ὁ Ἰησοῦς καὶ ἡ γυνὴ ἐν μέσῳ οὖσα. ἀνακύψας δὲ 10 ὁ Ἰησοῦς c εἶπεν τῇ γυναικί· Ποῦ εἰσιν; οὐδείς σε κατέκρινεν; ἡ δὲ εἶπεν· 11 Οὐδείς, κύριε. εἶπεν δὲ ὁ Ἰησοῦς· Οὐδὲ ἐγώ σε κατακρίνω· πορεύου, καὶ μηκέτι ἁμάρτανε.

[a] see note in Appendix at 7. 53   [b] add καὶ ὑπὸ τῆς συνειδήσεως ἐλεγχό-
μενοι   [c] add καὶ μηδένα θεασάμενος πλὴν τῆς γυναικὸς

ΠΡΑΞΕΙΣ ΑΠΟΣΤΟΛΩΝ

ΠΡΑΞΕΙΣ ΑΠΟΣΤΟΛΩΝ

ΤΟΝ ΜΕΝ ΠΡΩΤΟΝ λόγον ἐποιησάμην περὶ πάντων, ὦ 1
Θεόφιλε, ὧν ἤρξατο ὁ Ἰησοῦς ποιεῖν τε καὶ διδάσκειν, ἄχρι ἧς 2
ἡμέρας ἐντειλάμενος τοῖς ἀποστόλοις διὰ Πνεύματος Ἁγίου οὓς
ἐξελέξατο ἀνελήμφθη· οἷς καὶ παρέστησεν ἑαυτὸν ζῶντα μετὰ τὸ 3
παθεῖν αὐτὸν ἐν πολλοῖς τεκμηρίοις, δι᾽ ἡμερῶν τεσσεράκοντα ὀπτανό-
μενος αὐτοῖς καὶ λέγων τὰ περὶ τῆς βασιλείας τοῦ Θεοῦ· καὶ συναλιζό- 4
μενος παρήγγειλεν αὐτοῖς ἀπὸ Ἱεροσολύμων μὴ χωρίζεσθαι, ἀλλὰ
περιμένειν τὴν ἐπαγγελίαν τοῦ Πατρὸς ἣν ἠκούσατέ μου· ὅτι Ἰωάννης 5
μὲν ἐβάπτισεν ὕδατι, ὑμεῖς δὲ ἐν Πνεύματι βαπτισθήσεσθε Ἁγίῳ οὐ
μετὰ πολλὰς ταύτας ἡμέρας.

Οἱ μὲν οὖν συνελθόντες ἠρώτων αὐτὸν λέγοντες· Κύριε, εἰ ἐν τῷ 6
χρόνῳ τούτῳ ἀποκαθιστάνεις τὴν βασιλείαν τῷ Ἰσραήλ; εἶπεν πρὸς 7
αὐτούς· Οὐχ ὑμῶν ἐστιν γνῶναι χρόνους ἢ καιροὺς οὓς ὁ Πατὴρ ἔθετο
ἐν τῇ ἰδίᾳ ἐξουσίᾳ, ἀλλὰ λήμψεσθε δύναμιν ἐπελθόντος τοῦ Ἁγίου 8
Πνεύματος ἐφ᾽ ὑμᾶς, καὶ ἔσεσθέ μου μάρτυρες ἔν τε Ἰερουσαλὴμ καὶ ἐν
πάσῃ τῇ Ἰουδαίᾳ καὶ Σαμαρείᾳ καὶ ἕως ἐσχάτου τῆς γῆς.

Καὶ ταῦτα εἰπὼν βλεπόντων αὐτῶν ἐπήρθη, καὶ νεφέλη ὑπέλαβεν 9
αὐτὸν ἀπὸ τῶν ὀφθαλμῶν αὐτῶν. καὶ ὡς ἀτενίζοντες ἦσαν εἰς τὸν 10
οὐρανὸν πορευομένου αὐτοῦ, καὶ ἰδοὺ ἄνδρες δύο παρειστήκεισαν
αὐτοῖς ἐν ἐσθήσεσι λευκαῖς, οἳ καὶ εἶπαν· Ἄνδρες Γαλιλαῖοι, τί ἑστήκατε 11
βλέποντες εἰς τὸν οὐρανόν; οὗτος ὁ Ἰησοῦς ὁ ἀναλημφθεὶς ἀφ᾽ ὑμῶν
εἰς τὸν οὐρανὸν οὕτως ἐλεύσεται ὃν τρόπον ἐθεάσασθε αὐτὸν πορευό-
μενον εἰς τὸν οὐρανόν.

Τότε ὑπέστρεψαν εἰς Ἰερουσαλὴμ ἀπὸ ὄρους τοῦ καλουμένου Ἐλαιῶ- 12
νος, ὅ ἐστιν ἐγγὺς Ἰερουσαλὴμ σαββάτου ἔχον ὁδόν. καὶ ὅτε εἰσῆλθον, 13
εἰς τὸ ὑπερῷον ἀνέβησαν οὗ ἦσαν καταμένοντες, ὅ τε Πέτρος καὶ
Ἰωάννης καὶ Ἰάκωβος καὶ Ἀνδρέας, Φίλιππος καὶ Θωμᾶς, Βαρθολομαῖος
καὶ Μαθθαῖος, Ἰάκωβος Ἁλφαίου καὶ Σίμων ὁ Ζηλωτής, καὶ Ἰούδας
Ἰακώβου. οὗτοι πάντες ἦσαν προσκαρτεροῦντες ὁμοθυμαδὸν τῇ 14
προσευχῇ σὺν γυναιξὶν καὶ Μαριὰμ τῇ μητρὶ τοῦ Ἰησοῦ καὶ σὺν τοῖς
ἀδελφοῖς αὐτοῦ.

Καὶ ἐν ταῖς ἡμέραις ταύταις ἀναστὰς Πέτρος ἐν μέσῳ τῶν ἀδελφῶν 15

16 εἶπεν· ἦν τε ὄχλος ὀνομάτων ἐπὶ τὸ αὐτὸ ὡσεὶ ἑκατὸν εἴκοσι· Ἄνδρες
ἀδελφοί, ἔδει πληρωθῆναι τὴν γραφὴν ἣν προεῖπεν τὸ Πνεῦμα τὸ
Ἅγιον διὰ στόματος Δαυὶδ περὶ Ἰούδα τοῦ γενομένου ὁδηγοῦ τοῖς
17 συλλαβοῦσιν Ἰησοῦν, ὅτι κατηριθμημένος ἦν ἐν ἡμῖν καὶ ἔλαχεν τὸν
18 κλῆρον τῆς διακονίας ταύτης. (οὗτος μὲν οὖν ἐκτήσατο χωρίον ἐκ
μισθοῦ τῆς ἀδικίας αὐτοῦ, καὶ πρηνὴς γενόμενος ἐλάκησεν μέσος, καὶ
19 ἐξεχύθη πάντα τὰ σπλάγχνα αὐτοῦ· καὶ γνωστὸν ἐγένετο πᾶσι τοῖς
κατοικοῦσιν Ἰερουσαλήμ, ὥστε κληθῆναι τὸ χωρίον ἐκεῖνο τῇ ἰδίᾳ
20 διαλέκτῳ αὐτῶν Ἀκελδαμάχ, τοῦτ' ἔστιν Χωρίον αἵματος.) γέγραπται
γὰρ ἐν βίβλῳ Ψαλμῶν· ⌊Γενηθήτω ἡ ἔπαυλις αὐτοῦ ἔρημος, καὶ μὴ
ἔστω ὁ κατοικῶν ἐν αὐτῇ·⌋ᵃ καί· ⌊Τὴν ἐπισκοπὴν αὐτοῦ λαβέτω ἕτερος.⌋ᵇ
21 δεῖ οὖν τῶν συνελθόντων ἡμῖν ἀνδρῶν ἐν παντὶ χρόνῳ ᾧ εἰσῆλθεν καὶ
22 ἐξῆλθεν ἐφ' ἡμᾶς ὁ Κύριος Ἰησοῦς, ἀρξάμενος ἀπὸ τοῦ βαπτίσματος
Ἰωάννου ἕως τῆς ἡμέρας ἧς ἀνελήμφθη ἀφ' ἡμῶν, μάρτυρα τῆς ἀναστά-
σεως αὐτοῦ σὺν ἡμῖν γενέσθαι ἕνα τούτων.

23 Καὶ ἔστησαν δύο, Ἰωσὴφ τὸν καλούμενον Βαρσαββᾶν, ὃς ἐπεκλήθη
24 Ἰοῦστος, καὶ Μαθθίαν. καὶ προσευξάμενοι εἶπαν· Σύ, Κύριε, καρδιο-
25 γνῶστα πάντων, ἀνάδειξον ὃν ἐξελέξω ἐκ τούτων τῶν δύο ἕνα λαβεῖν
τὸν τόπον τῆς διακονίας ταύτης καὶ ἀποστολῆς, ἀφ' ἧς παρέβη Ἰούδας
26 πορευθῆναι εἰς τὸν τόπον τὸν ἴδιον. καὶ ἔδωκαν κλήρους αὐτοῖς, καὶ
ἔπεσεν ὁ κλῆρος ἐπὶ Μαθθίαν, καὶ συγκατεψηφίσθη μετὰ τῶν ᶜ δώδεκα
ἀποστόλων.

2 ⫷ Καὶ ἐν τῷ συμπληροῦσθαι τὴν ἡμέραν τῆς πεντηκοστῆς ἦσαν πάντες
2 ὁμοῦ ἐπὶ τὸ αὐτό· καὶ ἐγένετο ἄφνω ἐκ τοῦ οὐρανοῦ ἦχος ὥσπερ φερο-
μένης πνοῆς βιαίας καὶ ἐπλήρωσεν ὅλον τὸν οἶκον οὗ ἦσαν καθήμενοι.
3 καὶ ὤφθησαν αὐτοῖς διαμεριζόμεναι γλῶσσαι ὡσεὶ πυρός, καὶ ἐκάθισαν
4 ἐφ' ἕνα ἕκαστον αὐτῶν. καὶ ἐπλήσθησαν πάντες Πνεύματος Ἁγίου, καὶ
ἤρξαντο λαλεῖν ἑτέραις γλώσσαις καθὼς τὸ Πνεῦμα ἐδίδου ἀποφθέγ-
γεσθαι αὐτοῖς.

5 Ἦσαν δὲ ἐν Ἰερουσαλὴμ κατοικοῦντες ᵈ Ἰουδαῖοι ἄνδρες εὐλαβεῖς ἀπὸ
6 παντὸς ἔθνους τῶν ὑπὸ τὸν οὐρανόν· γενομένης δὲ τῆς φωνῆς ταύτης
συνῆλθεν τὸ πλῆθος καὶ συνεχύθη, ὅτι ἤκουσεν εἷς ἕκαστος τῇ ἰδίᾳ
7 διαλέκτῳ λαλούντων αὐτῶν. ἐξίσταντο δὲ καὶ ἐθαύμαζον λέγοντες·
8 Οὐχὶ ἰδοὺ πάντες οὗτοί εἰσιν οἱ λαλοῦντες Γαλιλαῖοι; καὶ πῶς ἡμεῖς
9 ἀκούομεν ἕκαστος τῇ ἰδίᾳ διαλέκτῳ ἡμῶν ἐν ᾗ ἐγεννήθημεν; Πάρθοι καὶ
Μῆδοι καὶ Ἐλαμῖται, καὶ οἱ κατοικοῦντες τὴν Μεσοποταμίαν, Ἰουδαίαν
10 τε καὶ Καππαδοκίαν, Πόντον καὶ τὴν Ἀσίαν, Φρυγίαν τε καὶ Παμφυλίαν,

[a] Ps. 69. 25   [b] Ps. 109. 8   [c] ἔνδεκα   [d] om. Ἰουδαῖοι

Αἴγυπτον καὶ τὰ μέρη τῆς Λιβύης τῆς κατὰ Κυρήνην, καὶ οἱ ἐπιδη-
μοῦντες Ῥωμαῖοι, Ἰουδαῖοί τε καὶ προσήλυτοι, Κρῆτες καὶ Ἄραβες, 11
ἀκούομεν λαλούντων αὐτῶν ταῖς ἡμετέραις γλώσσαις τὰ μεγαλεῖα τοῦ
Θεοῦ. ἐξίσταντο δὲ πάντες καὶ διηποροῦντο, ἄλλος πρὸς ἄλλον 12
λέγοντες· Τί θέλει τοῦτο εἶναι; ἕτεροι δὲ διαχλευάζοντες ἔλεγον ὅτι 13
Γλεύκους μεμεστωμένοι εἰσίν.

Σταθεὶς δὲ ὁ Πέτρος σὺν τοῖς ἕνδεκα ἐπῆρεν τὴν φωνὴν αὐτοῦ καὶ 14
ἀπεφθέγξατο αὐτοῖς· Ἄνδρες Ἰουδαῖοι, καὶ οἱ κατοικοῦντες Ἰερουσαλὴμ
πάντες, τοῦτο ὑμῖν γνωστὸν ἔστω, καὶ ἐνωτίσασθε τὰ ῥήματά μου.
οὐ γὰρ ὡς ὑμεῖς ὑπολαμβάνετε οὗτοι μεθύουσιν, ἔστιν γὰρ ὥρα τρίτη 15
τῆς ἡμέρας. ἀλλὰ τοῦτό ἐστιν τὸ εἰρημένον διὰ τοῦ προφήτου· ⌊Καὶ 16 17
ἔσται⌋ ἐν ταῖς ἐσχάταις ἡμέραις, λέγει ὁ Θεός, ⌊ἐκχεῶ ἀπὸ τοῦ πνεύ-
ματός μου ἐπὶ πᾶσαν σάρκα, καὶ προφητεύσουσιν οἱ υἱοὶ ὑμῶν καὶ αἱ
θυγατέρες ὑμῶν· καὶ οἱ νεανίσκοι ὑμῶν ὁράσεις ὄψονται, καὶ οἱ πρε-
σβύτεροι ὑμῶν ἐνυπνίοις ἐνυπνιασθήσονται. καί γε ἐπὶ τοὺς δούλους 18
μου καὶ ἐπὶ τὰς δούλας μου ἐν ταῖς ἡμέραις ἐκείναις ἐκχεῶ ἀπὸ τοῦ πνεύ-
ματός μου⌋, καὶ προφητεύσουσιν. ⌊καὶ δώσω τέρατα ἐν τῷ οὐρανῷ⌋ 19
ἄνω ⌊καὶ⌋ σημεῖα ⌊ἐπὶ τῆς γῆς⌋ κάτω—⌊αἷμα καὶ πῦρ καὶ ἀτμίδα καπνοῦ.
ὁ ἥλιος μεταστραφήσεται εἰς σκότος καὶ ἡ σελήνη εἰς αἷμα, πρὶν ἐλθεῖν 20
ἡμέραν Κυρίου τὴν μεγάλην καὶ ἐπιφανῆ. καὶ ἔσται πᾶς ὃς ἐὰν ἐπι- 21
καλέσηται τὸ ὄνομα Κυρίου σωθήσεται.⌋[a]

Ἄνδρες Ἰσραηλῖται, ἀκούσατε τοὺς λόγους τούτους· Ἰησοῦν τὸν 22
Ναζωραῖον, ἄνδρα ἀποδεδειγμένον ἀπὸ τοῦ Θεοῦ εἰς ὑμᾶς δυνάμεσι
καὶ τέρασι καὶ σημείοις, οἷς ἐποίησεν δι' αὐτοῦ ὁ Θεὸς ἐν μέσῳ ὑμῶν,
καθὼς αὐτοὶ οἴδατε, τοῦτον τῇ ὡρισμένῃ βουλῇ καὶ προγνώσει τοῦ 23
Θεοῦ ἔκδοτον διὰ χειρὸς ἀνόμων προσπήξαντες ἀνείλατε, ὃν ὁ Θεὸς 24
ἀνέστησεν λύσας τὰς ὠδῖνας τοῦ [b]θανάτου, καθότι οὐκ ἦν δυνατὸν
κρατεῖσθαι αὐτὸν ὑπ' αὐτοῦ.

Δαυὶδ γὰρ λέγει εἰς αὐτόν· 25

⌊Προορώμην τὸν Κύριον ἐνώπιόν μου διὰ παντός,
ὅτι ἐκ δεξιῶν μού ἐστιν, ἵνα μὴ σαλευθῶ·
διὰ τοῦτο ηὐφράνθη μου ἡ καρδία καὶ ἠγαλλιάσατο ἡ γλῶσσά μου· 26
ἔτι δὲ καὶ ἡ σάρξ μου κατασκηνώσει ἐπ' ἐλπίδι,
ὅτι οὐκ ἐγκαταλείψεις τὴν ψυχήν μου εἰς ᾅδην, 27
οὐδὲ δώσεις τὸν ὅσιόν σου ἰδεῖν διαφθοράν.
ἐγνώρισάς μοι ὁδοὺς ζωῆς, 28
πληρώσεις με εὐφροσύνης μετὰ τοῦ προσώπου σου.⌋[c]

[a] Joel 2. 28–32   [b] ᾅδου   [c] Ps. 16. 8–11

29 Ἄνδρες ἀδελφοί, ἐξὸν εἰπεῖν μετὰ παρρησίας πρὸς ὑμᾶς περὶ τοῦ
πατριάρχου Δαυίδ, ὅτι καὶ ἐτελεύτησεν καὶ ἐτάφη, καὶ τὸ μνῆμα αὐτοῦ
30 ἔστιν ἐν ἡμῖν ἄχρι τῆς ἡμέρας ταύτης. προφήτης οὖν ὑπάρχων καὶ
εἰδὼς ὅτι ὅρκῳ ⌊ὤμοσεν αὐτῷ⌋ ὁ Θεὸς ⌊ἐκ καρποῦ τῆς ὀσφύος αὐτοῦ
31 καθίσαι ἐπὶ τὸν θρόνον αὐτοῦ⌋,ᵃ προϊδὼν ἐλάλησεν περὶ τῆς ἀναστά-
σεως τοῦ Χριστοῦ, ὅτι ⌊οὔτε ἐγκατελείφθη εἰς ᾅδην οὔτε⌋ ἡ σὰρξ αὐτοῦ
32 ⌊εἶδεν διαφθοράν⌋.ᵇ τοῦτον τὸν Ἰησοῦν ἀνέστησεν ὁ Θεός, οὗ πάντες
33 ἡμεῖς ἐσμεν μάρτυρες. τῇ δεξιᾷ οὖν τοῦ Θεοῦ ὑψωθεὶς τήν τε ἐπαγγελίαν
τοῦ Πνεύματος τοῦ Ἁγίου λαβὼν παρὰ τοῦ Πατρὸς ἐξέχεεν τοῦτο ὃ νῦν
34 ὑμεῖς βλέπετε καὶ ἀκούετε. οὐ γὰρ Δαυὶδ ἀνέβη εἰς τοὺς οὐρανούς,
35 λέγει δὲ αὐτός· ⌊Εἶπεν Κύριος τῷ Κυρίῳ μου· Κάθου ἐκ δεξιῶν μου,
36 ἕως ἂν θῶ τοὺς ἐχθρούς σου ὑποπόδιον τῶν ποδῶν σου.⌋ᶜ ἀσφαλῶς
οὖν γινωσκέτω πᾶς οἶκος Ἰσραὴλ ὅτι καὶ Κύριον αὐτὸν καὶ Χριστὸν
ἐποίησεν ὁ Θεός, τοῦτον τὸν Ἰησοῦν ὃν ὑμεῖς ἐσταυρώσατε.

37 Ἀκούσαντες δὲ κατενύγησαν τὴν καρδίαν, εἶπόν τε πρὸς τὸν Πέτρον
38 καὶ ᵈτοὺς ἀποστόλους· Τί ποιήσωμεν, ἄνδρες ἀδελφοί; Πέτρος δὲ πρὸς
αὐτοὺς ἔφη· Μετανοήσατε, καὶ βαπτισθήτω ἕκαστος ὑμῶν ἐν τῷ ὀνό-
ματι Ἰησοῦ Χριστοῦ εἰς ἄφεσιν τῶν ἁμαρτιῶν ὑμῶν, καὶ λήμψεσθε τὴν
39 δωρεὰν τοῦ Ἁγίου Πνεύματος. ὑμῖν γάρ ἐστιν ἡ ἐπαγγελία καὶ τοῖς
τέκνοις ὑμῶν καὶ πᾶσιν ⌊τοῖς εἰς μακράν, ὅσους ἂν προσκαλέσηται
Κύριος⌋ᵉ ὁ Θεὸς ἡμῶν.

40 Ἑτέροις τε λόγοις πλείοσιν διεμαρτύρατο, καὶ παρεκάλει αὐτοὺς
41 λέγων· Σώθητε ἀπὸ τῆς γενεᾶς τῆς σκολιᾶς ταύτης. οἱ μὲν οὖν ἀπο-
δεξάμενοι τὸν λόγον αὐτοῦ ἐβαπτίσθησαν, καὶ προσετέθησαν ἐν τῇ
ἡμέρᾳ ἐκείνῃ ψυχαὶ ὡσεὶ τρισχίλιαι.

42 Ἦσαν δὲ προσκαρτεροῦντες τῇ διδαχῇ τῶν ἀποστόλων καὶ τῇ κοινω-
43 νίᾳ, τῇ κλάσει τοῦ ἄρτου, καὶ ταῖς προσευχαῖς. ἐγίνετο δὲ πάσῃ ψυχῇ
44 φόβος· πολλὰ δὲ τέρατα καὶ σημεῖα διὰ τῶν ἀποστόλων ἐγίνετο. πάντες
45 δὲ οἱ πιστεύσαντες ἐπὶ τὸ αὐτὸ εἶχον ἅπαντα κοινά, καὶ τὰ κτήματα
καὶ τὰς ὑπάρξεις ἐπίπρασκον καὶ διεμέριζον αὐτὰ πᾶσιν, καθότι ἄν τις
46 χρείαν εἶχεν. καθ᾽ ἡμέραν τε προσκαρτεροῦντες ὁμοθυμαδὸν ἐν τῷ ἱερῷ,
κλῶντές τε κατ᾽ οἶκον ἄρτον, μετελάμβανον τροφῆς ἐν ἀγαλλιάσει καὶ
47 ἀφελότητι καρδίας, αἰνοῦντες τὸν Θεὸν καὶ ἔχοντες χάριν πρὸς ὅλον τὸν
λαόν. ὁ δὲ Κύριος προσετίθει τοὺς σῳζομένους καθ᾽ ἡμέραν ἐπὶ τὸ αὐτό.

3 ❡ Πέτρος δὲ καὶ Ἰωάννης ἀνέβαινον εἰς τὸ ἱερὸν ἐπὶ τὴν ὥραν τῆς
2 προσευχῆς τὴν ἐνάτην. καί τις ἀνὴρ χωλὸς ἐκ κοιλίας μητρὸς αὐτοῦ

[a] Ps. 89. 3, 4; 2 Sam. 7. 12, 13; Ps. 132. 11   [b] Ps. 16. 10   [c] Ps. 110. 1
[d] τοὺς λοιποὺς ἀποστόλους   [e] Joel 2. 32; Is. 57. 19

ὑπάρχων ἐβαστάζετο, ὃν ἐτίθουν καθ᾿ ἡμέραν πρὸς τὴν θύραν τοῦ
ἱεροῦ τὴν λεγομένην Ὡραίαν τοῦ αἰτεῖν ἐλεημοσύνην παρὰ τῶν εἰσ-
πορευομένων εἰς τὸ ἱερόν· ὃς ἰδὼν Πέτρον καὶ Ἰωάννην μέλλοντας 3
εἰσιέναι εἰς τὸ ἱερὸν ἠρώτα ἐλεημοσύνην λαβεῖν. ἀτενίσας δὲ Πέτρος εἰς 4
αὐτὸν σὺν τῷ Ἰωάννῃ εἶπεν· Βλέψον εἰς ἡμᾶς. ὁ δὲ ἐπεῖχεν αὐτοῖς 5
προσδοκῶν τι παρ᾿ αὐτῶν λαβεῖν. εἶπεν δὲ Πέτρος· Ἀργύριον καὶ 6
χρυσίον οὐχ ὑπάρχει μοι· ὃ δὲ ἔχω, τοῦτό σοι δίδωμι· ἐν τῷ ὀνόματι
Ἰησοῦ Χριστοῦ τοῦ Ναζωραίου περιπάτει. καὶ πιάσας αὐτὸν τῆς 7
δεξιᾶς χειρὸς ἤγειρεν αὐτόν· παραχρῆμα δὲ ἐστερεώθησαν αἱ βάσεις
αὐτοῦ καὶ τὰ σφυδρά, καὶ ἐξαλλόμενος ἔστη, καὶ περιεπάτει. καὶ 8
εἰσῆλθεν σὺν αὐτοῖς εἰς τὸ ἱερὸν περιπατῶν καὶ ἁλλόμενος καὶ αἰνῶν
τὸν Θεόν. καὶ εἶδεν πᾶς ὁ λαὸς αὐτὸν περιπατοῦντα καὶ αἰνοῦντα τὸν 9
Θεόν· ἐπεγίνωσκον δὲ αὐτόν, ὅτι οὗτος ἦν ὁ πρὸς τὴν ἐλεημοσύνην 10
καθήμενος ἐπὶ τῇ Ὡραίᾳ πύλῃ τοῦ ἱεροῦ, καὶ ἐπλήσθησαν θάμβους καὶ
ἐκστάσεως ἐπὶ τῷ συμβεβηκότι αὐτῷ.

Κρατοῦντος δὲ αὐτοῦ τὸν Πέτρον καὶ τὸν Ἰωάννην συνέδραμεν πᾶς ὁ 11
λαὸς πρὸς αὐτοὺς ἐπὶ τῇ στοᾷ τῇ καλουμένῃ Σολομῶντος ἔκθαμβοι.
ἰδὼν δὲ ὁ Πέτρος ἀπεκρίνατο πρὸς τὸν λαόν· Ἄνδρες Ἰσραηλῖται, τί 12
θαυμάζετε ἐπὶ τούτῳ, ἢ ἡμῖν τί ἀτενίζετε ὡς ἰδίᾳ δυνάμει ἢ εὐσεβείᾳ
πεποιηκόσιν τοῦ περιπατεῖν αὐτόν; ⌊ὁ Θεὸς Ἀβραὰμ καὶ Ἰσαὰκ καὶ 13
Ἰακώβ, ὁ Θεὸς τῶν πατέρων ἡμῶν, ἐδόξασεν τὸν παῖδα αὐτοῦ⌋ᵃ
Ἰησοῦν, ὃν ὑμεῖς μὲν παρεδώκατε εἰς κρίσιν καὶ ἠρνήσασθε κατὰ πρόσω-
πον Πιλάτου, κρίναντος ἐκείνου ἀπολύειν· ὑμεῖς δὲ τὸν ἅγιον καὶ 14
δίκαιον ἠρνήσασθε, καὶ ᾐτήσασθε ἄνδρα φονέα χαρισθῆναι ὑμῖν, τὸν 15
δὲ ἀρχηγὸν τῆς ζωῆς ἀπεκτείνατε, ὃν ὁ Θεὸς ἤγειρεν ἐκ νεκρῶν, οὗ
ἡμεῖς μάρτυρές ἐσμεν. καὶ ἐπὶ τῇ πίστει τοῦ ὀνόματος αὐτοῦ τοῦτον, 16
ὃν θεωρεῖτε καὶ οἴδατε, ἐστερέωσεν τὸ ὄνομα αὐτοῦ, καὶ ἡ πίστις ἡ δι᾿
αὐτοῦ ἔδωκεν αὐτῷ τὴν ὁλοκληρίαν ταύτην ἀπέναντι πάντων ὑμῶν.

Καὶ νῦν, ἀδελφοί, οἶδα ὅτι κατὰ ἄγνοιαν ἐπράξατε, ὥσπερ καὶ οἱ 17
ἄρχοντες ὑμῶν· ὁ δὲ Θεὸς ἃ προκατήγγειλεν διὰ στόματος πάντων 18
τῶν προφητῶν, παθεῖν τὸν Χριστὸν αὐτοῦ, ἐπλήρωσεν οὕτως. μετανοή- 19
σατε οὖν καὶ ἐπιστρέψατε πρὸς τὸ ἐξαλειφθῆναι ὑμῶν τὰς ἁμαρτίας,
ὅπως ἂν ἔλθωσιν καιροὶ ἀναψύξεως ἀπὸ προσώπου τοῦ Κυρίου καὶ 20
ἀποστείλῃ τὸν προκεχειρισμένον ὑμῖν Χριστόν, Ἰησοῦν, ὃν δεῖ οὐρανὸν 21
μὲν δέξασθαι ἄχρι χρόνων ἀποκαταστάσεως πάντων ὧν ἐλάλησεν ὁ
Θεὸς διὰ στόματος τῶν ἁγίωνᵇ αὐτοῦ προφητῶν. Μωϋσῆς μὲν εἶπεν 22
ὅτι ⌊Προφήτην ὑμῖν ἀναστήσει Κύριος ὁ Θεὸς ἐκ τῶν ἀδελφῶν ὑμῶν
ὡς ἐμέ· αὐτοῦ ἀκούσεσθε κατὰ πάντα ὅσα ἂν λαλήσῃ⌋ᶜ πρὸς ὑμᾶς.

[a] Ex. 3. 6, 15; Is. 52. 13; 53. 11   [b] add ἀπ᾿ αἰῶνος   [c] Dt. 18. 15, 19

23 ⌊ἔσται δὲ πᾶσα ψυχὴ ἥτις ἐὰν μὴ ἀκούσῃ τοῦ προφήτου ἐκείνου
24 ἐξολεθρευθήσεται ἐκ τοῦ λαοῦ.⌋ᵃ καὶ πάντες δὲ οἱ προφῆται ἀπὸ
Σαμουὴλ καὶ τῶν καθεξῆς ὅσοι ἐλάλησαν, καὶ κατήγγειλαν τὰς ἡμέρας
ταύτας.
25 Ὑμεῖς ἐστε οἱ υἱοὶ τῶν προφητῶν καὶ τῆς διαθήκης ἧς ὁ Θεὸς διέθετο
πρὸς τοὺς πατέρας ὑμῶν, λέγων πρὸς Ἀβραάμ· ⌊Καὶ ἐν τῷ σπέρματί
26 σου ἐνευλογηθήσονται πᾶσαι αἱ πατριαὶ τῆς γῆς.⌋ᵇ ὑμῖν πρῶτον
ἀναστήσας ὁ Θεὸς τὸν Παῖδα αὐτοῦ ἀπέστειλεν αὐτὸν εὐλογοῦντα
ὑμᾶς ἐν τῷ ἀποστρέφειν ἕκαστον ἀπὸ τῶν πονηριῶν ὑμῶν.

4 Λαλούντων δὲ αὐτῶν πρὸς τὸν λαόν, ἐπέστησαν αὐτοῖς οἱ ᶜ ἀρχιε-
2 ρεῖς καὶ ὁ στρατηγὸς τοῦ ἱεροῦ καὶ οἱ Σαδδουκαῖοι, διαπονούμενοι διὰ
τὸ διδάσκειν αὐτοὺς τὸν λαὸν καὶ καταγγέλλειν ἐν τῷ Ἰησοῦ τὴν
3 ἀνάστασιν τὴν ἐκ νεκρῶν, καὶ ἐπέβαλον αὐτοῖς τὰς χεῖρας καὶ ἔθεντο
4 εἰς τήρησιν εἰς τὴν αὔριον· ἦν γὰρ ἑσπέρα ἤδη. πολλοὶ δὲ τῶν
ἀκουσάντων τὸν λόγον ἐπίστευσαν, καὶ ἐγενήθη ἀριθμὸς τῶν ἀνδρῶν
ὡς χιλιάδες πέντε.
5 Ἐγένετο δὲ ἐπὶ τὴν αὔριον συναχθῆναι αὐτῶν τοὺς ἄρχοντας καὶ
6 τοὺς πρεσβυτέρους καὶ τοὺς γραμματεῖς ἐν Ἰερουσαλήμ, καὶ Ἄννας ὁ
ἀρχιερεὺς καὶ Καϊάφας καὶ ᵈ Ἰωναθᾶς καὶ Ἀλέξανδρος καὶ ὅσοι ἦσαν ἐκ
7 γένους ἀρχιερατικοῦ, καὶ στήσαντες αὐτοὺς ἐν τῷ μέσῳ ἐπυνθάνοντο·
8 Ἐν ποίᾳ δυνάμει ἢ ἐν ποίῳ ὀνόματι ἐποιήσατε τοῦτο ὑμεῖς; τότε
9 Πέτρος πλησθεὶς Πνεύματος Ἁγίου εἶπεν πρὸς αὐτούς· Ἄρχοντες τοῦ
λαοῦ καὶ πρεσβύτεροι, εἰ ἡμεῖς σήμερον ἀνακρινόμεθα ἐπὶ εὐεργεσίᾳ
10 ἀνθρώπου ἀσθενοῦς, ἐν τίνι οὗτος σέσωσται, γνωστὸν ἔστω πᾶσιν
ὑμῖν καὶ παντὶ τῷ λαῷ Ἰσραήλ, ὅτι ἐν τῷ ὀνόματι Ἰησοῦ Χριστοῦ τοῦ
Ναζωραίου, ὃν ὑμεῖς ἐσταυρώσατε, ὃν ὁ Θεὸς ἤγειρεν ἐκ νεκρῶν, ἐν
11 τούτῳ οὗτος παρέστηκεν ἐνώπιον ὑμῶν ὑγιής.ᵉ οὗτός ἐστιν ⌊ὁ λίθος
ὁ ἐξουθενηθεὶς⌋ ὑφ᾽ ὑμῶν ⌊τῶν οἰκοδόμων⌋, ὁ γενόμενος εἰς κεφαλὴν
12 γωνίας.⌋ᶠ ᵍ καὶ οὐκ ἔστιν ἐν ἄλλῳ οὐδενὶ ἡ σωτηρία, οὐδὲ γὰρ ὄνομά
ἐστιν ἕτερον ὑπὸ τὸν οὐρανὸν τὸ δεδομένον ἀνθρώποις ἐν ᾧ δεῖ σωθῆναι
ἡμᾶς.
13 Θεωροῦντες δὲ τὴν τοῦ Πέτρου παρρησίαν καὶ Ἰωάννου, καὶ κατα-
λαβόμενοι ὅτι ἄνθρωποι ἀγράμματοί εἰσιν καὶ ἰδιῶται, ἐθαύμαζον, ἐπε-
14 γίνωσκόν τε αὐτοὺς ὅτι σὺν τῷ Ἰησοῦ ἦσαν· τόν τε ἄνθρωπον
βλέποντες σὺν αὐτοῖς ἑστῶτα τὸν τεθεραπευμένον, οὐδὲν εἶχον ἀντει-
15 πεῖν. κελεύσαντες δὲ αὐτοὺς ἔξω τοῦ συνεδρίου ἀπελθεῖν, συνέβαλλον
16 πρὸς ἀλλήλους λέγοντες· Τί ποιήσωμεν τοῖς ἀνθρώποις τούτοις; ὅτι

[a] Lv. 23. 29   [b] Gn. 22. 18   [c] ἱερεῖς   [d] Ἰωάννης   [e] add καὶ ἐν
ἄλλῳ οὐδενί   [f] Ps. 118. 22   [g] om. καὶ οὐκ ἔστιν . . . σωτηρία,

188

μὲν γὰρ γνωστὸν σημεῖον γέγονεν δι' αὐτῶν, πᾶσιν τοῖς κατοικοῦσιν
Ἰερουσαλὴμ φανερόν, καὶ οὐ δυνάμεθα ἀρνεῖσθαι· ἀλλ' ἵνα μὴ ἐπὶ πλεῖον 17
διανεμηθῇ εἰς τὸν λαόν, ἀπειλησώμεθα αὐτοῖς μηκέτι λαλεῖν ἐπὶ τῷ
ὀνόματι τούτῳ μηδενὶ ἀνθρώπων. καὶ καλέσαντες αὐτοὺς παρήγγειλαν 18
καθόλου μὴ φθέγγεσθαι μηδὲ διδάσκειν ἐπὶ τῷ ὀνόματι τοῦ Ἰησοῦ.

Ὁ δὲ Πέτρος καὶ Ἰωάννης ἀποκριθέντες εἶπον πρὸς αὐτούς· Εἰ δίκαιόν 19
ἐστιν ἐνώπιον τοῦ Θεοῦ, ὑμῶν ἀκούειν μᾶλλον ἢ τοῦ Θεοῦ, κρίνατε· οὐ 20
δυνάμεθα γὰρ ἡμεῖς ἃ εἴδαμεν καὶ ἠκούσαμεν μὴ λαλεῖν.

Οἱ δὲ προσαπειλησάμενοι ἀπέλυσαν αὐτούς, μηδὲν εὑρίσκοντες τὸ 21
πῶς κολάσωνται αὐτούς, διὰ τὸν λαόν, ὅτι πάντες ἐδόξαζον τὸν Θεὸν
ἐπὶ τῷ γεγονότι· ἐτῶν γὰρ ἦν πλειόνων τεσσεράκοντα ὁ ἄνθρωπος ἐφ' 22
ὃν γεγόνει τὸ σημεῖον τοῦτο τῆς ἰάσεως.

Ἀπολυθέντες δὲ ἦλθον πρὸς τοὺς ἰδίους καὶ ἀπήγγειλαν ὅσα πρὸς 23
αὐτοὺς οἱ ἀρχιερεῖς καὶ οἱ πρεσβύτεροι εἶπαν. οἱ δὲ ἀκούσαντες 24
ὁμοθυμαδὸν ἦραν φωνὴν πρὸς τὸν Θεὸν καὶ εἶπαν·

Δέσποτα, σὺ ὁ ⌐ποιήσας τὸν οὐρανὸν καὶ τὴν γῆν καὶ τὴν θάλασσαν
καὶ πάντα τὰ ἐν αὐτοῖς⌐,ᵃ ὁ ᵇ διὰ Πνεύματος Ἁγίου διὰ τοῦ στόματος 25
Δαυὶδ παιδός σου εἰπών·

⌐Ἱνατί ἐφρύαξαν ἔθνη καὶ λαοὶ ἐμελέτησαν κενά;
παρέστησαν οἱ βασιλεῖς τῆς γῆς καὶ οἱ ἄρχοντες συνήχθησαν ἐπὶ τὸ 26
αὐτὸ
κατὰ τοῦ Κυρίου καὶ κατὰ τοῦ Χριστοῦ αὐτοῦ.⌐ᶜ

⌐συνήχθησαν⌐ γὰρ ἐπ' ἀληθείας ἐν τῇ πόλει ταύτῃ ἐπὶ τὸν ἅγιον παῖδά 27
σου Ἰησοῦν, ⌐ὃν ἔχρισας⌐,ᵈ Ἡρῴδης τε καὶ Πόντιος Πιλᾶτος σὺν
⌐ἔθνεσιν καὶ λαοῖς⌐ᵉ Ἰσραήλ, ποιῆσαι ὅσα ἡ χείρ σου καὶ ἡ βουλή σου 28
προώρισεν γενέσθαι. καὶ τὰ νῦν, Κύριε, ἔπιδε ἐπὶ τὰς ἀπειλὰς αὐτῶν, 29
καὶ δὸς τοῖς δούλοις σου μετὰ παρρησίας πάσης λαλεῖν τὸν λόγον σου,
ἐν τῷ τὴν χεῖρά σου ἐκτείνειν εἰς ἴασιν καὶ σημεῖα καὶ τέρατα γίνεσθαι 30
διὰ τοῦ ὀνόματος τοῦ ἁγίου παιδός σου Ἰησοῦ.

Καὶ δεηθέντων αὐτῶν ἐσαλεύθη ὁ τόπος ἐν ᾧ ἦσαν συνηγμένοι, καὶ 31
ἐπλήσθησαν ἅπαντες τοῦ Ἁγίου Πνεύματος, καὶ ἐλάλουν τὸν λόγον τοῦ
Θεοῦ μετὰ παρρησίας.

❡ Τοῦ δὲ πλήθους τῶν πιστευσάντων ἦν καρδία καὶ ψυχὴ μία. καὶ 32
οὐδὲ εἷς τι τῶν ὑπαρχόντων αὐτῷ ἔλεγεν ἴδιον εἶναι, ἀλλ' ἦν αὐτοῖς
πάντα κοινά· καὶ δυνάμει μεγάλῃ ἀπεδίδουν τὸ μαρτύριον οἱ ἀπόστολοι 33

[a] Ex. 20. 11 ; Ps. 146. 6   [b] om. διὰ Πνεύματος Ἁγίου   [c] Ps. 2. 1, 2
[d] Is. 61. 1   [e] Ps. 2. 1, 2

τοῦ Κυρίου Ἰησοῦ τῆς ἀναστάσεως. χάρις τε μεγάλη ἦν ἐπὶ πάντας
34 αὐτούς· οὐδὲ γὰρ ἐνδεής τις ἦν ἐν αὐτοῖς, ὅσοι γὰρ κτήτορες χωρίων
35 ἢ οἰκιῶν ὑπῆρχον, πωλοῦντες ἔφερον τὰς τιμὰς τῶν πιπρασκομένων
καὶ ἐτίθουν παρὰ τοὺς πόδας τῶν ἀποστόλων· διεδίδοτο δὲ ἑκάστῳ
καθότι ἄν τις χρείαν εἶχεν.
36 Ἰωσὴφ δὲ ὁ ἐπικληθεὶς Βαρναβᾶς ἀπὸ τῶν ἀποστόλων (ὅ ἐστιν
μεθερμηνευόμενον Υἱὸς παρακλήσεως), Λευίτης, Κύπριος τῷ γένει,
ὑπάρχοντος αὐτῷ ἀγροῦ, πωλήσας ἤνεγκεν τὸ χρῆμα καὶ ἔθηκεν πρὸς
τοὺς πόδας τῶν ἀποστόλων.

5 Ἀνὴρ δέ τις Ἀνανίας ὀνόματι σὺν Σαπφίρῃ τῇ γυναικὶ αὐτοῦ ἐπώλη-
2 σεν κτῆμα, καὶ ἐνοσφίσατο ἀπὸ τῆς τιμῆς, συνειδυίης καὶ τῆς γυναικός,
3 καὶ ἐνέγκας μέρος τι παρὰ τοὺς πόδας τῶν ἀποστόλων ἔθηκεν. εἶπεν
δὲ ὁ Πέτρος· Ἀνανία, διὰ τί ἐπλήρωσεν ὁ Σατανᾶς τὴν καρδίαν σου,
ψεύσασθαί σε τὸ Πνεῦμα τὸ Ἅγιον, καὶ νοσφίσασθαι ἀπὸ τῆς τιμῆς τοῦ
4 χωρίου; οὐχὶ μένον σοὶ ἔμενεν καὶ πραθὲν ἐν τῇ σῇ ἐξουσίᾳ ὑπῆρχεν;
τί ὅτι ἔθου ἐν τῇ καρδίᾳ σου τὸ πρᾶγμα τοῦτο; οὐκ ἐψεύσω ἀνθρώποις
5 ἀλλὰ τῷ Θεῷ. ἀκούων δὲ ὁ Ἀνανίας τοὺς λόγους τούτους πεσὼν
6 ἐξέψυξεν· καὶ ἐγένετο φόβος μέγας ἐπὶ πάντας τοὺς ἀκούοντας. ἀνα-
στάντες δὲ οἱ νεώτεροι συνέστειλαν καὶ ἐξενέγκαντες ἔθαψαν.
7 Ἐγένετο δὲ ὡς ὡρῶν τριῶν διάστημα καὶ ἡ γυνὴ αὐτοῦ μὴ εἰδυῖα τὸ
8 γεγονὸς εἰσῆλθεν. ἀπεκρίθη δὲ πρὸς αὐτὴν Πέτρος· Εἰπέ μοι, εἰ τοσού-
9 του τὸ χωρίον ἀπέδοσθε; ἡ δὲ εἶπεν· Ναί, τοσούτου. ὁ δὲ Πέτρος πρὸς
αὐτήν· Τί ὅτι συνεφωνήθη ὑμῖν πειράσαι τὸ Πνεῦμα Κυρίου; ἰδοὺ οἱ
πόδες τῶν θαψάντων τὸν ἄνδρα σου ἐπὶ τῇ θύρᾳ καὶ ἐξοίσουσίν σε.
10 ἔπεσεν δὲ παραχρῆμα πρὸς τοὺς πόδας αὐτοῦ καὶ ἐξέψυξεν· εἰσελθόντες
δὲ οἱ νεανίσκοι εὗρον αὐτὴν νεκράν, καὶ ἐξενέγκαντες ἔθαψαν πρὸς τὸν
11 ἄνδρα αὐτῆς. καὶ ἐγένετο φόβος μέγας ἐφ' ὅλην τὴν ἐκκλησίαν καὶ ἐπὶ
12 πάντας τοὺς ἀκούοντας ταῦτα· διὰ δὲ τῶν χειρῶν τῶν ἀποστόλων
ἐγίνετο σημεῖα καὶ τέρατα πολλὰ ἐν τῷ λαῷ.

13 ❡ ᵃ Καὶ ἦσαν ὁμοθυμαδὸν πάντες ἐν τῇ στοᾷ Σολομῶντος, τῶν δὲ
λοιπῶν οὐδεὶς ἐτόλμα κολλᾶσθαι αὐτοῖς. ἀλλ' ἐμεγάλυνεν αὐτοὺς ὁ
14 λαός, μᾶλλον δέ, προσετίθεντο πιστεύοντες τῷ Κυρίῳ πλήθη ἀνδρῶν
15 τε καὶ γυναικῶν, ὥστε καὶ εἰς τὰς πλατείας ἐκφέρειν τοὺς ἀσθενεῖς καὶ
τιθέναι ἐπὶ κλιναρίων καὶ κραβάτων, ἵνα ἐρχομένου Πέτρου κἂν ἡ
16 σκιὰ ἐπισκιάσῃ τινὶ αὐτῶν· συνήρχετο δὲ καὶ τὸ πλῆθος τῶν πέριξ

[a] Καὶ ἦσαν ὁμοθυμαδὸν πάντες ἐν τῇ στοᾷ Σολομῶντος. τῶν δὲ λοιπῶν οὐδεὶς
ἐτόλμα κολλᾶσθαι αὐτοῖς, ἀλλ' ἐμεγάλυνεν αὐτοὺς ὁ λαός. μᾶλλον δὲ προσετίθεντο
πιστεύοντες τῷ Κυρίῳ, πλήθη ἀνδρῶν τε καὶ γυναικῶν,

πόλεων Ἰερουσαλήμ, φέροντες ἀσθενεῖς καὶ ὀχλουμένους ὑπὸ πνευμάτων ἀκαθάρτων, οἵτινες ἐθεραπεύοντο ἅπαντες.

Ἀναστὰς δὲ ὁ ἀρχιερεὺς καὶ πάντες οἱ σὺν αὐτῷ, ἡ οὖσα αἵρεσις τῶν 17 Σαδδουκαίων, ἐπλήσθησαν ζήλου, καὶ ἐπέβαλον τὰς χεῖρας ἐπὶ τοὺς 18 ἀποστόλους καὶ ἔθεντο αὐτοὺς ἐν τηρήσει δημοσίᾳ. ἄγγελος δὲ Κυρίου 19 διὰ νυκτὸς ἤνοιξε τὰς θύρας τῆς φυλακῆς, ἐξαγαγών τε αὐτοὺς εἶπεν· Πορεύεσθε καὶ σταθέντες λαλεῖτε ἐν τῷ ἱερῷ τῷ λαῷ πάντα τὰ ῥήματα 20 τῆς ζωῆς ταύτης. ἀκούσαντες δὲ εἰσῆλθον ὑπὸ τὸν ὄρθρον εἰς τὸ 21 ἱερὸν καὶ ἐδίδασκον.

Παραγενόμενος δὲ ὁ ἀρχιερεὺς καὶ οἱ σὺν αὐτῷ συνεκάλεσαν τὸ συνέδριον, καὶ πᾶσαν τὴν γερουσίαν τῶν υἱῶν Ἰσραήλ, καὶ ἀπέστειλαν εἰς τὸ δεσμωτήριον ἀχθῆναι αὐτούς. οἱ δὲ παραγενόμενοι ὑπηρέται οὐχ 22 εὗρον αὐτοὺς ἐν τῇ φυλακῇ· ἀναστρέψαντες δὲ ἀπήγγειλαν λέγοντες 23 ὅτι Τὸ δεσμωτήριον εὕρομεν κεκλεισμένον ἐν πάσῃ ἀσφαλείᾳ καὶ τοὺς φύλακας ἑστῶτας ἐπὶ τῶν θυρῶν, ἀνοίξαντες δὲ ἔσω οὐδένα εὕρομεν. ὡς δὲ ἤκουσαν τοὺς λόγους τούτους ὅ τε στρατηγὸς τοῦ ἱεροῦ καὶ οἱ 24 ἀρχιερεῖς, ᵃ διηπόρουν περὶ αὐτῶν τί ἂν γένοιτο τοῦτο. παραγενό- 25 μενος δέ τις ἀπήγγειλεν αὐτοῖς ὅτι Ἰδοὺ οἱ ἄνδρες, οὓς ἔθεσθε ἐν τῇ φυλακῇ, εἰσὶν ἐν τῷ ἱερῷ ἑστῶτες καὶ διδάσκοντες τὸν λαόν. τότε 26 ἀπελθὼν ὁ στρατηγὸς σὺν τοῖς ὑπηρέταις ἦγεν αὐτούς, οὐ μετὰ βίας, ἐφοβοῦντο γὰρ τὸν λαόν, μὴ λιθασθῶσιν.

Ἀγαγόντες δὲ αὐτοὺς ἔστησαν ἐν τῷ συνεδρίῳ. καὶ ἐπηρώτησεν 27 αὐτοὺς ὁ ἀρχιερεὺς λέγων· Παραγγελίᾳ παρηγγείλαμεν ὑμῖν μὴ διδά- 28 σκειν ἐπὶ τῷ ὀνόματι τούτῳ, καὶ ἰδοὺ πεπληρώκατε τὴν Ἰερουσαλὴμ τῆς διδαχῆς ὑμῶν, καὶ βούλεσθε ἐπαγαγεῖν ἐφ' ἡμᾶς τὸ αἷμα τοῦ ἀνθρώπου τούτου. ἀποκριθεὶς δὲ Πέτρος καὶ οἱ ἀπόστολοι εἶπαν· Πειθαρχεῖν δεῖ 29 Θεῷ μᾶλλον ἢ ἀνθρώποις. ὁ Θεὸς τῶν πατέρων ἡμῶν ἤγειρεν ᵇ Ἰησοῦν 30 ὃν ὑμεῖς διεχειρίσασθε ⌞κρεμάσαντες ἐπὶ ξύλου⌟·ᶜ τοῦτον ὁ Θεὸς ἀρχηγὸν 31 καὶ σωτῆρα ὕψωσεν τῇ δεξιᾷ αὐτοῦ τοῦ δοῦναι μετάνοιαν τῷ Ἰσραὴλ καὶ ἄφεσιν ἁμαρτιῶν. καὶ ἡμεῖς ἐσμεν μάρτυρες τῶν ῥημάτων τού- 32 των, καὶ τὸ Πνεῦμα τὸ Ἅγιον ὃ ἔδωκεν ὁ Θεὸς τοῖς πειθαρχοῦσιν αὐτῷ.

Οἱ δὲ ἀκούσαντες διεπρίοντο, καὶ ἐβούλοντο ἀνελεῖν αὐτούς. ἀναστὰς 33 34 δέ τις ἐν τῷ συνεδρίῳ Φαρισαῖος ὀνόματι Γαμαλιήλ, νομοδιδάσκαλος τίμιος παντὶ τῷ λαῷ, ἐκέλευσεν ἔξω βραχὺ τοὺς ἀνθρώπους ποιῆσαι· εἶπέν τε πρὸς αὐτούς· Ἄνδρες Ἰσραηλῖται, προσέχετε ἑαυτοῖς ἐπὶ τοῖς 35 ἀνθρώποις τούτοις τί μέλλετε πράσσειν. πρὸ γὰρ τούτων τῶν ἡμερῶν 36 ἀνέστη Θευδᾶς, λέγων εἶναί τινα ἑαυτόν, ᾧ προσεκλίθη ἀνδρῶν ἀριθμὸς ὡς τετρακοσίων· ὃς ἀνῃρέθη, καὶ πάντες ὅσοι ἐπείθοντο αὐτῷ

[a] διηπόρουν περὶ αὐτῶν, τί ἂν γένοιτο τοῦτο.   [b] Ἰησοῦν· ὃν   [c] Dt. 21. 22

37 διελύθησαν καὶ ἐγένοντο εἰς οὐδέν. μετὰ τοῦτον ἀνέστη Ἰούδας ὁ Γαλι-
λαῖος ἐν ταῖς ἡμέραις τῆς ἀπογραφῆς καὶ ἀπέστησεν λαὸν ὀπίσω αὐτοῦ·
κἀκεῖνος ἀπώλετο, καὶ πάντες ὅσοι ἐπείθοντο αὐτῷ διεσκορπίσθησαν.
38 καὶ τὰ νῦν λέγω ὑμῖν, ἀπόστητε ἀπὸ τῶν ἀνθρώπων τούτων καὶ
ἄφετε αὐτούς· ὅτι ἐὰν ᾖ ἐξ ἀνθρώπων ἡ βουλὴ αὕτη ἢ τὸ ἔργον τοῦτο,
39 καταλυθήσεται· εἰ δὲ ἐκ Θεοῦ ἐστιν, οὐ δυνήσεσθε καταλῦσαι αὐτούς,
μήποτε καὶ θεομάχοι εὑρεθῆτε.
40 Ἐπείσθησαν δὲ αὐτῷ· καὶ προσκαλεσάμενοι τοὺς ἀποστόλους δείραν-
τες παρήγγειλαν μὴ λαλεῖν ἐπὶ τῷ ὀνόματι τοῦ Ἰησοῦ καὶ ἀπέλυσαν.
41 οἱ μὲν οὖν ἐπορεύοντο χαίροντες ἀπὸ προσώπου τοῦ συνεδρίου ὅτι
42 κατηξιώθησαν ὑπὲρ τοῦ ὀνόματος ἀτιμασθῆναι. πᾶσάν τε ἡμέραν ἐν
τῷ ἱερῷ καὶ κατ᾽ οἶκον οὐκ ἐπαύοντο διδάσκοντες καὶ εὐαγγελιζόμενοι
τὸν Χριστὸν Ἰησοῦν.

6 Ἐν δὲ ταῖς ἡμέραις ταύταις πληθυνόντων τῶν μαθητῶν ἐγένετο
γογγυσμὸς τῶν Ἑλληνιστῶν πρὸς τοὺς Ἑβραίους, ὅτι παρεθεω-
2 ροῦντο ἐν τῇ διακονίᾳ τῇ καθημερινῇ αἱ χῆραι αὐτῶν. προσκαλεσά-
μενοι δὲ οἱ δώδεκα τὸ πλῆθος τῶν μαθητῶν εἶπαν· Οὐκ ἀρεστόν ἐστιν
3 ἡμᾶς καταλείψαντας τὸν λόγον τοῦ Θεοῦ διακονεῖν τραπέζαις. ἐπι-
σκέψασθε οὖν, ἀδελφοί, ἄνδρας ἐξ ὑμῶν μαρτυρουμένους ἑπτὰ πλήρεις
4 Πνεύματος καὶ σοφίας, οὓς καταστήσομεν ἐπὶ τῆς χρείας ταύτης· ἡμεῖς
5 δὲ τῇ προσευχῇ καὶ τῇ διακονίᾳ τοῦ λόγου προσκαρτερήσομεν. καὶ
ἤρεσεν ὁ λόγος ἐνώπιον παντὸς τοῦ πλήθους· καὶ ἐξελέξαντο Στέφανον,
ἄνδρα πλήρη πίστεως καὶ Πνεύματος Ἁγίου, καὶ Φίλιππον καὶ Πρόχο-
ρον καὶ Νικάνορα καὶ Τίμωνα καὶ Παρμενᾶν καὶ Νικόλαον προσήλυτον
6 Ἀντιοχέα, οὓς ἔστησαν ἐνώπιον τῶν ἀποστόλων, καὶ προσευξάμενοι
ἐπέθηκαν αὐτοῖς τὰς χεῖρας.
7 Καὶ ὁ λόγος τοῦ Θεοῦ ηὔξανεν, καὶ ἐπληθύνετο ὁ ἀριθμὸς τῶν
μαθητῶν ἐν Ἰερουσαλὴμ σφόδρα, πολύς τε ὄχλος τῶν ἱερέων ὑπήκουον
τῇ πίστει.
8 Στέφανος δὲ πλήρης χάριτος καὶ δυνάμεως ἐποίει τέρατα καὶ σημεῖα
9 μεγάλα ἐν τῷ λαῷ. ἀνέστησαν δέ τινες τῶν ἐκ τῆς συναγωγῆς τῆς
λεγομένης Λιβερτίνων, καὶ Κυρηναίων καὶ Ἀλεξανδρέων καὶ τῶν ἀπὸ
10 Κιλικίας καὶ Ἀσίας, συζητοῦντες τῷ Στεφάνῳ, καὶ οὐκ ἴσχυον ἀντιστῆ-
11 ναι τῇ σοφίᾳ καὶ τῷ πνεύματι ᾧ ἐλάλει. τότε ὑπέβαλον ἄνδρας
λέγοντας ὅτι Ἀκηκόαμεν αὐτοῦ λαλοῦντος ῥήματα βλάσφημα εἰς Μωϋ-
12 σῆν καὶ τὸν Θεόν. συνεκίνησάν τε τὸν λαὸν καὶ τοὺς πρεσβυτέρους καὶ
τοὺς γραμματεῖς, καὶ ἐπιστάντες συνήρπασαν αὐτὸν καὶ ἤγαγον εἰς τὸ

συνέδριον· ἔστησάν τε μάρτυρας ψευδεῖς λέγοντας· Ὁ ἄνθρωπος οὗτος 13
οὐ παύεται λαλῶν ῥήματα κατὰ τοῦ τόπου τοῦ ἁγίου τούτου καὶ τοῦ
νόμου· ἀκηκόαμεν γὰρ αὐτοῦ λέγοντος ὅτι Ἰησοῦς ὁ Ναζωραῖος οὗτος 14
καταλύσει τὸν τόπον τοῦτον καὶ ἀλλάξει τὰ ἔθη ἃ παρέδωκεν ἡμῖν
Μωϋσῆς. καὶ ἀτενίσαντες εἰς αὐτὸν πάντες οἱ καθεζόμενοι ἐν τῷ 15
συνεδρίῳ εἶδον τὸ πρόσωπον αὐτοῦ ὡσεὶ πρόσωπον ἀγγέλου.

Εἶπεν δὲ ὁ ἀρχιερεύς· Εἰ ταῦτα οὕτως ἔχει; ὁ δὲ ἔφη· Ἄνδρες ἀδελφοὶ 7 2
καὶ πατέρες, ἀκούσατε. ⌊ὁ Θεὸς τῆς δόξης⌋ᵃ ὤφθη τῷ πατρὶ ἡμῶν
Ἀβραὰμ ὄντι ἐν τῇ Μεσοποταμίᾳ πρὶν ἢ κατοικῆσαι αὐτὸν ἐν Χαρράν,
⌊καὶ εἶπεν πρὸς αὐτόν· Ἔξελθε ἐκ τῆς γῆς σου καὶ τῆς συγγενείας σου, 3
καὶ δεῦρο εἰς γῆν ἣν ἄν σοι δείξω.⌋ᵇ τότε ἐξελθὼν ἐκ γῆς Χαλδαίων 4
κατῴκησεν ἐν Χαρράν. κἀκεῖθεν μετὰ τὸ ἀποθανεῖν τὸν πατέρα αὐτοῦ
μετῴκισεν αὐτὸν εἰς τὴν γῆν ταύτην εἰς ἣν ὑμεῖς νῦν κατοικεῖτε· καὶ 5
⌊οὐκ ἔδωκεν⌋ αὐτῷ κληρονομίαν ἐν αὐτῇ ⌊οὐδὲ βῆμα ποδός⌋,ᶜ καὶ
ἐπηγγείλατο ⌊δοῦναι αὐτὴν εἰς κατάσχεσιν αὐτῷ καὶ τῷ σπέρματι
αὐτοῦ μετ' αὐτόν⌋,ᵈ οὐκ ὄντος αὐτῷ τέκνου. ἐλάλησεν δὲ οὕτως ὁ 6
Θεός, ὅτι ⌊ἔσται τὸ σπέρμα αὐτοῦ πάροικον ἐν γῇ ἀλλοτρίᾳ, καὶ
δουλώσουσιν αὐτὸ καὶ κακώσουσιν ἔτη τετρακόσια· καὶ τὸ ἔθνος ᾧ 7
ἐὰν δουλεύσουσιν κρινῶ ἐγώ,⌋ᵉ ὁ Θεὸς εἶπεν, ⌊καὶ μετὰ ταῦτα ἐξελεύ-
σονται καὶ λατρεύσουσίν μοι ἐν τῷ⌋ τόπῳ ⌊τούτῳ⌋.ᶠ καὶ ἔδωκεν αὐτῷ 8
⌊διαθήκην περιτομῆς⌋· καὶ οὕτως ἐγέννησεν τὸν Ἰσαὰκ ⌊καὶ περιέτεμεν
αὐτὸν τῇ ἡμέρᾳ τῇ ὀγδόῃ⌋,ᵍ καὶ Ἰσαὰκ τὸν Ἰακώβ, καὶ Ἰακὼβ τοὺς
δώδεκα πατριάρχας.

Καὶ οἱ πατριάρχαι ⌊ζηλώσαντες τὸν Ἰωσὴφ ἀπέδοντο εἰς Αἴγυπτον⌋· 9
καὶ ⌊ἦν ὁ Θεὸς μετ' αὐτοῦ⌋,ʰ καὶ ἐξείλατο αὐτὸν ἐκ πασῶν τῶν θλίψεων 10
αὐτοῦ, ⌊καὶ ἔδωκεν αὐτῷ χάριν⌋ καὶ σοφίαν ⌊ἐναντίον Φαραὼ βασιλέως
Αἰγύπτου, καὶ κατέστησεν αὐτὸν ἡγούμενον ἐπ' Αἴγυπτον καὶ ὅλον
τὸν οἶκον αὐτοῦ⌋.ⁱ

⌊Ἦλθεν δὲ λιμὸς ἐφ' ὅλην τὴν Αἴγυπτον καὶ Χαναὰν⌋ʲ καὶ θλῖψις 11
μεγάλη, καὶ οὐχ ηὕρισκον χορτάσματα οἱ πατέρες ἡμῶν. ⌊ἀκούσας δὲ 12
Ἰακὼβ ὄντα σιτία εἰς Αἴγυπτον⌋ᵏ ἐξαπέστειλεν τοὺς πατέρας ἡμῶν
πρῶτον· καὶ ἐν τῷ δευτέρῳ ⌊ἐγνωρίσθη Ἰωσὴφ τοῖς ἀδελφοῖς αὐτοῦ⌋,ˡ 13
καὶ φανερὸν ἐγένετο τῷ Φαραὼ τὸ γένος αὐτοῦ. ἀποστείλας δὲ 14
Ἰωσὴφ μετεκαλέσατο Ἰακὼβ τὸν πατέρα αὐτοῦ καὶ πᾶσαν τὴν συγ-
γένειαν ⌊ἐν ψυχαῖς ἑβδομήκοντα πέντε⌋,ᵐ καὶ ⌊κατέβη⌋ Ἰακὼβ ⌊εἰς 15

[a] Ps. 29. 3   [b] Gn. 12. 1; 48. 4   [c] Dt. 2. 5   [d] Gn. 12. 7; 13. 15;
17. 8; 48. 4   [e] Gn. 15. 13, 14; Ex. 2. 22; 12. 40   [f] Ex. 3. 12   [g] Gn.
17. 10; 21. 4   [h] Gn. 37. 11, 28; 45. 4; 39. 1, 2, 21   [i] Gn. 41. 38–45;
Ps. 105. 21   [j] Gn. 41. 54; 42. 5   [k] Gn. 42. 2   [l] Gn. 45. 1, 3
[m] Gn. 46. 27; Ex. 1. 5; Dt. 10. 22

16 Αἴγυπτον⌋.ᵃ ⌞καὶ ἐτελεύτησεν αὐτὸς καὶ⌋ᵇ οἱ πατέρες ἡμων, ⌞καὶ μετετέθησαν εἰς Συχὲμ⌋ καὶ ἐτέθησαν ⌞ἐν τῷ μνήματι ᾧ ὠνήσατο Ἀβραὰμ⌋ τιμῆς ἀργυρίου ⌞παρὰ τῶν υἱῶν Ἐμμὼρ ἐν Συχέμ⌋.ᶜ

17 Καθὼς δὲ ἤγγιζεν ὁ χρόνος τῆς ἐπαγγελίας ἧς ὡμολόγησεν ὁ Θεὸς
18 τῷ Ἀβραάμ, ⌞ηὔξησεν⌋ ὁ λαὸς καὶ ⌞ἐπληθύνθη⌋ ἐν Αἰγύπτῳ, ἄχρι οὗ
19 ⌞ἀνέστη βασιλεὺς ἕτερος ἐπ᾽ Αἴγυπτον, ὃς οὐκ ᾔδει τὸν Ἰωσήφ⌋.ᵈ οὗτος
⌞κατασοφισάμενος τὸ γένος⌋ ἡμῶν ⌞ἐκάκωσεν⌋ τοὺς πατέρας τοῦ ποιεῖν
20 τὰ βρέφη ἔκθετα αὐτῶν εἰς τὸ μὴ ⌞ζωογονεῖσθαι⌋.ᵉ ἐν ᾧ καιρῷ ἐγεννήθη Μωϋσῆς, καὶ ἦν ⌞ἀστεῖος⌋ τῷ Θεῷ· ὃς ἀνετράφη ⌞μῆνας τρεῖς⌋ᶠ ἐν
21 τῷ οἴκῳ τοῦ πατρός· ἐκτεθέντος δὲ αὐτοῦ ⌞ἀνείλατο⌋ αὐτὸν ⌞ἡ θυγάτηρ
22 Φαραὼ⌋ καὶ ἀνεθρέψατο αὐτὸν ⌞ἑαυτῇ εἰς υἱόν⌋.ᵍ καὶ ἐπαιδεύθη Μωϋσῆς πάσῃ σοφίᾳ Αἰγυπτίων, ἦν δὲ δυνατὸς ἐν λόγοις καὶ ἔργοις αὐτοῦ.

23 Ὡς δὲ ἐπληροῦτο αὐτῷ τεσσερακονταέτης χρόνος, ἀνέβη ἐπὶ τὴν καρδίαν αὐτοῦ ἐπισκέψασθαι ⌞τοὺς ἀδελφοὺς αὐτοῦ τοὺς υἱοὺς
24 Ἰσραήλ⌋.ʰ καὶ ἰδών τινα ἀδικούμενον ἠμύνατο, καὶ ἐποίησεν ἐκδίκησιν
25 τῷ καταπονουμένῳ ⌞πατάξας τὸν Αἰγύπτιον⌋.ⁱ ἐνόμιζεν δὲ συνιέναι τοὺς ἀδελφοὺς ὅτι ὁ Θεὸς διὰ χειρὸς αὐτοῦ δίδωσιν σωτηρίαν αὐτοῖς·
26 οἱ δὲ οὐ συνῆκαν. τῇ τε ἐπιούσῃ ἡμέρᾳ ὤφθη αὐτοῖς μαχομένοις, καὶ συνήλλασσεν αὐτοὺς εἰς εἰρήνην εἰπών· Ἄνδρες, ἀδελφοί ἐστε· ἱνατί
27 ἀδικεῖτε ἀλλήλους; ὁ δὲ ⌞ἀδικῶν τὸν πλησίον⌋ ἀπώσατο αὐτὸν εἰπών·
28 ⌞Τίς σε κατέστησεν ἄρχοντα καὶ δικαστὴν ἐφ᾽ ἡμῶν; μὴ ἀνελεῖν με σὺ
29 θέλεις ὃν τρόπον ἀνεῖλες ἐχθὲς τὸν Αἰγύπτιον; ἔφυγεν δὲ Μωϋσῆς ἐν τῷ λόγῳ τούτῳ, καὶ ἐγένετο πάροικος ἐν γῇ Μαδιάμ⌋,ʲ οὗ ἐγέννησεν υἱοὺς δύο.

30 Καὶ πληρωθέντων ἐτῶν τεσσεράκοντα ⌞ὤφθη αὐτῷ ἐν τῇ ἐρήμῳ τοῦ
31 ὄρους⌋ Σινὰ ⌞ἄγγελος ἐν φλογὶ πυρὸς βάτου⌋.ᵏ ὁ δὲ Μωϋσῆς ἰδὼν ἐθαύμαζεν τὸ ὅραμα· προσερχομένου δὲ αὐτοῦ κατανοῆσαι ἐγένετο
32 φωνὴ Κυρίου· ⌞Ἐγὼ ὁ Θεὸς τῶν πατέρων σου, ὁ Θεὸς Ἀβραὰμ καὶ Ἰσαὰκ καὶ Ἰακώβ⌋.ˡ ἔντρομος δὲ γενόμενος Μωϋσῆς οὐκ ἐτόλμα κατα-
33 νοῆσαι. ⌞εἶπεν δὲ αὐτῷ ὁ Κύριος· Λῦσον τὸ ὑπόδημα τῶν ποδῶν σου·
34 ὁ γὰρ τόπος ἐφ᾽ ᾧ ἕστηκας γῆ ἁγία ἐστίν.⌋ᵐ ⌞ἰδὼν εἶδον τὴν κάκωσιν τοῦ λαοῦ μου τοῦ ἐν Αἰγύπτῳ, καὶ τοῦ στεναγμοῦ αὐτοῦ ἤκουσα, καὶ κατέβην ἐξελέσθαι αὐτούς· καὶ νῦν δεῦρο ἀποστείλω σε εἰς Αἴγυπτον.⌋ⁿ

35 Τοῦτον τὸν Μωϋσῆν, ὃν ἠρνήσαντο εἰπόντες· ⌞Τίς σε κατέστησεν ἄρχοντα καὶ δικαστήν;⌋ᵒ—τοῦτον ὁ Θεὸς καὶ ἄρχοντα καὶ λυτρωτὴν
36 ἀπέσταλκεν σὺν χειρὶ ἀγγέλου τοῦ ὀφθέντος αὐτῷ ἐν τῇ βάτῳ. οὗτος

[a] Gn. 46. 1　　[b] Gn. 49. 33　　[c] Gn. 23. 16, 17; 33. 19; 50. 13; Jos. 24. 32
[d] Ex. 1. 8　　[e] Ex. 1. 22　　[f] Ex. 2. 2　　[g] Ex. 2. 5, 10　　[h] Ex. 2. 11
[i] Ex. 2. 12　　[j] Ex. 2. 14, 15　　[k] Ex. 3. 2　　[l] Ex. 3. 6　　[m] Ex. 3. 5
[n] Ex. 3. 7, 10; 2. 24　　[o] Ex. 2. 14

ἐξήγαγεν αὐτοὺς ποιήσας ⌊τέρατα καὶ σημεῖα ἐν Αἰγύπτῳ⌋[a] καὶ ἐν
ἐρυθρᾷ θαλάσσῃ καὶ ⌊ἐν τῇ ἐρήμῳ ἔτη τεσσεράκοντα⌋.[b] οὗτός ἐστιν ὁ 37
Μωϋσῆς ὁ εἴπας τοῖς υἱοῖς Ἰσραήλ· ⌊Προφήτην ὑμῖν ἀναστήσει ὁ Θεὸς
ἐκ τῶν ἀδελφῶν ὑμῶν ὡς ἐμέ.⌋[c] οὗτός ἐστιν ὁ γενόμενος ἐν τῇ ἐκκλησίᾳ 38
ἐν τῇ ἐρήμῳ μετὰ τοῦ ἀγγέλου τοῦ λαλοῦντος αὐτῷ ἐν τῷ ὄρει Σινὰ
καὶ τῶν πατέρων ἡμῶν, ὃς ἐδέξατο λόγια ζῶντα δοῦναι ἡμῖν.

ᾯ οὐκ ἠθέλησαν ὑπήκοοι γενέσθαι οἱ πατέρες ἡμῶν, ἀλλὰ ἀπώσαντο 39
καὶ ⌊ἐστράφησαν⌋ ἐν ταῖς καρδίαις αὐτῶν ⌊εἰς Αἴγυπτον⌋,[d] ⌊εἰπόντες τῷ 40
Ἀαρών· Ποίησον ἡμῖν θεοὺς οἳ προπορεύσονται ἡμῶν· ὁ γὰρ Μωϋσῆς
οὗτος, ὃς ἐξήγαγεν ἡμᾶς ἐκ γῆς Αἰγύπτου, οὐκ οἴδαμεν τί ἐγένετο
αὐτῷ.⌋[e] καὶ ⌊ἐμοσχοποίησαν⌋ ἐν ταῖς ἡμέραις ἐκείναις καὶ ⌊ἀνήγαγον 41
θυσίαν⌋[f] τῷ εἰδώλῳ, καὶ εὐφραίνοντο ἐν τοῖς ἔργοις τῶν χειρῶν αὐτῶν.
ἔστρεψεν δὲ ὁ Θεὸς καὶ παρέδωκεν αὐτοὺς λατρεύειν ⌊τῇ στρατιᾷ τοῦ 42
οὐρανοῦ⌋,[g] καθὼς γέγραπται ἐν βίβλῳ τῶν προφητῶν· ⌊Μὴ σφάγια
καὶ θυσίας προσηνέγκατέ μοι ἔτη τεσσεράκοντα ἐν τῇ ἐρήμῳ, οἶκος
Ἰσραήλ; καὶ ἀνελάβετε τὴν σκηνὴν τοῦ Μόλοχ καὶ τὸ ἄστρον τοῦ 43
Θεοῦ Ῥεφάν, τοὺς τύπους οὓς ἐποιήσατε⌋ προσκυνεῖν αὐτοῖς. ⌊καὶ
μετοικιῶ ὑμᾶς ἐπέκεινα⌋[h] Βαβυλῶνος.

Ἡ ⌊σκηνὴ τοῦ μαρτυρίου⌋[i] ἦν τοῖς πατράσιν ἡμῶν ἐν τῇ ἐρήμῳ, 44
καθὼς διετάξατο ⌊ὁ λαλῶν τῷ Μωϋσῇ ποιῆσαι⌋ αὐτὴν ⌊κατὰ τὸν
τύπον ὃν ἑωράκει⌋·[j] ἣν καὶ εἰσήγαγον διαδεξάμενοι οἱ πατέρες ἡμῶν 45
μετὰ Ἰησοῦ ἐν τῇ ⌊κατασχέσει⌋[k] τῶν ἐθνῶν, ὧν ἐξῶσεν ὁ Θεὸς ἀπὸ
προσώπου τῶν πατέρων ἡμῶν, ἕως τῶν ἡμερῶν Δαυίδ· ὃς εὗρεν χάριν 46
ἐνώπιον τοῦ Θεοῦ καὶ ᾐτήσατο ⌊εὑρεῖν σκήνωμα τῷ [l] Θεῷ Ἰακώβ⌋.[m]
⌊Σολομὼν⌋ δὲ ⌊οἰκοδόμησεν αὐτῷ οἶκον.⌋[n] ἀλλ᾽ οὐχ ὁ Ὕψιστος ἐν χειρο- 47 48
ποιήτοις κατοικεῖ· καθὼς ὁ προφήτης λέγει· ⌊Ὁ οὐρανός μοι θρόνος, ἡ 49
δὲ γῆ ὑποπόδιον τῶν ποδῶν μου. ποῖον οἶκον οἰκοδομήσετέ μοι⌋,
λέγει Κύριος, ⌊ἢ τίς τόπος τῆς καταπαύσεώς μου;⌋ οὐχὶ ⌊ἡ χείρ μου 50
ἐποίησεν ταῦτα πάντα⌋;[o]

⌊Σκληροτράχηλοι⌋ καὶ ⌊ἀπερίτμητοι καρδίαις⌋ καὶ ⌊τοῖς ὠσίν⌋,[p] ὑμεῖς 51
ἀεὶ ⌊τῷ Πνεύματι τῷ Ἁγίῳ ἀντιπίπτετε⌋,[q] ὡς οἱ πατέρες ὑμῶν καὶ
ὑμεῖς. τίνα τῶν προφητῶν οὐκ ἐδίωξαν οἱ πατέρες ὑμῶν; καὶ ἀπ- 52
έκτειναν τοὺς προκαταγγείλαντας περὶ τῆς ἐλεύσεως τοῦ Δικαίου, οὗ
νῦν ὑμεῖς προδόται καὶ φονεῖς ἐγένεσθε, οἵτινες ἐλάβετε τὸν νόμον εἰς 53
διαταγὰς ἀγγέλων καὶ οὐκ ἐφυλάξατε.

[*a*] Ex. 7. 3 [*b*] Num. 14. 33 [*c*] Dt. 18. 15 [*d*] Num. 14. 3 [*e*] Ex. 32. 1, 23 [*f*] Ex. 32. 4, 6 [*g*] Jer. 7. 18 LXX; 19. 13 [*h*] Am. 5. 25–27 [*i*] Ex. 27. 21 [*j*] Ex. 25. 40 [*k*] Gn. 17. 8; 48. 4; Dt. 32. 49 [*l*] *οἴκῳ* [*m*] 2 Sam. 7. 2; Ps. 132. 5 [*n*] 1 Kgs. 6. 1 [*o*] Is. 66. 1, 2 [*p*] Ex. 32. 9; 33. 3; Lv. 26. 41; Jer. 9. 26 [*q*] Is. 63. 10

54 Ἀκούοντες δὲ ταῦτα διεπρίοντο ταῖς καρδίαις αὐτῶν καὶ ἔβρυχον τοὺς
55 ὀδόντας ἐπ' αὐτόν. ὑπάρχων δὲ πλήρης Πνεύματος Ἁγίου ἀτενίσας εἰς
τὸν οὐρανὸν εἶδεν δόξαν Θεοῦ καὶ Ἰησοῦν ἑστῶτα ἐκ δεξιῶν τοῦ Θεοῦ,
56 καὶ εἶπεν· Ἰδοὺ θεωρῶ τοὺς οὐρανοὺς διηνοιγμένους καὶ τὸν Υἱὸν τοῦ
57 ἀνθρώπου ἐκ δεξιῶν ἑστῶτα τοῦ Θεοῦ. κράξαντες δὲ φωνῇ μεγάλῃ
συνέσχον τὰ ὦτα αὐτῶν· καὶ ὥρμησαν ὁμοθυμαδὸν ἐπ' αὐτόν, καὶ
58 ἐκβαλόντες ἔξω τῆς πόλεως ἐλιθοβόλουν. καὶ οἱ μάρτυρες ἀπέθεντο τὰ
59 ἱμάτια αὐτῶν παρὰ τοὺς πόδας νεανίου καλουμένου Σαύλου. καὶ
ἐλιθοβόλουν τὸν Στέφανον, ἐπικαλούμενον καὶ λέγοντα· Κύριε Ἰησοῦ,
60 δέξαι τὸ πνεῦμά μου. θεὶς δὲ τὰ γόνατα ἔκραξεν φωνῇ μεγάλῃ· Κύριε,
μὴ στήσῃς αὐτοῖς ταύτην τὴν ἁμαρτίαν. καὶ τοῦτο εἰπὼν ἐκοιμήθη.
8 Σαῦλος δὲ ἦν συνευδοκῶν τῇ ἀναιρέσει αὐτοῦ.

❡ Ἐγένετο δὲ ἐν ἐκείνῃ τῇ ἡμέρᾳ διωγμὸς μέγας ἐπὶ τὴν ἐκκλησίαν τὴν
ἐν Ἱεροσολύμοις· πάντες δὲ διεσπάρησαν κατὰ τὰς χώρας τῆς Ἰουδαίας
2 καὶ Σαμαρείας πλὴν τῶν ἀποστόλων. συνεκόμισαν δὲ τὸν Στέφανον
3 ἄνδρες εὐλαβεῖς καὶ ἐποίησαν κοπετὸν μέγαν ἐπ' αὐτῷ. Σαῦλος δὲ
ἐλυμαίνετο τὴν ἐκκλησίαν κατὰ τοὺς οἴκους εἰσπορευόμενος, σύρων τε
ἄνδρας καὶ γυναῖκας παρεδίδου εἰς φυλακήν.
4 5 Οἱ μὲν οὖν διασπαρέντες διῆλθον εὐαγγελιζόμενοι τὸν λόγον. Φίλιπ-
πος δὲ κατελθὼν εἰς πόλιν τῆς Σαμαρείας ἐκήρυσσεν αὐτοῖς τὸν Χριστόν.
6 προσεῖχον δὲ οἱ ὄχλοι τοῖς λεγομένοις ὑπὸ τοῦ Φιλίππου ὁμοθυμαδὸν
7 ἐν τῷ ἀκούειν αὐτοὺς καὶ βλέπειν τὰ σημεῖα ἃ ἐποίει. πολλοὶ γὰρ τῶν
8 ἐχόντων πνεύματα ἀκάθαρτα βοῶντα φωνῇ μεγάλῃ ἐξήρχοντο· πολλοὶ
δὲ παραλελυμένοι καὶ χωλοὶ ἐθεραπεύθησαν· ἐγένετο δὲ πολλὴ χαρὰ ἐν
τῇ πόλει ἐκείνῃ.
9 Ἀνὴρ δέ τις ὀνόματι Σίμων προϋπῆρχεν ἐν τῇ πόλει μαγεύων καὶ
10 ἐξιστάνων τὸ ἔθνος τῆς Σαμαρείας, λέγων εἶναί τινα ἑαυτὸν μέγαν, ᾧ
προσεῖχον πάντες ἀπὸ μικροῦ ἕως μεγάλου λέγοντες· Οὗτός ἐστιν ἡ
11 δύναμις τοῦ Θεοῦ ἡ καλουμένη Μεγάλη. προσεῖχον δὲ αὐτῷ διὰ τὸ
12 ἱκανῷ χρόνῳ ταῖς μαγείαις ἐξεστακέναι αὐτούς. ὅτε δὲ ἐπίστευσαν τῷ
Φιλίππῳ εὐαγγελιζομένῳ περὶ τῆς βασιλείας τοῦ Θεοῦ καὶ τοῦ ὀνό-
13 ματος Ἰησοῦ Χριστοῦ, ἐβαπτίζοντο ἄνδρες τε καὶ γυναῖκες. ὁ δὲ Σίμων
καὶ αὐτὸς ἐπίστευσεν, καὶ βαπτισθεὶς ἦν προσκαρτερῶν τῷ Φιλίππῳ,
θεωρῶν τε σημεῖα καὶ δυνάμεις μεγάλας γινομένας ἐξίστατο.
14 Ἀκούσαντες δὲ οἱ ἐν Ἱεροσολύμοις ἀπόστολοι ὅτι δέδεκται ἡ Σαμάρεια
τὸν λόγον τοῦ Θεοῦ, ἀπέστειλαν πρὸς αὐτοὺς Πέτρον καὶ Ἰωάννην,
15 οἵτινες καταβάντες προσηύξαντο περὶ αὐτῶν ὅπως λάβωσιν Πνεῦμα
16 Ἅγιον· οὐδέπω γὰρ ἦν ἐπ' οὐδενὶ αὐτῶν ἐπιπεπτωκός, μόνον δὲ

βεβαπτισμένοι ὑπῆρχον εἰς τὸ ὄνομα τοῦ Κυρίου Ἰησοῦ. τότε ἐπετί- 17
θεσαν τὰς χεῖρας ἐπ' αὐτούς, καὶ ἐλάμβανον Πνεῦμα Ἅγιον.

Ἰδὼν δὲ ὁ Σίμων ὅτι διὰ τῆς ἐπιθέσεως τῶν χειρῶν τῶν ἀποστόλων 18
δίδοται τὸ Πνεῦμα, προσήνεγκεν αὐτοῖς χρήματα λέγων· Δότε κἀμοὶ 19
τὴν ἐξουσίαν ταύτην ἵνα ᾧ ἐὰν ἐπιθῶ τὰς χεῖρας λαμβάνῃ Πνεῦμα
Ἅγιον. Πέτρος δὲ εἶπεν πρὸς αὐτόν· Τὸ ἀργύριόν σου σὺν σοὶ εἴη εἰς 20
ἀπώλειαν, ὅτι τὴν δωρεὰν τοῦ Θεοῦ ἐνόμισας διὰ χρημάτων κτᾶσθαι.
οὐκ ἔστιν σοι μερὶς οὐδὲ κλῆρος ἐν τῷ λόγῳ τούτῳ· ἡ γὰρ ⌊καρδία⌋ σου 21
⌊οὐκ ἔστιν εὐθεῖα⌋ᵃ ἔναντι τοῦ Θεοῦ. μετανόησον οὖν ἀπὸ τῆς κακίας 22
σου ταύτης, καὶ δεήθητι τοῦ Κυρίου εἰ ἄρα ἀφεθήσεταί σοι ἡ ἐπίνοια
τῆς καρδίας σου· εἰς γὰρ ⌊χολὴν πικρίας⌋ καὶ ⌊σύνδεσμον ἀδικίας⌋ᵇ ὁρῶ 23
σε ὄντα. ἀποκριθεὶς δὲ ὁ Σίμων εἶπεν· Δεήθητε ὑμεῖς ὑπὲρ ἐμοῦ πρὸς τὸν 24
Κύριον, ὅπως μηδὲν ἐπέλθῃ ἐπ' ἐμὲ ὧν εἰρήκατε.

Οἱ μὲν οὖν διαμαρτυράμενοι καὶ λαλήσαντες τὸν λόγον τοῦ Κυρίου 25
ὑπέστρεφον εἰς Ἱεροσόλυμα, πολλάς τε κώμας τῶν Σαμαριτῶν εὐηγ-
γελίζοντο.

Ἄγγελος δὲ Κυρίου ἐλάλησεν πρὸς Φίλιππον λέγων· Ἀνάστηθι καὶ 26
πορεύου κατὰ μεσημβρίαν ἐπὶ τὴν ὁδὸν τὴν καταβαίνουσαν ἀπὸ
Ἱερουσαλὴμ εἰς Γάζαν· (αὕτη ἐστὶν ἔρημος.) καὶ ἀναστὰς ἐπορεύθη. 27
καὶ ἰδοὺ ἀνὴρ Αἰθίοψ εὐνοῦχος, δυνάστης Κανδάκης, βασιλίσσης,
Αἰθιόπων, ὃς ἦν ἐπὶ πάσης τῆς γάζης αὐτῆς, ἐληλύθει προσκυνήσων
εἰς Ἱερουσαλήμ, ἦν δὲ ὑποστρέφων καὶ καθήμενος ἐπὶ τοῦ ἅρματος 28
αὐτοῦ καὶ ἀνεγίνωσκεν τὸν προφήτην Ἡσαΐαν. εἶπεν δὲ τὸ Πνεῦμα τῷ 29
Φιλίππῳ· Πρόσελθε καὶ κολλήθητι τῷ ἅρματι τούτῳ. προσδραμὼν δὲ 30
ὁ Φίλιππος ἤκουσεν αὐτοῦ ἀναγινώσκοντος Ἡσαΐαν τὸν προφήτην,
καὶ εἶπεν· Ἆρά γε γινώσκεις ἃ ἀναγινώσκεις; ὁ δὲ εἶπεν· Πῶς γὰρ ἂν 31
δυναίμην ἐὰν μή τις ὁδηγήσει με; παρεκάλεσέν τε τὸν Φίλιππον ἀνα-
βάντα καθίσαι σὺν αὐτῷ.

Ἡ δὲ περιοχὴ τῆς γραφῆς ἣν ἀνεγίνωσκεν ἦν αὕτη· ⌊Ὡς πρόβατον 32
ἐπὶ σφαγὴν ἤχθη· καὶ ὡς ἀμνὸς ἐναντίον τοῦ κείροντος αὐτὸν ἄφωνος,
οὕτως οὐκ ἀνοίγει τὸ στόμα αὐτοῦ. ἐν τῇ ταπεινώσει ἡ κρίσις αὐτοῦ 33
ἤρθη· τὴν γενεὰν αὐτοῦ τίς διηγήσεται; ὅτι αἴρεται ἀπὸ τῆς γῆς ἡ
ζωὴ αὐτοῦ.⌋ᶜ

Ἀποκριθεὶς δὲ ὁ εὐνοῦχος τῷ Φιλίππῳ εἶπεν· Δέομαί σου, περὶ τίνος 34
ὁ προφήτης λέγει τοῦτο; περὶ ἑαυτοῦ ἢ περὶ ἑτέρου τινός; ἀνοίξας 35
δὲ ὁ Φίλιππος τὸ στόμα αὐτοῦ καὶ ἀρξάμενος ἀπὸ τῆς γραφῆς ταύτης
εὐηγγελίσατο αὐτῷ τὸν Ἰησοῦν. ὡς δὲ ἐπορεύοντο κατὰ τὴν ὁδόν, 36
ἦλθον ἐπί τι ὕδωρ, καί φησιν ὁ εὐνοῦχος· Ἰδοὺ ὕδωρ· τί κωλύει με

[a] Ps. 78. 37   [b] Dt. 29. 18; Is. 58. 6   [c] Is. 53. 7, 8

38 βαπτισθῆναι; ^a καὶ ἐκέλευσεν στῆναι τὸ ἅρμα, καὶ κατέβησαν ἀμφότεροι
39 εἰς τὸ ὕδωρ, ὅ τε Φίλιππος καὶ ὁ εὐνοῦχος, καὶ ἐβάπτισεν αὐτόν. ὅτε δὲ
ἀνέβησαν ἐκ τοῦ ὕδατος, Πνεῦμα Κυρίου ἥρπασεν τὸν Φίλιππον, καὶ
οὐκ εἶδεν αὐτὸν οὐκέτι ὁ εὐνοῦχος, ἐπορεύετο γὰρ τὴν ὁδὸν αὐτοῦ
40 χαίρων. Φίλιππος δὲ εὑρέθη εἰς Ἄζωτον, καὶ διερχόμενος εὐηγγελίζετο
τὰς πόλεις πάσας ἕως τοῦ ἐλθεῖν αὐτὸν εἰς Καισαρείαν.

9 ❡ Ὁ δὲ Σαῦλος ἔτι ἐμπνέων ἀπειλῆς καὶ φόνου εἰς τοὺς μαθητὰς τοῦ
2 Κυρίου, προσελθὼν τῷ ἀρχιερεῖ ᾐτήσατο παρ' αὐτοῦ ἐπιστολὰς εἰς
Δαμασκὸν πρὸς τὰς συναγωγάς, ὅπως ἐάν τινας εὕρῃ τῆς ὁδοῦ ὄντας,
3 ἄνδρας τε καὶ γυναῖκας, δεδεμένους ἀγάγῃ εἰς Ἰερουσαλήμ. ἐν δὲ τῷ
πορεύεσθαι ἐγένετο αὐτὸν ἐγγίζειν τῇ Δαμασκῷ, ἐξαίφνης τε αὐτὸν
4 περιήστραψεν φῶς ἐκ τοῦ οὐρανοῦ, καὶ πεσὼν ἐπὶ τὴν γῆν ἤκουσεν
5 φωνὴν λέγουσαν αὐτῷ· Σαοὺλ Σαούλ, τί με διώκεις; εἶπεν δέ· Τίς εἶ,
6 Κύριε; ὁ δέ· Ἐγώ εἰμι Ἰησοῦς ὃν σὺ διώκεις· ἀλλὰ ἀνάστηθι καὶ εἴσελθε
7 εἰς τὴν πόλιν, καὶ λαληθήσεταί σοι ὅ τί σε δεῖ ποιεῖν. οἱ δὲ ἄνδρες οἱ
συνοδεύοντες αὐτῷ εἱστήκεισαν ἐνεοί, ἀκούοντες μὲν τῆς φωνῆς, μηδένα
8 δὲ θεωροῦντες. ἠγέρθη δὲ Σαῦλος ἀπὸ τῆς γῆς, ἀνεῳγμένων δὲ τῶν
9 ὀφθαλμῶν αὐτοῦ οὐδὲν ἔβλεπεν· χειραγωγοῦντες δὲ αὐτὸν εἰσήγαγον εἰς
Δαμασκόν. καὶ ἦν ἡμέρας τρεῖς μὴ βλέπων, καὶ οὐκ ἔφαγεν οὐδὲ ἔπιεν.
10 Ἦν δέ τις μαθητὴς ἐν Δαμασκῷ ὀνόματι Ἀνανίας, καὶ εἶπεν πρὸς
11 αὐτὸν ἐν ὁράματι ὁ Κύριος· Ἀνανία. ὁ δὲ εἶπεν· Ἰδοὺ ἐγώ, Κύριε. ὁ δὲ
Κύριος πρὸς αὐτόν· Ἀναστὰς πορεύθητι ἐπὶ τὴν ῥύμην τὴν καλουμένην
12 εὐθεῖαν καὶ ζήτησον ἐν οἰκίᾳ Ἰούδα Σαῦλον ὀνόματι Ταρσέα· ἰδοὺ γὰρ
προσεύχεται, καὶ εἶδεν ἄνδρα ἐν ὁράματι Ἀνανίαν ὀνόματι εἰσελθόντα
13 καὶ ἐπιθέντα αὐτῷ χεῖρας, ὅπως ἀναβλέψῃ. ἀπεκρίθη δὲ Ἀνανίας· Κύριε,
ἤκουσα ἀπὸ πολλῶν περὶ τοῦ ἀνδρὸς τούτου, ὅσα κακὰ τοῖς ἁγίοις σου
14 ἐποίησεν ἐν Ἰερουσαλήμ· καὶ ὧδε ἔχει ἐξουσίαν παρὰ τῶν ἀρχιερέων
15 δῆσαι πάντας τοὺς ἐπικαλουμένους τὸ ὄνομά σου. εἶπεν δὲ πρὸς αὐτὸν
ὁ Κύριος· Πορεύου, ὅτι σκεῦος ἐκλογῆς ἐστίν μοι οὗτος τοῦ βαστάσαι τὸ
16 ὄνομά μου ἐνώπιον τῶν ἐθνῶν τε καὶ βασιλέων υἱῶν τε Ἰσραήλ. ἐγὼ
γὰρ ὑποδείξω αὐτῷ ὅσα δεῖ αὐτὸν ὑπὲρ τοῦ ὀνόματός μου παθεῖν.
17 Ἀπῆλθεν δὲ Ἀνανίας, καὶ εἰσῆλθεν εἰς τὴν οἰκίαν, καὶ ἐπιθεὶς ἐπ' αὐτὸν
τὰς χεῖρας εἶπεν· Σαοὺλ ἀδελφέ, ὁ Κύριος ἀπέσταλκέν με, Ἰησοῦς ὁ
ὀφθείς σοι ἐν τῇ ὁδῷ ᾗ ἤρχου, ὅπως ἀναβλέψῃς καὶ πλησθῇς Πνεύματος
18 Ἁγίου. καὶ εὐθέως ἀπέπεσαν αὐτοῦ ἀπὸ τῶν ὀφθαλμῶν ὡς λεπίδες,
19 ἀνέβλεψέν τε, καὶ ἀναστὰς ἐβαπτίσθη, καὶ λαβὼν τροφὴν ἐνίσχυσεν.

[a] add (37) εἶπεν δὲ ὁ Φίλιππος· Εἰ πιστεύεις ἐξ ὅλης τῆς καρδίας, ἔξεστιν. ἀποκρι-
θεὶς δὲ εἶπεν· Πιστεύω τὸν Υἱὸν τοῦ Θεοῦ εἶναι τὸν Ἰησοῦν Χριστόν.

Ἐγένετο δὲ μετὰ τῶν ἐν Δαμασκῷ μαθητῶν ἡμέρας τινάς, καὶ 20
εὐθέως ἐν ταῖς συναγωγαῖς ἐκήρυσσεν τὸν Ἰησοῦν, ὅτι οὗτός ἐστιν ὁ
Υἱὸς τοῦ Θεοῦ. ἐξίσταντο δὲ πάντες οἱ ἀκούοντες καὶ ἔλεγον· Οὐχ 21
οὗτός ἐστιν ὁ πορθήσας ἐν Ἰερουσαλὴμ τοὺς ἐπικαλουμένους τὸ ὄνομα
τοῦτο; καὶ ὧδε εἰς τοῦτο ἐληλύθει, ἵνα δεδεμένους αὐτοὺς ἀγάγῃ ἐπὶ
τοὺς ἀρχιερεῖς; Σαῦλος δὲ μᾶλλον ἐνεδυναμοῦτο καὶ συνέχυννεν Ἰου- 22
δαίους τοὺς κατοικοῦντας ἐν Δαμασκῷ, συμβιβάζων ὅτι οὗτός ἐστιν ὁ
Χριστός.

Ὡς δὲ ἐπληροῦντο ἡμέραι ἱκαναί, συνεβουλεύσαντο οἱ Ἰουδαῖοι 23
ἀνελεῖν αὐτόν· ἐγνώσθη δὲ τῷ Σαύλῳ ἡ ἐπιβουλὴ αὐτῶν. παρετη- 24
ροῦντο δὲ καὶ τὰς πύλας ἡμέρας τε καὶ νυκτὸς ὅπως αὐτὸν ἀνέλωσιν·
λαβόντες δὲ οἱ μαθηταὶ αὐτοῦ νυκτὸς διὰ τοῦ τείχους καθῆκαν αὐτὸν 25
χαλάσαντες ἐν σπυρίδι.

Παραγενόμενος δὲ εἰς Ἰερουσαλὴμ ἐπείραζεν κολλᾶσθαι τοῖς μαθηταῖς· 26
καὶ πάντες ἐφοβοῦντο αὐτόν, μὴ πιστεύοντες ὅτι ἐστὶν μαθητής.
Βαρναβᾶς δὲ ἐπιλαβόμενος αὐτὸν ἤγαγεν πρὸς τοὺς ἀποστόλους, καὶ 27
διηγήσατο αὐτοῖς πῶς ἐν τῇ ὁδῷ εἶδεν τὸν Κύριον καὶ ὅτι ἐλάλησεν
αὐτῷ, καὶ πῶς ἐν Δαμασκῷ ἐπαρρησιάσατο ἐν τῷ ὀνόματι Ἰησοῦ. καὶ 28
ἦν μετ᾽ αὐτῶν εἰσπορευόμενος καὶ ἐκπορευόμενος εἰς Ἰερουσαλήμ, παρ-
ρησιαζόμενος ἐν τῷ ὀνόματι τοῦ Κυρίου, ἐλάλει τε καὶ συνεζήτει πρὸς 29
τοὺς Ἑλληνιστάς. οἱ δὲ ἐπεχείρουν ἀνελεῖν αὐτόν. ἐπιγνόντες δὲ οἱ 30
ἀδελφοὶ κατήγαγον αὐτὸν εἰς Καισάρειαν καὶ ἐξαπέστειλαν αὐτὸν εἰς
Ταρσόν.

❡ Ἡ μὲν οὖν ἐκκλησία καθ᾽ ὅλης τῆς Ἰουδαίας καὶ Γαλιλαίας καὶ 31
Σαμαρείας εἶχεν εἰρήνην οἰκοδομουμένη, καὶ πορευομένη τῷ φόβῳ τοῦ
Κυρίου καὶ τῇ παρακλήσει τοῦ Ἁγίου Πνεύματος ἐπληθύνετο.

Ἐγένετο δὲ Πέτρον διερχόμενον διὰ πάντων κατελθεῖν καὶ πρὸς τοὺς 32
ἁγίους τοὺς κατοικοῦντας Λύδδα. εὗρεν δὲ ἐκεῖ ἄνθρωπόν τινα ὀνόματι 33
Αἰνέαν ἐξ ἐτῶν ὀκτὼ κατακείμενον ἐπὶ κραβάτου, ὃς ἦν παραλελυμένος.
καὶ εἶπεν αὐτῷ ὁ Πέτρος· Αἰνέα, ἰᾶταί σε Ἰησοῦς Χριστός· ἀνάστηθι καὶ 34
στρῶσον σεαυτῷ. καὶ εὐθέως ἀνέστη. καὶ εἶδαν αὐτὸν πάντες οἱ 35
κατοικοῦντες Λύδδα καὶ τὸν Σαρῶνα, οἵτινες ἐπέστρεψαν ἐπὶ τὸν
Κύριον.

Ἐν Ἰόππῃ δέ τις ἦν μαθήτρια ὀνόματι Ταβιθά (ἡ διερμηνευομένη 36
λέγεται Δορκάς)· αὕτη ἦν πλήρης ἔργων ἀγαθῶν καὶ ἐλεημοσυνῶν ὧν
ἐποίει. ἐγένετο δὲ ἐν ταῖς ἡμέραις ἐκείναις ἀσθενήσασαν αὐτὴν ἀπο- 37
θανεῖν· λούσαντες δὲ ἔθηκαν ἐν ὑπερῴῳ. ἐγγὺς δὲ οὔσης Λύδδας τῇ 38
Ἰόππῃ οἱ μαθηταὶ ἀκούσαντες ὅτι Πέτρος ἐστὶν ἐν αὐτῇ ἀπέστειλαν δύο

ἄνδρας πρὸς αὐτὸν παρακαλοῦντες· Μὴ ὀκνήσῃς διελθεῖν ἕως ἡμῶν.

39 ἀναστὰς δὲ Πέτρος συνῆλθεν αὐτοῖς· ὃν παραγενόμενον ἀνήγαγον εἰς τὸ ὑπερῷον, καὶ παρέστησαν αὐτῷ πᾶσαι αἱ χῆραι κλαίουσαι καὶ ἐπιδεικνύμεναι χιτῶνας καὶ ἱμάτια, ὅσα ἐποίει μετ' αὐτῶν οὖσα ἡ Δορκάς.

40 ἐκβαλὼν δὲ ἔξω πάντας ὁ Πέτρος καὶ θεὶς τὰ γόνατα προσηύξατο, καὶ ἐπιστρέψας πρὸς τὸ σῶμα εἶπεν· Ταβιθά, ἀνάστηθι. ἡ δὲ ἤνοιξεν τοὺς

41 ὀφθαλμοὺς αὐτῆς, καὶ ἰδοῦσα τὸν Πέτρον ἀνεκάθισεν. δοὺς δὲ αὐτῇ χεῖρα ἀνέστησεν αὐτήν· φωνήσας δὲ τοὺς ἁγίους καὶ τὰς χήρας παρέ-

42 στησεν αὐτὴν ζῶσαν. γνωστὸν δὲ ἐγένετο καθ' ὅλης τῆς Ἰόππης, καὶ

43 ἐπίστευσαν πολλοὶ ἐπὶ τὸν Κύριον. ἐγένετο δὲ ἡμέρας ἱκανὰς μεῖναι ἐν Ἰόππῃ παρά τινι Σίμωνι βυρσεῖ.

10 Ἀνὴρ δέ τις ἐν Καισαρείᾳ ὀνόματι Κορνήλιος, ἑκατοντάρχης ἐκ

2 σπείρης τῆς καλουμένης Ἰταλικῆς, εὐσεβὴς καὶ φοβούμενος τὸν Θεὸν σὺν παντὶ τῷ οἴκῳ αὐτοῦ, ποιῶν ἐλεημοσύνας πολλὰς τῷ λαῷ καὶ δεό-

3 μενος τοῦ Θεοῦ διὰ παντός, εἶδεν ἐν ὁράματι φανερῶς, ὡσεὶ περὶ ὥραν ἐνάτην τῆς ἡμέρας, ἄγγελον τοῦ Θεοῦ εἰσελθόντα πρὸς αὐτὸν καὶ

4 εἰπόντα αὐτῷ· Κορνήλιε. ὁ δὲ ἀτενίσας αὐτῷ καὶ ἔμφοβος γενόμενος εἶπεν· Τί ἐστιν, κύριε; εἶπεν δὲ αὐτῷ· Αἱ προσευχαί σου καὶ ἐλεημοσύναι

5 σου ἀνέβησαν εἰς μνημόσυνον ἔμπροσθεν τοῦ Θεοῦ. καὶ νῦν πέμψον ἄνδρας εἰς Ἰόππην καὶ μετάπεμψαι Σίμωνά τινα ὃς ἐπικαλεῖται Πέτρος·

6 οὗτος ξενίζεται παρά τινι Σίμωνι βυρσεῖ, ᾧ ἐστιν οἰκία παρὰ θάλασσαν.

7 ὡς δὲ ἀπῆλθεν ὁ ἄγγελος ὁ λαλῶν αὐτῷ, φωνήσας δύο τῶν οἰκετῶν

8 καὶ στρατιώτην εὐσεβῆ τῶν προσκαρτερούντων αὐτῷ καὶ ἐξηγησάμενος ἅπαντα αὐτοῖς ἀπέστειλεν αὐτοὺς εἰς τὴν Ἰόππην.

9 Τῇ δὲ ἐπαύριον ὁδοιπορούντων ἐκείνων καὶ τῇ πόλει ἐγγιζόντων

10 ἀνέβη Πέτρος ἐπὶ τὸ δῶμα προσεύξασθαι περὶ ὥραν ἕκτην. ἐγένετο δὲ πρόσπεινος καὶ ἤθελεν γεύσασθαι· παρασκευαζόντων δὲ αὐτῶν ἐγένετο

11 ἐπ' αὐτὸν ἔκστασις, καὶ θεωρεῖ τὸν οὐρανὸν ἀνεῳγμένον καὶ καταβαῖνον σκεῦός τι ὡς ὀθόνην μεγάλην, τέσσαρσιν ἀρχαῖς δεδεμένον καὶ

12 καθιέμενον ἐπὶ τῆς γῆς, ἐν ᾧ ὑπῆρχεν πάντα τὰ τετράποδα καὶ ἑρπετὰ

13 τῆς γῆς καὶ πετεινὰ τοῦ οὐρανοῦ. καὶ ἐγένετο φωνὴ πρὸς αὐτόν· Ἀνά-

14 στάς, Πέτρε, θῦσον καὶ φάγε. ὁ δὲ Πέτρος εἶπεν· Μηδαμῶς, Κύριε,

15 ὅτι οὐδέποτε ἔφαγον πᾶν κοινὸν καὶ ἀκάθαρτον. καὶ φωνὴ πάλιν ἐκ

16 δευτέρου πρὸς αὐτόν· Ἃ ὁ Θεὸς ἐκαθάρισεν σὺ μὴ κοίνου. τοῦτο δὲ ἐγένετο ἐπὶ τρίς, καὶ εὐθὺς ἀνελήμφθη τὸ σκεῦος εἰς τὸν οὐρανόν.

17 Ὡς δὲ ἐν ἑαυτῷ διηπόρει ὁ Πέτρος τί ἂν εἴη τὸ ὅραμα ὃ εἶδεν, ἰδοὺ οἱ ἄνδρες οἱ ἀπεσταλμένοι ὑπὸ τοῦ Κορνηλίου διερωτήσαντες τὴν οἰκίαν

18 τοῦ Σίμωνος ἐπέστησαν ἐπὶ τὸν πυλῶνα, καὶ φωνήσαντες ἐπυνθάνοντο

19 εἰ Σίμων ὁ ἐπικαλούμενος Πέτρος ἐνθάδε ξενίζεται. τοῦ δὲ Πέτρου

διενθυμουμένου περὶ τοῦ ὁράματος εἶπεν τὸ Πνεῦμα· ἰδοὺ ἄνδρες[a] ζητοῦντές σε· ἀλλὰ ἀναστὰς κατάβηθι, καὶ πορεύου σὺν αὐτοῖς μηδὲν 20 διακρινόμενος, ὅτι ἐγὼ ἀπέσταλκα αὐτούς. καταβὰς δὲ Πέτρος πρὸς 21 τοὺς ἄνδρας εἶπεν· Ἰδοὺ ἐγώ εἰμι ὃν ζητεῖτε· τίς ἡ αἰτία δι᾽ ἣν πάρεστε; οἱ δὲ εἶπαν· Κορνήλιος ἑκατοντάρχης, ἀνὴρ δίκαιος καὶ φοβούμενος τὸν 22 Θεόν, μαρτυρούμενός τε ὑπὸ ὅλου τοῦ ἔθνους τῶν Ἰουδαίων, ἐχρημα- τίσθη ὑπὸ ἀγγέλου ἁγίου μεταπέμψασθαί σε εἰς τὸν οἶκον αὐτοῦ καὶ ἀκοῦσαι ῥήματα παρὰ σοῦ. εἰσκαλεσάμενος οὖν αὐτοὺς ἐξένισεν. τῇ δὲ 23 ἐπαύριον ἀναστὰς ἐξῆλθεν σὺν αὐτοῖς, καί τινες τῶν ἀδελφῶν τῶν ἀπὸ Ἰόππης συνῆλθον αὐτῷ.

Τῇ δὲ ἐπαύριον εἰσῆλθεν εἰς τὴν Καισάρειαν· ὁ δὲ Κορνήλιος ἦν 24 προσδοκῶν αὐτούς, συγκαλεσάμενος τοὺς συγγενεῖς αὐτοῦ καὶ τοὺς ἀναγκαίους φίλους. ὡς δὲ ἐγένετο τοῦ εἰσελθεῖν τὸν Πέτρον, συναντή- 25 σας αὐτῷ ὁ Κορνήλιος πεσὼν ἐπὶ τοὺς πόδας προσεκύνησεν. ὁ δὲ 26 Πέτρος ἤγειρεν αὐτὸν λέγων· Ἀνάστηθι· καὶ ἐγὼ αὐτὸς ἄνθρωπός εἰμι. καὶ συνομιλῶν αὐτῷ εἰσῆλθεν, καὶ εὑρίσκει συνεληλυθότας πολλούς, 27 ἔφη τε πρὸς αὐτούς· Ὑμεῖς ἐπίστασθε ὡς ἀθέμιτόν ἐστιν ἀνδρὶ Ἰουδαίῳ 28 κολλᾶσθαι ἢ προσέρχεσθαι ἀλλοφύλῳ· κἀμοὶ ὁ Θεὸς ἔδειξεν μηδένα κοινὸν ἢ ἀκάθαρτον λέγειν ἄνθρωπον· διὸ καὶ ἀναντιρρήτως ἦλθον 29 μεταπεμφθείς. πυνθάνομαι οὖν, τίνι λόγῳ μετεπέμψασθέ με.

Καὶ ὁ Κορνήλιος ἔφη· Ἀπὸ τετάρτης ἡμέρας μέχρι ταύτης τῆς ὥρας 30 ἤμην τὴν ἐνάτην προσευχόμενος ἐν τῷ οἴκῳ μου, καὶ ἰδοὺ ἀνὴρ ἔστη ἐνώπιόν μου ἐν ἐσθῆτι λαμπρᾷ, καὶ φησίν· Κορνήλιε, εἰσηκούσθη σου 31 ἡ προσευχὴ καὶ αἱ ἐλεημοσύναι σου ἐμνήσθησαν ἐνώπιον τοῦ Θεοῦ. πέμψον οὖν εἰς Ἰόππην καὶ μετακάλεσαι Σίμωνα ὃς ἐπικαλεῖται Πέτρος· 32 οὗτος ξενίζεται ἐν οἰκίᾳ Σίμωνος βυρσέως παρὰ θάλασσαν. ἐξαυτῆς 33 οὖν ἔπεμψα πρὸς σέ, σύ τε καλῶς ἐποίησας παραγενόμενος. νῦν οὖν πάντες ἡμεῖς ἐνώπιον τοῦ Θεοῦ πάρεσμεν ἀκοῦσαι πάντα τὰ προσ- τεταγμένα σοι ὑπὸ τοῦ Κυρίου.

Ἀνοίξας δὲ Πέτρος τὸ στόμα εἶπεν· Ἐπ᾽ ἀληθείας καταλαμβάνομαι 34 ὅτι ⌊οὐκ ἔστιν προσωπολήμπτης ὁ Θεός,⌋[b] ἀλλ᾽ ἐν παντὶ ἔθνει ὁ φοβού- 35 μενος αὐτὸν καὶ ἐργαζόμενος δικαιοσύνην δεκτὸς αὐτῷ ἐστιν. ⌊τὸν 36 λόγον ἀπέστειλεν⌋[c] τοῖς υἱοῖς ⌊Ἰσραὴλ εὐαγγελιζόμενος εἰρήνην⌋[d] διὰ Ἰησοῦ Χριστοῦ· οὗτός ἐστιν πάντων Κύριος. ὑμεῖς οἴδατε τὸ γενόμενον 37 ῥῆμα καθ᾽ ὅλης τῆς Ἰουδαίας, ἀρξάμενον ἀπὸ τῆς Γαλιλαίας μετὰ τὸ βάπτισμα ὃ ἐκήρυξεν Ἰωάννης, Ἰησοῦν τὸν ἀπὸ Ναζαρέθ, ὡς ⌊ἔχρισεν⌋ 38 αὐτὸν ⌊ὁ Θεὸς Πνεύματι⌋[e] Ἁγίῳ καὶ δυνάμει, ὃς διῆλθεν εὐεργετῶν καὶ

[a] add δύο or τρεῖς [b] Dt. 10. 17; 1 Sam. 16. 7 [c] Ps. 107. 20; 147. 18
[d] Is. 52. 7 [e] Is. 61. 1

ἰώμενος πάντας τοὺς καταδυναστευομένους ὑπὸ τοῦ διαβόλου, ὅτι ὁ
39 Θεὸς ἦν μετ' αὐτοῦ. καὶ ἡμεῖς μάρτυρες πάντων ὧν ἐποίησεν ἔν τε τῇ
χώρᾳ τῶν Ἰουδαίων καὶ Ἰερουσαλήμ· ὃν καὶ ἀνεῖλαν ⌊κρεμάσαντες ἐπὶ
40 ξύλου⌋.ᵃ τοῦτον ὁ Θεὸς ἤγειρεν ἐν τῇ τρίτῃ ἡμέρᾳ καὶ ἔδωκεν αὐτὸν
41 ἐμφανῆ γενέσθαι, οὐ παντὶ τῷ λαῷ, ἀλλὰ μάρτυσιν τοῖς προκεχειρο-
τονημένοις ὑπὸ τοῦ θεοῦ, ἡμῖν, οἵτινες συνεφάγομεν καὶ συνεπίομεν
42 αὐτῷ μετὰ τὸ ἀναστῆναι αὐτὸν ἐκ νεκρῶν. καὶ παρήγγειλεν ἡμῖν
κηρῦξαι τῷ λαῷ καὶ διαμαρτύρασθαι ὅτι οὗτός ἐστιν ὁ ὡρισμένος ὑπὸ
43 τοῦ Θεοῦ κριτὴς ζώντων καὶ νεκρῶν. τούτῳ πάντες οἱ προφῆται
μαρτυροῦσιν, ἄφεσιν ἁμαρτιῶν λαβεῖν διὰ τοῦ ὀνόματος αὐτοῦ πάντα
τὸν πιστεύοντα εἰς αὐτόν.
44 Ἔτι λαλοῦντος τοῦ Πέτρου τὰ ῥήματα ταῦτα ἐπέπεσεν τὸ Πνεῦμα
45 τὸ Ἅγιον ἐπὶ πάντας τοὺς ἀκούοντας τὸν λόγον. καὶ ἐξέστησαν οἱ ἐκ
περιτομῆς πιστοὶ ὅσοι συνῆλθαν τῷ Πέτρῳ, ὅτι καὶ ἐπὶ τὰ ἔθνη ἡ
46 δωρεὰ τοῦ Ἁγίου Πνεύματος ἐκκέχυται· ἤκουον γὰρ αὐτῶν λαλούντων
47 γλώσσαις καὶ μεγαλυνόντων τὸν Θεόν. τότε ἀπεκρίθη Πέτρος· Μήτι τὸ
ὕδωρ δύναται κωλῦσαί τις τοῦ μὴ βαπτισθῆναι τούτους, οἵτινες τὸ
48 Πνεῦμα τὸ Ἅγιον ἔλαβον ὡς καὶ ἡμεῖς; προσέταξεν δὲ αὐτοὺς ἐν τῷ
ὀνόματι Ἰησοῦ Χριστοῦ βαπτισθῆναι. τότε ἠρώτησαν αὐτὸν ἐπι-
μεῖναι ἡμέρας τινάς.
11 Ἤκουσαν δὲ οἱ ἀπόστολοι καὶ οἱ ἀδελφοὶ οἱ ὄντες κατὰ τὴν Ἰουδαίαν
2 ὅτι καὶ τὰ ἔθνη ἐδέξαντο τὸν λόγον τοῦ Θεοῦ. ὅτε δὲ ἀνέβη Πέτρος εἰς
3 Ἰερουσαλήμ, διεκρίνοντο πρὸς αὐτὸν οἱ ἐκ περιτομῆς λέγοντες ὅτι
Εἰσῆλθες πρὸς ἄνδρας ἀκροβυστίαν ἔχοντας καὶ συνέφαγες αὐτοῖς.
4 ἀρξάμενος δὲ Πέτρος ἐξετίθετο αὐτοῖς καθεξῆς λέγων·
5 Ἐγὼ ἤμην ἐν πόλει Ἰόππῃ προσευχόμενος, καὶ εἶδον ἐν ἐκστάσει
ὅραμα, καταβαῖνον σκεῦός τι ὡς ὀθόνην μεγάλην τέσσαρσιν ἀρχαῖς
6 καθιεμένην ἐκ τοῦ οὐρανοῦ, καὶ ἦλθεν ἄχρι ἐμοῦ· εἰς ἣν ἀτενίσας κατε-
νόουν, καὶ εἶδον ⌊τὰ τετράποδα τῆς γῆς καὶ τὰ θηρία καὶ τὰ ἑρπετὰ⌋ᵇ
7 καὶ τὰ πετεινὰ τοῦ οὐρανοῦ. ἤκουσα δὲ καὶ φωνῆς λεγούσης μοι·
8 Ἀναστάς, Πέτρε, θῦσον καὶ φάγε· εἶπον δέ· Μηδαμῶς, Κύριε, ὅτι κοινὸν
9 ἢ ἀκάθαρτον οὐδέποτε εἰσῆλθεν εἰς τὸ στόμα μου. ἀπεκρίθη δὲ ἐκ
δευτέρου φωνὴ ἐκ τοῦ οὐρανοῦ· Ἃ ὁ Θεὸς ἐκαθάρισεν σὺ μὴ κοίνου.
10 τοῦτο δὲ ἐγένετο ἐπὶ τρίς, καὶ ἀνεσπάσθη πάλιν ἅπαντα εἰς τὸν οὐρανόν.
11 καὶ ἰδοὺ ἐξαυτῆς τρεῖς ἄνδρες ἐπέστησαν ἐπὶ τὴν οἰκίαν ἐν ᾗ ᶜ ἤμην,
12 ἀπεσταλμένοι ἀπὸ Καισαρείας πρός με. εἶπεν δὲ τὸ Πνεῦμά μοι συνελ-
θεῖν αὐτοῖς.ᵈ ἦλθον δὲ σὺν ἐμοὶ καὶ οἱ ἓξ ἀδελφοὶ οὗτοι, καὶ εἰσήλθομεν

[a] Dt. 21. 22   [b] Gn. 1. 24   [c] ἦμεν   [d] add μηδὲν διακρίναντα or
μηδὲν διακρινόμενον

εἰς τὸν οἶκον τοῦ ἀνδρός. ἀπήγγειλεν δὲ ἡμῖν πῶς εἶδεν ἄγγελον ἐν τῷ 13
οἴκῳ αὐτοῦ σταθέντα καὶ εἰπόντα· Ἀπόστειλον εἰς Ἰόππην καὶ μετά-
πεμψαι Σίμωνα τὸν ἐπικαλούμενον Πέτρον, ὃς λαλήσει ῥήματα πρὸς σὲ 14
ἐν οἷς σωθήσῃ σὺ καὶ πᾶς ὁ οἶκός σου. ἐν δὲ τῷ ἄρξασθαί με λαλεῖν 15
ἐπέπεσεν τὸ Πνεῦμα τὸ Ἅγιον ἐπ' αὐτοὺς ὥσπερ καὶ ἐφ' ἡμᾶς ἐν ἀρχῇ.
ἐμνήσθην δὲ τοῦ ῥήματος τοῦ Κυρίου, ὡς ἔλεγεν· Ἰωάννης μὲν ἐβάπτισεν 16
ὕδατι, ὑμεῖς δὲ βαπτισθήσεσθε ἐν Πνεύματι Ἁγίῳ. εἰ οὖν τὴν ἴσην 17
δωρεὰν ἔδωκεν αὐτοῖς ὁ Θεὸς ὡς καὶ ἡμῖν, πιστεύσασιν ἐπὶ τὸν Κύριον
Ἰησοῦν, ἐγὼ τίς ἤμην δυνατὸς κωλῦσαι τὸν Θεόν;
Ἀκούσαντες δὲ ταῦτα ἡσύχασαν, καὶ ἐδόξασαν τὸν Θεὸν λέγοντες· 18
Ἄρα καὶ τοῖς ἔθνεσιν ὁ Θεὸς τὴν μετάνοιαν εἰς ζωὴν ἔδωκεν.

℃ Οἱ μὲν οὖν διασπαρέντες ἀπὸ τῆς θλίψεως τῆς γενομένης ἐπὶ Στεφάνῳ 19
διῆλθον ἕως Φοινίκης καὶ Κύπρου καὶ Ἀντιοχείας, μηδενὶ λαλοῦντες τὸν
λόγον εἰ μὴ μόνον Ἰουδαίοις. ἦσαν δέ τινες ἐξ αὐτῶν ἄνδρες Κύπριοι 20
καὶ Κυρηναῖοι, οἵτινες ἐλθόντες εἰς Ἀντιόχειαν ἐλάλουν καὶ πρὸς τοὺς
Ἕλληνας, εὐαγγελιζόμενοι τὸν Κύριον Ἰησοῦν. καὶ ἦν χεὶρ Κυρίου μετ' 21
αὐτῶν, πολύς τε ἀριθμὸς πιστεύσας ἐπέστρεψεν ἐπὶ τὸν Κύριον.
Ἠκούσθη δὲ ὁ λόγος εἰς τὰ ὦτα τῆς ἐκκλησίας τῆς οὔσης ἐν Ἰερουσα- 22
λὴμ περὶ αὐτῶν, καὶ ἐξαπέστειλαν Βαρναβᾶν ἕως Ἀντιοχείας· ὃς παρα- 23
γενόμενος καὶ ἰδὼν τὴν χάριν τὴν τοῦ Θεοῦ ἐχάρη, καὶ παρεκάλει
πάντας τῇ προθέσει τῆς καρδίας προσμένειν τῷ Κυρίῳ, ὅτι ἦν ἀνὴρ 24
ἀγαθὸς καὶ πλήρης Πνεύματος Ἁγίου καὶ πίστεως. καὶ προσετέθη
ὄχλος ἱκανὸς τῷ Κυρίῳ.
Ἐξῆλθεν δὲ εἰς Ταρσὸν ἀναζητῆσαι Σαῦλον, καὶ εὑρὼν ἤγαγεν εἰς 25 26
Ἀντιόχειαν. ἐγένετο δὲ αὐτοῖς καὶ ἐνιαυτὸν ὅλον συναχθῆναι ἐν τῇ
ἐκκλησίᾳ καὶ διδάξαι ὄχλον ἱκανόν, χρηματίσαι τε πρώτως ἐν Ἀντιο-
χείᾳ τοὺς μαθητὰς Χριστιανούς.
Ἐν ταύταις δὲ ταῖς ἡμέραις κατῆλθον ἀπὸ Ἱεροσολύμων προφῆται 27
εἰς Ἀντιόχειαν· ἀναστὰς δὲ εἷς ἐξ αὐτῶν ὀνόματι Ἅγαβος ἐσήμαινεν διὰ 28
τοῦ Πνεύματος λιμὸν μεγάλην μέλλειν ἔσεσθαι ἐφ' ὅλην τὴν οἰκουμένην·
ἥτις ἐγένετο ἐπὶ Κλαυδίου. τῶν δὲ μαθητῶν καθὼς εὐπορεῖτό τις, 29
ὥρισαν ἕκαστος αὐτῶν εἰς διακονίαν πέμψαι τοῖς κατοικοῦσιν ἐν τῇ
Ἰουδαίᾳ ἀδελφοῖς· ὃ καὶ ἐποίησαν ἀποστείλαντες πρὸς τοὺς πρεσβυ- 30
τέρους διὰ χειρὸς Βαρναβᾶ καὶ Σαύλου.

℃ Κατ' ἐκεῖνον δὲ τὸν καιρὸν ἐπέβαλεν Ἡρῴδης ὁ βασιλεὺς τὰς χεῖρας 12
κακῶσαί τινας τῶν ἀπὸ τῆς ἐκκλησίας. ἀνεῖλεν δὲ Ἰάκωβον τὸν 2
ἀδελφὸν Ἰωάννου μαχαίρῃ. ἰδὼν δὲ ὅτι ἀρεστόν ἐστιν τοῖς Ἰουδαίοις 3

4 προσέθετο συλλαβεῖν καὶ Πέτρον, ἦσαν δὲ ἡμέραι τῶν ἀζύμων, ὃν καὶ
πιάσας ἔθετο εἰς φυλακήν, παραδοὺς τέσσαρσιν τετραδίοις στρατιωτῶν
φυλάσσειν αὐτόν, βουλόμενος μετὰ τὸ πάσχα ἀναγαγεῖν αὐτὸν τῷ
5 λαῷ. ὁ μὲν οὖν Πέτρος ἐτηρεῖτο ἐν τῇ φυλακῇ· προσευχὴ δὲ ἦν ἐκτενῶς
γινομένη ὑπὸ τῆς ἐκκλησίας πρὸς τὸν Θεὸν περὶ αὐτοῦ.
6   Ὅτε δὲ ἤμελλεν προαγαγεῖν αὐτὸν ὁ Ἡρῴδης, τῇ νυκτὶ ἐκείνῃ ἦν ὁ
Πέτρος κοιμώμενος μεταξὺ δύο στρατιωτῶν δεδεμένος ἁλύσεσιν δυσίν,
7 φύλακές τε πρὸ τῆς θύρας ἐτήρουν τὴν φυλακήν. καὶ ἰδοὺ ἄγγελος
Κυρίου ἐπέστη, καὶ φῶς ἔλαμψεν ἐν τῷ οἰκήματι· πατάξας δὲ τὴν
πλευρὰν τοῦ Πέτρου ἤγειρεν αὐτὸν λέγων· Ἀνάστα ἐν τάχει. καὶ
8 ἐξέπεσαν αὐτοῦ αἱ ἁλύσεις ἐκ τῶν χειρῶν. εἶπεν δὲ ὁ ἄγγελος πρὸς
αὐτόν· Ζῶσαι καὶ ὑπόδησαι τὰ σανδάλιά σου. ἐποίησεν δὲ οὕτως.
9 καὶ λέγει αὐτῷ· Περιβαλοῦ τὸ ἱμάτιόν σου καὶ ἀκολούθει μοι. καὶ
ἐξελθὼν ἠκολούθει, καὶ οὐκ ᾔδει ὅτι ἀληθές ἐστιν τὸ γινόμενον διὰ τοῦ
10 ἀγγέλου, ἐδόκει δὲ ὅραμα βλέπειν. διελθόντες δὲ πρώτην φυλακὴν καὶ
δευτέραν ἦλθαν ἐπὶ τὴν πύλην τὴν σιδηρᾶν τὴν φέρουσαν εἰς τὴν
πόλιν, ἥτις αὐτομάτη ἠνοίγη αὐτοῖς, καὶ ἐξελθόντες προῆλθον ῥύμην
μίαν, καὶ εὐθέως ἀπέστη ὁ ἄγγελος ἀπ᾽ αὐτοῦ.
11   Καὶ ὁ Πέτρος ἐν ἑαυτῷ γενόμενος εἶπεν· Νῦν οἶδα ἀληθῶς ὅτι
ἐξαπέστειλεν ὁ Κύριος τὸν ἄγγελον αὐτοῦ καὶ ἐξείλατό με ἐκ χειρὸς
12 Ἡρῴδου καὶ πάσης τῆς προσδοκίας τοῦ λαοῦ τῶν Ἰουδαίων. συνιδών
τε ἦλθεν ἐπὶ τὴν οἰκίαν τῆς Μαρίας τῆς μητρὸς Ἰωάννου τοῦ ἐπικαλου-
μένου Μάρκου, οὗ ἦσαν ἱκανοὶ συνηθροισμένοι καὶ προσευχόμενοι.
13 κρούσαντος δὲ αὐτοῦ τὴν θύραν τοῦ πυλῶνος προσῆλθεν παιδίσκη
14 ὑπακοῦσαι ὀνόματι Ῥόδη, καὶ ἐπιγνοῦσα τὴν φωνὴν τοῦ Πέτρου ἀπὸ
τῆς χαρᾶς οὐκ ἤνοιξεν τὸν πυλῶνα, εἰσδραμοῦσα δὲ ἀπήγγειλεν
15 ἑστάναι τὸν Πέτρον πρὸ τοῦ πυλῶνος. οἱ δὲ πρὸς αὐτὴν εἶπαν·
Μαίνῃ. ἡ δὲ διϊσχυρίζετο οὕτως ἔχειν. οἱ δὲ ἔλεγον· Ὁ ἄγγελός ἐστιν
αὐτοῦ.
16   Ὁ δὲ Πέτρος ἐπέμενεν κρούων· ἀνοίξαντες δὲ εἶδαν αὐτὸν καὶ ἐξέστη-
17 σαν. κατασείσας δὲ αὐτοῖς τῇ χειρὶ σιγᾶν διηγήσατο αὐτοῖς πῶς ὁ
Κύριος αὐτὸν ἐξήγαγεν ἐκ τῆς φυλακῆς, εἶπέν τε· Ἀπαγγείλατε Ἰακώβῳ
καὶ τοῖς ἀδελφοῖς ταῦτα. καὶ ἐξελθὼν ἐπορεύθη εἰς ἕτερον τόπον.
18   Γενομένης δὲ ἡμέρας ἦν τάραχος οὐκ ὀλίγος ἐν τοῖς στρατιώταις, τί
19 ἄρα ὁ Πέτρος ἐγένετο. Ἡρῴδης δὲ ἐπιζητήσας αὐτὸν καὶ μὴ εὑρών,
ἀνακρίνας τοὺς φύλακας ἐκέλευσεν ἀπαχθῆναι.
20   Καὶ κατελθὼν ἀπὸ τῆς Ἰουδαίας εἰς Καισάρειαν διέτριβεν. ἦν δὲ
θυμομαχῶν Τυρίοις καὶ Σιδωνίοις· ὁμοθυμαδὸν δὲ παρῆσαν πρὸς αὐτόν,
καὶ πείσαντες Βλάστον τὸν ἐπὶ τοῦ κοιτῶνος τοῦ βασιλέως ἠτοῦντο

εἰρήνην, διὰ τὸ τρέφεσθαι αὐτῶν τὴν χώραν ἀπὸ τῆς βασιλικῆς.
τακτῇ δὲ ἡμέρᾳ ὁ Ἡρῴδης ἐνδυσάμενος ἐσθῆτα βασιλικὴν καθίσας ἐπὶ 21
τοῦ βήματος ἐδημηγόρει πρὸς αὐτούς· ὁ δὲ δῆμος ἐπεφώνει· Θεοῦ φωνὴ 22
καὶ οὐκ ἀνθρώπου. παραχρῆμα δὲ ἐπάταξεν αὐτὸν ἄγγελος Κυρίου 23
ἀνθ᾿ ὧν οὐκ ἔδωκεν τὴν δόξαν τῷ Θεῷ, καὶ γενόμενος σκωληκόβρωτος
ἐξέψυξεν.
     Ὁ δὲ λόγος τοῦ Κυρίου ηὔξανεν καὶ ἐπληθύνετο.   24
     Βαρναβᾶς δὲ καὶ Σαῦλος ᵃ ὑπέστρεψαν ἐξ Ἰερουσαλήμ, πληρώσαντες 25
τὴν διακονίαν, συμπαραλαβόντες Ἰωάννην τὸν ἐπικληθέντα Μᾶρκον.

Ησαν δὲ ἐν Ἀντιοχείᾳ κατὰ τὴν οὖσαν ἐκκλησίαν προφῆται καὶ 13
     διδάσκαλοι, ὅ τε Βαρναβᾶς καὶ Συμεὼν ὁ καλούμενος Νίγερ, καὶ
Λούκιος ὁ Κυρηναῖος, Μαναήν τε Ἡρῴδου τοῦ τετραάρχου σύντροφος
καὶ Σαῦλος. λειτουργούντων δὲ αὐτῶν τῷ Κυρίῳ καὶ νηστευόντων 2
εἶπεν τὸ Πνεῦμα τὸ Ἅγιον· Ἀφορίσατε δή μοι τὸν Βαρναβᾶν καὶ Σαῦλον
εἰς τὸ ἔργον ὃ προσκέκλημαι αὐτούς· τότε νηστεύσαντες καὶ προσευξά- 3
μενοι καὶ ἐπιθέντες τὰς χεῖρας αὐτοῖς ἀπέλυσαν.
     Αὐτοὶ μὲν οὖν ἐκπεμφθέντες ὑπὸ τοῦ Ἁγίου Πνεύματος κατῆλθον εἰς 4
Σελεύκειαν, ἐκεῖθέν τε ἀπέπλευσαν εἰς Κύπρον, καὶ γενόμενοι ἐν Σαλαμῖνι 5
κατήγγελλον τὸν λόγον τοῦ Θεοῦ ἐν ταῖς συναγωγαῖς τῶν Ἰουδαίων·
εἶχον δὲ καὶ Ἰωάννην ὑπηρέτην. διελθόντες δὲ ὅλην τὴν νῆσον ἄχρι 6
Πάφου εὗρον ἄνδρα τινὰ μάγον ψευδοπροφήτην Ἰουδαῖον, ᾧ ὄνομα
Βαριησοῦς, ὃς ἦν σὺν τῷ ἀνθυπάτῳ Σεργίῳ Παύλῳ, ἀνδρὶ συνετῷ. 7
οὗτος προσκαλεσάμενος Βαρναβᾶν καὶ Σαῦλον ἐπεζήτησεν ἀκοῦσαι τὸν
λόγον τοῦ Θεοῦ· ἀνθίστατο δὲ αὐτοῖς Ἐλύμας ὁ μάγος (οὕτως γὰρ 8
μεθερμηνεύεται τὸ ὄνομα αὐτοῦ) ζητῶν διαστρέψαι τὸν ἀνθύπατον ἀπὸ
τῆς πίστεως. Σαῦλος δέ, ὁ καὶ Παῦλος, πλησθεὶς Πνεύματος Ἁγίου 9
ἀτενίσας εἰς αὐτὸν εἶπεν· Ὦ πλήρης παντὸς δόλου καὶ πάσης ῥᾳδιουρ- 10
γίας, υἱὲ διαβόλου, ἐχθρὲ πάσης δικαιοσύνης, οὐ παύσῃ διαστρέφων
⌊τὰς ὁδοὺς τοῦ Κυρίου τὰς εὐθείας⌋;ᵇ καὶ νῦν ἰδοὺ χεὶρ Κυρίου ἐπὶ σέ, καὶ 11
ἔσῃ τυφλὸς μὴ βλέπων τὸν ἥλιον ἄχρι καιροῦ. παραχρῆμα δὲ ἔπεσεν
ἐπ᾿ αὐτὸν ἀχλὺς καὶ σκότος, καὶ περιάγων ἐζήτει χειραγωγούς. τότε 12
ἰδὼν ὁ ἀνθύπατος τὸ γεγονὸς ἐπίστευσεν, ἐκπλησσόμενος ἐπὶ τῇ διδαχῇ
τοῦ Κυρίου.
     Ἀναχθέντες δὲ ἀπὸ τῆς Πάφου οἱ περὶ Παῦλον ἦλθον εἰς Πέργην 13
τῆς Παμφυλίας· Ἰωάννης δὲ ἀποχωρήσας ἀπ᾿ αὐτῶν ὑπέστρεψεν εἰς

[a] ὑπέστρεψαν εἰς Ἰερουσαλήμ, πληρώσαντες τὴν διακονίαν or ὑπέστρεψαν, εἰς Ἰερου-
σαλήμ πληρώσαντες τὴν διακονίαν   [b] Hos. 14. 9

14 Ἱεροσόλυμα. αὐτοὶ δὲ διελθόντες ἀπὸ τῆς Πέργης παρεγένοντο εἰς
Ἀντιόχειαν τὴν Πισιδίαν. καὶ ἐλθόντες εἰς τὴν συναγωγὴν τῇ ἡμέρᾳ
15 τῶν σαββάτων ἐκάθισαν· μετὰ δὲ τὴν ἀνάγνωσιν τοῦ νόμου καὶ τῶν
προφητῶν ἀπέστειλαν οἱ ἀρχισυνάγωγοι πρὸς αὐτοὺς λέγοντες· Ἄνδρες
ἀδελφοί, εἴ τίς ἐστιν ἐν ὑμῖν λόγος παρακλήσεως πρὸς τὸν λαόν, λέγετε.
16 ἀναστὰς δὲ Παῦλος καὶ κατασείσας τῇ χειρὶ εἶπεν·
17 Ἄνδρες Ἰσραηλῖται καὶ οἱ φοβούμενοι τὸν Θεόν, ἀκούσατε. ὁ Θεὸς
τοῦ λαοῦ τούτου Ἰσραὴλ ἐξελέξατο τοὺς πατέρας ἡμῶν, καὶ τὸν λαὸν
ὕψωσεν ἐν τῇ παροικίᾳ ἐν γῇ Αἰγύπτου, καὶ ⌊μετὰ βραχίονος ὑψηλοῦ
18 ἐξήγαγεν αὐτοὺς ἐξ αὐτῆς⌋,ᵃ καὶ ὡς τεσσερακονταέτη χρόνον ᵇ ⌊ἐτροπο-
19 φόρησεν αὐτοὺς ἐν τῇ ἐρήμῳ⌋,ᶜ ⌊καὶ καθελὼν ἔθνη ἑπτὰ ἐν γῇ Χαναὰν
20 κατεκληρονόμησεν⌋ᵈ τὴν γῆν αὐτῶν ὡς ἔτεσιν τετρακοσίοις καὶ πεντή-
κοντα. καὶ μετὰ ταῦτα ἔδωκεν κριτὰς ἕως Σαμουὴλ προφήτου.
21 Κἀκεῖθεν ᾐτήσαντο βασιλέα, καὶ ἔδωκεν αὐτοῖς ὁ Θεὸς τὸν Σαοὺλ
22 υἱὸν Κίς, ἄνδρα ἐκ φυλῆς Βενιαμίν, ἔτη τεσσεράκοντα· καὶ μεταστήσας
αὐτὸν ἤγειρεν τὸν Δαυὶδ αὐτοῖς εἰς βασιλέα, ᾧ καὶ εἶπεν μαρτυρήσας·
⌊Εὗρον Δαυὶδ⌋ τὸν τοῦ Ἰεσσαί, ⌊ἄνδρα κατὰ τὴν καρδίαν μου⌋,ᵉ ὃς
23 ⌊ποιήσει πάντα τὰ θελήματά μου⌋.ᶠ τούτου ὁ Θεὸς ἀπὸ τοῦ σπέρματος
24 κατ' ἐπαγγελίαν ἤγαγεν τῷ Ἰσραὴλ σωτῆρα, Ἰησοῦν, προκηρύξαντος
Ἰωάννου πρὸ προσώπου τῆς εἰσόδου αὐτοῦ βάπτισμα μετανοίας παντὶ
25 τῷ λαῷ Ἰσραήλ. ὡς δὲ ἐπλήρου Ἰωάννης τὸν δρόμον, ἔλεγεν· Τί ἐμὲ
ὑπονοεῖτε εἶναι οὐκ εἰμὶ ἐγώ· ἀλλ' ἰδοὺ ἔρχεται μετ' ἐμὲ οὗ οὐκ εἰμὶ
ἄξιος τὸ ὑπόδημα τῶν ποδῶν λῦσαι.
26 Ἄνδρες ἀδελφοί, υἱοὶ γένους Ἀβραὰμ καὶ οἱ ἐν ὑμῖν φοβούμενοι τὸν
27 Θεόν, ἡμῖν ⌊ὁ λόγος⌋ τῆς σωτηρίας ταύτης ⌊ἐξαπεστάλη⌋.ᵍ οἱ γὰρ
κατοικοῦντες ἐν Ἱερουσαλὴμ καὶ οἱ ἄρχοντες αὐτῶν τοῦτον ἀγνοή-
σαντες καὶ τὰς φωνὰς τῶν προφητῶν τὰς κατὰ πᾶν σάββατον ἀναγινω-
28 σκομένας κρίναντες ἐπλήρωσαν, καὶ μηδεμίαν αἰτίαν θανάτου εὑρόντες
29 ᾐτήσαντο Πιλᾶτον ἀναιρεθῆναι αὐτόν· ὡς δὲ ἐτέλεσαν πάντα τὰ περὶ
30 αὐτοῦ γεγραμμένα, καθελόντες ἀπὸ τοῦ ξύλου ἔθηκαν εἰς μνημεῖον. ὁ δὲ
31 Θεὸς ἤγειρεν αὐτὸν ἐκ νεκρῶν· ὃς ὤφθη ἐπὶ ἡμέρας πλείους τοῖς συνανα-
βᾶσιν αὐτῷ ἀπὸ τῆς Γαλιλαίας εἰς Ἱερουσαλήμ, οἵτινες νῦν εἰσιν
μάρτυρες αὐτοῦ πρὸς τὸν λαόν.
32 Καὶ ἡμεῖς ὑμᾶς εὐαγγελιζόμεθα τὴν πρὸς τοὺς πατέρας ἐπαγγελίαν
33 γενομένην, ὅτι ταύτην ὁ Θεὸς ἐκπεπλήρωκεν τοῖς τέκνοιςʰ ἀναστήσας
Ἰησοῦν, ὡς καὶ ἐν ⁱ τῷ ψαλμῷ γέγραπται τῷ δευτέρῳ· ⌊Υἱός μου εἶ σύ,

---

[a] Ex. 6. 1, 6; 14. 8   [b] ἐτροφοφόρησεν   [c] Ex. 16. 35; Num. 14. 34;
Dt. 1. 31   [d] Dt. 7. 1; Jos. 14. 2   [e] 1 Sam. 13. 14   [f] Is. 44. 28   [g] Ps.
107. 20   [h] add ἡμῶν or αὐτῶν ἡμῖν   [i] τῷ πρώτῳ ψαλμῷ γέγραπται·

ἐγὼ σήμερον γεγέννηκά σε.⌋ᵃ ὅτι δὲ ἀνέστησεν αὐτὸν ἐκ νεκρῶν 34
μηκέτι μέλλοντα ὑποστρέφειν εἰς διαφθοράν, οὕτως εἴρηκεν ὅτι Δώσω
⌊ὑμῖν τὰ ὅσια Δαυὶδ τὰ πιστά⌋.ᵇ διότι καὶ ἐν ἑτέρῳ λέγει· ⌊Οὐ δώσεις τὸν 35
ὅσιόν σου ἰδεῖν διαφθοράν.⌋ᶜ ⌊Δαυὶδ⌋ μὲν γὰρ ἰδίᾳ γενεᾷ ὑπηρετήσας τῇ 36
τοῦ Θεοῦ βουλῇ ⌊ἐκοιμήθη⌋ καὶ προσετέθη ⌊πρὸς τοὺς πατέρας αὐτοῦ⌋ᵈ
καὶ εἶδεν διαφθοράν· ὃν δὲ ὁ Θεὸς ἤγειρεν, οὐκ εἶδεν διαφθοράν. γνωστὸν 37 38
οὖν ἔστω ὑμῖν, ἄνδρες ἀδελφοί, ὅτι διὰ τούτου ὑμῖν ἄφεσις ἁμαρτιῶν
καταγγέλλεται, καὶ ἀπὸ πάντων ὧν οὐκ ἠδυνήθητε ἐν νόμῳ Μωϋσέως
δικαιωθῆναι, ἐν τούτῳ πᾶς ὁ πιστεύων δικαιοῦται. βλέπετε οὖν μὴ 39 40
ἐπέλθῃ τὸ εἰρημένον ἐν τοῖς προφήταις· ⌊Ἴδετε, οἱ καταφρονηταί, καὶ 41
θαυμάσατε καὶ ἀφανίσθητε· ὅτι ἔργον ἐργάζομαι ἐγὼ ἐν ταῖς ἡμέραις
ὑμῶν⌋, ἔργον ⌊ὃ οὐ μὴ πιστεύσητε ἐάν τις ἐκδιηγῆται ὑμῖν.⌋ᵉ

Ἐξιόντων δὲ αὐτῶν παρεκάλουν εἰς τὸ μεταξὺ σάββατον λαληθῆναι 42
αὐτοῖς τὰ ῥήματα ταῦτα· λυθείσης δὲ τῆς συναγωγῆς ἠκολούθησαν 43
πολλοὶ τῶν Ἰουδαίων καὶ τῶν σεβομένων προσηλύτων τῷ Παύλῳ καὶ
τῷ Βαρναβᾷ, οἵτινες προσλαλοῦντες αὐτοῖς ἔπειθον αὐτοὺς προσμένειν
τῇ χάριτι τοῦ Θεοῦ.

Τῷ δὲ ἐρχομένῳ σαββάτῳ σχεδὸν πᾶσα ἡ πόλις συνήχθη ἀκοῦσαι 44
τὸν λόγον τοῦ Θεοῦ. ἰδόντες δὲ οἱ Ἰουδαῖοι τοὺς ὄχλους ἐπλήσθησαν 45
ζήλου, καὶ ἀντέλεγον τοῖς ὑπὸ Παύλου λαλουμένοις βλασφημοῦντες.
παρρησιασάμενοί τε ὁ Παῦλος καὶ ὁ Βαρναβᾶς εἶπαν· Ὑμῖν ἦν 46
ἀναγκαῖον πρῶτον λαληθῆναι τὸν λόγον τοῦ Θεοῦ· ἐπειδὴ ἀπωθεῖσθε
αὐτὸν καὶ οὐκ ἀξίους κρίνετε ἑαυτοὺς τῆς αἰωνίου ζωῆς, ἰδοὺ στρεφό-
μεθα εἰς τὰ ἔθνη. οὕτως γὰρ ἐντέταλται ἡμῖν ὁ Κύριος· ⌊Τέθεικά σε εἰς 47
φῶς ἐθνῶν τοῦ εἶναί σε εἰς σωτηρίαν ἕως ἐσχάτου τῆς γῆς.⌋ᶠ ἀκούοντα 48
δὲ τὰ ἔθνη ἔχαιρον καὶ ἐδόξαζον τὸν λόγον τοῦ Κυρίου, καὶ ἐπίστευσαν
ὅσοι ἦσαν τεταγμένοι εἰς ζωὴν αἰώνιον· διεφέρετο δὲ ὁ λόγος τοῦ 49
Κυρίου δι' ὅλης τῆς χώρας. οἱ δὲ Ἰουδαῖοι παρώτρυναν τὰς σεβομένας 50
γυναῖκας τὰς εὐσχήμονας καὶ τοὺς πρώτους τῆς πόλεως, καὶ ἐπήγειραν
διωγμὸν ἐπὶ τὸν Παῦλον καὶ Βαρναβᾶν, καὶ ἐξέβαλον αὐτοὺς ἀπὸ τῶν
ὁρίων αὐτῶν. οἱ δὲ ἐκτιναξάμενοι τὸν κονιορτὸν τῶν ποδῶν ἐπ' αὐτοὺς 51
ἦλθον εἰς Ἰκόνιον· οἵ τε μαθηταὶ ἐπληροῦντο χαρᾶς καὶ Πνεύματος
Ἁγίου.

Ἐγένετο δὲ ἐν Ἰκονίῳ κατὰ τὸ αὐτὸ εἰσελθεῖν αὐτοὺς εἰς τὴν συναγω- 14
γὴν τῶν Ἰουδαίων καὶ λαλῆσαι οὕτως ὥστε πιστεῦσαι Ἰουδαίων τε
καὶ Ἑλλήνων πολὺ πλῆθος. οἱ δὲ ἀπειθήσαντες Ἰουδαῖοι ἐπήγειραν 2
καὶ ἐκάκωσαν τὰς ψυχὰς τῶν ἐθνῶν κατὰ τῶν ἀδελφῶν. ἱκανὸν μὲν 3

[a] Ps. 2. 7   [b] Is. 55. 3   [c] Ps. 16. 10   [d] 1 Kgs. 2. 10   [e] Hab. 1. 5
[f] Is. 49. 6

οὖν χρόνον διέτριψαν παρρησιαζόμενοι ἐπὶ τῷ Κυρίῳ τῷ μαρτυροῦντι τῷ λόγῳ τῆς χάριτος αὐτοῦ, διδόντι σημεῖα καὶ τέρατα γίνεσθαι διὰ

4 τῶν χειρῶν αὐτῶν. ἐσχίσθη δὲ τὸ πλῆθος τῆς πόλεως, καὶ οἱ μὲν ἦσαν
5 σὺν τοῖς Ἰουδαίοις, οἱ δὲ σὺν τοῖς ἀποστόλοις. ὡς δὲ ἐγένετο ὁρμὴ τῶν ἐθνῶν τε καὶ Ἰουδαίων σὺν τοῖς ἄρχουσιν αὐτῶν ὑβρίσαι καὶ λιθο-
6 βολῆσαι αὐτούς, συνιδόντες κατέφυγον εἰς τὰς πόλεις τῆς Λυκαονίας
7 Λύστραν καὶ Δέρβην καὶ τὴν περίχωρον· κἀκεῖ εὐαγγελιζόμενοι ἦσαν.
8 Καί τις ἀνὴρ ἀδύνατος ἐν Λύστροις τοῖς ποσὶν ἐκάθητο, χωλὸς ἐκ
9 κοιλίας μητρὸς αὐτοῦ ὃς οὐδέποτε περιεπάτησεν. οὗτος ἤκουσεν τοῦ Παύλου λαλοῦντος· ὃς ἀτενίσας αὐτῷ καὶ ἰδὼν ὅτι ἔχει πίστιν τοῦ
10 σωθῆναι, εἶπεν μεγάλῃ φωνῇ· Ἀνάστηθι ἐπὶ τοὺς πόδας σου]ᵃ ὀρθός.
11 καὶ ἥλατο καὶ περιεπάτει. οἵ τε ὄχλοι ἰδόντες ὃ ἐποίησεν Παῦλος ἐπῆραν τὴν φωνὴν αὐτῶν Λυκαονιστὶ λέγοντες· Οἱ θεοὶ ὁμοιωθέντες
12 ἀνθρώποις κατέβησαν πρὸς ἡμᾶς, ἐκάλουν τε τὸν Βαρναβᾶν Δία, τὸν
13 δὲ Παῦλον Ἑρμῆν, ἐπειδὴ αὐτὸς ἦν ὁ ἡγούμενος τοῦ λόγου. ὅ τε ἱερεὺς τοῦ Διὸς τοῦ ὄντος πρὸ τῆς πόλεως, ταύρους καὶ στέμματα ἐπὶ τοὺς πυλῶνας ἐνέγκας, σὺν τοῖς ὄχλοις ἤθελεν θύειν.
14 Ἀκούσαντες δὲ οἱ ἀπόστολοι Βαρναβᾶς καὶ Παῦλος, διαρρήξαντες τὰ
15 ἱμάτια ἑαυτῶν ἐξεπήδησαν εἰς τὸν ὄχλον, κράζοντες καὶ λέγοντες· Ἄνδρες, τί ταῦτα ποιεῖτε; καὶ ἡμεῖς ὁμοιοπαθεῖς ἐσμεν ὑμῖν ἄνθρωποι, εὐαγγελιζόμενοι ὑμᾶς ἀπὸ τούτων τῶν ματαίων ἐπιστρέφειν ἐπὶ Θεὸν ζῶντα, ⌊ὃς ἐποίησεν τὸν οὐρανὸν καὶ τὴν γῆν καὶ τὴν θάλασσαν καὶ
16 πάντα τὰ ἐν αὐτοῖς⌋·ᵇ ὃς ἐν ταῖς παρῳχημέναις γενεαῖς εἴασεν πάντα τὰ
17 ἔθνη πορεύεσθαι ταῖς ὁδοῖς αὐτῶν· καίτοι οὐκ ἀμάρτυρον αὐτὸν ἀφῆκεν ἀγαθουργῶν, οὐρανόθεν ὑμῖν ὑετοὺς διδοὺς καὶ καιροὺς καρποφόρους, ἐμπιπλῶν τροφῆς καὶ εὐφροσύνης τὰς καρδίας ὑμῶν.
18 Καὶ ταῦτα λέγοντες μόλις κατέπαυσαν τοὺς ὄχλους τοῦ μὴ θύειν αὐτοῖς.
19 Ἐπῆλθαν δὲ ἀπὸ Ἀντιοχείας καὶ Ἰκονίου Ἰουδαῖοι, καὶ πείσαντες τοὺς ὄχλους καὶ λιθάσαντες τὸν Παῦλον ἔσυρον ἔξω τῆς πόλεως,
20 νομίζοντες αὐτὸν τεθνηκέναι. κυκλωσάντων δὲ τῶν μαθητῶν αὐτὸν ἀναστὰς εἰσῆλθεν εἰς τὴν πόλιν. καὶ τῇ ἐπαύριον ἐξῆλθεν σὺν τῷ Βαρναβᾷ εἰς Δέρβην.
21 Εὐαγγελισάμενοί τε τὴν πόλιν ἐκείνην καὶ μαθητεύσαντες ἱκανοὺς
22 ὑπέστρεψαν εἰς τὴν Λύστραν καὶ εἰς Ἰκόνιον καὶ εἰς Ἀντιόχειαν, ἐπιστηρίζοντες τὰς ψυχὰς τῶν μαθητῶν, παρακαλοῦντες ἐμμένειν τῇ πίστει, καὶ ὅτι διὰ πολλῶν θλίψεων δεῖ ἡμᾶς εἰσελθεῖν εἰς τὴν βασιλείαν
23 τοῦ Θεοῦ. χειροτονήσαντες δὲ αὐτοῖς κατ' ἐκκλησίαν πρεσβυτέρους,

[a] Ezk. 2. 1   [b] Ex. 20. 11

προσευξάμενοι μετὰ νηστειῶν παρέθεντο αὐτοὺς τῷ Κυρίῳ εἰς ὃν πεπιστεύκεισαν.

Καὶ διελθόντες τὴν Πισιδίαν ἦλθον εἰς τὴν Παμφυλίαν, καὶ λαλήσαντες 24 25 εἰς τὴν Πέργην τὸν λόγον κατέβησαν εἰς Ἀττάλειαν, κἀκεῖθεν ἀπέπλευσαν 26 εἰς Ἀντιόχειαν, ὅθεν ἦσαν παραδεδομένοι τῇ χάριτι τοῦ Θεοῦ εἰς τὸ ἔργον ὃ ἐπλήρωσαν. παραγενόμενοι δὲ καὶ συναγαγόντες τὴν ἐκ- 27 κλησίαν, ἀνήγγελλον ὅσα ἐποίησεν ὁ Θεὸς μετ' αὐτῶν, καὶ ὅτι ἤνοιξεν τοῖς ἔθνεσιν θύραν πίστεως. διέτριβον δὲ χρόνον οὐκ ὀλίγον σὺν τοῖς 28 μαθηταῖς.

❡ Καί τινες κατελθόντες ἀπὸ τῆς Ἰουδαίας ἐδίδασκον τοὺς ἀδελφοὺς ὅτι 15 Ἐὰν μὴ περιτμηθῆτε τῷ ἔθει τῷ Μωϋσέως, οὐ δύνασθε σωθῆναι. γενο- 2 μένης δὲ στάσεως καὶ ζητήσεως οὐκ ὀλίγης τῷ Παύλῳ καὶ τῷ Βαρναβᾷ πρὸς αὐτούς, ἔταξαν ἀναβαίνειν Παῦλον καὶ Βαρναβᾶν καί τινας ἄλλους ἐξ αὐτῶν πρὸς τοὺς ἀποστόλους καὶ πρεσβυτέρους εἰς Ἰερουσαλὴμ περὶ τοῦ ζητήματος τούτου.

Οἱ μὲν οὖν προπεμφθέντες ὑπὸ τῆς ἐκκλησίας διήρχοντο τήν τε 3 Φοινίκην καὶ Σαμάρειαν ἐκδιηγούμενοι τὴν ἐπιστροφὴν τῶν ἐθνῶν, καὶ ἐποίουν χαρὰν μεγάλην πᾶσιν τοῖς ἀδελφοῖς.

Παραγενόμενοι δὲ εἰς Ἰεροσόλυμα παρεδέχθησαν ὑπὸ τῆς ἐκκλησίας 4 καὶ τῶν ἀποστόλων καὶ τῶν πρεσβυτέρων, ἀνήγγειλάν τε ὅσα ὁ Θεὸς ἐποίησεν μετ' αὐτῶν. ἐξανέστησαν δέ τινες τῶν ἀπὸ τῆς αἱρέσεως 5 τῶν Φαρισαίων πεπιστευκότες, λέγοντες ὅτι δεῖ περιτέμνειν αὐτοὺς παραγγέλλειν τε τηρεῖν τὸν νόμον Μωϋσέως.

Συνήχθησάν τε οἱ ἀπόστολοι καὶ οἱ πρεσβύτεροι ἰδεῖν περὶ τοῦ λόγου 6 τούτου. πολλῆς δὲ ζητήσεως γενομένης ἀναστὰς Πέτρος εἶπεν πρὸς 7 αὐτούς· Ἄνδρες ἀδελφοί, ὑμεῖς ἐπίστασθε ὅτι ἀφ' ἡμερῶν ἀρχαίων ἐν ὑμῖν ἐξελέξατο ὁ Θεὸς διὰ τοῦ στόματός μου ἀκοῦσαι τὰ ἔθνη τὸν λόγον τοῦ εὐαγγελίου καὶ πιστεῦσαι. καὶ ὁ καρδιογνώστης Θεὸς ἐμαρτύρησεν 8 αὐτοῖς δοὺς τὸ Πνεῦμα τὸ Ἅγιον καθὼς καὶ ἡμῖν, καὶ οὐθὲν διέκρινεν 9 μεταξὺ ἡμῶν τε καὶ αὐτῶν, τῇ πίστει καθαρίσας τὰς καρδίας αὐτῶν. νῦν οὖν τί πειράζετε τὸν Θεόν, ἐπιθεῖναι ζυγὸν ἐπὶ τὸν τράχηλον τῶν 10 μαθητῶν, ὃν οὔτε οἱ πατέρες ἡμῶν οὔτε ἡμεῖς ἰσχύσαμεν βαστάσαι; ἀλλὰ διὰ τῆς χάριτος τοῦ Κυρίου Ἰησοῦ πιστεύομεν σωθῆναι καθ' ὃν 11 τρόπον κἀκεῖνοι.

Ἐσίγησεν δὲ πᾶν τὸ πλῆθος, καὶ ἤκουον Βαρναβᾶ καὶ Παύλου 12 ἐξηγουμένων ὅσα ἐποίησεν ὁ Θεὸς σημεῖα καὶ τέρατα ἐν τοῖς ἔθνεσιν δι' αὐτῶν.

Μετὰ δὲ τὸ σιγῆσαι αὐτοὺς ἀπεκρίθη Ἰάκωβος λέγων· Ἄνδρες 13

14 ἀδελφοί, ἀκούσατέ μου. Συμεὼν ἐξηγήσατο καθὼς πρῶτον ὁ Θεὸς
15 ἐπεσκέψατο λαβεῖν ἐξ ἐθνῶν λαὸν τῷ ὀνόματι αὐτοῦ. καὶ τούτῳ συμ-
φωνοῦσιν οἱ λόγοι τῶν προφητῶν, καθὼς γέγραπται

16 ⌊Μετὰ ταῦτα ἀναστρέψω καὶ ἀνοικοδομήσω τὴν σκηνὴν Δαυὶδ τὴν
πεπτωκυῖαν·
καὶ τὰ κατεστραμμένα αὐτῆς ἀνοικοδομήσω καὶ ἀνορθώσω αὐτήν,
17 ὅπως ἂν ἐκζητήσωσιν οἱ κατάλοιποι τῶν ἀνθρώπων τὸν Κύριον,
καὶ πάντα τὰ ἔθνη ἐφ᾽ οὓς ἐπικέκληται τὸ ὄνομά μου ἐπ᾽ αὐτούς,
λέγει Κύριος ποιῶν ταῦτα
18 γνωστὰ ἀπ᾽ αἰῶνος.⌋ᵃ

19 Διὸ ἐγὼ κρίνω μὴ παρενοχλεῖν τοῖς ἀπὸ τῶν ἐθνῶν ἐπιστρέφουσιν
20 ἐπὶ τὸν Θεόν, ἀλλὰ ἐπιστεῖλαι αὐτοῖς τοῦ ἀπέχεσθαι τῶν ἀλισγημάτων
21 τῶν εἰδώλων ᵇ καὶ τῆς πορνείας καὶ πνικτοῦ καὶ τοῦ αἵματος. Μωϋσῆς
γὰρ ἐκ γενεῶν ἀρχαίων κατὰ πόλιν τοὺς κηρύσσοντας αὐτὸν ἔχει ἐν
ταῖς συναγωγαῖς κατὰ πᾶν σάββατον ἀναγινωσκόμενος.

22 Τότε ἔδοξε τοῖς ἀποστόλοις καὶ τοῖς πρεσβυτέροις σὺν ὅλῃ τῇ ἐκ-
κλησίᾳ ἐκλεξαμένους ἄνδρας ἐξ αὐτῶν πέμψαι εἰς Ἀντιόχειαν σὺν τῷ
Παύλῳ καὶ Βαρναβᾷ, Ἰούδαν τὸν καλούμενον Βαρσαββᾶν καὶ Σιλᾶν,
23 ἄνδρας ἡγουμένους ἐν τοῖς ἀδελφοῖς, γράψαντες διὰ χειρὸς αὐτῶν·
Οἱ ἀπόστολοι καὶ οἱ πρεσβύτεροι ἀδελφοὶ τοῖς κατὰ τὴν Ἀντιόχειαν
24 καὶ Συρίαν καὶ Κιλικίαν ἀδελφοῖς τοῖς ἐξ ἐθνῶν χαίρειν. ἐπειδὴ ἠκούσα-
μεν ὅτι τινὲς ἐξ ἡμῶνᶜ ἐτάραξαν ὑμᾶς λόγοις ἀνασκευάζοντες τὰς ψυχὰς
25 ὑμῶν, οἷς οὐ διεστειλάμεθα, ἔδοξεν ἡμῖν γενομένοις ὁμοθυμαδόν, ἐκλεξα-
μένους ἄνδρας πέμψαι πρὸς ὑμᾶς σὺν τοῖς ἀγαπητοῖς ἡμῶν Βαρναβᾷ
26 καὶ Παύλῳ, ἀνθρώποις παραδεδωκόσι τὰς ψυχὰς αὐτῶν ὑπὲρ τοῦ
27 Κυρίου ἡμῶν Ἰησοῦ Χριστοῦ. ἀπεστάλκαμεν οὖν Ἰούδαν καὶ Σιλᾶν,
28 καὶ αὐτοὺς διὰ λόγου ἀπαγγέλλοντας τὰ αὐτά. ἔδοξεν γὰρ τῷ Πνεύ-
ματι τῷ Ἁγίῳ καὶ ἡμῖν μηδὲν πλέον ἐπιτίθεσθαι ὑμῖν βάρος πλὴν τού-
29 των τῶν ἐπάναγκες, ἀπέχεσθαι εἰδωλοθύτων καὶ αἵματος ᵈ καὶ πνικτῶν
καὶ πορνείας· ἐξ ὧν διατηροῦντες ἑαυτοὺς εὖ πράξετε. ἔρρωσθε.

30 Οἱ μὲν οὖν ἀπολυθέντες κατῆλθον εἰς Ἀντιόχειαν, καὶ συναγαγόντες
31 τὸ πλῆθος ἐπέδωκαν τὴν ἐπιστολήν. ἀναγνόντες δὲ ἐχάρησαν ἐπὶ τῇ
32 παρακλήσει. Ἰούδας τε καὶ Σιλᾶς, καὶ αὐτοὶ προφῆται ὄντες, διὰ λόγου
33 πολλοῦ παρεκάλεσαν τοὺς ἀδελφοὺς καὶ ἐπεστήριξαν· ποιήσαντες
δὲ χρόνον ἀπελύθησαν μετ᾽ εἰρήνης ἀπὸ τῶν ἀδελφῶν πρὸς τοὺς

[a] Am. 9. 11; Jer. 12. 15; Is. 45. 21   [b] om. καὶ τῆς πορνείας or om. καὶ πνι-
κτοῦ or add (after αἵματος) καὶ ὅσα ἂν μὴ θέλωσιν ἑαυτοῖς γίνεσθαι ἑτέροις μὴ ποιεῖν
[c] add ἐξελθόντες   [d] om. καὶ πνικτῶν or om. καὶ πορνείας or add (after πορ-
νείας) καὶ ὅσα μὴ θέλετε ἑαυτοῖς γίνεσθαι ἑτέρῳ μὴ ποιεῖν

ἀποστείλαντας αὐτούς.[a] Παῦλος δὲ καὶ Βαρναβᾶς διέτριβον ἐν Ἀντιο- 35
χείᾳ, διδάσκοντες καὶ εὐαγγελιζόμενοι μετὰ καὶ ἑτέρων πολλῶν τὸν
λόγον τοῦ Κυρίου.

Μετὰ δέ τινας ἡμέρας εἶπεν πρὸς Βαρναβᾶν Παῦλος· Ἐπιστρέψαντες 36
δὴ ἐπισκεψώμεθα τοὺς ἀδελφοὺς κατὰ πόλιν πᾶσαν ἐν αἷς
κατηγγείλαμεν τὸν λόγον τοῦ Κυρίου, πῶς ἔχουσιν. Βαρναβᾶς δὲ 37
ἐβούλετο συμπαραλαβεῖν καὶ τὸν Ἰωάννην τὸν καλούμενον Μᾶρκον·
Παῦλος δὲ ἠξίου, τὸν ἀποστάντα ἀπ᾽ αὐτῶν ἀπὸ Παμφυλίας καὶ μὴ 38
συνελθόντα αὐτοῖς εἰς τὸ ἔργον, μὴ συμπαραλαμβάνειν τοῦτον. ἐγένετο 39
δὲ παροξυσμός, ὥστε ἀποχωρισθῆναι αὐτοὺς ἀπ᾽ ἀλλήλων, τόν τε
Βαρναβᾶν παραλαβόντα τὸν Μᾶρκον ἐκπλεῦσαι εἰς Κύπρον. Παῦλος 40
δὲ ἐπιλεξάμενος Σιλᾶν ἐξῆλθεν, παραδοθεὶς τῇ χάριτι τοῦ Κυρίου ὑπὸ
τῶν ἀδελφῶν, διήρχετο δὲ τὴν Συρίαν καὶ Κιλικίαν ἐπιστηρίζων τὰς
ἐκκλησίας.

Κατήντησεν δὲ καὶ εἰς Δέρβην καὶ εἰς Λύστραν. καὶ ἰδοὺ μαθητής τις 16
ἦν ἐκεῖ ὀνόματι Τιμόθεος, υἱὸς γυναικὸς Ἰουδαίας πιστῆς πατρὸς δὲ
Ἕλληνος, ὃς ἐμαρτυρεῖτο ὑπὸ τῶν ἐν Λύστροις καὶ Ἰκονίῳ ἀδελφῶν. 2
τοῦτον ἠθέλησεν ὁ Παῦλος σὺν αὐτῷ ἐξελθεῖν, καὶ λαβὼν περιέτεμεν 3
αὐτὸν διὰ τοὺς Ἰουδαίους τοὺς ὄντας ἐν τοῖς τόποις ἐκείνοις· ᾔδεισαν
γὰρ ἅπαντες ὅτι Ἕλλην ὁ πατὴρ αὐτοῦ ὑπῆρχεν. ὡς δὲ διεπορεύοντο 4
τὰς πόλεις, παρεδίδοσαν αὐτοῖς φυλάσσειν τὰ δόγματα τὰ κεκριμένα
ὑπὸ τῶν ἀποστόλων καὶ πρεσβυτέρων τῶν ἐν Ἱεροσολυμοῖς. αἱ μὲν 5
οὖν ἐκκλησίαι ἐστερεοῦντο τῇ πίστει καὶ ἐπερίσσευον τῷ ἀριθμῷ
καθ᾽ ἡμέραν.

Διῆλθον δὲ τὴν Φρυγίαν καὶ Γαλατικὴν χώραν, κωλυθέντες ὑπὸ τοῦ 6
Ἁγίου Πνεύματος λαλῆσαι τὸν λόγον ἐν τῇ Ἀσίᾳ· ἐλθόντες δὲ κατὰ τὴν 7
Μυσίαν ἐπείραζον εἰς τὴν Βιθυνίαν πορευθῆναι, καὶ οὐκ εἴασεν αὐτοὺς
τὸ Πνεῦμα Ἰησοῦ· παρελθόντες δὲ τὴν Μυσίαν κατέβησαν εἰς Τρῳάδα. 8
καὶ ὅραμα διὰ νυκτὸς τῷ Παύλῳ ὤφθη, ἀνὴρ Μακεδών τις ἦν ἑστὼς καὶ 9
παρακαλῶν αὐτὸν καὶ λέγων· Διαβὰς εἰς Μακεδονίαν βοήθησον ἡμῖν.
ὡς δὲ τὸ ὅραμα εἶδεν, εὐθέως ἐζητήσαμεν ἐξελθεῖν εἰς Μακεδονίαν, συμ- 10
βιβάζοντες ὅτι προσκέκληται ἡμᾶς ὁ Θεὸς εὐαγγελίσασθαι αὐτούς.

Ἀναχθέντες δὲ ἀπὸ Τρῳάδος εὐθυδρομήσαμεν εἰς Σαμοθρᾴκην, τῇ δὲ 11
ἐπιούσῃ εἰς Νέαν πόλιν, κἀκεῖθεν εἰς Φιλίππους, ἥτις ἐστὶν πρώτη τῆς 12
μερίδος Μακεδονίας πόλις, κολωνία. ἦμεν δὲ ἐν ταύτῃ τῇ πόλει διατρί-
βοντες ἡμέρας τινάς. τῇ τε ἡμέρᾳ τῶν σαββάτων ἐξήλθομεν ἔξω τῆς 13
πύλης παρὰ ποταμὸν οὗ [b] ἐνομίζομεν προσευχὴν εἶναι, καὶ καθίσαντες

[a] add (34) ἔδοξεν δὲ τῷ Σιλᾷ ἐπιμεῖναι αὐτοῦ.   [b] ἐνομίζετο προσευχὴ

¹⁴ ἐλαλοῦμεν ταῖς συνελθούσαις γυναιξίν. καί τις γυνὴ ὀνόματι Λυδία, πορφυρόπωλις πόλεως Θυατίρων, σεβομένη τὸν Θεόν, ἤκουεν, ἧς ὁ Κύριος διήνοιξεν τὴν καρδίαν προσέχειν τοῖς λαλουμένοις ὑπὸ Παύλου. ¹⁵ ὡς δὲ ἐβαπτίσθη καὶ ὁ οἶκος αὐτῆς, παρεκάλεσεν λέγουσα· Εἰ κεκρίκατέ με πιστὴν τῷ Κυρίῳ εἶναι, εἰσελθόντες εἰς τὸν οἶκόν μου μένετε· καὶ παρεβιάσατο ἡμᾶς.

¹⁶ Ἐγένετο δὲ πορευομένων ἡμῶν εἰς τὴν προσευχήν, παιδίσκην τινὰ ἔχουσαν πνεῦμα πύθωνα ὑπαντῆσαι ἡμῖν, ἥτις ἐργασίαν πολλὴν ¹⁷ παρεῖχεν τοῖς κυρίοις αὐτῆς μαντευομένη. αὕτη κατακολουθοῦσα τῷ Παύλῳ καὶ ἡμῖν ἔκραζεν λέγουσα· Οὗτοι οἱ ἄνθρωποι δοῦλοι τοῦ Θεοῦ ¹⁸ τοῦ Ὑψίστου εἰσίν, οἵτινες καταγγέλλουσιν ὑμῖν ὁδὸν σωτηρίας. τοῦτο δὲ ἐποίει ἐπὶ πολλὰς ἡμέρας. διαπονηθεὶς δὲ Παῦλος καὶ ἐπιστρέψας τῷ πνεύματι εἶπεν· Παραγγέλλω σοι ἐν ὀνόματι Ἰησοῦ Χριστοῦ ἐξελθεῖν ἀπ᾽ αὐτῆς· καὶ ἐξῆλθεν αὐτῇ τῇ ὥρᾳ.

¹⁹ Ἰδόντες δὲ οἱ κύριοι αὐτῆς ὅτι ἐξῆλθεν ἡ ἐλπὶς τῆς ἐργασίας αὐτῶν, ἐπιλαβόμενοι τὸν Παῦλον καὶ τὸν Σιλᾶν εἵλκυσαν εἰς τὴν ἀγορὰν ἐπὶ ²⁰ τοὺς ἄρχοντας, καὶ προσαγόντες αὐτοὺς τοῖς στρατηγοῖς εἶπαν· Οὗτοι οἱ ἄνθρωποι ἐκταράσσουσιν ἡμῶν τὴν πόλιν, Ἰουδαῖοι ὑπάρ- ²¹ χοντες, καὶ καταγγέλλουσιν ἔθη ἃ οὐκ ἔξεστιν ἡμῖν παραδέχεσθαι οὐδὲ ²² ποιεῖν Ῥωμαίοις οὖσιν. καὶ συνεπέστη ὁ ὄχλος κατ᾽ αὐτῶν, καὶ οἱ ²³ στρατηγοὶ περιρήξαντες αὐτῶν τὰ ἱμάτια ἐκέλευον ῥαβδίζειν, πολλὰς δὲ ἐπιθέντες αὐτοῖς πληγὰς ἔβαλον εἰς φυλακήν, παραγγείλαντες τῷ ²⁴ δεσμοφύλακι ἀσφαλῶς τηρεῖν αὐτούς· ὃς παραγγελίαν τοιαύτην λαβὼν ἔβαλεν αὐτοὺς εἰς τὴν ἐσωτέραν φυλακὴν καὶ τοὺς πόδας ἠσφαλίσατο αὐτῶν εἰς τὸ ξύλον.

²⁵ Κατὰ δὲ τὸ μεσονύκτιον Παῦλος καὶ Σιλᾶς προσευχόμενοι ὕμνουν τὸν ²⁶ Θεόν, ἐπηκροῶντο δὲ αὐτῶν οἱ δέσμιοι· ἄφνω δὲ σεισμὸς ἐγένετο μέγας, ὥστε σαλευθῆναι τὰ θεμέλια τοῦ δεσμωτηρίου· ἠνεῴχθησαν δὲ παρα- ²⁷ χρῆμα αἱ θύραι πᾶσαι, καὶ πάντων τὰ δεσμὰ ἀνέθη. ἔξυπνος δὲ γενό- μενος ὁ δεσμοφύλαξ καὶ ἰδὼν ἀνεῳγμένας τὰς θύρας τῆς φυλακῆς, σπασάμενος τὴν μάχαιραν ἤμελλεν ἑαυτὸν ἀναιρεῖν, νομίζων ἐκπεφευ- ²⁸ γέναι τοὺς δεσμίους. ἐφώνησεν δὲ Παῦλος μεγάλῃ φωνῇ λέγων· Μηδὲν ²⁹ πράξῃς σεαυτῷ κακόν, ἅπαντες γάρ ἐσμεν ἐνθάδε. αἰτήσας δὲ φῶτα εἰσεπήδησεν, καὶ ἔντρομος γενόμενος προσέπεσεν τῷ Παύλῳ καὶ Σιλᾷ, ³⁰ ³¹ καὶ προαγαγὼν αὐτοὺς ἔξω ἔφη· Κύριοι, τί με δεῖ ποιεῖν ἵνα σωθῶ; οἱ δὲ εἶπαν· Πίστευσον ἐπὶ τὸν Κύριον Ἰησοῦν, καὶ σωθήσῃ σὺ καὶ ὁ ³² οἶκός σου. καὶ ἐλάλησαν αὐτῷ τὸν λόγον τοῦ ᵃ Κυρίου σὺν πᾶσιν τοῖς ³³ ἐν τῇ οἰκίᾳ αὐτοῦ. καὶ παραλαβὼν αὐτοὺς ἐν ἐκείνῃ τῇ ὥρᾳ τῆς νυκτὸς

[a] Θεοῦ

ἔλουσεν ἀπὸ τῶν πληγῶν, καὶ ἐβαπτίσθη αὐτὸς καὶ οἱ αὐτοῦ ἅπαντες παραχρῆμα, ἀναγαγών τε αὐτοὺς εἰς τὸν οἶκον παρέθηκεν τράπεζαν, 34 καὶ ἠγαλλιάσατο πανοικεὶ πεπιστευκὼς τῷ Θεῷ.

Ἡμέρας δὲ γενομένης ἀπέστειλαν οἱ στρατηγοὶ τοὺς ῥαβδούχους 35 λέγοντες· Ἀπόλυσον τοὺς ἀνθρώπους ἐκείνους. ἀπήγγειλεν δὲ ὁ δεσμο- 36 φύλαξ τοὺς λόγους τούτους πρὸς τὸν Παῦλον, ὅτι Ἀπέσταλκαν οἱ στρατηγοὶ ἵνα ἀπολυθῆτε. νῦν οὖν ἐξελθόντες ⌐πορεύεσθε ^a ἐν εἰρήνῃ⌐.^b ὁ δὲ Παῦλος ἔφη πρὸς αὐτούς· Δείραντες ἡμᾶς δημοσίᾳ ἀκατακρίτους, 37 ἀνθρώπους Ῥωμαίους ὑπάρχοντας, ἔβαλαν εἰς φυλακήν· καὶ νῦν λάθρᾳ ἡμᾶς ἐκβάλλουσιν; οὐ γάρ, ἀλλὰ ἐλθόντες αὐτοὶ ἡμᾶς ἐξαγαγέτωσαν. ἀπήγγειλαν δὲ τοῖς στρατηγοῖς οἱ ῥαβδοῦχοι τὰ ῥήματα ταῦτα. 38 ἐφοβήθησαν δὲ ἀκούσαντες ὅτι Ῥωμαῖοί εἰσιν, καὶ ἐλθόντες παρεκάλεσαν 39 αὐτούς, καὶ ἐξαγαγόντες ἠρώτων ἀπελθεῖν ἀπὸ τῆς πόλεως. ἐξελ- 40 θόντες δὲ ἀπὸ τῆς φυλακῆς εἰσῆλθον πρὸς τὴν Λυδίαν, καὶ ἰδόντες παρεκάλεσαν τοὺς ἀδελφοὺς καὶ ἐξῆλθαν.

℄ Διοδεύσαντες δὲ τὴν Ἀμφίπολιν καὶ τὴν Ἀπολλωνίαν ἦλθον εἰς 17 Θεσσαλονίκην, ὅπου ἦν συναγωγὴ τῶν Ἰουδαίων. κατὰ δὲ τὸ εἰωθὸς 2 τῷ Παύλῳ εἰσῆλθεν πρὸς αὐτούς, καὶ ἐπὶ σάββατα τρία διελέξατο αὐτοῖς ἀπὸ τῶν γραφῶν, διανοίγων καὶ παρατιθέμενος ὅτι τὸν Χριστὸν 3 ἔδει παθεῖν καὶ ἀναστῆναι ἐκ νεκρῶν, καὶ ὅτι οὗτός ἐστιν ὁ Χριστὸς ὁ Ἰησοῦς, ὃν ἐγὼ καταγγέλλω ὑμῖν. καί τινες ἐξ αὐτῶν ἐπείσθησαν καὶ 4 προσεκληρώθησαν τῷ Παύλῳ καὶ τῷ Σιλᾷ, τῶν τε σεβομένων Ἑλλήνων πλῆθος πολύ, ^c γυναικῶν τε τῶν πρώτων οὐκ ὀλίγαι.

Ζηλώσαντες δὲ οἱ Ἰουδαῖοι καὶ προσλαβόμενοι τῶν ἀγοραίων ἄνδρας 5 τινὰς πονηροὺς καὶ ὀχλοποιήσαντες ἐθορύβουν τὴν πόλιν, καὶ ἐπι- στάντες τῇ οἰκίᾳ Ἰάσονος ἐζήτουν αὐτοὺς προαγαγεῖν εἰς τὸν δῆμον· μὴ εὑρόντες δὲ αὐτοὺς ἔσυρον Ἰάσονα καί τινας ἀδελφοὺς ἐπὶ τοὺς 6 πολιτάρχας, βοῶντες ὅτι Οἱ τὴν οἰκουμένην ἀναστατώσαντες οὗτοι καὶ ἐνθάδε πάρεισιν, οὓς ὑποδέδεκται Ἰάσων· καὶ οὗτοι πάντες ἀπέναντι 7 τῶν δογμάτων Καίσαρος πράσσουσι, βασιλέα ἕτερον λέγοντες εἶναι Ἰησοῦν. ἐτάραξαν δὲ τὸν ὄχλον καὶ τοὺς πολιτάρχας ἀκούοντας ταῦτα, 8 καὶ λαβόντες τὸ ἱκανὸν παρὰ τοῦ Ἰάσονος καὶ τῶν λοιπῶν ἀπέλυσαν 9 αὐτούς.

Οἱ δὲ ἀδελφοὶ εὐθέως διὰ νυκτὸς ἐξέπεμψαν τόν τε Παῦλον καὶ τὸν 10 Σιλᾶν εἰς Βέροιαν, οἵτινες παραγενόμενοι εἰς τὴν συναγωγὴν τῶν Ἰουδαίων ἀπῄεσαν· οὗτοι δὲ ἦσαν εὐγενέστεροι τῶν ἐν Θεσσαλονίκῃ, 11 οἵτινες ἐδέξαντο τὸν λόγον μετὰ πάσης προθυμίας, τὸ καθ' ἡμέραν

[a] om. ἐν εἰρήνῃ   [b] Jdg. 18. 6   [c] καὶ γυναῖκες τῶν πρώτων

12 ἀνακρίνοντες τὰς γραφὰς εἰ ἔχοι ταῦτα οὕτως. πολλοὶ μὲν οὖν ἐξ αὐτῶν
ἐπίστευσαν, καὶ τῶν Ἑλληνίδων γυναικῶν τῶν εὐσχημόνων καὶ ἀνδρῶν
13 οὐκ ὀλίγοι. ὡς δὲ ἔγνωσαν οἱ ἀπὸ τῆς Θεσσαλονίκης Ἰουδαῖοι ὅτι καὶ
ἐν τῇ Βεροίᾳ κατηγγέλη ὑπὸ τοῦ Παύλου ὁ λόγος τοῦ Θεοῦ, ἦλθον
14 κἀκεῖ σαλεύοντες καὶ ταράσσοντες τοὺς ὄχλους. εὐθέως δὲ τότε τὸν
Παῦλον ἐξαπέστειλαν οἱ ἀδελφοὶ πορεύεσθαι ἕως ἐπὶ τὴν θάλασσαν·
15 ὑπέμεινάν τε ὅ τε Σιλᾶς καὶ ὁ Τιμόθεος ἐκεῖ. οἱ δὲ καθιστάνοντες τὸν
Παῦλον ἤγαγον ἕως Ἀθηνῶν, καὶ λαβόντες ἐντολὴν πρὸς τὸν Σιλᾶν καὶ
τὸν Τιμόθεον ἵνα ὡς τάχιστα ἔλθωσιν πρὸς αὐτὸν ἐξῄεσαν.
16 Ἐν δὲ ταῖς Ἀθήναις ἐκδεχομένου αὐτοὺς τοῦ Παύλου, παρωξύνετο τὸ
πνεῦμα αὐτοῦ ἐν αὐτῷ θεωροῦντος κατείδωλον οὖσαν τὴν πόλιν.
17 διελέγετο μὲν οὖν ἐν τῇ συναγωγῇ τοῖς Ἰουδαίοις καὶ τοῖς σεβομένοις
καὶ ἐν τῇ ἀγορᾷ κατὰ πᾶσαν ἡμέραν πρὸς τοὺς παρατυγχάνοντας.
18 τινὲς δὲ καὶ τῶν Ἐπικουρείων καὶ Στωϊκῶν φιλοσόφων συνέβαλλον
αὐτῷ, καί τινες ἔλεγον· Τί ἂν θέλοι ὁ σπερμολόγος οὗτος λέγειν; οἱ δέ·
Ξένων δαιμονίων δοκεῖ καταγγελεὺς εἶναι—ὅτι τὸν Ἰησοῦν καὶ τὴν
19 Ἀνάστασιν εὐηγγελίζετο. ἐπιλαβόμενοι δὲ αὐτοῦ ἐπὶ τὸν Ἄρειον πάγον
ἤγαγον, λέγοντες· Δυνάμεθα γνῶναι τίς ἡ καινὴ αὕτη ἡ ὑπὸ σοῦ
20 λαλουμένη διδαχή; ξενίζοντα γάρ τινα εἰσφέρεις εἰς τὰς ἀκοὰς ἡμῶν·
21 βουλόμεθα οὖν γνῶναι τίνα θέλει ταῦτα εἶναι. (Ἀθηναῖοι δὲ πάντες καὶ
οἱ ἐπιδημοῦντες ξένοι εἰς οὐδὲν ἕτερον ηὐκαίρουν ἢ λέγειν τι ἢ ἀκούειν τι
καινότερον.)
22 Σταθεὶς δὲ Παῦλος ἐν μέσῳ τοῦ Ἀρείου πάγου ἔφη· Ἄνδρες Ἀθηναῖοι,
23 κατὰ πάντα ὡς δεισιδαιμονεστέρους ὑμᾶς θεωρῶ. διερχόμενος γὰρ καὶ
ἀναθεωρῶν τὰ σεβάσματα ὑμῶν εὗρον καὶ βωμὸν ἐν ᾧ ἐπεγέγραπτο·
Ἀγνώστῳ Θεῷ. ὃ οὖν ἀγνοοῦντες εὐσεβεῖτε, τοῦτο ἐγὼ καταγ-
γέλλω ὑμῖν.
24 ⌊Ὁ Θεὸς ὁ ποιήσας⌋ τὸν κόσμον ⌊καὶ⌋ πάντα ⌊τὰ ἐν αὐτῷ⌋, οὗτος
⌊οὐρανοῦ καὶ γῆς⌋ ὑπάρχων Κύριος οὐκ ἐν χειροποιήτοις ναοῖς κατοικεῖ,
25 οὐδὲ ὑπὸ χειρῶν ἀνθρωπίνων θεραπεύεται προσδεόμενός τινος, αὐτὸς
26 ⌊διδοὺς⌋ πᾶσι ζωὴν καὶ ⌊πνοὴν⌋ᵃ καὶ τὰ πάντα· ἐποίησέν τε ἐξ ἑνὸς πᾶν
ἔθνος ἀνθρώπων κατοικεῖν ἐπὶ παντὸς προσώπου τῆς γῆς, ὁρίσας
προστεταγμένους καιροὺς καὶ τὰς ὁροθεσίας τῆς κατοικίας αὐτῶν,
27 ζητεῖν τὸν Θεόν, εἰ ἄρα γε ψηλαφήσειαν αὐτὸν καὶ εὕροιεν, καί γε οὐ
28 μακρὰν ἀπὸ ἑνὸς ἑκάστου ἡμῶν ὑπάρχοντα. ἐν αὐτῷ γὰρ ζῶμεν καὶ
κινούμεθα καὶ ἐσμέν, ὡς καί ᵇ τινες τῶν καθ' ὑμᾶς ποιητῶν εἰρήκασιν·
29 Τοῦ γὰρ καὶ γένος ἐσμέν. γένος οὖν ὑπάρχοντες τοῦ Θεοῦ οὐκ ὀφεί-
λομεν νομίζειν, χρυσῷ ἢ ἀργύρῳ ἢ λίθῳ, χαράγματι τέχνης καὶ

[a] Is. 42. 5   [b] τῶν καθ' ὑμᾶς τινες εἰρήκασιν·

ἐνθυμήσεως ἀνθρώπου, τὸ θεῖον εἶναι ὅμοιον. τοὺς μὲν οὖν χρόνους τῆς 30
ἀγνοίας ὑπεριδὼν ὁ Θεὸς τὰ νῦν παραγγέλλει τοῖς ἀνθρώποις πάντας
πανταχοῦ μετανοεῖν, καθότι ἔστησεν ἡμέραν ἐν ᾗ μέλλει ⌊κρίνειν τὴν 31
οἰκουμένην ἐν δικαιοσύνῃ⌋, ᵃἐν ἀνδρὶ ᾧ ὥρισεν, πίστιν παρασχὼν πᾶσιν
ἀναστήσας αὐτὸν ἐκ νεκρῶν.

Ἀκούσαντες δὲ ἀνάστασιν νεκρῶν, οἱ μὲν ἐχλεύαζον, οἱ δὲ εἶπαν· 32
Ἀκουσόμεθά σου περὶ τούτου καὶ πάλιν. οὕτως ὁ Παῦλος ἐξῆλθεν ἐκ 33
μέσου αὐτῶν. τινὲς δὲ ἄνδρες κολληθέντες αὐτῷ ἐπίστευσαν, ἐν οἷς καὶ 34
Διονύσιος ὁ Ἀρεοπαγίτης καὶ γυνὴ ὀνόματι Δάμαρις καὶ ἕτεροι σὺν
αὐτοῖς.

Μετὰ ταῦτα χωρισθεὶς ἐκ τῶν Ἀθηνῶν ἦλθεν εἰς Κόρινθον. καὶ 18 2
εὑρών τινα Ἰουδαῖον ὀνόματι Ἀκύλαν, Ποντικὸν τῷ γένει, προσφάτως
ἐληλυθότα ἀπὸ τῆς Ἰταλίας, καὶ Πρίσκιλλαν γυναῖκα αὐτοῦ, διὰ τὸ
διατεταχέναι Κλαύδιον χωρίζεσθαι πάντας τοὺς Ἰουδαίους ἀπὸ τῆς
Ῥώμης, προσῆλθεν αὐτοῖς, καὶ διὰ τὸ ὁμότεχνον εἶναι ἔμενεν παρ' 3
αὐτοῖς, καὶ ἠργάζοντο· ἦσαν γὰρ σκηνοποιοὶ τῇ τέχνῃ. διελέγετο δὲ ἐν 4
τῇ συναγωγῇ κατὰ πᾶν σάββατον, ἔπειθέν τε Ἰουδαίους καὶ Ἕλληνας.

Ὡς δὲ κατῆλθον ἀπὸ τῆς Μακεδονίας ὅ τε Σιλᾶς καὶ ὁ Τιμόθεος, 5
συνείχετο τῷ λόγῳ ὁ Παῦλος, διαμαρτυρόμενος τοῖς Ἰουδαίοις εἶναι
τὸν Χριστὸν Ἰησοῦν. ἀντιτασσομένων δὲ αὐτῶν καὶ βλασφημούντων 6
ἐκτιναξάμενος τὰ ἱμάτια εἶπεν πρὸς αὐτούς· Τὸ αἷμα ὑμῶν ἐπὶ τὴν
κεφαλὴν ὑμῶν· καθαρὸς ἐγώ. ἀπὸ τοῦ νῦν εἰς τὰ ἔθνη πορεύσομαι. καὶ 7
μεταβὰς ἐκεῖθεν ἦλθεν εἰς οἰκίαν τινὸς ὀνόματι Τιτίου Ἰούστου σεβομένου
τὸν Θεόν, οὗ ἡ οἰκία ἦν συνομοροῦσα τῇ συναγωγῇ. Κρῖσπος δὲ ὁ 8
ἀρχισυνάγωγος ἐπίστευσεν τῷ Κυρίῳ σὺν ὅλῳ τῷ οἴκῳ αὐτοῦ, καὶ
πολλοὶ τῶν Κορινθίων ἀκούοντες ἐπίστευον καὶ ἐβαπτίζοντο. εἶπεν δὲ 9
ὁ Κύριος ἐν νυκτὶ δι' ὁράματος τῷ Παύλῳ· ⌊Μὴ φοβοῦ⌋,ᵇ ἀλλὰ λάλει καὶ
μὴ σιωπήσῃς, ⌊διότι ἐγώ εἰμι μετὰ σοῦ⌋ᶜ καὶ οὐδεὶς ἐπιθήσεταί σοι τοῦ 10
κακῶσαί σε, διότι λαός ἐστί μοι πολὺς ἐν τῇ πόλει ταύτῃ. ἐκάθισεν δὲ 11
ἐνιαυτὸν καὶ μῆνας ἓξ διδάσκων ἐν αὐτοῖς τὸν λόγον τοῦ Θεοῦ.

Γαλλίωνος δὲ ἀνθυπάτου ὄντος τῆς Ἀχαίας κατεπέστησαν ὁμοθυμα- 12
δὸν οἱ Ἰουδαῖοι τῷ Παύλῳ καὶ ἤγαγον αὐτὸν ἐπὶ τὸ βῆμα, λέγοντες 13
ὅτι Παρὰ τὸν νόμον ἀναπείθει οὗτος τοὺς ἀνθρώπους σέβεσθαι τὸν
Θεόν. μέλλοντος δὲ τοῦ Παύλου ἀνοίγειν τὸ στόμα εἶπεν ὁ Γαλλίων 14
πρὸς τοὺς Ἰουδαίους· Εἰ μὲν ἦν ἀδίκημά τι ἢ ῥᾳδιούργημα πονηρόν, ὦ
Ἰουδαῖοι, κατὰ λόγον ἂν ἀνεσχόμην ὑμῶν· εἰ δὲ ζητήματά ἐστιν περὶ 15
λόγου καὶ ὀνομάτων καὶ νόμου τοῦ καθ' ὑμᾶς, ὄψεσθε αὐτοί· κριτὴς
ἐγὼ τούτων οὐ βούλομαι εἶναι. καὶ ἀπήλασεν αὐτοὺς ἀπὸ τοῦ βήματος. 16

[a] Ps. 9. 8; 96. 13; 98. 9   [b] Jer. 1. 8   [c] Jos. 1. 5, 9; Is. 41. 10; 43. 5

17 ἐπιλαβόμενοι δὲ πάντες Σωσθένην τὸν ἀρχισυνάγωγον ἔτυπτον ἔμ
προσθεν τοῦ βήματος· καὶ οὐδὲν τούτων τῷ Γαλλιῶνι ἔμελεν.

18 Ὁ δὲ Παῦλος ἔτι προσμείνας ἡμέρας ἱκανάς, τοῖς ἀδελφοῖς ἀποταξά
μενος ἐξέπλει εἰς τὴν Συρίαν, καὶ σὺν αὐτῷ Πρίσκιλλα καὶ Ἀκύλας,
19 κειράμενος ἐν Κεγχρεαῖς τὴν κεφαλήν· εἶχεν γὰρ εὐχήν. κατήντησαν δὲ
εἰς Ἔφεσον, κἀκείνους κατέλιπεν αὐτοῦ, αὐτὸς δὲ εἰσελθὼν εἰς τὴν
20 συναγωγὴν διελέξατο τοῖς Ἰουδαίοις. ἐρωτώντων δὲ αὐτῶν ἐπὶ πλείονα
21 χρόνον μεῖναι οὐκ ἐπένευσεν, ἀλλὰ ἀποταξάμενος καὶ εἰπών· Πάλιν ἀνα
22 κάμψω πρὸς ὑμᾶς τοῦ Θεοῦ θέλοντος, ἀνήχθη ἀπὸ τῆς Ἐφέσου. καὶ κατ
ελθὼν εἰς Καισάρειαν, ἀναβὰς καὶ ἀσπασάμενος τὴν ἐκκλησίαν, κατέβη
23 εἰς Ἀντιόχειαν· καὶ ποιήσας χρόνον τινὰ ἐξῆλθεν, διερχόμενος καθεξῆς
τὴν Γαλατικὴν χώραν καὶ Φρυγίαν, στηρίζων πάντας τοὺς μαθητάς.

24 ❧ Ἰουδαῖος δέ τις Ἀπολλῶς ὀνόματι, Ἀλεξανδρεὺς τῷ γένει, ἀνὴρ
25 λόγιος, κατήντησεν εἰς Ἔφεσον, δυνατὸς ὢν ἐν ταῖς γραφαῖς. οὗτος ἦν
κατηχημένος τὴν ὁδὸν τοῦ Κυρίου, καὶ ζέων τῷ πνεύματι ἐλάλει
καὶ ἐδίδασκεν ἀκριβῶς τὰ περὶ τοῦ [a] Ἰησοῦ, ἐπιστάμενος μόνον τὸ
26 βάπτισμα Ἰωάννου· οὗτός τε ἤρξατο παρρησιάζεσθαι ἐν τῇ συναγωγῇ.
ἀκούσαντες δὲ αὐτοῦ Πρίσκιλλα καὶ Ἀκύλας προσελάβοντο αὐτὸν καὶ
27 ἀκριβέστερον αὐτῷ ἐξέθεντο τὴν ὁδόν.[b] βουλομένου δὲ αὐτοῦ διελθεῖν
εἰς τὴν Ἀχαΐαν, προτρεψάμενοι οἱ ἀδελφοὶ ἔγραψαν τοῖς μαθηταῖς
ἀποδέξασθαι αὐτόν· ὃς παραγενόμενος συνεβάλετο πολὺ τοῖς πεπιστευ
28 κόσιν διὰ τῆς χάριτος· εὐτόνως γὰρ τοῖς Ἰουδαίοις διακατηλέγχετο
δημοσίᾳ ἐπιδεικνὺς διὰ τῶν γραφῶν εἶναι τὸν Χριστὸν Ἰησοῦν.

19 Ἐγένετο δὲ ἐν τῷ τὸν Ἀπολλῶ εἶναι ἐν Κορίνθῳ Παῦλον διελθόντα τὰ
2 ἀνωτερικὰ μέρη ἐλθεῖν εἰς Ἔφεσον καὶ εὑρεῖν τινας μαθητάς, εἶπέν τε
πρὸς αὐτούς· Εἰ Πνεῦμα Ἅγιον ἐλάβετε πιστεύσαντες; οἱ δὲ πρὸς αὐτόν·
3 Ἀλλ᾽ οὐδ᾽ εἰ Πνεῦμα Ἅγιον ἔστιν ἠκούσαμεν. εἶπέν τε· Εἰς τί οὖν
4 ἐβαπτίσθητε; οἱ δὲ εἶπαν· Εἰς τὸ Ἰωάννου βάπτισμα· εἶπεν δὲ Παῦλος·
Ἰωάννης ἐβάπτισεν βάπτισμα μετανοίας, τῷ λαῷ λέγων εἰς τὸν ἐρχό
5 μενον μετ᾽ αὐτὸν ἵνα πιστεύσωσιν, τοῦτ᾽ ἔστιν εἰς τὸν Ἰησοῦν. ἀκού
6 σαντες δὲ ἐβαπτίσθησαν εἰς τὸ ὄνομα τοῦ Κυρίου Ἰησοῦ· καὶ ἐπιθέντος
αὐτοῖς τοῦ Παύλου χεῖρας ἦλθε τὸ Πνεῦμα τὸ Ἅγιον ἐπ᾽ αὐτούς, ἐλάλουν
7 τε γλώσσαις καὶ ἐπροφήτευον. ἦσαν δὲ οἱ πάντες ἄνδρες ὡσεὶ δώδεκα.
8 Εἰσελθὼν δὲ εἰς τὴν συναγωγὴν ἐπαρρησιάζετο ἐπὶ μῆνας τρεῖς
9 διαλεγόμενος καὶ πείθων περὶ τῆς βασιλείας τοῦ Θεοῦ. ὡς δέ τινες
ἐσκληρύνοντο καὶ ἠπείθουν κακολογοῦντες τὴν ὁδὸν ἐνώπιον τοῦ
πλήθους, ἀποστὰς ἀπ᾽ αὐτῶν ἀφώρισεν τοὺς μαθητάς, καθ᾽ ἡμέραν

[a] Κυρίου   [b] add τοῦ Θεοῦ

216

διαλεγόμενος ἐν τῇ σχολῇ Τυράννου. τοῦτο δὲ ἐγένετο ἐπὶ ἔτη δύο, 10 ὥστε πάντας τοὺς κατοικοῦντας τὴν Ἀσίαν ἀκοῦσαι τὸν λόγον τοῦ Κυρίου, Ἰουδαίους τε καὶ Ἕλληνας. δυνάμεις τε οὐ τὰς τυχούσας ὁ Θεὸς 11 ἐποίει διὰ τῶν χειρῶν Παύλου, ὥστε καὶ ἐπὶ τοὺς ἀσθενοῦντας ἀποφέ- 12 ρεσθαι ἀπὸ τοῦ χρωτὸς αὐτοῦ σουδάρια ἢ σιμικίνθια καὶ ἀπαλλάσσε- σθαι ἀπ᾽ αὐτῶν τὰς νόσους, τά τε πνεύματα τὰ πονηρὰ ἐκπορεύεσθαι.

Ἐπεχείρησαν δέ τινες καὶ τῶν περιερχομένων Ἰουδαίων ἐξορκιστῶν 13 ὀνομάζειν ἐπὶ τοὺς ἔχοντας τὰ πνεύματα τὰ πονηρὰ τὸ ὄνομα τοῦ Κυρίου Ἰησοῦ λέγοντες· Ὁρκίζω ὑμᾶς τὸν Ἰησοῦν ὃν Παῦλος κηρύσσει. ἦσαν δέ τινος Σκευᾶ Ἰουδαίου ἀρχιερέως ἑπτὰ υἱοὶ τοῦτο ποιοῦντες. 14 ἀποκριθὲν δὲ τὸ πνεῦμα τὸ πονηρὸν εἶπεν αὐτοῖς· Τὸν μὲν Ἰησοῦν 15 γινώσκω καὶ τὸν Παῦλον ἐπίσταμαι· ὑμεῖς δὲ τίνες ἐστέ; καὶ ἐφαλόμενος 16 ὁ ἄνθρωπος ἐπ᾽ αὐτούς, ἐν ᾧ ἦν τὸ πνεῦμα τὸ πονηρόν, κατακυριεύσας ἀμφοτέρων ἴσχυσεν κατ᾽ αὐτῶν, ὥστε γυμνοὺς καὶ τετραυματισμένους ἐκφυγεῖν ἐκ τοῦ οἴκου ἐκείνου. τοῦτο δὲ ἐγένετο γνωστὸν πᾶσιν 17 Ἰουδαίοις τε καὶ Ἕλλησιν τοῖς κατοικοῦσιν τὴν Ἔφεσον, καὶ ἐπέπεσεν φόβος ἐπὶ πάντας αὐτούς, καὶ ἐμεγαλύνετο τὸ ὄνομα τοῦ Κυρίου Ἰησοῦ· πολλοί τε τῶν πεπιστευκότων ἤρχοντο ἐξομολογούμενοι καὶ ἀναγγέλ- 18 λοντες τὰς πράξεις αὐτῶν. ἱκανοὶ δὲ τῶν τὰ περίεργα πραξάντων 19 συνενέγκαντες τὰς βίβλους κατέκαιον ἐνώπιον πάντων· καὶ συνεψήφισαν τὰς τιμὰς αὐτῶν καὶ εὗρον ἀργυρίου μυριάδας πέντε. οὕτως κατὰ 20 κράτος τοῦ Κυρίου ὁ λόγος ηὔξανεν καὶ ἴσχυεν.

Ὡς δὲ ἐπληρώθη ταῦτα, ἔθετο ὁ Παῦλος ἐν τῷ [a] πνεύματι διελθὼν 21 τὴν Μακεδονίαν καὶ Ἀχαΐαν πορεύεσθαι εἰς Ἱεροσόλυμα, εἰπὼν ὅτι Μετὰ τὸ γενέσθαι με ἐκεῖ δεῖ με καὶ Ῥώμην ἰδεῖν. ἀποστείλας δὲ εἰς 22 Μακεδονίαν δύο τῶν διακονούντων αὐτῷ, Τιμόθεον καὶ Ἔραστον, αὐτὸς ἐπέσχεν χρόνον εἰς τὴν Ἀσίαν.

Ἐγένετο δὲ κατὰ τὸν καιρὸν ἐκεῖνον τάραχος οὐκ ὀλίγος περὶ τῆς 23 ὁδοῦ. Δημήτριος γάρ τις ὀνόματι, ἀργυροκόπος, ποιῶν ναοὺς ἀργυ- 24 ροῦς Ἀρτέμιδος παρείχετο τοῖς τεχνίταις οὐκ ὀλίγην ἐργασίαν, οὓς 25 συναθροίσας καὶ τοὺς περὶ τὰ τοιαῦτα ἐργάτας εἶπεν· Ἄνδρες, ἐπίστασθε ὅτι ἐκ ταύτης τῆς ἐργασίας ἡ εὐπορία ἡμῖν ἐστιν, καὶ θεωρεῖτε καὶ 26 ἀκούετε ὅτι οὐ μόνον Ἐφέσου ἀλλὰ σχεδὸν πάσης τῆς Ἀσίας ὁ Παῦλος οὗτος πείσας μετέστησεν ἱκανὸν ὄχλον, λέγων ὅτι οὐκ εἰσὶν θεοὶ οἱ διὰ χειρῶν γινόμενοι. οὐ μόνον δὲ τοῦτο κινδυνεύει ἡμῖν τὸ μέρος εἰς 27 ἀπελεγμὸν ἐλθεῖν, ἀλλὰ καὶ τὸ τῆς μεγάλης θεᾶς Ἀρτέμιδος ἱερὸν εἰς οὐθὲν λογισθῆναι, μέλλειν τε καὶ καθαιρεῖσθαι τῆς μεγαλειότητος αὐτῆς, ἣν ὅλη ἡ Ἀσία καὶ ἡ οἰκουμένη σέβεται.

[a] Πνεύματι

28 Ἀκούσαντες δὲ καὶ γενόμενοι πλήρεις θυμοῦ ἔκραζον λέγοντες· Μεγάλη
29 ἡ Ἄρτεμις Ἐφεσίων. καὶ ἐπλήσθη ἡ πόλις τῆς συγχύσεως, ὥρμησάν τε
ὁμοθυμαδὸν εἰς τὸ θέατρον, συναρπάσαντες Γάϊον καὶ Ἀρίσταρχον
30 Μακεδόνας, συνεκδήμους Παύλου. Παύλου δὲ βουλομένου εἰσελθεῖν
31 εἰς τὸν δῆμον οὐκ εἴων αὐτὸν οἱ μαθηταί· τινὲς δὲ καὶ τῶν Ἀσιαρχῶν,
ὄντες αὐτῷ φίλοι, πέμψαντες πρὸς αὐτὸν παρεκάλουν μὴ δοῦναι ἑαυτὸν
32 εἰς τὸ θέατρον. ἄλλοι μὲν οὖν ἄλλο τι ἔκραζον· ἦν γὰρ ἡ ἐκκλησία
συγκεχυμένη, καὶ οἱ πλείους οὐκ ᾔδεισαν τίνος ἕνεκα συνεληλύθεισαν.
33 ἐκ δὲ τοῦ ὄχλου συνεβίβασαν Ἀλέξανδρον, προβαλόντων αὐτὸν τῶν
Ἰουδαίων· ὁ δὲ Ἀλέξανδρος κατασείσας τὴν χεῖρα ἤθελεν ἀπολογεῖσθαι
34 τῷ δήμῳ. ἐπιγνόντες δὲ ὅτι Ἰουδαῖός ἐστιν, φωνὴ ἐγένετο μία ἐκ
πάντων, ὡς ἐπὶ ὥρας δύο κραζόντων· Μεγάλη ἡ Ἄρτεμις Ἐφεσίων.
35 Καταστείλας δὲ ὁ γραμματεὺς τὸν ὄχλον φησίν· Ἄνδρες Ἐφέσιοι, τίς
γάρ ἐστιν ἀνθρώπων ὃς οὐ γινώσκει τὴν Ἐφεσίων πόλιν νεωκόρον
36 οὖσαν τῆς μεγάλης Ἀρτέμιδος καὶ τοῦ διοπετοῦς; ἀναντιρρήτων οὖν
ὄντων τούτων δέον ἐστὶν ὑμᾶς κατεσταλμένους ὑπάρχειν καὶ μηδὲν
37 προπετὲς πράσσειν. ἠγάγετε γὰρ τοὺς ἄνδρας τούτους οὔτε ἱεροσύλους
38 οὔτε βλασφημοῦντας τὴν θεὸν ἡμῶν. εἰ μὲν οὖν Δημήτριος καὶ οἱ σὺν
αὐτῷ τεχνῖται ἔχουσι πρός τινα λόγον, ἀγοραῖοι ἄγονται καὶ ἀνθύπα-
39 τοί εἰσιν, ἐγκαλείτωσαν ἀλλήλοις. εἰ δέ τι περαιτέρω ἐπιζητεῖτε, ἐν τῇ
40 ἐννόμῳ ἐκκλησίᾳ ἐπιλυθήσεται. καὶ γὰρ κινδυνεύομεν ἐγκαλεῖσθαι
στάσεως περὶ τῆς σήμερον, μηδενὸς αἰτίου ὑπάρχοντος, περὶ οὗ οὐ
δυνησόμεθα ἀποδοῦναι λόγον περὶ τῆς συστροφῆς ταύτης. καὶ ταῦτα
εἰπὼν ἀπέλυσεν τὴν ἐκκλησίαν.

20 ❡ Μετὰ δὲ τὸ παύσασθαι τὸν θόρυβον μεταπεμψάμενος ὁ Παῦλος τοὺς
μαθητὰς καὶ παρακαλέσας, ἀσπασάμενος ἐξῆλθεν πορεύεσθαι εἰς Μακε-
2 δονίαν. διελθὼν δὲ τὰ μέρη ἐκεῖνα καὶ παρακαλέσας αὐτοὺς λόγῳ
3 πολλῷ ἦλθεν εἰς τὴν Ἑλλάδα, ποιήσας τε μῆνας τρεῖς, γενομένης ἐπι-
βουλῆς αὐτῷ ὑπὸ τῶν Ἰουδαίων μέλλοντι ἀνάγεσθαι εἰς τὴν Συρίαν,
4 ἐγένετο γνώμης τοῦ ὑποστρέφειν διὰ Μακεδονίας. συνείπετο δὲ αὐτῷ
Σώπατρος Πύρρου Βεροιαῖος, Θεσσαλονικέων δὲ Ἀρίσταρχος καὶ Σέκουν-
δος, καὶ Γάϊος ᵃ Δουβέριος καὶ Τιμόθεος, Ἀσιανοὶ δὲ Τύχικος καὶ Τρόφι-
5 6 μος. οὗτοι δὲ προελθόντες ἔμενον ἡμᾶς ἐν Τρῳάδι· ἡμεῖς δὲ ἐξεπλεύσαμεν
μετὰ τὰς ἡμέρας τῶν ἀζύμων ἀπὸ Φιλίππων, καὶ ἤλθομεν πρὸς αὐτοὺς
εἰς τὴν Τρῳάδα ἄχρι ἡμερῶν πέντε, ὅπου διετρίψαμεν ἡμέρας ἑπτά.
7 Ἐν δὲ τῇ μιᾷ τῶν σαββάτων συνηγμένων ἡμῶν κλάσαι ἄρτον ὁ
Παῦλος διελέγετο αὐτοῖς, μέλλων ἐξιέναι τῇ ἐπαύριον, παρέτεινέν τε τὸν

[a] Δερβαῖος

λόγον μέχρι μεσονυκτίου. ἦσαν δὲ λαμπάδες ἱκαναὶ ἐν τῷ ὑπερῴῳ 8
οὗ ἦμεν συνηγμένοι. καθεζόμενος δέ τις νεανίας ὀνόματι Εὔτυχος ἐπὶ 9
τῆς θυρίδος, καταφερόμενος ὕπνῳ βαθεῖ, διαλεγομένου τοῦ Παύλου
ἐπὶ πλεῖον, κατενεχθεὶς ἀπὸ τοῦ ὕπνου ἔπεσεν ἀπὸ τοῦ τριστέγου κάτω
καὶ ἤρθη νεκρός. καταβὰς δὲ ὁ Παῦλος ἐπέπεσεν αὐτῷ καὶ συμπεριλαβὼν 10
εἶπεν· Μὴ θορυβεῖσθε· ἡ γὰρ ψυχὴ αὐτοῦ ἐν αὐτῷ ἐστιν. ἀναβὰς δὲ καὶ 11
κλάσας τὸν ἄρτον καὶ γευσάμενος, ἐφ' ἱκανόν τε ὁμιλήσας ἄχρι αὐγῆς,
οὕτως ἐξῆλθεν. ἤγαγον δὲ τὸν παῖδα ζῶντα, καὶ παρεκλήθησαν οὐ 12
μετρίως.

Ἡμεῖς δὲ προελθόντες ἐπὶ τὸ πλοῖον ἀνήχθημεν ἐπὶ τὴν Ἄσσον, 13
ἐκεῖθεν μέλλοντες ἀναλαμβάνειν τὸν Παῦλον· οὕτως γὰρ διατεταγμένος
ἦν, μέλλων αὐτὸς πεζεύειν. ὡς δὲ συνέβαλλεν ἡμῖν εἰς τὴν Ἄσσον, 14
ἀναλαβόντες αὐτὸν ἤλθομεν εἰς Μιτυλήνην· κἀκεῖθεν ἀποπλεύσαντες τῇ 15
ἐπιούσῃ κατηντήσαμεν ἄντικρυς Χίου, τῇ δὲ ἑτέρᾳ παρεβάλομεν εἰς
Σάμον, ᵃ τῇ δὲ ἐχομένῃ ἤλθομεν εἰς Μίλητον. κεκρίκει γὰρ ὁ Παῦλος 16
παραπλεῦσαι τὴν Ἔφεσον, ὅπως μὴ γένηται αὐτῷ χρονοτριβῆσαι ἐν
τῇ Ἀσίᾳ· ἔσπευδεν γάρ, εἰ δυνατὸν εἴη αὐτῷ, τὴν ἡμέραν τῆς πεντη-
κοστῆς γενέσθαι εἰς Ἱεροσόλυμα. ἀπὸ δὲ τῆς Μιλήτου πέμψας εἰς 17
Ἔφεσον μετεκαλέσατο τοὺς πρεσβυτέρους τῆς ἐκκλησίας. ὡς δὲ παρε- 18
γένοντο πρὸς αὐτόν, εἶπεν αὐτοῖς·

Ὑμεῖς ἐπίστασθε, ἀπὸ πρώτης ἡμέρας ἀφ' ἧς ἐπέβην εἰς τὴν Ἀσίαν,
πῶς μεθ' ὑμῶν τὸν πάντα χρόνον ἐγενόμην, δουλεύων τῷ Κυρίῳ μετὰ 19
πάσης ταπεινοφροσύνης καὶ δακρύων καὶ πειρασμῶν τῶν συμβάντων
μοι ἐν ταῖς ἐπιβουλαῖς τῶν Ἰουδαίων, ὡς οὐδὲν ὑπεστειλάμην τῶν 20
συμφερόντων τοῦ μὴ ἀναγγεῖλαι ὑμῖν καὶ διδάξαι ὑμᾶς δημοσίᾳ καὶ
κατ' οἴκους, διαμαρτυρόμενος Ἰουδαίοις τε καὶ Ἕλλησιν τὴν εἰς Θεὸν 21
μετάνοιαν καὶ πίστιν εἰς τὸν Κύριον ἡμῶν Ἰησοῦν. καὶ νῦν ἰδοὺ 22
δεδεμένος ἐγὼ τῷ ᵇ Πνεύματι πορεύομαι εἰς Ἱερουσαλήμ, τὰ ἐν αὐτῇ
συναντήσοντα ἐμοὶ μὴ εἰδώς, πλὴν ὅτι τὸ Πνεῦμα τὸ Ἅγιον κατὰ 23
πόλιν διαμαρτύρεταί μοι λέγον ὅτι δεσμὰ καὶ θλίψεις με μένουσιν. ἀλλ' 24
οὐδενὸς λόγου ποιοῦμαι τὴν ψυχὴν τιμίαν ἐμαυτῷ ὡς τελειώσω τὸν
δρόμον μου καὶ τὴν διακονίαν ἣν ἔλαβον παρὰ τοῦ Κυρίου Ἰησοῦ,
διαμαρτύρασθαι τὸ εὐαγγέλιον τῆς χάριτος τοῦ Θεοῦ.

Καὶ νῦν ἰδοὺ ἐγὼ οἶδα ὅτι οὐκέτι ὄψεσθε τὸ πρόσωπόν μου ὑμεῖς 25
πάντες ἐν οἷς διῆλθον κηρύσσων τὴν Βασιλείαν. διότι μαρτύρομαι ὑμῖν 26
ἐν τῇ σήμερον ἡμέρᾳ ὅτι καθαρός εἰμι ἀπὸ τοῦ αἵματος πάντων· οὐ γὰρ 27
ὑπεστειλάμην τοῦ μὴ ἀναγγεῖλαι πᾶσαν τὴν βουλὴν τοῦ Θεοῦ ὑμῖν.
προσέχετε ἑαυτοῖς καὶ παντὶ τῷ ποιμνίῳ, ἐν ᾧ ὑμᾶς τὸ Πνεῦμα τὸ Ἅγιον 28

[a] καὶ μείναντες ἐν Τρωγυλλίῳ τῇ ἐχομένῃ   [b] πνεύματι

ἔθετο ἐπισκόπους, ποιμαίνειν ⌊τὴν⌋ ἐκκλησίαν ⌊τοῦ ᵃ Κυρίου⌋, ἣν ⌊περιε-

29 ποιήσατο⌋ᵇ διὰ ᶜ τοῦ ἰδίου αἵματος. ἐγὼ οἶδα ὅτι εἰσελεύσονται μετὰ

30 τὴν ἄφιξίν μου λύκοι βαρεῖς εἰς ὑμᾶς μὴ φειδόμενοι τοῦ ποιμνίου, καὶ ἐξ ὑμῶν αὐτῶν ἀναστήσονται ἄνδρες λαλοῦντες διεστραμμένα τοῦ ἀπο-

31 σπᾶν τοὺς μαθητὰς ὀπίσω ἑαυτῶν. διὸ γρηγορεῖτε, μνημονεύοντες ὅτι τριετίαν νύκτα καὶ ἡμέραν οὐκ ἐπαυσάμην μετὰ δακρύων νουθετῶν ἕνα ἕκαστον.

32 Καὶ τὰ νῦν παρατίθεμαι ὑμᾶς τῷ Θεῷ καὶ τῷ λόγῳ τῆς χάριτος αὐτοῦ τῷ δυναμένῳ οἰκοδομῆσαι καὶ δοῦναι τὴν ⌊κληρονομίαν ἐν τοῖς

33 ἡγιασμένοις πᾶσιν⌋.ᵈ ἀργυρίου ἢ χρυσίου ἢ ἱματισμοῦ οὐδενὸς ἐπεθύ-

34 μησα· αὐτοὶ γινώσκετε ὅτι ταῖς χρείαις μου καὶ τοῖς οὖσιν μετ' ἐμοῦ

35 ὑπηρέτησαν αἱ χεῖρες αὗται πάντα. ὑπέδειξα ὑμῖν, ὅτι οὕτως κοπιῶν-τας δεῖ ἀντιλαμβάνεσθαι τῶν ἀσθενούντων, μνημονεύειν τε τῶν λόγων τοῦ Κυρίου Ἰησοῦ, ὅτι αὐτὸς εἶπεν· Μακάριόν ἐστιν μᾶλλον διδόναι ἢ λαμβάνειν.

36 Καὶ ταῦτα εἰπών, θεὶς τὰ γόνατα αὐτοῦ σὺν πᾶσιν αὐτοῖς προσηύ-

37 ξατο. ἱκανὸς δὲ κλαυθμὸς ἐγένετο πάντων, καὶ ἐπιπεσόντες ἐπὶ τὸν

38 τράχηλον τοῦ Παύλου κατεφίλουν αὐτόν, ὀδυνώμενοι μάλιστα ἐπὶ τῷ λόγῳ ᾧ εἰρήκει, ὅτι οὐκέτι μέλλουσιν τὸ πρόσωπον αὐτοῦ θεωρεῖν. προέπεμπον δὲ αὐτὸν εἰς τὸ πλοῖον.

21 Ὡς δὲ ἐγένετο ἀναχθῆναι ἡμᾶς ἀποσπασθέντας ἀπ' αὐτῶν, εὐθυδρο-μήσαντες ἤλθομεν εἰς τὴν Κῶ, τῇ δὲ ἑξῆς εἰς τὴν Ῥόδον κἀκεῖθεν εἰς

2 Πάταρα·ᵉ καὶ εὑρόντες πλοῖον διαπερῶν εἰς Φοινίκην, ἐπιβάντες ἀνήχθη-

3 μεν. ἀναφάναντες δὲ τὴν Κύπρον καὶ καταλιπόντες αὐτὴν εὐώνυμον ἐπλέομεν εἰς Συρίαν, καὶ κατήλθομεν εἰς Τύρον· ἐκεῖσε γὰρ τὸ πλοῖον ἦν

4 ἀποφορτιζόμενον τὸν γόμον. ἀνευρόντες δὲ τοὺς μαθητὰς ἐπεμείναμεν αὐτοῦ ἡμέρας ἑπτά· οἵτινες τῷ Παύλῳ ἔλεγον διὰ τοῦ Πνεύματος μὴ

5 ἐπιβαίνειν εἰς Ἱεροσόλυμα. ὅτε δὲ ἐγένετο ἐξαρτίσαι ἡμᾶς τὰς ἡμέρας, ἐξελθόντες ἐπορευόμεθα προπεμπόντων ἡμᾶς πάντων σὺν γυναιξὶ καὶ τέκνοις ἕως ἔξω τῆς πόλεως, καὶ θέντες τὰ γόνατα ἐπὶ τὸν αἰγιαλὸν

6 προσευξάμενοι ἀπησπασάμεθα ἀλλήλους, καὶ ἐνέβημεν εἰς τὸ πλοῖον, ἐκεῖνοι δὲ ὑπέστρεψαν εἰς τὰ ἴδια.

7 Ἡμεῖς δὲ τὸν πλοῦν διανύσαντες ἀπὸ Τύρου κατηντήσαμεν εἰς Πτολεμαΐδα, καὶ ἀσπασάμενοι τοὺς ἀδελφοὺς ἐμείναμεν ἡμέραν μίαν

8 παρ' αὐτοῖς. τῇ δὲ ἐπαύριον ἐξελθόντες ἤλθομεν εἰς Καισάρειαν, καὶ εἰσελθόντες εἰς τὸν οἶκον Φιλίππου τοῦ εὐαγγελιστοῦ ὄντος ἐκ τῶν

9 ἑπτά, ἐμείναμεν παρ' αὐτῷ. τούτῳ δὲ ἦσαν θυγατέρες τέσσαρες

[a] Θεοῦ   [b] Ps. 74. 2   [c] τοῦ αἵματος τοῦ Ἰδίου.   [d] Dt. 33. 3, 4
[e] add καὶ Μύρα

παρθένοι προφητεύουσαι. ἐπιμενόντων δὲ ἡμέρας πλείους κατῆλθέν τις 10
ἀπὸ τῆς Ἰουδαίας προφήτης ὀνόματι Ἄγαβος, καὶ ἐλθὼν πρὸς ἡμᾶς καὶ 11
ἄρας τὴν ζώνην τοῦ Παύλου, δήσας ἑαυτοῦ τοὺς πόδας καὶ τὰς χεῖρας
εἶπεν· Τάδε λέγει τὸ Πνεῦμα τὸ Ἅγιον· Τὸν ἄνδρα οὗ ἐστιν ἡ ζώνη
αὕτη οὕτως δήσουσιν ἐν Ἰερουσαλὴμ οἱ Ἰουδαῖοι καὶ παραδώσουσιν
εἰς χεῖρας ἐθνῶν. ὡς δὲ ἠκούσαμεν ταῦτα, παρεκαλοῦμεν ἡμεῖς τε καὶ οἱ 12
ἐντόπιοι τοῦ μὴ ἀναβαίνειν αὐτὸν εἰς Ἰερουσαλήμ. τότε ἀπεκρίθη ὁ 13
Παῦλος· Τί ποιεῖτε κλαίοντες καὶ συνθρύπτοντές μου τὴν καρδίαν;
ἐγὼ γὰρ οὐ μόνον δεθῆναι ἀλλὰ καὶ ἀποθανεῖν εἰς Ἰερουσαλὴμ ἑτοίμως
ἔχω ὑπὲρ τοῦ ὀνόματος τοῦ Κυρίου Ἰησοῦ. μὴ πειθομένου δὲ αὐτοῦ 14
ἡσυχάσαμεν εἰπόντες· Τοῦ Κυρίου τὸ θέλημα γινέσθω.

Μετὰ δὲ τὰς ἡμέρας ταύτας ἐπισκευασάμενοι ἀνεβαίνομεν εἰς Ἱεροσό- 15
λυμα· συνῆλθον δὲ καὶ τῶν μαθητῶν ἀπὸ Καισαρείας σὺν ἡμῖν, ἄγοντες 16
παρ' ᾧ ξενισθῶμεν Μνάσωνί τινι Κυπρίῳ, ἀρχαίῳ μαθητῇ. γενομένων 17
δὲ ἡμῶν εἰς Ἱεροσόλυμα ἀσμένως ἀπεδέξαντο ἡμᾶς οἱ ἀδελφοί.

Τῇ δὲ ἐπιούσῃ εἰσῄει ὁ Παῦλος σὺν ἡμῖν πρὸς Ἰάκωβον, πάντες τε 18
παρεγένοντο οἱ πρεσβύτεροι. καὶ ἀσπασάμενος αὐτοὺς ἐξηγεῖτο καθ' 19
ἓν ἕκαστον ὧν ἐποίησεν ὁ Θεὸς ἐν τοῖς ἔθνεσιν διὰ τῆς διακονίας αὐτοῦ.
οἱ δὲ ἀκούσαντες ἐδόξαζον τὸν Θεόν, εἶπάν τε αὐτῷ· Θεωρεῖς, ἀδελφέ, 20
πόσαι μυριάδες εἰσὶν ἐν τοῖς Ἰουδαίοις τῶν πεπιστευκότων, καὶ πάντες
ζηλωταὶ τοῦ νόμου ὑπάρχουσιν· κατηχήθησαν δὲ περὶ σοῦ ὅτι ἀπο- 21
στασίαν διδάσκεις ἀπὸ Μωϋσέως τοὺς κατὰ τὰ ἔθνη πάντας Ἰουδαίους,
λέγων μὴ περιτέμνειν αὐτοὺς τὰ τέκνα μηδὲ τοῖς ἔθεσιν περιπατεῖν. τί 22
οὖν ἐστιν; πάντως ἀκούσονται ὅτι ἐλήλυθας. τοῦτο οὖν ποίησον ὅ σοι 23
λέγομεν· εἰσὶν ἡμῖν ἄνδρες τέσσαρες εὐχὴν ἔχοντες ἐφ' ἑαυτῶν· τούτους 24
παραλαβὼν ἁγνίσθητι σὺν αὐτοῖς, καὶ δαπάνησον ἐπ' αὐτοῖς ἵνα
ξυρήσονται τὴν κεφαλήν, καὶ γνώσονται πάντες ὅτι ὧν κατήχηνται
περὶ σοῦ οὐδέν ἐστιν, ἀλλὰ στοιχεῖς καὶ αὐτὸς φυλάσσων τὸν νόμον.
περὶ δὲ τῶν πεπιστευκότων ἐθνῶν ἡμεῖς ἐπεστείλαμεν κρίναντες φυλάσ- 25
σεσθαι αὐτοὺς τό τε εἰδωλόθυτον καὶ αἷμα [a] καὶ πνικτὸν καὶ πορνείαν.
τότε ὁ Παῦλος παραλαβὼν τοὺς ἄνδρας τῇ ἐχομένῃ ἡμέρᾳ σὺν αὐτοῖς 26
ἁγνισθεὶς εἰσῄει εἰς τὸ ἱερόν, διαγγέλλων τὴν ἐκπλήρωσιν ⌊τῶν ἡμερῶν τοῦ
ἁγνισμοῦ⌋, [b] ἕως οὗ προσηνέχθη ὑπὲρ ἑνὸς ἑκάστου αὐτῶν ἡ προσφορά.

Ω ς δὲ ἔμελλον αἱ ἑπτὰ ἡμέραι συντελεῖσθαι, οἱ ἀπὸ τῆς Ἀσίας Ἰου- 27
δαῖοι θεασάμενοι αὐτὸν ἐν τῷ ἱερῷ συνέχεον πάντα τὸν ὄχλον,
καὶ ἐπέβαλαν ἐπ' αὐτὸν τὰς χεῖρας, κράζοντες· Ἄνδρες Ἰσραηλῖται, 28

[a] om. καὶ πνικτόν   [b] Num. 6. 9–20

βοηθεῖτε· οὗτός ἐστιν ὁ ἄνθρωπος ὁ κατὰ τοῦ λαοῦ καὶ τοῦ νόμου
καὶ τοῦ τόπου τούτου πάντας πανταχῇ διδάσκων, ἔτι τε καὶ Ἕλληνας
29 εἰσήγαγεν εἰς τὸ ἱερὸν καὶ κεκοίνωκεν τὸν ἅγιον τόπον τοῦτον. ἦσαν
γὰρ προεωρακότες Τρόφιμον τὸν Ἐφέσιον ἐν τῇ πόλει σὺν αὐτῷ, ὃν
ἐνόμιζον ὅτι εἰς τὸ ἱερὸν εἰσήγαγεν ὁ Παῦλος.
30 Ἐκινήθη τε ἡ πόλις ὅλη καὶ ἐγένετο συνδρομὴ τοῦ λαοῦ, καὶ ἐπιλαβό-
μενοι τοῦ Παύλου εἷλκον αὐτὸν ἔξω τοῦ ἱεροῦ, καὶ εὐθέως ἐκλείσθησαν
31 αἱ θύραι. ζητούντων τε αὐτὸν ἀποκτεῖναι ἀνέβη φάσις τῷ χιλιάρχῳ
32 τῆς σπείρης ὅτι ὅλη συγχύννεται Ἰερουσαλήμ· ὃς ἐξαυτῆς παραλαβὼν
στρατιώτας καὶ ἑκατοντάρχας κατέδραμεν ἐπ' αὐτούς· οἱ δὲ ἰδόντες τὸν
χιλίαρχον καὶ τοὺς στρατιώτας ἐπαύσαντο τύπτοντες τὸν Παῦλον.
33 τότε ἐγγίσας ὁ χιλίαρχος ἐπελάβετο αὐτοῦ καὶ ἐκέλευσεν δεθῆναι
34 ἁλύσεσι δυσί, καὶ ἐπυνθάνετο τίς εἴη καὶ τί ἐστιν πεποιηκώς. ἄλλοι δὲ
ἄλλο τι ἐπεφώνουν ἐν τῷ ὄχλῳ· μὴ δυναμένου δὲ αὐτοῦ γνῶναι τὸ
ἀσφαλὲς διὰ τὸν θόρυβον, ἐκέλευσεν ἄγεσθαι αὐτὸν εἰς τὴν παρεμβολήν.
35 ὅτε δὲ ἐγένετο ἐπὶ τοὺς ἀναβαθμούς, συνέβη βαστάζεσθαι αὐτὸν ὑπὸ
36 τῶν στρατιωτῶν διὰ τὴν βίαν τοῦ ὄχλου· ἠκολούθει γὰρ τὸ πλῆθος τοῦ
λαοῦ κράζοντες· Αἶρε αὐτόν.
37 Μέλλων τε εἰσάγεσθαι εἰς τὴν παρεμβολὴν ὁ Παῦλος λέγει τῷ χιλι-
38 άρχῳ· Εἰ ἔξεστίν μοι εἰπεῖν τι πρὸς σέ; ὁ δὲ ἔφη· Ἑλληνιστὶ γινώσκεις;
οὐκ ἄρα σὺ εἶ ὁ Αἰγύπτιος ὁ πρὸ τούτων τῶν ἡμερῶν ἀναστατώ-
σας καὶ ἐξαγαγὼν εἰς τὴν ἔρημον τοὺς τετρακισχιλίους ἄνδρας τῶν
39 σικαρίων; εἶπεν δὲ ὁ Παῦλος· Ἐγὼ ἄνθρωπος μέν εἰμι Ἰουδαῖος,
Ταρσεὺς τῆς Κιλικίας, οὐκ ἀσήμου πόλεως πολίτης. δέομαι δέ σου,
40 ἐπίτρεψόν μοι λαλῆσαι πρὸς τὸν λαόν. ἐπιτρέψαντος δὲ αὐτοῦ ὁ
Παῦλος ἑστὼς ἐπὶ τῶν ἀναβαθμῶν κατέσεισεν τῇ χειρὶ τῷ λαῷ· πολλῆς
δὲ σιγῆς γενομένης προσεφώνησεν τῇ Ἑβραΐδι διαλέκτῳ λέγων·
22 Ἄνδρες ἀδελφοὶ καὶ πατέρες, ἀκούσατέ μου τῆς πρὸς ὑμᾶς νυνὶ ἀπο-
2 λογίας. (ἀκούσαντες δὲ ὅτι τῇ Ἑβραΐδι διαλέκτῳ προσεφώνει αὐτοῖς
3 μᾶλλον παρέσχον ἡσυχίαν. καὶ φησίν·) Ἐγώ εἰμι ἀνὴρ Ἰουδαῖος,
γεγεννημένος ἐν Ταρσῷ τῆς Κιλικίας, ἀνατεθραμμένος δὲ ἐν τῇ πόλει
ταύτῃ, παρὰ τοὺς πόδας Γαμαλιὴλ πεπαιδευμένος κατὰ ἀκρίβειαν τοῦ
πατρῴου νόμου, ζηλωτὴς ὑπάρχων τοῦ Θεοῦ καθὼς πάντες ὑμεῖς
4 ἐστε σήμερον· ὃς ταύτην τὴν ὁδὸν ἐδίωξα ἄχρι θανάτου, δεσμεύων καὶ
5 παραδιδοὺς εἰς φυλακὰς ἄνδρας τε καὶ γυναῖκας, ὡς καὶ ὁ ἀρχιερεὺς
μαρτυρεῖ μοι καὶ πᾶν τὸ πρεσβυτέριον· παρ' ὧν καὶ ἐπιστολὰς δεξά-
μενος πρὸς τοὺς ἀδελφοὺς εἰς Δαμασκὸν ἐπορευόμην, ἄξων καὶ τοὺς
6 ἐκεῖσε ὄντας δεδεμένους εἰς Ἰερουσαλὴμ ἵνα τιμωρηθῶσιν. ἐγένετο δέ
μοι πορευομένῳ καὶ ἐγγίζοντι τῇ Δαμασκῷ περὶ μεσημβρίαν ἐξαίφνης

ἐκ τοῦ οὐρανοῦ περιαστράψαι φῶς ἱκανὸν περὶ ἐμέ, ἔπεσά τε εἰς τὸ 7
ἔδαφος καὶ ἤκουσα φωνῆς λεγούσης μοι· Σαοὺλ Σαούλ, τί με διώκεις;
ἐγὼ δὲ ἀπεκρίθην· Τίς εἶ, Κύριε; εἶπέν τε πρὸς ἐμέ· Ἐγώ εἰμι Ἰησοῦς ὁ 8
Ναζωραῖος, ὃν σὺ διώκεις. οἱ δὲ σὺν ἐμοὶ ὄντες τὸ μὲν φῶς ἐθεάσαντο, 9
τὴν δὲ φωνὴν οὐκ ἤκουσαν τοῦ λαλοῦντός μοι. εἶπον δέ· Τί ποιήσω, 10
Κύριε; ὁ δὲ Κύριος εἶπεν πρός με· Ἀναστὰς πορεύου εἰς Δαμασκόν, κἀκεῖ
σοι λαληθήσεται περὶ πάντων ὧν τέτακταί σοι ποιῆσαι. ὡς δὲ οὐκ 11
ἐνέβλεπον ἀπὸ τῆς δόξης τοῦ φωτὸς ἐκείνου, χειραγωγούμενος ὑπὸ
τῶν συνόντων μοι ἦλθον εἰς Δαμασκόν.

Ἀνανίας δέ τις, ἀνὴρ εὐλαβὴς κατὰ τὸν νόμον, μαρτυρούμενος ὑπὸ 12
πάντων τῶν κατοικούντων Ἰουδαίων, ἐλθὼν πρὸς ἐμὲ καὶ ἐπιστὰς 13
εἶπέν μοι· Σαοὺλ ἀδελφέ, ἀνάβλεψον. κἀγὼ αὐτῇ τῇ ὥρᾳ ἀνέβλεψα
εἰς αὐτόν. ὁ δὲ εἶπεν· Ὁ Θεὸς τῶν πατέρων ἡμῶν προεχειρίσατό σε 14
γνῶναι τὸ θέλημα αὐτοῦ καὶ ἰδεῖν τὸν Δίκαιον καὶ ἀκοῦσαι φωνὴν ἐκ
τοῦ στόματος αὐτοῦ, ὅτι ἔσῃ μάρτυς αὐτῷ πρὸς πάντας ἀνθρώπους 15
ὧν ἑώρακας καὶ ἤκουσας. καὶ νῦν τί μέλλεις; ἀναστὰς βάπτισαι καὶ 16
ἀπόλουσαι τὰς ἁμαρτίας σου, ἐπικαλεσάμενος τὸ ὄνομα αὐτοῦ.

Ἐγένετο δέ μοι ὑποστρέψαντι εἰς Ἰερουσαλὴμ καὶ προσευχομένου 17
μου ἐν τῷ ἱερῷ γενέσθαι με ἐν ἐκστάσει, καὶ ἰδεῖν αὐτὸν λέγοντά μοι· 18
Σπεῦσον καὶ ἔξελθε ἐν τάχει ἐξ Ἰερουσαλήμ, διότι οὐ παραδέξονταί σου
μαρτυρίαν περὶ ἐμοῦ. κἀγὼ εἶπον· Κύριε, αὐτοὶ ἐπίστανται ὅτι ἐγὼ 19
ἤμην φυλακίζων καὶ δέρων κατὰ τὰς συναγωγὰς τοὺς πιστεύοντας ἐπὶ
σέ· καὶ ὅτε ἐξεχύννετο τὸ αἷμα Στεφάνου τοῦ μάρτυρός σου, καὶ αὐτὸς 20
ἤμην ἐφεστὼς καὶ συνευδοκῶν καὶ φυλάσσων τὰ ἱμάτια τῶν ἀναιρούν-
των αὐτόν. καὶ εἶπεν πρός με· Πορεύου, ὅτι ἐγὼ εἰς ἔθνη μακρὰν 21
ἐξαποστελῶ σε.

Ἤκουον δὲ αὐτοῦ ἄχρι τούτου τοῦ λόγου, καὶ ἐπῆραν τὴν φωνὴν 22
αὐτῶν λέγοντες· Αἶρε ἀπὸ τῆς γῆς τὸν τοιοῦτον· οὐ γὰρ καθῆκεν αὐτὸν
ζῆν. κραυγαζόντων τε αὐτῶν καὶ ῥιπτούντων τὰ ἱμάτια καὶ κονιορτὸν 23
βαλλόντων εἰς τὸν ἀέρα, ἐκέλευσεν ὁ χιλίαρχος εἰσάγεσθαι αὐτὸν εἰς 24
τὴν παρεμβολήν, εἴπας μάστιξιν ἀνετάζεσθαι αὐτόν, ἵνα ἐπιγνῷ δι᾽
ἣν αἰτίαν οὕτως ἐπεφώνουν αὐτῷ. ὡς δὲ προέτειναν αὐτὸν τοῖς 25
ἱμᾶσιν, εἶπεν πρὸς τὸν ἑστῶτα ἑκατόνταρχον ὁ Παῦλος· Εἰ ἄνθρωπον
Ῥωμαῖον καὶ ἀκατάκριτον ἔξεστιν ὑμῖν μαστίζειν; ἀκούσας δὲ ὁ ἑκα- 26
τοντάρχης προσελθὼν τῷ χιλιάρχῳ ἀπήγγειλεν λέγων· Τί μέλλεις
ποιεῖν; ὁ γὰρ ἄνθρωπος οὗτος Ῥωμαῖός ἐστιν. προσελθὼν δὲ ὁ χιλί- 27
αρχος εἶπεν αὐτῷ· Λέγε μοι, σὺ Ῥωμαῖος εἶ; ὁ δὲ ἔφη· Ναί. ἀπεκρίθη δὲ 28
ὁ χιλίαρχος· Ἐγὼ πολλοῦ κεφαλαίου τὴν πολιτείαν ταύτην ἐκτησάμην.
ὁ δὲ Παῦλος ἔφη· Ἐγὼ δὲ καὶ γεγέννημαι. εὐθέως οὖν ἀπέστησαν ἀπ᾽ 29

αὐτοῦ οἱ μέλλοντες αὐτὸν ἀνετάζειν· καὶ ὁ χιλίαρχος δὲ ἐφοβήθη ἐπιγνοὺς ὅτι Ῥωμαῖός ἐστιν καὶ ὅτι αὐτὸν ἦν δεδεκώς.

30 ❡ Τῇ δὲ ἐπαύριον βουλόμενος γνῶναι τὸ ἀσφαλές, τὸ τί κατηγορεῖται ὑπὸ τῶν Ἰουδαίων, ἔλυσεν αὐτόν, καὶ ἐκέλευσεν συνελθεῖν τοὺς ἀρχιερεῖς καὶ πᾶν τὸ συνέδριον, καὶ καταγαγὼν τὸν Παῦλον ἔστησεν εἰς αὐτούς.

23 Ἀτενίσας δὲ ὁ Παῦλος τῷ συνεδρίῳ εἶπεν· Ἄνδρες ἀδελφοί, ἐγὼ πάσῃ
2 συνειδήσει ἀγαθῇ πεπολίτευμαι τῷ Θεῷ ἄχρι ταύτης τῆς ἡμέρας. ὁ δὲ ἀρχιερεὺς Ἀνανίας ἐπέταξεν τοῖς παρεστῶσιν αὐτῷ τύπτειν αὐτοῦ τὸ
3 στόμα. τότε ὁ Παῦλος πρὸς αὐτὸν εἶπεν· Τύπτειν σε μέλλει ὁ Θεός, τοῖχε κεκονιαμένε· καὶ σὺ κάθῃ κρίνων με κατὰ τὸν νόμον, καὶ παρανο-
4 μῶν κελεύεις με τύπτεσθαι; οἱ δὲ παρεστῶτες εἶπαν· Τὸν ἀρχιερέα τοῦ
5 Θεοῦ λοιδορεῖς; ἔφη τε ὁ Παῦλος· Οὐκ ᾔδειν, ἀδελφοί, ὅτι ἐστὶν ἀρχιερεύς· γέγραπται γὰρ ὅτι ⌊Ἄρχοντα τοῦ λαοῦ σου οὐκ ἐρεῖς κακῶς.⌋[a]

6 Γνοὺς δὲ ὁ Παῦλος ὅτι τὸ ἓν μέρος ἐστὶν Σαδδουκαίων τὸ δὲ ἕτερον Φαρισαίων ἔκραζεν ἐν τῷ συνεδρίῳ· Ἄνδρες ἀδελφοί, ἐγὼ Φαρισαῖός εἰμι, υἱὸς Φαρισαίων· περὶ ἐλπίδος καὶ ἀναστάσεως νεκρῶν κρίνομαι.
7 τοῦτο δὲ αὐτοῦ λαλοῦντος ἐγένετο στάσις τῶν Φαρισαίων καὶ Σαδ-
8 δουκαίων, καὶ ἐσχίσθη τὸ πλῆθος. (Σαδδουκαῖοι γὰρ λέγουσιν μὴ εἶναι ἀνάστασιν μήτε ἄγγελον μήτε πνεῦμα, Φαρισαῖοι δὲ ὁμολογοῦσιν
9 τὰ ἀμφότερα.) ἐγένετο δὲ κραυγὴ μεγάλη, καὶ ἀναστάντες τινὲς τῶν γραμματέων τοῦ μέρους τῶν Φαρισαίων διεμάχοντο λέγοντες· Οὐδὲν κακὸν εὑρίσκομεν ἐν τῷ ἀνθρώπῳ τούτῳ· εἰ δὲ πνεῦμα ἐλάλησεν αὐτῷ
10 ἢ ἄγγελος; πολλῆς δὲ γινομένης στάσεως φοβηθεὶς ὁ χιλίαρχος μὴ διασπασθῇ ὁ Παῦλος ὑπ' αὐτῶν, ἐκέλευσεν τὸ στράτευμα καταβὰν ἁρπάσαι αὐτὸν ἐκ μέσου αὐτῶν ἄγειν τε εἰς τὴν παρεμβολήν.

11 Τῇ δὲ ἐπιούσῃ νυκτὶ ἐπιστὰς αὐτῷ ὁ Κύριος εἶπεν· Θάρσει· ὡς γὰρ διεμαρτύρω τὰ περὶ ἐμοῦ εἰς Ἰερουσαλήμ, οὕτω σε δεῖ καὶ εἰς Ῥώμην μαρτυρῆσαι.

12 Γενομένης δὲ ἡμέρας ποιήσαντες συστροφὴν οἱ Ἰουδαῖοι ἀνεθεμάτισαν ἑαυτούς, λέγοντες μήτε φαγεῖν μήτε πεῖν ἕως οὗ ἀποκτείνωσιν τὸν
13 Παῦλον. ἦσαν δὲ πλείους τεσσεράκοντα οἱ ταύτην τὴν συνωμοσίαν
14 ποιησάμενοι· οἵτινες προσελθόντες τοῖς ἀρχιερεῦσιν καὶ τοῖς πρεσβυτέροις εἶπαν· Ἀναθέματι ἀνεθεματίσαμεν ἑαυτοὺς μηδενὸς γεύσασθαι
15 ἕως οὗ ἀποκτείνωμεν τὸν Παῦλον. νῦν οὖν ὑμεῖς ἐμφανίσατε τῷ χιλιάρχῳ σὺν τῷ συνεδρίῳ ὅπως καταγάγῃ αὐτὸν εἰς ὑμᾶς ὡς μέλλοντας

[a] Ex. 22. 28

διαγινώσκειν ἀκριβέστερον τὰ περὶ αὐτοῦ· ἡμεῖς δὲ πρὸ τοῦ ἐγγίσαι αὐτὸν ἕτοιμοί ἐσμεν τοῦ ἀνελεῖν αὐτόν.

Ἀκούσας δὲ ὁ υἱὸς τῆς ἀδελφῆς Παύλου τὴν ἐνέδραν, παραγενόμενος 16 καὶ εἰσελθὼν εἰς τὴν παρεμβολὴν ἀπήγγειλεν τῷ Παύλῳ. προσκαλεσά- 17 μενος δὲ ὁ Παῦλος ἕνα τῶν ἑκατονταρχῶν ἔφη· Τὸν νεανίαν τοῦτον ἄπαγε πρὸς τὸν χιλίαρχον, ἔχει γὰρ ἀπαγγεῖλαί τι αὐτῷ. ὁ μὲν οὖν 18 παραλαβὼν αὐτὸν ἤγαγεν πρὸς τὸν χιλίαρχον καὶ φησίν· Ὁ δέσμιος Παῦλος προσκαλεσάμενός με ἠρώτησεν τοῦτον τὸν νεανίσκον ἀγαγεῖν πρὸς σέ, ἔχοντά τι λαλῆσαί σοι. ἐπιλαβόμενος δὲ τῆς χειρὸς αὐτοῦ ὁ 19 χιλίαρχος καὶ ἀναχωρήσας κατ' ἰδίαν ἐπυνθάνετο· Τί ἐστιν ὃ ἔχεις ἀπαγγεῖλαί μοι; εἶπεν δὲ ὅτι Οἱ Ἰουδαῖοι συνέθεντο τοῦ ἐρωτῆσαί σε 20 ὅπως αὔριον τὸν Παῦλον καταγάγῃς εἰς τὸ συνέδριον ὡς μέλλων τι ἀκριβέστερον πυνθάνεσθαι περὶ αὐτοῦ. σὺ οὖν μὴ πεισθῇς αὐτοῖς· 21 ἐνεδρεύουσιν γὰρ αὐτὸν ἐξ αὐτῶν ἄνδρες πλείους τεσσεράκοντα, οἵτινες ἀνεθεμάτισαν ἑαυτοὺς μήτε φαγεῖν μήτε πεῖν ἕως οὗ ἀνέλωσιν αὐτόν, καὶ νῦν εἰσιν ἕτοιμοι προσδεχόμενοι τὴν ἀπὸ σοῦ ἐπαγγελίαν. ὁ μὲν 22 οὖν χιλίαρχος ἀπέλυσε τὸν νεανίσκον, παραγγείλας μηδενὶ ἐκλαλῆσαι ὅτι ταῦτα ἐνεφάνισας πρὸς ἐμέ.

Καὶ προσκαλεσάμενός τινας δύο τῶν ἑκατονταρχῶν εἶπεν· Ἑτοιμά- 23 σατε στρατιώτας διακοσίους ὅπως πορευθῶσιν ἕως Καισαρείας, καὶ ἱππεῖς ἑβδομήκοντα καὶ δεξιολάβους διακοσίους, ἀπὸ τρίτης ὥρας τῆς νυκτός, κτήνη τε παραστῆσαι, ἵνα ἐπιβιβάσαντες τὸν Παῦλον διασώ- 24 σωσι πρὸς Φήλικα τὸν ἡγεμόνα, γράψας ἐπιστολὴν ἔχουσαν τὸν 25 τύπον τοῦτον·

Κλαύδιος Λυσίας τῷ κρατίστῳ ἡγεμόνι Φήλικι χαίρειν. τὸν ἄνδρα 26 27 τοῦτον συλλημφθέντα ὑπὸ τῶν Ἰουδαίων καὶ μέλλοντα ἀναιρεῖσθαι ὑπ' αὐτῶν ἐπιστὰς σὺν τῷ στρατεύματι ἐξειλάμην, μαθὼν ὅτι Ῥωμαῖός ἐστιν· βουλόμενός τε ἐπιγνῶναι τὴν αἰτίαν δι' ἣν ἐνεκάλουν αὐτῷ, 28 κατήγαγον εἰς τὸ συνέδριον αὐτῶν· ὃν εὗρον ἐγκαλούμενον περὶ 29 ζητημάτων τοῦ νόμου αὐτῶν, μηδὲν δὲ ἄξιον θανάτου ἢ δεσμῶν ἔχοντα ἔγκλημα. μηνυθείσης δέ μοι ἐπιβουλῆς εἰς τὸν ἄνδρα ἔσεσθαι, ἐξαυτῆς 30 ἔπεμψα πρὸς σέ, παραγγείλας καὶ τοῖς κατηγόροις λέγειν πρὸς αὐτὸν ἐπὶ σοῦ.[a]

Οἱ μὲν οὖν στρατιῶται κατὰ τὸ διατεταγμένον αὐτοῖς ἀναλαβόντες 31 τὸν Παῦλον ἤγαγον διὰ νυκτὸς εἰς τὴν Ἀντιπατρίδα· τῇ δὲ ἐπαύριον 32 ἐάσαντες τοὺς ἱππεῖς ἀπέρχεσθαι σὺν αὐτῷ, ὑπέστρεψαν εἰς τὴν παρεμ- βολήν· οἵτινες εἰσελθόντες εἰς τὴν Καισάρειαν καὶ ἀναδόντες τὴν ἐπι- 33 στολὴν τῷ ἡγεμόνι, παρέστησαν καὶ τὸν Παῦλον αὐτῷ. ἀναγνοὺς δὲ 34

[a] add ἔρρωσο.

καὶ ἐπερωτήσας ἐκ ποίας ἐπαρχείας ἐστίν, καὶ πυθόμενος ὅτι ἀπὸ
35 Κιλικίας, Διακούσομαί σου, ἔφη, ὅταν καὶ οἱ κατήγοροί σου παρα-
γένωνται· κελεύσας ἐν τῷ πραιτωρίῳ τοῦ Ἡρῴδου φυλάσσεσθαι
αὐτόν.

24 ℭ Μετὰ δὲ πέντε ἡμέρας κατέβη ὁ ἀρχιερεὺς Ἀνανίας μετὰ πρεσβυτέρων
τινῶν καὶ ῥήτορος Τερτύλλου τινός, οἵτινες ἐνεφάνισαν τῷ ἡγεμόνι
2 κατὰ τοῦ Παύλου. κληθέντος δὲ αὐτοῦ ἤρξατο κατηγορεῖν ὁ Τέρτυλλος
λέγων·

Πολλῆς εἰρήνης τυγχάνοντες διὰ σοῦ καὶ διορθωμάτων γινομένων
3 τῷ ἔθνει τούτῳ διὰ τῆς σῆς προνοίας πάντη τε καὶ πανταχοῦ, ἀποδεχό-
4 μεθα, κράτιστε Φῆλιξ, μετὰ πάσης εὐχαριστίας. ἵνα δὲ μὴ ἐπὶ πλεῖόν σε
ἐγκόπτω, παρακαλῶ ἀκοῦσαί σε ἡμῶν συντόμως τῇ σῇ ἐπιεικείᾳ.
5 εὑρόντες γὰρ τὸν ἄνδρα τοῦτον λοιμὸν καὶ κινοῦντα στάσεις πᾶσιν τοῖς
Ἰουδαίοις τοῖς κατὰ τὴν οἰκουμένην πρωτοστάτην τε τῆς τῶν Ναζω-
6 ραίων αἱρέσεως, ὃς καὶ τὸ ἱερὸν ἐπείρασεν βεβηλῶσαι, ὃν καὶ ἐκρατήσα-
8 μεν,ᵃ παρ' οὗ δυνήσῃ αὐτὸς ἀνακρίνας περὶ πάντων τούτων ἐπιγνῶναι
9 ὧν ἡμεῖς κατηγοροῦμεν αὐτοῦ. συνεπέθεντο δὲ καὶ οἱ Ἰουδαῖοι φάσκον-
τες ταῦτα οὕτως ἔχειν.

10 Ἀπεκρίθη τε ὁ Παῦλος, νεύσαντος αὐτῷ τοῦ ἡγεμόνος λέγειν· Ἐκ
πολλῶν ἐτῶν ὄντα σε κριτὴν τῷ ἔθνει τούτῳ ἐπιστάμενος εὐθύμως τὰ
11 περὶ ἐμαυτοῦ ἀπολογοῦμαι, δυναμένου σου ἐπιγνῶναι ὅτι οὐ πλείους
εἰσίν μοι ἡμέραι δώδεκα ἀφ' ἧς ἀνέβην προσκυνήσων εἰς Ἰερουσαλήμ.
12 καὶ οὔτε ἐν τῷ ἱερῷ εὗρόν με πρός τινα διαλεγόμενον ἢ ἐπίστασιν
13 ποιοῦντα ὄχλου, οὔτε ἐν ταῖς συναγωγαῖς οὔτε κατὰ τὴν πόλιν, οὐδὲ
14 παραστῆσαι δύνανταί σοι περὶ ὧν νυνὶ κατηγοροῦσίν μου. ὁμολογῶ
δὲ τοῦτό σοι, ὅτι κατὰ τὴν ὁδόν (ἣν λέγουσιν αἵρεσιν) οὕτως λατρεύω
τῷ πατρῴῳ Θεῷ, πιστεύων πᾶσι τοῖς κατὰ τὸν νόμον καὶ τοῖς ἐν τοῖς
15 προφήταις γεγραμμένοις, ἐλπίδα ἔχων εἰς τὸν Θεόν, ἣν καὶ αὐτοὶ οὗτοι
16 προσδέχονται, ἀνάστασιν μέλλειν ἔσεσθαι δικαίων τε καὶ ἀδίκων. ἐν
τούτῳ καὶ αὐτὸς ἀσκῶ ἀπρόσκοπον συνείδησιν ἔχειν πρὸς τὸν Θεὸν
καὶ τοὺς ἀνθρώπους διὰ παντός.

17 Δι' ἐτῶν δὲ πλειόνων ἐλεημοσύνας ποιήσων εἰς τὸ ἔθνος μου παρεγενό-
18 μην καὶ προσφοράς, ἐν αἷς εὗρόν με ἡγνισμένον ἐν τῷ ἱερῷ, οὐ μετὰ
19 ὄχλου οὐδὲ μετὰ θορύβου, τινὲς δὲ ἀπὸ τῆς Ἀσίας Ἰουδαῖοι, οὓς ἔδει
20 ἐπὶ σοῦ παρεῖναι καὶ κατηγορεῖν εἴ τι ἔχοιεν πρὸς ἐμέ. ἢ αὐτοὶ οὗτοι

[a] add καὶ κατὰ τὸν ἡμέτερον νόμον ἠθελήσαμεν κρίνειν. (7) παρελθὼν δὲ Λυσίας ὁ
χιλίαρχος μετὰ πολλῆς βίας ἐκ τῶν χειρῶν ἡμῶν ἀπήγαγε, (8) κελεύσας τοὺς κατηγό-
ρους αὐτοῦ ἔρχεσθαι ἐπὶ σέ·

εἰπάτωσαν τί εὗρον ἀδίκημα στάντος μου ἐπὶ τοῦ συνεδρίου, ἢ περὶ 21
μιᾶς ταύτης φωνῆς ἧς ἐκέκραξα ἐν αὐτοῖς ἑστὼς ὅτι Περὶ ἀναστάσεως
νεκρῶν ἐγὼ κρίνομαι σήμερον ἐφ' ὑμῶν.

Ἀνεβάλετο δὲ αὐτοὺς ὁ Φῆλιξ, ἀκριβέστερον εἰδὼς τὰ περὶ τῆς ὁδοῦ, 22
εἴπας· Ὅταν Λυσίας ὁ χιλίαρχος καταβῇ, διαγνώσομαι τὰ καθ' ὑμᾶς·
διαταξάμενος τῷ ἑκατοντάρχῃ τηρεῖσθαι αὐτὸν ἔχειν τε ἄνεσιν καὶ 23
μηδένα κωλύειν τῶν ἰδίων αὐτοῦ ὑπηρετεῖν αὐτῷ.

Μετὰ δὲ ἡμέρας τινὰς παραγενόμενος ὁ Φῆλιξ σὺν Δρουσίλλῃ τῇ 24
ἰδίᾳ γυναικὶ οὔσῃ Ἰουδαίᾳ μετεπέμψατο τὸν Παῦλον, καὶ ἤκουσεν
αὐτοῦ περὶ τῆς εἰς Χριστὸν Ἰησοῦν πίστεως. διαλεγομένου δὲ αὐτοῦ 25
περὶ δικαιοσύνης καὶ ἐγκρατείας καὶ τοῦ κρίματος τοῦ μέλλοντος
ἔμφοβος γενόμενος ὁ Φῆλιξ ἀπεκρίθη· Τὸ νῦν ἔχον πορεύου, καιρὸν δὲ
μεταλαβὼν μετακαλέσομαί σε· ἅμα καὶ ἐλπίζων ὅτι χρήματα δοθήσεται 26
αὐτῷ ὑπὸ τοῦ Παύλου· διὸ καὶ πυκνότερον αὐτὸν μεταπεμπόμενος
ὡμίλει αὐτῷ. διετίας δὲ πληρωθείσης ἔλαβεν διάδοχον ὁ Φῆλιξ Πόρκιον 27
Φῆστον· θέλων τε χάριτα καταθέσθαι τοῖς Ἰουδαίοις ὁ Φῆλιξ κατέλιπε
τὸν Παῦλον δεδεμένον.

℃ Φῆστος οὖν ἐπιβὰς τῷ ἐπαρχείῳ μετὰ τρεῖς ἡμέρας ἀνέβη εἰς 25
Ἱεροσόλυμα ἀπὸ Καισαρείας, ἐνεφάνισάν τε αὐτῷ οἱ ἀρχιερεῖς καὶ οἱ 2
πρῶτοι τῶν Ἰουδαίων κατὰ τοῦ Παύλου, καὶ παρεκάλουν αὐτὸν
αἰτούμενοι χάριν κατ' αὐτοῦ, ὅπως μεταπέμψηται αὐτὸν εἰς Ἱερουσα- 3
λήμ, ἐνέδραν ποιοῦντες ἀνελεῖν αὐτὸν κατὰ τὴν ὁδόν. ὁ μὲν οὖν Φῆστος 4
ἀπεκρίθη τηρεῖσθαι τὸν Παῦλον εἰς Καισάρειαν, ἑαυτὸν δὲ μέλλειν ἐν
τάχει ἐκπορεύεσθαι· Οἱ οὖν ἐν ὑμῖν, φησίν, δυνατοὶ συγκαταβάντες, εἴ 5
τί ἐστιν ἐν τῷ ἀνδρὶ ἄτοπον, κατηγορείτωσαν αὐτοῦ.

Διατρίψας δὲ ἐν αὐτοῖς ἡμέρας οὐ πλείους ὀκτὼ ἢ δέκα, καταβὰς εἰς 6
Καισάρειαν, τῇ ἐπαύριον καθίσας ἐπὶ τοῦ βήματος ἐκέλευσεν τὸν
Παῦλον ἀχθῆναι. παραγενομένου δὲ αὐτοῦ περιέστησαν αὐτὸν οἱ ἀπὸ 7
Ἱεροσολύμων καταβεβηκότες Ἰουδαῖοι, πολλὰ καὶ βαρέα αἰτιώματα
καταφέροντες, ἃ οὐκ ἴσχυον ἀποδεῖξαι, τοῦ Παύλου ἀπολογουμένου 8
ὅτι Οὔτε εἰς τὸν νόμον τῶν Ἰουδαίων οὔτε εἰς τὸ ἱερὸν οὔτε εἰς Καίσαρά
τι ἥμαρτον. ὁ Φῆστος δὲ θέλων τοῖς Ἰουδαίοις χάριν καταθέσθαι, 9
ἀποκριθεὶς τῷ Παύλῳ εἶπεν· Θέλεις εἰς Ἱεροσόλυμα ἀναβὰς ἐκεῖ περὶ
τούτων κριθῆναι ἐπ' ἐμοῦ; εἶπεν δὲ ὁ Παῦλος· Ἑστὼς ἐπὶ τοῦ βήματος 10
Καίσαρός εἰμι, οὗ με δεῖ κρίνεσθαι. Ἰουδαίους οὐδὲν ἠδίκηκα, ὡς καὶ σὺ
κάλλιον ἐπιγινώσκεις. εἰ μὲν οὖν ἀδικῶ καὶ ἄξιον θανάτου πέπραχά τι, 11
οὐ παραιτοῦμαι τὸ ἀποθανεῖν· εἰ δὲ οὐδέν ἐστιν ὧν οὗτοι κατηγοροῦσίν
μου, οὐδείς με δύναται αὐτοῖς χαρίσασθαι· Καίσαρα ἐπικαλοῦμαι. τότε 12

ὁ Φῆστος συλλαλήσας μετὰ τοῦ συμβουλίου ἀπεκρίθη· Καίσαρα ἐπικέκλησαι, ἐπὶ Καίσαρα πορεύσῃ.

13 Ἡμερῶν δὲ διαγενομένων τινῶν Ἀγρίππας ὁ βασιλεὺς καὶ Βερνίκη
14 κατήντησαν εἰς Καισάρειαν ἀσπασάμενοι τὸν Φῆστον. ὡς δὲ πλείους ἡμέρας διέτριβον ἐκεῖ, ὁ Φῆστος τῷ βασιλεῖ ἀνέθετο τὰ κατὰ τὸν Παῦλον λέγων· Ἀνήρ τίς ἐστιν καταλελειμμένος ὑπὸ Φήλικος δέσμιος,
15 περὶ οὗ γενομένου μου εἰς Ἱεροσόλυμα ἐνεφάνισαν οἱ ἀρχιερεῖς καὶ οἱ
16 πρεσβύτεροι τῶν Ἰουδαίων, αἰτούμενοι κατ᾽ αὐτοῦ καταδίκην· πρὸς οὓς ἀπεκρίθην ὅτι Οὐκ ἔστιν ἔθος Ῥωμαίοις χαρίζεσθαί τινα ἄνθρωπον πρὶν ἢ ὁ κατηγορούμενος κατὰ πρόσωπον ἔχοι τοὺς κατηγόρους τόπον
17 τε ἀπολογίας λάβοι περὶ τοῦ ἐγκλήματος. συνελθόντων οὖν αὐτῶν ἐνθάδε ἀναβολὴν μηδεμίαν ποιησάμενος τῇ ἑξῆς καθίσας ἐπὶ τοῦ βήματος
18 ἐκέλευσα ἀχθῆναι τὸν ἄνδρα· περὶ οὗ σταθέντες οἱ κατήγοροι οὐδεμίαν
19 αἰτίαν ἔφερον ὧν ἐγὼ ὑπενόουν πονηρῶν, ζητήματα δέ τινα περὶ τῆς ἰδίας δεισιδαιμονίας εἶχον πρὸς αὐτὸν καὶ περί τινος Ἰησοῦ τεθνηκότος,
20 ὃν ἔφασκεν ὁ Παῦλος ζῆν. ἀπορούμενος δὲ ἐγὼ τὴν περὶ τούτων ζήτησιν ἔλεγον εἰ βούλοιτο πορεύεσθαι εἰς Ἱεροσόλυμα κἀκεῖ κρίνεσθαι
21 περὶ τούτων. τοῦ δὲ Παύλου ἐπικαλεσαμένου τηρηθῆναι αὐτὸν εἰς τὴν τοῦ Σεβαστοῦ διάγνωσιν, ἐκέλευσα τηρεῖσθαι αὐτὸν ἕως οὗ ἀναπέμψω
22 αὐτὸν πρὸς Καίσαρα. Ἀγρίππας δὲ πρὸς τὸν Φῆστον· Ἐβουλόμην καὶ αὐτὸς τοῦ ἀνθρώπου ἀκοῦσαι. Αὔριον, φησίν, ἀκούσῃ αὐτοῦ.

23 Τῇ οὖν ἐπαύριον ἐλθόντος τοῦ Ἀγρίππα καὶ τῆς Βερνίκης μετὰ πολλῆς φαντασίας καὶ εἰσελθόντων εἰς τὸ ἀκροατήριον σύν τε χιλιάρχοις καὶ ἀνδράσιν τοῖς κατ᾽ ἐξοχὴν τῆς πόλεως, καὶ κελεύσαντος τοῦ Φήστου
24 ἤχθη ὁ Παῦλος. καί φησιν ὁ Φῆστος· Ἀγρίππα βασιλεῦ καὶ πάντες οἱ συμπαρόντες ἡμῖν ἄνδρες, θεωρεῖτε τοῦτον περὶ οὗ ἅπαν τὸ πλῆθος τῶν Ἰουδαίων ἐνέτυχόν μοι ἔν τε Ἱεροσολύμοις καὶ ἐνθάδε, βοῶντες μὴ δεῖν
25 αὐτὸν ζῆν μηκέτι. ἐγὼ δὲ κατελαβόμην μηδὲν ἄξιον αὐτὸν θανάτου πεπραχέναι, αὐτοῦ δὲ τούτου ἐπικαλεσαμένου τὸν Σεβαστὸν ἔκρινα
26 πέμπειν. περὶ οὗ ἀσφαλές τι γράψαι τῷ κυρίῳ οὐκ ἔχω· διὸ προήγαγον αὐτὸν ἐφ᾽ ὑμῶν καὶ μάλιστα ἐπὶ σοῦ, βασιλεῦ Ἀγρίππα, ὅπως τῆς
27 ἀνακρίσεως γενομένης σχῶ τί γράψω· ἄλογον γάρ μοι δοκεῖ πέμποντα δέσμιον μὴ καὶ τὰς κατ᾽ αὐτοῦ αἰτίας σημᾶναι.

26 Ἀγρίππας δὲ πρὸς τὸν Παῦλον ἔφη· Ἐπιτρέπεταί σοι ὑπὲρ σεαυτοῦ λέγειν. τότε ὁ Παῦλος ἐκτείνας τὴν χεῖρα ἀπελογεῖτο.

2 Περὶ πάντων ὧν ἐγκαλοῦμαι ὑπὸ Ἰουδαίων, βασιλεῦ Ἀγρίππα, ἥγημαι ἐμαυτὸν μακάριον ἐπὶ σοῦ μέλλων σήμερον ἀπολογεῖσθαι,
3 μάλιστα γνώστην ὄντα σε πάντων τῶν κατὰ Ἰουδαίους ἐθῶν τε καὶ ζητημάτων· διὸ δέομαι μακροθύμως ἀκοῦσαί μου.

Τὴν μὲν οὖν βίωσίν μου ἐκ νεότητος τὴν ἀπ' ἀρχῆς γενομένην ἐν τῷ 4
ἔθνει μου ἔν τε Ἱεροσολύμοις ἴσασι πάντες Ἰουδαῖοι, προγινώσκοντές 5
με ἄνωθεν, ἐὰν θέλωσι μαρτυρεῖν, ὅτι κατὰ τὴν ἀκριβεστάτην αἵρεσιν
τῆς ἡμετέρας θρησκείας ἔζησα Φαρισαῖος. καὶ νῦν ἐπ' ἐλπίδι τῆς εἰς 6
τοὺς πατέρας ἡμῶν ἐπαγγελίας γενομένης ὑπὸ τοῦ Θεοῦ ἕστηκα
κρινόμενος, εἰς ἣν τὸ δωδεκάφυλον ἡμῶν ἐν ἐκτενείᾳ νύκτα καὶ ἡμέραν 7
λατρεῦον ἐλπίζει καταντῆσαι· περὶ ἧς ἐλπίδος ἐγκαλοῦμαι ὑπὸ Ἰου-
δαίων, βασιλεῦ. τί ἄπιστον κρίνεται παρ' ὑμῖν εἰ ὁ Θεὸς νεκροὺς 8
ἐγείρει;

Ἐγὼ μὲν οὖν ἔδοξα ἐμαυτῷ πρὸς τὸ ὄνομα Ἰησοῦ τοῦ Ναζωραίου 9
δεῖν πολλὰ ἐναντία πρᾶξαι· ὃ καὶ ἐποίησα ἐν Ἱεροσολύμοις. καὶ πολ- 10
λοὺς τῶν ἁγίων ἐγὼ ἐν φυλακαῖς κατέκλεισα τὴν παρὰ τῶν ἀρχιερέων
ἐξουσίαν λαβών, ἀναιρουμένων τε αὐτῶν κατήνεγκα ψῆφον. καὶ 11
κατὰ πάσας τὰς συναγωγὰς πολλάκις τιμωρῶν αὐτοὺς ἠνάγκαζον
βλασφημεῖν, περισσῶς τε ἐμμαινόμενος αὐτοῖς ἐδίωκον ἕως καὶ εἰς τὰς
ἔξω πόλεις.

Ἐν οἷς πορευόμενος εἰς τὴν Δαμασκὸν μετ' ἐξουσίας καὶ ἐπιτροπῆς τῆς 12
τῶν ἀρχιερέων, ἡμέρας μέσης κατὰ τὴν ὁδὸν εἶδον, βασιλεῦ, οὐρανόθεν 13
ὑπὲρ τὴν λαμπρότητα τοῦ ἡλίου περιλάμψαν με φῶς καὶ τοὺς σὺν ἐμοὶ
πορευομένους· πάντων τε καταπεσόντων ἡμῶν εἰς τὴν γῆν ἤκουσα 14
φωνὴν λέγουσαν πρός με τῇ Ἑβραΐδι διαλέκτῳ· Σαούλ, Σαούλ, τί με
διώκεις; σκληρόν σοι πρὸς κέντρα λακτίζειν. ἐγὼ δὲ εἶπα· Τίς εἶ, 15
Κύριε; ὁ δὲ Κύριος εἶπεν· Ἐγώ εἰμι Ἰησοῦς ὃν σὺ διώκεις. ἀλλὰ 16
ἀνάστηθι καὶ ⌊στῆθι ἐπὶ τοὺς πόδας σου⌋·[a] εἰς τοῦτο γὰρ ὤφθην σοι,
προχειρίσασθαί σε ὑπηρέτην καὶ μάρτυρα ὧν τε εἶδές με ὧν τε ὀφθή-
σομαί σοι, ⌊ἐξαιρούμενός σε⌋ ἐκ τοῦ λαοῦ καὶ ⌊ἐκ τῶν ἐθνῶν, εἰς οὓς 17
ἐγὼ ἀποστέλλω σε⌋,[b] ⌊ἀνοῖξαι ὀφθαλμοὺς⌋ αὐτῶν, τοῦ ἐπιστρέψαι ⌊ἀπὸ 18
σκότους εἰς φῶς⌋[c] καὶ τῆς ἐξουσίας τοῦ Σατανᾶ ἐπὶ τὸν Θεόν, τοῦ λαβεῖν
αὐτοὺς ἄφεσιν ἁμαρτιῶν καὶ κλῆρον ἐν τοῖς ἡγιασμένοις πίστει τῇ
εἰς ἐμέ.

Ὅθεν, βασιλεῦ Ἀγρίππα, οὐκ ἐγενόμην ἀπειθὴς τῇ οὐρανίῳ ὀπτα- 19
σίᾳ, ἀλλὰ τοῖς ἐν Δαμασκῷ πρῶτόν τε καὶ Ἱεροσολύμοις πᾶσάν τε 20
τὴν χώραν τῆς Ἰουδαίας, καὶ τοῖς ἔθνεσιν ἀπήγγελλον μετανοεῖν καὶ
ἐπιστρέφειν ἐπὶ τὸν Θεόν, ἄξια τῆς μετανοίας ἔργα πράσσοντας.
ἕνεκα τούτων με Ἰουδαῖοι συλλαβόμενοι ἐν τῷ ἱερῷ ἐπειρῶντο δια- 21
χειρίσασθαι. ἐπικουρίας οὖν τυχὼν τῆς ἀπὸ τοῦ Θεοῦ ἄχρι τῆς 22
ἡμέρας ταύτης ἕστηκα μαρτυρόμενος μικρῷ τε καὶ μεγάλῳ, οὐδὲν ἐκτὸς
λέγων ὧν τε οἱ προφῆται ἐλάλησαν μελλόντων γίνεσθαι καὶ Μωϋσῆς,

[a] Ezk. 2. 1   [b] Jer. 1. 7   [c] Is. 35. 5; 42. 7, 16

23 εἰ παθητὸς ὁ Χριστός, εἰ πρῶτος ἐξ ἀναστάσεως νεκρῶν φῶς μέλλει καταγγέλλειν τῷ τε λαῷ καὶ τοῖς ἔθνεσιν.

24 Ταῦτα δὲ αὐτοῦ ἀπολογουμένου ὁ Φῆστος μεγάλῃ τῇ φωνῇ φησιν· 25 Μαίνῃ, Παῦλε· τὰ πολλά σε γράμματα εἰς μανίαν περιτρέπει. ὁ δὲ Παῦλος· Οὐ μαίνομαι, φησίν, κράτιστε Φῆστε, ἀλλὰ ἀληθείας καὶ 26 σωφροσύνης ῥήματα ἀποφθέγγομαι. ἐπίσταται γὰρ περὶ τούτων ὁ βασιλεύς, πρὸς ὃν καὶ παρρησιαζόμενος λαλῶ· λανθάνειν γὰρ αὐτὸν τούτων οὐ πείθομαι οὐθέν· οὐ γάρ ἐστιν ἐν γωνίᾳ πεπραγμένον τοῦτο. 27 28 πιστεύεις, βασιλεῦ Ἀγρίππα, τοῖς προφήταις; οἶδα ὅτι πιστεύεις. ὁ δὲ Ἀγρίππας πρὸς τὸν Παῦλον· Ἐν ὀλίγῳ με πείθεις Χριστιανὸν ποιῆσαι. 29 ὁ δὲ Παῦλος· Εὐξαίμην ἂν τῷ Θεῷ καὶ ἐν ὀλίγῳ καὶ ἐν μεγάλῳ οὐ μόνον σὲ ἀλλὰ καὶ πάντας τοὺς ἀκούοντάς μου σήμερον γενέσθαι τοιούτους ὁποῖος καὶ ἐγώ εἰμι, παρεκτὸς τῶν δεσμῶν τούτων.

30 Ἀνέστη τε ὁ βασιλεὺς καὶ ὁ ἡγεμὼν ἥ τε Βερνίκη καὶ οἱ συγκαθήμενοι 31 αὐτοῖς, καὶ ἀναχωρήσαντες ἐλάλουν πρὸς ἀλλήλους λέγοντες ὅτι Οὐδὲν 32 θανάτου ἢ δεσμῶν ἄξιον πράσσει ὁ ἄνθρωπος οὗτος. Ἀγρίππας δὲ τῷ Φήστῳ ἔφη· Ἀπολελύσθαι ἐδύνατο ὁ ἄνθρωπος οὗτος εἰ μὴ ἐπεκέκλητο Καίσαρα.

27 ❡ Ὡς δὲ ἐκρίθη τοῦ ἀποπλεῖν ἡμᾶς εἰς τὴν Ἰταλίαν, παρεδίδουν τόν τε Παῦλον καί τινας ἑτέρους δεσμώτας ἑκατοντάρχῃ ὀνόματι Ἰουλίῳ 2 σπείρης Σεβαστῆς. ἐπιβάντες δὲ πλοίῳ Ἀδραμυττηνῷ μέλλοντι πλεῖν εἰς τοὺς κατὰ τὴν Ἀσίαν τόπους ἀνήχθημεν, ὄντος σὺν ἡμῖν Ἀριστάρχου 3 Μακεδόνος Θεσσαλονικέως· τῇ τε ἑτέρᾳ κατήχθημεν εἰς Σιδῶνα, φιλανθρώπως τε ὁ Ἰούλιος τῷ Παύλῳ χρησάμενος ἐπέτρεψεν πρὸς τοὺς 4 φίλους πορευθέντι ἐπιμελείας τυχεῖν. κἀκεῖθεν ἀναχθέντες ὑπεπλεύσα- 5 μεν τὴν Κύπρον διὰ τὸ τοὺς ἀνέμους εἶναι ἐναντίους, τό τε πέλαγος τὸ κατὰ τὴν Κιλικίαν καὶ Παμφυλίαν διαπλεύσαντες κατήλθαμεν εἰς Μύρα τῆς Λυκίας.

6 Κἀκεῖ εὑρὼν ὁ ἑκατοντάρχης πλοῖον Ἀλεξανδρῖνον πλέον εἰς τὴν 7 Ἰταλίαν ἐνεβίβασεν ἡμᾶς εἰς αὐτό. ἐν ἱκαναῖς δὲ ἡμέραις βραδυπλοοῦν- τες καὶ μόλις γενόμενοι κατὰ τὴν Κνίδον, μὴ προσεῶντος ἡμᾶς τοῦ 8 ἀνέμου, ὑπεπλεύσαμεν τὴν Κρήτην κατὰ Σαλμώνην, μόλις τε παραλεγό- μενοι αὐτὴν ἤλθομεν εἰς τόπον τινὰ καλούμενον Καλοὺς Λιμένας, ᾧ ἐγγὺς ἦν πόλις Λασαία.

9 Ἱκανοῦ δὲ χρόνου διαγενομένου καὶ ὄντος ἤδη ἐπισφαλοῦς τοῦ πλοὸς 10 διὰ τὸ καὶ τὴν Νηστείαν ἤδη παρεληλυθέναι, παρῄνει ὁ Παῦλος λέγων αὐτοῖς· Ἄνδρες, θεωρῶ ὅτι μετὰ ὕβρεως καὶ πολλῆς ζημίας οὐ μόνον τοῦ φορτίου καὶ τοῦ πλοίου ἀλλὰ καὶ τῶν ψυχῶν ἡμῶν μέλλειν ἔσεσθαι τὸν

πλοῦν. ὁ δὲ ἑκατοντάρχης τῷ κυβερνήτῃ καὶ τῷ ναυκλήρῳ μᾶλλον 11
ἐπείθετο ἢ τοῖς ὑπὸ Παύλου λεγομένοις. ἀνευθέτου δὲ τοῦ λιμένος 12
ὑπάρχοντος πρὸς παραχειμασίαν οἱ πλείονες ἔθεντο βουλὴν ἀναχθῆναι
ἐκεῖθεν, εἴ πως δύναιντο καταντήσαντες εἰς Φοίνικα παραχειμάσαι, λιμένα
τῆς Κρήτης βλέποντα κατὰ λίβα καὶ κατὰ χῶρον. ὑποπνεύσαντος δὲ 13
νότου δόξαντες τῆς προθέσεως κεκρατηκέναι, ἄραντες ἆσσον παρελέ-
γοντο τὴν Κρήτην. μετ' οὐ πολὺ δὲ ἔβαλεν κατ' αὐτῆς ἄνεμος τυφωνι- 14
κὸς ὁ καλούμενος Εὐρακύλων· συναρπασθέντος δὲ τοῦ πλοίου καὶ μὴ 15
δυναμένου ἀντοφθαλμεῖν τῷ ἀνέμῳ ἐπιδόντες ἐφερόμεθα. νησίον δέ τι 16
ὑποδραμόντες καλούμενον Καῦδα ἰσχύσαμεν μόλις περικρατεῖς γενέσθαι
τῆς σκάφης, ἣν ἄραντες βοηθείαις ἐχρῶντο, ὑποζωννύντες τὸ πλοῖον· 17
φοβούμενοί τε μὴ εἰς τὴν Σύρτιν ἐκπέσωσιν, χαλάσαντες τὸ σκεῦος,
οὕτως ἐφέροντο. σφοδρῶς δὲ χειμαζομένων ἡμῶν τῇ ἑξῆς ἐκβολὴν 18
ἐποιοῦντο, καὶ τῇ τρίτῃ αὐτόχειρες τὴν σκευὴν τοῦ πλοίου ἔρριψαν. 19
μήτε δὲ ἡλίου μήτε ἄστρων ἐπιφαινόντων ἐπὶ πλείονας ἡμέρας, χειμῶνός 20
τε οὐκ ὀλίγου ἐπικειμένου, λοιπὸν περιῃρεῖτο ἐλπὶς πᾶσα τοῦ σῴζεσθαι
ἡμᾶς.

Πολλῆς τε ἀσιτίας ὑπαρχούσης τότε σταθεὶς ὁ Παῦλος ἐν μέσῳ αὐτῶν 21
εἶπεν· Ἔδει μέν, ὦ ἄνδρες, πειθαρχήσαντάς μοι μὴ ἀνάγεσθαι ἀπὸ τῆς
Κρήτης κερδῆσαί τε τὴν ὕβριν ταύτην καὶ τὴν ζημίαν. καὶ τὰ νῦν 22
παραινῶ ὑμᾶς εὐθυμεῖν· ἀποβολὴ γὰρ ψυχῆς οὐδεμία ἔσται ἐξ ὑμῶν
πλὴν τοῦ πλοίου. παρέστη γάρ μοι ταύτῃ τῇ νυκτὶ τοῦ Θεοῦ οὗ εἰμι, 23
ᾧ καὶ λατρεύω, ἄγγελος λέγων· Μὴ φοβοῦ, Παῦλε· Καίσαρί σε δεῖ 24
παραστῆναι, καὶ ἰδοὺ κεχάρισταί σοι ὁ Θεὸς πάντας τοὺς πλέον-
τας μετὰ σοῦ. διὸ εὐθυμεῖτε, ἄνδρες· πιστεύω γὰρ τῷ Θεῷ ὅτι οὕτως 25
ἔσται καθ' ὃν τρόπον λελάληταί μοι. εἰς νῆσον δέ τινα δεῖ ἡμᾶς 26
ἐκπεσεῖν.

Ὡς δὲ τεσσαρεσκαιδεκάτη νὺξ ἐγένετο διαφερομένων ἡμῶν ἐν τῷ 27
Ἀδρίᾳ, κατὰ μέσον τῆς νυκτὸς ὑπενόουν οἱ ναῦται προσάγειν τινὰ
αὐτοῖς χώραν. καὶ βολίσαντες εὗρον ὀργυιὰς εἴκοσι, βραχὺ δὲ διαστή- 28
σαντες καὶ πάλιν βολίσαντες εὗρον ὀργυιὰς δεκαπέντε· φοβούμενοί τε 29
μή που κατὰ τραχεῖς τόπους ἐκπέσωμεν, ἐκ πρύμνης ῥίψαντες ἀγκύρας
τέσσαρας ηὔχοντο ἡμέραν γενέσθαι. τῶν δὲ ναυτῶν ζητούντων φυγεῖν 30
ἐκ τοῦ πλοίου καὶ χαλασάντων τὴν σκάφην εἰς τὴν θάλασσαν προφάσει
ὡς ἐκ πρῴρης ἀγκύρας μελλόντων ἐκτείνειν, εἶπεν ὁ Παῦλος τῷ ἑκα- 31
τοντάρχῃ καὶ τοῖς στρατιώταις· Ἐὰν μὴ οὗτοι μείνωσιν ἐν τῷ πλοίῳ,
ὑμεῖς σωθῆναι οὐ δύνασθε. τότε ἀπέκοψαν οἱ στρατιῶται τὰ σχοινία 32
τῆς σκάφης καὶ εἴασαν αὐτὴν ἐκπεσεῖν.

Ἄχρι δὲ οὗ ἡμέρα ἤμελλεν γίνεσθαι, παρεκάλει ὁ Παῦλος ἅπαντας 33

μεταλαβεῖν τροφῆς λέγων· Τεσσαρεσκαιδεκάτην σήμερον ἡμέραν προσ-
34 δοκῶντες ἄσιτοι διατελεῖτε, μηθὲν προσλαβόμενοι. διὸ παρακαλῶ
ὑμᾶς μεταλαβεῖν τροφῆς· τοῦτο γὰρ πρὸς τῆς ὑμετέρας σωτηρίας
35 ὑπάρχει· οὐδενὸς γὰρ ὑμῶν θρὶξ ἀπὸ τῆς κεφαλῆς ἀπολεῖται. εἴπας δὲ
ταῦτα καὶ λαβὼν ἄρτον εὐχαρίστησεν τῷ Θεῷ ἐνώπιον πάντων καὶ
36 κλάσας ἤρξατο ἐσθίειν. εὔθυμοι δὲ γενόμενοι πάντες καὶ αὐτοὶ προσελά-
37 βοντο τροφῆς. ἤμεθα δὲ αἱ πᾶσαι ψυχαὶ ἐν τῷ πλοίῳ διακόσιαι
38 ἑβδομήκοντα ἕξ. κορεσθέντες δὲ τροφῆς ἐκούφιζον τὸ πλοῖον ἐκβαλλό-
μενοι τὸν σῖτον εἰς τὴν θάλασσαν.

39 Ὅτε δὲ ἡμέρα ἐγένετο, τὴν γῆν οὐκ ἐπεγίνωσκον, κόλπον δέ τινα
κατενόουν ἔχοντα αἰγιαλόν, εἰς ὃν ἐβουλεύοντο εἰ δύναιντο ἐξῶσαι τὸ
40 πλοῖον. καὶ τὰς ἀγκύρας περιελόντες εἴων εἰς τὴν θάλασσαν, ἅμα
ἀνέντες τὰς ζευκτηρίας τῶν πηδαλίων, καὶ ἐπάραντες τὸν ἀρτέμωνα
41 τῇ πνεούσῃ κατεῖχον εἰς τὸν αἰγιαλόν. περιπεσόντες δὲ εἰς τόπον
διθάλασσον ἐπέκειλαν τὴν ναῦν, καὶ ἡ μὲν πρῶρα ἐρείσασα ἔμεινεν
42 ἀσάλευτος, ἡ δὲ πρύμνα ἐλύετο ὑπὸ τῆς βίας. τῶν δὲ στρατιωτῶν
βουλὴ ἐγένετο ἵνα τοὺς δεσμώτας ἀποκτείνωσιν, μή τις ἐκκολυμβήσας
43 διαφύγῃ· ὁ δὲ ἑκατοντάρχης βουλόμενος διασῶσαι τὸν Παῦλον ἐκώ-
λυσεν αὐτοὺς τοῦ βουλήματος, ἐκέλευσέν τε τοὺς δυναμένους κολυμβᾶν
44 ἀπορίψαντας πρώτους ἐπὶ τὴν γῆν ἐξιέναι, καὶ τοὺς λοιποὺς οὓς μὲν
ἐπὶ σανίσιν, οὓς δὲ ἐπί τινων τῶν ἀπὸ τοῦ πλοίου. καὶ οὕτως ἐγένετο
πάντας διασωθῆναι ἐπὶ τὴν γῆν.

28 2 Καὶ διασωθέντες τότε ἐπέγνωμεν ὅτι Μελίτη ἡ νῆσος καλεῖται. οἵ τε
βάρβαροι παρεῖχον οὐ τὴν τυχοῦσαν φιλανθρωπίαν ἡμῖν· ἅψαντες γὰρ
πυρὰν προσελάβοντο πάντας ἡμᾶς διὰ τὸν ὑετὸν τὸν ἐφεστῶτα καὶ διὰ
3 τὸ ψῦχος. συστρέψαντος δὲ τοῦ Παύλου φρυγάνων τι πλῆθος καὶ
ἐπιθέντος ἐπὶ τὴν πυράν, ἔχιδνα ἀπὸ τῆς θέρμης ἐξελθοῦσα καθῆψεν
4 τῆς χειρὸς αὐτοῦ. ὡς δὲ εἶδον οἱ βάρβαροι κρεμάμενον τὸ θηρίον ἐκ τῆς
χειρὸς αὐτοῦ, πρὸς ἀλλήλους ἔλεγον· Πάντως φονεύς ἐστιν ὁ ἄνθρωπος
5 οὗτος, ὃν διασωθέντα ἐκ τῆς θαλάσσης ἡ δίκη ζῆν οὐκ εἴασεν. ὁ μὲν οὖν
6 ἀποτινάξας τὸ θηρίον εἰς τὸ πῦρ ἔπαθεν οὐδὲν κακόν· οἱ δὲ προσεδόκων
αὐτὸν μέλλειν πίμπρασθαι ἢ καταπίπτειν ἄφνω νεκρόν. ἐπὶ πολὺ δὲ
αὐτῶν προσδοκώντων καὶ θεωρούντων μηδὲν ἄτοπον εἰς αὐτὸν γινό-
μενον, μεταβαλόμενοι ἔλεγον αὐτὸν εἶναι θεόν.

7 Ἐν δὲ τοῖς περὶ τὸν τόπον ἐκεῖνον ὑπῆρχεν χωρία τῷ πρώτῳ τῆς
νήσου ὀνόματι Ποπλίῳ, ὃς ἀναδεξάμενος ἡμᾶς ἡμέρας τρεῖς φιλοφρόνως
8 ἐξένισεν. ἐγένετο δὲ τὸν πατέρα τοῦ Ποπλίου πυρετοῖς καὶ δυσεντερίῳ
συνεχόμενον κατακεῖσθαι, πρὸς ὃν ὁ Παῦλος εἰσελθὼν καὶ προσευξά-
9 μενος, ἐπιθεὶς τὰς χεῖρας αὐτῷ ἰάσατο αὐτόν. τούτου δὲ γενομένου καὶ

οἱ λοιποὶ οἱ ἐν τῇ νήσῳ ἔχοντες ἀσθενείας προσήρχοντο καὶ ἐθερα- πεύοντο, οἱ καὶ πολλαῖς τιμαῖς ἐτίμησαν ἡμᾶς καὶ ἀναγομένοις ἐπέθεντο 10 τὰ πρὸς τὰς χρείας.

Μετὰ δὲ τρεῖς μῆνας ἀνήχθημεν ἐν πλοίῳ παρακεχειμακότι ἐν τῇ 11 νήσῳ, Ἀλεξανδρίνῳ, παρασήμῳ Διοσκούροις. καὶ καταχθέντες εἰς 12 Συρακούσας ἐπεμείναμεν ἡμέρας τρεῖς, ὅθεν περιελθόντες κατηντήσαμεν 13 εἰς Ῥήγιον. καὶ μετὰ μίαν ἡμέραν ἐπιγενομένου νότου δευτεραῖοι ἤλθομεν εἰς Ποτιόλους, οὗ εὑρόντες ἀδελφοὺς παρεκλήθημεν παρ' αὐτοῖς 14 ἐπιμεῖναι ἡμέρας ἑπτά· καὶ οὕτως εἰς τὴν Ῥώμην ἤλθαμεν. κἀκεῖθεν 15 οἱ ἀδελφοὶ ἀκούσαντες τὰ περὶ ἡμῶν ἦλθαν εἰς ἀπάντησιν ἡμῖν ἄχρι Ἀππίου Φόρου καὶ Τριῶν Ταβερνῶν, οὓς ἰδὼν ὁ Παῦλος εὐχαριστήσας τῷ Θεῷ ἔλαβε θάρσος.

℩ Ὅτε δὲ εἰσήλθομεν εἰς Ῥώμην, ἐπετράπη τῷ Παύλῳ μένειν καθ' 16 ἑαυτὸν σὺν τῷ φυλάσσοντι αὐτὸν στρατιώτῃ. ἐγένετο δὲ μετὰ ἡμέρας 17 τρεῖς συγκαλέσασθαι αὐτὸν τοὺς ὄντας τῶν Ἰουδαίων πρώτους· συνελ- θόντων δὲ αὐτῶν ἔλεγεν πρὸς αὐτούς· Ἐγώ, ἄνδρες ἀδελφοί, οὐδὲν ἐναντίον ποιήσας τῷ λαῷ ἢ τοῖς ἔθεσι τοῖς πατρῴοις, δέσμιος ἐξ Ἱεροσολύμων παρεδόθην εἰς τὰς χεῖρας τῶν Ῥωμαίων, οἵτινες ἀνακρί- 18 ναντές με ἐβούλοντο ἀπολῦσαι διὰ τὸ μηδεμίαν αἰτίαν θανάτου ὑπάρ- χειν ἐν ἐμοί· ἀντιλεγόντων δὲ τῶν Ἰουδαίων ἠναγκάσθην ἐπικαλέσασθαι 19 Καίσαρα, οὐχ ὡς τοῦ ἔθνους μου ἔχων τι κατηγορεῖν. διὰ ταύτην οὖν 20 τὴν αἰτίαν παρεκάλεσα ὑμᾶς ἰδεῖν καὶ προσλαλῆσαι· εἵνεκεν γὰρ τῆς ἐλπίδος τοῦ Ἰσραὴλ τὴν ἅλυσιν ταύτην περίκειμαι. οἱ δὲ πρὸς αὐτὸν 21 εἶπαν· Ἡμεῖς οὔτε γράμματα περὶ σοῦ ἐδεξάμεθα ἀπὸ τῆς Ἰουδαίας, οὔτε παραγενόμενός τις τῶν ἀδελφῶν ἀπήγγειλεν ἢ ἐλάλησέν τι περὶ σοῦ πονηρόν. ἀξιοῦμεν δὲ παρὰ σοῦ ἀκοῦσαι ἃ φρονεῖς· περὶ μὲν γὰρ 22 τῆς αἱρέσεως ταύτης γνωστὸν ἡμῖν ἐστιν ὅτι πανταχοῦ ἀντιλέγεται.

Ταξάμενοι δὲ αὐτῷ ἡμέραν ἦλθον πρὸς αὐτὸν εἰς τὴν ξενίαν πλείονες, 23 οἷς ἐξετίθετο διαμαρτυρόμενος τὴν βασιλείαν τοῦ Θεοῦ, πείθων τε αὐτοὺς περὶ τοῦ Ἰησοῦ ἀπό τε τοῦ νόμου Μωϋσέως καὶ τῶν προφητῶν, ἀπὸ πρωῒ ἕως ἑσπέρας. καὶ οἱ μὲν ἐπείθοντο τοῖς λεγομένοις οἱ δὲ 24 ἠπίστουν· ἀσύμφωνοι δὲ ὄντες πρὸς ἀλλήλους ἀπελύοντο, εἰπόντος τοῦ 25 Παύλου ῥῆμα ἕν, ὅτι Καλῶς τὸ Πνεῦμα τὸ Ἅγιον ἐλάλησεν διὰ Ἡσαΐου τοῦ προφήτου πρὸς τοὺς πατέρας ὑμῶν λέγων· ₍Πορεύθητι πρὸς τὸν 26 λαὸν τοῦτον καὶ εἰπόν· Ἀκοῇ ἀκούσετε καὶ οὐ μὴ συνῆτε, καὶ βλέποντες βλέψετε καὶ οὐ μὴ ἴδητε. ἐπαχύνθη γὰρ ἡ καρδία τοῦ λαοῦ τούτου, καὶ 27 τοῖς ὠσὶν βαρέως ἤκουσαν, καὶ τοὺς ὀφθαλμοὺς αὐτῶν ἐκάμμυσαν· μήποτε ἴδωσιν τοῖς ὀφθαλμοῖς καὶ τοῖς ὠσὶν ἀκούσωσιν καὶ τῇ καρδίᾳ

28 συνῶσιν καὶ ἐπιστρέψωσιν, καὶ ἰάσομαι αὐτούς.⌋ᵃ γνωστὸν οὖν ἔστω ὑμῖν ὅτι ⌞τοῖς ἔθνεσιν⌟ ἀπεστάλη τοῦτο ⌞τὸ σωτήριον τοῦ Θεοῦ⌟·ᵇ αὐτοὶ καὶ ἀκούσονται.ᶜ

30 Ἐνέμεινεν δὲ διετίαν ὅλην ἐν ἰδίῳ μισθώματι, καὶ ἀπεδέχετο πάντας τοὺς εἰσπορευομένους πρὸς αὐτόν, κηρύσσων τὴν βασιλείαν τοῦ Θεοῦ καὶ διδάσκων τὰ περὶ τοῦ Κυρίου Ἰησοῦ Χριστοῦ μετὰ πάσης παρρησίας ἀκωλύτως.

[a] Is. 6. 9, 10   [b] Ps. 67. 2; 98. 3   [c] add (29) καὶ ταῦτα αὐτοῦ εἰπόντος ἀπῆλθον οἱ Ἰουδαῖοι, πολλὴν ἔχοντες ἐν ἑαυτοῖς συζήτησιν.

ΕΠΙΣΤΟΛΑΙ

ΠΡΟΣ ΡΩΜΑΙΟΥΣ

ΑΥΛΟΣ ΔΟΥΛΟΣ Χριστοῦ Ἰησοῦ, κλητὸς ἀπόστολος, ἀφ- 1
ωρισμένος εἰς εὐαγγέλιον Θεοῦ, ὃ προεπηγγείλατο διὰ τῶν 2
προφητῶν αὐτοῦ ἐν γραφαῖς ἁγίαις, περὶ τοῦ Υἱοῦ αὐτοῦ τοῦ 3
γενομένου ἐκ σπέρματος Δαυὶδ κατὰ σάρκα, τοῦ ὁρισθέντος Υἱοῦ Θεοῦ 4
ἐν δυνάμει κατὰ πνεῦμα ἁγιωσύνης ἐξ ἀναστάσεως νεκρῶν, Ἰησοῦ
Χριστοῦ τοῦ Κυρίου ἡμῶν, δι᾽ οὗ ἐλάβομεν χάριν καὶ ἀποστολὴν εἰς 5
ὑπακοὴν πίστεως ἐν πᾶσιν τοῖς ἔθνεσιν ὑπὲρ τοῦ ὀνόματος αὐτοῦ, ἐν 6
οἷς ἐστε καὶ ὑμεῖς κλητοὶ Ἰησοῦ Χριστοῦ, πᾶσιν τοῖς οὖσιν ἐν Ῥώμῃ 7
ἀγαπητοῖς Θεοῦ, κλητοῖς ἁγίοις· χάρις ὑμῖν καὶ εἰρήνη ἀπὸ Θεοῦ
Πατρὸς ἡμῶν καὶ Κυρίου Ἰησοῦ Χριστοῦ.

Πρῶτον μὲν εὐχαριστῶ τῷ Θεῷ μου διὰ Ἰησοῦ Χριστοῦ περὶ 8
πάντων ὑμῶν, ὅτι ἡ πίστις ὑμῶν καταγγέλλεται ἐν ὅλῳ τῷ κόσμῳ.
μάρτυς γάρ μού ἐστιν ὁ Θεός, ᾧ λατρεύω ἐν τῷ πνεύματί μου ἐν τῷ 9
εὐαγγελίῳ τοῦ Υἱοῦ αὐτοῦ, ὡς ἀδιαλείπτως μνείαν ὑμῶν ποιοῦμαι
πάντοτε ἐπὶ τῶν προσευχῶν μου, δεόμενος εἴ πως ἤδη ποτὲ εὐοδωθή- 10
σομαι ἐν τῷ θελήματι τοῦ Θεοῦ ἐλθεῖν πρὸς ὑμᾶς. ἐπιποθῶ γὰρ ἰδεῖν 11
ὑμᾶς, ἵνα τι μεταδῶ χάρισμα ὑμῖν πνευματικὸν εἰς τὸ στηριχθῆναι ὑμᾶς,
τοῦτο δέ ἐστιν συμπαρακληθῆναι ἐν ὑμῖν διὰ τῆς ἐν ἀλλήλοις πίστεως 12
ὑμῶν τε καὶ ἐμοῦ.

^a Οὐ θέλω δὲ ὑμᾶς ἀγνοεῖν, ἀδελφοί, ὅτι πολλάκις προεθέμην ἐλθεῖν 13
πρὸς ὑμᾶς, καὶ ἐκωλύθην ἄχρι τοῦ δεῦρο, ἵνα τινὰ καρπὸν σχῶ καὶ ἐν
ὑμῖν καθὼς καὶ ἐν τοῖς λοιποῖς ἔθνεσιν. Ἕλλησίν τε καὶ βαρβάροις, 14
σοφοῖς τε καὶ ἀνοήτοις ὀφειλέτης εἰμί· οὕτως τὸ κατ᾽ ἐμὲ πρόθυμον καὶ 15
ὑμῖν τοῖς ἐν Ῥώμῃ εὐαγγελίσασθαι. οὐ γὰρ ἐπαισχύνομαι τὸ εὐαγ- 16
γέλιον· δύναμις γὰρ Θεοῦ ἐστιν εἰς σωτηρίαν παντὶ τῷ πιστεύοντι,
Ἰουδαίῳ τε πρῶτον καὶ Ἕλληνι. δικαιοσύνη γὰρ Θεοῦ ἐν αὐτῷ 17
ἀποκαλύπτεται ἐκ πίστεως εἰς πίστιν, καθὼς γέγραπται· ⌊Ὁ δὲ δίκαιος
ἐκ πίστεως ζήσεται.⌋^b

℄ Ἀποκαλύπτεται γὰρ ὀργὴ Θεοῦ ἀπ᾽ οὐρανοῦ ἐπὶ πᾶσαν ἀσέβειαν 18
καὶ ἀδικίαν ἀνθρώπων τῶν τὴν ἀλήθειαν ἐν ἀδικίᾳ κατεχόντων, διότι 19

[*a*] *Οὐκ οἴομαι*   [*b*] Hab. 2. 4

τὸ γνωστὸν τοῦ Θεοῦ φανερόν ἐστιν ἐν αὐτοῖς· ὁ Θεὸς γὰρ αὐτοῖς
20 ἐφανέρωσεν. τὰ γὰρ ἀόρατα αὐτοῦ ἀπὸ κτίσεως κόσμου τοῖς ποιή-
μασιν νοούμενα καθορᾶται, ἥ τε ἀΐδιος αὐτοῦ δύναμις καὶ θειότης, εἰς
21 τὸ εἶναι αὐτοὺς ἀναπολογήτους, διότι γνόντες τὸν Θεὸν οὐχ ὡς Θεὸν
ἐδόξασαν ἢ ηὐχαρίστησαν, ἀλλὰ ἐματαιώθησαν ἐν τοῖς διαλογισμοῖς
22 αὐτῶν, καὶ ἐσκοτίσθη ἡ ἀσύνετος αὐτῶν καρδία. φάσκοντες εἶναι σοφοὶ
23 ἐμωράνθησαν, καὶ ⌊ἤλλαξαν τὴν δόξαν⌋ τοῦ ἀφθάρτου Θεοῦ ἐν ⌊ὁμοιώ-
ματι⌋ᵃ εἰκόνος φθαρτοῦ ἀνθρώπου καὶ πετεινῶν καὶ τετραπόδων καὶ
ἑρπετῶν.
24 Διὸ παρέδωκεν αὐτοὺς ὁ Θεὸς ἐν ταῖς ἐπιθυμίαις τῶν καρδιῶν αὐτῶν
25 εἰς ἀκαθαρσίαν τοῦ ἀτιμάζεσθαι τὰ σώματα αὐτῶν ἐν αὐτοῖς. οἵτινες
μετήλλαξαν τὴν ἀλήθειαν τοῦ Θεοῦ ἐν τῷ ψεύδει, καὶ ἐσεβάσθησαν καὶ
ἐλάτρευσαν τῇ κτίσει παρὰ τὸν κτίσαντα, ὅς ἐστιν εὐλογητὸς εἰς τοὺς
αἰῶνας· ἀμήν.
26 Διὰ τοῦτο παρέδωκεν αὐτοὺς ὁ Θεὸς εἰς πάθη ἀτιμίας· αἵ τε γὰρ
θήλειαι αὐτῶν μετήλλαξαν τὴν φυσικὴν χρῆσιν εἰς τὴν παρὰ φύσιν,
27 ὁμοίως τε καὶ οἱ ἄρσενες ἀφέντες τὴν φυσικὴν χρῆσιν τῆς θηλείας
ἐξεκαύθησαν ἐν τῇ ὀρέξει αὐτῶν εἰς ἀλλήλους, ἄρσενες ἐν ἄρσεσιν τὴν
ἀσχημοσύνην κατεργαζόμενοι καὶ τὴν ἀντιμισθίαν ἣν ἔδει τῆς πλάνης
αὐτῶν ἐν ἑαυτοῖς ἀπολαμβάνοντες.
28 Καὶ καθὼς οὐκ ἐδοκίμασαν τὸν Θεὸν ἔχειν ἐν ἐπιγνώσει, παρέδωκεν
29 αὐτοὺς ὁ Θεὸς εἰς ἀδόκιμον νοῦν, ποιεῖν τὰ μὴ καθήκοντα, πεπληρω-
μένους πάσῃ ἀδικίᾳ πονηρίᾳ πλεονεξίᾳ κακίᾳ, μεστοὺς φθόνου φόνου
30 ἔριδος δόλου κακοηθείας, ψιθυριστάς, καταλάλους, θεοστυγεῖς, ὑβρι-
στάς, ὑπερηφάνους, ἀλαζόνας, ἐφευρετὰς κακῶν, γονεῦσιν ἀπειθεῖς,
31 32 ἀσυνέτους, ἀσυνθέτους, ἀστόργους, ἀνελεήμονας· οἵτινες τὸ δικαίωμα
τοῦ Θεοῦ ἐπιγνόντες, ὅτι οἱ τὰ τοιαῦτα πράσσοντες ἄξιοι θανάτου
εἰσίν, οὐ μόνον αὐτὰ ποιοῦσιν, ἀλλὰ καὶ συνευδοκοῦσιν τοῖς πράσ-
σουσιν.
2 Διὸ ἀναπολόγητος εἶ, ὦ ἄνθρωπε ὁ κρίνων· ἐν ᾧ γὰρ κρίνεις τὸν
2 ἕτερον, σεαυτὸν κατακρίνεις· τὰ γὰρ αὐτὰ πράσσεις ὁ κρίνων. οἴδαμεν
δὲ ὅτι τὸ κρίμα τοῦ Θεοῦ ἐστιν κατὰ ἀλήθειαν ἐπὶ τοὺς τὰ τοιαῦτα
3 πράσσοντας. λογίζῃ δὲ τοῦτο, ὦ ἄνθρωπε ὁ κρίνων τοὺς τὰ τοιαῦτα
4 πράσσοντας καὶ ποιῶν αὐτά, ὅτι σὺ ἐκφεύξῃ τὸ κρίμα τοῦ Θεοῦ; ἢ
τοῦ πλούτου τῆς χρηστότητος αὐτοῦ καὶ τῆς ἀνοχῆς καὶ τῆς μακρο-
θυμίας καταφρονεῖς, ἀγνοῶν ὅτι τὸ χρηστὸν τοῦ Θεοῦ εἰς μετάνοιάν σε
5 ἄγει; κατὰ δὲ τὴν σκληρότητά σου καὶ ἀμετανόητον καρδίαν θησαυρί-
ζεις σεαυτῷ ὀργὴν ἐν ἡμέρᾳ ὀργῆς καὶ ἀποκαλύψεως δικαιοκρισίας τοῦ

[a] Ps. 106. 20

Θεοῦ, ὃς ⌊ἀποδώσει ἑκάστῳ κατὰ τὰ ἔργα αὐτοῦ⌋·[a] τοῖς μὲν καθ' 6 7
ὑπομονὴν ἔργου ἀγαθοῦ δόξαν καὶ τιμὴν καὶ ἀφθαρσίαν ζητοῦσιν,
ζωὴν αἰώνιον· τοῖς δὲ ἐξ ἐριθείας καὶ ἀπειθοῦσι τῇ ἀληθείᾳ πειθομένοις 8
δὲ τῇ ἀδικίᾳ, ὀργὴ καὶ θυμός. θλῖψις καὶ στενοχωρία ἐπὶ πᾶσαν ψυχὴν 9
ἀνθρώπου τοῦ κατεργαζομένου τὸ κακόν, Ἰουδαίου τε πρῶτον καὶ
Ἕλληνος· δόξα δὲ καὶ τιμὴ καὶ εἰρήνη παντὶ τῷ ἐργαζομένῳ τὸ ἀγαθόν, 10
Ἰουδαίῳ τε πρῶτον καὶ Ἕλληνι.
Οὐ γάρ ἐστιν προσωπολημψία παρὰ τῷ Θεῷ. ὅσοι γὰρ ἀνόμως 11 12
ἥμαρτον, ἀνόμως καὶ ἀπολοῦνται· καὶ ὅσοι ἐν νόμῳ ἥμαρτον, διὰ νόμου
κριθήσονται. οὐ γὰρ οἱ ἀκροαταὶ νόμου δίκαιοι παρὰ τῷ Θεῷ, ἀλλ' οἱ 13
ποιηταὶ νόμου δικαιωθήσονται. ὅταν γὰρ ἔθνη τὰ μὴ νόμον ἔχοντα 14
φύσει τὰ τοῦ νόμου ποιῶσιν, οὗτοι νόμον μὴ ἔχοντες ἑαυτοῖς εἰσιν
νόμος· οἵτινες ἐνδείκνυνται τὸ ἔργον τοῦ νόμου γραπτὸν ἐν ταῖς 15
καρδίαις αὐτῶν, συμμαρτυρούσης αὐτῶν τῆς συνειδήσεως καὶ μεταξὺ
ἀλλήλων τῶν λογίσμων κατηγορούντων ἢ καὶ ἀπολογουμένων, ἐν ᾗ 16
ἡμέρᾳ κρίνει ὁ Θεὸς τὰ κρυπτὰ τῶν ἀνθρώπων, κατὰ τὸ εὐαγγέλιόν
μου, διὰ Χριστοῦ Ἰησοῦ.
Εἰ δὲ σὺ Ἰουδαῖος ἐπονομάζῃ καὶ ἐπαναπαύῃ νόμῳ καὶ καυχᾶσαι ἐν 17
Θεῷ καὶ γινώσκεις τὸ θέλημα καὶ δοκιμάζεις τὰ διαφέροντα κατηχού- 18
μενος ἐκ τοῦ νόμου, πέποιθάς τε σεαυτὸν ὁδηγὸν εἶναι τυφλῶν, φῶς 19
τῶν ἐν σκότει, παιδευτὴν ἀφρόνων, διδάσκαλον νηπίων, ἔχοντα τὴν 20
μόρφωσιν τῆς γνώσεως καὶ τῆς ἀληθείας ἐν τῷ νόμῳ,—ὁ οὖν διδάσκων 21
ἕτερον σεαυτὸν οὐ διδάσκεις; ὁ κηρύσσων μὴ κλέπτειν κλέπτεις; ὁ 22
λέγων μὴ μοιχεύειν μοιχεύεις; ὁ βδελυσσόμενος τὰ εἴδωλα ἱεροσυλεῖς;
ὃς ἐν νόμῳ καυχᾶσαι, διὰ τῆς παραβάσεως τοῦ νόμου τὸν Θεὸν ἀτιμά- 23
ζεις; ⌊τὸ⌋ γὰρ ⌊ὄνομα τοῦ Θεοῦ δι' ὑμᾶς βλασφημεῖται ἐν τοῖς ἔθνεσιν⌋,[b] 24
κάθως γέγραπται.
Περιτομὴ μὲν γὰρ ὠφελεῖ ἐὰν νόμον πράσσῃς· ἐὰν δὲ παραβάτης 25
νόμου ᾖς, ἡ περιτομή σου ἀκροβυστία γέγονεν. ἐὰν οὖν ἡ ἀκροβυστία 26
τὰ δικαιώματα τοῦ νόμου φυλάσσῃ, οὐχ ἡ ἀκροβυστία αὐτοῦ εἰς
περιτομὴν λογισθήσεται; καὶ κρινεῖ ἡ ἐκ φύσεως ἀκροβυστία τὸν νόμον 27
τελοῦσα σὲ τὸν διὰ γράμματος καὶ περιτομῆς παραβάτην νόμου. οὐ 28
γὰρ ὁ ἐν τῷ φανερῷ Ἰουδαῖός ἐστιν, οὐδὲ ἡ ἐν τῷ φανερῷ ἐν σαρκὶ
περιτομή· ἀλλ' ὁ ἐν τῷ κρυπτῷ Ἰουδαῖος, καὶ περιτομὴ καρδίας ἐν 29
πνεύματι οὐ γράμματι, οὗ ὁ ἔπαινος οὐκ ἐξ ἀνθρώπων ἀλλ' ἐκ τοῦ Θεοῦ.
Τί οὖν τὸ περισσὸν τοῦ Ἰουδαίου, ἢ τίς ἡ ὠφέλεια τῆς περιτομῆς; 3
πολὺ κατὰ πάντα τρόπον. πρῶτον μὲν ὅτι ἐπιστεύθησαν τὰ λόγια τοῦ 2
Θεοῦ. τί γὰρ εἰ ἠπίστησάν τινες; μὴ ἡ ἀπιστία αὐτῶν τὴν πίστιν τοῦ 3

[a] Ps. 62. 12; Prv. 24. 12   [b] Is. 52. 5; Ezk. 36. 20

4 Θεοῦ καταργήσει; μὴ γένοιτο· γινέσθω δὲ ὁ Θεὸς ἀληθής, ⌊πᾶς⌋ δὲ
⌊ἄνθρωπος ψεύστης⌋, καθάπερ γέγραπται· ⌊Ὅπως ἂν δικαιωθῇς ἐν τοῖς
λόγοις σου καὶ νικήσεις ἐν τῷ κρίνεσθαί σε⌋.[a]

5 Εἰ δὲ ἡ ἀδικία ἡμῶν Θεοῦ δικαιοσύνην συνίστησιν, τί ἐροῦμεν; μὴ
6 ἄδικος ὁ Θεὸς ὁ ἐπιφέρων τὴν ὀργήν (κατὰ ἄνθρωπον λέγω); μὴ
γένοιτο· ἐπεὶ πῶς κρινεῖ ὁ Θεὸς τὸν κόσμον;

7 Εἰ δὲ ἡ ἀλήθεια τοῦ Θεοῦ ἐν τῷ ἐμῷ ψεύσματι ἐπερίσσευσεν εἰς τὴν
8 δόξαν αὐτοῦ, τί ἔτι κἀγὼ ὡς ἁμαρτωλὸς κρίνομαι; καὶ μὴ καθὼς
βλασφημούμεθα καὶ καθώς φασίν τινες ἡμᾶς λέγειν ὅτι Ποιήσωμεν τὰ
κακὰ ἵνα ἔλθῃ τὰ ἀγαθά; ὧν τὸ κρίμα ἔνδικόν ἐστιν.

9 Τί οὖν; προεχόμεθα; [b] οὔ, πάντως· προῃτιασάμεθα γὰρ Ἰουδαίους
10 τε καὶ Ἕλληνας πάντας ὑφ' ἁμαρτίαν εἶναι, καθὼς γέγραπται ὅτι·

⌊Οὐκ ἔστιν δίκαιος οὐδὲ εἷς·
11 οὐκ ἔστιν ὁ συνίων, οὐκ ἔστιν ὁ ἐκζητῶν τὸν Θεόν.
12 πάντες ἐξέκλιναν, ἅμα ἠχρεώθησαν·
οὐκ ἔστιν ὁ ποιῶν χρηστότητα, οὐκ ἔστιν ἕως ἑνός.⌋[c]

13 ⌊Τάφος ἀνεῳγμένος ὁ λάρυγξ αὐτῶν,
ταῖς γλώσσαις αὐτῶν ἐδολιοῦσαν⌋,[d]
⌊ἰὸς ἀσπίδων ὑπὸ τὰ χείλη αὐτῶν⌋,[e]
14 ⌊ὧν τὸ στόμα ἀρᾶς καὶ πικρίας γέμει⌋.[f]

15 ⌊Ὀξεῖς οἱ πόδες αὐτῶν ἐκχέαι αἷμα,
16 σύντριμμα καὶ ταλαιπωρία ἐν ταῖς ὁδοῖς αὐτῶν,
17 καὶ ὁδὸν εἰρήνης οὐκ ἔγνωσαν⌋,[g]
18 ⌊οὐκ ἔστιν φόβος Θεοῦ ἀπέναντι τῶν ὀφθαλμῶν αὐτῶν.⌋[h]

19 Οἴδαμεν δὲ ὅτι ὅσα ὁ νόμος λέγει τοῖς ἐν τῷ νόμῳ λαλεῖ, ἵνα πᾶν στόμα
20 φραγῇ καὶ ὑπόδικος γένηται πᾶς ὁ κόσμος τῷ Θεῷ· διότι ἐξ ἔργων
νόμου ⌊οὐ δικαιωθήσεται πᾶσα⌋ σὰρξ ⌊ἐνώπιον αὐτοῦ⌋·[i] διὰ γὰρ νόμου
ἐπίγνωσις ἁμαρτίας.

21 ❡ Νυνὶ δὲ χωρὶς νόμου δικαιοσύνη Θεοῦ πεφανέρωται, μαρτυρουμένη
22 ὑπὸ τοῦ νόμου καὶ τῶν προφητῶν, δικαιοσύνη δὲ Θεοῦ διὰ πίστεως
23 Χριστοῦ, εἰς πάντας τοὺς πιστεύοντας· οὐ γάρ ἐστιν διαστολή· πάντες
24 γὰρ ἥμαρτον καὶ ὑστεροῦνται τῆς δόξης τοῦ Θεοῦ, δικαιούμενοι δωρεὰν
25 τῇ αὐτοῦ χάριτι διὰ τῆς ἀπολυτρώσεως τῆς ἐν Χριστῷ Ἰησοῦ· ὃν

[a] Ps. 116. 11; 51. 4   [b] οὐ πάντως   [c] Ps. 14. 1–3; 53. 2–4   [d] Ps. 5. 9
[e] Ps. 140. 3   [f] Ps. 10. 7   [g] Is. 59. 7, 8   [h] Ps. 36. 1   [i] Ps. 143. 2

προέθετο ὁ Θεὸς ἱλαστήριον διὰ πίστεως ἐν τῷ αὐτοῦ αἵματι, εἰς
ἔνδειξιν τῆς δικαιοσύνης αὐτοῦ διὰ τὴν πάρεσιν τῶν προγεγονότων
ἁμαρτημάτων ἐν τῇ ἀνοχῇ τοῦ Θεοῦ, πρὸς τὴν ἔνδειξιν τῆς δικαιοσύνης 26
αὐτοῦ ἐν τῷ νῦν καιρῷ, εἰς τὸ εἶναι αὐτὸν δίκαιον καὶ δικαιοῦντα τὸν ἐκ
πίστεως Ἰησοῦ.

Ποῦ οὖν ἡ καύχησις; ἐξεκλείσθη. διὰ ποίου νόμου; τῶν ἔργων; οὐχί, 27
ἀλλὰ διὰ νόμου πίστεως. λογιζόμεθα γὰρ δικαιοῦσθαι πίστει ἄνθρω- 28
πον χωρὶς ἔργων νόμου.

Ἤ Ἰουδαίων ὁ Θεὸς μόνον; οὐχὶ καὶ ἐθνῶν; ναὶ καὶ ἐθνῶν, εἴπερ εἷς 29
ὁ Θεός· ὃς δικαιώσει περιτομὴν ἐκ πίστεως, καὶ ἀκροβυστίαν διὰ τῆς 30·
πίστεως. νόμον οὖν καταργοῦμεν διὰ τῆς πίστεως; μὴ γένοιτο· ἀλλὰ 31
νόμον ἱστάνομεν.

❦ Τί οὖν ἐροῦμεν Ἀβραὰμ τὸν προπάτορα ἡμῶν κατὰ σάρκα; εἰ γὰρ **4** 2
Ἀβραὰμ ἐξ ἔργων ἐδικαιώθη, ἔχει καύχημα· ἀλλ᾽ οὐ πρὸς Θεόν· τί γὰρ ἡ 3
γραφὴ λέγει; ⌊Ἐπίστευσεν δὲ Ἀβραὰμ τῷ Θεῷ, καὶ ἐλογίσθη αὐτῷ εἰς
δικαιοσύνην.⌋ᵃ τῷ δὲ ἐργαζομένῳ ὁ μισθὸς οὐ λογίζεται κατὰ χάριν 4
ἀλλὰ κατὰ ὀφείλημα· τῷ δὲ μὴ ἐργαζομένῳ, πιστεύοντι δὲ ἐπὶ τὸν 5
δικαιοῦντα τὸν ἀσεβῆ, λογίζεται ἡ πίστις αὐτοῦ εἰς δικαιοσύνην·
καθάπερ καὶ Δαυὶδ λέγει τὸν μακαρισμὸν τοῦ ἀνθρώπου ᾧ ὁ Θεὸς 6
λογίζεται δικαιοσύνην χωρὶς ἔργων· ⌊Μακάριοι ὧν ἀφέθησαν αἱ ἀνομίαι 7
καὶ ὧν ἐπεκαλύφθησαν αἱ ἁμαρτίαι· μακάριος ἀνὴρ οὗ οὐ μὴ λογίσηται 8
Κύριος ἁμαρτίαν.⌋ᵇ ὁ μακαρισμὸς οὖν οὗτος ἐπὶ τὴν περιτομὴν ἢ καὶ 9
ἐπὶ τὴν ἀκροβυστίαν; λέγομεν γάρ· ⌊Ἐλογίσθη τῷ Ἀβραὰμ ἡ πίστις
εἰς δικαιοσύνην.⌋ᶜ πῶς οὖν ἐλογίσθη; ἐν περιτομῇ ὄντι ἢ ἐν ἀκρο- 10
βυστίᾳ; οὐκ ἐν περιτομῇ ἀλλ᾽ ἐν ἀκροβυστίᾳ· καὶ ⌊σημεῖον⌋ ἔλαβεν 11
⌊περιτομῆς⌋ σφραγῖδα τῆς δικαιοσύνης τῆς πίστεως τῆς ἐν ⌊τῇ ἀκρο-
βυστίᾳ,⌋ᵈ εἰς τὸ εἶναι αὐτὸν πατέρα πάντων τῶν πιστευόντων δι᾽
ἀκροβυστίας, εἰς τὸ λογισθῆναι αὐτοῖς τὴν δικαιοσύνην, καὶ πατέρα 12
περιτομῆς τοῖς οὐκ ἐκ περιτομῆς μόνον ἀλλὰ καὶ τοῖς στοιχοῦσιν τοῖς
ἴχνεσιν τῆς ἐν ἀκροβυστίᾳ πίστεως τοῦ πατρὸς ἡμῶν Ἀβραάμ.

Οὐ γὰρ διὰ νόμου ἡ ἐπαγγελία τῷ Ἀβραὰμ ἢ τῷ σπέρματι αὐτοῦ, τὸ 13
κληρονόμον αὐτὸν εἶναι κόσμου, ἀλλὰ διὰ δικαιοσύνης πίστεως. εἰ γὰρ 14
οἱ ἐκ νόμου κληρονόμοι, κεκένωται ἡ πίστις καὶ κατήργηται ἡ ἐπαγ-
γελία· ὁ γὰρ νόμος ὀργὴν κατεργάζεται· οὗ δὲ οὐκ ἔστιν νόμος, οὐδὲ 15
παράβασις. διὰ τοῦτο ἐκ πίστεως, ἵνα κατὰ χάριν, εἰς τὸ εἶναι βεβαίαν 16
τὴν ἐπαγγελίαν παντὶ τῷ σπέρματι, οὐ τῷ ἐκ τοῦ νόμου μόνον ἀλλὰ
καὶ τῷ ἐκ πίστεως Ἀβραάμ, ὅς ἐστιν πατὴρ πάντων ἡμῶν, καθὼς 17

[a] Gn. 15. 6   [b] Ps. 32. 1, 2   [c] Gn. 15. 6   [d] Gn. 17. 10, 11

γέγραπται ὅτι ⌊Πατέρα πολλῶν ἐθνῶν τέθεικά σε⌋,ᵃ κατέναντι οὗ
ἐπίστευσεν Θεοῦ τοῦ ζωοποιοῦντος τοὺς νεκροὺς καὶ καλοῦντος τὰ μὴ
18 ὄντα ὡς ὄντα· ὃς παρ' ἐλπίδα ἐπ' ἐλπίδι ἐπίστευσεν, εἰς τὸ γενέσθαι
αὐτὸν ⌊πατέρα πολλῶν ἐθνῶν⌋ᵃ κατὰ τὸ εἰρημένον· ⌊Οὕτως ἔσται τὸ
19 σπέρμα σου·⌋ᵇ καὶ μὴ ἀσθενήσας τῇ πίστει κατενόησεν τὸ ἑαυτοῦ σῶμα
νενεκρωμένον (ἑκατονταέτης που ὑπάρχων), καὶ τὴν νέκρωσιν τῆς
20 μήτρας Σάρρας· εἰς δὲ τὴν ἐπαγγελίαν τοῦ Θεοῦ οὐ διεκρίθη τῇ
21 ἀπιστίᾳ, ἀλλὰ ἐνεδυναμώθη τῇ πίστει, δοὺς δόξαν τῷ Θεῷ καὶ πληρο-
22 φορηθεὶς ὅτι ὃ ἐπήγγελται δυνατός ἐστιν καὶ ποιῆσαι. διὸ ⌊ἐλογίσθη
αὐτῷ εἰς δικαιοσύνην.⌋ᶜ
23 24 Οὐκ ἐγράφη δὲ δι' αὐτὸν μόνον ὅτι ⌊ἐλογίσθη αὐτῷ⌋,ᶜ ἀλλὰ καὶ δι'
ἡμᾶς, οἷς μέλλει λογίζεσθαι, τοῖς πιστεύουσιν ἐπὶ τὸν ἐγείραντα Ἰησοῦν
25 τὸν Κύριον ἡμῶν ἐκ νεκρῶν, ὃς ⌊παρεδόθη διὰ τὰ παραπτώματα⌋ᵈ
ἡμῶν καὶ ἠγέρθη διὰ τὴν δικαίωσιν ἡμῶν.

5 ❡ Δικαιωθέντες οὖν ἐκ πίστεως εἰρήνην ᵉ ἔχωμεν πρὸς τὸν Θεὸν διὰ τοῦ
2 Κυρίου ἡμῶν Ἰησοῦ Χριστοῦ, δι' οὗ καὶ τὴν προσαγωγὴν ἐσχήκαμεν
εἰς τὴν χάριν ταύτην ἐν ᾗ ἑστήκαμεν, καὶ καυχώμεθα ἐπ' ἐλπίδι τῆς
3 δόξης τοῦ Θεοῦ. οὐ μόνον δέ, ἀλλὰ καὶ καυχώμεθα ἐν ταῖς θλίψεσιν,
4 εἰδότες ὅτι ἡ θλῖψις ὑπομονὴν κατεργάζεται, ἡ δὲ ὑπομονὴ δοκιμήν, ἡ
5 δὲ δοκιμὴ ἐλπίδα· ἡ δὲ ⌊ἐλπὶς οὐ καταισχύνει⌋,ᶠ ὅτι ἡ ἀγάπη τοῦ Θεοῦ
ἐκκέχυται ἐν ταῖς καρδίαις ἡμῶν διὰ Πνεύματος Ἁγίου τοῦ δοθέντος
ἡμῖν.

6 Ἔτι γὰρ Χριστὸς ὄντων ἡμῶν ἀσθενῶν κατὰ καιρὸν ὑπὲρ ἀσεβῶν
7 ἀπέθανεν. μόλις γὰρ ὑπὲρ δικαίου τις ἀποθανεῖται· ὑπὲρ γὰρ τοῦ
8 ἀγαθοῦ τάχα τις καὶ τολμᾷ ἀποθανεῖν· συνίστησιν δὲ τὴν ἑαυτοῦ
ἀγάπην εἰς ἡμᾶς ὁ Θεὸς ὅτι ἔτι ἁμαρτωλῶν ὄντων ἡμῶν Χριστὸς ὑπὲρ
9 ἡμῶν ἀπέθανεν. πολλῷ οὖν μᾶλλον δικαιωθέντες νῦν ἐν τῷ αἵματι
10 αὐτοῦ σωθησόμεθα δι' αὐτοῦ ἀπὸ τῆς ὀργῆς. εἰ γὰρ ἐχθροὶ ὄντες
κατηλλάγημεν τῷ Θεῷ διὰ τοῦ θανάτου τοῦ Υἱοῦ αὐτοῦ, πολλῷ
11 μᾶλλον καταλλαγέντες σωθησόμεθα ἐν τῇ ζωῇ αὐτοῦ· οὐ μόνον δέ,
ἀλλὰ καὶ καυχώμενοι ἐν τῷ Θεῷ διὰ τοῦ Κυρίου ἡμῶν Ἰησοῦ, δι' οὗ
νῦν καταλλαγὴν ἐλάβομεν.

12 Διὰ τοῦτο ὥσπερ δι' ἑνὸς ἀνθρώπου ἡ ἁμαρτία εἰς τὸν κόσμον
εἰσῆλθεν, καὶ διὰ τῆς ἁμαρτίας ὁ θάνατος, καὶ οὕτως εἰς πάντας ἀνθρώ-
13 πους ὁ θάνατος διῆλθεν, ἐφ' ᾧ πάντες ἥμαρτον. ἄχρι γὰρ νόμου
14 ἁμαρτία ἦν ἐν κόσμῳ, ἁμαρτία δὲ οὐκ ἐλλογεῖται μὴ ὄντος νόμου· ἀλλὰ

[a] Gn. 17. 5   [b] Gn. 15. 5   [c] Gn. 15. 6   [d] Is. 53. 12 LXX
[e] ἔχομεν   [f] Ps. 22. 5

ἐβασίλευσεν ὁ θάνατος ἀπὸ Ἀδάμ μέχρι Μωϋσέως καὶ ἐπὶ τοὺς μὴ ἁμαρτήσαντας ἐπὶ τῷ ὁμοιώματι τῆς παραβάσεως Ἀδάμ, ὅς ἐστιν τύπος τοῦ Μέλλοντος.

Ἀλλ᾽ οὐχ ὡς τὸ παράπτωμα, οὕτως καὶ τὸ χάρισμα· εἰ γὰρ τῷ τοῦ 15 ἑνὸς παραπτώματι οἱ πολλοὶ ἀπέθανον, πολλῷ μᾶλλον ἡ χάρις τοῦ Θεοῦ καὶ ἡ δωρεὰ ἐν χάριτι τῇ τοῦ ἑνὸς ἀνθρώπου Ἰησοῦ Χριστοῦ εἰς τοὺς πολλοὺς ἐπερίσσευσεν. καὶ οὐχ ὡς δι᾽ ἑνὸς ἁμαρτήσαντος τὸ 16 δώρημα· τὸ μὲν γὰρ κρίμα ἐξ ἑνὸς εἰς κατάκριμα, τὸ δὲ χάρισμα ἐκ πολλῶν παραπτωμάτων εἰς δικαίωμα. εἰ γὰρ τῷ τοῦ ἑνὸς παραπτώ- 17 ματι ὁ θάνατος ἐβασίλευσεν διὰ τοῦ ἑνός, πολλῷ μᾶλλον οἱ τὴν περισ- σείαν τῆς χάριτος καὶ τῆς δωρεᾶς τῆς δικαιοσύνης λαμβάνοντες ἐν ζωῇ βασιλεύσουσιν διὰ τοῦ ἑνὸς Ἰησοῦ Χριστοῦ.

Ἄρα οὖν ὡς δι᾽ ἑνὸς παραπτώματος εἰς πάντας ἀνθρώπους εἰς 18 κατάκριμα, οὕτως καὶ δι᾽ ἑνὸς δικαιώματος εἰς πάντας ἀνθρώπους εἰς δικαίωσιν ζωῆς· ὥσπερ γὰρ διὰ τῆς παρακοῆς τοῦ ἑνὸς ἀνθρώπου 19 ἁμαρτωλοὶ κατεστάθησαν οἱ πολλοί, οὕτως καὶ διὰ τῆς ὑπακοῆς τοῦ ἑνὸς δίκαιοι κατασταθήσονται οἱ πολλοί.

Νόμος δὲ παρεισῆλθεν ἵνα πλεονάσῃ τὸ παράπτωμα· οὗ δὲ ἐπλεόνα- 20 21 σεν ἡ ἁμαρτία, ὑπερεπερίσσευσεν ἡ χάρις, ἵνα ὥσπερ ἐβασίλευσεν ἡ ἁμαρτία ἐν τῷ θανάτῳ, οὕτως καὶ ἡ χάρις βασιλεύσῃ διὰ δικαιοσύνης εἰς ζωὴν αἰώνιον διὰ Ἰησοῦ Χριστοῦ τοῦ Κυρίου ἡμῶν.

Τί οὖν ἐροῦμεν; ἐπιμένωμεν τῇ ἁμαρτίᾳ, ἵνα ἡ χάρις πλεονάσῃ; μὴ **6** 2 γένοιτο. οἵτινες ἀπεθάνομεν τῇ ἁμαρτίᾳ, πῶς ἔτι ζήσομεν ἐν αὐτῇ; ἢ 3 ἀγνοεῖτε ὅτι ὅσοι ἐβαπτίσθημεν εἰς Χριστὸν Ἰησοῦν, εἰς τὸν θάνατον αὐτοῦ ἐβαπτίσθημεν; συνετάφημεν οὖν αὐτῷ διὰ τοῦ βαπτίσματος εἰς 4 τὸν θάνατον, ἵνα ὥσπερ ἠγέρθη Χριστὸς ἐκ νεκρῶν διὰ τῆς δόξης τοῦ Πατρός, οὕτως καὶ ἡμεῖς ἐν καινότητι ζωῆς περιπατήσωμεν.

Εἰ γὰρ σύμφυτοι γεγόναμεν τῷ ὁμοιώματι τοῦ θανατοῦ αὐτοῦ, ἀλλὰ 5 καὶ τῆς ἀναστάσεως ἐσόμεθα· τοῦτο γινώσκοντες, ὅτι ὁ παλαιὸς ἡμῶν 6 ἄνθρωπος συνεσταυρώθη, ἵνα καταργηθῇ τὸ σῶμα τῆς ἁμαρτίας, τοῦ μηκέτι δουλεύειν ἡμᾶς τῇ ἁμαρτίᾳ· ὁ γὰρ ἀποθανὼν δεδικαίωται ἀπὸ 7 τῆς ἁμαρτίας. εἰ δὲ ἀπεθάνομεν σὺν Χριστῷ, πιστεύομεν ὅτι καὶ 8 συζήσομεν αὐτῷ, εἰδότες ὅτι Χριστὸς ἐγερθεὶς ἐκ νεκρῶν οὐκέτι ἀπο- 9 θνήσκει, θάνατος αὐτοῦ οὐκέτι κυριεύει. ὃ γὰρ ἀπέθανεν, τῇ ἁμαρτίᾳ 10 ἀπέθανεν ἐφάπαξ· ὃ δὲ ζῇ, ζῇ τῷ Θεῷ. οὕτως καὶ ὑμεῖς λογίζεσθε 11 ἑαυτοὺς εἶναι νεκροὺς μὲν τῇ ἁμαρτίᾳ ζῶντας δὲ τῷ Θεῷ ἐν Χριστῷ Ἰησοῦ.

Μὴ οὖν βασιλευέτω ἡ ἁμαρτία ἐν τῷ θνητῷ ὑμῶν σώματι εἰς τὸ 12 ὑπακούειν ταῖς ἐπιθυμίαις αὐτοῦ, μηδὲ παριστάνετε τὰ μέλη ὑμῶν 13

ὅπλα ἀδικίας τῇ ἁμαρτίᾳ, ἀλλὰ παραστήσατε ἑαυτοὺς τῷ Θεῷ ὡσεὶ
ἐκ νεκρῶν ζῶντας καὶ τὰ μέλη ὑμῶν ὅπλα δικαιοσύνης τῷ Θεῷ·
14 ἁμαρτία γὰρ ὑμῶν οὐ κυριεύσει, οὐ γάρ ἐστε ὑπὸ νόμον ἀλλὰ ὑπὸ
χάριν.
15 Τί οὖν; ἁμαρτήσωμεν, ὅτι οὐκ ἐσμὲν ὑπὸ νόμον ἀλλὰ ὑπὸ χάριν; μὴ
16 γένοιτο. οὐκ οἴδατε ὅτι ᾧ παριστάνετε ἑαυτοὺς δούλους εἰς ὑπακοήν,
δοῦλοί ἐστε ᾧ ὑπακούετε, ἤτοι ἁμαρτίας εἰς θάνατον ἢ ὑπακοῆς εἰς
17 δικαιοσύνην; χάρις δὲ τῷ Θεῷ ὅτι ἦτε δοῦλοι τῆς ἁμαρτίας, ὑπηκού-
18 σατε δὲ ἐκ καρδίας εἰς ὃν παρεδόθητε τύπον διδαχῆς, ἐλευθερωθέντες δὲ
19 ἀπὸ τῆς ἁμαρτίας ἐδουλώθητε τῇ δικαιοσύνῃ (ἀνθρώπινον λέγω διὰ
τὴν ἀσθένειαν τῆς σαρκὸς ὑμῶν). ὥσπερ γὰρ παρεστήσατε τὰ μέλη
ὑμῶν δοῦλα τῇ ἀκαθαρσίᾳ καὶ τῇ ἀνομίᾳ εἰς τὴν ἀνομίαν, οὕτως νῦν
παραστήσατε τὰ μέλη ὑμῶν δοῦλα τῇ δικαιοσύνῃ εἰς ἁγιασμόν.
20 Ὅτε γὰρ δοῦλοι ἦτε τῆς ἁμαρτίας, ἐλεύθεροι ἦτε τῇ δικαιοσύνῃ.
21 τίνα οὖν καρπὸν εἴχετε τότε; ἐφ᾽ οἷς νῦν ἐπαισχύνεσθε· τὸ γὰρ τέλος
22 ἐκείνων θάνατος. νυνὶ δέ, ἐλευθερωθέντες ἀπὸ τῆς ἁμαρτίας δουλωθέντες
δὲ τῷ Θεῷ, ἔχετε τὸν καρπὸν ὑμῶν εἰς ἁγιασμόν, τὸ δὲ τέλος ζωὴν
23 αἰώνιον. τὰ γὰρ ὀψώνια τῆς ἁμαρτίας θάνατος, τὸ δὲ χάρισμα τοῦ
Θεοῦ ζωὴ αἰώνιος ἐν Χριστῷ Ἰησοῦ τῷ Κυρίῳ ἡμῶν.
7 Ἢ ἀγνοεῖτε, ἀδελφοί (γινώσκουσιν γὰρ νόμον λαλῶ) ὅτι ὁ νόμος
2 κυριεύει τοῦ ἀνθρώπου ἐφ᾽ ὅσον χρόνον ζῇ; ἡ γὰρ ὕπανδρος γυνὴ τῷ
ζῶντι ἀνδρὶ δέδεται νόμῳ· ἐὰν δὲ ἀποθάνῃ ὁ ἀνήρ, κατήργηται ἀπὸ τοῦ
3 νόμου τοῦ ἀνδρός. ἄρα οὖν ζῶντος τοῦ ἀνδρὸς μοιχαλὶς χρηματίσει
ἐὰν γένηται ἀνδρὶ ἑτέρῳ· ἐὰν δὲ ἀποθάνῃ ὁ ἀνήρ, ἐλευθέρα ἐστὶν ἀπὸ
τοῦ νόμου, τοῦ μὴ εἶναι αὐτὴν μοιχαλίδα γενομένην ἀνδρὶ ἑτέρῳ.
4 ὥστε, ἀδελφοί μου, καὶ ὑμεῖς ἐθανατώθητε τῷ νόμῳ διὰ τοῦ σώματος
τοῦ Χριστοῦ, εἰς τὸ γενέσθαι ὑμᾶς ἑτέρῳ, τῷ ἐκ νεκρῶν ἐγερθέντι, ἵνα
5 καρποφορήσωμεν τῷ Θεῷ. ὅτε γὰρ ἦμεν ἐν τῇ σαρκί, τὰ παθήματα
τῶν ἁμαρτιῶν τὰ διὰ τοῦ νόμου ἐνηργεῖτο ἐν τοῖς μέλεσιν ἡμῶν εἰς τὸ
6 καρποφορῆσαι τῷ θανάτῳ· νυνὶ δὲ κατηργήθημεν ἀπὸ τοῦ νόμου,
ἀποθανόντες ἐν ᾧ κατειχόμεθα, ὥστε δουλεύειν ἐν καινότητι πνεύματος
καὶ οὐ παλαιότητι γράμματος.
7 Τί οὖν ἐροῦμεν; ὁ νόμος ἁμαρτία; μὴ γένοιτο· ἀλλὰ τὴν ἁμαρτίαν
οὐκ ἔγνων εἰ μὴ διὰ νόμου· τήν τε γὰρ ἐπιθυμίαν οὐκ ᾔδειν εἰ μὴ ὁ
8 νόμος ἔλεγεν· ⌊Οὐκ ἐπιθυμήσεις·⌋[a] ἀφορμὴν δὲ λαβοῦσα ἡ ἁμαρτία διὰ
τῆς ἐντολῆς κατειργάσατο ἐν ἐμοὶ πᾶσαν ἐπιθυμίαν· χωρὶς γὰρ νόμου
9 ἁμαρτία νεκρά. ἐγὼ δὲ ἔζων χωρὶς νόμου ποτέ· ἐλθούσης δὲ τῆς
10 ἐντολῆς ἡ ἁμαρτία ἀνέζησεν ἐγὼ δὲ ἀπέθανον, καὶ εὑρέθη μοι ἡ ἐντολὴ

[a] Ex. 20. 17

ἡ εἰς ζωήν, αὕτη εἰς θάνατον· ἡ γὰρ ἁμαρτία ἀφορμὴν λαβοῦσα διὰ 11
τῆς ἐντολῆς ἐξηπάτησέν με καὶ δι' αὐτῆς ἀπέκτεινεν.

῞Ωστε ὁ μὲν νόμος ἅγιος, καὶ ἡ ἐντολὴ ἁγία καὶ δικαία καὶ ἀγαθή. 12
τὸ οὖν ἀγαθὸν ἐμοὶ ἐγένετο θάνατος; μὴ γένοιτο· ἀλλὰ ἡ ἁμαρτία ἵνα 13
φανῇ ἁμαρτία, διὰ τοῦ ἀγαθοῦ μοι κατεργαζομένη θάνατον, ἵνα γένηται
καθ' ὑπερβολὴν ἁμαρτωλὸς ἡ ἁμαρτία διὰ τῆς ἐντολῆς.

Οἴδαμεν γὰρ ὅτι ὁ νόμος πνευματικός ἐστιν· ἐγὼ δὲ σάρκινός εἰμι, 14
πεπραμένος ὑπὸ τὴν ἁμαρτίαν. ὃ γὰρ κατεργάζομαι οὐ γινώσκω· οὐ 15
γὰρ ὃ θέλω τοῦτο πράσσω, ἀλλ' ὃ μισῶ τοῦτο ποιῶ. εἰ δὲ ὃ οὐ θέλω 16
τοῦτο ποιῶ, σύμφημι τῷ νόμῳ ὅτι καλός. νυνὶ δὲ οὐκέτι ἐγὼ κατεργά- 17
ζομαι αὐτὸ ἀλλὰ ἡ ἐνοικοῦσα ἐν ἐμοὶ ἁμαρτία. οἶδα γὰρ ὅτι οὐκ οἰκεῖ 18
ἐν ἐμοί, τοῦτ' ἔστιν ἐν τῇ σαρκί μου, ἀγαθόν· τὸ γὰρ θέλειν παράκειταί
μοι, τὸ δὲ κατεργάζεσθαι τὸ καλὸν οὔ· οὐ γὰρ ὃ θέλω ποιῶ ἀγαθόν, 19
ἀλλὰ ὃ οὐ θέλω κακὸν τοῦτο πράσσω. εἰ δὲ ὃ οὐ θέλω ἐγὼ τοῦτο ποιῶ, 20
οὐκέτι ἐγὼ κατεργάζομαι αὐτὸ ἀλλὰ ἡ οἰκοῦσα ἐν ἐμοὶ ἁμαρτία.

Εὑρίσκω ἄρα τὸν νόμον τῷ θέλοντι ἐμοὶ ποιεῖν τὸ καλόν, ὅτι ἐμοὶ τὸ 21
κακὸν παράκειται· συνήδομαι γὰρ τῷ νόμῳ τοῦ Θεοῦ κατὰ τὸν ἔσω 22
ἄνθρωπον, βλέπω δὲ ἕτερον νόμον ἐν τοῖς μέλεσίν μου ἀντιστρατευό- 23
μενον τῷ νόμῳ τοῦ νοός μου, καὶ αἰχμαλωτίζοντά με ἐν τῷ νόμῳ τῆς
ἁμαρτίας τῷ ὄντι ἐν τοῖς μέλεσίν μου. ταλαίπωρος ἐγὼ ἄνθρωπος· τίς 24
με ῥύσεται ἐκ τοῦ σώματος τοῦ θανάτου τούτου; χάρις τῷ Θεῷ διὰ 25
Ἰησοῦ Χριστοῦ τοῦ Κυρίου ἡμῶν. ἄρα οὖν αὐτὸς ἐγὼ τῷ μὲν νοῒ
δουλεύω νόμῳ Θεοῦ, τῇ δὲ σαρκὶ νόμῳ ἁμαρτίας.

Οὐδὲν ἄρα νῦν κατάκριμα τοῖς ἐν Χριστῷ Ἰησοῦ. ὁ γὰρ νόμος τοῦ **8** 2
Πνεύματος τῆς ζωῆς ἐν Χριστῷ Ἰησοῦ ἠλευθέρωσέν σε ἀπὸ τοῦ νόμου
τῆς ἁμαρτίας καὶ τοῦ θανάτου. τὸ γὰρ ἀδύνατον τοῦ νόμου, ἐν ᾧ 3
ἠσθένει διὰ τῆς σαρκός, ὁ Θεὸς τὸν ἑαυτοῦ Υἱὸν πέμψας ἐν ὁμοιώματι
σαρκὸς ἁμαρτίας καὶ περὶ ἁμαρτίας κατέκρινεν τὴν ἁμαρτίαν ἐν τῇ
σαρκί, ἵνα τὸ δικαίωμα τοῦ νόμου πληρωθῇ ἐν ἡμῖν τοῖς μὴ κατὰ σάρκα 4
περιπατοῦσιν ἀλλὰ κατὰ Πνεῦμα.

Οἱ γὰρ κατὰ σάρκα ὄντες τὰ τῆς σαρκὸς φρονοῦσιν, οἱ δὲ κατὰ 5
πνεῦμα τὰ τοῦ πνεύματος. τὸ γὰρ φρόνημα τῆς σαρκὸς θάνατος, τὸ δὲ 6
φρόνημα τοῦ πνεύματος ζωὴ καὶ εἰρήνη. διότι τὸ φρόνημα τῆς σαρκὸς 7
ἔχθρα εἰς Θεόν· τῷ γὰρ νόμῳ τοῦ Θεοῦ οὐχ ὑποτάσσεται, οὐδὲ γὰρ
δύναται· οἱ δὲ ἐν σαρκὶ ὄντες Θεῷ ἀρέσαι οὐ δύνανται. 8

Ὑμεῖς δὲ οὐκ ἐστὲ ἐν σαρκὶ ἀλλὰ ἐν πνεύματι, εἴπερ Πνεῦμα Θεοῦ 9
οἰκεῖ ἐν ὑμῖν. εἰ δέ τις Πνεῦμα Χριστοῦ οὐκ ἔχει, οὗτος οὐκ ἔστιν αὐτοῦ.
εἰ δὲ Χριστὸς ἐν ὑμῖν, τὸ μὲν σῶμα νεκρὸν διὰ ἁμαρτίαν, τὸ δὲ πνεῦμα 10
ζωὴ διὰ δικαιοσύνην. εἰ δὲ τὸ Πνεῦμα τοῦ ἐγείραντος τὸν Ἰησοῦν ἐκ 11

νεκρῶν οἰκεῖ ἐν ὑμῖν, ὁ ἐγείρας ἐκ νεκρῶν Χριστὸν Ἰησοῦν ζωοποιήσει καὶ τὰ θνητὰ σώματα ὑμῶν διὰ τοῦ ἐνοικοῦντος αὐτοῦ Πνεύματος ἐν ὑμῖν.

12 Ἄρα οὖν, ἀδελφοί, ὀφειλέται ἐσμέν, οὐ τῇ σαρκὶ τοῦ κατὰ σάρκα ζῆν.
13 εἰ γὰρ κατὰ σάρκα ζῆτε, μέλλετε ἀποθνήσκειν· εἰ δὲ Πνεύματι τὰς πράξεις τοῦ σώματος θανατοῦτε, ζήσεσθε.

14 15 Ὅσοι γὰρ Πνεύματι Θεοῦ ἄγονται, οὗτοι υἱοί εἰσιν Θεοῦ. οὐ γὰρ ἐλάβετε πνεῦμα δουλείας πάλιν εἰς φόβον, ἀλλὰ ἐλάβετε Πνεῦμα υἱο-
16 θεσίας, ἐν ᾧ κράζομεν· Ἀββᾶ ὁ Πατήρ. αὐτὸ τὸ Πνεῦμα συμμαρτυρεῖ τῷ
17 πνεύματι ἡμῶν ὅτι ἐσμὲν τέκνα Θεοῦ. εἰ δὲ τέκνα, καὶ κληρονόμοι· κληρονόμοι μὲν Θεοῦ, συγκληρονόμοι δὲ Χριστοῦ, εἴπερ συμπάσχομεν ἵνα καὶ συνδοξασθῶμεν.

18 Λογίζομαι γὰρ ὅτι οὐκ ἄξια τὰ παθήματα τοῦ νῦν καιροῦ πρὸς τὴν
19 μέλλουσαν δόξαν ἀποκαλυφθῆναι εἰς ἡμᾶς. ἡ γὰρ ἀποκαραδοκία τῆς
20 κτίσεως τὴν ἀποκάλυψιν τῶν υἱῶν τοῦ Θεοῦ ἀπεκδέχεται. τῇ γὰρ ματαιότητι ἡ κτίσις ὑπετάγη, οὐχ ἑκοῦσα, ἀλλὰ διὰ τὸν ὑποτάξαντα,
21 ᵃ ἐπ' ἐλπίδι, ὅτι καὶ αὐτὴ ἡ κτίσις ἐλευθερωθήσεται ἀπὸ τῆς δουλείας
22 τῆς φθορᾶς εἰς τὴν ἐλευθερίαν τῆς δόξης τῶν τέκνων τοῦ Θεοῦ. οἴδαμεν
23 γὰρ ὅτι πᾶσα ἡ κτίσις συστενάζει καὶ συνωδίνει ἄχρι τοῦ νῦν· οὐ μόνον δέ, ἀλλὰ καὶ αὐτοὶ τὴν ἀπαρχὴν τοῦ Πνεύματος ἔχοντες ἡμεῖς καὶ αὐτοὶ ἐν ἑαυτοῖς ᵇ στενάζομεν υἱοθεσίαν ἀπεκδεχόμενοι, τὴν ἀπολύτρωσιν
24 τοῦ σώματος ἡμῶν. τῇ γὰρ ἐλπίδι ἐσώθημεν· ἐλπὶς δὲ βλεπομένη οὐκ
25 ἔστιν ἐλπίς· ὃ γὰρ βλέπει τις, τί καὶ ᶜ ὑπομένει; εἰ δὲ ὃ οὐ βλέπομεν ἐλπίζομεν, δι' ὑπομονῆς ἀπεκδεχόμεθα.

26 Ὡσαύτως δὲ καὶ τὸ Πνεῦμα συναντιλαμβάνεται τῇ ἀσθενείᾳ ἡμῶν· τὸ γὰρ τί προσευξώμεθα καθὸ δεῖ οὐκ οἴδαμεν, ἀλλὰ αὐτὸ τὸ Πνεῦμα
27 ὑπερεντυγχάνει στεναγμοῖς ἀλαλήτοις· ὁ δὲ ἐρευνῶν τὰς καρδίας οἶδεν τί τὸ φρόνημα τοῦ Πνεύματος, ὅτι κατὰ Θεὸν ἐντυγχάνει ὑπὲρ ἁγίων,
28 οἴδαμεν δὲ ὅτι τοῖς ἀγαπῶσιν τὸν Θεὸν πάντα συνεργεῖᵈ εἰς ἀγαθόν,
29 τοῖς κατὰ πρόθεσιν κλητοῖς οὖσιν. ὅτι οὓς προέγνω, καὶ προώρισεν συμμόρφους τῆς εἰκόνος τοῦ Υἱοῦ αὐτοῦ, εἰς τὸ εἶναι αὐτὸν πρωτότοκον
30 ἐν πολλοῖς ἀδελφοῖς· οὓς δὲ προώρισεν, τούτους καὶ ἐκάλεσεν· καὶ οὓς ἐκά-λεσεν, τούτους καὶ ἐδικαίωσεν· οὓς δὲ ἐδικαίωσεν, τούτους καὶ ἐδόξασεν.

31 32 Τί οὖν ἐροῦμεν πρὸς ταῦτα; εἰ ὁ Θεὸς ὑπὲρ ἡμῶν, τίς καθ' ἡμῶν; ὅς γε τοῦ ἰδίου Υἱοῦ οὐκ ἐφείσατο, ἀλλὰ ὑπὲρ ἡμῶν πάντων παρέδωκεν
33 αὐτόν, πῶς οὐχὶ καὶ σὺν αὐτῷ τὰ πάντα ἡμῖν χαρίσεται; ᵉ τίς ἐγ-
34 καλέσει κατὰ ἐκλεκτῶν Θεοῦ; Θεὸς ⌊ὁ δικαιῶν· τίς ὁ κατακρινῶν;⌋ᶠ

[a] ἐπ' ἐλπίδι ὅτι   [b] στενάζομεν ἀπεκδεχόμενοι τὴν   [c] ἐλπίζει;   [d] add ὁ Θεὸς
[e] τίς ἐγκαλέσει κατὰ ἐκλεκτῶν Θεοῦ; Θεός—ὁ δικαιῶν; τίς ὁ κατακρινῶν; Χριστός
—ὁ ἀποθανών, μᾶλλον δὲ ἐγερθείς, ὅς ἐστιν ἐν δεξιᾷ τοῦ Θεοῦ, ὃς καὶ ἐντυγχάνει ὑπὲρ
ἡμῶν;   [f] Is. 50. 8

Χριστὸς ὁ ἀποθανών, μᾶλλον δὲ ἐγερθείς, ὅς ἐστιν ⌊ἐν δεξιᾷ τοῦ Θεοῦ⌋,ᵃ
ὃς καὶ ἐντυγχάνει ὑπὲρ ἡμῶν. τίς ἡμᾶς χωρίσει ἀπὸ τῆς ἀγάπης τοῦ 35
Χριστοῦ; θλῖψις ἢ στενοχωρία ἢ διωγμὸς ἢ λιμὸς ἢ γυμνότης ἢ
κίνδυνος ἢ μάχαιρα; καθὼς γέγραπται ὅτι ⌊Ἕνεκεν σοῦ θανατούμεθα 36
ὅλην τὴν ἡμέραν, ἐλογίσθημεν ὡς πρόβατα σφαγῆς.⌋ᵇ ἀλλ' ἐν τούτοις 37
πᾶσιν ὑπερνικῶμεν διὰ τοῦ ἀγαπήσαντος ἡμᾶς. πέπεισμαι γὰρ ὅτι 38
οὔτε θάνατος οὔτε ζωὴ οὔτε ἄγγελοι οὔτε ἀρχαὶ οὔτε ἐνεστῶτα οὔτε
μέλλοντα οὔτε δυνάμεις οὔτε ὕψωμα οὔτε βάθος οὔτε τις κτίσις ἑτέρα 39
δυνήσεται ἡμᾶς χωρίσαι ἀπὸ τῆς ἀγάπης τοῦ Θεοῦ τῆς ἐν Χριστῷ
Ἰησοῦ τῷ Κυρίῳ ἡμῶν.

Ἀλήθειαν λέγω ἐν Χριστῷ, οὐ ψεύδομαι, συμμαρτυρούσης μοι τῆς 9
συνειδήσεώς μου ἐν Πνεύματι Ἁγίῳ, ὅτι λύπη μοί ἐστιν μεγάλη καὶ 2
ἀδιάλειπτος ὀδύνη τῇ καρδίᾳ μου. ηὐχόμην γὰρ ἀνάθεμα εἶναι αὐτὸς 3
ἐγὼ ἀπὸ τοῦ Χριστοῦ ὑπὲρ τῶν ἀδελφῶν μου τῶν συγγενῶν μου κατὰ
σάρκα, οἵτινές εἰσιν Ἰσραηλῖται, ὧν ἡ υἱοθεσία καὶ ἡ δόξα καὶ αἱ 4
διαθῆκαι καὶ ἡ νομοθεσία καὶ ἡ λατρεία καὶ αἱ ἐπαγγελίαι, ὧν οἱ 5
πατέρες, καὶ ἐξ ὧν ᶜ ὁ Χριστὸς τὸ κατὰ σάρκα. ὁ ὢν ἐπὶ πάντων Θεὸς
εὐλογητὸς εἰς τοὺς αἰῶνας. ἀμήν.

Οὐχ οἷον δὲ ὅτι ἐκπέπτωκεν ὁ λόγος τοῦ Θεοῦ. οὐ γὰρ πάντες οἱ 6
ἐξ Ἰσραήλ, οὗτοι Ἰσραήλ· οὐδ' ὅτι εἰσὶν σπέρμα Ἀβραάμ, πάντες τέκνα, 7
ἀλλ'· ⌊Ἐν Ἰσαὰκ κληθήσεταί σοι σπέρμα.⌋ᵈ τοῦτ' ἔστιν, οὐ τὰ τέκνα 8
τῆς σαρκὸς ταῦτα τέκνα τοῦ Θεοῦ, ἀλλὰ τὰ τέκνα τῆς ἐπαγγελίας
λογίζεται εἰς σπέρμα. ἐπαγγελίας γὰρ ὁ λόγος οὗτος· ⌊Κατὰ τὸν καιρὸν 9
τοῦτον ἐλεύσομαι καὶ ἔσται τῇ Σάρρᾳ υἱός.⌋ᵉ

Οὐ μόνον δέ, ἀλλὰ καὶ Ῥεβέκκα ἐξ ἑνὸς κοίτην ἔχουσα, Ἰσαὰκ τοῦ 10
πατρὸς ἡμῶν· μήπω γὰρ γεννηθέντων μηδὲ πραξάντων τι ἀγαθὸν ἢ 11
φαῦλον, ἵνα ἡ κατ' ἐκλογὴν πρόθεσις τοῦ Θεοῦ μένῃ, οὐκ ἐξ ἔργων 12
ἀλλ' ἐκ τοῦ καλοῦντος, ἐρρέθη αὐτῇ ὅτι ⌊Ὁ μείζων δουλεύσει τῷ
ἐλάσσονι·⌋ᶠ καθάπερ γέγραπται· ⌊Τὸν Ἰακὼβ ἠγάπησα, τὸν δὲ Ἠσαῦ 13
ἐμίσησα.⌋ᵍ

Τί οὖν ἐροῦμεν; μὴ ἀδικία παρὰ τῷ Θεῷ; μὴ γένοιτο. τῷ Μωϋσεῖ 14 15
γὰρ λέγει· ⌊Ἐλεήσω ὃν ἂν ἐλεῶ, καὶ οἰκτιρήσω ὃν ἂν οἰκτίρω.⌋ʰ ἄρα 16
οὖν οὐ τοῦ θέλοντος οὐδὲ τοῦ τρέχοντος, ἀλλὰ τοῦ ἐλεῶντος Θεοῦ.
λέγει γὰρ ἡ γραφὴ τῷ Φαραὼ ὅτι ⌊Εἰς αὐτὸ τοῦτο ἐξήγειρά σε, 17

[a] Ps. 110. 1   [b] Ps. 44. 22   [c] *ὁ Χριστὸς τὸ κατὰ σάρκα, ὁ ὢν ἐπὶ πάντων,*
Θεὸς εὐλογητὸς εἰς τοὺς αἰῶνας. or *ὁ Χριστὸς τὸ κατὰ σάρκα, ὁ ὢν ἐπὶ πάντων. Θεὸς*
εὐλογητὸς εἰς τοὺς αἰῶνας.   [d] Gn. 21. 12   [e] Gn. 18. 10   [f] Gn. 25. 23
[g] Mal. 1. 2, 3   [h] Ex. 33. 19

ὅπως ἐνδείξωμαι ἐν σοὶ τὴν δύναμίν μου, καὶ ὅπως διαγγελῇ τὸ
18 ὄνομά μου ἐν πάσῃ τῇ γῇ.⌐ᵃ ἄρα οὖν ὃν θέλει ἐλεεῖ, ὃν δὲ θέλει ⌐σκλη-
ρύνει⌐.ᵇ

19 Ἐρεῖς μοι οὖν· Τί οὖν ἔτι μέμφεται; τῷ γὰρ βουλήματι αὐτοῦ τίς
20 ἀνθέστηκεν; ὦ ἄνθρωπε, μενοῦν γε σὺ τίς εἶ ὁ ἀνταποκρινόμενος τῷ
21 Θεῷ; ⌐μὴ ἐρεῖ τὸ πλάσμα τῷ πλάσαντι·⌐ Τί με ἐποίησας οὕτως; ἢ οὐκ
ἔχει ἐξουσίαν ⌐ὁ κεραμεὺς τοῦ πηλοῦ⌐ᶜ ἐκ τοῦ αὐτοῦ φυράματος ποιῆσαι
ὃ μὲν εἰς τιμὴν σκεῦος, ὃ δὲ εἰς ἀτιμίαν;

22 Εἰ δὲ θέλων ὁ Θεὸς ἐνδείξασθαι τὴν ὀργὴν καὶ γνωρίσαι τὸ δυνατὸν
αὐτοῦ ⌐ἤνεγκεν⌐ ἐν πολλῇ μακροθυμίᾳ ⌐σκεύη ὀργῆς⌐ κατηρτισμένα εἰς
23 ⌐ἀπώλειαν⌐,ᵈ καὶ ἵνα γνωρίσῃ τὸν πλοῦτον τῆς δόξης αὐτοῦ ἐπὶ σκεύη
ἐλέους, ἃ προητοίμασεν εἰς δόξαν;

24 25 Οὓς καὶ ἐκάλεσεν ἡμᾶς οὐ μόνον ἐξ Ἰουδαίων ἀλλὰ καὶ ἐξ ἐθνῶν, ὡς
καὶ ἐν τῷ Ὡσηὲ λέγει· ⌐Καλέσω τὸν οὐ λαόν μου λαόν μου, καὶ τὴν οὐκ
26 ἠγαπημένην Ἠγαπημένην· καὶ ἔσται ἐν τῷ τόπῳ οὗ ἐρρέθη αὐτοῖς·
27 Οὐ λαός μου ὑμεῖς, ἐκεῖ κληθήσονται υἱοὶ Θεοῦ ζῶντος.⌐ᵉ Ἠσαΐας δὲ
κράζει ὑπὲρ τοῦ Ἰσραήλ· ⌐Ἐὰν ᾖ ὁ ἀριθμὸς τῶν υἱῶν Ἰσραὴλ ὡς ἡ
28 ἄμμος τῆς θαλάσσης, τὸ ὑπόλειμμα σωθήσεται· λόγον γὰρ συντελῶν
29 καὶ συντέμνων ποιήσει Κύριος ἐπὶ τῆς γῆς.⌐ᶠ καὶ καθὼς προείρηκεν
Ἠσαΐας· ⌐Εἰ μὴ Κύριος Σαβαὼθ ἐγκατέλιπεν ἡμῖν σπέρμα, ὡς Σόδομα
ἂν ἐγενήθημεν καὶ ὡς Γόμορρα ἂν ὡμοιώθημεν.⌐ᵍ

30 Τί οὖν ἐροῦμεν; ὅτι ἔθνη τὰ μὴ διώκοντα δικαιοσύνην κατέλαβεν
31 δικαιοσύνην, δικαιοσύνην δὲ τὴν ἐκ πίστεως· Ἰσραὴλ δὲ διώκων νόμον
32 δικαιοσύνης εἰς νόμον οὐκ ἔφθασεν. διὰ τί; ὅτι οὐκ ἐκ πίστεως ἀλλ' ὡς
ἐξ ἔργων· προσέκοψαν ⌐τῷ λίθῳ τοῦ προσκόμματος⌐, καθὼς γέγραπται·
33 Ἰδοὺ τίθημι ⌐ἐν Σιὼν λίθον προσκόμματος καὶ πέτραν σκανδάλου, καὶ
ὁ πιστεύων ἐπ' αὐτῷ οὐ καταισχυνθήσεται⌐.ʰ

10 ❡ Ἀδελφοί, ἡ μὲν εὐδοκία τῆς ἐμῆς καρδίας καὶ ἡ δέησις πρὸς τὸν Θεὸν
2 ὑπὲρ αὐτῶν εἰς σωτηρίαν. μαρτυρῶ γὰρ αὐτοῖς ὅτι ζῆλον Θεοῦ ἔχουσιν,
3 ἀλλ' οὐ κατ' ἐπίγνωσιν· ἀγνοοῦντες γὰρ τὴν τοῦ Θεοῦ δικαιοσύ-
νην, καὶ τὴν ἰδίαν ζητοῦντες στῆσαι, τῇ δικαιοσύνῃ τοῦ Θεοῦ οὐχ
4 ὑπετάγησαν. τέλος γὰρ νόμου Χριστὸς εἰς δικαιοσύνην παντὶ τῷ
πιστεύοντι.

5 Μωϋσῆς γὰρ γράφει τὴν δικαιοσύνην τὴν ἐκ νόμου ὅτι ⌐ὁ ποιήσας
6 ἄνθρωπος ζήσεται⌐ⁱ ἐν αὐτῇ. ἡ δὲ ἐκ πίστεως δικαιοσύνη οὕτως

[a] Ex. 9. 16   [b] Ex. 7. 3; 9. 12   [c] Is. 29. 16; 45. 9; Jer. 18. 6   [d] Is.
13. 5; 54. 16   [e] Hos. 2. 23; 1. 10   [f] Is. 10, 22, 23   [g] Is. 1. 9
[h] Is. 28. 16 LXX   [i] Lv. 18. 5

λέγει· ⌊Μὴ εἴπῃς ἐν τῇ καρδίᾳ σου· Τίς ἀναβήσεται εἰς τὸν οὐρανόν;⌋
(τοῦτ' ἔστιν Χριστὸν καταγαγεῖν), ἤ· ⌊Τίς καταβήσεται εἰς τὴν 7
ἄβυσσον;⌋ (τοῦτ' ἔστιν Χριστὸν ἐκ νεκρῶν ἀναγαγεῖν). ἀλλὰ τί 8
λέγει; ⌊Ἐγγύς σου τὸ ῥῆμά ἐστιν, ἐν τῷ στόματί σου καὶ ἐν τῇ καρ-
δίᾳ σου·⌋[a] τοῦτ' ἔστιν τὸ ῥῆμα τῆς πίστεως ὃ κηρύσσομεν. ὅτι ἐὰν 9
ὁμολογήσῃς ⌊ἐν τῷ στόματί σου⌋ Κύριον Ἰησοῦν, καὶ πιστεύσῃς
⌊ἐν τῇ καρδίᾳ σου⌋[a] ὅτι ὁ Θεὸς αὐτὸν ἤγειρεν ἐκ νεκρῶν, σωθήσῃ·
καρδίᾳ γὰρ πιστεύεται εἰς δικαιοσύνην, στόματι δὲ ὁμολογεῖται εἰς 10
σωτηρίαν.

Λέγει γὰρ ἡ γραφή· Πᾶς ⌊ὁ πιστεύων ἐπ' αὐτῷ οὐ καταισχυνθή- 11
σεται⌋.[b] οὐ γάρ ἐστιν διαστολὴ Ἰουδαίου τε καὶ Ἕλληνος. ὁ γὰρ αὐτὸς 12
Κύριος πάντων, πλουτῶν εἰς πάντας τοὺς ἐπικαλουμένους αὐτόν·
⌊πᾶς⌋ γὰρ ⌊ὃς ἂν ἐπικαλέσηται τὸ ὄνομα Κυρίου σωθήσεται.⌋[c] πῶς οὖν 13 14
ἐπικαλέσωνται εἰς ὃν οὐκ ἐπίστευσαν; πῶς δὲ πιστεύσωσιν οὗ οὐκ
ἤκουσαν; πῶς δὲ ἀκούσωσιν χωρὶς κηρύσσοντος; πῶς δὲ κηρύξωσιν 15
ἐὰν μὴ ἀποσταλῶσιν; καθάπερ γέγραπται· ⌊Ὡς ὡραῖοι οἱ πόδες τῶν
εὐαγγελιζομένων ἀγαθά.⌋[d]

Ἀλλ' οὐ πάντες ὑπήκουσαν τῷ εὐαγγελίῳ. Ἡσαΐας γὰρ λέγει· 16
⌊Κύριε, τίς ἐπίστευσεν τῇ ἀκοῇ ἡμῶν;⌋[e] ἄρα ἡ πίστις ἐξ ἀκοῆς, ἡ δὲ 17
ἀκοὴ διὰ ῥήματος Χριστοῦ.

Ἀλλὰ λέγω, μὴ οὐκ ἤκουσαν; μενοῦν γε· ⌊Εἰς πᾶσαν τὴν γῆν ἐξῆλθεν 18
ὁ φθόγγος αὐτῶν, καὶ εἰς τὰ πέρατα τῆς οἰκουμένης τὰ ῥήματα αὐτῶν.⌋[f]
ἀλλὰ λέγω, μὴ Ἰσραὴλ οὐκ ἔγνω; πρῶτος Μωϋσῆς λέγει· ⌊Ἐγὼ 19
παραζηλώσω ὑμᾶς ἐπ' οὐκ ἔθνει, ἐπ' ἔθνει ἀσυνέτῳ παροργιῶ ὑμᾶς.⌋[g]
Ἡσαΐας δὲ ἀποτολμᾷ καὶ λέγει· ⌊Εὑρέθην τοῖς ἐμὲ μὴ ζητοῦσιν, ἐμφανὴς 20
ἐγενόμην τοῖς ἐμὲ μὴ ἐπερωτῶσιν.⌋[h] πρὸς δὲ τὸν Ἰσραὴλ λέγει· ⌊Ὅλην 21
τὴν ἡμέραν ἐξεπέτασα τὰς χεῖράς μου πρὸς λαὸν ἀπειθοῦντα καὶ
ἀντιλέγοντα.⌋[i]

ℂ Λέγω οὖν, μὴ ⌊ἀπώσατο ὁ Θεὸς τὸν λαὸν αὐτοῦ⌋; μὴ γένοιτο· καὶ 11
γὰρ ἐγὼ Ἰσραηλίτης εἰμί, ἐκ σπέρματος Ἀβραάμ, φυλῆς Βενιαμίν.
⌊οὐκ ἀπώσατο ὁ Θεὸς τὸν λαὸν αὐτοῦ⌋[j] ὃν προέγνω. ἢ οὐκ οἴδατε ἐν 2
Ἠλίᾳ τί λέγει ἡ γράφη—ὡς ἐντυγχάνει τῷ Θεῷ κατὰ τοῦ Ἰσραήλ;
Κύριε, ⌊τοὺς προφήτας σου ἀπέκτειναν, τὰ θυσιαστήριά σου κατέ- 3
σκαψαν, κἀγὼ ὑπελείφθην μόνος, καὶ ζητοῦσιν τὴν ψυχήν μου.⌋[k] ἀλλὰ 4
τί λέγει αὐτῷ ὁ χρηματισμός; ⌊Κατέλιπον⌋ ἐμαυτῷ ⌊ἑπτακισχιλίους

[a] Dt. 9. 4; 30. 12–14   [b] Is. 28. 16 LXX   [c] Joel 2. 32   [d] Is. 52. 7
[e] Is. 53. 1   [f] Ps. 19. 4   [g] Dt. 32. 21   [h] Is. 65. 1   [i] Is. 65. 2
[j] Ps. 94. 14; 1 Sam. 12. 22; Jer. 31. 37   [k] 1 Kgs. 19. 10

5 ἄνδρας, οἵτινες οὐκ ἔκαμψαν γόνυ⌋ τῇ ⌊Βάαλ⌋.ᵃ οὕτως οὖν καὶ ἐν τῷ νῦν
6 καιρῷ λεῖμμα κατ' ἐκλογὴν χάριτος γέγονεν· εἰ δὲ χάριτι, οὐκέτι ἐξ
ἔργων, ἐπεὶ ἡ χάρις οὐκέτι γίνεται χάρις.

7 Τί οὖν; ὃ ἐπιζητεῖ Ἰσραήλ, τοῦτο οὐκ ἐπέτυχεν, ἡ δὲ ἐκλογὴ
8 ἐπέτυχεν· οἱ δὲ λοιποὶ ἐπωρώθησαν, καθάπερ γέγραπται· ⌊Ἔδωκεν
αὐτοῖς ὁ Θεὸς πνεῦμα κατανύξεως, ὀφθαλμοὺς τοῦ μὴ βλέπειν καὶ ὦτα
9 τοῦ μὴ ἀκούειν, ἕως τῆς σήμερον ἡμέρας.⌋ᵇ καὶ Δαυὶδ λέγει·

⌊Γενηθήτω ἡ τράπεζα αὐτῶν εἰς παγίδα⌋ καὶ εἰς θήραν,
⌊καὶ εἰς σκάνδαλον καὶ εἰς ἀνταπόδομα αὐτοῖς.
10 σκοτισθήτωσαν οἱ ὀφθαλμοὶ αὐτῶν τοῦ μὴ βλέπειν.
καὶ τὸν νῶτον αὐτῶν διὰ παντὸς σύγκαμψον.⌋ᶜ

11 Λέγω οὖν, μὴ ἔπταισαν ἵνα πέσωσιν; μὴ γένοιτο· ἀλλὰ τῷ αὐτῶν
παραπτώματι ἡ σωτηρία τοῖς ἔθνεσιν, εἰς τὸ ⌊παραζηλῶσαι⌋ᵈ αὐτούς.
12 εἰ δὲ τὸ παράπτωμα αὐτῶν πλοῦτος κόσμου, καὶ τὸ ἥττημα αὐτῶν
πλοῦτος ἐθνῶν, πόσῳ μᾶλλον τὸ πλήρωμα αὐτῶν.

13 Ὑμῖν δὲ λέγω τοῖς ἔθνεσιν. ἐφ' ὅσον μὲν οὖν εἰμι ἐγὼ ἐθνῶν ἀπόστολος,
14 τὴν διακονίαν μου δοξάζω, εἴ πως παραζηλώσω μου τὴν σάρκα καὶ
15 σώσω τινὰς ἐξ αὐτῶν. εἰ γὰρ ἡ ἀποβολὴ αὐτῶν καταλλαγὴ κόσμου,
16 τίς ἡ πρόσλημψις εἰ μὴ ζωὴ ἐκ νεκρῶν; εἰ δὲ ἡ ἀπαρχὴ ἁγία, καὶ τὸ
17 φύραμα· καὶ εἰ ἡ ῥίζα ἁγία, καὶ οἱ κλάδοι. εἰ δέ τινες τῶν κλάδων
ἐξεκλάσθησαν, σὺ δὲ ἀγριέλαιος ὢν ἐνεκεντρίσθης ἐν αὐτοῖς καὶ συγ-
κοινωνὸς τῆς ῥίζης τῆς πιότητος τῆς ἐλαίας ἐγένου, μὴ κατακαυχῶ τῶν
18 κλάδων· εἰ δὲ κατακαυχᾶσαι, οὐ σὺ τὴν ῥίζαν βαστάζεις ἀλλὰ ἡ
ῥίζα σε.

19 20 Ἐρεῖς οὖν· Ἐξεκλάσθησαν κλάδοι ἵνα ἐγὼ ἐγκεντρισθῶ. καλῶς· τῇ
ἀπιστίᾳ ἐξεκλάσθησαν, σὺ δὲ τῇ πίστει ἕστηκας. μὴ ὑψηλὰ φρόνει,
21 ἀλλὰ φοβοῦ· εἰ γὰρ ὁ Θεὸς τῶν κατὰ φύσιν κλάδων οὐκ ἐφείσατο, οὐδὲ
22 σοῦ φείσεται. ἴδε οὖν χρηστότητα καὶ ἀποτομίαν Θεοῦ—ἐπὶ μὲν τοὺς
πεσόντας ἀποτομία, ἐπὶ δὲ σὲ χρηστότης Θεοῦ, ἐὰν ἐπιμένῃς τῇ
23 χρηστότητι, ἐπεὶ καὶ σὺ ἐκκοπήσῃ. κἀκεῖνοι δέ, ἐὰν μὴ ἐπιμένωσιν τῇ
ἀπιστίᾳ, ἐγκεντρισθήσονται· δυνατὸς γάρ ἐστιν ὁ Θεὸς πάλιν ἐγ-
24 κεντρίσαι αὐτούς. εἰ γὰρ σὺ ἐκ τῆς κατὰ φύσιν ἐξεκόπης ἀγριελαίου
καὶ παρὰ φύσιν ἐνεκεντρίσθης εἰς καλλιέλαιον, πόσῳ μᾶλλον οὗτοι οἱ
κατὰ φύσιν ἐγκεντρισθήσονται τῇ ἰδίᾳ ἐλαίᾳ.

25 Οὐ γὰρ θέλω ὑμᾶς ἀγνοεῖν, ἀδελφοί, τὸ μυστήριον τοῦτο, ἵνα μὴ
ἦτε ἐν ἑαυτοῖς φρόνιμοι, ὅτι πώρωσις ἀπὸ μέρους τῷ Ἰσραὴλ γέγονεν

[a] 1 Kgs. 19. 18   [b] Dt. 29. 4; Is. 29. 10   [c] Ps. 69. 22, 23   [d] Dt. 32. 21

ἄχρι οὗ τὸ πλήρωμα τῶν ἐθνῶν εἰσέλθῃ, καὶ οὕτως πᾶς Ἰσραὴλ 26
σωθήσεται, καθὼς γέγραπται·

⌊Ἥξει ἐκ Σιὼν ὁ Ῥυόμενος·
ἀποστρέψει ἀσεβείας ἀπὸ Ἰακώβ.
καὶ αὕτη αὐτοῖς ἡ παρ' ἐμοῦ διαθήκη, 27
ὅταν ἀφέλωμαι τὰς ἁμαρτίας αὐτῶν.⌋ᵃ

κατὰ μὲν τὸ εὐαγγέλιον ἐχθροὶ δι' ὑμᾶς, κατὰ δὲ τὴν ἐκλογὴν ἀγαπητοὶ 28
διὰ τοὺς πατέρας· ἀμεταμέλητα γὰρ τὰ χαρίσματα καὶ ἡ κλῆσις τοῦ 29
Θεοῦ. ὥσπερ γὰρ ὑμεῖς ποτε ἠπειθήσατε τῷ Θεῷ, νῦν δὲ ἠλεήθητε τῇ 30
τούτων ἀπειθείᾳ, οὕτως καὶ οὗτοι νῦν ἠπείθησαν τῷ ὑμετέρῳ ἐλέει ἵνα 31
καὶ αὐτοὶ ἐλεηθῶσιν. συνέκλεισεν γὰρ ὁ Θεὸς τοὺς πάντας εἰς ἀπείθειαν 32
ἵνα τοὺς πάντας ἐλεήσῃ.

Ὦ βάθος πλούτου καὶ σοφίας καὶ γνώσεως Θεοῦ· ὡς ἀνεξερεύνητα 33
τὰ κρίματα αὐτοῦ καὶ ἀνεξιχνίαστοι αἱ ὁδοὶ αὐτοῦ. ⌊τίς⌋ γὰρ ⌊ἔγνω 34
νοῦν Κυρίου; ἢ τίς σύμβουλος αὐτοῦ ἐγένετο; ἢ τίς προέδωκεν αὐτῷ, 35
καὶ ἀνταποδοθήσεται αὐτῷ;⌋ᵇ ὅτι ἐξ αὐτοῦ καὶ δι' αὐτοῦ καὶ εἰς αὐτὸν 36
τὰ πάντα· αὐτῷ ἡ δόξα εἰς τοὺς αἰῶνας· ἀμήν.

Παρακαλῶ οὖν ὑμᾶς, ἀδελφοί, διὰ τῶν οἰκτιρμῶν τοῦ Θεοῦ, 12
παραστῆσαι τὰ σώματα ὑμῶν θυσίαν ζῶσαν ἁγίαν τῷ Θεῷ
εὐάρεστον, τὴν λογικὴν λατρείαν ὑμῶν· καὶ μὴ συσχηματίζεσθε τῷ 2
αἰῶνι τούτῳ, ἀλλὰ μεταμορφοῦσθε τῇ ἀνακαινώσει τοῦ νοός, εἰς τὸ
δοκιμάζειν ὑμᾶς τί τὸ θέλημα τοῦ Θεοῦ, τὸ ἀγαθὸν καὶ εὐάρεστον καὶ
τέλειον.

Λέγω γὰρ διὰ τῆς χάριτος τῆς δοθείσης μοι παντὶ τῷ ὄντι ἐν ὑμῖν μὴ 3
ὑπερφρονεῖν παρ' ὃ δεῖ φρονεῖν, ἀλλὰ φρονεῖν εἰς τὸ σωφρονεῖν, ἑκάστῳ
ὡς ὁ Θεὸς ἐμέρισεν μέτρον πίστεως. καθάπερ γὰρ ἐν ἑνὶ σώματι πολλὰ 4
μέλη ἔχομεν, τὰ δὲ μέλη πάντα οὐ τὴν αὐτὴν ἔχει πρᾶξιν, οὕτως οἱ 5
πολλοὶ ἓν σῶμά ἐσμεν ἐν Χριστῷ, τὸ δὲ καθ' εἷς ἀλλήλων μέλη. ἔχοντες 6
δὲ χαρίσματα κατὰ τὴν χάριν τὴν δοθεῖσαν ἡμῖν διάφορα, εἴτε προφη-
τείαν, κατὰ τὴν ἀναλογίαν τῆς πίστεως· εἴτε διακονίαν, ἐν τῇ διακονίᾳ· 7
εἴτε ὁ διδάσκων ἐν τῇ διδασκαλίᾳ· εἴτε ὁ παρακαλῶν, ἐν τῇ παρακλήσει· 8
ὁ μεταδιδοὺς ἐν ἁπλότητι, ὁ προϊστάμενος ἐν σπουδῇ, ὁ ἐλεῶν ἐν
ἱλαρότητι.

Ἡ ἀγάπη ἀνυπόκριτος. ἀποστυγοῦντες τὸ πονηρόν, κολλώμενοι 9
τῷ ἀγαθῷ· τῇ φιλαδελφίᾳ εἰς ἀλλήλους φιλόστοργοι, τῇ τιμῇ ἀλλήλους 10
προηγούμενοι.

[a] Is. 59. 20, 21 ; Jer. 31. 33. 34   [b] Is. 40. 13 ; Job 15. 8 ; Jer. 23. 18

11 Τῇ σπουδῇ μὴ ὀκνηροί, τῷ πνεύματι ζέοντες, τῷ ᵃ Κυρίῳ δου-
λεύοντες.

12 Τῇ ἐλπίδι χαίροντες, τῇ θλίψει ὑπομένοντες, τῇ προσευχῇ προσ-
καρτεροῦντες.

13 Ταῖς χρείαις τῶν ἁγίων κοινωνοῦντες, τὴν φιλοξενίαν διώκοντες.

14 Εὐλογεῖτε τοὺς διώκοντας, εὐλογεῖτε καὶ μὴ καταρᾶσθε.

15 Χαίρειν μετὰ χαιρόντων, κλαίειν μετὰ κλαιόντων.

16 Τὸ αὐτὸ εἰς ἀλλήλους φρονοῦντες· μὴ τὰ ὑψηλὰ φρονοῦντες ἀλλὰ
τοῖς ταπεινοῖς συναπαγόμενοι. ₗμὴ γίνεσθε φρόνιμοι παρ' ἑαυτοῖς.₎ᵇ

17 Μηδενὶ κακὸν ἀντὶ κακοῦ ἀποδιδόντες· ₗπρονοούμενοι καλὰ ἐνώπιον₎

18 πάντων ₗἀνθρώπων₎·ᶜ εἰ δυνατόν, τὸ ἐξ ὑμῶν, μετὰ πάντων ἀνθρώ-

19 πων εἰρηνεύοντες· μὴ ἑαυτοὺς ἐκδικοῦντες, ἀγαπητοί, ἀλλὰ δότε τόπον
τῇ ὀργῇ· γέγραπται γάρ· ₗἘμοὶ ἐκδίκησις,₎ ἐγὼ ₗἀνταποδώσω,₎ᵈ λέγει

20 Κύριος. ἀλλὰ ₗἐὰν πεινᾷ ὁ ἐχθρός σου, ψώμιζε αὐτόν· ἐὰν διψᾷ, πότιζε
αὐτόν· τοῦτο γὰρ ποιῶν ἄνθρακας πυρὸς σωρεύσεις ἐπὶ τὴν κεφαλὴν

21 αὐτοῦ.₎ᵉ μὴ νικῶ ὑπὸ τοῦ κακοῦ, ἀλλὰ νίκα ἐν τῷ ἀγαθῷ τὸ κακόν.

13 Πᾶσα ψυχὴ ἐξουσίαις ὑπερεχούσαις ὑποτασσέσθω. οὐ γὰρ ἔστιν

2 ἐξουσία εἰ μὴ ὑπὸ Θεοῦ, αἱ δὲ οὖσαι ὑπὸ Θεοῦ τεταγμέναι εἰσίν. ὥστε ὁ
ἀντιτασσόμενος τῇ ἐξουσίᾳ τῇ τοῦ Θεοῦ διαταγῇ ἀνθέστηκεν· οἱ δὲ

3 ἀνθεστηκότες ἑαυτοῖς κρίμα λήμψονται. οἱ γὰρ ἄρχοντες οὐκ εἰσὶν
φόβος τῷ ἀγαθῷ ἔργῳ ἀλλὰ τῷ κακῷ. θέλεις δὲ μὴ φοβεῖσθαι τὴν

4 ἐξουσίαν; τὸ ἀγαθὸν ποίει, καὶ ἕξεις ἔπαινον ἐξ αὐτῆς· Θεοῦ γὰρ διά-
κονός ἐστιν σοὶ εἰς τὸ ἀγαθόν. ἐὰν δὲ τὸ κακὸν ποιῇς, φοβοῦ· οὐ γὰρ
εἰκῆ τὴν μάχαιραν φορεῖ· Θεοῦ γὰρ διάκονός ἐστιν ἔκδικος εἰς ὀργὴν τῷ

5 τὸ κακὸν πράσσοντι. διὸ ἀνάγκη ὑποτάσσεσθαι, οὐ μόνον διὰ τὴν

6 ὀργὴν ἀλλὰ καὶ διὰ τὴν συνείδησιν. διὰ τοῦτο γὰρ καὶ φόρους τελεῖτε·
λειτουργοὶ γὰρ Θεοῦ εἰσιν εἰς αὐτὸ τοῦτο προσκαρτεροῦντες.

7 Ἀπόδοτε πᾶσιν τὰς ὀφειλάς, τῷ τὸν φόρον τὸν φόρον, τῷ τὸ τέλος

8 τὸ τέλος, τῷ τὸν φόβον τὸν φόβον, τῷ τὴν τιμὴν τὴν τιμήν. μηδενὶ
μηδὲν ὀφείλετε εἰ μὴ τὸ ἀλλήλους ἀγαπᾶν· ὁ γὰρ ἀγαπῶν τὸν ἕτερον

9 νόμον πεπλήρωκεν. τὸ γὰρ ₗΟὐ μοιχεύσεις, Οὐ φονεύσεις, Οὐ κλέψεις,
Οὐκ ἐπιθυμήσεις,₎ᶠ καὶ εἴ τις ἑτέρα ἐντολή, ἐν τῷ λόγῳ τούτῳ ἀνα-

10 κεφαλαιοῦται, ἐν τῷ ₗἈγαπήσεις τὸν πλησίον σου ὡς σεαυτόν.₎ᵍ ἡ
ἀγάπη τῷ πλησίον κακὸν οὐκ ἐργάζεται· πλήρωμα οὖν νόμου ἡ
ἀγάπη.

11 Καὶ τοῦτο εἰδότες τὸν καιρόν, ὅτι ὥρα ἤδη ὑμᾶς ἐξ ὕπνου ἐγερθῆναι·

12 νῦν γὰρ ἐγγύτερον ἡμῶν ἡ σωτηρία ἢ ὅτε ἐπιστεύσαμεν. ἡ νὺξ

[a] καιρῷ   [b] Prv. 3. 7; 11. 20; 15. 5   [c] Prv. 3. 4 LXX   [d] Dt. 32. 35
[e] Prv. 25. 21, 22   [f] Dt. 5. 17–21   [g] Lv. 19. 18

προέκοψεν, ἡ δὲ ἡμέρα ἤγγικεν. ἀποθώμεθα οὖν τὰ ἔργα τοῦ σκότους, ἐνδυσώμεθα δὲ τὰ ὅπλα τοῦ φωτός. ὡς ἐν ἡμέρᾳ εὐσχημόνως περι- 13 πατήσωμεν, μὴ κώμοις καὶ μέθαις, μὴ κοίταις καὶ ἀσελγείαις, μὴ ἔριδι καὶ ζήλῳ· ἀλλὰ ἐνδύσασθε τὸν Χριστὸν Ἰησοῦν, καὶ τῆς σαρκὸς πρό- 14 νοιαν μὴ ποιεῖσθε εἰς ἐπιθυμίας.

℄ Τὸν δὲ ἀσθενοῦντα τῇ πίστει προσλαμβάνεσθε, μὴ εἰς διακρίσεις **14** διαλογισμῶν. ὃς μὲν πιστεύει φαγεῖν πάντα, ὁ δὲ ἀσθενῶν λάχανα 2 ἐσθίει. ὁ ἐσθίων τὸν μὴ ἐσθίοντα μὴ ἐξουθενείτω, ὁ δὲ μὴ ἐσθίων τὸν 3 ἐσθίοντα μὴ κρινέτω, ὁ Θεὸς γὰρ αὐτὸν προσελάβετο. σὺ τίς εἶ ὁ 4 κρίνων ἀλλότριον οἰκέτην; τῷ ἰδίῳ Κυρίῳ στήκει ἢ πίπτει· σταθήσεται δέ, δυνατεῖ γὰρ ὁ Κύριος στῆσαι αὐτόν.

Ὃς μὲν κρίνει ἡμέραν παρ' ἡμέραν, ὃς δὲ κρίνει πᾶσαν ἡμέραν· 5 ἕκαστος ἐν τῷ ἰδίῳ νοῒ πληροφορείσθω. ὁ φρονῶν τὴν ἡμέραν Κυρίῳ 6 φρονεῖ. καὶ ὁ ἐσθίων Κυρίῳ ἐσθίει, εὐχαριστεῖ γὰρ τῷ Θεῷ· καὶ ὁ μὴ ἐσθίων Κυρίῳ οὐκ ἐσθίει, καὶ εὐχαριστεῖ τῷ Θεῷ.

Οὐδεὶς γὰρ ἡμῶν ἑαυτῷ ζῇ, καὶ οὐδεὶς ἑαυτῷ ἀποθνήσκει· ἐάν τε γὰρ 7 8 ζῶμεν, τῷ Κυρίῳ ζῶμεν, ἐάν τε ἀποθνήσκωμεν, τῷ Κυρίῳ ἀποθνήσκο- μεν. ἐάν τε οὖν ζῶμεν ἐάν τε ἀποθνήσκωμεν, τοῦ Κυρίου ἐσμέν. εἰς 9 τοῦτο γὰρ Χριστὸς ἀπέθανεν καὶ ἔζησεν, ἵνα καὶ νεκρῶν καὶ ζώντων κυριεύσῃ. σὺ δὲ τί κρίνεις τὸν ἀδελφόν σου; ἢ καὶ σὺ τί ἐξουθενεῖς τὸν 10 ἀδελφόν σου; πάντες γὰρ παραστησόμεθα τῷ βήματι τοῦ Θεοῦ. γέγραπται γάρ· ⌊Ζῶ ἐγώ, λέγει Κύριος, ὅτι ἐμοὶ κάμψει πᾶν γόνυ, καὶ 11 πᾶσα γλῶσσα ἐξομολογήσεται τῷ Θεῷ.⌋[a] ἄρα οὖν ἕκαστος ἡμῶν περὶ 12 ἑαυτοῦ λόγον δώσει.

Μηκέτι οὖν ἀλλήλους κρίνωμεν· ἀλλὰ τοῦτο κρίνατε μᾶλλον, τὸ μὴ 13 τιθέναι πρόσκομμα τῷ ἀδελφῷ ἢ σκάνδαλον. οἶδα καὶ πέπεισμαι ἐν 14 Κυρίῳ Ἰησοῦ ὅτι οὐδὲν κοινὸν δι' ἑαυτοῦ· εἰ μὴ τῷ λογιζομένῳ τι κοινὸν εἶναι, ἐκείνῳ κοινόν. εἰ γὰρ διὰ βρῶμα ὁ ἀδελφός σου λυπεῖται, 15 οὐκέτι κατὰ ἀγάπην περιπατεῖς. μὴ τῷ βρώματί σου ἐκεῖνον ἀπόλλυε, ὑπὲρ οὗ Χριστὸς ἀπέθανεν. μὴ βλασφημείσθω οὖν ὑμῶν τὸ ἀγαθόν. οὐ 16 17 γάρ ἐστιν ἡ βασιλεία τοῦ Θεοῦ βρῶσις καὶ πόσις, ἀλλὰ δικαιοσύνη καὶ εἰρήνη καὶ χαρὰ ἐν Πνεύματι Ἁγίῳ· ὁ γὰρ ἐν τούτῳ δουλεύων τῷ 18 Χριστῷ εὐάρεστος τῷ Θεῷ καὶ δόκιμος τοῖς ἀνθρώποις.

Ἄρα οὖν τὰ τῆς εἰρήνης διώκωμεν καὶ τὰ τῆς οἰκοδομῆς τῆς εἰς 19 ἀλλήλους. μὴ ἕνεκεν βρώματος κατάλυε τὸ ἔργον τοῦ Θεοῦ. πάντα 20 μὲν καθαρά, ἀλλὰ κακὸν τῷ ἀνθρώπῳ τῷ διὰ προσκόμματος ἐσθίοντι. καλὸν τὸ μὴ φαγεῖν κρέα μηδὲ πιεῖν οἶνον μηδὲ ἐν ᾧ ὁ ἀδελφός σου 21

[a] Is. 45. 23; 49. 18

22 προσκόπτει. σὺ πίστιν ἣν ἔχεις κατὰ σεαυτὸν ἔχε ἐνώπιον τοῦ Θεοῦ.
23 μακάριος ὁ μὴ κρίνων ἑαυτὸν ἐν ᾧ δοκιμάζει· ὁ δὲ διακρινόμενος ἐὰν
φάγῃ κατακέκριται, ὅτι οὐκ ἐκ πίστεως· πᾶν δὲ ὃ οὐκ ἐκ πίστεως
15 ἁμαρτία ἐστίν.ᵃ ὀφείλομεν δὲ ἡμεῖς οἱ δυνατοὶ τὰ ἀσθενήματα τῶν
2 ἀδυνάτων βαστάζειν, καὶ μὴ ἑαυτοῖς ἀρέσκειν. ἕκαστος ἡμῶν τῷ
3 πλησίον ἀρεσκέτω εἰς τὸ ἀγαθὸν πρὸς οἰκοδομήν· καὶ γὰρ ὁ Χριστὸς
οὐχ ἑαυτῷ ἤρεσεν· ἀλλὰ καθὼς γέγραπται· ⌊Οἱ ὀνειδισμοὶ τῶν ὀνειδι-
4 ζόντων σε ἐπέπεσαν ἐπ᾽ ἐμέ.⌋ᵇ ὅσα γὰρ προεγράφη, εἰς τὴν ἡμετέραν
διδασκαλίαν ἐγράφη, ἵνα διὰ τῆς ὑπομονῆς καὶ διὰ τῆς παρακλήσεως
5 τῶν γραφῶν τὴν ἐλπίδα ἔχωμεν. ὁ δὲ Θεὸς τῆς ὑπομονῆς καὶ τῆς
παρακλήσεως δῴη ὑμῖν τὸ αὐτὸ φρονεῖν ἐν ἀλλήλοις κατὰ Χριστὸν
6 Ἰησοῦν, ἵνα ὁμοθυμαδὸν ἐν ἑνὶ στόματι δοξάζητε τὸν Θεὸν καὶ Πατέρα
τοῦ Κυρίου ἡμῶν Ἰησοῦ Χριστοῦ.

7 Διὸ προσλαμβάνεσθε ἀλλήλους, καθὼς καὶ ὁ Χριστὸς προσελάβετο
8 ἡμᾶς, εἰς δόξαν τοῦ Θεοῦ. λέγω γὰρ Χριστὸν διάκονον γεγενῆσθαι
περιτομῆς ὑπὲρ ἀληθείας Θεοῦ, εἰς τὸ βεβαιῶσαι τὰς ἐπαγγελίας τῶν
9 πατέρων, τὰ δὲ ἔθνη ὑπὲρ ἐλέους δοξάσαι τὸν Θεόν, καθὼς γέγραπται·
⌊Διὰ τοῦτο ἐξομολογήσομαί σοι ἐν ἔθνεσιν καὶ τῷ ὀνόματί σου
10 ψαλῶ.⌋ᶜ καὶ πάλιν λέγει· ⌊Εὐφράνθητε, ἔθνη, μετὰ τοῦ λαοῦ αὐτοῦ.⌋ᵈ
11 καὶ πάλιν· ⌊Αἰνεῖτε, πάντα τὰ ἔθνη, τὸν Κύριον, καὶ ἐπαινεσάτωσαν
12 αὐτὸν πάντες οἱ λαοί.⌋ᵉ καὶ πάλιν Ἠσαΐας λέγει· ⌊Ἔσται ἡ ῥίζα τοῦ
Ἰεσσαί, καὶ ὁ ἀνιστάμενος ἄρχειν ἐθνῶν· ἐπ᾽ αὐτῷ ἔθνη ἐλπιοῦσιν.⌋ᶠ
13 ὁ δὲ Θεὸς τῆς ἐλπίδος πληρώσαι ὑμᾶς πάσης χαρᾶς καὶ εἰρήνης ἐν τῷ
πιστεύειν, εἰς τὸ περισσεύειν ὑμᾶς ἐν τῇ ἐλπίδι ἐν δυνάμει Πνεύματος
Ἁγίου.

14 ❡ Πέπεισμαι δέ, ἀδελφοί μου, καὶ αὐτὸς ἐγὼ περὶ ὑμῶν, ὅτι καὶ αὐτοὶ
μεστοί ἐστε ἀγαθωσύνης, πεπληρωμένοι πάσης γνώσεως, δυνάμενοι
15 καὶ ἀλλήλους νουθετεῖν. τολμηροτέρως δὲ ἔγραψα ὑμῖν ἀπὸ μέρους, ὡς
ἐπαναμιμνήσκων ὑμᾶς διὰ τὴν χάριν τὴν δοθεῖσάν μοι ἀπὸ τοῦ Θεοῦ
16 εἰς τὸ εἶναί με λειτουργὸν Χριστοῦ Ἰησοῦ εἰς τὰ ἔθνη, ἱερουργοῦντα τὸ
εὐαγγέλιον τοῦ Θεοῦ, ἵνα γένηται ἡ προσφορὰ τῶν ἐθνῶν εὐπρόσ-
δεκτος, ἡγιασμένη ἐν Πνεύματι Ἁγίῳ.

17 18 Ἔχω οὖν καύχησιν ἐν Χριστῷ Ἰησοῦ τὰ πρὸς τὸν Θεόν· οὐ γὰρ
τολμήσω τι λαλεῖν ὧν οὐ κατειργάσατο Χριστὸς δι᾽ ἐμοῦ εἰς ὑπακοὴν
19 ἐθνῶν, λόγῳ καὶ ἔργῳ, ἐν δυνάμει σημείων καὶ τεράτων, ἐν δυνάμει
Πνεύματος Ἁγίου· ὥστε με ἀπὸ Ἰερουσαλὴμ καὶ κύκλῳ μέχρι τοῦ

[a] add 16. 25–27   [b] Ps. 69. 9   [c] Ps. 18. 49   [d] Dt. 32. 43   [e] Ps.
117. 1   [f] Is. 11. 1, 10

Ἰλλυρικοῦ πεπληρωκέναι τὸ εὐαγγέλιον τοῦ Χριστοῦ. οὕτως δὲ φιλο- 20
τιμούμενον εὐαγγελίζεσθαι οὐχ ὅπου ὠνομάσθη Χριστός, ἵνα μὴ ἐπ᾽
ἀλλότριον θεμέλιον οἰκοδομῶ, ἀλλὰ καθὼς γέγραπται· 21

⌊Ὄψονται οἷς οὐκ ἀνηγγέλη περὶ αὐτοῦ,
καὶ οἳ οὐκ ἀκηκόασιν συνήσουσιν.⌋ᵃ

Διὸ καὶ ἐνεκοπτόμην τὰ πολλὰ τοῦ ἐλθεῖν πρὸς ὑμᾶς· νυνὶ δὲ μηκέτι 22 23
τόπον ἔχων ἐν τοῖς κλίμασι τούτοις, ἐπιποθίαν δὲ ἔχων τοῦ ἐλθεῖν πρὸς
ὑμᾶς ἀπὸ πολλῶν ἐτῶν, ὡς ἂν πορεύωμαι εἰς τὴν Σπανίαν· ἐλπίζω γὰρ 24
διαπορευόμενος θεάσασθαι ὑμᾶς καὶ ὑφ᾽ ὑμῶν προπεμφθῆναι ἐκεῖ, ἐὰν
ὑμῶν πρῶτον ἀπὸ μέρους ἐμπλησθῶ. νυνὶ δὲ πορεύομαι εἰς Ἰερουσαλὴμ 25
διακονῶν τοῖς ἁγίοις. ηὐδόκησαν γὰρ Μακεδονία καὶ Ἀχαΐα κοινωνίαν 26
τινὰ ποιήσασθαι εἰς τοὺς πτωχοὺς τῶν ἁγίων τῶν ἐν Ἰερουσαλήμ.
ηὐδόκησαν γάρ, καὶ ὀφειλέται εἰσὶν αὐτῶν· εἰ γὰρ τοῖς πνευματικοῖς 27
αὐτῶν ἐκοινώνησαν τὰ ἔθνη, ὀφείλουσιν καὶ ἐν τοῖς σαρκικοῖς λειτουρ-
γῆσαι αὐτοῖς. τοῦτο οὖν ἐπιτελέσας, καὶ σφραγισάμενος αὐτοῖς τὸν 28
καρπὸν τοῦτον, ἀπελεύσομαι δι᾽ ὑμῶν εἰς Σπανίαν· οἶδα δὲ ὅτι ἐρχό- 29
μενος πρὸς ὑμᾶς ἐν πληρώματι εὐλογίας Χριστοῦ ἐλεύσομαι.

Παρακαλῶ δὲ ὑμᾶς διὰ τοῦ Κυρίου ἡμῶν Ἰησοῦ Χριστοῦ καὶ διὰ τῆς 30
ἀγάπης τοῦ Πνεύματος, συναγωνίσασθαί μοι ἐν ταῖς προσευχαῖς ὑπὲρ
ἐμοῦ πρὸς τὸν Θεόν, ἵνα ῥυσθῶ ἀπὸ τῶν ἀπειθούντων ἐν τῇ Ἰουδαίᾳ, 31
καὶ ἡ διακονία μου ἡ εἰς Ἰερουσαλὴμ εὐπρόσδεκτος τοῖς ἁγίοις γένηται,
ἵνα ἐν χαρᾷ ἐλθὼν πρὸς ὑμᾶς διὰ θελήματος Θεοῦ συναναπαύσωμαι 32
ὑμῖν. ὁ δὲ Θεὸς τῆς εἰρήνης μετὰ πάντων ὑμῶν· ἀμήν.ᵇ 33

ℭ Συνίστημι ὑμῖν Φοίβην τὴν ἀδελφὴν ἡμῶν, οὖσαν διάκονον τῆς ἐκ- **16**
κλησίας τῆς ἐν Κεγχρεαῖς, ἵνα αὐτὴν προσδέξησθε ἐν Κυρίῳ ἀξίως τῶν 2
ἁγίων, καὶ παραστῆτε αὐτῇ ἐν ᾧ ἂν ὑμῶν χρῄζῃ πράγματι· καὶ γὰρ
αὐτὴ προστάτις πολλῶν ἐγενήθη καὶ ἐμοῦ αὐτοῦ.

Ἀσπάσασθε Πρίσκαν καὶ Ἀκύλαν τοὺς συνεργούς μου ἐν Χριστῷ 3
Ἰησοῦ, οἵτινες ὑπὲρ τῆς ψυχῆς μου τὸν ἑαυτῶν τράχηλον ὑπέθηκαν, 4
οἷς οὐκ ἐγὼ μόνος εὐχαριστῶ ἀλλὰ καὶ πᾶσαι αἱ ἐκκλησίαι τῶν ἐθνῶν,
καὶ τὴν κατ᾽ οἶκον αὐτῶν ἐκκλησίαν. 5

Ἀσπάσασθε Ἐπαίνετον τὸν ἀγαπητόν μου, ὅς ἐστιν ἀπαρχὴ τῆς
Ἀσίας εἰς Χριστόν. ἀσπάσασθε Μαρίαν, ἥτις πολλὰ ἐκοπίασεν εἰς 6
ὑμᾶς. ἀσπάσασθε Ἀνδρόνικον καὶ ᶜ Ἰουνιᾶν τοὺς συγγενεῖς μου καὶ 7
συναιχμαλώτους μου, οἵτινες εἰσιν ἐπίσημοι ἐν τοῖς ἀποστόλοις, οἳ καὶ
πρὸ ἐμοῦ γέγοναν ἐν Χριστῷ.

[a] Is. 52. 15   [b] add 16. 25–27   [c] Ἰουνίαν or Ἰουλίαν or Ἰουλιᾶν

16 ΠΡΟΣ ΡΩΜΑΙΟΥΣ

8 9   Ἀσπάσασθε Ἀμπλιᾶτον τὸν ἀγαπητόν μου ἐν Κυρίῳ. ἀσπάσασθε
Οὐρβανὸν τὸν συνεργὸν ἡμῶν ἐν Χριστῷ καὶ Στάχυν τὸν ἀγαπητόν
10 μου. ἀσπάσασθε Ἀπελλῆν τὸν δόκιμον ἐν Χριστῷ. ἀσπάσασθε τοὺς
11 ἐκ τῶν Ἀριστοβούλου. ἀσπάσασθε Ἡρῳδίωνα τὸν συγγενῆ μου.
12 ἀσπάσασθε τοὺς ἐκ τῶν Ναρκίσσου τοὺς ὄντας ἐν Κυρίῳ. ἀσπάσασθε
Τρύφαιναν καὶ Τρυφῶσαν τὰς κοπιώσας ἐν Κυρίῳ. ἀσπάσασθε Περ-
13 σίδα τὴν ἀγαπητήν, ἥτις πολλὰ ἐκοπίασεν ἐν Κυρίῳ. ἀσπάσασθε
14 Ῥοῦφον τὸν ἐκλεκτὸν ἐν Κυρίῳ καὶ τὴν μητέρα αὐτοῦ καὶ ἐμοῦ. ἀσπά-
σασθε Ἀσύγκριτον, Φλέγοντα, Ἑρμῆν, Πατροβᾶν, Ἑρμᾶν, καὶ τοὺς
15 σὺν αὐτοῖς ἀδελφούς. ἀσπάσασθε Φιλόλογον καὶ ᵃ Ἰουλίαν, Νηρέα
καὶ τὴν ἀδελφὴν αὐτοῦ, καὶ Ὀλυμπᾶν, καὶ τοὺς σὺν αὐτοῖς πάντας
ἁγίους.
16   Ἀσπάσασθε ἀλλήλους ἐν φιλήματι ἁγίῳ. ἀσπάζονται ὑμᾶς αἱ ἐκ-
κλησίαι πᾶσαι τοῦ Χριστοῦ.
17   Παρακαλῶ δὲ ὑμᾶς, ἀδελφοί, σκοπεῖν τοὺς τὰς διχοστασίας καὶ τὰ
σκάνδαλα παρὰ τὴν διδαχὴν ἣν ὑμεῖς ἐμάθετε ποιοῦντας, καὶ ἐκκλίνετε
18 ἀπ' αὐτῶν· οἱ γὰρ τοιοῦτοι τῷ Κυρίῳ ἡμῶν Χριστῷ οὐ δουλεύουσιν
ἀλλὰ τῇ ἑαυτῶν κοιλίᾳ, καὶ διὰ τῆς χρηστολογίας καὶ εὐλογίας
19 ἐξαπατῶσιν τὰς καρδίας τῶν ἀκάκων. ἡ γὰρ ὑμῶν ὑπακοὴ εἰς πάντας
ἀφίκετο· ἐφ' ὑμῖν οὖν χαίρω, θέλω δὲ ὑμᾶς σοφοὺς εἶναι εἰς τὸ ἀγαθόν,
20 ἀκεραίους δὲ εἰς τὸ κακόν. ὁ δὲ Θεὸς τῆς εἰρήνης συντρίψει τὸν Σατανᾶν
ὑπὸ τοὺς πόδας ὑμῶν ἐν τάχει. ᵇ ἡ χάρις τοῦ Κυρίου ἡμῶν Ἰησοῦ μεθ'
ὑμῶν.
21   Ἀσπάζεται ὑμᾶς Τιμόθεος ὁ συνεργός μου, καὶ Λούκιος καὶ Ἰάσων
22 καὶ Σωσίπατρος οἱ συγγενεῖς μου. (ἀσπάζομαι ὑμᾶς ἐγὼ Τέρτιος ὁ
23 γράψας τὴν ἐπιστολὴν ἐν Κυρίῳ.) ἀσπάζεται ὑμᾶς Γάϊος ὁ ξένος μου
καὶ ὅλης τῆς ἐκκλησίας. ἀσπάζεται ὑμᾶς Ἔραστος ὁ οἰκονόμος τῆς
πόλεως καὶ Κούαρτος ὁ ἀδελφός.ᶜ

25 ❡ ᵈ Τῷ δὲ δυναμένῳ ὑμᾶς στηρίξαι κατὰ τὸ εὐαγγέλιόν μου καὶ τὸ
κήρυγμα Ἰησοῦ Χριστοῦ, κατὰ ἀποκάλυψιν μυστηρίου χρόνοις αἰωνίοις
26 σεσιγημένου, φανερωθέντος δὲ νῦν διά τε γραφῶν προφητικῶν κατ'
ἐπιταγὴν τοῦ αἰωνίου Θεοῦ εἰς ὑπακοὴν πίστεως εἰς πάντα τὰ ἔθνη
27 γνωρισθέντος, μόνῳ σοφῷ Θεῷ, διὰ Ἰησοῦ Χριστοῦ,ᵉ ἡ δόξα εἰς τοὺς
αἰῶνας τῶν αἰώνων· ἀμήν.ᶠ

[a] Ἰουλιᾶν or Ἰουνίαν or Ἰουνιᾶν   [b] om. ἡ χάρις . . . μεθ' ὑμῶν.   [c] add
(24) ἡ χάρις τοῦ Κυρίου ἡμῶν Ἰησοῦ Χριστοῦ μεθ' ὑμῶν πάντων. ἀμήν.   [d] om.
verses 25–27   [e] add ᾧ   [f] add ἡ χάρις τοῦ Κυρίου ἡμῶν Ἰησοῦ Χριστοῦ
μεθ' ὑμῶν.

ΠΡΟΣ ΚΟΡΙΝΘΙΟΥΣ Α

ΠΑΥΛΟΣ ΚΛΗΤΟΣ ΑΠΟΣΤΟΛΟΣ Ἰησοῦ Χριστοῦ διὰ θελή- **1**
ματος Θεοῦ καὶ Σωσθένης ὁ ἀδελφὸς τῇ ἐκκλησίᾳ τοῦ Θεοῦ τῇ **2**
οὔσῃ ἐν Κορίνθῳ, ἡγιασμένοις ἐν Χριστῷ Ἰησοῦ, κλητοῖς ἁγίοις,
σὺν πᾶσιν τοῖς ἐπικαλουμένοις τὸ ὄνομα τοῦ Κυρίου ἡμῶν Ἰησοῦ
Χριστοῦ ἐν παντὶ τόπῳ, αὐτῶν καὶ ἡμῶν·

Χάρις ὑμῖν καὶ εἰρήνη ἀπὸ Θεοῦ Πατρὸς ἡμῶν καὶ Κυρίου Ἰησοῦ **3**
Χριστοῦ.

Εὐχαριστῶ τῷ Θεῷ πάντοτε περὶ ὑμῶν ἐπὶ τῇ χάριτι τοῦ Θεοῦ τῇ **4**
δοθείσῃ ὑμῖν ἐν Χριστῷ Ἰησοῦ, ὅτι ἐν παντὶ ἐπλουτίσθητε ἐν αὐτῷ, ἐν **5**
παντὶ λόγῳ καὶ πάσῃ γνώσει, καθὼς τὸ μαρτύριον τοῦ Χριστοῦ **6**
ἐβεβαιώθη ἐν ὑμῖν, ὥστε ὑμᾶς μὴ ὑστερεῖσθαι ἐν μηδενὶ χαρίσματι, **7**
ἀπεκδεχομένους τὴν ἀποκάλυψιν τοῦ Κυρίου ἡμῶν Ἰησοῦ Χριστοῦ· ὃς **8**
καὶ βεβαιώσει ὑμᾶς ἕως τέλους ἀνεγκλήτους ἐν τῇ ἡμέρᾳ τοῦ Κυρίου
ἡμῶν Ἰησοῦ. πιστὸς ὁ Θεός, δι' οὗ ἐκλήθητε εἰς κοινωνίαν τοῦ Υἱοῦ **9**
αὐτοῦ Ἰησοῦ Χριστοῦ τοῦ Κυρίου ἡμῶν.

Παρακαλῶ δὲ ὑμᾶς, ἀδελφοί, διὰ τοῦ ὀνόματος τοῦ Κυρίου ἡμῶν **10**
Ἰησοῦ Χριστοῦ, ἵνα τὸ αὐτὸ λέγητε πάντες, καὶ μὴ ᾖ ἐν ὑμῖν σχίσματα,
ἦτε δὲ κατηρτισμένοι ἐν τῷ αὐτῷ νοῒ καὶ ἐν τῇ αὐτῇ γνώμῃ. ἐδηλώθη **11**
γάρ μοι περὶ ὑμῶν, ἀδελφοί μου, ὑπὸ τῶν Χλόης, ὅτι ἔριδες ἐν ὑμῖν
εἰσιν. λέγω δὲ τοῦτο, ὅτι ἕκαστος ὑμῶν λέγει· Ἐγὼ μέν εἰμι Παύλου, **12**
Ἐγὼ δὲ Ἀπολλῶ, Ἐγὼ δὲ Κηφᾶ, Ἐγὼ δὲ Χριστοῦ. μὴ μεμέρισται ὁ **13**
Χριστός; μὴ Παῦλος ἐσταυρώθη ὑπὲρ ὑμῶν, ἢ εἰς τὸ ὄνομα Παύλου
ἐβαπτίσθητε; εὐχαριστῶ τῷ Θεῷ ὅτι οὐδένα ὑμῶν ἐβάπτισα εἰ μὴ **14**
Κρῖσπον καὶ Γάϊον· ἵνα μή τις εἴπῃ ὅτι εἰς τὸ ἐμὸν ὄνομα ἐβαπτίσθητε. **15**
ἐβάπτισα δὲ καὶ τὸν Στεφανᾶ οἶκον· λοιπὸν οὐκ οἶδα εἴ τινα ἄλλον **16**
ἐβάπτισα. οὐ γὰρ ἀπέστειλέν με Χριστὸς βαπτίζειν ἀλλὰ εὐαγγελίζε- **17**
σθαι, οὐκ ἐν σοφίᾳ λόγου, ἵνα μὴ κενωθῇ ὁ σταυρὸς τοῦ Χριστοῦ.

Ὁ λόγος γὰρ ὁ τοῦ σταυροῦ τοῖς μὲν ἀπολλυμένοις μωρία ἐστίν, τοῖς **18**
δὲ σῳζομένοις ἡμῖν δύναμις Θεοῦ ἐστιν. γέγραπται γάρ· ⌊Ἀπολῶ τὴν **19**
σοφίαν τῶν σοφῶν, καὶ τὴν σύνεσιν τῶν συνετῶν ἀθετήσω.⌋[a] ⌊ποῦ **20**
σοφός; ποῦ γραμματεύς; ποῦ⌋ συζητητὴς τοῦ αἰῶνος τούτου; οὐχὶ

[a] Is. 29. 14

21 ⌊ἐμώρανεν⌋ ὁ Θεὸς ⌊τὴν σοφίαν⌋ᵃ τοῦ κόσμου τούτου; ἐπειδὴ γὰρ ἐν τῇ
σοφίᾳ τοῦ Θεοῦ οὐκ ἔγνω ὁ κόσμος διὰ τῆς σοφίας τὸν Θεόν, εὐδόκησεν
ὁ Θεὸς διὰ τῆς μωρίας τοῦ κηρύγματος σῶσαι τοὺς πιστεύοντας.
22 ἐπειδὴ καὶ Ἰουδαῖοι σημεῖα αἰτοῦσιν καὶ Ἕλληνες σοφίαν ζητοῦσιν,
23 ἡμεῖς δὲ κηρύσσομεν Χριστὸν ἐσταυρωμένον, Ἰουδαίοις μὲν σκάνδαλον,
24 ἔθνεσιν δὲ μωρίαν, αὐτοῖς δὲ τοῖς κλητοῖς, Ἰουδαίοις τε καὶ Ἕλλησιν,
Χριστὸν Θεοῦ δύναμιν καὶ Θεοῦ σοφίαν.
25 Ὅτι τὸ μωρὸν τοῦ Θεοῦ σοφώτερον τῶν ἀνθρώπων ἐστίν, καὶ τὸ
26 ἀσθενὲς τοῦ Θεοῦ ἰσχυρότερον τῶν ἀνθρώπων. βλέπετε γὰρ τὴν
κλῆσιν ὑμῶν, ἀδελφοί, ὅτι οὐ πολλοὶ σοφοὶ κατὰ σάρκα, οὐ πολλοὶ
27 δυνατοί, οὐ πολλοὶ εὐγενεῖς· ἀλλὰ τὰ μωρὰ τοῦ κόσμου ἐξελέξατο ὁ
Θεὸς ἵνα καταισχύνῃ τοὺς σοφούς, καὶ τὰ ἀσθενῆ τοῦ κόσμου ἐξελέξατο
28 ὁ Θεὸς ἵνα καταισχύνῃ τὰ ἰσχυρά, καὶ τὰ ἀγενῆ τοῦ κόσμου καὶ τὰ
ἐξουθενημένα ἐξελέξατο ὁ Θεός, τὰ μὴ ὄντα, ἵνα τὰ ὄντα καταργήσῃ,
29 30 ὅπως μὴ καυχήσηται πᾶσα σὰρξ ἐνώπιον τοῦ Θεοῦ. ἐξ αὐτοῦ δὲ
ὑμεῖς ἐστε ἐν Χριστῷ Ἰησοῦ, ὃς ἐγενήθη σοφία ἡμῖν ἀπὸ Θεοῦ, δικαιο-
31 σύνη τε καὶ ἁγιασμὸς καὶ ἀπολύτρωσις, ἵνα καθὼς γέγραπται· ⌊Ὁ
καυχώμενος ἐν Κυρίῳ καυχάσθω.⌋ᵇ
2 Κἀγὼ ἐλθὼν πρὸς ὑμᾶς, ἀδελφοί, ἦλθον οὐ καθ' ὑπεροχὴν λόγου ἢ
2 σοφίας καταγγέλλων ὑμῖν τὸ ᶜ μαρτύριον τοῦ Θεοῦ. οὐ γὰρ ἔκρινά τι
3 εἰδέναι ἐν ὑμῖν εἰ μὴ Ἰησοῦν Χριστὸν καὶ τοῦτον ἐσταυρωμένον. κἀγὼ
4 ἐν ἀσθενείᾳ καὶ ἐν φόβῳ καὶ ἐν τρόμῳ πολλῷ ἐγενόμην πρὸς ὑμᾶς, καὶ
ὁ λόγος μου καὶ τὸ κήρυγμά μου οὐκ ἐν πειθοῖς σοφίας λόγοις, ἀλλ' ἐν
5 ἀποδείξει πνεύματος καὶ δυνάμεως, ἵνα ἡ πίστις ὑμῶν μὴ ᾖ ἐν σοφίᾳ
ἀνθρώπων ἀλλ' ἐν δυνάμει Θεοῦ.
6 Σοφίαν δὲ λαλοῦμεν ἐν τοῖς τελείοις, σοφίαν δὲ οὐ τοῦ αἰῶνος τούτου
7 οὐδὲ τῶν ἀρχόντων τοῦ αἰῶνος τούτου τῶν καταργουμένων· ἀλλὰ
λαλοῦμεν Θεοῦ σοφίαν ἐν μυστηρίῳ, τὴν ἀποκεκρυμμένην, ἣν προώρι-
8 σεν ὁ Θεὸς πρὸ τῶν αἰώνων εἰς δόξαν ἡμῶν· ἣν οὐδεὶς τῶν ἀρχόντων
τοῦ αἰῶνος τούτου ἔγνωκεν· εἰ γὰρ ἔγνωσαν, οὐκ ἂν τὸν Κύριον τῆς
9 δόξης ἐσταύρωσαν· ἀλλὰ καθὼς γέγραπται· Ἃ ⌊ὀφθαλμὸς οὐκ εἶδεν καὶ
οὖς οὐκ ἤκουσεν⌋ καὶ ⌊ἐπὶ καρδίαν⌋ ἀνθρώπου ⌊οὐκ ἀνέβη, ὅσα⌋ ἡτοίμασεν
10 ⌊ὁ Θεὸς τοῖς ἀγαπῶσιν αὐτόν⌋·ᵈ ἡμῖν γὰρ ἀπεκάλυψεν ὁ Θεὸς διὰ τοῦ
Πνεύματος.
11 Τὸ γὰρ Πνεῦμα πάντα ἐρευνᾷ, καὶ τὰ βάθη τοῦ Θεοῦ. τίς γὰρ οἶδεν
ἀνθρώπων τὰ τοῦ ἀνθρώπου εἰ μὴ τὸ πνεῦμα τοῦ ἀνθρώπου τὸ ἐν
αὐτῷ; οὕτως καὶ τὰ τοῦ Θεοῦ οὐδεὶς ἔγνωκεν εἰ μὴ τὸ Πνεῦμα τοῦ Θεοῦ.

[a] Job 12. 17; Is. 19. 12; 33. 18 [b] Jer. 9. 23, 24 [c] μυστήριον
[d] Is. 64. 4; Jer. 3. 16

ἡμεῖς δὲ οὐ τὸ πνεῦμα τοῦ κόσμου ἐλάβομεν ἀλλὰ τὸ Πνεῦμα τὸ ἐκ τοῦ 12
Θεοῦ, ἵνα εἴδωμεν τὰ ὑπὸ τοῦ Θεοῦ χαρισθέντα ἡμῖν· ἃ καὶ λαλοῦμεν 13
οὐκ ἐν διδακτοῖς ἀνθρωπίνης σοφίας λόγοις, ἀλλ' ἐν διδακτοῖς Πνεύ-
ματος, πνευματικοῖς πνευματικὰ συγκρίνοντες. ψυχικὸς δὲ ἄνθρωπος 14
οὐ δέχεται τὰ τοῦ Πνεύματος τοῦ Θεοῦ· μωρία γὰρ αὐτῷ ἐστιν, καὶ οὐ
δύναται γνῶναι, ὅτι πνευματικῶς ἀνακρίνεται. ὁ δὲ πνευματικὸς 15
ἀνακρίνει μὲν πάντα, αὐτὸς δὲ ὑπ' οὐδενὸς ἀνακρίνεται. ⌜τίς⌝ γὰρ 16
⌞ἔγνω νοῦν Κυρίου, ὃς συμβιβάσει αὐτόν;⌟[a] ἡμεῖς δὲ νοῦν Χριστοῦ
ἔχομεν.

℆ Κἀγώ, ἀδελφοί, οὐκ ἠδυνήθην λαλῆσαι ὑμῖν ὡς πνευματικοῖς ἀλλ' 3
ὡς σαρκίνοις, ὡς νηπίοις ἐν Χριστῷ. γάλα ὑμᾶς ἐπότισα, οὐ βρῶμα· 2
οὔπω γὰρ ἐδύνασθε. ἀλλ' οὐδὲ ἔτι νῦν δύνασθε, ἔτι γὰρ σαρκικοί ἐστε. 3
ὅπου γὰρ ἐν ὑμῖν ζῆλος καὶ ἔρις, οὐχὶ σαρκικοί ἐστε καὶ κατὰ ἄνθρωπον
περιπατεῖτε; ὅταν γὰρ λέγῃ τις· Ἐγὼ μέν εἰμι Παύλου, ἕτερος δέ· Ἐγὼ 4
Ἀπολλῶ, οὐκ ἄνθρωποί ἐστε;

Τί οὖν ἐστιν Ἀπολλῶς; τί δέ ἐστιν Παῦλος; διάκονοι δι' ὧν ἐπιστεύ- 5
σατε, καὶ ἑκάστῳ ὡς ὁ Κύριος ἔδωκεν. ἐγὼ ἐφύτευσα, Ἀπολλῶς 6
ἐπότισεν, ἀλλὰ ὁ Θεὸς ηὔξανεν· ὥστε οὔτε ὁ φυτεύων ἐστίν τι οὔτε ὁ 7
ποτίζων, ἀλλ' ὁ αὐξάνων Θεός. ὁ φυτεύων δὲ καὶ ὁ ποτίζων ἕν εἰσιν, 8
ἕκαστος δὲ τὸν ἴδιον μισθὸν λήμψεται κατὰ τὸν ἴδιον κόπον. Θεοῦ γάρ 9
ἐσμεν συνεργοί· Θεοῦ γεώργιον, Θεοῦ οἰκοδομή ἐστε.

Κατὰ τὴν χάριν τοῦ Θεοῦ τὴν δοθεῖσάν μοι ὡς σοφὸς ἀρχιτέκτων 10
θεμέλιον ἔθηκα, ἄλλος δὲ ἐποικοδομεῖ. ἕκαστος δὲ βλεπέτω πῶς ἐποικο-
δομεῖ. θεμέλιον γὰρ ἄλλον οὐδεὶς δύναται θεῖναι παρὰ τὸν κείμενον, ὅς 11
ἐστιν Ἰησοῦς Χριστός. εἰ δέ τις ἐποικοδομεῖ ἐπὶ τὸν θεμέλιον χρυσίον, 12
ἀργύριον, λίθους τιμίους, ξύλα, χόρτον, καλάμην, ἑκάστου τὸ ἔργον 13
φανερὸν γενήσεται· ἡ γὰρ ἡμέρα δηλώσει, ὅτι ἐν πυρὶ ἀποκαλύπτεται,
καὶ ἑκάστου τὸ ἔργον ὁποῖόν ἐστιν τὸ πῦρ δοκιμάσει. εἴ τινος τὸ ἔργον 14
μενεῖ ὃ ἐποικοδόμησεν, μισθὸν λήμψεται· εἴ τινος τὸ ἔργον κατακαή- 15
σεται, ζημιωθήσεται, αὐτὸς δὲ σωθήσεται, οὕτως δὲ ὡς διὰ πυρός. οὐκ 16
οἴδατε ὅτι ναὸς Θεοῦ ἐστε καὶ τὸ Πνεῦμα τοῦ Θεοῦ ἐν ὑμῖν οἰκεῖ; εἴ τις 17
τὸν ναὸν τοῦ Θεοῦ φθείρει, [b] φθερεῖ τοῦτον ὁ Θεός· ὁ γὰρ ναὸς τοῦ Θεοῦ
ἅγιός ἐστιν, οἵτινές ἐστε ὑμεῖς.

Μηδεὶς ἑαυτὸν ἐξαπατάτω· εἴ τις δοκεῖ σοφὸς εἶναι ἐν ὑμῖν ἐν τῷ 18
αἰῶνι τούτῳ, μωρὸς γενέσθω, ἵνα γένηται σοφός. ἡ γὰρ σοφία τοῦ 19
κόσμου τούτου μωρία παρὰ τῷ Θεῷ ἐστιν. γέγραπται γάρ· ⌞Ὁ δρασ-
σόμενος τοὺς σοφοὺς ἐν τῇ πανουργίᾳ αὐτῶν⌟[c] καὶ πάλιν· ⌞Κύριος 20

[a] Is. 40. 13   [b] φθείρει   [c] Job 5. 12, 13

21 γινώσκει τοὺς διαλογισμοὺς τῶν⌋ σοφῶν, ⌊ὅτι εἰσὶν μάταιοι⌋.ᵃ ὥστε
22 μηδεὶς καυχάσθω ἐν ἀνθρώποις· πάντα γὰρ ὑμῶν ἐστιν, εἴτε Παῦλος εἴτε
Ἀπολλῶς εἴτε Κηφᾶς, εἴτε κόσμος εἴτε ζωὴ εἴτε θάνατος, εἴτε ἐνεστῶτα
23 εἴτε μέλλοντα, πάντα ὑμῶν, ὑμεῖς δὲ Χριστοῦ, Χριστὸς δὲ Θεοῦ.

4   Οὕτως ἡμᾶς λογιζέσθω ἄνθρωπος ὡς ὑπηρέτας Χριστοῦ καὶ οἰκο-
2 νόμους μυστηρίων Θεοῦ. ὧδε λοιπὸν ζητεῖται ἐν τοῖς οἰκονόμοις ἵνα
3 πιστός τις εὑρεθῇ. ἐμοὶ δὲ εἰς ἐλάχιστόν ἐστιν ἵνα ὑφ' ὑμῶν ἀνακριθῶ
4 ἢ ὑπὸ ἀνθρωπίνης ἡμέρας· ἀλλ' οὐδὲ ἐμαυτὸν ἀνακρίνω· οὐδὲν γὰρ
ἐμαυτῷ σύνοιδα, ἀλλ' οὐκ ἐν τούτῳ δεδικαίωμαι· ὁ δὲ ἀνακρίνων με
5 Κύριός ἐστιν. ὥστε μὴ πρὸ καιροῦ τι κρίνετε, ἕως ἂν ἔλθῃ ὁ Κύριος, ὃς
καὶ φωτίσει τὰ κρυπτὰ τοῦ σκότους καὶ φανερώσει τὰς βουλὰς τῶν
καρδιῶν· καὶ τότε ὁ ἔπαινος γενήσεται ἑκάστῳ ἀπὸ τοῦ Θεοῦ.

6   Ταῦτα δέ, ἀδελφοί, μετεσχημάτισα εἰς ἐμαυτὸν καὶ Ἀπολλῶν δι'
ὑμᾶς, ἵνα ἐν ἡμῖν μάθητε τὸ Μὴ ὑπὲρ ἃ γέγραπται, ἵνα μὴ εἷς ὑπὲρ τοῦ
7 ἑνὸς φυσιοῦσθε κατὰ τοῦ ἑτέρου. τίς γάρ σε διακρίνει; τί δὲ ἔχεις ὃ οὐκ
ἔλαβες; εἰ δὲ καὶ ἔλαβες, τί καυχᾶσαι ὡς μὴ λαβών;

8   Ἤδη κεκορεσμένοι ἐστέ· ἤδη ἐπλουτήσατε· χωρὶς ἡμῶν ἐβασιλεύσατε·
καὶ ὄφελόν γε ἐβασιλεύσατε, ἵνα καὶ ἡμεῖς ὑμῖν συμβασιλεύσωμεν.
9 δοκῶ γάρ, ὁ Θεὸς ἡμᾶς τοὺς ἀποστόλους ἐσχάτους ἀπέδειξεν, ὡς
ἐπιθανατίους, ὅτι θέατρον ἐγενήθημεν τῷ κόσμῳ καὶ ἀγγέλοις καὶ
10 ἀνθρώποις. ἡμεῖς μωροὶ διὰ Χριστόν, ὑμεῖς δὲ φρόνιμοι ἐν Χριστῷ·
11 ἡμεῖς ἀσθενεῖς, ὑμεῖς δὲ ἰσχυροί· ὑμεῖς ἔνδοξοι, ἡμεῖς δὲ ἄτιμοι. ἄχρι τῆς
ἄρτι ὥρας καὶ πεινῶμεν καὶ διψῶμεν καὶ γυμνιτεύομεν καὶ κολαφιζό-
12 μεθα καὶ ἀστατοῦμεν καὶ κοπιῶμεν ἐργαζόμενοι ταῖς ἰδίαις χερσίν·
13 λοιδορούμενοι εὐλογοῦμεν, διωκόμενοι ἀνεχόμεθα, δυσφημούμενοι παρα-
καλοῦμεν· ὡς περικαθάρματα τοῦ κόσμου ἐγενήθημεν, πάντων περί-
ψημα ἕως ἄρτι.

14   Οὐκ ἐντρέπων ὑμᾶς γράφω ταῦτα, ἀλλ' ὡς τέκνα μου ἀγαπητὰ
15 νουθετῶν. ἐὰν γὰρ μυρίους παιδαγωγοὺς ἔχητε ἐν Χριστῷ, ἀλλ' οὐ
πολλοὺς πατέρας· ἐν γὰρ Χριστῷ Ἰησοῦ διὰ τοῦ εὐαγγελίου ἐγὼ ὑμᾶς
16 17 ἐγέννησα. παρακαλῶ οὖν ὑμᾶς, μιμηταί μου γίνεσθε. διὰ τοῦτο αὐτὸ
ἔπεμψα ὑμῖν Τιμόθεον, ὅς ἐστίν μου τέκνον ἀγαπητὸν καὶ πιστὸν ἐν
Κυρίῳ, ὃς ὑμᾶς ἀναμνήσει τὰς ὁδούς μου τὰς ἐν Χριστῷ, καθὼς πανταχοῦ
18 ἐν πάσῃ ἐκκλησίᾳ διδάσκω. ὡς μὴ ἐρχομένου δέ μου πρὸς ὑμᾶς ἐφυσιώ-
19 θησάν τινες· ἐλεύσομαι δὲ ταχέως πρὸς ὑμᾶς, ἐὰν ὁ Κύριος θελήσῃ, καὶ
20 γνώσομαι οὐ τὸν λόγον τῶν πεφυσιωμένων ἀλλὰ τὴν δύναμιν· οὐ γὰρ
21 ἐν λόγῳ ἡ βασιλεία τοῦ Θεοῦ, ἀλλ' ἐν δυνάμει. τί θέλετε; ἐν ῥάβδῳ
ἔλθω πρὸς ὑμᾶς, ἢ ἐν ἀγάπῃ πνεύματί τε πραΰτητος;

[a] Ps. 94. 11

❡ Ὅλως ἀκούεται ἐν ὑμῖν πορνεία, καὶ τοιαύτη πορνεία ἥτις οὐδὲ ἐν 5
τοῖς ἔθνεσιν, ὥστε γυναῖκά τινα τοῦ πατρὸς ἔχειν. καὶ ὑμεῖς πεφυσιω- 2
μένοι ἐστέ, καὶ οὐχὶ μᾶλλον ἐπενθήσατε, ἵνα ἀρθῇ ἐκ μέσου ὑμῶν ὁ τὸ
ἔργον τοῦτο πράξας. ἐγὼ μὲν γάρ, ἀπὼν τῷ σώματι, παρὼν δὲ τῷ 3
πνεύματι, ἤδη κέκρικα ὡς παρὼν τὸν οὕτως τοῦτο κατεργασάμενον,
ἐν τῷ ὀνόματι τοῦ Κυρίου Ἰησοῦ συναχθέντων ὑμῶν καὶ τοῦ ἐμοῦ 4
πνεύματος σὺν τῇ δυνάμει τοῦ Κυρίου ἡμῶν Ἰησοῦ, παραδοῦναι τὸν 5
τοιοῦτον τῷ Σατανᾷ εἰς ὄλεθρον τῆς σαρκός, ἵνα τὸ πνεῦμα σωθῇ ἐν
τῇ ἡμέρᾳ τοῦ Κυρίου.

Οὐ καλὸν τὸ καύχημα ὑμῶν. οὐκ οἴδατε ὅτι μικρὰ ζύμη ὅλον τὸ 6
φύραμα ζυμοῖ; ἐκκαθάρατε τὴν παλαιὰν ζύμην, ἵνα ἦτε νέον φύραμα, 7
καθώς ἐστε ἄζυμοι. καὶ γὰρ ⌜τὸ πάσχα⌝ ἡμῶν ⌜ἐτύθη⌝[a] Χριστός. ὥστε 8
ἑορτάζωμεν μὴ ἐν ζύμῃ παλαιᾷ μηδὲ ἐν ζύμῃ κακίας καὶ πονηρίας, ἀλλ'
ἐν ἀζύμοις εἰλικρινείας καὶ ἀληθείας.

Ἔγραψα ὑμῖν ἐν τῇ ἐπιστολῇ μὴ συναναμίγνυσθαι πόρνοις, οὐ 9 10
πάντως τοῖς πόρνοις τοῦ κόσμου τούτου ἢ τοῖς πλεονέκταις καὶ
ἅρπαξιν ἢ εἰδωλολάτραις, ἐπεὶ ὠφείλετε ἄρα ἐκ τοῦ κόσμου ἐξελθεῖν.
νῦν δὲ ἔγραψα ὑμῖν μὴ συναναμίγνυσθαι ἐάν τις ἀδελφὸς ὀνομαζόμενος 11
ᾖ πόρνος ἢ πλεονέκτης ἢ εἰδωλολάτρης ἢ λοίδορος ἢ μέθυσος ἢ
ἅρπαξ, τῷ τοιούτῳ μηδὲ συνεσθίειν. τί γάρ μοι τοὺς ἔξω κρίνειν; 12
οὐχὶ τοὺς ἔσω ὑμεῖς κρίνετε; τοὺς δὲ ἔξω ὁ Θεὸς κρινεῖ. ⌜ἐξάρατε τὸν 13
πονηρὸν ἐξ ὑμῶν αὐτῶν.⌝[b]

❡ Τολμᾷ τις ὑμῶν πρᾶγμα ἔχων πρὸς τὸν ἕτερον κρίνεσθαι ἐπὶ τῶν 6
ἀδίκων, καὶ οὐχὶ ἐπὶ τῶν ἁγίων; ἢ οὐκ οἴδατε ὅτι οἱ ἅγιοι τὸν κόσμον 2
κρινοῦσιν; καὶ εἰ ἐν ὑμῖν κρίνεται ὁ κόσμος, ἀνάξιοί ἐστε κριτηρίων
ἐλαχίστων; οὐκ οἴδατε ὅτι ἀγγέλους κρινοῦμεν, μήτι γε βιωτικά; 3
βιωτικὰ μὲν οὖν κριτήρια ἐὰν ἔχητε, τοὺς ἐξουθενημένους ἐν τῇ ἐκ- 4
κλησίᾳ, τούτους καθίζετε; πρὸς ἐντροπὴν ὑμῖν λέγω. οὕτως οὐκ ἔνι 5
ἐν ὑμῖν οὐδεὶς σοφός, ὃς δυνήσεται διακρῖναι ἀνὰ μέσον τοῦ ἀδελφοῦ
αὐτοῦ; ἀλλὰ ἀδελφὸς μετὰ ἀδελφοῦ κρίνεται, καὶ τοῦτο ἐπὶ ἀπίστων; 6
ἤδη μὲν οὖν ὅλως ἥττημα ὑμῖν ἐστιν ὅτι κρίματα ἔχετε μεθ' ἑαυτῶν. 7
διὰ τί οὐχὶ μᾶλλον ἀδικεῖσθε; διὰ τί οὐχὶ μᾶλλον ἀποστερεῖσθε; ἀλλὰ 8
ὑμεῖς ἀδικεῖτε καὶ ἀποστερεῖτε, καὶ τοῦτο ἀδελφούς. ἢ οὐκ οἴδατε ὅτι 9
ἄδικοι Θεοῦ βασιλείαν οὐ κληρονομήσουσιν; μὴ πλανᾶσθε· οὔτε πόρνοι
οὔτε εἰδωλολάτραι οὔτε μοιχοὶ οὔτε μαλακοὶ οὔτε ἀρσενοκοῖται οὔτε 10
κλέπται οὔτε πλεονέκται, οὐ μέθυσοι, οὐ λοίδοροι, οὐχ ἅρπαγες βασι-
λείαν Θεοῦ κληρονομήσουσιν. καὶ ταῦτά τινες ἦτε· ἀλλὰ ἀπελούσασθε, 11

[a] Ex. 12. 21   [b] Dt. 13. 5; 17. 7; 22. 24

261

ἀλλὰ ἡγιάσθητε, ἀλλὰ ἐδικαιώθητε ἐν τῷ ὀνόματι τοῦ Κυρίου Ἰησοῦ καὶ ἐν τῷ Πνεύματι τοῦ Θεοῦ ἡμῶν.

12 Πάντα μοι ἔξεστιν, ἀλλ' οὐ πάντα συμφέρει. πάντα μοι ἔξεστιν, ἀλλ'
13 οὐκ ἐγὼ ἐξουσιασθήσομαι ὑπό τινος. τὰ βρώματα τῇ κοιλίᾳ, καὶ ἡ κοιλία τοῖς βρώμασιν· ὁ δὲ Θεὸς καὶ ταύτην καὶ ταῦτα καταργήσει. τὸ
14 δὲ σῶμα οὐ τῇ πορνείᾳ ἀλλὰ τῷ Κυρίῳ, καὶ ὁ Κύριος τῷ σώματι· ὁ δὲ Θεὸς καὶ τὸν Κύριον ἤγειρεν καὶ ἡμᾶς ἐξεγερεῖ διὰ τῆς δυνάμεως αὐτοῦ.
15 οὐκ οἴδατε ὅτι τὰ σώματα ὑμῶν μέλη Χριστοῦ ἐστιν; ἄρας οὖν τὰ μέλη
16 τοῦ Χριστοῦ ποιήσω πόρνης μέλη; μὴ γένοιτο. ἢ οὐκ οἴδατε ὅτι ὁ
17 κολλώμενος τῇ πόρνῃ ἓν σῶμά ἐστιν (⌜Ἔσονται⌝ γάρ, φησίν, ⌜οἱ δύο
18 εἰς σάρκα μίαν⌝ᵃ); ὁ δὲ κολλώμενος τῷ Κυρίῳ ἓν πνεῦμά ἐστιν. φεύγετε τὴν πορνείαν. πᾶν ἁμάρτημα ὃ ἐὰν ποιήσῃ ἄνθρωπος ἐκτὸς τοῦ
19 σώματός ἐστιν· ὁ δὲ πορνεύων εἰς τὸ ἴδιον σῶμα ἁμαρτάνει. ἢ οὐκ οἴδατε ὅτι τὸ σῶμα ὑμῶν ναὸς τοῦ ἐν ὑμῖν Ἁγίου Πνεύματός ἐστιν, οὗ ἔχετε ἀπὸ Θεοῦ; καὶ οὐκ ἐστὲ ἑαυτῶν, ἠγοράσθητε γὰρ τιμῆς· δοξάσατε δὴ τὸν Θεὸν ἐν τῷ σώματι ὑμῶν.

7 Περὶ δὲ ὧν ἐγράψατε·
2   Καλὸν ἀνθρώπῳ γυναικὸς μὴ ἅπτεσθαι· διὰ δὲ τὰς πορνείας ἕκαστος τὴν ἑαυτοῦ γυναῖκα ἐχέτω, καὶ ἑκάστη τὸν ἴδιον ἄνδρα ἐχέτω.
3 τῇ γυναικὶ ὁ ἀνὴρ τὴν ὀφειλὴν ἀποδιδότω, ὁμοίως δὲ καὶ ἡ γυνὴ τῷ
4 ἀνδρί. ἡ γυνὴ τοῦ ἰδίου σώματος οὐκ ἐξουσιάζει ἀλλὰ ὁ ἀνήρ· ὁμοίως
5 δὲ καὶ ὁ ἀνὴρ τοῦ ἰδίου σώματος οὐκ ἐξουσιάζει ἀλλὰ ἡ γυνή. μὴ ἀποστερεῖτε ἀλλήλους, εἰ μήτι ἂν ἐκ συμφώνου πρὸς καιρὸν ἵνα σχολάσητε τῇ προσευχῇ καὶ πάλιν ἐπὶ τὸ αὐτὸ ἦτε, ἵνα μὴ πειράζῃ ὑμᾶς ὁ Σατανᾶς διὰ τὴν ἀκρασίαν.
6 7 Τοῦτο δὲ λέγω κατὰ συγγνώμην, οὐ κατ' ἐπιταγήν. θέλω δὲ πάντας ἀνθρώπους εἶναι ὡς καὶ ἐμαυτόν· ἀλλὰ ἕκαστος ἴδιον ἔχει χάρισμα ἐκ Θεοῦ, ὁ μὲν οὕτως, ὁ δὲ οὕτως.
8 Λέγω δὲ τοῖς ἀγάμοις καὶ ταῖς χήραις, καλὸν αὐτοῖς ἐὰν μείνωσιν ὡς
9 κἀγώ· εἰ δὲ οὐκ ἐγκρατεύονται, γαμησάτωσαν· κρεῖττον γάρ ἐστιν γαμεῖν ἢ πυροῦσθαι.
10 Τοῖς δὲ γεγαμηκόσιν παραγγέλλω, οὐκ ἐγὼ ἀλλὰ ὁ Κύριος, γυναῖκα
11 ἀπὸ ἀνδρὸς μὴ χωρισθῆναι, ἐὰν δὲ καὶ χωρισθῇ μενέτω ἄγαμος ἢ τῷ ἀνδρὶ καταλλαγήτω, καὶ ἄνδρα γυναῖκα μὴ ἀφιέναι.
12 Τοῖς δὲ λοιποῖς λέγω ἐγώ, οὐχ ὁ Κύριος· εἴ τις ἀδελφὸς γυναῖκα ἔχει
13 ἄπιστον, καὶ αὕτη συνευδοκεῖ οἰκεῖν μετ' αὐτοῦ, μὴ ἀφιέτω αὐτήν· καὶ

[a] Gn. 2. 24

γυνὴ ἥτις ἔχει ἄνδρα ἄπιστον, καὶ οὗτος συνευδοκεῖ οἰκεῖν μετ᾽ αὐτῆς, μὴ ἀφιέτω τὸν ἄνδρα. ἡγίασται γὰρ ὁ ἀνὴρ ὁ ἄπιστος ἐν τῇ γυναικί, 14 καὶ ἡγίασται ἡ γυνὴ ἡ ἄπιστος ἐν τῷ ἀδελφῷ· ἐπεὶ ἄρα τὰ τέκνα ὑμῶν ἀκάθαρτά ἐστιν, νῦν δὲ ἅγιά ἐστιν. εἰ δὲ ὁ ἄπιστος χωρίζεται, χωρι- 15 ζέσθω· οὐ δεδούλωται ὁ ἀδελφὸς ἢ ἡ ἀδελφὴ ἐν τοῖς τοιούτοις· ἐν δὲ εἰρήνῃ κέκληκεν ὑμᾶς ὁ Θεός. τί γὰρ οἶδας, γύναι, εἰ τὸν ἄνδρα σώσεις; 16 ἢ τί οἶδας, ἄνερ, εἰ τὴν γυναῖκα σώσεις;

Εἰ μὴ ἑκάστῳ ὡς μεμέρικεν ὁ Κύριος, ἕκαστον ὡς κέκληκεν ὁ Θεός, 17 οὕτως περιπατείτω. καὶ οὕτως ἐν ταῖς ἐκκλησίαις πάσαις διατάσσομαι. περιτετμημένος τις ἐκλήθη; μὴ ἐπισπάσθω· ἐν ἀκροβυστίᾳ κέκληταί τις; 18 μὴ περιτεμνέσθω. ἡ περιτομὴ οὐδέν ἐστιν, καὶ ἡ ἀκροβυστία οὐδέν 19 ἐστιν, ἀλλὰ τήρησις ἐντολῶν Θεοῦ. ἕκαστος ἐν τῇ κλήσει ᾗ ἐκλήθη, ἐν 20 ταύτῃ μενέτω. δοῦλος ἐκλήθης; μή σοι μελέτω· ἀλλ᾽ εἰ καὶ δύνασαι 21 ἐλεύθερος γενέσθαι, μᾶλλον χρῆσαι. ὁ γὰρ ἐν Κυρίῳ κληθεὶς δοῦλος 22 ἀπελεύθερος Κυρίου ἐστίν· ὁμοίως ὁ ἐλεύθερος κληθεὶς δοῦλός ἐστιν Χριστοῦ. τιμῆς ἠγοράσθητε· μὴ γίνεσθε δοῦλοι ἀνθρώπων. ἕκαστος ἐν 23 24 ᾧ ἐκλήθη, ἀδελφοί, ἐν τούτῳ μενέτω παρὰ Θεῷ.

Περὶ δὲ τῶν παρθένων ἐπιταγὴν Κυρίου οὐκ ἔχω, γνώμην δὲ δίδωμι 25 ὡς ἠλεημένος ὑπὸ Κυρίου πιστὸς εἶναι.

Νομίζω οὖν τοῦτο καλὸν ὑπάρχειν διὰ τὴν ἐνεστῶσαν ἀνάγκην, ὅτι 26 καλὸν ἀνθρώπῳ τὸ οὕτως εἶναι. δέδεσαι γυναικί; μὴ ζήτει λύσιν· 27 λέλυσαι ἀπὸ γυναικός; μὴ ζήτει γυναῖκα. ἐὰν δὲ καὶ γαμήσῃς, οὐχ 28 ἥμαρτες, καὶ ἐὰν γήμῃ παρθένος, οὐχ ἥμαρτεν· θλῖψιν δὲ τῇ σαρκὶ ἕξουσιν οἱ τοιοῦτοι, ἐγὼ δὲ ὑμῶν φείδομαι.

Τοῦτο δέ φημι, ἀδελφοί, ὁ καιρὸς συνεσταλμένος ἐστίν· τὸ λοιπὸν 29 30 ἵνα καὶ οἱ ἔχοντες γυναῖκας ὡς μὴ ἔχοντες ὦσιν, καὶ οἱ κλαίοντες ὡς μὴ κλαίοντες, καὶ οἱ χαίροντες ὡς μὴ χαίροντες, καὶ οἱ ἀγοράζοντες ὡς μὴ κατέχοντες, καὶ οἱ χρώμενοι τὸν κόσμον ὡς μὴ καταχρώμενοι· παράγει 31 γὰρ τὸ σχῆμα τοῦ κόσμου τούτου.

Θέλω δὲ ὑμᾶς ἀμερίμνους εἶναι. ὁ ἄγαμος μεριμνᾷ τὰ τοῦ Κυρίου, 32 πῶς ἀρέσῃ τῷ Κυρίῳ· ὁ δὲ γαμήσας μεριμνᾷ τὰ τοῦ κόσμου, πῶς 33 ἀρέσῃ ᵃ τῇ γυναικί, καὶ μεμέρισται. ἡ γυνὴ ἡ ἄγαμος καὶ ἡ παρθένος 34 μεριμνᾷ τὰ τοῦ Κυρίου, ἵνα ᾖ ἁγία καὶ τῷ σώματι καὶ τῷ πνεύματι· ἡ δὲ γαμήσασα μεριμνᾷ τὰ τοῦ κόσμου, πῶς ἀρέσῃ τῷ ἀνδρί.

Τοῦτο δὲ πρὸς τὸ ὑμῶν αὐτῶν σύμφορον λέγω, οὐχ ἵνα βρόχον ὑμῖν 35 ἐπιβάλω, ἀλλὰ πρὸς τὸ εὔσχημον καὶ εὐπάρεδρον τῷ Κυρίῳ ἀπερι- σπάστως.

Εἰ δέ τις ἀσχημονεῖν ἐπὶ τὴν παρθένον αὐτοῦ νομίζει, ἐὰν ᾖ 36

[a] τῇ γυναικί. καὶ μεμέρισται ἡ γυνὴ καὶ ἡ παρθένος. ἡ ἄγαμος μεριμνᾷ . . .

ὑπέρακμος, καὶ οὕτως ὀφείλει γίνεσθαι, ὃ θέλει ποιείτω· οὐχ ἁμαρτάνει·
37 γαμείτωσαν. ὃς δὲ ἕστηκεν ἐν τῇ καρδίᾳ αὐτοῦ ἑδραῖος, μὴ ἔχων
ἀνάγκην, ἐξουσίαν δὲ ἔχει περὶ τοῦ ἰδίου θελήματος, καὶ τοῦτο κέκρικεν
38 ἐν τῇ ἰδίᾳ καρδίᾳ, τηρεῖν τὴν ἑαυτοῦ παρθένον, καλῶς ποιήσει. ὥστε
καὶ ὁ γαμίζων τὴν ἑαυτοῦ παρθένον καλῶς ποιεῖ, καὶ ὁ μὴ γαμίζων
κρεῖσσον ποιήσει.
39 Γυνὴ δέδεται ἐφ᾽ ὅσον χρόνον ζῇ ὁ ἀνὴρ αὐτῆς· ἐὰν δὲ κοιμηθῇ ὁ
40 ἀνήρ, ἐλευθέρα ἐστὶν ᾧ θέλει γαμηθῆναι, μόνον ἐν Κυρίῳ. μακαριωτέρα
δέ ἐστιν ἐὰν οὕτως μείνῃ, κατὰ τὴν ἐμὴν γνώμην· δοκῶ δὲ κἀγὼ
Πνεῦμα Θεοῦ ἔχειν.

8 ⁘ Περὶ δὲ τῶν εἰδωλοθύτων·
Οἴδαμεν ὅτι πάντες γνῶσιν ἔχομεν. ἡ γνῶσις φυσιοῖ, ἡ δὲ ἀγάπη
2 3 οἰκοδομεῖ· εἴ τις δοκεῖ ἐγνωκέναι τι, οὔπω ἔγνω καθὼς δεῖ γνῶναι· εἰ
δέ τις ἀγαπᾷ^a, οὗτος ἔγνωσται.
4 Περὶ τῆς βρώσεως οὖν τῶν εἰδωλοθύτων οἴδαμεν ὅτι οὐδὲν εἴδωλον
5 ἐν κόσμῳ, καὶ ὅτι οὐδεὶς θεὸς εἰ μὴ εἷς. καὶ γὰρ εἴπερ εἰσὶν λεγόμενοι
θεοὶ εἴτε ἐν οὐρανῷ εἴτε ἐπὶ γῆς, ὥσπερ εἰσὶν θεοὶ πολλοὶ καὶ κύριοι
6 πολλοί, ἀλλ᾽ ἡμῖν εἷς Θεὸς ὁ Πατήρ, ἐξ οὗ τὰ πάντα καὶ ἡμεῖς εἰς αὐτόν,
καὶ εἷς Κύριος Ἰησοῦς Χριστός, δι᾽ οὗ τὰ πάντα καὶ ἡμεῖς δι᾽ αὐτοῦ.
7 Ἀλλ᾽ οὐκ ἐν πᾶσιν ἡ γνῶσις· τινὲς δὲ τῇ ^{b} συνηθείᾳ ἕως ἄρτι τοῦ
εἰδώλου ὡς εἰδωλόθυτον ἐσθίουσιν, καὶ ἡ συνείδησις αὐτῶν ἀσθενὴς
8 οὖσα μολύνεται. βρῶμα δὲ ἡμᾶς οὐ παραστήσει τῷ Θεῷ· οὔτε ἐὰν μὴ
9 φάγωμεν ὑστερούμεθα, οὔτε ἐὰν φάγωμεν περισσεύομεν. βλέπετε δὲ
μή πως ἡ ἐξουσία ὑμῶν αὕτη πρόσκομμα γένηται τοῖς ἀσθενέσιν.
10 ἐὰν γάρ τις ἴδῃ σε τὸν ἔχοντα γνῶσιν ἐν εἰδωλείῳ κατακείμενον, οὐχὶ
ἡ συνείδησις αὐτοῦ ἀσθενοῦς ὄντος οἰκοδομηθήσεται εἰς τὸ τὰ εἰδωλό-
11 θυτα ἐσθίειν; ἀπόλλυται γὰρ ὁ ἀσθενῶν ἐν τῇ σῇ γνώσει, ὁ ἀδελφὸς δι᾽
12 ὃν Χριστὸς ἀπέθανεν. οὕτως δὲ ἁμαρτάνοντες εἰς τοὺς ἀδελφοὺς καὶ
13 τύπτοντες αὐτῶν τὴν συνείδησιν^c εἰς Χριστὸν ἁμαρτάνετε. διόπερ εἰ
βρῶμα σκανδαλίζει τὸν ἀδελφόν μου, οὐ μὴ φάγω κρέα εἰς τὸν αἰῶνα,
ἵνα μὴ τὸν ἀδελφόν μου σκανδαλίσω.

9 ⁘ Οὐκ εἰμὶ ἐλεύθερος; οὐκ εἰμὶ ἀπόστολος; οὐχὶ Ἰησοῦν τὸν Κύριον
2 ἡμῶν ἑόρακα; οὐ τὸ ἔργον μου ὑμεῖς ἐστε ἐν Κυρίῳ; εἰ ἄλλοις οὐκ εἰμὶ
ἀπόστολος, ἀλλά γε ὑμῖν εἰμι· ἡ γὰρ σφραγίς μου τῆς ἀποστολῆς
ὑμεῖς ἐστε ἐν Κυρίῳ.
3 4 Ἡ ἐμὴ ἀπολογία τοῖς ἐμὲ ἀνακρίνουσίν ἐστιν αὕτη. μὴ οὐκ ἔχομεν

[a] add τὸν Θεόν   [b] συνειδήσει   [c] add ἀσθενοῦσαν

ἐξουσίαν φαγεῖν καὶ πεῖν; μὴ οὐκ ἔχομεν ἐξουσίαν ἀδελφὴν γυναῖκα 5
περιάγειν, ὡς καὶ οἱ λοιποὶ ἀπόστολοι καὶ οἱ ἀδελφοὶ τοῦ Κυρίου καὶ
Κηφᾶς; ἢ μόνος ἐγὼ καὶ Βαρναβᾶς οὐκ ἔχομεν ἐξουσίαν μὴ ἐργάζεσθαι; 6
τίς στρατεύεται ἰδίοις ὀψωνίοις ποτέ; τίς φυτεύει ἀμπελῶνα καὶ τὸν 7
καρπὸν αὐτοῦ οὐκ ἐσθίει; ἢ τίς ποιμαίνει ποίμνην καὶ ἐκ τοῦ γάλακτος
τῆς ποίμνης οὐκ ἐσθίει; μὴ κατὰ ἄνθρωπον ταῦτα λαλῶ, ἢ καὶ ὁ 8
νόμος ταῦτα οὐ λέγει; ἐν γὰρ τῷ Μωϋσέως νόμῳ γέγραπται· ⌊Οὐ 9
κημώσεις βοῦν ἀλοῶντα.⌋ᵃ μὴ τῶν βοῶν μέλει τῷ Θεῷ; ἢ δι᾽ ἡμᾶς 10
πάντως λέγει; δι᾽ ἡμᾶς γὰρ ἐγράφη, ὅτι ὀφείλει ἐπ᾽ ἐλπίδι ὁ ἀροτριῶν
ἀροτριᾶν, καὶ ὁ ἀλοῶν ἐπ᾽ ἐλπίδι τοῦ μετέχειν. εἰ ἡμεῖς ὑμῖν τὰ 11
πνευματικὰ ἐσπείραμεν, μέγα εἰ ἡμεῖς ὑμῶν τὰ σαρκικὰ θερίσομεν; εἰ 12
ἄλλοι τῆς ὑμῶν ἐξουσίας μετέχουσιν, οὐ μᾶλλον ἡμεῖς;

Ἀλλ᾽ οὐκ ἐχρησάμεθα τῇ ἐξουσίᾳ ταύτῃ, ἀλλὰ πάντα στέγομεν ἵνα
μή τινα ἐγκοπὴν δῶμεν τῷ εὐαγγελίῳ τοῦ Χριστοῦ. οὐκ οἴδατε ὅτι 13
οἱ τὰ ἱερὰ ἐργαζόμενοι τὰ ἐκ τοῦ ἱεροῦ ἐσθίουσιν, οἱ τῷ θυσιαστηρίῳ
παρεδρεύοντες τῷ θυσιαστηρίῳ συμμερίζονται; οὕτως καὶ ὁ Κύριος 14
διέταξεν τοῖς τὸ εὐαγγέλιον καταγγέλλουσιν ἐκ τοῦ εὐαγγελίου 3ῆν.
ἐγὼ δὲ οὐ κέχρημαι οὐδενὶ τούτων. οὐκ ἔγραψα δὲ ταῦτα ἵνα οὕτως 15
γένηται ἐν ἐμοί· καλὸν γάρ μοι μᾶλλον ἀποθανεῖν ἢ—τὸ καύχημά μου
οὐδεὶς κενώσει. ἐὰν γὰρ εὐαγγελίζωμαι, οὐκ ἔστιν μοι καύχημα· ἀνάγκη 16
γάρ μοι ἐπίκειται· οὐαὶ γάρ μοί ἐστιν ἐὰν μὴ εὐαγγελίσωμαι. εἰ γὰρ 17
ἑκὼν τοῦτο πράσσω, μισθὸν ἔχω· εἰ δὲ ἄκων, οἰκονομίαν πεπίστευμαι.
τίς οὖν μού ἐστιν ὁ μισθός; ἵνα εὐαγγελιζόμενος ἀδάπανον θήσω τὸ 18
εὐαγγέλιον, εἰς τὸ μὴ καταχρήσασθαι τῇ ἐξουσίᾳ μου ἐν τῷ εὐαγγελίῳ.

Ἐλεύθερος γὰρ ὢν ἐκ πάντων πᾶσιν ἐμαυτὸν ἐδούλωσα, ἵνα τοὺς 19
πλείονας κερδήσω· καὶ ἐγενόμην τοῖς Ἰουδαίοις ὡς Ἰουδαῖος, ἵνα 20
Ἰουδαίους κερδήσω· τοῖς ὑπὸ νόμον ὡς ὑπὸ νόμον, μὴ ὢν αὐτὸς ὑπὸ
νόμον, ἵνα τοὺς ὑπὸ νόμον κερδήσω· τοῖς ἀνόμοις ὡς ἄνομος, μὴ ὢν 21
ἄνομος Θεοῦ ἀλλ᾽ ἔννομος Χριστοῦ, ἵνα κερδάνω τοὺς ἀνόμους· ἐγενό- 22
μην τοῖς ἀσθενέσιν ἀσθενής, ἵνα τοὺς ἀσθενεῖς κερδήσω· τοῖς πᾶσιν
γέγονα πάντα, ἵνα πάντως τινὰς σώσω. πάντα δὲ ποιῶ διὰ τὸ 23
εὐαγγέλιον, ἵνα συγκοινωνὸς αὐτοῦ γένωμαι.

Οὐκ οἴδατε ὅτι οἱ ἐν σταδίῳ τρέχοντες πάντες μὲν τρέχουσιν, εἷς δὲ 24
λαμβάνει τὸ βραβεῖον; οὕτως τρέχετε ἵνα καταλάβητε. πᾶς δὲ ὁ ἀγω- 25
νιζόμενος πάντα ἐγκρατεύεται, ἐκεῖνοι μὲν οὖν ἵνα φθαρτὸν στέφανον
λάβωσιν, ἡμεῖς δὲ ἄφθαρτον. ἐγὼ τοίνυν οὕτως τρέχω ὡς οὐκ ἀδήλως, 26
οὕτως πυκτεύω ὡς οὐκ ἀέρα δέρων· ἀλλὰ ὑπωπιάζω μου τὸ σῶμα καὶ 27
δουλαγωγῶ, μή πως ἄλλοις κηρύξας αὐτὸς ἀδόκιμος γένωμαι.

[a] Dt. 25. 4

10 Οὐ θέλω γὰρ ὑμᾶς ἀγνοεῖν, ἀδελφοί, ὅτι οἱ πατέρες ἡμῶν πάντες
2 ὑπὸ τὴν νεφέλην ἦσαν καὶ πάντες διὰ τῆς θαλάσσης διῆλθον, καὶ
πάντες εἰς τὸν Μωϋσῆν ἐβαπτίσαντο ἐν τῇ νεφέλῃ καὶ ἐν τῇ θαλάσσῃ,
3 4 καὶ πάντες τὸ αὐτὸ πνευματικὸν βρῶμα ἔφαγον, καὶ πάντες τὸ αὐτὸ
πνευματικὸν ἔπιον πόμα· ἔπινον γὰρ ἐκ πνευματικῆς ἀκολουθούσης
5 πέτρας, ἡ πέτρα δὲ ἦν ὁ Χριστός. ἀλλ᾽ οὐκ ἐν τοῖς πλείοσιν αὐτῶν
εὐδόκησεν ὁ Θεός, ⌊κατεστρώθησαν⌋ γὰρ ⌊ἐν τῇ ἐρήμῳ⌋.ᵃ
6 Ταῦτα δὲ τύποι ἡμῶν ἐγενήθησαν, εἰς τὸ μὴ εἶναι ἡμᾶς ⌊ἐπιθυμητὰς⌋
7 κακῶν, καθὼς κἀκεῖνοι ⌊ἐπεθύμησαν⌋.ᵇ μηδὲ εἰδωλολάτραι γίνεσθε,
καθώς τινες αὐτῶν· ὥσπερ γέγραπται· ⌊Ἐκάθισεν ὁ λαὸς φαγεῖν καὶ
8 πεῖν, καὶ ἀνέστησαν παίζειν.⌋ᶜ μηδὲ πορνεύωμεν, καθώς τινες αὐτῶν
9 ἐπόρνευσαν καὶ ἔπεσαν μιᾷ ἡμέρᾳ εἴκοσι τρεῖς χιλιάδες. μηδὲ ἐκπειρά-
ζωμεν τὸν ᵈΚύριον, καθώς τινες αὐτῶν ἐπείρασαν καὶ ὑπὸ τῶν ὄφεων
10 ἀπώλλυντο. μηδὲ γογγύζετε, καθάπερ τινὲς αὐτῶν ἐγόγγυσαν, καὶ
ἀπώλοντο ὑπὸ τοῦ ὀλεθρευτοῦ.
11 Ταῦτα δὲ τυπικῶς συνέβαινεν ἐκείνοις, ἐγράφη δὲ πρὸς νουθεσίαν
12 ἡμῶν, εἰς οὓς τὰ τέλη τῶν αἰώνων κατήντηκεν· ὥστε ὁ δοκῶν ἑστάναι
13 βλεπέτω μὴ πέσῃ. πειρασμὸς ὑμᾶς οὐκ εἴληφεν εἰ μὴ ἀνθρώπινος.
πιστὸς δὲ ὁ Θεός, ὃς οὐκ ἐάσει ὑμᾶς πειρασθῆναι ὑπὲρ ὃ δύνασθε, ἀλλὰ
ποιήσει σὺν τῷ πειρασμῷ καὶ τὴν ἔκβασιν τοῦ δύνασθαι ὑπενεγκεῖν.

14 15 ❡ Διόπερ, ἀγαπητοί μου, φεύγετε ἀπὸ τῆς εἰδωλολατρίας. ὡς φρονί-
16 μοις λέγω· κρίνατε ὑμεῖς ὅ φημι. τὸ ποτήριον τῆς εὐλογίας ὃ εὐλογοῦ-
μεν, οὐχὶ κοινωνία ἐστὶν τοῦ αἵματος τοῦ Χριστοῦ; τὸν ἄρτον ὃν
17 κλῶμεν, οὐχὶ κοινωνία τοῦ σώματος τοῦ Χριστοῦ ἐστιν; ᵉὅτι εἷς
ἄρτος, ἓν σῶμα οἱ πολλοί ἐσμεν· οἱ γὰρ πάντες ἐκ τοῦ ἑνὸς ἄρτου
μετέχομεν.
18 Βλέπετε τὸν Ἰσραὴλ κατὰ σάρκα· οὐχ οἱ ἐσθίοντες τὰς θυσίας
19 κοινωνοὶ τοῦ θυσιαστηρίου εἰσίν; τί οὖν φημι; ὅτι εἰδωλόθυτόν τί
20 ἐστιν; ἢ ὅτι εἴδωλόν τί ἐστιν; ἀλλ᾽ ὅτι ἃ θύουσιν, ⌊δαιμονίοις καὶ οὐ
21 Θεῷ θύουσιν⌋·ᶠ οὐ θέλω δὲ ὑμᾶς κοινωνοὺς τῶν δαιμονίων γίνεσθαι. οὐ
δύνασθε ποτήριον Κυρίου πίνειν καὶ ποτήριον δαιμονίων· οὐ δύνασθε
22 ⌊τραπέζης Κυρίου⌋ᵍ μετέχειν καὶ τραπέζης δαιμονίων. ἢ ⌊παραζηλοῦ-
μεν τὸν Κύριον⌋;ʰ μὴ ἰσχυρότεροι αὐτοῦ ἐσμεν;
23 Πάντα ἔξεστιν, ἀλλ᾽ οὐ πάντα συμφέρει· πάντα ἔξεστιν, ἀλλ᾽ οὐ
24 πάντα οἰκοδομεῖ. μηδεὶς τὸ ἑαυτοῦ ζητείτω ἀλλὰ τὸ τοῦ ἑτέρου.

[a] Num. 14. 16, 23, 30   [b] Num. 11. 34, 4   [c] Ex. 32. 6   [d] Χριστόν
[e] ὅτι εἷς ἄρτος, ἓν σῶμα, οἱ πολλοί ἐσμεν·   [f] Lv. 17. 7; Dt. 32. 17; Ps. 106. 37
[g] Mal. 1. 7, 12   [h] Dt. 32. 21

Πᾶν τὸ ἐν μακέλλῳ πωλούμενον ἐσθίετε μηδὲν ἀνακρίνοντες διὰ τὴν ₂₅
συνείδησιν· ⌊τοῦ Κυρίου⌋ γὰρ ⌊ἡ γῆ καὶ τὸ πλήρωμα αὐτῆς.⌋ᵃ ₂₆
Εἴ τις καλεῖ ὑμᾶς τῶν ἀπίστων καὶ θέλετε πορεύεσθαι, πᾶν τὸ ₂₇
παρατιθέμενον ὑμῖν ἐσθίετε μηδὲν ἀνακρίνοντες διὰ τὴν συνείδησιν.
ἐὰν δέ τις ὑμῖν εἴπῃ· Τοῦτο ἱερόθυτόν ἐστιν, μὴ ἐσθίετε δι' ἐκεῖνον τὸν ₂₈
μηνύσαντα καὶ τὴν συνείδησιν—συνείδησιν δὲ λέγω οὐχὶ τὴν ἑαυτοῦ ₂₉
ἀλλὰ τοῦ ἑτέρου.
'Ινατί γὰρ ἡ ἐλευθερία μου κρίνεται ὑπὸ ἄλλης συνειδήσεως; εἰ ἐγὼ ₃₀
χάριτι μετέχω, τί βλασφημοῦμαι ὑπὲρ οὗ ἐγὼ εὐχαριστῶ; εἴτε οὖν ₃₁
ἐσθίετε εἴτε πίνετε εἴτε τι ποιεῖτε, πάντα εἰς δόξαν Θεοῦ ποιεῖτε.
ἀπρόσκοποι καὶ 'Ιουδαίοις γίνεσθε καὶ Ἕλλησιν καὶ τῇ ἐκκλησίᾳ τοῦ ₃₂
Θεοῦ, καθὼς κἀγὼ πάντα πᾶσιν ἀρέσκω, μὴ ζητῶν τὸ ἐμαυτοῦ σύμ- ₃₃
φορον ἀλλὰ τὸ τῶν πολλῶν, ἵνα σωθῶσιν. μιμηταί μου γίνεσθε, **11**
καθὼς κἀγὼ Χριστοῦ.

℟ 'Επαινῶ δὲ ὑμᾶς ὅτι πάντα μου μέμνησθε καὶ καθὼς παρέδωκα ὑμῖν ₂
τὰς παραδόσεις κατέχετε. θέλω δὲ ὑμᾶς εἰδέναι ὅτι παντὸς ἀνδρὸς ἡ ₃
κεφαλὴ ὁ Χριστός ἐστιν, κεφαλὴ δὲ γυναικὸς ὁ ἀνήρ, κεφαλὴ δὲ τοῦ
Χριστοῦ ὁ Θεός. πᾶς ἀνὴρ προσευχόμενος ἢ προφητεύων κατὰ κεφαλῆς ₄
ἔχων καταισχύνει τὴν κεφαλὴν αὐτοῦ. πᾶσα δὲ γυνὴ προσευχομένη ἢ ₅
προφητεύουσα ἀκαταλύπτῳ τῇ κεφαλῇ καταισχύνει τὴν κεφαλὴν
αὐτῆς· ἓν γάρ ἐστιν καὶ τὸ αὐτὸ τῇ ἐξυρημένῃ. εἰ γὰρ οὐ κατακαλύ- ₆
πτεται γυνή, καὶ κειράσθω· εἰ δὲ αἰσχρὸν γυναικὶ τὸ κείρασθαι ἢ
ξυρᾶσθαι, κατακαλυπτέσθω. ἀνὴρ μὲν γὰρ οὐκ ὀφείλει κατακαλύπτε- ₇
σθαι τὴν κεφαλήν, ⌊εἰκὼν⌋ καὶ δόξα ⌊Θεοῦ⌋ᵇ ὑπάρχων· ἡ γυνὴ δὲ δόξα
ἀνδρός ἐστιν. οὐ γάρ ἐστιν ἀνὴρ ἐκ γυναικός, ἀλλὰ γυνὴ ἐξ ἀνδρός· καὶ ₈ ₉
γὰρ οὐκ ἐκτίσθη ἀνὴρ διὰ τὴν γυναῖκα, ἀλλὰ γυνὴ διὰ τὸν ἄνδρα. διὰ ₁₀
τοῦτο ὀφείλει ἡ γυνὴ ᶜἐξουσίαν ἔχειν ἐπὶ τῆς κεφαλῆς διὰ τοὺς ἀγ-
γέλους. πλὴν οὔτε γυνὴ χωρὶς ἀνδρὸς οὔτε ἀνὴρ χωρὶς γυναικὸς ἐν ₁₁
Κυρίῳ· ὥσπερ γὰρ ἡ γυνὴ ἐκ τοῦ ἀνδρός, οὕτως καὶ ὁ ἀνὴρ διὰ τῆς ₁₂
γυναικός· τὰ δὲ πάντα ἐκ τοῦ Θεοῦ.
'Εν ὑμῖν αὐτοῖς κρίνατε· πρέπον ἐστὶν γυναῖκα ἀκατακάλυπτον τῷ ₁₃
Θεῷ προσεύχεσθαι; οὐδὲ ἡ φύσις αὐτὴ διδάσκει ὑμᾶς ὅτι ἀνὴρ μὲν ἐὰν ₁₄
κομᾷ, ἀτιμία αὐτῷ ἐστιν, γυνὴ δὲ ἐὰν κομᾷ, δόξα αὐτῇ ἐστιν; ὅτι ἡ ₁₅
κόμη ἀντὶ περιβολαίου δέδοται αὐτῇ.
Εἰ δέ τις δοκεῖ φιλόνεικος εἶναι, ἡμεῖς τοιαύτην συνήθειαν οὐκ ἔχομεν, ₁₆
οὐδὲ αἱ ἐκκλησίαι τοῦ Θεοῦ.
Τοῦτο δὲ παραγγέλλων οὐκ ἐπαινῶ ὅτι οὐκ εἰς τὸ κρεῖσσον ἀλλὰ εἰς ₁₇

[a] Ps. 24. 1   [b] Gn. 1. 27; 5. 1   [c] κάλυμμα

18 τὸ ἧσσον συνέρχεσθε. πρῶτον μὲν γὰρ συνερχομένων ὑμῶν ἐν ἐκ-
19 κλησίᾳ ἀκούω σχίσματα ἐν ὑμῖν ὑπάρχειν, καὶ μέρος τι πιστεύω. (δεῖ
γὰρ καὶ αἱρέσεις εἶναι, ἵνα οἱ δόκιμοι φανεροὶ γένωνται ἐν ὑμῖν.)
20 συνερχομένων οὖν ὑμῶν ἐπὶ τὸ αὐτὸ οὐκ ἔστιν Κυριακὸν δεῖπνον φαγεῖν·
21 ἕκαστος γὰρ τὸ ἴδιον δεῖπνον προλαμβάνει ἐν τῷ φαγεῖν, καὶ ὃς μὲν
22 πεινᾷ, ὃς δὲ μεθύει. μὴ γὰρ οἰκίας οὐκ ἔχετε εἰς τὸ ἐσθίειν καὶ πίνειν; ἢ
τῆς ἐκκλησίας τοῦ Θεοῦ καταφρονεῖτε, καὶ καταισχύνετε τοὺς μὴ
ἔχοντας; τί εἴπω ὑμῖν; ἐπαινέσω ὑμᾶς; ἐν τούτῳ οὐκ ἐπαινῶ.
23 Ἐγὼ γὰρ παρέλαβον ἀπὸ τοῦ Κυρίου, ὃ καὶ παρέδωκα ὑμῖν, ὅτι ὁ
24 Κύριος Ἰησοῦς ἐν τῇ νυκτὶ ᾗ παρεδίδοτο ἔλαβεν ἄρτον καὶ εὐχαριστήσας
ἔκλασεν καὶ εἶπεν· Τοῦτό μού ἐστιν τὸ σῶμα τὸ ὑπὲρ ὑμῶν· τοῦτο
25 ποιεῖτε εἰς τὴν ἐμὴν ἀνάμνησιν. ὡσαύτως καὶ τὸ ποτήριον μετὰ τὸ
δειπνῆσαι, λέγων· Τοῦτο τὸ ποτήριον ἡ καινὴ ⌊διαθήκη⌋ ἐστὶν ἐν ⌊τῷ⌋
ἐμῷ ⌊αἵματι⌋·ᵃ τοῦτο ποιεῖτε, ὁσάκις ἐὰν πίνητε, εἰς τὴν ἐμὴν ἀνάμνησιν.
26 ὁσάκις γὰρ ἐὰν ἐσθίητε τὸν ἄρτον τοῦτον καὶ τὸ ποτήριον πίνητε, τὸν
θάνατον τοῦ Κυρίου καταγγέλλετε, ἄχρι οὗ ἔλθῃ.
27 Ὥστε ὃς ἂν ἐσθίῃ τὸν ἄρτον ἢ πίνῃ τὸ ποτήριον τοῦ Κυρίου ἀναξίως,
28 ἔνοχος ἔσται τοῦ σώματος καὶ τοῦ αἵματος τοῦ Κυρίου. δοκιμαζέτω δὲ
ἄνθρωπος ἑαυτόν, καὶ οὕτως ἐκ τοῦ ἄρτου ἐσθιέτω καὶ ἐκ τοῦ ποτηρίου
29 πινέτω· ὁ γὰρ ἐσθίων καὶ πίνων κρίμα ἑαυτῷ ἐσθίει καὶ πίνει μὴ διακρί-
30 νων τὸ σῶμα. διὰ τοῦτο ἐν ὑμῖν πολλοὶ ἀσθενεῖς καὶ ἄρρωστοι καὶ κοι-
31 32 μῶνται ἱκανοί. εἰ δὲ ἑαυτοὺς διεκρίνομεν, οὐκ ἂν ἐκρινόμεθα· κρινόμενοι
δὲ ὑπὸ τοῦ Κυρίου παιδευόμεθα, ἵνα μὴ σὺν τῷ κόσμῳ κατακριθῶμεν.
33 Ὥστε, ἀδελφοί μου, συνερχόμενοι εἰς τὸ φαγεῖν ἀλλήλους ἐκδέχεσθε.
34 εἴ τις πεινᾷ, ἐν οἴκῳ ἐσθιέτω, ἵνα μὴ εἰς κρίμα συνέρχησθε. τὰ δὲ
λοιπὰ ὡς ἂν ἔλθω διατάξομαι.

12 Περὶ δὲ τῶν πνευματικῶν, ἀδελφοί, οὐ θέλω ὑμᾶς ἀγνοεῖν.
2 Οἴδατε ὅτι ὅτε ἔθνη ἦτε πρὸς τὰ εἴδωλα τὰ ἄφωνα ὡς ἂν
3 ἤγεσθε ἀπαγόμενοι. διὸ γνωρίζω ὑμῖν ὅτι οὐδεὶς ἐν Πνεύματι Θεοῦ
λαλῶν λέγει· Ἀνάθεμα Ἰησοῦς, καὶ οὐδεὶς δύναται εἰπεῖν· Κύριος Ἰησοῦς,
εἰ μὴ ἐν Πνεύματι Ἁγίῳ.
4 5 Διαιρέσεις δὲ χαρισμάτων εἰσίν, τὸ δὲ αὐτὸ Πνεῦμα· καὶ διαιρέσεις
6 διακονιῶν εἰσιν, καὶ ὁ αὐτὸς Κύριος· καὶ διαιρέσεις ἐνεργημάτων εἰσίν,
7 ὁ δὲ αὐτὸς Θεὸς ὁ ἐνεργῶν τὰ πάντα ἐν πᾶσιν. ἑκάστῳ δὲ δίδοται ἡ
8 φανέρωσις τοῦ Πνεύματος πρὸς τὸ συμφέρον. ᾧ μὲν γὰρ διὰ τοῦ
Πνεύματος δίδοται λόγος σοφίας, ἄλλῳ δὲ λόγος γνώσεως κατὰ τὸ

[a] Ex. 24. 8; Zech. 9. 11

αὐτὸ Πνεῦμα, ἑτέρῳ πίστις ἐν τῷ αὐτῷ Πνεύματι, ἄλλῳ δὲ χαρίσματα 9
ἰαμάτων ἐν τῷ ἑνὶ Πνεύματι, ἄλλῳ δὲ ἐνεργήματα δυνάμεων· ἄλλῳ 10
προφητεία, ἄλλῳ δὲ διακρίσεις πνευμάτων, ἑτέρῳ γένη γλωσσῶν, ἄλλῳ
δὲ ἑρμηνεία γλωσσῶν· πάντα δὲ ταῦτα ἐνεργεῖ τὸ ἓν καὶ τὸ αὐτὸ 11
Πνεῦμα, διαιροῦν ἰδίᾳ ἑκάστῳ καθὼς βούλεται.

Καθάπερ γὰρ τὸ σῶμα ἕν ἐστιν καὶ μέλη πολλὰ ἔχει, πάντα δὲ τὰ 12
μέλη τοῦ σώματος πολλὰ ὄντα ἕν ἐστιν σῶμα, οὕτως καὶ ὁ Χριστός· καὶ 13
γὰρ ἐν ἑνὶ Πνεύματι ἡμεῖς πάντες εἰς ἓν σῶμα ἐβαπτίσθημεν, εἴτε
Ἰουδαῖοι εἴτε Ἕλληνες, εἴτε δοῦλοι εἴτε ἐλεύθεροι, καὶ πάντες ἓν Πνεῦμα
ἐποτίσθημεν.

Καὶ γὰρ τὸ σῶμα οὐκ ἔστιν ἓν μέλος ἀλλὰ πολλά. ἐὰν εἴπῃ ὁ πούς· 14 15
Ὅτι οὐκ εἰμὶ χείρ, οὐκ εἰμὶ ἐκ τοῦ σώματος, οὐ παρὰ τοῦτο οὐκ ἔστιν
ἐκ τοῦ σώματος. καὶ ἐὰν εἴπῃ τὸ οὖς· Ὅτι οὐκ εἰμὶ ὀφθαλμός, οὐκ εἰμὶ 16
ἐκ τοῦ σώματος, οὐ παρὰ τοῦτο οὐκ ἔστιν ἐκ τοῦ σώματος. εἰ ὅλον τὸ 17
σῶμα ὀφθαλμός, ποῦ ἡ ἀκοή; εἰ ὅλον ἀκοή, ποῦ ἡ ὄσφρησις; νῦν δὲ ὁ 18
Θεὸς ἔθετο τὰ μέλη, ἓν ἕκαστον αὐτῶν ἐν τῷ σώματι καθὼς ἠθέλησεν. εἰ 19
δὲ ἦν τὰ πάντα ἓν μέλος, ποῦ τὸ σῶμα; νῦν δὲ πολλὰ μὲν μέλη, ἓν δὲ 20
σῶμα. οὐ δύναται δὲ ὁ ὀφθαλμὸς εἰπεῖν τῇ χειρί· Χρείαν σου οὐκ ἔχω, ἢ 21
πάλιν ἡ κεφαλὴ τοῖς ποσίν· Χρείαν ὑμῶν οὐκ ἔχω. ἀλλὰ πολλῷ μᾶλλον 22
τὰ δοκοῦντα μέλη τοῦ σώματος ἀσθενέστερα ὑπάρχειν ἀναγκαῖά
ἐστιν, καὶ ἃ δοκοῦμεν ἀτιμότερα εἶναι τοῦ σώματος, τούτοις τιμὴν 23
περισσοτέραν περιτίθεμεν, καὶ τὰ ἀσχήμονα ἡμῶν εὐσχημοσύνην
περισσοτέραν ἔχει, τὰ δὲ εὐσχήμονα ἡμῶν οὐ χρείαν ἔχει. ἀλλὰ ὁ Θεὸς 24
συνεκέρασεν τὸ σῶμα, τῷ ὑστερουμένῳ περισσοτέραν δοὺς τιμήν, ἵνα 25
μὴ ᾖ σχίσμα ἐν τῷ σώματι, ἀλλὰ τὸ αὐτὸ ὑπὲρ ἀλλήλων μεριμνῶσιν
τὰ μέλη. καὶ εἴτε πάσχει ἓν μέλος, συμπάσχει πάντα τὰ μέλη· εἴτε 26
δοξάζεται μέλος, συγχαίρει πάντα τὰ μέλη.

Ὑμεῖς δέ ἐστε σῶμα Χριστοῦ καὶ μέλη ἐκ μέρους. καὶ οὓς μὲν ἔθετο ὁ 27 28
Θεὸς ἐν τῇ ἐκκλησίᾳ πρῶτον ἀποστόλους, δεύτερον προφήτας, τρίτον
διδασκάλους, ἔπειτα δυνάμεις, ἔπειτα χαρίσματα ἰαμάτων, ἀντιλήμ-
ψεις, κυβερνήσεις, γένη γλωσσῶν. μὴ πάντες ἀπόστολοι; μὴ πάντες 29
προφῆται; μὴ πάντες διδάσκαλοι; μὴ πάντες δυνάμεις; μὴ πάντες 30
χαρίσματα ἔχουσιν ἰαμάτων; μὴ πάντες γλώσσαις λαλοῦσιν; μὴ
πάντες διερμηνεύουσιν; ζηλοῦτε δὲ τὰ χαρίσματα τὰ μείζονα. 31

Καὶ ἔτι καθ᾽ ὑπερβολὴν ὁδὸν ὑμῖν δείκνυμι.

Ἐὰν ταῖς γλώσσαις τῶν ἀνθρώπων λαλῶ καὶ τῶν ἀγγέλων, ἀγάπην 13
δὲ μὴ ἔχω, γέγονα χαλκὸς ἠχῶν ἢ κύμβαλον ἀλαλάζον. καὶ ἐὰν ἔχω 2
προφητείαν καὶ εἰδῶ τὰ μυστήρια πάντα καὶ πᾶσαν τὴν γνῶσιν, κἂν
ἔχω πᾶσαν τὴν πίστιν ὥστε ὄρη μεθιστάναι, ἀγάπην δὲ μὴ ἔχω, οὐθέν

3 εἰμι. κἂν ψωμίσω πάντα τὰ ὑπάρχοντά μου, καὶ ἐὰν παραδῶ τὸ σῶμά μου ἵνα ᵃ καυθήσωμαι, ἀγάπην δὲ μὴ ἔχω, οὐδὲν ὠφελοῦμαι.

4 Ἡ ἀγάπη μακροθυμεῖ· χρηστεύεται ἡ ἀγάπη, οὐ ζηλοῖ· ἡ ἀγάπη οὐ
5 περπερεύεται, οὐ φυσιοῦται, οὐκ ἀσχημονεῖ, οὐ ζητεῖ τὰ ἑαυτῆς, οὐ
6 παροξύνεται, ⌊οὐ λογίζεται τὸ κακόν⌋,ᵇ οὐ χαίρει ἐπὶ τῇ ἀδικίᾳ,
7 συγχαίρει δὲ τῇ ἀληθείᾳ· πάντα στέγει, πάντα πιστεύει, πάντα ἐλπίζει, πάντα ὑπομένει.

8 Ἡ ἀγάπη οὐδέποτε πίπτει· εἴτε δὲ προφητεῖαι, καταργηθήσονται·
9 εἴτε γλῶσσαι, παύσονται· εἴτε γνῶσις, καταργηθήσεται. ἐκ μέρους γὰρ
10 γινώσκομεν καὶ ἐκ μέρους προφητεύομεν· ὅταν δὲ ἔλθῃ τὸ τέλειον, τὸ ἐκ
11 μέρους καταργηθήσεται. ὅτε ἤμην νήπιος, ἐλάλουν ὡς νήπιος, ἐφρό-
νουν ὡς νήπιος, ἐλογιζόμην ὡς νήπιος· ὅτε γέγονα ἀνήρ, κατήργηκα
12 τὰ τοῦ νηπίου. βλέπομεν γὰρ ἄρτι δι᾽ ἐσόπτρου ἐν αἰνίγματι, τότε δὲ
πρόσωπον πρὸς πρόσωπον· ἄρτι γινώσκω ἐκ μέρους, τότε δὲ ἐπιγνώ-
13 σομαι καθὼς καὶ ἐπεγνώσθην. νυνὶ δὲ μένει τὰ τρία ταῦτα—πίστις,
ἐλπίς, ἀγάπη· μείζων δὲ τούτων ἡ ἀγάπη.

14 Διώκετε τὴν ἀγάπην, ζηλοῦτε δὲ τὰ πνευματικά, μᾶλλον δὲ ἵνα
2 προφητεύητε. ὁ γὰρ λαλῶν γλώσσῃ οὐκ ἀνθρώποις λαλεῖ ἀλλὰ Θεῷ·
3 οὐδεὶς γὰρ ἀκούει, πνεύματι δὲ λαλεῖ μυστήρια· ὁ δὲ προφητεύων
4 ἀνθρώποις λαλεῖ οἰκοδομὴν καὶ παράκλησιν καὶ παραμυθίαν. ὁ λαλῶν
γλώσσῃ ἑαυτὸν οἰκοδομεῖ· ὁ δὲ προφητεύων ἐκκλησίαν οἰκοδομεῖ.
5 θέλω δὲ πάντας ὑμᾶς λαλεῖν γλώσσαις, μᾶλλον δὲ ἵνα προφητεύητε·
μείζων δὲ ὁ προφητεύων ἢ ὁ λαλῶν γλώσσαις, ἐκτὸς εἰ μὴ διερμηνεύῃ,
6 ἵνα ἡ ἐκκλησία οἰκοδομὴν λάβῃ. νῦν δέ, ἀδελφοί, ἐὰν ἔλθω πρὸς ὑμᾶς
γλώσσαις λαλῶν, τί ὑμᾶς ὠφελήσω, ἐὰν μὴ ὑμῖν λαλήσω ἢ ἐν ἀπο-
καλύψει ἢ ἐν γνώσει ἢ ἐν προφητείᾳ ἢ ἐν διδαχῇ;
7 Ὅμως τὰ ἄψυχα φωνὴν διδόντα, εἴτε αὐλὸς εἴτε κιθάρα, ἐὰν διαστολὴν
τοῖς φθόγγοις μὴ δῷ, πῶς γνωσθήσεται τὸ αὐλούμενον ἢ τὸ κιθαριζό-
8 μενον; καὶ γὰρ ἐὰν ἄδηλον σάλπιγξ φωνὴν δῷ, τίς παρασκευάσεται εἰς
9 πόλεμον; οὕτως καὶ ὑμεῖς διὰ τῆς γλώσσης ἐὰν μὴ εὔσημον λόγον
δῶτε, πῶς γνωσθήσεται τὸ λαλούμενον; ἔσεσθε γὰρ εἰς ἀέρα λαλοῦντες.
10 11 τοσαῦτα εἰ τύχοι γένη φωνῶν εἰσιν ἐν κόσμῳ, καὶ οὐδὲν ἄφωνον· ἐὰν
οὖν μὴ εἰδῶ τὴν δύναμιν τῆς φωνῆς, ἔσομαι τῷ λαλοῦντι βάρβαρος καὶ
12 ὁ λαλῶν ἐμοὶ βάρβαρος. οὕτως καὶ ὑμεῖς, ἐπεὶ ζηλωταί ἐστε πνευμάτων,
πρὸς τὴν οἰκοδομὴν τῆς ἐκκλησίας ζητεῖτε ἵνα περισσεύητε.
13 14 Διὸ ὁ λαλῶν γλώσσῃ προσευχέσθω ἵνα διερμηνεύῃ. ἐὰν προσεύχω-
μαι γλώσσῃ, τὸ Πνεῦμά μου προσεύχεται, ὁ δὲ νοῦς μου ἄκαρπός ἐστιν.
15 τί οὖν ἐστιν; προσεύξομαι τῷ πνεύματι, προσεύξομαι δὲ καὶ τῷ νοΐ·

[a] καυχήσωμαι   [b] Zech. 8. 17 LXX

270

ψαλῶ τῷ πνεύματι, ψαλῶ δὲ καὶ τῷ νοΐ. ἐπεὶ ἐὰν εὐλογῇς ἐν πνεύματι, ₁₆
ὁ ἀναπληρῶν τὸν τόπον τοῦ ἰδιώτου πῶς ἐρεῖ τὸ Ἀμὴν ἐπὶ τῇ σῇ
εὐχαριστίᾳ, ἐπειδὴ τί λέγεις οὐκ οἶδεν; σὺ μὲν γὰρ καλῶς εὐχαριστεῖς, ₁₇
ἀλλ᾽ ὁ ἕτερος οὐκ οἰκοδομεῖται. ᵃ εὐχαριστῶ τῷ Θεῷ, πάντων ὑμῶν ₁₈
μᾶλλον γλώσσαις λαλῶ· ἀλλὰ ἐν ἐκκλησίᾳ θέλω πέντε λόγους τῷ νοΐ ₁₉
μου λαλῆσαι, ἵνα καὶ ἄλλους κατηχήσω, ἢ μυρίους λόγους ἐν γλώσσῃ.

Ἀδελφοί, μὴ παιδία γίνεσθε ταῖς φρεσίν, ἀλλὰ τῇ κακίᾳ νηπιάζετε, ₂₀
ταῖς δὲ φρεσὶν τέλειοι γίνεσθε. ἐν τῷ νόμῳ γέγραπται ὅτι ⌊Ἐν ἑτερο- ₂₁
γλώσσοις καὶ ἐν χείλεσιν ἑτέρων λαλήσω τῷ λαῷ τούτῳ, καὶ οὐδ᾽⌋
οὕτως ⌊εἰσακούσονταί⌋ᵇ μου, λέγει Κύριος. ὥστε αἱ γλῶσσαι εἰς ₂₂
σημεῖόν εἰσιν οὐ τοῖς πιστεύουσιν ἀλλὰ τοῖς ἀπίστοις, ἡ δὲ προφητεία
οὐ τοῖς ἀπίστοις ἀλλὰ τοῖς πιστεύουσιν. ἐὰν οὖν συνέλθῃ ἡ ἐκκλησία ₂₃
ὅλη ἐπὶ τὸ αὐτὸ καὶ πάντες λαλῶσιν γλώσσαις, εἰσέλθωσιν δὲ ἰδιῶται
ἢ ἄπιστοι, οὐκ ἐροῦσιν ὅτι μαίνεσθε; ἐὰν δὲ πάντες προφητεύωσιν, ₂₄
εἰσέλθῃ δέ τις ἄπιστος ἢ ἰδιώτης, ἐλέγχεται ὑπὸ πάντων, ἀνακρίνεται
ὑπὸ πάντων, τὰ κρυπτὰ τῆς καρδίας αὐτοῦ φανερὰ γίνεται, καὶ οὕτως ₂₅
πεσὼν ἐπὶ πρόσωπον ⌊προσκυνήσει⌋ τῷ Θεῷ, ἀπαγγέλλων ὅτι ⌊Ὄντως
ὁ Θεὸς ἐν ὑμῖν ἐστιν.⌋ᶜ

Τί οὖν ἐστιν, ἀδελφοί; ὅταν συνέρχησθε, ἕκαστος ψαλμὸν ἔχει, ₂₆
διδαχὴν ἔχει, ἀποκάλυψιν ἔχει, γλῶσσαν ἔχει, ἑρμηνείαν ἔχει· πάντα
πρὸς οἰκοδομὴν γινέσθω. εἴτε γλώσσῃ τις λαλεῖ, κατὰ δύο ἢ τὸ πλεῖ- ₂₇
στον τρεῖς, καὶ ἀνὰ μέρος, καὶ εἷς διερμηνευέτω· ἐὰν δὲ μὴ ᾖ διερμηνευ- ₂₈
τής, σιγάτω ἐν ἐκκλησίᾳ, ἑαυτῷ δὲ λαλείτω καὶ τῷ Θεῷ. προφῆται δὲ ₂₉
δύο ἢ τρεῖς λαλείτωσαν, καὶ οἱ ἄλλοι διακρινέτωσαν· ἐὰν δὲ ἄλλῳ ἀπο- ₃₀
καλυφθῇ καθημένῳ, ὁ πρῶτος σιγάτω. δύνασθε γὰρ καθ᾽ ἕνα πάντες ₃₁
προφητεύειν, ἵνα πάντες μανθάνωσιν καὶ πάντες παρακαλῶνται. καὶ ₃₂
πνεύματα προφητῶν προφήταις ὑποτάσσεται· οὐ γάρ ἐστιν ἀκατα- ₃₃
στασίας ὁ Θεὸς ἀλλὰ ᵈ εἰρήνης.

Ὡς ἐν πάσαις ταῖς ἐκκλησίαις τῶν ἁγίων, αἱ γυναῖκες ἐν ταῖς ἐκ- ₃₄
κλησίαις σιγάτωσαν· οὐ γὰρ ἐπιτρέπεται αὐταῖς λαλεῖν, ἀλλὰ ὑποτασ-
σέσθωσαν, καθὼς καὶ ὁ νόμος λέγει. εἰ δέ τι μαθεῖν θέλουσιν, ἐν οἴκῳ ₃₅
τοὺς ἰδίους ἄνδρας ἐπερωτάτωσαν· αἰσχρὸν γάρ ἐστιν γυναικὶ λαλεῖν
ἐν ἐκκλησίᾳ.

Ἢ ἀφ᾽ ὑμῶν ὁ λόγος τοῦ Θεοῦ ἐξῆλθεν, ἢ εἰς ὑμᾶς μόνους κατήντησεν; ₃₆
εἴ τις δοκεῖ προφήτης εἶναι ἢ πνευματικός, ἐπιγινωσκέτω ἃ γράφω ₃₇
ὑμῖν ὅτι Κυρίου ἐστὶν ἐντολή· εἰ δέ τις ἀγνοεῖ,ᵉ ἀγνοεῖται. ₃₈

[a] εὐχαριστῶ τῷ Θεῷ· πάντων ὑμῶν μᾶλλον γλώσσαις λαλῶ. [b] Dt. 28. 49; Is. 28. 11, 12 [c] Is. 45. 14; Dn. 2. 47; Zech. 8. 23 [d] εἰρήνης, ὡς ἐν πάσαις ταῖς ἐκκλησίαις τῶν ἁγίων. Αἱ γυναῖκες ... [e] see Appendix

39 Ὥστε, ἀδελφοί μου, ζηλοῦτε τὸ προφητεύειν, καὶ τὸ λαλεῖν μὴ
40 κωλύετε γλώσσαις· πάντα δὲ εὐσχημόνως καὶ κατὰ τάξιν γινέσθω.

15 Γνωρίζω δὲ ὑμῖν, ἀδελφοί, τὸ εὐαγγέλιον ὃ εὐηγγελισάμην ὑμῖν, ὃ
2 καὶ παρελάβετε, ἐν ᾧ καὶ ἑστήκατε, δι' οὗ καὶ σῴζεσθε. τίνι λόγῳ
εὐηγγελισάμην ὑμῖν ᵃ εἰ κατέχετε; ἐκτὸς εἰ μή, εἰκῆ ἐπιστεύσατε.

3 Παρέδωκα γὰρ ὑμῖν ἐν πρώτοις, ὃ καὶ παρέλαβον, ὅτι Χριστὸς
4 ἀπέθανεν ὑπὲρ τῶν ἁμαρτιῶν ἡμῶν κατὰ τὰς γραφάς, καὶ ὅτι ἐτάφη,
5 καὶ ὅτι ἐγήγερται τῇ ἡμέρᾳ τῇ τρίτῃ κατὰ τὰς γραφάς, καὶ ὅτι ὤφθη
6 Κηφᾷ, εἶτα τοῖς δώδεκα· ἔπειτα ὤφθη ἐπάνω πεντακοσίοις ἀδελφοῖς
ἐφάπαξ, ἐξ ὧν οἱ πλείονες μένουσιν ἕως ἄρτι, τινὲς δὲ ἐκοιμήθησαν·
7 ἔπειτα ὤφθη 'Ιακώβῳ, εἶτα τοῖς ἀποστόλοις πᾶσιν.
8 9 Ἔσχατον δὲ πάντων ὡσπερεὶ τῷ ἐκτρώματι ὤφθη κἀμοί. ἐγὼ γὰρ
εἰμι ὁ ἐλάχιστος τῶν ἀποστόλων, ὃς οὐκ εἰμὶ ἱκανὸς καλεῖσθαι ἀπό-
10 στολος, διότι ἐδίωξα τὴν ἐκκλησίαν τοῦ Θεοῦ· χάριτι δὲ Θεοῦ εἰμι ὅ
εἰμι, καὶ ἡ χάρις αὐτοῦ ἡ εἰς ἐμὲ οὐ κενὴ ἐγενήθη, ἀλλὰ περισσότερον
αὐτῶν πάντων ἐκοπίασα, οὐκ ἐγὼ δὲ ἀλλὰ ἡ χάρις τοῦ Θεοῦ σὺν
11 ἐμοί. εἴτε οὖν ἐγὼ εἴτε ἐκεῖνοι, οὕτως κηρύσσομεν καὶ οὕτως ἐπιστεύσατε.
12 Εἰ δὲ Χριστὸς κηρύσσεται ὅτι ἐκ νεκρῶν ἐγήγερται, πῶς λέγουσιν ἐν
13 ὑμῖν τινες ὅτι ἀνάστασις νεκρῶν οὐκ ἔστιν; εἰ δὲ ἀνάστασις νεκρῶν οὐκ
14 ἔστιν, οὐδὲ Χριστὸς ἐγήγερται· εἰ δὲ Χριστὸς οὐκ ἐγήγερται, κενὸν ἄρα
15 τὸ κήρυγμα ἡμῶν, κενὴ καὶ ἡ πίστις ὑμῶν· εὑρισκόμεθα δὲ καὶ ψευδο-
μάρτυρες τοῦ Θεοῦ, ὅτι ἐμαρτυρήσαμεν κατὰ τοῦ Θεοῦ ὅτι ἤγειρεν τὸν
16 Χριστόν, ὃν οὐκ ἤγειρεν εἴπερ ἄρα νεκροὶ οὐκ ἐγείρονται. εἰ γὰρ
17 νεκροὶ οὐκ ἐγείρονται, οὐδὲ Χριστὸς ἐγήγερται· εἰ δὲ Χριστὸς οὐκ
ἐγήγερται, ματαία ἡ πίστις ὑμῶν ἐστιν, ἔτι ἐστὲ ἐν ταῖς ἁμαρτίαις
18 19 ὑμῶν. ἄρα καὶ οἱ κοιμηθέντες ἐν Χριστῷ ἀπώλοντο. εἰ ἐν τῇ ζωῇ
ταύτῃ ἐν Χριστῷ ἠλπικότες ἐσμὲν μόνον, ἐλεεινότεροι πάντων ἀνθρώ-
πων ἐσμέν.
20 Νυνὶ δὲ Χριστὸς ἐγήγερται ἐκ νεκρῶν, ἀπαρχὴ τῶν κεκοιμημένων.
21 ἐπειδὴ γὰρ δι' ἀνθρώπου θάνατος, καὶ δι' ἀνθρώπου ἀνάστασις νεκρῶν.
22 ὥσπερ γὰρ ἐν τῷ Ἀδὰμ πάντες ἀποθνήσκουσιν, οὕτως καὶ ἐν τῷ
23 Χριστῷ πάντες ζωοποιηθήσονται, ἕκαστος δὲ ἐν τῷ ἰδίῳ τάγματι·
24 ἀπαρχὴ Χριστός, ἔπειτα οἱ τοῦ Χριστοῦ ἐν τῇ παρουσίᾳ αὐτοῦ. ᵇ εἶτα
τὸ τέλος, ὅταν παραδιδοῖ τὴν βασιλείαν τῷ Θεῷ καὶ Πατρί, ὅταν

[a] εἰ κατέχετε;—ἐκτὸς εἰ μὴ εἰκῆ ἐπιστεύσατε.   [b] εἶτα τὸ τέλος, ὅταν παραδιδοῖ
τὴν βασιλείαν τῷ Θεῷ καὶ Πατρί, ὅταν καταργήσῃ πᾶσαν ἀρχὴν καὶ πᾶσαν ἐξουσίαν
καὶ δύναμιν (δεῖ γὰρ αὐτὸν βασιλεύειν ἄχρι οὗ θῇ πάντας τοὺς ἐχθροὺς ὑπὸ τοὺς πόδας
αὐτοῦ), ἔσχατος ἐχθρὸς καταργεῖται ὁ θάνατος.

καταργήση πᾶσαν ἀρχὴν καὶ πᾶσαν ἐξουσίαν καὶ δύναμιν. δεῖ γὰρ 25
αὐτὸν βασιλεύειν ἄχρι οὗ ⌊θῇ⌋ πάντας ⌊τοὺς ἐχθροὺς ὑπὸ τοὺς πόδας⌋ᵃ
αὐτοῦ. ἔσχατος ἐχθρὸς καταργεῖται ὁ θάνατος· ⌊πάντα⌋ γὰρ ⌊ὑπέταξεν 26 27
ὑπὸ τοὺς πόδας αὐτοῦ.⌋ᵇ ὅταν δὲ εἴπη ὅτι πάντα ὑποτέτακται, δῆλον
ὅτι ἐκτὸς τοῦ ὑποτάξαντος αὐτῷ τὰ πάντα. ὅταν δὲ ὑποταγῇ αὐτῷ 28
τὰ πάντα, τότε καὶ αὐτὸς ὁ Υἱὸς ὑποταγήσεται τῷ ὑποτάξαντι αὐτῷ
τὰ πάντα, ἵνα ᾖ ὁ Θεὸς πάντα ἐν πᾶσιν.

Ἐπεὶ τί ποιήσουσιν οἱ βαπτιζόμενοι ὑπὲρ τῶν νεκρῶν; εἰ ὅλως 29
νεκροὶ οὐκ ἐγείρονται, τί καὶ βαπτίζονται ὑπὲρ αὐτῶν;

Τί καὶ ἡμεῖς κινδυνεύομεν πᾶσαν ὥραν; καθ᾽ ἡμέραν ἀποθνήσκω, νὴ 30 31
τὴν ὑμετέραν καύχησιν, ἀδελφοί, ἣν ἔχω ἐν Χριστῷ Ἰησοῦ τῷ Κυρίῳ
ἡμῶν. εἰ κατὰ ἄνθρωπον ἐθηριομάχησα ἐν Ἐφέσῳ, τί μοι τὸ ὄφελος; 32
εἰ νεκροὶ οὐκ ἐγείρονται, ⌊φάγωμεν καὶ πίωμεν, αὔριον γὰρ ἀπο-
θνήσκομεν⌋.ᶜ

Μὴ πλανᾶσθε· Φθείρουσιν ἤθη χρηστὰ ὁμιλίαι κακαί. ἐκνήψατε 33 34
δικαίως καὶ μὴ ἁμαρτάνετε· ἀγνωσίαν γὰρ Θεοῦ τινες ἔχουσιν· πρὸς
ἐντροπὴν ὑμῖν λαλῶ.

Ἀλλὰ ἐρεῖ τις· Πῶς ἐγείρονται οἱ νεκροί; ποίῳ δὲ σώματι ἔρχονται; 35
ἄφρων, σὺ ὃ σπείρεις, οὐ ζωοποιεῖται ἐὰν μὴ ἀποθάνη· καὶ ὃ σπείρεις, 36 37
οὐ τὸ σῶμα τὸ γενησόμενον σπείρεις, ἀλλὰ γυμνὸν κόκκον εἰ τύχοι
σίτου ἤ τινος τῶν λοιπῶν· ὁ δὲ Θεὸς δίδωσιν αὐτῷ σῶμα καθὼς 38
ἠθέλησεν, καὶ ἑκάστῳ τῶν σπερμάτων ἴδιον σῶμα. οὐ πᾶσα σὰρξ ἡ 39
αὐτὴ σάρξ, ἀλλὰ ἄλλη μὲν ἀνθρώπων, ἄλλη δὲ σὰρξ κτηνῶν, ἄλλη δὲ
σὰρξ πτηνῶν, ἄλλη δὲ ἰχθύων. καὶ σώματα ἐπουράνια, καὶ σώματα 40
ἐπίγεια· ἀλλὰ ἑτέρα μὲν ἡ τῶν ἐπουρανίων δόξα, ἑτέρα δὲ ἡ τῶν
ἐπιγείων. ἄλλη δόξα ἡλίου, καὶ ἄλλη δόξα σελήνης, καὶ ἄλλη δόξα 41
ἀστέρων· ἀστὴρ γὰρ ἀστέρος διαφέρει ἐν δόξῃ. οὕτως καὶ ἡ ἀνάστασις 42
τῶν νεκρῶν. σπείρεται ἐν φθορᾷ, ἐγείρεται ἐν ἀφθαρσίᾳ· σπείρεται ἐν 43
ἀτιμίᾳ, ἐγείρεται ἐν δόξῃ· σπείρεται ἐν ἀσθενείᾳ, ἐγείρεται ἐν δυνάμει·
σπείρεται σῶμα ψυχικόν, ἐγείρεται σῶμα πνευματικόν. 44

Εἰ ἔστιν σῶμα ψυχικόν, ἔστιν καὶ πνευματικόν. οὕτως καὶ γέγραπται· 45
⌊Ἐγένετο⌋ ὁ πρῶτος ⌊ἄνθρωπος⌋ Ἀδὰμ ⌊εἰς ψυχὴν ζῶσαν⌋·ᵈ ὁ ἔσχατος
Ἀδὰμ εἰς πνεῦμα ζωοποιοῦν. ἀλλ᾽ οὐ πρῶτον τὸ πνευματικὸν ἀλλὰ τὸ 46
ψυχικόν, ἔπειτα τὸ πνευματικόν. ὁ πρῶτος ⌊ἄνθρωπος ἐκ γῆς χοϊκός⌋,ᵉ 47
ὁ δεύτερος ἄνθρωπος ἐξ οὐρανοῦ. οἷος ὁ χοϊκός, τοιοῦτοι καὶ οἱ χοϊκοί, 48
καὶ οἷος ὁ ἐπουράνιος, τοιοῦτοι καὶ οἱ ἐπουράνιοι· καὶ καθὼς ἐφορέσα- 49
μεν τὴν εἰκόνα τοῦ χοϊκοῦ, φορέσομεν καὶ τὴν εἰκόνα τοῦ ἐπουρανίου.

[a] Ps. 110. 1   [b] Ps. 8. 6   [c] Is. 22. 13   [d] Gn. 2. 7
[e] Gn. 2. 7

⁵⁰ Τοῦτο δέ φημι, ἀδελφοί, ὅτι σὰρξ καὶ αἷμα βασιλείαν Θεοῦ κληρονο-
⁵¹ μῆσαι οὐ δύναται, οὐδὲ ἡ φθορὰ τὴν ἀφθαρσίαν κληρονομεῖ. ἰδοὺ
μυστήριον ὑμῖν λέγω· πάντες οὐ κοιμηθησόμεθα, πάντες δὲ ἀλλαγησό-
⁵² μεθα ἐν ἀτόμῳ, ἐν ῥιπῇ ὀφθαλμοῦ, ἐν τῇ ἐσχάτῃ σάλπιγγι· σαλπίσει
γάρ, καὶ οἱ νεκροὶ ἐγερθήσονται ἄφθαρτοι, καὶ ἡμεῖς ἀλλαγησόμεθα.
⁵³ δεῖ γὰρ τὸ φθαρτὸν τοῦτο ἐνδύσασθαι ἀφθαρσίαν καὶ τὸ θνητὸν τοῦτο
⁵⁴ ἐνδύσασθαι ἀθανασίαν. ὅταν δὲ^a τὸ θνητὸν τοῦτο ἐνδύσηται ἀθανα-
σίαν, τότε γενήσεται ὁ λόγος ὁ γεγραμμένος· ⌊Κατεπόθη ὁ θάνατος εἰς
^{55 56} νῖκος.⌋^b ⌊Ποῦ σου, θάνατε, τὸ νῖκος; ποῦ σου, θάνατε, τὸ κέντρον;⌋^c τὸ
δὲ κέντρον τοῦ θανάτου ἡ ἁμαρτία, ἡ δὲ δύναμις τῆς ἁμαρτίας ὁ νόμος·
⁵⁷ τῷ δὲ Θεῷ χάρις τῷ διδόντι ἡμῖν τὸ νῖκος διὰ τοῦ Κυρίου ἡμῶν Ἰησοῦ
Χριστοῦ.

⁵⁸ Ὥστε, ἀδελφοί μου ἀγαπητοί, ἑδραῖοι γίνεσθε, ἀμετακίνητοι, περισ-
σεύοντες ἐν τῷ ἔργῳ τοῦ Κυρίου πάντοτε, εἰδότες ὅτι ὁ κόπος ὑμῶν
οὐκ ἔστιν κενὸς ἐν Κυρίῳ.

16 Περὶ δὲ τῆς λογείας τῆς εἰς τοὺς ἁγίους, ὥσπερ διέταξα ταῖς ἐκ-
² κλησίαις τῆς Γαλατίας, οὕτως καὶ ὑμεῖς ποιήσατε. κατὰ μίαν
σαββάτου ἕκαστος ὑμῶν παρ' ἑαυτῷ τιθέτω θησαυρίζων ὅ τι ἐὰν
³ εὐοδῶται, ἵνα μὴ ὅταν ἔλθω τότε λογεῖαι γίνωνται. ὅταν δὲ παρα-
γένωμαι, οὓς ἐὰν δοκιμάσητε, δι' ἐπιστολῶν τούτους πέμψω ἀπενεγ-
⁴ κεῖν τὴν χάριν ὑμῶν εἰς Ἰερουσαλήμ· ἐὰν δὲ ἄξιον ᾖ τοῦ κἀμὲ πορεύεσθαι,
σὺν ἐμοὶ πορεύσονται.

⁵ Ἐλεύσομαι δὲ πρὸς ὑμᾶς ὅταν Μακεδονίαν διέλθω, Μακεδονίαν γὰρ
⁶ διέρχομαι, πρὸς ὑμᾶς δὲ τυχὸν καταμενῶ ἢ καὶ παραχειμάσω, ἵνα
⁷ ὑμεῖς με προπέμψητε οὗ ἐὰν πορεύωμαι. οὐ θέλω γὰρ ὑμᾶς ἄρτι ἐν
παρόδῳ ἰδεῖν· ἐλπίζω γὰρ χρόνον τινὰ ἐπιμεῖναι πρὸς ὑμᾶς, ἐὰν ὁ
^{8 9} Κύριος ἐπιτρέψῃ. ἐπιμενῶ δὲ ἐν Ἐφέσῳ ἕως τῆς πεντηκοστῆς· θύρα γάρ
μοι ἀνέῳγεν μεγάλη καὶ ἐνεργής, καὶ ἀντικείμενοι πολλοί.

¹⁰ Ἐὰν δὲ ἔλθῃ Τιμόθεος, βλέπετε ἵνα ἀφόβως γένηται πρὸς ὑμᾶς· τὸ
¹¹ γὰρ ἔργον Κυρίου ἐργάζεται ὡς κἀγώ· μή τις οὖν αὐτὸν ἐξουθενήσῃ.
προπέμψατε δὲ αὐτὸν ἐν εἰρήνῃ, ἵνα ἔλθῃ πρός με· ἐκδέχομαι γὰρ αὐτὸν
¹² μετὰ τῶν ἀδελφῶν. περὶ δὲ Ἀπολλῶ τοῦ ἀδελφοῦ, πολλὰ παρεκάλεσα
αὐτὸν ἵνα ἔλθῃ πρὸς ὑμᾶς μετὰ τῶν ἀδελφῶν· καὶ πάντως οὐκ ἦν
θέλημα ἵνα νῦν ἔλθῃ, ἐλεύσεται δὲ ὅταν εὐκαιρήσῃ.

^{13 14} Γρηγορεῖτε, στήκετε ἐν τῇ πίστει, ἀνδρίζεσθε, κραταιοῦσθε. πάντα
ὑμῶν ἐν ἀγάπῃ γινέσθω.

[a] add τὸ φθαρτὸν τοῦτο ἐνδύσηται ἀφθαρσίαν καὶ   [b] Is. 25. 8   [c] Hos. 13. 14

Παρακαλῶ δὲ ὑμᾶς, ἀδελφοί· οἴδατε τὴν οἰκίαν Στεφανᾶ, ὅτι ἐστὶν 15 ἀπαρχὴ τῆς Ἀχαΐας καὶ εἰς διακονίαν τοῖς ἁγίοις ἔταξαν ἑαυτούς· ἵνα 16 καὶ ὑμεῖς ὑποτάσσησθε τοῖς τοιούτοις καὶ παντὶ τῷ συνεργοῦντι καὶ κοπιῶντι. χαίρω δὲ ἐπὶ τῇ παρουσίᾳ Στεφανᾶ καὶ Φορτυνάτου καὶ 17 Ἀχαϊκοῦ, ὅτι τὸ ὑμέτερον ὑστέρημα οὗτοι ἀνεπλήρωσαν· ἀνέπαυσαν 18 γὰρ τὸ ἐμὸν πνεῦμα καὶ τὸ ὑμῶν. ἐπιγινώσκετε οὖν τοὺς τοιούτους.

Ἀσπάζονται ὑμᾶς αἱ ἐκκλησίαι τῆς Ἀσίας. ἀσπάζεται ὑμᾶς ἐν Κυρίῳ 19 πολλὰ Ἀκύλας καὶ Πρίσκα σὺν τῇ κατ᾽ οἶκον αὐτῶν ἐκκλησίᾳ. ἀσπά- 20 ζονται ὑμᾶς οἱ ἀδελφοὶ πάντες. ἀσπάσασθε ἀλλήλους ἐν φιλήματι ἁγίῳ.

Ὁ ἀσπασμὸς τῇ ἐμῇ χειρὶ—ΠΑΥΛΟΥ. 21

Εἴ τις οὐ φιλεῖ τὸν Κύριον, ἤτω ἀνάθεμα. 22
Μαράνα θά.
Ἡ χάρις τοῦ Κυρίου Ἰησοῦ Χριστοῦ μεθ᾽ ὑμῶν. 23
Ἡ ἀγάπη μου μετὰ πάντων ὑμῶν ἐν Χριστῷ Ἰησοῦ. ἀμήν.

ΠΡΟΣ ΚΟΡΙΝΘΙΟΥΣ Β

1 ΠΑΥΛΟΣ ΑΠΟΣΤΟΛΟΣ Χριστοῦ Ἰησοῦ διὰ θελήματος Θεοῦ καὶ Τιμόθεος ὁ ἀδελφὸς τῇ ἐκκλησίᾳ τοῦ Θεοῦ τῇ οὔσῃ ἐν Κορίνθῳ σὺν τοῖς ἁγίοις πᾶσιν τοῖς οὖσιν ἐν ὅλῃ τῇ Ἀχαΐᾳ.

2 Χάρις ὑμῖν καὶ εἰρήνη ἀπὸ Θεοῦ Πατρὸς ἡμῶν καὶ Κυρίου Ἰησοῦ Χριστοῦ.

3 Εὐλογητὸς ὁ Θεὸς καὶ Πατὴρ τοῦ Κυρίου ἡμῶν Ἰησοῦ Χριστοῦ, ὁ
4 Πατὴρ τῶν οἰκτιρμῶν καὶ Θεὸς πάσης παρακλήσεως, ὁ παρακαλῶν ἡμᾶς ἐπὶ πάσῃ τῇ θλίψει ἡμῶν, εἰς τὸ δύνασθαι ἡμᾶς παρακαλεῖν τοὺς ἐν πάσῃ θλίψει διὰ τῆς παρακλήσεως ἧς παρακαλούμεθα αὐτοὶ ὑπὸ τοῦ
5 Θεοῦ. ὅτι καθὼς περισσεύει τὰ παθήματα τοῦ Χριστοῦ εἰς ἡμᾶς,
6 οὕτως διὰ τοῦ Χριστοῦ περισσεύει καὶ ἡ παράκλησις ἡμῶν. *a* εἴτε δὲ θλιβόμεθα, ὑπὲρ τῆς ὑμῶν παρακλήσεως καὶ σωτηρίας· εἴτε παρακαλούμεθα, ὑπὲρ τῆς ὑμῶν παρακλήσεως τῆς ἐνεργουμένης ἐν ὑπομονῇ
7 τῶν αὐτῶν παθημάτων ὧν καὶ ἡμεῖς πάσχομεν. καὶ ἡ ἐλπὶς ἡμῶν βεβαία ὑπὲρ ὑμῶν, εἰδότες ὅτι ὡς κοινωνοί ἐστε τῶν παθημάτων, οὕτως καὶ τῆς παρακλήσεως.

8 Οὐ γὰρ θέλομεν ὑμᾶς ἀγνοεῖν, ἀδελφοί, ὑπὲρ τῆς θλίψεως ἡμῶν τῆς γενομένης ἐν τῇ Ἀσίᾳ, ὅτι καθ᾽ ὑπερβολὴν ὑπὲρ δύναμιν ἐβαρήθημεν,
9 ὥστε ἐξαπορηθῆναι ἡμᾶς καὶ τοῦ ζῆν· ἀλλὰ αὐτοὶ ἐν ἑαυτοῖς τὸ ἀπόκριμα τοῦ θανάτου ἐσχήκαμεν, ἵνα μὴ πεποιθότες ὦμεν ἐφ᾽ ἑαυτοῖς
10 ἀλλ᾽ ἐπὶ τῷ Θεῷ τῷ ἐγείροντι τοὺς νεκρούς· ὃς ἐκ τηλικούτου θανάτου
11 ἐρρύσατο ἡμᾶς, καὶ *b* ῥύσεται, εἰς ὃν ἠλπίκαμεν. καὶ ἔτι ῥύσεται, συνυπουργούντων καὶ ὑμῶν ὑπὲρ ἡμῶν τῇ δεήσει, ἵνα ἐκ πολλῶν προσώπων τὸ εἰς ἡμᾶς χάρισμα διὰ πολλῶν εὐχαριστηθῇ ὑπὲρ ἡμῶν.

12 Ἡ γὰρ καύχησις ἡμῶν αὕτη ἐστίν, τὸ μαρτύριον τῆς συνειδήσεως ἡμῶν, ὅτι ἐν *c* ἁγιότητι καὶ εἰλικρινείᾳ τοῦ Θεοῦ, οὐκ ἐν σοφίᾳ σαρκικῇ ἀλλ᾽ ἐν χάριτι Θεοῦ, ἀνεστράφημεν ἐν τῷ κόσμῳ, περισσοτέρως δὲ

[a] εἴτε δὲ θλιβόμεθα, ὑπὲρ τῆς ὑμῶν παρακλήσεως τῆς ἐνεργουμένης ἐν ὑπομονῇ τῶν αὐτῶν παθημάτων ὧν καὶ ἡμεῖς πάσχομεν, καὶ ἡ ἐλπὶς ἡμῶν βεβαία ὑπὲρ ὑμῶν· εἴτε παρακαλούμεθα, ὑπὲρ τῆς ὑμῶν παρακλήσεως καὶ σωτηρίας· εἰδότες ὅτι . . . or εἴτε δὲ θλιβόμεθα, ὑπὲρ τῆς ὑμῶν παρακλήσεως καὶ σωτηρίας, τῆς ἐνεργουμένης ἐν ὑπομονῇ τῶν αὐτῶν παθημάτων ὧν καὶ ἡμεῖς πάσχομεν· εἴτε παρακαλούμεθα, ὑπὲρ τῆς ὑμῶν παρακλήσεως καὶ σωτηρίας· καὶ ἡ ἐλπὶς ἡμῶν βεβαία ὑπὲρ ὑμῶν, εἰδότες ὅτι . . .
[b] ῥύεται   [c] ἁπλότητι

πρὸς ὑμᾶς. οὐ γὰρ ἄλλα γράφομεν ὑμῖν ἀλλ' ἃ ἀναγινώσκετε καὶ 13
ἐπιγινώσκετε· ἐλπίζω δὲ ὅτι ἕως τέλους ἐπιγνώσεσθε, καθὼς καὶ 14
ἐπέγνωτε ἡμᾶς ἀπὸ μέρους, ὅτι καύχημα ὑμῶν ἐσμεν καθάπερ καὶ ὑμεῖς
ἡμῶν ἐν τῇ ἡμέρᾳ τοῦ Κυρίου ἡμῶν Ἰησοῦ.

Καὶ ταύτῃ τῇ πεποιθήσει ἐβουλόμην πρότερον πρὸς ὑμᾶς ἐλθεῖν ἵνα 15
δευτέραν χάριν σχῆτε, καὶ δι' ὑμῶν διελθεῖν εἰς Μακεδονίαν, καὶ πάλιν 16
ἀπὸ Μακεδονίας ἐλθεῖν πρὸς ὑμᾶς καὶ ὑφ' ὑμῶν προπεμφθῆναι εἰς τὴν
Ἰουδαίαν. τοῦτο οὖν βουλόμενος μήτι ἄρα τῇ ἐλαφρίᾳ ἐχρησάμην; ἢ ἃ 17
βουλεύομαι κατὰ σάρκα βουλεύομαι, ἵνα ᾖ παρ' ἐμοὶ τὸ ναὶ ναὶ καὶ τὸ
οὒ οὔ; πιστὸς δὲ ὁ Θεὸς ὅτι ὁ λόγος ἡμῶν ὁ πρὸς ὑμᾶς οὐκ ἔστιν ναὶ καὶ 18
οὔ. ὁ τοῦ Θεοῦ γὰρ Υἱὸς Χριστὸς Ἰησοῦς ὁ ἐν ὑμῖν δι' ἡμῶν κηρυχθεὶς 19
(δι' ἐμοῦ καὶ Σιλουανοῦ καὶ Τιμοθέου) οὐκ ἐγένετο ναὶ καὶ οὔ, ἀλλὰ ναὶ
ἐν αὐτῷ γέγονεν. ὅσαι γὰρ ἐπαγγελίαι Θεοῦ, ἐν αὐτῷ τὸ ναί· διὸ καὶ 20
δι' αὐτοῦ τὸ Ἀμὴν τῷ Θεῷ πρὸς δόξαν δι' ἡμῶν. ὁ δὲ βεβαιῶν ἡμᾶς 21
σὺν ὑμῖν εἰς Χριστὸν καὶ χρίσας ἡμᾶς Θεός, ὁ καὶ σφραγισάμενος ἡμᾶς 22
καὶ δοὺς τὸν ἀρραβῶνα τοῦ Πνεύματος ἐν ταῖς καρδίαις ἡμῶν.

Ἐγὼ δὲ μάρτυρα τὸν Θεὸν ἐπικαλοῦμαι ἐπὶ τὴν ἐμὴν ψυχήν, ὅτι 23
φειδόμενος ὑμῶν οὐκέτι ἦλθον εἰς Κόρινθον. οὐχ ὅτι κυριεύομεν ὑμῶν 24
τῆς πίστεως, ἀλλὰ συνεργοί ἐσμεν τῆς χαρᾶς ὑμῶν· τῇ γὰρ πίστει
ἑστήκατε. ἔκρινα δὲ ἐμαυτῷ τοῦτο, τὸ μὴ πάλιν ἐν λύπῃ πρὸς ὑμᾶς **2**
ἐλθεῖν. εἰ γὰρ ἐγὼ λυπῶ ὑμᾶς, καὶ τίς ὁ εὐφραίνων με εἰ μὴ ὁ λυπού- 2
μενος ἐξ ἐμοῦ; καὶ ἔγραψα τοῦτο αὐτὸ ἵνα μὴ ἐλθὼν λύπην σχῶ ἀφ' 3
ὧν ἔδει με χαίρειν, πεποιθὼς ἐπὶ πάντας ὑμᾶς ὅτι ἡ ἐμὴ χαρὰ πάντων
ὑμῶν ἐστιν. ἐκ γὰρ πολλῆς θλίψεως καὶ συνοχῆς καρδίας ἔγραψα ὑμῖν 4
διὰ πολλῶν δακρύων, οὐχ ἵνα λυπηθῆτε, ἀλλὰ τὴν ἀγάπην ἵνα γνῶτε
ἣν ἔχω περισσοτέρως εἰς ὑμᾶς.

Εἰ δέ τις λελύπηκεν, οὐκ ἐμὲ λελύπηκεν, ἀλλὰ ἀπὸ μέρους, ἵνα μὴ 5
ἐπιβαρῶ, πάντας ὑμᾶς. ἱκανὸν τῷ τοιούτῳ ἡ ἐπιτιμία αὕτη ἡ ὑπὸ τῶν 6
πλειόνων, ὥστε τοὐναντίον μᾶλλον ὑμᾶς χαρίσασθαι καὶ παρακαλέσαι, 7
μή πως τῇ περισσοτέρᾳ λύπῃ καταποθῇ ὁ τοιοῦτος. διὸ παρακαλῶ 8
ὑμᾶς κυρῶσαι εἰς αὐτὸν ἀγάπην· εἰς τοῦτο γὰρ καὶ ἔγραψα, ἵνα γνῶ 9
τὴν δοκιμὴν ὑμῶν, εἰ εἰς πάντα ὑπήκοοί ἐστε. ᾧ δέ τι χαρίζεσθε, κἀγώ· 10
καὶ γὰρ ἐγὼ ὃ κεχάρισμαι (εἴ τι κεχάρισμαι) δι' ὑμᾶς ἐν προσώπῳ
Χριστοῦ, ἵνα μὴ πλεονεκτηθῶμεν ὑπὸ τοῦ Σατανᾶ· οὐ γὰρ αὐτοῦ τὰ 11
νοήματα ἀγνοοῦμεν.

Ἐλθὼν δὲ εἰς τὴν Τρῳάδα εἰς τὸ εὐαγγέλιον τοῦ Χριστοῦ, καὶ θύρας 12
μοι ἀνεῳγμένης ἐν Κυρίῳ, οὐκ ἔσχηκα ἄνεσιν τῷ πνεύματί μου τῷ μὴ 13
εὑρεῖν με Τίτον τὸν ἀδελφόν μου, ἀλλὰ ἀποταξάμενος αὐτοῖς ἐξῆλθον
εἰς Μακεδονίαν. τῷ δὲ Θεῷ χάρις τῷ πάντοτε θριαμβεύοντι ἡμᾶς ἐν τῷ 14

Χριστῷ καὶ τὴν ὀσμὴν τῆς γνώσεως αὐτοῦ φανεροῦντι δι᾽ ἡμῶν ἐν
15 παντὶ τόπῳ· ὅτι Χριστοῦ εὐωδία ἐσμὲν τῷ Θεῷ ἐν τοῖς σῳζομένοις καὶ
16 ἐν τοῖς ἀπολλυμένοις, οἷς μὲν ὀσμὴ ἐκ θανάτου εἰς θάνατον, οἷς δὲ ὀσμὴ
17 ἐκ ζωῆς εἰς ζωήν. καὶ πρὸς ταῦτα τίς ἱκανός; οὐ γάρ ἐσμεν ὡς οἱ πολλοὶ
καπηλεύοντες τὸν λόγον τοῦ Θεοῦ, ἀλλ᾽ ὡς ἐξ εἰλικρινείας, ἀλλ᾽ ὡς ἐκ
Θεοῦ κατέναντι Θεοῦ ἐν Χριστῷ λαλοῦμεν.

3 ℭ Ἀρχόμεθα πάλιν ἑαυτοὺς συνιστάνειν; ἢ μὴ χρῄζομεν ὥς τινες
2 συστατικῶν ἐπιστολῶν πρὸς ὑμᾶς ἢ ἐξ ὑμῶν; ἡ ἐπιστολὴ ἡμῶν ὑμεῖς
ἐστε, ἐγγεγραμμένη ἐν ταῖς καρδίαις ἡμῶν, γινωσκομένη καὶ ἀναγινω-
3 σκομένη ὑπὸ πάντων ἀνθρώπων, φανερούμενοι ὅτι ἐστὲ ἐπιστολὴ
Χριστοῦ διακονηθεῖσα ὑφ᾽ ἡμῶν, ⌊ἐγγεγραμμένη⌋ οὐ μέλανι ἀλλὰ Πνεύ-
ματι Θεοῦ ζῶντος, οὐκ ἐν ⌊πλαξὶν λιθίναις⌋ ἀλλ᾽ ἐν ⌊πλαξὶν καρδίαις
σαρκίναις⌋.[a]
4 Πεποίθησιν δὲ τοιαύτην ἔχομεν διὰ τοῦ Χριστοῦ πρὸς τὸν Θεόν.
5 οὐχ ὅτι ἀφ᾽ ἑαυτῶν ἱκανοί ἐσμεν λογίσασθαί τι ὡς ἐξ ἑαυτῶν, ἀλλ᾽ ἡ
6 ἱκανότης ἡμῶν ἐκ τοῦ Θεοῦ, ὃς καὶ ἱκάνωσεν ἡμᾶς διακόνους καινῆς
διαθήκης, οὐ γράμματος ἀλλὰ πνεύματος· τὸ γὰρ γράμμα ἀποκτείνει,
τὸ δὲ Πνεῦμα ζωοποιεῖ.
7 Εἰ δὲ ἡ διακονία τοῦ θανάτου ἐν γράμμασιν ἐντετυπωμένη λίθοις
ἐγενήθη ἐν δόξῃ, ὥστε μὴ δύνασθαι ἀτενίσαι τοὺς υἱοὺς Ἰσραὴλ εἰς τὸ
πρόσωπον ⌊Μωϋσέως⌋ διὰ ⌊τὴν δόξαν τοῦ προσώπου αὐτοῦ⌋[b] τὴν
8 καταργουμένην, πῶς οὐχὶ μᾶλλον ἡ διακονία τοῦ Πνεύματος ἔσται ἐν
9 δόξῃ; εἰ γὰρ ἡ διακονία τῆς κατακρίσεως δόξα, πολλῷ μᾶλλον περισ-
10 σεύει ἡ διακονία τῆς δικαιοσύνης δόξῃ. καὶ γὰρ οὐ ⌊δεδόξασται⌋ τὸ
⌊δεδοξασμένον⌋[c] ἐν τούτῳ τῷ μέρει εἵνεκεν τῆς ὑπερβαλλούσης δόξης.
11 εἰ γὰρ τὸ καταργούμενον διὰ δόξης, πολλῷ μᾶλλον τὸ μένον ἐν
δόξῃ.
12 13 Ἔχοντες οὖν τοιαύτην ἐλπίδα πολλῇ παρρησίᾳ χρώμεθα, καὶ οὐ
καθάπερ ⌊Μωϋσῆς ἐτίθει κάλυμμα ἐπὶ τὸ πρόσωπον αὐτοῦ⌋,[d] πρὸς τὸ
14 μὴ ἀτενίσαι τοὺς υἱοὺς Ἰσραὴλ εἰς τὸ τέλος τοῦ καταργουμένου. ἀλλὰ
ἐπωρώθη τὰ νοήματα αὐτῶν. ἄχρι γὰρ τῆς σήμερον ἡμέρας τὸ αὐτὸ
κάλυμμα ἐπὶ τῇ ἀναγνώσει τῆς παλαιᾶς διαθήκης μένει, μὴ ἀνακαλυπτό-
15 μενον, ὅτι ἐν Χριστῷ καταργεῖται· ἀλλ᾽ ἕως σήμερον ἡνίκα ἂν ἀναγινώ-
16 σκηται Μωϋσῆς κάλυμμα ἐπὶ τὴν καρδίαν αὐτῶν κεῖται· ⌊ἡνίκα δὲ ἐὰν
17 ἐπιστρέψῃ πρὸς Κύριον, περιαιρεῖται τὸ κάλυμμα.⌋[e] ὁ δὲ Κύριος τὸ
18 Πνεῦμά ἐστιν· οὗ δὲ τὸ Πνεῦμα Κυρίου, ἐλευθερία. ἡμεῖς δὲ πάντες

[a] Ex. 24. 12; 31. 18; 34. 1; Prv. 3. 3; 7. 3; Ezk. 11. 19; 36. 26; Jer. 31. 33
[b] Ex. 34. 30   [c] Ex. 34. 29, 30, 35   [d] Ex. 34. 33, 35   [e] Ex. 34. 34

ἀνακεκαλυμμένῳ προσώπῳ ⌊τὴν δόξαν Κυρίου⌋ᵃ κατοπτριζόμενοι τὴν
αὐτὴν εἰκόνα μεταμορφούμεθα ἀπὸ δόξης εἰς δόξαν, καθάπερ ἀπὸ
Κυρίου Πνεύματος.

ℂ Διὰ τοῦτο, ἔχοντες τὴν διακονίαν ταύτην, καθὼς ἠλεήθημεν, οὐκ **4**
ἐγκακοῦμεν, ἀλλὰ ἀπειπάμεθα τὰ κρυπτὰ τῆς αἰσχύνης, μὴ περιπα- **2**
τοῦντες ἐν πανουργίᾳ μηδὲ δολοῦντες τὸν λόγον τοῦ Θεοῦ, ἀλλὰ τῇ
φανερώσει τῆς ἀληθείας συνιστάνοντες ἑαυτοὺς πρὸς πᾶσαν συνείδησιν
ἀνθρώπων ἐνώπιον τοῦ Θεοῦ. εἰ δὲ καὶ ἔστιν κεκαλυμμένον τὸ εὐαγ- **3**
γέλιον ἡμῶν, ἐν τοῖς ἀπολλυμένοις ἐστὶν κεκαλυμμένον, ἐν οἷς ὁ θεὸς τοῦ **4**
αἰῶνος τούτου ἐτύφλωσεν τὰ νοήματα τῶν ἀπίστων εἰς τὸ μὴ αὐγάσαι
τὸν φωτισμὸν τοῦ εὐαγγελίου τῆς δόξης τοῦ Χριστοῦ, ὅς ἐστιν εἰκὼν
τοῦ Θεοῦ. οὐ γὰρ ἑαυτοὺς κηρύσσομεν ἀλλὰ Χριστὸν Ἰησοῦν Κύριον, **5**
ἑαυτοὺς δὲ δούλους ὑμῶν διὰ Ἰησοῦν. ὅτι ὁ Θεὸς ὁ εἰπών· Ἐκ σκότους **6**
φῶς λάμψει, ὃς ἔλαμψεν ἐν ταῖς καρδίαις ἡμῶν πρὸς φωτισμὸν τῆς
γνώσεως τῆς δόξης τοῦ Θεοῦ ἐν προσώπῳ Χριστοῦ.

Ἔχομεν δὲ τὸν θησαυρὸν τοῦτον ἐν ὀστρακίνοις σκεύεσιν, ἵνα ἡ **7**
ὑπερβολὴ τῆς δυνάμεως ᾖ τοῦ Θεοῦ καὶ μὴ ἐξ ἡμῶν· ἐν παντὶ θλιβό- **8**
μενοι ἀλλ' οὐ στενοχωρούμενοι, ἀπορούμενοι ἀλλ' οὐκ ἐξαπορούμενοι,
διωκόμενοι ἀλλ' οὐκ ἐγκαταλειπόμενοι, καταβαλλόμενοι ἀλλ' οὐκ ἀπολ- **9**
λύμενοι, πάντοτε τὴν νέκρωσιν τοῦ Ἰησοῦ ἐν τῷ σώματι περιφέροντες, **10**
ἵνα καὶ ἡ ζωὴ τοῦ Ἰησοῦ ἐν τῷ σώματι ἡμῶν φανερωθῇ. ἀεὶ γὰρ ἡμεῖς **11**
οἱ ζῶντες εἰς θάνατον παραδιδόμεθα διὰ Ἰησοῦν, ἵνα καὶ ἡ ζωὴ τοῦ
Ἰησοῦ φανερωθῇ ἐν τῇ θνητῇ σαρκὶ ἡμῶν. ὥστε ὁ θάνατος ἐν ἡμῖν **12**
ἐνεργεῖται, ἡ δὲ ζωὴ ἐν ὑμῖν.

Ἔχοντες δὲ τὸ αὐτὸ πνεῦμα τῆς πίστεως, κατὰ τὸ γεγραμμένον· **13**
⌊Ἐπίστευσα, διὸ ἐλάλησα⌋,ᵇ καὶ ἡμεῖς πιστεύομεν, διὸ καὶ λαλοῦμεν,
εἰδότες ὅτι ὁ ἐγείρας τὸν Κύριον Ἰησοῦν καὶ ἡμᾶς σὺν Ἰησοῦ ἐγερεῖ καὶ **14**
παραστήσει σὺν ὑμῖν. τὰ γὰρ πάντα δι' ὑμᾶς, ἵνα ἡ χάρις πλεονάσασα **15**
διὰ τῶν πλειόνων τὴν εὐχαριστίαν περισσεύσῃ εἰς τὴν δόξαν τοῦ Θεοῦ.

Διὸ οὐκ ἐγκακοῦμεν, ἀλλ' εἰ καὶ ὁ ἔξω ἡμῶν ἄνθρωπος διαφθείρεται, **16**
ἀλλ' ὁ ἔσω ἡμῶν ἀνακαινοῦται ἡμέρᾳ καὶ ἡμέρᾳ. τὸ γὰρ παραυτίκα **17**
ἐλαφρὸν τῆς θλίψεως καθ' ὑπερβολὴν εἰς ὑπερβολὴν αἰώνιον βάρος
δόξης κατεργάζεται ἡμῖν, μὴ σκοπούντων ἡμῶν τὰ βλεπόμενα ἀλλὰ **18**
τὰ μὴ βλεπόμενα· τὰ γὰρ βλεπόμενα πρόσκαιρα, τὰ δὲ μὴ βλεπόμενα
αἰώνια. οἴδαμεν γὰρ ὅτι ἐὰν ἡ ἐπίγειος ἡμῶν οἰκία τοῦ σκήνους **5**
καταλυθῇ, οἰκοδομὴν ἐκ Θεοῦ ἔχομεν, οἰκίαν ἀχειροποίητον αἰώνιον ἐν
τοῖς οὐρανοῖς. καὶ γὰρ ἐν τούτῳ στενάζομεν, τὸ οἰκητήριον ἡμῶν τὸ ἐξ **2**

[a] Ex. 16. 7, 10; 24. 17   [b] Ps. 116. 10

3 οὐρανοῦ ἐπενδύσασθαι ἐπιποθοῦντες, εἴ γε καὶ ἐνδυσάμενοι οὐ γυμνοὶ
4 εὑρεθησόμεθα. καὶ γὰρ οἱ ὄντες ἐν τῷ σκήνει στενάζομεν, βαρούμενοι
ἐφ᾽ ᾧ οὐ θέλομεν ἐκδύσασθαι ἀλλ᾽ ἐπενδύσασθαι, ἵνα καταποθῇ τὸ
5 θνητὸν ὑπὸ τῆς ζωῆς. ὁ δὲ κατεργασάμενος ἡμᾶς εἰς αὐτὸ τοῦτο
Θεός, ὁ δοὺς ἡμῖν τὸν ἀρραβῶνα τοῦ Πνεύματος.

6   Θαρροῦντες οὖν πάντοτε καὶ εἰδότες ὅτι ἐνδημοῦντες ἐν τῷ σώματι
7 ἐκδημοῦμεν ἀπὸ τοῦ Κυρίου· διὰ πίστεως γὰρ περιπατοῦμεν, οὐ διὰ
8 εἴδους· θαρροῦμεν δὲ καὶ εὐδοκοῦμεν μᾶλλον ἐκδημῆσαι ἐκ τοῦ σώματος
9 καὶ ἐνδημῆσαι πρὸς τὸν Κύριον. διὸ καὶ φιλοτιμούμεθα, εἴτε ἐνδημοῦντες
10 εἴτε ἐκδημοῦντες, εὐάρεστοι αὐτῷ εἶναι. τοὺς γὰρ πάντας ἡμᾶς φανερω-
θῆναι δεῖ ἔμπροσθεν τοῦ βήματος τοῦ Χριστοῦ, ἵνα κομίσηται ἕκαστος
τὰ διὰ τοῦ σώματος πρὸς ἃ ἔπραξεν, εἴτε ἀγαθὸν εἴτε φαῦλον.

11   ❡ Εἰδότες οὖν τὸν φόβον τοῦ Κυρίου ἀνθρώπους πείθομεν, Θεῷ δὲ
πεφανερώμεθα· ἐλπίζω δὲ καὶ ἐν ταῖς συνειδήσεσιν ὑμῶν πεφανερῶσθαι.
12 οὐ πάλιν ἑαυτοὺς συνιστάνομεν ὑμῖν, ἀλλὰ ἀφορμὴν διδόντες ὑμῖν
καυχήματος ὑπὲρ ἡμῶν, ἵνα ἔχητε πρὸς τοὺς ἐν προσώπῳ καυχω-
13 μένους καὶ μὴ ἐν καρδίᾳ. εἴτε γὰρ ἐξέστημεν, Θεῷ· εἴτε σωφρονοῦμεν,
14 ὑμῖν. ἡ γὰρ ἀγάπη τοῦ Χριστοῦ συνέχει ἡμᾶς, κρίναντας τοῦτο, ὅτι
15 εἷς ὑπὲρ πάντων ἀπέθανεν, ἄρα οἱ πάντες ἀπέθανον· καὶ ὑπὲρ πάντων
ἀπέθανεν ἵνα οἱ ζῶντες μηκέτι ἑαυτοῖς ζῶσιν ἀλλὰ τῷ ὑπὲρ αὐτῶν
16 ἀποθανόντι καὶ ἐγερθέντι. ὥστε ἡμεῖς ἀπὸ τοῦ νῦν οὐδένα οἴδαμεν
κατὰ σάρκα· εἰ καὶ ἐγνώκαμεν κατὰ σάρκα Χριστόν, ἀλλὰ νῦν οὐκέτι
17 γινώσκομεν. ὥστε εἴ τις ἐν Χριστῷ, καινὴ κτίσις· τὰ ἀρχαῖα παρῆλθεν,
ἰδοὺ γέγονεν καινά.

18   Τὰ δὲ πάντα ἐκ τοῦ Θεοῦ τοῦ καταλλάξαντος ἡμᾶς ἑαυτῷ διὰ
19 Χριστοῦ καὶ δόντος ἡμῖν τὴν διακονίαν τῆς καταλλαγῆς, ὡς ὅτι Θεὸς
ἦν ἐν Χριστῷ κόσμον καταλλάσσων ἑαυτῷ, μὴ λογιζόμενος αὐτοῖς τὰ
παραπτώματα αὐτῶν, καὶ θέμενος ἐν ἡμῖν τὸν λόγον τῆς καταλλαγῆς.
20 ὑπὲρ Χριστοῦ οὖν πρεσβεύομεν ὡς τοῦ Θεοῦ παρακαλοῦντος δι᾽ ἡμῶν·
21 δεόμεθα ὑπὲρ Χριστοῦ, καταλλάγητε τῷ Θεῷ. τὸν μὴ γνόντα ἁμαρτίαν
ὑπὲρ ἡμῶν ἁμαρτίαν ἐποίησεν, ἵνα ἡμεῖς γενώμεθα δικαιοσύνη Θεοῦ ἐν
6 αὐτῷ. συνεργοῦντες δὲ καὶ παρακαλοῦμεν μὴ εἰς κενὸν τὴν χάριν τοῦ
2 Θεοῦ δέξασθαι ὑμᾶς. λέγει γάρ·

⌊Καιρῷ δεκτῷ ἐπήκουσά σου,
καὶ ἐν ἡμέρᾳ σωτηρίας ἐβοήθησά σοι.⌋ᵃ

ἰδοὺ νῦν ⌊καιρὸς εὐπρόσδεκτος⌋, ἰδοὺ νῦν ⌊ἡμέρα σωτηρίας⌋.

[a] Is. 49. 8

Μηδεμίαν ἐν μηδενὶ διδόντες προσκοπήν, ἵνα μὴ μωμηθῇ ἡ διακονία, 3
ἀλλ᾽ ἐν παντὶ συνιστάνοντες ἑαυτοὺς ὡς Θεοῦ διάκονοι, ἐν ὑπομονῇ 4
πολλῇ, ἐν θλίψεσιν, ἐν ἀνάγκαις, ἐν στενοχωρίαις, ἐν πληγαῖς, ἐν 5
φυλακαῖς, ἐν ἀκαταστασίαις, ἐν κόποις, ἐν ἀγρυπνίαις, ἐν νηστείαις, ἐν 6
ἁγνότητι, ἐν γνώσει, ἐν μακροθυμίᾳ, ἐν χρηστότητι, ἐν Πνεύματι
Ἁγίῳ, ἐν ἀγάπῃ ἀνυποκρίτῳ, ἐν λόγῳ ἀληθείας, ἐν δυνάμει Θεοῦ— 7
διὰ τῶν ὅπλων τῆς δικαιοσύνης τῶν δεξιῶν καὶ ἀριστερῶν, διὰ δόξης 8
καὶ ἀτιμίας, διὰ δυσφημίας καὶ εὐφημίας· ὡς πλάνοι καὶ ἀληθεῖς, ὡς 9
ἀγνοούμενοι καὶ ἐπιγινωσκόμενοι, ὡς ⌊ἀποθνῄσκοντες⌋ καὶ ἰδοὺ ⌊ζῶμεν⌋,
ὡς ⌊παιδευόμενοι καὶ μὴ θανατούμενοι⌋,ᵃ ὡς λυπούμενοι ἀεὶ δὲ χαίροντες, 10
ὡς πτωχοὶ πολλοὺς δὲ πλουτίζοντες, ὡς μηδὲν ἔχοντες καὶ πάντα
κατέχοντες.

Τὸ στόμα ἡμῶν ἀνέῳγεν πρὸς ὑμᾶς, Κορίνθιοι, ⌊ἡ καρδία⌋ ἡμῶν 11
⌊πεπλάτυνται⌋·ᵇ οὐ στενοχωρεῖσθε ἐν ἡμῖν, στενοχωρεῖσθε δὲ ἐν τοῖς 12
σπλάγχνοις ὑμῶν· τὴν δὲ αὐτὴν ἀντιμισθίαν (ὡς τέκνοις λέγω) πλατύν- 13
θητε καὶ ὑμεῖς.

Μὴ γίνεσθε ἑτεροζυγοῦντες ἀπίστοις· τίς γὰρ μετοχὴ δικαιοσύνῃ 14
καὶ ἀνομίᾳ; ἢ τίς κοινωνία φωτὶ πρὸς σκότος; τίς δὲ συμφώνησις 15
Χριστοῦ πρὸς Βελίαλ, ἢ τίς μερὶς πιστῷ μετὰ ἀπίστου; τίς δὲ συγ- 16
κατάθεσις ναῷ Θεοῦ μετὰ εἰδώλων; ἡμεῖς γὰρ ναὸς Θεοῦ ἐσμεν ζῶντος·
καθὼς εἶπεν ὁ Θεὸς ὅτι ⌊Ἐνοικήσω ἐν αὐτοῖς καὶ ἐμπεριπατήσω, καὶ
ἔσομαι αὐτῶν Θεός, καὶ αὐτοὶ ἔσονταί μου λαός⌋·ᶜ διὸ ⌊ἐξέλθατε ἐκ 17
μέσου αὐτῶν καὶ ἀφορίσθητε⌋, λέγει Κύριος, καὶ ⌊ἀκαθάρτου μὴ ἅπτε-
σθε⌋·ᵈ ⌊κἀγὼ εἰσδέξομαι ὑμᾶς⌋,ᵉ καὶ ⌊ἔσομαι⌋ ὑμῖν ⌊εἰς πατέρα⌋, καὶ ὑμεῖς 18
ἔσεσθέ ⌊μοι εἰς υἱοὺς⌋ᶠ καὶ θυγατέρας, ⌊λέγει Κύριος παντοκράτωρ⌋.ᵍ
ταύτας οὖν ἔχοντες τὰς ἐπαγγελίας, ἀγαπητοί, καθαρίσωμεν ἑαυτοὺς 7
ἀπὸ παντὸς μολυσμοῦ σαρκὸς καὶ πνεύματος, ἐπιτελοῦντες ἁγιωσύνην
ἐν φόβῳ Θεοῦ.

❡ Χωρήσατε ἡμᾶς· οὐδένα ἠδικήσαμεν, οὐδένα ἐφθείραμεν, οὐδένα 2
ἐπλεονεκτήσαμεν. πρὸς κατάκρισιν οὐ λέγω· προείρηκα γὰρ ὅτι ἐν 3
ταῖς καρδίαις ἡμῶν ἐστε εἰς τὸ συναποθανεῖν καὶ συζῆν. πολλή μοι 4
παρρησία πρὸς ὑμᾶς, πολλή μοι καύχησις ὑπὲρ ὑμῶν· πεπλήρωμαι τῇ
παρακλήσει, ὑπερπερισσεύομαι τῇ χαρᾷ ἐπὶ πάσῃ τῇ θλίψει ἡμῶν.

Καὶ γὰρ ἐλθόντων ἡμῶν εἰς Μακεδονίαν οὐδεμίαν ἔσχηκεν ἄνεσιν ἡ 5

[a] Ps. 118. 18   [b] Ps. 119. 32   [c] Lv. 26. 12; Ezk. 37. 27   [d] Jer. 51.
45; Is. 52. 11   [e] Ezk. 20. 34   [f] 2 Sam. 7. 14   [g] 2 Sam. 7. 8

6 σὰρξ ἡμῶν, ἀλλ' ἐν παντὶ θλιβόμενοι, ἔξωθεν μάχαι, ἔσωθεν φόβοι. ἀλλ'
ὁ παρακαλῶν τοὺς ταπεινοὺς παρεκάλεσεν ἡμᾶς ὁ Θεὸς ἐν τῇ παρουσίᾳ
7 Τίτου· οὐ μόνον δὲ ἐν τῇ παρουσίᾳ αὐτοῦ, ἀλλὰ καὶ ἐν τῇ παρακλήσει ᾗ
παρεκλήθη ἐφ' ὑμῖν, ἀναγγέλλων ἡμῖν τὴν ὑμῶν ἐπιπόθησιν, τὸν ὑμῶν
ὀδυρμόν, τὸν ὑμῶν ζῆλον ὑπὲρ ἐμοῦ, ὥστε με μᾶλλον χαρῆναι.

8   Ὅτι εἰ καὶ ἐλύπησα ὑμᾶς ἐν τῇ ἐπιστολῇ, οὐ μεταμέλομαι· εἰ καὶ
μετεμελόμην βλέπων ὅτι ἡ ἐπιστολὴ ἐκείνη εἰ καὶ πρὸς ὥραν ἐλύπησεν
9 ὑμᾶς, νῦν χαίρω, οὐχ ὅτι ἐλυπήθητε, ἀλλ' ὅτι ἐλυπήθητε εἰς μετάνοιαν·
10 ἐλυπήθητε γὰρ κατὰ Θεόν, ἵνα ἐν μηδενὶ ζημιωθῆτε ἐξ ἡμῶν. ἡ γὰρ
κατὰ Θεὸν λύπη μετάνοιαν εἰς σωτηρίαν ἀμεταμέλητον ἐργάζεται· ἡ δὲ
11 τοῦ κόσμου λύπη θάνατον κατεργάζεται. ἰδοὺ γὰρ αὐτὸ τοῦτο τὸ κατὰ
Θεὸν λυπηθῆναι πόσην κατειργάσατο ὑμῖν σπουδήν, ἀλλὰ ἀπολογίαν,
ἀλλὰ ἀγανάκτησιν, ἀλλὰ φόβον, ἀλλὰ ἐπιπόθησιν, ἀλλὰ ζῆλον, ἀλλὰ
ἐκδίκησιν. ἐν παντὶ συνεστήσατε ἑαυτοὺς ἁγνοὺς εἶναι τῷ πράγματι.
12 ἄρα εἰ καὶ ἔγραψα ὑμῖν, οὐχ ἕνεκεν τοῦ ἀδικήσαντος οὐδὲ ἕνεκεν
τοῦ ἀδικηθέντος, ἀλλ' ἕνεκεν τοῦ φανερωθῆναι τὴν σπουδὴν ὑμῶν τὴν
ὑπὲρ ἡμῶν πρὸς ὑμᾶς ἐνώπιον τοῦ Θεοῦ. διὰ τοῦτο παρακεκλήμεθα.
13   Ἐπὶ δὲ τῇ παρακλήσει ἡμῶν περισσοτέρως μᾶλλον ἐχάρημεν ἐπὶ
τῇ χαρᾷ Τίτου, ὅτι ἀναπέπαυται τὸ πνεῦμα αὐτοῦ ἀπὸ πάντων ὑμῶν·
14 ὅτι εἴ τι αὐτῷ ὑπὲρ ὑμῶν κεκαύχημαι, οὐ κατῃσχύνθην, ἀλλ' ὡς πάντα
ἐν ἀληθείᾳ ἐλαλήσαμεν ὑμῖν, οὕτως καὶ ἡ καύχησις ἡμῶν ἐπὶ Τίτου
15 ἀλήθεια ἐγενήθη. καὶ τὰ σπλάγχνα αὐτοῦ περισσοτέρως εἰς ὑμᾶς ἐστιν
ἀναμιμνῃσκομένου τὴν πάντων ὑμῶν ὑπακοήν, ὡς μετὰ φόβου καὶ
16 τρόμου ἐδέξασθε αὐτόν. χαίρω ὅτι ἐν παντὶ θαρρῶ ἐν ὑμῖν.

8 ❡ Γνωρίζομεν δὲ ὑμῖν, ἀδελφοί, τὴν χάριν τοῦ Θεοῦ τὴν δεδομένην ἐν
2 ταῖς ἐκκλησίαις τῆς Μακεδονίας, ὅτι ἐν πολλῇ δοκιμῇ θλίψεως ἡ περισ-
σεία τῆς χαρᾶς αὐτῶν καὶ ἡ κατὰ βάθους πτωχεία αὐτῶν ἐπερίσσευσεν
3 εἰς τὸ πλοῦτος τῆς ἁπλότητος αὐτῶν· ὅτι κατὰ δύναμιν, μαρτυρῶ, καὶ
4 παρὰ δύναμιν, αὐθαίρετοι μετὰ πολλῆς παρακλήσεως δεόμενοι ἡμῶν
5 τὴν χάριν καὶ τὴν κοινωνίαν τῆς διακονίας τῆς εἰς τοὺς ἁγίους, καὶ οὐ
καθὼς ἠλπίσαμεν, ἀλλὰ ἑαυτοὺς ἔδωκαν πρῶτον τῷ Κυρίῳ καὶ ἡμῖν
6 διὰ θελήματος Θεοῦ, εἰς τὸ παρακαλέσαι ἡμᾶς Τίτον, ἵνα καθὼς προενήρ-
7 ξατο οὕτως καὶ ἐπιτελέσῃ εἰς ὑμᾶς καὶ τὴν χάριν ταύτην. ἀλλ' ὥσπερ
ἐν παντὶ περισσεύετε, πίστει καὶ λόγῳ καὶ γνώσει καὶ πάσῃ σπουδῇ
καὶ τῇ ἐξ ^a ὑμῶν ἐν ἡμῖν ἀγάπῃ, ἵνα καὶ ἐν ταύτῃ τῇ χάριτι περισ-
8 σεύητε. οὐ κατ' ἐπιταγὴν λέγω, ἀλλὰ διὰ τῆς ἑτέρων σπουδῆς καὶ τὸ
9 τῆς ὑμετέρας ἀγάπης γνήσιον δοκιμάζων· γινώσκετε γὰρ τὴν χάριν τοῦ

[a] ἡμῶν ἐν ὑμῖν

Κυρίου ἡμῶν Ἰησοῦ Χριστοῦ, ὅτι δι' ὑμᾶς ἐπτώχευσεν πλούσιος ὤν, ἵνα ὑμεῖς τῇ ἐκείνου πτωχείᾳ πλουτήσητε.

Καὶ γνώμην ἐν τούτῳ δίδωμι· τοῦτο γὰρ ὑμῖν συμφέρει, οἵτινες οὐ 10 μόνον τὸ ποιῆσαι ἀλλὰ καὶ τὸ θέλειν προενήρξασθε ἀπὸ πέρυσι· νυνὶ δὲ 11 καὶ τὸ ποιῆσαι ἐπιτελέσατε, ὅπως καθάπερ ἡ προθυμία τοῦ θέλειν, οὕτως καὶ τὸ ἐπιτελέσαι ἐκ τοῦ ἔχειν. εἰ γὰρ ἡ προθυμία πρόκειται, 12 καθὸ ἐὰν ἔχῃ εὐπρόσδεκτος, οὐ καθὸ οὐκ ἔχει. οὐ γὰρ ἵνα ἄλλοις ἄνεσις, 13 ὑμῖν θλῖψις, ἀλλ' ἐξ ἰσότητος· ἐν τῷ νῦν καιρῷ τὸ ὑμῶν περίσσευμα εἰς 14 τὸ ἐκείνων ὑστέρημα, ἵνα καὶ τὸ ἐκείνων περίσσευμα γένηται εἰς τὸ ὑμῶν ὑστέρημα, ὅπως γένηται ἰσότης, καθὼς γέγραπται· ⌊Ὁ τὸ πολὺ 15 οὐκ ἐπλεόνασεν, καὶ ὁ τὸ ὀλίγον οὐκ ἠλαττόνησεν.⌋ᵃ

Χάρις δὲ τῷ Θεῷ τῷ διδόντι τὴν αὐτὴν σπουδὴν ὑπὲρ ὑμῶν ἐν τῇ 16 καρδίᾳ Τίτου, ὅτι τὴν μὲν παράκλησιν ἐδέξατο, σπουδαιότερος δὲ 17 ὑπάρχων αὐθαίρετος ἐξῆλθεν πρὸς ὑμᾶς. συνεπέμψαμεν δὲ μετ' αὐτοῦ 18 τὸν ἀδελφὸν οὗ ὁ ἔπαινος ἐν τῷ εὐαγγελίῳ διὰ πασῶν τῶν ἐκκλησιῶν, οὐ μόνον δὲ ἀλλὰ καὶ χειροτονηθεὶς ὑπὸ τῶν ἐκκλησιῶν συνέκδημος 19 ἡμῶν ἐν τῇ χάριτι ταύτῃ τῇ διακονουμένῃ ὑφ' ἡμῶν πρὸς τὴν αὐτοῦ τοῦ Κυρίου δόξαν καὶ προθυμίαν ἡμῶν, στελλόμενοι τοῦτο, μή τις 20 ἡμᾶς μωμήσηται ἐν τῇ ἁδρότητι ταύτῃ τῇ διακονουμένῃ ὑφ' ἡμῶν· ⌊προνοοῦμεν⌋ γὰρ ⌊καλὰ⌋ οὐ μόνον ⌊ἐνώπιον Κυρίου⌋ ἀλλὰ ⌊καὶ⌋ ἐνώπιον 21 ⌊ἀνθρώπων⌋.ᵇ

Συνεπέμψαμεν δὲ αὐτοῖς τὸν ἀδελφὸν ἡμῶν, ὃν ἐδοκιμάσαμεν ἐν πολ- 22 λοῖς πολλάκις σπουδαῖον ὄντα, νυνὶ δὲ πολὺ σπουδαιότερον πεποιθήσει πολλῇ τῇ εἰς ὑμᾶς. εἴτε ὑπὲρ Τίτου, κοινωνὸς ἐμὸς καὶ εἰς ὑμᾶς συνεργός· 23 εἴτε ἀδελφοὶ ἡμῶν, ἀπόστολοι ἐκκλησιῶν, δόξα Χριστοῦ. τὴν οὖν 24 ἔνδειξιν τῆς ἀγάπης ὑμῶν καὶ ἡμῶν καυχήσεως ὑπὲρ ὑμῶν εἰς αὐτοὺς ἐνδείξασθε εἰς πρόσωπον τῶν ἐκκλησιῶν.

Περὶ μὲν γὰρ τῆς διακονίας τῆς εἰς τοὺς ἁγίους περισσόν μοί ἐστιν τὸ 9 γράφειν ὑμῖν· οἶδα γὰρ τὴν προθυμίαν ὑμῶν ἣν ὑπὲρ ὑμῶν καυχῶμαι 2 Μακεδόσιν ὅτι Ἀχαΐα παρεσκεύασται ἀπὸ πέρυσι, καὶ τὸ ὑμῶν ζῆλος ἠρέθισεν τοὺς πλείονας. ἔπεμψα δὲ τοὺς ἀδελφούς, ἵνα μὴ τὸ καύχημα 3 ἡμῶν τὸ ὑπὲρ ὑμῶν κενωθῇ ἐν τῷ μέρει τούτῳ, ἵνα καθὼς ἔλεγον παρεσκευασμένοι ἦτε, μή πως ἐὰν ἔλθωσιν σὺν ἐμοὶ Μακεδόνες καὶ 4 εὕρωσιν ὑμᾶς ἀπαρασκευάστους καταισχυνθῶμεν ἡμεῖς, ἵνα μὴ λέγωμεν ὑμεῖς, ἐν τῇ ὑποστάσει ταύτῃ. ἀναγκαῖον οὖν ἡγησάμην παρακαλέσαι 5 τοὺς ἀδελφοὺς ἵνα προέλθωσιν εἰς ὑμᾶς καὶ προκαταρτίσωσιν τὴν προεπηγγελμένην εὐλογίαν ὑμῶν, ταύτην ἑτοίμην εἶναι οὕτως ὡς εὐλογίαν καὶ μὴ ὡς πλεονεξίαν.

[a] Ex. 16. 18   [b] Prv. 3. 4 LXX

6 Τοῦτο δέ, ὁ σπείρων φειδομένως φειδομένως καὶ θερίσει, καὶ ὁ σπείρων
7 ἐπ᾽ εὐλογίαις ἐπ᾽ εὐλογίαις καὶ θερίσει. ἕκαστος καθὼς προῄρηται τῇ
   καρδίᾳ, μὴ ἐκ λύπης ἢ ἐξ ἀνάγκης· ⌊ἱλαρὸν⌋ γὰρ ⌊δότην⌋ ἀγαπᾷ ⌊ὁ Θεός⌋.ᵃ
8 δυνατεῖ δὲ ὁ Θεὸς πᾶσαν χάριν περισσεῦσαι εἰς ὑμᾶς, ἵνα ἐν παντὶ
   πάντοτε πᾶσαν αὐτάρκειαν ἔχοντες περισσεύητε εἰς πᾶν ἔργον ἀγαθόν,
9 καθὼς γέγραπται· ⌊Ἐσκόρπισεν, ἔδωκεν τοῖς πένησιν, ἡ δικαιοσύνη αὐ-
10 τοῦ μένει εἰς τὸν αἰῶνα.⌋ᵇ ὁ δὲ ἐπιχορηγῶν ⌊σπέρμα τῷ σπείροντι καὶ
   ἄρτον εἰς βρῶσιν⌋ᶜ χορηγήσει καὶ πληθυνεῖ τὸν σπόρον ὑμῶν καὶ αὐξή-
11 σει ⌊τὰ γενήματα τῆς δικαιοσύνης ὑμῶν⌋·ᵈ ἐν παντὶ πλουτιζόμενοι εἰς
12 πᾶσαν ἁπλότητα, ἥτις κατεργάζεται δι᾽ ἡμῶν εὐχαριστίαν τῷ Θεῷ· ὅτι
   ἡ διακονία τῆς λειτουργίας ταύτης οὐ μόνον ἐστὶν προσαναπληροῦσα
   τὰ ὑστερήματα τῶν ἁγίων, ἀλλὰ καὶ περισσεύουσα διὰ πολλῶν εὐχα-
13 ριστιῶν τῷ Θεῷ· διὰ τῆς δοκιμῆς τῆς διακονίας ταύτης δοξάζοντες τὸν
   Θεὸν ἐπὶ τῇ ὑποταγῇ τῆς ὁμολογίας ὑμῶν εἰς τὸ εὐαγγέλιον τοῦ Χρι-
14 στοῦ καὶ ἁπλότητι τῆς κοινωνίας εἰς αὐτοὺς καὶ εἰς πάντας, καὶ αὐτῶν
   δεήσει ὑπὲρ ὑμῶνἐ πιποθούντων ὑμᾶς διὰ τὴν ὑπερβάλλουσαν χάριν
15 τοῦ Θεοῦ ἐφ᾽ ὑμῖν. χάρις τῷ Θεῷ ἐπὶ τῇ ἀνεκδιηγήτῳ αὐτοῦ δωρεᾷ.

10 Αὐτὸς δὲ ἐγὼ Παῦλος παρακαλῶ ὑμᾶς διὰ τῆς πραΰτητος καὶ
   ἐπιεικείας τοῦ Χριστοῦ, ὃς κατὰ πρόσωπον μὲν ταπεινὸς ἐν ὑμῖν,
2 ἀπὼν δὲ θαρρῶ εἰς ὑμᾶς· δέομαι δὲ τὸ μὴ παρὼν θαρρῆσαι τῇ πεποιθή-
   σει ᾗ λογίζομαι τολμῆσαι ἐπί τινας τοὺς λογιζομένους ἡμᾶς ὡς κατὰ
3 σάρκα περιπατοῦντας. ἐν σαρκὶ γὰρ περιπατοῦντες οὐ κατὰ σάρκα
4 στρατευόμεθα, τὰ γὰρ ὅπλα τῆς στρατείας ἡμῶν οὐ σαρκικὰ ἀλλὰ
   δυνατὰ τῷ Θεῷ πρὸς καθαίρεσιν ὀχυρωμάτων, λογισμοὺς καθαιροῦντες
5 καὶ πᾶν ὕψωμα ἐπαιρόμενον κατὰ τῆς γνώσεως τοῦ Θεοῦ, καὶ αἰχμα-
6 λωτίζοντες πᾶν νόημα εἰς τὴν ὑπακοὴν τοῦ Χριστοῦ, καὶ ἐν ἑτοίμῳ
   ἔχοντες ἐκδικῆσαι πᾶσαν παρακοήν, ὅταν πληρωθῇ ὑμῶν ἡ ὑπακοή.
7 Τὰ κατὰ πρόσωπον βλέπετε. εἴ τις πέποιθεν ἑαυτῷ Χριστοῦ εἶναι,
   τοῦτο λογιζέσθω πάλιν ἐφ᾽ ἑαυτοῦ, ὅτι καθὼς αὐτὸς Χριστοῦ, οὕτως
8 καὶ ἡμεῖς. ἐὰν γὰρ περισσότερόν τι καυχήσωμαι περὶ τῆς ἐξουσίας
   ἡμῶν, ἧς ἔδωκεν ὁ Κύριος εἰς οἰκοδομὴν καὶ οὐκ εἰς καθαίρεσιν ὑμῶν, οὐκ
9 αἰσχυνθήσομαι, ἵνα μὴ δόξω ὡσὰν ἐκφοβεῖν ὑμᾶς διὰ τῶν ἐπιστολῶν.
10 ὅτι Αἱ ἐπιστολαὶ μέν, φησίν, βαρεῖαι καὶ ἰσχυραί, ἡ δὲ παρουσία τοῦ
11 σώματος ἀσθενὴς καὶ ὁ λόγος ἐξουθενημένος. τοῦτο λογιζέσθω ὁ
   τοιοῦτος, ὅτι οἷοί ἐσμεν τῷ λόγῳ δι᾽ ἐπιστολῶν ἀπόντες, τοιοῦτοι καὶ
   παρόντες τῷ ἔργῳ.

[a] Prv. 22. 8 LXX; 1 Chr. 29. 17   [b] Ps. 112. 9   [c] Is. 55. 10   [d] Hos. 10. 12

Οὐ γὰρ τολμῶμεν ἐγκρῖναι ἢ συγκρῖναι ἑαυτούς τισιν τῶν ἑαυτούς 12
συνιστανόντων· ἀλλὰ αὐτοὶ ἐν ἑαυτοῖς ἑαυτοὺς μετροῦντες καὶ συγ-
κρίνοντες ἑαυτοὺς ἑαυτοῖς ᵃ οὐ συνιᾶσιν. ἡμεῖς δὲ οὐκ εἰς τὰ ἄμετρα 13
καυχησόμεθα, ἀλλὰ κατὰ τὸ μέτρον τοῦ κανόνος οὗ ἐμέρισεν ἡμῖν ὁ
Θεὸς μέτρου, ἐφικέσθαι ἄχρι καὶ ὑμῶν. οὐ γὰρ ὡς μὴ ἐφικνούμενοι εἰς 14
ὑμᾶς ὑπερεκτείνομεν ἑαυτούς, ἄχρι γὰρ καὶ ὑμῶν ἐφθάσαμεν ἐν τῷ
εὐαγγελίῳ τοῦ Χριστοῦ· οὐκ εἰς τὰ ἄμετρα καυχώμενοι ἐν ἀλλοτρίοις 15
κόποις, ἐλπίδα δὲ ἔχοντες αὐξανομένης τῆς πίστεως ὑμῶν ἐν ὑμῖν
μεγαλυνθῆναι κατὰ τὸν κανόνα ἡμῶν εἰς περισσείαν, εἰς τὰ ὑπερέκεινα 16
ὑμῶν εὐαγγελίσασθαι, οὐκ ἐν ἀλλοτρίῳ κανόνι εἰς τὰ ἕτοιμα καυχήσα-
σθαι. ⌊Ὁ⌋ δὲ ⌊καυχώμενος ἐν Κυρίῳ καυχάσθω·⌋ᵇ οὐ γὰρ ὁ ἑαυτὸν 17 18
συνιστάνων, ἐκεῖνός ἐστιν δόκιμος, ἀλλὰ ὃν ὁ Κύριος συνίστησιν.

Ὄφελον ἀνείχεσθέ μου μικρόν τι ἀφροσύνης· ἀλλὰ καὶ ἀνέχεσθέ μου. 11
ζηλῶ γὰρ ὑμᾶς Θεοῦ ζήλῳ, ἡρμοσάμην γὰρ ὑμᾶς ἑνὶ ἀνδρὶ παρθένον 2
ἁγνὴν παραστῆσαι τῷ Χριστῷ. φοβοῦμαι δὲ μή πως, ὡς ⌊ὁ ὄφις 3
ἐξηπάτησεν⌋ᶜ Εὔαν ἐν τῇ πανουργίᾳ αὐτοῦ, φθαρῇ τὰ νοήματα ὑμῶν
ἀπὸ τῆς ἁπλότητοςᵈ τῆς εἰς Χριστόν. εἰ μὲν γὰρ ὁ ἐρχόμενος ἄλλον 4
Ἰησοῦν κηρύσσει ὃν οὐκ ἐκηρύξαμεν, ἢ πνεῦμα ἕτερον λαμβάνετε ὃ οὐκ
ἐλάβετε, ἢ εὐαγγέλιον ἕτερον ὃ οὐκ ἐδέξασθε, καλῶς ἀνέχεσθε. λογίζο- 5
μαι γὰρ μηδὲν ὑστερηκέναι τῶν ὑπερλίαν ἀποστόλων. εἰ δὲ καὶ 6
ἰδιώτης τῷ λόγῳ, ἀλλ’ οὐ τῇ γνώσει, ἀλλ’ ἐν παντὶ φανερώσαντες ἐν
πᾶσιν εἰς ὑμᾶς.

Ἢ ἁμαρτίαν ἐποίησα ἐμαυτὸν ταπεινῶν ἵνα ὑμεῖς ὑψωθῆτε, ὅτι 7
δωρεὰν τὸ τοῦ Θεοῦ εὐαγγέλιον εὐηγγελισάμην ὑμῖν; ᵉ ἄλλας ἐκ- 8
κλησίας ἐσύλησα λαβὼν ὀψώνιον πρὸς τὴν ὑμῶν διακονίαν, καὶ παρὼν 9
πρὸς ὑμᾶς καὶ ὑστερηθεὶς οὐ κατενάρκησα οὐθενός· τὸ γὰρ ὑστέρημά
μου προσανεπλήρωσαν οἱ ἀδελφοὶ ἐλθόντες ἀπὸ Μακεδονίας· καὶ ἐν
παντὶ ἀβαρῆ ἐμαυτὸν ὑμῖν ἐτήρησα καὶ τηρήσω. ἔστιν ἀλήθεια 10
Χριστοῦ ἐν ἐμοί, ὅτι ἡ καύχησις αὕτη οὐ φραγήσεται εἰς ἐμὲ ἐν τοῖς
κλίμασιν τῆς Ἀχαΐας. διὰ τί; ὅτι οὐκ ἀγαπῶ ὑμᾶς; ὁ Θεὸς οἶδεν. 11

Ὃ δὲ ποιῶ, καὶ ποιήσω, ἵνα ἐκκόψω τὴν ἀφορμὴν τῶν θελόντων 12
ἀφορμήν, ἵνα ἐν ᾧ καυχῶνται εὑρεθῶσιν καθὼς καὶ ἡμεῖς. οἱ γὰρ 13
τοιοῦτοι ψευδαπόστολοι, ἐργάται δόλιοι, μετασχηματιζόμενοι εἰς ἀπο-
στόλους Χριστοῦ. καὶ οὐ θαῦμα· αὐτὸς γὰρ ὁ Σατανᾶς μετασχηματί- 14
ζεται εἰς ἄγγελον φωτός. οὐ μέγα οὖν εἰ καὶ οἱ διάκονοι αὐτοῦ 15
μετασχηματίζονται ὡς διάκονοι δικαιοσύνης· ὧν τὸ τέλος ἔσται κατὰ
τὰ ἔργα αὐτῶν.

[a] om. οὐ συνιᾶσιν. ἡμεῖς δὲ   [b] Jer. 9. 23, 24   [c] Gn. 3. 4, 13   [d] add καὶ τῆς ἁγνότητος   [e] or ἄλλας ἐκκλησίας ἐσύλησα λαβὼν ὀψώνιον πρὸς τὴν ὑμῶν διακονίαν;

16 Πάλιν λέγω, μή τίς με δόξῃ ἄφρονα εἶναι· εἰ δὲ μή γε, κἂν ὡς ἄφρονα
17 δέξασθέ με, ἵνα κἀγὼ μικρόν τι καυχήσωμαι. ὃ λαλῶ, οὐ κατὰ Κύριον
λαλῶ, ἀλλ' ὡς ἐν ἀφροσύνῃ, ἐν ταύτῃ τῇ ὑποστάσει τῆς καυχήσεως.
18 19 ἐπεὶ πολλοὶ καυχῶνται κατὰ σάρκα, κἀγὼ καυχήσομαι. ἡδέως γὰρ
20 ἀνέχεσθε τῶν ἀφρόνων φρόνιμοι ὄντες· ἀνέχεσθε γὰρ εἴ τις ὑμᾶς κατα-
δουλοῖ, εἴ τις κατεσθίει, εἴ τις λαμβάνει, εἴ τις ἐπαίρεται, εἴ τις εἰς πρόσω-
21 πον ὑμᾶς δέρει. κατὰ ἀτιμίαν λέγω, ὡς ὅτι ἡμεῖς ἠσθενήκαμεν.
22 Ἐν ᾧ δ' ἄν τις τολμᾷ (ἐν ἀφροσύνῃ λέγω) τολμῶ κἀγώ. Ἑβραῖοί
εἰσιν; κἀγώ. Ἰσραηλῖταί εἰσιν; κἀγώ. σπέρμα Ἀβραάμ εἰσιν; κἀγώ.
23 διάκονοι Χριστοῦ εἰσιν; παραφρονῶν λαλῶ, ὑπὲρ ἐγώ· ἐν κόποις
περισσοτέρως, ἐν πληγαῖς ὑπερβαλλόντως, ἐν φυλακαῖς περισσοτέρως,
24 ἐν θανάτοις πολλάκις. ὑπὸ Ἰουδαίων πεντάκις τεσσεράκοντα παρὰ
25 μίαν ἔλαβον, τρὶς ἐρραβδίσθην, ἅπαξ ἐλιθάσθην, τρὶς ἐναυάγησα,
26 νυχθήμερον ἐν τῷ βυθῷ πεποίηκα· ὁδοιπορίαις πολλάκις, κινδύνοις
ποταμῶν, κινδύνοις λῃστῶν, κινδύνοις ἐκ γένους, κινδύνοις ἐξ ἐθνῶν,
κινδύνοις ἐν πόλει, κινδύνοις ἐν ἐρημίᾳ, κινδύνοις ἐν θαλάσσῃ, κινδύνοις
27 ἐν ψευδαδέλφοις, κόπῳ καὶ μόχθῳ, ἐν ἀγρυπνίαις πολλάκις, ἐν λιμῷ
καὶ δίψει, ἐν νηστείαις πολλάκις, ἐν ψύχει καὶ γυμνότητι.
28 Χωρὶς τῶν παρεκτὸς ἡ ἐπίστασίς μοι ἡ καθ' ἡμέραν, ἡ μέριμνα πασῶν
29 τῶν ἐκκλησιῶν. τίς ἀσθενεῖ, καὶ οὐκ ἀσθενῶ; τίς σκανδαλίζεται, καὶ
30 οὐκ ἐγὼ πυροῦμαι; εἰ καυχᾶσθαι δεῖ, τὰ τῆς ἀσθενείας μου καυχήσο-
31 μαι. ὁ Θεὸς καὶ Πατὴρ τοῦ Κυρίου Ἰησοῦ οἶδεν (ὁ ὢν εὐλογητὸς εἰς
32 τοὺς αἰῶνας) ὅτι οὐ ψεύδομαι. ἐν Δαμασκῷ ὁ ἐθνάρχης Ἀρέτα τοῦ
33 βασιλέως ἐφρούρει τὴν πόλιν Δαμασκηνῶν πιάσαι με, καὶ διὰ θυρίδος
ἐν σαργάνῃ ἐχαλάσθην διὰ τοῦ τείχους καὶ ἐξέφυγον τὰς χεῖρας αὐτοῦ.

12 ❡ Καυχᾶσθαι δεῖ· οὐ συμφέρον μέν, ἐλεύσομαι δὲ εἰς ὀπτασίας καὶ
2 ἀποκαλύψεις Κυρίου. οἶδα ἄνθρωπον ἐν Χριστῷ πρὸ ἐτῶν δεκατεσ-
σάρων (εἴτε ἐν σώματι οὐκ οἶδα, εἴτε ἐκτὸς τοῦ σώματος οὐκ οἶδα—ὁ
3 Θεὸς οἶδεν) ἁρπαγέντα τὸν τοιοῦτον ἕως τρίτου οὐρανοῦ. καὶ οἶδα τὸν
τοιοῦτον ἄνθρωπον (εἴτε ἐν σώματι εἴτε χωρὶς τοῦ σώματος οὐκ οἶδα—
4 ὁ Θεὸς οἶδεν) ὅτι ἡρπάγη εἰς τὸν παράδεισον καὶ ἤκουσεν ἄρρητα
5 ῥήματα, ἃ οὐκ ἐξὸν ἀνθρώπῳ λαλῆσαι. ὑπὲρ τοῦ τοιούτου καυχήσο-
6 μαι, ὑπὲρ δὲ ἐμαυτοῦ οὐ καυχήσομαι εἰ μὴ ἐν ταῖς ἀσθενείαις. ἐὰν γὰρ
θελήσω καυχήσασθαι, οὐκ ἔσομαι ἄφρων, ἀλήθειαν γὰρ ἐρῶ· φείδομαι
7 δέ, μή τις εἰς ἐμὲ λογίσηται ὑπὲρ ὃ βλέπει με ἢ ἀκούει [a] ἐξ ἐμοῦ. καὶ τῇ
ὑπερβολῇ τῶν ἀποκαλύψεων ἵνα μὴ ὑπεραίρωμαι, ἐδόθη μοι σκόλοψ
τῇ σαρκί, ἄγγελος Σατανᾶ, ἵνα με κολαφίζῃ, ἵνα μὴ ὑπεραίρωμαι.

[a] ἐξ ἐμοῦ καὶ τῇ ὑπερβολῇ τῶν ἀποκαλύψεων. διὸ ἵνα μὴ ὑπεραίρωμαι ἐδόθη μοι . . .

ὑπὲρ τούτου τρὶς τὸν Κύριον παρεκάλεσα, ἵνα ἀποστῇ ἀπ' ἐμοῦ. καὶ 8 9
εἴρηκέν μοι· Ἀρκεῖ σοι ἡ χάρις μου· ἡ γὰρ δύναμις ἐν ἀσθενείᾳ τελεῖται.
ἥδιστα οὖν μᾶλλον καυχήσομαι ἐν ταῖς ἀσθενείαις μου, ἵνα ἐπισκηνώσῃ
ἐπ' ἐμὲ ἡ δύναμις τοῦ Χριστοῦ. διὸ εὐδοκῶ ἐν ἀσθενείαις, ἐν ὕβρεσιν, ἐν 10
ἀνάγκαις, ἐν διωγμοῖς, καὶ στενοχωρίαις, ὑπὲρ Χριστοῦ· ὅταν γὰρ
ἀσθενῶ, τότε δυνατός εἰμι.

℄ Γέγονα ἄφρων, ὑμεῖς με ἠναγκάσατε· ἐγὼ γὰρ ὤφειλον ὑφ' ὑμῶν 11
συνίστασθαι. οὐδὲν γὰρ ὑστέρησα τῶν ὑπερλίαν ἀποστόλων, εἰ καὶ
οὐδέν εἰμι. τὰ μὲν σημεῖα τοῦ ἀποστόλου κατειργάσθη ἐν ὑμῖν ἐν πάσῃ 12
ὑπομονῇ, σημείοις τε καὶ τέρασιν καὶ δυνάμεσιν. τί γάρ ἐστιν ὃ 13
ἡσσώθητε ὑπὲρ τὰς λοιπὰς ἐκκλησίας, εἰ μὴ ὅτι αὐτὸς ἐγὼ οὐ κατενάρ-
κησα ὑμῶν; χαρίσασθέ μοι τὴν ἀδικίαν ταύτην.

Ἰδοὺ τρίτον τοῦτο ἑτοίμως ἔχω ἐλθεῖν πρὸς ὑμᾶς, καὶ οὐ καταναρ- 14
κήσω· οὐ γὰρ ζητῶ τὰ ὑμῶν ἀλλὰ ὑμᾶς. οὐ γὰρ ὀφείλει τὰ τέκνα τοῖς
γονεῦσιν θησαυρίζειν, ἀλλὰ οἱ γονεῖς τοῖς τέκνοις. ἐγὼ δὲ ἥδιστα 15
δαπανήσω καὶ ἐκδαπανηθήσομαι ὑπὲρ τῶν ψυχῶν ὑμῶν. εἰ περισ-
σοτέρως ὑμᾶς ἀγαπῶ, ἧσσον ἀγαπῶμαι; ἔστω δέ, ἐγὼ οὐ κατεβάρησα 16
ὑμᾶς· ἀλλὰ ὑπάρχων πανοῦργος δόλῳ ὑμᾶς ἔλαβον. μή τινα ὧν 17
ἀπέσταλκα πρὸς ὑμᾶς, δι' αὐτοῦ ἐπλεονέκτησα ὑμᾶς; παρεκάλεσα 18
Τίτον καὶ συναπέστειλα τὸν ἀδελφόν· μήτι ἐπλεονέκτησεν ὑμᾶς Τίτος;
οὐ τῷ αὐτῷ Πνεύματι περιεπατήσαμεν; οὐ τοῖς αὐτοῖς ἴχνεσιν;

Πάλαι δοκεῖτε ὅτι ὑμῖν ἀπολογούμεθα; κατέναντι Θεοῦ ἐν Χριστῷ 19
λαλοῦμεν· τὰ δὲ πάντα, ἀγαπητοί, ὑπὲρ τῆς ὑμῶν οἰκοδομῆς. φοβοῦ- 20
μαι γὰρ μή πως ἐλθὼν οὐχ οἵους θέλω εὕρω ὑμᾶς, κἀγὼ εὑρεθῶ ὑμῖν
οἷον οὐ θέλετε, μή πως ἔρις, ζῆλος, θυμοί, ἐριθεῖαι, καταλαλιαί, ψιθυρι-
σμοί, φυσιώσεις, ἀκαταστασίαι· μὴ πάλιν ἐλθόντος μου ταπεινώσῃ με ὁ 21
Θεός μου πρὸς ὑμᾶς, καὶ πενθήσω πολλοὺς τῶν προημαρτηκότων καὶ
μὴ μετανοησάντων ἐπὶ τῇ ἀκαθαρσίᾳ καὶ πορνείᾳ καὶ ἀσελγείᾳ ᾗ
ἔπραξαν.

Τρίτον τοῦτο ἔρχομαι πρὸς ὑμᾶς· ⌊ἐπὶ στόματος δύο μαρτύρων καὶ 13
τριῶν σταθήσεται πᾶν ῥῆμα.⌋ᵃ προείρηκα καὶ προλέγω, ὡς παρὼν τὸ 2
δεύτερον καὶ ἀπὼν νῦν, τοῖς προημαρτηκόσιν καὶ τοῖς λοιποῖς πᾶσιν,
ὅτι ἐὰν ἔλθω εἰς τὸ πάλιν οὐ φείσομαι, ἐπεὶ δοκιμὴν ζητεῖτε τοῦ ἐν 3
ἐμοὶ λαλοῦντος Χριστοῦ, ὃς εἰς ὑμᾶς οὐκ ἀσθενεῖ ἀλλὰ δυνατεῖ ἐν ὑμῖν.
καὶ γὰρ ἐσταυρώθη ἐξ ἀσθενείας, ἀλλὰ ζῇ ἐκ δυνάμεως Θεοῦ. καὶ γὰρ 4
ἡμεῖς ἀσθενοῦμεν ἐν αὐτῷ, ἀλλὰ ζήσομεν σὺν αὐτῷ ἐκ δυνάμεως Θεοῦ
εἰς ὑμᾶς.

[a] Dt. 19. 15

5 Ἑαυτοὺς πειράζετε εἰ ἐστὲ ἐν τῇ πίστει, ἑαυτοὺς δοκιμάζετε· ἢ οὐκ ἐπιγινώσκετε ἑαυτοὺς ὅτι Ἰησοῦς Χριστὸς ἐν ὑμῖν;—εἰ μήτι ἀδόκιμοί 6 7 ἐστε. ἐλπίζω δὲ ὅτι γνώσεσθε ὅτι ἡμεῖς οὐκ ἐσμὲν ἀδόκιμοι. εὐχόμεθα δὲ πρὸς τὸν Θεὸν μὴ ποιῆσαι ὑμᾶς κακὸν μηδέν, οὐχ ἵνα ἡμεῖς δόκιμοι φανῶμεν, ἀλλ᾽ ἵνα ὑμεῖς τὸ καλὸν ποιῆτε, ἡμεῖς δὲ ὡς ἀδόκιμοι ὦμεν. 8 οὐ γὰρ δυνάμεθά τι κατὰ τῆς ἀληθείας, ἀλλὰ ὑπὲρ τῆς ἀληθείας. 9 χαίρομεν γὰρ ὅταν ἡμεῖς ἀσθενῶμεν, ὑμεῖς δὲ δυνατοὶ ἦτε· τοῦτο καὶ 10 εὐχόμεθα, τὴν ὑμῶν κατάρτισιν. διὰ τοῦτο ταῦτα ἀπὼν γράφω, ἵνα παρὼν μὴ ἀποτόμως χρήσωμαι κατὰ τὴν ἐξουσίαν ἣν ὁ Κύριος ἔδωκέν μοι εἰς οἰκοδομὴν καὶ οὐκ εἰς καθαίρεσιν.

11 Λοιπόν, ἀδελφοί, χαίρετε. καταρτίζεσθε, παρακαλεῖσθε, τὸ αὐτὸ φρονεῖτε, εἰρηνεύετε, καὶ ὁ Θεὸς τῆς ἀγάπης καὶ εἰρήνης ἔσται μεθ᾽ 12 ὑμῶν. ἀσπάσασθε ἀλλήλους ἐν ἁγίῳ φιλήματι. ἀσπάζονται ὑμᾶς οἱ ἅγιοι πάντες.

13 Ἡ χάρις τοῦ Κυρίου Ἰησοῦ Χριστοῦ καὶ ἡ ἀγάπη τοῦ Θεοῦ καὶ ἡ κοινωνία τοῦ Ἁγίου Πνεύματος μετὰ πάντων ὑμῶν.

ΠΡΟΣ ΓΑΛΑΤΑΣ

ΠΑΥΛΟΣ ΑΠΟΣΤΟΛΟΣ, οὐκ ἀπ' ἀνθρώπων οὐδὲ δι' ἀνθρώ- 1
που ἀλλὰ διὰ Ἰησοῦ Χριστοῦ καὶ Θεοῦ Πατρὸς τοῦ ἐγείραντος
αὐτὸν ἐκ νεκρῶν, καὶ οἱ σὺν ἐμοὶ πάντες ἀδελφοί, ταῖς ἐκκλησίαις 2
τῆς Γαλατίας.

Χάρις ὑμῖν καὶ εἰρήνη ἀπὸ Θεοῦ Πατρὸς ᵃ καὶ Κυρίου ἡμῶν Ἰησοῦ 3
Χριστοῦ, τοῦ δόντος ἑαυτὸν ὑπὲρ τῶν ἁμαρτιῶν ἡμῶν, ὅπως ἐξέληται 4
ἡμᾶς ἐκ τοῦ αἰῶνος τοῦ ἐνεστῶτος πονηροῦ κατὰ τὸ θέλημα τοῦ Θεοῦ
καὶ Πατρὸς ἡμῶν, ᾧ ἡ δόξα εἰς τοὺς αἰῶνας τῶν αἰώνων. ἀμήν. 5

Θαυμάζω ὅτι οὕτως ταχέως μετατίθεσθε ἀπὸ τοῦ καλέσαντος ὑμᾶς 6
ἐν χάριτιᵇ εἰς ἕτερον εὐαγγέλιον, ὃ οὐκ ἔστιν ἄλλο· εἰ μή τινές εἰσιν οἱ 7
ταράσσοντες ὑμᾶς καὶ θέλοντες μεταστρέψαι τὸ εὐαγγέλιον τοῦ Χριστοῦ.
ἀλλὰ καὶ ἐὰν ἡμεῖς ἢ ἄγγελος ἐξ οὐρανοῦ εὐαγγελίσηται παρ' ὃ εὐηγ- 8
γελισάμεθα ὑμῖν, ἀνάθεμα ἔστω. ὡς προειρήκαμεν, καὶ ἄρτι πάλιν 9
λέγω, εἴ τις ὑμᾶς εὐαγγελίζεται παρ' ὃ παρελάβετε, ἀνάθεμα ἔστω.

Ἄρτι γὰρ ἀνθρώπους πείθω ἢ τὸν Θεόν; ἢ ζητῶ ἀνθρώποις ἀρέσκειν; 10
εἰ ἔτι ἀνθρώποις ἤρεσκον, Χριστοῦ δοῦλος οὐκ ἂν ἤμην.

Γνωρίζω γὰρ ὑμῖν, ἀδελφοί, τὸ εὐαγγέλιον τὸ εὐαγγελισθὲν ὑπ' ἐμοῦ 11
ὅτι οὐκ ἔστιν κατὰ ἄνθρωπον· οὐδὲ γὰρ ἐγὼ παρὰ ἀνθρώπου παρέλα- 12
βον αὐτό, οὔτε ἐδιδάχθην, ἀλλὰ δι' ἀποκαλύψεως Ἰησοῦ Χριστοῦ.

Ἠκούσατε γὰρ τὴν ἐμὴν ἀναστροφήν ποτε ἐν τῷ Ἰουδαϊσμῷ, ὅτι 13
καθ' ὑπερβολὴν ἐδίωκον τὴν ἐκκλησίαν τοῦ Θεοῦ καὶ ἐπόρθουν αὐτήν,
καὶ προέκοπτον ἐν τῷ Ἰουδαϊσμῷ ὑπὲρ πολλοὺς συνηλικιώτας ἐν τῷ 14
γένει μου, περισσοτέρως ζηλωτὴς ὑπάρχων τῶν πατρικῶν μου παρα-
δόσεων. ὅτε δὲ εὐδόκησεν ὁ Θεὸς ὁ ἀφορίσας με ⌊ἐκ κοιλίας μητρός μου⌋ 15
καὶ ⌊καλέσας⌋ᶜ διὰ τῆς χάριτος αὐτοῦ ἀποκαλύψαι τὸν Υἱὸν αὐτοῦ ἐν 16
ἐμοί, ἵνα εὐαγγελίζωμαι αὐτὸν ἐν τοῖς ἔθνεσιν, εὐθέως οὐ προσανεθέμην
σαρκὶ καὶ αἵματι, οὐδὲ ἀνῆλθον εἰς Ἱεροσόλυμα πρὸς τοὺς πρὸ ἐμοῦ 17
ἀποστόλους, ἀλλὰ ἀπῆλθον εἰς Ἀραβίαν, καὶ πάλιν ὑπέστρεψα εἰς
Δαμασκόν.

Ἔπειτα μετὰ τρία ἔτη ἀνῆλθον εἰς Ἱεροσόλυμα ἱστορῆσαι Κηφᾶν, 18
καὶ ἐπέμεινα πρὸς αὐτὸν ἡμέρας δεκαπέντε· ἕτερον δὲ τῶν ἀποστόλων 19

[a] *ἡμῶν καὶ Κυρίου*   [b] *add Χριστοῦ*   [c] Jer. 1. 5; Is. 49. 1

20 οὐκ εἶδον, εἰ μὴ Ἰάκωβον τὸν ἀδελφὸν τοῦ Κυρίου. ἃ δὲ γράφω ὑμῖν, ἰδοὺ ἐνώπιον τοῦ Θεοῦ ὅτι οὐ ψεύδομαι.

21 22 Ἔπειτα ἦλθον εἰς τὰ κλίματα τῆς Συρίας καὶ τῆς Κιλικίας. ἤμην δὲ ἀγνοούμενος τῷ προσώπῳ ταῖς ἐκκλησίαις τῆς Ἰουδαίας ταῖς ἐν 23 Χριστῷ. μόνον δὲ ἀκούοντες ἦσαν ὅτι Ὁ διώκων ἡμᾶς ποτε νῦν εὐαγγελίζεται τὴν πίστιν ἥν ποτε ἐπόρθει· καὶ ἐδόξαζον ἐν ἐμοὶ τὸν Θεόν.

2 Ἔπειτα διὰ δεκατεσσάρων ἐτῶν [a] πάλιν ἀνέβην εἰς Ἱεροσόλυμα μετὰ 2 Βαρναβᾶ, συμπαραλαβὼν καὶ Τίτον· ἀνέβην δὲ κατὰ ἀποκάλυψιν· καὶ ἀνεθέμην αὐτοῖς τὸ εὐαγγέλιον ὃ κηρύσσω ἐν τοῖς ἔθνεσιν, κατ᾽ ἰδίαν 3 δὲ τοῖς δοκοῦσιν, μή πως εἰς κενὸν τρέχω ἢ ἔδραμον. [b] ἀλλ᾽ οὐδὲ Τίτος 4 ὁ σὺν ἐμοί, Ἕλλην ὤν, ἠναγκάσθη περιτμηθῆναι· διὰ δὲ τοὺς παρεισάκτους ψευδαδέλφους, οἵτινες παρεισῆλθον κατασκοπῆσαι τὴν ἐλευθερίαν ἡμῶν ἣν ἔχομεν ἐν Χριστῷ Ἰησοῦ, ἵνα ἡμᾶς καταδουλώσουσιν· 5 οἷς οὐδὲ πρὸς ὥραν εἴξαμεν τῇ ὑποταγῇ, ἵνα ἡ ἀλήθεια τοῦ εὐαγγελίου διαμείνῃ πρὸς ὑμᾶς.

6 Ἀπὸ δὲ τῶν δοκούντων εἶναί τι (ὁποῖοί ποτε ἦσαν οὐδέν μοι διαφέρει· ⌞πρόσωπον ὁ Θεὸς⌟ ἀνθρώπου ⌞οὐ λαμβάνει⌟[c])—ἐμοὶ γὰρ οἱ δο-7 κοῦντες οὐδὲν προσανέθεντο, ἀλλὰ τοὐναντίον ἰδόντες ὅτι πεπίστευμαι 8 τὸ εὐαγγέλιον τῆς ἀκροβυστίας καθὼς Πέτρος τῆς περιτομῆς. ὁ γὰρ ἐνεργήσας Πέτρῳ εἰς ἀποστολὴν τῆς περιτομῆς ἐνήργησεν καὶ ἐμοὶ εἰς τὰ ἔθνη.

9 Καὶ γνόντες τὴν χάριν τὴν δοθεῖσάν μοι, Ἰάκωβος καὶ Κηφᾶς καὶ Ἰωάννης, οἱ δοκοῦντες στῦλοι εἶναι, δεξιὰς ἔδωκαν ἐμοὶ καὶ Βαρναβᾷ 10 κοινωνίας, ἵνα ἡμεῖς εἰς τὰ ἔθνη, αὐτοὶ δὲ εἰς τὴν περιτομήν· μόνον τῶν πτωχῶν ἵνα μνημονεύωμεν, ὃ καὶ ἐσπούδασα αὐτὸ τοῦτο ποιῆσαι.

11 Ὅτε δὲ ἦλθεν Κηφᾶς εἰς Ἀντιόχειαν, κατὰ πρόσωπον αὐτῷ ἀντέστην, 12 ὅτι κατεγνωσμένος ἦν. πρὸ τοῦ γὰρ ἐλθεῖν [d] τινας ἀπὸ Ἰακώβου μετὰ τῶν ἐθνῶν συνήσθιεν· ὅτε δὲ [e] ἦλθον, ὑπέστελλεν καὶ ἀφώριζεν ἑαυτόν, 13 φοβούμενος τοὺς ἐκ περιτομῆς· καὶ συνυπεκρίθησαν αὐτῷ οἱ λοιποὶ 14 Ἰουδαῖοι, ὥστε καὶ Βαρναβᾶς συναπήχθη αὐτῶν τῇ ὑποκρίσει. ἀλλ᾽ ὅτε εἶδον ὅτι οὐκ ὀρθοποδοῦσιν πρὸς τὴν ἀλήθειαν τοῦ εὐαγγελίου, εἶπον τῷ Κηφᾷ ἔμπροσθεν πάντων· Εἰ σὺ Ἰουδαῖος ὑπάρχων ἐθνικῶς καὶ οὐκ Ἰουδαϊκῶς ζῇς, πῶς τὰ ἔθνη ἀναγκάζεις ἰουδαΐζειν;

15 16 Ἡμεῖς φύσει Ἰουδαῖοι καὶ οὐκ ἐξ ἐθνῶν ἁμαρτωλοί, εἰδότες δὲ ὅτι οὐ δικαιοῦται ἄνθρωπος ἐξ ἔργων νόμου ἐὰν μὴ διὰ πίστεως Χριστοῦ

[a] om. πάλιν   [b] ἀλλ᾽ οὐδὲ Τίτος ὁ σὺν ἐμοί, Ἕλλην ὤν, ἠναγκάσθη περιτμηθῆναι, διὰ δὲ τοὺς παρεισάκτους ψευδαδέλφους, οἵτινες παρεισῆλθον κατασκοπῆσαι τὴν ἐλευθερίαν ἡμῶν ἣν ἔχομεν ἐν Χριστῷ Ἰησοῦ, ἵνα ἡμᾶς καταδουλώσουσιν, πρὸς ὥραν εἴξαμεν τῇ ὑποταγῇ, ἵνα ἡ ἀλήθεια τοῦ εὐαγγελίου διαμείνῃ πρὸς ὑμᾶς.   [c] Dt. 10. 17   [d] τινα   [e] ἦλθεν

Ἰησοῦ, καὶ ἡμεῖς εἰς Ἰησοῦν Χριστὸν ἐπιστεύσαμεν, ἵνα δικαιωθῶμεν ἐκ πίστεως Χριστοῦ καὶ οὐκ ἐξ ἔργων νόμου, ὅτι ἐξ ἔργων νόμου ⌊οὐ δικαιωθήσεται πᾶσα⌋[a] σάρξ.

Εἰ δὲ ζητοῦντες δικαιωθῆναι ἐν Χριστῷ εὑρέθημεν καὶ αὐτοὶ ἁμαρτω- 17 λοί, ἆρα Χριστὸς ἁμαρτίας διάκονος; μὴ γένοιτο. εἰ γὰρ ἃ κατέλυσα 18 ταῦτα πάλιν οἰκοδομῶ, παραβάτην ἐμαυτὸν συνιστάνω. ἐγὼ γὰρ διὰ 19 νόμου νόμῳ ἀπέθανον ἵνα Θεῷ ζήσω. Χριστῷ συνεσταύρωμαι· ζῶ δὲ 20 οὐκέτι ἐγώ, ζῇ δὲ ἐν ἐμοὶ Χριστός· ὃ δὲ νῦν ζῶ ἐν σαρκί, ἐν πίστει ζῶ τῇ τοῦ Υἱοῦ τοῦ Θεοῦ τοῦ ἀγαπήσαντός με καὶ παραδόντος ἑαυτὸν ὑπὲρ ἐμοῦ. οὐκ ἀθετῶ τὴν χάριν τοῦ Θεοῦ· εἰ γὰρ διὰ νόμου δικαιοσύνη, 21 ἆρα Χριστὸς δωρεὰν ἀπέθανεν.

❡ ᵌΩ ἀνόητοι Γαλάται, τίς ὑμᾶς ἐβάσκανεν, οἷς κατ' ὀφθαλμοὺς **3** Ἰησοῦς Χριστὸς προεγράφη ἐσταυρωμένος; τοῦτο μόνον θέλω μαθεῖν 2 ἀφ' ὑμῶν, ἐξ ἔργων νόμου τὸ Πνεῦμα ἐλάβετε ἢ ἐξ ἀκοῆς πίστεως; οὕτως 3 ἀνόητοί ἐστε; ἐναρξάμενοι πνεύματι νῦν σαρκὶ ἐπιτελεῖσθε; τοσαῦτα 4 ἐπάθετε εἰκῇ; εἴ γε καὶ εἰκῇ. ὁ οὖν ἐπιχορηγῶν ὑμῖν τὸ Πνεῦμα καὶ 5 ἐνεργῶν δυνάμεις ἐν ὑμῖν ἐξ ἔργων νόμου ἢ ἐξ ἀκοῆς πίστεως; καθὼς 6 Ἀβραὰμ ⌊ἐπίστευσεν τῷ Θεῷ, καὶ ἐλογίσθη αὐτῷ εἰς δικαιοσύνην⌋.[b]

Γινώσκετε ἄρα ὅτι οἱ ἐκ πίστεως, οὗτοι υἱοί εἰσιν Ἀβραάμ. προϊδοῦσα 7 8 δὲ ἡ γραφὴ ὅτι ἐκ πίστεως δικαιοῖ τὰ ἔθνη ὁ Θεός, προευηγγελίσατο τῷ Ἀβραὰμ ὅτι ⌊Ἐνευλογηθήσονται ἐν σοὶ πάντα τὰ ἔθνη.⌋[c] ὥστε οἱ ἐκ 9 πίστεως εὐλογοῦνται σὺν τῷ πιστῷ Ἀβραάμ.

Ὅσοι γὰρ ἐξ ἔργων νόμου εἰσίν, ὑπὸ κατάραν εἰσίν· γέγραπται γὰρ 10 ὅτι ⌊Ἐπικατάρατος πᾶς ὃς οὐκ ἐμμένει πᾶσιν τοῖς γεγραμμένοις ἐν τῷ βιβλίῳ τοῦ νόμου τοῦ ποιῆσαι αὐτά.⌋[d] ὅτι δὲ ἐν νόμῳ οὐδεὶς δικαιοῦται 11 παρὰ τῷ Θεῷ δῆλον, ὅτι ⌊Ὁ δίκαιος ἐκ πίστεως ζήσεται·⌋[e] ὁ δὲ νόμος 12 οὐκ ἔστιν ἐκ πίστεως, ἀλλ' ⌊Ὁ ποιήσας αὐτὰ ζήσεται ἐν αὐτοῖς.⌋[f]

Χριστὸς ἡμᾶς ἐξηγόρασεν ἐκ τῆς κατάρας τοῦ νόμου γενόμενος ὑπὲρ 13 ἡμῶν κατάρα, ὅτι γέγραπται· ⌊Ἐπικατάρατος πᾶς ὁ κρεμάμενος ἐπὶ ξύλου,⌋[g] ἵνα εἰς τὰ ἔθνη ἡ εὐλογία τοῦ Ἀβραὰμ γένηται ἐν Ἰησοῦ 14 Χριστῷ, ἵνα τὴν ἐπαγγελίαν τοῦ Πνεύματος λάβωμεν διὰ τῆς πίστεως.

Ἀδελφοί, κατὰ ἄνθρωπον λέγω. ὅμως ἀνθρώπου κεκυρωμένην δια- 15 θήκην οὐδεὶς ἀθετεῖ ἢ ἐπιδιατάσσεται. τῷ δὲ Ἀβραὰμ ἐρρέθησαν αἱ 16 ἐπαγγελίαι ⌊καὶ τῷ σπέρματι⌋ αὐτοῦ. οὐ λέγει· Καὶ τοῖς σπέρμασιν, ὡς ἐπὶ πολλῶν, ἀλλ' ὡς ἐφ' ἑνός· ⌊Καὶ τῷ σπέρματί σου,⌋[h] ὅς ἐστιν Χριστός. τοῦτο δὲ λέγω· διαθήκην προκεκυρωμένην ὑπὸ τοῦ Θεοῦ ὁ μετὰ 17

[a] Ps. 143. 2   [b] Gn. 15. 6   [c] Gn. 18. 18   [d] Dt. 27. 26   [e] Hab. 2. 4
[f] Lv. 18. 5   [g] Dt. 21. 23   [h] Gn. 12. 7; 13. 15; 17. 7; 22. 18; 24. 7

τετρακόσια καὶ τριάκοντα ἔτη γεγονὼς νόμος οὐκ ἀκυροῖ, εἰς τὸ
18 καταργῆσαι τὴν ἐπαγγελίαν. εἰ γὰρ ἐκ νόμου ἡ κληρονομία, οὐκέτι ἐξ
ἐπαγγελίας. τῷ δὲ Ἀβραὰμ δι' ἐπαγγελίας κεχάρισται ὁ Θεός.

19 Τί οὖν ὁ νόμος; τῶν παραβάσεων χάριν προσετέθη, ἄχρις ἂν ἔλθῃ
20 τὸ σπέρμα ᾧ ἐπήγγελται, διαταγεὶς δι' ἀγγέλων, ἐν χειρὶ μεσίτου. ὁ δὲ
μεσίτης ἑνὸς οὐκ ἔστιν, ὁ δὲ Θεὸς εἷς ἐστιν.

21 Ὁ οὖν νόμος κατὰ τῶν ἐπαγγελιῶν; μὴ γένοιτο. εἰ γὰρ ἐδόθη
νόμος ὁ δυνάμενος ζῳοποιῆσαι, ὄντως ἐκ νόμου ἂν ἦν ἡ δικαιοσύνη·
22 ἀλλὰ συνέκλεισεν ἡ γραφὴ τὰ πάντα ὑπὸ ἁμαρτίαν ἵνα ἡ ἐπαγγελία ἐκ
πίστεως Ἰησοῦ Χριστοῦ δοθῇ τοῖς πιστεύουσιν.

23 Πρὸ τοῦ δὲ ἐλθεῖν τὴν πίστιν ὑπὸ νόμον ἐφρουρούμεθα συγκλειόμενοι
24 εἰς τὴν μέλλουσαν πίστιν ἀποκαλυφθῆναι. ὥστε ὁ νόμος παιδαγωγὸς
25 ἡμῶν γέγονεν εἰς Χριστόν, ἵνα ἐκ πίστεως δικαιωθῶμεν· ἐλθούσης δὲ τῆς
πίστεως οὐκέτι ὑπὸ παιδαγωγόν ἐσμεν.

26 27 Πάντες γὰρ υἱοὶ Θεοῦ ἐστε διὰ τῆς πίστεως ἐν Χριστῷ Ἰησοῦ· ὅσοι
28 γὰρ εἰς Χριστὸν ἐβαπτίσθητε, Χριστὸν ἐνεδύσασθε. οὐκ ἔνι Ἰουδαῖος
οὐδὲ Ἕλλην, οὐκ ἔνι δοῦλος οὐδὲ ἐλεύθερος, οὐκ ἔνι ἄρσεν καὶ θῆλυ·
29 πάντες γὰρ ὑμεῖς εἷς ἐστε ἐν Χριστῷ Ἰησοῦ. εἰ δὲ ὑμεῖς Χριστοῦ, ἄρα
τοῦ Ἀβραὰμ σπέρμα ἐστέ, κατ' ἐπαγγελίαν κληρονόμοι.

4 Λέγω δέ, ἐφ' ὅσον χρόνον ὁ κληρονόμος νήπιός ἐστιν, οὐδὲν δια-
2 φέρει δούλου κύριος πάντων ὤν, ἀλλὰ ὑπὸ ἐπιτρόπους ἐστὶν καὶ
3 οἰκονόμους ἄχρι τῆς προθεσμίας τοῦ πατρός. οὕτως καὶ ἡμεῖς, ὅτε
4 ἦμεν νήπιοι, ὑπὸ τὰ στοιχεῖα τοῦ κόσμου ἤμεθα δεδουλωμένοι· ὅτε δὲ
ἦλθεν τὸ πλήρωμα τοῦ χρόνου, ἐξαπέστειλεν ὁ Θεὸς τὸν Υἱὸν αὐτοῦ,
5 γενόμενον ἐκ γυναικός, γενόμενον ὑπὸ νόμον, ἵνα τοὺς ὑπὸ νόμον
ἐξαγοράσῃ, ἵνα τὴν υἱοθεσίαν ἀπολάβωμεν.

6 Ὅτι δέ ἐστε υἱοί, ἐξαπέστειλεν ὁ Θεὸς τὸ Πνεῦμα τοῦ Υἱοῦ αὐτοῦ εἰς
7 τὰς καρδίας ἡμῶν, κρᾶζον· Ἀββὰ ὁ Πατήρ. ὥστε οὐκέτι εἶ δοῦλος ἀλλὰ
υἱός, εἰ δὲ υἱός, καὶ κληρονόμος διὰ Θεοῦ.

8 Ἀλλὰ τότε μὲν οὐκ εἰδότες Θεὸν ἐδουλεύσατε τοῖς φύσει μὴ οὖσιν
9 θεοῖς· νῦν δὲ γνόντες Θεόν, μᾶλλον δὲ γνωσθέντες ὑπὸ Θεοῦ, πῶς
ἐπιστρέφετε πάλιν ἐπὶ τὰ ἀσθενῆ καὶ πτωχὰ στοιχεῖα, οἷς πάλιν
10 ἄνωθεν δουλεῦσαι θέλετε; ἡμέρας παρατηρεῖσθε καὶ μῆνας καὶ καιροὺς
11 καὶ ἐνιαυτούς. φοβοῦμαι ὑμᾶς μή πως εἰκῇ κεκοπίακα εἰς ὑμᾶς.

12 ❡ Γίνεσθε ὡς ἐγώ, ὅτι κἀγὼ ὡς ὑμεῖς, ἀδελφοί, δέομαι ὑμῶν. οὐδέν με
13 ἠδικήσατε· οἴδατε δὲ ὅτι δι' ἀσθένειαν τῆς σαρκὸς εὐηγγελισάμην ὑμῖν
14 τὸ πρότερον, καὶ τὸν πειρασμὸν[a] ἐν τῇ σαρκί μου οὐκ ἐξουθενήσατε

[a] see Appendix

οὐδὲ ἐξεπτύσατε, ἀλλὰ ὡς ἄγγελον Θεοῦ ἐδέξασθέ με, ὡς Χριστὸν Ἰησοῦν. ποῦ οὖν ὁ μακαρισμὸς ὑμῶν; μαρτυρῶ γὰρ ὑμῖν ὅτι εἰ δυνατὸν ₁₅ τοὺς ὀφθαλμοὺς ὑμῶν ἐξορύξαντες ἐδώκατέ μοι. ὥστε ἐχθρὸς ὑμῶν ₁₆ γέγονα ἀληθεύων ὑμῖν;

Ζηλοῦσιν ὑμᾶς οὐ καλῶς, ἀλλὰ ἐκκλεῖσαι ὑμᾶς θέλουσιν, ἵνα αὐτοὺς ₁₇ ζηλοῦτε. καλὸν δὲ ζηλοῦσθαι ἐν καλῷ πάντοτε, καὶ μὴ μόνον ἐν τῷ ₁₈ παρεῖναί με πρὸς ὑμᾶς, τεκνία μου, οὓς πάλιν ὠδίνω μέχρις οὗ μορφωθῇ ₁₉ Χριστὸς ἐν ὑμῖν. ἤθελον δὲ παρεῖναι πρὸς ὑμᾶς ἄρτι καὶ ἀλλάξαι τὴν ₂₀ φωνήν μου, ὅτι ἀποροῦμαι ἐν ὑμῖν.

❡ Λέγετέ μοι, οἱ ὑπὸ νόμον θέλοντες εἶναι, τὸν νόμον οὐκ ἀκούετε; ₂₁ γέγραπται γὰρ ὅτι Ἀβραὰμ δύο υἱοὺς ἔσχεν, ἕνα ἐκ τῆς παιδίσκης καὶ ₂₂ ἕνα ἐκ τῆς ἐλευθέρας. ἀλλ' ὁ μὲν ἐκ τῆς παιδίσκης κατὰ σάρκα γεγέν- ₂₃ νηται, ὁ δὲ ἐκ τῆς ἐλευθέρας διὰ τῆς ἐπαγγελίας. ἅτινά ἐστιν ἀλ- ₂₄ ληγορούμενα· αὗται γάρ εἰσιν δύο διαθῆκαι, μία μὲν ἀπὸ ὄρους Σινὰ εἰς δουλείαν γεννῶσα, ἥτις ἐστὶν Ἁγάρ. τὸ δὲ Σινὰ ὄρος ἐστὶν ἐν τῇ ₂₅ Ἀραβίᾳ, συστοιχεῖ δὲ τῇ νῦν Ἰερουσαλήμ, δουλεύει γὰρ μετὰ τῶν τέκνων αὐτῆς. ἡ δὲ ἄνω Ἰερουσαλὴμ ἐλευθέρα ἐστίν, ἥτις ἐστὶν μήτηρ ₂₆ ἡμῶν· γέγραπται γάρ· ⌊Εὐφράνθητι, στεῖρα ἡ οὐ τίκτουσα, ῥῆξον καὶ ₂₇ βόησον, ἡ οὐκ ὠδίνουσα· ὅτι πολλὰ τὰ τέκνα τῆς ἐρήμου μᾶλλον ἢ τῆς ἐχούσης τὸν ἄνδρα.⌋ᵃ

Ὑμεῖς δέ, ἀδελφοί, κατὰ Ἰσαὰκ ἐπαγγελίας τέκνα ἐστέ. ἀλλ' ὥσπερ ₂₈ ₂₉ τότε ὁ κατὰ σάρκα γεννηθεὶς ἐδίωκεν τὸν κατὰ πνεῦμα, οὕτως καὶ νῦν. ἀλλὰ τί λέγει ἡ γραφή; ⌊Ἔκβαλε τὴν παιδίσκην καὶ τὸν υἱὸν αὐτῆς· ₃₀ οὐ γὰρ μὴ κληρονομήσει ὁ υἱὸς τῆς παιδίσκης μετὰ τοῦ υἱοῦ⌋ᵇ τῆς ἐλευθέρας. διό, ἀδελφοί, οὐκ ἐσμὲν παιδίσκης τέκνα ἀλλὰ τῆς ἐλευθέρας. ₃₁ τῇ ἐλευθερίᾳ ἡμᾶς Χριστὸς ἠλευθέρωσεν· στήκετε οὖν καὶ μὴ πάλιν **5** ζυγῷ δουλείας ἐνέχεσθε.

Ἴδε ἐγὼ Παῦλος λέγω ὑμῖν ὅτι ἐὰν περιτέμνησθε Χριστὸς ὑμᾶς οὐδὲν ₂ ὠφελήσει. μαρτύρομαι δὲ πάλιν παντὶ ἀνθρώπῳ περιτεμνομένῳ ὅτι ὀφει- ₃ λέτης ἐστὶν ὅλον τὸν νόμον ποιῆσαι. κατηργήθητε ἀπὸ Χριστοῦ οἵτινες ₄ ἐν νόμῳ δικαιοῦσθε, τῆς χάριτος ἐξεπέσατε. ἡμεῖς γὰρ Πνεύματι ἐκ ₅ πίστεως ἐλπίδα δικαιοσύνης ἀπεκδεχόμεθα. ἐν γὰρ Χριστῷ Ἰησοῦ ₆ οὔτε περιτομή τι ἰσχύει οὔτε ἀκροβυστία, ἀλλὰ πίστις δι' ἀγάπης ἐνεργουμένη.

Ἐτρέχετε καλῶς· τίς ὑμᾶς ἐνέκοψεν ἀληθείᾳ μὴ πείθεσθαι; ἡ πεισμονὴ ₇ ₈ οὐκ ἐκ τοῦ καλοῦντος ὑμᾶς. μικρὰ ζύμη ὅλον τὸ φύραμα ζυμοῖ. ἐγὼ ₉ ₁₀ πέποιθα εἰς ὑμᾶς ἐν Κυρίῳ ὅτι οὐδὲν ἄλλο φρονήσετε· ὁ δὲ ταράσσων

[a] Is. 54. 1   [b] Gn. 21. 10

11 ὑμᾶς βαστάσει τὸ κρίμα, ὅστις ἐὰν ᾖ. ἐγὼ δέ, ἀδελφοί, εἰ περιτομὴν
ἔτι κηρύσσω, τί ἔτι διώκομαι; ἄρα κατήργηται τὸ σκάνδαλον τοῦ
12 σταυροῦ. ὄφελον καὶ ἀποκόψονται οἱ ἀναστατοῦντες ὑμᾶς.

13 ⓒ Ὑμεῖς γὰρ ἐπ᾽ ἐλευθερίᾳ ἐκλήθητε, ἀδελφοί· μόνον μὴ τὴν ἐλευθερίαν
14 εἰς ἀφορμὴν τῇ σαρκί, ἀλλὰ διὰ τῆς ἀγάπης δουλεύετε ἀλλήλοις. ὁ γὰρ
πᾶς νόμος ἐν ἑνὶ λόγῳ πεπλήρωται, ἐν τῷ ⌊Ἀγαπήσεις τὸν πλησίον
15 σου ὡς σεαυτόν.⌋ᵃ εἰ δὲ ἀλλήλους δάκνετε καὶ κατεσθίετε, βλέπετε μὴ
ὑπ᾽ ἀλλήλων ἀναλωθῆτε.

16 Λέγω δέ, Πνεύματι περιπατεῖτε καὶ ἐπιθυμίαν σαρκὸς οὐ μὴ τελέσητε.
17 ἡ γὰρ σὰρξ ἐπιθυμεῖ κατὰ τοῦ Πνεύματος, τὸ δὲ Πνεῦμα κατὰ τῆς
σαρκός, ταῦτα γὰρ ἀλλήλοις ἀντίκειται, ἵνα μὴ ἃ ἐὰν θέλητε ταῦτα
18 ποιῆτε. εἰ δὲ Πνεύματι ἄγεσθε, οὐκ ἐστὲ ὑπὸ νόμον.

19 Φανερὰ δέ ἐστιν τὰ ἔργα τῆς σαρκός, ἅτινά ἐστιν πορνεία, ἀκαθαρσία,
20 ἀσέλγεια, εἰδωλολατρία, φαρμακεία, ἔχθραι, ἔρις, ζῆλος, θυμοί, ἐριθεῖαι,
21 διχοστασίαι, αἱρέσεις, φθόνοι, μέθαι, κῶμοι, καὶ τὰ ὅμοια τούτοις, ἃ
προλέγω ὑμῖν καθὼς προεῖπον, ὅτι οἱ τοιαῦτα πράσσοντες βασιλείαν
Θεοῦ οὐ κληρονομήσουσιν.

22 Ὁ δὲ καρπὸς τοῦ Πνεύματός ἐστιν ἀγάπη, χαρά, εἰρήνη, μακρο-
23 θυμία, χρηστότης, ἀγαθωσύνη, πίστις, πραΰτης, ἐγκράτεια· κατὰ τῶν
24 τοιούτων οὐκ ἔστιν νόμος. οἱ δὲ τοῦ Χριστοῦ Ἰησοῦ τὴν σάρκα
25 ἐσταύρωσαν σὺν τοῖς παθήμασιν καὶ ταῖς ἐπιθυμίαις. εἰ ζῶμεν Πνεύματι,
Πνεύματι καὶ στοιχῶμεν.

26 Μὴ γινώμεθα κενόδοξοι, ἀλλήλους προκαλούμενοι, ἀλλήλοις φθονοῦν-
6 τες. ἀδελφοί, ἐὰν καὶ προλημφθῇ ἄνθρωπος ἔν τινι παραπτώματι,
ὑμεῖς οἱ πνευματικοὶ καταρτίζετε τὸν τοιοῦτον ἐν πνεύματι πραΰτητος,
2 σκοπῶν σεαυτόν, μὴ καὶ σὺ πειρασθῇς. ἀλλήλων τὰ βάρη βαστάζετε,
καὶ οὕτως ἀναπληρώσετε τὸν νόμον τοῦ Χριστοῦ.

3 4 Εἰ γὰρ δοκεῖ τις εἶναί τι μηδὲν ὤν, φρεναπατᾷ ἑαυτόν. τὸ δὲ ἔργον
ἑαυτοῦ δοκιμαζέτω ἕκαστος, καὶ τότε εἰς ἑαυτὸν μόνον τὸ καύχημα
5 ἕξει καὶ οὐκ εἰς τὸν ἕτερον· ἕκαστος γὰρ τὸ ἴδιον φορτίον βαστάσει.

6 Κοινωνείτω δὲ ὁ κατηχούμενος τὸν λόγον τῷ κατηχοῦντι ἐν πᾶσιν
ἀγαθοῖς.

7 Μὴ πλανᾶσθε· Θεὸς οὐ μυκτηρίζεται. ὃ γὰρ ἐὰν σπείρῃ ἄνθρωπος,
8 τοῦτο καὶ θερίσει· ὅτι ὁ σπείρων εἰς τὴν σάρκα ἑαυτοῦ ἐκ τῆς
σαρκὸς θερίσει φθοράν, ὁ δὲ σπείρων εἰς τὸ Πνεῦμα ἐκ τοῦ Πνεύμα-
9 τος θερίσει ζωὴν αἰώνιον. τὸ δὲ καλὸν ποιοῦντες μὴ ἐγκακῶμεν·
10 καιρῷ γὰρ ἰδίῳ θερίσομεν μὴ ἐκλυόμενοι. ἄρα οὖν ὡς καιρὸν ἔχομεν,

[a] Lv. 19. 18

ἐργαζώμεθα τὸ ἀγαθὸν πρὸς πάντας, μάλιστα δὲ πρὸς τοὺς οἰκείους τῆς πίστεως.

℃ Ἴδετε πηλίκοις ὑμῖν γράμμασιν ἔγραψα τῇ ἐμῇ χειρί. ὅσοι θέλουσιν 11 12 εὐπροσωπῆσαι ἐν σαρκί, οὗτοι ἀναγκάζουσιν ὑμᾶς περιτέμνεσθαι, μόνον ἵνα τῷ σταυρῷ τοῦ Χριστοῦ μὴ διώκωνται. οὐδὲ γὰρ οἱ 13 περιτεμνόμενοι αὐτοὶ νόμον φυλάσσουσιν, ἀλλὰ θέλουσιν ὑμᾶς περιτέμνεσθαι ἵνα ἐν τῇ ὑμετέρᾳ σαρκὶ καυχήσωνται. ἐμοὶ δὲ μὴ γένοιτο 14 καυχᾶσθαι εἰ μὴ ἐν τῷ σταυρῷ τοῦ Κυρίου ἡμῶν Ἰησοῦ Χριστοῦ, δι' οὗ ἐμοὶ κόσμος ἐσταύρωται κἀγὼ κόσμῳ. οὔτε γὰρ περιτομή τί ἐστιν 15 οὔτε ἀκροβυστία, ἀλλὰ καινὴ κτίσις. καὶ ὅσοι τῷ κανόνι τούτῳ 16 στοιχοῦσιν, ⌊εἰρήνη⌋ ἐπ' αὐτοὺς καὶ ἔλεος, καὶ ⌊ἐπὶ τὸν Ἰσραὴλ⌋ᵃ τοῦ Θεοῦ.

Τοῦ λοιποῦ κόπους μοι μηδεὶς παρεχέτω, ἐγὼ γὰρ τὰ στίγματα τοῦ 17 Ἰησοῦ ἐν τῷ σώματί μου βαστάζω.

Ἡ χάρις τοῦ Κυρίου ἡμῶν Ἰησοῦ Χριστοῦ μετὰ τοῦ πνεύματος ὑμῶν, 18 ἀδελφοί· ἀμήν.

[a] Ps. 125. 5; 128. 6

ΠΡΟΣ ΕΦΕΣΙΟΥΣ

1 ΠΑΥΛΟΣ ΑΠΟΣΤΟΛΟΣ Χριστοῦ Ἰησοῦ διὰ θελήματος Θεοῦ τοῖς ἁγίοις τοῖς οὖσιν ᵃ ἐν Ἐφέσῳ καὶ πιστοῖς ἐν Χριστῷ Ἰησοῦ.

2 Χάρις ὑμῖν καὶ εἰρήνη ἀπὸ Θεοῦ Πατρὸς ἡμῶν καὶ Κυρίου Ἰησοῦ Χριστοῦ.

3 Εὐλογητὸς ὁ Θεὸς καὶ Πατὴρ τοῦ Κυρίου ἡμῶν Ἰησοῦ Χριστοῦ, ὁ εὐλογήσας ἡμᾶς ἐν πάσῃ εὐλογίᾳ πνευματικῇ ἐν τοῖς ἐπουρανίοις ἐν

4 Χριστῷ, καθὼς ἐξελέξατο ἡμᾶς ἐν αὐτῷ πρὸ καταβολῆς κόσμου, εἶναι

5 ἡμᾶς ἁγίους καὶ ἀμώμους ἐνώπιον ᵇ αὐτοῦ ἐν ἀγάπῃ, προορίσας ἡμᾶς εἰς υἱοθεσίαν διὰ Ἰησοῦ Χριστοῦ εἰς αὐτόν, κατὰ τὴν εὐδοκίαν τοῦ

6 θελήματος αὐτοῦ, εἰς ἔπαινον δόξης τῆς χάριτος αὐτοῦ, ἧς ἐχαρίτωσεν

7 ἡμᾶς ἐν τῷ Ἠγαπημένῳ· ἐν ᾧ ἔχομεν τὴν ἀπολύτρωσιν διὰ τοῦ αἵματος αὐτοῦ, τὴν ἄφεσιν τῶν παραπτωμάτων, κατὰ τὸ πλοῦτος τῆς

8 χάριτος αὐτοῦ, ἧς ἐπερίσσευσεν εἰς ἡμᾶς ἐν πάσῃ σοφίᾳ καὶ φρονήσει,

9 γνωρίσας ἡμῖν τὸ μυστήριον τοῦ θελήματος αὐτοῦ, κατὰ τὴν εὐδοκίαν

10 αὐτοῦ ἣν προέθετο ἐν αὐτῷ, εἰς οἰκονομίαν τοῦ πληρώματος τῶν καιρῶν, ἀνακεφαλαιώσασθαι τὰ πάντα ἐν τῷ Χριστῷ, τὰ ἐπὶ τοῖς οὐρανοῖς καὶ τὰ ἐπὶ τῆς γῆς.

11 Ἐν αὐτῷ, ἐν ᾧ καὶ ἐκληρώθημεν προορισθέντες κατὰ πρόθεσιν τοῦ τὰ

12 πάντα ἐνεργοῦντος κατὰ τὴν βουλὴν τοῦ θελήματος αὐτοῦ, εἰς τὸ εἶναι

13 ἡμᾶς εἰς ἔπαινον δόξης αὐτοῦ τοὺς προηλπικότας ἐν τῷ Χριστῷ· ἐν ᾧ καὶ ὑμεῖς, ἀκούσαντες τὸν λόγον τῆς ἀληθείας, τὸ εὐαγγέλιον τῆς σωτηρίας ὑμῶν, ἐν ᾧ καὶ πιστεύσαντες ἐσφραγίσθητε τῷ Πνεύματι τῆς

14 ἐπαγγελίας τῷ Ἁγίῳ, ὅ ἐστιν ἀρραβὼν τῆς κληρονομίας ἡμῶν, εἰς ἀπολύτρωσιν τῆς περιποιήσεως, εἰς ἔπαινον τῆς δόξης αὐτοῦ.

15 Διὰ τοῦτο κἀγώ, ἀκούσας τὴν καθ᾽ ὑμᾶς πίστιν ἐν τῷ Κυρίῳ Ἰησοῦ

16 καὶ τὴν ἀγάπην τὴν εἰς πάντας τοὺς ἁγίους, οὐ παύομαι εὐχαριστῶν

17 ὑπὲρ ὑμῶν μνείαν ποιούμενος ἐπὶ τῶν προσευχῶν μου, ἵνα ὁ Θεὸς τοῦ Κυρίου ἡμῶν Ἰησοῦ Χριστοῦ, ὁ Πατὴρ τῆς δόξης, δῴη ὑμῖν πνεῦμα

18 σοφίας καὶ ἀποκαλύψεως ἐν ἐπιγνώσει αὐτοῦ, πεφωτισμένους τοὺς ὀφθαλμοὺς τῆς καρδίας ὑμῶν, εἰς τὸ εἰδέναι ὑμᾶς τίς ἐστιν ἡ ἐλπὶς τῆς

[a] om. ἐν Ἐφέσῳ   [b] αὐτοῦ. ἐν ἀγάπῃ ...

296

κλήσεως αὐτοῦ, τίς ὁ πλοῦτος τῆς δόξης τῆς ⌊κληρονομίας⌋ αὐτοῦ ⌊ἐν τοῖς ἁγίοις⌋,ᵃ καὶ τί τὸ ὑπερβάλλον μέγεθος τῆς δυνάμεως αὐτοῦ εἰς 19 ἡμᾶς τοὺς πιστεύοντας κατὰ τὴν ἐνέργειαν τοῦ κράτους τῆς ἰσχύος αὐτοῦ, ἣν ἐνήργηκεν ἐν τῷ Χριστῷ ἐγείρας αὐτὸν ἐκ νεκρῶν καὶ 20 ⌊καθίσας ἐν δεξιᾷ αὐτοῦ⌋ᵇ ἐν τοῖς ἐπουρανίοις ὑπεράνω πάσης ἀρχῆς 21 καὶ ἐξουσίας καὶ δυνάμεως καὶ κυριότητος καὶ παντὸς ὀνόματος ὀνομαζομένου οὐ μόνον ἐν τῷ αἰῶνι τούτῳ ἀλλὰ καὶ ἐν τῷ μέλλοντι· καὶ 22 ⌊πάντα ὑπέταξεν ὑπὸ τοὺς πόδας αὐτοῦ⌋,ᶜ καὶ αὐτὸν ἔδωκεν κεφαλὴν ὑπὲρ πάντα τῇ ἐκκλησίᾳ, ἥτις ἐστὶν τὸ σῶμα αὐτοῦ, τὸ πλήρωμα τοῦ 23 τὰ πάντα ἐν πᾶσιν πληρουμένου.

❡ Καὶ ὑμᾶς ὄντας νεκροὺς τοῖς παραπτώμασιν καὶ ταῖς ἁμαρτίαις **2** ὑμῶν, ἐν αἷς ποτε περιεπατήσατε κατὰ τὸν αἰῶνα τοῦ κόσμου τούτου, 2 κατὰ τὸν ἄρχοντα τῆς ἐξουσίας τοῦ ἀέρος, τοῦ πνεύματος τοῦ νῦν ἐνεργοῦντος ἐν τοῖς υἱοῖς τῆς ἀπειθείας· ἐν οἷς καὶ ἡμεῖς πάντες ἀνεστρά 3 φημέν ποτε ἐν ταῖς ἐπιθυμίαις τῆς σαρκὸς ἡμῶν, ποιοῦντες τὰ θελήματα τῆς σαρκὸς καὶ τῶν διανοιῶν, καὶ ἤμεθα τέκνα φύσει ὀργῆς ὡς καὶ οἱ λοιποί· ὁ δὲ Θεὸς πλούσιος ὢν ἐν ἐλέει, διὰ τὴν πολλὴν ἀγάπην αὐτοῦ 4 ἣν ἠγάπησεν ἡμᾶς, καὶ ὄντας ἡμᾶς νεκροὺς τοῖς παραπτώμασιν συνε 5 ζωοποίησεν τῷ Χριστῷ, χάριτί ἐστε σεσωσμένοι, καὶ συνήγειρεν καὶ 6 συνεκάθισεν ἐν τοῖς ἐπουρανίοις ἐν Χριστῷ Ἰησοῦ, ἵνα ἐνδείξηται ἐν τοῖς 7 αἰῶσιν τοῖς ἐπερχομένοις τὸ ὑπερβάλλον πλοῦτος τῆς χάριτος αὐτοῦ ἐν χρηστότητι ἐφ᾽ ἡμᾶς ἐν Χριστῷ Ἰησοῦ. τῇ γὰρ χάριτί ἐστε σεσω 8 σμένοι διὰ πίστεως· καὶ τοῦτο οὐκ ἐξ ὑμῶν, Θεοῦ τὸ δῶρον· οὐκ ἐξ 9 ἔργων, ἵνα μή τις καυχήσηται. αὐτοῦ γάρ ἐσμεν ποίημα, κτισθέντες ἐν 10 Χριστῷ Ἰησοῦ ἐπὶ ἔργοις ἀγαθοῖς, οἷς προητοίμασεν ὁ Θεὸς ἵνα ἐν αὐτοῖς περιπατήσωμεν.

Διὸ μνημονεύετε ὅτι ποτὲ ὑμεῖς τὰ ἔθνη ἐν σαρκί, οἱ λεγόμενοι 11 ἀκροβυστία ὑπὸ τῆς λεγομένης περιτομῆς (ἐν σαρκὶ χειροποιήτου)— ὅτι ἦτε τῷ καιρῷ ἐκείνῳ χωρὶς Χριστοῦ, ἀπηλλοτριωμένοι τῆς πολι 12 τείας τοῦ Ἰσραὴλ καὶ ξένοι τῶν διαθηκῶν τῆς ἐπαγγελίας, ἐλπίδα μὴ ἔχοντες καὶ ἄθεοι ἐν τῷ κόσμῳ. νυνὶ δὲ ἐν Χριστῷ Ἰησοῦ ὑμεῖς οἵ ποτε 13 ὄντες ⌊μακρὰν⌋ ἐγενήθητε ⌊ἐγγὺς⌋ ἐν τῷ αἵματι τοῦ Χριστοῦ. αὐτὸς γάρ 14 ἐστιν ἡ ⌊εἰρήνη⌋ᵈ ἡμῶν, ὁ ποιήσας τὰ ἀμφότερα ἓν καὶ τὸ μεσότοιχον τοῦ φραγμοῦ λύσας, τὴν ἔχθραν, ἐν τῇ σαρκὶ αὐτοῦ, τὸν νόμον τῶν 15 ἐντολῶν ἐν δόγμασιν καταργήσας, ἵνα τοὺς δύο κτίσῃ ἐν αὐτῷ εἰς ἕνα καινὸν ἄνθρωπον ποιῶν εἰρήνην, καὶ ἀποκαταλλάξῃ τοὺς ἀμφοτέρους ἐν 16 ἑνὶ σώματι τῷ Θεῷ διὰ τοῦ σταυροῦ, ἀποκτείνας τὴν ἔχθραν ἐν ᵉ αὐτῷ.

[a] Dt. 33. 3, 4   [b] Ps. 110. 1   [c] Ps. 8. 6   [d] Is. 57. 19   [e] αὐτῷ

17 Καὶ ἐλθὼν ⌊εὐηγγελίσατο εἰρήνην⌋ ὑμῖν ⌊τοῖς μακρὰν καὶ εἰρήνην τοῖς
18 ἐγγύς⌋·ᵃ ὅτι δι’ αὐτοῦ ἔχομεν τὴν προσαγωγὴν οἱ ἀμφότεροι ἐν ἑνὶ
19 Πνεύματι πρὸς τὸν Πατέρα. ἄρα οὖν οὐκέτι ἐστὲ ξένοι καὶ πάροικοι,
20 ἀλλὰ ἐστὲ συμπολῖται τῶν ἁγίων καὶ οἰκεῖοι τοῦ Θεοῦ, ἐποικοδομη-
θέντες ἐπὶ τῷ θεμελίῳ τῶν ἀποστόλων καὶ προφητῶν, ὄντος ⌊ἀκρογω-
21 νιαίου⌋ᵇ αὐτοῦ Χριστοῦ Ἰησοῦ, ἐν ᾧ πᾶσα οἰκοδομὴ συναρμολογουμένη
αὔξει εἰς ναὸν ἅγιον ἐν Κυρίῳ, ἐν ᾧ καὶ ὑμεῖς συνοικοδομεῖσθε εἰς
κατοικητήριον τοῦ Θεοῦ ἐν Πνεύματι.

3 ❡ Τούτου χάριν ἐγὼ Παῦλος ὁ δέσμιος τοῦ Χριστοῦ Ἰησοῦ ὑπὲρ ὑμῶν
2 τῶν ἐθνῶν—εἴ γε ἠκούσατε τὴν οἰκονομίαν τῆς χάριτος τοῦ Θεοῦ τῆς
3 δοθείσης μοι εἰς ὑμᾶς. κατὰ ἀποκάλυψιν ἐγνωρίσθη μοι τὸ μυστήριον,
4 καθὼς προέγραψα ἐν ὀλίγῳ, πρὸς ὃ δύνασθε ἀναγινώσκοντες νοῆσαι
5 τὴν σύνεσίν μου ἐν τῷ μυστηρίῳ τοῦ Χριστοῦ, ὃ ἑτέραις γενεαῖς οὐκ
ἐγνωρίσθη τοῖς υἱοῖς τῶν ἀνθρώπων ὡς νῦν ἀπεκαλύφθη τοῖς ἁγίοις
6 ἀποστόλοις αὐτοῦ καὶ προφήταις ἐν Πνεύματι, εἶναι τὰ ἔθνη συγ-
κληρονόμα καὶ σύσσωμα καὶ συμμέτοχα τῆς ἐπαγγελίας ἐν Χριστῷ
7 Ἰησοῦ διὰ τοῦ εὐαγγελίου, οὗ ἐγενήθην διάκονος κατὰ τὴν δωρεὰν τῆς
χάριτος τοῦ Θεοῦ τῆς δοθείσης μοι κατὰ τὴν ἐνέργειαν τῆς δυνάμεως
8 αὐτοῦ. ἐμοὶ τῷ ἐλαχιστοτέρῳ πάντων ἁγίων ἐδόθη ἡ χάρις αὕτη τοῖς
9 ἔθνεσιν εὐαγγελίσασθαι τὸ ἀνεξιχνίαστον πλοῦτος τοῦ Χριστοῦ, καὶ
φωτίσαι τίς ἡ οἰκονομία τοῦ μυστηρίου τοῦ ἀποκεκρυμμένου ἀπὸ τῶν
10 αἰώνων ἐν τῷ Θεῷ τῷ τὰ πάντα κτίσαντι, ἵνα γνωρισθῇ νῦν ταῖς
ἀρχαῖς καὶ ταῖς ἐξουσίαις ἐν τοῖς ἐπουρανίοις διὰ τῆς ἐκκλησίας ἡ
11 πολυποίκιλος σοφία τοῦ Θεοῦ, κατὰ πρόθεσιν τῶν αἰώνων ἣν ἐποίησεν
12 ἐν τῷ Χριστῷ Ἰησοῦ τῷ Κυρίῳ ἡμῶν, ἐν ᾧ ἔχομεν τὴν παρρησίαν καὶ
13 προσαγωγὴν ἐν πεποιθήσει διὰ τῆς πίστεως αὐτοῦ. διὸ αἰτοῦμαι μὴ
ἐγκακεῖν ἐν ταῖς θλίψεσίν μου ὑπὲρ ὑμῶν, ἥτις ἐστὶν δόξα ὑμῶν.
14 15 Τούτου χάριν κάμπτω τὰ γόνατά μου πρὸς τὸν Πατέρα, ἐξ οὗ πᾶσα
16 πατριὰ ἐν οὐρανοῖς καὶ ἐπὶ γῆς ὀνομάζεται, ἵνα δῷ ὑμῖν κατὰ τὸ
πλοῦτος τῆς δόξης αὐτοῦ δυνάμει κραταιωθῆναι διὰ τοῦ Πνεύματος
17 αὐτοῦ εἰς τὸν ἔσω ἄνθρωπον, κατοικῆσαι τὸν Χριστὸν διὰ τῆς πίστεως
18 ἐν ταῖς καρδίαις ὑμῶν ἐν ἀγάπη· ἐρριζωμένοι καὶ τεθεμελιωμένοι ἵνα
ἐξισχύσητε καταλαβέσθαι σὺν πᾶσιν τοῖς ἁγίοις τί τὸ πλάτος καὶ
19 μῆκος καὶ ὕψος καὶ βάθος, γνῶναί τε τὴν ὑπερβάλλουσαν τῆς γνώσεως
ἀγάπην τοῦ Χριστοῦ, ἵνα πληρωθῆτε εἰς πᾶν τὸ πλήρωμα τοῦ Θεοῦ.
20 Τῷ δὲ δυναμένῳ ὑπὲρ πάντα ποιῆσαι ὑπερεκπερισσοῦ ὧν αἰτούμεθα
21 ἢ νοοῦμεν κατὰ τὴν δύναμιν τὴν ἐνεργουμένην ἐν ἡμῖν, αὐτῷ ἡ δόξα ἐν

[a] Is. 57. 19   [b] Is. 28. 16

τῇ ἐκκλησίᾳ καὶ ἐν Χριστῷ Ἰησοῦ εἰς πάσας τὰς γενεὰς τοῦ αἰῶνος τῶν αἰώνων· ἀμήν.

ℂ Παρακαλῶ οὖν ὑμᾶς ἐγὼ ὁ δέσμιος ἐν Κυρίῳ ἀξίως περιπατῆσαι τῆς **4** κλήσεως ἧς ἐκλήθητε, μετὰ πάσης ταπεινοφροσύνης καὶ πραΰτητος, 2 μετὰ μακροθυμίας, ἀνεχόμενοι ἀλλήλων ἐν ἀγάπῃ, σπουδάζοντες τηρεῖν 3 τὴν ἑνότητα τοῦ Πνεύματος ἐν τῷ συνδέσμῳ τῆς εἰρήνης· ἓν σῶμα καὶ 4 ἓν Πνεῦμα, καθὼς καὶ ἐκλήθητε ἐν μιᾷ ἐλπίδι τῆς κλήσεως ὑμῶν· εἷς 5 Κύριος, μία πίστις, ἓν βάπτισμα· εἷς Θεὸς καὶ Πατὴρ πάντων, ὁ ἐπὶ 6 πάντων καὶ διὰ πάντων καὶ ἐν πᾶσιν.

Ἑνὶ δὲ ἑκάστῳ ἡμῶν ἐδόθη ἡ χάρις κατὰ τὸ μέτρον τῆς δωρεᾶς τοῦ 7 Χριστοῦ. διὸ λέγει· 8

⌊Ἀναβὰς εἰς ὕψος
ᾐχμαλώτευσεν αἰχμαλωσίαν·
ἔδωκεν δόματα τοῖς ἀνθρώποις.⌋[a]

Τὸ δὲ Ἀνέβη τί ἐστιν εἰ μὴ ὅτι καὶ κατέβη εἰς τὰ κατώτερα μέρη τῆς 9 γῆς; ὁ καταβὰς αὐτός ἐστιν καὶ ὁ ἀναβὰς ὑπεράνω πάντων τῶν οὐ- 10 ρανῶν, ἵνα πληρώσῃ τὰ πάντα. καὶ αὐτὸς ἔδωκεν τοὺς μὲν ἀποστό- 11 λους, τοὺς δὲ προφήτας, τοὺς δὲ εὐαγγελιστάς, τοὺς δὲ ποιμένας καὶ διδασκάλους, πρὸς τὸν καταρτισμὸν τῶν ἁγίων εἰς ἔργον διακονίας, εἰς 12 οἰκοδομὴν τοῦ σώματος τοῦ Χριστοῦ, μέχρι καταντήσωμεν οἱ πάντες 13 εἰς τὴν ἑνότητα τῆς πίστεως καὶ τῆς ἐπιγνώσεως τοῦ Υἱοῦ τοῦ Θεοῦ, εἰς ἄνδρα τέλειον, εἰς μέτρον ἡλικίας τοῦ πληρώματος τοῦ Χριστοῦ, ἵνα 14 μηκέτι ὦμεν νήπιοι, κλυδωνιζόμενοι καὶ περιφερόμενοι παντὶ ἀνέμῳ τῆς διδασκαλίας ἐν τῇ κυβείᾳ τῶν ἀνθρώπων, ἐν πανουργίᾳ πρὸς τὴν μεθοδείαν τῆς πλάνης, ἀληθεύοντες δὲ ἐν ἀγάπῃ αὐξήσωμεν εἰς αὐτὸν 15 τὰ πάντα, ὅς ἐστιν ἡ κεφαλή, Χριστός, ἐξ οὗ πᾶν τὸ σῶμα συναρ- 16 μολογούμενον καὶ συμβιβαζόμενον διὰ πάσης ἁφῆς τῆς ἐπιχορηγίας κατ᾽ ἐνέργειαν ἐν μέτρῳ ἑνὸς ἑκάστου μέρους τὴν αὔξησιν τοῦ σώματος ποιεῖται εἰς οἰκοδομὴν ἑαυτοῦ ἐν ἀγάπῃ.

Τοῦτο οὖν λέγω καὶ μαρτύρομαι ἐν Κυρίῳ, μηκέτι ὑμᾶς περιπατεῖν 17 καθὼς καὶ τὰ ἔθνη περιπατεῖ ἐν ματαιότητι τοῦ νοὸς αὐτῶν, ἐσκοτω- 18 μένοι τῇ διανοίᾳ ὄντες, ἀπηλλοτριωμένοι τῆς ζωῆς τοῦ Θεοῦ, διὰ τὴν ἄγνοιαν τὴν οὖσαν ἐν αὐτοῖς, διὰ τὴν πώρωσιν τῆς καρδίας αὐτῶν, οἵτινες ἀπηλγηκότες ἑαυτοὺς παρέδωκαν τῇ ἀσελγείᾳ εἰς ἐργασίαν 19 ἀκαθαρσίας πάσης ἐν πλεονεξίᾳ. ὑμεῖς δὲ οὐχ οὕτως ἐμάθετε τὸν 20 Χριστόν, εἴ γε αὐτὸν ἠκούσατε, καὶ ἐν αὐτῷ ἐδιδάχθητε καθὼς ἐστιν 21 ἀλήθεια ἐν τῷ Ἰησοῦ, ἀποθέσθαι ὑμᾶς κατὰ τὴν προτέραν ἀναστροφὴν 22

[a] Ps. 68. 18

τὸν παλαιὸν ἄνθρωπον τὸν φθειρόμενον κατὰ τὰς ἐπιθυμίας τῆς ἀπάτης,
23 24 ἀνανεοῦσθαι δὲ τῷ πνεύματι τοῦ νοὸς ὑμῶν καὶ ἐνδύσασθαι τὸν καινὸν
ἄνθρωπον τὸν κατὰ Θεὸν κτισθέντα ἐν δικαιοσύνῃ καὶ ὁσιότητι τῆς
ἀληθείας.

25 Διὸ ἀποθέμενοι τὸ ψεῦδος ⌊λαλεῖτε ἀλήθειαν ἕκαστος μετὰ τοῦ
πλησίον αὐτοῦ⌋,ᵃ ὅτι ἐσμὲν ἀλλήλων μέλη.

26 ⌊Ὀργίζεσθε καὶ μὴ ἁμαρτάνετε.⌋ᵇ ὁ ἥλιος μὴ ἐπιδυέτω ἐπὶ παρορ-
27 γισμῷ ὑμῶν, μηδὲ δίδοτε τόπον τῷ διαβόλῳ.

28 Ὁ κλέπτων μηκέτι κλεπτέτω, μᾶλλον δὲ κοπιάτω ἐργαζόμενος ταῖς
ἰδίαις χερσὶν τὸ ἀγαθόν, ἵνα ἔχῃ μεταδιδόναι τῷ χρείαν ἔχοντι.

29 Πᾶς λόγος σαπρὸς ἐκ τοῦ στόματος ὑμῶν μὴ ἐκπορευέσθω, ἀλλὰ εἴ
τις ἀγαθὸς πρὸς οἰκοδομὴν τῆς χρείας, ἵνα δῷ χάριν τοῖς ἀκούουσιν.
30 καὶ μὴ λυπεῖτε τὸ Πνεῦμα τὸ Ἅγιον τοῦ Θεοῦ, ἐν ᾧ ἐσφραγίσθητε εἰς
31 ἡμέραν ἀπολυτρώσεως. πᾶσα πικρία καὶ θυμὸς καὶ ὀργὴ καὶ κραυγὴ
καὶ βλασφημία ἀρθήτω ἀφ' ὑμῶν σὺν πάσῃ κακίᾳ.
32 Γίνεσθε δὲ εἰς ἀλλήλους χρηστοί, εὔσπλαγχνοι, χαριζόμενοι ἑαυτοῖς
καθὼς καὶ ὁ Θεὸς ἐν Χριστῷ ἐχαρίσατο ὑμῖν.

5 2 Γίνεσθε οὖν μιμηταὶ τοῦ Θεοῦ, ὡς τέκνα ἀγαπητά, καὶ περιπατεῖτε
ἐν ἀγάπῃ, καθὼς καὶ ὁ Χριστὸς ἠγάπησεν ὑμᾶς καὶ παρέδωκεν ἑαυτὸν
ὑπὲρ ὑμῶν ⌊προσφορὰν καὶ θυσίαν⌋ τῷ Θεῷ ⌊εἰς ὀσμὴν εὐωδίας⌋.ᶜ

3 Πορνεία δὲ καὶ ἀκαθαρσία πᾶσα ἢ πλεονεξία μηδὲ ὀνομαζέσθω ἐν
4 ὑμῖν, καθὼς πρέπει ἁγίοις, καὶ αἰσχρότης καὶ μωρολογία ἢ εὐτραπελία,
5 ἃ οὐκ ἀνῆκεν, ἀλλὰ μᾶλλον εὐχαριστία. τοῦτο γὰρ ἴστε γινώσκοντες,
ὅτι πᾶς πόρνος ἢ ἀκάθαρτος ἢ πλεονέκτης, ὅ ἐστιν εἰδωλολάτρης, οὐκ
ἔχει κληρονομίαν ἐν τῇ βασιλείᾳ τοῦ Χριστοῦ καὶ Θεοῦ.

6 Μηδεὶς ὑμᾶς ἀπατάτω κενοῖς λόγοις· διὰ ταῦτα γὰρ ἔρχεται ἡ ὀργὴ
7 τοῦ Θεοῦ ἐπὶ τοὺς υἱοὺς τῆς ἀπειθείας. μὴ οὖν γίνεσθε συμμέτοχοι
8 αὐτῶν· ἦτε γάρ ποτε σκότος, νῦν δὲ φῶς ἐν Κυρίῳ· ὡς τέκνα φωτὸς
9 περιπατεῖτε, ὁ γὰρ καρπὸς τοῦ φωτὸς ἐν πάσῃ ἀγαθωσύνῃ καὶ
10 δικαιοσύνῃ καὶ ἀληθείᾳ, δοκιμάζοντες τί ἐστιν εὐάρεστον τῷ Κυρίῳ·
11 καὶ μὴ συγκοινωνεῖτε τοῖς ἔργοις τοῖς ἀκάρποις τοῦ σκότους, μᾶλλον
12 δὲ καὶ ἐλέγχετε, τὰ γὰρ κρυφῇ γινόμενα ὑπ' αὐτῶν αἰσχρόν ἐστιν καὶ
13 14 λέγειν· τὰ δὲ πάντα ἐλεγχόμενα ὑπὸ τοῦ φωτὸς φανεροῦται· πᾶν γὰρ
τὸ φανερούμενον φῶς ἐστιν. διὸ λέγει·

> ⌊Ἔγειρε, ὁ καθεύδων,
> καὶ ἀνάστα ἐκ τῶν νεκρῶν,
> καὶ ἐπιφαύσει σοι ὁ Χριστός.⌋ᵈ

[a] Zech. 8. 16   [b] Ps. 4. 4   [c] Ex. 29. 18; Ezk. 20. 41   [d] Is. 26. 19; 60. 1

Βλέπετε οὖν ἀκριβῶς πῶς περιπατεῖτε, μὴ ὡς ἄσοφοι ἀλλ᾽ ὡς σοφοί, 15
ἐξαγοραζόμενοι τὸν καιρόν, ὅτι αἱ ἡμέραι πονηραί εἰσιν. διὰ τοῦτο 16 17
μὴ γίνεσθε ἄφρονες, ἀλλὰ συνίετε τί τὸ θέλημα τοῦ Κυρίου. καὶ ⌊μὴ 18
μεθύσκεσθε οἴνῳ⌋,ᵃ ἐν ᾧ ἐστιν ἀσωτία, ἀλλὰ πληροῦσθε ἐν Πνεύματι,
λαλοῦντες ἑαυτοῖς ἐν ψαλμοῖς καὶ ὕμνοις καὶ ᾠδαῖς,ᵇ ᾄδοντες καὶ ψάλ- 19
λοντες ἐν ταῖς καρδίαις ὑμῶν τῷ Κυρίῳ, εὐχαριστοῦντες πάντοτε ὑπὲρ 20
πάντων ἐν ὀνόματι τοῦ Κυρίου ἡμῶν Ἰησοῦ Χριστοῦ τῷ Θεῷ καὶ
Πατρί.

Ὑποτασσόμενοι ἀλλήλοις ἐν φόβῳ Χριστοῦ. 21

Αἱ γυναῖκες τοῖς ἰδίοις ἀνδράσιν ὡς τῷ Κυρίῳ, ὅτι ἀνήρ ἐστιν κεφαλὴ 22 23
τῆς γυναικὸς ὡς καὶ ὁ Χριστὸς κεφαλὴ τῆς ἐκκλησίας, αὐτὸς σωτὴρ τοῦ
σώματος. ἀλλὰ ὡς ἡ ἐκκλησία ὑποτάσσεται τῷ Χριστῷ, οὕτως καὶ αἱ 24
γυναῖκες τοῖς ἀνδράσιν ἐν παντί.

Οἱ ἄνδρες, ἀγαπᾶτε τὰς γυναῖκας, καθὼς καὶ ὁ Χριστὸς ἠγάπησεν 25
τὴν ἐκκλησίαν καὶ ἑαυτὸν παρέδωκεν ὑπὲρ αὐτῆς, ἵνα αὐτὴν ἁγιάσῃ 26
καθαρίσας τῷ λουτρῷ τοῦ ὕδατος ἐν ῥήματι, ἵνα παραστήσῃ αὐτὸς 27
ἑαυτῷ ἔνδοξον τὴν ἐκκλησίαν, μὴ ἔχουσαν σπίλον ἢ ῥυτίδα ἤ τι τῶν
τοιούτων, ἀλλ᾽ ἵνα ᾖ ἁγία καὶ ἄμωμος. οὕτως ὀφείλουσιν καὶ οἱ 28
ἄνδρες ἀγαπᾶν τὰς ἑαυτῶν γυναῖκας ὡς τὰ ἑαυτῶν σώματα. ὁ
ἀγαπῶν τὴν ἑαυτοῦ γυναῖκα ἑαυτὸν ἀγαπᾷ· οὐδεὶς γάρ ποτε τὴν 29
ἑαυτοῦ σάρκα ἐμίσησεν, ἀλλὰ ἐκτρέφει καὶ θάλπει αὐτήν, καθὼς καὶ ὁ
Χριστὸς τὴν ἐκκλησίαν, ὅτι μέλη ἐσμὲν τοῦ σώματος αὐτοῦ. ⌊ἀντὶ 30 31
τούτου καταλείψει ἄνθρωπος τὸν πατέρα καὶ τὴν μητέρα καὶ προσκολ-
ληθήσεται πρὸς τὴν γυναῖκα αὐτοῦ, καὶ ἔσονται οἱ δύο εἰς σάρκα
μίαν.⌋ᶜ τὸ μυστήριον τοῦτο μέγα ἐστίν, ἐγὼ δὲ λέγω εἰς Χριστὸν καὶ 32
εἰς τὴν ἐκκλησίαν. πλὴν καὶ ὑμεῖς οἱ καθ᾽ ἕνα ἕκαστος τὴν ἑαυτοῦ 33
γυναῖκα οὕτως ἀγαπάτω ὡς ἑαυτόν, ἡ δὲ γυνὴ ἵνα φοβῆται τὸν
ἄνδρα.

Τὰ τέκνα, ὑπακούετε τοῖς γονεῦσιν ὑμῶν, τοῦτο γάρ ἐστιν δίκαιον. 6
⌊τίμα τὸν πατέρα σου καὶ τὴν μητέρα⌋, ἥτις ἐστὶν ἐντολὴ πρώτη ἐν 2
ἐπαγγελίᾳ ⌊ἵνα εὖ σοι γένηται καὶ ἔσῃ μακροχρόνιος ἐπὶ τῆς γῆς⌋.ᵈ 3

Καὶ οἱ πατέρες, μὴ παροργίζετε τὰ τέκνα ὑμῶν, ἀλλὰ ἐκτρέφετε αὐτὰ 4
ἐν ⌊παιδείᾳ⌋ καὶ ⌊νουθεσίᾳ Κυρίου⌋.ᵉ

Οἱ δοῦλοι, ὑπακούετε τοῖς κατὰ σάρκα κυρίοις μετὰ φόβου καὶ τρό- 5
μου ἐν ἁπλότητι τῆς καρδίας ὑμῶν ὡς τῷ Χριστῷ, μὴ κατ᾽ ὀφθαλμο- 6
δουλίαν ὡς ἀνθρωπάρεσκοι, ἀλλ᾽ ὡς δοῦλοι Χριστοῦ ποιοῦντες τὸ
θέλημα τοῦ Θεοῦ ἐκ ψυχῆς, μετ᾽ εὐνοίας δουλεύοντες ὡς τῷ Κυρίῳ 7

[a] Prv. 23. 31 LXX   [b] add πνευματικαῖς   [c] Gn. 2. 24   [d] Ex. 20. 12;
Dt. 5. 16   [e] Prv. 3. 11

8 καὶ οὐκ ἀνθρώποις, εἰδότες ὅτι ἕκαστος ἐάν τι ποιήσῃ ἀγαθόν, τοῦτο
κομίσεται παρὰ Κυρίου, εἴτε δοῦλος εἴτε ἐλεύθερος.

9 Καὶ οἱ κύριοι, τὰ αὐτὰ ποιεῖτε πρὸς αὐτούς, ἀνιέντες τὴν ἀπειλήν,
εἰδότες ὅτι καὶ αὐτῶν καὶ ὑμῶν ὁ Κύριός ἐστιν ἐν οὐρανοῖς, καὶ
προσωπολημψία οὐκ ἔστιν παρ' αὐτῷ.

10 Τοῦ λοιποῦ, ἐνδυναμοῦσθε ἐν Κυρίῳ καὶ ἐν τῷ κράτει τῆς ἰσχύος
11 αὐτοῦ. ἐνδύσασθε τὴν πανοπλίαν τοῦ Θεοῦ πρὸς τὸ δύνασθαι ὑμᾶς
12 στῆναι πρὸς τὰς μεθοδείας τοῦ διαβόλου· ὅτι οὐκ ἔστιν ἡμῖν ἡ πάλη
πρὸς αἷμα καὶ σάρκα, ἀλλὰ πρὸς τὰς ἀρχάς, πρὸς τὰς ἐξουσίας, πρὸς
τοὺς κοσμοκράτορας τοῦ σκότους τούτου, πρὸς τὰ πνευματικὰ τῆς
13 πονηρίας ἐν τοῖς ἐπουρανίοις. διὰ τοῦτο ἀναλάβετε τὴν πανοπλίαν
τοῦ Θεοῦ, ἵνα δυνηθῆτε ἀντιστῆναι ἐν τῇ ἡμέρᾳ τῇ πονηρᾷ καὶ ἅπαντα
14 κατεργασάμενοι στῆναι. στῆτε οὖν ⌊περιζωσάμενοι τὴν ὀσφὺν⌋ ὑμῶν
15 ⌊ἐν ἀληθείᾳ⌋,ᵃ καὶ ⌊ἐνδυσάμενοι τὸν θώρακα τῆς δικαιοσύνης⌋,ᵇ καὶ
ὑποδησάμενοι ⌊τοὺς πόδας ἐν ἑτοιμασίᾳ τοῦ εὐαγγελίου τῆς εἰρήνης⌋,ᶜ
16 ἐν πᾶσιν ἀναλαβόντες τὸν θυρεὸν τῆς πίστεως, ἐν ᾧ δυνήσεσθε πάντα
17 τὰ βέλη τοῦ πονηροῦ τὰ πεπυρωμένα σβέσαι· καὶ ⌊τὴν περικεφαλαίαν
τοῦ σωτηρίου⌋ᵈ δέξασθε, καὶ ⌊τὴν μάχαιραν τοῦ Πνεύματος⌋, ὅ ἐστιν
18 ⌊ῥῆμα Θεοῦ⌋,ᵉ διὰ πάσης προσευχῆς καὶ δεήσεως, προσευχόμενοι ἐν
παντὶ καιρῷ ἐν Πνεύματι, καὶ εἰς αὐτὸ ἀγρυπνοῦντες ἐν πάσῃ προσ-
19 καρτερήσει καὶ δεήσει περὶ πάντων τῶν ἁγίων, καὶ ὑπὲρ ἐμοῦ, ἵνα μοι
δοθῇ λόγος ἐν ἀνοίξει τοῦ στόματός μου, ἐν παρρησίᾳ γνωρίσαι τὸ
20 μυστήριον, ὑπὲρ οὗ πρεσβεύω ἐν ἁλύσει, ἵνα ἐν αὐτῷ παρρησιάσωμαι
ὡς δεῖ με λαλῆσαι.

21 Ἵνα δὲ εἰδῆτε καὶ ὑμεῖς τὰ κατ' ἐμέ, τί πράσσω, πάντα γνωρίσει
22 ὑμῖν Τύχικος ὁ ἀγαπητὸς ἀδελφὸς καὶ πιστὸς διάκονος ἐν Κυρίῳ, ὃν
ἔπεμψα πρὸς ὑμᾶς εἰς αὐτὸ τοῦτο, ἵνα γνῶτε τὰ περὶ ἡμῶν καὶ παρα-
καλέσῃ τὰς καρδίας ὑμῶν.

23 Εἰρήνη τοῖς ἀδελφοῖς καὶ ἀγάπη μετὰ πίστεως ἀπὸ Θεοῦ Πατρὸς
24 καὶ Κυρίου Ἰησοῦ Χριστοῦ. ἡ χάρις μετὰ πάντων τῶν ἀγαπώντων
τὸν Κύριον ἡμῶν Ἰησοῦν Χριστὸν ἐν ἀφθαρσίᾳ.

[a] Is. 11. 5   [b] Is. 59. 17   [c] Is. 52. 7   [d] Is. 59. 17   [e] Is. 11. 4;
51. 16; Hos. 6. 5

ΠΡΟΣ ΦΙΛΙΠΠΗΣΙΟΥΣ

Π ΑΥΛΟΣ ΚΑΙ ΤΙΜΟΘΕΟΣ δοῦλοι Χριστοῦ Ἰησοῦ πᾶσιν τοῖς 1
άγίοις ἐν Χριστῷ Ἰησοῦ τοῖς οὖσιν ἐν Φιλίπποις σὺν ἐπι-
σκόποις καὶ διακόνοις.

Χάρις ὑμῖν καὶ εἰρήνη ἀπὸ Θεοῦ Πατρὸς ἡμῶν καὶ Κυρίου Ἰησοῦ 2
Χριστοῦ.

Εὐχαριστῶ τῷ Θεῷ μου ἐπὶ πάσῃ τῇ μνείᾳ ὑμῶν, πάντοτε ἐν πάσῃ 3 4
δεήσει μου ὑπὲρ πάντων ὑμῶν μετὰ χαρᾶς τὴν δέησιν ποιούμενος, ἐπὶ 5
τῇ κοινωνίᾳ ὑμῶν εἰς τὸ εὐαγγέλιον ἀπὸ τῆς πρώτης ἡμέρας ἄχρι τοῦ
νῦν, πεποιθὼς αὐτὸ τοῦτο, ὅτι ὁ ἐναρξάμενος ἐν ὑμῖν ἔργον ἀγαθὸν 6
ἐπιτελέσει ἄχρι ἡμέρας Χριστοῦ Ἰησοῦ· καθώς ἐστιν δίκαιον ἐμοὶ τοῦτο 7
φρονεῖν ὑπὲρ πάντων ὑμῶν, διὰ τὸ ἔχειν με ἐν τῇ καρδίᾳ ὑμᾶς, ἔν τε τοῖς
δεσμοῖς μου καὶ ἐν τῇ ἀπολογίᾳ καὶ βεβαιώσει τοῦ εὐαγγελίου συγ-
κοινωνούς μου τῆς χάριτος πάντας ὑμᾶς ὄντας. μάρτυς γάρ μου ὁ 8
Θεός, ὡς ἐπιποθῶ πάντας ὑμᾶς ἐν σπλάγχνοις Χριστοῦ Ἰησοῦ. καὶ 9
τοῦτο προσεύχομαι, ἵνα ἡ ἀγάπη ὑμῶν ἔτι μᾶλλον καὶ μᾶλλον περισ-
σεύῃ ἐν ἐπιγνώσει καὶ πάσῃ αἰσθήσει, εἰς τὸ δοκιμάζειν ὑμᾶς τὰ δια- 10
φέροντα, ἵνα ἦτε εἰλικρινεῖς καὶ ἀπρόσκοποι εἰς ἡμέραν Χριστοῦ,
πεπληρωμένοι καρπὸν δικαιοσύνης τὸν διὰ Ἰησοῦ Χριστοῦ, εἰς δόξαν 11
καὶ ἔπαινον Θεοῦ.

Γινώσκειν δὲ ὑμᾶς βούλομαι, ἀδελφοί, ὅτι τὰ κατ' ἐμὲ μᾶλλον εἰς 12
προκοπὴν τοῦ εὐαγγελίου ἐλήλυθεν, ὥστε τοὺς δεσμούς μου φανεροὺς 13
ἐν Χριστῷ γενέσθαι ἐν ὅλῳ τῷ πραιτωρίῳ καὶ τοῖς λοιποῖς πᾶσιν, καὶ 14
τοὺς πλείονας τῶν ἀδελφῶν ἐν Κυρίῳ πεποιθότας τοῖς δεσμοῖς μου
περισσοτέρως τολμᾶν ἀφόβως τὸν λόγον τοῦ Θεοῦ λαλεῖν.

Τινὲς μὲν καὶ διὰ φθόνον καὶ ἔριν, τινὲς δὲ καὶ δι' εὐδοκίαν τὸν Χριστὸν 15
κηρύσσουσιν· οἱ μὲν ἐξ ἀγάπης, εἰδότες ὅτι εἰς ἀπολογίαν τοῦ εὐαγ- 16
γελίου κεῖμαι, οἱ δὲ ἐξ ἐριθείας τὸν Χριστὸν καταγγέλλουσιν, οὐχ 17
ἁγνῶς, οἰόμενοι θλῖψιν ἐγείρειν τοῖς δεσμοῖς μου. τί γάρ; πλὴν ὅτι 18
παντὶ τρόπῳ, εἴτε προφάσει εἴτε ἀληθείᾳ, Χριστὸς καταγγέλλεται, καὶ
ἐν τούτῳ χαίρω.

Ἀλλὰ καὶ χαρήσομαι, οἶδα γὰρ ὅτι ⌊τοῦτό μοι ἀποβήσεται εἰς 19
σωτηρίαν⌋[a] διὰ τῆς ὑμῶν δεήσεως καὶ ἐπιχορηγίας τοῦ Πνεύματος

[a] Job 13. 16

303

20 Ἰησοῦ Χριστοῦ, κατὰ τὴν ἀποκαραδοκίαν καὶ ἐλπίδα μου ὅτι ἐν οὐδενὶ
αἰσχυνθήσομαι, ἀλλ᾽ ἐν πάσῃ παρρησίᾳ ὡς πάντοτε καὶ νῦν μεγαλυνθή-
21 σεται Χριστὸς ἐν τῷ σώματί μου, εἴτε διὰ ζωῆς εἴτε διὰ θανάτου. ἐμοὶ
22 γὰρ τὸ ζῆν Χριστός, καὶ τὸ ἀποθανεῖν κέρδος. εἰ δὲ τὸ ζῆν ἐν σαρκί,
23 τοῦτό μοι καρπὸς ἔργου, καὶ τί αἱρήσομαι; οὐ γνωρίζω. συνέχομαι δὲ
ἐκ τῶν δύο, τὴν ἐπιθυμίαν ἔχων εἰς τὸ ἀναλῦσαι καὶ σὺν Χριστῷ εἶναι,
24 πολλῷ γὰρ μᾶλλον κρεῖσσον· τὸ δὲ ἐπιμένειν τῇ σαρκὶ ἀναγκαιότερον
25 δι᾽ ὑμᾶς. καὶ τοῦτο πεποιθὼς οἶδα ὅτι μενῶ, καὶ παραμενῶ πᾶσιν ὑμῖν
26 εἰς τὴν ὑμῶν προκοπὴν καὶ χαρὰν τῆς πίστεως, ἵνα τὸ καύχημα ὑμῶν
περισσεύῃ ἐν Χριστῷ Ἰησοῦ ἐν ἐμοὶ διὰ τῆς ἐμῆς παρουσίας πάλιν
πρὸς ὑμᾶς.

27 Μόνον ἀξίως τοῦ εὐαγγελίου τοῦ Χριστοῦ πολιτεύεσθε, ἵνα εἴτε
ἐλθὼν καὶ ἰδὼν ὑμᾶς εἴτε ἀπὼν ἀκούω τὰ περὶ ὑμῶν, ὅτι στήκετε ἐν ἑνὶ
28 πνεύματι, μιᾷ ψυχῇ συναθλοῦντες τῇ πίστει τοῦ εὐαγγελίου, καὶ μὴ
πτυρόμενοι ἐν μηδενὶ ὑπὸ τῶν ἀντικειμένων· ἥτις ἐστὶν αὐτοῖς ἔνδειξις
29 ἀπωλείας, ὑμῶν δὲ σωτηρίας, καὶ τοῦτο ἀπὸ Θεοῦ· ὅτι ὑμῖν ἐχαρίσθη τὸ
ὑπὲρ Χριστοῦ οὐ μόνον τὸ εἰς αὐτὸν πιστεύειν ἀλλὰ καὶ τὸ ὑπὲρ αὐτοῦ
30 πάσχειν· τὸν αὐτὸν ἀγῶνα ἔχοντες οἷον εἴδετε ἐν ἐμοὶ καὶ νῦν ἀκούετε
ἐν ἐμοί.

2 ❡ Εἴ τις οὖν παράκλησις ἐν Χριστῷ, εἴ τι παραμύθιον ἀγάπης, εἴ τις
2 κοινωνία Πνεύματος, εἴ τις σπλάγχνα καὶ οἰκτιρμοί, πληρώσατέ μου
τὴν χαρὰν ἵνα τὸ αὐτὸ φρονῆτε, τὴν αὐτὴν ἀγάπην ἔχοντες, σύμ-
3 ψυχοι, τὸ ἓν φρονοῦντες, μηδὲν κατ᾽ ἐριθείαν μηδὲ κατὰ κενοδοξίαν,
ἀλλὰ τῇ ταπεινοφροσύνῃ ἀλλήλους ἡγούμενοι ὑπερέχοντας ἑαυτῶν,
4 μὴ τὰ ἑαυτῶν ἕκαστοι σκοποῦντες, ἀλλὰ καὶ τὰ ἑτέρων ἕκαστοι.

5 6 Τοῦτο φρονεῖτε ἐν ὑμῖν ὃ καὶ ἐν Χριστῷ Ἰησοῦ, ὃς ἐν μορφῇ Θεοῦ
7 ὑπάρχων οὐχ ἁρπαγμὸν ἡγήσατο τὸ εἶναι ἴσα Θεῷ, ἀλλὰ ἑαυτὸν
ἐκένωσεν μορφὴν δούλου λαβών. ἐν ὁμοιώματι ἀνθρώπων γενόμενος,
8 καὶ σχήματι εὑρεθεὶς ὡς ἄνθρωπος, ἐταπείνωσεν ἑαυτὸν γενόμενος
9 ὑπήκοος μέχρι θανάτου, θανάτου δὲ σταυροῦ. διὸ καὶ ὁ Θεὸς αὐτὸν
10 ὑπερύψωσεν καὶ ἐχαρίσατο αὐτῷ τὸ ὄνομα τὸ ὑπὲρ πᾶν ὄνομα, ἵνα ἐν
τῷ ὀνόματι Ἰησοῦ ⌐πᾶν γόνυ κάμψῃ⌐ ἐπουρανίων καὶ ἐπιγείων καὶ
11 καταχθονίων, ⌐καὶ πᾶσα γλῶσσα ἐξομολογήσεται⌐ [a] ὅτι Κύριος Ἰησοῦς
Χριστὸς εἰς δόξαν Θεοῦ Πατρός.

12 Ὥστε, ἀγαπητοί μου, καθὼς πάντοτε ὑπηκούσατε, μὴ ὡς ἐν τῇ
παρουσίᾳ μου μόνον ἀλλὰ νῦν πολλῷ μᾶλλον ἐν τῇ ἀπουσίᾳ μου, μετὰ

[a] Is. 45. 23

ΠΡΟΣ ΦΙΛΙΠΠΗΣΙΟΥΣ 2, 3

φόβου καὶ τρόμου τὴν ἑαυτῶν σωτηρίαν κατεργάζεσθε· Θεὸς γάρ ἐστιν 13
ὁ ἐνεργῶν ἐν ὑμῖν καὶ τὸ θέλειν καὶ τὸ ἐνεργεῖν ὑπὲρ τῆς εὐδοκίας.

Πάντα ποιεῖτε χωρὶς γογγυσμῶν καὶ διαλογισμῶν· ἵνα γένησθε 14 15
ἄμεμπτοι καὶ ἀκέραιοι, ⌊τέκνα Θεοῦ ἄμωμα⌋ μέσον ⌊γενεᾶς σκολιᾶς καὶ
ᵃ διεστραμμένης⌋,ᵇ ἐν οἷς φαίνεσθε ὡς φωστῆρες ἐν κόσμῳ, λόγον ζωῆς 16
ἐπέχοντες, εἰς καύχημα ἐμοὶ εἰς ἡμέραν Χριστοῦ, ὅτι οὐκ εἰς κενὸν
ἔδραμον οὐδὲ ⌊εἰς κενὸν ἐκοπίασα⌋.ᶜ ἀλλὰ εἰ καὶ σπένδομαι ἐπὶ τῇ 17
θυσίᾳ καὶ λειτουργίᾳ τῆς πίστεως ὑμῶν, χαίρω καὶ συγχαίρω πᾶσιν
ὑμῖν· τὸ δὲ αὐτὸ καὶ ὑμεῖς χαίρετε καὶ συγχαίρετέ μοι. 18

❡ Ἐλπίζω δὲ (ἐν Κυρίῳ Ἰησοῦ) Τιμόθεον ταχέως πέμψαι ὑμῖν, ἵνα 19
κἀγὼ εὐψυχῶ γνοὺς τὰ περὶ ὑμῶν. οὐδένα γὰρ ἔχω ἰσόψυχον, ὅστις 20
γνησίως τὰ περὶ ὑμῶν μεριμνήσει· οἱ πάντες γὰρ τὰ ἑαυτῶν ζητοῦσιν, 21
οὐ τὰ Χριστοῦ Ἰησοῦ. τὴν δὲ δοκιμὴν αὐτοῦ γινώσκετε, ὅτι ὡς πατρὶ 22
τέκνον σὺν ἐμοὶ ἐδούλευσεν εἰς τὸ εὐαγγέλιον. τοῦτον μὲν οὖν ἐλπίζω 23
πέμψαι ὡς ἂν ἀφίδω τὰ περὶ ἐμὲ ἐξαυτῆς· πέποιθα δὲ ἐν Κυρίῳ ὅτι καὶ 24
αὐτὸς τάχεως ἐλεύσομαι.

Ἀναγκαῖον δὲ ἡγησάμην Ἐπαφρόδιτον τὸν ἀδελφὸν καὶ συνεργὸν 25
καὶ συστρατιώτην μου, ὑμῶν δὲ ἀπόστολον καὶ λειτουργὸν τῆς χρείας
μου, πέμψαι πρὸς ὑμᾶς, ἐπειδὴ ἐπιποθῶν ἦν πάντας ὑμᾶς, καὶ ἀδημονῶν 26
διότι ἠκούσατε ὅτι ἠσθένησεν. (καὶ γὰρ ἠσθένησεν παραπλήσιον 27
θανάτῳ· ἀλλὰ ὁ Θεὸς ἠλέησεν αὐτόν, οὐκ αὐτὸν δὲ μόνον ἀλλὰ καὶ ἐμέ,
ἵνα μὴ λύπην ἐπὶ λύπην σχῶ.) σπουδαιοτέρως οὖν ἔπεμψα αὐτόν, ἵνα 28
ἰδόντες αὐτὸν πάλιν χαρῆτε κἀγὼ ἀλυπότερος ὦ. προσδέχεσθε οὖν 29
αὐτὸν ἐν Κυρίῳ μετὰ πάσης χαρᾶς, καὶ τοὺς τοιούτους ἐντίμους ἔχετε,
ὅτι διὰ τὸ ἔργον Χριστοῦ μέχρι θανάτου ἤγγισεν, παραβολευσάμενος 30
τῇ ψυχῇ ἵνα ἀναπληρώσῃ τὸ ὑμῶν ὑστέρημα τῆς πρός με λειτουργίας.

Τὸ λοιπόν, ἀδελφοί μου, χαίρετε ἐν Κυρίῳ. 3

❡ Τὰ αὐτὰ γράφειν ὑμῖν ἐμοὶ μὲν οὐκ ὀκνηρόν, ὑμῖν δὲ ἀσφαλές.
βλέπετε τοὺς κύνας, βλέπετε τοὺς κακοὺς ἐργάτας, βλέπετε τὴν κατα- 2
τομήν. ἡμεῖς γάρ ἐσμεν ἡ περιτομή, οἱ ᵈ πνεύματι λατρεύοντες καὶ 3
καυχώμενοι ἐν Χριστῷ Ἰησοῦ καὶ οὐκ ἐν σαρκὶ πεποιθότες, καίπερ ἐγὼ 4
ἔχων πεποίθησιν καὶ ἐν σαρκί. εἴ τις δοκεῖ ἄλλος πεποιθέναι ἐν σαρκί,
ἐγὼ μᾶλλον· περιτομὴ ὀκταήμερος, ἐκ γένους Ἰσραήλ, φυλῆς Βενιαμίν, 5
Ἑβραῖος ἐξ Ἑβραίων, κατὰ νόμον Φαρισαῖος, κατὰ ζῆλος διώκων τὴν 6
ἐκκλησίαν, κατὰ δικαιοσύνην τὴν ἐν νόμῳ γενόμενος ἄμεμπτος. ἀλλὰ 7

[a] διεστραμμένης. ἐν οἷς... [b] Dt. 32. 5 [c] Is. 49. 4; 65. 23 [d] πνεύματι
Θεῷ λατρεύοντες or Πνεύματι Θεοῦ λατρεύοντες

8 ἅτινα ἦν μοι κέρδη, ταῦτα ἥγημαι διὰ τὸν Χριστὸν ζημίαν. ἀλλὰ μεν-
οῦν γε καὶ ἡγοῦμαι πάντα ζημίαν εἶναι διὰ τὸ ὑπερέχον τῆς γνώσεως
Χριστοῦ Ἰησοῦ τοῦ Κυρίου μου, δι' ὃν τὰ πάντα ἐζημιώθην, καὶ ἡγοῦ-
9 μαι σκύβαλα ἵνα Χριστὸν κερδήσω καὶ εὑρεθῶ ἐν αὐτῷ, μὴ ἔχων ἐμὴν
δικαιοσύνην τὴν ἐκ νόμου, ἀλλὰ τὴν διὰ πίστεως Χριστοῦ, τὴν ἐκ Θεοῦ
10 δικαιοσύνην ἐπὶ τῇ πίστει, τοῦ γνῶναι αὐτὸν καὶ τὴν δύναμιν τῆς ἀνα-
στάσεως αὐτοῦ καὶ κοινωνίαν παθημάτων αὐτοῦ, συμμορφιζόμενος τῷ
11 θανάτῳ αὐτοῦ, εἴ πως καταντήσω εἰς τὴν ἐξανάστασιν τὴν ἐκ νεκρῶν.
12 Οὐχ ὅτι ἤδη ἔλαβον ἢ ἤδη τετελείωμαι, διώκω δὲ εἰ καὶ καταλάβω,
13 ἐφ' ᾧ καὶ κατελήμφθην ὑπὸ Χριστοῦ. ἀδελφοί, ἐγὼ ἐμαυτὸν οὔπω
λογίζομαι κατειληφέναι· ἓν δέ, τὰ μὲν ὀπίσω ἐπιλανθανόμενος τοῖς δὲ
14 ἔμπροσθεν ἐπεκτεινόμενος, κατὰ σκοπὸν διώκω εἰς τὸ βραβεῖον τῆς
ἄνω κλήσεως τοῦ Θεοῦ ἐν Χριστῷ Ἰησοῦ.
15 Ὅσοι οὖν τέλειοι, τοῦτο φρονῶμεν· καὶ εἴ τι ἑτέρως φρονεῖτε, καὶ
16 τοῦτο ὁ Θεὸς ὑμῖν ἀποκαλύψει· πλὴν εἰς ὃ ἐφθάσαμεν, τῷ αὐτῷ
στοιχεῖν.
17 Συμμιμηταί μου γίνεσθε, ἀδελφοί, καὶ σκοπεῖτε τοὺς οὕτω περι-
18 πατοῦντας καθὼς ἔχετε τύπον ἡμᾶς. πολλοὶ γὰρ περιπατοῦσιν οὓς
πολλάκις ἔλεγον ὑμῖν, νῦν δὲ καὶ κλαίων λέγω, τοὺς ἐχθροὺς τοῦ
19 σταυροῦ τοῦ Χριστοῦ, ὧν τὸ τέλος ἀπώλεια, ὧν ὁ θεὸς ἡ κοιλία καὶ ἡ
20 δόξα ἐν τῇ αἰσχύνῃ αὐτῶν, οἱ τὰ ἐπίγεια φρονοῦντες. ἡμῶν γὰρ τὸ
πολίτευμα ἐν οὐρανοῖς ὑπάρχει, ἐξ οὗ καὶ σωτῆρα ἀπεκδεχόμεθα Κύριον
21 Ἰησοῦν Χριστόν, ὃς μετασχηματίσει τὸ σῶμα τῆς ταπεινώσεως ἡμῶν
σύμμορφον τῷ σώματι τῆς δόξης αὐτοῦ, κατὰ τὴν ἐνέργειαν τοῦ δύνα-
4 σθαι αὐτὸν καὶ ὑποτάξαι αὐτῷ τὰ πάντα. ὥστε, ἀδελφοί μου ἀγαπη-
τοὶ καὶ ἐπιπόθητοι, χαρὰ καὶ στέφανός μου, οὕτως στήκετε ἐν Κυρίῳ,
ἀγαπητοί.
2 Εὐοδίαν παρακαλῶ καὶ Συντύχην παρακαλῶ τὸ αὐτὸ φρονεῖν ἐν
3 Κυρίῳ. ναὶ ἐρωτῶ καὶ σέ, γνήσιε σύζυγε, συλλαμβάνου αὐταῖς, αἵτινες
ἐν τῷ εὐαγγελίῳ συνήθλησάν μοι μετὰ καὶ Κλήμεντος καὶ τῶν ᵃ λοιπῶν
συνεργῶν μου, ὧν τὰ ὀνόματα ⌊ἐν βίβλῳ ζωῆς⌋.ᵇ
4 Χαίρετε ἐν Κυρίῳ πάντοτε· πάλιν ἐρῶ, χαίρετε.
5 Τὸ ἐπιεικὲς ὑμῶν γνωσθήτω πᾶσιν ἀνθρώποις.
6 Ὁ Κύριος ἐγγύς· μηδὲν μεριμνᾶτε, ἀλλ' ἐν παντὶ τῇ προσευχῇ καὶ
τῇ δεήσει μετὰ εὐχαριστίας τὰ αἰτήματα ὑμῶν γνωριζέσθω πρὸς τὸν
7 Θεόν. καὶ ἡ εἰρήνη τοῦ Θεοῦ ἡ ὑπερέχουσα πάντα νοῦν φρουρήσει τὰς
καρδίας ὑμῶν καὶ τὰ νοήματα ὑμῶν ἐν Χριστῷ Ἰησοῦ.
8 Τὸ λοιπόν, ἀδελφοί, ὅσα ἐστὶν ἀληθῆ, ὅσα σεμνά, ὅσα δίκαια, ὅσα

[a] συνεργῶν μου καὶ τῶν λοιπῶν   [b] Ps. 69. 28

ἀγνά, ὅσα προσφιλῆ, ὅσα εὔφημα, εἴ τις ἀρετὴ καὶ εἴ τις ἔπαινος, ταῦτα λογίζεσθε.

ⁿΑ καὶ ἐμάθετε καὶ παρελάβετε καὶ ἠκούσατε καὶ εἴδετε ἐν ἐμοί, ταῦτα 9 πράσσετε· καὶ ὁ Θεὸς τῆς εἰρήνης ἔσται μεθ᾽ ὑμῶν.

℞ Ἐχάρην δὲ ἐν Κυρίῳ μεγάλως ὅτι ἤδη ποτὲ ἀνεθάλετε τὸ ὑπὲρ ἐμοῦ 10 φρονεῖν· ἐφ᾽ ᾧ καὶ ἐφρονεῖτε, ἠκαιρεῖσθε δέ. οὐχ ὅτι καθ᾽ ὑστέρησιν 11 λέγω· ἐγὼ γὰρ ἔμαθον ἐν οἷς εἰμι αὐτάρκης εἶναι. οἶδα καὶ ταπεινοῦ- 12 σθαι, οἶδα καὶ περισσεύειν· ἐν παντὶ καὶ ἐν πᾶσιν μεμύημαι, καὶ χορτάζεσθαι καὶ πεινᾶν, καὶ περισσεύειν καὶ ὑστερεῖσθαι. πάντα ἰσχύω 13 ἐν τῷ ἐνδυναμοῦντί με. πλὴν καλῶς ἐποιήσατε συγκοινωνήσαντές μου 14 τῇ θλίψει.

Οἴδατε δὲ καὶ ὑμεῖς, Φιλιππήσιοι, ὅτι ἐν ἀρχῇ τοῦ εὐαγγελίου, ὅτε 15 ἐξῆλθον ἀπὸ Μακεδονίας, οὐδεμία μοι ἐκκλησία ἐκοινώνησεν εἰς λόγον δόσεως καὶ λήμψεως εἰ μὴ ὑμεῖς μόνοι, ὅτι καὶ ἐν Θεσσαλονίκῃ καὶ ἅπαξ 16 καὶ δὶς εἰς τὴν χρείαν μοι ἐπέμψατε. οὐχ ὅτι ἐπιζητῶ τὸ δόμα, ἀλλὰ 17 ἐπιζητῶ τὸν καρπὸν τὸν πλεονάζοντα εἰς λόγον ὑμῶν. ἀπέχω δὲ 18 πάντα καὶ περισσεύω· πεπλήρωμαι δεξάμενος παρὰ Ἐπαφροδίτου τὰ παρ᾽ ὑμῶν, ⌊ὀσμὴν εὐωδίας⌋,ᵃ θυσίαν δεκτήν, εὐάρεστον τῷ Θεῷ. ὁ δὲ 19 Θεός μου πληρώσει πᾶσαν χρείαν ὑμῶν κατὰ τὸ πλοῦτος αὐτοῦ ἐν δόξῃ ἐν Χριστῷ Ἰησοῦ. τῷ δὲ Θεῷ καὶ Πατρὶ ἡμῶν ἡ δόξα εἰς τοὺς 20 αἰῶνας τῶν αἰώνων· ἀμήν.

Ἀσπάσασθε πάντα ἅγιον ἐν Χριστῷ Ἰησοῦ. ἀσπάζονται ὑμᾶς οἱ 21 σὺν ἐμοὶ ἀδελφοί. ἀσπάζονται ὑμᾶς πάντες οἱ ἅγιοι, μάλιστα δὲ οἱ ἐκ 22 τῆς Καίσαρος οἰκίας.

Ἡ χάρις τοῦ Κυρίου Ἰησοῦ Χριστοῦ μετὰ τοῦ πνεύματος ὑμῶν. 23

[a] Ex. 29. 18; Ezk. 20. 41

ΠΡΟΣ ΚΟΛΟΣΣΑΕΙΣ

1 ΠΑΥΛΟΣ ΑΠΟΣΤΟΛΟΣ Χριστοῦ Ἰησοῦ διὰ θελήματος Θεοῦ
2 καὶ Τιμόθεος ὁ ἀδελφὸς τοῖς ἐν Κολοσσαῖς ἁγίοις καὶ πιστοῖς ἀδελφοῖς ἐν Χριστῷ.

Χάρις ὑμῖν καὶ εἰρήνη ἀπὸ Θεοῦ Πατρὸς ἡμῶν.

3 Εὐχαριστοῦμεν τῷ Θεῷ Πατρὶ τοῦ Κυρίου ἡμῶν Ἰησοῦ Χριστοῦ
4 πάντοτε περὶ ὑμῶν προσευχόμενοι, ἀκούσαντες τὴν πίστιν ὑμῶν ἐν
5 Χριστῷ Ἰησοῦ καὶ τὴν ἀγάπην ἣν ἔχετε εἰς πάντας τοὺς ἁγίους διὰ τὴν ἐλπίδα τὴν ἀποκειμένην ὑμῖν ἐν τοῖς οὐρανοῖς, ἣν προηκούσατε ἐν
6 τῷ λόγῳ τῆς ἀληθείας τοῦ εὐαγγελίου τοῦ παρόντος εἰς ὑμᾶς καθὼς καὶ ἐν παντὶ τῷ κόσμῳ ἐστίν, καρποφορούμενον καὶ αὐξανόμενον καθὼς καὶ ἐν ὑμῖν, ἀφ᾿ ἧς ἡμέρας ἠκούσατε καὶ ἐπέγνωτε τὴν χάριν τοῦ Θεοῦ ἐν
7 ἀληθείᾳ· καθὼς ἐμάθετε ἀπὸ Ἐπαφρᾶ τοῦ ἀγαπητοῦ συνδούλου ἡμῶν,
8 ὅς ἐστιν πιστὸς ὑπὲρ ^a ἡμῶν διάκονος τοῦ Χριστοῦ, ὁ καὶ δηλώσας ἡμῖν τὴν ὑμῶν ἀγάπην ἐν Πνεύματι.

9 Διὰ τοῦτο καὶ ἡμεῖς, ἀφ᾿ ἧς ἡμέρας ἠκούσαμεν, οὐ παυόμεθα ὑπὲρ ὑμῶν προσευχόμενοι καὶ αἰτούμενοι ἵνα πληρωθῆτε τὴν ἐπίγνωσιν τοῦ
10 θελήματος αὐτοῦ ἐν πάσῃ σοφίᾳ καὶ συνέσει πνευματικῇ, περιπατῆσαι ἀξίως τοῦ Κυρίου εἰς πᾶσαν ἀρέσκειαν, ἐν παντὶ ἔργῳ ἀγαθῷ καρπο-
11 φοροῦντες καὶ αὐξανόμενοι τῇ ἐπιγνώσει τοῦ Θεοῦ, ἐν πάσῃ δυνάμει δυναμούμενοι κατὰ τὸ κράτος τῆς δόξης αὐτοῦ εἰς πᾶσαν ὑπομονὴν
12 καὶ ^b μακροθυμίαν μετὰ χαρᾶς, εὐχαριστοῦντες τῷ Πατρὶ τῷ ἱκανώ- σαντι ὑμᾶς εἰς τὴν μερίδα τοῦ κλήρου τῶν ἁγίων ἐν τῷ φωτί.

13 Ὃς ἐρρύσατο ἡμᾶς ἐκ τῆς ἐξουσίας τοῦ σκότους καὶ μετέστησεν εἰς
14 τὴν βασιλείαν τοῦ Υἱοῦ τῆς ἀγάπης αὐτοῦ, ἐν ᾧ ἔχομεν τὴν ἀπολύτρω-
15 σιν, τὴν ἄφεσιν τῶν ἁμαρτιῶν· ὅς ἐστιν εἰκὼν τοῦ Θεοῦ τοῦ ἀοράτου,
16 πρωτότοκος πάσης κτίσεως, ὅτι ἐν αὐτῷ ἐκτίσθη τὰ πάντα ἐν τοῖς οὐρανοῖς καὶ ἐπὶ τῆς γῆς, τὰ ὁρατὰ καὶ τὰ ἀόρατα, εἴτε θρόνοι εἴτε κυριότητες εἴτε ἀρχαὶ εἴτε ἐξουσίαι· τὰ πάντα δι᾿ αὐτοῦ καὶ εἰς αὐτὸν
17 ἔκτισται· καὶ αὐτός ἐστιν πρὸ πάντων καὶ τὰ πάντα ἐν αὐτῷ συνέστη-
18 κεν, καὶ αὐτός ἐστιν ἡ κεφαλὴ τοῦ σώματος, τῆς ἐκκλησίας· ὅς ἐστιν ἀρχή,
19 πρωτότοκος ἐκ τῶν νεκρῶν, ἵνα γένηται ἐν πᾶσιν αὐτὸς πρωτεύων, ὅτι

[a] ὑμῶν   [b] μακροθυμίαν, μετὰ χαρᾶς εὐχαριστοῦντες

ἐν αὐτῷ εὐδόκησεν πᾶν τὸ πλήρωμα κατοικῆσαι, καὶ δι᾽ αὐτοῦ ἀπο- 20
καταλλάξαι τὰ πάντα εἰς αὐτόν, εἰρηνοποιήσας διὰ τοῦ αἵματος τοῦ
σταυροῦ αὐτοῦ, δι᾽ αὐτοῦ εἴτε τὰ ἐπὶ τῆς γῆς εἴτε τὰ ἐν τοῖς οὐρανοῖς.

Καὶ ὑμᾶς ποτε ὄντας ἀπηλλοτριωμένους καὶ ἐχθροὺς τῇ διανοίᾳ ἐν 21
τοῖς ἔργοις τοῖς πονηροῖς, νυνὶ δὲ ἀποκατήλλαξεν ἐν τῷ σώματι τῆς 22
σαρκὸς αὐτοῦ διὰ τοῦ θανάτου, παραστῆσαι ὑμᾶς ἁγίους καὶ ἀμώμους
καὶ ἀνεγκλήτους κατενώπιον αὐτοῦ, εἴ γε ἐπιμένετε τῇ πίστει τεθεμελιω- 23
μένοι καὶ ἑδραῖοι καὶ μὴ μετακινούμενοι ἀπὸ τῆς ἐλπίδος τοῦ εὐαγ-
γελίου οὗ ἠκούσατε, τοῦ κηρυχθέντος ἐν πάσῃ κτίσει τῇ ὑπὸ τὸν
οὐρανόν, οὗ ἐγενόμην ἐγὼ Παῦλος διάκονος.

Νῦν χαίρω ἐν τοῖς παθήμασιν ὑπὲρ ὑμῶν, καὶ ἀνταναπληρῶ τὰ 24
ὑστερήματα τῶν θλίψεων τοῦ Χριστοῦ ἐν τῇ σαρκί μου ὑπὲρ τοῦ
σώματος αὐτοῦ, ὅ ἐστιν ἡ ἐκκλησία· ἧς ἐγενόμην ἐγὼ διάκονος κατὰ τὴν 25
οἰκονομίαν τοῦ Θεοῦ τὴν δοθεῖσάν μοι εἰς ὑμᾶς πληρῶσαι τὸν λόγον
τοῦ Θεοῦ, τὸ μυστήριον τὸ ἀποκεκρυμμένον ἀπὸ τῶν αἰώνων καὶ ἀπὸ 26
τῶν γενεῶν—νῦν δὲ ἐφανερώθη τοῖς ἁγίοις αὐτοῦ, οἷς ἠθέλησεν ὁ Θεὸς 27
γνωρίσαι τί τὸ πλοῦτος τῆς δόξης τοῦ μυστηρίου τούτου ἐν τοῖς
ἔθνεσιν, ὅ ἐστιν Χριστὸς ἐν ὑμῖν, ἡ ἐλπὶς τῆς δόξης.

Ὃν ἡμεῖς καταγγέλλομεν νουθετοῦντες πάντα ἄνθρωπον καὶ διδά- 28
σκοντες πάντα ἄνθρωπον ἐν πάσῃ σοφίᾳ, ἵνα παραστήσωμεν πάντα
ἄνθρωπον τέλειον ἐν Χριστῷ· εἰς ὃ καὶ κοπιῶ ἀγωνιζόμενος κατὰ τὴν 29
ἐνέργειαν αὐτοῦ τὴν ἐνεργουμένην ἐν ἐμοὶ ἐν δυνάμει. θέλω γὰρ ὑμᾶς **2**
εἰδέναι ἡλίκον ἀγῶνα ἔχω ὑπὲρ ὑμῶν καὶ τῶν ἐν Λαοδικείᾳ καὶ ὅσοι οὐχ
ἑόρακαν τὸ πρόσωπόν μου ἐν σαρκί, ἵνα παρακληθῶσιν αἱ καρδίαι 2
αὐτῶν, συμβιβασθέντες ἐν ἀγάπῃ καὶ εἰς πᾶν πλοῦτος τῆς πληρο-
φορίας τῆς συνέσεως, εἰς ἐπίγνωσιν τοῦ μυστηρίου τοῦ Θεοῦ, Χριστοῦ,
ἐν ᾧ εἰσιν πάντες ⌊οἱ θησαυροὶ τῆς σοφίας⌋ καὶ γνώσεως ⌊ἀπόκρυφοι⌋.[a] 3
[b] τοῦτο λέγω ἵνα μηδεὶς ὑμᾶς παραλογίζηται ἐν πιθανολογίᾳ. εἰ γὰρ 4 5
καὶ τῇ σαρκὶ ἄπειμι, ἀλλὰ τῷ πνεύματι σὺν ὑμῖν εἰμι, χαίρων καὶ
βλέπων ὑμῶν τὴν τάξιν καὶ τὸ στερέωμα τῆς εἰς Χριστὸν πίστεως ὑμῶν.

℄ Ὡς οὖν παρελάβετε τὸν Χριστὸν Ἰησοῦν τὸν Κύριον, ἐν αὐτῷ 6
περιπατεῖτε, ἐρριζωμένοι καὶ ἐποικοδομούμενοι ἐν αὐτῷ καὶ βεβαιού- 7
μενοι [c] τῇ πίστει καθὼς ἐδιδάχθητε, περισσεύοντες ἐν εὐχαριστίᾳ.
βλέπετε μή τις ὑμᾶς ἔσται ὁ συλαγωγῶν διὰ τῆς φιλοσοφίας καὶ κενῆς 8
ἀπάτης κατὰ τὴν παράδοσιν τῶν ἀνθρώπων, κατὰ τὰ στοιχεῖα τοῦ
κόσμου καὶ οὐ κατὰ Χριστόν.

[a] Prv. 2. 3, 4; Is. 45. 3   [b] τοῦτο λέγω· ἵνα . . .   [c] τῇ πίστει, καθὼς
ἐδιδάχθητε

9 Ὅτι ἐν αὐτῷ κατοικεῖ πᾶν τὸ πλήρωμα τῆς θεότητος σωματικῶς,
10 καὶ ἐστὲ ἐν αὐτῷ πεπληρωμένοι, ὅς ἐστιν ἡ κεφαλὴ πάσης ἀρχῆς καὶ
11 ἐξουσίας· ἐν ᾧ καὶ περιετμήθητε περιτομῇ ἀχειροποιήτῳ ἐν τῇ ἀπεκ-
12 δύσει τοῦ σώματος τῆς σαρκός, ἐν τῇ περιτομῇ τοῦ Χριστοῦ, συντα-
φέντες αὐτῷ ἐν τῷ βαπτίσματι, ἐν ᾧ καὶ συνηγέρθητε διὰ τῆς πίστεως
13 τῆς ἐνεργείας τοῦ Θεοῦ τοῦ ἐγείραντος αὐτὸν ἐκ νεκρῶν· καὶ ὑμᾶς
νεκροὺς ὄντας τοῖς παραπτώμασιν καὶ τῇ ἀκροβυστίᾳ τῆς σαρκὸς
ὑμῶν, συνεζωοποίησεν ὑμᾶς σὺν αὐτῷ, χαρισάμενος ἡμῖν πάντα τὰ
14 παραπτώματα· ἐξαλείψας τὸ καθ᾽ ἡμῶν χειρόγραφον τοῖς δόγμασιν, ὃ
ἦν ὑπεναντίον ἡμῖν, καὶ αὐτὸ ἦρκεν ἐκ τοῦ μέσου, προσηλώσας αὐτὸ
15 τῷ σταυρῷ· ᵃ ἀπεκδυσάμενος τὰς ἀρχὰς καὶ τὰς ἐξουσίας ἐδειγμάτισεν
ἐν παρρησίᾳ, θριαμβεύσας αὐτοὺς ἐν αὐτῷ.

16 ⓵ Μὴ οὖν τις ὑμᾶς κρινέτω ἐν βρώσει καὶ ἐν πόσει ἢ ἐν μέρει ἑορτῆς ἢ
17 νεομηνίας ἢ σαββάτων, ἅ ἐστιν σκιὰ τῶν μελλόντων, τὸ δὲ σῶμα τοῦ
18 Χριστοῦ. μηδεὶς ὑμᾶς καταβραβευέτω θέλων ἐν ταπεινοφροσύνῃ καὶ
θρησκείᾳ τῶν ἀγγέλων, ἃ ἑόρακεν ἐμβατεύων, εἰκῇ φυσιούμενος ὑπὸ
19 τοῦ νοὸς τῆς σαρκὸς αὐτοῦ, καὶ οὐ κρατῶν τὴν Κεφαλήν, ἐξ οὗ πᾶν τὸ
σῶμα διὰ τῶν ἁφῶν καὶ συνδέσμων ἐπιχορηγούμενον καὶ συμβιβαζό-
μενον αὔξει τὴν αὔξησιν τοῦ Θεοῦ.

20 Εἰ ἀπεθάνετε σὺν Χριστῷ ἀπὸ τῶν στοιχείων τοῦ κόσμου, τί ὡς
21 22 ζῶντες ἐν κόσμῳ δογματίζεσθε· Μὴ ἅψῃ μηδὲ γεύσῃ μηδὲ θίγῃς, ἃ
ἐστιν πάντα εἰς φθορὰν τῇ ἀποχρήσει, κατὰ τὰ ⌊ἐντάλματα καὶ
23 διδασκαλίας τῶν ἀνθρώπων⌋; ᵇ ἅτινά ἐστιν λόγον μὲν ἔχοντα σοφίας ἐν
ἐθελοθρησκίᾳ καὶ ταπεινοφροσύνῃ καὶ ἀφειδίᾳ σώματος, οὐκ ἐν τιμῇ
τινι πρὸς πλησμονὴν τῆς σαρκός.

3 Εἰ οὖν συνηγέρθητε τῷ Χριστῷ, τὰ ἄνω ζητεῖτε, οὗ ὁ Χριστός ἐστιν
2 ⌊ἐν δεξιᾷ τοῦ Θεοῦ καθήμενος⌋·ᶜ τὰ ἄνω φρονεῖτε, μὴ τὰ ἐπὶ τῆς γῆς.
3 ἀπεθάνετε γάρ, καὶ ἡ ζωὴ ὑμῶν κέκρυπται σὺν τῷ Χριστῷ ἐν τῷ Θεῷ·
4 ὅταν ὁ Χριστὸς φανερωθῇ, ἡ ζωὴ ἡμῶν, τότε καὶ ὑμεῖς σὺν αὐτῷ
φανερωθήσεσθε ἐν δόξῃ.

5 Νεκρώσατε οὖν τὰ μέλη τὰ ἐπὶ τῆς γῆς, πορνείαν, ἀκαθαρσίαν,
πάθος, ἐπιθυμίαν κακήν, καὶ τὴν πλεονεξίαν ἥτις ἐστὶν εἰδωλολατρία,
6 7 δι᾽ ἃ ἔρχεται ἡ ὀργὴ τοῦ Θεοῦ· ἐν οἷς καὶ ὑμεῖς περιεπατήσατέ ποτε, ὅτε
8 ἐζῆτε ἐν τούτοις. νυνὶ δὲ ἀπόθεσθε καὶ ὑμεῖς τὰ πάντα, ὀργήν, θυμόν,
9 κακίαν, βλασφημίαν, αἰσχρολογίαν ἐκ τοῦ στόματος ὑμῶν. μὴ ψεύ-
δεσθε εἰς ἀλλήλους, ἀπεκδυσάμενοι τὸν παλαιὸν ἄνθρωπον σὺν ταῖς
10 πράξεσιν αὐτοῦ, καὶ ἐνδυσάμενοι τὸν νέον τὸν ἀνακαινούμενον εἰς

[a] ἀπεκδυσάμενος, τὰς ἀρχὰς . . .   [b] Is. 29. 13   [c] Ps. 110. 1

ἐπίγνωσιν ⌊κατ᾽ εἰκόνα τοῦ κτίσαντος⌋[a] αὐτόν· ὅπου οὐκ ἔνι Ἕλλην καὶ 11 Ἰουδαῖος, περιτομὴ καὶ ἀκροβυστία, βάρβαρος, Σκύθης, δοῦλος, ἐλεύθερος, ἀλλὰ πάντα καὶ ἐν πᾶσιν Χριστός.

Ἐνδύσασθε οὖν, ὡς ἐκλεκτοὶ τοῦ Θεοῦ ἅγιοι καὶ ἠγαπημένοι, 12 σπλάγχνα οἰκτιρμοῦ, χρηστότητα, ταπεινοφροσύνην, πραΰτητα, μακροθυμίαν· ἀνεχόμενοι ἀλλήλων καὶ χαριζόμενοι ἑαυτοῖς, ἐάν τις πρός 13 τινα ἔχῃ μομφήν· καθὼς καὶ ὁ Κύριος ἐχαρίσατο ὑμῖν οὕτως καὶ ὑμεῖς· ἐπὶ πᾶσιν δὲ τούτοις τὴν ἀγάπην, ὅ ἐστιν σύνδεσμος τῆς τελειότητος. 14 καὶ ἡ εἰρήνη τοῦ Χριστοῦ βραβευέτω ἐν ταῖς καρδίαις ὑμῶν, εἰς ἣν καὶ 15 ἐκλήθητε ἐν ἑνὶ σώματι· καὶ εὐχάριστοι γίνεσθε. ὁ λόγος τοῦ Χριστοῦ 16 ἐνοικείτω ἐν ὑμῖν πλουσίως· ἐν πάσῃ σοφίᾳ διδάσκοντες καὶ νουθετοῦντες ἑαυτούς· ψαλμοῖς ὕμνοις ᾠδαῖς πνευματικαῖς ἐν τῇ χάριτι ᾄδοντες ἐν ταῖς καρδίαις ὑμῶν τῷ [b] Θεῷ· καὶ πᾶν ὅ τι ἐὰν ποιῆτε ἐν λόγῳ ἢ ἐν 17 ἔργῳ, πάντα ἐν ὀνόματι Κυρίου Ἰησοῦ, εὐχαριστοῦντες τῷ Θεῷ Πατρὶ δι᾽ αὐτοῦ.

❡ Αἱ γυναῖκες, ὑποτάσσεσθε τοῖς ἀνδράσιν, ὡς ἀνῆκεν ἐν Κυρίῳ. οἱ 18 19 ἄνδρες, ἀγαπᾶτε τὰς γυναῖκας καὶ μὴ πικραίνεσθε πρὸς αὐτάς. τὰ 20 τέκνα, ὑπακούετε τοῖς γονεῦσιν κατὰ πάντα, τοῦτο γὰρ εὐάρεστόν ἐστιν ἐν Κυρίῳ. οἱ πατέρες, μὴ ἐρεθίζετε τὰ τέκνα ὑμῶν, ἵνα μὴ 21 ἀθυμῶσιν. οἱ δοῦλοι, ὑπακούετε κατὰ πάντα τοῖς κατὰ σάρκα κυρίοις, 22 μὴ ἐν ὀφθαλμοδουλίαις ὡς ἀνθρωπάρεσκοι, ἀλλ᾽ ἐν ἁπλότητι καρδίας φοβούμενοι τὸν Κύριον. ὃ ἐὰν ποιῆτε, ἐκ ψυχῆς ἐργάζεσθε ὡς τῷ 23 Κυρίῳ καὶ οὐκ ἀνθρώποις, εἰδότες ὅτι ἀπὸ Κυρίου ἀπολήμψεσθε τὴν 24 ἀνταπόδοσιν τῆς κληρονομίας. τῷ Κυρίῳ Χριστῷ δουλεύετε· ὁ γὰρ 25 ἀδικῶν κομίσεται ὃ ἠδίκησεν, καὶ οὐκ ἔστιν προσωπολημψία. οἱ 4 κύριοι, τὸ δίκαιον καὶ τὴν ἰσότητα τοῖς δούλοις παρέχεσθε, εἰδότες ὅτι καὶ ὑμεῖς ἔχετε Κύριον ἐν οὐρανῷ.

Τῇ προσευχῇ προσκαρτερεῖτε, γρηγοροῦντες ἐν αὐτῇ ἐν εὐχαριστίᾳ, 2 προσευχόμενοι ἅμα καὶ περὶ ἡμῶν, ἵνα ὁ Θεὸς ἀνοίξῃ ἡμῖν θύραν τοῦ 3 λόγου, λαλῆσαι τὸ μυστήριον τοῦ Χριστοῦ, δι᾽ ὃ καὶ δέδεμαι, ἵνα 4 φανερώσω αὐτὸ ὡς δεῖ με λαλῆσαι.

Ἐν σοφίᾳ περιπατεῖτε πρὸς τοὺς ἔξω, τὸν καιρὸν ἐξαγοραζόμενοι. 5 ὁ λόγος ὑμῶν πάντοτε ἐν χάριτι, ἅλατι ἠρτυμένος, εἰδέναι πῶς δεῖ 6 ὑμᾶς ἑνὶ ἑκάστῳ ἀποκρίνεσθαι.

❡ Τὰ κατ᾽ ἐμὲ πάντα γνωρίσει ὑμῖν Τύχικος ὁ ἀγαπητὸς ἀδελφὸς καὶ 7 πιστὸς διάκονος καὶ σύνδουλος ἐν Κυρίῳ, ὃν ἔπεμψα πρὸς ὑμᾶς εἰς 8

[a] Gn. 1. 27   [b] Κυρίῳ

αὐτὸ τοῦτο, ἵνα γνῶτε τὰ περὶ ἡμῶν καὶ παρακαλέσῃ τὰς καρδίας
9 ὑμῶν, σὺν Ὀνησίμῳ τῷ πιστῷ καὶ ἀγαπητῷ ἀδελφῷ, ὅς ἐστιν ἐξ
ὑμῶν· πάντα ὑμῖν γνωρίσουσιν τὰ ὧδε.

10 Ἀσπάζεται ὑμᾶς Ἀρίσταρχος ὁ συναιχμάλωτός μου, καὶ Μᾶρκος ὁ
ἀνεψιὸς Βαρναβᾶ (περὶ οὗ ἐλάβετε ἐντολάς· ἐὰν ἔλθῃ πρὸς ὑμᾶς,
11 δέξασθε αὐτόν), καὶ Ἰησοῦς ὁ λεγόμενος Ἰοῦστος, οἱ ὄντες ἐκ περιτομῆς
οὗτοι μόνοι συνεργοὶ εἰς τὴν βασιλείαν τοῦ Θεοῦ, οἵτινες ἐγενήθησάν
12 μοι παρηγορία. ἀσπάζεται ὑμᾶς Ἐπαφρᾶς ὁ ἐξ ὑμῶν, δοῦλος Χριστοῦ,
πάντοτε ἀγωνιζόμενος ὑπὲρ ὑμῶν ἐν ταῖς προσευχαῖς, ἵνα σταθῆτε
13 τέλειοι καὶ πεπληροφορημένοι ἐν παντὶ θελήματι τοῦ Θεοῦ. μαρτυρῶ
γὰρ αὐτῷ ὅτι ἔχει πολὺν πόνον ὑπὲρ ὑμῶν καὶ τῶν ἐν Λαοδικείᾳ καὶ
14 τῶν ἐν Ἱεραπόλει. ἀσπάζεται ὑμᾶς Λουκᾶς ὁ ἰατρὸς ὁ ἀγαπητὸς καὶ
15 Δημᾶς. ἀσπάσασθε τοὺς ἐν Λαοδικείᾳ ἀδελφοὺς καὶ ᵃ Νύμφαν καὶ τὴν
16 κατ᾽ οἶκον ᵇ αὐτῆς ἐκκλησίαν. καὶ ὅταν ἀναγνωσθῇ παρ᾽ ὑμῖν ἡ
ἐπιστολή, ποιήσατε ἵνα καὶ ἐν τῇ Λαοδικέων ἐκκλησίᾳ ἀναγνωσθῇ, καὶ
17 τὴν ἐκ Λαοδικείας ἵνα καὶ ὑμεῖς ἀναγνῶτε. καὶ εἴπατε Ἀρχίππῳ·
Βλέπε τὴν διακονίαν ἣν παρέλαβες ἐν Κυρίῳ, ἵνα αὐτὴν πληροῖς.

18 Ὁ ἀσπασμὸς τῇ ἐμῇ χειρὶ ΠΑΥΛΟΥ. μνημονεύετέ μου τῶν δεσμῶν.
ἡ χάρις μεθ᾽ ὑμῶν.

[a] Νυμφᾶν   [b] αὐτοῦ

ΠΡΟΣ ΘΕΣΣΑΛΟΝΙΚΕΙΣ Α

ΠΑΥΛΟΣ καὶ Σιλουανὸς καὶ Τιμόθεος τῇ ἐκκλησίᾳ Θεσσαλονι- 1
κέων ἐν Θεῷ Πατρὶ καὶ Κυρίῳ Ἰησοῦ Χριστῷ.
Χάρις ὑμῖν καὶ εἰρήνη.

Εὐχαριστοῦμεν τῷ Θεῷ πάντοτε περὶ πάντων ὑμῶν, μνείαν ποιού- 2
μενοι ἐπὶ τῶν προσευχῶν ἡμῶν ἀδιαλείπτως, μνημονεύοντες ὑμῶν τοῦ 3
ἔργου τῆς πίστεως καὶ τοῦ κόπου τῆς ἀγάπης καὶ τῆς ὑπομονῆς τῆς
ἐλπίδος τοῦ Κυρίου ἡμῶν Ἰησοῦ Χριστοῦ ἔμπροσθεν τοῦ Θεοῦ καὶ
Πατρὸς ἡμῶν, εἰδότες, ἀδελφοὶ ἠγαπημένοι ὑπὸ Θεοῦ, τὴν ἐκλογὴν 4
ὑμῶν, ὅτι τὸ εὐαγγέλιον ἡμῶν οὐκ ἐγενήθη εἰς ὑμᾶς ἐν λόγῳ μόνον, 5
ἀλλὰ καὶ ἐν δυνάμει καὶ ἐν Πνεύματι Ἁγίῳ καὶ πληροφορίᾳ πολλῇ,
καθὼς οἴδατε οἷοι ἐγενήθημεν ἐν ὑμῖν δι' ὑμᾶς.

Καὶ ὑμεῖς μιμηταὶ ἡμῶν ἐγενήθητε καὶ τοῦ Κυρίου, δεξάμενοι τὸν 6
λόγον ἐν θλίψει πολλῇ μετὰ χαρᾶς Πνεύματος Ἁγίου, ὥστε γενέσθαι 7
ὑμᾶς τύπον πᾶσιν τοῖς πιστεύουσιν ἐν τῇ Μακεδονίᾳ καὶ ἐν τῇ Ἀχαΐᾳ.
ἀφ' ὑμῶν γὰρ ἐξήχηται ὁ λόγος τοῦ Κυρίου οὐ μόνον ἐν τῇ Μακεδονίᾳ 8
καὶ Ἀχαΐᾳ, ἀλλ' ἐν παντὶ τόπῳ ἡ πίστις ὑμῶν ἡ πρὸς τὸν Θεὸν
ἐξελήλυθεν, ὥστε μὴ χρείαν ἔχειν ἡμᾶς λαλεῖν τι· αὐτοὶ γὰρ περὶ ἡμῶν 9
ἀπαγγέλλουσιν ὁποίαν εἴσοδον ἔσχομεν πρὸς ὑμᾶς, καὶ πῶς ἐπε-
στρέψατε πρὸς τὸν Θεὸν ἀπὸ τῶν εἰδώλων δουλεύειν Θεῷ ζῶντι καὶ
ἀληθινῷ, καὶ ἀναμένειν τὸν Υἱὸν αὐτοῦ ἐκ τῶν οὐρανῶν, ὃν ἤγειρεν ἐκ 10
τῶν νεκρῶν, Ἰησοῦν τὸν ῥυόμενον ἡμᾶς ἐκ τῆς ὀργῆς τῆς ἐρχομένης.

Αὐτοὶ γὰρ οἴδατε, ἀδελφοί, τὴν εἴσοδον ἡμῶν τὴν πρὸς ὑμᾶς, ὅτι 2
οὐ κενὴ γέγονεν, ἀλλὰ προπαθόντες καὶ ὑβρισθέντες καθὼς οἴδατε ἐν 2
Φιλίπποις ἐπαρρησιασάμεθα ἐν τῷ Θεῷ ἡμῶν λαλῆσαι πρὸς ὑμᾶς τὸ
εὐαγγέλιον τοῦ Θεοῦ ἐν πολλῷ ἀγῶνι. ἡ γὰρ παράκλησις ἡμῶν οὐκ ἐκ 3
πλάνης οὐδὲ ἐξ ἀκαθαρσίας οὐδὲ ἐν δόλῳ, ἀλλὰ καθὼς δεδοκιμάσμεθα 4
ὑπὸ τοῦ Θεοῦ πιστευθῆναι τὸ εὐαγγέλιον οὕτως λαλοῦμεν, οὐχ ὡς
ἀνθρώποις ἀρέσκοντες, ἀλλὰ Θεῷ τῷ ⌊δοκιμάζοντι τὰς καρδίας⌋[a] ἡμῶν.
οὔτε γάρ ποτε ἐν λόγῳ κολακείας ἐγενήθημεν, καθὼς οἴδατε, οὔτε ἐν 5
προφάσει πλεονεξίας, Θεὸς μάρτυς, οὔτε ζητοῦντες ἐξ ἀνθρώπων δόξαν, 6
οὔτε ἀφ' ὑμῶν οὔτε ἀπ' ἄλλων, δυνάμενοι ἐν βάρει εἶναι ὡς Χριστοῦ 7

[a] Jer. 11. 20

313

ἀπόστολοι· ἀλλὰ ἐγενήθημεν ἤπιοι ἐν μέσῳ ὑμῶν, ὡς ἐὰν τροφὸς
8 θάλπῃ τὰ ἑαυτῆς τέκνα· οὕτως ὁμειρόμενοι ὑμῶν ηὐδοκοῦμεν μετα-
δοῦναι ὑμῖν οὐ μόνον τὸ εὐαγγέλιον τοῦ Θεοῦ ἀλλὰ καὶ τὰς ἑαυτῶν
9 ψυχάς, διότι ἀγαπητοὶ ἡμῖν ἐγενήθητε. μνημονεύετε γάρ, ἀδελφοί, τὸν
κόπον ἡμῶν καὶ τὸν μόχθον· νυκτὸς καὶ ἡμέρας ἐργαζόμενοι πρὸς τὸ μὴ
ἐπιβαρῆσαί τινα ὑμῶν ἐκηρύξαμεν εἰς ὑμᾶς τὸ εὐαγγέλιον τοῦ Θεοῦ.
10 Ὑμεῖς μάρτυρες καὶ ὁ Θεός, ὡς ὁσίως καὶ δικαίως καὶ ἀμέμπτως ὑμῖν
11 τοῖς πιστεύουσιν ἐγενήθημεν· καθάπερ οἴδατε, ὡς ἕνα ἕκαστον ὑμῶν,
12 ὡς πατὴρ τέκνα ἑαυτοῦ, παρακαλοῦντες ὑμᾶς καὶ παραμυθούμενοι καὶ
μαρτυρόμενοι εἰς τὸ περιπατεῖν ὑμᾶς ἀξίως τοῦ Θεοῦ τοῦ καλοῦντος
ὑμᾶς εἰς τὴν ἑαυτοῦ βασιλείαν καὶ δόξαν.
13 Καὶ διὰ τοῦτο καὶ ἡμεῖς εὐχαριστοῦμεν τῷ Θεῷ ἀδιαλείπτως, ὅτι
παραλαβόντες λόγον ἀκοῆς παρ' ἡμῶν τοῦ Θεοῦ ἐδέξασθε οὐ λόγον
ἀνθρώπων ἀλλὰ καθὼς ἀληθῶς ἐστιν λόγον Θεοῦ, ὃς καὶ ἐνεργεῖται ἐν
14 ὑμῖν τοῖς πιστεύουσιν. ὑμεῖς γὰρ μιμηταὶ ἐγενήθητε, ἀδελφοί, τῶν
ἐκκλησιῶν τοῦ Θεοῦ τῶν οὐσῶν ἐν τῇ Ἰουδαίᾳ ἐν Χριστῷ Ἰησοῦ, ὅτι
τὰ αὐτὰ ἐπάθετε καὶ ὑμεῖς ὑπὸ τῶν ἰδίων συμφυλετῶν, καθὼς καὶ αὐτοὶ
15 ὑπὸ τῶν Ἰουδαίων, τῶν καὶ τὸν Κύριον ἀποκτεινάντων καὶ [a] τοὺς
προφήτας, καὶ ἡμᾶς ἐκδιωξάντων, καὶ Θεῷ μὴ ἀρεσκόντων, καὶ πᾶσιν
16 ἀνθρώποις ἐναντίων, κωλυόντων ἡμᾶς τοῖς ἔθνεσιν λαλῆσαι ἵνα σωθῶ-
σιν, εἰς τὸ ⌊ἀναπληρῶσαι⌋ αὐτῶν ⌊τὰς ἁμαρτίας⌋[b] πάντοτε. ἔφθασεν δὲ
ἐπ' αὐτοὺς ἡ ὀργὴ εἰς τέλος.

17 ❰ Ἡμεῖς δέ, ἀδελφοί, ἀπορφανισθέντες ἀφ' ὑμῶν πρὸς καιρὸν ὥρας,
προσώπῳ οὐ καρδίᾳ, περισσοτέρως ἐσπουδάσαμεν τὸ πρόσωπον
18 ὑμῶν ἰδεῖν ἐν πολλῇ ἐπιθυμίᾳ. διότι ἠθελήσαμεν ἐλθεῖν πρὸς ὑμᾶς, ἐγὼ
19 μὲν Παῦλος καὶ ἅπαξ καὶ δίς, καὶ ἐνέκοψεν ἡμᾶς ὁ Σατανᾶς. τίς γὰρ
ἡμῶν ἐλπὶς ἢ χαρὰ ἢ στέφανος καυχήσεως—ἢ οὐχὶ καὶ ὑμεῖς ἔμπροσθεν
20 τοῦ Κυρίου ἡμῶν Ἰησοῦ ἐν τῇ αὐτοῦ παρουσίᾳ; ὑμεῖς γάρ ἐστε ἡ δόξα
ἡμῶν καὶ ἡ χαρά.

3 Διὸ μηκέτι στέγοντες ηὐδοκήσαμεν καταλειφθῆναι ἐν Ἀθήναις μόνοι,
2 καὶ ἐπέμψαμεν Τιμόθεον, τὸν ἀδελφὸν ἡμῶν καὶ συνεργὸν [c] τοῦ Θεοῦ
ἐν τῷ εὐαγγελίῳ τοῦ Χριστοῦ, εἰς τὸ στηρίξαι ὑμᾶς καὶ παρακαλέσαι
3 ὑπὲρ τῆς πίστεως ὑμῶν, τὸ μηδένα σαίνεσθαι ἐν ταῖς θλίψεσιν ταύταις.
4 αὐτοὶ γὰρ οἴδατε ὅτι εἰς τοῦτο κείμεθα· καὶ γὰρ ὅτε πρὸς ὑμᾶς ἦμεν,
προελέγομεν ὑμῖν ὅτι μέλλομεν θλίβεσθαι, καθὼς καὶ ἐγένετο καὶ οἴδατε.
5 διὰ τοῦτο κἀγὼ μηκέτι στέγων ἔπεμψα εἰς τὸ γνῶναι τὴν πίστιν ὑμῶν,
μή πως ἐπείρασεν ὑμᾶς ὁ πειράζων καὶ εἰς κενὸν γένηται ὁ κόπος ἡμῶν.

[a] τοὺς ἰδίους προφήτας,   [b] Gn. 15. 16   [c] om. τοῦ Θεοῦ

Ἄρτι δὲ ἐλθόντος Τιμοθέου πρὸς ἡμᾶς ἀφ᾽ ὑμῶν καὶ εὐαγγελισαμένου 6
ἡμῖν τὴν πίστιν καὶ τὴν ἀγάπην ὑμῶν, καὶ ὅτι ἔχετε μνείαν ἡμῶν
ἀγαθὴν πάντοτε, ἐπιποθοῦντες ἡμᾶς ἰδεῖν καθάπερ καὶ ἡμεῖς ὑμᾶς, διὰ 7
τοῦτο παρεκλήθημεν, ἀδελφοί, ἐφ᾽ ὑμῖν ἐπὶ πάσῃ τῇ ἀνάγκῃ καὶ
θλίψει ἡμῶν διὰ τῆς ὑμῶν πίστεως, ὅτι νῦν ζῶμεν ἐὰν ὑμεῖς στήκετε 8
ἐν Κυρίῳ. τίνα γὰρ εὐχαριστίαν δυνάμεθα τῷ Θεῷ ἀνταποδοῦναι 9
περὶ ὑμῶν ἐπὶ πάσῃ τῇ χαρᾷ ᾗ χαίρομεν δι᾽ ὑμᾶς ἔμπροσθεν τοῦ Θεοῦ
ἡμῶν, νυκτὸς καὶ ἡμέρας ὑπερεκπερισσοῦ δεόμενοι εἰς τὸ ἰδεῖν ὑμῶν τὸ 10
πρόσωπον καὶ καταρτίσαι τὰ ὑστερήματα τῆς πίστεως ὑμῶν;

Αὐτὸς δὲ ὁ Θεὸς καὶ Πατὴρ ἡμῶν καὶ ὁ Κύριος ἡμῶν ᾽Ιησοῦς κατευθύναι 11
τὴν ὁδὸν ἡμῶν πρὸς ὑμᾶς· ὑμᾶς δὲ ὁ Κύριος πλεονάσαι καὶ περισσεύσαι 12
τῇ ἀγάπῃ εἰς ἀλλήλους καὶ εἰς πάντας, καθάπερ καὶ ἡμεῖς εἰς ὑμᾶς, εἰς τὸ 13
στηρίξαι ὑμῶν τὰς καρδίας ἀμέμπτους ἐν ἁγιωσύνῃ ἔμπροσθεν τοῦ
Θεοῦ καὶ Πατρὸς ἡμῶν ἐν τῇ παρουσίᾳ τοῦ Κυρίου ἡμῶν ᾽Ιησοῦ μετὰ
πάντων τῶν ἁγίων αὐτοῦ.

❡ Λοιπὸν οὖν, ἀδελφοί, ἐρωτῶμεν ὑμᾶς καὶ παρακαλοῦμεν ἐν Κυρίῳ 4
᾽Ιησοῦ, ἵνα καθὼς παρελάβετε παρ᾽ ἡμῶν τὸ πῶς δεῖ ὑμᾶς περιπατεῖν
καὶ ἀρέσκειν Θεῷ, καθὼς καὶ περιπατεῖτε, ἵνα περισσεύητε μᾶλλον.
Οἴδατε γὰρ τίνας παραγγελίας ἐδώκαμεν ὑμῖν διὰ τοῦ Κυρίου 2
᾽Ιησοῦ. τοῦτο γάρ ἐστιν θέλημα τοῦ Θεοῦ, ὁ ἁγιασμὸς ὑμῶν, ἀπέχεσθαι 3
ὑμᾶς ἀπὸ τῆς πορνείας, εἰδέναι ἕκαστον ὑμῶν τὸ ἑαυτοῦ σκεῦος κτᾶσθαι 4
ἐν ἁγιασμῷ καὶ τιμῇ, μὴ ἐν πάθει ἐπιθυμίας καθάπερ ⌊καὶ τὰ ἔθνη τὰ μὴ 5
εἰδότα τὸν Θεόν⌋,ᵃ τὸ μὴ ὑπερβαίνειν καὶ πλεονεκτεῖν ἐν τῷ πράγματι 6
τὸν ἀδελφὸν αὐτοῦ, διότι ⌊ἔκδικος Κύριος⌋ᵇ περὶ πάντων τούτων, καθὼς
καὶ προείπαμεν ὑμῖν καὶ διεμαρτυράμεθα. οὐ γὰρ ἐκάλεσεν ἡμᾶς ὁ 7
Θεὸς ἐπὶ ἀκαθαρσίᾳ ἀλλ᾽ ἐν ἁγιασμῷ. τοιγαροῦν ὁ ἀθετῶν οὐκ ἄνθρω- 8
πον ἀθετεῖ ἀλλὰ τὸν Θεὸν τὸν καὶ ⌊διδόντα τὸ Πνεῦμα αὐτοῦ⌋ τὸ
Ἅγιον ⌊εἰς ὑμᾶς⌋.ᶜ
Περὶ δὲ τῆς φιλαδελφίας οὐ χρείαν ἔχετε γράφειν ὑμῖν· αὐτοὶ γὰρ ὑμεῖς 9
θεοδίδακτοί ἐστε εἰς τὸ ἀγαπᾶν ἀλλήλους· καὶ γὰρ ποιεῖτε αὐτὸ εἰς πάν- 10
τας τοὺς ἀδελφοὺς τοὺς ἐν ὅλῃ τῇ Μακεδονίᾳ. παρακαλοῦμεν δὲ ὑμᾶς, 11
ἀδελφοί, περισσεύειν μᾶλλον, καὶ φιλοτιμεῖσθαι ἡσυχάζειν καὶ πράσσειν
τὰ ἴδια καὶ ἐργάζεσθαι ταῖς χερσὶν ὑμῶν, καθὼς ὑμῖν παρηγγείλαμεν,
ἵνα περιπατῆτε εὐσχημόνως πρὸς τοὺς ἔξω καὶ μηδενὸς χρείαν ἔχητε. 12

❡ Οὐ θέλομεν δὲ ὑμᾶς ἀγνοεῖν, ἀδελφοί, περὶ τῶν κοιμωμένων, ἵνα μὴ 13
λυπῆσθε καθὼς καὶ οἱ λοιποὶ οἱ μὴ ἔχοντες ἐλπίδα. εἰ γὰρ πιστεύομεν 14

[a] Jer. 10. 25; Ps. 79. 6   [b] Ps. 94. 2   [c] Ezk. 36. 27; 37. 14

ὅτι Ἰησοῦς ἀπέθανεν καὶ ἀνέστη, οὕτως καὶ ὁ Θεὸς τοὺς κοιμηθέντας
διὰ τοῦ Ἰησοῦ ἄξει σὺν αὐτῷ.

15 Τοῦτο γὰρ ὑμῖν λέγομεν ἐν λόγῳ Κυρίου, ὅτι ἡμεῖς οἱ ζῶντες οἱ
περιλειπόμενοι εἰς τὴν παρουσίαν τοῦ Κυρίου οὐ μὴ φθάσωμεν τοὺς
16 κοιμηθέντας· ὅτι αὐτὸς ὁ Κύριος ἐν κελεύσματι, ἐν φωνῇ ἀρχαγγέλου καὶ
ἐν σάλπιγγι Θεοῦ, καταβήσεται ἀπ' οὐρανοῦ, καὶ οἱ νεκροὶ ἐν Χριστῷ
17 ἀναστήσονται πρῶτον, ἔπειτα ἡμεῖς οἱ ζῶντες οἱ περιλειπόμενοι ἅμα
σὺν αὐτοῖς ἁρπαγησόμεθα ἐν νεφέλαις εἰς ἀπάντησιν τοῦ Κυρίου εἰς
18 ἀέρα· καὶ οὕτως πάντοτε σὺν Κυρίῳ ἐσόμεθα. ὥστε παρακαλεῖτε ἀλ-
λήλους ἐν τοῖς λόγοις τούτοις.

5 Περὶ δὲ τῶν χρόνων καὶ τῶν καιρῶν, ἀδελφοί, οὐ χρείαν ἔχετε ὑμῖν
2 γράφεσθαι· αὐτοὶ γὰρ ἀκριβῶς οἴδατε ὅτι ἡμέρα Κυρίου ὡς κλέπτης ἐν
3 νυκτὶ οὕτως ἔρχεται. ὅταν λέγωσιν· Εἰρήνη καὶ ἀσφάλεια, τότε αἰφνί-
διος αὐτοῖς ἐφίσταται ὄλεθρος ὥσπερ ἡ ὠδὶν τῇ ἐν γαστρὶ ἐχούσῃ, καὶ
4 οὐ μὴ ἐκφύγωσιν. ὑμεῖς δέ, ἀδελφοί, οὐκ ἐστὲ ἐν σκότει, ἵνα ἡ ἡμέρα
5 ὑμᾶς ὡς ᵃκλέπτης καταλάβῃ· πάντες γὰρ ὑμεῖς υἱοὶ φωτός ἐστε καὶ
6 υἱοὶ ἡμέρας. οὐκ ἐσμὲν νυκτὸς οὐδὲ σκότους· ἄρα οὖν μὴ καθεύδωμεν
7 ὡς οἱ λοιποί, ἀλλὰ γρηγορῶμεν καὶ νήφωμεν. οἱ γὰρ καθεύδοντες
8 νυκτὸς καθεύδουσιν, καὶ οἱ μεθυσκόμενοι νυκτὸς μεθύουσιν· ἡμεῖς δὲ
ἡμέρας ὄντες νήφωμεν, ⌊ἐνδυσάμενοι θώρακα⌋ πίστεως καὶ ἀγάπης καὶ
9 ⌊περικεφαλαίαν⌋ ἐλπίδα ⌊σωτηρίας⌋·ᵇ ὅτι οὐκ ἔθετο ἡμᾶς ὁ Θεὸς εἰς
ὀργὴν ἀλλὰ εἰς περιποίησιν σωτηρίας διὰ τοῦ Κυρίου ἡμῶν Ἰησοῦ
10 Χριστοῦ, τοῦ ἀποθανόντος περὶ ἡμῶν, ἵνα εἴτε γρηγορῶμεν εἴτε
11 καθεύδωμεν ἅμα σὺν αὐτῷ ζήσωμεν. διὸ παρακαλεῖτε ἀλλήλους καὶ
οἰκοδομεῖτε εἰς τὸν ἕνα, καθὼς καὶ ποιεῖτε.

12 ℭ Ἐρωτῶμεν δὲ ὑμᾶς, ἀδελφοί, εἰδέναι τοὺς κοπιῶντας ἐν ὑμῖν καὶ
13 προϊσταμένους ὑμῶν ἐν Κυρίῳ καὶ νουθετοῦντας ὑμᾶς, καὶ ἡγεῖσθαι
αὐτοὺς ὑπερεκπερισσῶς ἐν ἀγάπῃ διὰ τὸ ἔργον αὐτῶν. εἰρηνεύετε
14 ἐν ἑαυτοῖς. παρακαλοῦμεν δὲ ὑμᾶς, ἀδελφοί, νουθετεῖτε τοὺς ἀτάκτους,
παραμυθεῖσθε τοὺς ὀλιγοψύχους, ἀντέχεσθε τῶν ἀσθενῶν, μακροθυ-
μεῖτε πρὸς πάντας.

15 Ὁρᾶτε μή τις κακὸν ἀντὶ κακοῦ τινι ἀποδῷ, ἀλλὰ πάντοτε τὸ
ἀγαθὸν διώκετε εἰς ἀλλήλους καὶ εἰς πάντας.

16 17 18 Πάντοτε χαίρετε, ἀδιαλείπτως προσεύχεσθε, ἐν παντὶ εὐχαριστεῖτε·
τοῦτο γὰρ θέλημα Θεοῦ ἐν Χριστῷ εἰς ὑμᾶς.

19 20 21 Τὸ Πνεῦμα μὴ σβέννυτε, προφητείας μὴ ᶜἐξουθενεῖτε, πάντα δὲ δοκι-
22 μάζετε, τὸ καλὸν κατέχετε, ⌊ἀπὸ παντὸς⌋ εἴδους ⌊πονηροῦ ἀπέχεσθε⌋.ᵈ

[a] κλέπτας   [b] Is. 59. 17   [c] ἐξουθενεῖτε. πάντα ...   [d] Job 1. 1, 8; 2. 3

316

Αὐτὸς δὲ ὁ Θεὸς τῆς εἰρήνης ἁγιάσαι ὑμᾶς ὁλοτελεῖς, καὶ ὁλόκληρον 23 ὑμῶν τὸ πνεῦμα καὶ ἡ ψυχὴ καὶ τὸ σῶμα ἀμέμπτως ἐν τῇ παρουσίᾳ τοῦ Κυρίου ἡμῶν Ἰησοῦ Χριστοῦ τηρηθείη.   πιστὸς ὁ καλῶν ὑμᾶς, ὃς καὶ 24 ποιήσει.

Ἀδελφοί, προσεύχεσθε καὶ περὶ ἡμῶν.   25

Ἀσπάσασθε τοὺς ἀδελφοὺς πάντας ἐν φιλήματι ἁγίῳ.   26

Ἐνορκίζω ὑμᾶς τὸν Κύριον ἀναγνωσθῆναι τὴν ἐπιστολὴν πᾶσιν 27 τοῖς ἀδελφοῖς.

Ἡ χάρις τοῦ Κυρίου ἡμῶν Ἰησοῦ Χριστοῦ μεθ' ὑμῶν.   28

ΠΡΟΣ ΘΕΣΣΑΛΟΝΙΚΕΙΣ Β

1 ΠΑΥΛΟΣ καὶ Σιλουανὸς καὶ Τιμόθεος τῇ ἐκκλησίᾳ Θεσσαλονι-
κέων ἐν Θεῷ Πατρὶ ἡμῶν καὶ Κυρίῳ Ἰησοῦ Χριστῷ.
2   Χάρις ὑμῖν καὶ εἰρήνη ἀπὸ Θεοῦ Πατρὸς καὶ Κυρίου Ἰησοῦ
Χριστοῦ.

3 Εὐχαριστεῖν ὀφείλομεν τῷ Θεῷ πάντοτε περὶ ὑμῶν, ἀδελφοί, καθὼς
ἄξιόν ἐστιν, ὅτι ὑπεραυξάνει ἡ πίστις ὑμῶν καὶ πλεονάζει ἡ ἀγάπη
4 ἑνὸς ἑκάστου πάντων ὑμῶν εἰς ἀλλήλους, ὥστε αὐτοὺς ἡμᾶς ἐν ὑμῖν
ἐγκαυχᾶσθαι ἐν ταῖς ἐκκλησίαις τοῦ Θεοῦ ὑπὲρ τῆς ὑπομονῆς ὑμῶν καὶ
πίστεως ἐν πᾶσιν τοῖς διωγμοῖς ὑμῶν καὶ ταῖς θλίψεσιν αἷς ἀνέχεσθε,
5 ἔνδειγμα τῆς δικαίας κρίσεως τοῦ Θεοῦ, εἰς τὸ καταξιωθῆναι ὑμᾶς τῆς
βασιλείας τοῦ Θεοῦ, ὑπὲρ ἧς καὶ πάσχετε.

6 Εἴπερ δίκαιον παρὰ Θεῷ ἀνταποδοῦναι τοῖς θλίβουσιν ὑμᾶς θλῖψιν
7 καὶ ὑμῖν τοῖς θλιβομένοις ἄνεσιν μεθ᾽ ἡμῶν, ἐν τῇ ἀποκαλύψει τοῦ
8 Κυρίου Ἰησοῦ ἀπ᾽ οὐρανοῦ μετ᾽ ἀγγέλων δυνάμεως αὐτοῦ ⌊ἐν πυρὶ
φλογός, διδόντος ἐκδίκησιν τοῖς μὴ εἰδόσιν Θεὸν⌋ καὶ ⌊τοῖς μὴ ὑπ-
9 ακούουσιν⌋ᵃ τῷ εὐαγγελίῳ τοῦ Κυρίου ἡμῶν Ἰησοῦ, οἵτινες δίκην
τίσουσιν ὄλεθρον αἰώνιον ⌊ἀπὸ προσώπου τοῦ Κυρίου καὶ ἀπὸ τῆς
10 δόξης τῆς ἰσχύος αὐτοῦ, ὅταν ἔλθῃ ἐνδοξασθῆναι ἐν τοῖς ἁγίοις αὐτοῦ⌋
καὶ ⌊θαυμασθῆναι⌋ ἐν πᾶσιν τοῖς πιστεύσασιν, ὅτι ἐπιστεύθη τὸ μαρ-
τύριον ἡμῶν ἐφ᾽ ὑμᾶς, ⌊ἐν τῇ ἡμέρᾳ ἐκείνῃ⌋.ᵇ
11 Εἰς ὃ καὶ προσευχόμεθα πάντοτε περὶ ὑμῶν, ἵνα ὑμᾶς ἀξιώσῃ τῆς
κλήσεως ὁ Θεὸς ἡμῶν καὶ πληρώσῃ πᾶσαν εὐδοκίαν ἀγαθωσύνης καὶ
12 ἔργον πίστεως ἐν δυνάμει, ⌊ὅπως ἐνδοξασθῇ τὸ ὄνομα⌋ τοῦ Κυρίου
ἡμῶν Ἰησοῦ ⌊ἐν ὑμῖν⌋,ᶜ καὶ ὑμεῖς ἐν αὐτῷ, κατὰ τὴν χάριν τοῦ Θεοῦ
ἡμῶν καὶ Κυρίου Ἰησοῦ Χριστοῦ.

2 ❡ Ἐρωτῶμεν δὲ ὑμᾶς, ἀδελφοί, ὑπὲρ τῆς παρουσίας τοῦ Κυρίου ἡμῶν
2 Ἰησοῦ Χριστοῦ καὶ ἡμῶν ἐπισυναγωγῆς ἐπ᾽ αὐτόν, εἰς τὸ μὴ ταχέως
σαλευθῆναι ὑμᾶς ἀπὸ τοῦ νοὸς μηδὲ θροεῖσθαι, μήτε διὰ πνεύματος
μήτε διὰ λόγου μήτε δι᾽ ἐπιστολῆς ὡς δι᾽ ἡμῶν, ὡς ὅτι ἐνέστηκεν ἡ

[a] Is. 66. 15; Jer. 10. 25; Ps. 79. 6   [b] Is. 2. 10, 19, 21; Ps. 89. 7; Is. 49. 3;
2. 11, 17   [c] Is. 66. 5 LXX

ἡμέρα τοῦ Κυρίου. μή τις ὑμᾶς ἐξαπατήσῃ κατὰ μηδένα τρόπον· 3
ὅτι ἐὰν μὴ ἔλθῃ ἡ ἀποστασία πρῶτον καὶ ἀποκαλυφθῇ ὁ ἄνθρωπος
τῆς ἀνομίας, ὁ υἱὸς τῆς ἀπωλείας, ὁ ἀντικείμενος ⌊καὶ ὑπεραιρόμενος ἐπὶ 4
πάντα⌋ λεγόμενον ⌊θεὸν⌋ ἢ σέβασμα, ὥστε αὐτὸν ⌊εἰς τὸν⌋ ναὸν ⌊τοῦ
Θεοῦ⌋ καθίσαι, ἀποδεικνύντα ἑαυτὸν ὅτι ἐστὶν ⌊θεός⌋.ᵃ

Οὐ μνημονεύετε ὅτι ἔτι ὢν πρὸς ὑμᾶς ταῦτα ἔλεγον ὑμῖν; καὶ νῦν τὸ 5 6
κατέχον οἴδατε, εἰς τὸ ἀποκαλυφθῆναι αὐτὸν ἐν τῷ αὐτοῦ καιρῷ. τὸ 7
γὰρ μυστήριον ἤδη ἐνεργεῖται τῆς ἀνομίας· μόνον ὁ κατέχων ἄρτι
ἕως ἐκ μέσου γένηται. καὶ τότε ἀποκαλυφθήσεται ⌊ὁ ἄνομος⌋, ὃν ὁ 8
Κύριος Ἰησοῦς ⌊ἀνελεῖ τῷ πνεύματι τοῦ στόματος αὐτοῦ⌋ᵇ καὶ καταργή-
σει τῇ ἐπιφανείᾳ τῆς παρουσίας αὐτοῦ, οὗ ἐστιν ἡ παρουσία κατ' 9
ἐνέργειαν τοῦ Σατανᾶ ἐν πάσῃ δυνάμει καὶ σημείοις καὶ τέρασιν ψεύδους
καὶ ἐν πάσῃ ἀπάτῃ ἀδικίας τοῖς ἀπολλυμένοις, ἀνθ' ὧν τὴν ἀγάπην 10
τῆς ἀληθείας οὐκ ἐδέξαντο εἰς τὸ σωθῆναι αὐτούς. καὶ διὰ τοῦτο 11
πέμπει αὐτοῖς ὁ Θεὸς ἐνέργειαν πλάνης εἰς τὸ πιστεῦσαι αὐτοὺς τῷ
ψεύδει, ἵνα κριθῶσιν πάντες οἱ μὴ πιστεύσαντες τῇ ἀληθείᾳ ἀλλὰ 12
εὐδοκήσαντες τῇ ἀδικίᾳ.

❈ Ἡμεῖς δὲ ὀφείλομεν εὐχαριστεῖν τῷ Θεῷ πάντοτε περὶ ὑμῶν, ἀδελφοὶ 13
⌊ἠγαπημένοι ὑπὸ Κυρίου⌋,ᶜ ὅτι εἵλατο ὑμᾶς ὁ Θεὸς ᵈἀπ' ἀρχῆς εἰς
σωτηρίαν ἐν ἁγιασμῷ Πνεύματος καὶ πίστει ἀληθείας, εἰς ὃ καὶ ἐκάλεσεν 14
ὑμᾶς διὰ τοῦ εὐαγγελίου ἡμῶν, εἰς περιποίησιν δόξης τοῦ Κυρίου ἡμῶν
Ἰησοῦ Χριστοῦ.

Ἄρα οὖν, ἀδελφοί, στήκετε, καὶ κρατεῖτε τὰς παραδόσεις ἃς ἐδι- 15
δάχθητε εἴτε διὰ λόγου εἴτε δι' ἐπιστολῆς ἡμῶν. αὐτὸς δὲ ὁ Κύριος 16
ἡμῶν Ἰησοῦς Χριστὸς καὶ ὁ Θεὸς ὁ Πατὴρ ἡμῶν, ὁ ἀγαπήσας ἡμᾶς καὶ
δοὺς παράκλησιν αἰωνίαν καὶ ἐλπίδα ἀγαθὴν ἐν χάριτι, παρακαλέσαι 17
ὑμῶν τὰς καρδίας καὶ στηρίξαι ἐν παντὶ ἔργῳ καὶ λόγῳ ἀγαθῷ.

Τὸ λοιπὸν προσεύχεσθε, ἀδελφοί, περὶ ἡμῶν, ἵνα ὁ λόγος τοῦ 3
Κυρίου τρέχῃ καὶ δοξάζηται καθὼς καὶ πρὸς ὑμᾶς, καὶ ἵνα ῥυσθῶμεν 2
ἀπὸ τῶν ἀτόπων καὶ πονηρῶν ἀνθρώπων· οὐ γὰρ πάντων ἡ πίστις.
πιστὸς δέ ἐστιν ὁ Κύριος, ὃς στηρίξει ὑμᾶς καὶ φυλάξει ἀπὸ τοῦ πονηροῦ. 3
πεποίθαμεν δὲ ἐν Κυρίῳ ἐφ' ὑμᾶς, ὅτι ἃ παραγγέλλομεν καὶ ποιεῖτε καὶ 4
ποιήσετε. ὁ δὲ Κύριος κατευθύναι ὑμῶν τὰς καρδίας εἰς τὴν ἀγάπην 5
τοῦ Θεοῦ καὶ εἰς τὴν ὑπομονὴν τοῦ Χριστοῦ.

Παραγγέλλομεν δὲ ὑμῖν, ἀδελφοί, ἐν ὀνόματι τοῦ Κυρίου Ἰησοῦ 6
Χριστοῦ, στέλλεσθαι ὑμᾶς ἀπὸ παντὸς ἀδελφοῦ ἀτάκτως περιπατοῦν-
τος καὶ μὴ κατὰ τὴν παράδοσιν ἣν παρελάβετε παρ' ἡμῶν. αὐτοὶ γὰρ 7

[a] Dn. 11. 36; Ezk. 28. 2   [b] Is. 11. 4; Job 4. 9   [c] Dt. 33. 12   [d] ἀπαρχὴν

8 οἴδατε πῶς δεῖ μιμεῖσθαι ἡμᾶς, ὅτι οὐκ ἠτακτήσαμεν ἐν ὑμῖν, οὐδὲ
δωρεὰν ἄρτον ἐφάγομεν παρά τινος, ἀλλ᾽ ἐν κόπῳ καὶ μόχθῳ νυκτὸς
9 καὶ ἡμέρας ἐργαζόμενοι πρὸς τὸ μὴ ἐπιβαρῆσαί τινα ὑμῶν· οὐχ ὅτι οὐκ
ἔχομεν ἐξουσίαν, ἀλλ᾽ ἵνα ἑαυτοὺς τύπον δῶμεν ὑμῖν εἰς τὸ μιμεῖσθαι
10 ἡμᾶς. καὶ γὰρ ὅτε ἦμεν πρὸς ὑμᾶς, τοῦτο παρηγγέλλομεν ὑμῖν, ὅτι εἴ
11 τις οὐ θέλει ἐργάζεσθαι, μηδὲ ἐσθιέτω. ἀκούομεν γάρ τινας περιπατοῦν-
12 τας ἐν ὑμῖν ἀτάκτως, μηδὲν ἐργαζομένους ἀλλὰ περιεργαζομένους· τοῖς
δὲ τοιούτοις παραγγέλλομεν καὶ παρακαλοῦμεν ἐν Κυρίῳ Ἰησοῦ Χριστῷ
ἵνα μετὰ ἡσυχίας ἐργαζόμενοι τὸν ἑαυτῶν ἄρτον ἐσθίωσιν.

13 14   Ὑμεῖς δέ, ἀδελφοί, μὴ ἐγκακήσητε καλοποιοῦντες. εἰ δέ τις οὐχ
ὑπακούει τῷ λόγῳ ἡμῶν διὰ τῆς ἐπιστολῆς, τοῦτον σημειοῦσθε, μὴ
15 συναναμίγνυσθαι αὐτῷ, ἵνα ἐντραπῇ· καὶ μὴ ὡς ἐχθρὸν ἡγεῖσθε, ἀλλὰ
16 νουθετεῖτε ὡς ἀδελφόν. αὐτὸς δὲ ὁ Κύριος τῆς εἰρήνης δῴη ὑμῖν τὴν
εἰρήνην διὰ παντὸς ἐν παντὶ ᵃ τρόπῳ. ὁ Κύριος μετὰ πάντων ὑμῶν.

17   Ὁ ἀσπασμὸς τῇ ἐμῇ χειρὶ ΠΑΥΛΟΥ, ὅ ἐστιν σημεῖον ἐν πάσῃ
18 ᵇ ἐπιστολῇ· οὕτως γράφω. ἡ χάρις τοῦ Κυρίου ἡμῶν Ἰησοῦ Χριστοῦ
μετὰ πάντων ὑμῶν.

[a] τόπῳ   [b] ἐπιστολῇ. οὕτως γράφω·

ΠΡΟΣ ΤΙΜΟΘΕΟΝ Α

ΠΑΥΛΟΣ ΑΠΟΣΤΟΛΟΣ Χριστοῦ Ἰησοῦ κατ' ἐπιταγὴν Θεοῦ **1** Σωτῆρος ἡμῶν καὶ Χριστοῦ Ἰησοῦ τῆς ἐλπίδος ἡμῶν Τιμοθέῳ **2** γνησίῳ τέκνῳ ἐν πίστει.

Χάρις, ἔλεος, εἰρήνη ἀπὸ Θεοῦ Πατρὸς καὶ Χριστοῦ Ἰησοῦ τοῦ Κυρίου ἡμῶν.

Καθὼς παρεκάλεσά σε προσμεῖναι ἐν Ἐφέσῳ, πορευόμενος εἰς Μακε- **3** δονίαν, ἵνα παραγγείλῃς τισὶν μὴ ἑτεροδιδασκαλεῖν μηδὲ προσέχειν **4** μύθοις καὶ γενεαλογίαις ἀπεράντοις, αἵτινες ἐκζητήσεις παρέχουσιν μᾶλλον ἢ οἰκονομίαν Θεοῦ τὴν ἐν πίστει.

Τὸ δὲ τέλος τῆς παραγγελίας ἐστὶν ἀγάπη ἐκ καθαρᾶς καρδίας καὶ **5** συνειδήσεως ἀγαθῆς καὶ πίστεως ἀνυποκρίτου, ὧν τινες ἀστοχήσαντες **6** ἐξετράπησαν εἰς ματαιολογίαν, θέλοντες εἶναι νομοδιδάσκαλοι, μὴ **7** νοοῦντες μήτε ἃ λέγουσιν μήτε περὶ τίνων διαβεβαιοῦνται.

Οἴδαμεν δὲ ὅτι καλὸς ὁ νόμος, ἐάν τις αὐτῷ νομίμως χρῆται, εἰδὼς **8 9** τοῦτο, ὅτι δικαίῳ νόμος οὐ κεῖται, ἀνόμοις δὲ καὶ ἀνυποτάκτοις, ἀσεβέσι καὶ ἁμαρτωλοῖς, ἀνοσίοις καὶ βεβήλοις, πατρολῴαις καὶ μητρολῴαις, ἀνδροφόνοις, πόρνοις, ἀρσενοκοίταις, ἀνδραποδισταῖς, ψεύσταις, ἐπι- **10** όρκοις, καὶ εἴ τι ἕτερον τῇ ὑγιαινούσῃ διδασκαλίᾳ ἀντίκειται, κατὰ τὸ εὐαγγέλιον τῆς δόξης τοῦ μακαρίου Θεοῦ, ὃ ἐπιστεύθην ἐγώ. **11**

Χάριν ἔχω τῷ ἐνδυναμώσαντί με, Χριστῷ Ἰησοῦ τῷ Κυρίῳ ἡμῶν, **12** ὅτι πιστόν με ἡγήσατο θέμενος εἰς διακονίαν, τὸ πρότερον ὄντα **13** βλάσφημον καὶ διώκτην καὶ ὑβριστήν· ἀλλὰ ἠλεήθην, ὅτι ἀγνοῶν ἐποίησα ἐν ἀπιστίᾳ, ὑπερεπλεόνασεν δὲ ἡ χάρις τοῦ Κυρίου ἡμῶν μετὰ **14** πίστεως καὶ ἀγάπης τῆς ἐν Χριστῷ Ἰησοῦ.

Πιστὸς ὁ λόγος καὶ πάσης ἀποδοχῆς ἄξιος, ὅτι Χριστὸς Ἰησοῦς **15** ἦλθεν εἰς τὸν κόσμον ἁμαρτωλοὺς σῶσαι· ὧν πρῶτός εἰμι ἐγώ· ἀλλὰ διὰ **16** τοῦτο ἠλεήθην, ἵνα ἐν ἐμοὶ πρώτῳ ἐνδείξηται Ἰησοῦς Χριστὸς τὴν ἅπασαν μακροθυμίαν, πρὸς ὑποτύπωσιν τῶν μελλόντων πιστεύειν ἐπ' αὐτῷ εἰς ζωὴν αἰώνιον. τῷ δὲ Βασιλεῖ τῶν αἰώνων, ἀφθάρτῳ, **17** ἀοράτῳ, μόνῳ Θεῷ, τιμὴ καὶ δόξα εἰς τοὺς αἰῶνας τῶν αἰώνων. ἀμήν.

Ταύτην τὴν παραγγελίαν παρατίθεμαί σοι, τέκνον Τιμόθεε, κατὰ τὰς **18** προαγούσας ἐπὶ σὲ προφητείας· ἵνα στρατεύῃ ἐν αὐταῖς τὴν καλὴν

19 στρατείαν, ἔχων πίστιν καὶ ἀγαθὴν συνείδησιν, ἥν τινες ἀπωσάμενοι
20 περὶ τὴν πίστιν ἐναυάγησαν· ὧν ἐστιν Ὑμέναιος καὶ Ἀλέξανδρος, οὓς
παρέδωκα τῷ Σατανᾷ, ἵνα παιδευθῶσιν μὴ βλασφημεῖν.

2 ⦅ Παρακαλῶ οὖν πρῶτον πάντων ποιεῖσθαι δεήσεις, προσευχάς,
2 ἐντεύξεις, εὐχαριστίας, ὑπὲρ πάντων ἀνθρώπων, ὑπὲρ βασιλέων καὶ
πάντων τῶν ἐν ὑπεροχῇ ὄντων, ἵνα ἤρεμον καὶ ἡσύχιον βίον διάγωμεν
3 ἐν πάσῃ εὐσεβείᾳ καὶ σεμνότητι. τοῦτο καλὸν καὶ ἀπόδεκτον ἐνώπιον
4 τοῦ Σωτῆρος ἡμῶν Θεοῦ, ὃς πάντας ἀνθρώπους θέλει σωθῆναι καὶ εἰς
5 ἐπίγνωσιν ἀληθείας ἐλθεῖν. εἷς γὰρ Θεός, εἷς καὶ μεσίτης Θεοῦ καὶ
6 ἀνθρώπων, ἄνθρωπος Χριστὸς Ἰησοῦς, ὁ δοὺς ἑαυτὸν ἀντίλυτρον
7 ὑπὲρ πάντων, τὸ μαρτύριον καιροῖς ἰδίοις· εἰς ὃ ἐτέθην ἐγὼ κῆρυξ καὶ
ἀπόστολος (ἀλήθειαν λέγω, οὐ ψεύδομαι), διδάσκαλος ἐθνῶν ἐν πίστει
καὶ ἀληθείᾳ.

8 Βούλομαι οὖν προσεύχεσθαι τοὺς ἄνδρας ἐν παντὶ τόπῳ ἐπαίροντας
9 ὁσίους χεῖρας χωρὶς ὀργῆς καὶ διαλογισμοῦ. ὡσαύτως γυναῖκας ἐν
καταστολῇ κοσμίῳ, μετὰ αἰδοῦς καὶ σωφροσύνης κοσμεῖν ἑαυτάς, μὴ ἐν
10 πλέγμασιν καὶ χρυσίῳ ἢ μαργαρίταις ἢ ἱματισμῷ πολυτελεῖ, ἀλλ᾽ ὃ
11 πρέπει γυναιξὶν ἐπαγγελλομέναις θεοσέβειαν, δι᾽ ἔργων ἀγαθῶν. γυνὴ
12 ἐν ἡσυχίᾳ μανθανέτω ἐν πάσῃ ὑποταγῇ· διδάσκειν δὲ γυναικὶ οὐκ
13 ἐπιτρέπω, οὐδὲ αὐθεντεῖν ἀνδρός, ἀλλ᾽ εἶναι ἐν ἡσυχίᾳ. Ἀδὰμ γὰρ
14 πρῶτος ἐπλάσθη, εἶτα Εὔα. καὶ Ἀδὰμ οὐκ ἠπατήθη, ἡ δὲ γυνὴ
15 ἐξαπατηθεῖσα ἐν παραβάσει γέγονεν· σωθήσεται δὲ διὰ τῆς τεκνο-
γονίας, ἐὰν μείνωσιν ἐν πίστει καὶ ἀγάπῃ καὶ ἁγιασμῷ μετὰ σωφρο-
σύνης.

3 [a] Ἀνθρώπινος ὁ λόγος· εἴ τις ἐπισκοπῆς ὀρέγεται, καλοῦ ἔργου
2 ἐπιθυμεῖ. δεῖ οὖν τὸν ἐπίσκοπον ἀνεπίλημπτον εἶναι, μιᾶς γυναικὸς
3 ἄνδρα, νηφάλιον, σώφρονα, κόσμιον, φιλόξενον, διδακτικόν, μὴ πάροι-
4 νον, μὴ πλήκτην, ἀλλὰ ἐπιεικῆ, ἄμαχον, ἀφιλάργυρον, τοῦ ἰδίου οἴκου
καλῶς προϊστάμενον, τέκνα ἔχοντα ἐν ὑποταγῇ, μετὰ πάσης σεμνό-
5 τητος· (εἰ δέ τις τοῦ ἰδίου οἴκου προστῆναι οὐκ οἶδεν, πῶς ἐκκλησίας
6 Θεοῦ ἐπιμελήσεται;) μὴ νεόφυτον, ἵνα μὴ τυφωθεὶς εἰς κρίμα ἐμπέσῃ
7 τοῦ διαβόλου. δεῖ δὲ καὶ μαρτυρίαν καλὴν ἔχειν ἀπὸ τῶν ἔξωθεν, ἵνα
μὴ εἰς ὀνειδισμὸν ἐμπέσῃ καὶ παγίδα τοῦ διαβόλου.

8 Διακόνους ὡσαύτως σεμνούς, μὴ διαλόγους, μὴ οἴνῳ πολλῷ προσ-
9 έχοντας, μὴ αἰσχροκερδεῖς, ἔχοντας τὸ μυστήριον τῆς πίστεως ἐν καθαρᾷ
10 συνειδήσει. καὶ οὗτοι δὲ δοκιμαζέσθωσαν πρῶτον, εἶτα διακονείτωσαν

[a] πιστὸς ὁ λόγος, construed either in this position or as the conclusion of the
preceding paragraph

ἀνέγκλητοι ὄντες. γυναῖκας ὡσαύτως σεμνάς, μὴ διαβόλους, νηφαλίους, 11
πιστὰς ἐν πᾶσιν. διάκονοι ἔστωσαν μιᾶς γυναικὸς ἄνδρες, τέκνων 12
καλῶς προϊστάμενοι καὶ τῶν ἰδίων οἴκων. οἱ γὰρ καλῶς διακονήσαντες 13
βαθμὸν ἑαυτοῖς καλὸν περιποιοῦνται καὶ πολλὴν παρρησίαν ἐν πίστει
τῇ ἐν Χριστῷ Ἰησοῦ.

Ταῦτά σοι γράφω ἐλπίζων ἐλθεῖν πρὸς σὲ τάχιον· ἐὰν δὲ βραδύνω, 14 15
ἵνα εἰδῇς πῶς δεῖ ἐν οἴκῳ Θεοῦ ἀναστρέφεσθαι, ἥτις ἐστὶν ἐκκλησία
Θεοῦ ζῶντος, στῦλος καὶ ἑδραίωμα τῆς ἀληθείας. καὶ ὁμολογουμένως 16
μέγα ἐστὶν τὸ τῆς εὐσεβείας μυστήριον·

Ὃς ἐφανερώθη ἐν σαρκί,
ἐδικαιώθη ἐν πνεύματι,
ὤφθη ἀγγέλοις·
ἐκηρύχθη ἐν ἔθνεσιν,
ἐπιστεύθη ἐν κόσμῳ,
ἀνελήμφθη ἐν δόξῃ.

❡ Τὸ δὲ Πνεῦμα ῥητῶς λέγει ὅτι ἐν ὑστέροις καιροῖς ἀποστήσονταί 4
τινες τῆς πίστεως, προσέχοντες πνεύμασιν πλάνοις καὶ διδασκαλίαις
δαιμονίων, ἐν ὑποκρίσει ψευδολόγων, κεκαυστηριασμένων τὴν ἰδίαν 2
συνείδησιν, κωλυόντων γαμεῖν, ἀπέχεσθαι βρωμάτων, ἃ ὁ Θεὸς ἔκτισεν 3
εἰς μετάλημψιν μετὰ εὐχαριστίας τοῖς πιστοῖς καὶ ἐπεγνωκόσι τὴν
ἀλήθειαν. ὅτι πᾶν κτίσμα Θεοῦ καλόν, καὶ οὐδὲν ἀπόβλητον μετὰ εὐχα- 4
ριστίας λαμβανόμενον· ἁγιάζεται γὰρ διὰ λόγου Θεοῦ καὶ ἐντεύξεως. 5

Ταῦτα ὑποτιθέμενος τοῖς ἀδελφοῖς καλὸς ἔσῃ διάκονος Χριστοῦ Ἰησοῦ, 6
ἐντρεφόμενος τοῖς λόγοις τῆς πίστεως καὶ τῆς καλῆς διδασκαλίας ᾗ
παρηκολούθηκας· τοὺς δὲ βεβήλους καὶ γραώδεις μύθους παραιτοῦ. 7
γύμναζε δὲ σεαυτὸν πρὸς εὐσέβειαν. ἡ γὰρ σωματικὴ γυμνασία πρὸς 8
ὀλίγον ἐστὶν ὠφέλιμος· ἡ δὲ εὐσέβεια πρὸς πάντα ὠφέλιμός ἐστιν,
ἐπαγγελίαν ἔχουσα ζωῆς τῆς νῦν καὶ τῆς μελλούσης. ᵃ πιστὸς ὁ λόγος 9
καὶ πάσης ἀποδοχῆς ἄξιος· Εἰς τοῦτο γὰρ κοπιῶμεν καὶ ᵇ ἀγωνιζόμεθα, 10
ὅτι ἠλπίκαμεν ἐπὶ Θεῷ ζῶντι, ὅς ἐστιν Σωτὴρ πάντων ἀνθρώπων,
μάλιστα πιστῶν.

Παράγγελλε ταῦτα καὶ δίδασκε. μηδείς σου τῆς νεότητος κατα- 11 12
φρονείτω, ἀλλὰ τύπος γίνου τῶν πιστῶν ἐν λόγῳ, ἐν ἀναστροφῇ, ἐν
ἀγάπῃ, ἐν πίστει, ἐν ἁγνείᾳ. ἕως ἔρχομαι πρόσεχε τῇ ἀναγνώσει, τῇ 13
παρακλήσει, τῇ διδασκαλίᾳ. μὴ ἀμέλει τοῦ ἐν σοὶ χαρίσματος, ὃ 14
ἐδόθη σοι διὰ προφητείας μετὰ ἐπιθέσεως τῶν χειρῶν τοῦ πρεσβυτερίου.

[a] πιστὸς ... ἄξιος. εἰς τοῦτο γὰρ ... [b] ὀνειδιζόμεθα

15 Ταῦτα μελέτα, ἐν τούτοις ἴσθι, ἵνα σου ἡ προκοπὴ φανερὰ ᾖ πᾶσιν.
16 ἔπεχε σεαυτῷ καὶ τῇ διδασκαλίᾳ, ἐπίμενε αὐτοῖς· τοῦτο γὰρ ποιῶν καὶ σεαυτὸν σώσεις καὶ τοὺς ἀκούοντάς σου.

5 Πρεσβυτέρῳ μὴ ἐπιπλήξῃς, ἀλλὰ παρακάλει ὡς πατέρα, νεωτέρους
2 ὡς ἀδελφούς, πρεσβυτέρας ὡς μητέρας, νεωτέρας ὡς ἀδελφὰς ἐν πάσῃ ἁγνείᾳ.
34 Χήρας τίμα τὰς ὄντως χήρας. εἰ δέ τις χήρα τέκνα ἢ ἔκγονα ἔχει, μανθανέτωσαν πρῶτον τὸν ἴδιον οἶκον εὐσεβεῖν καὶ ἀμοιβὰς ἀποδιδόναι
5 τοῖς προγόνοις· τοῦτο γάρ ἐστιν ἀπόδεκτον ἐνώπιον τοῦ Θεοῦ. ἡ δὲ ὄντως χήρα καὶ μεμονωμένη ἤλπικεν ἐπὶ Θεὸν καὶ προσμένει ταῖς
6 δεήσεσιν καὶ ταῖς προσευχαῖς νυκτὸς καὶ ἡμέρας· ἡ δὲ σπαταλῶσα ζῶσα
78 τέθνηκεν. καὶ ταῦτα παράγγελλε, ἵνα ἀνεπίλημπτοι ὦσιν. εἰ δέ τις τῶν ἰδίων καὶ μάλιστα οἰκείων οὐ προνοεῖ, τὴν πίστιν ἤρνηται καὶ ἔστιν ἀπίστου χείρων.

9 Χήρα καταλεγέσθω μὴ ἔλαττον ἐτῶν ἑξήκοντα γεγονυῖα, ἑνὸς ἀνδρὸς
10 γυνή, ἐν ἔργοις καλοῖς μαρτυρουμένη, εἰ ἐτεκνοτρόφησεν, εἰ ἐξενοδόχησεν, εἰ ἁγίων πόδας ἔνιψεν, εἰ θλιβομένοις ἐπήρκεσεν, εἰ παντὶ ἔργῳ ἀγαθῷ ἐπηκολούθησεν.

11 Νεωτέρας δὲ χήρας παραιτοῦ· ὅταν γὰρ καταστρηνιάσωσιν τοῦ
12 Χριστοῦ, γαμεῖν θέλουσιν, ἔχουσαι κρίμα ὅτι τὴν πρώτην πίστιν
13 ἠθέτησαν· ἅμα δὲ καὶ ἀργαὶ μανθάνουσιν περιερχόμεναι τὰς οἰκίας, οὐ μόνον δὲ ἀργαὶ ἀλλὰ καὶ φλύαροι καὶ περίεργοι, λαλοῦσαι τὰ μὴ
14 δέοντα. βούλομαι οὖν νεωτέρας γαμεῖν, τεκνογονεῖν, οἰκοδεσποτεῖν,
15 μηδεμίαν ἀφορμὴν διδόναι τῷ ἀντικειμένῳ λοιδορίας χάριν· ἤδη γὰρ τινες ἐξετράπησαν ὀπίσω τοῦ Σατανᾶ.

16 Εἴ τις ᵃπιστὸς ἢ πιστὴ ἔχει χήρας, ἐπαρκείτω αὐταῖς, καὶ μὴ βαρείσθω ἡ ἐκκλησία, ἵνα ταῖς ὄντως χήραις ἐπαρκέσῃ.

17 Οἱ καλῶς προεστῶτες πρεσβύτεροι διπλῆς τιμῆς ἀξιούσθωσαν,
18 μάλιστα οἱ κοπιῶντες ἐν λόγῳ καὶ διδασκαλίᾳ. λέγει γὰρ ἡ γραφή· ⌊Βοῦν ἀλοῶντα οὐ φιμώσεις⌋, ᵇ καί· Ἄξιος ὁ ἐργάτης τοῦ μισθοῦ αὐτοῦ.

19 Κατὰ πρεσβυτέρου κατηγορίαν μὴ παραδέχου, ἐκτὸς εἰ μὴ ⌊ἐπὶ δύο
20 ἢ τριῶν μαρτύρων⌋.ᶜ τοὺς ἁμαρτάνοντας ἐνώπιον πάντων ἔλεγχε, ἵνα
21 καὶ οἱ λοιποὶ φόβον ἔχωσιν. διαμαρτύρομαι ἐνώπιον τοῦ Θεοῦ καὶ Χριστοῦ Ἰησοῦ καὶ τῶν ἐκλεκτῶν ἀγγέλων ἵνα ταῦτα φυλάξῃς χωρὶς
22 προκρίματος, μηδὲν ποιῶν κατὰ πρόσκλισιν. χεῖρας ταχέως μηδενὶ ἐπιτίθει, μηδὲ κοινώνει ἁμαρτίαις ἀλλοτρίαις· σεαυτὸν ἁγνὸν τήρει.

23 Μηκέτι ὑδροπότει, ἀλλὰ οἴνῳ ὀλίγῳ χρῶ διὰ τὸν στόμαχον καὶ τὰς πυκνάς σου ἀσθενείας.

[a] om. πιστὸς ἢ   [b] Dt. 25. 4   [c] Dt. 19. 15

Τινῶν ἀνθρώπων αἱ ἁμαρτίαι πρόδηλοί εἰσιν προάγουσαι εἰς κρίσιν, 24
τισὶν δὲ καὶ ἐπακολουθοῦσιν· ὡσαύτως καὶ τὰ ἔργα τὰ καλὰ πρόδηλα, 25
καὶ τὰ ἄλλως ἔχοντα κρυβῆναι οὐ δύνανται.

Ὅσοι εἰσὶν ὑπὸ ζυγὸν δοῦλοι, τοὺς ἰδίους δεσπότας πάσης τιμῆς 6
ἀξίους ἡγείσθωσαν, ἵνα μὴ τὸ ὄνομα τοῦ Θεοῦ καὶ ἡ διδασκαλία
βλασφημῆται. οἱ δὲ πιστοὺς ἔχοντες δεσπότας μὴ καταφρονείτωσαν, 2
ὅτι ἀδελφοί εἰσιν, ἀλλὰ μᾶλλον δουλευέτωσαν, ὅτι πιστοί εἰσιν καὶ
ἀγαπητοὶ οἱ τῆς εὐεργεσίας ἀντιλαμβανόμενοι.

℩ Ταῦτα δίδασκε καὶ παρακάλει. εἴ τις ἑτεροδιδασκαλεῖ καὶ μὴ προσ- 3
έρχεται ὑγιαίνουσιν λόγοις τοῖς τοῦ Κυρίου ἡμῶν Ἰησοῦ Χριστοῦ, καὶ
τῇ κατ᾽ εὐσέβειαν διδασκαλίᾳ, τετύφωται, μηδὲν ἐπιστάμενος, ἀλλὰ 4
νοσῶν περὶ ζητήσεις καὶ λογομαχίας, ἐξ ὧν γίνεται φθόνος, ἔρις,
βλασφημίαι, ὑπόνοιαι πονηραί, διαπαρατριβαὶ διεφθαρμένων ἀνθρώ- 5
πων τὸν νοῦν καὶ ἀπεστερημένων τῆς ἀληθείας, νομιζόντων πορισμὸν
εἶναι τὴν εὐσέβειαν. ἔστιν δὲ πορισμὸς μέγας ἡ εὐσέβεια μετὰ αὐταρ- 6
κείας· οὐδὲν γὰρ εἰσηνέγκαμεν εἰς τὸν κόσμον, ὅτι οὐδὲ ἐξενεγκεῖν τι 7
δυνάμεθα· ἔχοντες δὲ διατροφὰς καὶ σκεπάσματα, τούτοις ἀρκεσθησό- 8
μεθα. οἱ δὲ βουλόμενοι πλουτεῖν ἐμπίπτουσιν εἰς πειρασμὸν καὶ παγίδα 9
καὶ ἐπιθυμίας πολλὰς ἀνοήτους καὶ βλαβεράς, αἵτινες βυθίζουσιν τοὺς
ἀνθρώπους εἰς ὄλεθρον καὶ ἀπώλειαν. ῥίζα γὰρ πάντων τῶν κακῶν 10
ἐστιν ἡ φιλαργυρία, ἧς τινες ὀρεγόμενοι ἀπεπλανήθησαν ἀπὸ τῆς
πίστεως καὶ ἑαυτοὺς περιέπειραν ὀδύναις πολλαῖς.

Σὺ δέ, ὦ ἄνθρωπε Θεοῦ, ταῦτα φεῦγε· δίωκε δὲ δικαιοσύνην, εὐσέβειαν, 11
πίστιν, ἀγάπην, ὑπομονήν, πραϋπαθίαν. ἀγωνίζου τὸν καλὸν ἀγῶνα 12
τῆς πίστεως, ἐπιλαβοῦ τῆς αἰωνίου ζωῆς, εἰς ἣν ἐκλήθης καὶ ὡμολόγησας
τὴν καλὴν ὁμολογίαν ἐνώπιον πολλῶν μαρτύρων. παραγγέλλω ἐνώ- 13
πιον τοῦ Θεοῦ τοῦ ζωογονοῦντος τὰ πάντα καὶ Ἰησοῦ Χριστοῦ τοῦ
μαρτυρήσαντος ἐπὶ Ποντίου Πιλάτου τὴν καλὴν ὁμολογίαν, τηρῆσαί 14
σε τὴν ἐντολὴν ἄσπιλον ἀνεπίλημπτον μέχρι τῆς ἐπιφανείας τοῦ
Κυρίου ἡμῶν Ἰησοῦ Χριστοῦ, ἣν καιροῖς ἰδίοις δείξει ὁ μακάριος καὶ 15
μόνος δυνάστης, ὁ Βασιλεὺς τῶν βασιλευόντων καὶ Κύριος τῶν
κυριευόντων, ὁ μόνος ἔχων ἀθανασίαν, φῶς οἰκῶν ἀπρόσιτον, ὃν εἶδεν 16
οὐδεὶς ἀνθρώπων οὐδὲ ἰδεῖν δύναται· ᾧ τιμὴ καὶ κράτος αἰώνιον· ἀμήν.

Τοῖς πλουσίοις ἐν τῷ νῦν αἰῶνι παράγγελλε μὴ ὑψηλοφρονεῖν, μηδὲ 17
ἠλπικέναι ἐπὶ πλούτου ἀδηλότητι, ἀλλ᾽ ἐπὶ Θεῷ τῷ παρέχοντι ἡμῖν
πάντα πλουσίως εἰς ἀπόλαυσιν, ἀγαθοεργεῖν, πλουτεῖν ἐν ἔργοις καλοῖς, 18
εὐμεταδότους εἶναι, κοινωνικούς, ἀποθησαυρίζοντας ἑαυτοῖς θεμέλιον 19
καλὸν εἰς τὸ μέλλον, ἵνα ἐπιλάβωνται τῆς ὄντως ζωῆς.

20 ῏Ω Τιμόθεε, τὴν παραθήκην φύλαξον, ἐκτρεπόμενος τὰς βεβήλους
21 κενοφωνίας καὶ ἀντιθέσεις τῆς ψευδωνύμου γνώσεως, ἥν τινες ἐπαγ-
γελλόμενοι περὶ τὴν πίστιν ἠστόχησαν.

Ἡ χάρις μεθ' ὑμῶν.

ΠΡΟΣ ΤΙΜΟΘΕΟΝ Β

ΠΑΥΛΟΣ ΑΠΟΣΤΟΛΟΣ Χριστοῦ Ἰησοῦ διὰ θελήματος Θεοῦ 1
κατ' ἐπαγγελίαν ζωῆς τῆς ἐν Χριστῷ Ἰησοῦ Τιμοθέῳ ἀγα- 2
πητῷ τέκνῳ.
Χάρις, ἔλεος, εἰρήνη ἀπὸ Θεοῦ Πατρὸς καὶ Χριστοῦ Ἰησοῦ τοῦ
Κυρίου ἡμῶν.

Χάριν ἔχω τῷ Θεῷ, ᾧ λατρεύω ἀπὸ προγόνων ἐν καθαρᾷ συνειδήσει, 3
ὡς ἀδιάλειπτον ἔχω τὴν περὶ σοῦ μνείαν ἐν ταῖς δεήσεσίν μου νυκτὸς
καὶ ἡμέρας, ἐπιποθῶν σε ἰδεῖν, μεμνημένος σου τῶν δακρύων, ἵνα χαρᾶς 4
πληρωθῶ· ὑπόμνησιν λαβὼν τῆς ἐν σοὶ ἀνυποκρίτου πίστεως, ἥτις 5
ἐνῴκησεν πρῶτον ἐν τῇ μάμμῃ σου Λωΐδι καὶ τῇ μητρί σου Εὐνίκῃ,
πέπεισμαι δὲ ὅτι καὶ ἐν σοί.

Δι' ἣν αἰτίαν ἀναμιμνήσκω σε ἀναζωπυρεῖν τὸ χάρισμα τοῦ Θεοῦ, 6
ὅ ἐστιν ἐν σοὶ διὰ τῆς ἐπιθέσεως τῶν χειρῶν μου. οὐ γὰρ ἔδωκεν ἡμῖν 7
ὁ Θεὸς πνεῦμα δειλίας, ἀλλὰ δυνάμεως καὶ ἀγάπης καὶ σωφρονισμοῦ.
μὴ οὖν ἐπαισχυνθῇς τὸ μαρτύριον τοῦ Κυρίου ἡμῶν μηδὲ ἐμὲ τὸν 8
δέσμιον αὐτοῦ, ἀλλὰ συγκακοπάθησον τῷ εὐαγγελίῳ κατὰ δύναμιν
Θεοῦ, τοῦ σώσαντος ἡμᾶς καὶ καλέσαντος κλήσει ἁγίᾳ, οὐ κατὰ τὰ 9
ἔργα ἡμῶν ἀλλὰ κατὰ ἰδίαν πρόθεσιν καὶ χάριν, τὴν δοθεῖσαν ἡμῖν ἐν
Χριστῷ Ἰησοῦ πρὸ χρόνων αἰωνίων, φανερωθεῖσαν δὲ νῦν διὰ τῆς 10
ἐπιφανείας τοῦ Σωτῆρος ἡμῶν Ἰησοῦ Χριστοῦ, καταργήσαντος μὲν τὸν
θάνατον φωτίσαντος δὲ ζωὴν καὶ ἀφθαρσίαν διὰ τοῦ εὐαγγελίου.

Εἰς ὃ ἐτέθην ἐγὼ κῆρυξ καὶ ἀπόστολος καὶ διδάσκαλος· δι' ἣν αἰτίαν 11 12
καὶ ταῦτα πάσχω, ἀλλ' οὐκ ἐπαισχύνομαι, οἶδα γὰρ ᾧ πεπίστευκα, καὶ
πέπεισμαι ὅτι δυνατός ἐστιν τὴν παραθήκην μου φυλάξαι εἰς ἐκείνην
τὴν ἡμέραν. ὑποτύπωσιν ἔχε ὑγιαινόντων λόγων ὧν παρ' ἐμοῦ 13
ἤκουσας ἐν πίστει καὶ ἀγάπῃ τῇ ἐν Χριστῷ Ἰησοῦ· τὴν καλὴν παραθή- 14
κην φύλαξον διὰ Πνεύματος Ἁγίου τοῦ ἐνοικοῦντος ἐν ἡμῖν.

Οἶδας τοῦτο, ὅτι ἀπεστράφησάν με πάντες οἱ ἐν τῇ Ἀσίᾳ, ὧν ἐστιν 15
Φύγελος καὶ Ἑρμογένης. δῴη ἔλεος ὁ Κύριος τῷ Ὀνησιφόρου οἴκῳ, ὅτι 16
πολλάκις με ἀνέψυξεν καὶ τὴν ἅλυσίν μου οὐκ ἐπαισχύνθη, ἀλλὰ γενό- 17
μενος ἐν Ῥώμῃ σπουδαίως ἐζήτησέν με καὶ εὗρεν· δῴη αὐτῷ ὁ Κύριος 18
εὑρεῖν ἔλεος παρὰ Κυρίου ἐν ἐκείνῃ τῇ ἡμέρᾳ· καὶ ὅσα ἐν Ἐφέσῳ
διηκόνησεν, βέλτιον σὺ γινώσκεις.

2 2 Σὺ οὖν, τέκνον μου, ἐνδυναμοῦ ἐν τῇ χάριτι τῇ ἐν Χριστῷ Ἰησοῦ, καὶ
ἃ ἤκουσας παρ᾽ ἐμοῦ διὰ πολλῶν μαρτύρων, ταῦτα παράθου πιστοῖς
ἀνθρώποις, οἵτινες ἱκανοὶ ἔσονται καὶ ἑτέρους διδάξαι.

3 4 Συγκακοπάθησον ὡς καλὸς στρατιώτης Χριστοῦ Ἰησοῦ. οὐδεὶς
στρατευόμενος ἐμπλέκεται ταῖς τοῦ βίου πραγματείαις, ἵνα τῷ στρατο-
5 λογήσαντι ἀρέσῃ. ἐὰν δὲ καὶ ἀθλῇ τις, οὐ στεφανοῦται ἐὰν μὴ νομίμως
6 ἀθλήσῃ. τὸν κοπιῶντα γεωργὸν δεῖ πρῶτον τῶν καρπῶν μεταλαμ-
7 βάνειν. νόει ὃ λέγω, δώσει γάρ σοι ὁ Κύριος σύνεσιν ἐν πᾶσιν.

8 Μνημόνευε Ἰησοῦν Χριστὸν ἐγηγερμένον ἐκ νεκρῶν, ἐκ σπέρματος
9 Δαυίδ, κατὰ τὸ εὐαγγέλιόν μου· ἐν ᾧ κακοπαθῶ μέχρι δεσμῶν ὡς
10 κακοῦργος, ἀλλὰ ὁ λόγος τοῦ Θεοῦ οὐ δέδεται. διὰ τοῦτο πάντα
ὑπομένω διὰ τοὺς ἐκλεκτούς, ἵνα καὶ αὐτοὶ σωτηρίας τύχωσιν τῆς ἐν
Χριστῷ Ἰησοῦ μετὰ δόξης αἰωνίου.

11 Πιστὸς ὁ λόγος·

Εἰ γὰρ συναπεθάνομεν, καὶ συζήσομεν·
12 εἰ ὑπομένομεν, καὶ συμβασιλεύσομεν.
εἰ ἀρνησόμεθα, κἀκεῖνος ἀρνήσεται ἡμᾶς.
13 εἰ ἀπιστοῦμεν, ἐκεῖνος πιστὸς μένει,
ἀρνήσασθαι γὰρ ἑαυτὸν οὐ δύναται.

14 ⟪ Ταῦτα ὑπομίμνησκε, διαμαρτυρόμενος ἐνώπιον τοῦ Θεοῦ μὴ λογο-
15 μαχεῖν, ἐπ᾽ οὐδὲν χρήσιμον, ἐπὶ καταστροφῇ τῶν ἀκουόντων. σπού-
δασον σεαυτὸν δόκιμον παραστῆσαι τῷ Θεῷ, ἐργάτην ἀνεπαίσχυντον,
16 ὀρθοτομοῦντα τὸν λόγον τῆς ἀληθείας. τὰς δὲ βεβήλους κενοφωνίας
17 περιΐστασο· ἐπὶ πλεῖον γὰρ προκόψουσιν ἀσεβείας, καὶ ὁ λόγος αὐτῶν
18 ὡς γάγγραινα νομὴν ἕξει· ὧν ἐστιν Ὑμέναιος καὶ Φίλητος, οἵτινες περὶ
τὴν ἀλήθειαν ἠστόχησαν, λέγοντες ἀνάστασιν ἤδη γεγονέναι, καὶ
19 ἀνατρέπουσιν τήν τινων πίστιν. ὁ μέντοι στερεὸς θεμέλιος τοῦ Θεοῦ
ἔστηκεν, ἔχων τὴν σφραγῖδα ταύτην· ⌊Ἔγνω Κύριος τοὺς ὄντας αὐτοῦ⌋, a
καί· Ἀποστήτω ἀπὸ ἀδικίας πᾶς ὁ ⌊ὀνομάζων τὸ ὄνομα Κυρίου⌋. b
20 ἐν μεγάλῃ δὲ οἰκίᾳ οὐκ ἔστιν μόνον σκεύη χρυσᾶ καὶ ἀργυρᾶ, ἀλλὰ καὶ
21 ξύλινα καὶ ὀστράκινα, καὶ ἃ μὲν εἰς τιμὴν ἃ δὲ εἰς ἀτιμίαν· ἐὰν οὖν τις
ἐκκαθάρῃ ἑαυτὸν ἀπὸ τούτων, ἔσται σκεῦος εἰς τιμήν, ἡγιασμένον,
εὔχρηστον τῷ δεσπότῃ, εἰς πᾶν ἔργον ἀγαθὸν ἡτοιμασμένον.

22 Τὰς δὲ νεωτερικὰς ἐπιθυμίας φεῦγε, δίωκε δὲ δικαιοσύνην, πίστιν,
ἀγάπην, εἰρήνην μετὰ πάντων τῶν ἐπικαλουμένων τὸν Κύριον ἐκ
23 καθαρᾶς καρδίας. τὰς δὲ μωρὰς καὶ ἀπαιδεύτους ζητήσεις παραιτοῦ,

[a] Num. 16. 5   [b] Is. 26. 13

εἰδὼς ὅτι γεννῶσιν μάχας· δοῦλον δὲ Κυρίου οὐ δεῖ μάχεσθαι ἀλλὰ 24
ἤπιον εἶναι πρὸς πάντας, διδακτικόν, ἀνεξίκακον, ἐν πραΰτητι παι- 25
δεύοντα τοὺς ἀντιδιατιθεμένους, μήποτε δῴη αὐτοῖς ὁ Θεὸς μετάνοιαν
εἰς ἐπίγνωσιν ἀληθείας, καὶ ἀνανήψωσιν ἐκ τῆς τοῦ διαβόλου παγίδος, 26
ἐζωγρημένοι ὑπ' αὐτοῦ εἰς τὸ ἐκείνου θέλημα.

Τοῦτο δὲ γίνωσκε, ὅτι ἐν ἐσχάταις ἡμέραις ἐνστήσονται καιροὶ 3
χαλεποί· ἔσονται γὰρ οἱ ἄνθρωποι φίλαυτοι, φιλάργυροι, ἀλαζόνες, 2
ὑπερήφανοι, βλάσφημοι, γονεῦσιν ἀπειθεῖς, ἀχάριστοι, ἀνόσιοι, ἄστορ- 3
γοι, ἄσπονδοι, διάβολοι, ἀκρατεῖς, ἀνήμεροι, ἀφιλάγαθοι, προδόται, 4
προπετεῖς, τετυφωμένοι, φιλήδονοι μᾶλλον ἢ φιλόθεοι, ἔχοντες μόρ- 5
φωσιν εὐσεβείας τὴν δὲ δύναμιν αὐτῆς ἠρνημένοι· καὶ τούτους ἀποτρέ-
που. ἐκ τούτων γάρ εἰσιν οἱ ἐνδύνοντες εἰς τὰς οἰκίας καὶ αἰχμαλωτίζοντες 6
γυναικάρια σεσωρευμένα ἁμαρτίαις, ἀγόμενα ἐπιθυμίαις ποικίλαις, πάν- 7
τοτε μανθάνοντα καὶ μηδέποτε εἰς ἐπίγνωσιν ἀληθείας ἐλθεῖν δυνάμενα.
ὃν τρόπον δὲ Ἰάννης καὶ Ἰαμβρῆς ἀντέστησαν Μωϋσεῖ, οὕτως καὶ 8
οὗτοι ἀνθίστανται τῇ ἀληθείᾳ, ἄνθρωποι κατεφθαρμένοι τὸν νοῦν,
ἀδόκιμοι περὶ τὴν πίστιν. ἀλλ' οὐ προκόψουσιν ἐπὶ πλεῖον· ἡ γὰρ 9
ἄνοια αὐτῶν ἔκδηλος ἔσται πᾶσιν, ὡς καὶ ἡ ἐκείνων ἐγένετο.

Σὺ δὲ παρηκολούθησάς μου τῇ διδασκαλίᾳ, τῇ ἀγωγῇ, τῇ προθέσει, 10
τῇ πίστει, τῇ μακροθυμίᾳ, τῇ ἀγάπῃ, τῇ ὑπομονῇ, τοῖς διωγμοῖς, τοῖς 11
παθήμασιν—οἷά μοι ἐγένετο ἐν Ἀντιοχείᾳ, ἐν Ἰκονίῳ, ἐν Λύστροις,
οἵους διωγμοὺς ὑπήνεγκα, καὶ ἐκ πάντων με ἐρρύσατο ὁ Κύριος. καὶ 12
πάντες δὲ οἱ θέλοντες ζῆν εὐσεβῶς ἐν Χριστῷ Ἰησοῦ διωχθήσονται·
πονηροὶ δὲ ἄνθρωποι καὶ γόητες προκόψουσιν ἐπὶ τὸ χεῖρον, πλανῶντες 13
καὶ πλανώμενοι. σὺ δὲ μένε ἐν οἷς ἔμαθες καὶ ἐπιστώθης, εἰδὼς παρὰ 14
τίνων ἔμαθες, καὶ ὅτι ἀπὸ βρέφους τὰ ἱερὰ γράμματα οἶδας, τὰ δυνά- 15
μενά σε σοφίσαι εἰς σωτηρίαν διὰ πίστεως τῆς ἐν Χριστῷ Ἰησοῦ. πᾶσα 16
γραφὴ θεόπνευστος ὠφέλιμος πρὸς διδασκαλίαν, πρὸς ἐλεγμόν, πρὸς
ἐπανόρθωσιν, πρὸς παιδείαν τὴν ἐν δικαιοσύνῃ, ἵνα ἄρτιος ᾖ ὁ τοῦ 17
Θεοῦ ἄνθρωπος, πρὸς πᾶν ἔργον ἀγαθὸν ἐξηρτισμένος.

Διαμαρτύρομαι ἐνώπιον τοῦ Θεοῦ καὶ Χριστοῦ Ἰησοῦ, τοῦ μέλ- 4
λοντος κρίνειν ζῶντας καὶ νεκρούς, καὶ τὴν ἐπιφάνειαν αὐτοῦ καὶ τὴν
βασιλείαν αὐτοῦ· κήρυξον τὸν λόγον, ἐπίστηθι εὐκαίρως ἀκαίρως, 2
ἔλεγξον, ἐπιτίμησον, παρακάλεσον, ἐν πάσῃ μακροθυμίᾳ καὶ διδαχῇ.
ἔσται γὰρ καιρὸς ὅτε τῆς ὑγιαινούσης διδασκαλίας οὐκ ἀνέξονται, ἀλλὰ 3
κατὰ τὰς ἰδίας ἐπιθυμίας ἑαυτοῖς ἐπισωρεύσουσιν διδασκάλους κνηθό-
μενοι τὴν ἀκοήν, καὶ ἀπὸ μὲν τῆς ἀληθείας τὴν ἀκοὴν ἀποστρέψουσιν, 4
ἐπὶ δὲ τοὺς μύθους ἐκτραπήσονται. σὺ δὲ νῆφε ἐν πᾶσιν, κακοπάθησον, 5
ἔργον ποίησον εὐαγγελιστοῦ, τὴν διακονίαν σου πληροφόρησον.

6 ❡ Ἐγὼ γὰρ ἤδη σπένδομαι, καὶ ὁ καιρὸς τῆς ἀναλύσεώς μου ἐφέστηκεν.
7 τὸν καλὸν ἀγῶνα ἠγώνισμαι, τὸν δρόμον τετέλεκα, τὴν πίστιν τετή-
8 ρηκα· λοιπὸν ἀπόκειταί μοι ὁ τῆς δικαιοσύνης στέφανος, ὃν ἀποδώσει
μοι ὁ Κύριος ἐν ἐκείνῃ τῇ ἡμέρᾳ, ὁ δίκαιος κριτής, οὐ μόνον δὲ ἐμοὶ ἀλλὰ
καὶ πᾶσι τοῖς ἠγαπηκόσι τὴν ἐπιφάνειαν αὐτοῦ.

9 10 Σπούδασον ἐλθεῖν πρός με ταχέως· Δημᾶς γάρ με ἐγκατέλιπεν ἀγα-
πήσας τὸν νῦν αἰῶνα, καὶ ἐπορεύθη εἰς Θεσσαλονίκην, Κρήσκης εἰς
11 ᵃ Γαλατίαν, Τίτος εἰς Δαλματίαν· Λουκᾶς ἐστιν μόνος μετ' ἐμοῦ. Μᾶρ-
κον ἀναλαβὼν ἄγε μετὰ σεαυτοῦ· ἔστιν γάρ μοι εὔχρηστος εἰς διακονίαν.
12 13 Τύχικον δὲ ἀπέστειλα εἰς Ἔφεσον. τὸν φαιλόνην, ὃν ἀπέλιπον ἐν
Τρῳάδι παρὰ Κάρπῳ, ἐρχόμενος φέρε, καὶ τὰ βιβλία, μάλιστα τὰς
μεμβράνας.

14 Ἀλέξανδρος ὁ χαλκεὺς πολλά μοι κακὰ ἐνεδείξατο· ⌊ἀποδώσει⌋ αὐτῷ
15 ⌊ὁ Κύριος κατὰ τὰ ἔργα αὐτοῦ·⌋ᵇ ὃν καὶ σὺ φυλάσσου· λίαν γὰρ
16 ἀντέστη τοῖς ἡμετέροις λόγοις. ἐν τῇ πρώτῃ μου ἀπολογίᾳ οὐδείς μοι
17 παρεγένετο, ἀλλὰ πάντες με ἐγκατέλιπον· μὴ αὐτοῖς λογισθείη· ὁ δὲ
Κύριός μοι παρέστη καὶ ἐνεδυνάμωσέν με, ἵνα δι' ἐμοῦ τὸ κήρυγμα
πληροφορηθῇ καὶ ἀκούσωσιν πάντα τὰ ἔθνη, καὶ ἐρρύσθην ⌊ἐκ στόματος
18 λέοντος⌋.ᶜ καὶ ῥύσεταί με ὁ Κύριος ἀπὸ παντὸς ἔργου πονηροῦ καὶ
σώσει εἰς τὴν βασιλείαν αὐτοῦ τὴν ἐπουράνιον· ᾧ ἡ δόξα εἰς τοὺς
αἰῶνας τῶν αἰώνων. ἀμήν.

19 Ἄσπασαι Πρίσκαν καὶ Ἀκύλαν καὶ τὸν Ὀνησιφόρου οἶκον.

20 Ἔραστος ἔμεινεν ἐν Κορίνθῳ, Τρόφιμον δὲ ἀπέλιπον ἐν Μιλήτῳ
21 ἀσθενοῦντα. σπούδασον πρὸ χειμῶνος ἐλθεῖν.

Ἀσπάζεταί σε Εὔβουλος καὶ Πούδης καὶ Λίνος καὶ Κλαυδία καὶ οἱ
ἀδελφοὶ πάντες.

22 Ὁ Κύριος μετὰ τοῦ πνεύματός σου· ἡ χάρις μεθ' ὑμῶν.

[a] Γαλλίαν   [b] 2 Sam. 3. 39; Ps. 28. 4; 62. 12; Prv. 24. 12   [c] Ps. 22. 21;
Dn. 6. 20, 27

ΠΡΟΣ ΤΙΤΟΝ

ΠΑΥΛΟΣ ΔΟΥΛΟΣ Θεοῦ, ἀπόστολος δὲ Ἰησοῦ Χριστοῦ κατὰ 1
πίστιν ἐκλεκτῶν Θεοῦ καὶ ἐπίγνωσιν ἀληθείας τῆς κατ᾽ εὐσέ-
βειαν ἐπ᾽ ἐλπίδι ζωῆς αἰωνίου, ἣν ἐπηγγείλατο ὁ ἀψευδὴς Θεὸς 2
πρὸ χρόνων αἰωνίων, ἐφανέρωσεν δὲ καιροῖς ἰδίοις τὸν λόγον αὐτοῦ ἐν 3
κηρύγματι ὃ ἐπιστεύθην ἐγὼ κατ᾽ ἐπιταγὴν τοῦ Σωτῆρος ἡμῶν Θεοῦ.

Τίτῳ, γνησίῳ τέκνῳ κατὰ κοινὴν πίστιν, χάρις καὶ εἰρήνη ἀπὸ Θεοῦ 4
Πατρὸς καὶ Χριστοῦ Ἰησοῦ τοῦ Σωτῆρος ἡμῶν.

Τούτου χάριν ἀπέλιπόν σε ἐν Κρήτῃ, ἵνα τὰ λείποντα ἐπιδιορθώσῃ, 5
καὶ καταστήσῃς κατὰ πόλιν πρεσβυτέρους, ὡς ἐγώ σοι διεταξάμην,
εἴ τίς ἐστιν ἀνέγκλητος, μιᾶς γυναικὸς ἀνήρ, τέκνα ἔχων πιστά, μὴ ἐν 6
κατηγορίᾳ ἀσωτίας, ἢ ἀνυπότακτα. δεῖ γὰρ τὸν ἐπίσκοπον ἀνέγ- 7
κλητον εἶναι ὡς Θεοῦ οἰκονόμον, μὴ αὐθάδη, μὴ ὀργίλον, μὴ πάροινον,
μὴ πλήκτην, μὴ αἰσχροκερδῆ, ἀλλὰ φιλόξενον, φιλάγαθον, σώφρονα, 8
δίκαιον, ὅσιον, ἐγκρατῆ, ἀντεχόμενον τοῦ κατὰ τὴν διδαχὴν πιστοῦ 9
λόγου, ἵνα δυνατὸς ᾖ καὶ παρακαλεῖν ἐν τῇ διδασκαλίᾳ τῇ ὑγιαινούσῃ
καὶ τοὺς ἀντιλέγοντας ἐλέγχειν.

Εἰσὶν γὰρ πολλοὶ ἀνυπότακτοι, ματαιολόγοι καὶ φρεναπάται, μά- 10
λιστα οἱ ἐκ τῆς περιτομῆς, οὓς δεῖ ἐπιστομίζειν, οἵτινες ὅλους οἴκους 11
ἀνατρέπουσιν διδάσκοντες ἃ μὴ δεῖ αἰσχροῦ κέρδους χάριν. εἶπέν τις 12
ἐξ αὐτῶν ἴδιος αὐτῶν προφήτης· Κρῆτες ἀεὶ ψεῦσται, κακὰ θηρία,
γαστέρες ἀργαί. ἡ μαρτυρία αὕτη ἐστὶν ἀληθής. δι᾽ ἣν αἰτίαν ἔλεγχε 13
αὐτοὺς ἀποτόμως, ἵνα ὑγιαίνωσιν ἐν τῇ πίστει, μὴ προσέχοντες Ἰου- 14
δαϊκοῖς μύθοις καὶ ἐντολαῖς ἀνθρώπων ἀποστρεφομένων τὴν ἀλήθειαν.

Πάντα καθαρὰ τοῖς καθαροῖς· τοῖς δὲ μεμιαμμένοις καὶ ἀπίστοις οὐδὲν 15
καθαρόν, ἀλλὰ μεμίανται αὐτῶν καὶ ὁ νοῦς καὶ ἡ συνείδησις. Θεὸν 16
ὁμολογοῦσιν εἰδέναι, τοῖς δὲ ἔργοις ἀρνοῦνται, βδελυκτοὶ ὄντες καὶ
ἀπειθεῖς καὶ πρὸς πᾶν ἔργον ἀγαθὸν ἀδόκιμοι.

Σὺ δὲ λάλει ἃ πρέπει τῇ ὑγιαινούσῃ διδασκαλίᾳ. πρεσβύτας νη- **2** 2
φαλίους εἶναι, σεμνούς, σώφρονας, ὑγιαίνοντας τῇ πίστει, τῇ ἀγάπῃ,
τῇ ὑπομονῇ· πρεσβύτιδας ὡσαύτως ἐν καταστήματι ἱεροπρεπεῖς, μὴ 3
διαβόλους, μηδὲ οἴνῳ πολλῷ δεδουλωμένας, καλοδιδασκάλους, ἵνα 4
σωφρονίζωσιν τὰς νέας φιλάνδρους εἶναι, φιλοτέκνους, σώφρονας, ἁγνάς, 5

οἰκουργούς, ἀγαθάς, ὑποτασσομένας τοῖς ἰδίοις ἀνδράσιν, ἵνα μὴ ὁ λόγος τοῦ Θεοῦ βλασφημῆται.

6 7   Τοὺς νεωτέρους ὡσαύτως παρακάλει σωφρονεῖν περὶ πάντα, σεαυτὸν παρεχόμενος τύπον καλῶν ἔργων, ἐν τῇ διδασκαλίᾳ ἀφθορίαν, σεμνό-
8 τητα, λόγον ὑγιῆ ἀκατάγνωστον, ἵνα ὁ ἐξ ἐναντίας ἐντραπῇ μηδὲν ἔχων λέγειν περὶ ἡμῶν φαῦλον.

9   Δούλους ἰδίοις δεσπόταις ὑποτάσσεσθαι ἐν πᾶσιν, εὐαρέστους εἶναι
10 μὴ ἀντιλέγοντας, μὴ νοσφιζομένους, ἀλλὰ πᾶσαν πίστιν ἐνδεικνυμένους ἀγαθήν, ἵνα τὴν διδασκαλίαν τὴν τοῦ Σωτῆρος ἡμῶν Θεοῦ κοσμῶσιν ἐν πᾶσιν.

11   Ἐπεφάνη γὰρ ἡ χάρις τοῦ Θεοῦ σωτήριος πᾶσιν ἀνθρώποις,
12 παιδεύουσα ἡμᾶς, ἵνα ἀρνησάμενοι τὴν ἀσέβειαν καὶ τὰς κοσμικὰς ἐπιθυμίας σωφρόνως καὶ δικαίως καὶ εὐσεβῶς ζήσωμεν ἐν τῷ νῦν αἰῶνι,
13 προσδεχόμενοι τὴν μακαρίαν ἐλπίδα καὶ ἐπιφάνειαν τῆς δόξης τοῦ
14 μεγάλου [a] Θεοῦ καὶ Σωτῆρος ἡμῶν Χριστοῦ Ἰησοῦ, ὃς ἔδωκεν ἑαυτὸν ὑπὲρ ἡμῶν ἵνα ⌊λυτρώσηται⌋ ἡμᾶς ⌊ἀπὸ πάσης ἀνομίας⌋[b] καὶ ⌊καθαρίσῃ ἑαυτῷ λαὸν περιούσιον⌋,[c] ζηλωτὴν καλῶν ἔργων.

15   Ταῦτα λάλει καὶ παρακάλει καὶ ἔλεγχε μετὰ πάσης ἐπιταγῆς· μηδείς σου περιφρονείτω.

3   Ὑπομίμνησκε αὐτοὺς ἀρχαῖς ἐξουσίαις ὑποτάσσεσθαι, πειθαρχεῖν,
2 πρὸς πᾶν ἔργον ἀγαθὸν ἑτοίμους εἶναι, μηδένα βλασφημεῖν, ἀμάχους εἶναι, ἐπιεικεῖς, πᾶσαν ἐνδεικνυμένους πραΰτητα πρὸς πάντας ἀνθρώ-πους.

3   Ἦμεν γάρ ποτε καὶ ἡμεῖς ἀνόητοι, ἀπειθεῖς, πλανώμενοι, δουλεύοντες ἐπιθυμίαις καὶ ἡδοναῖς ποικίλαις, ἐν κακίᾳ καὶ φθόνῳ διάγοντες, στυγη-
4 τοί, μισοῦντες ἀλλήλους. ὅτε δὲ ἡ χρηστότης καὶ ἡ φιλανθρωπία
5 ἐπεφάνη τοῦ Σωτῆρος ἡμῶν Θεοῦ, οὐκ ἐξ ἔργων τῶν ἐν δικαιοσύνῃ ἃ ἐποιήσαμεν ἡμεῖς, ἀλλὰ κατὰ τὸ αὐτοῦ ἔλεος ἔσωσεν ἡμᾶς διὰ λουτροῦ
6 παλιγγενεσίας καὶ ἀνακαινώσεως Πνεύματος Ἁγίου, οὗ ἐξέχεεν ἐφ᾽
7 ἡμᾶς πλουσίως διὰ Ἰησοῦ Χριστοῦ τοῦ Σωτῆρος ἡμῶν, ἵνα δικαιω-θέντες τῇ ἐκείνου χάριτι κληρονόμοι γενηθῶμεν κατ᾽ ἐλπίδα ζωῆς
8 αἰωνίου. πιστὸς ὁ λόγος.

Καὶ περὶ τούτων βούλομαί σε διαβεβαιοῦσθαι. ἵνα φροντίζωσιν καλῶν ἔργων προΐστασθαι οἱ πεπιστευκότες Θεῷ· ταῦτά ἐστιν καλὰ
9 καὶ ὠφέλιμα τοῖς ἀνθρώποις. μωρὰς δὲ ζητήσεις καὶ γενεαλογίας καὶ ἔριν καὶ μάχας νομικὰς περιΐστασο· εἰσὶν γὰρ ἀνωφελεῖς καὶ μάταιοι.

10   Αἱρετικὸν ἄνθρωπον μετὰ μίαν καὶ δευτέραν νουθεσίαν παραιτοῦ,
11 εἰδὼς ὅτι ἐξέστραπται ὁ τοιοῦτος καὶ ἁμαρτάνει ὢν αὐτοκατάκριτος.

[a] Θεοῦ, καὶ   [b] Ps. 130. 8   [c] Ex. 19. 5; Dt. 14. 2; Ezk. 37. 23

Ὅταν πέμψω Ἀρτεμᾶν πρός σε ἢ Τύχικον, σπούδασον ἐλθεῖν πρός 12
με εἰς Νικόπολιν· ἐκεῖ γὰρ κέκρικα παραχειμάσαι. Ζηνᾶν τὸν νομικὸν 13
καὶ Ἀπολλῶν σπουδαίως πρόπεμψον, ἵνα μηδὲν αὐτοῖς λείπῃ. μανθα- 14
νέτωσαν δὲ καὶ οἱ ἡμέτεροι καλῶν ἔργων προΐστασθαι εἰς τὰς ἀναγ-
καίας χρείας, ἵνα μὴ ὦσιν ἄκαρποι.

Ἀσπάζονταί σε οἱ μετ᾽ ἐμοῦ πάντες. ἄσπασαι τοὺς φιλοῦντας ἡμᾶς 15
ἐν πίστει. ἡ χάρις μετὰ πάντων ὑμῶν.

ΠΡΟΣ ΦΙΛΗΜΟΝΑ

1 ΠΑΥΛΟΣ δέσμιος Χριστοῦ Ἰησοῦ καὶ Τιμόθεος ὁ ἀδελφὸς Φιλή-
2 μονι τῷ ἀγαπητῷ καὶ συνεργῷ ἡμῶν, καὶ Ἀπφίᾳ τῇ ἀδελφῇ,
καὶ Ἀρχίππῳ τῷ συστρατιώτῃ ἡμῶν, καὶ τῇ κατ᾽ οἶκόν σου
ἐκκλησίᾳ.
3 Χάρις ὑμῖν καὶ εἰρήνη ἀπὸ Θεοῦ Πατρὸς ἡμῶν καὶ Κυρίου Ἰησοῦ
Χριστοῦ.
4 Εὐχαριστῶ τῷ Θεῷ μου πάντοτε μνείαν σου ποιούμενος ἐπὶ τῶν
5 προσευχῶν μου, ἀκούων σου τὴν ἀγάπην καὶ τὴν πίστιν ἣν ἔχεις πρὸς
6 τὸν Κύριον Ἰησοῦν καὶ εἰς πάντας τοὺς ἁγίους, ὅπως ἡ κοινωνία
τῆς πίστεώς σου ἐνεργὴς γένηται ἐν ἐπιγνώσει παντὸς ἀγαθοῦ τοῦ
7 ἐν ἡμῖν εἰς Χριστόν. χαρὰν γὰρ πολλὴν ἔσχον καὶ παράκλησιν ἐπὶ
τῇ ἀγάπῃ σου, ὅτι τὰ σπλάγχνα τῶν ἁγίων ἀναπέπαυται διὰ σοῦ,
ἀδελφέ.
8 Διό, πολλὴν ἐν Χριστῷ παρρησίαν ἔχων ἐπιτάσσειν σοι τὸ ἀνῆκον,
9 διὰ τὴν ἀγάπην μᾶλλον παρακαλῶ· τοιοῦτος ὢν ὡς Παῦλος πρεσβύ-
10 της, νυνὶ δὲ καὶ δέσμιος, Χριστοῦ Ἰησοῦ, παρακαλῶ σε περὶ τοῦ
ἐμοῦ τέκνου, ὃν ἐγέννησα ἐν τοῖς δεσμοῖς—
11 Ὀνήσιμον, τόν ποτέ σοι ἄχρηστον νυνὶ δὲ καὶ σοὶ καὶ ἐμοὶ εὔχρη-
12 13 στον, ὃν ἀνέπεμψά σοι αὐτόν, τοῦτ᾽ ἔστιν τὰ ἐμὰ σπλάγχνα. ὃν
ἐγὼ ἐβουλόμην πρὸς ἐμαυτὸν κατέχειν, ἵνα ὑπὲρ σοῦ μοι διακονῇ
14 ἐν τοῖς δεσμοῖς τοῦ εὐαγγελίου, χωρὶς δὲ τῆς σῆς γνώμης οὐδὲν
ἠθέλησα ποιῆσαι, ἵνα μὴ ὡς κατὰ ἀνάγκην τὸ ἀγαθόν σου ᾖ ἀλλὰ
15 κατὰ ἑκούσιον. τάχα γὰρ διὰ τοῦτο ἐχωρίσθη πρὸς ὥραν, ἵνα
16 αἰώνιον αὐτὸν ἀπέχῃς, οὐκέτι ὡς δοῦλον ἀλλὰ ὑπὲρ δοῦλον, ἀδελφὸν
ἀγαπητόν, μάλιστα ἐμοί, πόσῳ δὲ μᾶλλον σοὶ καὶ ἐν σαρκὶ καὶ ἐν
Κυρίῳ.
17 18 Εἰ οὖν με ἔχεις κοινωνόν, προσλαβοῦ αὐτὸν ὡς ἐμέ. εἰ δέ τι ἠδίκησέν
19 σε ἢ ὀφείλει, τοῦτο ἐμοὶ ἐλλόγα· ἐγὼ ΠΑΥΛΟΣ ἔγραψα τῇ ἐμῇ χειρί,
20 ἐγὼ ἀποτίσω—ἵνα μὴ λέγω σοι ὅτι καὶ σεαυτόν μοι προσοφείλεις. ναί,
ἀδελφέ, ἐγώ σου ὀναίμην ἐν Κυρίῳ· ἀνάπαυσόν μου τὰ σπλάγχνα ἐν
Χριστῷ.
21 Πεποιθὼς τῇ ὑπακοῇ σου ἔγραψά σοι, εἰδὼς ὅτι καὶ ὑπὲρ ἃ λέγω

ποιήσεις. ἅμα δὲ καὶ ἑτοίμαζέ μοι ξενίαν· ἐλπίζω γὰρ ὅτι διὰ τῶν 22
προσευχῶν ὑμῶν χαρισθήσομαι ὑμῖν.

Ἀσπάζεταί σε Ἐπαφρᾶς ὁ συναιχμάλωτός μου ἐν Χριστῷ Ἰησοῦ, 23
Μᾶρκος, Ἀρίσταρχος, Δημᾶς, Λουκᾶς, οἱ συνεργοί μου. 24

Ἡ χάρις τοῦ Κυρίου Ἰησοῦ Χριστοῦ μετὰ τοῦ πνεύματος ὑμῶν. 25

ΠΡΟΣ ΕΒΡΑΙΟΥΣ

1 ΠΟΛΥΜΕΡΩΣ καὶ πολυτρόπως πάλαι ὁ Θεὸς λαλήσας τοῖς
2 πατράσιν ἡμῶν ἐν τοῖς προφήταις ἐπ' ἐσχάτων τῶν ἡμερῶν
τούτων ἐλάλησεν ἡμῖν ἐν Υἱῷ, ὃν ἔθηκεν κληρονόμον πάντων,
3 δι' οὗ καὶ ἐποίησεν τοὺς αἰῶνας· ὃς ὢν ἀπαύγασμα τῆς δόξης καὶ
χαρακτὴρ τῆς ὑποστάσεως αὐτοῦ, φέρων τε τὰ πάντα τῷ ῥήματι τῆς
δυνάμεως αὐτοῦ, καθαρισμὸν τῶν ἁμαρτιῶν ποιησάμενος ⌊ἐκάθισεν ἐν
4 δεξιᾷ⌋ᵃ τῆς Μεγαλωσύνης ἐν ὑψηλοῖς, τοσούτῳ κρείττων γενόμενος τῶν
ἀγγέλων ὅσῳ διαφορώτερον παρ' αὐτοὺς κεκληρονόμηκεν ὄνομα.
5 Τίνι γὰρ εἶπέν ποτε τῶν ἀγγέλων· ⌊Υἱός μου εἶ σύ, ἐγὼ σήμερον
γεγέννηκά σε⌋;ᵇ καὶ πάλιν· ⌊Ἐγὼ ἔσομαι αὐτῷ εἰς πατέρα, καὶ αὐτὸς
6 ἔσται μοι εἰς υἱόν⌋;ᶜ ὅταν δὲ πάλιν εἰσαγάγῃ τὸν πρωτότοκον εἰς τὴν
οἰκουμένην, λέγει· ⌊Καὶ προσκυνησάτωσαν αὐτῷ πάντες ἄγγελοι Θεοῦ.⌋ᵈ
7 καὶ πρὸς μὲν τοὺς ἀγγέλους λέγει·

⌊Ὁ ποιῶν τοὺς ἀγγέλους αὐτοῦ πνεύματα,
καὶ τοὺς λειτουργοὺς αὐτοῦ πυρὸς φλόγα·⌋ᵉ

8 πρὸς δὲ τὸν Υἱόν·

ᶠ⌊Ὁ θρόνος σου, ὁ Θεός, εἰς τὸν αἰῶνα τοῦ αἰῶνος⌋,
καὶ ἡ ⌊ῥάβδος⌋ τῆς ⌊εὐθύτητος ῥάβδος τῆς βασιλείας⌋ αὐτοῦ.
9 ⌊ἠγάπησας δικαιοσύνην καὶ ἐμίσησας ἀνομίαν·
διὰ τοῦτο ἔχρισέν ᵍ σε, ὁ Θεός, ὁ Θεός σου ἔλαιον
ἀγαλλιάσεως παρὰ τοὺς μετόχους σου.⌋ʰ

10 καί·

⌊Σὺ κατ' ἀρχάς, Κύριε, τὴν γῆν ἐθεμελίωσας,
καὶ ἔργα τῶν χειρῶν σού εἰσιν οἱ οὐρανοί.
11 αὐτοὶ ἀπολοῦνται, σὺ δὲ διαμένεις·
καὶ πάντες⌋ ὡς ἱμάτιον ⌊παλαιωθήσονται·
12 καὶ ὡσεὶ περιβόλαιον ἑλίξεις αὐτούς·⌋

[a] Ps. 110. 1   [b] Ps. 2. 7   [c] 2 Sam. 7. 14   [d] Dt. 32. 43 LXX; Ps. 97. 7
[e] Ps. 104. 4   [f] Ὁ θρόνος σου ὁ Θεός . . .   [g] σε ὁ Θεός, ὁ Θεός σου, . . .
[h] Ps. 45. 6, 7

ὡς ἱμάτιον ⌊καὶ ἀλλαγήσονται.

σὺ δὲ ὁ αὐτὸς εἶ καὶ τὰ ἔτη σου οὐκ ἐκλείψουσιν.⌋ᵃ

πρὸς τίνα δὲ τῶν ἀγγέλων εἴρηκέν ποτε· ⌊Κάθου ἐκ δεξιῶν μου ἕως 13
ἂν θῶ τοὺς ἐχθρούς σου ὑποπόδιον τῶν ποδῶν σου⌋;ᵇ οὐχὶ πάντες 14
εἰσὶν λειτουργικὰ πνεύματα εἰς διακονίαν ἀποστελλόμενα διὰ τοὺς
μέλλοντας κληρονομεῖν σωτηρίαν;

Διὰ τοῦτο δεῖ περισσοτέρως προσέχειν ἡμᾶς τοῖς ἀκουσθεῖσιν, μήποτε 2
παραρυῶμεν. εἰ γὰρ ὁ δι' ἀγγέλων λαληθεὶς λόγος ἐγένετο βέβαιος, 2
καὶ πᾶσα παράβασις καὶ παρακοὴ ἔλαβεν ἔνδικον μισθαποδοσίαν, πῶς 3
ἡμεῖς ἐκφευξόμεθα τηλικαύτης ἀμελήσαντες σωτηρίας; ἥτις ἀρχὴν
λαβοῦσα λαλεῖσθαι διὰ τοῦ Κυρίου, ὑπὸ τῶν ἀκουσάντων εἰς ἡμᾶς
ἐβεβαιώθη, συνεπιμαρτυροῦντος τοῦ Θεοῦ σημείοις τε καὶ τέρασιν καὶ 4
ποικίλαις δυνάμεσιν καὶ Πνεύματος Ἁγίου μερισμοῖς κατὰ τὴν αὐτοῦ
θέλησιν.

Οὐ γὰρ ἀγγέλοις ὑπέταξεν τὴν οἰκουμένην τὴν μέλλουσαν, περὶ ἧς 5
λαλοῦμεν. διεμαρτύρατο δέ πού τις λέγων· 6

⌊Τί ἐστιν ἄνθρωπος ὅτι μιμνήσκῃ αὐτοῦ,
ἢ υἱὸς ἀνθρώπου ὅτι ἐπισκέπτῃ αὐτόν;
ἠλάττωσας αὐτὸν βραχύ τι παρ' ἀγγέλους· 7
δόξῃ καὶ τιμῇ ἐστεφάνωσας αὐτόν,
πάντα ὑπέταξας ὑποκάτω τῶν ποδῶν αὐτοῦ.⌋ᶜ 8

ἐν τῷ γὰρ ⌊ὑποτάξαι⌋ αὐτῷ τὰ ⌊πάντα⌋ οὐδὲν ἀφῆκεν αὐτῷ ἀνυπό-
τακτον. νῦν δὲ οὔπω ὁρῶμεν αὐτῷ τὰ ⌊πάντα ὑποτεταγμένα⌋· τὸν δὲ 9
⌊βραχύ τι παρ' ἀγγέλους ἠλαττωμένον⌋ βλέπομεν 'Ιησοῦν διὰ τὸ
πάθημα τοῦ θανάτου ⌊δόξῃ καὶ τιμῇ ἐστεφανωμένον⌋, ὅπως ᵈ χάριτι
Θεοῦ ὑπὲρ παντὸς γεύσηται θανάτου.

Ἔπρεπεν γὰρ αὐτῷ, δι' ὃν τὰ πάντα καὶ δι' οὗ τὰ πάντα, πολλοὺς 10
υἱοὺς εἰς δόξαν ἀγαγόντα τὸν ἀρχηγὸν τῆς σωτηρίας αὐτῶν διὰ
παθημάτων τελειῶσαι. ὅ τε γὰρ ἁγιάζων καὶ οἱ ἁγιαζόμενοι ἐξ ἑνὸς 11
πάντες· δι' ἣν αἰτίαν οὐκ ἐπαισχύνεται ⌊ἀδελφοὺς⌋ αὐτοὺς καλεῖν,
λέγων· ⌊Ἀπαγγελῶ τὸ ὄνομά σου τοῖς ἀδελφοῖς μου, ἐν μέσῳ ἐκκλησίας 12
ὑμνήσω σε·⌋ᵉ καὶ πάλιν· ⌊Ἐγὼ ἔσομαι πεποιθὼς ἐπ' αὐτῷ·⌋ᶠ καὶ πάλιν· 13
⌊Ἰδοὺ ἐγὼ καὶ τὰ παιδία ἅ μοι ἔδωκεν ὁ Θεός.⌋ᵍ ἐπεὶ οὖν ⌊τὰ παιδία⌋ 14
κεκοινώνηκεν αἵματος καὶ σαρκός, καὶ αὐτὸς παραπλησίως μετέσχεν
τῶν αὐτῶν, ἵνα διὰ τοῦ θανάτου καταργήσῃ τὸν τὸ κράτος ἔχοντα τοῦ
θανάτου, τοῦτ' ἔστιν τὸν διάβολον, καὶ ἀπαλλάξῃ τούτους, ὅσοι 15

[a] Ps. 102. 25–27   [b] Ps. 110. 1   [c] Ps. 8. 4–6   [d] χωρὶς Θεοῦ   [e] Ps.
22. 22   [f] Is. 8. 17; 2 Sam. 22. 3   [g] Is. 8. 18

16 φόβῳ θανάτου διὰ παντὸς τοῦ ζῆν ἔνοχοι ἦσαν δουλείας. οὐ γὰρ
δήπου ἀγγέλων ἐπιλαμβάνεται, ἀλλὰ ⌊σπέρματος Ἀβραὰμ ἐπιλαμ-
17 βάνεται.⌋ᵃ ὅθεν ὤφειλεν κατὰ πάντα ⌊τοῖς ἀδελφοῖς⌋ᵇ ὁμοιωθῆναι, ἵνα
ἐλεήμων γένηται καὶ πιστὸς ἀρχιερεὺς τὰ πρὸς τὸν Θεόν, εἰς τὸ
18 ἱλάσκεσθαι τὰς ἁμαρτίας τοῦ λαοῦ. ἐν ᾧ γὰρ πέπονθεν αὐτὸς πειρα-
σθείς, δύναται τοῖς πειραζομένοις βοηθῆσαι.

3 Ὅθεν, ἀδελφοὶ ἅγιοι, κλήσεως ἐπουρανίου μέτοχοι, κατανοήσατε τὸν
2 ἀπόστολον καὶ ἀρχιερέα τῆς ὁμολογίας ἡμῶν Ἰησοῦν, ⌊πιστὸν⌋ ὄντα
3 τῷ ποιήσαντι αὐτόν, ὡς καὶ ⌊Μωϋσῆς ἐν τῷ οἴκῳ αὐτοῦ.⌋ᶜ πλείονος
γὰρ οὗτος δόξης παρὰ Μωϋσῆν ἠξίωται καθ' ὅσον πλείονα τιμὴν ἔχει
4 τοῦ οἴκου ὁ κατασκευάσας αὐτόν. πᾶς γὰρ οἶκος κατασκευάζεται ὑπό
5 τινος, ὁ δὲ πάντα κατασκευάσας Θεός. καὶ ⌊Μωϋσῆς⌋ μὲν ⌊πιστὸς ἐν⌋
ὅλῳ ⌊τῷ οἴκῳ αὐτοῦ⌋ ὡς ⌊θεράπων⌋ εἰς μαρτύριον τῶν λαληθησομένων,
6 Χριστὸς δὲ ὡς υἱὸς ἐπὶ ⌊τὸν οἶκον αὐτοῦ·⌋ᶜ οὗ οἶκός ἐσμεν ἡμεῖς, ἐὰν τὴν
παρρησίαν καὶ τὸ καύχημα τῆς ἐλπίδος κατάσχωμεν.

7 ❡ Διό, καθὼς λέγει τὸ Πνεῦμα τὸ Ἅγιον·

⌊Σήμερον ἐὰν τῆς φωνῆς αὐτοῦ ἀκούσητε,
8 μὴ σκληρύνητε τὰς καρδίας ὑμῶν ὡς ἐν τῷ παραπικρασμῷ,
κατὰ τὴν ἡμέραν τοῦ πειρασμοῦ ἐν τῇ ἐρήμῳ,
9 οὗ ἐπείρασαν οἱ πατέρες ὑμῶν ἐν δοκιμασίᾳ,
καὶ εἶδον τὰ ἔργα μου τεσσεράκοντα ἔτη.⌋
10 διὸ ⌊προσώχθισα τῇ γενεᾷ⌋ ἐκείνῃ
⌊καὶ εἶπον· Ἀεὶ πλανῶνται τῇ καρδίᾳ·
αὐτοὶ δὲ οὐκ ἔγνωσαν τὰς ὁδούς μου·
11 ὡς ὤμοσα ἐν τῇ ὀργῇ μου· Εἰ εἰσελεύσονται εἰς τὴν κατάπαυσίν μου.⌋ᵈ

12 βλέπετε, ἀδελφοί, μήποτε ἔσται ἔν τινι ὑμῶν καρδία πονηρὰ ἀπιστίας
13 ἐν τῷ ἀποστῆναι ἀπὸ Θεοῦ ζῶντος, ἀλλὰ παρακαλεῖτε ἑαυτοὺς καθ'
ἑκάστην ἡμέραν, ἄχρις οὗ τὸ ⌊Σήμερον⌋ καλεῖται, ἵνα μὴ ⌊σκληρυνθῇ⌋ τις
14 ἐξ ὑμῶν ἀπάτῃ τῆς ἁμαρτίας· μέτοχοι γὰρ τοῦ Χριστοῦ γεγόναμεν,
ἐάνπερ τὴν ἀρχὴν τῆς ὑποστάσεως μέχρι τέλους βεβαίαν κατάσχωμεν.
15 Ἐν τῷ λέγεσθαι· ⌊Σήμερον ἐὰν τῆς φωνῆς αὐτοῦ ἀκούσητε, μὴ
16 σκληρύνητε τὰς καρδίας ὑμῶν ὡς ἐν τῷ παραπικρασμῷ,⌋ᵉ τίνες γὰρ
ἀκούσαντες ⌊παρεπίκραναν⌋; ἀλλ' οὐ πάντες οἱ ἐξελθόντες ἐξ Αἰγύπτου
17 διὰ Μωϋσέως; τίσιν δὲ ⌊προσώχθισεν τεσσεράκοντα ἔτη⌋; οὐχὶ τοῖς
18 ἁμαρτήσασιν, ὧν ⌊τὰ κῶλα ἔπεσεν ἐν τῇ ἐρήμῳ;⌋ᶠ τίσιν δὲ ⌊ὤμοσεν μὴ

---

[a] Is. 41. 8　　　[b] Ps. 22. 22　　　[c] Num. 12. 7 LXX　　　[d] Ps. 95. 7–11
[e] Ps. 95. 7, 8　　　[f] Num. 14. 29

εἰσελεύσεσθαι εἰς τὴν κατάπαυσιν αὐτοῦ⌋ εἰ μὴ τοῖς ἀπειθήσασιν; καὶ ₁₉ βλέπομεν ὅτι οὐκ ἠδυνήθησαν εἰσελθεῖν δι᾽ ἀπιστίαν.

Φοβηθῶμεν οὖν μήποτε καταλειπομένης ἐπαγγελίας εἰσελθεῖν εἰς τὴν **4** κατάπαυσιν αὐτοῦ δοκῇ τις ἐξ ὑμῶν ὑστερηκέναι. καὶ γάρ ἐσμεν ₂ εὐηγγελισμένοι καθάπερ κἀκεῖνοι· ἀλλ᾽ οὐκ ὠφέλησεν ὁ λόγος τῆς ἀκοῆς ἐκείνους μὴ συγκεκερασμένος τῇ πίστει τοῖς ἀκούσασιν. ⌊εἰσερχό- ₃ μεθα⌋ γὰρ ⌊εἰς τὴν κατάπαυσιν⌋ οἱ πιστεύσαντες, καθὼς εἴρηκεν· ⌊Ὡς ὤμοσα ἐν τῇ ὀργῇ μου· Εἰ εἰσελεύσονται εἰς τὴν κατάπαυσίν μου·⌋[a] καίτοι ⌊τῶν ἔργων⌋ ἀπὸ καταβολῆς κόσμου γενηθέντων. εἴρηκεν γάρ ₄ που περὶ τῆς ἑβδόμης οὕτως· ⌊Καὶ κατέπαυσεν ὁ Θεὸς ἐν τῇ ἡμέρᾳ τῇ ἑβδόμῃ ἀπὸ πάντων τῶν ἔργων αὐτοῦ·⌋[b] καὶ ἐν τούτῳ πάλιν· ⌊Εἰ ₅ εἰσελεύσονται εἰς τὴν κατάπαυσίν μου.⌋[c] ἐπεὶ οὖν ἀπολείπεται τινὰς ₆ ⌊εἰσελθεῖν εἰς⌋ αὐτήν, καὶ οἱ πρότερον εὐαγγελισθέντες οὐκ ⌊εἰσῆλθον⌋ δι᾽ ἀπείθειαν, πάλιν τινὰ ὁρίζει ἡμέραν, ⌊Σήμερον⌋, ἐν Δαυὶδ λέγων μετὰ ₇ τοσοῦτον χρόνον, καθὼς προείρηται· ⌊Σήμερον ἐὰν τῆς φωνῆς αὐτοῦ ἀκούσητε, μὴ σκληρύνητε τὰς καρδίας ὑμῶν.⌋[d] εἰ γὰρ αὐτοὺς Ἰησοῦς ₈ κατέπαυσεν, οὐκ ἂν περὶ ἄλλης ἐλάλει μετὰ ταῦτα ἡμέρας. ἄρα ἀπο- ₉ λείπεται σαββατισμὸς τῷ λαῷ τοῦ Θεοῦ· ὁ γὰρ ⌊εἰσελθὼν εἰς τὴν ₁₀ κατάπαυσιν αὐτοῦ⌋ καὶ αὐτὸς ⌊κατέπαυσεν ἀπὸ τῶν ἔργων⌋ αὐτοῦ, ὥσπερ ⌊ἀπὸ τῶν⌋ ἰδίων ⌊ὁ Θεός⌋.[e] σπουδάσωμεν οὖν ⌊εἰσελθεῖν εἰς⌋ ₁₁ ἐκείνην ⌊τὴν κατάπαυσιν⌋,[f] ἵνα μὴ ἐν τῷ αὐτῷ τις ὑποδείγματι πέσῃ τῆς ἀπειθείας.

Ζῶν γὰρ ὁ λόγος τοῦ Θεοῦ καὶ ἐνεργὴς καὶ τομώτερος ὑπὲρ πᾶσαν ₁₂ μάχαιραν δίστομον καὶ διϊκνούμενος ἄχρι μερισμοῦ ψυχῆς καὶ πνεύ- ματος, ἁρμῶν τε καὶ μυελῶν, καὶ κριτικὸς ἐνθυμήσεων καὶ ἐννοιῶν καρδίας· καὶ οὐκ ἔστιν κτίσις ἀφανὴς ἐνώπιον αὐτοῦ, πάντα δὲ γυμνὰ ₁₃ καὶ τετραχηλισμένα τοῖς ὀφθαλμοῖς αὐτοῦ, πρὸς ὃν ἡμῖν ὁ λόγος.

Ἔχοντες οὖν ἀρχιερέα μέγαν διεληλυθότα τοὺς οὐρανούς, Ἰησοῦν ₁₄ τὸν Υἱὸν τοῦ Θεοῦ, κρατῶμεν τῆς ὁμολογίας. οὐ γὰρ ἔχομεν ἀρχιερέα ₁₅ μὴ δυνάμενον συμπαθῆσαι ταῖς ἀσθενείαις ἡμῶν, πεπειρασμένον δὲ κατὰ πάντα καθ᾽ ὁμοιότητα χωρὶς ἁμαρτίας. προσερχώμεθα οὖν ₁₆ μετὰ παρρησίας τῷ θρόνῳ τῆς χάριτος, ἵνα λάβωμεν ἔλεος καὶ χάριν εὕρωμεν εἰς εὔκαιρον βοήθειαν.

Πᾶς γὰρ ἀρχιερεὺς ἐξ ἀνθρώπων λαμβανόμενος ὑπὲρ ἀνθρώπων **5** καθίσταται τὰ πρὸς τὸν Θεόν, ἵνα προσφέρῃ δῶρά τε καὶ θυσίας ὑπὲρ ἁμαρτιῶν, μετριοπαθεῖν δυνάμενος τοῖς ἀγνοοῦσιν καὶ ₂

[a] Ps. 95. 11   [b] Gn. 2. 2   [c] Ps. 95. 11   [d] Ps. 95. 7, 8   [e] Gn. 2. 2 [f] Ps. 95. 11

3 πλανωμένοις, ἐπεὶ καὶ αὐτὸς περίκειται ἀσθένειαν, καὶ δι' αὐτὴν ὀφείλει,
καθὼς περὶ τοῦ λαοῦ, οὕτως καὶ περὶ ἑαυτοῦ προσφέρειν περὶ ἁμαρτιῶν.
4 καὶ οὐχ ἑαυτῷ τις λαμβάνει τὴν τιμήν, ἀλλὰ καλούμενος ὑπὸ τοῦ Θεοῦ,
5 καθώσπερ καὶ Ἀαρών. οὕτως καὶ ὁ Χριστὸς οὐχ ἑαυτὸν ἐδόξασεν
γενηθῆναι ἀρχιερέα, ἀλλ' ὁ λαλήσας πρὸς αὐτόν· ⌊Υἱός μου εἶ σύ, ἐγὼ
6 σήμερον γεγέννηκά σε·⌋ᵃ καθὼς καὶ ἐν ἑτέρῳ λέγει· ⌊Σὺ ἱερεὺς εἰς τὸν
7 αἰῶνα κατὰ τὴν τάξιν Μελχισεδέκ.⌋ᵇ ὃς ἐν ταῖς ἡμέραις τῆς σαρκὸς
αὐτοῦ δεήσεις τε καὶ ἱκετηρίας πρὸς τὸν δυνάμενον σῴζειν αὐτὸν ἐκ
θανάτου μετὰ κραυγῆς ἰσχυρᾶς καὶ δακρύων προσενέγκας, καὶ εἰσ-
8 ακουσθεὶς ἀπὸ τῆς εὐλαβείας, καίπερ ὢν υἱός, ἔμαθεν ἀφ' ὧν ἔπαθεν τὴν
9 ὑπακοήν, καὶ τελειωθεὶς ἐγένετο πᾶσιν τοῖς ὑπακούουσιν αὐτῷ αἴτιος
10 ⌊σωτηρίας αἰωνίου⌋,ᶜ προσαγορευθεὶς ὑπὸ τοῦ Θεοῦ ἀρχιερεὺς ⌊κατὰ
τὴν τάξιν Μελχισεδέκ⌋.

11 Περὶ οὗ πολὺς ἡμῖν ὁ λόγος καὶ δυσερμήνευτος λέγειν, ἐπεὶ νωθροὶ
12 γεγόνατε ταῖς ἀκοαῖς. καὶ γὰρ ὀφείλοντες εἶναι διδάσκαλοι διὰ τὸν
χρόνον, πάλιν χρείαν ἔχετε τοῦ διδάσκειν ὑμᾶς τινα τὰ στοιχεῖα τῆς
ἀρχῆς τῶν λογίων τοῦ Θεοῦ, καὶ γεγόνατε χρείαν ἔχοντες γάλακτος,
13 οὐ στερεᾶς τροφῆς. πᾶς γὰρ ὁ μετέχων γάλακτος ἄπειρος λόγου
14 δικαιοσύνης, νήπιος γάρ ἐστιν· τελείων δέ ἐστιν ἡ στερεὰ τροφή, τῶν
διὰ τὴν ἕξιν τὰ αἰσθητήρια γεγυμνασμένα ἐχόντων πρὸς διάκρισιν
καλοῦ τε καὶ κακοῦ.

6 Διὸ ἀφέντες τὸν τῆς ἀρχῆς τοῦ Χριστοῦ λόγον ἐπὶ τὴν τελειότητα
φερώμεθα, μὴ πάλιν θεμέλιον καταβαλλόμενοι μετανοίας ἀπὸ νεκρῶν
2 ἔργων, καὶ πίστεως ἐπὶ Θεόν, βαπτισμῶν ᵈ διδαχήν, ἐπιθέσεώς τε
3 χειρῶν, ἀναστάσεως νεκρῶν, καὶ κρίματος αἰωνίου. καὶ τοῦτο ποιήσο-
μεν, ἐάνπερ ἐπιτρέπῃ ὁ Θεός.

4 Ἀδύνατον γὰρ τοὺς ἅπαξ φωτισθέντας, γευσαμένους τε τῆς δωρεᾶς
5 τῆς ἐπουρανίου καὶ μετόχους γενηθέντας Πνεύματος Ἁγίου, καὶ καλὸν
6 γευσαμένους Θεοῦ ῥῆμα δυνάμεις τε μέλλοντος αἰῶνος, καὶ παρα-
πεσόντας, πάλιν ἀνακαινίζειν εἰς μετάνοιαν, ἀνασταυροῦντας ἑαυτοῖς
7 τὸν Υἱὸν τοῦ Θεοῦ καὶ παραδειγματίζοντας. γῆ γὰρ ἡ πιοῦσα τὸν ἐπ'
αὐτῆς ἐρχόμενον πολλάκις ὑετὸν καὶ τίκτουσα ⌊βοτάνην⌋ᵉ εὔθετον
ἐκείνοις δι' οὓς καὶ γεωργεῖται, μεταλαμβάνει εὐλογίας ἀπὸ τοῦ Θεοῦ·
8 ⌊ἐκφέρουσα⌋ δὲ ⌊ἀκάνθας καὶ τριβόλους⌋ ἀδόκιμος καὶ ⌊κατάρας⌋ᶠ ἐγγύς,
9 ἧς τὸ τέλος εἰς καῦσιν. πεπείσμεθα δὲ περὶ ὑμῶν, ἀγαπητοί, τὰ κρείσ-
10 σονα καὶ ἐχόμενα σωτηρίας, εἰ καὶ οὕτως λαλοῦμεν. οὐ γὰρ ἄδικος ὁ
Θεὸς ἐπιλαθέσθαι τοῦ ἔργου ὑμῶν καὶ τῆς ἀγάπης ἧς ἐνεδείξασθε εἰς τὸ

[a] Ps. 2. 7   [b] Ps. 110. 4   [c] Is. 45. 17   [d] διδαχῆς   [e] Gn. 1. 11, 12
[f] Gn. 3. 17, 18

ὄνομα αὐτοῦ, διακονήσαντες τοῖς ἁγίοις καὶ διακονοῦντες. ἐπιθυμοῦμεν 11
δὲ ἕκαστον ὑμῶν τὴν αὐτὴν ἐνδείκνυσθαι σπουδὴν πρὸς τὴν πληρο-
φορίαν τῆς ἐλπίδος ἄχρι τέλους, ἵνα μὴ νωθροὶ γένησθε, μιμηταὶ δὲ τῶν 12
διὰ πίστεως καὶ μακροθυμίας κληρονομούντων τὰς ἐπαγγελίας.

Τῷ γὰρ Ἀβραὰμ ἐπαγγειλάμενος ὁ Θεός, ἐπεὶ κατ' οὐδενὸς εἶχεν 13
μείζονος ὀμόσαι, ⌊ὤμοσεν καθ' ἑαυτοῦ⌋, λέγων· ⌊Εἰ μὴν εὐλογῶν εὐ- 14
λογήσω σε καὶ πληθύνων πληθυνῶ⌋ σε·[a] καὶ οὕτως μακροθυμήσας 15
ἐπέτυχεν τῆς ἐπαγγελίας. ἄνθρωποι γὰρ κατὰ τοῦ μείζονος ὀμνύουσιν, 16
καὶ πάσης αὐτοῖς ἀντιλογίας πέρας εἰς βεβαίωσιν ὁ ὅρκος· ἐν ᾧ περισσό- 17
τερον βουλόμενος ὁ Θεὸς ἐπιδεῖξαι τοῖς κληρονόμοις τῆς ἐπαγγελίας τὸ
ἀμετάθετον τῆς βουλῆς αὐτοῦ ἐμεσίτευσεν ὅρκῳ, ἵνα διὰ δύο πραγμά- 18
των ἀμεταθέτων, ἐν οἷς ἀδύνατον ψεύσασθαι Θεόν, [b] ἰσχυρὰν παρά-
κλησιν ἔχωμεν, οἱ καταφυγόντες κρατῆσαι τῆς προκειμένης ἐλπίδος· ἣν 19
ὡς ἄγκυραν ἔχομεν τῆς ψυχῆς ἀσφαλῆ τε καὶ βεβαίαν καὶ ⌊εἰσερχομένην
εἰς τὸ ἐσώτερον τοῦ καταπετάσματος⌋,[c] ὅπου πρόδρομος ὑπὲρ ἡμῶν 20
εἰσῆλθεν Ἰησοῦς, ⌊κατὰ τὴν τάξιν Μελχισεδὲκ⌋ ἀρχιερεὺς γενόμενος ⌊εἰς
τὸν αἰῶνα⌋.

❰ Οὗτος γὰρ ὁ ⌊Μελχισεδέκ, βασιλεὺς Σαλήμ, ἱερεὺς τοῦ Θεοῦ τοῦ 7
Ὑψίστου⌋, ὁ ⌊συναντήσας Ἀβραὰμ ὑποστρέφοντι ἀπὸ τῆς κοπῆς τῶν
βασιλέων⌋ καὶ ⌊εὐλογήσας αὐτόν⌋, ᾧ καὶ ⌊δεκάτην ἀπὸ πάντων⌋ ἐμέρισεν 2
⌊Ἀβραάμ⌋,[d] πρῶτον μὲν ἑρμηνευόμενος βασιλεὺς δικαιοσύνης, ἔπειτα
δὲ καὶ ⌊βασιλεὺς Σαλήμ⌋, ὅ ἐστιν βασιλεὺς εἰρήνης, ἀπάτωρ, ἀμήτωρ, 3
ἀγενεαλόγητος, μήτε ἀρχὴν ἡμερῶν μήτε ζωῆς τέλος ἔχων, ἀφωμοιω-
μένος δὲ τῷ Υἱῷ τοῦ Θεοῦ, μένει ἱερεὺς εἰς τὸ διηνεκές.

Θεωρεῖτε δὲ πηλίκος οὗτος, ᾧ ⌊δεκάτην Ἀβραὰμ⌋ ἔδωκεν ἐκ τῶν 4
ἀκροθινίων ὁ πατριάρχης. καὶ οἱ μὲν ἐκ τῶν υἱῶν Λευὶ τὴν ἱερατείαν 5
λαμβάνοντες ἐντολὴν ἔχουσιν ἀποδεκατοῦν τὸν λαὸν κατὰ τὸν νόμον,
τοῦτ' ἔστιν τοὺς ἀδελφοὺς αὐτῶν, καίπερ ἐξεληλυθότας ἐκ τῆς ὀσφύος
Ἀβραάμ· ὁ δὲ μὴ γενεαλογούμενος ἐξ αὐτῶν δεδεκάτωκεν Ἀβραάμ, καὶ 6
τὸν ἔχοντα τὰς ἐπαγγελίας ⌊εὐλόγηκεν⌋· χωρὶς δὲ πάσης ἀντιλογίας 7
τὸ ἔλαττον ὑπὸ τοῦ κρείττονος εὐλογεῖται. καὶ ὧδε μὲν ⌊δεκάτας⌋ 8
ἀποθνήσκοντες ἄνθρωποι λαμβάνουσιν, ἐκεῖ δὲ μαρτυρούμενος ὅτι ζῇ.
καὶ ὡς ἔπος εἰπεῖν, δι' Ἀβραὰμ καὶ Λευὶς ὁ δεκάτας λαμβάνων δεδεκά- 9
τωται· ἔτι γὰρ ἐν τῇ ὀσφύϊ τοῦ πατρὸς ἦν ὅτε ⌊συνήντησεν αὐτῷ 10
Μελχισεδέκ⌋.

Εἰ μὲν οὖν τελείωσις διὰ τῆς Λευιτικῆς ἱερωσύνης ἦν (ὁ λαὸς γὰρ ἐπ' 11

[a] Gn. 22. 16, 17   [b] ἰσχυρὰν παράκλησιν ἔχωμεν, οἱ καταφυγόντες, ...
[c] Lv. 16. 2, 12   [d] Gn. 14. 17–20

αὐτῆς νενομοθέτηται), τίς ἔτι χρεία ⌊κατὰ τὴν τάξιν Μελχισεδὲκ⌋ ἕτερον
12 ἀνίστασθαι ⌊ἱερέα⌋ καὶ οὐ ⌊κατὰ τὴν τάξιν⌋ Ἀαρὼν λέγεσθαι; μετατι-
θεμένης γὰρ τῆς ἱερωσύνης ἐξ ἀνάγκης καὶ νόμου μετάθεσις γίνεται.
13 ἐφ' ὃν γὰρ λέγεται ταῦτα, φυλῆς ἑτέρας μετέσχηκεν, ἀφ' ἧς οὐδεὶς
14 προσέσχηκεν τῷ θυσιαστηρίῳ· πρόδηλον γὰρ ὅτι ἐξ Ἰούδα ἀνατέταλ-
κεν ὁ Κύριος ἡμῶν, εἰς ἣν φυλὴν περὶ ἱερέων οὐδὲν Μωϋσῆς ἐλάλησεν.

15 Καὶ περισσότερον ἔτι κατάδηλόν ἐστιν, εἰ ⌊κατὰ τὴν⌋ ὁμοιότητα
16 ⌊Μελχισεδὲκ⌋ ἀνίσταται ⌊ἱερεὺς⌋ ἕτερος, ὃς οὐ κατὰ νόμον ἐντολῆς
17 σαρκίνης γέγονεν ἀλλὰ κατὰ δύναμιν ζωῆς ἀκαταλύτου. μαρτυρεῖται
18 γὰρ ὅτι ⌊Σὺ ἱερεὺς εἰς τὸν αἰῶνα κατὰ τὴν τάξιν Μελχισεδέκ.⌋[a] ἀθέτη-
σις μὲν γὰρ γίνεται προαγούσης ἐντολῆς διὰ τὸ αὐτῆς ἀσθενὲς καὶ
19 ἀνωφελές, οὐδὲν γὰρ ἐτελείωσεν ὁ νόμος, ἐπεισαγωγὴ δὲ κρείττονος
ἐλπίδος, δι' ἧς ἐγγίζομεν τῷ Θεῷ.

20 Καὶ καθ' ὅσον οὐ χωρὶς ὁρκωμοσίας (οἱ μὲν γὰρ χωρὶς ὁρκωμοσίας
21 εἰσὶν ἱερεῖς γεγονότες, ὁ δὲ μετὰ ὁρκωμοσίας διὰ τοῦ λέγοντος πρὸς
αὐτόν· ⌊Ὤμοσεν Κύριος, καὶ οὐ μεταμεληθήσεται· Σὺ ἱερεὺς εἰς τὸν
22 αἰῶνα·⌋[b]) κατὰ τοσοῦτο καὶ κρείττονος διαθήκης γέγονεν ἔγγυος
23 Ἰησοῦς. καὶ οἱ μὲν πλείονές εἰσιν γεγονότες ἱερεῖς διὰ τὸ θανάτῳ
24 κωλύεσθαι παραμένειν· ὁ δὲ διὰ τὸ μένειν αὐτὸν ⌊εἰς τὸν αἰῶνα⌋ ἀπαρά-
25 βατον ἔχει τὴν ἱερωσύνην· ὅθεν καὶ σῴζειν εἰς τὸ παντελὲς δύναται τοὺς
προσερχομένους δι' αὐτοῦ τῷ Θεῷ, πάντοτε ζῶν εἰς τὸ ἐντυγχάνειν
ὑπὲρ αὐτῶν.

26 Τοιοῦτος γὰρ ἡμῖν καὶ ἔπρεπεν ἀρχιερεύς, ὅσιος, ἄκακος, ἀμίαντος,
κεχωρισμένος ἀπὸ τῶν ἁμαρτωλῶν, καὶ ὑψηλότερος τῶν οὐρανῶν
27 γενόμενος· ὃς οὐκ ἔχει καθ' ἡμέραν ἀνάγκην, ὥσπερ οἱ ἀρχιερεῖς, πρό-
τερον ὑπὲρ τῶν ἰδίων ἁμαρτιῶν θυσίας ἀναφέρειν, ἔπειτα τῶν τοῦ
28 λαοῦ· τοῦτο γὰρ ἐποίησεν ἐφάπαξ ἑαυτὸν ἀνενέγκας. ὁ νόμος γὰρ
ἀνθρώπους καθίστησιν ἀρχιερεῖς ἔχοντας ἀσθένειαν, ὁ λόγος δὲ τῆς
ὁρκωμοσίας τῆς μετὰ τὸν νόμον ⌊Υἱὸν εἰς τὸν αἰῶνα⌋ τετελειωμένον.

8 ❡ Κεφάλαιον δὲ ἐπὶ τοῖς λεγομένοις, τοιοῦτον ἔχομεν ἀρχιερέα, ὃς
2 ⌊ἐκάθισεν ἐν δεξιᾷ⌋[c] τοῦ θρόνου τῆς Μεγαλωσύνης ἐν τοῖς οὐρανοῖς, τῶν
ἁγίων λειτουργὸς καὶ ⌊τῆς σκηνῆς⌋ τῆς ἀληθινῆς, ⌊ἣν ἔπηξεν ὁ Κύριος⌋,[d]
3 οὐκ ἄνθρωπος. πᾶς γὰρ ἀρχιερεὺς εἰς τὸ προσφέρειν δῶρά τε καὶ
θυσίας καθίσταται· ὅθεν ἀναγκαῖον ἔχειν τι καὶ τοῦτον ὃ προσενέγκῃ.
4 εἰ μὲν οὖν ἦν ἐπὶ γῆς, οὐδ' ἂν ἦν ἱερεύς, ὄντων τῶν προσφερόντων κατὰ
5 νόμον τὰ δῶρα· οἵτινες ὑποδείγματι καὶ σκιᾷ λατρεύουσιν τῶν ἐπου-
ρανίων, καθὼς κεχρημάτισται Μωϋσῆς μέλλων ἐπιτελεῖν τὴν σκηνήν·

[a] Ps. 110. 4   [b] Ps. 110. 4   [c] Ps. 110. 1   [d] Num. 24. 6 LXX

⌊Ὅρα⌋ γάρ, φησίν, ⌊ποιήσεις πάντα κατὰ τὸν τύπον τὸν δειχθέντα σοι ἐν τῷ ὄρει.⌋ᵃ νῦν δὲ διαφορωτέρας τέτυχεν λειτουργίας, ὅσῳ καὶ 6 κρείττονός ἐστιν διαθήκης μεσίτης, ἥτις ἐπὶ κρείττοσιν ἐπαγγελίαις νενομοθέτηται.

Εἰ γὰρ ἡ πρώτη ἐκείνη ἦν ἄμεμπτος, οὐκ ἂν δευτέρας ἐζητεῖτο 7 τόπος. μεμφόμενος γὰρ αὐτοὺς λέγει· ⌊Ἰδοὺ ἡμέραι ἔρχονται, λέγει 8 Κύριος, καὶ⌋ συντελέσω ⌊ἐπὶ τὸν οἶκον Ἰσραὴλ καὶ ἐπὶ τὸν οἶκον Ἰούδα διαθήκην καινήν, οὐ κατὰ τὴν διαθήκην ἣν ἐποίησα τοῖς πατράσιν 9 αὐτῶν ἐν ἡμέρᾳ ἐπιλαβομένου μου τῆς χειρὸς αὐτῶν ἐξαγαγεῖν αὐτοὺς ἐκ γῆς Αἰγύπτου, ὅτι αὐτοὶ οὐκ ἐνέμειναν ἐν τῇ διαθήκῃ μου, κἀγὼ ἠμέλησα αὐτῶν, λέγει Κύριος. ὅτι αὕτη ἡ διαθήκη ἣν διαθήσομαι τῷ 10 οἴκῳ Ἰσραὴλ μετὰ τὰς ἡμέρας ἐκείνας, λέγει Κύριος, διδοὺς νόμους μου εἰς τὴν διάνοιαν αὐτῶν, καὶ ἐπὶ καρδίας αὐτῶν ἐπιγράψω αὐτούς, καὶ ἔσομαι αὐτοῖς εἰς Θεὸν καὶ αὐτοὶ ἔσονταί μοι εἰς λαόν. καὶ οὐ μὴ 11 διδάξωσιν ἕκαστος τὸν ᵇπολίτην αὐτοῦ καὶ ἕκαστος τὸν ἀδελφὸν αὐτοῦ, λέγων· Γνῶθι τὸν Κύριον, ὅτι πάντες εἰδήσουσίν με ἀπὸ μικροῦ ἕως μεγάλου αὐτῶν. ὅτι ἵλεως ἔσομαι ταῖς ἀδικίαις αὐτῶν, καὶ τῶν 12 ἁμαρτιῶν αὐτῶν οὐ μὴ μνησθῶ ἔτι.⌋ᶜ ἐν τῷ λέγειν ⌊Καινὴν⌋ πεπαλαίω- 13 κεν τὴν πρώτην· τὸ δὲ παλαιούμενον καὶ γηράσκον ἐγγὺς ἀφανισμοῦ.

❡ Εἶχε μὲν οὖν καὶ ἡ πρώτη δικαιώματα λατρείας τό τε ἅγιον κοσμικόν. 9 σκηνὴ γὰρ κατεσκευάσθη, ἡ πρώτη, ἐν ᾗ ἥ τε λυχνία καὶ ἡ τράπεζα καὶ 2 ἡ πρόθεσις τῶν ἄρτων, ἥτις λέγεται Ἅγια· μετὰ δὲ τὸ δεύτερον κατα- 3 πέτασμα σκηνὴ ἡ λεγομένη Ἅγια Ἁγίων, χρυσοῦν ἔχουσα θυμιατήριον 4 καὶ τὴν κιβωτὸν τῆς διαθήκης περικεκαλυμμένην πάντοθεν χρυσίῳ, ἐν ᾗ στάμνος χρυσῆ ἔχουσα τὸ μάννα καὶ ἡ ῥάβδος Ἀαρὼν ἡ βλαστή- σασα καὶ αἱ πλάκες τῆς διαθήκης, ὑπεράνω δὲ αὐτῆς Χερουβὶν δόξης 5 κατασκιάζοντα τὸ ἱλαστήριον· περὶ ὧν οὐκ ἔστιν νῦν λέγειν κατὰ μέρος.

Τούτων δὲ οὕτως κατεσκευασμένων εἰς μὲν τὴν πρώτην σκηνὴν διὰ 6 παντὸς εἰσίασιν οἱ ἱερεῖς τὰς λατρείας ἐπιτελοῦντες, εἰς δὲ τὴν δευτέραν 7 ἅπαξ τοῦ ἐνιαυτοῦ μόνος ὁ ἀρχιερεύς, οὐ χωρὶς αἵματος ὃ προσφέρει ὑπὲρ ἑαυτοῦ καὶ τῶν τοῦ λαοῦ ἀγνοημάτων, τοῦτο δηλοῦντος τοῦ 8 Πνεύματος τοῦ Ἁγίου, μήπω πεφανερῶσθαι τὴν τῶν ἁγίων ὁδὸν ἔτι τῆς πρώτης σκηνῆς ἐχούσης στάσιν (ἥτις παραβολὴ εἰς τὸν καιρὸν τὸν 9 ἐνεστηκότα)· καθ᾽ ἣν δῶρά τε καὶ θυσίαι προσφέρονται μὴ δυνάμεναι κατὰ συνείδησιν τελειῶσαι τὸν λατρεύοντα, μόνον ἐπὶ βρώμασιν καὶ 10 πόμασιν καὶ διαφόροις βαπτισμοῖς—δικαιώματα σαρκὸς μέχρι καιροῦ διορθώσεως ἐπικείμενα.

[a] Ex. 25. 40   [b] πλησίον   [c] Jer. 31. 31–34

11 Χριστὸς δὲ παραγενόμενος ἀρχιερεὺς τῶν *ᵃ* γενομένων ἀγαθῶν, διὰ
τῆς μείζονος καὶ τελειοτέρας σκηνῆς οὐ χειροποιήτου, τοῦτ' ἔστιν οὐ
12 ταύτης τῆς κτίσεως, οὐδὲ δι' αἵματος τράγων καὶ μόσχων, διὰ δὲ τοῦ
ἰδίου αἵματος εἰσῆλθεν ἐφάπαξ εἰς τὰ ἅγια, αἰωνίαν λύτρωσιν εὑρά-
13 μενος. εἰ γὰρ τὸ αἷμα τράγων καὶ ταύρων καὶ σποδὸς δαμάλεως
ῥαντίζουσα τοὺς κεκοινωμένους ἁγιάζει πρὸς τὴν τῆς σαρκὸς καθαρό-
14 τητα, πόσῳ μᾶλλον τὸ αἷμα τοῦ Χριστοῦ, ὃς διὰ πνεύματος αἰωνίου
ἑαυτὸν προσήνεγκεν ἄμωμον τῷ Θεῷ, καθαριεῖ τὴν συνείδησιν ἡμῶν
ἀπὸ νεκρῶν ἔργων εἰς τὸ λατρεύειν Θεῷ ζῶντι.
15 Καὶ διὰ τοῦτο διαθήκης καινῆς μεσίτης ἐστίν, ὅπως θανάτου γενο-
μένου εἰς ἀπολύτρωσιν τῶν ἐπὶ τῇ πρώτῃ διαθήκῃ παραβάσεων τὴν
16 ἐπαγγελίαν λάβωσιν οἱ κεκλημένοι τῆς αἰωνίου κληρονομίας. ὅπου γὰρ
17 διαθήκη, θάνατον ἀνάγκη φέρεσθαι τοῦ διαθεμένου· διαθήκη γὰρ ἐπὶ
18 νεκροῖς βεβαία, ἐπεὶ μήποτε ἰσχύει ὅτε ζῇ ὁ διαθέμενος. ὅθεν οὐδὲ ἡ
19 πρώτη χωρὶς αἵματος ἐγκεκαίνισται. λαληθείσης γὰρ πάσης ἐντολῆς
κατὰ τὸν νόμον ὑπὸ Μωϋσέως παντὶ τῷ λαῷ, λαβὼν τὸ αἷμα τῶν
μόσχων μετὰ ὕδατος καὶ ἐρίου κοκκίνου καὶ ὑσσώπου, αὐτό τε τὸ
20 βιβλίον καὶ πάντα τὸν λαὸν ἐρράντισεν, λέγων· ⌊Τοῦτο τὸ αἷμα τῆς
21 διαθήκης ἧς ἐνετείλατο πρὸς ὑμᾶς ὁ Θεός.⌋ *ᵇ* καὶ τὴν σκηνὴν δὲ καὶ
22 πάντα τὰ σκεύη τῆς λειτουργίας τῷ αἵματι ὁμοίως ἐρράντισεν. καὶ
σχεδὸν ἐν αἵματι πάντα καθαρίζεται κατὰ τὸν νόμον, καὶ χωρὶς αἱματεκ-
χυσίας οὐ γίνεται ἄφεσις.
23 Ἀνάγκη οὖν τὰ μὲν ὑποδείγματα τῶν ἐν τοῖς οὐρανοῖς τούτοις
καθαρίζεσθαι, αὐτὰ δὲ τὰ ἐπουράνια κρείττοσιν θυσίαις παρὰ ταύτας.
24 οὐ γὰρ εἰς χειροποίητα εἰσῆλθεν ἅγια Χριστός, ἀντίτυπα τῶν ἀληθι-
νῶν, ἀλλ' εἰς αὐτὸν τὸν οὐρανόν, νῦν ἐμφανισθῆναι τῷ προσώπῳ τοῦ
25 Θεοῦ ὑπὲρ ἡμῶν· οὐδ' ἵνα πολλάκις προσφέρῃ ἑαυτόν, ὥσπερ ὁ
26 ἀρχιερεὺς εἰσέρχεται εἰς τὰ ἅγια κατ' ἐνιαυτὸν ἐν αἵματι ἀλλοτρίῳ, ἐπεὶ
ἔδει αὐτὸν πολλάκις παθεῖν ἀπὸ καταβολῆς κόσμου· νυνὶ δὲ ἅπαξ ἐπὶ
συντελείᾳ τῶν αἰώνων εἰς ἀθέτησιν τῆς ἁμαρτίας διὰ τῆς θυσίας αὐτοῦ
27 πεφανέρωται. καὶ καθ' ὅσον ἀπόκειται τοῖς ἀνθρώποις ἅπαξ ἀποθανεῖν,
28 μετὰ δὲ τοῦτο κρίσις, οὕτως καὶ ὁ Χριστός, ἅπαξ προσενεχθεὶς εἰς τὸ
⌊πολλῶν ἀνενεγκεῖν ἁμαρτίας,⌋ *ᶜ* ἐκ δευτέρου χωρὶς ἁμαρτίας ὀφθήσεται
τοῖς αὐτὸν ἀπεκδεχομένοις εἰς σωτηρίαν.

10 ⟨ Σκιὰν γὰρ ἔχων ὁ νόμος τῶν μελλόντων ἀγαθῶν, *ᵈ* οὐκ αὐτὴν τὴν
εἰκόνα τῶν πραγμάτων, κατ' ἐνιαυτὸν ταῖς αὐταῖς θυσίαις ἃς προσ-
φέρουσιν εἰς τὸ διηνεκὲς οὐδέποτε δύναται τοὺς προσερχομένους

[a] μελλόντων   [b] Ex. 24. 6–8   [c] Is. 53. 12   [d] καὶ τὴν εἰκόνα

τελειῶσαι· ἐπεὶ οὐκ ἂν ἐπαύσαντο προσφερόμεναι, διὰ τὸ μηδεμίαν ἔχειν 2
ἔτι συνείδησιν ἁμαρτιῶν τοὺς λατρεύοντας ἅπαξ κεκαθαρισμένους; ἀλλ' 3
ἐν αὐταῖς ἀνάμνησις ἁμαρτιῶν κατ' ἐνιαυτόν· ἀδύνατον γὰρ αἷμα 4
ταύρων καὶ τράγων ἀφαιρεῖν ἁμαρτίας.

Διὸ εἰσερχόμενος εἰς τὸν κόσμον λέγει· 5

⌊Θυσίαν καὶ προσφορὰν οὐκ ἠθέλησας,
σῶμα δὲ κατηρτίσω μοι.
ὁλοκαυτώματα καὶ περὶ ἁμαρτίας οὐκ εὐδόκησας. 6
τότε εἶπον· Ἰδοὺ ἥκω, ἐν κεφαλίδι βιβλίου γέγραπται περὶ ἐμοῦ, 7
τοῦ ποιῆσαι, ὁ Θεός, τὸ θέλημά σου.⌋[a]

ἀνώτερον λέγων ὅτι ⌊Θυσίας καὶ προσφορὰς καὶ ὁλοκαυτώματα καὶ 8
περὶ ἁμαρτίας οὐκ ἠθέλησας οὐδὲ εὐδόκησας⌋, αἵτινες κατὰ νόμον
προσφέρονται, ⌊τότε⌋ εἴρηκεν· ⌊Ἰδοὺ ἥκω τοῦ ποιῆσαι τὸ θέλημά σου.⌋ 9
ἀναιρεῖ τὸ πρῶτον ἵνα τὸ δεύτερον στήσῃ· ἐν ᾧ ⌊θελήματι⌋ ἡγιασμένοι 10
ἐσμὲν διὰ τῆς ⌊προσφορᾶς⌋ τοῦ ⌊σώματος⌋ Ἰησοῦ Χριστοῦ ἐφάπαξ.

Καὶ πᾶς μὲν ἱερεὺς ἔστηκεν καθ' ἡμέραν λειτουργῶν καὶ τὰς αὐτὰς 11
πολλάκις προσφέρων θυσίας, αἵτινες οὐδέποτε δύνανται περιελεῖν ἁμαρ-
τίας· οὗτος δὲ μίαν ὑπὲρ ἁμαρτιῶν προσενέγκας θυσίαν εἰς τὸ διηνεκὲς 12
⌊ἐκάθισεν ἐν δεξιᾷ τοῦ Θεοῦ⌋, τὸ λοιπὸν ἐκδεχόμενος ⌊ἕως τεθῶσιν οἱ 13
ἐχθροὶ αὐτοῦ ὑποπόδιον τῶν ποδῶν αὐτοῦ⌋.[b] μιᾷ γὰρ προσφορᾷ 14
τετελείωκεν εἰς τὸ διηνεκὲς τοὺς ἁγιαζομένους. μαρτυρεῖ δὲ ἡμῖν καὶ τὸ 15
Πνεῦμα τὸ Ἅγιον· μετὰ γὰρ τὸ εἰρηκέναι· ⌊Αὕτη ἡ διαθήκη ἣν διαθήσο- 16
μαι⌋ πρὸς αὐτοὺς ⌊μετὰ τὰς ἡμέρας ἐκείνας, λέγει Κύριος· διδοὺς νόμους
μου ἐπὶ καρδίας αὐτῶν, καὶ ἐπὶ τὴν διάνοιαν αὐτῶν ἐπιγράψω αὐτούς·⌋[c]
ὕστερον λέγει· ⌊Καὶ τῶν ἁμαρτιῶν αὐτῶν καὶ τῶν ἀνομιῶν αὐτῶν οὐ 17
μὴ μνησθήσομαι ἔτι.⌋[d] ὅπου δὲ ἄφεσις τούτων, οὐκέτι προσφορὰ περὶ 18
ἁμαρτίας.

❡ Ἔχοντες οὖν, ἀδελφοί, παρρησίαν εἰς τὴν εἴσοδον τῶν ἁγίων ἐν τῷ 19
αἵματι Ἰησοῦ, ἣν ἐνεκαίνισεν ἡμῖν ὁδὸν πρόσφατον καὶ ζῶσαν [e] διὰ τοῦ 20
καταπετάσματος—τοῦτ' ἔστιν τῆς σαρκὸς αὐτοῦ, καὶ ⌊ἱερέα μέγαν ἐπὶ 21
τὸν οἶκον τοῦ Θεοῦ⌋,[f] προσερχώμεθα μετὰ ἀληθινῆς καρδίας ἐν πληρο- 22
φορίᾳ πίστεως, ῥεραντισμένοι τὰς καρδίας ἀπὸ συνειδήσεως πονηρᾶς
καὶ λελουσμένοι τὸ σῶμα ὕδατι καθαρῷ. κατέχωμεν τὴν ὁμολογίαν 23
τῆς ἐλπίδος ἀκλινῆ, πιστὸς γὰρ ὁ ἐπαγγειλάμενος, καὶ κατανοῶμεν 24

[a] Ps. 40. 6–8   [b] Ps. 110. 1   [c] Jer. 31. 33   [d] Jer. 31. 34   [e] διὰ
τοῦ καταπετάσματος, τοῦτ' ἔστιν τῆς σαρκὸς αὐτοῦ,   [f] Zech. 6. 11–13; Num.
12. 7

25 ἀλλήλους εἰς παροξυσμὸν ἀγάπης καὶ καλῶν ἔργων, μὴ ἐγκαταλεί-
ποντες τὴν ἐπισυναγωγὴν ἑαυτῶν, καθὼς ἔθος τισίν, ἀλλὰ παρα-
καλοῦντες, καὶ τοσούτῳ μᾶλλον ὅσῳ βλέπετε ἐγγίζουσαν τὴν ἡμέραν.
26 Ἑκουσίως γὰρ ἁμαρτανόντων ἡμῶν μετὰ τὸ λαβεῖν τὴν ἐπίγνωσιν
27 τῆς ἀληθείας, οὐκέτι περὶ ἁμαρτιῶν ἀπολείπεται θυσία, φοβερὰ δέ τις
ἐκδοχὴ κρίσεως καὶ ⌊πυρὸς ζῆλος ἐσθίειν⌋ μέλλοντος ⌊τοὺς ὑπεναντίους⌋·ᵃ
28 ἀθετήσας τις νόμον Μωϋσέως χωρὶς οἰκτιρμῶν ⌊ἐπὶ δυσὶν ἢ τρισὶν
29 μάρτυσιν ἀποθνήσκει⌋·ᵇ πόσῳ δοκεῖτε χείρονος ἀξιωθήσεται τιμωρίας
ὁ τὸν Υἱὸν τοῦ Θεοῦ καταπατήσας καὶ ⌊τὸ αἷμα τῆς διαθήκης⌋ᶜ κοινὸν
ἡγησάμενος, ἐν ᾧ ἡγιάσθη, καὶ τὸ Πνεῦμα τῆς χάριτος ἐνυβρίσας.
30 οἴδαμεν γὰρ τὸν εἰπόντα· ⌊Ἐμοὶ ἐκδίκησις, ἐγὼ ἀνταποδώσω·⌋ καὶ
31 πάλιν· ⌊Κρινεῖ Κύριος τὸν λαὸν αὐτοῦ.⌋ᵈ φοβερὸν τὸ ἐμπεσεῖν εἰς χεῖρας
Θεοῦ ζῶντος.
32 Ἀναμιμνήσκεσθε δὲ τὰς πρότερον ἡμέρας, ἐν αἷς φωτισθέντες πολλὴν
33 ἄθλησιν ὑπεμείνατε παθημάτων, τοῦτο μὲν ὀνειδισμοῖς τε καὶ θλίψεσιν
θεατριζόμενοι, τοῦτο δὲ κοινωνοὶ τῶν οὕτως ἀναστρεφομένων γενη-
34 θέντες. καὶ γὰρ τοῖς δεσμίοις συνεπαθήσατε, καὶ τὴν ἁρπαγὴν τῶν
ὑπαρχόντων ὑμῶν μετὰ χαρᾶς προσεδέξασθε, γινώσκοντες ἔχειν ἑαυ-
35 τοὺς κρείσσονα ὕπαρξιν καὶ μένουσαν. μὴ ἀποβάλητε οὖν τὴν παρ-
36 ρησίαν ὑμῶν, ἥτις ἔχει μεγάλην μισθαποδοσίαν. ὑπομονῆς γὰρ ἔχετε
χρείαν ἵνα τὸ θέλημα τοῦ Θεοῦ ποιήσαντες κομίσησθε τὴν ἐπαγγελίαν.
37 38 ἔτι γὰρ ⌊μικρὸν ὅσον ὅσον, ὁ ἐρχόμενος ἥξει καὶ οὐ χρονίσει· ὁ δὲ
δίκαιός μου ἐκ πίστεως ζήσεται⌋, καὶ ⌊ἐὰν ὑποστείληται, οὐκ εὐδοκεῖ
39 ἡ ψυχή μου ἐν αὐτῷ.⌋ᵉ ἡμεῖς δὲ οὐκ ἐσμὲν ⌊ὑποστολῆς⌋ εἰς ἀπώλειαν,
ἀλλὰ ⌊πίστεως⌋ εἰς περιποίησιν ψυχῆς.

11 Ἔστιν δὲ πίστις ἐλπιζομένων ὑπόστασις, πραγμάτων ἔλεγχος οὐ
βλεπομένων.
2 Ἐν ταύτῃ γὰρ ἐμαρτυρήθησαν οἱ πρεσβύτεροι.
3 Πίστει νοοῦμεν κατηρτίσθαι τοὺς αἰῶνας ῥήματι Θεοῦ, εἰς τὸ μὴ ἐκ
φαινομένων τὸ βλεπόμενον γεγονέναι.
4 Πίστει πλείονα θυσίαν Ἄβελ παρὰ Κάϊν προσήνεγκεν, δι' ἧς ἐμαρ-
τυρήθη εἶναι δίκαιος, μαρτυροῦντος ⌊ἐπὶ τοῖς δώροις αὐτοῦ τοῦ Θεοῦ⌋,ᶠ
καὶ δι' αὐτῆς ἀποθανὼν ἔτι λαλεῖ.
5 Πίστει Ἐνὼχ μετετέθη τοῦ μὴ ἰδεῖν θάνατον, καὶ ⌊οὐχ ηὑρίσκετο
διότι μετέθηκεν αὐτὸν ὁ Θεός.⌋ᵍ πρὸ γὰρ τῆς μεταθέσεως μεμαρτύρηται

[a] Is. 26. 11 LXX   [b] Num. 35. 30; Dt. 17. 6   [c] Ex. 24. 8   [d] Dt. 32.
35, 36; Ps. 135. 14   [e] Hab. 2. 3, 4   [f] Gn. 4. 4   [g] Gn. 5. 24

⌊εὐαρεστηκέναι τῷ Θεῷ⌋· χωρὶς δὲ πίστεως ἀδύνατον ⌊εὐαρεστῆσαι⌋· 6
πιστεῦσαι γὰρ δεῖ τὸν προσερχόμενον τῷ Θεῷ, ὅτι ἔστιν καὶ τοῖς
ἐκζητοῦσιν αὐτὸν μισθαποδότης γίνεται.

Πίστει χρηματισθεὶς Νῶε περὶ τῶν μηδέπω βλεπομένων, εὐλαβηθεὶς 7
κατεσκεύασεν κιβωτὸν εἰς σωτηρίαν τοῦ οἴκου αὐτοῦ, δι' ἧς κατέκρινεν
τὸν κόσμον, καὶ τῆς κατὰ πίστιν δικαιοσύνης ἐγένετο κληρονόμος.

Πίστει καλούμενος Ἀβραὰμ ὑπήκουσεν ⌊ἐξελθεῖν⌋ εἰς τόπον ὃν ἤμελλεν 8
λαμβάνειν εἰς κληρονομίαν, καὶ ⌊ἐξῆλθεν⌋ᵃ μὴ ἐπιστάμενος ποῦ ἔρχεται.
πίστει ⌊παρῴκησεν⌋ᵇ εἰς γῆν τῆς ἐπαγγελίας ὡς ἀλλοτρίαν, ἐν σκηναῖς 9
κατοικήσας, μετὰ Ἰσαὰκ καὶ Ἰακὼβ τῶν συγκληρονόμων τῆς ἐπαγ-
γελίας τῆς αὐτῆς· ἐξεδέχετο γὰρ τὴν τοὺς θεμελίους ἔχουσαν πόλιν, ἧς 10
τεχνίτης καὶ δημιουργὸς ὁ Θεός.

Πίστει καὶ αὐτὴ Σάρρα δύναμιν εἰς καταβολὴν σπέρματος ἔλαβεν 11
καὶ παρὰ καιρὸν ἡλικίας, ἐπεὶ πιστὸν ἡγήσατο τὸν ἐπαγγειλάμενον.
διὸ καὶ ἀφ' ἑνὸς ἐγενήθησαν, καὶ ταῦτα νενεκρωμένου, ⌊καθὼς τὰ ἄστρα 12
τοῦ οὐρανοῦ⌋ᶜ τῷ πλήθει ⌊καὶ ὡς ἡ ἄμμος ἡ παρὰ τὸ χεῖλος τῆς
θαλάσσης ἡ ἀναρίθμητος⌋.ᵈ

Κατὰ πίστιν ἀπέθανον οὗτοι πάντες, μὴ κομισάμενοι τὰς ἐπαγγελίας, 13
ἀλλὰ πόρρωθεν αὐτὰς ἰδόντες καὶ ἀσπασάμενοι, καὶ ὁμολογήσαντες ὅτι
⌊ξένοι καὶ παρεπίδημοί⌋ εἰσιν ⌊ἐπὶ τῆς γῆς⌋.ᵉ οἱ γὰρ τοιαῦτα λέγοντες 14
ἐμφανίζουσιν ὅτι πατρίδα ἐπιζητοῦσιν. καὶ εἰ μὲν ἐκείνης ἐμνημόνευον 15
ἀφ' ἧς ἐξέβησαν, εἶχον ἂν καιρὸν ἀνακάμψαι· νῦν δὲ κρείττονος ὀρέγον- 16
ται, τοῦτ' ἔστιν ἐπουρανίου. διὸ οὐκ ἐπαισχύνεται αὐτοὺς ὁ Θεὸς
Θεὸς ἐπικαλεῖσθαι αὐτῶν· ἡτοίμασεν γὰρ αὐτοῖς πόλιν.

Πίστει ⌊προσενήνοχεν Ἀβραὰμ τὸν Ἰσαὰκ πειραζόμενος⌋,ᶠ καὶ ⌊τὸν 17
μονογενῆ⌋ προσέφερεν ὁ τὰς ἐπαγγελίας ἀναδεξάμενος, πρὸς ὃν ἐλαλήθη 18
ὅτι ⌊Ἐν Ἰσαὰκ κληθήσεταί σοι σπέρμα⌋,ᵍ λογισάμενος ὅτι καὶ ἐκ νεκρῶν 19
ἐγείρειν δυνατὸς ὁ Θεός· ὅθεν αὐτὸν καὶ ἐν παραβολῇ ἐκομίσατο.

Πίστει περὶ μελλόντων εὐλόγησεν Ἰσαὰκ τὸν Ἰακὼβ καὶ τὸν Ἠσαῦ. 20
πίστει Ἰακὼβ ἀποθνήσκων ἕκαστον τῶν υἱῶν Ἰωσὴφ εὐλόγησεν, καὶ 21
⌊προσεκύνησεν ἐπὶ τὸ ἄκρον τῆς ῥάβδου αὐτοῦ.⌋ʰ πίστει Ἰωσὴφ 22
τελευτῶν περὶ τῆς ἐξόδου τῶν υἱῶν Ἰσραὴλ ἐμνημόνευσεν καὶ περὶ
τῶν ὀστέων αὐτοῦ ἐνετείλατο.

Πίστει Μωϋσῆς γεννηθεὶς ⌊ἐκρύβη τρίμηνον⌋ ὑπὸ τῶν πατέρων αὐτοῦ, 23
διότι ⌊εἶδον ἀστεῖον τὸ⌋ⁱ παιδίον, καὶ οὐκ ἐφοβήθησαν τὸ διάταγμα τοῦ
βασιλέως. πίστει ⌊Μωϋσῆς μέγας γενόμενος⌋ʲ ἠρνήσατο λέγεσθαι υἱὸς 24

[a] Gn. 12. 1, 4   [b] Gn. 23. 4; 26. 3; 35. 12   [c] Gn. 15. 5   [d] Gn. 22.
17; 32. 12   [e] Ps. 39. 12; 1 Chr. 29. 15   [f] Gn. 22   [g] Gn. 21. 12
[h] Gn. 47. 31   [i] Ex. 2. 2   [j] Ex. 2. 10, 11

25 θυγατρὸς Φαραώ, μᾶλλον ἑλόμενος συγκακουχεῖσθαι τῷ λαῷ τοῦ Θεοῦ
26 ἢ πρόσκαιρον ἔχειν ἁμαρτίας ἀπόλαυσιν, μείζονα πλοῦτον ἡγησάμενος
τῶν Αἰγύπτου θησαυρῶν ⌊τὸν ὀνειδισμὸν τοῦ Χριστοῦ⌋· ᵃ ἀπέβλεπεν
27 γὰρ εἰς τὴν μισθαποδοσίαν. πίστει κατέλιπεν Αἴγυπτον, μὴ φοβηθεὶς
τὸν θυμὸν τοῦ βασιλέως· τὸν γὰρ ἀόρατον ὡς ὁρῶν ἐκαρτέρησεν.
28 Πίστει πεποίηκεν ⌊τὸ πάσχα⌋ καὶ τὴν πρόσχυσιν ⌊τοῦ αἵματος⌋, ἵνα
29 μὴ ⌊ὁ ὀλοθρεύων⌋ᵇ τὰ πρωτότοκα θίγῃ αὐτῶν. πίστει διέβησαν τὴν
Ἐρυθρὰν θάλασσαν ὡς διὰ ξηρᾶς γῆς, ἧς πεῖραν λαβόντες οἱ Αἰγύπτιοι
κατεπόθησαν.

30 31 Πίστει τὰ τείχη Ἰεριχὼ ἔπεσαν κυκλωθέντα ἐπὶ ἑπτὰ ἡμέρας. πίστει
Ῥαὰβ ἡ πόρνη οὐ συναπώλετο τοῖς ἀπειθήσασιν, δεξαμένη τοὺς
κατασκόπους μετ' εἰρήνης.

32 Καὶ τί ἔτι λέγω; ἐπιλείψει με γὰρ διηγούμενον ὁ χρόνος περὶ
Γεδεών, Βαράκ, Σαμψών, Ἰεφθάε, Δαυίδ τε καὶ Σαμουὴλ καὶ τῶν
33 προφητῶν, οἳ διὰ πίστεως κατηγωνίσαντο βασιλείας, ἠργάσαντο
34 δικαιοσύνην, ἐπέτυχον ἐπαγγελιῶν, ἔφραξαν στόματα λεόντων, ἔσβε-
σαν δύναμιν πυρός, ἔφυγον στόματα μαχαίρης, ἐδυναμώθησαν ἀπὸ
ἀσθενείας, ἐγενήθησαν ἰσχυροὶ ἐν πολέμῳ, παρεμβολὰς ἔκλιναν ἀλ-
35 λοτρίων. ἔλαβον γυναῖκες ἐξ ἀναστάσεως τοὺς νεκροὺς αὐτῶν· ἄλλοι
δὲ ἐτυμπανίσθησαν, οὐ προσδεξάμενοι τὴν ἀπολύτρωσιν, ἵνα κρείτ-
36 τονος ἀναστάσεως τύχωσιν· ἕτεροι δὲ ἐμπαιγμῶν καὶ μαστίγων πεῖραν
37 ἔλαβον, ἔτι δὲ δεσμῶν καὶ φυλακῆς· ἐλιθάσθησαν,ᶜ ἐπρίσθησαν, ἐν φόνῳ
μαχαίρης ἀπέθανον, περιῆλθον ἐν μηλωταῖς, ἐν αἰγείοις δέρμασιν,
38 ὑστερούμενοι, θλιβόμενοι, κακουχούμενοι, ὧν οὐκ ἦν ἄξιος ὁ κόσμος,
ἐπὶ ἐρημίαις πλανώμενοι καὶ ὄρεσιν καὶ σπηλαίοις καὶ ταῖς ὀπαῖς τῆς
39 γῆς. καὶ οὗτοι πάντες μαρτυρηθέντες διὰ τῆς πίστεως οὐκ ἐκομίσαντο
40 τὴν ἐπαγγελίαν, τοῦ Θεοῦ περὶ ἡμῶν κρεῖττόν τι προβλεψαμένου, ἵνα
μὴ χωρὶς ἡμῶν τελειωθῶσιν.

12 ❦ Τοιγαροῦν καὶ ἡμεῖς, τοσοῦτον ἔχοντες περικείμενον ἡμῖν νέφος
μαρτύρων, ὄγκον ἀποθέμενοι πάντα καὶ τὴν ᵈ εὐπερίστατον ἁμαρτίαν,
2 δι' ὑπομονῆς τρέχωμεν τὸν προκείμενον ἡμῖν ἀγῶνα, ἀφορῶντες εἰς
τὸν τῆς πίστεως ἀρχηγὸν καὶ τελειωτὴν Ἰησοῦν, ὃς ἀντὶ τῆς προ-
κειμένης αὐτῷ χαρᾶς ὑπέμεινεν σταυρὸν αἰσχύνης καταφρονήσας,⌊ ἐν
δεξιᾷ⌋ τε τοῦ θρόνου τοῦ Θεοῦ ⌊κεκάθικεν⌋.ᵉ
3 Ἀναλογίσασθε γὰρ τὸν τοιαύτην ὑπομεμενηκότα ὑπὸ ⌊τῶν ἁμαρ-
τωλῶν εἰς ἑαυτὸν⌋ᶠ ἀντιλογίαν, ἵνα μὴ κάμητε ταῖς ψυχαῖς ὑμῶν

[a] Ps. 89. 50　　[b] Ex. 12. 12, 13　　[c] add ἐπειράσθησαν,　　[d] εὐπερίσπαστον
[e] Ps. 110. 1　　[f] Num. 17. 2, 3 LXX

ἐκλυόμενοι. οὔπω μέχρις αἵματος ἀντικατέστητε πρὸς τὴν ἁμαρτίαν 4
ἀνταγωνιζόμενοι, καὶ ἐκλέλησθε τῆς παρακλήσεως, ἥτις ὑμῖν ὡς υἱοῖς 5
διαλέγεται·

⌞Υἱέ μου, μὴ ὀλιγώρει παιδείας Κυρίου,
μηδὲ ἐκλύου ὑπ᾽ αὐτοῦ ἐλεγχόμενος·
ὃν γὰρ ἀγαπᾷ Κύριος παιδεύει,   6
μαστιγοῖ δὲ πάντα υἱὸν ὃν παραδέχεται.⌟ᵃ

εἰς ⌞παιδείαν⌟ ὑπομένετε· ὡς ⌞υἱοῖς⌟ ὑμῖν προσφέρεται ὁ Θεός. τίς γὰρ 7
⌞υἱὸς⌟ ὃν οὐ ⌞παιδεύει⌟ πατήρ; εἰ δὲ χωρίς ἐστε ⌞παιδείας⌟, ἧς μέτοχοι 8
γεγόνασιν πάντες, ἄρα νόθοι καὶ οὐχ ⌞υἱοί⌟ ἐστε. εἶτα τοὺς μὲν τῆς 9
σαρκὸς ἡμῶν πατέρας εἴχομεν παιδευτὰς καὶ ἐνετρεπόμεθα· οὐ πολὺ
μᾶλλον ὑποταγησόμεθα τῷ Πατρὶ τῶν πνευμάτων καὶ ζήσομεν; οἱ μὲν 10
γὰρ πρὸς ὀλίγας ἡμέρας κατὰ τὸ δοκοῦν αὐτοῖς ἐπαίδευον, ὁ δὲ ἐπὶ τὸ
συμφέρον εἰς τὸ μεταλαβεῖν τῆς ἁγιότητος αὐτοῦ. πᾶσα μὲν παιδεία 11
πρὸς μὲν τὸ παρὸν οὐ δοκεῖ χαρᾶς εἶναι ἀλλὰ λύπης, ὕστερον δὲ καρπὸν
εἰρηνικὸν τοῖς δι᾽ αὐτῆς γεγυμνασμένοις ἀποδίδωσιν δικαιοσύνης. διὸ 12
⌞τὰς παρειμένας χεῖρας καὶ τὰ παραλελυμένα γόνατα ἀνορθώσατε⌟,ᵇ
καὶ ⌞τροχιὰς ὀρθὰς ποιεῖτε τοῖς ποσὶν⌟ᶜ ὑμῶν, ἵνα μὴ τὸ χωλὸν ἐκτραπῇ, 13
ἰαθῇ δὲ μᾶλλον.

⌞Εἰρήνην διώκετε⌟ᵈ μετὰ πάντων, καὶ τὸν ἁγιασμόν, οὗ χωρὶς οὐδεὶς 14
ὄψεται τὸν Κύριον, ἐπισκοποῦντες μή τις ὑστερῶν ἀπὸ τῆς χάριτος τοῦ 15
Θεοῦ, ⌞μή τις ῥίζα πικρίας ἄνω φύουσα ἐνοχλῇ⌟ᵉ καὶ διὰ ταύτης
μιανθῶσιν οἱ πολλοί, μή τις πόρνος ἢ βέβηλος ὡς ⌞Ἡσαῦ⌟, ὃς ἀντὶ 16
βρώσεως μιᾶς ⌞ἀπέδοτο τὰ πρωτοτόκια⌟ᶠ ἑαυτοῦ. ἴστε γὰρ ὅτι καὶ 17
μετέπειτα θέλων κληρονομῆσαι τὴν εὐλογίαν ἀπεδοκιμάσθη, μετανοίας
γὰρ τόπον οὐχ εὗρεν, καίπερ μετὰ δακρύων ἐκζητήσας αὐτήν.

❡ Οὐ γὰρ προσεληλύθατε ψηλαφωμένῳ καὶ ⌞κεκαυμένῳ πυρὶ⌟ καὶ 18
⌞γνόφῳ⌟ καὶ ⌞ζόφῳ⌟ καὶ θυέλλῃ καὶ σάλπιγγος ἤχῳ καὶ φωνῇ ῥημάτων⌟,ᵍ 19
ἧς οἱ ἀκούσαντες παρῃτήσαντο μὴ προστεθῆναι αὐτοῖς λόγον· οὐκ 20
ἔφερον γὰρ τὸ διαστελλόμενον· ⌞Κἂν θηρίον θίγῃ τοῦ ὄρους, λιθο-
βοληθήσεται·⌟ʰ καὶ οὕτω φοβερὸν ἦν τὸ φανταζόμενον, Μωϋσῆς εἶπεν· 21
⌞Ἔκφοβός εἰμι⌟ⁱ καὶ ἔντρομος.

Ἀλλὰ προσεληλύθατε Σιὼν ὄρει καὶ πόλει Θεοῦ ζῶντος, Ἰερουσαλὴμ 22
ἐπουρανίῳ, καὶ μυριάσιν ἀγγέλων, πανηγύρει καὶ ἐκκλησίᾳ πρωτο- 23
τόκων ἀπογεγραμμένων ἐν οὐρανοῖς, καὶ κριτῇ Θεῷ πάντων, καὶ

[a] Prv. 3. 11, 12   [b] Is. 35. 3   [c] Prv. 4. 26 LXX   [d] Ps. 34. 14
[e] Dt. 29. 18 LXX   [f] Gn. 25. 33, 34   [g] Ex. 19. 12, 16, 18; Dt. 4. 11
[h] Ex. 19. 13   [i] Dt. 9. 19

₂₄ πνεύμασι δικαίων τετελειωμένων, καὶ διαθήκης νέας μεσίτῃ Ἰησοῦ, καὶ
₂₅ αἵματι ῥαντισμοῦ κρεῖττον λαλοῦντι παρὰ τὸν Ἅβελ. βλέπετε μὴ
παραιτήσησθε τὸν λαλοῦντα· εἰ γὰρ ἐκεῖνοι οὐκ ἐξέφυγον ἐπὶ γῆς
παραιτησάμενοι τὸν χρηματίζοντα, πολὺ μᾶλλον ἡμεῖς οἱ τὸν ἀπ'
₂₆ οὐρανῶν ἀποστρεφόμενοι· οὗ ἡ φωνὴ τὴν γῆν ἐσάλευσεν τότε, νῦν δὲ
ἐπήγγελται λέγων· ⌊Ἔτι ἅπαξ ἐγὼ σείσω⌋ οὐ μόνον ⌊τὴν γῆν⌋ ἀλλὰ καὶ
₂₇ ⌊τὸν οὐρανόν⌋.ᵃ τὸ δὲ ⌊Ἔτι ἅπαξ⌋ δηλοῖ τὴν τῶν σαλευομένων μετάθεσιν
₂₈ ὡς πεποιημένων, ἵνα μείνῃ τὰ μὴ σαλευόμενα. διὸ βασιλείαν ἀσάλευτον
παραλαμβάνοντες ἔχωμεν χάριν, δι' ἧς λατρεύωμεν εὐαρέστως τῷ Θεῷ,
₂₉ μετὰ εὐλαβείας καὶ δέους· καὶ γὰρ ⌊ὁ Θεὸς⌋ ἡμῶν ⌊πῦρ καταναλίσκον⌋.ᵇ

13 ❡ Ἡ φιλαδελφία μενέτω.
₂ Τῆς φιλοξενίας μὴ ἐπιλανθάνεσθε· διὰ ταύτης γὰρ ἔλαθόν τινες
ξενίσαντες ἀγγέλους.
₃ Μιμνῄσκεσθε τῶν δεσμίων ὡς συνδεδεμένοι, τῶν κακουχουμένων ὡς
καὶ αὐτοὶ ὄντες ἐν σώματι.
₄ Τίμιος ὁ γάμος ἐν πᾶσιν καὶ ἡ κοίτη ἀμίαντος· πόρνους γὰρ καὶ
μοιχοὺς κρινεῖ ὁ Θεός.
₅ Ἀφιλάργυρος ὁ τρόπος, ἀρκούμενοι τοῖς παροῦσιν· αὐτὸς γὰρ εἴρη-
₆ κεν· ⌊Οὐ μή σε ἀνῶ οὐδ' οὐ μή σε ἐγκαταλίπω·⌋ᶜ ὥστε θαρροῦντας
ἡμᾶς λέγειν· ⌊Κύριος ἐμοὶ βοηθός, οὐ φοβηθήσομαι· τί ποιήσει μοι
ἄνθρωπος;⌋ᵈ
₇ Μνημονεύετε τῶν ἡγουμένων ὑμῶν, οἵτινες ἐλάλησαν ὑμῖν τὸν λόγον
τοῦ Θεοῦ, ὧν ἀναθεωροῦντες τὴν ἔκβασιν τῆς ἀναστροφῆς μιμεῖσθε τὴν
πίστιν.
₈ Ἰησοῦς Χριστὸς ἐχθὲς καὶ σήμερον ὁ αὐτὸς καὶ εἰς τοὺς αἰῶνας.
₉ διδαχαῖς ποικίλαις καὶ ξέναις μὴ παραφέρεσθε· καλὸν γὰρ χάριτι
βεβαιοῦσθαι τὴν καρδίαν, οὐ βρώμασιν, ἐν οἷς οὐκ ὠφελήθησαν οἱ
περιπατοῦντες.
₁₀ Ἔχομεν θυσιαστήριον ἐξ οὗ φαγεῖν οὐκ ἔχουσιν ἐξουσίαν οἱ τῇ
₁₁ σκηνῇ λατρεύοντες. ὧν γὰρ ⌊εἰσφέρεται⌋ ζῴων τὸ ⌊αἷμα περὶ ἁμαρτίας
εἰς τὰ ἅγια⌋ διὰ τοῦ ἀρχιερέως, τούτων τὰ σώματα ⌊κατακαίεται ἔξω
₁₂ τῆς παρεμβολῆς·⌋ᵉ διὸ καὶ Ἰησοῦς, ἵνα ἁγιάσῃ διὰ τοῦ ἰδίου αἵματος τὸν
₁₃ λαόν, ἔξω τῆς πύλης ἔπαθεν. τοίνυν ἐξερχώμεθα πρὸς αὐτὸν ⌊ἔξω τῆς
₁₄ παρεμβολῆς⌋ τὸν ὀνειδισμὸν αὐτοῦ φέροντες· οὐ γὰρ ἔχομεν ὧδε μένου-
₁₅ σαν πόλιν, ἀλλὰ τὴν μέλλουσαν ἐπιζητοῦμεν. δι' αὐτοῦ οὖν ⌊ἀναφέρω-
μεν θυσίαν αἰνέσεως⌋ διὰ παντὸς ⌊τῷ Θεῷ⌋,ᶠ τοῦτ' ἔστιν ⌊καρπὸν

[a] Hag. 2. 6   [b] Is. 33. 14; Dt. 4. 24; 9. 3   [c] Dt. 31. 6, 8; Jos. 1. 5
[d] Ps. 118. 6   [e] Lv. 16. 27   [f] Lv. 7. 12

χειλέων⌋ᵃ ὁμολογούντων τῷ ὀνόματι αὐτοῦ. τῆς δὲ εὐποιΐας καὶ 16
κοινωνίας μὴ ἐπιλανθάνεσθε, τοιαύταις γὰρ θυσίαις εὐαρεστεῖται ὁ
Θεός.

Πείθεσθε τοῖς ἡγουμένοις ὑμῶν καὶ ὑπείκετε· αὐτοὶ γὰρ ἀγρυπνοῦσιν 17
ὑπὲρ τῶν ψυχῶν ὑμῶν ὡς λόγον ἀποδώσοντες· ἵνα μετὰ χαρᾶς τοῦτο
ποιῶσιν καὶ μὴ στενάζοντες, ἀλυσιτελὲς γὰρ ὑμῖν τοῦτο.

Προσεύχεσθε περὶ ἡμῶν· πειθόμεθα γὰρ ὅτι καλὴν συνείδησιν ἔχομεν, 18
ἐν πᾶσιν καλῶς θέλοντες ἀναστρέφεσθαι. περισσοτέρως δὲ παρακαλῶ 19
τοῦτο ποιῆσαι, ἵνα τάχιον ἀποκατασταθῶ ὑμῖν.

Ὁ δὲ Θεὸς τῆς εἰρήνης, ⌊ὁ ἀναγαγὼν⌋ ἐκ νεκρῶν ⌊τὸν ποιμένα τῶν 20
προβάτων⌋ᵇ τὸν μέγαν ⌊ἐν αἵματι διαθήκης αἰωνίου⌋,ᶜ τὸν Κύριον ἡμῶν
Ἰησοῦν, καταρτίσαι ὑμᾶς ἐν παντὶ ἀγαθῷ εἰς τὸ ποιῆσαι τὸ θέλημα 21
αὐτοῦ, ποιῶν ἐν ἡμῖν τὸ εὐάρεστον ἐνώπιον αὐτοῦ διὰ Ἰησοῦ Χριστοῦ,
ᾧ ἡ δόξα εἰς τοὺς αἰῶνας τῶν αἰώνων· ἀμήν.

Παρακαλῶ δὲ ὑμᾶς, ἀδελφοί, ἀνέχεσθε τοῦ λόγου τῆς παρακλήσεως· 22
καὶ γὰρ διὰ βραχέων ἐπέστειλα ὑμῖν. γινώσκετε τὸν ἀδελφὸν ἡμῶν 23
Τιμόθεον ἀπολελυμένον, μεθ' οὗ ἐὰν τάχιον ἔρχηται ὄψομαι ὑμᾶς.

Ἀσπάσασθε πάντας τοὺς ἡγουμένους ὑμῶν καὶ πάντας τοὺς ἁγίους. 24
ἀσπάζονται ὑμᾶς οἱ ἀπὸ τῆς Ἰταλίας.

Ἡ χάρις μετὰ πάντων ὑμῶν. 25

[a] Hos. 14. 2   [b] Is. 63. 11   [c] Zech. 9. 11 ; Is. 55. 3 ; Jer. 32. 40 ; Ezk.   26

ΙΑΚΩΒΟΥ

1 ΙΑΚΩΒΟΣ Θεοῦ καὶ Κυρίου Ἰησοῦ Χριστοῦ δοῦλος ταῖς δώδεκα φυλαῖς ταῖς ἐν τῇ διασπορᾷ χαίρειν.

2 Πᾶσαν χαρὰν ἡγήσασθε, ἀδελφοί μου, ὅταν πειρασμοῖς περι-
3 πέσητε ποικίλοις, γινώσκοντες ὅτι τὸ δοκίμιον ὑμῶν τῆς πίστεως
4 κατεργάζεται ὑπομονήν. ἡ δὲ ὑπομονὴ ἔργον τέλειον ἐχέτω, ἵνα ἦτε
5 τέλειοι καὶ ὁλόκληροι, ἐν μηδενὶ λειπόμενοι. εἰ δέ τις ὑμῶν λείπεται σοφίας, αἰτείτω παρὰ τοῦ διδόντος Θεοῦ πᾶσιν ἁπλῶς καὶ μὴ ὀνειδί-
6 ζοντος, καὶ δοθήσεται αὐτῷ. αἰτείτω δὲ ἐν πίστει, μηδὲν διακρινόμενος· ὁ γὰρ διακρινόμενος ἔοικεν κλύδωνι θαλάσσης ἀνεμιζομένῳ καὶ ῥιπιζο-
7 μένῳ. μὴ γὰρ οἰέσθω ὁ ἄνθρωπος ἐκεῖνος ὅτι λήμψεταί τι παρὰ τοῦ
8 ^a Κυρίου, ἀνὴρ δίψυχος, ἀκατάστατος ἐν πάσαις ταῖς ὁδοῖς αὐτοῦ.

9 10 Καυχάσθω δὲ ὁ ἀδελφὸς ὁ ταπεινὸς ἐν τῷ ὕψει αὐτοῦ, ὁ δὲ πλούσιος
11 ἐν τῇ ταπεινώσει αὐτοῦ, ὅτι ⌊ὡς ἄνθος χόρτου⌋ παρελεύσεται. ἀνέτειλεν γὰρ ὁ ἥλιος σὺν τῷ καύσωνι καὶ ⌊ἐξήρανεν τὸν χόρτον, καὶ τὸ ἄνθος⌋ αὐτοῦ ⌊ἐξέπεσεν⌋^b καὶ ἡ εὐπρέπεια τοῦ προσώπου αὐτοῦ ἀπώλετο· οὕτως καὶ ὁ πλούσιος ἐν ταῖς πορείαις αὐτοῦ μαρανθήσεται.

12 ⌊Μακάριος⌋ ἀνὴρ ⌊ὃς ὑπομένει⌋^c πειρασμόν, ὅτι δόκιμος γενόμενος λήμψεται τὸν στέφανον τῆς ζωῆς, ὃν ἐπηγγείλατο ὁ Θεὸς τοῖς ἀγα-
13 πῶσιν αὐτόν. μηδεὶς πειραζόμενος λεγέτω ὅτι Ἀπὸ Θεοῦ πειράζομαι· ὁ
14 γὰρ Θεὸς ἀπείραστός ἐστιν κακῶν, πειράζει δὲ αὐτὸς οὐδένα. ἕκαστος δὲ πειράζεται ὑπὸ τῆς ἰδίας ἐπιθυμίας ἐξελκόμενος καὶ δελεαζόμενος·
15 εἶτα ἡ ἐπιθυμία συλλαβοῦσα τίκτει ἁμαρτίαν, ἡ δὲ ἁμαρτία ἀπο-τελεσθεῖσα ἀποκύει θάνατον.

16 17 Μὴ πλανᾶσθε, ἀδελφοί μου ἀγαπητοί. πᾶσα δόσις ^d ἀγαθὴ καὶ πᾶν δώρημα τέλειον ἄνωθέν ἐστιν καταβαῖνον ἀπὸ τοῦ Πατρὸς τῶν φώτων,
18 παρ' ᾧ οὐκ ἔνι παραλλαγὴ ^e ἢ τροπῆς ἀποσκίασματος. βουληθεὶς ἀπεκύησεν ἡμᾶς λόγῳ ἀληθείας, εἰς τὸ εἶναι ἡμᾶς ἀπαρχήν τινα τῶν αὐτοῦ κτισμάτων.

19 Ἴστε, ἀδελφοί μου ἀγαπητοί. ἔστω δὲ πᾶς ἄνθρωπος ταχὺς εἰς τὸ
20 ἀκοῦσαι, βραδὺς εἰς τὸ λαλῆσαι, βραδὺς εἰς ὀργήν· ὀργὴ γὰρ ἀνδρὸς

[a] Κυρίου. ἀνὴρ δίψυχος ...   [b] Is. 40. 6, 7   [c] Dn. 12. 12   [d] ἀγαθή, καί ...   [e] ἢ τροπῆς ἀποσκίασμα

δικαιοσύνην Θεοῦ οὐκ ἐργάζεται. διὸ ἀποθέμενοι πᾶσαν ῥυπαρίαν καὶ 21
περισσείαν κακίας ἐν πραΰτητι δέξασθε τὸν ἔμφυτον λόγον τὸν δυνά-
μενον σῶσαι τὰς ψυχὰς ὑμῶν.

Γίνεσθε δὲ ποιηταὶ λόγου, καὶ μὴ ἀκροαταὶ μόνον παραλογιζόμενοι 22
ἑαυτούς. ὅτι εἴ τις ἀκροατὴς λόγου ἐστὶν καὶ οὐ ποιητής, οὗτος ἔοικεν 23
ἀνδρὶ κατανοοῦντι τὸ πρόσωπον τῆς γενέσεως αὐτοῦ ἐν ἐσόπτρῳ·
κατενόησεν γὰρ ἑαυτὸν καὶ ἀπελήλυθεν, καὶ εὐθέως ἐπελάθετο ὁποῖος 24
ἦν. ὁ δὲ παρακύψας εἰς νόμον τέλειον τὸν τῆς ἐλευθερίας καὶ παρα- 25
μείνας, οὐκ ἀκροατὴς ἐπιλησμονῆς γενόμενος ἀλλὰ ποιητὴς ἔργου,
οὗτος μακάριος ἐν τῇ ποιήσει αὐτοῦ ἔσται.

Εἴ τις δοκεῖ θρησκὸς εἶναι, μὴ χαλιναγωγῶν γλῶσσαν ἑαυτοῦ ἀλλὰ 26
ἀπατῶν καρδίαν ἑαυτοῦ, τούτου μάταιος ἡ θρησκεία. θρησκεία καθαρὰ 27
καὶ ἀμίαντος παρὰ τῷ Θεῷ καὶ Πατρὶ αὕτη ἐστίν, ἐπισκέπτεσθαι
ὀρφανοὺς καὶ χήρας ἐν τῇ θλίψει αὐτῶν, ἄσπιλον ἑαυτὸν τηρεῖν ἀπὸ
τοῦ κόσμου.

❡ Ἀδελφοί μου, μὴ ἐν προσωπολημψίαις ἔχετε τὴν πίστιν τοῦ Κυρίου 2
ἡμῶν Ἰησοῦ Χριστοῦ τῆς δόξης. ἐὰν γὰρ εἰσέλθῃ εἰς συναγωγὴν ὑμῶν 2
ἀνὴρ χρυσοδακτύλιος ἐν ἐσθῆτι λαμπρᾷ, εἰσέλθῃ δὲ καὶ πτωχὸς ἐν
ῥυπαρᾷ ἐσθῆτι, ἐπιβλέψητε δὲ ἐπὶ τὸν φοροῦντα τὴν ἐσθῆτα τὴν 3
λαμπρὰν καὶ εἴπητε· Σὺ κάθου ὧδε καλῶς, καὶ τῷ πτωχῷ εἴπητε· ᵃ Σὺ
στῆθι, ἢ κάθου ἐκεῖ ὑπὸ τὸ ὑποπόδιόν μου, οὐ διεκρίθητε ἐν ἑαυτοῖς καὶ 4
ἐγένεσθε κριταὶ διαλογισμῶν πονηρῶν;

Ἀκούσατε, ἀδελφοί μου ἀγαπητοί. οὐχ ὁ Θεὸς ἐξελέξατο τοὺς 5
πτωχοὺς τῷ κόσμῳ πλουσίους ἐν πίστει καὶ κληρονόμους τῆς βασιλείας
ἧς ἐπηγγείλατο τοῖς ἀγαπῶσιν αὐτόν; ὑμεῖς δὲ ἠτιμάσατε τὸν πτωχόν. 6
οὐχ οἱ πλούσιοι καταδυναστεύουσιν ὑμῶν, καὶ αὐτοὶ ἕλκουσιν ὑμᾶς εἰς
κριτήρια; οὐκ αὐτοὶ βλασφημοῦσιν τὸ καλὸν ὄνομα τὸ ἐπικληθὲν ἐφ' 7
ὑμᾶς;

Εἰ μέντοι νόμον τελεῖτε βασιλικὸν κατὰ τὴν γραφήν· ⌊Ἀγαπήσεις τὸν 8
πλησίον σου ὡς σεαυτόν⌋,ᵇ καλῶς ποιεῖτε· εἰ δὲ προσωπολημπτεῖτε, 9
ἁμαρτίαν ἐργάζεσθε, ἐλεγχόμενοι ὑπὸ τοῦ νόμου ὡς παραβάται. ὅστις 10
γὰρ ὅλον τὸν νόμον τηρήσῃ, πταίσῃ δὲ ἐν ἑνί, γέγονεν πάντων ἔνοχος.
ὁ γὰρ εἰπών· ⌊Μὴ μοιχεύσῃς⌋, εἶπεν καί· ⌊Μὴ φονεύσῃς·⌋ᶜ εἰ δὲ οὐ 11
μοιχεύεις, φονεύεις δέ, γέγονας παραβάτης νόμου. οὕτως λαλεῖτε καὶ 12
οὕτως ποιεῖτε ὡς διὰ νόμου ἐλευθερίας μέλλοντες κρίνεσθαι. ἡ γὰρ 13
κρίσις ἀνέλεος τῷ μὴ ποιήσαντι ἔλεος· κατακαυχᾶται ἔλεος κρίσεως.

[a] Σὺ στῆθι ἐκεῖ, ἢ κάθου ὧδε ... or Σὺ στῆθι ἐκεῖ, ἢ κάθου ...   [b] Lv. 19. 18
[c] Ex. 20. 14, 13; Dt. 5. 18, 17

14 ❡ Τί τὸ ὄφελος, ἀδελφοί μου, ἐὰν πίστιν λέγῃ τις ἔχειν ἔργα δὲ μὴ ἔχῃ;
15 μὴ δύναται ἡ πίστις σῶσαι αὐτόν; ἐὰν ἀδελφὸς ἢ ἀδελφὴ γυμνοὶ
16 ὑπάρχωσιν καὶ λειπόμενοι τῆς ἐφημέρου τροφῆς, εἴπῃ δέ τις αὐτοῖς ἐξ
ὑμῶν· Ὑπάγετε ἐν εἰρήνῃ, θερμαίνεσθε καὶ χορτάζεσθε, μὴ δῶτε δὲ
17 αὐτοῖς τὰ ἐπιτήδεια τοῦ σώματος, τί τὸ ὄφελος; οὕτως καὶ ἡ πίστις,
ἐὰν μὴ ἔχῃ ἔργα, νεκρά ἐστιν καθ᾽ ἑαυτήν.
18 Ἀλλ᾽ ἐρεῖ τις· Σὺ πίστιν ἔχεις, κἀγὼ ἔργα ἔχω. Δεῖξόν μοι τὴν πίστιν
σου χωρὶς τῶν ἔργων, κἀγώ σοι δείξω ἐκ τῶν ἔργων μου τὴν πίστιν.
19 σὺ πιστεύεις ὅτι εἷς ἐστιν ὁ Θεός. καλῶς ποιεῖς· καὶ τὰ δαιμόνια πι-
20 στεύουσιν καὶ φρίσσουσιν. θέλεις δὲ γνῶναι, ὦ ἄνθρωπε κενέ, ὅτι ἡ
21 πίστις χωρὶς τῶν ἔργων ἀργή ἐστιν; ⌊Ἀβραὰμ⌋ ὁ πατὴρ ἡμῶν οὐκ ἐξ
ἔργων ἐδικαιώθη, ⌊ἀνενέγκας Ἰσαὰκ τὸν υἱὸν αὐτοῦ ἐπὶ τὸ θυσιαστή-
22 ριον⌋;ᵃ βλέπεις ὅτι ἡ πίστις συνήργει τοῖς ἔργοις αὐτοῦ, καὶ ἐκ τῶν
23 ἔργων ἡ πίστις ἐτελειώθη; καὶ ἐπληρώθη ἡ γραφὴ ἡ λέγουσα· ⌊Ἐπί-
στευσεν δὲ Ἀβραὰμ τῷ Θεῷ, καὶ ἐλογίσθη αὐτῷ εἰς δικαιοσύνην⌋,ᵇ καὶ
24 ⌊φίλος Θεοῦ⌋ᶜ ἐκλήθη. ὁρᾶτε ὅτι ἐξ ἔργων δικαιοῦται ἄνθρωπος καὶ οὐκ
25 ἐκ πίστεως μόνον. ὁμοίως δὲ καὶ Ῥαὰβ ἡ πόρνη οὐκ ἐξ ἔργων ἐδικαιώθη,
26 ὑποδεξαμένη τοὺς ἀγγέλους καὶ ἑτέρᾳ ὁδῷ ἐκβαλοῦσα; ὥσπερ τὸ
σῶμα χωρὶς πνεύματος νεκρόν ἐστιν, οὕτως καὶ ἡ πίστις χωρὶς ἔργων
νεκρά ἐστιν.

3 ❡ Μὴ πολλοὶ διδάσκαλοι γίνεσθε, ἀδελφοί μου. εἰδότες ὅτι μεῖζον
2 κρίμα λημψόμεθα. πολλὰ γὰρ πταίομεν ἅπαντες· εἴ τις ἐν λόγῳ οὐ
πταίει, οὗτος τέλειος ἀνήρ, δυνατὸς χαλιναγωγῆσαι καὶ ὅλον τὸ σῶμα.
3 εἰ δὲ τῶν ἵππων τοὺς χαλινοὺς εἰς τὰ στόματα βάλλομεν εἰς τὸ πείθεσθαι
4 αὐτοὺς ἡμῖν, καὶ ὅλον τὸ σῶμα αὐτῶν μετάγομεν. ἰδοὺ καὶ τὰ πλοῖα,
τηλικαῦτα ὄντα καὶ ὑπὸ ἀνέμων σκληρῶν ἐλαυνόμενα μετάγεται ὑπὸ
5 ἐλαχίστου πηδαλίου ὅπου ἡ ὁρμὴ τοῦ εὐθύνοντος βούλεται· οὕτως καὶ
ἡ γλῶσσα μικρὸν μέλος ἐστὶν καὶ ᵈ μεγάλα αὐχεῖ.
6 Ἰδοὺ ἡλίκον πῦρ ἡλίκην ὕλην ἀνάπτει· καὶ ἡ γλῶσσα πῦρ. ὁ κόσμος
τῆς ἀδικίας ἡ γλῶσσα καθίσταται ἐν τοῖς μέλεσιν ἡμῶν, ἡ σπιλοῦσα
ὅλον τὸ σῶμα καὶ φλογίζουσα τὸν τροχὸν τῆς γενέσεως ἡμῶν καὶ
7 φλογιζομένη ὑπὸ τῆς γεέννης. πᾶσα γὰρ φύσις θηρίων τε καὶ πετεινῶν,
ἑρπετῶν τε καὶ ἐναλίων δαμάζεται καὶ δεδάμασται τῇ φύσει τῇ ἀνθρω-
8 πίνῃ, τὴν δὲ γλῶσσαν οὐδεὶς δαμάσαι δύναται ἀνθρώπων· ἀκατάστα-
9 τον κακόν, μεστὴ ἰοῦ θανατηφόρου. ἐν αὐτῇ εὐλογοῦμεν τὸν Κύριον καὶ
Πατέρα, καὶ ἐν αὐτῇ καταρώμεθα τοὺς ἀνθρώπους τοὺς ⌊καθ᾽ ὁμοίωσιν

[a] Gn. 22. 9, 10, 12   [b] Gn. 15. 6   [c] Is. 41. 8; 2 Chr. 20. 7   [d] με-
γαλαυχεῖ

Θεοῦᵃ γεγονότας· ἐκ τοῦ αὐτοῦ στόματος ἐξέρχεται εὐλογία καὶ 10
κατάρα. οὐ χρή, ἀδελφοί μου, ταῦτα οὕτως γίνεσθαι. μήτι ἡ πηγὴ ἐκ 11
τῆς αὐτῆς ὀπῆς βρύει τὸ γλυκὺ καὶ τὸ πικρόν; μὴ δύναται, ἀδελφοί μου, 12
συκῆ ἐλαίας ποιῆσαι ἢ ἄμπελος σῦκα; οὔτε ἁλυκὸν γλυκὺ ποιῆσαι
ὕδωρ.

℃ Τίς σοφὸς καὶ ἐπιστήμων ἐν ὑμῖν; δειξάτω ἐκ τῆς καλῆς ἀναστροφῆς 13
τὰ ἔργα αὐτοῦ ἐν πραΰτητι σοφίας. εἰ δὲ ζῆλον πικρὸν ἔχετε καὶ 14
ἐριθείαν ἐν τῇ καρδίᾳ ὑμῶν, μὴ κατακαυχᾶσθε καὶ ψεύδεσθε κατὰ τῆς
ἀληθείας. οὐκ ἔστιν αὕτη ἡ σοφία ἄνωθεν κατερχομένη, ἀλλὰ ἐπίγειος, 15
ψυχική, δαιμονιώδης· ὅπου γὰρ ζῆλος καὶ ἐριθεία, ἐκεῖ ἀκαταστασία καὶ 16
πᾶν φαῦλον πρᾶγμα. ἡ δὲ ἄνωθεν σοφία πρῶτον μὲν ἁγνή ἐστιν, 17
ἔπειτα εἰρηνική, ἐπιεικής, εὐπειθής, μεστὴ ἐλέους καὶ καρπῶν ἀγαθῶν,
ἀδιάκριτος, ἀνυπόκριτος. καρπὸς δὲ δικαιοσύνης ἐν εἰρήνῃ σπείρεται 18
τοῖς ποιοῦσιν εἰρήνην.

Πόθεν πόλεμοι καὶ πόθεν μάχαι ἐν ὑμῖν; οὐκ ἐντεῦθεν, ἐκ τῶν ἡδονῶν 4
ὑμῶν τῶν στρατευομένων ἐν τοῖς μέλεσιν ὑμῶν; ἐπιθυμεῖτε καὶ οὐκ 2
ἔχετε, φονεύετε· καὶ ζηλοῦτε καὶ οὐ δύνασθε ἐπιτυχεῖν, μάχεσθε καὶ πολε-
μεῖτε. οὐκ ἔχετε διὰ τὸ μὴ αἰτεῖσθαι ὑμᾶς· αἰτεῖτε καὶ οὐ λαμβάνετε, 3
διότι κακῶς αἰτεῖσθε, ἵνα ἐν ταῖς ἡδοναῖς ὑμῶν δαπανήσητε. μοιχαλίδες, 4
οὐκ οἴδατε ὅτι ἡ φιλία τοῦ κόσμου ἔχθρα τοῦ Θεοῦ ἐστιν; ὃς ἐὰν οὖν
βουληθῇ φίλος εἶναι τοῦ κόσμου, ἐχθρὸς τοῦ Θεοῦ καθίσταται. ἢ 5
δοκεῖτε ὅτι κενῶς ἡ γραφὴ λέγει· Πρὸς φθόνον ἐπιποθεῖ τὸ πνεῦμα ὃ
κατῴκισεν ἐν ἡμῖν; μείζονα δὲ ⌊δίδωσιν χάριν⌋. διὸ λέγει· ⌊Ὁ Θεὸς 6
ὑπερηφάνοις ἀντιτάσσεται, ταπεινοῖς δὲ δίδωσιν χάριν.⌋ᵇ ὑποτάγητε 7
οὖν τῷ Θεῷ· ἀντίστητε τῷ διαβόλῳ, καὶ φεύξεται ἀφ᾽ ὑμῶν· ἐγγίσατε 8
τῷ Θεῷ, καὶ ἐγγίσει ὑμῖν. καθαρίσατε χεῖρας, ἁμαρτωλοί, καὶ ἁγνίσατε
καρδίας, δίψυχοι. ταλαιπωρήσατε καὶ πενθήσατε καὶ κλαύσατε· ὁ 9
γέλως ὑμῶν εἰς πένθος μετατραπήτω καὶ ἡ χαρὰ εἰς κατήφειαν. ταπει- 10
νώθητε ἐνώπιον Κυρίου, καὶ ὑψώσει ὑμᾶς.

Μὴ καταλαλεῖτε ἀλλήλων, ἀδελφοί. ὁ καταλαλῶν ἀδελφοῦ ἢ κρίνων 11
τὸν ἀδελφὸν αὐτοῦ καταλαλεῖ νόμου καὶ κρίνει νόμον· εἰ δὲ νόμον
κρίνεις, οὐκ εἶ ποιητὴς νόμου ἀλλὰ κριτής. εἷς ἐστιν νομοθέτης καὶ 12
κριτής, ὁ δυνάμενος σῶσαι καὶ ἀπολέσαι. σὺ δὲ τίς εἶ, ὁ κρίνων τὸν
πλησίον;

℃ Ἄγε νῦν οἱ λέγοντες· Σήμερον ἢ αὔριον πορευσόμεθα εἰς τήνδε τὴν 13
πόλιν καὶ ποιήσομεν ἐκεῖ ἐνιαυτὸν καὶ ἐμπορευσόμεθα καὶ κερδήσομεν·

[a] Gn. 1. 27   [b] Prv. 3. 34 LXX; Job 22. 29

14 οἵτινες οὐκ ἐπίστασθε τὸ τῆς αὔριον. ποία ἡ ζωὴ ὑμῶν; ἀτμὶς γάρ ἐστε
15 πρὸς ὀλίγον φαινομένη, ἔπειτα καὶ ἀφανιζομένη· ἀντὶ τοῦ λέγειν
ὑμᾶς· Ἐὰν ὁ Κύριος θελήσῃ, καὶ ζήσομεν καὶ ποιήσομεν τοῦτο ἢ ἐκεῖνο.
16 νῦν δὲ καυχᾶσθε ἐν ταῖς ἀλαζονείαις ὑμῶν· πᾶσα καύχησις τοιαύτη
17 πονηρά ἐστιν. εἰδότι οὖν καλὸν ποιεῖν καὶ μὴ ποιοῦντι, ἁμαρτία
αὐτῷ ἐστιν.

5   Ἄγε νῦν οἱ πλούσιοι, κλαύσατε ὀλολύζοντες ἐπὶ ταῖς ταλαιπωρίαις
2 ὑμῶν ταῖς ἐπερχομέναις. ὁ πλοῦτος ὑμῶν σέσηπεν, καὶ τὰ ἱμάτια ὑμῶν
3 σητόβρωτα γέγονεν, ὁ χρυσὸς ὑμῶν καὶ ὁ ἄργυρος κατίωται, καὶ ὁ
ἰὸς αὐτῶν εἰς μαρτύριον ὑμῖν ἔσται καὶ φάγεται τὰς σάρκας ὑμῶν ὡς
4 πῦρ. ἐθησαυρίσατε ἐν ἐσχάταις ἡμέραις. ἰδοὺ ⌊μισθὸς⌋ τῶν ἐργατῶν
τῶν ἀμησάντων τὰς χώρας ὑμῶν ὁ ἀφυστερημένος ⌊ἀφ᾽ ὑμῶν κράζει⌋,ᵃ
καὶ αἱ βοαὶ τῶν θερισάντων ⌊εἰς τὰ ὦτα Κυρίου Σαβαώθ⌋ᵇ εἰσελήλυθαν.
5 ἐτρυφήσατε ἐπὶ τῆς γῆς καὶ ἐσπαταλήσατε, ἐθρέψατε τὰς καρδίας
6 ὑμῶν ⌊ἐν ἡμέρα σφαγῆς⌋.ᶜ κατεδικάσατε, ἐφονεύσατε τὸν δίκαιον· οὐκ
ἀντιτάσσεται ὑμῖν.

7   Μακροθυμήσατε οὖν, ἀδελφοί, ἕως τῆς παρουσίας τοῦ Κυρίου. ἰδοὺ
ὁ γεωργὸς ἐκδέχεται τὸν τίμιον καρπὸν τῆς γῆς, μακροθυμῶν ἐπ᾽ αὐτῷ
8 ἕως λάβῃ ⌊ὑετὸν πρόϊμον καὶ ὄψιμον⌋.ᵈ μακροθυμήσατε καὶ ὑμεῖς,
9 στηρίξατε τὰς καρδίας ὑμῶν, ὅτι ἡ παρουσία τοῦ Κυρίου ἤγγικεν. μὴ
στενάζετε, ἀδελφοί, κατ᾽ ἀλλήλων ἵνα μὴ κριθῆτε· ἰδοὺ ὁ κριτὴς πρὸ
10 τῶν θυρῶν ἔστηκεν. ὑπόδειγμα λάβετε, ἀδελφοί, τῆς κακοπαθίας καὶ
τῆς μακροθυμίας τοὺς προφήτας, οἳ ἐλάλησαν ἐν τῷ ὀνόματι Κυρίου.
11 ἰδοὺ ⌊μακαρίζομεν τοὺς ὑπομείναντας⌋·ᵉ τὴν ὑπομονὴν Ἰὼβ ἠκούσατε,
καὶ τὸ τέλος Κυρίου εἴδετε, ὅτι ⌊πολύσπλαγχνός ἐστιν ὁ Κύριος καὶ
οἰκτίρμων⌋.ᶠ

12 ❬ Πρὸ πάντων δέ, ἀδελφοί μου, μὴ ὀμνύετε, μήτε τὸν οὐρανὸν μήτε τὴν
γῆν μήτε ἄλλον τινὰ ὅρκον· ἤτω δὲ ὑμῶν τὸ Ναὶ ναί, καὶ τὸ Οὒ οὔ,
ἵνα μὴ ὑπὸ κρίσιν πέσητε.

13 14   Κακοπαθεῖ τις ἐν ὑμῖν; προσευχέσθω. εὐθυμεῖ τις; ψαλλέτω. ἀσθενεῖ
τις ἐν ὑμῖν; προσκαλεσάσθω τοὺς πρεσβυτέρους τῆς ἐκκλησίας, καὶ
προσευξάσθωσαν ἐπ᾽ αὐτὸν ἀλείψαντες ἐλαίῳ ἐν τῷ ὀνόματι τοῦ
15 Κυρίου. καὶ ἡ εὐχὴ τῆς πίστεως σώσει τὸν κάμνοντα, καὶ ἐγερεῖ αὐτὸν
16 ὁ Κύριος· κἂν ἁμαρτίας ᾖ πεποιηκώς, ἀφεθήσεται αὐτῷ. ἐξομολογεῖσθε
οὖν ἀλλήλοις τὰς ἁμαρτίας, καὶ προσεύχεσθε ὑπὲρ ἀλλήλων, ὅπως

[a] Lv. 19. 13; Dt. 24. 14, 15; Mal. 3. 5; Job 31. 38–40   [b] Is. 5. 9   [c] Jer.
12. 3   [d] Dt. 11. 14; Joel 2. 23; Zech. 10. 1; Jer. 5. 24   [e] Dn. 12. 12
[f] Ps. 103. 8; 111. 4

ἰαθῆτε. πολὺ ἰσχύει δέησις δικαίου ἐνεργουμένη. Ἠλίας ἄνθρωπος ἦν 17
ὁμοιοπαθὴς ἡμῖν, καὶ προσευχῇ προσηύξατο τοῦ μὴ βρέξαι, καὶ οὐκ
ἔβρεξεν ἐπὶ τῆς γῆς ἐνιαυτοὺς τρεῖς καὶ μῆνας ἕξ· καὶ πάλιν προσηύξατο, 18
καὶ ὁ οὐρανὸς ὑετὸν ἔδωκεν καὶ ἡ γῆ ἐβλάστησεν τὸν καρπὸν αὐτῆς.

Ἀδελφοί μου, ἐάν τις ἐν ὑμῖν πλανηθῇ ἀπὸ τῆς ἀληθείας καὶ ἐπι- 19
στρέψῃ τις αὐτόν, γινώσκετε ὅτι ὁ ἐπιστρέψας ἁμαρτωλὸν ἐκ πλάνης 20
ὁδοῦ αὐτοῦ σώσει ψυχὴν αὐτοῦ ἐκ θανάτου καὶ ⌊καλύψει⌋ πλῆθος
⌊ἁμαρτιῶν⌋.ᵃ

[a] Prv. 10. 12

ΠΕΤΡΟΥ Α

1 ΠΕΤΡΟΣ ἀπόστολος Ἰησοῦ Χριστοῦ ἐκλεκτοῖς παρεπιδή-
μοις διασπορᾶς Πόντου, Γαλατίας, Καππαδοκίας, Ἀσίας καὶ
2 Βιθυνίας, κατὰ πρόγνωσιν Θεοῦ Πατρός, ἐν ἁγιασμῷ Πνεύ-
ματος, εἰς ὑπακοὴν καὶ ῥαντισμὸν αἵματος Ἰησοῦ Χριστοῦ.
Χάρις ὑμῖν καὶ εἰρήνη πληθυνθείη.

3 Εὐλογητὸς ὁ Θεὸς καὶ Πατὴρ τοῦ Κυρίου ἡμῶν Ἰησοῦ Χριστοῦ, ὁ
κατὰ τὸ πολὺ αὐτοῦ ἔλεος ἀναγεννήσας ἡμᾶς εἰς ἐλπίδα ζῶσαν δι᾽
4 ἀναστάσεως Ἰησοῦ Χριστοῦ ἐκ νεκρῶν, εἰς κληρονομίαν ἄφθαρτον καὶ
5 ἀμίαντον καὶ ἀμάραντον, τετηρημένην ἐν οὐρανοῖς εἰς ὑμᾶς τοὺς ἐν
δυνάμει Θεοῦ φρουρουμένους διὰ πίστεως εἰς σωτηρίαν ἑτοίμην ἀπο-
καλυφθῆναι ἐν καιρῷ ἐσχάτῳ.

6 Ἐν ᾧ ἀγαλλιᾶσθε, ὀλίγον ἄρτι εἰ δέον λυπηθέντες ἐν ποικίλοις
7 πειρασμοῖς, ἵνα τὸ δοκίμιον ὑμῶν τῆς πίστεως πολυτιμότερον χρυσίου
τοῦ ἀπολλυμένου, διὰ πυρὸς δὲ δοκιμαζομένου, εὑρεθῇ εἰς ἔπαινον καὶ
δόξαν καὶ τιμὴν ἐν ἀποκαλύψει Ἰησοῦ Χριστοῦ.

8 Ὃν οὐκ ἰδόντες ἀγαπᾶτε, εἰς ὃν ἄρτι μὴ ὁρῶντες πιστεύοντες δὲ
9 ἀγαλλιᾶσθε χαρᾷ ἀνεκλαλήτῳ καὶ δεδοξασμένῃ, κομιζόμενοι τὸ τέλος
10 τῆς πίστεως ὑμῶν σωτηρίαν ψυχῶν. περὶ ἧς σωτηρίας ἐξεζήτησαν καὶ
ἐξηρεύνησαν προφῆται οἱ περὶ τῆς εἰς ὑμᾶς χάριτος προφητεύσαντες,
11 ἐρευνῶντες ^aεἰς τίνα ἢ ποῖον καιρὸν ἐδήλου τὸ ἐν αὐτοῖς πνεῦμα
Χριστοῦ προμαρτυρόμενον τὰ εἰς Χριστὸν παθήματα καὶ τὰς μετὰ
12 ταῦτα δόξας. οἷς ἀπεκαλύφθη ὅτι οὐχ ἑαυτοῖς ὑμῖν δὲ διηκόνουν αὐτά,
ἃ νῦν ἀνηγγέλη ὑμῖν διὰ τῶν εὐαγγελισαμένων ὑμᾶς ἐν Πνεύματι
Ἁγίῳ ἀποσταλέντι ἀπ᾽ οὐρανοῦ, εἰς ἃ ἐπιθυμοῦσιν ἄγγελοι παρακύψαι.

13 Διὸ ἀναζωσάμενοι τὰς ὀσφύας τῆς διανοίας ὑμῶν, νήφοντες τελείως,
ἐλπίσατε ἐπὶ τὴν φερομένην ὑμῖν χάριν ἐν ἀποκαλύψει Ἰησοῦ Χριστοῦ.
14 ὡς τέκνα ὑπακοῆς, μὴ συσχηματιζόμενοι ταῖς πρότερον ἐν τῇ ἀγνοίᾳ
15 ὑμῶν ἐπιθυμίαις, ἀλλὰ κατὰ τὸν καλέσαντα ὑμᾶς ἅγιον καὶ αὐτοὶ ἅγιοι
16 ἐν πάσῃ ἀναστροφῇ γενήθητε, διότι γέγραπται· ⌊Ἅγιοι ἔσεσθε, ὅτι
ἐγὼ ἅγιος.⌋^b
17 Καὶ εἰ ⌊Πατέρα ἐπικαλεῖσθε⌋^c τὸν ἀπροσωπολήμπτως κρίνοντα κατὰ

[a] εἰς τίνα, . . .　　　[b] Lv. 19. 2; 11. 44; 20. 7　　　[c] Ps. 89. 26; Jer. 3. 19;
Mal. 1. 6

τὸ ἑκάστου ἔργον, ἐν φόβῳ τὸν τῆς παροικίας ὑμῶν χρόνον ἀναστρά-
φητε, εἰδότες ὅτι οὐ φθαρτοῖς, ⌊ἀργυρίῳ⌋ ἢ χρυσίῳ, ⌊ἐλυτρώθητε⌋ᵃ ἐκ 18
τῆς ματαίας ὑμῶν ἀναστροφῆς πατροπαραδότου, ἀλλὰ τιμίῳ αἵματι 19
ὡς ἀμνοῦ ἀμώμου καὶ ἀσπίλου Χριστοῦ, προεγνωσμένου μὲν πρὸ 20
καταβολῆς κόσμου, φανερωθέντος δὲ ἐπ᾽ ἐσχάτου τῶν χρόνων δι᾽ ὑμᾶς
τοὺς δι᾽ αὐτοῦ πιστοὺς εἰς Θεὸν τὸν ἐγείραντα αὐτὸν ἐκ νεκρῶν καὶ 21
δόξαν αὐτῷ δόντα, ὥστε τὴν πίστιν ὑμῶν καὶ ἐλπίδα εἶναι εἰς Θεόν.

Τὰς ψυχὰς ὑμῶν ἡγνικότες ἐν τῇ ὑπακοῇ τῆς ἀληθείας εἰς φιλαδελφίαν 22
ἀνυπόκριτον, ἐκ καρδίας ἀλλήλους ἀγαπήσατε ἐκτενῶς, ἀναγεγεννη- 23
μένοι οὐκ ἐκ σπορᾶς φθαρτῆς ἀλλὰ ἀφθάρτου διὰ λόγου ζῶντος Θεοῦ
καὶ μένοντος. διότι 24

⌊Πᾶσα σὰρξ ὡς χόρτος,
καὶ πᾶσα δόξα⌋ αὐτῆς ⌊ὡς ἄνθος χόρτου·
ἐξηράνθη ὁ χόρτος, καὶ τὸ ἄνθος ἐξέπεσεν·
τὸ δὲ ῥῆμα⌋ Κυρίου ⌊μένει εἰς τὸν αἰῶνα.⌋ᵇ

τοῦτο δέ ἐστιν ⌊τὸ ῥῆμα⌋ τὸ ⌊εὐαγγελισθὲν⌋ᶜ εἰς ὑμᾶς. 25

Ἀποθέμενοι οὖν πᾶσαν κακίαν καὶ πάντα δόλον καὶ ὑποκρίσεις καὶ **2**
φθόνους καὶ πάσας καταλαλιάς, ὡς ἀρτιγέννητα βρέφη τὸ λογικὸν 2
ἄδολον γάλα ἐπιποθήσατε, ἵνα ἐν αὐτῷ αὐξηθῆτε εἰς σωτηρίαν, εἰ 3
⌊ἐγεύσασθε ὅτι χρηστὸς ὁ Κύριος⌋.ᵈ

Πρὸς ὃν προσερχόμενοι, ⌊λίθον⌋ ζῶντα, ὑπὸ ἀνθρώπων μὲν ἀπο- 4
δεδοκιμασμένον παρὰ δὲ Θεῷ ⌊ἐκλεκτὸν ἔντιμον⌋, καὶ αὐτοὶ ὡς λίθοι 5
ζῶντες οἰκοδομεῖσθε ᵉ οἶκος πνευματικός, εἰς ἱεράτευμα ἅγιον, ἀνενέγκαι
πνευματικὰς θυσίας εὐπροσδέκτους Θεῷ διὰ Ἰησοῦ Χριστοῦ· διότι 6
περιέχει ἐν γραφῇ·

⌊Ἰδοὺ⌋ τίθημι ⌊ἐν Σιὼν λίθον ἐκλεκτὸν ἀκρογωνιαῖον ἔντιμον,
καὶ ὁ πιστεύων ἐπ᾽ αὐτῷ οὐ μὴ καταισχυνθῇ.⌋ᶠ

ὑμῖν οὖν ἡ τιμὴ τοῖς πιστεύουσιν· ἀπιστοῦσιν δὲ ⌊λίθος ὃν ἀπεδοκίμασαν 7
οἱ οἰκοδομοῦντες, οὗτος ἐγενήθη εἰς κεφαλὴν γωνίας⌋ᵍ καὶ ⌊λίθος προσ- 8
κόμματος καὶ πέτρα σκανδάλου⌋·ʰ οἳ προσκόπτουσιν τῷ λόγῳ ἀπει-
θοῦντες, εἰς ὃ καὶ ἐτέθησαν.

Ὑμεῖς δὲ ⌊γένος ἐκλεκτόν, βασίλειον ἱεράτευμα, ἔθνος ἅγιον, λαὸς εἰς 9
περιποίησιν, ὅπως τὰς ἀρετὰς ἐξαγγείλητε⌋ⁱ τοῦ ἐκ σκότους ὑμᾶς
καλέσαντος εἰς τὸ θαυμαστὸν αὐτοῦ φῶς· οἵ ποτε ⌊οὐ λαός⌋, νῦν δὲ 10
⌊λαὸς Θεοῦ, οἱ οὐκ ἠλεημένοι⌋, νῦν δὲ ⌊ἐλεηθέντες⌋.ʲ

[a] Is. 52. 3   [b] Is. 40. 6, 7   [c] Is. 40. 8   [d] Ps. 34. 8   [e] οἶκος
πνευματικὸς εἰς ἱεράτευμα ἅγιον   [f] Is. 28. 16 LXX   [g] Ps. 118. 22   [h] Is.
8. 14   [i] Is. 43. 20, 21; Ex. 19. 6; 23. 22 LXX   [j] Hos. 1. 6, 9; 2. 1, 23

11 ❡ Ἀγαπητοί, παρακαλῶ ὡς ⌜παροίκους καὶ παρεπιδήμους⌝[a] ἀπέχεσθαι
12 τῶν σαρκικῶν ἐπιθυμιῶν, αἵτινες στρατεύονται κατὰ τῆς ψυχῆς· τὴν
ἀναστροφὴν ὑμῶν ἐν τοῖς ἔθνεσιν ἔχοντες καλήν, ἵνα ἐν ᾧ καταλαλοῦσιν
ὑμῶν ὡς κακοποιῶν, ἐκ τῶν καλῶν ἔργων ἐποπτεύοντες δοξάσωσιν τὸν
Θεὸν ⌜ἐν ἡμέρᾳ ἐπισκοπῆς⌝.[b]

13 Ὑποτάγητε πάσῃ ἀνθρωπίνῃ κτίσει διὰ τὸν Κύριον, εἴτε βασιλεῖ
14 ὡς ὑπερέχοντι, εἴτε ἡγεμόσιν ὡς δι᾽ αὐτοῦ πεμπομένοις εἰς ἐκδίκησιν
15 κακοποιῶν ἔπαινον δὲ ἀγαθοποιῶν· ὅτι οὕτως ἐστὶν τὸ θέλημα τοῦ
Θεοῦ ἀγαθοποιοῦντας φιμοῦν τὴν τῶν ἀφρόνων ἀνθρώπων ἀγνωσίαν.

16 Ὡς ἐλεύθεροι, καὶ μὴ ὡς ἐπικάλυμμα ἔχοντες τῆς κακίας τὴν ἐλευ-
17 θερίαν, ἀλλ᾽ ὡς Θεοῦ δοῦλοι. πάντας τιμήσατε· τὴν ἀδελφότητα
ἀγαπᾶτε, ⌜τὸν Θεὸν φοβεῖσθε⌝, τὸν ⌜βασιλέα⌝[c] τιμᾶτε.

18 Οἱ οἰκέται, ὑποτασσόμενοι ἐν παντὶ φόβῳ τοῖς δεσπόταις, οὐ μόνον
19 τοῖς ἀγαθοῖς καὶ ἐπιεικέσιν ἀλλὰ καὶ τοῖς σκολιοῖς. τοῦτο γὰρ χάρις εἰ
20 διὰ συνείδησιν Θεοῦ ὑποφέρει τις λύπας πάσχων ἀδίκως. ποῖον γὰρ
κλέος εἰ ἁμαρτάνοντες καὶ κολαφιζόμενοι ὑπομενεῖτε; ἀλλ᾽ εἰ ἀγαθο-
21 ποιοῦντες καὶ πάσχοντες ὑπομενεῖτε, τοῦτο χάρις παρὰ Θεῷ. εἰς τοῦτο
γὰρ ἐκλήθητε, ὅτι καὶ Χριστὸς [d] ἔπαθεν ὑπὲρ ὑμῶν, ὑμῖν ὑπολιμπάνων
22 ὑπογραμμὸν ἵνα ἐπακολουθήσητε τοῖς ἴχνεσιν αὐτοῦ· ὃς ἁμαρτίαν ⌜οὐκ
23 ἐποίησεν οὐδὲ εὑρέθη δόλος ἐν τῷ στόματι αὐτοῦ⌝· ὃς λοιδορούμενος οὐκ
ἀντελοιδόρει, πάσχων οὐκ ἠπείλει, παρεδίδου δὲ τῷ κρίνοντι δικαίως·
24 ὃς ⌜τὰς ἁμαρτίας ἡμῶν αὐτὸς ἀνήνεγκεν⌝ ἐν τῷ σώματι αὐτοῦ ἐπὶ
τὸ ξύλον, ἵνα ταῖς ἁμαρτίαις ἀπογενόμενοι τῇ δικαιοσύνῃ ζήσωμεν·
25 οὗ ⌜τῷ μώλωπι ἰάθητε.⌝[e] ἦτε γὰρ ⌜ὡς πρόβατα πλανώμενοι⌝,
ἀλλὰ ἐπεστράφητε νῦν ἐπὶ τὸν Ποιμένα καὶ Ἐπίσκοπον τῶν ψυχῶν
ὑμῶν.

3 Ὁμοίως γυναῖκες, ὑποτασσόμεναι τοῖς ἰδίοις ἀνδράσιν, ἵνα εἴ τινες
ἀπειθοῦσιν τῷ λόγῳ, διὰ τῆς τῶν γυναικῶν ἀναστροφῆς ἄνευ λόγου
2 κερδηθήσονται, ἐποπτεύσαντες τὴν ἐν φόβῳ ἁγνὴν ἀναστροφὴν ὑμῶν.
3 ὧν ἔστω οὐχ ὁ ἔξωθεν ἐμπλοκῆς τριχῶν ἢ περιθέσεως χρυσίων ἢ
4 ἐνδύσεως ἱματίων κόσμος, ἀλλ᾽ ὁ κρυπτὸς τῆς καρδίας ἄνθρωπος ἐν τῷ
ἀφθάρτῳ τοῦ πραέος καὶ ἡσυχίου πνεύματος, ὅ ἐστιν ἐνώπιον τοῦ Θεοῦ
5 πολυτελές. οὕτως γάρ ποτε αἱ ἅγιαι γυναῖκες αἱ ἐλπίζουσαι εἰς Θεὸν
6 ἐκόσμουν ἑαυτάς, ὑποτασσόμεναι τοῖς ἰδίοις ἀνδράσιν, ὡς Σάρρα
ὑπήκουσεν τῷ Ἀβραάμ, ⌜κύριον αὐτὸν καλοῦσα⌝·[g] ἧς ἐγενήθητε τέκνα
ἀγαθοποιοῦσαι καὶ ⌜μὴ φοβούμεναι⌝ μηδεμίαν ⌜πτόησιν⌝.[h]

7 Οἱ ἄνδρες ὁμοίως, συνοικοῦντες κατὰ γνῶσιν, ὡς ἀσθενεστέρῳ σκεύει

[a] Ps. 39. 12   [b] Is. 10. 3   [c] Prv. 24. 21   [d] ἀπέθανεν   [e] Is.
53. 9, 4, 12, 5   [f] Is. 53. 6   [g] Gn. 18. 12   [h] Prv. 3. 25

τῷ γυναικείῳ ἀπονέμοντες τιμήν, ὡς καὶ συγκληρονόμοι χάριτος ζωῆς, εἰς τὸ μὴ ἐγκόπτεσθαι τὰς προσευχὰς ὑμῶν.

Τὸ δὲ τέλος πάντες ὁμόφρονες, συμπαθεῖς, φιλάδελφοι, εὔσπλαγχνοι, 8 ταπεινόφρονες, μὴ ἀποδιδόντες κακὸν ἀντὶ κακοῦ ἢ λοιδορίαν ἀντὶ 9 λοιδορίας, τοὐναντίον δὲ εὐλογοῦντες, ὅτι εἰς τοῦτο ἐκλήθητε ἵνα εὐλογίαν κληρονομήσητε.

⌊ὁ⌋ γὰρ ⌊θέλων ζωὴν ἀγαπᾶν⌋ καὶ ⌊ἰδεῖν ἡμέρας ἀγαθὰς   10
παυσάτω τὴν γλῶσσαν ἀπὸ κακοῦ
καὶ χείλη τοῦ μὴ λαλῆσαι δόλον·
ἐκκλινάτω ἀπὸ κακοῦ καὶ ποιησάτω ἀγαθόν,   11
ζητησάτω εἰρήνην καὶ διωξάτω αὐτήν.⌋
ὅτι ⌊ὀφθαλμοὶ Κυρίου ἐπὶ δικαίους,   12
καὶ ὦτα αὐτοῦ εἰς δέησιν αὐτῶν,
πρόσωπον δὲ Κυρίου ἐπὶ ποιοῦντας κακά.⌋[a]

❰ Καὶ τίς ὁ κακώσων ὑμᾶς ἐὰν τοῦ ἀγαθοῦ ζηλωταὶ γένησθε; ἀλλ' εἰ 13 14 καὶ πάσχοιτε διὰ δικαιοσύνην, μακάριοι. ⌊τὸν δὲ φόβον αὐτῶν μὴ φοβηθῆτε μηδὲ ταράχθητε, Κύριον⌋ δὲ τὸν Χριστὸν ⌊ἁγιάσατε⌋[b] ἐν ταῖς 15 καρδίαις ὑμῶν, ἕτοιμοι ἀεὶ πρὸς ἀπολογίαν παντὶ τῷ αἰτοῦντι ὑμᾶς λόγον περὶ τῆς ἐν ὑμῖν ἐλπίδος, ἀλλὰ μετὰ πραΰτητος καὶ φόβου, 16 συνείδησιν ἔχοντες ἀγαθήν, ἵνα ἐν ᾧ καταλαλεῖσθε καταισχυνθῶσιν οἱ ἐπηρεάζοντες ὑμῶν τὴν ἀγαθὴν ἐν Χριστῷ ἀναστροφήν. κρεῖττον γὰρ 17 ἀγαθοποιοῦντας, εἰ θέλοι τὸ θέλημα τοῦ Θεοῦ, πάσχειν ἢ κακοποιοῦν-τας. ὅτι καὶ Χριστὸς ἅπαξ [c] περὶ ἁμαρτιῶν ἡμῶν [d] ἀπέθανεν, δίκαιος 18 ὑπὲρ ἀδίκων, ἵνα ἡμᾶς προσαγάγῃ τῷ Θεῷ, θανατωθεὶς μὲν σαρκὶ ζωοποιηθεὶς δὲ πνεύματι.

Ἐν ᾧ καὶ τοῖς ἐν φυλακῇ πνεύμασιν πορευθεὶς ἐκήρυξεν, ἀπειθήσασίν 19 20 ποτε ὅτε ἀπεξεδέχετο ἡ τοῦ Θεοῦ μακροθυμία ἐν ἡμέραις Νῶε κατα-σκευαζομένης κιβωτοῦ, εἰς ἣν ὀλίγοι, τοῦτ' ἔστιν ὀκτὼ ψυχαί, διεσώ-θησαν δι' ὕδατος. ὃ καὶ ὑμᾶς ἀντίτυπον νῦν σῴζει βάπτισμα, οὐ 21 σαρκὸς ἀπόθεσις ῥύπου ἀλλὰ συνειδήσεως ἀγαθῆς ἐπερώτημα εἰς Θεόν, δι' ἀναστάσεως Ἰησοῦ Χριστοῦ, ὅς ἐστιν ⌊ἐν δεξιᾷ Θεοῦ⌋,[e] πορευθεὶς 22 εἰς οὐρανόν, ὑποταγέντων αὐτῷ ἀγγέλων καὶ ἐξουσιῶν καὶ δυνάμεων.

Χριστοῦ οὖν παθόντος σαρκὶ καὶ ὑμεῖς τὴν αὐτὴν ἔννοιαν ὁπλίσασθε· 4 ὅτι ὁ παθὼν σαρκὶ πέπαυται ἁμαρτίας, εἰς τὸ μηκέτι ἀνθρώπων 2 ἐπιθυμίαις ἀλλὰ θελήματι Θεοῦ τὸν ἐπίλοιπον ἐν σαρκὶ βιῶσαι χρόνον.

[a] Ps. 34. 12–16   [b] Is. 8. 12, 13   [c] περὶ ἁμαρτιῶν *or* περὶ ἁμαρτιῶν ὑπὲρ ἡμῶν   [d] ἔπαθεν   [e] Ps. 110. 1

4, 5   ΠΕΤΡΟΥ Α

3 ἀρκετὸς γὰρ ὁ παρεληλυθὼς χρόνος τὸ βούλημα τῶν ἐθνῶν κατειργά-
σθαι, πεπορευμένους ἐν ἀσελγείαις, ἐπιθυμίαις, οἰνοφλυγίαις, κώμοις,
4 πότοις καὶ ἀθεμίτοις εἰδωλολατρίαις. ἐν ᾧ ξενίζονται μὴ συντρεχόντων
5 ὑμῶν εἰς τὴν αὐτὴν τῆς ἀσωτίας ἀνάχυσιν, βλασφημοῦντες· οἳ ἀποδώ-
6 σουσιν λόγον τῷ ἑτοίμως ἔχοντι κρῖναι ζῶντας καὶ νεκρούς. εἰς τοῦτο
γὰρ καὶ νεκροῖς εὐηγγελίσθη, ἵνα κριθῶσι μὲν κατὰ ἀνθρώπους σαρκί,
ζῶσι δὲ κατὰ Θεὸν πνεύματι.
7 Πάντων δὲ τὸ τέλος ἤγγικεν. σωφρονήσατε οὖν καὶ νήψατε εἰς
8 προσευχάς· πρὸ πάντων τὴν εἰς ἑαυτοὺς ἀγάπην ἐκτενῆ ἔχοντες, ὅτι
9 ⌊ἀγάπη καλύπτει⌋ πλῆθος ⌊ἁμαρτιῶν⌋.ᵃ φιλόξενοι εἰς ἀλλήλους ἄνευ
10 γογγυσμοῦ· ἕκαστος καθὼς ἔλαβεν χάρισμα, εἰς ἑαυτοὺς αὐτὸ δια-
11 κονοῦντες ὡς καλοὶ οἰκονόμοι ποικίλης χάριτος Θεοῦ. εἴ τις λαλεῖ, ὡς
λόγια Θεοῦ· εἴ τις διακονεῖ, ὡς ἐξ ἰσχύος ἧς χορηγεῖ ὁ Θεός· ἵνα ἐν πᾶσιν
δοξάζηται ὁ Θεὸς διὰ Ἰησοῦ Χριστοῦ, ᾧ ἐστιν ἡ δόξα καὶ τὸ κράτος εἰς
τοὺς αἰῶνας τῶν αἰώνων. ἀμήν.

12 ❡ Ἀγαπητοί, μὴ ξενίζεσθε τῇ ἐν ὑμῖν πυρώσει πρὸς πειρασμὸν ὑμῖν
13 γινομένῃ, ὡς ξένου ὑμῖν συμβαίνοντος, ἀλλὰ καθὸ κοινωνεῖτε τοῖς τοῦ
Χριστοῦ παθήμασιν χαίρετε, ἵνα καὶ ἐν τῇ ἀποκαλύψει τῆς δόξης αὐτοῦ
14 χαρῆτε ἀγαλλιώμενοι. εἰ ⌊ὀνειδίζεσθε⌋ᵇ ἐν ὀνόματι Χριστοῦ, μακάριοι,
15 ὅτι τὸ τῆς δόξης καὶ ⌊τὸ τοῦ Θεοῦ Πνεῦμα⌋ ἐφ' ὑμᾶς ⌊ἀναπαύεται⌋.ᶜ μὴ
γάρ τις ὑμῶν πασχέτω ὡς φονεὺς ἢ κλέπτης ἢ κακοποιὸς ἢ ὡς ἀλ-
16 λοτριεπίσκοπος· εἰ δὲ ὡς Χριστιανός, μὴ αἰσχυνέσθω, δοξαζέτω δὲ τὸν
Θεὸν ἐν τῷ ὀνόματι τούτῳ.
17 Ὅτι ὁ καιρὸς τοῦ ⌊ἄρξασθαι⌋ τὸ κρίμα ⌊ἀπὸ⌋ᵈ τοῦ οἴκου τοῦ Θεοῦ· εἰ
δὲ πρῶτον ἀφ' ὑμῶν, τί τὸ τέλος τῶν ἀπειθούντων τῷ τοῦ Θεοῦ εὐαγ-
18 γελίῳ; καὶ εἰ ⌊ὁ δίκαιος μόλις σῴζεται, ὁ ἀσεβὴς καὶ ἁμαρτωλὸς ποῦ
19 φανεῖται;⌋ᵉ ὥστε καὶ οἱ πάσχοντες κατὰ τὸ θέλημα τοῦ Θεοῦ πιστῷ
κτίστῃ παρατιθέσθωσαν τὰς ψυχὰς αὐτῶν ἐν ἀγαθοποιΐᾳ.
5 Πρεσβυτέρους οὖν τοὺς ἐν ὑμῖν παρακαλῶ ὁ συμπρεσβύτερος καὶ
μάρτυς τῶν τοῦ Χριστοῦ παθημάτων, ὁ καὶ τῆς μελλούσης ἀπο-
2 καλύπτεσθαι δόξης κοινωνός. ποιμάνατε τὸ ἐν ὑμῖν ποίμνιον τοῦ Θεοῦ,
μὴ ἀναγκαστῶς ἀλλὰ ἑκουσίως κατὰ Θεόν, μηδὲ αἰσχροκερδῶς ἀλλὰ
3 προθύμως, μηδ' ὡς κατακυριεύοντες τῶν κλήρων ἀλλὰ τύποι γινόμενοι
4 τοῦ ποιμνίου. καὶ φανερωθέντος τοῦ Ἀρχιποίμενος κομιεῖσθε τὸν
ἀμαράντινον τῆς δόξης στέφανον.
5 Ὁμοίως, νεώτεροι, ὑποτάγητε πρεσβυτέροις. πάντες δὲ ἀλλήλοις

[a] Prv. 10. 12   [b] Ps. 89. 51   [c] Is. 11. 2   [d] Ezk. 9. 6; Jer. 25. 29
[e] Prv. 11. 31 LXX

362

τὴν ταπεινοφροσύνην ἐγκομβώσασθε, ὅτι ⌊ὁ Θεὸς ὑπερηφάνοις ἀντι-
τάσσεται, ταπεινοῖς δὲ δίδωσιν χάριν.⌋^a ταπεινώθητε οὖν ὑπὸ τὴν 6
κραταιὰν χεῖρα τοῦ Θεοῦ, ἵνα ὑμᾶς ὑψώσῃ ἐν καιρῷ, πᾶσαν ⌊τὴν 7
μέριμναν ὑμῶν ἐπιρίψαντες⌋^b ἐπ᾽ αὐτόν, ὅτι αὐτῷ μέλει περὶ ὑμῶν.

Νήψατε, γρηγορήσατε. ὁ ἀντίδικος ὑμῶν διάβολος ὡς λέων ὠρυό- 8
μενος περιπατεῖ ζητῶν τινα καταπιεῖν· ᾧ ἀντίστητε στερεοὶ τῇ πίστει, 9
εἰδότες τὰ αὐτὰ τῶν παθημάτων τῇ ἐν τῷ κόσμῳ ὑμῶν ἀδελφότητι
ἐπιτελεῖσθαι. ὁ δὲ Θεὸς πάσης χάριτος, ὁ καλέσας ὑμᾶς εἰς τὴν αἰώνιον 10
αὐτοῦ δόξαν ἐν Χριστῷ, ὀλίγον παθόντας αὐτὸς καταρτίσει, στηρίξει,
σθενώσει, θεμελιώσει. αὐτῷ τὸ κράτος εἰς τοὺς αἰῶνας τῶν αἰώνων. 11
ἀμήν.

Διὰ Σιλουανοῦ ὑμῖν τοῦ πιστοῦ ἀδελφοῦ, ὡς λογίζομαι, δι᾽ ὀλίγων 12
ἔγραψα, παρακαλῶν καὶ ἐπιμαρτυρῶν ταύτην εἶναι ἀληθῆ χάριν τοῦ
Θεοῦ, εἰς ἣν στῆτε.

Ἀσπάζεται ὑμᾶς ἡ ἐν Βαβυλῶνι συνεκλεκτὴ καὶ Μᾶρκος ὁ υἱός μου. 13
ἀσπάσασθε ἀλλήλους ἐν φιλήματι ἀγάπης. 14

Εἰρήνη ὑμῖν πᾶσιν τοῖς ἐν Χριστῷ.

[a] Prv. 3. 34 LXX   [b] Ps. 55. 22

ΠΕΤΡΟΥ Β

1 ΣΥΜΕΩΝ ΠΕΤΡΟΣ δοῦλος καὶ ἀπόστολος Ἰησοῦ Χριστοῦ τοῖς ἰσότιμον ἡμῖν λαχοῦσιν πίστιν ἐν δικαιοσύνη τοῦ Θεοῦ καὶ Σωτῆρος Ἰησοῦ Χριστοῦ.

2 Χάρις ὑμῖν καὶ εἰρήνη πληθυνθείη ἐν ἐπιγνώσει τοῦ Θεοῦ καὶ Ἰησοῦ τοῦ Κυρίου ἡμῶν.

3 Ὡς τὰ πάντα ἡμῖν τῆς θείας δυνάμεως αὐτοῦ τὰ πρὸς ζωὴν καὶ εὐσέβειαν δεδωρημένης, διὰ τῆς ἐπιγνώσεως τοῦ καλέσαντος ἡμᾶς ἰδίᾳ 4 δόξῃ καὶ ἀρετῇ· δι' ὧν τὰ τίμια καὶ μέγιστα ἡμῖν ἐπαγγέλματα δεδώρηται, ἵνα διὰ τούτων γένησθε θείας κοινωνοὶ φύσεως, ἀποφυγόντες τῆς ἐν τῷ κόσμῳ ἐν ἐπιθυμίᾳ φθορᾶς.

5 Καὶ αὐτὸ τοῦτο δὲ σπουδὴν πᾶσαν παρεισενέγκαντες ἐπιχορηγή-
6 σατε ἐν τῇ πίστει ὑμῶν τὴν ἀρετήν, ἐν δὲ τῇ ἀρετῇ τὴν γνῶσιν, ἐν δὲ τῇ γνώσει τὴν ἐγκράτειαν, ἐν δὲ τῇ ἐγκρατείᾳ τὴν ὑπομονήν, ἐν δὲ τῇ
7 ὑπομονῇ τὴν εὐσέβειαν, ἐν δὲ τῇ εὐσεβείᾳ τὴν φιλαδελφίαν, ἐν δὲ τῇ φιλαδελφίᾳ τὴν ἀγάπην.

8 Ταῦτα γὰρ ὑμῖν ὑπάρχοντα καὶ πλεονάζοντα οὐκ ἀργοὺς οὐδὲ ἀκάρπους καθίστησιν εἰς τὴν τοῦ Κυρίου ἡμῶν Ἰησοῦ Χριστοῦ ἐπίγνω-
9 σιν· ᾧ γὰρ μὴ πάρεστιν ταῦτα, τυφλός ἐστιν μυωπάζων, λήθην λαβὼν
10 τοῦ καθαρισμοῦ τῶν πάλαι αὐτοῦ ἁμαρτιῶν. διὸ μᾶλλον, ἀδελφοί, σπουδάσατε βεβαίαν ὑμῶν τὴν κλῆσιν καὶ ἐκλογὴν ποιεῖσθαι· ταῦτα
11 γὰρ ποιοῦντες οὐ μὴ πταίσητέ ποτε. οὕτως γὰρ πλουσίως ἐπιχορηγηθήσεται ὑμῖν ἡ εἴσοδος εἰς τὴν αἰώνιον βασιλείαν τοῦ Κυρίου ἡμῶν καὶ Σωτῆρος Ἰησοῦ Χριστοῦ.

12 Διὸ μελλήσω ἀεὶ ὑμᾶς ὑπομιμνήσκειν περὶ τούτων, καίπερ εἰδότας
13 καὶ ἐστηριγμένους ἐν τῇ παρούσῃ ἀληθείᾳ. δίκαιον δὲ ἡγοῦμαι, ἐφ'
14 ὅσον εἰμὶ ἐν τούτῳ τῷ σκηνώματι, διεγείρειν ὑμᾶς ἐν ὑπομνήσει, εἰδὼς ὅτι ταχινή ἐστιν ἡ ἀπόθεσις τοῦ σκηνώματός μου, καθὼς καὶ ὁ Κύριος
15 ἡμῶν Ἰησοῦς Χριστὸς ἐδήλωσέν μοι· σπουδάσω δὲ καὶ ἑκάστοτε ἔχειν ὑμᾶς μετὰ τὴν ἐμὴν ἔξοδον τὴν τούτων μνήμην ποιεῖσθαι.

16 Οὐ γὰρ σεσοφισμένοις μύθοις ἐξακολουθήσαντες ἐγνωρίσαμεν ὑμῖν τὴν τοῦ Κυρίου ἡμῶν Ἰησοῦ Χριστοῦ δύναμιν καὶ παρουσίαν, ἀλλ'
17 ἐπόπται γενηθέντες τῆς ἐκείνου μεγαλειότητος. λαβὼν γὰρ παρὰ Θεοῦ

Πατρὸς τιμὴν καὶ δόξαν, φωνῆς ἐνεχθείσης αὐτῷ τοιᾶσδε ὑπὸ τῆς
μεγαλοπρεποῦς δόξης· ᵃ ⌊Ὁ Υἱός⌋ μου, ⌊ὁ Ἀγαπητός⌋ μου, οὗτός ἐστιν,
⌊εἰς ὃν ἐγὼ εὐδόκησα⌋·ᵇ καὶ ταύτην τὴν φωνὴν ἡμεῖς ἠκούσαμεν ἐξ 18
οὐρανοῦ ἐνεχθεῖσαν σὺν αὐτῷ ὄντες ἐν τῷ ἁγίῳ ὄρει.

Καὶ ἔχομεν βεβαιότερον τὸν προφητικὸν λόγον, ᾧ καλῶς ποιεῖτε 19
προσέχοντες ὡς λύχνῳ φαίνοντι ἐν αὐχμηρῷ τόπῳ, ἕως οὗ ἡμέρα
διαυγάσῃ καὶ φωσφόρος ἀνατείλῃ ἐν ταῖς καρδίαις ὑμῶν.

❡ Τοῦτο πρῶτον γινώσκοντες, ὅτι πᾶσα προφητεία γραφῆς ἰδίας ἐπι- 20
λύσεως οὐ γίνεται· οὐ γὰρ θελήματι ἀνθρώπου ἠνέχθη προφητεία ποτέ, 21
ἀλλὰ ὑπὸ Πνεύματος Ἁγίου φερόμενοι ἐλάλησαν ἀπὸ Θεοῦ ἄνθρωποι.

Ἐγένοντο δὲ καὶ ψευδοπροφῆται ἐν τῷ λαῷ, ὡς καὶ ἐν ὑμῖν ἔσονται 2
ψευδοδιδάσκαλοι, οἵτινες παρεισάξουσιν αἱρέσεις ἀπωλείας, καὶ τὸν
ἀγοράσαντα αὐτοὺς Δεσπότην ἀρνούμενοι, ἐπάγοντες ἑαυτοῖς ταχινὴν
ἀπώλειαν. καὶ πολλοὶ ἐξακολουθήσουσιν αὐτῶν ταῖς ἀσελγείαις, ⌊δι'⌋ 4
οὓς ἡ ὁδὸς τῆς ἀληθείας ⌊βλασφημηθήσεται⌋.ᶜ καὶ ἐν πλεονεξίᾳ πλα- 3
στοῖς λόγοις ὑμᾶς ἐμπορεύσονται.

Οἷς τὸ κρίμα ἔκπαλαι οὐκ ἀργεῖ, καὶ ἡ ἀπώλεια αὐτῶν οὐ νυστάζει.
εἰ γὰρ ὁ Θεὸς ἀγγέλων ἁμαρτησάντων οὐκ ἐφείσατο, ἀλλὰ ᵈ σιροῖς 4
ζόφου ταρταρώσας παρέδωκεν εἰς κρίσιν τηρουμένους· καὶ ἀρχαίου 5
κόσμου οὐκ ἐφείσατο (ἀλλὰ ὄγδοον Νῶε δικαιοσύνης κήρυκα ἐφύλαξεν),
κατακλυσμὸν κόσμῳ ἀσεβῶν ἐπάξας· καὶ πόλεις Σοδόμων καὶ Γομόρρας 6
τεφρώσας καταστροφῇ κατέκρινεν, ὑπόδειγμα μελλόντων ἀσεβεῖν τεθει-
κώς, καὶ δίκαιον Λὼτ καταπονούμενον ὑπὸ τῆς τῶν ἀθέσμων ἐν 7
ἀσελγείᾳ ἀναστροφῆς ἐρρύσατο· βλέμματι γὰρ καὶ ἀκοῇ ὁ δίκαιος 8
ἐγκατοικῶν ἐν αὐτοῖς ἡμέραν ἐξ ἡμέρας ψυχὴν δικαίαν ἀνόμοις ἔργοις
ἐβασάνιζεν· οἶδεν Κύριος εὐσεβεῖς ἐκ πειρασμοῦ ῥύεσθαι, ἀδίκους δὲ εἰς 9
ἡμέραν κρίσεως κολαζομένους τηρεῖν.

Μάλιστα δὲ τοὺς ὀπίσω σαρκὸς ἐν ἐπιθυμίᾳ μιασμοῦ πορευομένους 10
καὶ κυριότητος καταφρονοῦντας. τολμηταὶ αὐθάδεις, δόξας οὐ τρέμου-
σιν βλασφημοῦντες, ὅπου ἄγγελοι ἰσχύϊ καὶ δυνάμει μείζονες ὄντες οὐ 11
φέρουσιν κατ' αὐτῶν παρὰ Κυρίῳ βλάσφημον κρίσιν.

Οὗτοι δέ, ὡς ἄλογα ζῷα γεγεννημένα φυσικὰ εἰς ἅλωσιν καὶ φθοράν, 12
ἐν οἷς ἀγνοοῦσιν βλασφημοῦντες, ἐν τῇ φθορᾷ αὐτῶν καὶ φθαρήσονται,
ἀδικούμενοι μισθὸν ἀδικίας· ἡδονὴν ἡγούμενοι τὴν ἐν ἡμέρᾳ τρυφήν, 13
σπίλοι καὶ μῶμοι ἐντρυφῶντες ἐν ταῖς ᵉ ἀπάταις αὐτῶν συνευωχού-
μενοι ὑμῖν.

[a] Οὗτός ἐστιν ὁ Υἱός μου ὁ ἀγαπητός,   [b] Ps. 2. 7; Is. 42. 1   [c] Is. 52. 5
[d] σειραῖς   [e] ἀγάπαις

14 Ὀφθαλμοὺς ἔχοντες μεστοὺς μοιχαλίδος καὶ ἀκαταπαύστους ἁμαρτίας, δελεάζοντες ψυχὰς ἀστηρίκτους, καρδίαν γεγυμνασμένην πλεονε-
15 ξίας ἔχοντες, κατάρας τέκνα· καταλιπόντες εὐθεῖαν ὁδὸν ἐπλανήθησαν, ἐξακολουθήσαντες τῇ ὁδῷ τοῦ Βαλαὰμ τοῦ Βεώρ, ὃς μισθὸν ἀδικίας
16 ἠγάπησεν, ἔλεγξιν δὲ ἔσχεν ἰδίας παρανομίας· ὑποζύγιον ἄφωνον ἐν ἀνθρώπου φωνῇ φθεγξάμενον ἐκώλυσεν τὴν τοῦ προφήτου παραφρονίαν.
17 Οὗτοί εἰσιν πηγαὶ ἄνυδροι καὶ ὁμίχλαι ὑπὸ λαίλαπος ἐλαυνόμεναι,
18 οἷς ὁ ζόφος τοῦ σκότους τετήρηται. ὑπέρογκα γὰρ ματαιότητος φθεγγόμενοι δελεάζουσιν ἐν ἐπιθυμίαις σαρκὸς ἀσελγείαις τοὺς ὀλίγως
19 ἀποφεύγοντας τοὺς ἐν πλάνῃ ἀναστρεφομένους, ἐλευθερίαν αὐτοῖς ἐπαγγελλόμενοι, αὐτοὶ δοῦλοι ὑπάρχοντες τῆς φθορᾶς· ᾧ γάρ τις
20 ἥττηται, τούτῳ δεδούλωται. εἰ γὰρ ἀποφυγόντες τὰ μιάσματα τοῦ κόσμου ἐν ἐπιγνώσει τοῦ Κυρίου ἡμῶν καὶ Σωτῆρος Ἰησοῦ Χριστοῦ, τούτοις δὲ πάλιν ἐμπλακέντες ἡττῶνται, γέγονεν αὐτοῖς τὰ ἔσχατα
21 χείρονα τῶν πρώτων. κρεῖττον γὰρ ἦν αὐτοῖς μὴ ἐπεγνωκέναι τὴν ὁδὸν τῆς δικαιοσύνης, ἢ ἐπιγνοῦσιν ὑποστρέψαι ἐκ τῆς παραδοθείσης
22 αὐτοῖς ἁγίας ἐντολῆς. συμβέβηκεν αὐτοῖς τὸ τῆς ἀληθοῦς παροιμίας· ⌊Κύων ἐπιστρέψας ἐπὶ τὸ ἴδιον ἐξέραμα⌋,ᵃ καί· Ὗς λουσαμένη εἰς κυλισμὸν βορβόρου.

3 ❡ Ταύτην ἤδη, ἀγαπητοί, δευτέραν ὑμῖν γράφω ἐπιστολήν, ἐν αἷς
2 διεγείρω ὑμῶν ἐν ὑπομνήσει τὴν εἰλικρινῆ διάνοιαν· μνησθῆναι τῶν προειρημένων ῥημάτων ὑπὸ τῶν ἁγίων προφητῶν καὶ τῆς τῶν ἀποστόλων ὑμῶν ἐντολῆς τοῦ Κυρίου καὶ Σωτῆρος.
3 Τοῦτο πρῶτον γινώσκοντες, ὅτι ἐλεύσονται ἐπ' ἐσχάτων τῶν ἡμερῶν ἐν ἐμπαιγμονῇ ἐμπαῖκται κατὰ τὰς ἰδίας ἐπιθυμίας αὐτῶν πορευόμενοι
4 καὶ λέγοντες· Ποῦ ἐστιν ἡ ἐπαγγελία τῆς παρουσίας αὐτοῦ; ἀφ' ἧς γὰρ οἱ πατέρες ἐκοιμήθησαν, πάντα οὕτως διαμένει ἀπ' ἀρχῆς κτίσεως.
5 Λανθάνει γὰρ αὐτοὺς τοῦτο θέλοντας ὅτι οὐρανοὶ ἦσαν ἔκπαλαι καὶ
6 γῆ ἐξ ὕδατος καὶ δι' ὕδατος συνεστῶσα τῷ τοῦ Θεοῦ λόγῳ, δι' ὧν
7 ὁ τότε κόσμος ὕδατι κατακλυσθεὶς ἀπώλετο· οἱ δὲ νῦν οὐρανοὶ καὶ ἡ γῆ τῷ αὐτῷ λόγῳ τεθησαυρισμένοι εἰσὶν πυρί, τηρούμενοι εἰς ἡμέραν κρίσεως καὶ ἀπωλείας τῶν ἀσεβῶν ἀνθρώπων.
8 Ἐν δὲ τοῦτο μὴ λανθανέτω ὑμᾶς, ἀγαπητοί, ὅτι μία ἡμέρα παρὰ
9 Κυρίῳ ὡς χίλια ἔτη καὶ ⌊χίλια ἔτη ὡς ἡμέρα⌋ᵇ μια. οὐ βραδύνει Κύριος τῆς ἐπαγγελίας, ὥς τινες βραδύτητα ἡγοῦνται, ἀλλὰ μακροθυμεῖ εἰς ὑμᾶς, μὴ βουλόμενός τινας ἀπολέσθαι ἀλλὰ πάντας εἰς μετάνοιαν χωρῆσαι.

[a] Prv. 26. 11   [b] Ps. 90. 4

῞Ηξει δὲ ἡμέρα Κυρίου ὡς κλέπτης, ἐν ᾗ οἱ οὐρανοὶ ῥοιζηδὸν παρ- 10
ελεύσονται, στοιχεῖα δὲ καυσούμενα λυθήσεται, καὶ γῆ καὶ τὰ ἐν αὐτῇ
ἔργα ᵃ εὑρεθήσεται.

Τούτων οὕτως πάντων λυομένων ποταποὺς δεῖ ὑπάρχειν ὑμᾶς ἐν 11
ἁγίαις ἀναστροφαῖς καὶ εὐσεβείαις, προσδοκῶντας καὶ σπεύδοντας τὴν 12
παρουσίαν τῆς τοῦ Θεοῦ ἡμέρας, δι᾽ ἣν οὐρανοὶ πυρούμενοι λυθήσονται
καὶ στοιχεῖα καυσούμενα τήκεται. ⌊καινοὺς⌋ δὲ ⌊οὐρανοὺς⌋ καὶ ⌊γῆν 13
καινὴν⌋ᵇ κατὰ τὸ ἐπάγγελμα αὐτοῦ προσδοκῶμεν, ἐν οἷς δικαιοσύνη
κατοικεῖ.

Διό, ἀγαπητοί, ταῦτα προσδοκῶντες σπουδάσατε ἄσπιλοι καὶ 14
ἀμώμητοι αὐτῷ εὑρεθῆναι ἐν εἰρήνῃ, καὶ τὴν τοῦ Κυρίου ἡμῶν μακρο- 15
θυμίαν σωτηρίαν ἡγεῖσθε, καθὼς καὶ ὁ ἀγαπητὸς ἡμῶν ἀδελφὸς Παῦλος
κατὰ τὴν δοθεῖσαν αὐτῷ σοφίαν ἔγραψεν ὑμῖν, ὡς καὶ ἐν πάσαις ἐπι- 16
στολαῖς λαλῶν ἐν αὐταῖς περὶ τούτων, ἐν αἷς ἐστιν δυσνόητά τινα, ἃ
οἱ ἀμαθεῖς καὶ ἀστήρικτοι στρεβλοῦσιν, ὡς καὶ τὰς λοιπὰς γραφάς,
πρὸς τὴν ἰδίαν αὐτῶν ἀπώλειαν.

῾Υμεῖς οὖν, ἀγαπητοί, προγινώσκοντες φυλάσσεσθε ἵνα μὴ τῇ τῶν 17
ἀθέσμων πλάνῃ συναπαχθέντες ἐκπέσητε τοῦ ἰδίου στηριγμοῦ, αὐξά- 18
νετε δὲ ἐν χάριτι καὶ γνώσει τοῦ Κυρίου ἡμῶν καὶ Σωτῆρος ᾽Ιησοῦ
Χριστοῦ. αὐτῷ ἡ δόξα καὶ νῦν καὶ εἰς ἡμέραν αἰῶνος.

[a] κατακαήσεται   [b] Is. 65. 17; 66. 22

ΙѠΑΝΝΟΥ Α

1 ΟΗΝ ΑΠ ΑΡΧΗΣ, ὃ ἀκηκόαμεν, ὃ ἑωράκαμεν τοῖς ὀφθαλμοῖς
ἡμῶν, ὃ ἐθεασάμεθα καὶ αἱ χεῖρες ἡμῶν ἐψηλάφησαν, περὶ τοῦ
2 λόγου τῆς ζωῆς· καὶ ἡ ζωὴ ἐφανερώθη, καὶ ἑωράκαμεν καὶ
μαρτυροῦμεν καὶ ἀπαγγέλλομεν ὑμῖν τὴν ζωὴν τὴν αἰώνιον, ἥτις ἦν
3 πρὸς τὸν Πατέρα καὶ ἐφανερώθη ἡμῖν· ὃ ἑωράκαμεν καὶ ἀκηκόαμεν,
ἀπαγγέλλομεν καὶ ὑμῖν, ἵνα καὶ ὑμεῖς κοινωνίαν ἔχητε μεθ᾽ ἡμῶν. καὶ
ἡ κοινωνία δὲ ἡ ἡμετέρα μετὰ τοῦ Πατρὸς καὶ μετὰ τοῦ Υἱοῦ αὐτοῦ
4 Ἰησοῦ Χριστοῦ. καὶ ταῦτα γράφομεν ἡμεῖς ἵνα ἡ χαρὰ ἡμῶν ᾖ
πεπληρωμένη.
5 Καὶ ἔστιν αὕτη ἡ ἀγγελία ἣν ἀκηκόαμεν ἀπ᾽ αὐτοῦ καὶ ἀναγγέλ-
λομεν ὑμῖν, ὅτι ὁ Θεὸς φῶς ἐστιν καὶ σκοτία ἐν αὐτῷ οὐκ ἔστιν οὐδεμία.
6 ἐὰν εἴπωμεν ὅτι κοινωνίαν ἔχομεν μετ᾽ αὐτοῦ καὶ ἐν τῷ σκότει περι-
7 πατῶμεν, ψευδόμεθα καὶ οὐ ποιοῦμεν τὴν ἀλήθειαν· ἐὰν δὲ ἐν τῷ φωτὶ
περιπατῶμεν ὡς αὐτός ἐστιν ἐν τῷ φωτί, κοινωνίαν ἔχομεν μετ᾽ ἀλλή-
λων καὶ τὸ αἷμα Ἰησοῦ τοῦ Υἱοῦ αὐτοῦ καθαρίζει ἡμᾶς ἀπὸ πάσης
ἁμαρτίας.
8 Ἐὰν εἴπωμεν ὅτι ἁμαρτίαν οὐκ ἔχομεν, ἑαυτοὺς πλανῶμεν καὶ ἡ
9 ἀλήθεια οὐκ ἔστιν ἐν ἡμῖν. ἐὰν ὁμολογῶμεν τὰς ἁμαρτίας ἡμῶν, πιστός
ἐστιν καὶ δίκαιος ἵνα ἀφῇ ἡμῖν τὰς ἁμαρτίας καὶ καθαρίσῃ ἡμᾶς ἀπὸ
10 πάσης ἀδικίας. ἐὰν εἴπωμεν ὅτι οὐχ ἡμαρτήκαμεν, ψεύστην ποιοῦμεν
αὐτὸν καὶ ὁ λόγος αὐτοῦ οὐκ ἔστιν ἐν ἡμῖν.
2 Τεκνία μου, ταῦτα γράφω ὑμῖν ἵνα μὴ ἁμάρτητε. καὶ ἐάν τις ἁμάρτῃ,
2 παράκλητον ἔχομεν πρὸς τὸν Πατέρα, Ἰησοῦν Χριστὸν δίκαιον· καὶ
αὐτὸς ἱλασμός ἐστιν περὶ τῶν ἁμαρτιῶν ἡμῶν, οὐ περὶ τῶν ἡμετέρων
δὲ μόνον ἀλλὰ καὶ περὶ ὅλου τοῦ κόσμου.
3 Καὶ ἐν τούτῳ γινώσκομεν ὅτι ἐγνώκαμεν αὐτόν, ἐὰν τὰς ἐντολὰς
4 αὐτοῦ τηρῶμεν. ὁ λέγων ὅτι Ἔγνωκα αὐτόν, καὶ τὰς ἐντολὰς αὐτοῦ μὴ
5 τηρῶν, ψεύστης ἐστίν, καὶ ἐν τούτῳ ἡ ἀλήθεια οὐκ ἔστιν· ὃς δ᾽ ἂν
τηρῇ αὐτοῦ τὸν λόγον, ἀληθῶς ἐν τούτῳ ἡ ἀγάπη τοῦ Θεοῦ τετε-
λείωται.
6 Ἐν τούτῳ γινώσκομεν ὅτι ἐν αὐτῷ ἐσμεν· ὁ λέγων ἐν αὐτῷ μένειν
ὀφείλει καθὼς ἐκεῖνος περιεπάτησεν καὶ αὐτὸς οὕτως περιπατεῖν.

ἀγαπητοί, οὐκ ἐντολὴν καινὴν γράφω ὑμῖν, ἀλλ᾽ ἐντολὴν παλαιὰν ἣν 7
εἴχετε ἀπ᾽ ἀρχῆς· ἡ ἐντολὴ ἡ παλαιά ἐστιν ὁ λόγος ὃν ἠκούσατε. πάλιν 8
ἐντολὴν καινὴν γράφω ὑμῖν, ὅ ἐστιν ἀληθὲς ἐν αὐτῷ καὶ ἐν ὑμῖν, ὅτι
ἡ σκοτία παράγεται καὶ τὸ φῶς τὸ ἀληθινὸν ἤδη φαίνει.

Ὁ λέγων ἐν τῷ φωτὶ εἶναι καὶ τὸν ἀδελφὸν αὐτοῦ μισῶν ἐν τῇ 9
σκοτίᾳ ἐστὶν ἕως ἄρτι. ὁ ἀγαπῶν τὸν ἀδελφὸν αὐτοῦ ἐν τῷ φωτὶ μένει, 10
καὶ σκάνδαλον ἐν αὐτῷ οὐκ ἔστιν. ὁ δὲ μισῶν τὸν ἀδελφὸν αὐτοῦ ἐν τῇ 11
σκοτίᾳ ἐστὶν καὶ ἐν τῇ σκοτίᾳ περιπατεῖ, καὶ οὐκ οἶδεν ποῦ ὑπάγει, ὅτι
ἡ σκοτία ἐτύφλωσεν τοὺς ὀφθαλμοὺς αὐτοῦ.

Γράφω ὑμῖν, τεκνία, ὅτι ἀφέωνται ὑμῖν αἱ ἁμαρτίαι διὰ τὸ ὄνομα 12
αὐτοῦ.
Γράφω ὑμῖν, πατέρες, ὅτι ἐγνώκατε τὸν ἀπ᾽ ἀρχῆς. 13
Γράφω ὑμῖν, νεανίσκοι, ὅτι νενικήκατε τὸν πονηρόν.

Ἔγραψα ὑμῖν, παιδία, ὅτι ἐγνώκατε τὸν Πατέρα. 14
Ἔγραψα ὑμῖν, πατέρες, ὅτι ἐγνώκατε τὸν ἀπ᾽ ἀρχῆς.
Ἔγραψα ὑμῖν, νεανίσκοι, ὅτι ἰσχυροί ἐστε καὶ ὁ λόγος τοῦ Θεοῦ ἐν
ὑμῖν μένει καὶ νενικήκατε τὸν πονηρόν.

Μὴ ἀγαπᾶτε τὸν κόσμον μηδὲ τὰ ἐν τῷ κόσμῳ. ἐάν τις ἀγαπᾷ τὸν 15
κόσμον, οὐκ ἔστιν ἡ ἀγάπη τοῦ Πατρὸς ἐν αὐτῷ· ὅτι πᾶν τὸ ἐν τῷ 16
κόσμῳ, ἡ ἐπιθυμία τῆς σαρκὸς καὶ ἡ ἐπιθυμία τῶν ὀφθαλμῶν καὶ ἡ
ἀλαζονεία τοῦ βίου, οὐκ ἔστιν ἐκ τοῦ Πατρός, ἀλλὰ ἐκ τοῦ κόσμου
ἐστίν. καὶ ὁ κόσμος παράγεται καὶ ἡ ἐπιθυμία αὐτοῦ, ὁ δὲ ποιῶν τὸ 17
θέλημα τοῦ Θεοῦ μένει εἰς τὸν αἰῶνα.

ℂ Παιδία, ἐσχάτη ὥρα ἐστίν. καὶ καθὼς ἠκούσατε ὅτι ἀντίχριστος 18
ἔρχεται, καὶ νῦν ἀντίχριστοι πολλοὶ γεγόνασιν· ὅθεν γινώσκομεν ὅτι
ἐσχάτη ὥρα ἐστίν. ἐξ ἡμῶν ἐξῆλθαν, ἀλλ᾽ οὐκ ἦσαν ἐξ ἡμῶν· εἰ γὰρ ἐξ 19
ἡμῶν ἦσαν, μεμενήκεισαν ἂν μεθ᾽ ἡμῶν. ἀλλ᾽ ἵνα φανερωθῶσιν ὅτι οὐκ
εἰσὶν πάντες ἐξ ἡμῶν.

Καὶ ὑμεῖς χρίσμα ἔχετε ἀπὸ τοῦ Ἁγίου, καὶ οἴδατε [a] πάντες. οὐκ 20 21
ἔγραψα ὑμῖν ὅτι οὐκ οἴδατε τὴν ἀλήθειαν, ἀλλ᾽ ὅτι οἴδατε αὐτήν, καὶ
ὅτι πᾶν ψεῦδος ἐκ τῆς ἀληθείας οὐκ ἔστιν.

Τίς ἐστιν ὁ ψεύστης εἰ μὴ ὁ ἀρνούμενος ὅτι Ἰησοῦς οὐκ ἔστιν ὁ 22
Χριστός; οὗτός ἐστιν ὁ ἀντίχριστος, ὁ ἀρνούμενος τὸν Πατέρα καὶ
τὸν Υἱόν. πᾶς ὁ ἀρνούμενος τὸν Υἱὸν οὐδὲ τὸν Πατέρα ἔχει· ὁ ὁμολογῶν 23
τὸν Υἱὸν καὶ τὸν Πατέρα ἔχει. ὑμεῖς ὃ ἠκούσατε ἀπ᾽ ἀρχῆς, ἐν ὑμῖν 24

[a] πάντα

μενέτω. ἐὰν ἐν ὑμῖν μείνῃ ὃ ἀπ' ἀρχῆς ἠκούσατε, καὶ ὑμεῖς ἐν τῷ Υἱῷ
25 καὶ ἐν τῷ Πατρὶ μενεῖτε. καὶ αὕτη ἐστὶν ἡ ἐπαγγελία ἣν αὐτὸς ἐπηγ-
γείλατο ἡμῖν, τὴν ζωὴν τὴν αἰώνιον.

26 27 Ταῦτα ἔγραψα ὑμῖν περὶ τῶν πλανώντων ὑμᾶς. καὶ ὑμεῖς τὸ χρίσμα
ὃ ἐλάβετε ἀπ' αὐτοῦ μένει ἐν ὑμῖν, καὶ οὐ χρείαν ἔχετε ἵνα τις διδάσκῃ
ὑμᾶς, ἀλλὰ τὸ αὐτοῦ χρίσμα διδάσκει ὑμᾶς περὶ πάντων, καὶ ἀληθές
ἐστιν καὶ οὐκ ἔστιν ψεῦδος· καὶ καθὼς ἐδίδαξεν ὑμᾶς, μένετε ἐν αὐτῷ.

28 Καὶ νῦν, τεκνία, μένετε ἐν αὐτῷ, ἵνα ἐὰν φανερωθῇ σχῶμεν παρρησίαν
29 καὶ μὴ αἰσχυνθῶμεν ἀπ' αὐτοῦ ἐν τῇ παρουσίᾳ αὐτοῦ. ἐὰν εἰδῆτε ὅτι
δίκαιός ἐστιν, γινώσκετε ὅτι πᾶς ὁ ποιῶν τὴν δικαιοσύνην ἐξ αὐτοῦ
3 γεγέννηται. ἴδετε ποταπὴν ἀγάπην δέδωκεν ἡμῖν ὁ Πατὴρ ἵνα τέκνα
Θεοῦ κληθῶμεν, καὶ ἐσμέν. διὰ τοῦτο ὁ κόσμος οὐ γινώσκει ἡμᾶς, ὅτι
2 οὐκ ἔγνω αὐτόν. ἀγαπητοί, ᵃ νῦν τέκνα Θεοῦ ἐσμεν, καὶ οὔπω
ἐφανερώθη τί ἐσόμεθα. οἴδαμεν ὅτι ἐὰν φανερωθῇ ὅμοιοι αὐτῷ ἐσόμεθα,
3 ὅτι ὀψόμεθα αὐτὸν καθώς ἐστιν. καὶ πᾶς ὁ ἔχων τὴν ἐλπίδα ταύτην
ἐπ' αὐτῷ ἁγνίζει ἑαυτὸν καθὼς ἐκεῖνος ἁγνός ἐστιν.

4 Πᾶς ὁ ποιῶν τὴν ἁμαρτίαν καὶ τὴν ἀνομίαν ποιεῖ, καὶ ἡ ἁμαρτία
5 ἐστὶν ἡ ἀνομία. καὶ οἴδατε ὅτι ἐκεῖνος ἐφανερώθη ἵνα τὰς ἁμαρτίας
6 ἄρῃ, καὶ ἁμαρτία ἐν αὐτῷ οὐκ ἔστιν. πᾶς ὁ ἐν αὐτῷ μένων οὐχ
ἁμαρτάνει· πᾶς ὁ ἁμαρτάνων οὐχ ἑώρακεν αὐτὸν οὐδὲ ἔγνωκεν αὐτόν.

7 Τεκνία, μηδεὶς πλανάτω ὑμᾶς· ὁ ποιῶν τὴν δικαιοσύνην δίκαιός ἐστιν,
8 καθὼς ἐκεῖνος δίκαιός ἐστιν· ὁ ποιῶν τὴν ἁμαρτίαν ἐκ τοῦ διαβόλου
ἐστίν, ὅτι ἀπ' ἀρχῆς ὁ διάβολος ἁμαρτάνει· εἰς τοῦτο ἐφανερώθη ὁ
Υἱὸς τοῦ Θεοῦ, ἵνα λύσῃ τὰ ἔργα τοῦ διαβόλου.

9 Πᾶς ὁ γεγεννημένος ἐκ τοῦ Θεοῦ ἁμαρτίαν οὐ ποιεῖ, ὅτι σπέρμα αὐτοῦ
ἐν αὐτῷ μένει· καὶ οὐ δύναται ἁμαρτάνειν, ὅτι ἐκ τοῦ Θεοῦ γεγέννηται.
10 ἐν τούτῳ φανερά ἐστιν τὰ τέκνα τοῦ Θεοῦ καὶ τὰ τέκνα τοῦ διαβόλου·
πᾶς ὁ μὴ ποιῶν δικαιοσύνην οὐκ ἔστιν ἐκ τοῦ Θεοῦ, καὶ ὁ μὴ ἀγαπῶν
11 τὸν ἀδελφὸν αὐτοῦ. ὅτι αὕτη ἐστὶν ἡ ἀγγελία ἣν ἠκούσατε ἀπ' ἀρχῆς,
12 ἵνα ἀγαπῶμεν ἀλλήλους· οὐ καθὼς Κάϊν ἐκ τοῦ πονηροῦ ἦν καὶ
ἔσφαξεν τὸν ἀδελφὸν αὐτοῦ· καὶ χάριν τίνος ἔσφαξεν αὐτόν; ὅτι τὰ
ἔργα αὐτοῦ πονηρὰ ἦν, τὰ δὲ τοῦ ἀδελφοῦ αὐτοῦ δίκαια.

13 14 Μὴ θαυμάζετε, ἀδελφοί, εἰ μισεῖ ὑμᾶς ὁ κόσμος. ἡμεῖς οἴδαμεν ὅτι
μεταβεβήκαμεν ἐκ τοῦ θανάτου εἰς τὴν ζωήν, ὅτι ἀγαπῶμεν τοὺς
15 ἀδελφούς. ὁ μὴ ἀγαπῶν μένει ἐν τῷ θανάτῳ· πᾶς ὁ μισῶν τὸν ἀδελφὸν
αὐτοῦ ἀνθρωποκτόνος ἐστίν, καὶ οἴδατε ὅτι πᾶς ἀνθρωποκτόνος οὐκ
16 ἔχει ζωὴν αἰώνιον ἐν αὐτῷ μένουσαν. ἐν τούτῳ ἐγνώκαμεν τὴν ἀγάπην,
ὅτι ἐκεῖνος ὑπὲρ ἡμῶν τὴν ψυχὴν αὐτοῦ ἔθηκεν· καὶ ἡμεῖς ὀφείλομεν

[a] νῦν τέκνα Θεοῦ ἐσμεν, καὶ οὔπω ἐφανερώθη· τί ἐσόμεθα οἴδαμεν, ὅτι . . .

ὑπὲρ τῶν ἀδελφῶν τὰς ψυχὰς θεῖναι. ὃς δ᾽ ἂν ἔχῃ τὸν βίον τοῦ κόσμου 17 καὶ θεωρῇ τὸν ἀδελφὸν αὐτοῦ χρείαν ἔχοντα καὶ κλείσῃ τὰ σπλάγχνα αὐτοῦ ἀπ᾽ αὐτοῦ, πῶς ἡ ἀγάπη τοῦ Θεοῦ μένει ἐν αὐτῷ; Τεκνία, μὴ ἀγαπῶμεν λόγῳ μηδὲ τῇ γλώσσῃ, ἀλλὰ ἐν ἔργῳ καὶ 18 ἀληθείᾳ. ἐν τούτῳ γνωσόμεθα ὅτι ἐκ τῆς ἀληθείας ἐσμέν, καὶ ἔμπροσθεν 19 αὐτοῦ ᵃ πείσομεν τὴν καρδίαν ἡμῶν ὅτι ἐὰν καταγινώσκῃ ἡμῶν ἡ καρδία, ὅτι μείζων ἐστὶν ὁ Θεὸς τῆς καρδίας ἡμῶν καὶ γινώσκει πάντα. 20 Ἀγαπητοί, ἐὰν ἡ καρδία μὴ καταγινώσκῃ, παρρησίαν ἔχομεν πρὸς 21 τὸν Θεόν, καὶ ὃ ἐὰν αἰτῶμεν λαμβάνομεν ἀπ᾽ αὐτοῦ, ὅτι τὰς ἐντολὰς 22 αὐτοῦ τηροῦμεν καὶ τὰ ἀρεστὰ ἐνώπιον αὐτοῦ ποιοῦμεν. καὶ αὕτη 23 ἐστὶν ἡ ἐντολὴ αὐτοῦ, ἵνα πιστεύσωμεν τῷ ὀνόματι τοῦ Υἱοῦ αὐτοῦ Ἰησοῦ Χριστοῦ καὶ ἀγαπῶμεν ἀλλήλους καθὼς ἔδωκεν ἐντολὴν ἡμῖν. καὶ ὁ τηρῶν τὰς ἐντολὰς αὐτοῦ ἐν αὐτῷ μένει καὶ αὐτὸς ἐν αὐτῷ· καὶ 24 ἐν τούτῳ γινώσκομεν ὅτι μένει ἐν ἡμῖν, ἐκ τοῦ Πνεύματος οὗ ἡμῖν ἔδωκεν.

❡ Ἀγαπητοί, μὴ παντὶ πνεύματι πιστεύετε, ἀλλὰ δοκιμάζετε τὰ πνεύ- 4 ματα εἰ ἐκ τοῦ Θεοῦ ἐστιν, ὅτι πολλοὶ ψευδοπροφῆται ἐξεληλύθασιν εἰς τὸν κόσμον. ἐν τούτῳ γινώσκομεν τὸ Πνεῦμα τοῦ Θεοῦ· πᾶν πνεῦμα ὃ 2 ὁμολογεῖ Ἰησοῦν Χριστὸν ἐν σαρκὶ ἐληλυθότα ἐκ τοῦ Θεοῦ ἐστιν, καὶ 3 πᾶν πνεῦμα ὃ μὴ ὁμολογεῖ τὸν Ἰησοῦν ἐκ τοῦ Θεοῦ οὐκ ἔστιν· καὶ τοῦτό ἐστιν τὸ τοῦ ἀντιχρίστου, ὃ ἀκηκόατε ὅτι ἔρχεται, καὶ νῦν ἐν τῷ κόσμῳ ἐστὶν ἤδη.

Ὑμεῖς ἐκ τοῦ Θεοῦ ἐστε, τεκνία, καὶ νενικήκατε αὐτούς, ὅτι μείζων 4 ἐστὶν ὁ ἐν ὑμῖν ἢ ὁ ἐν τῷ κόσμῳ. αὐτοὶ ἐκ τοῦ κόσμου εἰσίν· διὰ τοῦτο 5 ἐκ τοῦ κόσμου λαλοῦσιν καὶ ὁ κόσμος αὐτῶν ἀκούει. ἡμεῖς ἐκ τοῦ Θεοῦ 6 ἐσμεν· ὁ γινώσκων τὸν Θεὸν ἀκούει ἡμῶν, ὃς οὐκ ἔστιν ἐκ τοῦ Θεοῦ οὐκ ἀκούει ἡμῶν. ἐκ τούτου γινώσκομεν τὸ πνεῦμα τῆς ἀληθείας καὶ τὸ πνεῦμα τῆς πλάνης.

Ἀγαπητοί, ἀγαπῶμεν ἀλλήλους, ὅτι ἡ ἀγάπη ἐκ τοῦ Θεοῦ ἐστιν, 7 καὶ πᾶς ὁ ἀγαπῶν ἐκ τοῦ Θεοῦ γεγέννηται καὶ γινώσκει τὸν Θεόν. ὁ 8 μὴ ἀγαπῶν οὐκ ἔγνω τὸν Θεόν, ὅτι ὁ Θεὸς ἀγάπη ἐστίν. ἐν τούτῳ 9 ἐφανερώθη ἡ ἀγάπη τοῦ Θεοῦ ἐν ἡμῖν, ὅτι τὸν Υἱὸν αὐτοῦ τὸν μονογενῆ ἀπέσταλκεν ὁ Θεὸς εἰς τὸν κόσμον ἵνα ζήσωμεν δι᾽ αὐτοῦ. ἐν τούτῳ 10 ἐστὶν ἡ ἀγάπη, οὐχ ὅτι ἡμεῖς ἠγαπήκαμεν τὸν Θεόν, ἀλλ᾽ ὅτι αὐτὸς ἠγάπησεν ἡμᾶς καὶ ἀπέστειλεν τὸν Υἱὸν αὐτοῦ ἱλασμὸν περὶ τῶν ἁμαρτιῶν ἡμῶν. ἀγαπητοί, εἰ οὕτως ὁ Θεὸς ἠγάπησεν ἡμᾶς, καὶ 11 ἡμεῖς ὀφείλομεν ἀλλήλους ἀγαπᾶν. Θεὸν οὐδεὶς πώποτε τεθέαται· ἐὰν 12

[a] πείσομεν τὴν καρδίαν ἡμῶν, ὅ τι ἐὰν ... ἡ καρδία, ὅτι ...

ἀγαπῶμεν ἀλλήλους, ὁ Θεὸς ἐν ἡμῖν μένει καὶ ἡ ἀγάπη αὐτοῦ τετελει-
ωμένη ἐν ἡμῖν ἐστιν.

13 Ἐν τούτῳ γινώσκομεν ὅτι ἐν αὐτῷ μένομεν καὶ αὐτὸς ἐν ἡμῖν, ὅτι ἐκ
14 τοῦ Πνεύματος αὐτοῦ δέδωκεν ἡμῖν. καὶ ἡμεῖς τεθεάμεθα καὶ μαρτυροῦ-
15 μεν ὅτι ὁ Πατὴρ ἀπέσταλκεν τὸν Υἱὸν σωτῆρα τοῦ κόσμου. ὃς ἐὰν
ὁμολογήσῃ ὅτι Ἰησοῦς ἐστιν ὁ Υἱὸς τοῦ Θεοῦ, ὁ Θεὸς ἐν αὐτῷ μένει καὶ
16 αὐτὸς ἐν τῷ Θεῷ. καὶ ἡμεῖς ἐγνώκαμεν καὶ πεπιστεύκαμεν τὴν ἀγάπην
ἣν ἔχει ὁ Θεὸς ἐν ἡμῖν.

Ὁ Θεὸς ἀγάπη ἐστίν, καὶ ὁ μένων ἐν τῇ ἀγάπῃ ἐν τῷ Θεῷ μένει καὶ
17 ὁ Θεὸς ἐν αὐτῷ μένει. ἐν τούτῳ τετελείωται ἡ ἀγάπη μεθ' ἡμῶν, ἵνα
παρρησίαν ἔχωμεν ἐν τῇ ἡμέρᾳ τῆς κρίσεως, ὅτι καθὼς ἐκεῖνός ἐστιν καὶ
18 ἡμεῖς ἐσμεν ἐν τῷ κόσμῳ τούτῳ. φόβος οὐκ ἔστιν ἐν τῇ ἀγάπῃ, ἀλλ'
ἡ τελεία ἀγάπη ἔξω βάλλει τὸν φόβον, ὅτι ὁ φόβος κόλασιν ἔχει, ὁ δὲ
19 φοβούμενος οὐ τετελείωται ἐν τῇ ἀγάπῃ. ἡμεῖς ἀγαπῶμεν, ὅτι αὐτὸς
20 πρῶτος ἠγάπησεν ἡμᾶς. ἐάν τις εἴπῃ ὅτι Ἀγαπῶ τὸν Θεόν, καὶ τὸν
ἀδελφὸν αὐτοῦ μισῇ, ψεύστης ἐστίν· ὁ γὰρ μὴ ἀγαπῶν τὸν ἀδελφὸν
21 αὐτοῦ ὃν ἑώρακεν, τὸν Θεὸν ὃν οὐχ ἑώρακεν οὐ δύναται ἀγαπᾶν. καὶ
ταύτην τὴν ἐντολὴν ἔχομεν ἀπ' αὐτοῦ, ἵνα ὁ ἀγαπῶν τὸν Θεὸν ἀγαπᾷ
καὶ τὸν ἀδελφὸν αὐτοῦ.

5 Πᾶς ὁ πιστεύων ὅτι Ἰησοῦς ἐστιν ὁ Χριστὸς ἐκ τοῦ Θεοῦ γεγέννηται,
καὶ πᾶς ὁ ἀγαπῶν τὸν γεννήσαντα ἀγαπᾷ τὸν γεγεννημένον ἐξ αὐτοῦ.
2 ἐν τούτῳ γινώσκομεν ὅτι ἀγαπῶμεν τὰ τέκνα τοῦ Θεοῦ, ὅταν τὸν Θεὸν
3 ἀγαπῶμεν καὶ τὰς ἐντολὰς αὐτοῦ ποιῶμεν. αὕτη γάρ ἐστιν ἡ ἀγάπη
τοῦ Θεοῦ, ἵνα τὰς ἐντολὰς αὐτοῦ τηρῶμεν· καὶ αἱ ἐντολαὶ αὐτοῦ
4 βαρεῖαι οὐκ εἰσίν, ὅτι πᾶν τὸ γεγεννημένον ἐκ τοῦ Θεοῦ νικᾷ τὸν
κόσμον. καὶ αὕτη ἐστὶν ἡ νίκη ἡ νικήσασα τὸν κόσμον, ἡ πίστις ἡμῶν·
5 τίς ἐστιν δὲ ὁ νικῶν τὸν κόσμον εἰ μὴ ὁ πιστεύων ὅτι Ἰησοῦς ἐστιν
ὁ Υἱὸς τοῦ Θεοῦ;

6 Οὗτός ἐστιν ὁ ἐλθὼν δι' ὕδατος καὶ αἵματος, Ἰησοῦς Χριστός· οὐκ ἐν
τῷ ὕδατι μόνον, ἀλλ' ἐν τῷ ὕδατι καὶ ἐν τῷ αἵματι· καὶ τὸ Πνεῦμά ἐστιν
7 τὸ μαρτυροῦν, ὅτι τὸ Πνεῦμά ἐστιν ἡ ἀλήθεια. ὅτι τρεῖς εἰσιν οἱ
8 μαρτυροῦντες, τὸ Πνεῦμα καὶ τὸ ὕδωρ καὶ τὸ αἷμα, καὶ οἱ τρεῖς εἰς τὸ
9 ἕν εἰσιν. εἰ τὴν μαρτυρίαν τῶν ἀνθρώπων λαμβάνομεν, ἡ μαρτυρία τοῦ
Θεοῦ μείζων ἐστίν, ὅτι αὕτη ἐστὶν ἡ μαρτυρία τοῦ Θεοῦ, ὅτι μεμαρτύρη-
10 κεν περὶ τοῦ Υἱοῦ αὐτοῦ. ὁ πιστεύων εἰς τὸν Υἱὸν τοῦ Θεοῦ ἔχει τὴν
μαρτυρίαν ἐν αὐτῷ. ὁ μὴ πιστεύων τῷ Θεῷ ψεύστην πεποίηκεν
αὐτόν, ὅτι οὐ πεπίστευκεν εἰς τὴν μαρτυρίαν ἣν μεμαρτύρηκεν ὁ Θεὸς
11 περὶ τοῦ Υἱοῦ αὐτοῦ. καὶ αὕτη ἐστὶν ἡ μαρτυρία, ὅτι ζωὴν αἰώνιον
12 ἔδωκεν ὁ Θεὸς ἡμῖν, καὶ αὕτη ἡ ζωὴ ἐν τῷ Υἱῷ αὐτοῦ ἐστιν. ὁ ἔχων

τὸν Υἱὸν ἔχει τὴν ζωήν· ὁ μὴ ἔχων τὸν Υἱὸν τοῦ Θεοῦ τὴν ζωὴν οὐκ ἔχει.

⟨ Ταῦτα ἔγραψα ὑμῖν ἵνα εἰδῆτε ὅτι ζωὴν ἔχετε αἰώνιον, τοῖς πιστεύου- ¹³ σιν εἰς τὸ ὄνομα τοῦ Υἱοῦ τοῦ Θεοῦ.

Καὶ αὕτη ἐστὶν ἡ παρρησία ἣν ἔχομεν πρὸς αὐτόν, ὅτι ἐάν τι αἰτώ- ¹⁴ μεθα κατὰ τὸ θέλημα αὐτοῦ ἀκούει ἡμῶν· καὶ ἐὰν οἴδαμεν ὅτι ἀκούει ¹⁵ ἡμῶν ὃ ἐὰν αἰτώμεθα, οἴδαμεν ὅτι ἔχομεν τὰ αἰτήματα ἃ ἠτήκαμεν ἀπ' αὐτοῦ.

Ἐάν τις ἴδῃ τὸν ἀδελφὸν αὐτοῦ ἁμαρτάνοντα ἁμαρτίαν μὴ πρὸς ¹⁶ θάνατον, αἰτήσει, καὶ δώσει αὐτῷ ζωήν, τοῖς ἁμαρτάνουσιν μὴ πρὸς θάνατον. ἔστιν ἁμαρτία πρὸς θάνατον· οὐ περὶ ἐκείνης λέγω ἵνα ἐρωτήσῃ. πᾶσα ἀδικία ἁμαρτία ἐστίν, καὶ ἔστιν ἁμαρτία οὐ πρὸς ¹⁷ θάνατον.

Οἴδαμεν ὅτι πᾶς ὁ γεγεννημένος ἐκ τοῦ Θεοῦ οὐχ ἁμαρτάνει, ἀλλ' ὁ ¹⁸ Γεννηθεὶς ἐκ τοῦ Θεοῦ τηρεῖ αὐτόν, καὶ ὁ πονηρὸς οὐχ ἅπτεται αὐτοῦ.

Οἴδαμεν ὅτι ἐκ τοῦ Θεοῦ ἐσμεν, καὶ ὁ κόσμος ὅλος ἐν τῷ πονηρῷ ¹⁹ κεῖται.

Οἴδαμεν δὲ ὅτι ὁ Υἱὸς τοῦ Θεοῦ ἥκει, καὶ δέδωκεν ἡμῖν διάνοιαν ἵνα ²⁰ γινώσκωμεν τὸν ἀληθινόν· καὶ ἐσμὲν ἐν τῷ ἀληθινῷ, ἐν τῷ Υἱῷ αὐτοῦ Ἰησοῦ Χριστῷ. οὗτός ἐστιν ὁ ἀληθινὸς Θεὸς καὶ ζωὴ αἰώνιος. τεκνία, ²¹ φυλάξατε ἑαυτὰ ἀπὸ τῶν εἰδώλων.

ΙΩΑΝΝΟΥ Β

1 Ὁ ΠΡΕΣΒΥΤΕΡΟΣ ἐκλεκτῇ κυρίᾳ καὶ τοῖς τέκνοις αὐτῆς, οὓς ἐγὼ ἀγαπῶ ἐν ἀληθείᾳ, καὶ οὐκ ἐγὼ μόνος ἀλλὰ καὶ πάντες οἱ 2 ἐγνωκότες τὴν ἀλήθειαν, διὰ τὴν ἀλήθειαν τὴν μένουσαν ἐν ἡμῖν, καὶ μεθ᾽ ἡμῶν ἔσται εἰς τὸν αἰῶνα.
3 Ἔσται μεθ᾽ ἡμῶν χάρις ἔλεος εἰρήνη παρὰ Θεοῦ Πατρός, καὶ παρὰ Ἰησοῦ Χριστοῦ τοῦ Υἱοῦ τοῦ Πατρός, ἐν ἀληθείᾳ καὶ ἀγάπῃ.
4 Ἐχάρην λίαν ὅτι εὕρηκα ἐκ τῶν τέκνων σου περιπατοῦντας ἐν 5 ἀληθείᾳ, καθὼς ἐντολὴν ἐλάβομεν παρὰ τοῦ Πατρός. καὶ νῦν ἐρωτῶ σε, κυρία, οὐχ ὡς ἐντολὴν γράφων σοι καινήν, ἀλλὰ ἣν εἴχομεν ἀπ᾽ 6 ἀρχῆς· ἵνα ἀγαπῶμεν ἀλλήλους. καὶ αὕτη ἐστὶν ἡ ἀγάπη, ἵνα περι- πατῶμεν κατὰ τὰς ἐντολὰς αὐτοῦ· αὕτη ἡ ἐντολή ἐστιν, καθὼς ἠκού- σατε ἀπ᾽ ἀρχῆς, ἵνα ἐν αὐτῇ περιπατῆτε.
7 Ὅτι πολλοὶ πλάνοι ἐξῆλθον εἰς τὸν κόσμον, οἱ μὴ ὁμολογοῦντες Ἰησοῦν Χριστὸν ἐρχόμενον ἐν σαρκί· οὗτός ἐστιν ὁ πλάνος καὶ ὁ 8 ἀντίχριστος. βλέπετε ἑαυτούς, ἵνα μὴ ἀπολέσητε ἃ ἠργασάμεθα, ἀλλὰ μισθὸν πλήρη ἀπολάβητε.
9 Πᾶς ὁ προάγων καὶ μὴ μένων ἐν τῇ διδαχῇ τοῦ Χριστοῦ Θεὸν οὐκ ἔχει· ὁ μένων ἐν τῇ διδαχῇ, οὗτος καὶ τὸν Πατέρα καὶ τὸν Υἱὸν ἔχει. 10 εἴ τις ἔρχεται πρὸς ὑμᾶς καὶ ταύτην τὴν διδαχὴν οὐ φέρει, μὴ λαμβάνετε 11 αὐτὸν εἰς οἰκίαν, καὶ χαίρειν αὐτῷ μὴ λέγετε· ὁ λέγων γὰρ αὐτῷ χαίρειν κοινωνεῖ τοῖς ἔργοις αὐτοῦ τοῖς πονηροῖς.
12 Πολλὰ ἔχων ὑμῖν γράφειν οὐκ ἐβουλήθην διὰ χάρτου καὶ μέλανος, ἀλλὰ ἐλπίζω γενέσθαι πρὸς ὑμᾶς καὶ στόμα πρὸς στόμα λαλῆσαι, ἵνα ἡ 13 χαρὰ ἡμῶν πεπληρωμένη ᾖ. ἀσπάζεταί σε τὰ τέκνα τῆς ἀδελφῆς σου τῆς ἐκλεκτῆς.

ΙΩΑΝΝΟΥ Γ

Ο ΠΡΕΣΒΥΤΕΡΟΣ Γαΐῳ τῷ ἀγαπητῷ, ὃν ἐγὼ ἀγαπῶ ἐν 1
ἀληθείᾳ.
Ἀγαπητέ, περὶ πάντων εὔχομαί σε εὐοδοῦσθαι καὶ ὑγιαίνειν, 2
καθὼς εὐοδοῦταί σου ἡ ψυχή. ἐχάρην γὰρ λίαν ἐρχομένων ἀδελφῶν 3
καὶ μαρτυρούντων σου τῇ ἀληθείᾳ, καθὼς σὺ ἐν ἀληθείᾳ περιπατεῖς.
μειζοτέραν τούτων οὐκ ἔχω χαράν, ἵνα ἀκούω τὰ ἐμὰ τέκνα ἐν τῇ 4
ἀληθείᾳ περιπατοῦντα.

Ἀγαπητέ, πιστὸν ποιεῖς ὃ ἐὰν ἐργάσῃ εἰς τοὺς ἀδελφοὺς καὶ τοῦτο 5
ξένους, οἳ ἐμαρτύρησάν σου τῇ ἀγάπῃ ἐνώπιον ἐκκλησίας, οὓς καλῶς 6
ποιήσεις προπέμψας ἀξίως τοῦ Θεοῦ· ὑπὲρ γὰρ τοῦ ὀνόματος ἐξῆλθαν 7
μηδὲν λαμβάνοντες ἀπὸ τῶν ἐθνικῶν. ἡμεῖς οὖν ὀφείλομεν ὑπολαμβάνειν 8
τοὺς τοιούτους, ἵνα συνεργοὶ γινώμεθα τῇ ἀληθείᾳ.

Ἔγραψά τι τῇ ἐκκλησίᾳ· ἀλλ᾽ ὁ φιλοπρωτεύων αὐτῶν Διοτρέφης 9
οὐκ ἐπιδέχεται ἡμᾶς. διὰ τοῦτο, ἐὰν ἔλθω, ὑπομνήσω αὐτοῦ τὰ ἔργα 10
ἃ ποιεῖ λόγοις πονηροῖς φλυαρῶν ἡμᾶς, καὶ μὴ ἀρκούμενος ἐπὶ τούτοις
οὔτε αὐτὸς ἐπιδέχεται τοὺς ἀδελφούς, καὶ τοὺς βουλομένους κωλύει,
καὶ ἐκ τῆς ἐκκλησίας ἐκβάλλει.

Ἀγαπητέ, μὴ μιμοῦ τὸ κακὸν ἀλλὰ τὸ ἀγαθόν. ὁ ἀγαθοποιῶν ἐκ τοῦ 11
Θεοῦ ἐστιν· ὁ κακοποιῶν οὐχ ἑώρακεν τὸν Θεόν.

Δημητρίῳ μεμαρτύρηται ὑπὸ πάντων καὶ ὑπὸ αὐτῆς τῆς ἀληθείας· 12
καὶ ἡμεῖς δὲ μαρτυροῦμεν, καὶ οἶδας ὅτι ἡ μαρτυρία ἡμῶν ἀληθής ἐστιν.

Πολλὰ εἶχον γράψαι σοι, ἀλλ᾽ οὐ θέλω διὰ μέλανος καὶ καλάμου σοι 13
γράφειν· ἐλπίζω δὲ εὐθέως σε ἰδεῖν, καὶ στόμα πρὸς στόμα λαλήσομεν. 14
εἰρήνη σοι. ἀσπάζονταί σε οἱ φίλοι. ἀσπάζου τοὺς φίλους κατ᾽ ὄνομα. 15

ΙΟΥΔΑ

1 ΙΟΥΔΑΣ Ἰησοῦ Χριστοῦ δοῦλος, ἀδελφὸς δὲ Ἰακώβου, τοῖς ἐν
Θεῷ Πατρὶ ἠγαπημένοις καὶ Ἰησοῦ Χριστῷ τετηρημένοις κλητοῖς.
2 Ἔλεος ὑμῖν καὶ εἰρήνη καὶ ἀγάπη πληθυνθείη.

3 Ἀγαπητοί, πᾶσαν σπουδὴν ποιούμενος γράφειν ὑμῖν περὶ τῆς κοινῆς
ἡμῶν σωτηρίας, ἀνάγκην ἔσχον γράψαι ὑμῖν παρακαλῶν ἐπαγωνί-
4 ζεσθαι τῇ ἅπαξ παραδοθείσῃ τοῖς ἁγίοις πίστει. παρεισεδύησαν γάρ
τινες ἄνθρωποι, οἱ πάλαι προγεγραμμένοι εἰς τοῦτο τὸ κρίμα, ἀσεβεῖς,
τὴν τοῦ Θεοῦ ἡμῶν χάριτα μετατιθέντες εἰς ἀσέλγειαν καὶ τὸν μόνον
a Δεσπότην καὶ Κύριον ἡμῶν Ἰησοῦν Χριστὸν ἀρνούμενοι.

5 Ὑπομνῆσαι δὲ ὑμᾶς βούλομαι, εἰδότας πάντα, ὅτι *b* Κύριος ἅπαξ
λαὸν ἐκ γῆς Αἰγύπτου σώσας τὸ δεύτερον τοὺς μὴ πιστεύσαντας
6 ἀπώλεσεν, ἀγγέλους τε τοὺς μὴ τηρήσαντας τὴν ἑαυτῶν ἀρχὴν ἀλλὰ
ἀπολιπόντας τὸ ἴδιον οἰκητήριον εἰς κρίσιν μεγάλης ἡμέρας δεσμοῖς
7 ἀϊδίοις ὑπὸ ζόφον τετήρηκεν· ὡς Σόδομα καὶ Γόμορρα καὶ αἱ περὶ αὐτὰς
πόλεις, τὸν ὅμοιον τρόπον τούτοις ἐκπορνεύσασαι καὶ ἀπελθοῦσαι
ὀπίσω σαρκὸς ἑτέρας, πρόκεινται δεῖγμα πυρὸς αἰωνίου δίκην ὑπ-
έχουσαι.

8 Ὁμοίως μέντοι καὶ οὗτοι ἐνυπνιαζόμενοι σάρκα μὲν μιαίνουσιν,
9 κυριότητα δὲ ἀθετοῦσιν, δόξας δὲ βλασφημοῦσιν. ὁ δὲ ⌊Μιχαὴλ ὁ
ἀρχάγγελος⌋,*c* ὅτε τῷ διαβόλῳ διακρινόμενος διελέγετο περὶ τοῦ
Μωϋσέως σώματος, οὐκ ἐτόλμησεν κρίσιν ἐπενεγκεῖν βλασφημίας, ἀλλὰ
εἶπεν· ⌊Ἐπιτιμήσαι σοι Κύριος.⌋*d*

10 Οὗτοι δὲ ὅσα μὲν οὐκ οἴδασιν βλασφημοῦσιν, ὅσα δὲ φυσικῶς ὡς
11 τὰ ἄλογα ζῷα ἐπίστανται, ἐν τούτοις φθείρονται. οὐαὶ αὐτοῖς, ὅτι τῇ
ὁδῷ τοῦ Κάϊν ἐπορεύθησαν, καὶ τῇ πλάνῃ τοῦ Βαλαὰμ μισθοῦ ἐξεχύ-
θησαν, καὶ τῇ ἀντιλογίᾳ τοῦ Κορὲ ἀπώλοντο.

12 Οὗτοί εἰσιν ἐν ταῖς ἀγάπαις ὑμῶν σπιλάδες, συνευωχούμενοι ἀφόβως,
⌊ἑαυτοὺς ποιμαίνοντες⌋,*e* νεφέλαι ἄνυδροι ὑπὸ ἀνέμων παραφερόμεναι,
13 δένδρα φθινοπωρινὰ ἄκαρπα δὶς ἀποθανόντα ἐκριζωθέντα, κύματα
ἄγρια θαλάσσης ἐπαφρίζοντα τὰς ἑαυτῶν αἰσχύνας, ἀστέρες πλανῆται,
οἷς ὁ ζόφος τοῦ σκότους εἰς αἰῶνα τετήρηται.

[*a*] Δεσπότην, καὶ . . .   [*b*] Ἰησοῦς   [*c*] Dn. 12. 1   [*d*] Zech. 3. 2   [*e*] Ezk.
34. 8

Ἐπροφήτευσεν δὲ καὶ τούτοις ἕβδομος ἀπὸ Ἀδὰμ Ἑνὼχ λέγων· 14
Ἰδοὺ ἦλθεν Κύριος ἐν ἁγίαις μυριάσιν αὐτοῦ, ποιῆσαι κρίσιν κατὰ 15
πάντων καὶ ἐλέγξαι πάντας τοὺς ἀσεβεῖς περὶ πάντων τῶν ἔργων
ἀσεβείας αὐτῶν ὧν ἠσέβησαν καὶ περὶ πάντων τῶν σκληρῶν ὧν
ἐλάλησαν κατ' αὐτοῦ ἁμαρτωλοὶ ἀσεβεῖς.

Οὗτοί εἰσιν γογγυσταὶ μεμψίμοιροι, κατὰ τὰς ἐπιθυμίας αὐτῶν πο- 16
ρευόμενοι, καὶ τὸ στόμα αὐτῶν λαλεῖ ὑπέρογκα, θαυμάζοντες πρόσωπα
ὠφελείας χάριν. ὑμεῖς δέ, ἀγαπητοί, μνήσθητε τῶν ῥημάτων τῶν 17
προειρημένων ὑπὸ τῶν ἀποστόλων τοῦ Κυρίου ἡμῶν Ἰησοῦ Χριστοῦ,
ὅτι ἔλεγον ὑμῖν· Ἐπ' ἐσχάτου τοῦ χρόνου ἔσονται ἐμπαῖκται κατὰ τὰς 18
ἑαυτῶν ἐπιθυμίας πορευόμενοι τῶν ἀσεβειῶν.

Οὗτοί εἰσιν οἱ ἀποδιορίζοντες, ψυχικοί πνεῦμα μὴ ἔχοντες. ὑμεῖς δέ, 19 20
ἀγαπητοί, ἐποικοδομοῦντες ἑαυτοὺς τῇ ἁγιωτάτῃ ὑμῶν πίστει, ἐν
Πνεύματι Ἁγίῳ προσευχόμενοι, ἑαυτοὺς ἐν ἀγάπῃ Θεοῦ τηρήσατε, 21
προσδεχόμενοι τὸ ἔλεος τοῦ Κυρίου ἡμῶν Ἰησοῦ Χριστοῦ εἰς ζωὴν
αἰώνιον.

Καὶ [a] οὓς μὲν ἐλεᾶτε διακρινομένους· [b] σώζετε ⌊ἐκ πυρὸς ἁρπάζοντες⌋.[c] 22 23
οὓς δὲ ἐλεᾶτε ἐν φόβῳ, μισοῦντες καὶ τὸν ἀπὸ τῆς σαρκὸς ἐσπιλωμένον
χιτῶνα.

Τῷ δὲ δυναμένῳ φυλάξαι ὑμᾶς ἀπταίστους καὶ στῆσαι κατενώπιον 24
τῆς δόξης αὐτοῦ ἀμώμους ἐν ἀγαλλιάσει, μόνῳ Θεῷ Σωτῆρι ἡμῶν διὰ 25
Ἰησοῦ Χριστοῦ τοῦ Κυρίου ἡμῶν δόξα μεγαλωσύνη κράτος καὶ ἐξουσία
πρὸ παντὸς τοῦ αἰῶνος καὶ νῦν καὶ εἰς πάντας τοὺς αἰῶνας. ἀμήν.

[a] οὓς μὲν ἐλέγχετε διακρινομένους,   [b] οὓς δὲ σώζετε ἐκ πυρὸς ἁρπάζοντες
[c] Am. 4. 11; Zech. 3. 2

ΑΠΟΚΑΛΥΨΙϹ
ΙΩΑΝΝΟΥ

ΑΠΟΚΑΛΥΨΙΣ ΙΩΑΝΝΟΥ

ΑΠΟΚΑΛΥΨΙΣ Ἰησοῦ Χριστοῦ, ἣν ἔδωκεν αὐτῷ ὁ Θεός, δεῖξαι 1
τοῖς δούλοις αὐτοῦ ⌊ἃ δεῖ γενέσθαι⌋ᵃ ἐν τάχει, καὶ ἐσήμανεν
ἀποστείλας διὰ τοῦ ἀγγέλου αὐτοῦ τῷ δούλῳ αὐτοῦ Ἰωάννη,
ὃς ἐμαρτύρησεν τὸν λόγον τοῦ Θεοῦ καὶ τὴν μαρτυρίαν Ἰησοῦ Χριστοῦ, 2
ὅσα εἶδεν.

Μακάριος ὁ ἀναγινώσκων καὶ οἱ ἀκούοντες τοὺς λόγους τῆς προφη- 3
τείας καὶ τηροῦντες τὰ ἐν αὐτῇ γεγραμμένα· ὁ γὰρ καιρὸς ἐγγύς.

Ἰωάννης ταῖς ἑπτὰ ἐκκλησίαις ταῖς ἐν τῇ Ἀσίᾳ. 4
Χάρις ὑμῖν καὶ εἰρήνη ἀπὸ ὁ ὢν καὶ ὁ ἦν καὶ ὁ ἐρχόμενος, καὶ ἀπὸ
τῶν ἑπτὰ πνευμάτων ἃ ἐνώπιον τοῦ θρόνου αὐτοῦ, καὶ ἀπὸ Ἰησοῦ Χρι- 5
στοῦ, ⌊ὁ μάρτυς ὁ πιστός, ὁ πρωτότοκος⌋ τῶν νεκρῶν καὶ ὁ ⌊ἄρχων
τῶν βασιλέων τῆς γῆς⌋.ᵇ

Τῷ ἀγαπῶντι ἡμᾶς καὶ ⌊λύσαντι⌋ ἡμᾶς ⌊ἐκ τῶν ἁμαρτιῶν⌋ᶜ ἡμῶν ἐν
τῷ αἵματι αὐτοῦ, καὶ ἐποίησεν ἡμᾶς ⌊βασιλείαν, ἱερεῖς τῷ Θεῷ⌋ᵈ καὶ 6
Πατρὶ αὐτοῦ, αὐτῷ ἡ δόξα καὶ τὸ κράτος εἰς τοὺς αἰῶνας τῶν αἰώνων.
ἀμήν.

⌊Ἰδοὺ ἔρχεται μετὰ τῶν νεφελῶν⌋,ᵉ καὶ ὄψεται αὐτὸν πᾶς ὀφθαλμὸς 7
καὶ οἵτινες αὐτὸν ⌊ἐξεκέντησαν, καὶ κόψονται ἐπ᾽ αὐτὸν πᾶσαι αἱ
φυλαὶ τῆς γῆς.⌋ᶠ ναί, ἀμήν.

⌊Ἐγώ εἰμι⌋ τὸ Ἄλφα καὶ τὸ ˣΩ, λέγει ⌊Κύριος ὁ Θεός, ὁ ὢν⌋ καὶ ὁ ἦν 8
καὶ ὁ ἐρχόμενος, ⌊ὁ παντοκράτωρ⌋.ᵍ

Ἐγὼ Ἰωάννης, ὁ ἀδελφὸς ὑμῶν καὶ συγκοινωνὸς ἐν τῇ θλίψει καὶ 9
βασιλείᾳ καὶ ὑπομονῇ ἐν Ἰησοῦ, ἐγενόμην ἐν τῇ νήσῳ τῇ καλουμένῃ
Πάτμῳ διὰ τὸν λόγον τοῦ Θεοῦ καὶ τὴν μαρτυρίαν Ἰησοῦ. ἐγενόμην 10
ἐν Πνεύματι ἐν τῇ κυριακῇ ἡμέρᾳ, καὶ ἤκουσα ὀπίσω μου φωνὴν μεγάλην
ὡς σάλπιγγος λεγούσης· Ὃ βλέπεις γράψον εἰς βιβλίον καὶ πέμψον 11
ταῖς ἑπτὰ ἐκκλησίαις, εἰς Ἔφεσον καὶ εἰς Σμύρναν καὶ εἰς Πέργαμον καὶ
εἰς Θυάτειρα καὶ εἰς Σάρδεις καὶ εἰς Φιλαδέλφειαν καὶ εἰς Λαοδίκειαν.

[a] Dn. 2. 28, 29   [b] Ps. 89. 27, 37   [c] Ps. 130. 8; Is. 40. 2   [d] Ex. 19. 6;
Is. 61. 6   [e] Dn. 7. 13   [f] Zech. 12. 10   [g] Ex. 3. 14; Is. 41. 4; Am. 3.
13 LXX

12 καὶ ἐπέστρεψα βλέπειν τὴν φωνὴν ἥτις ἐλάλει μετ' ἐμοῦ· καὶ ἐπιστρέψας
13 εἶδον ἑπτὰ λυχνίας χρυσᾶς, καὶ ἐν μέσῳ τῶν λυχνιῶν ⌊ὅμοιον υἱὸν
ἀνθρώπου⌋,ᵃ ⌊ἐνδεδυμένον ποδήρη⌋ᵇ καὶ ⌊περιεζωσμένον⌋ πρὸς τοῖς μα-
14 στοῖς ζώνην ⌊χρυσᾶν⌋·ᶜ ⌊ἡ⌋ δὲ ⌊κεφαλὴ αὐτοῦ⌋ καὶ ⌊αἱ τρίχες λευκαὶ ὡς
15 ἔριον⌋ λευκὸν ⌊ὡς χιών, καὶ οἱ ὀφθαλμοὶ αὐτοῦ ὡς⌋ φλὸξ ⌊πυρός⌋, καὶ ⌊οἱ
πόδες αὐτοῦ ὅμοιοι χαλκολιβάνῳ⌋ᵈ ὡς ἐν καμίνῳ πεπυρωμένῳ, ⌊καὶ ἡ
16 φωνὴ αὐτοῦ ὡς φωνὴ ὑδάτων πολλῶν⌋,ᵉ καὶ ἔχων ἐν τῇ δεξιᾷ χειρὶ
αὐτοῦ ἀστέρας ἑπτά, καὶ ἐκ τοῦ στόματος αὐτοῦ ῥομφαία δίστομος
ὀξεῖα ἐκπορευομένη, καὶ ἡ ὄψις αὐτοῦ ὡς ⌊ὁ ἥλιος⌋ φαίνει ⌊ἐν τῇ δυνάμει
αὐτοῦ⌋.ᶠ
17 Καὶ ὅτε εἶδον αὐτόν, ἔπεσα πρὸς τοὺς πόδας αὐτοῦ ὡς νεκρός· καὶ
ἔθηκεν τὴν δεξιὰν αὐτοῦ ἐπ' ἐμὲ λέγων· ⌊Μὴ φοβοῦ· ἐγώ εἰμι⌋ ὁ ⌊πρῶτος
18 καὶ⌋ᵍ ὁ ἔσχατος καὶ ὁ ζῶν, καὶ ἐγενόμην νεκρὸς καὶ ἰδοὺ ζῶν εἰμι εἰς
τοὺς αἰῶνας τῶν αἰώνων, καὶ ἔχω τὰς κλεῖς τοῦ θανάτου καὶ τοῦ
19 Ἅιδου. γράψον οὖν ἃ εἶδες καὶ ἃ εἰσὶν καὶ ⌊ἃ μέλλει γενέσθαι μετὰ
ταῦτα⌋.ʰ
20 Τὸ ⌊μυστήριον⌋ⁱ τῶν ἑπτὰ ἀστέρων οὓς εἶδες ἐπὶ τῆς δεξιᾶς μου, καὶ
τὰς ἑπτὰ λυχνίας τὰς χρυσᾶς· οἱ ἑπτὰ ἀστέρες ἄγγελοι τῶν ἑπτὰ
ἐκκλησιῶν εἰσιν, καὶ αἱ λυχνίαι αἱ ἑπτὰ ἑπτὰ ἐκκλησίαι εἰσίν.

2 ❡ Τῷ ἀγγέλῳ τῆς ἐν Ἐφέσῳ ἐκκλησίας γράψον·
Τάδε λέγει ὁ κρατῶν τοὺς ἑπτὰ ἀστέρας ἐν τῇ δεξιᾷ αὐτοῦ, ὁ περι-
2 πατῶν ἐν μέσῳ τῶν ἑπτὰ λυχνιῶν τῶν χρυσῶν· Οἶδα τὰ ἔργα σου καὶ
τὸν κόπον καὶ τὴν ὑπομονήν σου, καὶ ὅτι οὐ δύνῃ βαστάσαι κακούς, καὶ
ἐπείρασας τοὺς λέγοντας ἑαυτοὺς ἀποστόλους καὶ οὐκ εἰσίν, καὶ εὗρες
3 αὐτοὺς ψευδεῖς· καὶ ὑπομονὴν ἔχεις, καὶ ἐβάστασας διὰ τὸ ὄνομά μου,
4 καὶ οὐ κεκοπίακας. ἀλλὰ ἔχω κατὰ σοῦ ὅτι τὴν ἀγάπην σου τὴν
5 πρώτην ἀφῆκας. μνημόνευε οὖν πόθεν πέπτωκας, καὶ μετανόησον καὶ
τὰ πρῶτα ἔργα ποίησον· εἰ δὲ μή, ἔρχομαί σοι καὶ κινήσω τὴν λυχνίαν
6 σου ἐκ τοῦ τόπου αὐτῆς, ἐὰν μὴ μετανοήσῃς. ἀλλὰ τοῦτο ἔχεις, ὅτι
7 μισεῖς τὰ ἔργα τῶν Νικολαϊτῶν, ἃ κἀγὼ μισῶ. ὁ ἔχων οὖς ἀκουσάτω
τί τὸ Πνεῦμα λέγει ταῖς ἐκκλησίαις. τῷ νικῶντι δώσω αὐτῷ ⌊φαγεῖν ἐκ
τοῦ ξύλου τῆς ζωῆς⌋, ὅ ἐστιν ⌊ἐν τῷ Παραδείσῳ τοῦ Θεοῦ⌋.ʲ
8 Καὶ τῷ ἀγγέλῳ τῆς ἐν Σμύρνῃ ἐκκλησίας γράψον·
Τάδε λέγει ὁ ⌊πρῶτος καὶ⌋ᵍ ὁ ἔσχατος, ὃς ἐγένετο νεκρὸς καὶ ἔζησεν·
9 Οἶδά σου τὴν θλῖψιν καὶ τὴν πτωχείαν, ἀλλὰ πλούσιος εἶ, καὶ τὴν

---

[a] Ezk. 1. 26; Dn. 7. 13   [b] Ezk. 9. 2, 11 LXX   [c] Dn. 10. 5   [d] Dn.
7. 9; 10. 6   [e] Ezk. 1. 24; 43. 2   [f] Jdg. 5. 31   [g] Is. 44. 6; 48. 12
[h] Is. 48. 6 LXX   [i] Dn. 2. 29   [j] Ezk. 31. 8

βλασφημίαν ἐκ τῶν λεγόντων Ἰουδαίους εἶναι ἑαυτούς, καὶ οὐκ εἰσὶν ἀλλὰ συναγωγὴ τοῦ Σατανᾶ. μὴ φοβοῦ ἃ μέλλεις πάσχειν. ἰδοὺ 10 μέλλει βάλλειν ὁ διάβολος ἐξ ὑμῶν εἰς φυλακὴν ἵνα ⌊πειρασθῆτε⌋, καὶ ἕξετε θλῖψιν ⌊ἡμερῶν δέκα⌋.ᵃ γίνου πιστὸς ἄχρι θανάτου, καὶ δώσω σοι τὸν στέφανον τῆς ζωῆς. ὁ ἔχων οὖς ἀκουσάτω τί τὸ Πνεῦμα λέγει ταῖς 11 ἐκκλησίαις. ὁ νικῶν οὐ μὴ ἀδικηθῇ ἐκ τοῦ θανάτου τοῦ δευτέρου.

Καὶ τῷ ἀγγέλῳ τῆς ἐν Περγάμῳ ἐκκλησίας γράψον· 12

Τάδε λέγει ὁ ἔχων τὴν ῥομφαίαν τὴν δίστομον τὴν ὀξεῖαν· Οἶδα ποῦ 13 κατοικεῖς· ὅπου ὁ θρόνος τοῦ Σατανᾶ. καὶ κρατεῖς τὸ ὄνομά μου, καὶ οὐκ ἠρνήσω τὴν πίστιν μου καὶ ἐν ταῖς ἡμέραις Ἀντιπᾶς ὁ μάρτυς μου ὁ πιστός, ὃς ἀπεκτάνθη παρ' ὑμῖν, ὅπου ὁ Σατανᾶς κατοικεῖ. ἀλλ' ἔχω 14 κατὰ σου ὀλίγα, ὅτι ἔχεις ἐκεῖ κρατοῦντας τὴν διδαχὴν ⌊Βαλαάμ⌋, ὃς ἐδίδασκεν τῷ Βαλὰκ βαλεῖν σκάνδαλον ἐνώπιον ⌊τῶν υἱῶν Ἰσραήλ, φαγεῖν εἰδωλόθυτα καὶ πορνεῦσαι⌋.ᵇ οὕτως ἔχεις καὶ σὺ κρατοῦντας 15 τὴν διδαχὴν τῶν Νικολαϊτῶν ὁμοίως. μετανόησον οὖν· εἰ δὲ μή, 16 ἔρχομαί σοι ταχὺ καὶ πολεμήσω μετ' αὐτῶν ἐν τῇ ῥομφαίᾳ τοῦ στόματός μου. ὁ ἔχων οὖς ἀκουσάτω τί τὸ Πνεῦμα λέγει ταῖς ἐκκλησίαις. τῷ 17 νικῶντι ⌊δώσω⌋ αὐτῷ ⌊τοῦ μάννα⌋ᶜ τοῦ κεκρυμμένου, καὶ δώσω αὐτῷ ψῆφον λευκήν, καὶ ἐπὶ τὴν ψῆφον ⌊ὄνομα καινὸν⌋ᵈ γεγραμμένον, ὃ οὐδεὶς οἶδεν εἰ μὴ ὁ λαμβάνων.

Καὶ τῷ ἀγγέλῳ τῆς ἐν Θυατείροις ἐκκλησίας γράψον· 18

Τάδε λέγει ὁ Υἱὸς τοῦ Θεοῦ, ὁ ἔχων ⌊τοὺς ὀφθαλμοὺς αὐτοῦ ὡς⌋ φλόγα ⌊πυρός⌋, καὶ οἱ πόδες αὐτοῦ ὅμοιοι χαλκολιβάνῳ⌋·ᵉ Οἶδά σου 19 τὰ ἔργα καὶ τὴν ἀγάπην καὶ τὴν πίστιν καὶ τὴν διακονίαν καὶ τὴν ὑπομονήν σου, καὶ τὰ ἔργα σου τὰ ἔσχατα πλείονα τῶν πρώτων. ἀλλὰ 20 ἔχω κατὰ σοῦ ὅτι ἀφεῖς τὴν γυναῖκα Ἰεζάβελ, ἡ λέγουσα ἑαυτὴν προφῆτιν, καὶ διδάσκει καὶ πλανᾷ τοὺς ἐμοὺς δούλους ⌊πορνεῦσαι καὶ φαγεῖν εἰδωλόθυτα⌋·ᶠ καὶ ἔδωκα αὐτῇ χρόνον ἵνα μετανοήσῃ, καὶ οὐ 21 θέλει μετανοῆσαι ἐκ τῆς πορνείας αὐτῆς. ἰδοὺ βάλλω αὐτὴν εἰς ᵍ κλίνην, 22 καὶ τοὺς μοιχεύοντας μετ' αὐτῆς εἰς θλῖψιν μεγάλην, ἐὰν μὴ μετανοήσουσιν ἐκ τῶν ἔργων αὐτῆς· καὶ τὰ τέκνα αὐτῆς ἀποκτενῶ ἐν θανάτῳ. 23 καὶ γνώσονται πᾶσαι αἱ ἐκκλησίαι ὅτι ἐγώ εἰμι ὁ ⌊ἐρευνῶν νεφροὺς καὶ καρδίας⌋,ʰ καὶ ⌊δώσω⌋ ὑμῖν ⌊ἑκάστῳ κατὰ τὰ ἔργα⌋ⁱ ὑμῶν. ὑμῖν δὲ 24 λέγω τοῖς λοιποῖς τοῖς ἐν Θυατείροις, ὅσοι οὐκ ἔχουσιν τὴν διδαχὴν ταύτην, οἵτινες οὐκ ἔγνωσαν τὰ βαθέα τοῦ Σατανᾶ, ὡς λέγουσιν· οὐ βαλῶ ἐφ' ὑμᾶς ἄλλο βάρος· πλὴν ὃ ἔχετε κρατήσατε ἄχρι οὗ ἂν ἥξω. 25

[a] Dn. 1. 12, 14   [b] Num. 31. 16; 25. 1, 2   [c] Ps. 78. 24   [d] Is. 62. 2; 65. 15   [e] Dn. 10. 6   [f] Num. 25. 1, 2   [g] κλίβανον   [h] Ps. 7. 9; Jer. 11. 20   [i] Ps. 62. 12; Jer. 17. 10

26 καὶ ὁ νικῶν καὶ ὁ τηρῶν ἄχρι τέλους τὰ ἔργα μου, ⌊δώσω αὐτῷ⌋
27 ἐξουσίαν ἐπὶ ⌊τῶν ἐθνῶν⌋, καὶ ⌊ποιμανεῖ αὐτοὺς ἐν ῥάβδῳ σιδηρᾷ, ὡς
28 τὰ σκεύη τὰ κεραμικὰ συντρίβεται⌋,ᵃ ὡς κἀγὼ εἴληφα παρὰ τοῦ
29 Πατρός μου, καὶ δώσω αὐτῷ τὸν ἀστέρα τὸν πρωϊνόν. ὁ ἔχων οὖς
ἀκουσάτω τί τὸ Πνεῦμα λέγει ταῖς ἐκκλησίαις.

3   Καὶ τῷ ἀγγέλῳ τῆς ἐν Σάρδεσιν ἐκκλησίας γράψον·

Τάδε λέγει ὁ ἔχων τὰ ἑπτὰ πνεύματα τοῦ Θεοῦ καὶ τοὺς ἑπτὰ
ἀστέρας· Οἶδά σου τὰ ἔργα, ὅτι ὄνομα ἔχεις ὅτι ζῇς, καὶ νεκρὸς εἶ.
2 γίνου γρηγορῶν, καὶ στήρισον τὰ λοιπὰ ἃ ἔμελλον ἀποθανεῖν. οὐ γὰρ
3 εὕρηκά σου ἔργα πεπληρωμένα ἐνώπιον τοῦ Θεοῦ μου. μνημόνευε οὖν
πῶς εἴληφας καὶ ἤκουσας, καὶ τήρει καὶ μετανόησον. ἐὰν οὖν μὴ
γρηγορήσῃς, ἥξω ὡς κλέπτης, καὶ οὐ μὴ γνῷς ποίαν ὥραν ἥξω ἐπὶ σέ.
4 ἀλλὰ ἔχεις ὀλίγα ὀνόματα ἐν Σάρδεσιν ἃ οὐκ ἐμόλυναν τὰ ἱμάτια αὐτῶν,
5 καὶ περιπατήσουσιν μετ' ἐμοῦ ἐν λευκοῖς, ὅτι ἄξιοί εἰσιν. ὁ νικῶν οὕτως
περιβαλεῖται ἐν ἱματίοις λευκοῖς, καὶ οὐ μὴ ⌊ἐξαλείψω⌋ τὸ ὄνομα αὐτοῦ
⌊ἐκ τῆς βίβλου τῆς ζωῆς⌋,ᵇ καὶ ὁμολογήσω τὸ ὄνομα αὐτοῦ ἐνώπιον τοῦ
6 Πατρός μου καὶ ἐνώπιον τῶν ἀγγέλων αὐτοῦ. ὁ ἔχων οὖς ἀκουσάτω
τί τὸ Πνεῦμα λέγει ταῖς ἐκκλησίαις.

7   Καὶ τῷ ἀγγέλῳ τῆς ἐν Φιλαδελφείᾳ ἐκκλησίας γράψον·

Τάδε λέγει ὁ ἅγιος, ὁ ἀληθινός, ὁ ἔχων ⌊τὴν κλεῖν Δαυίδ, ὁ ἀνοίγων
8 καὶ οὐδεὶς κλείσει, καὶ κλείων καὶ οὐδεὶς ἀνοίγει⌋·ᶜ Οἶδά σου τὰ ἔργα·
ἰδοὺ δέδωκα ἐνώπιόν σου θύραν ἠνεῳγμένην, ἣν οὐδεὶς δύναται κλεῖσαι
αὐτήν· ὅτι μικρὰν ἔχεις δύναμιν, καὶ ἐτήρησάς μου τὸν λόγον καὶ οὐκ
9 ἠρνήσω τὸ ὄνομά μου. ἰδοὺ διδῶ ἐκ τῆς συναγωγῆς τοῦ Σατανᾶ, τῶν
λεγόντων ἑαυτοὺς Ἰουδαίους εἶναι, καὶ οὐκ εἰσὶν ἀλλὰ ψεύδονται—ἰδοὺ
ποιήσω αὐτοὺς ἵνα ⌊ἥξουσιν καὶ προσκυνήσουσιν ἐνώπιον τῶν ποδῶν
10 σου,⌋ᵈ καὶ γνῶσιν ὅτι ⌊ἐγὼ ἠγάπησά σε.⌋ᵉ ὅτι ἐτήρησας τὸν λόγον τῆς
ὑπομονῆς μου, κἀγώ σε τηρήσω ἐκ τῆς ὥρας τοῦ πειρασμοῦ τῆς μελ-
λούσης ἔρχεσθαι ἐπὶ τῆς οἰκουμένης ὅλης, πειράσαι τοὺς κατοικοῦντας
11 ἐπὶ τῆς γῆς. ἔρχομαι ταχύ· κράτει ὃ ἔχεις, ἵνα μηδεὶς λάβῃ τὸν στέφανόν
12 σου. ὁ νικῶν, ποιήσω αὐτὸν στῦλον ἐν τῷ ναῷ τοῦ Θεοῦ μου, καὶ
ἔξω οὐ μὴ ἐξέλθῃ ἔτι, καὶ γράψω ἐπ' αὐτὸν τὸ ὄνομα τοῦ Θεοῦ μου
καὶ ⌊τὸ ὄνομα τῆς πόλεως⌋ᶠ τοῦ Θεοῦ μου, τῆς καινῆς Ἰερουσαλὴμ
ἡ καταβαίνουσα ἐκ τοῦ οὐρανοῦ ἀπὸ τοῦ Θεοῦ μου, καὶ ⌊τὸ ὄνομά⌋
13 μου ⌊τὸ καινόν⌋.ᵍ ὁ ἔχων οὖς ἀκουσάτω τί τὸ Πνεῦμα λέγει ταῖς
ἐκκλησίαις.

[a] Ps. 2. 8, 9   [b] Ps. 69. 28; Ex. 32. 32, 33   [c] Is. 22. 22; Job 12. 14
[d] Is. 60. 14; 49. 23; 45. 14   [e] Is. 43. 4   [f] Ezk. 48. 35   [g] Is. 62.
2; 65. 15

Καὶ τῷ ἀγγέλῳ τῆς ἐν Λαοδικείᾳ ἐκκλησίας γράψον· ¹⁴

Τάδε λέγει ὁ Ἀμήν, ⌊ὁ μάρτυς ὁ πιστὸς⌋ᵃ καὶ ἀληθινός, ⌊ἡ ἀρχὴ τῆς κτίσεως⌋ᵇ τοῦ Θεοῦ· Οἶδά σου τὰ ἔργα, ὅτι οὔτε ψυχρὸς εἶ οὔτε ζεστός. ¹⁵ ὄφελον ψυχρὸς ἦς ἢ ζεστός. οὕτως ὅτι χλιαρὸς εἶ, καὶ οὔτε ζεστὸς οὔτε ¹⁶ ψυχρός, μέλλω σε ἐμέσαι ἐκ τοῦ στόματός μου. ὅτι λέγεις ὅτι Πλούσιός ¹⁷ εἰμι καὶ ⌊πεπλούτηκα⌋ᶜ καὶ οὐδὲν χρείαν ἔχω, καὶ οὐκ οἶδας ὅτι σὺ εἶ ὁ ταλαίπωρος καὶ ἐλεεινὸς καὶ πτωχὸς καὶ τυφλὸς καὶ γυμνός, συμβουλεύω σοι ἀγοράσαι παρ' ἐμοῦ χρυσίον πεπυρωμένον ἐκ πυρὸς ¹⁸ ἵνα πλουτήσῃς, καὶ ἱμάτια λευκὰ ἵνα περιβάλῃ καὶ μὴ φανερωθῇ ἡ αἰσχύνη τῆς γυμνότητός σου, καὶ κολλύριον ἐγχρῖσαι τοὺς ὀφθαλμούς σου ἵνα βλέπῃς. ἐγὼ ⌊ὅσους ἐὰν φιλῶ ἐλέγχω⌋ καὶ ⌊παιδεύω⌋·ᵈ ζήλευε ¹⁹ οὖν καὶ μετανόησον. ἰδοὺ ἔστηκα ἐπὶ τὴν θύραν καὶ κρούω· ἐάν τις ²⁰ ἀκούσῃ τῆς φωνῆς μου καὶ ἀνοίξῃ τὴν θύραν, εἰσελεύσομαι πρὸς αὐτὸν καὶ δειπνήσω μετ' αὐτοῦ καὶ αὐτὸς μετ' ἐμοῦ. ὁ νικῶν, δώσω αὐτῷ ²¹ καθίσαι μετ' ἐμοῦ ἐν τῷ θρόνῳ μου, ὡς κἀγὼ ἐνίκησα καὶ ἐκάθισα μετὰ τοῦ Πατρός μου ἐν τῷ θρόνῳ αὐτοῦ. ὁ ἔχων οὖς ἀκουσάτω τί τὸ ²² Πνεῦμα λέγει ταῖς ἐκκλησίαις.

Μετὰ ταῦτα εἶδον, καὶ ἰδοὺ θύρα ἠνεῳγμένη ἐν τῷ οὐρανῷ, 4 καὶ ἡ φωνὴ ἡ πρώτη ἣν ἤκουσα ὡς ⌊σάλπιγγος⌋ᵉ λαλούσης μετ' ἐμοῦ, λέγων· ⌊Ἀνάβα⌋ ὧδε, καὶ δείξω σοι ⌊ἃ δεῖ γενέσθαι⌋ᶠ μετὰ ταῦτα. εὐθέως ἐγενόμην ἐν Πνεύματι· καὶ ἰδοὺ θρόνος ἔκειτο ἐν τῷ 2 οὐρανῷ, καὶ ⌊ἐπὶ τὸν θρόνον καθήμενος⌋,ᵍ καὶ ὁ καθήμενος ὅμοιος ὁράσει 3 λίθῳ ἰάσπιδι καὶ σαρδίῳ, καὶ ⌊Ἶρις κυκλόθεν τοῦ θρόνου⌋ʰ ὅμοιος ὁράσει σμαραγδίνῳ. καὶ κυκλόθεν τοῦ θρόνου θρόνους εἴκοσι τέσσαρας, καὶ 4 ἐπὶ τοὺς θρόνους εἴκοσι τέσσαρας πρεσβυτέρους καθημένους περιβεβλημένους ἐν ἱματίοις λευκοῖς, καὶ ἐπὶ τὰς κεφαλὰς αὐτῶν στεφάνους χρυσοῦς. καὶ ἐκ τοῦ θρόνου ⌊ἐκπορεύονται ἀστραπαὶ καὶ φωναὶ⌋ καὶ 5 ⌊βρονταί⌋·ⁱ καὶ ἑπτὰ λαμπάδες πυρὸς καιόμεναι ἐνώπιον τοῦ θρόνου, ἅ εἰσιν τὰ ἑπτὰ πνεύματα τοῦ Θεοῦ· καὶ ἐνώπιον τοῦ θρόνου ὡς 6 θάλασσα ὑαλίνη ⌊ὁμοία κρυστάλλῳ⌋.ʲ

⌊Καὶ ἐν μέσῳ τοῦ θρόνου καὶ κύκλῳ τοῦ θρόνου τέσσαρα ζῷα γέμοντα ὀφθαλμῶν⌋ᵏ ἔμπροσθεν καὶ ὄπισθεν. καὶ τὸ ζῷον ⌊τὸ πρῶτον⌋ ὅμοιον 7 ⌊λέοντι, καὶ τὸ δεύτερον⌋ ζῷον ὅμοιον ⌊μόσχῳ, καὶ τὸ τρίτον⌋ ζῷον ἔχων ⌊τὸ πρόσωπον⌋ ὡς ⌊ἀνθρώπου, καὶ τὸ τέταρτον⌋ ζῷον ὅμοιον ⌊ἀετῷ⌋ˡ

[a] Ps. 89. 37   [b] Prv. 8. 22   [c] Hos. 12. 8   [d] Prv. 3. 12   [e] Ex. 19. 16
[f] Dn. 2. 29   [g] Is. 6. 1; Ps. 47. 8; Ezk. 1. 26   [h] Ezk. 1. 28   [i] Ex.
19. 16; Ezk. 1. 13   [j] Ezk. 1. 22, 26   [k] Ezk. 1. 5, 18; 10. 1; Is. 6. 1
[l] Ezk. 1. 10; 10. 14

8 πετομένῳ. καὶ τὰ τέσσαρα ζῷα, ⌊ἓν καθ' ἓν⌋ αὐτῶν ἔχων ⌊ἀνὰ πτέρυγας ἕξ, κυκλόθεν⌋ καὶ ἔσωθεν ⌊γέμουσιν ὀφθαλμῶν⌋·ᵃ καὶ ἀνάπαυσιν οὐκ ἔχουσιν ἡμέρας καὶ νυκτὸς λέγοντες·

⌊Ἅγιος ἅγιος ἅγιος Κύριος ὁ Θεὸς ὁ παντοκράτωρ⌋,ᵇ ὁ ἦν καὶ ⌊ὁ ὦν⌋ᶜ καὶ ὁ ἐρχόμενος.

9 Καὶ ὅταν δώσουσιν τὰ ζῷα δόξαν καὶ τιμὴν καὶ εὐχαριστίαν τῷ ⌊καθημένῳ ἐπὶ τῷ θρόνῳ τῷ ζῶντι εἰς τοὺς αἰῶνας⌋ τῶν αἰώνων,
10 πεσοῦνται οἱ εἴκοσι τέσσαρες πρεσβύτεροι ἐνώπιον τοῦ ⌊καθημένου ἐπὶ τοῦ θρόνου⌋, καὶ προσκυνήσουσιν ⌊τῷ ζῶντι εἰς τοὺς αἰῶνας⌋ᵈ τῶν αἰώνων, καὶ βαλοῦσιν τοὺς στεφάνους αὐτῶν ἐνώπιον τοῦ θρόνου, λέγοντες·

11 Ἄξιος εἶ, ὁ Κύριος καὶ ὁ Θεὸς ἡμῶν, λαβεῖν τὴν δόξαν καὶ τὴν τιμὴν καὶ τὴν δύναμιν, ὅτι σὺ ἔκτισας τὰ πάντα, καὶ διὰ τὸ θέλημά σου ἦσαν καὶ ἐκτίσθησαν.

5 Καὶ εἶδον ἐπὶ τὴν δεξιὰν τοῦ ⌊καθημένου ἐπὶ τοῦ θρόνου βιβλίον γεγραμμένον ἔσωθεν καὶ ὄπισθεν, κατεσφραγισμένον⌋ᵉ σφραγῖσιν ἑπτά.
2 καὶ εἶδον ἄγγελον ἰσχυρὸν κηρύσσοντα ἐν φωνῇ μεγάλῃ· Τίς ἄξιος
3 ἀνοῖξαι τὸ βιβλίον καὶ λῦσαι τὰς σφραγῖδας αὐτοῦ; καὶ οὐδεὶς ἐδύνατο ἐν τῷ οὐρανῷ οὐδὲ ἐπὶ τῆς γῆς οὐδὲ ὑποκάτω τῆς γῆς ἀνοῖξαι τὸ
4 βιβλίον οὔτε βλέπειν αὐτό. καὶ ἔκλαιον πολύ, ὅτι οὐδεὶς ἄξιος εὑρέθη
5 ἀνοῖξαι τὸ βιβλίον οὔτε βλέπειν αὐτό. καὶ εἷς ἐκ τῶν πρεσβυτέρων λέγει μοι· Μὴ κλαῖε· ἰδοὺ ἐνίκησεν ὁ ⌊Λέων⌋ ὁ ἐκ τῆς φυλῆς ⌊Ἰούδα, ἡ Ῥίζα⌋ᶠ Δαυίδ, ἀνοῖξαι τὸ βιβλίον καὶ τὰς ἑπτὰ σφραγῖδας αὐτοῦ.

6 Καὶ εἶδον ἐν μέσῳ τοῦ θρόνου καὶ τῶν τεσσάρων ζῴων καὶ ἐν μέσῳ τῶν πρεσβυτέρων ⌊Ἀρνίον⌋ ἑστηκὸς ὡς ⌊ἐσφαγμένον⌋,ᵍ ἔχων κέρατα ἑπτὰ καὶ ⌊ὀφθαλμοὺς ἑπτά⌋, οἵ εἰσιν τὰ ἑπτὰ πνεύματα τοῦ Θεοῦ
7 ἀπεσταλμένοι ⌊εἰς πᾶσαν τὴν γῆν⌋.ʰ καὶ ἦλθεν καὶ εἴληφεν ἐκ τῆς δεξιᾶς
8 ⌊τοῦ καθημένου ἐπὶ τοῦ θρόνου⌋. καὶ ὅτε ἔλαβεν τὸ βιβλίον, τὰ τέσσαρα ζῷα καὶ οἱ εἴκοσι τέσσαρες πρεσβύτεροι ἔπεσαν ἐνώπιον τοῦ Ἀρνίου, ἔχοντες ἕκαστος κιθάραν καὶ φιάλας χρυσᾶς γεμούσας ⌊θυμια-
9 μάτων⌋, αἵ εἰσιν ⌊αἱ προσευχαὶ⌋ⁱ τῶν ἁγίων. καὶ ⌊ᾄδουσιν ᾠδὴν καινὴν⌋ʲ λέγοντες·

Ἄξιος εἶ λαβεῖν τὸ βιβλίον καὶ ἀνοῖξαι τὰς σφραγῖδας αὐτοῦ, ὅτι ἐσφάγης καὶ ἠγόρασας τῷ Θεῷ ἐν τῷ αἵματί σου ἐκ πάσης φυλῆς

[a] Is. 6. 2 ; Ezk. 1. 18   [b] Is. 6. 3   [c] Ex. 3. 14   [d] Dn. 4. 34; 6.
26; 12. 7   [e] Is. 6. 1; 29. 11; Ps. 47. 8; Ezk. 2. 9, 10   [f] Gn. 49. 9, 10; Is.
11. 1, 10   [g] Is. 53. 7   [h] Zech. 4. 10   [i] Ps. 141. 2   [j] Ps. 33. 3 ; 144. 9

καὶ γλώσσης καὶ λαοῦ καὶ ἔθνους, καὶ ἐποίησας αὐτοὺς ⌊τῷ Θεῷ⌋ 10
ἡμῶν ⌊βασιλείαν⌋ καὶ ⌊ἱερεῖς⌋,ᵃ καὶ βασιλεύσουσιν ἐπὶ τῆς γῆς.

Καὶ εἶδον, καὶ ἤκουσα φωνὴν ἀγγέλων πολλῶν κύκλῳ τοῦ θρόνου 11
καὶ τῶν ζῴων καὶ τῶν πρεσβυτέρων, καὶ ἦν ὁ ἀριθμὸς αὐτῶν ⌊μυριάδες
μυριάδων καὶ χιλιάδες χιλιάδων⌋,ᵇ λέγοντες φωνῇ μεγάλῃ· 12

Ἄξιός ἐστιν ⌊τὸ Ἀρνίον τὸ ἐσφαγμένον⌋ᶜ λαβεῖν τὴν δύναμιν καὶ
πλοῦτον καὶ σοφίαν καὶ ἰσχὺν καὶ τιμὴν καὶ δόξαν καὶ εὐλογίαν.

Καὶ πᾶν κτίσμα ὃ ἐν τῷ οὐρανῷ καὶ ἐπὶ τῆς γῆς καὶ ὑποκάτω τῆς γῆς 13
καὶ ἐπὶ τῆς θαλάσσης ἐστίν, καὶ τὰ ἐν αὐτοῖς πάντα, ἤκουσα λέγοντας·

Τῷ ⌊καθημένῳ ἐπὶ τῷ θρόνῳ⌋ᵈ καὶ τῷ Ἀρνίῳ ἡ εὐλογία καὶ ἡ τιμὴ
καὶ ἡ δόξα καὶ τὸ κράτος εἰς τοὺς αἰῶνας τῶν αἰώνων.

Καὶ τὰ τέσσαρα ζῷα ἔλεγον· Ἀμήν, καὶ οἱ πρεσβύτεροι ἔπεσαν καὶ 14
προσεκύνησαν.

❡ Καὶ εἶδον ὅτε ἤνοιξεν τὸ Ἀρνίον μίαν ἐκ τῶν ἑπτὰ σφραγίδων, καὶ 6
ἤκουσα ἑνὸς ἐκ τῶν τεσσάρων ζῴων λέγοντος ὡς φωνῇ βροντῆς·
Ἔρχου. καὶ εἶδον, καὶ ἰδοὺ ⌊ἵππος λευκός⌋,ᵉ καὶ ὁ καθήμενος ἐπ᾽ αὐτὸν 2
ἔχων τόξον, καὶ ἐδόθη αὐτῷ στέφανος, καὶ ἐξῆλθεν νικῶν καὶ ἵνα νικήσῃ.

Καὶ ὅτε ἤνοιξεν τὴν σφραγῖδα τὴν δευτέραν, ἤκουσα τοῦ δευτέρου 3
ζῴου λέγοντος· Ἔρχου. καὶ ἐξῆλθεν ἄλλος ⌊ἵππος πυρρός⌋,ᵉ καὶ τῷ 4
καθημένῳ ἐπ᾽ αὐτὸν ἐδόθη αὐτῷ λαβεῖν τὴν εἰρήνην ἐκ τῆς γῆς καὶ ἵνα
ἀλλήλους σφάξουσιν, καὶ ἐδόθη αὐτῷ μάχαιρα μεγάλη.

Καὶ ὅτε ἤνοιξεν τὴν σφραγῖδα τὴν τρίτην, ἤκουσα τοῦ τρίτου ζῴου 5
λέγοντος· Ἔρχου. καὶ εἶδον, καὶ ἰδοὺ ⌊ἵππος μέλας⌋,ᵉ καὶ ὁ καθήμενος
ἐπ᾽ αὐτὸν ἔχων ζυγὸν ἐν τῇ χειρὶ αὐτοῦ. καὶ ἤκουσα ὡς φωνὴν ἐν 6
μέσῳ τῶν τεσσάρων ζῴων λέγουσαν· Χοῖνιξ σίτου δηναρίου, καὶ τρεῖς
χοίνικες κριθῶν δηναρίου. καὶ τὸ ἔλαιον καὶ τὸν οἶνον μὴ ἀδικήσῃς.

Καὶ ὅτε ἤνοιξεν τὴν σφραγῖδα τὴν τετάρτην, ἤκουσα φωνὴν τοῦ 7
τετάρτου ζῴου λέγοντος· Ἔρχου. καὶ εἶδον, καὶ ἰδοὺ ⌊ἵππος⌋ᵉ χλωρός, 8
καὶ ὁ καθήμενος ἐπάνω αὐτοῦ, ὄνομα αὐτῷ ⌊ὁ Θάνατος⌋, καὶ ⌊ὁ Ἅιδης⌋ᶠ
ἠκολούθει μετ᾽ αὐτοῦ, καὶ ἐδόθη αὐτῷ ἐξουσία ἐπὶ τὸ τέταρτον τῆς
γῆς, ⌊ἀποκτεῖναι ἐν ῥομφαίᾳ καὶ ἐν λιμῷ καὶ ἐν θανάτῳ καὶ⌋ ὑπὸ τῶν
⌊θηρίων τῆς γῆς⌋.ᵍ

Καὶ ὅτε ἤνοιξεν τὴν πέμπτην σφραγῖδα, εἶδον ὑποκάτω τοῦ θυσια- 9
στηρίου τὰς ψυχὰς τῶν ἐσφαγμένων διὰ τὸν λόγον τοῦ Θεοῦ καὶ διὰ

[a] Ex. 19. 6; Is. 61. 6   [b] Dn. 7. 10   [c] Is. 53. 7   [d] Is. 6. 1; Ps. 47. 8
[e] Zech. 1. 8; 6. 1–3   [f] Hos. 13. 14   [g] Ezk. 5. 12; 14. 21; 33. 27; Jer.
14. 12; 15. 3; Ezk. 29. 5

10 τὴν μαρτυρίαν ἣν εἶχον. καὶ ἔκραξαν φωνῇ μεγάλῃ λέγοντες· ⌊Ἕως
πότε, ὁ Δεσπότης⌋ ὁ ἅγιος καὶ ἀληθινός, οὐ ⌊κρίνεις⌋ καὶ ⌊ἐκδικεῖς τὸ
11 αἷμα⌋ᵃ ἡμῶν ἐκ τῶν κατοικούντων ἐπὶ τῆς γῆς; καὶ ἐδόθη αὐτοῖς
ἑκάστῳ στολὴ λευκή, καὶ ἐρρέθη αὐτοῖς ἵνα ἀναπαύσωνται ἔτι χρόνον
μικρόν, ἕως πληρωθῶσιν καὶ οἱ σύνδουλοι αὐτῶν καὶ οἱ ἀδελφοὶ αὐτῶν
οἱ μέλλοντες ἀποκτέννεσθαι ὡς καὶ αὐτοί.

12 Καὶ εἶδον ὅτε ἤνοιξεν τὴν σφραγῖδα τὴν ἕκτην, καὶ σεισμὸς μέγας
ἐγένετο, καὶ ⌊ὁ ἥλιος⌋ ἐγένετο μέλας ὡς σάκκος τρίχινος, καὶ ⌊ἡ σελήνη⌋
13 ὅλη ἐγένετο ὡς ⌊αἷμα⌋, καὶ ⌊οἱ ἀστέρες τοῦ οὐρανοῦ ἔπεσαν⌋ᵇ εἰς τὴν γῆν,
⌊ὡς συκῆ⌋ βάλλει τοὺς ὀλύνθους αὐτῆς ὑπὸ ἀνέμου μεγάλου σειομένη,
14 ⌊καὶ ὁ οὐρανὸς⌋ ἀπεχωρίσθη ⌊ὡς βιβλίον ἑλισσόμενον⌋,ᶜ καὶ πᾶν ὄρος καὶ
15 νῆσος ἐκ τῶν τόπων αὐτῶν ἐκινήθησαν. ⌊καὶ οἱ βασιλεῖς τῆς γῆς καὶ οἱ
μεγιστᾶνες⌋ᵈ καὶ οἱ χιλίαρχοι καὶ οἱ πλούσιοι καὶ οἱ ἰσχυροὶ καὶ πᾶς
δοῦλος καὶ ἐλεύθερος ⌊ἔκρυψαν ἑαυτοὺς εἰς τὰ σπήλαια καὶ εἰς τὰς
16 πέτρας⌋ᵉ τῶν ὀρέων, ⌊καὶ λέγουσιν τοῖς ὄρεσιν καὶ ταῖς πέτραις·
Πέσετε ἐφ' ἡμᾶς⌋ καὶ ⌊κρύψατε ἡμᾶς⌋ᶠ ἀπὸ προσώπου τοῦ ⌊καθημένου
17 ἐπὶ τοῦ θρόνου⌋ᵍ καὶ ἀπὸ τῆς ὀργῆς τοῦ Ἀρνίου, ὅτι ἦλθεν ⌊ἡ ἡμέρα ἡ
μεγάλη τῆς ὀργῆς⌋ʰ αὐτῶν, ⌊καὶ τίς δύναται σταθῆναι;⌋ⁱ

7 Μετὰ τοῦτο εἶδον τέσσαρας ἀγγέλους ἑστῶτας ⌊ἐπὶ τὰς τέσσαρας
γωνίας τῆς γῆς⌋, κρατοῦντας ⌊τοὺς τέσσαρας ἀνέμους⌋ʲ τῆς γῆς, ἵνα μὴ
πνέῃ ἄνεμος ἐπὶ τῆς γῆς μήτε ἐπὶ τῆς θαλάσσης μήτε ἐπὶ πᾶν δένδρον.
2 καὶ εἶδον ἄλλον ἄγγελον ἀναβαίνοντα ἀπὸ ἀνατολῆς ἡλίου, ἔχοντα
σφραγῖδα Θεοῦ ζῶντος, καὶ ἔκραξεν φωνῇ μεγάλῃ τοῖς τέσσαρσιν
3 ἀγγέλοις οἷς ἐδόθη αὐτοῖς ἀδικῆσαι τὴν γῆν καὶ τὴν θάλασσαν, λέγων·
Μὴ ἀδικήσητε τὴν γῆν μήτε τὴν θάλασσαν μήτε τὰ δένδρα, ἄχρι
⌊σφραγίσωμεν⌋ τοὺς δούλους τοῦ Θεοῦ ἡμῶν ⌊ἐπὶ τῶν μετώπων⌋ᵏ
4 αὐτῶν. καὶ ἤκουσα τὸν ἀριθμὸν τῶν ἐσφραγισμένων, ἑκατὸν τεσσερά-
κοντα τέσσαρες χιλιάδες ἐσφραγισμένοι ἐκ πάσης φυλῆς υἱῶν Ἰσραήλ·
5 ἐκ φυλῆς Ἰούδα δώδεκα χιλιάδες ἐσφραγισμένοι, ἐκ φυλῆς Ῥουβὴν
6 δώδεκα χιλιάδες, ἐκ φυλῆς Γὰδ δώδεκα χιλιάδες, ἐκ φυλῆς Ἀσὴρ
δώδεκα χιλιάδες, ἐκ φυλῆς Νεφθαλὶμ δώδεκα χιλιάδες, ἐκ φυλῆς Μα-
7 νασσῆ δώδεκα χιλιάδες, ἐκ φυλῆς Συμεὼν δώδεκα χιλιάδες, ἐκ φυλῆς
8 Λευὶ δώδεκα χιλιάδες, ἐκ φυλῆς Ἰσσαχὰρ δώδεκα χιλιάδες, ἐκ φυλῆς
Ζαβουλὼν δώδεκα χιλιάδες, ἐκ φυλῆς Ἰωσὴφ δώδεκα χιλιάδες, ἐκ
φυλῆς Βενιαμὶν δώδεκα χιλιάδες ἐσφραγισμένοι.

[a] Zech. 1. 12; Ps. 79. 5; Dt. 32. 43; 2 Kgs. 9. 7; Gn. 4. 10   [b] Is. 13. 10;
Ezk. 32. 7, 8; Joel 2. 30, 31   [c] Is. 34. 4   [d] Ps. 48. 4 LXX; 2. 2; Is. 24.
21; 34. 12   [e] Jer. 4. 29; Is. 2. 10, 19, 21   [f] Hos. 10. 8   [g] Ps. 47. 8;
Is. 6. 1   [h] Joel 2. 11, 31; Zeph. 1. 14, 18   [i] Mal. 3. 2   [j] Ezk. 7. 2;
37. 9   [k] Ezk. 9. 4, 6

Μετὰ ταῦτα εἶδον, καὶ ἰδοὺ ὄχλος πολύς, ὃν ἀριθμῆσαι αὐτὸν οὐδεὶς 9
ἐδύνατο, ἐκ παντὸς ἔθνους καὶ φυλῶν καὶ λαῶν καὶ γλωσσῶν, ἑστῶτες
ἐνώπιον τοῦ θρόνου καὶ ἐνώπιον τοῦ Ἀρνίου, περιβεβλημένους στολὰς
λευκάς, καὶ φοίνικες ἐν ταῖς χερσὶν αὐτῶν· καὶ κράζουσιν φωνῇ μεγάλῃ 10
λέγοντες·

Ἡ σωτηρία τῷ Θεῷ ἡμῶν ⌊τῷ καθημένῳ ἐπὶ τῷ θρόνῳ⌋ᵃ καὶ τῷ
Ἀρνίῳ.

καὶ πάντες οἱ ἄγγελοι εἱστήκεισαν κύκλῳ τοῦ θρόνου καὶ τῶν πρεσβυ- 11
τέρων καὶ τῶν τεσσάρων ζῴων, καὶ ἔπεσαν ἐνώπιον τοῦ θρόνου ἐπὶ τὰ
πρόσωπα αὐτῶν καὶ προσεκύνησαν τῷ Θεῷ, λέγοντες· 12

Ἀμήν, ἡ εὐλογία καὶ ἡ δόξα καὶ ἡ σοφία καὶ ἡ εὐχαριστία καὶ ἡ
τιμὴ καὶ ἡ δύναμις καὶ ἡ ἰσχὺς τῷ Θεῷ ἡμῶν εἰς τοὺς αἰῶνας
τῶν αἰώνων. ἀμήν.

Καὶ ἀπεκρίθη εἷς ἐκ τῶν πρεσβυτέρων λέγων μοι· Οὗτοι οἱ περι- 13
βεβλημένοι τὰς στολὰς τὰς λευκὰς τίνες εἰσὶν καὶ πόθεν ἦλθον; καὶ 14
εἴρηκα αὐτῷ· Κύριέ μου, σὺ οἶδας. καὶ εἶπέν μοι· Οὗτοί εἰσιν οἱ ἐρχό-
μενοι ἐκ τῆς ⌊θλίψεως⌋ᵇ τῆς μεγάλης καὶ ⌊ἔπλυναν τὰς στολὰς αὐτῶν⌋
καὶ ἐλεύκαναν αὐτὰς ⌊ἐν τῷ αἵματι⌋ᶜ τοῦ Ἀρνίου. διὰ τοῦτό εἰσιν 15
ἐνώπιον τοῦ θρόνου τοῦ Θεοῦ, καὶ λατρεύουσιν αὐτῷ ἡμέρας καὶ
νυκτὸς ἐν τῷ ναῷ αὐτοῦ, καὶ ὁ ⌊καθήμενος ἐπὶ τοῦ θρόνου⌋ σκηνώσει
ἐπ᾽ αὐτούς. ⌊οὐ πεινάσουσιν ἔτι οὐδὲ διψήσουσιν⌋ ἔτι, ⌊οὐδὲ μὴ πέσῃ 16
ἐπ᾽ αὐτοὺς ὁ ἥλιος οὐδὲ⌋ πᾶν ⌊καῦμα⌋, ὅτι τὸ Ἀρνίον τὸ ἀνὰ μέσον τοῦ 17
θρόνου ⌊ποιμανεῖ αὐτοὺς καὶ ὁδηγήσει αὐτοὺς⌋ ἐπὶ ⌊ζωῆς πηγὰς ὑδά-
των⌋·ᵈ ⌊καὶ ἐξαλείψει ὁ Θεὸς πᾶν δάκρυον ἐκ⌋ᵉ τῶν ὀφθαλμῶν αὐτῶν.

Καὶ ὅταν ἤνοιξεν τὴν σφραγῖδα τὴν ἑβδόμην, ἐγένετο σιγὴ ἐν τῷ 8
οὐρανῷ ὡς ἡμίωρον. καὶ εἶδον τοὺς ἑπτὰ ἀγγέλους οἳ ἐνώπιον τοῦ 2
Θεοῦ ἑστήκασιν, καὶ ἐδόθησαν αὐτοῖς ἑπτὰ σάλπιγγες.

Καὶ ἄλλος ἄγγελος ἦλθεν καὶ ⌊ἐστάθη ἐπὶ τοῦ θυσιαστηρίου⌋ᶠ ἔχων 3
λιβανωτὸν χρυσοῦν, καὶ ἐδόθη αὐτῷ ⌊θυμιάματα⌋ πολλά, ἵνα δώσει
⌊ταῖς προσευχαῖς⌋ τῶν ἁγίων πάντων ἐπὶ τὸ θυσιαστήριον τὸ χρυσοῦν
τὸ ἐνώπιον τοῦ θρόνου. καὶ ἀνέβη ὁ καπνὸς ⌊τῶν θυμιαμάτων ταῖς 4
προσευχαῖς⌋ᵍ τῶν ἁγίων ἐκ χειρὸς τοῦ ἀγγέλου ἐνώπιον τοῦ Θεοῦ.
καὶ εἴληφεν ὁ ἄγγελος ⌊τὸν λιβανωτόν⌋, καὶ ⌊ἐγέμισεν⌋ αὐτὸν ἐκ ⌊τοῦ 5
πυρὸς τοῦ θυσιαστηρίου⌋ʰ καὶ ἔβαλεν εἰς τὴν γῆν· καὶ ἐγένοντο ⌊βρον-
ταὶ⌋ καὶ ⌊φωναὶ καὶ ἀστραπαὶ⌋ⁱ καὶ σεισμός.

[a] Is. 6. 1 ; Ps. 47. 8   [b] Dn. 12. 1   [c] Gn. 49. 11   [d] Is. 49. 10 ; Ezk.
34. 23 ; Jer. 2. 13   [e] Jer. 31. 16 ; Is. 25. 8   [f] Am. 9. 1   [g] Ps. 141. 2
[h] Lv. 16. 12 ; Ezk. 10. 2   [i] Ex. 19. 16

6 Καὶ οἱ ἑπτὰ ἄγγελοι οἱ ἔχοντες τὰς ἑπτὰ σάλπιγγας ἡτοίμασαν αὐτοὺς ἵνα σαλπίσωσιν.

7 Καὶ ὁ πρῶτος ἐσάλπισεν· καὶ ⌊ἐγένετο χάλαζα καὶ πῦρ⌋ μεμιγμένα ἐν ⌊αἵματι⌋ καὶ ἐβλήθη ⌊εἰς τὴν γῆν⌋·ᵃ καὶ τὸ τρίτον τῆς γῆς κατεκάη, καὶ τὸ τρίτον τῶν δένδρων κατεκάη, καὶ πᾶς χόρτος χλωρὸς κατεκάη.

8 Καὶ ὁ δεύτερος ἄγγελος ἐσάλπισεν· καὶ ⌊ὡς ὄρος⌋ μέγα ⌊πυρὶ καιό-μενον⌋ᵇ ἐβλήθη εἰς τὴν θάλασσαν· καὶ ⌊ἐγένετο⌋ τὸ τρίτον τῆς θαλάσσης 9 ⌊αἷμα⌋,ᶜ καὶ ἀπέθανεν τὸ τρίτον τῶν κτισμάτων τῶν ἐν τῇ θαλάσσῃ, τὰ ἔχοντα ψυχάς, καὶ τὸ τρίτον τῶν πλοίων διεφθάρησαν.

10 Καὶ ὁ τρίτος ἄγγελος ἐσάλπισεν· καὶ ⌊ἔπεσεν ἐκ τοῦ οὐρανοῦ ἀστὴρ⌋ᵈ μέγας καιόμενος ὡς λαμπάς, καὶ ἔπεσεν ἐπὶ τὸ τρίτον τῶν ποταμῶν καὶ 11 ἐπὶ τὰς πηγὰς τῶν ὑδάτων. καὶ τὸ ὄνομα τοῦ ἀστέρος λέγεται ὁ Ἄψινθος. καὶ ἐγένετο τὸ τρίτον τῶν ὑδάτων εἰς ἄψινθον, καὶ πολλοὶ τῶν ἀνθρώπων ἀπέθανον ἐκ τῶν ὑδάτων ὅτι ἐπικράνθησαν.

12 Καὶ ὁ τέταρτος ἄγγελος ἐσάλπισεν· καὶ ἐπλήγη τὸ τρίτον τοῦ ἡλίου καὶ τὸ τρίτον τῆς σελήνης καὶ τὸ τρίτον τῶν ἀστέρων, ἵνα σκοτισθῇ τὸ τρίτον αὐτῶν καὶ ἡ ἡμέρα μὴ φάνῃ τὸ τρίτον αὐτῆς, καὶ ἡ νὺξ ὁμοίως.

13 Καὶ εἶδον, καὶ ἤκουσα ἑνὸς ἀετοῦ πετομένου ἐν μεσουρανήματι λέγοντος φωνῇ μεγάλῃ· Οὐαὶ οὐαὶ οὐαὶ τοὺς κατοικοῦντας ἐπὶ τῆς γῆς ἐκ τῶν λοιπῶν φωνῶν τῆς σάλπιγγος τῶν τριῶν ἀγγέλων τῶν μελ-λόντων σαλπίζειν.

9 Καὶ ὁ πέμπτος ἄγγελος ἐσάλπισεν· καὶ εἶδον ἀστέρα ἐκ τοῦ οὐρανοῦ πεπτωκότα εἰς τὴν γῆν, καὶ ἐδόθη αὐτῷ ἡ κλεὶς τοῦ φρέατος τῆς 2 ἀβύσσου. καὶ ἤνοιξεν τὸ φρέαρ τῆς ἀβύσσου· καὶ ⌊ἀνέβη καπνὸς⌋ ἐκ τοῦ φρέατος ⌊ὡς καπνὸς καμίνου⌋ᵉ μεγάλης, καὶ ⌊ἐσκοτώθη ὁ ἥλιος⌋ᶠ 3 καὶ ὁ ἀὴρ ἐκ τοῦ καπνοῦ τοῦ φρέατος. καὶ ἐκ τοῦ καπνοῦ ἐξῆλθον ⌊ἀκρίδες εἰς τὴν γῆν⌋, καὶ ἐδόθη αὐτοῖς ἐξουσία ὡς ἔχουσιν ἐξουσίαν 4 οἱ σκορπίοι τῆς γῆς. καὶ ἐρρέθη αὐτοῖς ἵνα μὴ ἀδικήσουσιν ⌊τὸν χόρτον τῆς γῆς⌋ οὐδὲ ⌊πᾶν χλωρὸν⌋ οὐδὲ ⌊πᾶν δένδρον⌋,ᵍ εἰ μὴ τοὺς ἀνθρώπους 5 οἵτινες οὐκ ἔχουσιν ⌊τὴν σφραγῖδα⌋ τοῦ Θεοῦ ⌊ἐπὶ τῶν μετώπων⌋.ʰ καὶ ἐδόθη αὐτοῖς ἵνα μὴ ἀποκτείνωσιν αὐτούς, ἀλλ' ἵνα βασανισθήσονται μῆνας πέντε· καὶ ὁ βασανισμὸς αὐτῶν ὡς βασανισμὸς σκορπίου, ὅταν 6 παίσῃ ἄνθρωπον. καὶ ἐν ταῖς ἡμέραις ἐκείναις ⌊ζητήσουσιν⌋ οἱ ἄνθρω-ποι ⌊τὸν θάνατον καὶ οὐ μὴ⌋ⁱ εὑρήσουσιν αὐτόν, καὶ ἐπιθυμήσουσιν ἀποθανεῖν καὶ φεύγει ὁ θάνατος ἀπ' αὐτῶν.

7 Καὶ ⌊τὰ ὁμοιώματα⌋ τῶν ἀκρίδων ⌊ὅμοιοι ἵπποις⌋ ἡτοιμασμένοις ⌊εἰς

---

[a] Ezk. 38. 22; Joel 2. 30; Ex. 9. 23–26   [b] Jer. 51. 25   [c] Ex. 7. 20, 21
[d] Is. 14. 12; Dn. 8. 10   [e] Gn. 19. 28; Ex. 19. 18   [f] Joel 2. 2, 10   [g] Ex. 10. 12, 15   [h] Ezk. 9. 4   [i] Job 3. 21

πόλεμον」,ᵃ καὶ ἐπὶ τὰς κεφαλὰς αὐτῶν ὡς στέφανοι ὅμοιοι χρυσῷ, καὶ
τὰ πρόσωπα αὐτῶν ὡς πρόσωπα ἀνθρώπων, καὶ εἶχον τρίχας ὡς 8
τρίχας γυναικῶν, καὶ ⌊οἱ ὀδόντες αὐτῶν ὡς λεόντων」ᵇ ἦσαν, καὶ εἶχον 9
θώρακας ὡς θώρακας σιδηροῦς, καὶ ἡ φωνὴ τῶν πτερύγων αὐτῶν ⌊ὡς
φωνὴ ἁρμάτων」 ἵππων πολλῶν ⌊τρεχόντων εἰς πόλεμον」.ᶜ καὶ ἔχουσιν 10
οὐρὰς ὁμοίας σκορπίοις καὶ κέντρα, καὶ ἐν ταῖς οὐραῖς αὐτῶν ἡ ἐξουσία
αὐτῶν ἀδικῆσαι τοὺς ἀνθρώπους μῆνας πέντε. ἔχουσιν ἐπ' αὐτῶν 11
βασιλέα τὸν ἄγγελον τῆς ἀβύσσου, ὄνομα αὐτῷ Ἑβραϊστὶ Ἀβαδδών,
καὶ ἐν τῇ Ἑλληνικῇ ὄνομα ἔχει Ἀπολλύων.

Ἡ οὐαὶ ἡ μία ἀπῆλθεν· ἰδοὺ ἔρχεται ἔτι δύο οὐαὶ μετὰ ταῦτα. 12

Καὶ ὁ ἕκτος ἄγγελος ἐσάλπισεν· καὶ ἤκουσα φωνὴν μίαν ἐκ τῶν 13
κεράτων τοῦ θυσιαστηρίου τοῦ χρυσοῦ τοῦ ἐνώπιον τοῦ Θεοῦ, λέγοντα 14
τῷ ἕκτῳ ἀγγέλῳ, ὁ ἔχων τὴν σάλπιγγα· Λῦσον τοὺς τέσσαρας ἀγ-
γέλους τοὺς δεδεμένους ἐπὶ ⌊τῷ ποταμῷ τῷ μεγάλῳ Εὐφράτῃ」.ᵈ καὶ 15
ἐλύθησαν οἱ τέσσαρες ἄγγελοι οἱ ἡτοιμασμένοι εἰς τὴν ὥραν καὶ
ἡμέραν καὶ μῆνα καὶ ἐνιαυτόν, ἵνα ἀποκτείνωσιν τὸ τρίτον τῶν ἀνθρώ-
πων. καὶ ὁ ἀριθμὸς τῶν στρατευμάτων τοῦ ἱππικοῦ δισμυριάδες 16
μυριάδων· ἤκουσα τὸν ἀριθμὸν αὐτῶν.

Καὶ οὕτως εἶδον τοὺς ἵππους ἐν τῇ ὁράσει καὶ τοὺς καθημένους ἐπ' 17
αὐτῶν, ἔχοντας θώρακας πυρίνους καὶ ὑακινθίνους καὶ θειώδεις· καὶ αἱ
κεφαλαὶ τῶν ἵππων ὡς κεφαλαὶ λεόντων, καὶ ἐκ τῶν στομάτων αὐτῶν
ἐκπορεύεται πῦρ καὶ καπνὸς καὶ θεῖον. ἀπὸ τῶν τριῶν πληγῶν τούτων 18
ἀπεκτάνθησαν τὸ τρίτον τῶν ἀνθρώπων, ἐκ τοῦ πυρὸς καὶ τοῦ καπνοῦ
καὶ τοῦ θείου τοῦ ἐκπορευομένου ἐκ τῶν στομάτων αὐτῶν. ἡ γὰρ 19
ἐξουσία τῶν ἵππων ἐν τῷ στόματι αὐτῶν ἐστιν καὶ ἐν ταῖς οὐραῖς
αὐτῶν· αἱ γὰρ οὐραὶ αὐτῶν ὅμοιαι ὄφεσιν, ἔχουσαι κεφαλάς, καὶ ἐν
αὐταῖς ἀδικοῦσιν.

Καὶ οἱ λοιποὶ τῶν ἀνθρώπων, οἳ οὐκ ἀπεκτάνθησαν ἐν ταῖς πληγαῖς 20
ταύταις, οὐδὲ μετενόησαν ἐκ ⌊τῶν ἔργων τῶν χειρῶν αὐτῶν」, ἵνα μὴ
προσκυνήσουσιν ⌊τὰ δαιμόνια」 καὶ ⌊τὰ εἴδωλα τὰ χρυσᾶ καὶ τὰ ἀργυρᾶ
καὶ τὰ χαλκᾶ καὶ τὰ λίθινα καὶ τὰ ξύλινα, ἃ οὔτε βλέπειν」 δύνανται
⌊οὔτε ἀκούειν οὔτε περιπατεῖν」.ᵉ καὶ οὐ μετενόησαν ἐκ τῶν φόνων 21
αὐτῶν οὔτε ἐκ ⌊τῶν φαρμακειῶν」 αὐτῶν οὔτε ἐκ ⌊τῆς πορνείας」ᶠ αὐτῶν
οὔτε ἐκ τῶν κλεμμάτων αὐτῶν.

❡ Καὶ εἶδον ἄλλον ἄγγελον ἰσχυρὸν καταβαίνοντα ἐκ τοῦ οὐρανοῦ, 10
περιβεβλημένον νεφέλην, καὶ ἡ ἶρις ἐπὶ τὴν κεφαλὴν αὐτοῦ, καὶ τὸ

[a] Joel 2. 4   [b] Joel 1. 6   [c] Joel 2. 5   [d] Gn. 15. 18; Dt. 1. 7; Jos. 1. 4
[e] Is. 2. 8, 20; Dn. 5. 4, 23; Ps. 115. 4; 135. 15   [f] 2 Kgs. 9. 22

2 πρόσωπον αὐτοῦ ὡς ὁ ἥλιος, καὶ οἱ πόδες αὐτοῦ ὡς στῦλοι πυρός, καὶ
ἔχων ἐν τῇ χειρὶ αὐτοῦ βιβλαρίδιον ἠνεῳγμένον. καὶ ἔθηκεν τὸν πόδα
3 αὐτοῦ τὸν δεξιὸν ἐπὶ τῆς θαλάσσης, τὸν δὲ εὐώνυμον ἐπὶ τῆς γῆς, καὶ
ἔκραξεν φωνῇ μεγάλῃ ὥσπερ λέων μυκᾶται. καὶ ὅτε ἔκραξεν, ἐλάλησαν
4 αἱ ἑπτὰ βρονταὶ τὰς ἑαυτῶν φωνάς. καὶ ὅσα ἐλάλησαν αἱ ἑπτὰ
βρονταί, ἤμελλον γράφειν· καὶ ἤκουσα φωνὴν ἐκ τοῦ οὐρανοῦ λέγουσαν·
5 ⌊Σφράγισον⌋ᵃ ἃ ἐλάλησαν αἱ ἑπτὰ βρονταί, καὶ μὴ αὐτὰ γράψῃς. καὶ
ὁ ἄγγελος, ὃν εἶδον ἑστῶτα ἐπὶ τῆς θαλάσσης καὶ ἐπὶ τῆς γῆς, ⌊ἦρεν
6 τὴν χεῖρα αὐτοῦ τὴν δεξιὰν εἰς τὸν οὐρανόν, καὶ ὤμοσεν ἐν τῷ ζῶντι εἰς
τοὺς αἰῶνας⌋ τῶν αἰώνων, ⌊ὃς ἔκτισεν τὸν οὐρανὸν καὶ τὰ ἐν αὐτῷ καὶ
τὴν γῆν καὶ τὰ ἐν αὐτῇ καὶ τὴν θάλασσαν καὶ τὰ ἐν αὐτῇ⌋,ᵇ ὅτι Χρόνος
7 οὐκέτι ἔσται, ἀλλ᾽ ἐν ταῖς ἡμέραις τῆς φωνῆς τοῦ ἑβδόμου ἀγγέλου,
ὅταν μέλλῃ σαλπίζειν, καὶ ἐτελέσθη ⌊τὸ μυστήριον τοῦ Θεοῦ⌋, ὡς
εὐηγγέλισεν ⌊τοὺς ἑαυτοῦ δούλους τοὺς προφήτας⌋.ᶜ
8 Καὶ ἡ φωνὴ ἣν ἤκουσα ἐκ τοῦ οὐρανοῦ, πάλιν λαλοῦσαν μετ᾽ ἐμοῦ
καὶ λέγουσαν· Ὕπαγε λάβε τὸ βιβλίον τὸ ἠνεῳγμένον ἐν τῇ χειρὶ τοῦ
9 ἀγγέλου τοῦ ἑστῶτος ἐπὶ τῆς θαλάσσης καὶ ἐπὶ τῆς γῆς. καὶ ἀπῆλθα
πρὸς τὸν ἄγγελον, λέγων αὐτῷ δοῦναί μοι ⌊τὸ βιβλαρίδιον. καὶ λέγει
μοι⌋· Λάβε ⌊καὶ κατάφαγε⌋ αὐτό, καὶ πικρανεῖ ⌊σου τὴν κοιλίαν⌋, ἀλλ᾽
10 ἐν ⌊τῷ στόματί σου⌋ ἔσται γλυκὺ ὡς μέλι. καὶ ἔλαβον ⌊τὸ βιβλαρίδιον⌋
ἐκ τῆς χειρὸς τοῦ ἀγγέλου ⌊καὶ κατέφαγον αὐτό, καὶ ἦν ἐν τῷ στόματί
μου ὡς μέλι γλυκύ·⌋ᵈ καὶ ὅτε ἔφαγον αὐτό, ἐπικράνθη ἡ κοιλία μου.
11 Καὶ λέγουσίν μοι· ⌊Δεῖ σε⌋ πάλιν ⌊προφητεῦσαι ἐπὶ λαοῖς καὶ ἔθνεσιν
καὶ γλώσσαις καὶ βασιλεῦσιν⌋ᵉ πολλοῖς.

11 Καὶ ἐδόθη μοι ⌊κάλαμος⌋ᶠ ὅμοιος ῥάβδῳ, λέγων· Ἔγειρε καὶ μέτρησον
τὸν ναὸν τοῦ Θεοῦ καὶ τὸ θυσιαστήριον καὶ τοὺς προσκυνοῦντας ἐν
2 αὐτῷ. καὶ τὴν αὐλὴν τὴν ἔξωθεν τοῦ ναοῦ ἔκβαλε ἔξω καὶ μὴ αὐτὴν
μετρήσῃς, ὅτι ἐδόθη ⌊τοῖς ἔθνεσιν⌋, καὶ τὴν πόλιν τὴν ἁγίαν ⌊πατήσου-
3 σιν⌋ᵍ μῆνας τεσσεράκοντα δύο. καὶ δώσω τοῖς δυσὶν μάρτυσίν μου, καὶ
προφητεύσουσιν ἡμέρας χιλίας διακοσίας ἑξήκοντα περιβεβλημένοι
4 σάκκους. οὗτοί εἰσιν ⌊αἱ δύο ἐλαῖαι⌋ καὶ αἱ δύο ⌊λυχνίαι⌋ αἱ ⌊ἐνώπιον
5 τοῦ Κυρίου τῆς γῆς ἑστῶτες⌋.ʰ καὶ εἴ τις αὐτοὺς θέλει ἀδικῆσαι, ⌊πῦρ
ἐκπορεύεται ἐκ τοῦ στόματος⌋ αὐτῶν καὶ ⌊κατεσθίει τοὺς ἐχθροὺς⌋ⁱ
αὐτῶν· καὶ εἴ τις θελήσῃ αὐτοὺς ἀδικῆσαι, οὕτως δεῖ αὐτὸν ἀποκτανθῆ-
6 ναι. οὗτοι ἔχουσιν τὴν ἐξουσίαν κλεῖσαι τὸν οὐρανόν, ἵνα ⌊μὴ ὑετὸς

[a] Dn. 8. 26; 12. 4, 9   [b] Dt. 32. 40; Gn. 14. 19, 22; Neh. 9. 6; Ps. 146. 6
[c] Am. 3. 7; Dn. 9. 6, 10; Zech. 1. 6   [d] Ezk. 2. 8; 3. 1–3   [e] Jer. 1. 10;
25. 30; Dn. 3. 4; 7. 14   [f] Ezk. 40. 3; Zech. 2. 1   [g] Zech. 12. 3 LXX; Is.
63. 18; Ps. 79. 1   [h] Zech. 4. 3, 11–14   [i] 2 Kgs. 1. 10; 2 Sam. 22. 9;
Jer. 5. 14

βρέχῃ‿ᵃ τὰς ἡμέρας τῆς προφητείας αὐτῶν, καὶ ἐξουσίαν ἔχουσιν ἐπὶ
⌊τῶν ὑδάτων στρέφειν⌋ αὐτὰ ⌊εἰς αἷμα⌋ καὶ ⌊πατάξαι⌋ τὴν γῆν ⌊ἐν πάσῃ
πληγῇ⌋ᵇ ὁσάκις ἐὰν θελήσωσιν. καὶ ὅταν τελέσωσιν τὴν μαρτυρίαν 7
αὐτῶν, τὸ ⌊θηρίον⌋ τὸ ⌊ἀναβαῖνον ἐκ τῆς ἀβύσσου ποιήσει μετ'⌋ αὐτῶν
⌊πόλεμον καὶ νικήσει αὐτούς⌋ᶜ καὶ ἀποκτενεῖ αὐτούς. καὶ τὰ πτώματα 8
αὐτῶν ἐπὶ τῆς πλατείας τῆς πόλεως τῆς μεγάλης, ἥτις καλεῖται πνευ-
ματικῶς Σόδομα καὶ Αἴγυπτος, ὅπου καὶ ὁ Κύριος αὐτῶν ἐσταυρώθη.
καὶ βλέπουσιν ἐκ τῶν λαῶν καὶ φυλῶν καὶ γλωσσῶν καὶ ἐθνῶν τὸ 9
πτῶμα αὐτῶν ἡμέρας τρεῖς καὶ ἥμισυ, καὶ τὰ πτώματα αὐτῶν οὐκ
ἀφίουσιν τεθῆναι εἰς μνῆμα. καὶ οἱ κατοικοῦντες ἐπὶ τῆς γῆς χαίρουσιν 10
ἐπ' αὐτοῖς καὶ ⌊εὐφραίνονται⌋,ᵈ καὶ δῶρα πέμπουσιν ἀλλήλοις, ὅτι
οὗτοι οἱ δύο προφῆται ἐβασάνισαν τοὺς κατοικοῦντας ἐπὶ τῆς γῆς.
καὶ μετὰ τὰς τρεῖς ἡμέρας καὶ ἥμισυ ⌊πνεῦμα ζωῆς⌋ ἐκ τοῦ Θεοῦ ⌊εἰσῆλθεν 11
εἰς αὐτούς, καὶ ἔστησαν ἐπὶ τοὺς πόδας αὐτῶν⌋,ᵉ καὶ ⌊φόβος⌋ μέγας
⌊ἐπέπεσεν ἐπὶ⌋ᶠ τοὺς θεωροῦντας αὐτούς. καὶ ἤκουσαν φωνῆς μεγάλης 12
ἐκ τοῦ οὐρανοῦ λεγούσης αὐτοῖς· Ἀνάβατε ὧδε· καὶ ἀνέβησαν ⌊εἰς τὸν
οὐρανὸν⌋ᵍ ἐν τῇ νεφέλῃ, καὶ ἐθεώρησαν αὐτοὺς οἱ ἐχθροὶ αὐτῶν. καὶ ἐν 13
ἐκείνῃ τῇ ὥρᾳ ἐγένετο ⌊σεισμὸς μέγας⌋, καὶ τὸ δέκατον τῆς πόλεως
⌊ἔπεσεν⌋,ʰ καὶ ἀπεκτάνθησαν ἐν τῷ σεισμῷ ὀνόματα ἀνθρώπων χιλιάδες
ἑπτά, καὶ οἱ λοιποὶ ἔμφοβοι ἐγένοντο καὶ ἔδωκαν δόξαν ⌊τῷ Θεῷ τοῦ
οὐρανοῦ⌋.ⁱ

Ἡ οὐαὶ ἡ δευτέρα ἀπῆλθεν· ἰδοὺ ἡ οὐαὶ ἡ τρίτη ἔρχεται ταχύ. 14
Καὶ ὁ ἕβδομος ἄγγελος ἐσάλπισεν· καὶ ἐγένοντο φωναὶ μεγάλαι ἐν τῷ 15
οὐρανῷ, λέγοντες·

Ἐγένετο ⌊ἡ βασιλεία⌋ τοῦ κόσμου ⌊τοῦ Κυρίου⌋ ἡμῶν ⌊καὶ τοῦ
Χριστοῦ αὐτοῦ⌋, καὶ ⌊βασιλεύσει εἰς τοὺς αἰῶνας τῶν αἰώνων.⌋ʲ

καὶ οἱ εἴκοσι τέσσαρες πρεσβύτεροι, οἱ ἐνώπιον τοῦ Θεοῦ καθήμενοι ἐπὶ 16
τοὺς θρόνους αὐτῶν, ἔπεσαν ἐπὶ τὰ πρόσωπα αὐτῶν καὶ προσεκύνησαν
τῷ Θεῷ, λέγοντες· 17

Εὐχαριστοῦμέν σοι, Κύριε ὁ Θεὸς ὁ παντοκράτωρ, ⌊ὁ ὢν⌋ᵏ καὶ ὁ
ἦν, ὅτι εἴληφας τὴν δύναμίν σου τὴν μεγάλην καὶ ⌊ἐβασίλευσας⌋.
καὶ ⌊τὰ ἔθνη ὠργίσθησαν⌋, καὶ ἦλθεν ⌊ἡ ὀργή⌋ˡ σου καὶ ὁ καιρὸς 18
τῶν νεκρῶν κριθῆναι, καὶ δοῦναι τὸν μισθὸν ⌊τοῖς δούλοις σου τοῖς
προφήταις⌋ᵐ καὶ τοῖς ἁγίοις καὶ ⌊τοῖς φοβουμένοις⌋ τὸ ὄνομά σου,

[a] 1 Kgs. 17. 1   [b] Ex. 7. 17, 19, 20; 1 Sam. 4. 8   [c] Dn. 7. 3, 7, 21
[d] Ps. 105. 38   [e] Ezk. 37. 5   [f] Gn. 15. 12   [g] 2 Kgs. 2. 11   [h] Ezk.
38. 19, 20   [i] Dn. 2. 19   [j] Dn. 2. 44; 7. 14, 27; Zech. 14. 9; Ex. 15. 18;
Ob. 21; Ps. 2. 2; 10. 16; 22. 28   [k] Ex. 3. 14; Is. 41. 4   [l] Ps. 2. 1, 5, 12;
46. 6; 99. 1   [m] Am. 3. 7; Dn. 9. 6, 10; Zech. 1. 6

⌊τοῖς μικροῖς καὶ τοῖς μεγάλοις⌋,ᵃ καὶ διαφθεῖραι τοὺς διαφθείροντας τὴν γῆν.

19   Καὶ ἠνοίγη ὁ ναὸς τοῦ Θεοῦ ὁ ἐν τῷ οὐρανῷ, καὶ ὤφθη ⌊ἡ κιβωτὸς τῆς διαθήκης⌋ αὐτοῦ ⌊ἐν τῷ ναῷ⌋ᵇ αὐτοῦ, καὶ ἐγένοντο ⌊ἀστραπαὶ καὶ φωναὶ καὶ βρονταὶ⌋ᶜ καὶ σεισμὸς καὶ ⌊χάλαζα μεγάλη⌋.ᵈ

12   ⊄ Καὶ σημεῖον μέγα ὤφθη ἐν τῷ οὐρανῷ, γυνὴ περιβεβλημένη τὸν ἥλιον, καὶ ἡ σελήνη ὑποκάτω τῶν ποδῶν αὐτῆς, καὶ ἐπὶ τῆς κεφαλῆς 2 αὐτῆς στέφανος ἀστέρων δώδεκα· καὶ ἐν γαστρὶ ἔχουσα, καὶ ⌊κράζει 3 ὠδίνουσα καὶ⌋ βασανιζομένη ⌊τεκεῖν⌋.ᵉ καὶ ὤφθη ἄλλο σημεῖον ἐν τῷ οὐρανῷ, καὶ ἰδοὺ δράκων μέγας πυρρός, ἔχων κεφαλὰς ἑπτὰ καὶ 4 ⌊κέρατα δέκα⌋·ᶠ καὶ ἐπὶ τὰς κεφαλὰς αὐτοῦ ἑπτὰ διαδήματα, καὶ ἡ οὐρὰ αὐτοῦ σύρει τὸ τρίτον ⌊τῶν ἀστέρων τοῦ οὐρανοῦ, καὶ ἔβαλεν⌋ αὐτοὺς ⌊εἰς τὴν γῆν⌋.ᵍ καὶ ὁ δράκων ἕστηκεν ἐνώπιον τῆς γυναικὸς τῆς 5 μελλούσης τεκεῖν, ἵνα ὅταν τέκῃ τὸ τέκνον αὐτῆς καταφάγῃ. καὶ ⌊ἔτεκεν⌋ υἱὸν ⌊ἄρσεν⌋,ʰ ὃς μέλλει ⌊ποιμαίνειν⌋ πάντα ⌊τὰ ἔθνη ἐν ῥάβδῳ σιδηρᾷ⌋·ⁱ καὶ ἡρπάσθη τὸ τέκνον αὐτῆς πρὸς τὸν Θεὸν καὶ πρὸς τὸν 6 θρόνον αὐτοῦ. καὶ ἡ γυνὴ ἔφυγεν εἰς τὴν ἔρημον, ὅπου ἔχει ἐκεῖ τόπον ἡτοιμασμένον ἀπὸ τοῦ Θεοῦ, ἵνα ἐκεῖ τρέφωσιν αὐτὴν ἡμέρας χιλίας διακοσίας ἑξήκοντα.

7   Καὶ ἐγένετο πόλεμος ἐν τῷ οὐρανῷ, ⌊ὁ Μιχαὴλ⌋ καὶ οἱ ἄγγελοι αὐτοῦ ⌊τοῦ πολεμῆσαι⌋ μετὰ τοῦ δράκοντος. καὶ ὁ δράκων ἐπολέμησεν καὶ οἱ 8 ἄγγελοι αὐτοῦ, καὶ οὐκ ἴσχυσαν, ⌊οὐδὲ τόπος εὑρέθη αὐτῶν⌋ʲ ἔτι ἐν τῷ 9 οὐρανῷ. καὶ ἐβλήθη ὁ δράκων ὁ μέγας, ⌊ὁ ὄφις⌋ᵏ ὁ ἀρχαῖος, ὁ καλούμενος ⌊Διάβολος⌋ καὶ ⌊ὁ Σατανᾶς⌋,ˡ ὁ πλανῶν τὴν οἰκουμένην ὅλην— ἐβλήθη εἰς τὴν γῆν, καὶ οἱ ἄγγελοι αὐτοῦ μετ' αὐτοῦ ἐβλήθησαν.

10   Καὶ ἤκουσα φωνὴν μεγάλην ἐν τῷ οὐρανῷ λέγουσαν· Ἄρτι ἐγένετο ἡ σωτηρία καὶ ἡ δύναμις καὶ ἡ βασιλεία τοῦ Θεοῦ ἡμῶν καὶ ἡ ἐξουσία τοῦ Χριστοῦ αὐτοῦ, ὅτι ἐβλήθη ὁ κατήγωρ τῶν ἀδελφῶν ἡμῶν, ὁ κατη- 11 γορῶν αὐτοὺς ἐνώπιον τοῦ Θεοῦ ἡμῶν ἡμέρας καὶ νυκτός. καὶ αὐτοὶ ἐνίκησαν αὐτὸν διὰ τὸ αἷμα τοῦ Ἀρνίου καὶ διὰ τὸν λόγον τῆς μαρτυρίας 12 αὐτῶν, καὶ οὐκ ἠγάπησαν τὴν ψυχὴν αὐτῶν ἄχρι θανάτου. διὰ τοῦτο ⌊εὐφραίνεσθε, οὐρανοὶ⌋ᵐ καὶ οἱ ἐν αὐτοῖς σκηνοῦντες· οὐαὶ τὴν γῆν καὶ τὴν θάλασσαν, ὅτι κατέβη ὁ διάβολος πρὸς ὑμᾶς ἔχων θυμὸν μέγαν, εἰδὼς ὅτι ὀλίγον καιρὸν ἔχει.

[a] Ps. 115. 13   [b] 1 Kgs. 8. 1, 6; 2 Chr. 5. 7   [c] Ex. 19. 16   [d] Ex. 9. 24
[e] Is. 66. 7; Mic. 4. 10   [f] Dn. 7. 7   [g] Dn. 8. 10   [h] Is. 66. 7   [i] Ps. 2. 9
[j] Dn. 10. 13, 21; 12. 1   [k] Gn. 3. 1, 14   [l] Zech. 3. 1, 2   [m] Is. 44. 23; 49. 13

Καὶ ὅτε εἶδεν ὁ δράκων ὅτι ἐβλήθη εἰς τὴν γῆν, ἐδίωξεν τὴν γυναῖκα 13
ἥτις ἔτεκεν τὸν ἄρσενα. καὶ ἐδόθησαν τῇ γυναικὶ αἱ δύο πτέρυγες τοῦ 14
ἀετοῦ τοῦ μεγάλου, ἵνα πέτηται εἰς τὴν ἔρημον εἰς τὸν τόπον αὐτῆς,
ὅπου τρέφεται ἐκεῖ ⌊καιρὸν καὶ καιροὺς καὶ ἥμισυ καιροῦ⌋ᵃ ἀπὸ προσώ-
που τοῦ ὄφεως· καὶ ἔβαλεν ὁ ὄφις ἐκ τοῦ στόματος αὐτοῦ ὀπίσω τῆς 15
γυναικὸς ὕδωρ ὡς ποταμόν, ἵνα αὐτὴν ποταμοφόρητον ποιήσῃ. καὶ 16
ἐβοήθησεν ἡ γῆ τῇ γυναικί, ⌊καὶ ἤνοιξεν ἡ γῆ τὸ στόμα αὐτῆς καὶ
κατέπιεν⌋ᵇ τὸν ποταμὸν ὃν ἔβαλεν ὁ δράκων ἐκ τοῦ στόματος αὐτοῦ.
καὶ ὠργίσθη ὁ δράκων ἐπὶ τῇ γυναικί, καὶ ἀπῆλθεν ποιῆσαι πόλεμον 17
μετὰ τῶν λοιπῶν τοῦ σπέρματος αὐτῆς, τῶν τηρούντων τὰς ἐντολὰς
τοῦ Θεοῦ καὶ ἐχόντων τὴν μαρτυρίαν Ἰησοῦ· καὶ ᶜ ἐστάθη ἐπὶ τὴν ἄμμον 13
τῆς θαλάσσης.

Καὶ εἶδον ⌊ἐκ τῆς θαλάσσης θηρίον ἀναβαῖνον⌋, ἔχον ⌊κέρατα δέκα⌋ᵈ
καὶ κεφαλὰς ἑπτά, καὶ ἐπὶ τῶν κεράτων αὐτοῦ δέκα διαδήματα, καὶ ἐπὶ
τὰς κεφαλὰς αὐτοῦ ὀνόματα βλασφημίας. καὶ τὸ ⌊θηρίον⌋ ὃ εἶδον ἦν 2
⌊ὅμοιον παρδάλει⌋, καὶ οἱ πόδες αὐτοῦ ⌊ὡς ἄρκου⌋, καὶ τὸ στόμα αὐτοῦ
ὡς στόμα ⌊λέοντος⌋.ᵉ καὶ ἔδωκεν αὐτῷ ὁ δράκων τὴν δύναμιν αὐτοῦ
καὶ τὸν θρόνον αὐτοῦ καὶ ἐξουσίαν μεγάλην. καὶ μίαν ἐκ τῶν κεφαλῶν 3
αὐτοῦ ὡς ἐσφαγμένην εἰς θάνατον, καὶ ἡ πληγὴ τοῦ θανάτου αὐτοῦ
ἐθεραπεύθη. καὶ ἐθαυμάσθη ὅλη ἡ γῆ ὀπίσω τοῦ θηρίου, καὶ προσε- 4
κύνησαν τῷ δράκοντι, ὅτι ἔδωκεν τὴν ἐξουσίαν τῷ θηρίῳ, καὶ προσεκύνη-
σαν τῷ θηρίῳ λέγοντες· Τίς ὅμοιος τῷ θηρίῳ, καὶ τίς δύναται πολεμῆσαι
μετ᾽ αὐτοῦ;

Καὶ ἐδόθη αὐτῷ ⌊στόμα λαλοῦν μεγάλα⌋ καὶ βλασφημίας, καὶ ἐδόθη 5
αὐτῷ ἐξουσία ⌊ποιῆσαι⌋ᶠ μῆνας τεσσεράκοντα δύο. καὶ ἤνοιξεν τὸ 6
στόμα αὐτοῦ εἰς βλασφημίας πρὸς τὸν Θεόν, βλασφημῆσαι τὸ ὄνομα
αὐτοῦ καὶ ᵍ τὴν σκηνὴν αὐτοῦ ἐν τῷ οὐρανῷ. ʰ καὶ ἐδόθη αὐτῷ 7
⌊ποιῆσαι πόλεμον μετὰ τῶν ἁγίων καὶ νικῆσαι αὐτούς⌋,ⁱ καὶ ἐδόθη
αὐτῷ ἐξουσία ἐπὶ πᾶσαν φυλὴν καὶ λαὸν καὶ γλῶσσαν καὶ ἔθνος. καὶ 8
προσκυνήσουσιν αὐτὸν πάντες οἱ κατοικοῦντες ἐπὶ τῆς γῆς, ὧν οὐ
⌊γέγραπται⌋ τὸ ὄνομα αὐτῶν ἐν ⌊τῷ βιβλίῳ τῆς ζωῆς⌋ʲ τοῦ ⌊Ἀρνίου⌋
τοῦ ⌊ἐσφαγμένου⌋ᵏ ἀπὸ καταβολῆς κόσμου.

Εἴ τις ἔχει οὖς ἀκουσάτω. ⌊εἴ τις εἰς αἰχμαλωσίαν, εἰς αἰχμαλωσίαν⌋ 9 10
ὑπάγει· ⌊εἴ τις ἐν μαχαίρῃ⌋ ἀποκτενεῖ, δεῖ αὐτὸν ⌊ἐν μαχαίρῃ⌋ˡ ἀπο-
κτανθῆναι. ὧδέ ἐστιν ἡ ὑπομονὴ καὶ ἡ πίστις τῶν ἁγίων.

Καὶ εἶδον ἄλλο θηρίον ἀναβαῖνον ἐκ τῆ⌊ς⌋ γῆς, καὶ εἶχεν κέρατα δύο 11

[a] Dn. 7. 25; 12. 7   [b] Num. 16. 32   [c] ἐστάθην   [d] Dn. 7. 7   [e] Dn.
7. 4–6   [f] Dn. 7. 8, 11, 25   [g] τὴν σκηνὴν αὐτοῦ, τοὺς ἐν τῷ οὐρανῷ σκηνοῦν-
τας   [h] om. καὶ ἐδόθη … αὐτούς   [i] Dn. 7. 21   [j] Dn. 12. 1; Ps. 69. 28
[k] Is. 53. 7   [l] Jer. 15. 2

12 ὅμοια ἀρνίῳ, καὶ ἐλάλει ὡς δράκων. καὶ τὴν ἐξουσίαν τοῦ πρώτου
θηρίου πᾶσαν ποιεῖ ἐνώπιον αὐτοῦ. καὶ ποιεῖ τὴν γῆν καὶ τοὺς ἐν
αὐτῇ κατοικοῦντας ἵνα προσκυνήσουσιν τὸ θηρίον τὸ πρῶτον, οὗ
13 ἐθεραπεύθη ἡ πληγὴ τοῦ θανάτου αὐτοῦ. καὶ ποιεῖ σημεῖα μεγάλα,
ἵνα καὶ πῦρ ποιῇ ἐκ τοῦ οὐρανοῦ καταβαίνειν εἰς τὴν γῆν ἐνώπιον τῶν
14 ἀνθρώπων. καὶ πλανᾷ τοὺς κατοικοῦντας ἐπὶ τῆς γῆς διὰ τὰ σημεῖα ἃ
ἐδόθη αὐτῷ ποιῆσαι ἐνώπιον τοῦ θηρίου, λέγων τοῖς κατοικοῦσιν ἐπὶ
τῆς γῆς ποιῆσαι εἰκόνα τῷ θηρίῳ, ὃς ἔχει τὴν πληγὴν τῆς μαχαίρης
15 καὶ ἔζησεν. καὶ ἐδόθη αὐτῷ δοῦναι πνεῦμα τῇ εἰκόνι τοῦ θηρίου, ἵνα
καὶ λαλήσῃ ἡ εἰκὼν τοῦ θηρίου, καὶ ποιήσῃ ἵνα ⌊ὅσοι ἐὰν μὴ προσκυνή-
16 σωσιν τῇ εἰκόνι⌋ᵃ τοῦ θηρίου ἀποκτανθῶσιν. καὶ ποιεῖ πάντας, τοὺς
μικροὺς καὶ τοὺς μεγάλους, καὶ τοὺς πλουσίους καὶ τοὺς πτωχούς, καὶ
τοὺς ἐλευθέρους καὶ τοὺς δούλους, ἵνα δῶσιν αὐτοῖς χάραγμα ἐπὶ τῆς
17 χειρὸς αὐτῶν τῆς δεξιᾶς ἢ ἐπὶ τὸ μέτωπον αὐτῶν, καὶ ἵνα μή τις
δύνηται ἀγοράσαι ἢ πωλῆσαι εἰ μὴ ὁ ἔχων τὸ χάραγμα ἢ τὸ ὄνομα
18 τοῦ θηρίου ἢ τὸν ἀριθμὸν τοῦ ὀνόματος αὐτοῦ. (ὧδε ἡ σοφία ἐστίν·
ὁ ἔχων νοῦν ψηφισάτω τὸν ἀριθμὸν τοῦ θηρίου. ἀριθμὸς γὰρ ἀνθρώ-
που ἐστίν. καὶ ὁ ἀριθμὸς αὐτοῦ ἑξακόσιοι ἑξήκοντα ἕξ.)

14 Καὶ εἶδον, καὶ ἰδοὺ τὸ Ἀρνίον ἑστὸς ἐπὶ τὸ ὄρος Σιών, καὶ μετ' αὐτοῦ
ἑκατὸν τεσσεράκοντα τέσσαρες χιλιάδες ἔχουσαι τὸ ὄνομα αὐτοῦ
καὶ τὸ ὄνομα τοῦ Πατρὸς αὐτοῦ γεγραμμένον ⌊ἐπὶ τῶν μετώπων⌋ᵇ
2 αὐτῶν. καὶ ἤκουσα φωνὴν ἐκ τοῦ οὐρανοῦ ⌊ὡς φωνὴν ὑδάτων πολ-
λῶν⌋ᶜ καὶ ὡς φωνὴν βροντῆς μεγάλης, καὶ ἡ φωνὴ ἣν ἤκουσα ὡς
3 κιθαρῳδῶν κιθαριζόντων ἐν ταῖς κιθάραις αὐτῶν. καὶ ⌊ᾄδουσιν ᾠδὴν
καινὴν⌋ᵈ ἐνώπιον τοῦ θρόνου καὶ ἐνώπιον τῶν τεσσάρων ζῴων καὶ τῶν
πρεσβυτέρων· καὶ οὐδεὶς ἐδύνατο μαθεῖν τὴν ᾠδὴν εἰ μὴ αἱ ἑκατὸν
4 τεσσεράκοντα τέσσαρες χιλιάδες, οἱ ἠγορασμένοι ἀπὸ τῆς γῆς. οὗτοί
εἰσιν οἳ μετὰ γυναικῶν οὐκ ἐμολύνθησαν· παρθένοι γάρ εἰσιν. οὗτοι οἱ
ἀκολουθοῦντες τῷ Ἀρνίῳ ὅπου ἂν ὑπάγῃ. οὗτοι ἠγοράσθησαν ἀπὸ
5 τῶν ἀνθρώπων ἀπαρχὴ τῷ Θεῷ καὶ τῷ Ἀρνίῳ, καὶ ⌊ἐν τῷ στόματι⌋
αὐτῶν ⌊οὐχ εὑρέθη ψεῦδος·⌋ᵉ ἄμωμοί εἰσιν.
6 Καὶ εἶδον ἄγγελον πετόμενον ἐν μεσουρανήματι, ἔχοντα εὐαγγέλιον
αἰώνιον εὐαγγελίσαι ἐπὶ τοὺς καθημένους ἐπὶ τῆς γῆς καὶ ἐπὶ πᾶν
ἔθνος καὶ φυλὴν καὶ γλῶσσαν καὶ λαόν, λέγων ἐν φωνῇ μεγάλῃ·
7 Φοβήθητε τὸν Θεὸν καὶ δότε αὐτῷ δόξαν, ὅτι ἦλθεν ἡ ὥρα τῆς κρίσεως

---

[a] Dn. 3. 5, 6   [b] Ezk. 9. 4   [c] Ezk. 1. 24; 43. 2   [d] Ps. 33. 3; 40. 3;
96. 1; 98. 1; 144. 9; Is. 42. 10   [e] Ps. 32. 2; Is. 53. 9; Zeph. 3. 13

αὐτοῦ, καὶ προσκυνήσατε ⌞τῷ ποιήσαντι τὸν οὐρανὸν καὶ τὴν γῆν καὶ τὴν θάλασσαν⌟ᵃ καὶ πηγὰς ὑδάτων.

Καὶ ἄλλος ἄγγελος δεύτερος ἠκολούθησεν λέγων· ⌞Ἔπεσεν ἔπεσεν 8 Βαβυλὼν ἡ μεγάλη⌟, ἣ ⌞ἐκ τοῦ οἴνου⌟ τοῦ θυμοῦ τῆς πορνείας ⌞αὐτῆς πεπότικεν πάντα τὰ ἔθνη⌟.ᵇ

Καὶ ἄλλος ἄγγελος τρίτος ἠκολούθησεν αὐτοῖς λέγων ἐν φωνῇ 9 μεγάλῃ· Εἴ τις προσκυνεῖ τὸ θηρίον καὶ τὴν εἰκόνα αὐτοῦ, καὶ λαμβάνει χάραγμα ἐπὶ τοῦ μετώπου αὐτοῦ ἢ ἐπὶ τὴν χεῖρα αὐτοῦ, καὶ αὐτὸς 10 ⌞πίεται ἐκ τοῦ οἴνου⌟ τοῦ θυμοῦ τοῦ Θεοῦ τοῦ ⌞κεκερασμένου ἀκράτου ἐν τῷ ποτηρίῳ τῆς ὀργῆς αὐτοῦ⌟,ᶜ καὶ βασανισθήσεται ἐν ⌞πυρὶ καὶ θείῳ⌟ᵈ ἐνώπιον ἀγγέλων ἁγίων καὶ ἐνώπιον τοῦ Ἀρνίου. ⌞καὶ ὁ καπνὸς⌟ τοῦ 11 βασανισμοῦ αὐτῶν ⌞εἰς αἰῶνας⌟ αἰώνων ⌞ἀναβαίνει⌟, καὶ οὐκ ἔχουσιν ἀνάπαυσιν ⌞ἡμέρας καὶ νυκτὸς⌟ᵉ οἱ προσκυνοῦντες τὸ θηρίον καὶ τὴν εἰκόνα αὐτοῦ, καὶ εἴ τις λαμβάνει τὸ χάραγμα τοῦ ὀνόματος αὐτοῦ. ὧδε ἡ ὑπομονὴ τῶν ἁγίων ἐστίν—οἱ τηροῦντες τὰς ἐντολὰς τοῦ Θεοῦ 12 καὶ τὴν πίστιν Ἰησοῦ.

Καὶ ἤκουσα φωνῆς ἐκ τοῦ οὐρανοῦ λεγούσης· Γράψον· Μακάριοι 13 ᶠ οἱ νεκροὶ οἱ ἐν Κυρίῳ ἀποθνήσκοντες. ᵍ Ἀπ' ἄρτι, λέγει τὸ Πνεῦμα, ἵνα ἀναπαήσονται ἐκ τῶν κόπων αὐτῶν· τὰ γὰρ ἔργα αὐτῶν ἀκολουθεῖ μετ' αὐτῶν.

Καὶ ⌞εἶδον, καὶ ἰδοὺ⌟ νεφέλη λευκή, καὶ ⌞ἐπὶ⌟ τὴν ⌞νεφέλην⌟ καθήμενον 14 ⌞ὅμοιον υἱὸν ἀνθρώπου⌟,ʰ ἔχων ἐπὶ τῆς κεφαλῆς αὐτοῦ στέφανον χρυσοῦν καὶ ἐν τῇ χειρὶ αὐτοῦ δρέπανον ὀξύ. καὶ ἄλλος ἄγγελος 15 ἐξῆλθεν ἐκ τοῦ ναοῦ, κράζων ἐν φωνῇ μεγάλῃ τῷ καθημένῳ ἐπὶ τῆς νεφέλης· ⌞Πέμψον τὸ δρέπανόν⌟ σου καὶ θέρισον, ὅτι ⌞ἦλθεν ἡ ὥρα θερίσαι⌟,ⁱ ὅτι ἐξηράνθη ὁ θερισμὸς τῆς γῆς. καὶ ἔβαλεν ὁ καθήμενος ἐπὶ 16 τῆς νεφέλης τὸ δρέπανον αὐτοῦ ἐπὶ τὴν γῆν, καὶ ἐθερίσθη ἡ γῆ.

Καὶ ἄλλος ἄγγελος ἐξῆλθεν ἐκ τοῦ ναοῦ τοῦ ἐν τῷ οὐρανῷ, ἔχων καὶ 17 αὐτὸς δρέπανον ὀξύ. καὶ ἄλλος ἄγγελος ἐξῆλθεν ἐκ τοῦ θυσιαστηρίου, 18 ὁ ἔχων ἐξουσίαν ἐπὶ τοῦ πυρός, καὶ ἐφώνησεν φωνῇ μεγάλῃ τῷ ἔχοντι τὸ δρέπανον τὸ ὀξὺ λέγων· ⌞Πέμψον⌟ σου ⌞τὸ δρέπανον⌟ⁱ τὸ ὀξὺ καὶ τρύγησον τοὺς βότρυας τῆς ἀμπέλου τῆς γῆς, ὅτι ἤκμασαν αἱ σταφυλαὶ αὐτῆς. καὶ ἔβαλεν ὁ ἄγγελος τὸ δρέπανον αὐτοῦ εἰς τὴν γῆν, καὶ ἐτρύγησεν 19 τὴν ἄμπελον τῆς γῆς καὶ ἔβαλεν εἰς τὴν ληνὸν τοῦ θυμοῦ τοῦ Θεοῦ τὸν μέγαν. καὶ ⌞ἐπατήθη ἡ ληνὸς⌟ʲ ἔξωθεν τῆς πόλεως, καὶ ἐξῆλθεν αἷμα ἐκ τῆς 20 ληνοῦ ἄχρι τῶν χαλινῶν τῶν ἵππων, ἀπὸ σταδίων χιλίων ἑξακοσίων.

[a] Ex. 20. 11; Ps. 146. 6   [b] Dn. 4. 30; Is. 21. 9; Jer. 51. 7, 8   [c] Is. 51. 17; Ps. 75. 8; Jer. 25. 15   [d] Gn. 19. 24; Ezk. 38. 22   [e] Is. 34. 9, 10 [f] οἱ νεκροὶ οἱ ἐν Κυρίῳ ἀποθνήσκοντες ἀπ' ἄρτι· Ναί, λέγει τὸ Πνεῦμα,   [g] ἀπαρτί, [h] Dn. 7. 13; 10. 16   [i] Joel 3. 13   [j] Joel 3. 13; Is. 63. 3

15 Καὶ εἶδον ἄλλο σημεῖον ἐν τῷ οὐρανῷ μέγα καὶ θαυμαστόν, ἀγγέλους ἑπτὰ ἔχοντας ⌊πληγὰς ἑπτὰ⌋ᵃ τὰς ἐσχάτας, ὅτι ἐν αὐταῖς ἐτελέσθη ὁ θυμὸς τοῦ Θεοῦ.

2 Καὶ εἶδον ὡς θάλασσαν ὑαλίνην μεμιγμένην πυρί, καὶ τοὺς νικῶντας ἐκ τοῦ θηρίου καὶ ἐκ τῆς εἰκόνος αὐτοῦ καὶ ἐκ τοῦ ἀριθμοῦ τοῦ ὀνόματος αὐτοῦ ἑστῶτας ἐπὶ τὴν θάλασσαν τὴν ὑαλίνην, ἔχοντας κιθάρας τοῦ Θεοῦ.

3 Καὶ ⌊ᾄδουσιν τὴν ᾠδὴν Μωϋσέως τοῦ δούλου τοῦ Θεοῦ⌋ᵇ καὶ τὴν ᾠδὴν τοῦ Ἀρνίου, λέγοντες·

⌊Μεγάλα⌋ καὶ ⌊θαυμαστὰ τὰ ἔργα σου, Κύριε⌋ ὁ Θεὸς ὁ παντο-
κράτωρ· ⌊δίκαιαι καὶ ἀληθιναὶ αἱ ὁδοί⌋ σου, ⌊ὁ βασιλεὺς τῶν
4 ᶜ αἰώνων. τίς οὐ μὴ φοβηθῇ, Κύριε⌋, καὶ ⌊δοξάσει τὸ ὄνομά σου;⌋
ὅτι μόνος ⌊ὅσιος⌋,ᵈ ὅτι ⌊πάντα τὰ ἔθνη ἥξουσιν καὶ προσκυνήσου-
σιν ἐνώπιόν σου⌋,ᵉ ὅτι τὰ δικαιώματά σου ἐφανερώθησαν.

5 Καὶ μετὰ ταῦτα εἶδον, καὶ ἠνοίγη ὁ ναὸς ⌊τῆς σκηνῆς τοῦ μαρτυρίου⌋ᶠ
6 ἐν τῷ οὐρανῷ, καὶ ἐξῆλθον οἱ ἑπτὰ ἄγγελοι οἱ ἔχοντες τὰς ⌊ἑπτὰ
πληγὰς⌋ ἐκ τοῦ ναοῦ, ⌊ἐνδεδυμένοι λίνον⌋ᵍ καθαρὸν λαμπρὸν καὶ
7 περιεζωσμένοι περὶ τὰ στήθη ζώνας χρυσᾶς. καὶ ἓν ἐκ τῶν τεσσάρων
ζῴων ἔδωκεν τοῖς ἑπτὰ ἀγγέλοις ἑπτὰ φιάλας χρυσᾶς γεμούσας τοῦ
8 θυμοῦ τοῦ Θεοῦ τοῦ ζῶντος εἰς τοὺς αἰῶνας τῶν αἰώνων. ⌊καὶ ἐγε-
μίσθη ὁ ναὸς καπνοῦ⌋ ἐκ ⌊τῆς δόξης⌋ τοῦ Θεοῦ καὶ ἐκ τῆς δυνάμεως αὐτοῦ,
⌊καὶ οὐδεὶς ἐδύνατο εἰσελθεῖν εἰς⌋ʰ τὸν ναὸν ἄχρι τελεσθῶσιν αἱ ⌊ἑπτὰ
πληγαὶ⌋ⁱ τῶν ἑπτὰ ἀγγέλων.

16 Καὶ ἤκουσα μεγάλης ⌊φωνῆς ἐκ τοῦ ναοῦ⌋ʲ λεγούσης τοῖς ἑπτὰ
ἀγγέλοις· Ὑπάγετε καὶ ⌊ἐκχέετε⌋ τὰς ἑπτὰ φιάλας ⌊τοῦ θυμοῦ⌋ τοῦ Θεοῦ
⌊εἰς τὴν γῆν⌋.ᵏ

2 Καὶ ἀπῆλθεν ὁ πρῶτος καὶ ἐξέχεεν τὴν φιάλην αὐτοῦ εἰς τὴν γῆν·
⌊καὶ ἐγένετο ἕλκος⌋ κακὸν καὶ ⌊πονηρὸν ἐπὶ τοὺς ἀνθρώπους⌋ˡ τοὺς
ἔχοντας τὸ χάραγμα τοῦ θηρίου καὶ τοὺς προσκυνοῦντας τῇ εἰκόνι
αὐτοῦ.

3 Καὶ ὁ δεύτερος ἐξέχεεν τὴν φιάλην αὐτοῦ εἰς τὴν θάλασσαν· ⌊καὶ
ἐγένετο αἷμα⌋ ὡς νεκροῦ, καὶ πᾶσα ψυχὴ ζῶσα ⌊ἀπέθανεν⌋ᵐ ἐν τῇ
θαλάσσῃ.

[a] Lv. 26. 21   [b] Jos. 14. 7; Ex. 15. 1, 11   [c] ἐθνῶν   [d] Ps. 111.
2; 139. 14; 145. 17; Jer. 10. 6, 7   [e] Ps. 86. 9; Mal. 1. 11   [f] Ex. 40. 34
[g] Ezk. 28. 13 (λίθον)   [h] Ex. 40. 34, 35; 1 Kgs. 8. 10; Is. 6. 4; Ezk. 44. 4
[i] Lv. 26. 21   [j] Is. 66. 6   [k] Ps. 69. 24; Jer. 10. 25; Zeph. 3. 8   [l] Dt.
28. 35; Ex. 9. 10, 11   [m] Ex. 7. 17–21

Καὶ ὁ τρίτος ἐξέχεεν τὴν φιάλην αὐτοῦ εἰς ⌊τοὺς ποταμοὺς⌋ καὶ τὰς 4
πηγὰς τῶν ὑδάτων· ⌊καὶ ἐγένετο αἷμα.⌋[a]

Καὶ ἤκουσα τοῦ ἀγγέλου τῶν ὑδάτων λέγοντος· ⌊Δίκαιος εἶ, ὁ⌋ ὢν 5
καὶ ὁ ἦν ὁ ⌊ὅσιος⌋,[b] ὅτι ταῦτα ἔκρινας, ὅτι ⌊αἷμα⌋ ἁγίων καὶ προφητῶν 6
⌊ἐξέχεαν⌋, καὶ ⌊αἷμα αὐτοῖς⌋ δέδωκας ⌊πεῖν⌋·[c] ἄξιοί εἰσιν. καὶ ἤκουσα τοῦ 7
θυσιαστηρίου λέγοντος· Ναί, ⌊Κύριε⌋ ὁ Θεὸς ὁ παντοκράτωρ, ⌊ἀληθιναὶ⌋
καὶ ⌊δίκαιαι αἱ κρίσεις σου⌋.[d]

Καὶ ὁ τέταρτος ἐξέχεεν τὴν φιάλην αὐτοῦ ἐπὶ τὸν ἥλιον· καὶ ἐδόθη 8
αὐτῷ καυματίσαι τοὺς ἀνθρώπους ἐν πυρί. καὶ ἐκαυματίσθησαν οἱ 9
ἄνθρωποι καῦμα μέγα, καὶ ἐβλασφήμησαν τὸ ὄνομα τοῦ Θεοῦ τοῦ
ἔχοντος τὴν ἐξουσίαν ἐπὶ τὰς πληγὰς ταύτας, καὶ οὐ μετενόησαν δοῦναι
αὐτῷ δόξαν.

Καὶ ὁ πέμπτος ἐξέχεεν τὴν φιάλην αὐτοῦ ἐπὶ τὸν θρόνον τοῦ θηρίου· 10
καὶ ⌊ἐγένετο⌋ ἡ βασιλεία αὐτοῦ ⌊ἐσκοτωμένη⌋,[e] καὶ ἐμασῶντο τὰς
γλώσσας αὐτῶν ἐκ τοῦ πόνου, καὶ ἐβλασφήμησαν ⌊τὸν Θεὸν τοῦ 11
οὐρανοῦ⌋[f] ἐκ τῶν πόνων αὐτῶν καὶ ἐκ τῶν ἑλκῶν αὐτῶν, καὶ οὐ
μετενόησαν ἐκ τῶν ἔργων αὐτῶν.

Καὶ ὁ ἕκτος ἐξέχεεν τὴν φιάλην αὐτοῦ ἐπὶ ⌊τὸν ποταμὸν τὸν μέγαν 12
Εὐφράτην⌋·[g] καὶ ⌊ἐξηράνθη τὸ ὕδωρ⌋[h] αὐτοῦ, ἵνα ἑτοιμασθῇ ἡ ὁδὸς τῶν
βασιλέων τῶν ⌊ἀπὸ ἀνατολῆς ἡλίου⌋.[i]

Καὶ εἶδον ἐκ τοῦ στόματος τοῦ δράκοντος καὶ ἐκ τοῦ στόματος τοῦ 13
θηρίου καὶ ἐκ τοῦ στόματος τοῦ ψευδοπροφήτου πνεύματα τρία
ἀκάθαρτα ὡς ⌊βάτραχοι⌋·[j] εἰσὶν γὰρ πνεύματα δαιμονίων ποιοῦντα 14
σημεῖα, ἃ ἐκπορεύεται ἐπὶ τοὺς βασιλεῖς τῆς οἰκουμένης ὅλης, συναγα-
γεῖν αὐτοὺς εἰς τὸν πόλεμον τῆς ἡμέρας τῆς μεγάλης τοῦ Θεοῦ τοῦ
παντοκράτορος. (ἰδοὺ ἔρχομαι ὡς κλέπτης· μακάριος ὁ γρηγορῶν καὶ 15
τηρῶν τὰ ἱμάτια αὐτοῦ, ἵνα μὴ γυμνὸς περιπατῇ καὶ βλέπωσιν τὴν
ἀσχημοσύνην αὐτοῦ.) καὶ συνήγαγεν αὐτοὺς εἰς τὸν τόπον τὸν καλού- 16
μενον Ἑβραϊστὶ Ἁρμαγεδδών.

Καὶ ὁ ἕβδομος ἐξέχεεν τὴν φιάλην αὐτοῦ ἐπὶ τὸν ἀέρα· καὶ ἐξῆλθεν 17
⌊φωνὴ⌋ μεγάλη ⌊ἐκ τοῦ ναοῦ⌋[k] ἀπὸ τοῦ θρόνου λέγουσα· Γέγονεν. καὶ 18
ἐγένοντο ⌊ἀστραπαὶ καὶ φωναὶ⌋ καὶ ⌊βρονταί⌋,[l] καὶ σεισμὸς ἐγένετο
μέγας, ⌊οἷος οὐκ ἐγένετο ἀφ' οὗ⌋ ἄνθρωπος ⌊ἐγένετο ἐπὶ τῆς γῆς⌋,[m]
τηλικοῦτος σεισμὸς οὕτω μέγας. καὶ ἐγένετο ἡ πόλις ἡ μεγάλη εἰς 19
τρία μέρη, καὶ αἱ πόλεις τῶν ἐθνῶν ἔπεσαν. καὶ ⌊Βαβυλὼν ἡ μεγάλη⌋[n]

---

[a] Ex. 7. 19–24; Ps. 78. 44   [b] Ps. 119. 137; 145. 17; Ex. 3. 14; Dt. 32. 4;
Is. 41. 4   [c] Is. 49. 26; Ps. 79. 3   [d] Ps. 19. 9; 119. 137   [e] Ex. 10. 21;
Is. 8. 21, 22   [f] Dn. 2. 19   [g] Gn. 15. 18; Dt. 1. 7; Jos. 1. 4   [h] Is. 11.
15, 16; 44. 27; Jer. 50. 38   [i] Is. 41. 2, 25   [j] Ex. 8. 3   [k] Is. 66. 6
[l] Ex. 19. 16   [m] Dn. 12. 1   [n] Dn. 4. 30

ἐμνήσθη ἐνώπιον τοῦ Θεοῦ δοῦναι αὐτῇ ⌞τὸ ποτήριον τοῦ οἴνου τοῦ
20 θυμοῦ⌟ τῆς ὀργῆς ⌞αὐτοῦ⌟.[a] καὶ πᾶσα νῆσος ἔφυγεν, καὶ ὄρη οὐχ
21 εὑρέθησαν. καὶ ⌞χάλαζα μεγάλη⌟ ὡς ταλαντιαία καταβαίνει ἐκ τοῦ
οὐρανοῦ ἐπὶ τοὺς ἀνθρώπους· καὶ ἐβλασφήμησαν οἱ ἄνθρωποι τὸν
Θεὸν ἐκ τῆς πληγῆς τῆς χαλάζης, ὅτι ⌞μεγάλη⌟ ἐστὶν ἡ πληγὴ αὐτῆς
⌞σφόδρα⌟.[b]

17 ⵎ Καὶ ἦλθεν εἷς ἐκ τῶν ἑπτὰ ἀγγέλων τῶν ἐχόντων τὰς ἑπτὰ φιάλας,
καὶ ἐλάλησεν μετ᾽ ἐμοῦ λέγων· Δεῦρο, δείξω σοι τὸ κρίμα τῆς πόρνης
2 τῆς μεγάλης τῆς καθημένης ⌞ἐπὶ ὑδάτων πολλῶν⌟,[c] ⌞μεθ᾽ ἧς ἐπόρνευσαν
οἱ βασιλεῖς τῆς γῆς⌟,[d] καὶ ⌞ἐμεθύσθησαν⌟ οἱ κατοικοῦντες ⌞τὴν γῆν ἐκ τοῦ
3 οἴνου⌟ τῆς πορνείας ⌞αὐτῆς⌟.[e] καὶ ἀπήνεγκέν με εἰς ἔρημον ἐν Πνεύματι.
καὶ εἶδον γυναῖκα καθημένην ἐπὶ ⌞θηρίον⌟ κόκκινον, γέμοντα ὀνόματα
4 βλασφημίας, ἔχοντα κεφαλὰς ἑπτὰ καὶ ⌞κέρατα δέκα⌟.[f] καὶ ἡ γυνὴ ἦν
περιβεβλημένη πορφυροῦν καὶ κόκκινον, καὶ κεχρυσωμένη χρυσίῳ καὶ
λίθῳ τιμίῳ καὶ μαργαρίταις, ἔχουσα ⌞ποτήριον χρυσοῦν⌟[g] ἐν τῇ χειρὶ
5 αὐτῆς γέμον βδελυγμάτων καὶ τὰ ἀκάθαρτα τῆς πορνείας αὐτῆς, καὶ
ἐπὶ τὸ μέτωπον αὐτῆς ὄνομα γεγραμμένον, μυστήριον, ⌞Βαβυλὼν ἡ
6 μεγάλη⌟,[h] ἡ μήτηρ τῶν πορνῶν καὶ τῶν βδελυγμάτων τῆς γῆς. καὶ
εἶδον τὴν γυναῖκα μεθύουσαν ἐκ τοῦ αἵματος τῶν ἁγίων καὶ ἐκ τοῦ
αἵματος τῶν μαρτύρων Ἰησοῦ.

7 Καὶ ἐθαύμασα ἰδὼν αὐτὴν θαῦμα μέγα. καὶ εἶπέν μοι ὁ ἄγγελος·
Διὰ τί ἐθαύμασας; ἐγὼ ἐρῶ σοι τὸ μυστήριον τῆς γυναικὸς καὶ τοῦ
θηρίου τοῦ βαστάζοντος αὐτὴν τοῦ ἔχοντος τὰς ἑπτὰ κεφαλὰς καὶ τὰ
8 δέκα κέρατα. ⌞τὸ θηρίον⌟ ὃ εἶδες ἦν καὶ οὐκ ἔστιν, καὶ μέλλει ⌞ἀνα-
βαίνειν ἐκ τῆς ἀβύσσου⌟[i] καὶ εἰς ἀπώλειαν ὑπάγει. καὶ θαυμασθήσονται
οἱ κατοικοῦντες ἐπὶ τῆς γῆς, ⌞ὧν⌟ οὐ ⌞γέγραπται⌟ τὰ ὀνόματα ⌞ἐπὶ τὸ
βιβλίον τῆς ζωῆς⌟[j] ἀπὸ καταβολῆς κόσμου, βλεπόντων τὸ θηρίον, ὅτι
ἦν καὶ οὐκ ἔστιν καὶ παρέσται.

9 Ὧδε ὁ νοῦς ὁ ἔχων σοφίαν. αἱ ἑπτὰ κεφαλαὶ ἑπτὰ ὄρη εἰσίν, ὅπου
10 ἡ γυνὴ κάθηται ἐπ᾽ αὐτῶν. καὶ βασιλεῖς ἑπτὰ εἰσίν· οἱ πέντε ἔπεσαν,
ὁ εἷς ἔστιν, ὁ ἄλλος οὔπω ἦλθεν, καὶ ὅταν ἔλθῃ ὀλίγον αὐτὸν δεῖ μεῖναι.
11 καὶ τὸ θηρίον ὃ ἦν καὶ οὐκ ἔστιν, καὶ αὐτὸς ὄγδοός ἐστιν—καὶ ἐκ τῶν
12 ἑπτά ἐστιν, καὶ εἰς ἀπώλειαν ὑπάγει. ⌞καὶ τὰ δέκα κέρατα⌟ ἃ εἶδες
⌞δέκα βασιλεῖς εἰσιν⌟,[k] οἵτινες βασιλείαν οὔπω ἔλαβον, ἀλλὰ ἐξουσίαν
13 ὡς βασιλεῖς μίαν ὥραν λαμβάνουσιν μετὰ τοῦ θηρίου. οὗτοι μίαν γνώ-
μην ἔχουσιν, καὶ τὴν δύναμιν καὶ ἐξουσίαν αὐτῶν τῷ θηρίῳ διδόασιν.

[a] Is. 51. 17; Jer. 25. 15   [b] Ex. 9. 23, 24   [c] Jer. 51. 13   [d] Is. 23. 17
[e] Jer. 25. 15, 16   [f] Dn. 7. 7   [g] Jer. 51. 7   [h] Dn. 4. 30   [i] Dn. 7. 3
[j] Dn. 12. 1; Ps. 69. 28   [k] Dn 7. 20, 24

οὗτοι μετὰ τοῦ Ἀρνίου πολεμήσουσιν καὶ τὸ Ἀρνίον νικήσει αὐτούς, ὅτι 14
⌊Κύριος κυρίων ἐστὶν καὶ Βασιλεὺς βασιλέων⌋,ᵃ καὶ ᵇ οἱ μετ᾿ αὐτοῦ,
κλητοὶ καὶ ἐκλεκτοὶ καὶ πιστοί.

Καὶ λέγει μοι· ⌊Τὰ ὕδατα⌋ᶜ ἃ εἶδες, οὗ ἡ πόρνη κάθηται, λαοὶ καὶ 15
ὄχλοι εἰσὶν καὶ ἔθνη καὶ γλῶσσαι. καὶ τὰ δέκα κέρατα ἃ εἶδες καὶ τὸ 16
θηρίον, οὗτοι μισήσουσιν τὴν πόρνην, καὶ ἠρημωμένην ποιήσουσιν
αὐτὴν καὶ γυμνήν, καὶ τὰς σάρκας αὐτῆς φάγονται, καὶ αὐτὴν κατα-
καύσουσιν ἐν πυρί· ὁ γὰρ Θεὸς ἔδωκεν εἰς τὰς καρδίας αὐτῶν ποιῆσαι 17
τὴν γνώμην αὐτοῦ, καὶ ποιῆσαι μίαν γνώμην καὶ δοῦναι τὴν βασιλείαν
αὐτῶν τῷ θηρίῳ, ἄχρι τελεσθήσονται οἱ λόγοι τοῦ Θεοῦ. καὶ ἡ 18
γυνὴ ἣν εἶδές ἐστιν ἡ πόλις ἡ μεγάλη ἡ ἔχουσα βασιλείαν ἐπὶ ⌊τῶν
βασιλέων τῆς γῆς⌋.ᵈ

Μετὰ ταῦτα εἶδον ἄλλον ἄγγελον καταβαίνοντα ἐκ τοῦ οὐρανοῦ, 18
ἔχοντα ἐξουσίαν μεγάλην, ⌊καὶ ἡ γῆ ἐφωτίσθη ἐκ τῆς δόξης αὐτοῦ.⌋ᵉ
καὶ ἔκραξεν ἐν ἰσχυρᾷ φωνῇ λέγων· ⌊Ἔπεσεν ἔπεσεν Βαβυλὼν ἡ μεγάλη⌋,ᶠ 2
καὶ ἐγένετο ⌊κατοικητήριον δαιμονίων⌋ᵍ καὶ φυλακὴ παντὸς πνεύματος
ἀκαθάρτου καὶ φυλακὴ παντὸς ὀρνέου ἀκαθάρτου καὶ μεμισημένου,
ὅτι ⌊ἐκ τοῦ οἴνου⌋ τοῦ θυμοῦ τῆς πορνείας ⌊αὐτῆς ʰ πέπωκαν πάντα τὰ 3
ἔθνη⌋,ⁱ ⌊καὶ οἱ βασιλεῖς τῆς γῆς μετ᾿ αὐτῆς ἐπόρνευσαν⌋,ʲ καὶ οἱ ἔμποροι
τῆς γῆς ἐκ τῆς δυνάμεως τοῦ στρήνους αὐτῆς ἐπλούτησαν.

Καὶ ἤκουσα ἄλλην φωνὴν ἐκ τοῦ οὐρανοῦ λέγουσαν· ⌊Ἐξέλθατε ὁ 4
λαός μου ἐξ αὐτῆς⌋,ᵏ ἵνα μὴ συγκοινωνήσητε ταῖς ἁμαρτίαις αὐτῆς, καὶ
ἐκ τῶν πληγῶν αὐτῆς ἵνα μὴ λάβητε· ⌊ὅτι ἐκολλήθησαν αὐτῆς⌋ αἱ 5
ἁμαρτίαι ⌊ἄχρι τοῦ οὐρανοῦ⌋,ˡ καὶ ἐμνημόνευσεν ὁ Θεὸς τὰ ἀδικήματα
αὐτῆς. ⌊ἀπόδοτε αὐτῇ ὡς καὶ αὐτὴ ἀπέδωκεν⌋, καὶ διπλώσατε τὰ 6
διπλᾶ ⌊κατὰ τὰ ἔργα αὐτῆς⌋·ᵐ ἐν τῷ ποτηρίῳ ᾧ ἐκέρασεν κεράσατε αὐτῇ 7
διπλοῦν· ὅσα ἐδόξασεν αὐτὴν καὶ ἐστρηνίασεν, τοσοῦτον δότε αὐτῇ
βασανισμὸν καὶ πένθος. ὅτι ⌊ἐν τῇ καρδίᾳ αὐτῆς λέγει ὅτι Κάθημαι
βασίλισσα⌋ καὶ ⌊χήρα οὐκ εἰμὶ καὶ πένθος οὐ μὴ ἴδω⌋·ⁿ διὰ τοῦτο ἐν 8
⌊μιᾷ ἡμέρᾳ ἥξουσιν⌋ᵒ αἱ πληγαὶ αὐτῆς, θάνατος καὶ πένθος καὶ λιμός, καὶ
ἐν πυρὶ κατακαυθήσεται· ὅτι ⌊ἰσχυρὸς Κύριος⌋ᵖ ὁ Θεὸς ὁ κρίνας αὐτήν.

⌊Καὶ κλαύσουσιν καὶ κόψονται ἐπ᾿⌋ αὐτὴν ⌊οἱ βασιλεῖς τῆς γῆς οἱ 9
μετ᾿ αὐτῆς πορνεύσαντες⌋ᑫ καὶ στρηνιάσαντες, ὅταν βλέπωσιν τὸν
καπνὸν τῆς πυρώσεως αὐτῆς, ἀπὸ μακρόθεν ἑστηκότες διὰ τὸν φόβον 10

[a] Dt. 10. 17; Dn. 2. 47   [b] οἱ μετ᾿ αὐτοῦ κλητοὶ . . .   [c] Is. 8. 7; Jer. 47.
2; 51. 13   [d] Ps. 2. 2; 89. 27   [e] Ezk. 43. 2   [f] Dn. 4. 30   [g] Is. 13.
21   [h] πέπωκαν   [i] Jer. 25. 15   [j] Is. 23. 17; Nah. 3. 4   [k] Is. 48. 20;
52. 11; Jer. 50. 8; 51. 6, 9, 45   [l] Gn. 18. 20, 21; Jer. 51. 9   [m] Ps. 137. 8;
Jer. 50. 15, 29   [n] Is. 47. 7, 8   [o] Is. 47. 9   [p] Jer. 50. 34   [q] Ezk. 26.
16; 27. 30, 33, 35; Ps. 48. 4 LXX; Is. 23. 17

τοῦ βασανισμοῦ αὐτῆς, λέγοντες· Οὐαὶ οὐαί, ἡ πόλις ⌊ἡ μεγάλη,
Βαβυλὼν ἡ πόλις ἡ ἰσχυρά⌋,ᵃ ὅτι μιᾷ ὥρᾳ ἦλθεν ἡ κρίσις σου.

11 Καὶ οἱ ⌊ἔμποροι⌋ τῆς γῆς ⌊κλαίουσιν καὶ πενθοῦσιν⌋ᵇ ἐπ' αὐτήν, ὅτι
12 τὸν γόμον αὐτῶν οὐδεὶς ἀγοράζει οὐκέτι, γόμον χρυσοῦ καὶ ἀργύρου
καὶ λίθου τιμίου καὶ μαργαριτῶν καὶ βυσσίνου καὶ πορφύρας καὶ σηρικοῦ
καὶ κοκκίνου, καὶ πᾶν ξύλον θύϊνον καὶ πᾶν σκεῦος ἐλεφάντινον καὶ πᾶν
13 σκεῦος ἐκ ξύλου τιμιωτάτου καὶ χαλκοῦ καὶ σιδήρου καὶ μαρμάρου, καὶ
κιννάμωμον καὶ ἄμωμον καὶ θυμιάματα καὶ μύρον καὶ λίβανον καὶ οἶνον
καὶ ἔλαιον καὶ σεμίδαλιν καὶ σῖτον καὶ κτήνη καὶ πρόβατα, καὶ ἵππων
14 καὶ ῥεδῶν καὶ σωμάτων, καὶ ⌊ψυχὰς ἀνθρώπων⌋.ᶜ καὶ ἡ ὀπώρα σου τῆς
ἐπιθυμίας τῆς ψυχῆς ἀπῆλθεν ἀπὸ σοῦ, καὶ πάντα τὰ λιπαρὰ καὶ τὰ
15 λαμπρὰ ἀπώλετο ἀπὸ σοῦ, καὶ οὐκέτι οὐ μὴ αὐτὰ εὑρήσουσιν. οἱ
⌊ἔμποροι⌋ τούτων, οἱ πλουτήσαντες ἀπ' αὐτῆς, ἀπὸ μακρόθεν στήσονται
διὰ τὸν φόβον τοῦ βασανισμοῦ αὐτῆς ⌊κλαίοντες καὶ πενθοῦντες⌋,ᵈ
16 λέγοντες· Οὐαὶ οὐαί, ἡ πόλις ἡ μεγάλη, ἡ περιβεβλημένη βύσσινον καὶ
πορφυροῦν καὶ κόκκινον, καὶ κεχρυσωμένη ἐν χρυσίῳ καὶ λίθῳ τιμίῳ
17 καὶ μαργαρίτῃ, ὅτι μιᾷ ὥρᾳ ἠρημώθη ὁ τοσοῦτος πλοῦτος.

Καὶ πᾶς ⌊κυβερνήτης⌋ καὶ πᾶς ὁ ἐπὶ τόπον πλέων ⌊καὶ ναῦται καὶ
18 ὅσοι τὴν θάλασσαν⌋ ἐργάζονται, ἀπὸ μακρόθεν ⌊ἔστησαν⌋ᵉ καὶ ἔκραζον
βλέποντες τὸν καπνὸν τῆς πυρώσεως αὐτῆς λέγοντες· ⌊Τίς ὁμοία⌋ τῇ
19 πόλει τῇ μεγάλῃ; ⌊καὶ ἔβαλον χοῦν ἐπὶ τὰς κεφαλὰς αὐτῶν καὶ ἔκραζον
κλαίοντες καὶ πενθοῦντες⌋, λέγοντες· Οὐαὶ οὐαί, ἡ πόλις ἡ μεγάλη, ἐν
ᾗ ⌊ἐπλούτησαν πάντες⌋ οἱ ἔχοντες ⌊τὰ πλοῖα ἐν τῇ θαλάσσῃ ἐκ τῆς⌋ᶠ
τιμιότητος αὐτῆς, ὅτι μιᾷ ὥρᾳ ⌊ἠρημώθη⌋.ᵍ

20 ⌊Εὐφραίνου⌋ ἐπ' αὐτῇ, ⌊οὐρανὲ⌋ καὶ οἱ ἅγιοι καὶ οἱ ἀπόστολοι καὶ οἱ
προφῆται, ⌊ὅτι ἔκρινεν⌋ʰ ὁ Θεὸς τὸ κρίμα ὑμῶν ἐξ αὐτῆς.

21 Καὶ ἦρεν εἷς ἄγγελος ἰσχυρὸς λίθον ὡς μύλινον μέγαν, ⌊καὶ ἔβαλεν εἰς⌋
τὴν θάλασσαν ⌊λέγων· Οὕτως⌋ ὁρμήματι βληθήσεται ⌊Βαβυλὼν ἡ
22 μεγάλη⌋ πόλις, καὶ ⌊οὐ μὴ εὑρεθῇ ἔτι⌋.ⁱ ⌊καὶ φωνὴ⌋ κιθαρῳδῶν καὶ
⌊μουσικῶν⌋ καὶ αὐλητῶν καὶ σαλπιστῶν ⌊οὐ μὴ ἀκουσθῇ ἐν σοὶ ⌊ἔτι⌋,ʲ
καὶ πᾶς τεχνίτης πάσης τέχνης οὐ μὴ εὑρεθῇ ἐν σοὶ ἔτι, ⌊καὶ φωνὴ μύλου⌋
23 οὐ μὴ ἀκουσθῇ ἐν σοὶ ἔτι, ⌊καὶ φῶς λύχνου⌋ οὐ μὴ φάνῃ ἐν σοὶ ἔτι, ⌊καὶ
φωνὴ νυμφίου καὶ νύμφης⌋ᵏ οὐ μὴ ἀκουσθῇ ἐν σοὶ ἔτι· ὅτι οἱ ⌊ἔμποροί⌋
σου ἦσαν ⌊οἱ μεγιστᾶνες τῆς γῆς⌋,ˡ ὅτι ⌊ἐν τῇ φαρμακείᾳ σου⌋ᵐ ἐπλανή-
θησαν πάντα τὰ ἔθνη.

[a] Dn. 4. 30; Is. 21. 9; Jer. 51. 8   [b] Ezk. 27. 36, 31   [c] Ezk. 27. 13
[d] Ezk. 27. 36, 31   [e] Is. 23. 14; Ezk. 27. 27–29   [f] Ezk. 27. 30–34   [g] Ezk.
26. 19   [h] Dt. 32. 43; Is. 44. 23; Jer. 51. 48   [i] Ezk. 26. 21; Dn. 4. 30;
Jer. 51. 63, 64   [j] Is. 24. 8; Ezk. 26. 13   [k] Jer. 7. 34; 16. 9; 25. 10
[l] Is. 23. 8   [m] Is. 47. 9

Καὶ ἐν αὐτῇ αἷμα προφητῶν καὶ ἁγίων εὑρέθη ⌊καὶ πάντων τῶν 24
ἐσφαγμένων ἐπὶ τῆς γῆς⌋.ᵃ

Μετὰ ταῦτα ἤκουσα ὡς φωνὴν μεγάλην ὄχλου πολλοῦ ἐν τῷ **19**
οὐρανῷ λεγόντων·

⌊Ἁλληλουϊά·⌋ᵇ ἡ σωτηρία καὶ ἡ δόξα καὶ ἡ δύναμις τοῦ Θεοῦ
ἡμῶν, ὅτι ⌊ἀληθιναὶ⌋ καὶ ⌊δίκαιαι αἱ κρίσεις αὐτοῦ⌋·ᶜ ὅτι ἔκρινεν τὴν 2
πόρνην τὴν μεγάλην ἥτις ἔφθειρεν τὴν γῆν ἐν τῇ πορνείᾳ αὐτῆς,
καὶ ⌊ἐξεδίκησεν τὸ αἷμα τῶν δούλων⌋ᵈ αὐτοῦ ⌊ἐκ χειρὸς⌋ᵉ αὐτῆς.

καὶ δεύτερον εἴρηκαν·   3

⌊Ἁλληλουϊά·⌋ᶠ ⌊καὶ ὁ καπνὸς αὐτῆς ἀναβαίνει εἰς τοὺς αἰῶνας⌋ᵍ τῶν
αἰώνων.

καὶ ἔπεσαν οἱ πρεσβύτεροι οἱ εἴκοσι τέσσαρες καὶ τὰ τέσσαρα ζῷα, καὶ 4
προσεκύνησαν τῷ Θεῷ τῷ ⌊καθημένῳ ἐπὶ τῷ θρόνῳ⌋ʰ λέγοντες·

Ἀμὴν ⌊Ἁλληλουϊά.⌋ⁱ

καὶ φωνὴ ἀπὸ τοῦ θρόνου ἐξῆλθεν λέγουσα·   5

⌊Αἰνεῖτε⌋ τῷ Θεῷ ἡμῶν, ⌊πάντες οἱ δοῦλοι⌋ αὐτοῦ, ⌊οἱ φοβούμενοι
αὐτόν, οἱ μικροὶ καὶ οἱ μεγάλοι⌋.ʲ

Καὶ ἤκουσα ⌊ὡς φωνὴν ὄχλου⌋ πολλοῦ καὶ ⌊ὡς φωνὴν ὑδάτων πολ- 6
λῶν⌋ᵏ καὶ ὡς φωνὴν βροντῶν ἰσχυρῶν, λεγόντων·

⌊Ἁλληλουϊά, ὅτι ἐβασίλευσεν Κύριος⌋ˡ ὁ Θεὸς ἡμῶν ὁ παντο-
κράτωρ. ⌊χαίρωμεν⌋ καὶ ⌊ἀγαλλιῶμεν⌋,ᵐ καὶ δῶμεν τὴν δόξαν 7
αὐτῷ, ὅτι ἦλθεν ὁ γάμος τοῦ Ἀρνίου, καὶ ἡ γυνὴ αὐτοῦ ἡτοίμασεν
ἑαυτήν, καὶ ἐδόθη αὐτῇ ἵνα περιβάληται βύσσινον λαμπρὸν 8
καθαρόν.

(τὸ γὰρ βύσσινον τὰ δικαιώματα τῶν ἁγίων ἐστίν.)

Καὶ λέγει μοι· Γράψον· Μακάριοι οἱ εἰς τὸ δεῖπνον τοῦ γάμου τοῦ 9
Ἀρνίου κεκλημένοι. καὶ λέγει μοι· Οὗτοι οἱ λόγοι ἀληθινοὶ τοῦ Θεοῦ
εἰσιν. καὶ ἔπεσα ἔμπροσθεν τῶν ποδῶν αὐτοῦ προσκυνῆσαι αὐτῷ. καὶ 10
λέγει μοι· Ὅρα μή· σύνδουλός σού εἰμι καὶ τῶν ἀδελφῶν σου τῶν
ἐχόντων τὴν μαρτυρίαν Ἰησοῦ· τῷ Θεῷ προσκύνησον. ἡ γὰρ μαρ-
τυρία Ἰησοῦ ἐστιν τὸ πνεῦμα τῆς προφητείας.

---

[a] Jer. 51. 49   [b] Ps. 104. 35   [c] Ps. 19. 9; 119. 137   [d] Dt. 32. 43
[e] 2 Kgs. 9. 7   [f] Ps. 104. 35   [g] Is. 34. 10   [h] Is. 6. 1; Ps. 47. 8
[i] Ps. 104. 35   [j] Ps. 22. 23; 115. 13; 134. 1; 135. 1   [k] Dn. 10. 6;
Ezk. 1. 24; 43. 2   [l] Ps. 93. 1; 97. 1; 99. 1   [m] Ps. 118. 24

11 ⟨ ⌊Καὶ εἶδον τὸν οὐρανὸν ἠνεῳγμένον⌋,ᵃ καὶ ἰδοὺ ἵππος λευκός, καὶ ὁ
καθήμενος ἐπ᾽ αὐτὸν πιστὸς καλούμενος καὶ ἀληθινός, καὶ ἐν ⌊δικαιο-
12 σύνῃ κρίνει⌋ᵇ καὶ πολεμεῖ. ⌊οἱ δὲ ὀφθαλμοὶ αὐτοῦ⌋ φλὸξ ⌊πυρός⌋,ᶜ καὶ
ἐπὶ τὴν κεφαλὴν αὐτοῦ διαδήματα πολλά, ἔχων ὄνομα γεγραμμένον ὃ
13 οὐδεὶς οἶδεν εἰ μὴ αὐτός, καὶ περιβεβλημένος ἱμάτιον ᵈ βεβαμμένον
14 αἵματι, καὶ κέκληται τὸ ὄνομα αὐτοῦ ὁ Λόγος τοῦ Θεοῦ. καὶ τὰ
στρατεύματα τὰ ἐν τῷ οὐρανῷ ἠκολούθει αὐτῷ ἐφ᾽ ἵπποις λευκοῖς,
15 ἐνδεδυμένοι βύσσινον λευκὸν καθαρόν. καὶ ἐκ ⌊τοῦ στόματος⌋ αὐτοῦ
ἐκπορεύεται ῥομφαία ⌊ὀξεῖα⌋, ἵνα ἐν αὐτῇ ⌊πατάξῃ τὰ ἔθνη⌋·ᵉ καὶ αὐτὸς
⌊ποιμανεῖ αὐτοὺς ἐν ῥάβδῳ σιδηρᾷ⌋·ᶠ καὶ αὐτὸς ⌊πατεῖ τὴν ληνὸν⌋ᵍ
16 τοῦ οἴνου τοῦ θυμοῦ τῆς ὀργῆς τοῦ Θεοῦ τοῦ παντοκράτορος. καὶ ἔχει
ἐπὶ τὸ ἱμάτιον καὶ ἐπὶ τὸν μηρὸν αὐτοῦ ὄνομα γεγραμμένον· Βασιλεὺς
βασιλέων καὶ Κύριος κυρίων.

17   Καὶ εἶδον ἕνα ἄγγελον ἑστῶτα ἐν τῷ ἡλίῳ, καὶ ἔκραξεν ἐν φωνῇ
μεγάλῃ ⌊λέγων πᾶσιν τοῖς ὀρνέοις τοῖς πετομένοις⌋ ἐν μεσουρανήματι·
18 ⌊Δεῦτε συνάχθητε εἰς τὸ⌋ δεῖπνον τὸ μέγα τοῦ Θεοῦ, ἵνα ⌊φάγητε⌋
σάρκας ⌊βασιλέων⌋ καὶ σάρκας χιλιάρχων καὶ ⌊σάρκας ἰσχυρῶν⌋ καὶ
σάρκας ⌊ἵππων⌋ʰ καὶ τῶν καθημένων ἐπ᾽ αὐτῶν, καὶ σάρκας πάντων
19 ἐλευθέρων τε καὶ δούλων καὶ μικρῶν καὶ μεγάλων. καὶ εἶδον τὸ θηρίον
καὶ ⌊τοὺς βασιλεῖς τῆς γῆς⌋ καὶ τὰ στρατεύματα αὐτῶν ⌊συνηγμένα⌋ⁱ
ποιῆσαι τὸν πόλεμον μετὰ τοῦ καθημένου ἐπὶ τοῦ ἵππου καὶ μετὰ τοῦ
20 στρατεύματος αὐτοῦ. καὶ ἐπιάσθη τὸ θηρίον καὶ μετ᾽ αὐτοῦ ὁ ψευδο-
προφήτης ὁ ποιήσας τὰ σημεῖα ἐνώπιον αὐτοῦ, ἐν οἷς ἐπλάνησεν τοὺς
λαβόντας τὸ χάραγμα τοῦ θηρίου καὶ τοὺς προσκυνοῦντας τῇ εἰκόνι
αὐτοῦ· ζῶντες ἐβλήθησαν οἱ δύο εἰς τὴν λίμνην τοῦ πυρὸς τῆς ⌊καιο-
21 μένης ἐν θείῳ⌋.ʲ καὶ οἱ λοιποὶ ἀπεκτάνθησαν ἐν τῇ ῥομφαίᾳ τοῦ
καθημένου ἐπὶ τοῦ ἵππου τῇ ἐξελθούσῃ ἐκ τοῦ στόματος αὐτοῦ, καὶ
⌊πάντα τὰ ὄρνεα ἐχορτάσθησαν ἐκ τῶν σαρκῶν⌋ᵏ αὐτῶν.

20   Καὶ εἶδον ἄγγελον καταβαίνοντα ἐκ τοῦ οὐρανοῦ, ἔχοντα τὴν κλεῖν
2 τῆς ἀβύσσου καὶ ἅλυσιν μεγάλην ἐπὶ τὴν χεῖρα αὐτοῦ. καὶ ἐκράτησεν
τὸν δράκοντα, ⌊ὁ ὄφις⌋ ὁ ἀρχαῖος, ὅς ἐστιν ⌊διάβολος⌋ καὶ ⌊ὁ Σατανᾶς⌋,ˡ
3 καὶ ἔδησεν αὐτὸν χίλια ἔτη, καὶ ἔβαλεν αὐτὸν εἰς τὴν ἄβυσσον, καὶ
ἔκλεισεν καὶ ἐσφράγισεν ἐπάνω αὐτοῦ, ἵνα μὴ πλανήσῃ ἔτι τὰ ἔθνη, ἄχρι
τελεσθῇ τὰ χίλια ἔτη· μετὰ ταῦτα δεῖ λυθῆναι αὐτὸν μικρὸν χρόνον.

4   Καὶ ⌊εἶδον θρόνους⌋, καὶ ⌊ἐκάθισαν⌋ ἐπ᾽ αὐτούς, ⌊καὶ κρίμα ἐδόθη⌋ᵐ
αὐτοῖς, καὶ τὰς ψυχὰς τῶν πεπελεκισμένων διὰ τὴν μαρτυρίαν Ἰησοῦ

[a] Ezk. 1. 1   [b] Ps. 96. 13; Is. 11. 4, 5   [c] Dn. 10. 6   [d] ῥεραντισμένον
[e] Is. 11. 4; 49. 2   [f] Ps. 2. 9   [g] Joel 3. 13; Is. 63. 3   [h] Ezk. 39. 4,
17–20   [i] Ps. 2. 2   [j] Dn. 7. 11; Gn. 19. 24; Is. 30. 33; Ezk. 38. 22
[k] Ezk. 39. 17, 20   [l] Gn. 3. 1; Zech. 3. 1   [m] Dn. 7. 9, 22, 27

404

καὶ διὰ τὸν λόγον τοῦ Θεοῦ, καὶ οἵτινες οὐ προσεκύνησαν τὸ θηρίον
οὐδὲ τὴν εἰκόνα αὐτοῦ καὶ οὐκ ἔλαβον τὸ χάραγμα ἐπὶ τὸ μέτωπον καὶ
ἐπὶ τὴν χεῖρα αὐτῶν· καὶ ἔζησαν καὶ ἐβασίλευσαν μετὰ τοῦ Χριστοῦ
χίλια ἔτη. οἱ λοιποὶ τῶν νεκρῶν οὐκ ἔζησαν ἄχρι τελεσθῇ τὰ χίλια ἔτη. 5
αὕτη ἡ ἀνάστασις ἡ πρώτη.   μακάριος καὶ ἅγιος ὁ ἔχων μέρος ἐν τῇ 6
ἀναστάσει τῇ πρώτῃ· ἐπὶ τούτων ὁ δεύτερος θάνατος οὐκ ἔχει ἐξουσίαν,
ἀλλ᾽ ἔσονται ⌊ἱερεῖς τοῦ Θεοῦ⌋ᵃ καὶ τοῦ Χριστοῦ, καὶ βασιλεύσουσιν
μετ᾽ αὐτοῦ τὰ χίλια ἔτη.

Καὶ ὅταν τελεσθῇ τὰ χίλια ἔτη, λυθήσεται ὁ Σατανᾶς ἐκ τῆς φυλακῆς 7
αὐτοῦ, καὶ ἐξελεύσεται πλανῆσαι τὰ ἔθνη τὰ ἐν ⌊ταῖς τέσσαρσιν γωνίαις 8
τῆς γῆς, τὸν Γὼγ⌋ καὶ ⌊Μαγώγ⌋,ᵇ καὶ συναγαγεῖν αὐτοὺς εἰς τὸν
πόλεμον, ὧν ὁ ἀριθμὸς αὐτῶν ὡς ἡ ἄμμος τῆς θαλάσσης. καὶ ἀνέβησαν 9
⌊ἐπὶ τὸ πλάτος τῆς γῆς⌋,ᶜ καὶ ἐκύκλευσαν τὴν παρεμβολὴν τῶν ἁγίων
καὶ τὴν πόλιν ⌊τὴν ἠγαπημένην⌋·ᵈ ⌊καὶ κατέβη πῦρ ἐκ τοῦ οὐρανοῦ καὶ
κατέφαγεν⌋ᵉ αὐτούς· καὶ ὁ διάβολος ὁ πλανῶν αὐτοὺς ἐβλήθη εἰς τὴν 10
λίμνην τοῦ ⌊πυρὸς καὶ θείου⌋,ᶠ ὅπου καὶ τὸ θηρίον καὶ ὁ ψευδοπροφή-
της, καὶ βασανισθήσονται ἡμέρας καὶ νυκτὸς εἰς τοὺς αἰῶνας τῶν
αἰώνων.

⌊Καὶ εἶδον θρόνον⌋ μέγαν λευκὸν καὶ τὸν ⌊καθήμενον⌋ᵍ ἐπ᾽ αὐτὸν οὗ 11
⌊ἀπὸ τοῦ προσώπου ἔφυγεν ἡ γῆ⌋ καὶ ὁ οὐρανός, καὶ ⌊τόπος οὐχ
εὑρέθη αὐτοῖς.⌋ʰ καὶ εἶδον τοὺς νεκρούς, τοὺς μεγάλους καὶ τοὺς 12
μικρούς, ἑστῶτας ἐνώπιον τοῦ θρόνου, ⌊καὶ βιβλία ἠνοίχθησαν.⌋ⁱ
καὶ ἄλλο ⌊βιβλίον⌋ ἠνοίχθη, ὅ ἐστιν ⌊τῆς ζωῆς⌋·ʲ καὶ ἐκρίθησαν οἱ νεκροὶ
ἐκ τῶν γεγραμμένων ἐν τοῖς βιβλίοις ⌊κατὰ τὰ ἔργα αὐτῶν⌋. καὶ 13
ἔδωκεν ἡ θάλασσα τοὺς νεκροὺς τοὺς ἐν αὐτῇ, καὶ ὁ θάνατος καὶ ὁ
Ἅιδης ἔδωκαν τοὺς νεκροὺς τοὺς ἐν αὐτοῖς, καὶ ἐκρίθησαν ἕκαστος ⌊κατὰ
τὰ ἔργα αὐτῶν⌋.ᵏ καὶ ὁ θάνατος καὶ ὁ Ἅιδης ἐβλήθησαν εἰς τὴν λίμνην 14
τοῦ πυρός. οὗτος ὁ θάνατος ὁ δεύτερός ἐστιν, ἡ λίμνη τοῦ πυρός. καὶ 15
εἴ τις οὐχ ⌊εὑρέθη ἐν τῇ βίβλῳ τῆς ζωῆς γεγραμμένος⌋,ˡ ἐβλήθη εἰς τὴν
λίμνην τοῦ πυρός.

❡ Καὶ εἶδον ⌊οὐρανὸν καινὸν καὶ γῆν καινήν⌋·ᵐ ὁ γὰρ πρῶτος οὐρανὸς 21
καὶ ἡ πρώτη γῆ ἀπῆλθαν, καὶ ἡ θάλασσα οὐκ ἔστιν ἔτι. καὶ ⌊τὴν πόλιν 2
τὴν ἁγίαν Ἰερουσαλὴμ⌋ⁿ καινὴν εἶδον καταβαίνουσαν ἐκ τοῦ οὐρανοῦ
ἀπὸ τοῦ Θεοῦ, ἡτοιμασμένην ⌊ὡς νύμφην κεκοσμημένην⌋ᵒ τῷ ἀνδρὶ

[a] Is. 61. 6   [b] Ezk. 7. 2; 38. 2, 9, 16   [c] Hab. 1. 6   [d] Jer. 11. 15;
12. 7; Ps. 87. 2; 78. 68   [e] 2 Kgs. 1. 10; Zech. 12. 9   [f] Gn. 19. 24; Ezk.
38. 22   [g] Is. 6. 1; Dn. 7. 9   [h] Ps. 114. 7, 3   [i] Dn. 7. 10   [j] Ps. 69. 28
[k] Ps. 28. 4; 62. 12; Jer. 17. 10   [l] Dn. 12. 1; Ps. 69. 28   [m] Is. 65. 17
[n] Is. 52. 1   [o] Is. 61. 10

3 αὐτῆς. καὶ ἤκουσα φωνῆς μεγάλης ἐκ τοῦ θρόνου λεγούσης· ⌊Ἰδοὺ ἡ σκηνὴ⌋ τοῦ Θεοῦ μετὰ τῶν ἀνθρώπων. καὶ ⌊σκηνώσει μετ᾽ αὐτῶν, καὶ
4 αὐτοὶ λαὸς αὐτοῦ ἔσονται,ᵃ καὶ⌋ αὐτὸς ᵇ ὁ Θεὸς ⌊μετ᾽ αὐτῶν ἔσται. καὶ ἐξαλείψει πᾶν δάκρυον ἐκ⌋ τῶν ὀφθαλμῶν αὐτῶν, καὶ ὁ θάνατος οὐκ ἔσται ἔτι, οὔτε ⌊πένθος⌋ οὔτε ⌊κραυγὴ⌋ᶜ οὔτε πόνος οὐκ ἔσται ἔτι· ὅτι ⌊τὰ πρῶτα⌋ᵈ ἀπῆλθαν.

5 Καὶ εἶπεν ⌊ὁ καθήμενος ἐπὶ τῷ θρόνῳ⌋·ᵉ ⌊Ἰδοὺ καινὰ ποιῶ⌋ᶠ πάντα. καὶ
6 λέγει μοι· Γράψον, ὅτι οὗτοι οἱ λόγοι πιστοὶ καὶ ἀληθινοί εἰσιν. καὶ εἶπέν μοι· Γέγοναν. ἐγὼ τὸ Ἄλφα καὶ τὸ Ὦ, ἡ ἀρχὴ καὶ τὸ τέλος. ἐγὼ ⌊τῷ διψῶντι⌋ δώσω ἐκ τῆς πηγῆς ⌊τοῦ ὕδατος τῆς ζωῆς δωρεάν⌋.ᵍ
7 ὁ νικῶν κληρονομήσει ταῦτα, καὶ ⌊ἔσομαι αὐτῷ Θεὸς καὶ αὐτὸς ἔσται
8 μοι υἱός.⌋ʰ τοῖς δὲ δειλοῖς καὶ ἀπίστοις καὶ ἐβδελυγμένοις καὶ φονεῦσιν καὶ πόρνοις καὶ φαρμακοῖς καὶ εἰδωλολάτραις καὶ πᾶσιν τοῖς ψευδέσιν τὸ μέρος αὐτῶν ἐν τῇ λίμνῃ τῇ ⌊καιομένῃ πυρὶ καὶ θείῳ⌋,ⁱ ὅ ἐστιν ὁ θάνατος ὁ δεύτερος.

9 Καὶ ἦλθεν εἷς ἐκ τῶν ἑπτὰ ἀγγέλων τῶν ἐχόντων τὰς ἑπτὰ φιάλας τῶν γεμόντων τῶν ⌊ἑπτὰ πληγῶν⌋ʲ τῶν ἐσχάτων, καὶ ἐλάλησεν μετ᾽ ἐμοῦ λέγων· Δεῦρο, δείξω σοι τὴν νύμφην τὴν γυναῖκα τοῦ Ἀρνίου.
10 ⌊καὶ ἀπήνεγκέν με⌋ ἐν Πνεύματι ⌊ἐπὶ ὄρος⌋ μέγα καὶ ⌊ὑψηλόν⌋,ᵏ ⌊καὶ⌋ ἔδειξέν μοι ⌊τὴν πόλιν τὴν ἁγίαν Ἰερουσαλήμ⌋ˡ καταβαίνουσαν ἐκ τοῦ
11 οὐρανοῦ ἀπὸ τοῦ Θεοῦ, ἔχουσαν ⌊τὴν δόξαν τοῦ Θεοῦ⌋·ᵐ ὁ φωστὴρ
12 αὐτῆς ὅμοιος λίθῳ τιμιωτάτῳ, ὡς λίθῳ ἰάσπιδι κρυσταλλίζοντι· ἔχουσα τεῖχος μέγα καὶ ὑψηλόν, ἔχουσα ⌊πυλῶνας⌋ δώδεκα, καὶ ἐπὶ τοῖς πυλῶσιν ἀγγέλους δώδεκα, καὶ ⌊ὀνόματα⌋ ἐπιγεγραμμένα, ἅ ἐστιν ⌊τῶν⌋
13 δώδεκα ⌊φυλῶν υἱῶν Ἰσραήλ. ἀπὸ ἀνατολῆς πυλῶνες τρεῖς, καὶ ἀπὸ βορρᾶ πυλῶνες τρεῖς, καὶ ἀπὸ νότου πυλῶνες τρεῖς, καὶ ἀπὸ δυσμῶν
14 πυλῶνες τρεῖς.⌋ⁿ καὶ τὸ τεῖχος τῆς πόλεως ἔχων θεμελίους δώδεκα, καὶ ἐπ᾽ αὐτῶν δώδεκα ὀνόματα τῶν δώδεκα ἀποστόλων τοῦ Ἀρνίου.

15 Καὶ ὁ λαλῶν μετ᾽ ἐμοῦ εἶχεν ⌊μέτρον κάλαμον⌋ᵒ χρυσοῦν, ἵνα μετρήσῃ
16 τὴν πόλιν καὶ τοὺς πυλῶνας αὐτῆς καὶ τὸ τεῖχος αὐτῆς. καὶ ἡ πόλις ⌊τετράγωνος⌋ᵖ κεῖται, καὶ τὸ μῆκος αὐτῆς ὅσον τὸ πλάτος. καὶ ἐμέτρησεν τὴν πόλιν τῷ καλάμῳ ἐπὶ σταδίων δώδεκα χιλιάδων· τὸ μῆκος καὶ
17 τὸ πλάτος καὶ τὸ ὕψος αὐτῆς ἴσα ἐστίν. ⌊καὶ ἐμέτρησεν τὸ τεῖχος⌋q αὐτῆς ἑκατὸν τεσσεράκοντα τεσσάρων πηχῶν, μέτρον ἀνθρώπου, ὅ ἐστιν

[a] Zech. 2. 10; Ezk. 37. 27; 48. 35; 2 Chr. 6. 18   [b] ὁ Θεὸς μετ᾽ αὐτῶν ἔσται αὐτῶν Θεός   [c] Is. 25. 8; 35. 10; 65. 19; Jer. 31. 16   [d] Is. 65. 17
[e] Is. 6. 1; Ps. 47. 8   [f] Is. 43. 19   [g] Is. 55. 1; Zech. 14. 8   [h] 2 Sam. 7. 14; Ps. 89. 26; Zech. 8. 8   [i] Gn. 19. 24; Is. 30. 33; Ezk. 38. 22   [j] Lv. 26. 21   [k] Ezk. 40. 2   [l] Is. 52. 1   [m] Is. 58. 8; 60. 1, 2, 19   [n] Ezk. 48. 31-35   [o] Ezk. 40. 3, 5   [p] Ezk. 43. 16   [q] Ezk. 48, 16, 17

ἀγγέλου. καὶ ἡ ἐνδώμησις ⌊τοῦ τείχους⌋ αὐτῆς ⌊ἴασπις⌋, καὶ ἡ πόλις 18
χρυσίον καθαρὸν ὅμοιον ὑάλῳ καθαρῷ. ⌊οἱ θεμέλιοι⌋ τοῦ τείχους τῆς 19
πόλεως παντὶ ⌊λίθῳ τιμίῳ⌋ᵃ κεκοσμημένοι· ὁ θεμέλιος ὁ πρῶτος ἴασπις,
ὁ δεύτερος σάπφιρος, ὁ τρίτος χαλκηδών, ὁ τέταρτος σμάραγδος, ὁ 20
πέμπτος σαρδόνυξ, ὁ ἕκτος σάρδιον, ὁ ἕβδομος χρυσόλιθος, ὁ ὄγδοος
βήρυλλος, ὁ ἔνατος τοπάζιον, ὁ δέκατος χρυσόπρασος, ὁ ἐνδέκατος
ὑάκινθος, ὁ δωδέκατος ἀμέθυστος. καὶ οἱ δώδεκα πυλῶνες δώδεκα 21
μαργαρῖται· ἀνὰ εἷς ἕκαστος τῶν πυλώνων ἦν ἐξ ἑνὸς μαργαρίτου. καὶ
ἡ πλατεῖα τῆς πόλεως χρυσίον καθαρὸν ὡς ὕαλος διαυγής.

Καὶ ναὸν οὐκ εἶδον ἐν αὐτῇ· ὁ γὰρ Κύριος ὁ Θεὸς ὁ παντοκράτωρ 22
ναὸς αὐτῆς ἐστιν, καὶ τὸ Ἀρνίον. καὶ ἡ πόλις οὐ χρείαν ἔχει ⌊τοῦ ἡλίου 23
οὐδὲ τῆς σελήνης⌋, ἵνα ⌊φαίνωσιν⌋ αὐτῇ· ⌊ἡ⌋ γὰρ ⌊δόξα⌋ τοῦ Θεοῦ
ἐφώτισεν⌋ᵇ αὐτήν, καὶ ὁ λύχνος αὐτῆς τὸ Ἀρνίον. ⌊καὶ περιπατήσουσιν 24
τὰ ἔθνη διὰ τοῦ φωτὸς⌋ αὐτῆς, ⌊καὶ οἱ βασιλεῖς τῆς γῆς φέρουσιν τὴν
δόξαν⌋ᶜ αὐτῶν εἰς αὐτήν. καὶ ⌊οἱ πυλῶνες⌋ αὐτῆς ⌊οὐ μὴ κλεισθῶσιν 25
ἡμέρας, νὺξ⌋ γὰρ οὐκ ἔσται ἐκεῖ. καὶ ⌊οἴσουσιν τὴν δόξαν⌋ καὶ τὴν 26
τιμὴν ⌊τῶν ἐθνῶν⌋ᵈ εἰς αὐτήν· καὶ ⌊οὐ μὴ εἰσέλθῃ εἰς αὐτὴν πᾶν κοινὸν⌋ᵉ 27
καὶ ὁ ποιῶν βδέλυγμα καὶ ψεῦδος, εἰ μὴ ⌊οἱ γεγραμμένοι ἐν τῷ βιβλίῳ
τῆς ζωῆς⌋ᶠ τοῦ Ἀρνίου.

Καὶ ἔδειξέν μοι ⌊ποταμὸν ὕδατος ζωῆς⌋ λαμπρὸν ὡς κρύσταλλον, 22
⌊ἐκπορευόμενον⌋ᵍ ἐκ τοῦ θρόνου τοῦ Θεοῦ καὶ τοῦ Ἀρνίου ⌊ἐν μέσῳ⌋ τῆς
πλατείας αὐτῆς. καὶ ⌊τοῦ ποταμοῦ ἐντεῦθεν καὶ ἐκεῖθεν ξύλον ζωῆς⌋ 2
ποιοῦν καρποὺς δώδεκα, ⌊κατὰ μῆνα⌋ ἕκαστον ἀποδιδοῦν ⌊τὸν καρπὸν
αὐτοῦ, καὶ τὰ φύλλα⌋ τοῦ ξύλου ⌊εἰς θεραπείαν⌋ʰ τῶν ἐθνῶν. καὶ ⌊πᾶν 3
κατάθεμα οὐκ ἔσται ἔτι.⌋ⁱ καὶ ὁ θρόνος τοῦ Θεοῦ καὶ τοῦ Ἀρνίου ἐν
αὐτῇ ἔσται, καὶ οἱ δοῦλοι αὐτοῦ λατρεύσουσιν αὐτῷ, καὶ ⌊ὄψονται τὸ 4
πρόσωπον αὐτοῦ,⌋ʲ καὶ τὸ ὄνομα αὐτοῦ ἐπὶ τῶν μετώπων αὐτῶν. καὶ 5
νὺξ οὐκ ἔσται ἔτι, ⌊καὶ οὐχ⌋ ἕξουσιν χρείαν φωτὸς λύχνου καὶ ⌊φωτὸς
ἡλίου⌋, ὅτι ⌊Κύριος ὁ Θεὸς φωτίσει⌋ᵏ ἐπ᾽ αὐτούς, ⌊καὶ βασιλεύσουσιν εἰς
τοὺς αἰῶνας τῶν αἰώνων.⌋ˡ

❦ Καὶ εἶπέν μοι· Οὗτοι οἱ λόγοι πιστοὶ καὶ ἀληθινοί, καὶ ὁ Κύριος ὁ 6
Θεὸς τῶν πνευμάτων τῶν προφητῶν ἀπέστειλεν τὸν ἄγγελον αὐτοῦ
δεῖξαι τοῖς δούλοις αὐτοῦ ⌊ἃ δεῖ γενέσθαι⌋ᵐ ἐν τάχει. καὶ ⌊ἰδοὺ ἔρχομαι⌋ⁿ 7
ταχύ.

[a] Is. 54. 11, 12   [b] Is. 24. 23; 60. 1, 6, 10, 13, 19, 20   [c] Ps. 89. 27;
Is. 60. 3, 5   [d] Is. 60. 11   [e] Is. 52. 1   [f] Dn. 12. 1; Ps. 69. 28
[g] Gn. 2. 10; 3. 22; Ezk. 47. 1, 7; Zech. 14. 8   [h] Ezk. 47. 12   [i] Zech. 14. 11
[j] Ps. 17. 15; 42. 2   [k] Is. 60. 19   [l] Dn. 7. 18, 27   [m] Dn. 2. 28
[n] Is. 40. 10

Μακάριος ὁ τηρῶν τοὺς λόγους τῆς προφητείας τοῦ βιβλίου τούτου.

8 κἀγὼ Ἰωάννης ὁ ἀκούων καὶ βλέπων ταῦτα. καὶ ὅτε ἤκουσα καὶ
ἔβλεψα, ἔπεσα προσκυνῆσαι ἔμπροσθεν τῶν ποδῶν τοῦ ἀγγέλου τοῦ
9 δεικνύοντός μοι ταῦτα. καὶ λέγει μοι· Ὅρα μή· σύνδουλός σού εἰμι καὶ
τῶν ἀδελφῶν σου τῶν προφητῶν καὶ τῶν τηρούντων τοὺς λόγους τοῦ
10 βιβλίου τούτου· τῷ Θεῷ προσκύνησον. καὶ λέγει μοι· ⌊Μὴ σφραγίσῃς⌋
τοὺς λόγους τῆς προφητείας ⌊τοῦ βιβλίου⌋ τούτου· ⌊ὁ καιρὸς⌋ᵃ γὰρ
11 ἐγγύς ἐστιν. ὁ ἀδικῶν ἀδικησάτω ἔτι, καὶ ὁ ῥυπαρὸς ῥυπανθήτω ἔτι,
καὶ ὁ δίκαιος δικαιοσύνην ποιησάτω ἔτι, καὶ ὁ ἅγιος ἁγιασθήτω ἔτι.

12 ⌊Ἰδοὺ ἔρχομαι⌋ᵇ ταχύ, ⌊καὶ ὁ μισθός⌋ μου ⌊μετ'⌋ ἐμοῦ, ⌊ἀποδοῦναι
13 ἑκάστῳ ὡς τὸ ἔργον⌋ ἐστὶν ⌊αὐτοῦ⌋.ᶜ ⌊ἐγὼ⌋ τὸ Ἄλφα καὶ τὸ ᵛΩ, ⌊ὁ πρῶτος
καὶ ὁ ἔσχατος⌋,ᵈ ἡ ἀρχὴ καὶ τὸ τέλος.

14 Μακάριοι οἱ ⌊πλύνοντες τὰς στολὰς⌋ᵉ αὐτῶν, ἵνα ἔσται ἡ ἐξουσία
αὐτῶν ἐπὶ ⌊τὸ ξύλον τῆς ζωῆς⌋ᶠ καὶ τοῖς πυλῶσιν εἰσέλθωσιν εἰς τὴν
15 πόλιν. ἔξω οἱ κύνες καὶ οἱ φαρμακοὶ καὶ οἱ πόρνοι καὶ οἱ φονεῖς καὶ οἱ
εἰδωλολάτραι καὶ πᾶς φιλῶν καὶ ποιῶν ψεῦδος.

16 Ἐγὼ Ἰησοῦς ἔπεμψα τὸν ἄγγελόν μου μαρτυρῆσαι ὑμῖν ταῦτα ἐπὶ
ταῖς ἐκκλησίαις. ἐγώ εἰμι ⌊ἡ ῥίζα⌋ᵍ καὶ τὸ γένος Δαυίδ, ὁ ἀστὴρ ὁ
λαμπρὸς ὁ πρωϊνός.

17 Καὶ τὸ Πνεῦμα καὶ ἡ νύμφη λέγουσιν· Ἔρχου.

Καὶ ὁ ἀκούων εἰπάτω· Ἔρχου.

Καὶ ⌊ὁ διψῶν ἐρχέσθω⌋, ὁ θέλων λαβέτω ⌊ὕδωρ ζωῆς δωρεάν⌋.ʰ

18 Μαρτυρῶ ἐγὼ παντὶ τῷ ἀκούοντι ⌊τοὺς λόγους⌋ τῆς προφητείας
τοῦ βιβλίου τούτου· ἐάν τις ⌊ἐπιθῇ ἐπ' αὐτά⌋, ἐπιθήσει ὁ Θεὸς ⌊ἐπ'
19 αὐτὸν⌋ τὰς πληγὰς ⌊τὰς γεγραμμένας ἐν τῷ βιβλίῳ τούτῳ· καὶ⌋ ἐάν τις
⌊ἀφέλῃ ἀπὸ⌋ⁱ τῶν λόγων τοῦ βιβλίου τῆς προφητείας ταύτης, ἀφελεῖ
ὁ Θεὸς τὸ μέρος αὐτοῦ ἀπὸ ⌊τοῦ ξύλου τῆς ζωῆς⌋ʲ καὶ ἐκ τῆς πόλεως τῆς
ἁγίας, τῶν γεγραμμένων ἐν τῷ βιβλίῳ τούτῳ.

20 Λέγει ὁ μαρτυρῶν ταῦτα· Ναί, ἔρχομαι ταχύ.

Ἀμήν. ἔρχου, Κύριε Ἰησοῦ.

21 Ἡ χάρις τοῦ Κυρίου Ἰησοῦ μετὰ ᵏ πάντων ὑμῶν.ˡ

[a] Dn. 8. 26; 12. 4   [b] Is. 40. 10   [c] Ps. 28. 4; 62. 12; Jer. 17. 10
[d] Is. 44. 6; 48. 12   [e] Gn. 49. 11   [f] Gn. 2. 9; 3. 22   [g] Is. 11. 1, 10
[h] Zech. 14. 8; Is. 55. 1   [i] Dt. 4. 2; 12. 32; 29. 20   [j] Gn. 2. 9; 3. 22
[k] πάντων. or πάντων τῶν ἁγίων. or τῶν ἁγίων.   [l] add ἀμήν.

APPENDIX

NOTES ON VARIANT READINGS

APPENDIX

NOTES ON VARIANT READINGS

MATTHEW

1. 16. The reading adopted in the text is found in p¹ ℵ B, most late Greek MSS., the Latin Vulgate, Syr. pesh., the Coptic versions, and Tertullian. Both alternatives were considered to be adaptations of this reading, the first, found in Θ fam. 13, some old Latin MSS., and Syr. cur., bringing the final clause of the genealogy into line with verse 18; and the second, found only in Syr. sin., making it conform to the pattern of the previous clauses.

4. 17. Μετανοεῖτε and γὰρ are not found in k Syr. cur. and sin., Justin, Clement, and Eusebius; and the translators considered the possibility that they were a later assimilation of the text to 3. 2, particularly as Matthew never elsewhere associates the call to repentance with Jesus. But, as the words are found in all extant Greek MSS., it was decided to retain them in the text.

5. 22. εἰκῆ is absent from ℵ* B and the Latin Vulgate; and both Jerome and Augustine knew of Greek MSS. which omitted it. On the other hand, it is found in ℵᵐᵍ D W Θ fam. 1 fam. 13, most late Greek MSS., the old Latin, most of the Syriac versions, and the Coptic versions. Patristic evidence is somewhat uncertain, but some second-century writers would appear to be quoting the passage without it. The translators regarded it as an early explanatory addition.

5. 44. The additions recorded in the footnotes are found, entirely or in part, in D W Θ fam. 13 28, most late Greek MSS., the old Latin, and the Latin Vulgate. They were considered to be assimilations to Lk. 6. 28.

6. 4, 6. The words ἐν τῷ φανερῷ, found in W Θ fam. 13 28, most late Greek MSS., and the old Latin (and also, in verse 4, in Syr. sin.), were considered to be a later addition making the contrast with the preceding words more exact. It seemed probable that the passage is stressing not the openness of the Father's reward but its superiority to merely human approval.

6. 13. The ascription at the end of the Lord's Prayer followed by ἀμήν is found in W Θ fam. 13 28, most late Greek MSS., and (with varying omissions) in the old Latin, the Syriac versions, Cop. sah. and the Didache. It is omitted *in toto* in ℵ B D fam. 1, the Latin Vulgate, and Cop. boh.; and was regarded as an early liturgical addition.

6. 28. ℵ*, it would appear, has the interesting reading οὐ ξένουσιν (= ξαίνουσιν) οὐδὲ νήθουσιν οὐδὲ κοπιῶσιν. As *OYΞENOYCIN*, wrongly read as *AYΞANOYCIN*, could have given rise to the other variants, and as αὐξάνουσιν seemed unnatural in the present context, the translators thought that the possibility that the reading of ℵ* is original should be left open, but αὐξάνουσιν was retained in the text. The passage should be compared with Lk. 12. 27.

7. 13, 14. ἡ πύλη is absent (in verse 13) from ℵ*, the old Latin, Clement, and Origen, and (in verse 14) from 544, the old Latin, and Clement. It was considered more probable that it was deliberately omitted by a scribe, who failed to see that the picture is of a roadway leading to a gate, than intentionally inserted.

9. 34. This verse is absent from D a d k, Syr. sin., and Hilary, and was regarded as an assimilation to 12. 24 and its parallel Lk. 11. 15.

10. 3. Λεββαῖος, found in D d k, was read in the text on the ground that Θαδδαῖος may have been an assimilation to Mk. 3. 18. The composite readings Λεββαῖος ὁ ἐπικληθεὶς Θαδδαῖος, and Θαδδαῖος ὁ ἐπικληθεὶς Λεββαῖος, were regarded as secondary and not recorded.

13. 35. Ἡσαΐου, found in ℵ* Θ 1 fam. 13, was read in the text on the assumption that the maxim *ardua lectio potior* is here relevant, the following quotation being from Ps. 78. 2.

14. 24. σταδίους πολλοὺς ἀπὸ τῆς γῆς ἀπεῖχεν, found in B Θ fam. 13 700, the Syriac versions, Cop. sah. and boh., was read in the text on the ground that the variant μέσον τῆς θαλάσσης ἦν was probably an assimilation to Mk. 6. 47.

15. 14. τυφλῶν, absent from ℵ* B D d, Syr. sin., and Cop. sah., was considered to be probably an addition to the original text, due possibly to a reminiscence of Rom. 2. 19.

16. 2*b*, 3. This passage, absent from ℵ B fam. 13, Syr. cur. and sin., and Origen, was considered to be probably a later insertion from a source parallel to Lk. 12. 54–56. Jerome knew of Greek MSS. that omitted it, but he retained it in the Vulgate.

16. 13. με, not found in ℵ B 700, the Latin Vulgate, and the Coptic versions, was considered to have come into the text under the influence of Mk. 8. 27 and Lk. 9. 18.

17. 21. This verse, absent from ℵ* B Θ 33 e ff¹, Syr. cur. and sin., and the Coptic versions, was regarded as a harmonization with Mk. 9. 29. It is found in ℵ^{corr} C D W, most late Greek MSS., the rest of the Latin versions, and Syr. pesh.

18. 11. This verse, present in D W 28 565 700, most late Greek MSS., most of the Latin versions, and Syr. cur., but absent from ℵ B Θ 1 fam. 13 e ff¹, Syr. sin., was regarded as an assimilation of the original text to Lk. 19. 10.

18. 15. The words εἰς σέ, not found in ℵ B 1 1582 and Origen, were considered to be an early interpretation of the original text.

19. 9. The clause καὶ ὁ ἀπολελυμένην γαμήσας μοιχᾶται, absent from ℵ D, some old Latin MSS., Syr. cur. and sin., Cop. sah., Origen, and Chrysostom, was regarded as probably a later insertion from Lk. 16. 18.

21. 44. This verse, not found in D 33, the old Latin, Syr. sin., Irenaeus, and Origen, was considered to be a somewhat clumsy insertion from Lk. 20. 18.

22. 35. νομικός, absent from fam. 1 e, Syr. sin., and the Armenian version, was considered a later harmonization of the text with Lk. 10. 25.

23. 14. The whole of this verse is absent from ℵ B D L Θ fam. 1 33 a e, and Syr. sin. It was regarded as almost certainly an interpolation from Mk. 12. 40, Lk. 20. 47.

23. 38. The reading ἔρημος, absent from B L, Syr. sin., Cop. sah. and boh., and the Armenian version, was considered a later insertion adapting the passage more closely to Jer. 22. 5.

27. 16, 17. It was decided to read Ἰησοῦν before Βαραββᾶν in the text on the following grounds: (a) it has the serious attestation of Θ fam. 1, Syr. sin. and pal., the Georgian version, and Origen; (b) it adds considerable point to the passage; (c) Ἰησοῦν may well have been omitted from reverential motives.

MARK

1. 1. Υἱοῦ Θεοῦ was read in the text in view of its strong attestation (most of the ancient Greek MSS. and all the Latin evidence) and as in keeping with the 'Son of God' Christology of Mark. The words are absent from ℵ* Θ 28.

1. 41. It appeared more probable that ὀργισθείς, found in D a d ff² r¹, would have been changed to σπλαγχνισθείς, than that the alteration should have been in the other direction. The 'one witness' of the footnote is b. This variant was recorded because it is conceivable that both the references to the emotions of Jesus were additions to the original text.

6. 3. The reading in the footnote, though attested by p⁴⁵ fam. 13 33 565 and 700, was considered suspect, as a probable harmonization with Mt. 13. 55, where ὁ τοῦ τέκτονος υἱός is the undisputed reading in the Greek evidence.

6. 14. ἔλεγον was read in the text with B W, and some of the old Latin MSS., as giving a better sense than ἔλεγεν. The evangelist records two specimens of the views held about Jesus, and then, in verse 16, states that Herod agreed with one of them.

7. 3. It was agreed that neither πυγμῇ, the most widely attested reading, nor πυκνά, found in ℵ W, and the Latin versions, yields a satisfactory sense; for it is not the manner, nor the frequency, but the fact of the Pharisaic washing of hands before meals that is being emphasized. As neither word is represented in Δ Syr. sin. and Cop. sah., it was decided to place both of them in the footnote.

7. 9. Both τηρήσητε and στήσητε make good sense. The translators favoured the former, but recorded the latter in the footnote, as it is attested by D W Θ fam. 1 (in part) 28 565, the old Latin, and the Syriac versions.

7. 16. This verse, though found in the majority of witnesses, is absent from ℵ B 28, and was regarded as a conventional addition to the original text.

8. 10. Δαλμανουθά, an otherwise unknown place-name, was read in the text on the evidence of ℵ A B 700, though it was thought probable that there was a primitive corruption of the text at this point. Two of several variants, Μαγεδάν (old Latin) and Μάγδαλα (Θ fam. 1 fam. 13), were recorded in the footnote to draw attention to the uncertainty of the text.

8. 26. It was decided to place in the text the reading of the important old Latin k on the ground that it best accounts for the rise of the numerous variants found in the other MSS., one of which, μηδὲ εἰς τὴν κώμην εἰσέλθῃς, found in ℵ* B W fam. 1, and Syr. sin., is recorded in the footnote.

8. 38. λόγους, though well attested, is absent from W k, and Cop. sah. The translators considered that the reference in the context is more likely to be to Jesus and his *followers* than to Jesus and his *words*.

8. 38. καί was read rather than μετά in the text on the evidence of p⁴⁵ W, and Syr. sin. μετά was regarded as an assimilation to Mt. 16. 27.

9. 29. The words καὶ νηστείᾳ, absent from ℵ B k, the Georgian version, and Clement, were regarded as a later pietistic addition.

9. 44, 46. These verses are left out of the text on the evidence of most of the ancient Greek witnesses. The quotation from Is. 66. 24 would appear to have been read back into the text at these points from verse 48.

10. 2. προσελθόντες Φαρισαῖοι was omitted from the text on the evidence of D a b d k, and Syr. sin. It is a stylistic feature of Mark to leave the subject of the verb unexpressed.

10. 7. The words καὶ προσκολληθήσεται πρὸς τὴν γυναῖκα αὐτοῦ, absent from ℵ B, and Syr. sin., were retained as necessary for the sense.

10. 24. The words τοὺς πεποιθότας ἐπὶ χρήμασιν, absent from ℵ B W k, and the Coptic versions, were excluded from the text on the ground that the unqualified statement, rather than a repetition of verse 23, is more likely to be original.

10. 40. The variant ὑπὸ τοῦ πατρός μου, found in ℵ Θ and fam. 1, was regarded as an intelligent gloss giving the sense implied by the reading in the text.

11. 26. This verse was omitted on the authority of most ancient witnesses, Greek, Latin, and Syriac. It was considered to be almost certainly an intrusion from Mt. 6. 15.

13. 33. καὶ προσεύχεσθε, absent from B D 122, and the old Latin, was regarded as secondary and not apposite to the emphasis of the ensuing parable.

14. 5. ἐπάνω, absent from 954 c k, and Syr. sin., was considered to be a probable addition to the original text, which specified the precise sum of money.

14. 39. The words τὸν αὐτὸν λόγον εἰπών, not found in D and the old Latin, were regarded as a later harmonization with Mt. 26. 44.

14. 65. The words τίς ὁ παίσας σε;, though giving the sense of the passage, were thought to be a probable intrusion from Mt. 26. 68 and Lk. 22. 64. They are found here in N U X Θ 565 579 and 892.

14. 68. The reference in this verse to a cock crowing is absent from ℵ B W, and Syr. sin., and was regarded as a later adaptation of the narrative to 14. 30 and 72.

15. 8. ἀναβὰς was read in the text on the evidence of ℵ B D, and all the Latin versions, on the ground that it would have been more likely to be changed to ἀναβοήσας than that the alteration should have been in the opposite direction.

15. 28. This verse, found in Θ fam. 1 fam. 13, most late Greek MSS., the old Latin, and the Latin Vulgate, was regarded as a later insertion from Lk. 22. 37, where there are no variants.

15. 34. The interesting variant ὠνείδισας, found in D c i k, and Porphyry, was considered to be an attempt to avoid the supposition that Jesus on the cross was abandoned by God.

15. 39. The variant κράξας, found in W Θ 565, and Syr. sin., was suspected of being an adaptation of the passage to verse 37. The reading οὕτως, found in ℵ B L and k, drawing attention as it does to the general deportment of Jesus at his death, seemed more original. Most late Greek MSS. have the conflate reading οὕτως κράξας.

16. 1. The shorter reading in the footnote is found in D d and (with some changes) in Θ and k.

16. 8. The two later endings of Mark are set out in the *N.E.B.* in a way in which they can be seen by the reader to be not casual variants, but deliberate attempts to bring the Gospel to what was considered to be a more satisfactory conclusion. Note [*b*] on p. 90 of *N.E.B.*, to which the reader's attention is directed before he peruses the remainder of the text, in stating that 'at this point some of the *most ancient witnesses* bring the book to a close', implies that this is the most ancient form of the text. The 'witnesses' in fact are ℵ B, Syr. sin., Clement, and Origen. Note [*c*] then informs the reader that the passage he has just read, the 'shorter ending', is found as an addition in *some witnesses* (they are in fact L Ψ 099 0112, and k), and that in *one* of them (k) it is with this passage that the Gospel concludes. The inference is that the MSS., other than k, which have this passage, follow it by something else. This 'short ending' is printed first because it is obviously an attempt to continue the narrative of verse 8. Note

[*a*] on p. 91 of *N.E.B.* indicates that verses 9–20 are found either directly following verse 8, or at the close of the 'shorter ending' printed before them. The final sentence in this note refers primarily to the long and curious supplement found in W at the end of verse 14, sometimes called 'The Freer Logion', and to the addition of ἀμήν at the close of verse 20.

LUKE

1. 37. All Greek MSS. have ἀδυνατήσει, though *impossibile est* is found in the old Latin. παρὰ τῷ Θεῷ is the reading of אᶜᵒʳʳ A C Θ and most late Greek MSS., and παρὰ τοῦ Θεοῦ the reading of א* B D. The passage echoes the LXX of Gn. 18. 14 μὴ ἀδυνατεῖ παρὰ τῷ Θεῷ ῥῆμα; and it seemed probable that ἀδυνατεῖ, if it existed in the present verse as the origin of the old Latin, was an assimilation to the Genesis passage. It was thought possible that a scribe misunderstanding ῥῆμα (דבר) as 'word' instead of 'thing' altered the dative to the genitive, but equally possible that if Luke intended the meaning to be 'no word from God', a scribe assimilated his words to the Genesis passage by altering the genitive to the dative. By a majority vote it was decided to read παρὰ τοῦ Θεοῦ in the text, understanding ῥῆμα as 'word', and παρὰ τῷ Θεῷ in the footnote, understanding ῥῆμα as 'thing'.

1. 46. The wording of the footnote is some indication that the translators gave much thought to the text in this verse. It was agreed that there were three ways in which the external evidence could be explained:

(*A*) The original contained no proper name, and 'Mary' and 'Elizabeth' were both interpolations. (*B*) 'Elizabeth', attested by a b l* and known to Irenaeus and Origen, was original and changed to 'Mary'. (*C*) 'Mary', attested by the rest of the evidence, was original and changed to 'Elizabeth'.

(*A*) was favoured by some members of the Panel, but the absence of any evidence for it meant that it could not be placed in the text without contravening the direction not to adopt conjectures unless in any passage the MS. text should be unintelligible.

(*B*) was supported by the following arguments:

(*a*) The change from 'Elizabeth' to 'Mary' could be accounted for by doctrinal considerations, but not vice versa.

(*b*) The *Magnificat* is closely modelled on the Song of Hannah (2 Sam. 2. 1–10), a thanksgiving for the gift of a child to a barren woman. This would afford the most natural explanation of ταπείνωσις in verse 48, referring back to the removal of Elizabeth's ὄνειδος in verse 25.

(*c*) In verse 56 'Mary stayed with *her*' implies that Elizabeth has been speaking. Elizabeth has also been the speaker immediately prior to the canticle, and it would naturally be ascribed to her unless a change of subject were specifically indicated.

(*C*) was supported as follows:

(*a*) The overwhelming weight of MS. evidence favours 'Mary' as original.

(*b*) 'Mary' could have been altered to 'Elizabeth' by a scribe intelligent enough to be convinced by the preceding arguments. To account for the reading 'Elizabeth' it is only necessary to postulate one such scribe. To account for 'Mary' it is necessary to assume that the tendency towards the exaltation of the virgin Mary operated so early and so universally as to have affected every extant Greek MS. and the mass of the versions. No evidence for this can be produced.

(*c*) ταπείνωσις need not refer to an actual humiliation but could be used generally of any disadvantageous standing (cf. Gn. 29. 32). It could therefore imply no more than the lowly status of a village girl.

(*d*) The Canticles are in any case composed from traditional material. On the assumption that they have been inserted into an existing prose narrative, the 'her' of verse 56 would naturally refer to Elizabeth since it is she who has been speaking in verse 45.

(*e*) In the wider context, it was argued that a song by Mary was more appropriate at this point than one by Elizabeth. Mary is the centre of attention in verses 39–56.

It was finally decided by a majority vote that the evidence against it was not sufficiently compelling to override the long and continued tradition which associates Mary with the *Magnificat*, but that the footnote should be so worded as to convey something of the uncertainty felt by some of the translators.

1. 66. The omission of ἦν in D, the old Latin, and Syr. sin. seemed important enough to be noticed in the footnote. Its absence makes it possible to construe the last clause of the verse as a continuation of the recorded gossip of those who heard about Zechariah, rather than as an observation by the evangelist.

1. 78. ἐπισκέψεται is found in p⁴ ℵ* B W Θ, and the Syriac and Coptic versions, ἐπεσκέψατο in A D fam. 1 fam. 13, most late Greek MSS., and the Latin versions. It was thought more probable that the former would have been changed to the latter than vice versa.

2. 11. As the reading Χριστὸς Κυρίου, though found only in rᶠ, Syr. pal., and Ephraem, may have been original, and the variants

Χριστὸς Κύριος, found in most witnesses, and Κύριος Χριστός, found in W, Syr. sin. and pesh., derived from it, it was recorded in the footnote. Χριστὸς Κυρίου is an established Old Testament title.

2. 14. εὐδοκίας, found in ℵ* A B D* W, the Latin versions, and Cop, sah., was thought to be more original than εὐδοκία, attested by Θ fam. 1 fam. 13 28, most late Greek MSS., Cop. boh., and the Syriac versions (cf. the significance of the verb εὐδοκέω in the accounts of the baptism of Jesus).

3. 22. Variant *b* in the footnote, found in D a b c ff[1], Justin, and Clement, was regarded as an early adaptation of the passage to Ps. 2. 7.

4. 44. Γαλιλαίας, found in A D Θ, most late Greek MSS., and the Latin versions, was considered suspect as a harmonization with Mt. 4. 23 and Mk. 1. 39. Luke appears to use Ἰουδαία sometimes to cover Palestine as a whole (cf. 7. 17 and 23. 5).

5. 17. It was decided that the probability of sense lay with the reading ἦσαν δὲ συνεληλυθότες, found in D e, rather than with οἳ ἦσαν ἐληλυθότες, for it does not require us to suppose that every village had its Pharisees and doctors of the Law.

6. 35. μηδένα, found in ℵ W, and the Syriac versions, was regarded as secondary and due probably to dittography.

7. 11. τῷ ἑξῆς, found in A B L Θ fam. 1 700, was read in the text in preference to τῇ ἑξῆς, found in ℵ* C D W. Both readings are found in different representatives of the Latin, Syriac, and Coptic versions.

8. 26, 37. It was agreed that in Luke MS. evidence and general probability favour the reading Γεργεσηνῶν, found here in ℵ L Θ fam. 1 33 157 700. Γαδαρηνῶν, found here in A W fam. 13 28, and most late Greek MSS., is suspect as a harmonization with Mt. and Mk. Γερασηνῶν, found here in B D and the Latin versions, is the reading found in the Latin versions in all the Gospels.

8. 43. The reading in the footnote, absent from B D d, Syr. sin., and Cop. sah., was regarded as an insertion from Mk. 5. 26.

8. 44. The absence of τοῦ κρασπέδου from D, the old Latin, and Marcion, was recorded, as the words may have been a later harmonization with Mt. 9. 20.

9. 26. λόγους is absent from D a d e l, Syr. cur., and Origen. Its omission was considered to give a better sense in the present context (cf. Mk. 8. 38).

9. 54. The words ὡς καὶ 'Ηλίας ἐποίησε, absent from p⁴⁵ ℵ B L 157 700, the Latin Vulgate, and Syr. sin. and cur., are found in A D W Θ fam. 1 fam. 13, the old Latin, and most late Greek MSS. They were regarded by the translators as a later annotation.

9. 55, 56. The long passage in the footnote is entirely absent from p⁴⁵ ℵ A B W 28 l, and Syr. sin. It is found *in toto*, or almost *in toto*, in D Θ fam. 1 fam. 13, most late Greek MSS., the Latin versions, Syr. cur., and Marcion. The last sentence echoes Lk. 19. 10; and the whole passage was regarded as a later insertion due perhaps to the influence of Marcion.

9. 62. The reading in the footnote, giving a slightly different picture of the backward-looking ploughman, is found in p⁴⁵ D, the old Latin, and Clement.

10. 1, 17. ἑβδομήκοντα δύο, regarded by the translators as original, is found (in verse 1) in B D, the Latin versions, Syr. sin. and cur.; and (in verse 17) in p⁴⁵ B D, and the Latin versions.

10. 21. τῷ Ἁγίῳ is absent from p⁴⁵ A W fam. 13 f q, and Clement. It was retained in the text as being in accordance with the usage of Luke.

10. 22. The reading καὶ στραφεὶς πρὸς τοὺς μαθητὰς εἶπεν is found in A W Θ 28, most late Greek MSS., and the old Latin. It was accepted as original, as it was considered necessary for the sense of the passage. The recurrence of the same words (but with the significant addition of κατ' ἰδίαν) in verse 23 may have led to their omission in verse 22.

10. 42. Both external and internal evidence seemed to the translators to point to ἑνὸς δέ ἐστιν χρεία, found in p⁴⁵ A W Θ fam. 13 28, the Latin Vulgate, and Syr. cur., as original. The variant ὀλίγων δέ ἐστιν χρεία ἢ ἑνός, found in ℵ B, and fam. 1, was considered a conflation of the adopted reading and ὀλίγων δέ ἐστιν χρεία, found in 38 and Syr. pal. This clause is entirely absent from D; and the old Latin and Syr. sin. omit the passage μεριμνᾷς . . . ἐστιν χρεία.

11. 2. The words ἡμῶν ὁ ἐν τοῖς οὐρανοῖς, found in A C D W Θ fam. 13, most late Greek MSS., Syr. cur., and the old Latin, were considered to be a later harmonization with Mt. 6. 9. Πάτερ (unqualified) is found in p⁴⁵ (*videtur*) ℵ B L fam. 1 22 700, the Latin Vulgate and Syr. sin.

ἐφ' ἡμᾶς ἐλθάτω ἡ βασιλεία σου is found only in D d. The other variant, ἐλθάτω τὸ Ἅγιον Πνεῦμά σου ἐφ' ἡμᾶς καὶ καθαρισάτω ἡμᾶς, Marcionite in character, is attested by 700, Marcion, and Gregory of Nyssa.

The clause γενηθήτω . . . καὶ ἐπὶ γῆς, not found in B, Syr. cur. and sin., Marcion, and Origen, was considered a harmonization with Mt. 6. 10.

11. 4. The variant ἀλλὰ ῥῦσαι ἡμᾶς ἀπὸ τοῦ πονηροῦ, absent from ℵ B, the Latin Vulgate, Syr. sin., Marcion, and Origen, was regarded as a harmonization with Mt. 6. 13.

11. 11. The words ἄρτον . . . ἢ καί, absent from p[45] (videtur) B, some old Latin, and Syr. sin., were considered an assimilation to Mt. 7. 9.

11. 13. Both internal and external evidence were considered to favour Πνεῦμα Ἅγιον, the reading of the majority of MSS., including the most ancient, against the variants ἀγαθὸν δόμα (D and the old Latin), ἀγαθά (Syr. sin.), and the unrecorded πνεῦμα ἀγαθόν (p[45] L). These readings were thought to have arisen out of assimilation to Mt. 7. 11.

11. 23. με attested by ℵ* Θ, and Syr. sin., was regarded as a later grammatical correction, σκορπίζω being a transitive verb.

11. 25. σχολάζοντα, found in B fam. 1 565 f l r¹, was taken to be an assimilation to Mt. 12. 44.

11. 33. οὐδὲ ὑπὸ τὸν μόδιον, reflecting Mt. 5. 15, was omitted from the text on the evidence of p[45] L fam. 1 69 700, Syr. sin., and Cop. sah.

11. 42. The words ταῦτα . . . παρεῖναι are not found in D d and Marcion, to whom they would obviously have been unacceptable.

12. 14. The absence of ἢ μεριστὴν from D 28 33 a c d, Syr. cur. and sin., and Marcion (an interesting combination of witnesses) was considered worthy of notice in the footnote.

12. 21. The absence of this verse from D and a b d, though not accepted as original, was considered to be worth recording in view of the tendency of D to expand rather than shorten the narrative.

The words ταῦτα λέγων . . . ἀκουέτω, a conventional sequel to sayings of a somewhat cryptic nature, are found in H and U.

12. 27. The reading in the footnote, attested by p[45] ℵ A B W Θ fam. 1 fam. 13, and the Latin versions, was rejected on the ground that it was probably an assimilation to the text of Mt. 6. 28. The reading in the text is found in D a d, Syr. cur. and sin., and Clement.

14. 5. The translators were agreed that the reading υἱὸς ἢ βοῦς, though attested by p[45] B W 28 e f q, and Cop. sah., was almost certainly wrong, and decided to accept the variant ὄνος ἢ βοῦς, found in

א fam. 1 fam. 13, the rest of the Latin versions, and Cop. boh. Some of them were persuaded that the conjecture ὄϊς ἢ βοῦς would best explain the other readings (cf. πρόβατον in Mt. 12. 11).

15. 16. γεμίσαι τὴν κοιλίαν αὐτοῦ, found in A Θ 28, most late Greek MSS., most of the Latin versions, Syr. sin, and Cop. boh., was considered to be more original than χορτασθῆναι, found in א B D fam. 1 fam. 13 d e f, and Cop. sah., since the substitution of a more ordinary or conventional term is more readily intelligible than a change in the reverse direction. The expression γεμίζειν τὴν κοιλίαν occurs only here, while χορτάζεσθαι is frequent in the Gospels.

15. 21. The words ποίησόν με . . . τῶν μισθίων σου, found here in א B D 700 d, were understood as an assimilation of the original to verse 19. Their absence at this point from A W Θ fam. 1 fam. 13, most late Greek MSS., and the Latin, Syriac, and Coptic versions, was accepted as original. The prodigal is interrupted by his father, and so prevented from completing his carefully prepared speech!

17. 36. This verse was regarded as an assimilation of the text to Mt. 24. 40. It is found in D U 28 700, and the Latin and Syriac versions.

18. 11. It was decided to omit πρὸς ἑαυτόν on the authority of א*, most old Latin MSS., and Cop. sah. The fact that the words are found in different positions in the witnesses which record them was considered to be an indication that they were probably an early marginal addition embodied subsequently in the text. They are found *before* ταῦτα in A W fam. 13, and most late Greek MSS. (D has καθ᾽ ἑαυτὸν ταῦτα) ; and *after* ταῦτα in B Θ fam. 1 e, the Latin Vulgate, and Cop. boh.

21. 38. The witnesses referred to in the footnote are fam. 13. (See note on John 7. 53 – 8. 11.)

22. 16. οὐκέτι is not found in א A B H L Θ, and the Coptic versions. As it is not found in the parallel passage in Mt. 26. 29 its absence here from these witnesses was considered to be due to harmonization.

22. 19b–20. The passage printed in the footnote is found in all witnesses to the text except D and the old Latin—but there are many variations and rearrangements throughout the section 14–20. The translators discussed this textual problem at great length, particularly the two principal variants known as the 'longer' and the 'shorter' text, i.e. the variant containing 19b–20 and the variant omitting 19b–20.

In favour of the 'longer' text it was urged: (*a*) the numerous and widely divergent transpositions in MSS. and versions may all be readily understood as 'more or less clumsy surgery' designed to force Luke's account into the proper liturgical pattern; this presupposes the 'longer' text; (*b*) the whole passage 14–38, with the exception of 19–20, is a solid block of special Lucan material containing 'memories of the last evening'. Verses 19–20 alone are liturgical, having for their nearest relation the Pauline account in 1 Cor. 11. 23–25, which is the standard pattern for the Pauline churches, and therefore known to Luke, who inserts it here because it belongs here. It is significant that the one clause in 19–20 that is a clear link with Mark and Matthew, τὸ ὑπὲρ ὑμῶν ἐκχυννόμενον, does not construe in its present context, and may well be an interpolation.

In favour of the 'shorter' text it was urged: (*a*) the evidence points to two principal variants, the first having the whole passage as in the printed texts, and the other omitting 19*b*–20. The other variations represent modifications of these two or compromises between them. Other things being equal, the shorter text is more likely to be original, and here it is easier to imagine a scribe supplementing the shorter text than the reverse; (*b*) there are linguistic features in 19*b*–20 which conflict with the style of this Gospel: (i) the objective use of the possessive ἐμήν, (ii) the suppression of the copula ἐστιν: Luke sometimes inserts the copula when taking over passages from his sources, but does not suppress it: in 1 Cor. 11. 25 the copula is present; (*c*) the argument that we cannot expect to find Lucan idiom where a liturgical formula is being followed may be countered by the observation that tradition was not exact in handing down liturgical matter, either in the New Testament or in MSS. of the liturgies. 'Neither Luke nor his contemporaries nor later Christians showed that concern for verbal niceties in the tradition of the Institution that would be required to give this argument its point.'

By a majority vote the translators decided to adopt the 'shorter' text, noting in the footnote the addition of 19*b*–20.

22. 43, 44. These verses are found in ℵ* D L Θ 0171 fam. 1 157, the Latin versions, and Syr. cur. They are absent from ℵ^corr A B W fam. 13, and Syr. sin. This evidence was considered too finely balanced to justify the excision of the passage from the text.

22. 62. This verse, absent from 0171 and a b e ff² i l r¹, was considered suspect as a harmonization with Mt. 26. 75.

23. 17. This verse is found in this position in ℵ W Θ Ψ fam. 1 fam. 13, most late Greek MSS., and the Latin versions. In D, Syr. sin. and cur., it follows verse 19. This variation in position was regarded as additional evidence that the words, absent from A B L a, and Cop. sah., were inserted into the text of Luke later from the other Gospels.

23. 34. This utterance from the cross is found in ℵ* A C D^corr L N fam. 1 fam. 13 565 700, most late Greek MSS., the Latin versions, Syr. cur., Marcion, and Origen. It is absent from ℵ^corr B D* W Θ a d, Syr. sin., and Cop. sah. As in the case of 22. 43, 44, this evidence was regarded as too finely balanced to justify the excision of the passage from the text.

23. 42. The reading εἰς τὴν βασιλείαν σου, found in B L, and most of the Latin evidence, was preferred to ἐν τῇ βασιλείᾳ σου, found in ℵ A W fam. 1 fam. 13, most late Greek MSS., and a b q on the grounds (a) of the parallel Lucan expression εἰς τὴν δόξαν in 24. 26; (b) that the alternatives ἐν τῇ βασιλείᾳ σου, and ἐν τῇ ἡμέρᾳ τῆς ἐλεύσεώς σου (found in D d), reflect a progressive tendency, detectable elsewhere, to create specific references to the Parousia out of sayings that originally had no such reference.

24. 6. The words οὐκ ἔστιν ὧδε, ἀλλὰ ἠγέρθη are absent from D a b e ff² l r¹, and were regarded as a later insertion by assimilation to Mt. 28. 6.

24. 12. The reference to Peter's visit to the tomb, his sight of the grave-clothes, and departure for home in amazement, is not found in D a b e l r¹, and Marcion, and was considered to be an assimilation of the text to Jn. 20. 3, 6, 10.

24. 36. The salutation, recorded in the footnote, is absent from D a b e ff² l r¹, and was regarded as a later insertion by assimilation to Jn. 20. 19, 26.

24. 40. The reading in the footnote is absent from D a b d e ff² l r¹, and Syr. cur. and sin. It was considered an assimilation to Jn. 20. 20, though with τοὺς πόδας substituted for the Johannine τὴν πλευράν, to harmonize with verse 39.

24. 51. The reference to the ascension, absent from ℵ* D a b e ff² j l, was held to be a later insertion made probably when the Gospel was detached from Luke–Acts.

24. 52. προσκυνήσαντες αὐτόν, not found in D a b e ff² j l, and Syr. sin., was considered a later addition.

JOHN

1. 18. In spite of the strong advocacy by Westcott and Hort of the reading μονογενὴς Θεός, found in ℵ* B C* L, Syr. pesh. and hkl. (margin), and Cop. boh., mainly on the ground that it is the more difficult reading, the translators considered that it does not yield a tolerable sense. They regarded the variant ὁ μονογενὴς Υἱός, found in A W Θ fam. 1 fam. 13, most late Greek MSS., the Latin versions, Syr. cur., and Cop. sah., as intrinsically more probable. It was thought possible that the second alternative reading quoted, ὁ μονογενής, though it is represented only in a single MS. of the Latin Vulgate, might have given rise to the other two. All three readings have patristic support, varying, it would seem, with the Christological emphasis of the particular writer.

1. 34. Of the variants ἐκλεκτός and υἱός, it seemed more probable that the former was altered to the latter than vice versa. ἐκλεκτός, found in p⁵ (*videtur*) ℵ* e ff², and Syr. sin. and cur., is in harmony with what would appear to have been the early tradition about the significance of the heavenly voice at Jesus' baptism. See the translation at Mt. 3. 17 and Mk. 1. 11, where the Greek is understood to be a reflection of the thought of Is. 42. 1.

1. 41. Although πρωΐ is found only in b e r¹ (but reflected probably in Syr. sin.), it was thought right to record it. While it is possible that it may have been the original reading, it seemed more probable that it was an attempt to avoid the ambiguities both of πρῶτον, the most widely attested reading, and of πρῶτος found in ℵ* W and most late Greek MSS. It might also have seemed to make an easier transition from verse 39. Alternatively, it may have arisen as the result of an erasure after the letters ΠΡΩ . . . in an early copy.

3. 13. It is assumed by many scholars that the words ὁ ὢν ἐν τῷ οὐρανῷ, absent from ℵ B W, were an early interpolation. On the other hand, the translators considered that they are Johannine in style and that their presence in A Θ fam. 1 fam. 13 579, most late Greek MSS., and the Latin versions, justified their retention in the text.

3. 31b. Both internal and external evidence seemed to combine against the words ἐπάνω πάντων ἐστίν. They are absent from ℵ D fam. 1 565, the old Latin, and Syr. cur.; and their absence enables the text to run more smoothly. The presence of the same words in verse 31a may have led to their repetition by a copyist.

4. 9. The bracketed words, understood as an explanatory note of the evangelist, are absent from ℵ* D and some of the old Latin MSS. Though they may have been added to the text later, such informative notes are characteristic of this author.

5. 1. The reading in the footnote, which has been understood as a reference either to Passover or Tabernacles, is found in ℵ and fam. 1. The better-attested reading adopted in the text could be a reference to any Jewish festival.

5. 3*b*, 4. The statements about the disturbance of the water and the angel at the pool were rejected not only because of their poor attestation but as being un-Johannine in style. The footnote indicates that some witnesses record both passages, and others only one—but not always the same one. The former is absent from ℵ A* B C* 157 q, Syr. cur., and Cop. sah.; and the latter is absent from ℵ B C* D W 33 157 f l q, the Latin Vulgate, and Syr. cur.

6. 23. The words εὐχαριστήσαντος τοῦ Κυρίου are absent from D 69, and Syr. sin. and cur. They were regarded as open to suspicion, as the use of 'the Lord' for 'Jesus' in narrative is for the most part not Johannine. But in view of their strong MS. support it was decided to retain them in the text.

6. 36. It was agreed to omit με after ἑωράκατε with ℵ A a b e q, and Syr. sin. and cur. The addition of the word would have seemed very natural; but the implied object of the verb in the context would appear to be the 'sign' which the disciples had recently witnessed.

7. 8. The reading οὐκ, found in ℵ D, the Latin versions, and Syr. sin. and cur., was adopted in the text. This seemed to be an instance where the maxim *ardua lectio potior* is applicable.

7. 53–8. 11. This passage, usually printed in this position in editions of the New Testament (following most late Greek MSS. and the Latin versions) is found here in no *ancient* Greek MSS. except D; and some MSS. which insert it at this point mark it as doubtful. It is also absent from the Syriac versions. It is found after Jn. 21. 24 in fam. 1; after Lk. 21. 38 in fam. 13; and after Jn. 7. 36 in 225. This evidence seems to indicate that it was regarded in the early church as a trustworthy tradition, but that it was not generally recognized as part of the Gospel of John. Internal evidence supports this. It is un-Johannine both in style and content; and its presence here interrupts the discourse at the festival of Tabernacles. The translators decided, therefore, to treat it as a disconnected incident and print it at the conclusion of the Gospel of John.

8. 39. The textual tradition is here somewhat confused. There would appear to be two main variants (i) ἦτε ... ἐποιεῖτε (or ἐποιεῖτε ἄν), and (ii) ἐστε ... ποιεῖτε. The former is widely attested, and the latter found in B 700, and Syr. sin. There are also variants which are in fact a mixture of these readings. The translators decided to read (i) in the text, on the ground that it perhaps gives the better sense in the context. Jesus denies that the Jews are Abraham's children because they do not reflect the qualities of their sire. In (ii) he assumes that they are Abraham's children, and challenges them to act as such.

8. 57. The footnote variant, though almost certainly secondary, was considered worth recording. It is found in ℵ* 0124, and Syr. sin.

9. 4. ἡμᾶς is found in ℵ* B D W, and ἐμέ in A Θ fam. 1 fam. 13, most late Greek MSS., and the Latin and Syriac versions. As it seemed more probable that ἡμᾶς would have been altered to ἐμέ than vice versa, the translators regarded it as original.

9. 35. It was thought that Θεοῦ, found in A L Θ fam. 1 fam. 13, most late Greek MSS., and the Latin versions, is more likely to have been a correction of ἀνθρώπου than the other way round. ἀνθρώπου is attested by ℵ B D W, and Syr. sin.

10. 29. The translators considered that the first of the variants recorded in the footnote ὃ δέδωκέν . . . μείζων, found in ℵ W, is intolerably awkward; and that the second variant ὃ δέδωκέν . . . μεῖζον also gives an improbable sense. Accordingly, they adopted the reading ὃς δέδωκέν μοι μείζων attested by fam. 1 fam. 13, and Syr. sin. and cur.

11. 25. The absence of the words καὶ ἡ ζωή from p45, Syr. sin., Cyprian, and Origen was considered worthy of record in view of the wide geographical distribution of the evidence.

12. 8. It was thought that the absence of this verse from D and Syr. sin. may represent the original, and that it may have been a later insertion from Mk. 14. 7; but in view of the strong MS. support it was retained in the text.

12. 41. The more difficult ὅτι, found in ℵ A B Θ 1 e, was considered more likely to be original than the easier ὅτε found in D fam. 13 565 700, most late Greek MSS., and the Latin and Syriac versions.

13. 10. The majority of the translators favoured omitting the words εἰ μὴ τοὺς πόδας, found in B and most of the Greek and Latin evidence, but absent from ℵ c z, some MSS. of the Latin Vulgate, Tertullian, and Origen. It was thought possible that the words were inserted by a scribe who failed to understand the spiritual significance of what Jesus was saying, and supposed that he was merely drawing attention to the social custom by which the guest who arrived at a banquet after having bathed at home needed to have only his feet washed on arrival at his host's house. Or the shorter text may have been understood to imply that the 'washed' or 'baptized' needed no further forgiveness.

13. 32. The words εἰ ὁ Θεὸς ἐδοξάσθη ἐν αὐτῷ, present in A Θ fam. 1 fam. 13, some old Latin MSS., and the Latin Vulgate, are absent from ℵ* B D W, most old Latin MSS., and Syr. sin. But, as they were considered to be characteristic of the pleonastic style of the author, they were retained in the text.

14. 4. It was considered that the longer reading recorded in the footnote and attested by A D Θ fam. 1 fam. 13, most late Greek MSS., and the Latin and Syriac versions, was an alteration of the shorter text found in ℵ B W, due to a desire to adapt the words of Jesus more closely to the subsequent question of Thomas.

14. 14. με, found after αἰτήσητε in most MSS., was left out of the text on the evidence of A D, most late Greek MSS., and the old Latin. Its later insertion was thought to be an inference from ἐγὼ ποιήσω, made on the assumption that the one who answers prayer must be the one to whom prayer is made.

14. 17. ἐστιν was read in the text on the evidence of B D* W fam. 1 69 and 565. The variant ἔσται was thought to have arisen probably from μένει being construed as μενεῖ (future).

15. 8. Both γένησθε, found in B D Θ 1 565, and the Coptic versions, and γενήσεσθε, found in ℵ A fam. 13 28, and most Greek MSS., were considered to yield a good sense, but the former was thought more likely to be original. It implies that the Father is glorified not only in the disciples' bearing fruit in plenty, but also in the proof that this affords of the reality of their discipleship.

16. 23. The words ἐν τῷ ὀνόματί μου are found *before* δώσει ὑμῖν in p²² D Θ, and most late Greek MSS., and *after* δώσει ὑμῖν in the rest of the evidence. Both readings give a good sense, but the former was considered preferable in the context, which is concerned with *prayer* 'in my name'. Verse 24 almost necessitates this connexion.

17. 11, 12. Although ὃ δέδωκας in 17. 2 refers to the disciples, the translators understood 18. 9 to be a reference back to the present passage. They therefore adopted the reading οὓς δέδωκας in both verses. In verse 11 it is attested by Dᶜᵒʳʳ N 69, most late Greek MSS., most old Latin MSS., and the Latin Vulgate; and in verse 12 by A D Θ fam. 1 fam. 13, most late Greek MSS., and all the Latin evidence. In each verse the alternative ᾧ δέδωκας was placed in the footnote.

18. 24. This verse is found after verse 13 in Syr. sin., and in the middle of verse 13 in 225. Although these rearrangements ease the sense by making the Johannine story of the trial take place before Caiaphas instead of (seemingly) before Annas, the translators considered it improper to accept the latter transference on the sole authority of 225, especially as no reasonable ground could be discovered for its subsequent transference to its present position. They also thought it out of order to use the evidence of Syr. sin. as additional support for 225 without accepting the other rearrangements of the text, of which this verse forms a part. The order of verses in Syr. sin. is 13, 24, 14, 15, 19–23, 16–18. This revision seems largely to have been determined by the desire to assimilate John to the Synoptic Gospels. Accordingly, the text found in the mass of ancient witnesses was retained, and the difficulties of exegesis left to the commentators.

19. 29. The reading of a single minuscule 476 is here accepted, on the supposition that the text of all other MSS. was a primitive corruption due to dittography $YCC\underline{\Omega}\underline{\Pi}\underline{\Omega}\Pi EPI\Theta ENTEC$. ὑσσῷ gives a perspicuous picture. It was conjectured by Camerarius in the sixteenth century, before the evidence of 476 was known.

20. 31. The variant πιστεύσητε, found in B W and recorded in the footnote, is interesting as the inceptive aorist might be taken to imply that the object of the evangelist in writing was to convince unbelievers. The more probable reading πιστεύητε suggests that his aim was to deepen the faith of Christians.

8. 9, 10. The variants in the footnotes in these verses are absent from most ancient witnesses, but became established in the later Byzantine text. They were regarded as explanatory additions.

ACTS OF THE APOSTLES

1. 26. It was considered that the particular emphasis of the passage pointed to δώδεκα, found in D d, and Eusebius, as original. ἕνδεκα may have been the 'correction' of a somewhat pedantic editor.

2. 5. Ἰουδαῖοι is absent from ℵ. Though many scholars favour the omission, the translators regarded it as secondary, prompted perhaps by the mistaken view that ἀπὸ παντὸς ἔθνους contradicted Ἰουδαῖοι.

2. 24. ᾅδου is found in D, the Latin versions, Syr. pesh., Cop. boh., and Ephraem. As both ὠδῖνες θανάτου and ὠδῖνες ᾅδου are found in the LXX of the Psalms, a decision here was difficult; but it seemed probable that θανάτου was original and ᾅδου one of the many rather pointless changes to be found in the Western text of Acts.

2. 37. λοιπούς is absent from D 241 d gig, and Augustine. As the tendency of D in Acts is to expand rather than abbreviate, its reading here was considered to be probably correct. λοιπούς might well have been a somewhat pedantic 'improvement'.

3. 21. ἀπ' αἰῶνος, absent from D h gig, and Tertullian, is found in some MSS. before αὐτοῦ and in others after προφητῶν. In view of this varying position it was regarded as a later insertion from Lk. 1. 70.

4. 1. ἀρχιερεῖς, found in B C 4, and the Armenian version, was preferred to ἱερεῖς on the ground that action by *superior* officials seems to be indicated.

4. 6. 'Ιωναθὰς, found in D, was considered the probable reading. This Jonathan can be identified with Jonathan son of Annas who succeeded Caiaphas in A. D. 36, whereas John cannot be identified. Moreover, the substitution of the familiar name 'Ιωάννης for the less familiar 'Ιωναθὰς is more readily intelligible than the reverse change.

4. 10, 12. The words καὶ ἐν ἄλλῳ οὐδενί, found in verse 10 in E h, Syr. hkl. (margin), and Cyprian, were regarded as a later insertion from verse 12. Verse 12 is absent *in toto* from h Irenaeus (lat.), Cyprian, and Augustine.

4. 25. The translators discussed the three main variants in this verse: (i) ὁ τοῦ πατρὸς ἡμῶν διὰ Πνεύματος Ἁγίου στόματος Δαυεὶδ παιδός σου εἰπών, found in ℵ A B E, (ii) ὁ διὰ στόματος Δαυεὶδ τοῦ παιδός σου εἰπών, found in P and most of the late Greek MSS., (iii) ὃς διὰ Πνεύματος Ἁγίου διὰ τοῦ στόματος λαλήσας Δαυεὶδ τοῦ παιδός σου, found in D d. The view of the majority was that this is a case of primitive corruption, and that no existing text can be taken as representing the original intention of the author. It was decided to place in the text a rendering giving the general sense of D, and to note in the footnote the chief difference of the Byzantine text, viz. the omission of διὰ Πνεύματος Ἁγίου.

7. 46. Θεῷ, found in A C E, the late Greek MSS., the Latin Vulgate, and the Syriac versions, is the text of the LXX of Ps. 132. 5. It was preferred to οἴκῳ, found in ℵ* B D d, on the ground that it makes a better connexion with the words which follow. Both Θεὸς 'Ιακώβ and οἶκος 'Ιακώβ are familiar combinations, the former occurring for example in Mt. 22. 32 and parallels, and the latter in Lk. 1. 33.

8. 37. This verse is found in E 103 104 429, the old Latin, Irenaeus, Tertullian, Cyprian, Ambrose, and Augustine. (D is defective at this point.) It was regarded as a Western addition, reflecting the insistence of the later Church upon confession of faith before baptism. It has been noted that τὸν 'Ιησοῦν Χριστόν in such a construction is not a Lucan expression.

10. 19. δύο, found in B, and τρεῖς, found in ℵ A E, and the Latin and Coptic versions, were regarded as adaptations (influenced by 10. 7

and 11. 11 respectively) of the original text, found in D 614 p, Syr. hkl., Ambrose, and Augustine.

11. 11. ἦμεν, found in ℵ A B D, was considered secondary to ἤμην found in p⁴⁵ E 614, most of the late Greek MSS., and the Latin and Coptic versions.

11. 12. Both μηδὲν διακρίναντα and μηδὲν διακρινόμενον, echoing 10. 20, were regarded as additions to the original text preserved in p⁴⁵ (*videtur*) D d p, and Syr. hkl.

12. 25. As it is implied that Barnabas and Saul are already at Jerusalem (see 11. 30), and both men are found at Antioch in 13. 1, ἐξ Ἰερουσαλήμ was adopted as alone making sense in the context. The variant εἰς Ἰερουσαλήμ, found in ℵᶜᵒʳʳ (ἐξ ℵ*) Bᶜᵒʳʳ (ἀπὸ B*) 81, and Syr. hkl. (margin), was represented in the footnote by alternative translations, according as it is construed with ὑπέστρεψαν ('to') or πληρώσαντες ('at'). Unless careless writing on the part of the author is to be assumed, which was 'improved' by a copyist, there would seem to be justification in this instance for reversing the maxim *ardua lectio potior*.

13. 18. ἐτροποφόρησεν, found in ℵ B D 81, most of the late Greek MSS., and the Latin Vulgate, was preferred to ἐτροφοφόρησεν, found in A C* E 33 d gig, and the Syriac versions, on the ground that the latter reading was probably a correction to the best-attested reading in Dt. 1. 31 which is here being quoted.

13. 33. After considerable discussion the reading τοῖς τέκνοις *sine additione* was adopted, following Cop. boh.; τοῖς τέκνοις ἡμῶν, the best attested reading, found in ℵ A B C* D, and the Latin versions, was considered unintelligible. The other recorded variant τοῖς τέκνοις αὐτῶν ἡμῖν, found in Cᶜᵒʳʳ E 81, most late Greek MSS., and Syr. pesh. and hkl., was regarded as an explanatory correction.

13. 33. The variant τῷ πρώτῳ, found in D d gig, and Origen, was considered of sufficient interest to be placed in the footnote. There is a good deal of patristic evidence that Psalms 1 and 2 were often regarded as a unit.

15. 20, 29. It was unanimously agreed to adopt the reading of the majority of the MSS. in the text; and it was decided by a majority to record in the footnotes the variants which give a shorter form of the apostolic decree, and add a negative version of the 'Golden Rule'. καὶ (τῆς) πορνείας is absent from p⁴⁵ in verse 20, and from Origen in verse 29. καὶ πνικτοῦ (or καὶ πνικτῶν) is not found in either verse in D d gig, and Irenaeus. The 'Golden Rule' is added in both verses in D d, and Irenaeus. Other witnesses have these 'Western' variants in less complete and varying forms.

15. 24. ἐξελθόντες, found in A C D E, and most late Greek MSS., was regarded as secondary, added possibly under the influence of Gal. 2. 12.

15. 34. This verse, found in C D 33 614 gig, and Cop. sah. (C D have αὐτούς for αὐτοῦ) was regarded as a later insertion intended apparently to explain the presence of Silas at Antioch in verse 40. It contradicts verse 33.

16. 13. As some of the oldest Greek MSS. seem to be corrupt here (A B have ἐνομίζομεν προσευχὴ εἶναι and ℵ ἐνόμιζεν προσευχὴν εἶναι), it was decided to adopt in the text ἐνομίζομεν προσευχὴν εἶναι, found in C 33 81, and Cop. boh., and to record in the footnote the variant ἐνομίζετο προσευχὴ εἶναι, found in E and the late Greek MSS. The reading ἐδόκει προσευχὴ εἶναι, found in D d gig, and the Latin Vulgate, appeared to reflect a different understanding of this last variant.

16. 32. Κυρίου is found in p⁴⁵ A C D E, most late Greek MSS., and the Latin and Coptic versions. Θεοῦ is found in ℵ* B. This variant occurs frequently. In the present instance, external evidence was judged to favour Κυρίου.

16. 36. ἐν εἰρήνῃ (εἰς εἰρήνην ℵ) is absent from D d gig. As the tendency of these witnesses is to elaborate rather than shorten the text, it was thought possible that they may have preserved here the original reading. The Panel preferred, however, to follow the more widely attested text, which perhaps suits better the now friendly attitude of the jailer.

17. 4. The variant καὶ γυναῖκες τῶν πρώτων, found in D and the Latin versions, was considered sufficiently interesting to be recorded. It is possible that this is original, and that the more widely attested reading arose under the influence of 17. 12.

17. 28. The shorter reading τῶν καθ' ὑμᾶς τινες, found in D d gig, was recorded in the footnote, as it is possible that ποιητῶν was an early explanatory addition.

18. 25. Ἰησοῦ was preferred to Κυρίου on the ground that it is better attested. Κυρίου, found in H P, and most late Greek MSS., was probably an assimilation to the previous Κυρίου.

18. 26. τὴν ὁδόν *sine additione* was read in the text on the evidence of D gig—another instance where these two witnesses seem to have preserved the original reading. τοῦ Θεοῦ was regarded as an early conventional addition.

20. 4. By a casting vote Δουβέριος, found in D d gig, was preferred to Δερβαῖος, the reading of the other MSS. Doberus, mentioned nowhere else in the New Testament, was a Macedonian town 26 miles from Philippi. This place name would have been unfamiliar to scribes, and readily 'corrected' to Δερβαῖος.

20. 15. The reading καὶ μείναντες ἐν Τρωγυλλίῳ τῇ ἐχομένῃ, found in p41 D, most late Greek MSS., Cop. sah., and the Syriac versions, was regarded as secondary but worthy of note, as some scholars have considered it intrinsically probable.

20. 28. The textual alternatives in this verse were considered to be fairly evenly balanced. By a majority vote it was decided to read in the text Κυρίου, found in A C* D E d gig, Syr. hkl. (margin), and Cop. sah., and τοῦ ἰδίου αἵματος, found in H L P, and most late Greek MSS.; and to record in the footnote the variants Θεοῦ, found in ℵ B 614, and the Latin Vulgate, and τοῦ αἵματος τοῦ Ἰδίου, found in most ancient witnesses. The decision was influenced by the following considerations: (i) ὁ Ἴδιος (as substantive) in the singular is very difficult to parallel in the sense of 'his own'; (ii) ἡ ἐκκλησία τοῦ Κυρίου, though very rare, is not unparalleled, and the common phrase ἡ ἐκκλησία τοῦ Θεοῦ may well have been substituted for it when the idea of 'the blood of God' had (through Ignatius and others) become less startling.

21. 1. καὶ Μύρα, found in p41 D gig, and Cop. sah., was regarded as a later addition, influenced perhaps by 27. 5.

21. 25. The absence of καὶ πνικτόν from D d gig, and Augustine was considered secondary (cf. 15. 20).

23. 30. ἔρρωσο, found in ℵ E 81, the late Greek MSS., and some MSS. of the Latin Vulgate, was regarded as a later conventional addition. The fact that in H P ἔρρωσθε is found suggests the possible influence of 15. 29.

24. 7. This verse, found with minor variations in E Ψ 69 614 gig p, most late Greek MSS., some MSS. of the Latin Vulgate, and the Syriac versions, was regarded as secondary. The reference to the violence of Lysias contradicts the tenor of the earlier narrative; and the insertion of the verse makes it almost inevitable that οὗ in verse 8 should be referred to Lysias, which is clearly wrong.

APPENDIX

28. 29. This verse, found in H L P 614 gig p, most late Greek MSS., some MSS. of the Latin Vulgate, and Syr. hkl. was considered an expansion of the original text, perhaps by a scribe who thought that the narrative of Paul's interview with leading Jews needed a conclusion.

ROMANS

1. 13. The variant οὐκ οἴομαι, found in D* G d g, Ambrosiaster, and Pelagius, was recorded, as a minority of the translators considered that it might have been changed to οὐ θέλω, which is found, in this expression, in five other places in the Pauline epistles. The majority thought that it was out of place for Paul to say that he believed the Roman church to be well informed about his movements; the required sense being that he wishes now to give such information to a church to which he was a stranger.

5. 1. ἔχωμεν, found in ℵ* A B* D K L 69 1739, the Latin versions, and Cop. boh., was preferred to the weakly attested ἔχομεν. ἔχωμεν carries with it the understanding of the repeated καυχώμεθα, in verses 2 and 3, as subjunctives rather than indicatives, giving a series of three hortative clauses.

8. 23. υἱοθεσίαν, absent from p⁴⁶ (*videtur*) D G, and Ambrosiaster, was adopted in the text on the ground that it might have been omitted in view of the *apparent* contradiction with 8. 15. Nevertheless, its absence from these Western witnesses was considered worthy of record.

8. 24. ὑπομένει, found in ℵ* A 1739 (margin) 1908 (margin), Syr. pesh., Cop. sah., and Origen, was considered original not only on the principle *ardua lectio potior*, but also because, though at first sight more difficult, it accords better with the particular emphasis of verse 25, where δι' ὑπομονῆς catches up the verb ὑπομένει.

8. 28. ὁ Θεός, found in p⁴⁶ A B, Cop. sah., and Origen, was regarded as a secondary explanatory addition, unnecessary if it is understood that the subject of συνεργεῖ is Πνεῦμα carried on from the two previous sentences.

12. 11. The interesting, but mainly Western variant καιρῷ, found in D* G, Greek MSS. known to Jerome, Cyprian, and Ambrosiaster, was considered secondary but worthy of note.

14. 23. Verses 25–27 of chapter 16 are found only at this point in L 104 1175, MSS. known to Origen, most late Greek MSS., and Syr. hkl. They are found both here and at the end of the epistle in A P 5 33, and the Armenian version. They are absent from the Epistle in G, where there is a space at this point.

15. 33. Verses 25–27 of chapter 16 are found only at this point in p⁴⁶.

16. 7. Ἰουλίαν (-ίαν or -ιᾶν) is found in 𝔭⁴⁶, Cop. boh., and the Aethiopic version. The translators adopted Ἰουνιαν, found in the rest of the evidence, the majority (thinking it unlikely that a woman would be among those styled 'apostles') understanding it as Ἰουνιᾶν (masculine).

16. 15. Ἰουνιαν (-ίαν or -ιᾶν) is found in C* G. The translators adopted Ἰουλιαν, found in the rest of the evidence, understanding it as Ἰουλίαν (feminine).

16. 20. The words ἡ χάρις . . . μεθ' ὑμῶν are absent at this point from D G and some old Latin MSS.

16. 24. The words ἡ χάρις . . . ὑμῶν πάντων. ἀμήν. are found at this point in D G, most late Greek MSS., and some old Latin MSS.

16. 25–27. These verses, found only here in ℵ B C D, Syr. pesh., the Latin and Coptic versions, Clement, and Origen, are absent from the epistle in MSS. known to Jerome, and also from the text of Marcion. (See also notes on 14. 23 and 15. 33.) It was decided, as in the case of the 'ending' of Mark and the *Pericope Adulterae* in the Gospel of John, to print this long doxology at the end of the Epistle, although a majority of the translators considered that probably it did not form part of the Epistle in its earliest form.

16. 27. ᾧ, absent from B 234 322 and Syr. pesh., was regarded as an addition to the original text, made perhaps by inadvertence or with the intention of ascribing glory to Christ, as in 2 Tim. 4. 18; Heb. 13. 21; 2 Pet. 3. 18. On the other hand, the doxology is referred to God in Gal. 1. 5; Eph. 3. 21; and Phil. 4. 20. The presence of ᾧ in the text creates an anacoluthon.

16. 27. ἡ χάρις . . . μεθ' ὑμῶν is found at this point in P 33 436, Syr. pesh., and Ambrosiaster.

1 CORINTHIANS

2. 1. μαρτύριον, found in ℵᶜᵒʳʳ B D G, most of the late Greek MSS., the Latin versions, Syr. hkl., and Cop. sah., was preferred to μυστήριον, found in 𝔭⁴⁶ ℵ* A C Ψ 1912, Syr. pesh., and Cop. boh. μαρτύριον was considered to follow naturally upon 1. 6, and μυστήριον to be an early alteration under the influence of 2. 7.

3. 17. φθείρει, found in D G L P, and some MSS. of the Latin Vulgate, was regarded as a corruption of φθερεῖ due to the preceding word, but as giving a sufficiently interesting sense to make it worthy of record.

7. 33, 34. The variation of order in the footnote, found in D G K L, most of the late Greek MSS., and partially supported by 𝔭⁴⁶ ℵ A, was rejected in favour of the order in the text, found in p¹⁵ B P, the Latin Vulgate, and the Coptic versions, on the ground that it was an attempt to avoid the difficulty of ἡ ἄγαμος καὶ ἡ παρθένος being construed with a singular verb.

8. 3. A majority of the translators preferred to follow the shorter text, found in p⁴⁶ and Clement, where τὸν Θεόν is absent, ἀγαπᾷ being taken as connoting love of fellow Christians, a sense more in keeping with the context.

8. 7. συνηθείᾳ, found in ℵ* A B P, Syr. hkl. (margin), was preferred to συνειδήσει, found in D G, most of the late Greek MSS., the Latin versions and Syr. pesh. The latter was regarded as an early alteration due to the following συνείδησις.

8. 12. ἀσθενοῦσαν, absent from p⁴⁶ and Clement, was considered an addition to the text, natural in view of the general context, but less effective at this point, where to wound a brother's conscience seems to be regarded as a sin against Christ, whether that conscience is 'weak' or not.

10. 9. It was considered more probable that Κύριον, found in ℵ B L 33, Syr. hkl. (margin), was altered to Χριστόν, found in p⁴⁶ D G, most late Greek MSS., the Latin and Coptic versions and Syr. pesh., than vice versa.

11. 10. κάλυμμα, found in some MSS. of the Latin Vulgate, the Valentinians (according to Irenaeus), Jerome, and Augustine, was regarded as an interpretation of the difficult ἐξουσίαν.

13. 3. The variants καυχήσωμαι, found in p⁴⁶ ℵ A B 33 69, the Coptic versions, and Origen, and καυθήσομαι (-ωμαι), found in C D G L, most late Greek MSS., the Latin and Syriac versions, Clement, Tertullian, and many other ancient writers, were discussed at length. For the former it was urged (a) that its attestation is formidable, (b) that it is in harmony with Pauline ideas, cf. Rom. 5. 3; Phil. 2. 16, (c) that the meaning of καυθήσομαι would not be obvious at a period when burning alive was not a common form of martyrdom, while the word might well have been introduced after the martyrdom of Polycarp. For καυθήσομαι it was urged (a) that the attestation is respectable, especially in the versions and patristic citations, (b) that it is favoured by a strong consensus of commentators, ancient and modern, (c) that the reference to burning does not necessarily imply martyrdom at the stake, but may be only a very strong expression for submission to the worst extremities, (d) that ἵνα καυχήσωμαι disturbs the run of thought by introducing the idea of motive prematurely. It was decided to adopt καυθήσομαι in the text, and record καυχήσωμαι in the footnote.

14. 38. The footnote in the *N.E.B.*, by mistake, represents as a difference of *reading* what is in intention a difference of *translation*. In the text ἀγνοεῖται is treated as a pregnant indicative present, virtually equivalent to the future; in the note as a true present. This reading is supported by ℵ* A* G 1739, and Origen. The variant ἀγνοείτω, found in p⁴⁶ B Dᶜᵒʳʳ, most late Greek MSS., and the Syriac versions, was passed over, as giving a less forceful meaning than ἀγνοεῖται, whichever interpretation of the latter be adopted. D* has ἀγνοεῖτε.

15. 54. Although it was considered possible that the words τὸ φθαρτὸν τοῦτο ἐνδύσηται ἀφθαρσίαν καί, absent from p⁴⁶ ℵ* C* M, the Latin Vulgate, Marcion, and Irenaeus, were omitted by homoio-arcton, the translators decided they were more probably a later insertion to complete the parallelism of verses 53 and 54.

2 CORINTHIANS

1. 6, 7. The order of words followed in the text is that found in p⁴⁶ ℵ A 1739, the Latin Vulgate, and Syr. pesh. It was considered to be intrinsically more probable than either the first alternative recorded in the footnote which is the reading of B, or the second alternative, found in D G, and the late Greek MSS.

1. 10. It was thought more likely that an original ῥύσεται, found in p⁴⁶ ℵ B, would have been altered to ῥύεται (thereby producing a sequence of past, present, and future) than vice versa. ῥύεται is found in G K L 1739, and the late Greek MSS.

1. 12. The more difficult reading ἁγιότητι was placed in the text on the evidence of p⁴⁶ ℵ A B 69, Clement, and Origen. It was thought that the variant ἁπλότητι, found in D G , most late Greek MSS., and the Latin and Syriac versions, if not due to an error in copying (for palaeographically the alteration of *ΑΓΙΟΤΗΤΙ* to *ΑΠΛΟΤΗΤΙ* is easy), may have arisen because ἁγιότης is not found elsewhere in the Pauline letters, while there are several occurrences of ἁπλότης.

8. 7. ὑμῶν ἐν ἡμῖν, found in ℵ C D G, most late Greek MSS., the Latin versions, Syr. hkl., Ambrosiaster, and Augustine, was preferred to ἡμῶν ἐν ὑμῖν, found in p⁴⁶ B 69, Syr. pesh., Cop. sah., and Origen, as giving a sense better suited to the context.

10. 12, 13. The words οὐ συνιᾶσιν ἡμεῖς δὲ, found in most ancient witnesses, were regarded as original; and their absence from D* G, the Latin versions, and Ambrosiaster was thought to be due to accidental omission. If the shorter Western reading were original, the longer text might have arisen as an attempt to avoid the suggestion that an apostle would have said that he measured himself by his own standard of comparison.

11. 3. The words καὶ τῆς ἁγνότητος, in which the marriage symbolism in the passage is sustained, are found in p⁴⁶ ℵ B G 33, and Syr. hkl. They are absent from K L P 1739, the Latin Vulgate, Syr. pesh., Clement, and Origen, and were considered to be a later insertion made under the influence of the cognate adjective in verse 2.

12. 6, 7. It was decided to omit διό from the text on the authority of p⁴⁶ D, the late Greek MSS., the Latin versions, Irenaeus, and Origen, and to construe καὶ τῇ ὑπερβολῇ τῶν ἀποκαλύψεων with what *follows*. In the footnote, in which διό is retained on the authority of ℵ A B G 33 1739, the phrase καὶ τῇ ὑπερβολῇ τῶν ἀποκαλύψεων is construed with what *precedes*, as an additional reason for Paul refraining from boasting; but the dative would be awkward in such a construction.

GALATIANS

1. 3. καὶ Κυρίου ἡμῶν, found in p⁴⁶ p⁵¹ B D G, most late Greek MSS., and the Latin and Syriac versions, was placed in the text as better attested than ἡμῶν καὶ Κυρίου, found in ℵ A 33 1912.

1. 6. Χριστοῦ is absent from p⁴⁶ (*videtur*) G, Marcion, Tertullian, and Ephraem. Its presence in p⁵¹ ℵ A B, the late Greek MSS., the Latin Vulgate, and Syr. pesh. was understood as a subsequent amplification of the original text.

2. 1. The absence of πάλιν from Cop. boh., Marcion, Tertullian, Irenaeus (Latin), Chrysostom, and Ambrosiaster was regarded as secondary, and due possibly to doubt about its precise significance. In D G it is found after ἀνέβην.

2. 3–5. The translators decided to place in the text οἷς οὐδὲ, found in p⁴⁶ ℵ A B Dᶜᵒʳʳ G K, and the Latin Vulgate, understanding the meaning to be that Titus was *not* circumcised, though at the meeting with οἱ δοκοῦντες the question of circumcision was raised but without insistence being laid upon it. The words οἷς οὐδέ are absent from D* Irenaeus (Latin), Tertullian, Pelagius, and Ambrosiaster, and the text resulting from their omission, given in the footnote, was understood to imply that Titus *was* circumcised, not, however, as a matter of obligation, but as a concession, when the question was raised later through the intervention of ψευδάδελφοι.

2. 12. τινα is found in p⁴⁶ and some old Latin MSS., and ἦλθεν in p⁴⁶ ℵ B D* G, and Origen. If τινας and ἦλθεν are read, the text might be understood as implying that first 'certain persons from James' arrived at Antioch, and subsequently James himself. The presence of both words in the singular in p⁴⁶ suggests, however, that the choice of variants is between the singular in both places and the plural in both places, and that the reference is to a single occasion. The translators took this view, and decided to adopt the plural in view of better attestation.

4. 14. The translators read πειρασμὸν *sine additione* in the text on the evidence of C* 69. The variants πειρασμόν μου, found in p⁴⁶, Cop. sah., and most late Greek MSS., and πειρασμὸν ὑμῶν, found in ℵ A B D G, the old Latin, and the Latin Vulgate, were regarded as explanatory additions. It was found necessary, however, in translating to make it clear whether the πειρασμός was a 'temptation' to the Galatians or a 'trial' to Paul. The former interpretation is represented in the text, and the latter in the footnote. The translators rejected the view that the reference is to an inner temptation of Paul.

EPHESIANS

1. 1. As this Epistle is traditionally known as the Epistle to 'the Ephesians' the words ἐν Ἐφέσῳ, absent from p⁴⁶ ℵ* B* 424ᶜᵒʳʳ 1739, Marcion, and Origen, were placed in the text; and the problem of the original destination of the letter was left to the commentators.

5. 19. πνευματικαῖς is absent from p⁴⁶ B d, and was regarded as an assimilation to Col. 3. 16.

PHILIPPIANS

3. 3. πνεύματι, the reading of p⁴⁶, was regarded as original on the ground that it best explains the existence of the variants πνεύματι Θεῷ, found in ℵᶜᵒʳʳ D* P, the Latin versions, and Syr. pesh. and hkl., and Πνεύματι Θεοῦ, found in ℵ* A B C Dᶜᵒʳʳ G, and Syr. hkl.(margin). Patristic evidence varies between Θεῷ and Θεοῦ.

4. 3. The footnote variant συνεργῶν μου καὶ τῶν λοιπῶν is found in p¹⁶ and ℵ*.

COLOSSIANS

3. 16. Κυρίῳ, found in p⁴⁶ K L, and most late Greek MSS., was regarded as an early adaptation of the text to the corresponding passage in Eph. 5. 19.

4. 15. Νυμφαν is accentuated Νυμφᾶν (masculine) in L P, and many late Greek MSS., and αὐτοῦ is found in D G, and most late Greek MSS. Νυμφαν is accentuated Νύμφαν (feminine) in Bᶜᵒʳʳ and Origen, and αὐτῆς is found in B 6 1739, Syr. hkl., and Origen. It was decided to adopt the feminine readings in the text.

APPENDIX

1 THESSALONIANS

2. 15. ἰδίους, found in K L, and most late Greek MSS., was regarded as a later explanatory addition limiting the reference to *Jewish* prophets.

3. 2. συνεργόν, found in B, was recorded in the footnote, as it was considered possible that this reading may have given rise to the fuller readings, including συνεργὸν τοῦ Θεοῦ, placed in the text on the evidence of D* 33, Ambrosiaster, and Pelagius.

5. 4. It was considered more probable that κλέπτης, found in ℵ D G, most late Greek MSS., the Latin and Syriac versions, Ephraem, Chrysostom, and Ambrosiaster, was altered to κλέπτας, found in A B, and Cop. boh., by assimilation to the previous ὑμᾶς, than that an original κλέπτας was changed to κλέπτης under the influence of κλέπτης in verse 2.

2 THESSALONIANS

2. 13. ἀπ᾽ ἀρχῆς, found in ℵ D Ψ, the late Greek MSS., Syr. pesh., and Cop. sah., was preferred to ἀπαρχήν, found in B G 33 1739, the Latin Vulgate, Syr. hkl., Cop. boh., on the ground that thanksgiving for the divine election of his converts 'from the beginning of time' followed by thanksgiving for this divine call (verse 14) seemed in keeping with Paul's thought.

3. 16. τόπῳ, found in A* D* G 33, the Latin versions, and Chrysostom, was regarded as secondary and giving a less probable sense.

1 TIMOTHY

3. 1. Although less widely attested than πιστός, the variant ἀνθρώπινος, found in D* g m, and Ambrosiaster, was regarded as original. The change to πιστός would have been easy in view of the frequent occurrence of the expression πιστὸς ὁ λόγος in the Pastoral Epistles, but the change of πιστός to ἀνθρώπινος seemed unlikely. Paul was understood by the translators to be quoting a proverbial saying and showing its relevance to the Christian ministry.

4. 10. ἀγωνιζόμεθα, found in ℵ* A G K 33 1908, was preferred to ὀνειδιζόμεθα, found in D P, most late Greek MSS., the Latin, Syriac, and Coptic versions, and Origen, on the ground that it is better suited to the context.

5. 16. πιστὸς ἢ πιστὴ, found in D, most late Greek MSS., some MSS. of the Latin Vulgate, the Syriac versions, and Ambrosiaster, was regarded as original; as, in spite of the wide attestation of πιστή, it was difficult to suppose that the charge in question was laid solely upon women.

2 TIMOTHY

4. 10. Γαλλίαν, found in ℵ C, some MSS. of the Latin Vulgate, and Eusebius, was considered an early correction of Γαλατίαν made by a scribe who understood it to mean Gaul, which was commonly called Γαλατία by Greek-speaking people in the first and second centuries A.D. Elsewhere in the New Testament Γαλατία is always Asiatic Galatia.

HEBREWS

2. 9. Though the precise reason for the change cannot be determined, the curious reading χωρὶς Θεοῦ, found in M 424 (margin) 1739 (margin), Syr. pesh., Eusebius, Greek MSS. known to Origen and Jerome, Theodore of Mopsuestia, Theodoret, and favoured by the Nestorians, was regarded as a correction of χάριτι Θεοῦ found in the rest of the evidence.

6. 2. The translation in the text is based on the reading διδαχήν, found in p⁴⁶ B d—repentance and faith being equated with the teaching that underlies and gives meaning to baptism and the laying-on of hands. διδαχῆς, found in the other witnesses, was considered an early assimilation to the other genitives in the context.

8. 11. The MSS. of the LXX of Jer. 31. 34 vary between πολίτην and πλησίον. In the present context the translators preferred πολίτην found in most witnesses, to πλησίον found in P 1912, the Latin versions, and Syr. hkl. (margin).

9. 11. As the emphasis in the context appears to be on the reality of the *present* blessings made available through the high-priesthood of Christ, γενομένων, attested by p⁴⁶ (γενα-) B D* 1739, Syr. pesh. and hkl., and Origen, was preferred to the more conventional μελλόντων found in the rest of the evidence.

10. 1. Most MSS. have οὐκ αὐτὴν τὴν εἰκόνα. But p⁴⁶ reads καὶ τὴν εἰκόνα, probably, it was thought, the work of a scribe to whom the contrast between σκιά and εἰκών seemed unnatural. It is to this reading that the footnote refers.

11. 37. ἐπειράσθησαν is absent from p⁴⁶ 2 327 2423*, Syr. pesh., Cop. sah., and is found either before or after ἐπρίσθησαν in most other witnesses. It was considered a corrupt dittography of ἐπρίσθησαν, and out of keeping with the context, where specific acts of violence are enumerated.

12. 1. The interesting reading εὐπερίσπαστον, found only in p⁴⁶, was considered worthy of note. It has been regarded as original by some scholars, but it was considered more probable that it was an early attempt to avoid the difficult εὐπερίστατον, which can be either active or passive in force and has been interpreted in many different ways.

JAMES

1. 17. This passage has always been found difficult, and there are several textual variants. The translators adopted in the text ἡ τροπῆς ἀποσκιάσματος, found in ℵ* B, understanding the genitives as defining παραλλαγή. The recorded variant ἢ τροπῆς ἀποσκίασμα is found in A C, most late Greek MSS., and the Latin Vulgate.

2. 3. The translators adopted in the text, as being probably the oldest reading, σὺ στῆθι, ἢ κάθου ἐκεῖ, found in B and ff (tu sta aut sede illo). The first variant in the footnote σὺ στῆθι ἐκεῖ, ἢ κάθου ὧδε is found in ℵ K L P, most of the late Greek MSS., and Syr. pesh. The second variant σὺ στῆθι ἐκεῖ, ἢ κάθου is found in A C*, and the Latin Vulgate.

1 PETER

2. 21 and **3.** 18. In both these verses the variants ἔπαθεν and ἀπέθανεν are found; and it would seem probable that the secondary reading in one verse is the primary reading in the other. The translators accepted ἀπέθανεν as secondary in 2. 21 and as primary in 3. 18. It is attested in the former passage by ℵ, Syr. pesh., and Ambrosiaster; and in the latter by ℵ A C, and the Latin and Syriac versions. On the other hand, ἔπαθεν is found in 2. 21 in A B C, most late Greek MSS., the Latin and Coptic versions, and Syr. hkl.; and in 3. 18 it is attested by B K L P, and most late Greek MSS.

3. 18. It was decided to place in the text as the reading which perhaps best accounts for the other variants, περὶ ἁμαρτιῶν ἡμῶν, found in 5, some MSS. of the Latin Vulgate, Syr. pesh., Cop. sah., and Clement. The first recorded variant, περὶ ἁμαρτιῶν, which possibly echoes Rom. 8. 3, is found in B K P, most late Greek MSS., and some MSS. of the Latin Vulgate. The second variant, περὶ ἁμαρτιῶν ὑπὲρ ἡμῶν (ὑμῶν A) which would seem to reflect 2. 21, is found in ℵ A C L 33 614 1739, and Cop. boh.

2 PETER

1. 17. The order of words in the text, with μου after Ἀγαπητός, is found only in B. The order of words in the footnote, without μου after ἀγαπητός, is found in the rest of the evidence. But, as both of the translations given in *N.E.B.* are possible renderings of either reading, no variant *reading* is recorded.

2. 4. σιροῖς, found in ℵ A B C, was regarded as better attested than σειραῖς, found in most late Greek MSS. and the Latin Vulgate.

2. 13. ἀπάταις, found in ℵ A* C, most late Greek MSS., Syr. hkl., and Cop. boh., was accepted as original, ἀγάπαις, found in B 1611, the Latin Vulgate, Syr. phil. and hkl. (margin), and Cop. sah., being suspect as an assimilation to Jude 12.

3. 10. εὑρεθήσεται, found in ℵ B 1739, Syr. phil. and hkl. (margin), was considered original, as being the more difficult reading and better attested than the more conventional κατακαήσεται, found in A L, most late Greek MSS., and Syr. hkl. Many MSS. of the Latin Vulgate do not contain the passage καὶ γῆ . . . εὑρεθήσεται.

1 JOHN

2. 20. The translators, understanding the passage to be directed against the claims of a few to possess esoteric knowledge, followed the reading πάντες, found in ℵ B P, and Cop. sah. The variant πάντα is found in A C, most late Greek MSS., the Latin Vulgate, Syr. hkl., and Cop. boh.

JUDE

5. Ἰησοῦς, which, as the Greek equivalent of Joshua, could be understood as a reference to the Old Testament character of that name, is found in place of Κύριος in A B, the Latin and Coptic versions, and Origen. The more widely attested Κύριος was accepted as more natural in the context.

22. The translators accepted as original οὓς μὲν ἐλεᾶτε διακρινομένους, found in the majority of MSS. The variant ἐλέγχετε for ἐλεᾶτε, which necessitates a different rendering of διακρινομένους, is found in A C 33, and the Latin Vulgate.

They also followed B, in which MS. alone the words οὓς δέ before σώζετε are absent, and understood διακρινομένους as the object of σώζετε. Their resultant text thus assumes that there are two, not three, groups of people in question, both to be treated with pity, though in the second instance pity is to be 'mixed with fear'.

REVELATION

2. 22. It was thought worth while to give in the footnote the reading of the Armenian version, which presupposes an original κλίβανον, a fairly easy corruption (palaeographically) of κλίνην (cf. Mt. 6. 30).

13. 1. ἐστάθη, found in p⁴⁷ א A C 205 1854, the Latin versions, and Syr. hkl., was considered to be better attested than ἐστάθην, found in P 046 1 82 1611 2059, Syr. phil., and the Coptic versions, and more suited to the context.

13. 6. The translators followed in the text p⁴⁷, where τούς and σκηνοῦντας are absent. The fuller reading, found in the remaining witnesses to the text, and recorded in the footnote, was understood as a definitive clause in apposition to τὴν σκηνήν, καί before τούς, present in P 046* 1 2059, most late Greek MSS., and the Latin versions, being regarded as secondary.

13. 7. The first half of this verse, absent from p⁴⁷ A C P 1*, and Cop. sah., was retained as original on the ground that it was more likely to have dropped out by the scribal error of homoioteleuton (ἐδόθη αὐτῷ . . . ἐδόθη αὐτῷ) than to have been inserted.

14. 13. ναί, not found in p⁴⁷ א*, Cop. boh., was regarded as secondary. If it is omitted, ἀπ' ἄρτι must be construed with what follows. The majority of the translators were in favour of giving it its usual sense 'henceforth', but the meaning 'assuredly' (ἀπαρτί) was recorded in the footnote.

15. 3. αἰώνων (cf. 1 Tim. 1. 17), found in p⁴⁷ א* C 1611, the Latin Vulgate, and the Syriac versions, was preferred to ἐθνῶν, found in A P 046 051 1 82 2059 gig. The presence of ἔθνη in the immediate sequel may have given rise to the latter reading.

18. 3. The well-attested but less suitable πέπτωκαν (-κασι), found in א A C 046, was considered a transcriptional error for πέπωκαν (-κασι), found in P 051 1 2020, the Latin versions, and Syr. hkl.

19. 13. βεβαμμένον, found in A 046 051 1 82 2059, and the late Greek MSS., was preferred to the perfect participles of ῥαίνω and ῥαντίζω, and their compounds, found in other MSS. The latter readings were regarded as adaptations of the passage to the various renderings in the Greek Bible of Is. 63. 3.

21. 3. The words αὐτῶν Θεός or Θεὸς αὐτῶν, found after ἔσται in A P 051 1006 1854, the Latin Vulgate, and the Syriac versions, were considered to be due to an adaptation of the passage to Is. 7.14 and 8. 8.

22. 21. πάντων ὑμῶν, found in some MSS. of the Latin Vulgate, was accepted as original. πάντων *sine additione* is found in A and some MSS. of the Latin Vulgate; πάντων τῶν ἁγίων in 046 051 82 1006 2059; and τῶν ἁγίων in ℵ and gig.

22. 21. ἀμήν is found, as the last word in the document, in ℵ 046 82 1611, the Latin Vulgate, the Syriac versions, and Cop. sah.